BECK'SCHE RECHTS- UND WIRTSCHAFTSWÖRTERBÜCHER

GIUSEPPE CONTE/HANS BOSS

I

italiano – tedesco

italienisch – deutsch

DIZIONARIO

GIURIDICO ED ECONOMICO

Fondato da

GIUSEPPE CONTE

Dottore in Giurisprudenza

5ª edizione
rielaborata ed ampliata

a cura di

HANS BOSS

presidente di sezione
presso il Tribunale di Berlino

PARTE I

ITALIANO-IEDESCO

VERLAG C. H. BECK OHG, MÜNCHEN
HELBING & LICHTENHAHN, BASEL
DOTT. A. GIUFFRÈ EDITORE, MILANO
2001

WÖRTERBUCH

DER RECHTS- UND WIRTSCHAFTSSPRACHE

Begründet von

GIUSEPPE CONTE
Doctor iuris

Fortgeführt von

HANS BOSS
Vorsitzender Richter
am Landgericht

5., neubearbeitete und
erweiterte Auflage

TEIL I

ITALIENISCH-DEUTSCH

VERLAG C. H. BECK OHG, MÜNCHEN
HELBING & LICHTENHAHN, BASEL
DOTT. A. GIUFFRÈ EDITORE, MAILAND
2001

Die Deutsche Bibliothek – CIP-Einheitsaufnahme

Conte, Giuseppe
Wörterbuch der Rechts- und Wirtschaftssprache /
begr. von Giuseppe Conte.
Fortgef. von Hans Boss. – München : Beck
(Beck'sche Rechts- und Wirtschaftswörterbücher)
Teil 1. Italienisch-Deutsch. – 5., neubearb.
und erw. Aufl. – 2001
ISBN 3 406 47774 7

ISBN 3 406 47774 7
ISBN 3 7190 2038 X
ISBN 88 14 09101 3

Wilhelmstraße 9, 80801 München
Druck: Druckerei C. H. Beck Nördlingen
(Adresse wie Verlag)

Gedruckt auf säurefreiem, alterungsbeständigem Papier
(hergestellt aus chlorfrei gebleichtem Zellstoff)

Prefazione

La capacitá di comunicare sta alla base di ogni intesa fra i popoli. Così anche l'integrazione europea non è l'esclusiva opera degli uomini politici. La libera circolazione delle persone, delle merci e dei capitali all'interno dell'Unione Europea non è concepibile senza il continuo e laborioso intervento dell'interprete e deltraduttore che rendono scorrevole la „circolazione linguistica". Lo stesso vale per quanto riguarda l'ulteriore sviluppo dei rapporti tradizionalmente buoni tra l'Italia e la Germania.

Il presente vocabolario offre, nel vasto campo delle relazioni bilaterali, una specifica base terminologica. La parte italiano-tedesca è stata interamente rielaborata e risulta accresciuta die oltre 3000 nuove voci attinenti al diritto, all'economia e al commercio, nonché alla vita politica e sociale.

Le lettere con avvertenze e suggerimenti vanno indirizzate Verlag C.H. Beck, Casella Postale 40 03 40, D-80703 München.

Berlin-Lichterfelde, aprile 2001 *Hans Boss*

Vorwort

Völkerverständigung setzt sprachliche Verständigung voraus. Die europäische Integration ist nicht ausschließlich das Werk von Politikern und Parlamenten. Ohne die tägliche, mühevolle Arbeit von Dolmetschern und Übersetzern, die für den reibungslosen „Sprachenverkehr“ sorgen, ist der nunmehr Wirklichkeit gewordene freie Personen-, Waren- und Kapitalverkehr innerhalb der Europäischen Union nicht denkbar. Gleiches gilt für die Weiterentwicklung der traditionell guten Rechts- und Wirtschaftsbeziehungen zwischen Italien und Deutschland, für welche das vorliegende Wörterbuch die sprachliche Grundlage bieten möchte.

Die 5., neubearbeitete Auflage des italienisch-deutschen Teils berücksichtigt die jüngste Rechtsentwicklung in beiden Ländern und enthält zusätzlich über 3000 neue Stichwörter aus den Bereichen Recht, Wirtschaft, Poltik, Verkehr und Soziales.

Auch Bewährtes ist stets verbesserungsfähig; Anregungen und Hinweise erreichen mich über den Verlag C. H. Beck, Postfach 40 03 40, D-80703 München.

Berlin-Lichterfelde, im April 2001 *Hans Boss*

Abbreviazioni e segni usati nel dizionario
Im Wörterverzeichnis benutzte Abkürzungen und Zeichen

a.	anche	auch
A	Austria	Österreich
agg	aggettivo	Adjektiv
ass.	assicurazioni	Versicherungswesen
avv	avverbio	Adverb
B	Baviera	Bayern
CE	Comunità europee	Europäische Gemeinschaften
CEE	Comunita economica europea	Europäische Wirtschaftsgemeinschaft
circ. strad.	circolazione stradale	Straßenverkehr
cod. civ.	codice civile	Italienisches Zivilgesetzbuch
cod. nav.	codice della navigazione	Schiffahrtsgesetz
corr.	linguaggio corrente	Umgangssprache
D	Repubblica Federale di Germania	Bundesrepublik Deutschland
dipl.	diplomazia	Diplomatie
dir. amm.	diritto amministrativo	Verwaltungsrecht
dir. can.	diritto canonico	kanonisches Recht
dir. cost.	diritto costituzionale	Verfassungsrecht
dir. eccl.	diritto ecclesiastico	Kirchenrecht
dir. fall.	diritto fallimentare	Konkursrecht
dir. int.	diritto internazionale (pubblico)	Völkerrecht
dir. lav.	diritto del lavoro	Arbeitsrecht
dir. mil.	diritto militare	Wehrrecht
dir. pen.	diritto penale	Strafrecht
dir. priv. int.	diritto privato internazionale	Internationales Privatrecht
dir. pubbl.	diritto pubblico	Öffentliches Recht
dir. trib.	diritto tributario	Steuerrecht
esec. forz.	esevuzione forzata	Zwangsvollstreckung
f	femminile	weiblich
fig.	figurato	übertragen
G	Repubblica Federale di Germania	Bundesrepublik Deutschland
I	Italia	Italien
inf	informatica	Informatik
m	maschile	männlich
med.	medicina	Medizin
med. leg.	medicina legale	Rechtsmedizin
n.	neutro	sächlich

ord. penit.	ordinamento penitenziario	Strafvollzug
pl	plurale	Plural
pol	politica	Politik
proc.	diritto processuale	Verfahrensrecht
proc. civ.	diritto processuale civile	Zivilverfahrensrecht
proc. pen.	diritto processuale penale	Strafverfahrensrecht
S	Svizzera	Schweiz
S. p. A., spa	società per azioni	Aktiengesellschaft
spreg.	spregiativo	verächtlich
stat	statistica	Statistik
stat. lav.	Statuto dei lavoratori	Arbeitnehmerstatut
UE	Unione Europea	Europäische Union
ugs.	linguaggio corrente	Umgangssprache
UPU	Unione Postale Universale	Weltpostverein
v.	vedi	siehe
+ (+ A, + S)	d'uso prevalente in Austria (o Svizzera)	vorwiegend in Österreich (bzw. in der Schweiz) gebräuchlich
+ (A +, S +)	in Austria (o Svizzera) piú usato dei termini precedenti	in Österreich (bzw. in der Schweiz) gebräuchlicher als vorausgehende Ausdrücke
= (A =, S =)	in Austria (o Svizzera) usato quanto i termini precedenti	in Österreich (bzw. in der Schweiz) ebenso gebräuchlich wie vorausgehende Ausdrücke
– (A –, S –)	in Austria (o Svizzera) meno usato dei termini precedenti	in Österreich (bzw. in der Schweiz) weniger gebräuchlich als vorausgehende Ausdrücke
(1), (2)	separa differenti accezioni di una stessa voce	trennt verschiedene Bedeutungen eines Ausdrucks

A

abbagliamento *m* (*circ. strad.*) Blendung *f* (*im Straßenverkehr*).

abbandonare (1) aufgeben, preisgeben, (*abbandono liberatorio*) abandonnieren, (*ad altri*) überlassen; (2) (*minore*) aussetzen, (*moralmente*) verwahrlosen.

abbandono *m* (1) Aufgabe *f*, Preisgabe *f*, Überlassung *f*, (*abbandono liberatorio*) Abandon *m*; (2) (*minori*) Aussetzung *f*; – **delle campagne** Landflucht *f*; – **della casa del genitore (dei genitori)** Verlassen des Elternhauses; – **di cose** Aufgabe des Eigentums an Sachen; – **della difesa** (*proc. pen.*) pflichtwidrige Niederlegung des Verteidigermandats; – **di diritti** (*soggettivi*) Aufgabe von Rechten; – **della domanda** (*giudiziale*) Klageverzicht *m*; – **del domicilio domestico** böswilliges Verlassen der Familie; – **del fondo servente** (*servitù*) Aufgabe des dienenden Grundstücks; – **di infante** Kindesaussetzung, Weglegung eines Kindes (A), Kindesweglegung *f* (A); – **liberatorio** Abandon, Eigentumsaufgabe mit schuldbefreiender Wirkung, Aufgabe von Rechten oder Sachen mit schulbefreiender Wirkung; – **delle merci** Abandon der Güter; – **di minori** Kindesaussetzung, Verlassen *n* eines Unmündigen (A); – **morale di minori** Verwahrlosung von Kindern; – **della nave** Abandon des Schiffs; – **di neonato** Aussetzung eines Neugeborenen; – **del patrimonio** Vermögensaufgabe; – **di persone minori o incapaci** Aussetzung (D); – **del possesso** Besitzaufgabe; – **di posto** Verlassen des Postens; – **del premio** Prämienaufgabe; – **della proprietà** Eigentumsaufgabe; – **di quota di comproprietà della nave** Abandon einer Schiffspart; – **del servizio**, – **d'ufficio** Dienstflucht *f*, Verlassen des Postens.

abbassamento *m* (1) (*ribasso*) Herabsetzung *f*, Senkung *f*; (2) (*diminuzione*) Abnahme *f*, Sinken *n*; – **dei costi** Kostensenkung *f*; – **del prezzo** Preissenkung; – **del salario** Lohnsenkung; – **del tasso d'interesse** Zinssenkung.

abbassare senken, herabsetzen, ermäßigen; – **i fari** die Scheinwerfer abblenden; – **il prezzo** den Preis herabsetzen; – **il saggio di sconto** den Diskontsatz senken.

abbassarsi sinken.

abbattere (*demolire*) abreißen; – **una casa** ein Haus abreißen.

abbattimento *m* (1) (*demolizione*) Abriss *m*; (2) Nachlass *m*, Steuernachlass; – **alla base** Freibetrag *m*, Steuerfreibetrag.

abbiente *agg* begütert, vermögend, wohlhabend; **meno** – minderbemittelt; **non** – mittellos.

abbinamento *m* Koppelung *f*; – **di azioni** Klagenverbindung *f*.

abbonamento *m* (1) Abonnement *n*, Bezug *m*; (2) Erhebung einer Pauschalsteuer; **contrarre un** – einen Abonnementvertrag abschließen; **fuori** – bei aufgehobenem Abonnement; – **doganale** (S) Zollabonnement (S); – **postale** Postbezug, Postabonnement; – **al teatro** Theaterabonnement; – **al telefono** Fernsprechanschluss *m*.

abbonarsi abonnieren, beziehen.

abbonato *m* Abonnent *m*, Bezieher *m*; – **ad una casella postale** Postabholer *m*; – **al telefono** Fernsprechteilnehmer *m*; – **alla televisione** Fernsehteilnehmer.

abbondanza *f* Überfluss *m*.

abbordaggio *m* *v.* urto.

abbordo di mare Schiffszusammenstoß *m*; v. a. URTO.

abbozzo *m* Entwurf *m*; – **di contratto** Vertragsentwurf *m*; – **di legge** Gesetzentwurf *m*.
abbreviamento *m* Verkürzung *f*.
abbreviare verkürzen, abkürzen.
abbreviazione *f* Abkürzung *f*; – **di termine** Fristkürzung *f*, Fristverkürzung; – **del termine di comparizione** Abkürzung der Einlassungsfrist.
abbuonare vergüten, nachlassen.
abbuono *m* Nachlass *m*, Rabatt *m*, Vergütung *f*, Bonifikation *f*, Bonus *m*; – **di fedeltà** Treuevergütung *f*; – **d'imposta** Steuernachlass; – **di provvigione** Provisionsabgabe *f*, Provisionsüberlassung *f*.
abdicare abdanken, dem Thron entsagen.
abdicazione *f* Abdankung *f*, Thronentsagung *f*, Abdikation *f*.
aberratio ictus aberratio ictus, Fehlgehen der Tat.
abigeato *m* Viehdiebstahl *m*.
abigeo *m* Viehdieb *m*.
abile *agg* fähig; – **al lavoro** arbeitsfähig; – **al servizio militare** wehrdienstfähig; v. a. CAPACE.
abilitare befähigen, ermächtigen; – **all'insegnamento universitario** habilitieren.
abitato *m* **Ortschaft** *f*.
abilitazione *f* Befähigung *f*, Ermächtigung *f*, Approbation *f*; – **all'esercizio di una professione** Zulassung zu einem Beruf, Gewerbezulassung *f*, berufliche Befähigung, Approbation; – **all'esercizio della professione di avvocato** Zulassung als Anwalt, Zulassung zur Ausübung der Rechtsanwaltschaft (A); – **all'insegnamento universitario** Habilitation *f*; – **professionale** Berufszulassung *f*, Berufsbefähigung, berufliche Befähigung, Approbation.
abitabilità *f* Bewohnbarkeit *f*.
abitante *m* Einwohner *m*; – **del paese** Inländer *m*.
abitare (1) bewohnen; (2) wohnen.
abitazione *f* Wohnung *f*; Wohnstätte *f*; – **in condominio** Eigentumswohnung *f*; – **a fitto bloccato** mietpreisgebundene Wohnung; – **di lusso** Luxuswohnung; – **principale** Hauptwohnung; – **secondaria** Zweitwohnung; – **di tipo civile** bürgerliche Wohnung; – **di tipo rurale** bäuerliche Wohnung; – **di tipo signorile** herrschaftliche Wohnung.
abituale *agg* gewohnheitsmäßig.
abitualità *f* Gewohnheitsmäßigkeit *f*; – **presunta (dalla legge)** gesetzlich vermutete Gewohnheitsmäßigkeit *f*; – **ritenuta dal giudice** gerichtlich festgestellte Gewohnheitsmäßigkeit *f*.
abitudine *f* Gewohnheit *f*.
abolire abschaffen, aufheben; – **la pena di morte** die Todesstrafe abschaffen.
abolizione *f* Abschaffung *f*, Aufhebung *f*; Abolition *f*; – **delle frontiere** Abschaffung der Grenzen; – **delle frontiere interne** Abschaffung der Binnengrenzen; – **della pena di morte** Abschaffung der Todesstrafe; – **della tortura** Abschaffung der Folter.
abolizionismo *m* Abolitionismus *m*.
abolizionista *m* Abolitionist *m*.
abortire abortieren; **fare** – abtreiben.
abortista *m/f* Abtreibungsbefürworter *m* (*f* -in).
abortivo *agg* abtreibend.
aborto *m* (1) (*spontaneo*) Fehlgeburt *f*; (2) (*procurato*) Abtreibung *f*; – **colposo** fahrlässige Abtreibung; – **procurato da terze persone** (S) Abtreibung durch Drittpersonen (S); – **procurato dalla madre** (S) Abtreibung durch die Schwangere (S); – **terapeutico** medizinisch indizierter Schwangerschaftsabbruch *m*; V. INTERRUZIONE DELLA GRAVIDANZA.
abrasione *f* Ausradierung *f*.
abroga *f* v. abrogazione.
abrogare aufheben, abschaffen.
abrogativo *agg* aufhebend, außer Kraft setzend.
abrogazione *f* Aufhebung *f*, Abschaffung *f*, Außerkraftsetzung *f*; – **esplicita,** – **espressa** ausdrückliche Aufhebung; – **implicita** still-

schweigende Aufhebung; – **della legge** Gesetzesaufhebung; – **tacita** stillschweigende Aufhebung.

abusare missbrauchen; (*approfittarsi*) ausnutzen.

abusivismo *m* illegale Vorgehensweise *f*; – **edilizio** illegale Bautätigkeit *f*.

abusivo *agg* missbräuchlich, widerrechtlich.

abuso *m* Missbrauch *m*; – **di autorità** Missbrauch der Stellung, Missbrauch eines Autoritätsverhältnisses; – **di bianco segno** Blankettmissbrauch, unbefugte Blankettausfüllung. Missbrauch der Bianco-Unterschrift (A); – **della credulità popolare** Ausnutzung der Leichtgläubigkeit des Volkes; – **del diritto** Rechtsmissbrauch, missbräuchliche Rechtsausübung; – **di droghe** Drogenmissbrauch; – **edilizio** illegale Bautätigkeit *f*; – **di farmaci** Arzneimittelmissbrauch; – **di fiducia** Vertrauensmissbrauch; – **di foglio in bianco, – di foglio firmato in bianco** Blankettmissbrauch, unbefugte Blankettausfüllung, Missbrauch der Bianco-Unterschrift (A); – **dell'immagine altrui** Missbrauch eines fremden Bildes; – **di mandato** Vollmachtsmissbrauch; – **dei mezzi di correzione o di disciplina** Verletzung der Obhutspflicht; – **di posizione dominante** Missbrauch einer beherrschenden Stellung; – **della posizione di monopolio** Missbrauch der Monopolstellung; – **della potestà sui figli** Missbrauch der elterlichen Sorge; – **di potere** Missbrauch der Amtsgewalt; – **di professione o arte** Missbrauch des Berufes oder Gewerbes; – **della rappresentanza** Missbrauch der Vertretungsmacht; – **di sostanze alcoliche** Alkoholmissbrauch – **di sostanze stupefacenti** Betäubungsmittelmissbrauch; – **dello stato di bisogno** Ausnutzung der Notlage; – **di titoli** Missbrauch von Titeln; – **d'ufficio** Amtsmissbrauch; – **d'usufrutto** übermäßige Fruchtziehung, übermäßige Fruchtnießung (A).

accademia *f* Akademie *f*, Hochschule *f*.

Accademia di diritto internazionale Akademie für Internationales Recht.

accadere vorfallen, sich ereignen.

accadimento *m* Vorfall *m*, Ereignis *n*; – **d'azienda** Betriebsvorfall *m*, Geschäftsvorfall; – **dell'evento** (*dir. pen.*) Erfolgseintritt *m*.

accantonamento *m* Rückstellung *f*; – **per imposte e tasse** Steuerrückstellung *f*, Steuerreserve *f*, Steuerrücklage *f*.

accantonare (*fondi*) abzweigen, zurückstellen.

accaparramento *m* Aufkauf *m*, Hamstern *n*; – **di un agente di altra ditta** Ausspannen eines Agenten einer anderen Firma; – **di clientela** Abwerbung von Kunden.

accaparrare aufkaufen, hamstern; v. a. ACCAPARRAMENTO.

accaparratore *m* Aufkäufer *m*, Hamsterer *m*.

accasermamento *m* Kasernierung *f*.

accatastamento *m* Katastereintragung *f*.

accatastare in das Kataster eintragen.

accattonaggio *m* Betteln *n*, Bettelei *f*, Bettelwesen *n*; v. MENDICITA.

accedere (1) (*ad un trattato*) beitreten; (2) (*ad una proposta*) beistimmen.

acceleramento *m* Beschleunigung *f*; – **del parto** vorzeitiger Eintritt der Geburt.

accelerare beschleunigen.

accendere, – **un conto** ein Konto eröffnen; – **un'ipoteca** eine Hypothek bestellen; – **un prestito** ein Darlehen aufnehmen.

accensione *f*, – **del conto** Kontoeröffnung *f* – **del credito** Kreditaufnahme; – **dell'ipoteca** Hypothekenbestellung.

accentramento *m* Zentralisierung *f*; – **amministrativo** Zentralisierung der Verwaltung.

accentrare zentralisieren.

accertabile *agg* feststellbar.

accertamento *m* (1) Feststellung *f*, Ermittlung *f*; (2) (*tributario*) Veranlagung *f*; – **alternativo** (*dir. pen.*) Wahlfeststellung *f*; – **del corso** Kursfeststellung; – **del credito** Feststellung der Forderung; – **del danno** Schadensfeststellung; – **del fabbisogno** Bedarfsermittlung; – **dei fatti** Sachverhaltsaufklärung *f*; – **della filiazione** Abstammungsfeststellung; – **fiscale** Steuerfestsetzung *f*, (steuerliche) Veranlagung *f*; – **delle generalità** Feststellung der Personalien; – **giudiziale** gerichtliche Feststellung; – **giudiziario dello stato di insolvenza** gerichtliche Feststellung der Zahlungsunfähigkeit; – **dell'identità** (*di merci*) Nämlichkeitsfeststellung, (*di persone*) Identitätsfeststellung; – **dell'imponibile** Veranlagung; – **dell'imposta** Steuerermittlung *f*, Steuerveranlagung; – **incidentale** (*di questioni pregiudiziali*) Zwischenfeststellung (*von Vorfragen*); – **della morte** Feststellung des Todes; – **del passivo** (*fallimentare*) Feststellung der Schuldenmasse; – **della paternità** Vaterschaftsfeststellung; – **della pericolosità sociale** (*dir. pen.*) Feststellung der Gefährlichkeit (des Täters) für die Allgemeinheit; – **peritale** gutachterliche Feststellung; – **del reddito** Einkommensermittlung; – **della responsabilità** Klärung der Haftungsfrage; – **sanitario** gesundheitsbehördliche Überprüfung *f*; – **del tasso alcolico nel sangue** Blutalkoholbestimmung *f*; – **tecnico preventivo** (*proc. civ.*) Sachverständigenfeststellung im Beweissicherungsverfahren; – **d'ufficio** Feststellung von Amts wegen; – **tributario** Veranlagung, Steuerveranlagung; – **del valore** Wertermittlung; – **della verità** Wahrheitsfindung *f*.

accertare feststellen, ermitteln.

accessione *f* (1) (*acquisto di proprietà*) Vereinigung, Zuwachs *m* (A); (2) (*adesione a un trattato*) Beitritt *m*, Akzession *f*; (3) (*accesso a un luogo*) Zugang *m*; – **del possesso** Besitzvereinigung; – **al trattato** Beitritt zum Staatsvertrag; – **all'unione** Beitritt zur Union, Unionsbeitritt.

accesso *m* Zutritt *m*, Zugang *m*; **libero** – freier Zutritt; **libero – al mare** freier Zugang zum Meer; – **coattivo** Notweg *m*; – **ai dati** Datenzugriff *m*; – **diretto** Direktzugriff *m*; – **ai documenti** (*della P.A.*) Akteneinsicht *f*; – **guidiziale** (*dir. proc.*) Vornahme einer auswärtigen Beweisaufnahme; – **giudiziale sul luogo** Vornahme einer Ortsbesichtigung, Vornahme des Lokalaugenscheins (A); – **alla giustizia** Zugang zu den Gerichten; – **agli impieghi pubblici** Zugang zu öffentlichen Ämtern; – (*giudiziale*) **sul luogo di lavoro** (*proc. civ.*) Ortstermin am Arbeitsplatz; – **alla memoria** (*inf.*) Speicherzugriff *m*; – **ai mezzi di informazione** Zugang zu den Informationsquellen; – **necessario** (S) Notweg *m*; – **al potere** Regierungsantritt *m*; – **ai pubblici uffici** Zugang zu öffentlichen Ämtern.

accessori *m pl* (1) (*beni*) Zubehör *n*, Zugehör *n* (A, S); (2) (*del credito*) Nebenrechte *n pl*, Nebenforderungen *f pl*; (3) (*spese*) Nebengebühren *pl*, Nebenkosten *pl*, Nebenspesen *pl*; – **del premio** Nebenkosten zur Prämie; – **della retribuzione** Lohnnebenkosten.

accessorietà *f* Akzessorietät *f*; – **limitata** (*dir. pen.*) limitierte Akzessorietät.

accessorio *agg* akzessorisch, Neben –.

accettabile *agg* annehmbar, akzeptabel; zumutbar.

accettabilità *f* Annehmbarkeit *f*.

accettante *m* Akzeptant *m*, Annehmer *m*, Akzeptschuldner *m*; – **per intervento** Ehrenannehmer, Ehrenakzeptant, Interventionsakzeptant, Honorant *m*.

accettare annehmen, akzeptieren.

accettazione *f* (1) (*in generale*) Annahme *f*; (2) (*cambiale*) Annahme *f*, Akzept *n*; (3) (*dichiarazione*) Annahmeerklärung *f*; (4) (*tratta accetta-*

ta) Akzept; (5) (*ass*) Übernahme *f*; **contro** – gegen Akzept; **mancata** – Nichtannahme; – **dei bagagli** Gepäckannahme; – **bancaria** Bankakzept; – **con beneficio d'inventario** Erbschaftsannahme unter dem Vorbehalt der Errichtung eines Inventars, Annahme mit Inventarerrichtung, Erbserklärung mit der Rechtswohltat des Inventariums (A), Annahme unter öffentlichem Inventar (S); – **in bianco** Blankoakzept, Blankoannahme; – **cambiaria** Wechselakzept; – **commerciale** Handelsakzept; – **condizionata** bedingte Annahme, bedingtes Akzept; – **del conto** Anerkenntnis der Rechnung; – **della donazione** Schenkungsannahme; – **dell'eredità** Erbschaftsannahme, Erbserklärung *f* (A); – **espressa** ausdrückliche Annahme; – **estera** Auslandsakzept; – **di favore** Gefälligkeitsakzept, Gefälligkeitsannahme; – **della giurisdizione** (italiana dallo straniero) Anerkennung der (italienischen) Gerichtsbarkeit (durch einen Ausländer); – **incondizionata** bedingungsloses Akzept; – **per intervento** Ehrenakzept, Ehrenannahme, Interventionsakzept, Interventionsannahme, Notakzept; – **in luogo d'adempimento** Annahme an Erfüllungs Statt; – **dell'offerta** Annahme des Angebots; – **dell'opera** (*appalto*) Annahme des Werkes; – **di un ordine** Auftragsannahme; – **in pagamento** Annahme an Zahlungs Statt; – **parziale** Teilakzept; – **della proposta** (*di contratto*) Annahme des Antrags (*auf Schließung eines Vertrages*); – **pura e semplice** (*dell'eredità*) unbedingte Erbschaftsannahme, unbedingte Erbserklärung (A); – **della rinuncia agli atti del giudizio** Einwilligung in die Klagerücknahme; – **di rischio** freiwillige Gefahrübernahme; – **di un rischio per opportunità** Kulanzdeckung eines unerwünschten Risikos; – **della sentenza** Annahme des Urteils; – **senza riserve** vorbehaltlose Annahme; – **tacita** stillschweigende Annahme; – **tardiva** verspätete Annahme; – **di tratta** Trattenakzept.

accettazioni *f pl* in Rückdeckung übernommene Versicherungen.

accidentale *agg* zufällig.

accisa *f* Akzise *f*, Verbrauchsabgabe *f*.

acclamazione *f*, **eleggere per** – durch Akklamation wählen; **votare per** – durch Zuruf (= Akklamation) abstimmen.

accogliere (*domanda*) stattgeben.

accoglimento *m* Bewilligung *f*, Stattgabe *f*; – **della domanda** (1) Antragsbewilligung *f*; Antragsstattgabe *f*; (2) (*giudiziale*) Klagestattgabe *f*.

accollante *m* Schuldübernehmer *m*, Übernehmer *m*.

accollare aufbürden.

accollarsi (*debito*, *spese*, *responsabilità*) übernehmen.

accollatario *m* Gläubiger (*bei der Schuldübernahme*).

accollato *m* bisheriger Schuldner *m* (bei Schuldübernahme).

accollo *m* Schuldübernahme *f*; – **cumulativo** kumulative Schuldübernahme, bestärkende Schuldübernahme, Schuldmitübernahme, Schuldbeitritt *m*; – **di debito**, – **esterno,** – **con efficacia esterna** Schuldübernahme; – **interno,** – **liberatorio,** – **di pagamento** Erfüllungsübernahme, Zahlungsübernahme, Belastungsübernahme (S); – **privativo** befreiende Schuldübernahme, privative Schuldübernahme; – **semplice** Erfüllungsübernahme, Zahlungsübernahme, Belastungsübernahme (S); – **delle spese** Kostenübernahme.

accoltellatore *m* Messerstecher *m*.

accomandante *m* Kommanditist *m*, Kommanditär *m* (S =).

accomandatario *m* Komplementär *m*, Kommanditierter *m* (S-).

accomandita *f* Kommandite *f*.

accomodamento *m* gütliche Regelung, Beilegung *f*, Ausgleich *m*, Schlichtung *f*; – **amichevole** gütlicher Ausgleich.

accomodare schlichten.

accomodarsi (*sul prezzo, sulle condizioni*) sich einigen (*über den Preis, über die Bedingungen*).

accompagnamento *m* (*davanti ad autorità*) Vorführung *f*; – **alla frontiera** (*dello straniero*) Abschiebung; – **coattivo** zwangsweise Vorführung.

accompagnare (dem Richter) vorführen.

accompagnatore *m*, – **turistico** Reiseleiter *m*.

acconsentire zustimmen.

acconto *m* Anzahlung *f*, Vorschuss *m*; **chiedere un** – eine Anzahlung fordern; **pagare un** – anzahlen; **ricevere in** – als Anzahlung erhalten; **versare un** – anzahlen, eine Anzahlung leisten; – **della clientela** Kundenanzahlung *f*; – **di dividendo** Abschlagsdividende *f*, Zwischendividende, Interimsdividende, Vorschussdividende, Vordividende; – **ai fornitori** Lieferantenanzahlung *f*; – **d'imposta** Steuervorauszahlung; – **sul prezzo** Kaufpreisanzahlung; – **versato** Kreditorenanzahlung *f*.

accordare (1) (*conciliare*) versöhnen, schlichten; (2) (*armonizzare*) aufeinander abstimmen; (3) (*concedere*) bewilligen, gewähren.

accordarsi (1) (*mettersi d'accordo*) sich einigen; (2) (*transigere*) sich vergleichen.

accordi *m pl* **generali di prestito** allgemeine Kreditvereinbarungen.

accordo *m* (*1*) (*patto*) Abkommen *n*, Vereinbarung *f*, Übereinkommen *n*, Übereinkunft *f*; (2) Einigung *f*, Einverständnis *n*, Zustimmung *f*; **concludere un** – ein Abkommen schließen; **mettersi d'** – sich einigen; **siglare un** – ein Abkommen paraphieren; **comune** – gemeinsames Einvernehmen, gegenseitiges Einvernehmen, gemeinsames Einverständnis, **di comune** – einvernehmlich, in beiderseitigem (*o.* allseitigem) Einvernehmen; – **accessorio** Nebenvereinbarung; – **addizionale** Zusatzabkommen, Zusatzübereinkommen; – **aereo** Luftfahrtsabkommen; – **aggiuntivo** Zusatzabkommen, Zusatzübereinkommen; – **amichevole** gütliche Einigung, gütliche Verständigung, gütliche Vereinbarung; – **amministrativo** Verwaltungsabkommen, Verwaltungsübereinkommen; – **di applicazione** Anwendungsabkommen; – **di assistenza giudiziaria** Rechtshilfeabkommen; – **di associazione** Assoziierungsabkommen; – **sull' autonomia** Autonomieabkommen; – **aziendale** Betriebsvereinbarung; – **di baratto** Tauschabkommen, Tauschhandelsabkommen; – **di base** Rahmenabkommen; – **bilaterale** zweiseitiges Abkommen; – **di cambio** Devisenabkommen, Währungsabkommen; – **di cartello** Kartellabkommen; – **sulla clausola della nazione più favorita** Meistbegünstigungsabkommen; – **di clearing** Clearingabkommen, Clearingübereinkommen, Clearingvertrag, Verrechnungsabkommen; – **di collaborazione** Abkommen über (die) Zusammenarbeit; – collettivo Kollektivvereinbarung; – **collettivo di lavoro** Tarifvertrag *m*, Tarifvereinbarung, Tarirübereinkommen, Gesamtarbeitsvertrag, Kollektivvertrag (A), Kollekrivarbeitsvertrag (A); – **collettivo sui salari** Lohnabkommen; – **commerciale** Handelsabkommen, Warenaustauschabkommen; – **per commettere un reato** Verabredung einer Straftat; – **di compensazione** Verrechnungsabkommen, Kompensationsabkommen; – **sulla competenza** Zuständigkeitsvereinbarung, Prorogationsvertrag *m*; – **sulla competenza territoriale** Gerichtsstandvereinbarung, Vereinbarung über die örtliche Zuständigkeit; – **complementare** Ergänzungsabkommen, Zusatzabkommen, Zusatzübereinkommen; – **sulle comunicazioni** Verkehrsabkommen; – **sulla concorrenza**

Wettbewerbsabkommen; – **di contingentamento** Kontingentierungsvereinbarung; – **di consultazione** Konsultationsvereinbarung; – **contrattuale** vertragliche Vereinbarung; – **di controllo** Kontrollabkommen; – **di cooperazione** Kooperationsabkommen; – **di cooperazione culturale** Abkommen über kulturelle Zusammenarbeit; – **di credito** Kreditabkommen, Kreditvereinbarung; – **culturale** Kulturabkommen, Kulturübereinkommen; – **diplomatico** diplomatisches Abkommen; – **di divisione** Teilungsabkommen, Teilungsvertrag *m*; – **di divisione dell'eredità** Erbauseinandersetzungsvertrag *m*, Erbteilungsvertrag, Erbteilungsübereinkommen, Erbübereinkommen (A), Erbenübereinkommen (A), Erbschaftsvergleich *m*; – **economico** Wirtschaftsabkommen, Wirtschaftsvereinbarung; – **economico collettivo** Tarifvertrag *m*, Tarifvereinbarung, Tarifübereinkommen, Gesamcarbeitsvertrag, Kollektivarbeitsvertrag (A), Kollektivvertrag (A); – **elettorale** Wahlabkommen; – **d'esclusività** Ausschießlichkeitsabkommen, Ausschießlichkeitsvereinbarung; – **sull'esecuzione** Durchführungsabkommen. Vollstreckungsabkommen; – **espresso** ausdrückliche Vereinbarung; – **europeo sulle grandi strade del traffico internazionale** Europäisches Übereinkommen über die Hauptstraßen des internationalen Verkehrs; – **europeo sul trasporto internazionale su strada di merci pericolose** Europäisches Übereinkommen über die internationale Beförderung gefährlicher Güter auf der Straße; – **di finanziamento** Finanzierungsabkommen; – **finanziario** Finanzabkommen; – fiscale Steuerabkommen; – **di fornitura** Lieferabkommen, Lieferungsabkommen; – **relativo al** (*o*: **sul**) **foro competente** Gerichtsstandsvereinbarung; – **di frontiera** Grenzabkommen; – **di fusione** Fusionsabkommen; – **di garanzia** Garantieabkommen, Sicherungsvereinbarung; – **generale** Generalabkommen, allgemeines Abkommen; – **generale sulle tariffe doganali e il commercio** (GATT) Allgmeines Zoll- und Handelsabkommen; – **governativo** Regierungsabkommen, Regierungsübereinkommen, Regierungsvertrag *m*, Staatsabkommen; – **individuale** Einzelvereinbarung; – **industriale** Industrieabkommen; – **integrativo** ergänzende Vereinbarung, Ergänzungsabkommen; – **interbancario** Bankenabsprache *f* (*über gemeinsame Geschäftskonditionen*); – **intergovernativo** Regierungsabkommen, Regierungsvereinbarung; – **internazionale** internationales Abkommen; – **internazionale sul frumento** internationales Weizenabkommen, internationales Weizenübereinkommen (1956); – **interno** internes Abkommen; – **di interscambio** Warenaustauschabkommen; – **di legislatura** Legislaturvereinbarung; – **di licenza** Lizenzabkommen; – **per la liquidazione dei sinistri** Regulierungshilfe-Abkommen; – **di lunga durata**, – **a lungo termine** langfristiges Abkommen; – **di massima** grundsätzliche Übereinkunft; – **di mercato** Marktvereinbarung, Absatzabkommen; – **militare** Militärabkommen; – **monetario** Währungsabkommen, Währungsvertrag *m*, Devisenabkommen. Geldabkommen, Münzabkommen; – **monetario europeo** (AME) Europäisches Währungsabkommen (EWA); – **di moratoria** Stillhalteabkommen; – **multilaterale** mehrseitiges Abkommen, multilaterales Abkommen; – **di mutua assistenza** Beistandsabkommen; – **navale** Flottenabkommen; – **di neutralità** Neutralitätsabkommen; – **sull'omissione dell'appello** Vereinbarung der Sprungrevision; – **di**

pace Friedensvereinbarung; – **di pagamento** Zahlungsabkommen; – **di pagamento rateale** Teilzahlungsvereinbarung; – **delle parti** (*requisito del contratto*) Einigung der Vertragsparteien; Parteiabrede *f*; – **fra le parti** Parteivereinbarung, Parteienvereinbarung (A); – **particolare** Sonderabkommen, Sondervereinbarung; – **parziale** Teilvereinbarung; – **di patteggiamento** (*proc. pen.*) Prozessabsprache *f*, Deal *m*; – **permanente** Dauerabkommen; – **sulla pesca** Fischereiabkommen; – **postale** Postabkommen; – **postale internazionale** Weltpostabkommen; – **preferenziale** Präferenzabkommen; – **preliminare** Vorvertrag *m*, Präliminarvereinbarung; – **sui prezzi** Preisabkommen, Preisvereinbarung, Preisabmachung *f*, Preisabrede *f*; – **principale** Hauptabkommen, – **processuale** Prozessvereinbarung; – **sulla produzione** Produktionsabkommen; – **di programma** Planungsabkommen; – **di proroga** (*dei debiti*) Stillhalteabkommen; – **provvisorio** vorläufiges Abkommen; – **quadro** Rahmenvereinbarung; – **di reciprocità** Gegenseitigkeitsabkommen, Gegenseitigkeitsübereinkommen; – **reciproco** gegenseitige Vereinbarung; – **relativo agli abbonamenti ai giornali ed alle pubblicazioni periodiche** Postzeitungsabkommen; – **relativo agli invii con assegno** Postnachnahmeabkommen; – **relativo alle lettere e alle scatolette con valore dichiarato** Wertbrief- und Wertkästchenabkommen, Wertbrief- und Wertschachtelabkommen (A, S); – **relativo ai pacchi postali** Postpaketabkommen; – **relativo ai postagiro** Postüberweisungsabkommen; – **relativo alle riscossioni** Postauftragsabkommen; – **relativo al servizio internazionale del risparmio** Postsparkassenabkommen; – **relativo ai vaglia postali e ai buoni postali di viaggio** Postanweisungs- und Postreisescheckabkommen, Postanweisungs- und Postreisegutscheinabkommen (S); – **sui requisiti minimi per il rilascio e la validità delle patenti di guida** Übereinkommen über die Mindestanforderungen für die Erteilung und die Gültigkeit von Fahrerlaubnissen; – **di rinnovazione** Verlängerungsabkommen; – **sulle riparazioni** Reparationsabkommen; – **salariale** Lohnvereinbarung; – **di Schengen** Schengener Abkommen; – **scritto** schriftliche Vereinbarung; – **di sede** (*dir. int.*) Sitzabkommen; – **segreto** Geheimabkommen; – **separato** Separatabkommen; – **di separazione** (*personale dei coniugi*) Trennungsvereinbarung; – **settoriale** Branchenvereinbarung; – **di sicurezza** Sicherheitsabkommen; – **sindacale** Vereinbarung der Tarifparteien, Tarifvereinbarung; – **sulla sospensione del processo** Vereinbarung über das Ruhen des Verfahrens; – **speciale** Sonderabkommen, Sondervereinbarung; – **sottobanco** Unter-der-Hand-Vereinbarung; – **di stabilizzazione dei cambi,** – **di stabilizzazione della moneta** Währungsstabilisierungsabkommen; – **stragiudiziale** außergerichtliche Vereinbarung; – **supplementare** Ergänzungsabkommen, Ergänzungsübereinkommen; – **tacito** stillschweigende Vereinbarung; – **di tariffa**, – **tariffario** Tarifabkommen, (*doganale*) Zolltarifabkommen; – **tipo** Mustervereinbarung; – **sul traffico aereo** Luftverkehrsabkommen; – **transattivo** vergleichsweise Einigung; – **transitorio** Überbrükkungsabkommen, Übergangsabkommen; – **di trasferimento** Transferabkommen; – **di trattamento preferenziale** Begünstigungsabkommen; – **tributario** Steuerabkommen; – **trilaterale** dreiseitiges Abkommen; – **sul turismo** Abkommen über den

Reiseverkehr, Reiseverkehrsabkommen; – **di tutela** Treuhandschaftsabkommen, Treuhänderschaftsübereinkommen; – **verbale** mündliche Vereinbarung; – **di vertice** Gipfelübereinkunft; – **di volontà** Willenseinigung *f*, Willensübereinstimmung *f*; v. a. CONTRATTO, CONVENZIONE, TRATTATO.

accreditamento *m* (1) Gutschrift *f*, Vergütung *f*, Akkreditierung *f*; (2) (*diplomazia*) Beglaubigung *f*, Akkreditierung *f*; v. a. ACCREDITO.

accreditante *m* Akkreditivsteller *m*.

accreditare gutschreiben, gutbringen, vergüten, erkennen, kreditieren, akkreditieren; (*diplomazia*) beglaubigen, akkreditieren; **da** – (*assegno*) nur zur Verrechnung.

accreditatario *m* Akkreditierter *m*, Kreditnehmer *m*.

accreditato *m* Akkreditierter *m*, Kreditnehmer *m*.

accredito *m* Gutschrift *f*, Vergütung *f*; – **in conto** Kontogutschrift; – **degli interessi** Zinsgutschrift.

accrescere vermehren.

accrescersi anwachsen.

accrescimento *m* (1) (*diritto dei coeredi*) Anwachsung *f*, (2) (*crescita*) Zuwachs *m*, Vermehrung *f*; – **demografico** Bevölkerungswachstum *n*, Bevölkerungszunahme *f*, Bevölkerungszuwachs; – **patrimoniale** Vermögensvermehrung; – **del reddito** Einkommensvermehrung, – **di valore** Wertzuwachs; v. a. AUMENTO, CRESCITA.

accumulazione *f* Anhäufung *f*, Akkumulation *f*; – **di dividendi** Dividendenansammlung *f*; – **di rischi** Risikenhäufung *f*, Kumul *m*, Kumulierung *f*.

accusa *f* Anklage *f*; **pubblica** – Anklagebehörde *f*, öffentlicher Ankläger.

accusare (1) beschuldigen, anschuldigen, anklagen, bezichtigen; (2) (*confermare*) bestätigen; – **di furto** des Diebstahls beschuldigen; – **ricevuta** den Empfang bestätigen; v. a. IMPUTARE.

accusato *m* Beschuldigter *m*, Angeschuldigter *m*, Angeklagter *m*; (S) Angeklagter; v. a. IMPUTATO.

accusatore *m* Ankläger *m*; (S) Privatstrafkläger *m* (S); **pubblico** – öffentlicher Ankläger, öffentlicher Kläger; – **adesivo** (*persona offesa dal reato*) Nebenkläger *m*; – **cantonale** (S) kantonaler Ankläger (S).

acque *f pl* Gewässer *pl*; – **adiacenti** *pl* Küstengewässer *pl*; – **chiuse** geschlossene Gewässer; – **freatiche** Grundwasser *n*; – **inquinate** (umwelt) verschmutzte Gewässer; – **internazionali** internationale Gewässer; – **interne** Binnengewässer; – **libere** freies Wasser; – **limitrofe** Grenzgewässer; – **navigabili** schiffbare Gewässer, Fahrwasser *n*; – **nazionali** Eigengewässer; – **pubbliche** öffentliche Gewässer, öffentliches Wassergut (A); – **di rifiuto** Abwässer; – **di scolo** Abwässer; – **sotterranee** Grundwasser *n*; – **storiche** historische Gewässer; – **straniere** fremde Gewässer; – **territoriali** Territorialgewässer, Eigengewässer, Hoheitsgewässer, Küstengewässer.

acquiescenza *f* Annahme einer Entscheidung, Rechtsmittelverzicht; – **ad una decisione** Annahme einer Entscheidung; – **all'impugnazione** Rechtsmittelverzicht; – **parziale** teilweiser Rechtsmittelverzicht.

acquirente *m* Erwerber *m*, Käufer *m*, Abnehmer *m*; **potenziale** – Kaufinteressent *m*, potentieller Käufer *m*; **primo** – Ersterwerber; **principale** – Hauptabnehmer; **terzo** – Dritterwerber; **ultimo** – Endabnehmer; – **all'ingrosso** Großabnehmer, Großeinkäufer; – **marginale** Grenzkäufer; – **a premio** Prämienkäufer; – **allo Stellage** Stellagenehmer *m*; – **a termine** Terminkäufer; v. a COMPRATORE.

acquisire (1) (*acquistare*) erwerben; (2) (*clienti*) akquisieren, werben, agentieren (A =).

acquisitore *m* Akquisiteur *m*, Werber *m*.

acquisizione *f* (1) (*acquisto*) Erwerbung *f*; (2) (*di clienti*) Werbung *f* Akquisition *f*, Kundenwerbung; (3) (*al processo*) Beiziehung *f*; – **di affari** Auftragsakquisition; – **di clienti** Kundenakquisition; – **(di) dati** Datenerfassung *f*; – **di fascicoli** Aktenbeiziehung.

acquistabile *agg* käuflich; – **di ordini** Auftragsakquisition; – **probatoria** Beweiserhebung *f*; – **delle prove** Beweiserhebung *f*.

acquistare erwerben, kaufen, anschaffen, abkaufen, einkaufen, ankaufen, abnehmen; – **in blocco,** – **all'ingrosso** aufkaufen; v. a. COMPRARE.

acquisto *m* Kauf *m*, Erwerb *m*, Anschaffung *f*, Ankauf, Einkauf, Erstwerbung *f*, Bezug *m*; **fare un** – einen Kauf tätigen; **primo** – Ersterwerb; – **di azioni proprie** Erwerb eigener Aktien; – **in blocco** Bauschkauf; – **in borsa** Börsenkauf; – **di buona fede** gutgläubiger Erwerb, Gutglaubenserwerb; – **a carattere speculativo** Spekulationskauf; – **della cittadinanza** Erwerb der Staatsangehörigkeit, Bürgerrechtserwerb (S); – **coattivo** Zwangskauf; – **a contanti** Barkauf, Kassakauf, Kauf gegen bar, Kauf gegen Kassa, Bareinkauf, Tageskauf; – **di copertura** Deckungskauf; – **di cosa generica** Gattungskauf; – **di cose di sospetta provenienza** Erwerb von Sachen verdächtiger Herkunft; – **di cosa specifica** Spezieskauf; – **costitutivo** konstitutiver Erwerb; – a **credito** Kauf auf Kredit, Kreditkauf, Borgkauf (A =); – **derivativo** abgeleiteter Erwerb, derivativer Erwerb; – **diretto** unmittelbarer Erwerb; – **del diritto** Rechtserwerb; – **di diritto** Erwerb von Rechts wegen; – **dell'eredità** Erwerb der Erbschaft; – **all'estero** Auslandserwerb; – **fermo** Festkauf; – **fittizio** Scheinerwerb; – **dei frutti** Fruchterwerb, Fruchtgenuss *m*; – **fuori piazza** Distanzkauf; – **indiretto** mittelbarer Erwerb; – **all'ingrosso** Großeinkauf; – **intermedio** Zwischenerwerb; – **in massa** Masseneinkauf; – **al meglio** Bestkauf; – **minimo** Mindesterwerb, Mindestabnahme *f*; – **„a non domino"** Erwerb vom Nichtberechtigten; – **dal non proprietario** Erwerb vom Nichtberechtigten; – **d'occasione** Gelegenheitskauf; – **per occupazione** Erwerb durch Aneignung; – **off-shore** Offshore-Kauf; – **oneroso** entgeltlicher Erwerb; – **originario** originärer Erwerb; – **del possesso** Besitzerwerb; – **della proprietà** Eigentumserwerb; – a rate Ratenkauf, Ratenzahlungskauf, Abzahlungskauf; – **al rialzo** Haussekauf; – **di rimpiazzo** Deckungskauf; – **di seconda mano** Erwerb aus zweiter Hand; – **di sostegno** Stützungskauf; – **speculativo** Spekulationskauf; – **supplementare** Zukauf; – **a termine** Terminkauf, Lieferungskauf; – **a termine fisso** Fixkauf; – **di terreni** Grunderwerb, – **di territorio** Gebietserwerb; – **di titoli** Effektenerwerb; – **di titoli azionari** Aktienerwerb, Aktienkauf; – **a titolo derivativo** abgeleiteter Erwerb, derivativer Erwerb; – **a titolo originario** originärer Erwerb; – **a titolo di prova** Kauf zur Probe; – **traslativo** translativer Erwerb; – **di valuta estera** Devisenkauf; – **di voti** Stimmenkauf; v. a. COMPERA; VENDITA.

adattabilità *f* Anpassungsfähigkeit *f*.

adattamento (1) Anpassung *f*; (2) (*dell'opera dell'ingegno*) Bearbeitung *f*; – **strutturale** strukturelle Anpassung.

addebitabilità *f* Verantwortlichmachung *f*, Anlasten *n*; – **della separazione** (*dei coniugi*) Anlasten der Trennung.

addebitamento *m* Belastung *f*; v. a. ADDEBITO.

addebitare (1) belasten, berechnen, debitieren, abbuchen, ins Soll eintragen, (*postagiro anche*:) lastschreiben; (2) (*un reato*) (jemandem eine Straftat) zur Last legen.

addebito *m* Belastung *f.* Berechnung *f;* (*certificato di addebitamento*) Lastschrift *f;* – **in conto** Kontobelastung.
addestramento *m* Ausbildung *f;* – **professionale** Berufsausbildung; – **speciale** Spezialausbildung.
addestrare ausbilden.
addetto *m* (1) (*impiegato*) Angestellter *m;* (2) (*dipl.*) Attaché *m;* – **agli acquisti** Einkäufer; – **commerciale** Handelsattaché; – **culturale** Kulturattaché, (*di consolato*) Kulturreferent *m;* – **finanziario** Finanzattaché; – **di legazione** Gesandtschaftsattaché; – **militare** Militärattaché; – **navale** Marineattaché; – **(alla) stampa** Presseattaché, Pressereferent.
additivo *m* Zusatzstoff *m;* – **chimico** chemischer Zusatzstoff.
addizionale *f* (*a tributi e contributi*) Zusatzabgabe *f,* Ergänzungsabgabe; – **straordinaria** Sonderzuschlag *m.*
addizione *f* (1) Zusatz *m;* (2) (*enfiteusi*) Einrichtung *f.*
adeguamento *m* Angleichung *f,* Anpassung *f;* – **del canone** (*locazioni urbani*) Mietzinsangleichung (*wegen veränderter Berechnungsgrundlage*); – **monetario** Währungsangleichung; – **delle pensioni** Rentenanpassung; – **dei salari** Lohnangleichung; – **dei salari al costo della vita** Angleichung der Löhne an die Lebenshaltungskosten; – **strutturale** strukturelle Angleichung; – **tariffario** Tarifangleichung.
adeguatezza *f* **sociale** Sozialadäquanz *f.*
adeguato *agg* angemessen.
adempiere erfüllen, einlösen, leisten.
adempimento *m* Erfüllung *f;* **esatto** – vertragstreue Erfüllung; – **completo** vollständige Erfüllung; – **della condizione** Erfüllung der Bedingung; – **del contratto** Erfüllung des Vertrages, Vertragserfüllung; – **contrattuale** vertragsgemäße Erfüllung; – **di un dovere** Erfüllung einer Rechtspflicht; – **inesatto** ungenaue Erfüllung; – **in natura** Erfüllung in natura; Naturalerfüllung; – **parziale** Teilerfüllung, teilweise Erfüllung; – **ritardato** verspätete Erfüllung; – **del terzo** Erfüllung durch Dritte; – **volontario** freiwillige Erfüllung; v. a. ESECUZIONE.
ademprivio *m* (*Sardegna*) Weidegemeinschaft *f.*
aderente *m* Anhänger *m,* (*membro*) Mitglied *n;* – **ad un partito** Parteianhänger, Parteigänger *m,* Parteimitglied *n.*
aderire beitreten.
adescamento *m,* – **al libertinaggio** Aufforderung zur Unzucht, Anlokken zur Unzucht (S).
adesione *f* Beitritt *m,* Eintritt *m;* – **al contratto** Vertragsbeitritt; – **obbligatoria** Beitrittszwang *m;* Zwangsmitgliedschaft *f;* – **al trattato** Beitritt zum Staatsvertrag, Vertragsbeitritt.
adire anrufen; – **l'eredità** die Erbschaft antreten; – **le vie legali** den Rechtsweg beschreiten.
adizione *f* Anrufung *f;* – **d'eredità** Erbschaftsantritt *m;* – **del giudice** Anrufung des Gerichts.
adoperare anwenden, benutzen.
adottabilità *f* Adoptionsfähigkeit *f.*
adottando *m* (anzunehmendes) Kind *n,* Anzunehmender *m.*
adottante *m* Annehmender *m.*
adottare (1) adoptieren, als Kind annehmen (D), an Kindesstatt annehmen (A); (2) (*risoluzione*) annehmen.
adottato *m* angenommenes Kind, Adoptierter *m,* Wahlkind (A=).
adozione *f* Adoption *f,* Annahme als Kind (D), Wahlkindschaft (A); – **piena** Volladoption.
adulterare verfälschen, fälschen.
adulterazione *f* Verfälschung *f,* Fälschung *f;* – **e contraffazione di sostanze alimentari** Verfälschung von Lebensmitteln; – **del vino** Weinpantschen *n* (*corr*).
adulterino *agg* (*figlio*) aus einem Ehebruch hervorgegangen.
adulterio *m* Ehebruch *m;* **commettere** – die Ehe brechen.
adultero *m* Ehebrecher *m.*

adultero *agg* ehebrecherisch.

adunanza *f* Versammlung *f*, Sitzung *f*; – **in camera di consiglio** Zusammentreten *n* in nichtöffentlicher Sitzung (*im Beratungszimmer*), – **dei creditori** (*dir. fall.*) Gläubigerversammlung *f*; – **in luogo pubblico** öffentliche Versammlung; – **plenaria** Vollsitzung *f*; – **plenaria delle sezioni giurisdizionali** (*consiglio di Stato*) Vollsitzung der rechtsprechenden Senate; – **di verificazione dello stato passivo** (*fallimentare*) Prüfungstermin *m*, Prüfungstagsatzung *f* (A); v. a. RIUNIONE, SEDUTA.

adunarsi sich versammeln.

adunata *f* (1) Versammlung *f*; (2) (*militare*) Appell *m*; – **sediziosa** aufrührerische Versammlung; v. a. RADUNATA.

aerodromo *m* v. AEROPORTO.

aerogramma *m* Aerogramm *n*, Luftpostleichtbrief *m*.

aeromobile *m* Luftfahrzeug *n*; – **commerciale** Handelsluftfahrzeug.

aeronautica *f* **militare** Luftwaffe *f*.

aeroplano *m* Flugzeug *n*; – **charter** Charterflugzeug.

aeroporto *m*, – **d'arrivo** Ankunftsflughafen *m*; – **di destinazione**, – **di destino** Bestimmungsflughafen *m*; – **doganale** Zollflughafen *m*; – **franco** Zollfreiflughafen *m*; – **d'imbarco** Abflughafen *m*, Abgangsflughafen (S); – **internazionale** internationaler Flughafen; – **militare** Militärflughafen *m*; – **pubblico** öffentlicher Flughafen; – **di sbarco** Ausladeflughafen *m*; – **di scalo** Anflughafen *m*; – **di trasbordo** Umladeflughafen *m*.

affare *m* (1) Angelegenheit *f*, Sache *f*; (2) (*negozio*) Geschäft *n*; (3) (*operazione di gestione*) Geschäftsvorgang *m*, Vorgang; (4) (caso) Fall *m*, Affäre *f*; **abbandonare un** – aus einem Geschäft aussteigen; **buon** – ertragreiches Geschäft; **concludere un** – ein Geschäft abschließen; **ritirarsi da un** – sich aus einem Geschäft zurückziehen; **sistemare un** – eine Angelegenheit regeln; **trattare un** – über ein Geschäft verhandeln; – **amministrativo** Verwaltungsangelegenheit, Verwaltungssache; – **arrischiato** gewagtes Geschäft, Risikogeschäft; – **di banca** Bankgeschäft; – **di borsa** Börsengeschäft, Börsegeschäft (A =); – **civile** Zivilsache; – **civile non contenzioso** nichtstreitige Zivilsache; – **commerciale** Handelsgeschäft, Handelssache; – **in compartecipazione** Partizipationsgeschäft; – **per contanti** Bargeschäft, Promptgeschäft; – **contenzioso** Streitigkeit, streitige Angelegenheit, streitige Sache; – **contenzioso civile** Zivilstreitigkeit *f*, bürgerliche Streitigkeit; – **diplomatico** diplomatische Angelegenheit; – **disciplinare** Disziplinarsache; – **fittizio** Scheingeschäft; – **litigioso** streitige Angelegenheit, streitige Sache; – **a metà** Metageschäft; – **in partecipazione** Beteiligungsgeschäft; – **pecuniario** Geldangelegenheit; – **penale** Strafsache; – **personale** persönliche Angelegenheit; – **privato** Privatangelegenheit; – **a provvigione** Provisionsgeschäft; – **di reciprocità** Gegenseitigkeitsgeschäft; – **redditizio** lohnendes Geschäft, ertragreiches Geschäft; – **rischioso** Risikogeschäft, gewagtes Geschäft; ertragreiches Geschäft; – **in sospeso** schwebendes Geschäft; – **speculativo** Spekulationsgeschäft; – **di stato** Staatsangelegenheit; – **tavolare** Grundbuchsache, Grundbuchssache (A); – **d'ufficio** Dienstsache; – **urgente** Eil(t)sache; v. a. CAUSA, CONTRATTO, NEGOZIO, OPERAZIONE.

affari, abbandonare gli – das Geschäft aufgeben; **abile negli** – geschäftsgewandt; **gestire gli** – **altrui** fremde Geschäfte besorgen; **pratico degli** – geschäftserfahren; **ritirarsi dagli** – das Geschäft aufgeben; **versato negli** – geschäftsgewandt; **gli** – **sono** – Geschäft ist Geschäft; – **correnti** laufende Geschäfte, laufende Angelegenheiten;

– **esteri** auswärtige Angelegenheiten; – **interni** innere Angelegenheiten; – **nuovi** Neugeschäft; – **d'ordinaria amministrazione** laufende Geschäfte, laufende Angelegenheiten; – **pubblici** öffentliche Angelegenheiten; – **sociali** soziale Angelegenheiten v. a. AFFARE.

affarista *m* Geschäftemacher *m*, Spekulant *m*.

affermare behaupten.

affermazione *f* Behauptung *f*; – **di fatto** Tatsachenbehauptung.

affidamento *m* (1) (*fiducia*) Vertrauen *n*; (2) (*l'affidare*) Anvertrauen *n*, Anvertrauung *f*; **principio dell'** – Vertrauensgrundsatz *m*; – **familiare** (*di minori*) Familienpflege *f*; – **dei figli** (in *caso di divorzio o separazione*) Anvertrauung der Kinder; – **preadottivo** Adoptionspflege (*vorläufige Anvertrauung vor Volladoption*); – **in prova al servizio sociale** (*ord. penit.*) bedingte Entlassung *f* unter Führungsaufsicht.

affidare anvertrauen, zu getreuen Händen überlassen, (*un incarico*) übertragen.

affidatario *m* Pflegeperson *f*.

affidato *m* Kreditnehmer *m*, Kreditempfänger *m*.

affidavit *m* Affidavit *n*; – **bancario** Bankaffidavit.

affierolimento *m* **del diritto** (*dir. amw.*) Rechtsabschwächung *f*.

affiliare (*società*) angliedern.

affiliata *f* Tochtergesellschaft *f*.

affiliato *m* Mitglied *n*.

affiliazione *f* (*di società*) Angliederung *f*.

affine *m* Verschwägerter *m*, angeheirateter Verwandter.

affine *agg* verschwägert.

affinità *f* Schwägerschaft *f*; – **in linea collaterale** Schwägerschaft in der Seitenlinie; – **in linea retta** Schwägerschaft in gerader Linie.

affissione *f*, – **abusiva** unerlaubtes Anschlagen von Plakaten; – **all'albo pretorio** Aushang an der Amtstafel; – **in borsa** Börsenaushang; – **pubblicitaria** Werbeanschlag.

affittabilità *f* Vermietbarkeit *f*.

affittacamere *m* Zimmervermieter *m*.

affittanza *f* **collettiva** Kollektivpacht *f*.

affittare (1) verpachten; (2) (*locare*) vermieten.

affitto *m* (1) (*negozio giuridico*) Pacht *f*; (2) (*dare in affitto*) Verpachtung *f*; (*locazione*) Vermietung *f*; (3) (*canone*) Miete *f*, Mietzins *m*; Pacht *f*, Pachtzins *m*; **dare in** – verpachten; **prendere in** – pachten; – **acquisto** Mietkauf *m*; – **di azienda** Verpachtung eines Betriebes; – **bloccato** Mietstopp *m*; – **a coltivatore diretto** Verpachtung an den Selbstbewirtschaftenden; – **di fondo rustico** Landpacht; v. a. LOCAZIONE.

affittuario *m* Pächter *m*. Pachtinhaber *m*; – **coltivatore diretto** selbstbewirtschaftender Pächter.

afflusso *m* Zufluss *m*, Zustrom *m*; – **di capitale** Kapitalzufluss, Kapitalzustrom; – **di divise** Devisenzufluss; – **di immigrati** Einwandererzufluss; – **di ordinazioni** Auftragseingang *m*; – **di oro** Goldzufluss; – **di popolazione** Bevölkerungszustrom.

affogliamento *m v.* riaffogliamento.

affrancamento *m* (*schiavo*) Freilassung *f*; *v.* a. FRANCATURA.

affrancare (1) (*schiavo*) freilassen; (2) (*invii postali*) freimachen, frankieren; (3) (*liberare da oneri*) ablösen.

affrancatura Freimachung, Frankierung.

affrancazione *f* Ablösung *f* (*von Lasten*).

affronto *m* Affront *m*.

agenda *f* (1) Tagesordnung *f*, Traktande *f* (S); (2) Terminkalender *m*.

agente *m* (1) Agent *m*, Vertreter *m*, Vermittler *m*; (2) (*autore di reato*) Täter *m*; (3) Wirkstoff *m*; – **d'affari** Geschäftsvermittler, Geschäftsagent (S); – **d'assicurazione** Versicherungsagent, Versicherungsvermittler, Versicherungsvertreter; – **autorizzato a concludere contratti** Abschlussagent, Abschlussvertreter; – **di banca**

Bankagent; – **di brevetti** Patentanwalt *m*, Patentvertreter *m*; – **di cambio** Makler *m*, Mäkler *m*, Kursmakler, Börsenmakler, Börsenagent (S=), Sensal *m* (A=), Börsensensal (A=), Börsesensal (A=), (*limitatamente alle operazioni in cambi*) Devisenmakler; Wechselmakler, (*limitatamente alle operazioni su titoli*) Effektenmakler; – **del censimento** Zähler *m*; – **di collocamento** Arbeitsvermittler; – **commerciale**, – **di commercio** Handelsagent, Handelsvertreter, – **commissionario** Kommissionsagent; – **compratore** Einkäufer *m*, Einkaufskommissionär *m*; – **consolare** Konsularagent, Konsularvertreter; – **contabile** Rechnungsbeamter *m*; – contaminante Schadstoff *m*; – **di controllo** Kontrollbeamter *m*; – **di custodia** (*ordinamento penitenziario*) Justizvollzugsbeamter *m*, Bediensteter *m* des allgemeinen Vollzugsdienst; – **diplomatico** diplomatischer Vertreter; – **di diritto** (S) Rechtsagent (S); – **doganale** Zollbeamter *m*; – **esclusivo** Alleinvertreter; – **della forza pubblica** Vertreter der öffentlichen Gewalt; – **generale** Generalagent, Generalvertreter; – **della guardia di finanza** Beamter der Zollfahndungspolizei; – **immobiliare** Grundstücksmakler *m*, Immobilienmakler, Immobilienhändler *m*, Realitätenagent (A), Realitätenmakler (A), Realitätenvermittler (A), Realitätenhändler (A), – **delle imposte** Steuerbeamter *m*; – **locale** Platzagent; – **marittimo** Reedereivertreter, Schiffsagent, Schiffsmakler *m*, Schiffsklarierer *m*, Schiffsprokureur *m*; – **nocivo** Schadstoff *m*; – **dell'organizzazione esterna** Außenbeamter *m*; – **politico** Regierungsbeauftragter *m*; – **di polizia** Polizeibeamter; – **della polizia ferroviaria** Bahnpolizeibeamter *m*; – **della polizia giudiziaria**, – **della polizia investigativa** Kriminalbeamter *m*; – **principale** Hauptagent; – **produttore d'affari** Werber *m*, Geschäftsvermittler *m*, Geschäftsagent (S); – **provocatore** Lockspitzel *m*, agent provocateur *m*; – di **pubblica sicurezza** Polizeibeamter *m*, Wachmann *m* (A), Sicherheitswachbeamter (A), Sicherheitswachmann (A); – **di pubblicità**, – **pubblicitario** Werbeagent, Werbefachmann, (*limitatamente ad inserzioni*) Anzeigenvertreter; – **rappresentante** Abschlussvertreter; – **con rappresentanza** Abschlussagent, Abschlussvertreter; – **regionale** Gebietsagent, Bezirksagent, Gebietsvertreter, Bezirksvertreter; – **della riscossione** Erhebungsbeamter *m*; – **sanitario** Gesundheitsagent; – **segreto** Geheimagent; – **teatrale** Theateragent; – **tossico** Giftstoff; – **unico** Alleinvertreter; – **di vendita** Verkaufsagent, Verkaufsvertreter; – **di zona** Gebietsagent, Gebietsvertreter, Bezirksagent, Bezirksvertreter.

agenzia *f* Agentur *f*, Agentie *f* (A=), Expositur *f* (A–), (*ufficio*) Büro *n*, Geschäftsstelle *f*, (*ufficio distaccato*) Zweigstelle, Außenstelle, Nebenstelle; – **d'affari** Geschäftsagentur, Vermittlungsbüro, Vermittlungsstelle; – **di approvvigionamento dell'Euratom** Euratom-Versorgungsagentur; – **di assicurazioni** Versicherungsagentur, Versicherungsbüro; – **autorizzata a concludere contratti** Abschlussagentur; – **di banca**, – **bancaria** Bankfiliale; Bankagentur, Depositenkasse *f*, Depositenstelle; – **centrale** Zentralagentur; – **di collocamento** Arbeitsvermittlungsbüro, Stellennachweis *m*; – **commerciale** Handelsagentur; – **consolare** Konsulagentur; – **distaccata** Außenstelle; – **doganale** Zollagentur, Zollzweigstelle, Zollnebenstelle; – **d'emigrazione** Auswanderungsagentur, Auswanderungsbüro; – **per l'energia nucleare (AEN)** Kernenergie-Agentur; – **all'estero** Auslandsvertretung; – **europea**

per l'ambiente (AEA) Europäische Umweltagentur (EUA) – **europea di cooperazione (AEC)** Europäische Agentur für Zusammenarbeit (EAZ); – **europea di produttività** europäische Produktivitätszentrale; – **generale** Generalagentur, Generalvertretung; – **immobiliare** Immobilienbüro *n*, Realitätenbüro (A); – **di informazioni** Auskunftei *f*; – **di informazioni commerciali** Handelsauskunftei; – **di informazioni giornalistiche** Nachrichtenagentur, Nachrichtenbüro *n*; – **internazionale per l'energia (AIE)** Internationale Energie-Agentur; – **internazionale per l'energia atomica (AIEA)** Internationale Atomenergie-Organisation (IAEO); – **marittima** Schifffahrtskontor *f*; – **matrimoniale** Ehevermittlungsbüro, Eheanbahnungsinstitut *n*; – **postale** Poststelle; – **di prestiti su pegno** Pfandhaus *n*, Pfandleihanstalt *f*; Leihanstalt, Leihhaus, Versatzanstalt (S); – **pubblicitaria** Werbeagentur; – **spaziale europea** (ASE) Europäische Weltraumorganisation (EWO); – **di spedizioni** Speditionsagentur; – **di stampa** Presseagentur; – **di trasporti** Speditionsagentur; – **di vendita** Verkaufsagentur; – **di viaggi** Reisebüro.

agevolare begünstigen.

agevolazione *f* Begünstigung *f*, Vergünstigung *f*; **concedere – i** Erleichterungen gewähren; – **colposa** (*dir. pen.*) fahrlässiges Ermöglichen *n* (einer *Straftat*); – **dolosa dell'uso di sostanze stupefacenti** Förderung des Genusses von Betäubungsmitteln; – **all'esportazione** Ausfuhrerleichterung; – **fiscale** Steuererleichterung; – **di pagamento** Zahlungserleichterung; – **tributaria** Steuerbegünstigung, Steuererleichterung *f*, Steuervergünstigung *f*, Steuerpräferenz *f*; v. a. FACILITAZIONE.

aggio *m* Agio *n*, Aufgeld *n*, Aufzins *m*, Aufpreis *m*, Agiogewinn *m*; – **sull'argento** Silberagio; – **esattoriale** Hebegebühr *f*; – **sull'oro** Goldagio; – **di riscossione** Hebegebühr.

aggiornamento *m* (1) (*rinvio*) Vertagung *f*, Aufschiebung *f*; (2) (*professionale*) Fortbildung *f*; (3) (*adeguamento*) Anpassung *f*; – **del canone** (*locazioni urbani*) jährliche Mietzinsanpassung *f* (*an die Lebenshaltungskosten*); – **professionale** berufliche Fortbildung.

aggiornare (1) (*rinviare*) vertagen, aufschieben, verschieben; (2) (*mettere al corrente*) auf den neuesten Stand bringen.

aggiotaggio *m* Agiotage *f*, Kurstreiberei *f*; Plusmacherei *f*.

aggiotare Agiotage treiben, agiotieren.

aggiotatore *m* Agioteur *m*, Kurstreiber *m*.

aggiudicare (1) (*incanto*) den Zuschlag erteilen, zuschlagen; (2) (*pubblico appalto*) vergeben.

aggiudicarsi ersteigern, erstehen.

aggiudicatario *m* (1) (*incanto*) Ersteher *m*, Ersteigerer *m*; (2) (*pubblico appalto*) Auftragnehmer *m*.

aggiudicazione *f* (1) (*incanto*) Zuschlagserteilung *f*, Zuschlag *m*; (2) (*pubblico appalto*) Vergabe *f*; (3) (*di territori mediante sentenza arbitrale*) Adjudikation *f* (*durch Schiedsspruch*) – **per appalto-concorso** (*opere pubbliche*) Vergabe durch öffentliche Ausschreibung; – **per licitazione privata** Vergabe durch beschränkte Ausschreibung; – **al maggiore offerente** Zuschlag an den Meistbietenden; – **per persona da nominare** Zuschlag an eine namhaft zu machende Person; – **di pubblico appalto** Vergabe eines öffentlichen Auftrages; – **per trattativa privata** freihändige Vergabe.

aggiunta *f* (1) Zuschuss *m*, Zugabe *f*; (2) (*appendice*) Nachtrag *m*; – **di famiglia** Familienzulage *f*, Familienzuschlag *m*, Familienzuschuss; – **alla polizza** Policennachtrag; – **allo stipendio** Gehaltszulage *f*; v. a. MAGGIORAZIONE, SUPPLEMENTO.

aggiunto *m* (1) Beigeordneter *m*; (2) (*funzionario agli inizi della carriera*) Assessor *m*, Adjunkt *m* (A); – **giudiziario** Richter auf Probe.
aggiunto *agg* beigeordnet.
aggiustamento *m* (1) Ausgleich *m*, Regelung *f*; (2) Anpassung *f*; **venire a un** – sich vergleichen; – **dei prezzi** Preisanpassung *f*.
aggiustare (1) (*una lite, una vertenza*) beilegen; (2) (*adeguare*) anpassen.
aggiustarsi sich einigen.
aggravamento *m* Erschwerung *f*; – **del danno** Schadenserhöhung *f*; – **della pena** Strafverschärfung *f*, Strafschärfung; – **della pena in caso di recidiva** Strafschärfung bei Rückfall; – **della responsabilità** Haftungsverschärfung; – **del rischio** Gefahrerhöhung *f*, Risikoerhöhung.
aggravante *f* Erschwerungsgrund *m*.
aggravante *agg* strafverschärfend, strafschärfend.
aggravare verschärfen.
aggravio *m* Belastung *f*; – **fiscale** Steuerlast *f*; – **di spese** Kostenbelastung.
aggredire angreifen, überfallen.
aggregare angliedern.
aggregazione *f* Angliederung *f*.
aggressione *f* Aggression *f*, Angriff *m*, Überfall *m*; – **armata**, – **a mano armata** bewaffneter Angriff; – **flagrante** offenkundige Aggression; – **notturna** nächtlicher Überfall.
aggressività *f* Aggressivität *f*; – **giovanile** Jugendaggressivität.
aggressore *m* Angreifer *m*.
aggruppameto *m* Zusammenlegung *f*; – **di azioni** Zusammenlegung von Aktien, Aktienzusammenlegung.
aggruppare (*azioni*) zusammenlegen.
agiato *agg* wohlhabend, begütert.
agire handeln, einschreiten; – **di buona fede** gutgläubig handeln; – **in comune** gemeinschaftlich handeln; – **per conto di terzi** für fremde Rechnung handeln; – **di mala fede** bösgläubig handeln; – **in nome altrui** in fremdem Namen handeln; – **in nome proprio** im eigenen Namen handeln; – **a proprio rischio** auf eigene Gefahr handeln.
agitare aufhetzen, agitieren.
agitatore *m* Aufwiegler *m*, Aufrührer *m*, Unruhestifter *m*.
agitazione *f* Agitation *f*; – **operaia**, – **sindacale** Arbeitskampf *m*, Tarifauseinandersetzung *f*.
agnatizio *agg* agnatisch.
agnato *m* Agnat *m*.
agnazione *f* Agnation *f*.
agricolo *agg* landwirtschaftlich.
agricoltore *m* Landwirt *m*; – **diretto** selbstanbauender Landwirt.
agricoltura *f* Landwirtschaft *f*; – **biologica** biologische Landwirtschaft; – **intensiva** intensive Landwirtschaft.
agrimensore *m* Vermesser *m*, Landvermesser.
agrimensura *f* Vermessung *f*, Landvermessung.
agriturismo *m* Ferien auf dem Bauernhof.
aiutante ufficiale giudiziario Justizwachtmeister *m*.
aiutare helfen, unterstützen.
aiuto *m* Hilfe *f*; **prestare** – Hilfe leisten; – **alimentare** Nahrungsmittelhilfe; – **cassiere** Hilfskassierer *m*; – **contabile** Hilfsbuchhalter *m*; – **economico** Wirtschaftshilfe; – **all'esportazione** Ausfuhrförderung *f*, Exportförderung; – **estero** Außenhilfe; – **all'estero** Auslandshilfe; – **finanziario** Finanzhilfe, Kapitalhilfe, finanzielle Hilfe; – **di guerra** Kriegshilfe; – **immediato** Soforthilfe; – **iniziale** Starthilfe; – **provvisorio** Überbrückungshilfe; – **pubblico allo sviluppo** öffentliche Entwicklungshilfe; – **reciproco** gegenseitige Hilfe; – **statale** staatliche Hilfe; – **al suicidio** Beihilfe zum Selbstmord; – **allo sviluppo** Entwicklungshilfe; – **transitorio** Überbrückungshilfe; – **umanitario** humanitäre Hilfe.
ala *f* **del partito** Parteiflügel *m*.
albergamento *m* Beherbergung *f*.

albergatore *m* Gastwirt *m.*
albero *m* **sorgente sulla linea di confine** Grenzbaum *m.*
albo (1) (*per affissi*) Anschlagtafel *f*; (2) (registro) Rolle *f*, Liste *f*; **radiare dall'** – aus der Liste streichen; – **degli annunci** Anschlagtafel *f*; – **degli avvisi ufficiali** Amtstafel *f*; – **degli avvocati** Liste der Rechtsanwälte; – **di bordo** Musterrolle *f*; – **dei consulenti tecnici** Sachverständigenliste; – **dei falliti** Konkursregister *n*; – **delle imprese artigiane** Handwerksrolle; – **nazionale dei costruttori** nationales Verzeichnis der Bauunternehmer; – **dei periti** Sachverständigenliste; – **pretorio** Amtstafel *f*; – **professionale** Berufsregister *n.*
alcol *m* Alkohol *m*; – **etilico** Äthylalkohol.
alcoldipendente *agg* alkoholabhängig.
alcoldipendenza *f* Alkoholabhängigkeit *f.*
alcolemia *f* Blutalkoholkonzentration *f*, Alkoholgehalt *m* im Blut.
alcolismo *m* Alkoholismus *m.*
alcolista *m* Alkoholiker *m.*
alcolizzato *agg* alkoholisiert.
alcolizzazione *f* Alkoholisierung *f.*
alcolometria *f* Messung *f* des Alkoholgehalts, Alkoholgehaltsbestimmung *f.*
alcolometro *m* Alkoholmessgerät *n.*
alcoltest *m* (1) Alkoholtest *m*; (2) Alkoholtestgerät *n.*
alcool – V. ALCOL –.
alea *f* zufälliges Ereignis *n.*
aleatorio *agg* aleatorisch.
alfabetizzazione *f* Alphabetisierung *f.*
alibi *m* Alibi *n*; **addurre un –, fornire un** – ein Alibi beibringen; **procurarsi un** – sich ein Alibi verschaffen.
alienabile *agg* veräußerlich.
alienabilità *f* Veräußerlichkeit *f.*
alienante *m* Veräußerer *m.*
alienare veräußern.
alienato *m* **mentale** Geisteskranker *m.*
alienazione *f* (1) (*dei beni*) Veräußerung *f*; (2) Entfremdung *f*; – **dell'azienda** Betriebsveräußerung; – **in frode ai creditori** Veräußerung zur Benachteiligung der Gläubiger; – **mentale** Geisteskrankheit *f*; – **parziale** Teilveräußerung; – **della quota** Anteilsveräußerung; – **a titolo gratuito** unentgeltliche Veräußerung.
alimentazione *f* Ernährung *f*; Alimentierung *f*; – **artificiale** künstliche Ernährung; – **forzata** Zwangsernährung.
alimentando *m* Unterhaltsberechtigter *m*,.
alimenti *m pl* Unterhalt *m*; **passare gli -, somministrare gli** – Unterhalt gewähren; – **commisurati alla posizione sociale dell'alimentando** angemessener Unterhalt.
alinea *f* 2. Absatz (*eines Artikels, der nur aus zwei Absätzen besteht*).
aliquota *f* Satz *m*; (*d'imposta*) Steuersatz *m*; – **contributiva** Beitragssatz; – **di dazio** Zollsatz; – **differenziale** Staffelsatz; – **d'imposta** Steuersatz, Steuerfuß *m* (+ A), Hebesatz (+ A); – **IVA** Mehrwertsteuersatz; – **maggiorata** erhöhter (Steuer-)Satz; – **massima** Spitzen(steuer)satz; – **normale** normaler Satz; – **progressiva** progressiver Steuersatz; – **ridotta** ermäßigter Satz; – **di tributo** Ababesatz.
allacciamento *m* Anschluss *m*, Verbindung *f*; – **ai pubblici servizi** Anschluss an das öffentliche Versorgungsnetz.
allacciare, – **le cinture di sicurezza** die Sicherheitsgurte anlegen.
allarme *m* Alarm *m*; **procurato – presso l'Autorità** mutwillige Alarmauslösung *f*; **pubblico** – öffentliche Unruhe *f.*
allarmismo *m* Schwarzmalerei *f.*
alleanza *f* Bündnis *n*, Allianz *f*; **concludere un' –, stringere un'** – ein Bündnis schließen; **Santa** – Heilige Allianz; **triplice** – Dreibund *m*; – **atlantica** atlantisches

Bündnis; – **difensiva** Verteidigungsbündnis, Schutzbündnis; – **economica** Wirtschaftsbündnis; – **elettorale** Wahlbündnis; – **di governo** Regierungsbündnis; – **di guerra** Kriegsbündnis; – **militare** Militärbündnis; – **offensiva** Offensivbündnis, Trutzbündnis; – **offensiva e difensiva** Schutz- und Trutzbündnis; – **segreta** Geheimbündnis.

alleato *m* Verbündeter *m*, Alliierter *m*, Bundesgenosse *m*.

allegare (1) (*accludere*) beilegen; (2) (*addurre*) vorbringen, behaupten.

allegato *m* Anlage *f*, Beilage *f*, Anhang *m*.

allegazione *f* Behauptung *f*; – **di diritto** Rechtsbehauptung; – **di fatto** Tatsachenbehauptung.

allegazioni, **nuove** – neues Vorbringen.

alleggerimento *m* Erleichterung *f*; – **fiscale** Steuererleichterung.

allibrare buchen.

allibramento *m* Buchung *f*.

allievo *m*, – **conducente** Fahrschüler *m*; – **ufficiale** Offiziersanwärter *m*.

allineamento *m* (1) (*adeguamento*) Angleichung *f*, Anpassung *f*; (2) (Bau-)Fluchtlinie *f*; – **monetario** Währungsangleichung; – **dei prezzi** Preisangleichung, Preisanpassung *f*; – **dei salari** Lohnanpassung.

allineare angleichen.

allocazione *f* (*econ.*) Allokation *f*; – **delle risorse** Ressourcenallokation.

allocuzione *f* Ansprache *f*.

allodio *m* Allod *n*.

allogeno *m* Fremdstämmiger *m*.

alloggiamento *m* Beherbergung *f*.

alloggiare beherbergen.

alloggiatore *m* Quartiergeber *m*, Quartierwirt *m*, Logisgeber (S).

alloggio *m* Unterkunft *f*; – **in natura** Naturalwohnung *f* (A); – **di servizio** Dienstwohnung *f*.

allontanamento *m* Entfernung *f*, – **dei figli dalla residenza familiare** (*per ordine del giudice*) Trennung der Kinder von der elterlichen Familie; – **illecito** (*del militare*) eigenmächtige Abwesenheit; – **dalla residenza familiare** Verlassen (des Aufenthaltsorts) der Familie; – **dalla sala di udienza** Entfernung aus dem Sitzungszimmer; – **dal servizio** Entfernung aus dem Dienst; – **dal territorio dello Stato** (*dello straniero*) Abschiebung *f* (*eines Ausländers*).

allunga *f* v. allungamento.

allungamento *m* Anhang *m*, Allonge *f*; – **di cambiale** Wechselallonge, Wechselanhang.

alluvione *f* Anschwemmung *f*, Anspülung *f* (A).

alpicoltura *f* Almwirtschaft *f*.

alterare verfälschen.

alterazione *f* Verfälschung *f*; – **di atti** Urkundenverfälschung; – **di dati** Datenmanipulation *f*; – **di documenti** Urkundenverfälschung; – **di moneta** Geldverfälschung; – **di scritture** Urkundenverfälschung; – **di sigilli,** – **di sigillo** Siegelfälschung; – **di stato** Personenstandsfälschung; – **di termini** Grenzverrückung *f*; v. a. CONTRAFFAZIONE, FALSIFICAZIONE.

alternanza *f* Alternat *n*.

alternativa *f* Alternative *f*; – **democratica** demokratische Alternative.

alternativo *agg* alternativ.

Altezza Reale königliche Hoheit; **Sua** – Seine Hoheit.

alveo *m* Flussbett *n*; – **abbondonato** verlassenes Flussbett.

alzata *f*, **votare per** – **di mano** durch Handzeichen abstimmen; **votare per** – **e seduta** abstimmen durch Sitzenbleiben und Aufstehen, abstimmen durch Aufstehen; – **di cassa** Kassensturz *m*.

ambasciata *f* Botschaft *f*; – **d'Italia** Italienische Botschaft.

ambasciatore *m* Botschafter *m*; **richiamare un** – einen Boschafter abberufen; – **straordinario** außerordentlicher Boschafter.

ambientale *agg* Umwelt-.

ambientalista *m/f* Umweltschützer (-in).

ambiente *m* Umwelt *f*; Milieu *n*; – **della droga** Drogenmilieu, Drogenszene *f*; – **del lavoro** Arbeitsumgebung; – **naturale** Umwelt *f*; – **pulito** saubere Umwelt; – **sociale** soziales Umfeld *n*.

ambienti *m pl*, – **autorevoli** maßgebende Kreise; – **bancari** Bankkreise *pl*; – **ben informati** gut unterrichtete Kreise; – **di borsa**, – **borsistici** Börsenkreise; – **commerciali** Handelskreise; – **direttivi** Führungskreise; – **economici** Wirtschaftskreise; – **finanziari** Finanzkreise; – **governativi** Regierungskreise; – **politici** politische Kreise; – **ufficiali** amtliche Kreise.

ambito *m* Bereich *m*; – **di applicazione** Anwendungsbereich, Geltungsbereich; – **di applicazione territoriale** räumlicher Geltungsbereich; – **delle attribuzioni** Zuständigkeitsbereich; – **di azione** Handlungsbereich; – **della competenza** Zuständigkeitsbereich, Zuständigkeitsgebiet *n*; – **di discrezionalità** Ermessensbereich; – **delle funzioni** Amtsbereich, Aufgabenbereich, Aufgabenkreis *m*, Geschäftsbereich; – **di operatività** Geltungsbereich, Anwendungsbereich; – **di valutazione** Beurteilungsspielraum.

ambivalenza *f* Ambivalenz *f*.

ambulante *agg* ambulant.

ambulatorio m **convenzionato** Kassenpraxis *f*.

amichevole, **all'** – freundschaftlich, gütlich.

amicizia *f* **protettrice** Schutzfreundschaft *f*.

ammanco *m* Fehlbestand *m*, Fehlbetrag *m*, Fehlmenge *f*, Minderbetrag *m*, Minderbestand *m*, Ausfall *m*, Ausfallbetrag, Manko *n*; – **di cassa** Kassenfehlbetrag, Kassenausfall, Kassendefizit *n*, Kassenmanko; – **di peso** Fehlgewicht *n*, Gewichtsabgang *m*, Gewichtsabnahme *f*, Gewichtsverlust *m*, Gewichtsmanko, Gewichtsschwund *m*; v. a. DEFICIT.

ammassamento *m* Hortung *f*.

ammassare horten.

ammasso *m* (1) Bevorratung *f*; (2) Vorratsstelle *f*.

ammenda *f* (1) (*pena pecuniaria per le contravvenzioni*) Geldstrafe *f*; (2) (S) Buße *f* (S); – **onorevole** Ehrenerklärung *f*; – **di polizia** (S) Polizeibuße (S).

ammesso zulässig.

ammettere (1) (*accettare*) zulassen, annehmen, aufnehmen; (2) (*riconoscere*) einräumen, zugestehen.

amministrare verwalten, bewirtschaften.

amministrative *f pl* (*elezioni*) Gemeinde-, Provinzial- und Regionalwahlen *fpl*.

amministrativista *m/f* Verwaltungsrechtler *m* (f, -in).

amministrativo *agg* verwaltungsmäßig, verwaltungsrechtlich, behördlich, administrativ (A =).

amministratore *m* Verwalter *m*, Administrator *m* (A =), Sachwalter *m*; (di S. p. A.) Vorstandsmitglied *n*; (di S. a r. l.) Geschäftsführer *m*; – **di condominio** Verwalter (*bei Wohnungseigentum*); – **delegato** geschäftsführendes Vorstandsmitglied; – **dell'eredità** Nachlassverwalter; – **fiduciario** treuhänderischer Verwalter, Treuhänder *m*; – **giudiziario** gerichtlich bestellter Verwalter, Zwangsverwalter; – **d'immobili** Grundstücksverwalter, Immobilienverwalter, Realitätenverwalter (A), Hausverwalter; – **dei magazzini** Lagerverwalter; – **non socio** Fremdgeschäftsführer; – **di patrimoni** Vermögensverwalter; – **di stabile** Hausverwalter; – **unico** Alleingeschäftsführer, Einzelgeschäftsführer, alleiniger Geschäftsführer; v. a. CURATORE.

amministrazione *f* Verwaltung *f*, Behörde *f*, Administration *f*; (*gestione*) Verwaltung, Geschäftsführung *f*, Bewirtschaftung *f*; **ordinaria** – laufende Verwaltung; **pubblica** – öffentliche Verwaltung; – **autarchica** Selbstverwaltung; – **d'azienda** Betriebsführung, Betriebsverwaltung; – **autonoma** autonome Verwaltung,

Selbstverwaltung, Selbstverwaltungsbehörde; – **di beni** Vermögensverwaltung; – **dei beni della comunione** (legale tra coniugi) Verwaltung des Gemeinschaftsvermögens (bei gesetzlicher Gütergemeinschaft), – **di casa** Hausverwaltung; – **centrale** Hauptverwaltung, Zentralverwaltung; – **civile** Zivilverwaltung, zivile Behörde; – **coloniale** Kolonialverwaltung; – **comunale** Gemeindeverwaltung, Stadtverwaltung, städtische Verwaltung; – **congiuntiva** (*società*) gemeinschaftliche Geschäftsführung; – **controllata** Geschäftsaufsicht zur Abwendung des Konkurses, Notstundung *f* (S); – **creditrice** (UPU) Gläubigerverwaltung; – **dei debiti** Schuldenverwaltung; – **debitrice** (UPU) Schuldnerverwaltung; – **decentralizzata** dezentralisierte Verwaltung; – **delegata** Auftragsverwaltung *f*; – **di destinazione** (UPU) Bestimmungsverwaltung; – **distributrice** (UPU) Zustellverwaltung, Abgabeverwaltung (A); – **delle dogane** Zollverwaltung; – **dell'eredità** Verwaltung des Nachlasses; – **fallimentare** Konkursverwaltung; – **federale** Bundesverwaltung; – **fiduciaria** Treuhänderschaft *f*, Treuhandverwaltung; – **finanziaria**, – **delle finanze** Finanzverwaltung, Steuerverwaltung; – **fiscale** Steuerverwaltung *f*; – **forestale** Forstverwaltung; – **generale** Hauptverwaltung; – **giudiziaria** Zwangsverwaltung; – **delle imposte** Steuerverwaltung; – **della giustizia** Rechtspflege *f*; – **infedele** (S) ungetreue Geschäftsführung (s); – **intermediaria** (UPU) Zwischenverwaltung, Durchgangsverwaltung; – **del lavoro** Arbeitsverwaltung; – **locale** Ortsverwaltung; – **dei magazzini** Lagerverwaltung; – **della massa fallimentare** Verwaltung der Konkursmasse; – **militare** Militärverwaltung; – **mista** Mischverwaltung; gemischte Verwaltung; – **mittente** (UPU) Absendeverwaltung, Aufgabeverwaltung (A, S), Abfertigungsverwaltung (A); – **del monopolio** Monopolverwaltung; – **municipale** Stadtverwaltung; – **ordinaria** laufende Geschäfte *n pl*; – **d'origine** (UPU) Einlieferungsverwaltung, Aufgabeverwaltung (A, S); – **di patrimoni**, – **patrimoniale** Vermögensverwaltung; – **portuale** Hafenverwaltung; – **delle poste** Postverwaltung; – **provinciale** Provinzialverwaltung; – **regionale** Regionalverwaltung; – **speditrice** (UPU) Absendeverwaltung, Aufgabeverwaltung (A, S), Abfertigungserwaltung; – **statale** staatliche Verwaltung; – **dello Stato** Staatsverwaltung; – **straordinaria** (1) außerordentliche Geschäftsführung; (2) (*delle grandi imprese in crisi*) staatliche Zwangsverwaltung; – **di titoli** Wertpapierverwaltung, Effektenverwaltung; – **di transito** (UPU) Durchgangsverwaltung, Zwischenverwaltung; – **tributaria** Finanzverwaltung; – **dell'Unione** (UPU) Vereinsverwaltung; – **di valori mobiliari** Wertpapierverwaltung, Effektenverwaltung; v. a. AUTORITÀ, GESTIONE.

ammissibile *agg* zulässig.

ammissibilità *f* Zulässigkeit *f*, Aufnahmefähigkeit *f*.

ammissione *f* (1) Zulassung *f*, Aufnahme *f*; (2) (*del fatto*) Zugestehen *n* (von Tatsachen); **domandare l' – di un credito al passivo** eine Forderung zum Konkurs anmelden; – **alla circolazione** Zulassung zum Verkehr; – **della colpa** Schuldeingeständnis; – **in franchigia** zollfreie Zulassung, Freischreibung *f*, Zollfreischreibung, Zollfreizulassung; – **al gratuito patrocinio** Bewilligung der Prozesskostenhilfe, Bewilligung der Verfahrenshilfe (A); – **a libera pratica** Zulassung zum freien Verkehr; – **al passivo** (*fallimentare*) Feststellung der Forderung; – **delle**

prove Zulassung der Beweise; – **alla quotazione in borsa** Zulassung zur amtlichen Notierung, Börsenzulassung, Zulassung zum Börsenhandel, Kotierung *f*, Kotieren *n*; – (*al passivo fallimentare*) **con riserva** Feststellung (der Konkursforderung) unter Vorbehalt; – **di socio** Gesellschaftereintritt *m*; – **temporanea** zeitweilige Zulassung; Zollvormerkverkehr *m*; – **temporanea per il perfezionamento** Zollveredelung *f*.

ammodernamento *m* Modernisierung *f*,.

ammonimento *m* Ermahnung *f*; Belehrung *f*; – **a dire la verità** Wahrheitsermahnung, Wahrheitserinnerung *f* (A); – **sull'importanza del giuramento** Eidesbelehrung; – **ai testimoni** Zeugenbelehrung *f*.

ammonire verwarnen, androhen.

ammonizione *f* (*sanzione disciplinare*) Abmahnung *f*, Verwarnung *f*.

ammontare *m* Betrag *m*; – **del capitale** Kapitalbetrag, Kapitalhöhe *f*; – **complessivo** Gesamtbetrag; – **del credito** (1) Höhe der Forderung; (2) Kreditsumme; – **del danno** Schadensbetrag, Schadenssumme *f*; – **del debito** Schuldbetrag; – **della differenza** Unterschiedsbetrag, Differenzbetrag; – **della garanzia** Garantiebetrag, Bürgschaftsbetrag; – **dell'imposta** Steuerbetrag; – **lordo** Bruttobetrag; – **massimo** Höchstbetrag; – **netto** Nettobetrag; – **della responsabilità** Haftungssumme *f*; – **delle spese** Kostenbetrag; v. a. IMPORTO.

ammortabile *agg* tilgbar, amortisabel.

ammortamento *m* (1) Tilgung *f*, Amortisation *f*, Amortisierung *f*; (2) (nei *bilanci*) Abschreibung *f*; (3) (*di documenti*) Kraftloserklärung *f*; – **accelerato** beschleunigte Abschreibung; – **annuale,** – **annuo** jährliche Abschreibung; – **anticipato** Vorausabschreibung, vorzeitige Abschreibung; – **del capitale** Kapitaltilgung, Kapitalamortisierung, Kapitalabtragung *f*; Kapitalstundung *f* (S =); – **di un credito** Forderungstilgung, Forderungsabschreibung; – **di debiti** Schuldentilgung, Schuldenablösung *f*; – **di debito** Schuldablösung *f*; – **degressivo** degressive Abschreibung; – **per deperimento** Absetzung für Abnutzung (AfA); – **diretto** direkte Abschreibung; – **eccezionale** Sonderabschreibung; – **finanziario** Wertberichtigungen auf das Finanzvermögen; – **degli impianti** Anlagenabschreibung; – **indiretto** indirekte Abschreibung; – **lineare** lineare Abschreibung; – **ordinario** planmäßige Abschreibung; – **di prestito** Anleihetilgung, Anleiheablösung; – **proporzionale** proportionale Abschreibung; – **per quote costanti** lineare Abschreibung, gleichbleibende Abschreibung, Abschreibung mit konstanten Quoten; – **per quote crescenti** progressive Abschreibung, Abschreibung mit steigenden Quoten; – **per quote decrescenti** degressive Abschreibung, Abschreibung mit fallenden Quoten; – **speciale** Sonderabschreibung; – **straordinario** außerordentliche Abschreibung.

ammortare tilgen, amortisieren, abschreiben.

ammortizzabile *agg* tilgbar, amortisabel.

ammortizzare tilgen, amortisieren, abschreiben.

ammutinamento *m* Meuterei *f*; – **di detenuti** Gefangenenmeuterei.

ammutinarsi meutern.

ammutinato *m* Meuterer *m*.

amnesia *f* Amnesie *f*; – **retrograda** retrograde Amnesie.

amnistia *f* Amnestie *f*, – **generale** Generalamnestie; – **fiscale** Steueramnestie.

amnistiare amnestieren.

amovibile *agg* absetzbar, versetzbar.

amovibilità *f* Absetzbarkeit *f*, Versetzbarkeit *f*.

ampliamento *m* Ausbau *m*, Erweiterung *f*, Vergrößerung *f*; – **della**

capacità (produttiva)** Kapazitätsausbau; – **della comunità** Erweiterung der Gemeinschaft; – **verso l'Est** Osterweiterung; – **dell'UE** EU-Erweiterung; v. a. AUMENTO.

anagrafe *f* (1) (*ufficio*) Meldebehörde *f*; (2) (*registro*) Melderegister *n*; – **degli italiani all'estero** Register der Auslandsitaliener; – **della popolazione residente** Einwohnermelderegister *n*; – **tributaria** Steuermelderegister.

analfabeta *m* Analphabet *m*.

analfabetismo *m* Analphabetismus *m*.

analisi *f* Analyse *f*; – **aziendale** Betriebsanalyse *f*; – **di bilancio** Bilanzanalyse; – **di campioni** Probenuntersuchung; – **chimica** chemische Untersuchung; – **congiunturale** Konjunkturanalyse: – **costi-benefici** Kosten-Nutzen-Analyse; – **del costo** Kostenanalyse; – **dei dati** Datenanalyse; – **economica** Wirtschaftsanalyse *f*; – **del fabbisogno** Bedarfsanalyse; – **finanziaria** Finanzanalyse; – **del lavoro** Arbeitsanalyse; – **di mercato** Marktanalyse, Marktuntersuchung *f*; – **multivariata** (*stat*) multivariate Analyse; – **del prezzo** Preisanalyse; – **del problema** Problemanalyse; – **del prodotto** Produktanalyse; – **della redditività** Rentabilitätsanalyse; – **di rischio** Risikoanalyse; – **del sangue** Blutuntersuchung; – **del sistema** Systemanalyse; – **dell'urina** Urinuntersuchung; – **della varianza** (*stat*) Varianzanalyse.

analista *m/f* Analytiker *m* (*f* -in); Analyst *m*; – **di mercato** Marktanalytiker, Marktforscher *m*; – **programmatore** Programmanalytiker.

analogia *f* Analogie *f*; **per** – analog, sinngemäß, entsprechend; – **iuris** Rechtsanalogie; – **legis** Gesetzesanalogie,.

analogico *agg* sinngemäß, analog, entsprechend.

anamnesi *f* (*med.*) Anamnese *f*.

anarchia *f* Anarchie *f*, Herrschaftslosigkeit *f*.

anarchico *agg* anarchistisch.

anarchico *m* Anarchist *m*.

anarchismo *m* Anarchismus *m*.

anatocismo *m* Anatozismus *m*, Zinsenverzinsung *f*, Kapitalisierung der Zinsen; Zinseszinsen *pl*.

andamento *m* Entwicklung *f*, Verlauf *m*, Tendenz *f*; – **degli affari** Geschäftsgang *m*, Gang der Geschäfte, Geschäftsablauf *m*, Geschäftsverlauf *m*, Geschäftslage *f*; – **della bilancia dei pagamenti** Entwicklung der Zahlungsbilanz; – **della borsa** Börsentendenz; – **cedente** (*borsa*) rückläufige Tendenz; – **ciclico** zyklischer Verlauf; – **della congiuntura,** – **congiunturale** Konjunkturentwicklung *f*; – **dei corsi** Kursentwicklung *f*; – **della criminalità** Kriminalitätsentwicklung; – **deficitario** defizitäre Entwicklung; – **demografico** Bevölkerungsentwicklung; – **della domanda** Nachfrageentwicklung *f*; – **economico** Wirtschaftsentwicklung; – **a forbice** Scherenbewegung; – **generale** Gesamtentwicklung; – **del mercato** Marktentwicklung *f*; – **dei negoziati** Verhandlungsverlauf; – **delle ordinazioni** Auftragsentwicklung; – **oscillante** uneinheitliche Tendenz; – **dei prezzi** Preisentwicklung *f*; – **della produzione** Produktionsentwicklung *f*, Produktionsgang *m*; – **delle quotazioni** Kursentwicklung *f*; – **dei redditi** Einkommensentwicklung; – **reddituale** Ertragsentwicklung; – **regressivo** rückläufige Entwicklung; – **al rialzo** steigende Tendenz; – **del rischio** Risikoverlauf; – **dei sinistri** Schadensverlauf *m*; – **delle trattative** Verhandlungsverlauf; – **degli utili** Ertragsentwicklung; – **delle vendite** Absatzentwicklung; v. a. SVILUPPO.

angaria *f*, **angheria** *f* Angarie *f*.

animalista *m/f* Tierschützer *m* (*f* -in).

animus *m* Absicht *f*; – **di autore** Täterwille; – **confitendi** Geständniswille *m*; – **decipiendi** Täuschungsabsicht; – **deriliquendi** Dereliktionsabsicht; – **donandi** Schenkungswille *m*; – **iniuriandi** Beleidigungsabsicht *f*; – **nocendi** Schädigungsabsicht; – **possidendi** Besitzwille *m*.

anidride *f* **solforosa** Schwefeldioxyd *n*.

annacquamento *m*, – **del capitale** Kapitalverwässerung *f*; – **del latte** Verwässerung der Milch, Milchpantschen *n* (*corr*); – **del vino** Verwässerung des Weins, Weinpantschen *n* (*corr*).

annata *f* Jahrgang *m*; – **agraria,** – **agricola** Landwirtschaftsjahr *n*.

annessione *f* Annexion *f*; – **territoriale** Gebietsannexion.

annessionismo *m* Annexionismus *m*.

annessionista *m* Annexionist *m*.

annesso *m* (1) Zubehör *n*, Zugehör *n* (A, S); (2) (*appendice*) Anhang *m*.

annettere eingliedern, annektieren.

annientamento *m* Vernichtung *f*.

annientare vernichten.

anno *m* Jahr *n*; **corrente** – laufendes Jahr; – **accademico** Studienjahr; – **d'acquisto** Anschaffungsjahr; – **d'affitto** Pachtjahr; – **amministrativo** Verwaltungsjahr *n*, Geschäftsjahr; – **di attesa** Wartejahr; – **di base** Basisjahr; – **di brevetto** Patentjahr (S); – **civile** Kalenderjahr; – **commerciale** Geschäftsjahr; – **condominale** (jährlicher) Abrechnungszeitraum (*bei Wohnungseigentum*); – **di confronto** Vergleichsjahr; – **contabile** Rechnungsjahr; – **contributivo** Beitragsjahr; – **corrente (a. c.)** laufendes Jahr; – **in corso** laufendes Jahr; – **di costruzione** Baujahr; – **economico** Wirtschaftsjahr; **d'emissione** Ausgabejahr; – **in esame** Berichtsjahr; – **d'esercizio** Geschäftsjahr, Betriebsjahr; – **d'età** Lebensjahr, Altersjahr (S); – **finanziario** Rechnungsjahr, Finanzjahr, Haushaltsjahr, Budgetjahr; – **fiscale** Steuerjahr; – **di fondazione** Gründungsjahr; – **di gestione** Betriebsjahr, Geschäftsjahr; – **giudiziario** Gerichtsjahr; – **di immatricolazione** (*veicoli*) Zulassungsjahr; – **d'imposizione** Besteuerungsjahr, Veranlagungsjahr; – **di nascita** Geburtsjahr; – **di recessione** Rezessionsjahr; – **record** Rekordjahr; – **di riferimento** Bezugsjahr, Referenzjahr; – **scolastico** Schuljahr; – **di servizio** Dienstjahr; – **sociale** Gesellschaftsjahr; – **solare** Kalenderjahr; – **di stipulazione** Abschlussjahr, Zeichnungsjahr; – **tributario** Steuerjahr.

annotare anmerken, vermerken.

annotazione *f* (1) (*in generale*) Vermerk *m*, Anmerkung *f*. Adnotation *f* (A -); (2) (*nel libro fondiario*) Vermerk, Anmerkung (A); – **nel casellario giudiziale** Vermerk im Strafregister; – **delle convenzioni matrimoniali** Anmerkung der Eheverträge; – **di domanda giudiziale** (*libro fondiario*) Streitanmerkung (A); – **di lite** Streitanmerkung (A); – **della litigiosità dell'intavolazione** (*libro fondiario*) Streitanmerkung wegen Verletzung bücherlicher Rechte (A); – **marginale**, – **a margine** Randvermerk, Randanmerkung (S); – **dell'ordine di grado** (*libro fondiario*) Rangvermerk, Anmerkung der Rangordnung (A); – **della presentazione** Präsentationsvermerk; – **di sentenza** Urteilsvermerk; – **della simultaneità** (*libro fondiario*) Anmerkung der Simultanhaftung (A); – **tavolare** (*libro fondiario*) Grundbuchvermerk, Anmerkung im Grundbuch (A); – **d'ufficio** Amtsvermerk.

annotazioni *f pl* Aufzeichnungen *pl*.

annualità *f* Annuität *f*, Annuitätenbetrag *m*, Jährlichkeit *f*, Jahresrate *f*; Rente *f*; – **d'ammortamento** jährlicher Tilgungsbetrag *m*, jährliche Tilgungsrate *f*; – **del bilancio** (pubblico) Jährlichkeit des Haushaltsplanes; – **di brevetto** Patentjahresgebühr *f*; – **in caso di sopravvivenza** Überlebenszeitrente; – **completa** vollständige Rente; – **cumulativa** Gesamtannuität; – **differita** aufgeschobene Rente; –

frazionata unterjährig zahlbare Rente, in unterjährigen Raten zahlbare Rente; – **gratuita** Freijahr *n*; – **perpetua** ewige Rente; – **di rimborso** jährliche Tilgungsrate; – **riversibile** vererbliche Rente; – **temporanea** temporäre Rente; v. a. RENDITA.

annuario *m* Jahrbuch *n*; – **svizzero del registro di commercio** schweizerisches Ragionenbuch.

annullabile *agg* anfechtbar, aufhebbar, vernichtbar.

annullabilità *f* Anfechtbarkeit *f*; – **del matrimonio** Eheanfechtbarkeit.

annullamento *m* (1) (*di una ordinazione*) Annullierung *f*, Rückgängigmachung *f*; (2) (*del negozio giuridico*) Nichtigerklärung *f*; (3) (*di atto amministrativo*) Rücknahme *f* (von *Verwaltungsakten*); (4) (*col bollo*) Abstempelung *f*, Entwertung *f*; – **dell'elezione** Ungültigkeitserklärung der Wahl; – **del matrimonio** Nichtigerklärung der Ehe, (*con effetto ex nunc*) Eheaufhebung; – **delle spese** Kostenniederschlagung *f*; – **d'ufficio** Aufhebung *f* von Amts wegen.

annullare (1) (*una ordinazione*) annullieren, rückgängig machen; (2) (*un negozio, un atto*) für nichtig erklären, für unwirksam erklären, unwirksam erklären (A =); (3) (*col bollo*) abstempeln, entwerten.

annunci *m pl*, – **giudiziarii,** – **legali** gerichtliche Bekanntmachungen *pl*.

annunciare ankündigen, anmelden.

annuncio *m* Ankündigung *f*, Anmeldung *f*; (pubblicitario) Anzeige *f*, Annonce *f*; **mettere un** – eine Anzeige aufgeben; **piccolo** –, **economico** kleine Anzeige, Kleinanzeige; – **obbligatorio** Pflichtbekanntmachung *f*; – **pubblicitario** Werbeanzeige.

annunzio *m* v. ANNUNCIO.

anomalia *f* Abartigkeit *f*; – **psichica** seelische Abartigkeit.

anomia *f* Gesetzlosigkeit *f*, Anomie *f*.

anonimo *agg* anonym.

antecedenti *m pl* Entstehungsgeschichte *f*.

antefatto *m* **non punibile** straflose Vortat, mitbestrafte Vortat.

anteguerra *m* Vorkriegszeit *f*.

antenna *f* **privata** Privatsender *m*.

antiabortista *m/f* Abtreibungsgegener *m* (*f* -in).

anticapitalista *m* Antikapitalist *m*.

anticapitalistico *agg* antikapitalistisch.

anticiclico *agg* antizyklisch.

anticipare (1) vorverlegen, vorwegnehmen; (2) (*denaro*) vorschießen, verauslagen, vorlegen, vorstrecken.

anticipazione *f* (1) (*pagamento anticipato*) Vorschuss *m*, Vorlage *f*, Bevorschussung *f*; (2) (*di un fatto*) Vorverlegung *f*, Vorwegnahme *f*; **accordare un' –, concedere un'** – vorschießen, vorlegen, bevorschussen, einen Vorschuss gewähren; – **attiva** Aktivfinanzierung *f*; – **bancaria** Bankvorschuss; – **su cambiale** Wechsellombard *m*; – **di cassa** Kassenvorschuss, Kassendarlehen *n*; – **in conto corrente** Kontokorrentvorschuss, Vorschuss im Kontokorrent; – **su crediti** Bevorschussung von Forderungen; – **su merci** Warenlombard *m*, Warenbeleihung *f*; – **passiva** Passivfinanzierung *f*; – **su pegno** Lombard *m*, Lombardvorschuss; – **permanente** Dauervorschuss; – **allo scoperto** Blankovorlage, Blankovorschuss; – **sulle spese** Kostenvorschuss, Spesenvorschuss; – **delle spese del processo** Prozesskostenvorschuss; – **su titoli,** – **su valori mobiliari** Beleihung von Wertpapieren, Bevorschussung von Wertpapieren (S), Wertpapierlombard *m*, Effektenlombard, Effektenbeleihung *f*, Effektenkredit *m*; v. a. ANTICIPO.

anticipo *m* Vorschuss *m*, Vorlage *f*, Bevorschussung *f*; **chiedere un** – einen Vorschuss fordern; – **di denaro** Geldvorschuss; – **infruttifero** zinsfreier Vorschuss, zinsenloser Vorschuss (A); – **sul nolo** Fracht Vorschuss; – **su ordinazione** Bestellungsvorschuss, Vorschuss bei Bestellung; – **sulla parcella** Honorarvorschuss; – **di salario** Lohnvorschuss; – **per scoperto di conto corrente** Barvorschuss, Barvorlage, Barkredit *m*; – **delle spese** Kostenvorschuss, Spesenvorschuss; – **di stipendio, – sullo stipendio** Gehaltsvorschuss, Bezugsvorschuss (A); v. a. ANTICIPAZIONE.

anticlericale *agg* antiklerikal, kirchenfeindlich.

anticolonialismo *m* Antikolonialismus *m*.

anticomunista *agg* kommunistenfeindlich, antikommunistisch.

anticomunismo *m* Antikommunismus *m*.

anticoncezionale *agg* empfängnisverhütend.

anticonformismo *m* Nonkonformismus *m*.

anticonformista *m* Nonkonformist *m*.

anticonformistico *agg* nonkonformistisch.

anticongiunturale *agg* konjunkturdämpfend.

anticostituzionale *agg* verfassungswidrig.

anticostituzionalità *f* Verfassungswidrigkeit *f*.

anticresi *f* Antichresis *f*, Antichrese *f*, Nutzungspfand *n*; – **mobiliare** Mobiliar-Antichresis.

anticretico *agg* antichretisch.

antidata *f* Vordatierung *f*, Rückdatierung (*mit einem früheren Datum versehen*).

antidatare vordatieren, vorausdatieren; zurückdatieren, rückdatieren.

antidemocratico *agg* undemokratisch; demokratiefeindlich.

antieconomicità *f* Unwirtschaftlichkeit *f*.

antieconomico *agg* unwirtschaftlich.

antidoping *m* (*controllo*) Dopingkontrolle *f*.

antidoverosità *f* Pflichtwidrigkeit *f*.

antidoveroso *agg* pflichtwidrig.

antifascismo *m* Antifaschismus *m*.

antifascista *m* Antifaschist *m*.

antifascista *agg* antifaschistisch.

antifemminista *m* Frauenrechtsgegner *m*.

antifemminista *agg* frauenfeindlich.

antifurto *agg* diebstahlsicher.

antifurto *m* Diebstahlsicherung *f*.

antigiuridicità *f* Rechtswidrigkeit *f*, Widerrechtlichkeit *f*.

antigiuridico *agg* rechtswidrig, widerrechtlich.

antinflazionistico *agg* antiinflationistisch, inflationsdämpfend.

antigovernativo *agg* regierungsfeindlich.

antiliberale *agg* antiliberal.

antimarxismo *m* Antimarxismus *m*.

antimarxista *m* Antimarxist *m*.

antimilitarismo *m* Antimilitarismus *m*.

antimilitarista *m* Antimilitarist *m*.

antimilitarista *agg* antimilitarisch.

antinazionale *agg* staatsfeindlich.

antinfortunistico *agg* unfallverhütend.

antinomia *f* Gesetzeswiderspruch *m*, Antinomie *f*.

antiselezione *f* (*ass*) Gegenauslese *f*.

antisemita *m* Antisemit *m*.

antisemita, antisemitico *agg* antisemitisch, judenfeindlich.

antisemitismo *m* Antisemitismus *m*.

antisindacale *agg* gewerkschaftsfeindlich.

antisociale *agg* gesellschaftsfeindlich.

antropologia *f* **criminale** Kriminalanthropologie *f*.

anzianità *f* Dienstalter *n*; – **minima** Mindestdienstalter; – **di servizio** Dienstalter.

apartheid *f* Apartheid *f*.

apartitico *agg* unparteilich, überparteilich.

apatridia *f* Staatenlosigkeit *f*, Heimatlosigkeit.

apercredito *m* Akkreditiv *n*.

apertura *f* (1) (*inizio*) Eröffnung *f*, Beginn *m*; (2) (*sul fondo del vicino*) Öffnung *f*; (3) (*politica*) Öffnung *f*; – **dell'anno giudiziario** Eröffnung des Gerichtsjahrs; – **della borsa** Börseneröffnung *f*; – **della caccia** Beginn der Jagdzeit, Ende der Schonzeit; – **dei confini** Öffnung der Grenzen; – **di conto** Kontoeröffnung; – **di credito** Krediteröffnung, Akkreditiveröffnung, Akkreditivstellung *f*, Akkreditivgestellung, Akkreditiv *n*; – **di credito per cassa** Bar-Akkreditiv *n*; – **a destra** (*pol*) Öffnung nach rechts; – **del dibattimento** (*proc. pen.*) Eröffnung der Hauptverhandlung; – **del fallimento** Konkurseröffnung; – **delle frontiere** Öffnung der Grenzen; – **dei mercati** Öffnung der Märkte; – **dei negoziati** Aufnahme der Verhandlungen; – **di negozio** Geschäftseröffnung; – **delle ostilità** Eröffnung der Feindseligkeiten, Ausbruch der Feindseligkeiten; – **della procedura fallimentare** Eröffnung des Konkursverfahrens; – **del procedimento** Aufnahme des Verfahrens; – **delle relazioni diplomatiche** Aufnahme der diplomatischen Beziehungen; – **a sinistra** Öffnung nach links; – **della successione** Eintritt des Erbfalls, Erbfall *m*, Erbgang *m* (S, A =), Eröffnung des Erbganges (S); – **del testamento** Testamentseröffnung; – **delle trattative** Aufnahme der Verhandlungen.

apolide *m* Staatenloser *m*, Heimatloser *m*.

apolide *agg* staatenlos, heimatlos.

apolidia *f* Staatenlosigkeit *f*, Heimatlosigkeit *f*.

apolitico *agg* unpolitisch.

apologia *f*, – **del fascismo** Unterstützung faschistischen Ideengutes; – **di reato** Billigung von Straftaten, Gutheißung mit Strafe bedrohter Handlungen (A).

appaltante *m* Besteller *m*; (*opere pubbliche*) Auftraggeber *m*.

appaltatore *m* Unternehmer *m*, (*opere pubbliche*) Autragnehmer *m*; Pächter *m*; – **d'imposta** Steuerpächter; – **pubblicitario** Werbepächter; – **d'ufficio postale** Posthalter *m*.

appalto *m* (1) (*contratto*) Werkvertrag *m*; (*pubblico*) öffentlicher Auftrag *m*; (2) (*concorso*) öffentliche Ausschreibung *f*; (3) (*dare in appalto*) Vergabe *f* (von Aufträgen), Verdingung *f*; (4) (*prendere in appalto*) Übernahme *f* (von Aufträgen); **assumere in** – (einen Auftrag) übernehmen; **dare in** – (einen Auftrag) vergeben; **vincere un** – den Zuschlag erhalten; – **concorso** (*opere pubbliche*) öffentliche Ausschreibung *f* (*bei der Vergabe öffentlicher Arbeiten*); – **di opere pubbliche,** – **pubblico** öffentlicher Auftrag, Werkvertrag über die Ausführung öffentlicher Arbeiten.

appannaggio *m* Apanage *f*.

apparato *m*, – **amministrativo** Verwaltungsapparat *m*; – **amministrativo snello** schlanker Verwaltungsapparat; – **burocratico** Behördenapparat; – **giudiziario** Justizapparat, Gerichtsapparat; – **militare** Militärapparat; – **del partito** Parteiapparat; – **produttivo** Produktionsapparat; – **statale** Staatsapparat.

apparecchio *m* **automatico da giuoco** Spielautomat *m*.

apparentamento elettorale Wahlbündnis *n*, Koppelung *f* (A); – **di liste** Listenverbindung *f*.

apparenza *f*, – **del diritto,** – **giuridica** Rechtsschein *m*; – **di procura** Anscheinsvollmacht *f*.

appartamento *m*, – **in affitto** Mietwohnung *f*; – **in condominio** Eigentumswohnung *f*; – **libero** beziehbare Wohnung; v. a. ABITAZIONE.

appartenente *m* Angehöriger *m*; – **al comune** Bürger *m*, Gemeindemitglied *n*; – **ad un gruppo etnico** Angehöriger einer Volksgruppe; – **ad una minoranza (linguistica)** Angehöriger einer (sprachlichen) Minderheit.

appartenente *agg* zugehörig.

appartenenza *f* Zugehörigkeit *f*; (*ad un'associazione*) Mitgliedschaft *f*; (*all'azienda*) Betriebszugehörigkeit; – **di classe** Klassenzugehörigkeit; – **coattiva** (*ad un'associazione*) Zwangsmitgliedschaft; – **a un comune** Gemeindemitgliedschaft; – **etnica** ethnische Zugehörigkeit, Volkszugehörigkeit; – **ad un gruppo linguistico** (Alto Adige) Sprachgruppenzugehörigkeit (Südtirol); – **linguistica** Sprachzugehörigkeit; – **alla massa** Massezugehörigkeit; – **obbligatoria** Pflichtmitgliedschaft; – **al partito** Parteizugehörigkeit; – **a sindacato** (*di lavoratori*) Gewerkschaftszugehörigkeit.

appartenere zugehören.

appellabile *agg* (*sentenza*) berufungsfähig, mit der Berufung anfechtbar.

appellabilità *f* (*delle sentenze*) Statthaftigkeit der Berufung (*gegen Urteile*).

appellante *m* (1) (*proc. civ.*) Berufungskläger *m*, Berufungswerber *m* (A); (2) (*proc. pen.*) Beschwerdeführer; – **incidentale** Anschlussberufungsführer.

appellare, appelarsi Berufung einlegen, Berufung einbringen (A), Berufung erheben (A), berufen (A).

appellato *m* (*proc. civ.*) Berufungsbeklagter *m*, Berufungsgegner *m*; – **incidentale** Anschlussberufungsgegner.

appello *m* (1) (*proc.*) Berufung *f*; (2) (*invocazione*) Aufruf *m*; **fare l'** – aufrufen; **fare –, interporre –, promuovere –, proporre** – Berufung einlegen, Berufung einbringen (A), Berufung erheben (A), berufen (A); **respingere l'** – die Berufung verwerfen; – **alla base** Aufruf an die Basis; – **della causa** Aufruf der Sache; – **immediato** sofortige Berufung; – **incidentale** Anschlussberufung; – **nominale** namentlicher Aufruf, Namensaufruf; – **alla pace** Friedensappell *m*; – **parziale** teilweise Berufung; – **principale** Hauptberufung; – **tardivo** verspätete Berufung; – **dei testimoni** Zeugenaufruf.

appendice *f* Anhang *m*, Nachtrag *m*.

appesantimento *m* **della quota** Kursrückgang *m*.

appezzamento *m* **di terreno** Grundstück *n*.

applicabile *agg* anwendbar.

applicabilità *f* Anwendbarkeit *f*.

applicare anwenden.

applicazione *f* Anwendung *f*; (*ass*) Anmeldung *f*; (*ad altro ufficio*) Abordnung *f*; **trovare** – Anwendung finden; – **analogica** entsprechende Anwendung, analoge Anwendung; – **del diritto** Rechtsanwendung; – **della legge** Gesetzesanwendung; – **della norma** Rechtssatzanwendung; – **della pena** Strafzumessung *f*; – **della pena su richiesta** (*proc. pen.*) Strafzumessung auf Antrag; – **pratica** praktische Anwendung; – **retroattiva** rückwirkende Anwendung; – **rigorosa** strenge Anwendung; – **nello spazio** örtlicher Anwendungsbereich, territoriale Anwendung; – **tassativa** strenge Anwendung; – **nel tempo** zeitlicher Anwendungsbereich; – **territoriale** territoriale Anwendung, örtlicher Anwendungsbereich.

appoggiare unterstützen.

appoggio *m* Unterstützung *f*; – **diplomatico** diplomatische Unterstützung; – **esterno** (*pol*) Unterstützung von außen; – **finanziario** finanzielle Unterstützung.

apportare einbringen.

apporto *m* Sacheinlage *f*, Einlage, Einbringung *f*, Geschäftseinlage, eingebrachtes Gut; – **di capitali** Kapitaleinlage, Kapitaleinbringung, Kapitaleinschuss *m*, Kapitalzufuhr *f*; – **causale** Kausalbeitrag *m*; – **creativo** (*invenzioni*) Erfindungshöhe *f*; – **in denaro** Bareinlage, Geldeinlage; – **finanziario** Geldzufuhr; – **in natura** Sacheinlage, Einlage in Sachwerten; – **nella società** Gesellschaftseinlage; – **in una società a responsabilità limitata** Stammeinlage; – **supplementare** Zubuße *f*, Nachschuss in.

apposizione *f*, – **della firma** Unterzeichnung *f*; – **della formula esecutiva** Beifügung *f* der Vollstreckungsklausel; – **di sigilli,** – **di sigillo** Versiegelung *f*, Siegelung; – **di un termine** (*ad un rapporto giuridico*) Befristung (*eines Rechtsverhältnisses*); – **di termini** Grenzabmarkung *f*; – **del visto** Eintragung des Sichtvermerks.

apprendista *m*, *f* Auszubildende(r) *m*, *f*, Lehrling *m*; – **artigiano** Handwerkslehrling.

apprendistato *m* Ausbildungsverhältnis *n*, Lehrverhältnis *n*, Lehre *f*.
apprensione *f* Ergreifung *f*, Apprehension *f*.
apprezzamento *m* (1) (*valutazione*) Schätzung *f*, Einschätzung *f* (S =); (2) (*giudizio*) Würdigung *f*, Beurteilung *f*; (3) (*stima*) gute Bewertung *f*, Wertschätzung *f*; **libero –, – discrezionale** freie Würdigung, freies Ermessen; **libero – della prova** freie Beweiswürdigung; – **del rischio** Risikobeurteilung.
apprezzare (1) würdigen, beurteilen; (2) schätzen, abschätzen.
approbatore *m* Nachbürge *m*.
approccio *m* **empirico** empirischer Ansatz *m*.
appropriarsi sich aneignen, sich zueignen; – **indebitamente** sich rechtswidrig zueignen, veruntreuen, unterschlagen.
appropriato *agg* angemessen, geeignet.
appropriazione *f* Aneignung *f*, Zueignung *f*; – **di cosa smarrita**, – **di cosa trovata** Fundunterschlagung *f*; – **indebita** Unterschlagung *f*, Veruntreuung *f* (S); – **di cose smarrite, del tesoro o di cose avute per errore o caso fortuito** Fundunterschlagung, Schatzunterschlagung oder Unterschlagung von durch Irrtum oder Zufall erlangten Sachen; – **di denaro pubblico** Veruntreuung *f* öffentlicher Gelder
approvare (1) genehmigen, billigen, gutheißen; (2) (*legge*) annehmen, verabschieden, zustimmen.
approvazione *f* Genehmigung *f*, Billigung *f*; Zustimmung *f*; – **ricusare l'** – die Zustimmung verweigern; **salvo** – vorbehaltlich Zustimmung; **soggetto ad** – zustimmungsbedürftig; **sottoporre all'** – zur Genehmigung vorlegen; – **del bilancio** Genehmigung der Bilanz, Bilanzgenehmigung, Billigung der Bilanz, (*bilancio pubblico*) Haushaltsbewilligung *f*; – **esplicita** ausdrückliche Zustimmung; – **espressa** ausdrückliche Zustimmung; – **governativa** Regierungsgenehmigung, staatliche Genehmigung; – **di una legge** Verabschiedung eines Gesetzes, Gesetzesverabschiedung *f*, Annahme eines Gesetzes; – **della legge finanziaria** Verabschiedung des Haushaltsgesetzes; – **preventiva** Einwilligung *f*; – **tacita** stillschweigende Zustimmung.
approvvigionamento *m* Versorgung *f*, Bevorratung *f*, (*vettovagliamento*) Verproviantierung *f*; – **d'acqua** Wasserversorgung; – **di acqua potabile** Trinkwasserversorgung; – **autarchico** Selbstversorgung; – **di capitale** Kapitalbeschaffung *f*; – **di denaro** Geldbeschaffung *f*; – **d'energia** Energievesorgung; – **di guerra** Kriegsbedarf *m*; – **interno** Inlandsversorgung; – **di materie prime** Rohstoffversorgung; – **del mercato** Marktversorgung.
approvvigionare versorgen; verproviantieren.
appuntato *m* Obergefreiter *m* (*der Karabinieri*).
appuramento *m* Bereinigung *f*; – **dei conti** Kontenabstimmung *f*; – **dei debiti** Schuldenbereinigung.
appurare bereinigen.
aprire (1) eröffnen; (2) beginnen; – **un conto** ein Konto eröffnen; – **un dibattito** eine Debatte eröffnen; – **un'inchiesta** eine Untersuchung einleiten; – **una seduta** eine Sitzung eröffnen; – **un testamento** ein Testament eröffnen.
arbitraggio *m* (1) (*economia*) Arbitrage *f*; (2) Schiedsgutachten *n*; – **sui cambi**, – **di cambio** Devisenarbitrage, Wechselarbitrage, Valutenarbitrage; – **di cambio diretto** direkte Devisenarbitrage; – **di cambio indiretto** indirekte Devisenarbitrage; – **mercantile**, – **in merci** Warenarbitrage; – **sull'oro** Goldarbitrage; – **da piazza a piazza,** – **di piazza** Platzarbitrage, Raumarbitrage; – **sui prezzi** Preisarbitrage; – **sui tassi d'interesse** Zinsarbitrage; – **sui tassi di sconto** Diskontarbitrage; – **sui**

titoli Effektenarbitrage, Wertpapierarbitrage.
arbitraggista *m* Arbitrageur *m*, Arbitragist *m*.
arbitrale *agg* schiedsgerichtlich, schiedsrichterlich, Schieds-, Schiedsgerichts-.
arbitrario *agg* willkürlich, eigenmächtig, arbiträr (A =).
arbitrato *m* (1) Schiedsgerichtsverfahren *n*; (2) (*nel commercio d'oltremare*) Arbitrage *f*; (3) (*vertenze di borsa*) Arbitration *f*; – **amministrativo** Verwaltungsschiedsverfahren; – **formale** förmliches Schiedsgerichtsverfahren; – **internazionale** internationales Schiedsgerichtswesen; internationaler Schiedsspruch; – **irrituale** nicht förmliches Schiedsgerichtsverfahren; – **libero** nicht förmliches Schiedsgerichtsverfahren; – **rituale** förmliches Schiedsgerichtsverfahren.
arbitratore *m* Schiedsgutachter *m*.
arbitrio *m* Willkür *f*, Eigenmacht *f*.
arbitro *m* Schiedsrichter *m*, Schiedsmann *m*; **terzo-** Oberschiedsrichter, Obmann; – **di equità** Schlichter *m*; – **terzo e imparziale** unparteiischer Dritter; – **unico** Einzelschiedsrichter.
archivi *m pl*, – **consolari** Konsulatsakten *pl*; – **diplomatici** Botschaftsakten, Gesandschaftsakten.
archiviare (1) ablegen; (2) (*procedimento*) einstellen, niederschlagen.
archiviazione *f* (1) Archivierung *f*; (2) (*degli atti del procedimento*) Einstellung *f* (des Verfahrens).
archivio *m* Archiv *n*, Ablage *f*, Aktei *f*; (*di dati*) Datei *f*; – **ecclesiastico** Kirchenarchiv; – **di lavoro** (*inf*) Arbeitsdatei *f*; – **notarile** Notararchiv; – **principale** (*inf*) Hauptdatei *f*; – **di Stato** Staatsarchiv.
archivista *m* Archivar *m*, Registerführer *m*.
archivistica *f* Archivkunde *f*.
arcivescovo *m* Erzbischof *m*.
arco *m* **di opinioni** Meinungsspektrum *n*.
area *f* Fläche *f*, Gebiet *n*, Raum *m*; – **di attrazione** Einzugsgebiet; – **di compensazione** Verrechnungsraum *m*; – **di concentramento** Ballungsgebiet; – **del crocevia** (*circ*) Kreuzungsbereich *m*; – **democratica** demokratisches Spektrum *n*; – **depressa** unterentwikkeltes Gebiet; Notstandsgebiet; – **edificata** bebaute Fläche; – **edificabile** Bauland; Baugrundstück; – **espositiva** Ausstellungsfläche; – **fabbricabile** Baugrund *m*, Baugrundstück *n*, Bauplatz *m*; – **inedificata** unbebautes Grundstück; – **di intersezione** (*circ*) Kreuzungs- und Einmündungsbereich *m*; – **di libero scambio** Freihandelszone; – **della maggioranza** (*pol*) Mehrheitsspektrum *n*; – **monetaria** Währungsraum, Währungsgebiet, Währungsbereich; – **di parcheggio** Parkfläche; – **pedonale** Fußgängerbereich *m*; – **protetta** Schutzgebiet; – **di provenienza** Herkunftsgebiet; – **pubblica** öffentliche Fläche; – **della sterlina** Sterlingraum, Sterlinggebiet; – **di sviluppo industriale** Industrieentwicklungsgebiet; – **di uso pubblico** öffentliche genutzte Fläche; – **valutaria** Währungsraum, Währungsgebiet, Währungsbereich; – **in via di sviluppo** Entwicklungsgebiet, Wachstumsgebiet; – **di tensione** Spannungsgebiet; – **valutaria** Währungsgebiet; v. a. ZONA.
argento *m* Silber *n*; – **monetato** gemünztes Silber, Kurantsilber; – **in verghe** Barrensilber.
argomentare ausführen, behaupten, argumentieren.
argomentazione *f* Ausführung *f*; – **a contrario** Umkehrschluss *m*.
argomento *m* Argument *n*, Behauptung *f*; – **di prova** Beweiselement *n*, Beweisargument.
argumentum e contrario Umkehrschluss *m*.
aristocratico *m* Aristokrat *m*, Adeliger *m*.
aristocratico *agg* aristokratisch, adelig.
aristocrazia *f* Aristokratie *f*, Adel *m*.

arma *f* Waffe *f*; – **atomica** Atomwaffe; – **automatica** automatische Waffe; – **da caccia** Jagdwaffe; **l'- dei carabinieri** Waffengattung der Karabinieri; – **chimica** chemische Waffe; – **convenzionale** konventionelle Waffe; – **di distruzione di massa** Massenvernichtungswaffe; – **ad emissione di gas** Gaswaffe; – **da fuoco portatile** Handfeuerwaffe; – **da fuoco semiautomatica** halbautomatische Schusswaffe; – **da guerra** Kriegswaffe; – **nucleare** Kernwaffe; – **proibita** verbotene Waffe; – **da punta** Stichwaffe; – **del reato** *n* Tatwaffe; – **da sparo** Schusswaffe; – **da taglio** Hiebwaffe.

armamento *m* Rüstung *f*, Aufrüstung *f*; – **bellico** Kriegsrüstung; – **collettivo** Partenreederei *f*; – **convenzionale** konventionelle Rüstung; – **corsaro** Ausrüstung eines nichtstaatlichen Schiffes; – **nucleare** atomare Rüstung.

armare, **armarsi** (1) aufrüsten; (2) (*nave*) ausrüsten.

armato *agg* bewaffnet.

armatore *m* (1) (*proprietario della nave*) Reeder *m*, Schiffsreder; (2) (*non proprietario della nave*) Ausrüster *m*, Verfrachter *m*; – **gerente** Korrespondentreeder, Schiffsdisponent *n*; Schiffsdirektor *m*; – **-noleggiatore** Reeder und Befrachter, Reeder-Verfrachter.

armi, **chiamare alle** – zum Wehrdienst einberufen.

armistizio *m* Waffenstillstand *m*.

armonizzare angleichen, harmonisieren.

armonizzazione *f* Angleichung *f*, Harmonisierung *f*; – **fiscale** Steuerharmonisierung; – **delle legislazioni** Angleichung der Rechtsvorschriften; – **delle tariffe doganali** Angleichung der Zollsätze.

arnese *m* Werkzeug *n*; – **da scasso** Einbruchswerkzeug.

arrendersi sich ergeben; – **a discrezione** sich bedingungslos ergeben.

arrestare verhaften, festnehmen, inhaftieren.

arrestato *m* Festgenommener *m*, Inhaftierter *m*, Haftgefangener *m* (S=).

arresti in massa Massenverhaftungen *pl*.

arresto *m* (1) Festnahme *f*, Festnehmung *f* (A =), Inhaftierung *f*, Inhaftnahme *f*, Anhaltung *f* (A); (*senza mandato od ordine*) vorläufige Festnahme; (2) (*pena dell'arresto*) Haft *f*, Haftstrafe *f* (S); **trarre in** – verhaften; – **arbitrario** willkürliche Festnahme; – **di autorità** Verbot für Schiffe, die Hoheitsgewässer zu verlassen; – **per debiti** Schuldhaft *f*, Schuldverhaft *m* (S-); – **domiciliare**, – **a domicilio** Hausarrest *m*; – **per l'estradizione** Auslieferungshaft; – **facoltativo** mögliche Festnahme; – **di fortezza** Festungshaft *f*; – **in flagranza** Ergreifung auf frischer Tat, Festnahme auf frischer Tat; – **illegale** rechtswidrige Festnahme; – **del lavoro** Arbeitsstillstand *m*; – **in massa** Massenverhaftung; – **di nave** Schiffsarrest *m*; – **obbligatorio** notwendige Festnahme; – **personale** Personalhaft, Personalarrest *m*; – **di polizia** Polizeihaft; – **preventivo** Unterbindungsgewahrsam *m*; – **di principe** Verfügung von hoher Hand; – **della produzione** Produktionseinstellung *f*, Produktionsstillstand *m*; – **provvisorio** vorläufige Festnahme; – **di rigore** geschärfter Arrest, strenger Arrest, geschärfter Stubenarrest, verschärfter Stubenarrest; – **semplice** einfacher Arrest, Stubenarrest; – **in udienza** Verhaftung im Sitzungssaal.

arretrati *m pl* Rückstände *pl*; (*di salario*) Lohnrückstände; (*di stipendio*) Gehaltsrückstände; – **d'imposta** Steuerrückstände.

arretrato *m* Rückstand *m*; – **di salario** Lohnrückstand.

arretrato *agg* rückständig.

arricchimento *m* Bereicherung *f*; **ingiusto–**, – **senza causa**, – **ingustificato** ungerechtfertigte Bereicherung; – **personale** persönliche Bereicherung.

arricchire bereichern.
arrichirsi sich bereichern; – **ingiustificatamente** sich ungerechtfertigt bereichern.
arrichito *m* Bereicherter *m*.
arringa *f* Plädoyer *n*; – **della difesa** Plädoyer der Verteidigung.
arrivare (1) kommen, ankommen; (2) erreichen; (3) geschehen; – **a un accordo** zu einer Einigung kommen.
arrivo *m* Ankunft *f*.
arrogarsi sich anmaßen.
arrogazione *f* **di brevetto** Patentberühmung *f*, Patentanmaßung *f* (A).
arrolamento *m* Aushebung *f*, Rekrutierung *f*, Anmusterung *f*, Werbung *f*, (*anche di lavoratori*) Anwerbung *f*, (*di gente di mare*) Anheuerung *f*; – **a servizio di uno Stato estero** Anwerben für fremden Wehrdienst.
arrolare ausheben, rekrutieren, anmustern, (*anche lavoratori*) anwerben, (*gente di mare*) anheuern.
arrotondamento *m* Abrundung *f*; – **per difetto** Abrundung; – **per eccesso** Aufrundung *f*.
arrotondare abrunden; – **per difetto** abrunden; – **per eccesso** aufrunden.
arruffapopoli *m* Volksaufwiegler *m*.
arruolamento v. arrolamento.
arruolare v. arrolare.
artefatto *agg* (*adulterato*) gefälscht, verfälscht.
articolazione *f*, – **della prova** Aufgliederung des Beweises.
articoli *m pl*, – **d'esportazione** Ausfuhrgüter *pl*; – **da viaggio** Reisebedarf *m*.
articolo *m* (1) Artikel *m*, (*di legge anche*:) Paragraph *m*; (2) (*contabilità*) Buchungsposten *m*, Posten, Position *f*; (3) (*merce*) Artikel *m*, Ware *f*; **in base all'** –... auf Grund von Artikel...; **ai sensi dell'** –... gemäß Artikel...; – **addizionale** Zusatzartikel; – **del bilancio** Haushaltsposten; – **per la casa**, – **casalingo** Haushaltsartikel; – **civetta** Lockangebot *n*; – **commerciale** Handelsartikel; – **di consumo** Verbrauchsartikel, Konsumartikel, Bedarfsartikel, Bedarfsgegenstand *m*; – **di contrabbando** Schmuggelgut *n*, Schmuggelware *f*, Konterbandeartikel; – **d'esportazione** Ausfuhrartikel, Exportartikel; – **finale** Schlussartikel; – **di fondo** (*giornale*) Leitartikel; – **di grande consumo** Massenartikel; – **d'importazione** Einfuhrartikel; – **di legge** Gesetzesartikel, Gesetzesparagraph; – **di lusso** Luxusartikel; – **di marca** Markenartikel, Markenware *f*; – **di moda** Modeartikel; – **di monopolio** Monopolgut *n*, Monopolware *f*, – **di prova** Beweispunkt *m*; – **di serie** Serienartikel; – **stagionale** Saisonartikel; – **d'uso** Gebrauchsartikel; – **di viaggio** Reiseartikel; v. a. BENE, GENERE, MERCE.
artificio *m* Kunstgriff *m*.
artigianato *m* Handwerk *n*; – **artistico** Kunstgewerbe *n*.
artigiano *m* Handwerker *m*.
artigiano *agg* handwerklich.
ascendente *m* Verwandter in aufsteigender Linie, Aszendent *m*.
ascesa *f* Anstieg *m*; – **della congiuntura** Konjunkturaufschwung *m*; – **economica** wirtschaftlicher Aufschwung; – **dei prezzi** Preisanstieg *m*, Preissteigerung *f*.
ascolto *m* Anhörung *f*; – **della parte** Parteianhörung; **v.** a. AUDIZIONE.
asilo *m* (1) Asyl *n*; (2) Kindergarten *m*; **dare** – Asyl gewähren; – **diplomatico** diplomatisches Asyl; – **esterno** äußeres Asyl; – **extraterritoriale** exterritoriales Asyl; – **interno** inneres Asyl; – **-nido** Kinderkrippe *f*; – **notturno** Obdachlosenheim *n*; – **politico** politisches Asyl; – **territoriale** territoriales Asyl; – **in territorio neutrale** Asylgewährung durch ein neutrales Land.
asociale *agg* asozial.
asociale *m* Asozialer *m*.
aspettare (1) warten; (2) erwarten.
aspettativa *f* (1) (*di diritto*) Anwartschaft *f*; (2) (*impiego pubblico*) Wartestand *m*; **collocare in** – in den

Wartestand versetzen; – **di diritto**, – **giuridica** Anwartschaft; – **di pensione** Rentenanwartschaft; – **di successione** Erbanwartschaft.

aspettative *f pl* Erwartungen *f pl*; – **sull'andamento dell'economia** wirtschaftliche Erwartungen; – **inflazionistiche** Inflationserwartungen.

aspetti *mpl*, – **economici** wirtschaftliche Aspekte *mpl*; – **politici** politische Aspekte.

aspirante *m* Anwärter *m*, Bewerber *m*; – **conducente** Führerscheinbewerber; – **ad un posto** Stellenbewerber.

aspirazioni *fpl* **annessionistiche** Annexionsbestrebungen *pl*.

assalto *m* Überfall *m*; **prendere d' – una banca** eine Bank überfallen; – **a mano armata** bewaffneter Überfall.

assassinare ermorden.

assassinio *m* Mord; – **giudiziario** Justizmord.

assassino *m* Mörder.

asse *m*, – **ereditario** Erbmasse *f*, Nachlass *m*, Verlassenschaftsmasse (A); **intero** – Gesamtnachlass; – **patrimoniale** Gesamtvermögen *n*.

assedio *m* Belagerung *f*; **levare l'-, togliere l'-** die Belagerung aufheben.

assegnare (1) zuteilen, zuweisen, zusprechen, vergeben; (2) anweisen.

assegnatario *m* Assignatar *m*, Empfänger *m*; (*esec. forz.*) Überweisungsempfänger (*Gläubiger, dem die gepfändete Sache oder Forderung überwiesen wird*); – **di contingente** Kontingentsträger *m*.

assegnazione *f* (1) Zuteilung *f*, Zuweisung *f*, Vergebung *f*; (2) (*dei beni pignorati*) Überweisung *f* (der gepfändeten Sachen); – **degli affari** Geschäftsverteilung; – **di alloggi** Wohnungszuweisung; – **di azioni** Aktienzuteilung; – **a una casa di cura e di custodia** (*misura di sicurezza*) Einweisung in eine Heil- und Verwahranstalt; – **ad una casa di lavoro** (*misura di sicurezza*) Einweisung in ein Arbeitshaus; – **delle cause** Geschäftsverteilung *f*; – **del credito pignorato** Überweisung der gepfändeten Forderung; – **di divise** Devisenbewilligung *f*, Devisenzuteilung; – **forzata** Zwangsüberweisung; – **in godimento** Nutzungszuweisung; – **gratuita** Gratiszuteilung; – **del lavoro** Arbeitszuweisung; – **del pegno** Pfandüberweisung; – **straordinaria** Sonderausschüttung; – **di terra** Landzuteilung; – **totale** Pauschalzuweisung; – **di valuta** Devisenzuteilung.

assegni *m pl*, – **in circolazione** Scheckumlauf *m*; – **familiari** Familienzulagen *pl*. Familienbeihilfe *f*; v. a. ASSEGNO.

assegno *m* (1) (*titolo di credito*) Scheck *m*, Check *m* (S), Anweisung *f*; (2) (*indennità*) Zulage *f*; **confermare un** – einen Scheck bestätigen; **contro** – Nachnahme *f*; **emettere un** – einen Scheck ausstellen; **incassare un** – einen Scheck einziehen, einen Scheck einkassieren; **pagare un** – einen Scheck einlösen; **pagare mediante – o accreditamento** bargeldlos zahlen; **respingere un** – einen Scheck zurückweisen; **riscuotere un** – einen Scheck einlösen; **ritornare un** – einen Scheck zurückgeben; **spedire contro** – per Nachnahme schicken; **vidimare un –, vistare un** – einen Scheck bestätigen; – **da accreditare** Verrechnungsscheck; – **alimentare** Unterhaltsrente *f*; – **antidatato** rückdatierter Scheck; – **assistenziale** Beihilfe *f*; – **autenticato** beglaubigter Scheck; – **avvisato** avisierter Scheck; – **bancario** Bankscheck, Scheck; Bankanweisung; – **base** Grundzulage; – **in bianco** Blankoscheck, Biancoscheck (A –), unausgefüllter Scheck; – **bloccato** gesperrter Scheck; – **circolare** Zirkularscheck, Zahlstellenscheck; – **colpito da fermo** gesperrter Scheck; – **confermato** bestätigter Scheck; – **per conteggio** Verrechnungsscheck; – **senza**

copertura ungedeckter Scheck, Scheck ohne Deckung; – **a copertura garantita** garantierter Scheck; bestätigter Scheck; – **di divorzio** Unterhalt *m* des geschiedenen Ehegatten; – **sull'estero** Auslandsscheck; – **familiare** Familienzulage, (*per i figli a carico*) Kindergeld *n*; – **all'incasso** Inkassoscheck; – **per incasso** (S) Anweisung zur Eintreibung (S); – **incrociato** gekreuzter Scheck; – **integrativo**, – **di integrazione** Ergänzungszulage; – **di invalidità** Erwerbsunfähigkeitsrente; – **localizzato** Platzscheck; – **di mantenimento** Unterhaltsrente; – **nominativo** Namensscheck; – **non all'ordine** Rektascheck; – **non sbarrato** offener Scheck; – **non trasferibile** Rektascheck; – **per il nucleo familiare** Haushaltszulage; – **ordinario** offener Scheck; – **all'ordine** Orderscheck, Orderscheck (S), Check an Ordre (S); – **pagabile in contanti** Barscheck, Barzahlungsscheck (A); – **in pagamento** (S) Anweisung an Zahlungsstatt (S); – **di pensione** Rente *f*; – **perequativo** Ausgleichszulage, Ausgleichszuschlag *m*; – **periodico** wiederkehrende Zahlung; – **ad personam** persönliche Zulage; – **fuori piazza** Fernscheck, Distanzscheck; – **su piazza**, – **piazzato** Platzscheck; – **al portatore** Inhaberscheck, Überbringerscheck; – **posdatato** vorausdatierter Scheck; – **postale** Postscheck; – **prescritto** verjährter Scheck; – **protestato** protestierter Scheck; (*alimentare*) **provvisorio** vorläufige (Unterhalts-)Rente; – **senza provvista** Scheck ohne Deckung, ungedeckter Scheck; – **quietanzato** quittierter Scheck; – **respinto** Retourscheck, Rückscheck; – **in riscossione** (S) Anweisung zur Eintreibung (S); – **ritornato** Retourscheck, Rückscheck; – **sbarrato** gekreuzter Scheck; – **con sbarramento generale** allgemein gekreuzter Scheck; – **con sbarramento speciale** besonders gekreuzter Scheck; – **scoperto** ungedeckter Scheck; – **di sostentamento** Unterhaltsrente; – **di studio** Ausbildungszuschuss *m*; – **turistico** Reisescheck; – **una tantum** einmalige Sonderzahlung; – **vademecum** bestätigter Scheck; – **in valuta estera** Währungsscheck, Valutascheck; – **vidimato**, – **vistato** bestätigter Scheck; – **vitalizio** (*al coniuge divorziato o separato in caso di successione*) lebenslängliche Unterhaltsrente; – **a vuoto** ungedeckter Scheck, Scheck ohne Deckung; v. a. CAMBIALE, EFFETTO; INDENNITA.

assemblea *f* (1) Versammlung *f*; (2) (*di spa*) Hauptversammlung; **convocare un'** – eine Versammlung einberufen; **indire un'** – eine Versammlung einberufen; **riunirsi in** – sich versammeln; – **annuale** Jahresversammlung; – **degli associati** Mitgliederversammlung; – **degli azionisti** Aktionärsversammlung, Versammlung der Aktionäre; – **dei cittadini** Bürgerversammlung; – **comune** gemeinsame Versammlung; – **condominale,** – **dei condomini,** – **di condominio** Versammlung der Wohnungseigentümer, Kondominiumsversammlung (Südtirol); – **consultiva** beratende Versammlung; – **costituente** (1) (*dir. cost.*) verfassunggebende Versammlung, verfassungberatende Versammlung; (2) (*di società*) Gründungsversammlung, konstituierende Versammlung (+ S), konstituierende Generalversammlung (+ S); – **costitutiva** Gründungsversammlung; – **dei creditori** Gläubigerversammlung; – **dei delegati** Delegiertenversammlung (S); – **deliberante** beschließende Versammlung; – **di fabbrica** Betriebsversammlung; – **federale** Bundesversammlung; – **della fondazione** Stiftungsversammlung; – **generale** Hauptversammlung, Generalversammlung; – **generale ordinaria** ordentliche Hauptversammlung, ordentliche Generalversammlung; – **generale delle Nazioni Unite** Generalversammlung der Vereinten Nationen; – **generale dell'ONU** UNO-Vollversammlung; – **generale straordinaria** außerordentliche Hauptversammlung, außerordentliche Generalversammlung; – **dei lavoratori** Belegschaftsversammlung; – **legislativa** gesetzgebende Versammlung; – **dei membri** Mitgliederversammlung; – **mondiale della sanità** Weltgesundheitsversammlung; – **nazionale** Nationalversammlung; – **ordinaria** ordentliche Versammlung; – **di (del) partito** Parteiversammlung; – **del personale** Personalversammlung; – **plenaria** Vollversammlung, Plenarversammlung, Plenum *n*; – **preparatoria** vorbereitende Versammlung; – **regolarmente costituita** beschlussfähige Versammlung; – **dei scioperanti** Streikversammlung; – **semestrale** Halbjahresversammlung; – **dei soci** Gesellschafterversammlung, Mitgliederversammlung; – **sociale** Gesellschaftsversammlung; – **della Società delle Nazioni** Völkerbundsversammlung; – **societaria** Gesellschaftsversammlung; – **dei sottoscrittori** (*spa*) Versammlung der Aktienzeichner; – **speciale** (*spa*) gesonderte Versammlung (AG); – **straordinaria** außerordentliche Versammlung; – **totalitaria** (*spa*) Gesamtversammlung; v. a. RIUNIONE, SEDUTA.

assembramento *m* Auflauf *m*, Zusammenrottung *f*; – **in luogo publico** öffentliche Versammlung.

assenso *m* Einwilligung *f*; – **del coniuge** Einwilligung des Ehegatten; – **al matrimonio** Einwilligung zur Eheschließung, Ehekonsens *m* (A =); – **necessario** notwendiges Einverständnis *n*; v. a. CONSENSO.

assente *agg* (1) abwesend, säumig; (2) verschollen; **essere** – fehlen.

assente *m* (1) Abwesender *m*; (2) Verschollener *m*.

assenteismo *m* (ungerechtfertigtes) Fernbleiben *n* von der Arbeit, (*corr.*) Krankfeiern *n*.

assenza *f* (1) Abwesenheit *f*, Fehlen *n*; (2) (*scomparsa*) Verschollenheit *f*; – **di colpevolezza** Schuldlosigkeit *f*; – **giustificata** entschuldigtes Fehlen; – **ingiustificata** unentschuldigtes Fernbleiben; – **dal lavoro** Arbeitsversäumnis *f*; – **dal servizio** Dienstversäumnis *f*.

assenziente *m* Zustimmender *m*.

asservimento *m* Versklavung *f*.

asservire versklaven.

asserzione *f* Behauptung *f*.

assessore Beisitzer *m*; Assessor *m*; **essere** – beisitzen; – **al bilancio** Stadtkämmerer *m*; – **comunale** Magistratsmitglied *n*, Magistratsrat *m*, Stadtrat; – **delegato** Erster Beigeordneter; – **effettivo** wirklicher Assessor; (*provinciale*) wirklicher Landesrat (Südtirol); (*regionale*) wirklicher Regionalassessor (Trentino – Südtirol); – **provinciale** Landesrat *m* (Südtirol); – **regionale** Regionalminister, Minister der Region, Regionalassessor (Trentino – Südtirol); – **supplente** Ersatzassessor; (*provinciale*) Ersatz-Landesrat; (*regionale*) Ersatzassessor (der Region).

assestamento *m* Regelung *f*, Neuordnung *f*.

assetto *m* Aufbau *m*; Ordnung *f*; – **economico** Wirtschaftsordnung; – **giuridico** Rechtsordnung; – **istituzionale** (*dello Stato*) staatliche Grundordnung; – **organizzativo** organisatorischer Aufbau; – **politico** politische Ordnung; – **territoriale** Raumordnung *f*; – **urbanistico** Raumordnung.

asseveramento *m* Beteuerung *f*.

asseverare beteuern.

asseverazione *f* v. asseveramento.

assicurabile *agg* versicherbar, versicherungsfähig.

assicurante *m* Versicherungsnehmer *m*.

assicurare versichern, decken; zusichern.

assicurato *m* Versicherter *m*; – **facoltativo** freiwillig Versicherter; –

obbligatorio Pflichtversicherter, Zwangsversicherter; – **volontario** freiwillig Versicherter.

assicuratore *m* Versicherer *m*, Versicherungsträger *m*; – **del carico** Frachtversicherer; – **diretto** Erstversicherer; – **marittimo** Seeversicherer; – **in proprio** Selbstversicherer; – **della responsabilità civile** Haftpflichtversicherer; – **sociale** Sozialversicherer, Sozialversicherungsträger.

assicurazione *f* Versicherung *f*, Deckung *f*; **doppia** – Doppelversicherung; **mutua** – gegenseitige Versicherung, Versicherung auf Gegenseitigkeit, Gegenseitigkeitsversicherung; **stipulare un'** – eine Versicherung abschließen, eine Versicherung eingehen; – **aerea**, – **aeronautica** Luftfahrtversicherung, Lufttransportversicherung; – **agricola** landwirtschaftliche Versicherung; – **degli animali** Tierversicherung; – **di annualità** Zeitrentenversicherung, Annuitätenversicherung; – **di annualità in caso di sopravvivenza** Überlebenszeitrentenversicherung; – **contro l'appropriazione indebita** Unterschlagungsversicherung, Veruntreuungsversicherung, Vertrauensschädenversicherung; – **ascensori** Aufzugsversicherung; – **degli astemi**, – **degli astinenti** Abstinentenversicherung; – **auto** Kfz-Versicherung; – **automatica di nuovi rischi** Vorsorgeversicherung; – **autonoma** selbständige Versicherung; – **autoveicoli** Kraftfahrzeugversicherung, Automobilversicherung, Autokaskoversicherung; – **del bagaglio** Gepäckversicherung, Reisegepäckversicherung; – **basata sull'ammontare dei salari** Versicherung nach Lohnsummen; – **del bestiame** Viehversicherung; – **delle biciclette** Fahrradversicherung; – **di breve durata** kurzfristige Versicherung; – **dei cacciatori** Jagdversicherung; – **del cambio** Versicherung gegen Kursverlust, Kursverlustversicherung; – **dei campionari** Reiselagerversicherung; – **di capitale**, – **di capitali** Kapitalversicherung; – **a capitale raddoppiato in caso di vita** gemischte Versicherung mit doppelter Erlebensfallversicherung; – **del carico** Ladungsversicherung, Kargoversicherung, Frachtversicherung; – **delle casalinghe** Frauenversicherung; – **in caso di morte** Versicherung auf den Todesfall, Todesfallversicherung, Todesfallsversicherung (A), Ablebensversicherung; – **in caso di vita** Versicherung auf den Erlebensfall, Erlebensfallversicherung, Erlebensversicherung; – **delle casseforti** Tresorversicherung; – **contro le catastrofi** Katastrophenversicherung; – **cauzionale** Kautionsversicherung; – **dei clienti** Kundenversicherung; – **collegata con l'abbonamento a un periodico** Abonnentenversicherung, Zeitschriftenversicherung. – **collettiva** Gemeinschaftsversicherung, Kollektivversicherung, Gruppenversicherung, Sammelversicherung; – **collettiva contro gli infortuni** Kollektivunfallversicherung, Gruppenunfallversicherung; – **contro le collisioni** Kollisionsversicherung; – **combinata** gebündelte Versicherung, kombinierte Versicherung, verbundene Versicherung, Bündelung *f*; – **complementare** Ergänzungsversicherung, Zusatzversicherung, unselbständige Versicherung; – **complementare contro gli infortuni** Unfallzusatzversicherung; – **complementare contro l'invalidità** Invaliditätszusatzversicherung; – **complementare contro le malattie** Krankenzusatzversicherung; – **di compratori** Käuferversicherung; – **dei comuni** Versicherung von Gemeinden; – **di contingenza** Versicherung gegen besondere Risiken; – **per conto altrui** Versicherung für fremde Rechnung, Fremdversicherung; – **per conto di chi spetta** Versicherung für

Rechnung wen es angeht; – **d'un contratto** Vertragsversicherung; – **del contributo in avaria comune** Versicherung des Beitrags zur großen Haverei; – **su corpi** Kaskoversicherung; – **di corpi di aeromobili** Flugzeugkaskoversicherung, Luftfahrtkaskoversicherung; – **di corpi di navi** Seekaskoversicherung; – **su corpo** Schiffsversicherung; – **in corso** bestehende Versicherung, laufende Versicherung, aufrechte Versicherung; – **di cose** Sachversicherung; – **di cose in circolazione** Zirkulationsversicherung; – **delle costruzioni navali** Schiffbauversicherung; – **di crediti** Kreditversicherung; – **dei crediti all'esportazione** Ausfuhrkreditversicherung, Exportkreditversicherung; – **cumulativa** Doppelversicherung, Mehrfachversicherung; – **contro i danni** Schadenversicherung, Schadensversicherung; – **contro i danni delle acque** Wasserschadensversicherung; – **contro i danni causati dagli elementi naturali** Elementarschadenversicherung; – **contro i danni causati dal fulmine** Blitzschlagversicherung; – **contro i danni causati da lavori di costruzione** Bauschädenversicherung; – **contro i danni causati da lignivori** Holzbockschadenversicherung, Holzwurmschadenversicherung; – **contro i danni alle conduttere d'acqua** Wasserleitungsschadenversicherung; – **dei danni patrimoniali** Vermögensversicherung; – **contro i danni provocati dall'incendio** Brandschadenversicherung; – **contro danno totale** Versicherung gegen Totalschaden; – **del debito residuo** Restschuldversicherung; **contro il deprezzamento per vetustà** Sachlebensversicherung, Werterhaltungsversicherung, Neuwertergänzungsversicherung; – **dei depositi** (*bancari*) Einlagenversicherung; – **di una diaria** Tagegeldversicherung, Taggeldversicherung (A, S); – **della differenza di prezzo** Preisdifferenzversicherung; – **differita** aufgeschobene Versicherung; – **dipendente** unselbständige Versicherung; – **diretta** Erstversicherung; – **con diritto di opzione** Versicherung mit Umtauschrecht; – **di diritto pubblico** öffentlich-rechtliche Versicherung; – **contro la disoccupazione** Arbeitslosenversicherung, Chomage-Versicherung (A-); – **dei domestici** Dienstbotenversicherung; – **delle donne attendenti alla casa** Frauenversicherung; – **dotale** Mitgiftversicherung, Aussteuerversicherung, Ausstattungsversicherung; – **su due teste** Versicherung auf zwei Leben, Versicherung verbundener Leben; – **con esonero dal pagamento dei premi in caso di invalidità** Versicherung der Prämienbefreiung bei Arbeitsunfähigkeit, Versicherung der Prämienbefreiung bei Erwerbsunfähigkeit; – **contro le esplosioni** Explosionsversicherung; – **delle esposizioni** Ausstellungsversicherung; – **su facoltà** Güterversicherung; – **facoltativa** freiwillige Versicherung; – **di famiglia** Familienversicherung; – **dei fanciulli** Kinderversicherung; – **a favore di terzi**, – **a favore di un terzo** Versicherung zugunsten Dritter; – **a favore dei superstiti** Hinterbliebenenversicherung, Hinterlassenenversicherung (S); – **ferroviaria** Bahntransportversicherung; – **fideiussoria** Garantieversicherung, Kautionsversicherung; – **flottante** offene Versicherung; – **fluviale** Flussversicherung; – **delle fonti di prova** (*proc. pen.*) Sicherung der Beweisquellen; – **delle foreste** Waldversicherung; – **forfettaria** Pauschalversicherung; – **contro i funghi distruttori** Hausschwammversicherung; – **dei funzionari pubblici** Beamtenversicherung; – **contro il furto** Diebstahlsversicherung; – **contro il furto con scasso** Versicherung gegen Einbruchsdiebstahl, Einbruchsversicherung (A); – **contro il furto semplice** Versicherung gegen einfachen Diebstahl; – **di garanzia** Garantieversicherung; – **contro il gelo** Frostversicherung, Frostschadenversicherung; – **dei gioielli** Schmucksachenversicherung, Juwelenversicherung; – **globale** Globalversicherung; – **contro la grandine** Hagelversicherung; – **di gruppo** Gruppenversicherung; – **di gruppo sulla vita** Gruppenlebensversicherung; – **contro i guasti agli autoveicoli** Kraftfahrzeugkaskoversicherung, Autokaskoversicherung; – **contro i guasti alle macchine** Maschinenbruchversicherung; – **contro i guasti ai veicoli** Fahrzeugkaskoversicherung; – **immediata** Gegenwartsversicherung; – **immobiliare** Grundstücksversicherung, Gebäudeversicherung; – **contro l'immobilizzazione degli autoveicoli** Stillegungsversicherung; – **contro l'inattività delle imprese** Betriebsausfallversicherung, Betriebsstillstandsversicherung, Betriebsunterbrechungsversicherung; – **contro l'incendio** Feuerversicherung, Brandversicherung, Brandschadenversicherung; – **contro l'incendio dei veicoli a motore** Kraftfahrfeuerversicherung; – **di un'indennità in caso di morte** Sterbegeldversicherung; – **indipendente** selbständige Versicherung; – **individuale** Einzelversicherung, Individualversicherung; – **individuale contro gli infortuni** Einzelunfallversicherung; – **contro l'infedeltà dei dipendenti** Unterschlagungsversicherung, Veruntreuungsversicherung, Vertrauensschädenversicherung; – **contro gli infortuni** Versicherung gegen Unfälle, Unfallversicherung, Unfallverhütungsversicherung; – **contro gli infortuni automobilistici** Kraftfahrzeugunfallversicherung; – **contro gli infortuni sul lavoro** Arbeitsunfallversicherung, Arbeiterunfallversicherung, Betriebsunfallversicherung, Versicherung gegen die Arbeitsunfälle; – **contro gli infortuni professionali** Gewerbeunfallversicherung; – **contro gli infortuni di viaggio** Reiseunfallversicherung; – **contro le inondazioni** Hochwasserschadenversicherung, Überschwemmungsversicherung; – **contro l'insolvibilità** Versicherung gegen Zahlungsunfähigkeit; – **insufficiente** Unterversicherung; – **contro le intemperie** Schlechtwetterversicherung; – **contro l'invalidità** Invalidenversicherung, Invaliditätsversicherung; – **invalidità e vecchiaia** Alters- und Invaliditätsversicherung; – **dei lavoratori autonomi** Selbständigenversicherung; – **libera** freiwillige Versicherung; – **liberata dal pagamento del premio** beitragsfreie Versicherung; – **dei liberi professionisti** Versicherung der freiberuflich Tätigen; – **del lucro cessante** Versicherung des entgehenden Gewinns; – **del lucro cessante e delle spese d'esercizio** Gewinnausfall- und fortlaufende Geschäftskostenversicherung; – **di lunga durata** langfristige Versicherung; – **delle macchine** Maschinenversicherung; – **dei magazzini** Lagerversicherung; – **contro le malattie** Krankenversicherung; – **maltempo in viaggio** Reisewetterversicherung; – **marittima** Seeversicherung, Seeassekuranz *f*, Seetransportversicherung; – **marittima merci** Seegüterversicherung; – **delle merci** Warenversicherung, Güterversicherung; – **delle merci trasportate** Warentransportversicherung, Gütertransportversicherung; – **mista** gemischte Versicherung; – **mista a favore del creditore ipotecario** gemischte Versicherung zur Dekkung von Hypotheken; – **mobiliare** Hausratversicherung, Fahrnisversicherung, Fahrhabeversicherung (S), Mobiliarversicherung; – **contro la mortalità, del bestiame** Viehlebensversicherung; – **multipla** mehrfache Versicherung, Mehrfachversicherung; – **di natalità** Geburtsversicherung; – **di nuzialità** Heiratsversicherurig; – **obbligatoria** Zwangsversicherung, Pflichtversicherung, Versicherungszwang *m*, obligatorische Versicherung (S =); – **degli operai** Arbeiterversicherung; – **con opzioni** Versicherung mit Wahlarten, Versicherung mit Optionen; – **degli orfani** Waisenversicherung; – **con l'orologio salvadanaio** Sparuhrversicherung; – **pagabile alla morte** Todesfallversicherung, Todesfallsversicherung (A); – **con partecipazione agli utili** Versicherung mit Gewinnbeteiligung; – **parziale** Bruchteilsversicherung; – **dei passeggeri di aereo** Fluggastversicherung; – **di pensione** Pensionsversicherung, Rentenversicherung; – **contro la perdita delle pigioni** Mietausfallversicherung, Mietzinsverlustversicherung; – **contro la perdita di redditi** Einkommensverlustversicherung; – **contro la perdita totale** Versicherung gegen Totalverlust; – **contro la perdita della vista** Erblindungsversicherung; – **contro le perdite** Ausfallversicherung; – **contro le perdite sul cambio** Versicherung gegen Kursverlust, Kursverlustversicherung; – **con periodo di carenza** Versicherung mit Karenzfrist; – **di persone** Personenversicherung; – **delle persone trasportate su aerei** Flugzeuginsassenversicherung; – **delle persone trasportate in automobile** Kraftfahrzeuginsassenversicherung, Automobilinsassenversicherung; – **delle persone trasportate su veicoli** Insassenversicherung; – **contro la pioggia** Regenversicherung; – **pioggia-vacanze** Ferienwetterversicherung; – **pioggia in viaggio** Reisegenversicherung; – **di più rischi** Einheitsversicherung; – **plurima** Doppelversicherung; – **del plusvalore** Mehrwertversicherung; – **popolare** Volksversicherung; – **popolare contro gli infortuni** Volksunfallversicherung; – **popolare sulla vita** Volkslebensversicherung, Kleinlebensversicherung; – **portavalori** Valorenversicherung; – **precedente** Vorversicherung; – **preliminare** Vorversicherung, Aversalversicherung; – **a premi periodici** Versicherung gegen laufende Prämien; – **con premio basato sul numero degli ettari** Hektarenversicherung; – **con premio basato sulla superficie** Versicherung nach Bodenfläche; – **a premio fisso** Versicherung gegen Prämie, Versicherung auf Prämie; – **con premio regolabile** offene Versicherung; – **a premio unico** Versicherung gegen Einmalprämie; – **a primo fuoco** Versicherung auf ersten Brand; – **a primo rischio** Versicherung auf erstes Risiko; – **del primo rischio** Erstrisikoversicherung; – **a primo rischio relativo** Bruchteilversicherung, Teilwertversicherung; – **principale** Hauptversicherung; – **contro la privazione di godimento** Benutzungsverlustversicherung; – **in proprio** Selbstversicherung, Eigenversicherung, Eigendeckung; – **della protezione giuridica** Rechtsschutzversicherung; – **provvisoria** vorläufige Deckung, provisorische Deckung; – **dei pubblici impiegati** Beamtenversicherung; – **dei raccolti** Ernteversicherung; – **contro la rapina** Beraubungsversicherung; – **di reattori atomici** Atomreaktorversicherung; – **di reattori nucleari** Kernreaktorenversicherung; – **contro il regresso di terzi** Regressanspruchversicherung; – **di reintegro del premio** Versicherung der Nachprämie; – **di rendita** Rentenversicherung; – **con-**

tro la responsabilità civile, – **della responsabilità civile** Haftpflichtversicherung; – **della responsabilità civile auto** Autohaftpflichtversicherung; – **della responsabilità civile autoveicoli** Kraftfahrzeughaftpflichtversicherung; – **contro la responsabilità civile del datore di lavoro** Arbeitgeberhaftpflichtversicherung; – **della responsabilità civile del fabbricante o venditore del prodotto** Produkthaftpflichtversicherung; – **della responsabilità civile del personale di aeroporti** Flugplatzhalterhaftpflichtversicherung; – **della responsabilità civile privata** Privathaftpflichtversicherung; – **contro la responsabilità civile del proprietario** Eigentümerhaftpflichtversicherung; – **della responsabilità civile verso terzi** Haftpflichtversicherung, (*autoveicoli*) Kraftfahrzeughaftpflichtversicherung, Automobilhaftpflichtversicherung; – **contro la responsabilità professionale** Berufshaftpflichtversicherung; – **retroattiva** Rückwärtsversicherung; – **contro le ribellioni** Aufstandsversicherung; – **ridotta** herabgesetzte Versicherung; – **riferita agli indici**, – **riferita ai numeri indice** Versicherung mit Indexklausel, Indexversicherung; – **con rimborso dei premi** Versicherung mit Prämienrückgewähr; – **dei rischi atomici** Atomenergierisikenversicherung, Versicherung gegen Atomenergieschäden; – **contro i rischi di cambio** Valutaversicherung; – **dei rischi di costruzione** Bauversicherung, Baurisikenversicherung, Bauwesenversicherung; – **contro i rischi di guerra** Kriegsrisikoversicherung; – **dei rischi nucleari** Kernenergierisikenversicherung; – **dei rischi portuari** Versicherung der Hafenrisiken; – **dei rischi successivi** Nachtragsversicherung; – **di rischio** Risikoversicherung; – **del rischio atomico** Atomrisikenversicherung; – **del rischio locativo** Mieterhaftpflichtversicherung; – **contro il rischio di rimborso alla pari** Losversicherung, – **di rischio trasformabile** Risikoumtauschversicherung; – **di risparmio** Sparversicherung; – **di risparmio immobiliare** Bausparversicherung; – **contro la rottura** Bruchschadenversicherung; – **contro la rottura dei cristalli** Glasbruchversicherung; – **contro la rottura degli sci** Skibruchversicherung; – **contro gli scioperi** Streikrisikoversicherung; – **degli scolari** Schülerversicherung; – **delle scorte vive** Versicherung von lebendem Inventar; – **sociale** Sozialversicherung; – **di somma fissa** Summenversicherung; – **per somma fissa pro capite** Versicherung nach Kopfsystem; – **contro sommosse e tumulti** Aufruhrversicherung; – **di sopravvivenza** Überlebensversicherung; – **delle spese chirurgiche** Operationskostenversicherung; – **delle spese di cremazione** Feuerbestattungsversicherung; – **delle spese di cura** Heilkostenversicherung, Krankheitskostenversicherung, Kurkostenversicherung; – **delle spese farmaceutiche** Arzneikostenversicherung; – **delle spese funerarie** Begräbniskostenversicherung, Sterbegeldversicherung; – **delle spese legali** Prozesskostenversicherung; – **delle spese mediche** Arztkostenversicherung; – **delle spese ospedaliere** Krankenhauskostenversicherung, Spitalkostenversicherung (S); – **delle spese di ricostruzione** Wiederherstellungskostenversicherung; – **delle spese di studio** Studiengeldversicherung; – **di stato** staatliche Versicherung; – **supplementare facoltativa** Höherversicherung; – **suppletiva** Nachversicherung; – **sussidiaria** Subsidiärversicherung; – **televisione** Fernsehversicherung; – **contro le tempeste** Sturmversicherung; –

a tempo Zeitversicherung; – **temporanea** abgekürzte Versicherung, temporäre Versicherung, zeitlich begrenzte Versicherung; – **temporanea a capitale decrescente** temporäre Todesfallversicherung mit fallender Summe; – **temporanea trasformabile** Risikoumtauschversicherung; – **a termine fisso** Versicherung mit festem Zeitpunkt, Versicherung mit festem Auszahlungstermin; – **contro il terremoto** Erdbebenversicherung; – **terrestre** Landversicherung; – **del trasporto** Transportversicherung; – **del trasporto per ferrovia** Bahntransportversicherung; – **contro la tubercolosi** Tuberkuloseversicherung; – **contri i tumulti popolari** Tumultschädenversicherung; – **contro i tumulti, le sommosse e gli scioperi** Aufruhr- und Streikversicherung; – **della tutela legale** Rechtsschutzversicherung; – **contro tutti i rischi**, – **tutti i rischi** Versicherung gegen alle Gefahren, Gesamtversicherung; – **tutti i rischi automobilistici** Fahrzeugvollversicherung, Kraftfahrzeugvollversicherung; – **tutti i rischi degli imprenditori** Unternehmerrisiken-Versicherung; – **contro gli uragani e le tempeste** Gewitter und Sturmschadenversicherung; – **dell'utile sperabile** Versicherung des erwarteten Gewinns; – **contro le vacanze piovose** Ferienwetterversicherung; – **del valore a nuovo** Neuwertversicherung; – **a valore totale** Vollwertversicherung; – **in valuta estera** Fremdwährungsversicherung; – **vecchiaia** Altersversicherung, Altersrentenversicherung; – **per la vecchiaia e i superstiti** Alters- und Hinterbliebenenversicherung, Alters- und Hinterlassenenversicherung (S); – **vedovile** Witwenversicherung; – **dei veicoli fermi in rimessa** Stillegungsversicherung; – **a viaggio** Reiseversicherung; – **con visita medica** Versicherung mit ärztlicher Untersuchung; – **sulla vita** Lebensversicherung; – **sulla vita con estrazione a sorte** Auslosungsversicherung; – **vita intera** lebenslängliche Todesfallversicherung; – **vita intera a premi temporanei** lebenslängliche Todesfallversicherung mit abgekürzter Prämienzahlung; – **vita ordinaria** Großlebensversicherung; – **sulla vita reversibile** Todesfallversicherung auf verbundene Leben; – **sulla vita contro i rischi di guerra** Kriegsversicherung; – **sulla vita di un terzo** Versicherung auf das Leben eines Dritten, Versicherung auf fremdes Leben; – **volontaria** freiwillige Versicherung.

assimilare angleichen, gleichstellen, gleichsetzen.

assimilazione *f* Angleichung *f*, Gleichstellung *f*.

assistente *m/f* Assistent *m* (*f* -in), Mitarbeiter *m* (*f* -in); – **sociale** Sozialarbeiter (-in).

assistenza *f* (1) Hilfe *f*, Beistand *m*; (2) (*sociale*) Sozialhilfe *f*; (3) Kundendienst *m*; **prestare** – Beistand leisten; **vivere della pubblica** – von Sozialhilfe leben; – **agli alcolizzati** Alkoholikerhilfe; – **amministrativa** Amtshilfe; – **dell'avvocato** Beistand des Rechtsanwalts; – **di base** Grundversorgung *f*; – **ai bisognosi** Armenfürsorge, Armenunterstützung *f*, – **in caso di malattia** Krankenhilfe; – **ai ciechi** Blindenfürsorge; – **alla clientela**, – **ai clienti** Kundenbetreuung *f*, Kundendienst; – **del consulente tecnico** Beistand des Sachverständigen; – **ai detenuti** Gefangenenhilfe; – **ai disoccupati** Arbeitslosenfürsorge; – **ai drogati** Drogenabhängigenhilfe; – **economica** Wirtschaftshilfe; – **alla famiglia**, – **familiare** Familienhilfe, Familienbetreuung *f*; – **finanziaria** finanzielle Hilfe, Finanzhilfe; – **fiscale** Beratung *f* in Steuerfragen; – **giudiziaria** Rechtshilfe, Rechtshülfe *f* (S); – **giudiziaria internazionale** internationale Rechtshilfe; – **giudi-**

ziaria minore kleiner Rechtshilfeverkehr *m*; – **all'infanzia** Kinderfürsorge; – **agli invalidi** Invalidenfürsorge; – **legale** Rechtsbeistand, Rechtsschutz *m*; – **marittima** Hilfeleistung auf hoher See; – **alla maternità** Mutterschaftshilfe; – **medica** Krankenhilfe, Krankenfürsorge; – **militare** Militärhilfe; – **ai minori** Jugendhilfe; – **agli operai** Arbeiterfürsorge; – **ostile** neutralitätswidrige Unterstützung, neutralitätswidrige Dienste, Leistung neutralitätswidriger Dienste, feindliche Unterstützung; – **postpenitenziaria** Haftentlassenenhilfe; – **ai poveri** Armenfürsorge; – **ai profughi** Flüchtlingshilfe; – **psichiatrica** psychiatrische Betreuung; – **pubblica** (öffentliche) Sozialhilfe; – **reciproca** gegenseitiger Beistand; – **ai rifugiati** Flüchtlingshilfe; – **sanitaria** Gesundheitsfürsorge; – **scolastica** schulische Betreuung; – **sociale** (1) (*pubblica*) Sozialhilfe *f*; (2) (*privata*) freie Wohlfahrtspflege *f*; – **tecnica** (1) technischer Beistand, technische Hilfe; (*ai clienti*) Kundendienst; (2) (*in giudizio*) anwaltlicher Beistand; – **umanitaria** humanitäre Unterstützung *f*; v. a. AIUTO.

assistenziario *m* (*istituto per il reinserimento degli ex carcerati*) Hilfseinrichtung *f* für Haftentlassene.

assistere beistehen, Beistand leisten; versorgen; **farsi – da un legale** sich anwaltlichen Beistands bedienen.

assistito *m* Unterstützungsempfänger *m*; Pflegling *m*.

associamento *m* Assoziierung *f*.

associante *m* aktiver Teilhaber, tätiger Teilhaber.

associare vereinigen, assoziieren.

associato *m* (1) (*membro*) Mitglied *n*, Teilnehmer *m*; (2) (*associazione in partecipazione*) stiller Teilhaber; (3) (*professore*) Assistenzprofessor *m*.

associazione *f* (1) (*cod. civ.*) Verein *m*; (2) Vereinigung *f*, Verband *m*, Verbindung *f*, Personen Vereinigung, Personenverbindung, Assoziierung *f*; (3) (*dir. pen.*) Vereinigung; **costituire un'** – einen Verein gründen; – **affiliata** angeschlossener Verband; – **degli agricoltori** Bauernverband; – **antinazionale** staatsfeindliche Vereinigung; – **di auto-aiuto** Selbsthilfevereinigung; – **avente carattere internazionale** Vereinigung internationalen Charakters; – **degli avvocati** Anwaltsverein; – **bancaria**, – **delle banche** Bankverein, Bankvereinigung, Bankenverband; – **di beneficenza** Wohlfahrtsverband. Wohlfahrtsvereinigung, karitativer Verband; – **di carattere militare** militärische Vereinigung; – **di categoria** Fachverband, Berufsverband, Standesvereinigung; – **centrale** Zentralverband; – **dei combattenti**, **degli ex-combattenti** Kriegerbund *m*, Kriegerverein; – **dei commercianti** Händlervereinigung; – **di compratori** Käufervereinigung; – **di consumatori** Verbraucherverband; – **culturale** kulturelle Vereinigung, Kulturverein; – **dei datori di lavoro** Arbeitgebervereinigung, Arbeitgeberverband; – **per delinquere** kriminelle Vereinigung; – **dichiarata** angemeldeter Verein; – **economica** Wirtschaftsvereinigung, Wirtschaftsverband; – **europea di libero scambio** (EFTA) europäische Freihandelsassoziation (EFTA); – **familiare** Familienverband; – **femminile** Frauenvereinigung; – **con finalità di terrorismo** terroristische Vereinigung; – **illecita** verbotene Vereinigung, rechtswidrige Vereinigung (A, S); – **degli imprenditori** Unternehmensverband; – **di imprese** Unternehmensverband; – **internazionale del diritto delle assicurazioni** Internationale Vereinigung für Versicherungsrecht; – **internazionale di giurisprudenza** Internationaler Verband der Rechtswissenschaft; – **internazionale per la protezione della proprietà industriale** Internationale Vereinigung für gewerblichen

Rechtsschutz; – **internazionale per lo sviluppo** (ONU) Internationale Entwicklungsorganisation; – **internazionale del trasporto aereo** (IATA) Internationaler Lufttransportverband; – **mafiosa** Mafia-Vereinigung; – **nazionale avvocati italiani** Italienischer Anwaltsverein; – **nazionale magistrati** Richterbund; – **neofascista** neofaschistische Vereinigung; – **non riconosciuta** nicht anerkannter Verein; – **operaia** Gewerkschaft *f*; – **padronale** Arbeitgebervereinigung, Arbeitgeberverband; – **in partecipazione** stille Gesellschaft; – **con personalità giuridica** rechtsfähiger Verein; – **di persone** Personenvereinigung, Personenverbindung; – **politica** politische Vereinigung, politischer Verein; – **di produttori** Herstellerverband; – **professionale** Berufsverband, Berufsvereinigung, Standesvereinigung, Fachverband, Fachverein, Fachvereinigung; – **pro loco** Verschönerungsverein; – **di protezione ambientale** Umweltschutzvereinigung; – **regionale** Bezirksverband; – **registrata** eingetragener Verein; – **religiosa** Religionsgesellschaft *f*; – **di revisione** Prüfungsverband; – **riconosciuta** anerkannter Verein; – **di risparmio** Sparverein; – segreta Geheimbund *m*, Geheimverbindung; – **sindacale** gewerkschaftliche Vereinigung; – **sovversiva** umstürzlerische Vereinigung; – **fra Stati** Staatenverbindung; – **studentesca** Studentenvereinigung, Burschenschaft *f*; – **temporanea di imprese** Arbeitsgemeinschaft *f* (*von Unternehmen*); – **di tipo mafioso** mafiaähnliche Vereinigung; – **per il traffico di stupefacenti** Vereinigung für Rauschgifthandel; – **di tutela dei consumatori** Verbraucherschutzvereinigung; – **d'utilità pubblica** gemeinnütziger Verein, Verein mit anerkannt öffentlichem Interesse; v. a. SINDACATO, SOCIETÀ.

assoggettamento *m* Unterwerfung *f*; – **all'imposta** Heranziehung zur Steuer.

assoggettare unterwerfen.

assolutismo *m* Absolutismus *m*; – **illuminato** aufgeklärter Absolutismus.

assolutoria *f* (*sentenza*) freisprechendes Urteil *n*.

assoluzione *f* Freispruch *m*, Freisprechung *f*; – **con formula piena** (*per non aver commesso il fatto, perché il fatto non sussiste, perché il fatto non costituisce reato*) Freispruch wegen erwiesener Unschuld, Freispruch erster Klasse; – **per insufficienza di prove** Freispruch mangels Beweises; – **per non aver commesso il fatto** Freispruch wegen erwiesener Unschuld; v. a. PROSCIOGLIMENTO.

assolvere freisprechen.

assorbimento *m* Absorption *f*; Übernahme *f*, (*di potere d'acquisto*) Abschöpfung *f*; – **dell' alcol** Alkoholabsorption; – **della disoccupazione** Behebung der Arbeitslosigkeit; – **del potere d'acquisto** Kaufkraftabschöpfung; – **di una società** Aufnahme einer Gesellschaft, Übernahme einer Gesellschaft.

assorbire übernehmen; abschöpfen.

assortimento *m* Auswahl *f*, Sortiment *n*; – **di merci** Warensortiment.

assuefazione *f* (*med.*) Gewöhnung; Abhängigkeit *f*; – **alla droga** Drogenabhängigkeit.

assumere (1) (*un incarico, debito*) übernehmen; (2) (*lavoratori*) einstellen.

assumersi la responsabilità di qualcuno für jemanden aufkommen.

assunto *m* **giuridico** Rechtsstandpunkt *m*.

assuntore *m* Übernehmer *m*; – **del maso (chiuso)** Übernehmer des (geschlossenen) Hofes, Hofübernehmer.

assunzione *f* (1) (*mano d'opera*) Anstellung *f*, Einstellung *f*; (2) (*di de-*

bito ecc.) Übernahme *f*; **nuova** – Neueinstellung; – **di debito** Schuldübernahme; – **definitiva** Festanstellung; – **diretta** (*dir. amm.*) Übernahme *f* in Eigenverwaltung; – **di fideiussione** Bürgschaftsübernahme; – **di garanzia** Garantieübernahme; – **del maso (chiuso)** Hofübernahme; – **dei mezzi di prova** Beweisaufnahme *f*; – **di nuove prove** ergänzende Beweisaufnahme; – **obbligatoria** Pflichteinstellung; – **di portafoglio** Bestandsübernahme; – **del potere** Machtergreifung; – **preventiva dei mezzi di prova** Beweissicherung *f*, Beweisaufnahme im Beweissicherungsverfahren; – **in prova** Anstellung auf Probe, probeweise Anstellung, Probeanstellung; – **delle prove** Beweisaufnahme *f*; – **di prove per futuro giudizio**, – **di prove per futura memoria** Beweissicherung *f*; – **della qualità di imputato** Begründung der Beschuldigteneigenschaft; – **di responsabilità** Haftungsübernahme; – **di rischio** Risikoübernahme, Gefahrübernahme; – **delle spese** Kostenübernahme; – **a tempo determinato** befristete Anstellung; – **a tempo indeterminato** unbefristete Anstellung; – **di testimoni** Zeugenvernehmung *f*, Zeugeneinvernahme *f*.

asta *f* Versteigerung *f*, Auktion *f*; **acquistare all'-** ersteigern, erstehen; **mettere all'-** versteigern; **vendere all'-** versteigern; – **fallimentare** Konkursversteigerung; – **giudiziaria** (gerichtliche) Zwangsversteigerung; – **olandese** Abschlag *m*; – **pubblica** (1) öffentliche Ausschreibung, Submission *f*; (2) öffentliche Versteigerung; – **simulata** Scheinauktion.

astenersi (1) sich enthalten; (2) (*giudice*) sich selbst ablehnen, sich für befangen erklären; – **dal voto** sich der Stimme enthalten.

astensione *f* (1) Enthaltung *f*; (2) (*del giudice*) Selbstablehnung *f*; – **dal deporre** Zeugnisverweigerung *f*; – **dagli incanti** Nichtbeteiligung an Versteigerungen; – **del giudice** Selbstablehnung des Richters, Befangenheitserklärung des Richters; – **dal lavoro** Arbeitsniederlegung *f*, Fernbleiben *n* vom Arbeitsplatz; – **dal testimoniare** Zeugnisverweigerung *f*; – **dalle urne** Wahlenthaltung; – **dal voto** Stimmenthaltung.

astensionismo *m* **(elettorale)** Wahlmüdigkeit *f*.

astenuto *m* Nichtwähler *m*.

astrattezza *f* Abstraktheit *f*.

astratto *agg* abstrakt.

ateo *agg* atheistisch.

atipico *agg* atypisch.

atmosfera *f* **politica** politische Atmosphäre *f*.

atomico *agg* atomar.

attacco *m* Überfall *m*, Angriff *m*; – **armato** bewaffneter Angriff; – **preventivo** Präventivschlag *m*; – **terroristico** terroristischer Überfall.

atteggiamento *m*, – **di attesa** abwartende Haltung *f*; – **deviazionistico** abweichlerisches Verhalten; – **politico** politische Einstellung.

attendibile *agg* glaubhaft, glaubwürdig; **rendere** – glaubhaft machen.

attendibilità *f* Glaubhaftigkeit *f*, Glaubwürdigkeit *f*; – **del testimone** Glaubwürdigkeit des Zeugen; – **della testimonianza** Glaubhaftigkeit der Zeugenaussage.

attendismo *m* Attentismus *m*.

attenersi a einhalten, sich halten an; – **alla legge** sich an das Gesetz halten.

attentare alla vita di qualcuno einen Anschlag auf jemanden verüben.

attentato *m* Anschlag *m*, Attentat *n*; **rivendicare un** – sich zu einem Anschlag bekennen; – **contro i Capi di stati esteri** Angriff gegen ausländische Staatsoberhäupter; – **contro la costituzione dello Stato** Verfassungshochverrat *m*; – **dinamitardo** Sprengstoffanschlag, Sprengstoffverbrechen *n*; – **contro**

i diritti politici del cittadino Anschlag auf die politischen Rechte des Staatsbürgers; – **per finalità terroristiche** terroristischer Anschlag; – **ad impianti di pubblica sicurezza** Anschlag auf öffentliche Sicherheitsanlagen; – **contro l'integrità, l'indipendenza o l'unità dello Stato** Staatsgefährdung *f*; – **alla libertà** Eingriff in die Freiheit; – **alla morale familiare** Verletzung der Familienmoral; – **contro organi costituzionali e contro le assemblee regionali** Angriff gegen Verfassungsorgane und die Regionalversammlungen; – **contro il Presidente della Repubblica** Anschlag auf den Staatspräsidenten; – **alla sicurezza dei trasporti** Transportgefährdung *f*; – **alla sovranità** Souveränitätsverletzung *f*; – **terroristico** Terroranschlag; – **alla vita** Mordanschlag.

attentatore *m* Attentäter *m*.

attenuante *agg* mildernd.

attenuante *f* (*circostanza*) Milderungsumstand *m*.

attenuazione *f* Milderung *f*, Abschwächung *f*; – **della pena** Strafmilderung *f*; – **della responsabilità** Haftungsmilderung.

attenzione, all' – di, alla cortese – di zu Händen von.

atterraggio *m* Landung *f*.

attesa *f* **di vita** Lebenserwartung *f*.

attestare (1) (*certificare*) bescheinigen, bestätigen; (2) (*testimoniare*) bezeugen; (3) (*dimostrare*) beweisen.

attestato *m* Bescheinigung *f*, Bestätigung *f*, Zeugnis *n*, Attest *n*; **rilasciare un** – eine Bescheinigung ausstellen; – **di abilitazione** Befähigungszeugnis; – **di benservito** Abgangszeugnis; – **di buona condotta** Führungszeugnis; – **di carenza di beni** (S) Verlustschein *m* (S); – **di frequenza** Schulbesuchszeugnis; – **d'insufficienza di pegno** (S) Pfandausfallschein *m* (S); – **di lavoro** Arbeitszeugnis; – **medico** ärztliches Attest, ärztliches Parere (A =); – **notarile** notarielle Bescheinigung; – **di tirocinio** (*apprendistato*) Ausbildungszeugnis; V. A. CERTIFICATO.

attestazione *f* (1) (*testimonianza*) Aussage *f*; (2) (*certificato*) Bescheinigung *f*, Bestätigung *f*, **rilasciare un** – eine Bescheinigung ausstellen; – **falsa** (1) (*commessa dal pubblico ufficiale*) Falschbeurkundung *f*; (2) (*di privati in documenti pubblici*) mittelbare Falschbeurkundung; – **di pagamento** Zahlungsbestätigung; – **di salario** Lohnbescheinigung, Lohnbestätigung; – **di scoperto** (S) Ausfallbescheinigung (S); V. A. ATTESTATO, CERTIFICATO.

atti, acquisire agli – zu den Akten nehmen; **esaminare gli** – die Akten einsehen; **mettere agli** – zu den Akten nehmen; **decidere allo stato degli** – nach Lage der Akten entscheiden; **rinunciare agli** – **(del giudizio)** die Klage zurücknehmen; – **annessi** *m pl* Beiakten *pl*; – **del congresso,** – **congressuali** – **del convegno** Kongressbericht, Tagungsbericht; – **emulativi,** – **di emulazione** missbräuchliche Rechtsausübung; – **giudiziari** Gerichtsakten *pl*; – **di libidine** sexuelle Handlungen; – **di libidine contro natura** (S) widernatürliche Unzucht; – **di libidine violenta** sexuelle Nötigung *f*; – **opponibili ai terzi** Rechtshandlungen, die einem Dritten entgegengehalten werden können; – **d'ordinaria amministrazione** laufende Geschäfte, laufende Angelegenheiten, Regularien *pl*; – **parlamentari** parlamentarische Berichte; – **preliminari al giudizio** (*proc. pen.*) Vorbereitung der Hauptverhandlung; – **del processo,** – **processuali** (1) Prozesshandlungen *m pl*; (2) Prozessakten *pl*; – **della pubblica amministrazione** (1) Verwaltungsakten; (2) Verwaltungshandlungen; V. A. ATTO.

attinente *m* (S) Bürger *m*.

attinenza comunale (S) Gemeindebürgerschaft *f* (S), Gemeindemitgliedschaft *f*.

attitudine *f* Eignung *f*, Fähigkeit *f*; – **al lavoro** Arbeitseignung; – **professionale** berufliche Eignung *f*.

attivista *m* Aktivist *m*.

attività *f* Tätigkeit *f*; Geschäftstätigkeit, Betrieb *m*; **cessare l'** – die Tätigkeit einstellen; **esercitare un'** – eine Tätigkeit ausüben; **sospendere l'** – die Tätigkeit (vorübergehend) einstellen; **in** – **di servizio** im aktiven Dienst; – **amministrativa** Verwaltungstätigkeit, Amtsbetrieb; – **antinazionale** staatsfeindliche Tätigkeit; – **di assistenza** Hilfstätigkeit; – **ausiliaria** Hilfstätigkeit; – **aziendale** Betrieb, Geschäftstätigkeit; – **bancaria** Bankbetrieb, Bankverkehr *m*. Bankfach *n*; – **commerciale** Handelsgewerbe *n*, Geschäftstätigkeit, Gewerbetätigkeit, Gewerbebetrieb, Geschäftsbetrieb; – **di consulenza,** – **consultiva** beratende Tätigkeit, Beratertätigkeit; – **continuata** Dauerbetrieb; – **criminale** kriminelle Betätigung; – **di difensore** Verteidigertätigkeit; – **diplomatica** diplomatische Aktivität; – **economica** Wirtschaftstätigkeit, Geschäftsbetrieb, Geschäftstätigkeit; – **edificatoria**, – **edilizia** Bautätigkeit; – **esercitata** ausgeübte Tätigkeit; – **illecita** unerlaubte Tätigkeit; – **imprenditoriale** Unternehmertätigkeit; – **industriale** Industrietätigkeit, Gewerbetätigkeit; – **informativa** Informationstätigkeit; – **inquirente** Ermittlungstätigkeit; – **intermediaria** Vermittlertätigkeit; – **investigativa** Ermittlungstätigkeit; – **lavorativa** Erwerbstätigkeit; – **legislativa** gesetzgebende Tätigkeit, gesetzgeberische Tätigkeit; – **lucrativa** gewinnbringende Tätigkeit; – **mediatrice** Vermittlertätigkeit; – **occasionale** gelegentliche Tätigkeit; – **onoraria** ehrenamtliche Tätigkeit; – **parlamentare** parlamentarische Tätigkeit; – **pericolosa** gefahrgeneigte Tätigkeit; – **politica** politische Betätigung; – **prevalente** vorwiegende Tätigkeit; – **produttiva** Produktionsbetrieb, Produktionstätigkeit; – **professionale** berufliche Tätigkeit, Berufstätigkeit; – **propagandistica** Werbetätigkeit; – **pubblicitaria** Werbetätigkeit; – **redditizia** ertragbringende Tätigkeit; – **rimunerata** entgeltliche Tätigkeit; – **rivoluzionaria** umstürzlerische Tätigkeit; – **secondaria** Nebentätigkeit; **in** – **di servizio** im aktiven Dienst; – **sovversiva** subversive Tätigkeit; – **stagionale** Saisonbetrieb, Kampagnebetrieb; – **terapeutica** Heilbehandlung; – **di vendita** Verkaufstätigkeit.

attività *f pl* Aktiva *pl*, Aktiven *pl*; – **liquide** flüssige Mittel *pl*, liquide Mittel; – **parabancarie** bankähnliche Geschäfte; – **terziarie** Dienstleistungsgewerbe *n*; v. a. ATTIVO, ATTIVITÀ *f*.

attivizzare aktivieren.

att ivo *agg* aktiv.

attivo *m* Aktiva *pl*, Aktiven *pl*, Aktivvermögen *n*, Aktivbestand *m*, Aktivmasse *f*; **chiudere in** – mit Gewinn abschließen; **all'-** auf der Aktivseite; **portare all'-** aktivieren; – **circolante** Umlaufvermögen *n*, Umlaufmittel *pl*; – **disponibile** freie Mittel *pl*, verfügbare Mittel, freie Aktiva, verfügbare Aktiva; – **fallimentare**, – **del fallimento** Teilungsmasse; – **fisso** Sachanlagevermögen *n*, Anlagevermögen; – **immobilizzato** Sachanlagevermögen *n*, Anlagevermögen, festliegende Aktiva; – **indisponibile** festliegende Aktiva; – **liquido** flüssige Mittel *pl*, liquide Mittel, flüssige Aktiva; – **netto** Nettovermögen *n*, reine Aktiva; – **realizzabile** Umlaufvermögen, Umlaufmittel *pl*; – **sociale** Aktivvermögen der Gesellschaft; v. a. ATTIVITÀ *f pl*.

atto *agg* geeignet, fähig.

atto *m* (1) (*documento*) Urkunde *f*, Dokument *n*, Akt *m*; (2) (*azione*) Handlung *f*; (*giuridico*) Rechtshandlung; (3) (*amministrativo*) Verwaltungsakt; **autenticare un** – eine Urkunde beglaubigen; **dare – di** bestätigen; **firmare un –** eine Urkunde unterzeichnen; **formare un –** eine Urkunde errichten; **legalizzare un –** eine Urkunde legalisieren; **notificare un –** eine Urkunde zustellen; **prendere – di** Kenntnis nehmen von, zur Kenntnis nehmen; **ricevere un –** eine Urkunde aufnehmen; **rogare un –** (*notarile*) eine (*notarielle*) Urkunde errichten; **sopprimere un –** eine Urkunde unterdrücken; **– d'abdicazione** Abdankungsurkunde; **– di accertamento** Feststellungsakt; **– d'accessione** Beitrittsurkunde, Akzessionsurkunde; **– di accettazione** Annahmeakt *m*, Annahmeurkunde; **– di accusa** Anklageschrift *f*; **– di acquisto** Kaufurkunde; **– addizionale** Zusatzakt, Additionalakte *f*; **– d'adesione** Beitrittsurkunde; **– aggiuntivo** Zusatzakt; Additionalakte *f*; **– d'aggressione** Angriffshandlung; **– di alienazione** Veräußerungshandlung; Veräußerungsurkunde; **– antigiuridico** rechtswidrige Handlung; **– antinazionale** staatsfeindliche Handlung; **– apparente** Scheinhandlung, Scheinakt; **– d'approvazione** Genehmigungsurkunde; **– arbitrario** Willkürakt; **– autentico, – autenticato** beglaubigte Urkunde; **– d'autorità** Hoheitsakt, Hoheitsurkunde; **– d'avaria** Havarieakt; **– avente forza di legge, – avente valore di legge** Rechtsakt mit Gesetzeskraft; **– di capitolazione** Kapitulationsvertrag *m*, Kapitulationsabkommen *n*; **– di cessione** Abtretungsurkunde, Zessionsurkunde; **– di citazione** (1) (*dell'imputato, di testimoni*) Ladung *f*, Ladungsurkunde; (2) (*atto introduttivo del processo civile*) Klageschrift *f*; **– di clemenza** Gnadenakt, Gnadenerweis *m*; **– di cittadinanza** Staatsangehörigkeitsurkunde; **– di coercizione** Zwangshandlung; **– collettivo Gesamtakt**; **– di commercio** Handelsgeschäft *n*; **– complementare** Zusatzakt; **– di compravendita** Kaufurkunde, Verkaufsurkunde; **– di concerto** abgestimmte Maßnahme *f*; **– di concessione** Verleihungsurkunde, Konzessionsurkunde; **– di concessione di brevetto** Patenterteilungsakt; **– concludente** konkludente Handlung; **– di concorrenza** Wettbewerbshandlung; **– di concorrenza sleale** unlautere Wettbewerbshandlung; **– conservativo** rechtserhaltende Handlung; **– consortile** Konsortialvertrag *m*; **– continuato** fortgesetzte Handlung; **– costitutivo, – di costituzione** Gründungsakt, Gründungsurkunde, Gründungsvertrag *m*, Errichtungsurkunde, Errichtungsakt (S); (*di società*) Gesellschaftsvertrag; **– costitutivo di diritto** rechtsgestaltende Handlung, Gestaltungsakt; **– costitutivo d'ipoteca** Hypothekenbestellungsurkunde; **– costitutivo di società** Gesellschaftsgründungsvertrag, Gesellschaftsvertrag; **– costitutivo di società cooperativa** Genossenschaftsgründungsvertrag; **– di costrizione** Zwangshandlung; **– di delega** Delegierungsakt; **– deliberativo** Beschluss *m*, Entscheidung *f*; **– di denuncia** Kündigungsakt, Kündigungsurkunde; **– di deposito** Hinterlegungsurkunde; **– di designazione** Ernennungsurkunde, v. a. atto di nomina; **– dichiarativo** Erklärungsakt; **– difensivo** Verteidigungshandlung; **– diretto a commettere un delitto** Versuchshandlung; **– discrezionale** Ermessensakt, Ermessenshandlung; **– discriminatorio** Diskriminierungsmaßnahme; **– dispositivo, – di disposizione** Verfügung *f*, Verfügungsgeschäft *n*; **– di disposizione patrimoniale** Vermögensverfügung *f*; **– di divisione** Teilungsurkunde; **– doloso** (1) (*dir. civ.*) arglistige Handlung; (2) (*dir. pen.*) vorsätzliche Handlung; **– di donazione** Schenkungsurkunde; **– economico**

Umsatzakt; – **d'emendamento** Abänderungsurkunde; – **emulativo, – di emulazione** rechtsmissbräuchliche Handlung; – **esecutivo** Vollstreckungshandlung; Betreibungsurkunde (S); (*reato*) Ausführungshandlung; – **falsificato** gefälschte Urkunde; – **di fideiussione** Bürgschaftsurkunde, Bürgschaftsschein *m*; – **finale** Schlussakt, Schlussakte *f*; – **fittizio** Scheinakt, Scheinhandlung; – **di fondazione** Stiftungsgeschäft *n*, Stiftungsurkunde, Stiftbrief *m* (A); v. a. atto costitutivo; – **formale** Formalakt; – **di forza** Gewaltakt, Gewalthandlung; – **fraudolento** betrügerische Handlung, Betrugshandlung; – **di garanzia** Bürgschaftsurkunde, Bürgschaftsschein *m*, Garantieschein; – **di genocidio** Völkermordhandlung; – **di gestione** Geschäftsakt; – **giudiziario** Gerichtsurkunde; – **giudiziario di autorità straniera** Auslandsentscheidung; – **giuridico** Rechtshandlung, juristische Handlung (A =), Rechtsakt; – **giurisdizionale** Akt der Rechtsprechung; – **di governo** Regierungsakt, Regierungshandlung. Regierungsgeschäft *n*; – **di grazia** Gnadenakt, Gnadenerweis *m*; – **di guerra** Kriegshandlung; – **illecito** unerlaubte Handlung, verbotene Handlung, Delikt *n*, Deliktshandlung; – **illecito internazionale** völkerrechtliches Delikt, völkerrechtliches Unrecht; – **d'impero** Hoheitsakt, Hoheitshandlung; – **di impugnazione** Anfechtungshandlung; – **individuale** Einzelakt, Einzelverfügung *f*, – **inesistente** Nichtakt; – **d'intesa** einvernehmliche Maßnahme *f*; – **interruttivo** (*prescrizione*) Unterbrechungshandlung; – **di intervento** Interventionshandlung; – **introduttivo della lite** Klage *f*; – **d'ipoteca** Hypothekenbestellungsurkunde; – **istruttorio** Untersuchungshandlung; – **d'istruzione** (*proc. civ.*) Instruktionshandlung; – **legalizzato** beglaubigte Urkunde; – **legislativo** Gesetzgebungsakt; – **legittimo** bedingungsfeindliches Geschäft; – **di liberalità** Schenkungsakt; – **di libidine** sexuelle Handlung; – **di libidine su donna inetta a resistere** (S) Schändung *f*; – **di matrimonio** Heiratsurkunde, Eheschein *m* (S); – **modificativo** Abänderungsurkunde; – **di morte** Sterbeurkunde, Todesschein *m*; – **mortis causa** Rechtsgeschäft von Todes wegen; – **di nascita** Geburtsurkunde; – **di naturalizzazione** Einbürgerungsurkunde, Naturalisationsurkunde; – **di nazionalità** Registerbrief *m*, Flaggenzeugnis *n*, Flaggenbescheinigung *f*, Flaggenschein *m*; – **negoziale** rechtsgeschäftliche Handlung; – **negoziale di adempimento** Erfüllungsgeschäft; – **di nomina** Ernennungsurkunde, Ernennungsakt (S), Bestallungsurkunde, Bestallungsbrief *m*, Bestellungsurkunde (A), Anstellungsurkunde, Anstellungsverfügung *f*. Wahlurkunde (S); – **non amichevole** unfreundlicher Akt; – **non vincolante** unverbindlicher Akt; – **di notaio**, – **notarile** notarielle Urkunde, Notariatsurkunde; – **di notifica, – di notificazione** Zustellungsurkunde; – **di notorietà**, – **notorio** Notorietätsurkunde; – **onorevole** Ehrenurkunde; – **d'opposizione** Einspruchsschrift *f*; – **di ordinaria amministrazione** Rechtsgeschäft im Rahmen der laufenden Geschäftstätigkeit; – **originale** Originalurkunde; – **osceno** unzüchtige Handlung, Unzucht *f*; – **ostile, – di ostilità** feindlicher Akt, feindselige Handlung; – **di parte** Parteihandlung, parteimäßige Handlung; – **di pignoramento** Pfändungsakt; – **politico** Regierungshandlung, Regierungsakt; – **pregiudizievole** schädigende Handlung, schadenstiftende Handlung; – **preparatorio** vorbereitende Handlung, Vorbereitungshandlung; – **del principe** Verfügung von Hoher Hand; – **privato** Privaturkunde; – **processuale** Prozesshandlung, Verfahrenshandlung; – **di procura** Vollmachtsurkunde; – **produttivo** Produktionsvorgang *m*; – **di protesto** Protesturkunde, Protestakt; – **pubblico** öffentliche Urkunde; – **punibile** strafbare Handlung; – **puro** bedingungsfeindliches Geschäft; – **di ratifica** Ratifikationsurkunde, Genehmigungsurkunde; – **reale** Realakt; – **recettizio** empfangsbedürftige Handlung; – **di resistenza** Widerstandshandlung, Widerstandstat *f*; – **di ricognizione di debito** Schuldanerkenntnisurkunde *f*; – **di riconoscimento** Anerkenntnisschreiben *n*, Anerkennungsakt, Anerkennungsurkunde; – **di ricusazione** Ablehnungsantrag *m*, Ablehnungsgesuch *n*, Ausstandsbegehren *n* (S); – **riflesso** Reflexhandlung *f*; – **di sabotaggio** Sabotageakt; – **di servizio** Diensthandlung; – **simulato** Scheinhandlung, Scheinakt, Scheingeschäft; – **di sovranità** Hoheitsakt, Hoheitshandlung, Souveränitätsakt, Staatshoheitsakt; – **del sovrano** Verfügung von hoher Hand; – **statale** Staatsakt, Staatshandlung; – **dello stato civile** standesamtliche Urkunde, Personenstandsurkunde, Zivilstandsakt (S); – **stragiudiziale** außergerichtliche Handlung; – **di straordinaria amministrazione** Handlung, die über den Rahmen des normalen, laufenden Geschäftsbetriebs hinausgeht; – **di surrogazione** Surrogationsanzeige *f*; – **di terrorismo, – terroristico** Terroraktion; – **turpe** unsittliche Handlung; – **ufficiale** amtliche Urkunde; – **d'ufficio** (1) Amtshandlung, Amtsgeschäft *n*, Diensthandlung; (2) amtliche Urkunde; – **di ultima volontà** letztwillige Verfügung; – **unico europeo** Einheitliche Europäische Akte; – **unilaterale** einseitiger Akt, einseitige Handlung; – **di vandalismo** Akt der Zerstörungswut; – **di vendetta** Racheakt; – **di vendita** Verkaufsurkunde; – **violento** Tätlichkeit *f*; – **di violenza** Gewaltakt, Gewalthandlung, Gewalttat *f*; – **tra vivi** Rechtsgeschäft unter Lebenden; – **di volontà** Willensakt; v. a. ATTI, CONTRATTO, NEGOZIO.

atto *m* **amministrativo** Verwaltungsakt; **annullare un –** einen Verwaltungsakt aufheben; **emanare un –** einen Verwaltungsakt erlassen; **impugnare un –** einen Verwaltungsakt anfechten; – **ampliativo** begünstigender Verwaltungsakt; – **bilaterale** zweiseitiger Verwaltungsakt; – **complesso** mehrstufiger Verwaltungsakt, zustimmungsbedürftiger Verwaltungsakt; – **concludente** konkludenter Verwaltungsakt; – **costitutivo** rechtsbegründender Verwaltungsakt; – **dichiarativo** deklarierender Verwaltungsakt; – **discrezionale** ermessensfreier Verwaltungsakt; – **ad efficacia prolungata** Verwaltungsakt mit Dauerwirkung; – **esterno** externer Verwaltungsakt; – **formale** formgebundener Verwaltungsakt; – **generale** Allgemeinverfügung *f*; – **implicito** implizierter Verwaltungsakt; – **illegittimo** rechtswidriger Verwaltungsakt; – **interno** interner Verwaltungsakt; – **nullo** nichtiger Verwaltungsakt; – **reale** dinglicher Verwaltungsakt; – **restrittivo** belastender Verwaltungsakt; – **semplice** einfacher Verwaltungsakt; – **tacito** stillschweigender Verwaltungsakt; – **vincolato** gebundener Verwaltungsakt; – **vizioso** fehlerhafter Verwaltungsakt.

attore *m* Kläger *m*. klagende Partei *f*; – **principale** Hauptkläger; – **in revocazione** (*proc. civ.*) Wiederaufnahmekläger, Wiederaufnahmskläger (A).

attraversamento *m*, – **del confine** Grenzübergang *m*, Grenzübertritt *m*; – **pedonale** Fußgängerüberweg *m*; – **zebrato** Zebrastreifen *m*.

attrezzatura *f* Ausstattung *f*, Ausrüstung *f*, Einrichtung *f*; – **commer-**

ciale Geschäftsausstattung *f*; – **sanitaria** sanitäre Ausstattung.

attrezzature *fpl*, – **alberghiere** Beherbergungseinrichtungen *fpl*; – **turistiche** Fremdenverkehrseinrichtungen.

attribuire zuteilen, zuweisen, zuerkennen.

attribuzione *f* Zuteilung *f*, Zuerkennung *f*; – **di codice fiscale** Steuernummerzuteilung; – **di competenza** Zuständigkeitszuweisung; – **complessiva** Pauschalzuweisung; – **con effetti di stato civile** (S) Zusprechung mit Standesfolge (S); – **patrimoniale** (*negozio di attribuzione*) Vermögenszuwendung *f* (*beim Zuwendungsgeschäft*); – **di una rendita** Zuerkennung einer Rente, Gewährung einer Rente; – **di valuta** Wertstellung *f*.

attribuzioni *f pl* Befugnisse *pl*, Aufgabenbereich *m*, Aufgabenkreis *m*, Geschäftsbereich *m*; – **d'ufficio** Amtsbefugnisse.

attrice *f* Klägerin *f*.

attuabile *agg* ausführbar, durchführbar, durchsetzbar.

attuabilità *f* Ausführbarkeit *f*, Durchführbarkeit, Durchsetzbarkeit.

attuale *agg* gegenwärtig, aktuell.

attuare ausführen, durchführen, durchsetzen.

attuariato *m* Beruf des Versicherungsmathematikers; Amt des Aktuars.

attuario *m* Versicherungsmathematiker *m*; Aktuar *m*.

attuazione *f* Ausführung *f*, Durchführung, Durchsetzung *f*; – **di un diritto** Durchsetzung eines Rechts, Rechtsverfolgung *f*; – **della riforma** Reformumsetzung *f*; v. a. ESECUZIONE.

auditing *m* Wirtschaftsprüfung *f*.

auditor *m* Wirtschaftsprüfer *m*.

audizione *f* Vernehmung *f*, Einvernahme *f*, Anhörung *f*, Abhörung (A); – **in camera di consiglio** (nicht-öffentliche) Anhörung im Beratungszimmer; – **del debitore** Anhörung des Schuldners; – **a futura memoria** Vernehmung zur Beweissicherung; – **degli interessati** Anhörung der Betroffenen; – **delle parti** Anhörung der Parteien; – **separata** Einzelvernehmung; – **di testimoni**, – **di testimonio** Zeugenvernehmung, Zeugeneinvernahme.

aula *f* (1) Saal *m*; (2) (*di tribunale*) Gerichtssaal; – **bunker** (Hoch-)Sicherheitssaal; – **di udienza** (*tribunale*) Sitzungssaal.

aumentare (1) erhöhen, steigern; (2) steigen, ansteigen, zunehmen, anwachsen.

aumentista *m* Haussier *m*.

aumento *m* Erhöhung *f*, Steigerung *f* Zunahme *f*, Zugang *m*; – **d'anzianità** Alterszulage *f*; – **di capitale** Kapitalerhöhung, Kapitalaufstockung, Kapitalserhöhung (A), (*mediante utilizzo di riserve*) Kapitalberichtigung *f*, Kapitalerhöhung aus Gesellschaftsmitteln; – **della capacità (produttiva)** Kapazitätssteigerung; – **del capitale sociale** Erhöhung des Gesellschaftskapitals; – **di capitale sociale mediante giro di riserve palesi a capitale** Kapitalerhöhung aus Gesellschaftsmitteln, Kapitalberichtigung *f*; – **del consumo** Verbrauchssteigerung; – **contributivo** Beitragserhöhung; – **dei costi** Kostensteigerung; – **del costo del denaro** Verteuerung des Geldes; – **del costo della vita** Anstieg der Lebenshaltungskosten; – **della criminalità** Anstieg der Kriminalität; – **del dividendo** Dividendenerhöhung; – **della domanda** Zunahme der Nachfrage, Erhöhung der Nachfrage, Nachfrageerhöhung, Nachfragebelebung *f*; – **delle esportazioni** Ausfuhrerhöhung, Ausfuhrsteigerung, Exporterhöhung, Exportsteigerung; – **del fatturato** Umsatzsteigerung; – **gratuito di capitale** Kapitalerhöhung aus Gesellschaftsmitteln, Kapitalberichtigung *f*; – **dell'interesse** Zinserhöhung; – **della longevità** Verlängerung der Lebensdauer; – **netto** Nettozuwachs, Nettoanstieg; – **di pena** Strafschärfung *f*;

– **della pensione** Anhebung der Rente; – **della popolazione** Bevölkerungszunahme, Bevölkerungszuwachs *m*; – **del potere di acquisto** Kaufkrafterhöhung, Kaufkraftzuwachs *m*; – **di premio** Prämienerhöhung; – **dei prezzi** Preiserhöhung, Preissteigerung, Preisanstieg *m*; – **della produttività** Produktivitätssteigerung, Produktivitätszuwachs *m*; – **della produzione** Produktionssteigerung; – **del rendimento** Leistungssteigerung; – **della retribuzione** Gehaltserhöhung; – **del rischio** Risikoerhöhung; – **del saggio dello sconto** Erhöhung des Diskontsatzes, Heraufsetzung des Diskontsatzes; – **dei salari**, – **salariale**, – **di salario** Lohnerhöhung, Lohnanstieg *m*; – **delle scorte** Lageraufstockung; – **della spesa pubblica** Anstieg der öffentlichen Ausgaben; – **di stipendio** Gehaltserhöhung; – **di tariffa** Tariferhöhung; – **delle tasse** Gebührenerhöhung; Steuererhöhung; – **del tasso di disoccupazione** Anstieg der Arbeitslosenquote; – **del tasso di interesse** Zinserhöhung; – **del tasso di sconto** Diskontsatzerhöhung; – **di valore** Wertsteigerung, Wertzuwachs *m*; – **delle vendite** Absatzsteigerung; – **vertiginoso** schwindelerregender Anstieg; v. a. INCREMENTO.

ausilario *m* Gehilfe *m*, Berufshelfer *m*, Hilfsperson *f*, (*solamente diritto privato*:) Erfüllungsgehilfe; – **del giudice** Richtergehilfe.

austerità *f* Austerität *f*.

autarchia *f*, Autarkie *f*, Eigenherrschaft *f*, Selbstgenügsamkeit *f*; – **economica** Wirtschaftsautarkie.

autarchico *agg* autark, selbstgenügsam.

autentica v. autenticazione; – **minore** (*notaio*) Beglaubigung *f* durch Vermerk.

autenticare beglaubigen.

autenticazione *f* (öffentliche) Beglaubigung *f*, Überbeglaubigung (A –); – **di firma** Unterschriftsbeglaubigung; – **giudiziaria** gerichtliche Beglaubigung; – **notarile** notarielle Beglaubigung; v. a. CERTIFICAZIONE, LEGALIZZAZIONE.

autenticità *f* Echtheit *f*; **attestare l'** – die Echtheit bestätigen; – **della firma** Echtheit der Unterschrift.

autentico *agg* echt, authentisch.

autismo *m* (*psicologia*) Autismus *m*.

autista *m* Kraftfahrer *m*; **secondo** – (*camion*) Beifahrer.

autoaccertamento *m* (*dir. trib.*) Selbstveranlagung *f*.

autoaccusa *f* Selbstanklage *f*.

autoadattamento *m* Selbstanpassung *f*.

autoaffermazione *f* (*psic*) Selbstbestätigung *f*.

autoaggressione *f* (*psicologia*) Autoaggression *f*.

autoamministrazione *f* Selbstverwaltung *f*.

autoassicurazione *f* Selbstversicherung *f*.

auto-bomba *f* Autobombe *f*.

autocalunnia *f* (falsche) Selbstbezichtigung *f*.

autocarro *m* Lastkraftwagen *m* (Lkw).

autocensura *f* Selbstzensur *f*.

autocertificazione *f* Selbstbescheinigung *f*.

autocintura *f* (*di sicurezza*) Autogurt *m*.

autocivetta *f* (*della polizia*) Zivilstreife *f*.

autoconsumo *m* Selbstverbrauch *m*.

autocontrollo *m* Selbstkontrolle *f*.

autocorrezione *f* Selbstkorrektur *f*.

autocrate *m* Autokrat *m*.

autocratico *agg* autokratisch.

autocrazia *f* Selbstherrschaft *f*, Autokratie *f*.

autocritica *f* Selbstkritik *f*.

autodecisione *f* Selbstbestimmung *f*.

autodenuncia *f* Selbstanzeige *f*.

autodeterminazione *f* Selbstbestimmung *f*; – **dei popoli** (*dir. int.*) Selbstbestimmungsrecht *n* der Völker.

autodiagnosi *f* Selbstdiagnose *f*.

autodifesa *f* Selbsthilfe *f*, Selbstverteidigung *f*.

autodisciplina *f* Selbstdisziplin *f*.

autodistruzione *f* Selbstzerstörung *f*.

autofattura *f* Eigenrechnung *f.*
autofavoreggiamento *m* Selbstbegünstigung *f.*
autofinanziamento *m* Selbstfinanzierung *f*, Eigenfinanzierung.
autogestione *f* Selbstverwaltung *f.*
autogoverno *m* Selbstregierung *f.*
autografia *f* Eigenhändigkeit *f*; – **della sottoscrizione** Eigenhändigkeit der Unterschrift.
autoincriminazione *f* Selbstbezichtigung *f.*
autoinvestimento *m* Eigeninvestition *f.*
autolegittimazione *f* Selbstlegitimierung *f.*
autolesione *f* Selbstbeschädigung *f.*
autolimitazione *f* (*dell'amministrazione pubblica*) Selbstbindung *f* (*der Verwaltung*).
autoliquidazione *f* (*dell'imposta*) Selbstfestsetzung *f* (*der Steuerschuld*).
automatismo *m* Automatismus *m.*
automatizzazione *f* Automatisierung *f.*
automazione *f* Automation *f*, Automatisierung *f.*
automercato *m* Automarkt *m.*
automutilazione *f* Selbstverstümmelung *f.*
autonoleggio *m* Autovermietung *f.*
autonomia *f* Autonomie *f*, Satzungsgewalt *f*, Selbstregierung *f*, Selbstgesetzgebung *f* (S); – **amministrativa** Selbstverwaltung *f*; – **collettiva** Tarifautonomie; – **comunale** Gemeindeautonomie, Selbstverwaltungsrecht der Gemeinden, kommunale Selbstverwaltung, Selbstverwaltung der Gemeinden; – **contrattuale** Vertragsautonomie; – **finanziaria** Finanzautonomie; – **giuridica** rechtliche Selbständigkeit; – **legislativa** autonome Gesetzgebungsgewalt; – **locale** örtliche Selbstverwaltung; – **della magistratura** richterliche Unabhängigkeit *f*, Unabhängigkeit der rechtsprechenden Gewalt; – **negoziale** Vertragsautonomie; – **normativa** Rechtssetzungsautonomie; – **patrimoniale** vermögensrechtliche Eigenständigkeit; – **privata** Privatautonomie, Parteiautonomie; – **professionale** Tarifautonomie; **-regionale** regionale Selbstverwaltung; – **regolamentare** (*dell'istituto pubblico*) Anstaltsgewalt *f*; – **statutaria** Satzungsgewalt *f*, Satzungsautonomie; – **territoriale** Territorialautonomie; – **della volontà** Willensautonomie, Willensfreiheit *f.*
autonomismo *m* Autonomiebestrebung *f*, Autonomismus *m.*
autonomo *agg* autonom.
autoparcheggio *m* Autoparkplatz *m.*
autopattuglia *f* (*polizia*) Funkstreife *f.*
autoporto *m* Autohof *m.*
autoprevidenza *f* Selbstvorsorge *f*, Eigenvorsorge.
autopromozione *f* Eigenwerbung *f.*
autoprotezione *f* Eigensicherung *f*, Eigenschutz *m.*
autopsia *f* Obduktion *f*, Leichenöffnung *f*; **fare l'–** obduzieren.
autopunizione *f* Selbstbestrafung *f.*
autore *m* (1) (*di un'opera*) Verfasser *m*, Urheber *m*, Autor *m*; (2) (*dante causa*) Rechtsvorgänger *m*, Vormann *m* (A), Auktor *m* (A), Rechtsvorfahr *m* (S); (3) (*del reato*) Täter *m*; – **del fatto** Täter; **presunto** – mutmaßlicher Täter; – **principale** Haupttäter; – **del danno** Schädiger *m*, Schadensurheber *m*; – **mediato** mittelbarer Täter; – **di reato** Täter; v. a. REO.
autorealizzazione *f* Selbstverwirklichung *f.*
autoregolamentazione *f* Selbstreglementierung *f.*
autoregolazione *f* Selbstregulierung *f.*
autoresponsabilità *f* Eigenschuld *f.*
autorità *f* (1) Macht *f*, Autorität *f*; (2) (*amministrazione pubblica*) Behörde *f*; (3) Obrigkeit *f*; **da parte delle** – behördlicherseits; **Alta** – Hohe Behörde; – **di accusa** (S) Überweisungsbehörde (S); – **amministrativa** Verwaltungsbehörde, Administrativbehörde (A); – **amministrativa competente** zuständige Verwaltungsbehörde; –

avente potere di nomina (CE) Anstellungsbehörde; – **di borsa** Börsenbehörde; – **centrale** Zentralbehörde; – **civile** Zivilbehörde, zivile Behörde; – **collegiale** kollegiale Behörde, Kollegialbehörde; – **competente** zuständige Behörde; – **comunale** Gemeindebehörde, Kommunalbehörde; – **concedente** Bewilligungsbehörde; – **dei concordati** (S) Nachlassbehörde (S); – **di confine** Grenzbehörde; – **consolare** Konsolarbehörde; – **di controllo** Kontrollbehörde, Aufsichtsbehörde; – **di cosa giudicata** Rechtskraft *f*, Rechtskraftwirkung *f*; **avente – di cosa giudicata** rechtskräftig; – **doganale** Zollbehörde; – **ecclesiastica** Kirchenbehörde; – **elettorali** *f pl* Wahlbehörden *pl*; – **esecutiva** vollziehende Behörde; – **d'esecuzione** (S) Betreibungsbehörde (S); – **espropriante** Enteignungsbehörde; – **finanziaria** Finanzbehörde; – **fiscale** Steuerbehörde; – **forestale** Forstbehörde; – **garante della concorrenza e del mercato** Kartellamt *n*; – **gerarchicamente dipendente** nachgeordnete Behörde; – **gerarchicamente superiore** vorgeordnete Behörde; – **di giudicato** Rechtskraft *f*, Rechtskraftwirkung *f*; – **giudiziaria** Gerichtsbehörde, Justizbehörde, Gericht *n*; – **governativa** Regierungsbehörde; – **inferiore** nachgeordnete Behörde; – **inquirente** Ermittlungsbehörde; – **locale** örtliche Behörde, Ortsbehörde, Lokalbehörde, Ortsobrigkeit (A =); – **maritale** ehemännliche Gewalt, eheherrliche Gewalt (A); – **militare** Militärbehörde; – **monetaria** Währungsbehörde; – **d'occu pazione** Besatzungsbehörde; – **di patronato** (S) Schutzaufsichtsbehörde (S); – **portuale** Hafenbehörde; – **pubblica** öffentliche Behörde; – **di pubblica sicurezza** Polizeibehörde; – **regionale** Regionalbehörde; – **requirente** Anforderungsbehörde; – **richiedente** ersuchende Behörde; – **richiesta** ersuchte Behörde; – **di rinvio** (S) Überweisungsbehörde (S); – **sanitaria** Gesundheitsbehörde; – **scolastica** Schulbehörde; – **di sorveglianza** Aufsichtsbehörde; – **sovraordinata** vorgeordnete Behörde; – **statale** Staatsbehörde; – **dello Stato** Staatsgewalt *f*; – **subordinata** nachgeordnete Behörde; – **superiore** vorgeordnete Behörde; – **suprema** oberste Behörde; – **di tutela** Aufsichtsbehörde; – **tutoria** Aufsichtsbehörde, (S) Vormundschaftsbehörde; – **valutaria** Devisenbehörde; – **di vigilanza** Aufsichtsbehörde; v. a. AMMINISTRAZIONE.

autoritarietà *f* Hoheitlichkeit *f*.

autoritario *agg* autoritär.

autoritarismo *m* Autoritarismus *m*.

autoritativo *agg* autoritativ.

autorizzare ermächtigen, bewilligen, genehmigen, berechtigen, bevollmächtigen, erlauben.

autorizzazione *f* Ermächtigung *f*, Bewilligung *f*, Genehmigung *f*, Erlaubnis *f*, Berechtigung *f*, Zulassung *f*; **chiedere l'** – die Genehmigung einholen; **negare l'** – die Genehmigung verweigern; **ottenere l'** – die Genehmigung erhalten; **revorcare l'** – die Genehmigung widerrufen; **rilasciare l'** – die Genehmigung erteilen; **assoggettato ad** – genehmigungsbedürftig; **non soggetto ad** – genehmigungsfrei; **nuova** – Neubewilligung; **soggetto ad** – genehmigungspflichtig, genehmigungsbedürftig; – **ad accedere** (*inf*) Zugriffsgenehmigung; – **d'acquisto** Bezugsbewilligung, Einkaufsermächtigung, Ankaufsgenehmigung; – **amministrativa** verwaltungsbehördliche Genehmigung; – **di cambio** Deviseneinkaufsgenehmigung; Devisengenehmigung; – **di circolazione** Fahrerlaubnis; – **condizionale** bedingte Genehmigung; – **a contrarre matrimonio** Heiratserlaubnis; – **eccezionale** Ausnahmegenehmigung; – **edilizia in**

sanatoria nachträglich erteilte Baugenehmigung; – **edilizia tacita** stillschweigende Baugenehmigung; – **d'entrata** Einreisebewilligung; – **d'esercizio** Betriebsbewilligung; Bewilligung zum Geschäftsbetrieb; – **all'esercizio del commercio** Zulassung zum Geschäftsbetrieb; – **d'esportazione** Ausfuhrgenehmigung; – **espressa** ausdrückliche Genehmigung; – **giudiziaria** gerichtliche Ermächtigung; – **governativa** Regierungsgenehmigung, staatliche Genehmigung, Staatsgenehmigung; – **ministeriale** ministerielle Genehmigung; – **di pagamento** Zahlungsermächtigung, Zahlungsgenehmigung, Auszahlungsermächtigung, Auszahlungsgenehmigung; – **parziale** Teilgenehmigung; – **di polizia** polizeiliche Erlaubnis, Polizeierlaubnis; – **preventiva** Vorweggenehmigung, Vorwegbewilligung, im voraus erteilte Ermächtigung; – **a procedere** Ermächtigung zur Strafverfolgung, Strafermächtigung; – **di residenza** Aufenthaltserlaubnis; – **revocabile** Genehmigung auf Widerruf, Bewilligung auf Widerruf; – **di ricerca mineraria** Aufsuchungsbewilligung, Schürfermächtigung, Schürfbewilligung (A); – **di rimborso** Rückzahlungsanweisung; – **sanitaria** gesundheitspolizeiliche Erlaubnis; – **scritta** schriftliche Genehmigung; – **di soggiorno** Aufenthaltserlaubnis; – **di sorvolo** Genehmigung für das Überfliegen; – **sottoposta a termine** befristete Genehmigung; – **speciale** Sondergenehmigung; – **di spesa** Ausgabebewilligung, Ausgabenermächtigung; – **a stare in giudizio** Ermächtigung zur Prozessführung; – **di transito** Durchfahrtsbewilligung, Genehmigung zur Durchfahrt; – **di trasporto** Beförderungsgenehmigung; – **d'uso** Gebrauchserlaubnis, Gebrauchsgestattung *f*, Benutzungsbewilligung, Benutzungserlaubnis, Benützungsbewilligung (A, B, S); v. a. APPROVAZIONE, PERMESSO.

autoscioglimento *m* Selbstauflösung *f*,.

autoscuola *f* Fahrschule *f*.

autosportello *m* Autoschalter *m*.

autostrada *f* Autobahn *f*; – **informatica** Datenautobahn.

autosufficiente *agg* selbstgenügsam.

autosufficienza *f* Selbstgenügsamkeit *f*.

autotassazione *f* Selbstveranlagung *f*.

autotutela *f* Selbstschutz *m*, Selbsthilfe *f*.

autoveicolo *m* Kraftfahrzeug *n* (Kfz).

autovettura *f* Personenkraftwagen *m* (Pkw).

avallante *m* Wechselbürge *m*.

avallare avalieren, bürgen.

avallato *m* Hauptwechselschuldner *m* (*derjenige, für den eine Wechselbürgschaft geleistet wird*).

avallo *m* Wechselbürgschaft *f*, Bürgschaft, Aval *m*; **per** – als Bürge, als Garant; – **di banca**, – **bancario** Bankaval; – **cambiario** Wechselbürgschaft.

avanzamento *m* (1) (*progresso*) Fortschritt *m*; Vorankommen *n*; (2) (*promozione*) Beförderung *f*,.

avanzare (1) (*progredire*) vorankommen, Fortschritte machen; (2) (*promuovere*) befördern; (3) (*presentare*) erheben, einlegen, stellen; – **una richiesta** ein Gesuch stellen.

avanzo *m* Überschuss *m*, Aktivüberschuss; **chiudere in** – mit Gewinn abschließen; – **della bilancia commerciale** Handelsüberschuss; – **del bilancio pubblico** Haushaltsüberschuss; – **di cassa** Kassenüberschuss; – **d'esercizio** Betriebsüberschuss; – **finanziario** Überschuss; – **di gestione** Betriebsgewinn; – **lordo** Bruttoüberschuss.

avaria *f* Havarie *f*, Haverei *f*, Schaden *m*, Havarieschaden, Seeschaden; **liquidare l'** – dispachieren; **piccola** – kleine Havarie; **regolare l'** – dispachieren; – **comune** gemeinschaftliche Havariegroße, Havariegroßeaufopferung *f*, großer Havarieverlust *m*; – **generale** allgemeine Havarie; – **particolare** besondere Havarie, Partikularhaverei; – **parziale** Teilhaverei, Teilschaden; – **semplice** einfache Havarie.

avariato *agg* seebeschädigt.

avarie-nolo *f pl* Frachtverlust *m*.

avente, – **capacità giuridica** rechtsfähig; – **causa** *m* Rechtsnachfolger *m*, Rechtsnehmer *m* (A =), Übernehmer *m*; – **diritto** *m* Berechtigter *m*, Anspruchsberechtigter *m*; – **diritto agli alimenti** Unterhaltsberechtigter *m*; – **diritto all' assistenza** Versorgungsberechtigter; – **diritto intermedio** Zwischenberechtigter; – **diritto alla pensione** Rentenberechtigter; – **diritto alla prestazione** Leistungsberechtigter *m*; – **diritto di voto** Stimmberechtigter, Wahlberechtigter; – **titolo** Anspruchsberechtigter.

avere *m* (1) Guthaben *n*; (2) (*sezione di conto*) Haben *n*, Habenseite *f*; **nostro** – Nostroguthaben; – **in banca** Bankguthaben; – **bloccato** Sperrguthaben; – **in conto** Kontoguthaben; – **in conto corrente** Kontokorrentguthaben; – **estero** ausländisches Guthaben; v. a. CREDITO.

averi, **bloccare** – Guthaben sperren.

aviazione *f* Luftfahrt *f*; – **civile** *f* Zivilluftfahrt *f*; – **commerciale** Handelsluftfahrt; – **militare** Luftwaffe *f*.

avocare (*l'istruzione*) an sich ziehen.

avocazione *f* Selbsteintritt *m*, Ansichziehen *n* der Sache (*durch die übergeordnete Behörde*); – **delle indagini** (*proc. pen.*) Übernahme *f* der Ermittlungen.

avulsione *f* Abschwemmung *f*, Abschwemmen *n*.

avvalersi, – **di un diritto** von einem Recht Gebrauch machen.

avvantaggiare begünstigen, bevorzugen.

avvelenamento *m* Vergiftung *f* – **di acque** Brunnenvergiftung.

avvelenare vergiften.

avvelenatore *m* Giftmörder *m*.

avvenimento *m* Ereignis *n*, Vorfall *m*.

avvenire geschehen, sich ereignen.

avvento *m* **al potere** Machtergreifung *f*, Regierungsantritt *m*.

avveramento *m* **della condizione** Eintritt der Bedingung.

avversario *m* Gegner *m*, Prozessgegner; – **politico** politischer Gegner.

avversione *f*, – **invincibile** unüberwindliche Abneigung; – **al lavoro** Arbeitsscheu *f*.

avvertenza *f* (1) (*avviso*) Hinweis *m*; (2) (*ammonimento*) Ermahnung *f*.

avvertimento *m* (1) (*ammonimento*) Ermahnung *f*, Warnung *f*; (2) (*avviso*) Benachrichtigung *f*; **infliggere un** – zurechtweisen.

avvertire (1) (*informare*) benachrichtigen, verständigen; (2) (*ammonire*) verwarnen, warnen, abmahnen, mahnen.

avviamento *m* (1) Ingangsetzung *f*; Einführung *f*; Heranführung *f*; (2) Beförderungsweg, Leitweg: (3) (*commerciale*) Geschäftswert *m*; – **ad altra professione** berufliche Umschulung; – **commerciale** Geschäftswert *m*; – **al lavoro**, – **professionale** Berufseinführung *f*, berufliche Schulung *f*.

avviare, – **ad altra professione** umschulen; – **le trattative** Verhandlungen anbahnen.

avvicendamento *m*, – **nelle cariche** Amtswechsel *m*; – **dei funzionari pubblici**, – **del personale amministrativo** Beamtenwechsel *m*, Amtsablösung *f*.

avvio *m*, – **alla frontiera** (*straniero*) Abschiebung *f*; – **del procedimento** Ingangsetzung *f* des Verfahrens.

avvisare (1) benachrichtigen, verständigen, bekanntmachen; (2) ankündigen, avisieren, aufgeben.

avviso *m* (1) Bekanntmachung *f*, Benachrichtigung *f*, Mitteilung *f*, Anmeldung *f*, Anzeige *f*; (2) (*esposto all'albo*) Aushang *m*; (3) Avis *n*, Aviso *n* (A), Aufgabe *f*, Anzeige *f*; **a mio** – meiner Meinung nach; **come da** – laut Bericht; **dare** – benachrichtigen, anzeigen; **mancato** – Nichtanzeige; unterbliebene Benachrichtigung; **mettere un** – (*pubblicitario*) eine Anzeige aufgeben, annoncieren; **omesso** – Nichtanzeige; **senz'altro** – ohne Bericht; **sotto** – unter Avis; – **di accertamento** Feststellungsbescheid *m*, Steuerbescheid; – **di accreditamento**, – **di accredito** Gutschriftsanzeige, Gutschriftsaufgabe; – **di addebitamento**, – **di addebito** Belastungsanzeige, Belastungsaufgabe, Lastschriftanzeige, Lastschriftaufgabe; – **di appalto** Ausschreibungsbekanntmachung; – **dell'arresto** Benachrichtigung von der Festnahme; – **d'arrivo** Ankunftsmeldung *f*, Benachrichtigungsschreiben *n*; – **d'asta** Versteigerungsankündigung; – **d'avaria** Beschädigungsanzeige; – **di bonifico** Überweisungsträger *m*, Überweisungszettel *m*; – **di cancellazione** Löschungsanzeige; – **di cessione** Abtretungsanzeige; – **di consegna** Ablieferungsanzeige, Versandanzeige; – **di convocazione** Einberufungsbekanntmachung, Einladungsbekanntmachung; – **di danno** Schadenanzeige; – **di denuncia** Kündigungsanzeige; – **del deposito** Hinterlegungsbenachrichtigung, (*al destinatario della notificazione*) Benachrichtigung von der Niederlegung (*eines Schriftstückes an den Zustellungsempfänger*); – **economico** kleine Anzeige, Kleinanzeige; – **elettorale** Wahlbekanntmachung; – **di emissione di assegno** Scheckavis; – **d'esecuzione**, – **d'eseguito** Ausführungsanzeige, Vollzugsmeldung *f*; – **di esito** Bezahltmeldung *f*, Nichtbezahltmeldung; – **d'estrazione** Ziehungsbenachrichtigung; – **di garanzia** (*proc. pen.*) Ermittlungsbescheid *m* (*Nachricht an den Beschuldigten über die Einleitung eines Strafverfahrens*); – **d'imbarco** Einschiffungsanzeige, Einschiffungsmeldung *f*, Verschiffungsbescheinigung *f*; – **d'incasso** Eingangsanzeige; (*effetti*) Bezahltmeldung *f*; – **d'incasso d'assegno** (*posta*) Nachnahmebegleitschein *m*; – **d'incidente** Unfallanzeige, Unfallsanzeige; – **di licenziamento** Kündigungsschreiben *n*; – **di mancata consegna** Unzustellbarkeitsmeldung, Unbestellbarkeitsmeldung; – **di mancato pagamento** Nichtbezahltmeldung; – **di morte** Sterbeanzeige, Sterbefallsanzeige, Todesfallsanzeige (A); – **orale** mündliche Abmahnung; – **di pagamento** Zahlungsavis, Zahlungsankündigung *f*, Zahlungsnachricht *f*, Auszahlungsschein *m*, Auszahlungsbestätigung *f*; – **permanente** Daueraushang; – **di pignoramento** Pfändungsankündigung; – **di postagiro** Gutschriftzettel; – **di precetto** Einberufungsbescheid *m*; – **di prontezza** (1) (*caricazione*) Ladebereitschaftsanzeige; (2) (*scaricazione*) Löschbereitschaftsanzeige; – **di protesto** Protestanzeige; – **pubblicitario** Werbeanzeige; – **al pubblico** öffentliche Bekanntmachung; – **di rettifica** (1) Berichtigungsanzeige; (2) (*dir. trib.*) Berichtigungsbescheid; – **di ricerca** (*dell'autore di un reato*) Steckbrief *m*; – **di ricevimento** Empfangsanzeige, Empfangsbekenntnis *n*, Empfangsbescheinigung *f*, Empfangsbestätigung *f*, Rückschein *m*; – **di richiamo di decimi** Aufforderung zur Einzahlung, Nachzahlungsaufforderung *f*; – **di risoluzione** Kündigungsschreiben *n*; – **di scomparizione** Vermisstenanzeige; – **di sfratto** (*locazione*) Räumungsankündigung *f*; – **di sinistro** Schadensanzeige, Schadenanzeige, Schadensanmeldung *f*, Schadensmeldung, Schadenmeldung, Unfallanzeige, Unfallsanzeige; – **di smarrimento** Verlustanzeige; – **di spedizione** Versandanzeige; – **ufficiale** amtliche Bekanntmachung; – **di vendita** Verkaufsanzeige; – **di versamento** Einzahlungsmeldung *f*.

avvocatessa *f* Rechtsanwältin *f*, Anwältin.

avvocaticchio *m* Winkeladvokat *m*.
avvocato *m* Rechtsanwalt *m*, Anwalt, Advokat *m* (S), Fürsprech *m* (S), Fürsprecher *m* (S); **consultare un** – einen Anwalt um Rat fragen; **essere rappresentato da un** – durch einen Anwalt vertreten sein; **farsi rappresentare da un** – sich von einem Anwalt vertreten lassen; **incaricare un** – einen Anwalt beauftragen; **passare la pratica ad un** – die Sache einem Anwalt übergeben; **ricorrere ad un** – sich einen Anwalt nehmen; **rivolgersi a un** – sich an einen Anwalt wenden; – **dell'attore** klägerischer Anwalt; – **cassazionista** Kassationsanwalt (*beim Kassationshof zugelassen*); – **consulente** beratender Anwalt; – **della controparte** Gegenanwalt; – **difensore** Verteidiger *m*; – **di fiducia** Vertrauensanwalt; – **incaricato del gratuito patrocinio** (im Rahmen der Prozesskostenhilfe) beigeordneter Anwalt; – **generale** (*corte di giustizia delle comunità europee*) Generalanwalt; Oberstaatsanwalt (bei einem auswärtigen Senat einer „Corte d'Appello"); – **generale dello Stato** Generalstaatsadvokat (Leiter der „avvocatura generale dello Stato"); – **patentato** (S) patentierter Anwalt (S); – **dello Stato** Staatsadvokat.
avvocatuccio *m* Winkeladvokat *m*.
avvocatura *f* Rechtsanwaltschaft *f*, Anwaltschaft, Anwaltsstand *m*; – **distrettuale dello Stato** Bezirksstaatsadvokatur („avvocatura dello Stato" am Sitz einer Corte d'Appello); – **erariale** frühere Bezeichnung für „avvocatura dello Stato"; – **generale dello Stato** Generalstaatsadvokatur („avvocatura dello Stato" mit Sitz in Rom); – **dello Stato** Staatsadvokatur (Gesamtheit der in einem Beamtenverhältnis stehenden Rechtsanwälte, die den Staat (Fiskus) vor Gericht vertreten), Finanzprokuratur *f* (A).
avulsione *f* Avulsion *f*, Antreibung *f* (A =), Antrieb *m* (A-).
azienda *f* Betrieb *m*; **assumere un'** – einen Betrieb übernehmen; **cedere un'** – einen Betrieb veräußern; **chiudere l'** – den Betrieb schließen; **dirigere l'** – den Betrieb leiten; **grande** – Großbetrieb; **nazionalizzare l'** – den Betrieb verstaatlichen; **piccola** – Kleinbetrieb; – **affittata** Pachtbetrieb; – **agraria**, – **agricola** landwirtschaftlicher Betrieb, Landwirtschaftsbetrieb (A); – **agricola di montagna** Bergbauernbetrieb; – **alberghiera** Beherbergungsbetrieb; – **artigiana** handwerklicher Betrieb; – **autonoma di soggiorno e turismo** Verkehrsverein *m*, Fremdenverkehrsverein; – **bancaria** Bankbetrieb, Bankunternehmen *n*; – **commerciale** Handelsbetrieb; – **comunale** Gemeindebetrieb, städtischer Betrieb, kommunaler Betrieb; – **concessionaria** konzessionierter Betrieb; – **a conduzione familiare** Familienbetrieb; – **coniugale** Betrieb der Ehegatten; – **di consumo** Verbrauchsbetrieb; – **di credito** Kreditunternehmen *n*, Kreditunternehmung *f* (+ A); – **deficitaria** Verlustbetrieb; – **d'economia mista** gemischtwirtschaftlicher Betrieb; – **di erogazione** Versorgungsbetrieb; – **familiare** Familienbetrieb; – **individuale** Einzelbetrieb; – **industriale** Industriebetrieb; – **marginale** Grenzbetrieb; – **media** mittlerer Betrieb; – **mercantile** Handelsbetrieb; – **mineraria** Bergwerksbetrieb; – **mista** gemischtwirtschaftlicher Betrieb; – **modello** Musterbetrieb; – **multipla** Filialbetrieb; – **municipale** Gemeindebetrieb, kommunaler Betrieb, städtischer Betrieb; – **municipalizzata** (kommunaler) Eigenbetrieb; – **nazionale autonoma delle strade** (ANAS) Staatsstraßenverwaltung *f*; – **nazionalizzata** verstaatlichter Betrieb; – **a partecipazione statale** Betrieb mit staatlicher Beteiligung; – **parziaria** Teilpachtbetrieb; –

privata Privatbetrieb; – **di produzione** Erzeugungsbetrieb, Produktionsbetrieb; – **pubblica** öffentlicher Betrieb; – **pubblica a gestione privatistica** gemischtwirtschaftlicher Betrieb; – **regionale** Regionalbetrieb; – **sperimentale** Versuchsbetrieb; – **speciale** (*ex municipalizzata*) Eigenbetrieb; – **statale**, – **di Stato** Staatsbetrieb; – **di trasformazione** Verarbeitungsbetrieb, Veredelungsbetrieb; v. a. IMPRESA.

aziendalista *m/f* Betriebswirtschaftler(-in).

aziende *pl*, – **comunali**, – **municipali** Stadtwerke *pl*; v. a. AZIENDA.

azionabile *agg* klagbar.

azionabilità *f* Klagbarkeit *f*.

azionariato *m* Aktienbesitz *m*; Aktienbesitzer *pl*; – **popolare** Volksaktionäre *pl*; – **pubblico** staatlicher Aktienbesitz.

azione *f* (1) (*quota di partecipazione*) Aktie *f*, Anteil *m*, Anteilschein *m*; (2) (*domanda giudiziale*) Klage *f*; (3) (*atto, intervento*) Handlung *f*, Handeln *n*, Tun *n*, Einschreiten *n*, Aktion *f*; **desistere dall'** – (*dir. pen.*) die weitere Ausführung der Tat (freiwillig) aufgeben; **esercitare un' –, esperire un' –, intentare un'** – eine Klage erheben, eine Klage einreichen, eine Klage anheben (S), eine Klage anbringen (S); **liberare interamente un'** – eine Aktie voll einzahlen; **promuovere un' –, proporre un'** – eine Klage erheben, eine Klage einreichen, eine Klage anheben (S), eine Klage anbringen (S); **respingere un' –, rigettare un'** – eine Klage abweisen; **rinunciare ad** – **già promossa** eine Klage zurücknehmen, eine Klage zurückziehen; **mediante** – **od omissione** durch Tun oder Unterlassen; **piccola** – Kleinaktie; – **d'accertamento** Feststellungsklage; – **d'accertamento incidentale** Zwischenfeststellungsklage, Inzidentfeststellungsklage; – **d'accertamento negativo** negative Feststellungsklage; – **di accertamento della nullità** Klage auf Feststellung der Nichtigkeit; – **di accertamento positivo** positive Feststellungsklage; – **accessoria** Nebenklage; konnexe Klage (A); – **di adempimento** Leistungsklage; – **alimentare,** – **di alimenti** Unterhaltsklage, Alimentationsklage (A); – **amministrativa** Verwaltungshandeln *n*, Verwaltungstätigkeit *f*; – **di annullamento** Nichtigkeitsklage, Aufhebungsklage, Klage auf Nichtigkeitserklärung, Klage auf Nichtigerklärung (A), Klage auf Unwirksamkeitserklärung (A), Klage auf Unwirksamerklärung (A); – **di annullamento del matrimonio** (ex nunc) Eheaufhebungsklage; – **per apposizione di termini** Klage auf Abmarkung (der Grundstücke); – **aquiliana** Klage aus unerlaubter Handlung; – **d'arricchimento** Bereicherungsklage, Klage aus ungerechtfertigter Bereicherung; – **beneficiaria** (*di promotore di spa*) Gründeranteil, Gründeranteilschein (S); – **bloccata** (*non trasferibile senza il consenso degli amministratori*) vinkulierte Aktie; – **cambiaria** Wechselklage; – **cambiaria diretta** Wechselklage gegen den Bezogenen, den Aussteller und deren Bürgen; – **cambiaria di regresso** Wechselklage gegen Wechselverpflichtete mit Ausnahme des Ausstellers, des Bezogenen und deren Bürgen; – **di cancellazione** Löschungsklage, Klage auf Löschung; – **causale** Klage aus dem Grundgeschäft; – **cautelare** Klage auf einstweiligen Rechtsschutz; – **di cessazione della turbativa** Klage auf Unterlassung der Beeinträchtigung; – **civile** Zivilklage, Zivilanspruch *m* (+ S); – **civile nel procedimento penale**, – **civile nel processo penale** Klage auf zivilrechtliche Entschädigung im Strafverfahren (Adhäsionsverfahren); – **di comando** Vorzugsaktie mit mehrfachem Stimmrecht, Mehrstimmenaktie, Mehrstimmrechtsaktie, Stimmrechtsaktie, Stimmrechtsvorzugsaktie; – **commerciale** handelsrechtliche Klage; – **comune** Stammaktie; – **concertata** konzertierte Aktion; – **di condanna** Klage auf Verurteilung, Verurteilungsklage; – **confessoria** Klage auf Anerkennung dinglicher Rechte, Klage auf Feststellung des Bestehens einer Dienstbarkeit; – **connessa per accessorietà** konnexe Klage (A); – **di contestazione della legittimità**, – **di contestazione della paternità** Klage auf Anfechtung der Ehelichkeit, Ehelichkeitsanfechtungsklage, Ehelichkeitsbestreitungsklage (A), Vaterschaftsanfechtungsklage, Vaterschaftsbestreitungsklage (A); – **di contraffazione di brevetto** Patentklage; – **contrattuale** Klage aus Vertrag; – **costitutiva** Rechtsgestaltungsklage. Gestaltungsklage, Rechtsänderungsklage, Bewirkungsklage; – **criminosa** strafbares Tun; – **di danno temuto** Klage zur Abwendung eines bevorstehenden Schadens; – **di decadenza dalla potestà sui figli** Klage auf Entziehung der elterlichen Sorge; – **definitiva** endgültige Aktie; – **dichiarativa** Feststellungsklage; – **di difesa** Stützungsaktion; – **a difesa della proprietà** Eigentumsschutzklage; – **a difesa del possesso** Besitzschutzklage; – **diplomatica** diplomatischer Schritt; – **con diritto di voto** stimmberechtigte Aktie; – **disciplinare** Disziplinarverfahren *n*, Disziplinarstrafverfahren; – **di disconoscimento del debito** (S) Aberkennungsklage (S); – **di disconoscimento della paternità** Vaterschaftsanfechtungsklage, Vaterschaftsbestreitungsklage (A), Ehelichkeitsanfechtungsklage, Klage auf Anfechtung der Ehelichkeit, Ehelichkeitsbestreitungsklage (A); – **a dividendo differito** Aktie mit Nachbezugsrecht, Nachbezugsaktie, Nachzugsaktie; – **a dividendo privilegiato** Dividendenvorzugsaktie; – **di divisione** Teilungsklage; – **di divorzio** Scheidungsklage; – **dolosa** arglistiges Vorgehen; – **edilizia** Gewährleistungsklage wegen Sachmängeln; – **esecutiva** (1) (*domanda giudiziale*) vollstreckungsrechtliche Klage; (2) (*dir. pen.*) Ausführungshandlung; – **d'esecuzione in forma specifica** Erfüllungsklage, Klage auf Vertragserfüllung; – **d'esecuzione di prestazione** Leistungsklage; – **estimatoria** Klage auf Minderung, Minderungsklage, Preisminderungsklage; – **ad exhibendum** Klage auf Vorlage (*von Urkunden*), Vorlageklage; – **per fatto illecito** Klage aus unerlaubter Handlung; – **a favore del prestatore di lavoro** Arbeitnehmeraktie, Belegschaftsaktie; – **di fondazione** Gründeraktie, Gründeranteilschein (S); – **fraudolenta** betrügerisches Vorgehen; – **frenante** Bremstätigkeit; (*effetto*) Bremswirkung; – **di garanzia** Gewährleistungsklage; – **di garanzia per i vizi della cosa** Gewährleistungsklage wegen Sachmängeln; – **giudiziaria** gerichtliche Klage, Klage; – **di godimento** Genussaktie; – **di giustificazione** (*libro fondiario*) Rechtfertigungsklage (A); – **con godimento retroattivo** Aktie mit rückwirkender Dividende; – **gratuita** Gratisaktie, Freiaktie, Zusatzaktie, Berichtigungsaktie, Aufstokkungsaktie; – **di guerra** Kriegshandlung; – **illegale** gesetzwidrige Handlung; – **immobiliare** Grundstücksklage, Immobiliarklage; – **inammissibile** unzulässige Klage; – **incidentale** Zwischenklage, Inzidentklage; – **d'indebito arrichimento** Bereicherungsklage, Bereicherungsanspruch *m* (S), Klage aus ungerechtfertigter Bereicherung; – **individuale esecutiva** (*dir. fall.*) Einzelzwangsvollstreckung; – **indivisibile** unteilbare Aktie; – **industriale** Industrieaktie; – **d'inesistenza del debito** (S) Aberkennungsklage (S); – **interamente li-**

berata voll eingezahlte Aktie, Vollaktie; – **d'intervento** Inverventionsklage; – **ipotecaria** Hypothekenklage, Hypothekarklage (A); – **di larga diffusione** breit gestreute Aktie, – **di lavoro** Arbeitnehmeraktie, Belegschaftsaktie; – **legale** Klage, gerichtliches Vorgehen; – **liberata** voll eingezahlte Aktie; – **liberata con utilizzo di riserve** Kapitalberichtigungsaktie; – **di manutenzione** Klage auf Unterlassung der Besitzstörung, Besitzstörungsklage, Klage aus Besitzesstörung (S); – **mineraria** Bergwerksaktie; – **mobiliare** Mobiliarklage, Fahrnisklage (S); – **di modificazione** Abänderungsklage; – **negatoria** negatorische Klage, Negatorienklage (A =), Klage auf Unterlassung, Unterlassungsklage, Abwehrklage, Abwehranspruch, Eigentumsstörungsklage, Eigentumsklage wegen Eingriffs (A +), Eingriffsklage (A +), Eigentumsfreiheitsklage (A =); – **negoziabile** börsenfähige Aktie; – **nominativa** Namensaktie, Namenaktie (S), auf den Namen lautende Aktie; – **non quotata** nicht quotierte Aktie; – **di nullità** Nichtigkeitsklage, Klage auf Nichtigkeitserklärung, Klage auf Nichtigerklärung (A), Nullitätsklage (A –), Klage auf Unwirksamkeitserklärung (A), Klage auf Unwirksamerklärung (A), Ungültigkeitsklage (S); – **nuova** neue Aktie, junge Aktie, Bezugsaktie; – **di nuova opera** Klage auf Unterlassung der Errichtung eines Bauwerks, Klage auf Unterlassung einer Bauführung (A), Bauverbotsklage (A); – **optata** Bezugsaktie; – **ordinaria** Stammaktie; – **di padronanza** Vorzugsaktie mit mehrfachem Stimmrecht, Mehrstimmenaktie, Mehrstimmrechtsaktie, Stimmrechtsaktie. Stimmrechtsvorzugsaktie; – **di pagamento** Klage auf Zahlung; – **di pagamento del premio** Klage auf Prämienzahlung, Prämienklage; – **di pagamento di salario** Klage auf Lohnzahlung, Lohnklage; – **di pagamento di stipendio** Klage auf Gehaltszahlung; – **della parte civile** Nebenklage; – **partecipante agli utili** gewinnberechtigte Aktie, dividendenberechtigte Aktie; – **senza partecipazione agli utili** notleidende Aktie; – **parzialmente liberata** teilbezahlte Aktie; – **patrimoniale** vermögensrechtliche Klage; – **penale** Strafklage, Strafverfolgung *f*; – **penale promossa dalla parte civile** Privatklage, Privatanklage (A); – **pendente** anhängige Klage; – **personale** persönliche Klage, nicht vermögensrechtliche Klage; – **petitoria** Eigentumsklage, petitorische Besitzklage; – **di petizione d'eredità** Erbschaftsklage, Erbrechtsklage (A), Klage auf Herausgabe der Erbschaft; – **pilota** Spitzenaktie; – **popolare** (1) Popularklage; (2) Volksaktie; – **al portatore** Inhaberaktie, auf den Inhaber lautende Aktie; – **possessoria** Besitzschutzklage; – **postergata** Aktie mit Nachbezugsrecht, Nachzugsaktie, Nachbezugsaktie; – **preferenziale** Vorzugsaktie, Vorrechtsaktie, Prioritätsaktie, Stammpriorität *f*; – **preferenziale nel voto** Stimmrechts-Vorzugsaktie; – **principale** Hauptklage; – **di priorità**, – **privilegiata** Vorzugsaktie, Vorrechtsaktie, Prioritätsaktie, Stammpriorität *f*; – **privilegiata nel dividendo** Aktie mit Vorzugsdividende; – **privilegiata a dividendo cumulativo** kumulative Vorzugsaktie; – **privilegiata nel voto** Vorzugsaktie mit mehrfachem Stimmrecht, Mehrstimmenaktie, Mehrstimmrechtsaktie, Stimmrechtsvorzugsaktie, Stimmrechtsaktie; – **di propaganda**, – **propagandistica** Propagandaaktion; – **di protesta** Protestaktion; – **pubblica** öffentliche Klage; – **quanti minoris** Klage auf Minderung. Minderungsklage, Preisminderungsklage; – **quotata in borsa** börsengängige Aktie; – **reale** dingliche Klage; – **di reclamo di legittimità** Klage auf Feststellung der Ehelichkeit; – **di reclamo di stato** Klage auf Feststellung der Abstammung, Personenstandsklage, Statusklage; – **redibitoria** Wandlungsklage, Klage auf Wande(e)lung; – **di regolamento di confini** Grenzscheidungsklage, Grenzerneuerungsklage (A); – **di regresso** Rückgriffsklage, Regressklage; – **di regresso per mancato pagamento di assegno** Scheckklage; – **di reintegrazione** Besitzentziehungsklage, Klage aus Besitzentziehung (S); – **di rendiconto** Klage auf Rechnungslegung; – **di rescissione di contratto,** – **rescissoria** Klage auf Rückgängigmachung eines Vertrages; – **di responsabilità** Haftungsklage; – **restitutoria,** – **di restituzione** Klage auf Herausgabe, Herausgabeklage, Klage auf Rückgabe; – **di revindica** Vindikationsklage; – **revocatoria** Anfechtungsklage; – **di revocazione di donazione** Klage auf Widerruf der Schenkung; – **di ricerca di maternità** Mutterschaftsklage; – **di ricerca della paternità** Vaterschaftsklage, Paternitätsklage (A –), Abstammungsklage; – **di riconoscimento della paternità** Klage auf Anerkennung der Vaterschaft; – **riconvenzionale**, – **di riconvenzione** Widerklage; – **di riduzione** (1) (*di prezzo*) Minderungsklage, Klage auf Minderung; (2) (*per la reintegrazione della quota riservata ai legittimari*) Klage auf Kürzung, Herabsetzungsklage (S); – **di riduzione di prezzo** Preisminderungsklage; – **di riforma** Abänderungsklage; – **di rimborso** Klage auf Rückzahlung; – **per la ripetizione dell'indebito** (S) Rückforderungsklage (S); – **di risarcimento di danni** Schadenersatzklage, Klage auf Schadensersatz, Ersatzklage (S), Entschädigungsklage (S); – **di riserva** Vorratsaktie; – **di risoluzione** Aufhebungsklage, Kündigungsklage; – **di risoluzione di un contratto** Klage auf Auflösung eines Vertrages; – **di risparmio** Sparaktie; – **di rivalsa** Revalierungsklage; – **rivendicativa** (*sindacale*) Kampfmaßnahme *f*; – **di rivendicazione** Vindikationsklage; – **di salvataggio** Rettungsaktion; – **di scioglimento del matrimonio** Eheauflösungsklage, Ehescheidungsklage; – **di sfratto** Räumungsklage; – **di simulazione** Klage zur Aufdeckung eines Scheingeschäftes; – **sindacale** Gewerkschaftsaktion; – **sociale** Gesellschaftsaktie; – **di sostegno dei prezzi** Preisstützungsaktion; – **sottoscritta** gezeichnete Aktie; – **di spoglio** Besitzentziehungsklage, Klage aus Besitzentziehung (S); – **stampigliata** abgestempelte Aktie; – **di stato** Klage auf Feststellung der Abstammung, Personenstandsklage, Statusklage; – **surrogatoria** Klage auf Eintritt in die Gläubigerrechte (*gegen den Drittschuldner*); – **terroristica** Terroraktion; – **di turbativa possessoria** Besitzstörungsklage, Klage auf Unterlassung der Besitzstörung; Klage aus Besitzstörung (S); – **a tutela del diritto al nome** Klage auf Schutz des Namensrechts; – **a tutela dell'immagine** Klage auf Schutz des Rechts am eigenen Bild; – **a valore nominale** Nennwertaktie; – **senza valore nominale** nennwertlose Aktie, Quotenaktie; – **vecchia** Altaktie; – **a voto multiplo**, – **a voto plurimo** Vorzugsaktie mit mehrfachem Stimmrecht, Mehrstimmrechtsaktie, Stimmrechtsvorzugsaktie, Mehrstimmenaktie, Stimmrechtsaktie; v. a. DOMANDA.

azioni *f pl*, **depositare le** – die Aktien hinterlegen; **raggruppare** – Aktien zusammenlegen; **sottoscrivere** – Aktien zeichnen; – **assicurative** Versicherungsaktien; – **bancarie** Bankwerte *m pl*; – **in portafoglio** Aktienbestand *m*; – **successive** Stufenklage *f*.

azionista *m* Aktionär *m*, Anteilinhaber *m*; **grande –, –grosso** – Großaktionär; **piccolo** – Kleinaktionär; **principale** – Hauptaktionär; **unico** – Alleinaktionär; – **accomandante** Kommanditaktionär; – **accomandatario** persönlich haftender Gesellschafter (einer Kommanditgesellschaft auf Aktien); – **iscritto nel libro dei soci** eingetragener Aktionär; – **di maggioranza** Mehrheitsaktionär; – **di minoranza** Minderheitsaktionär, Minoritätsaktionär, freier Aktionär; – **ordinario** Stammaktionär; – **principale** Hauptaktionär; – **privilegiato** Vorzugsaktionär.

azzeccagarbugli *m* (*spreg*) Winkeladvokat *m*, Rechtsverdreher *m*.

azzonamento *m* (*zonizzazione*) Gebietseinteilung *f* (in Bereiche), Bereichsgliederung *f*.

B

bacino *m*, – **di crisi** Krisengebiet *n*; – **d'utenza** Einzugsbereich *m*.

bagagli *mpl*, – **in arrivo** Gepäckausgabe *f*, – **in partenza** Gepäckaufgabe *f*,.

bagaglio *m*, – **in franchigia** Freigepäck *n*; – **in transito** Durchfuhrgepäck, *n*, Transitgepäck, Gepäck im Durchgangsverkehr.

bagarinaggio *m* Hamstern *n*.

bagarino *m* Hamsterer *m*.

baia *f* **storica** (*dir. int.*) historische Bucht *f*.

ballottaggio *m* zweiter Wahlgang *m*, Stichwahl *f*.

ballottare ballotieren, im zweiten Wahlgang abstimmen.

bambino *m* V. FIGLIO.

banca *f* Bank *f*; – **d'accettazione** Akzeptbank *f*; – **d'affari** Geschäftsbank; – **agricola** Landwirtschaftsbank, Agrarbank; – **cantonale** (S) Kantonalbank (S); – **centrale** Zentralbank; – **Centrale Europea (BCE)** Europäische Zentralbank (EZB); – **di clearing** Clearingbank; – **coloniale** Kolonialbank; – **di commercio**, – **commerciale** Handelsbank; – **di commercio estero** Außenhandelsbank; – **cooperativa** Genossenschaftsbank; – **corrispondente** Korrespondenzbank, korrespondierende Bank, befreundete Bank; – **di credito** Kreditbank; – **di credito edilizio** Hypothekenbank; – **di credito fondiario** Hypothekenbank, Bodenkreditbank, Grundkreditbank; – **di credito industriale** Industriekreditbank; – **di credito ipotecario** Hypothekenbank; – **di credito mobiliare** Mobiliarbank, Mobiliarkreditbank; – **di credito ordinario** Geschäftsbank; – **creditrice** Gläubigerbank; – **dei dati** Datenbank; – **di dati giuridici** juristische Datenbank; – **debitrice** Schuldnerbank; – **depositaria** Depotbank; – **di depositi** Depositenbank; – **destinataria** Empfängerbank; – **detentrice del conto** kontoführende Bank; – **domiciliataria** Domizilierungsbank; – **d'emissione** Notenbank, Ausgabebank, Emissionsbank, Währungsbank; – **emittente** ausstellende Bank; (*titoli*) emittierende Bank, Emissionshaus *n*; – **estera** Auslandsbank; – **europea per gli investimenti (B.E.I.)** Europäische Investitionsbank (EIB); – **fiduciaria** Treuhandbank; – **garante** garantierende Bank; – **incaricata** beauftragte Bank; – **industriale** Industriebank; – **di informazioni** Informationsbank, Datenbank; – **internazionale per la ricostruzione e lo sviluppo (B.I.R.S.)** Internationale Bank für Wiederaufbau und wirtschaftliche Entwicklung, Internationale Bank für Wiederaufbau und Wirtschaftsförderung (A); – **d'investimento** Investitionsbank; – **ipotecaria** Hypothekenbank; – **d'Italia** Italienische Staatsbank; – **locale** Lokalbank; – **mondiale** Weltbank; – **nazionale svizzera** schweizerische Nationalbank; – **d'oltremare** Überseebank; – **ordinante** auftraggebende Bank; – **ordinaria** Geschäftsbank; – **popolare**, – **popolare cooperativa** Volksbank; – **di prestiti ipotecari** Hypothekenbank; – **di prestito marittimo** Schiffsbeleihungsbank; – **di prestito su pegno** Lombardbank; – **privata** Privatbank; – **regionale** Regionalbank; – **dei regolamenti internazionali (B.R.I.)** Bank für internationalen Zahlungsausgleich (B. I. Z.); – **di risconto** Rediskontbank; – **di risparmio** Sparbank; – **di sconto** Diskontbank, Wechselbank; – **a sedi multiple** Filialbank; – **sindacata** Konsortialbank; – **dello sperma** Spermenbank; – **di stato** Staatsbank; – **di sviluppo** Entwicklungsbank; – **tramitaria** durchleitende Bank; – **trassata**, – **trattaria** bezogene Bank; – **universale** Universalbank.

bancabile *agg* bankfähig.

bancabilità *f* Bankfähigkeit *f*.

bancario *agg* Bank-.

bancario *m* Bankangestellter.

bancarotta *f* Bankrott *m*, Bankbruch *m* (A), Krida *f* (A); **fare** – bankrottieren, Bankrott machen; – **dichiarata** offener Bankrott; – **finanziaria** Finanzbankrott; – **fraudolenta** betrügerischer Bankrott, betrügerischer Konkurs (S), betrügerische Krida (A); – **semplice** einfacher Bankrott, leichtsinniger Konkurs (S), fahrlässige Krida (A); – **statale** Staatsbankrott.

bancarottiere *m* Bankrotteur *m*, Kridatar *m* (A); – **fraudolento** betrügerischer Bankrotteur; – **semplice** einfacher Bankrotteur.

banchi *mpl*, – **dell'opposizione** (*pol*) Oppositionsbänke

banchiere *m* Bankier *m*; – **privato** Privatbankier.

banchina *f* (*circ. strad.*) Bankett *n*.

banco *m* Bank; – **dei giudici** Richterbank; – **della giuria** Geschworenenbank; – **del governo** Regierungsbank; – **degli imputati** Anklagebank, Angeklagtenbank (A); – **dei ministri** Ministerbank.

bancogiro *m* Bankgiro *n*.

bancomat *m* Geldautomat *m*.

banconota *f* Banknote *f*, Note, Geldschein *m*; – **contraffatta** gefälschte Banknote; v. a. BIGLIETTI DI BANCA.

bancoposta *m* Postbankverkehr *m*.

banda *f* Bande *f* – **armata** bewaffneter Haufen, bewaffnete Verbindung (A); – **di contrabbandieri** Schmugglerbande; – **di estorsori** Erpresserbande; – **giovanile** Jugendbande; – **di oscillazione** Bandbreite *f*, Schwankungsbreite; – **perforata** (*inf*) Lochstreifen *m*.

bandiera *f* Flagge *f*; **abbondondare la** – fahnenflüchtig werden; **battere** – die Flagge führen; – **bianca** weiße Fahne; – **commerciale** Handelsflagge; – **nazionale** Staatsflagge; – **ombra** (*nave*) Billigflagge; – **di parlamentario** Parlamentärflagge, Parlamentärsfahne *f*; – **privata** Hausflagge; – **di quarantena** Quarantäneflagge; – **di servizio** Dienstflagge.

bandire (1) (*annunciare ufficialmente*) (amtlich, öffentlich) bekanntmachen; (2) (*esiliare*) des Landes verweisen, verbannen, die Landesverweisung aussprechen (A), abschaffen (A); – **un concorso** einen (öffentlichen) Wettbewerb ausschreiben.

bandita *f* Schonbezirk *m*.

banditismo *m* Banditentum *n*.

bandito *m* Bandit *m*, Räuber *m*; Verbannter *m*, Geächteter *m*.

banditore *m* Versteigerer *m*, Auktionator *m*; **pubblico** – (1) öffentlicher Versteigerer; (2) öffentlicher Ausrufer.

bando *m* (1) (*esilio*) Verbannung *f*, Ausweisung *f*, Landesverweisung *f* (A), Bann *m*, Abschaffung *f* (A); (2) (*annuncio pubblico*) Bekanntmachung *f*; – **di chiamata alle armi** öffentliche Einberufung zum Wehrdienst; – **di concorso** Ausschreibung *f*, Wettbewerbsausschreibung; – **di concorso a premi** Preisausschreibung; – **di gara** Angebotsausschreibung; – **militare** Verordnung *f* des Militärkommandanten; – **di vendita** Versteigerungsverkündung *f*, Versteigerungsedikt (A).

barattare tauschen, Tauschhandel betreiben.

barattatore *m* Tauschender *m*.

baratto *m* Tausch *m*, Tauschhandel *m*.

baro *m* Falschspieler *m*.

barometro *m*, – **della congiuntura** Konjunkturbarometer *n*; – **economico** Wirtschaftsbarometer.

barra *f* Barren *m*.

barricata *f* Barrikade *f*.

barriera *f* Barriere *f*, Schranke *f*; (*fig.*) Hindernis *n*; – **architettonica** (*edilizia*) bauliches Hindernis; – **commerciale** Handelsschranke; – **di confine** Grenzbaum *m*; – **daziaria,** – **dogonale** Zollschranke *f*; – **ferroviaria** Bahnschranke; – **naturale** natürliche Grenze *f*; – **sociale** soziale Barriere.

basare gründen, stützen.

base *f* (1) (*fondamento*) Grundlage *f*; Basis *f*; (2) (*militare*) Stützpunkt *m*; **trovare una** – **comune** eine gemeinsame Basis finden; – aerea Luftstüzpunkt; – **aurea** Goldbasis *f*, Goldstandard *m*; – **di calcolo** Berechnungsgrundlage, Bemessungsgrundlage; – **di cambio** Kursbasis *f*; – **di commisurazione** Bemessungsgrundlage; – **contrattuale** Vertragsbasis; – **elettorale** Wählerbasis; – **giuridica** Rechtsgrundlage; – **imponibile** Besteuerungsgrundlage, Bemessungsgrundlage, Steuergrundlage, Steuerbemessungsgrundlage; – **legale** Rechtsgrundlage; – **di massa** Massenbasis; – **militare** Militärstützpunkt; – **monetaria** Geldbasis; – **navale** Marinestützpunkt, Seestützpunkt, Flottenstützpunkt; – **negoziale** Geschäftsgrundlage; – **negoziale oggettiva** objektive Geschäftsgrundlage; – **negoziale soggettiva** subjektive Geschäftsgrundlage; – **del partito** Parteibasis; – **di riferimento** Bezugsbasis, Bezugsgröße; – **sindacale** Gewerkschaftsbasis; – **delle trattative** Verhandlungsbasis.

basso *agg* klein, niedrig.

battaglia *f*, – **elettorale** Wahlkampf *m*; – **parlamentare** parlamentarische Schlacht; – **dei prezzi** Preisschlacht *f*, Preiskampf *m*.

beatificazione *f* (*dir. can.*) Seligsprechung *f*.

bellezza *f* **naturale** Naturschönheit *f*.

belligerante *agg* kriegführend.

belligerante *f* Kriegspartei *f*, kriegführende Partei.

belligeranza *f* Kriegführungszustand *m*, Kriegszustand.

bene *m* Gut *n*, Sache *f*, Vermögensbestandteil *m*, Vermögenswert *m*; – **ammortizzabile** abschreibbares Wirtschaftsgut; – **appartenente allo Stato** Staatsgut; – **ceduto in garanzia** Sicherungsgut; – **comunale** Gemeindegut; – **comune** (1) (in *generale*) Gemeingut, Gesamtgut; (2) (*condominio*) gemeinschaftliche Sache, in gemeinschaftlichem Eigentum stehende Sache; (3) (*dir. pubbl.*) Gemeinwohl *n*; – **consumabile** verbrauchbare Sache; – **culturale** Kulturgut; – **della corona** Krongut; – **demaniale** Staatsgut, Ärarialgut (A); – **dotale** Heiratsgut, Ausstattungsgut, eingebrachtes Gut; – **economico** Wirtschaftsgut; – **ereditario** Nachlassgegenstand *m*; – **fondiario** Grundstück *n*; – **fungibile** vertretbare Sache; – **giuridico** Rechtsgut; – **giuridico personalissimo** höchstpersönliches Rechtsgut; – **immobile,** – **immobiliare** unbewegliche Sache, Liegenschaft *f*; – **immobile per determinazione di legge** unbewegliche Sache kraft gesetzlicher Bestimmung; – **inconsumabile** unverbrauchbare Sache; – **indiviso** ungeteilte Sache; –

infungibile unvertretbare Sache; – **d'investimento** Anlagegut, Anlageinvestitionsgut; – **materiale** Sachgut; – **mobile** bewegliche Sache, Fahrnis *f*, Fahrhabe *f* (A =, S =); – **mobile registrato** (*autoveicoli, navi*) (im Register) eingetragene bewegliche Sache; – **patrimoniale** Vermögensbestandteil, Vermögenswert, Sachanlage *f*; – **pignorabile** pfändbare Sache; – **pignorato** Pfandsache; – **pubblico** (1) öffentliche Sache; (2) (*utilità*) Wohl der Allgemeinheit, Allgemeinwohl *n*, Gemeinwohl *n*, allgemeines Bestes (A); – **reale** Sachgut, Sachwert *m*; – **di uso civico** Gemeinnutzungsgut (A); – **di utilizzazione immediata per la produzione** Grundstoff *m*; – **vacante** herrenlose Sache; v. a. BENI, COSA.

beneficenza *f* Mildtätigkeit *f*; – **pubblica** Sozialfürsorge *f*, v. ASSISTENZA SOCIALE.

beneficiario *m* Begünstigter *m*, Bezugsberechtigter *m*; Empfänger *m*; (*cambiale*) Wechselnehmer *m*, Remittent *m*; **primo** – Erstbegünstigter; – **di un'apertura di credito** Akkreditierter *m*; – **dell'assegno** Scheckempfänger, Schecknehmer *m*; – **del bonifico** Überweisungsempfänger *m*; – **del credito** Kreditempfänger, Kreditnehmer *m*; – **della garanzia** Bürgschaftsnehmer *m*, Garantienehmer; – **del pagamento** Zahlungsempfänger; – **della prestazione** Leistungsempfänger; – **d'una promessa** Versprechensempfänger; – **di una rendita** Rentenempfänger *m*, Rentenbezieher *m*, Renteninhaber *m*, Rentner *m*, Rentier *m*; – **della sovvenzione** Zuschussempfänger.

beneficio *m* Vorteil *m*; Rechtswohltat *f*; – **accessorio** Nebenvergünstigung; – **ecclesiastico** Kirchenpfründe *f*; – **della divisione** (*del fideiussore*) Einrede der Teilbürgschaft (*bei Mehrheit von Bürgen, Recht eines Bürgen, nur für den auf ihn entfallenden Teil der Schuld in Anspruch genommen zu werden*); – **della escussione** (*del fideiussore*) Einrede der Vorausklage; Rechtswohltat der Vorausklage; – **fiscale** Steuervergünstigung; – **d'inventario** (*dell'erede*) Recht auf Inventarerrichtung, Vorbehalt der rechtlichen Wohltat des Inventariums (A), öffentliches Inventar (S); – **di legge** Rechtswohltat; – **riservato ai promotori** (*di società*) Sondervorteil *m*, Gründerlohn *m*, Gründungsgewinn *m*, Gründervorteil (S); – **del termine** (*adempimento*) Einrede *f* der Nichtfälligkeit (*bei vereinbarter Leistungszeit*).

benemerito *agg* verdienstvoll.

benessere *m* Wohlstand *m*.

benestante wohlhabend, begütert.

benestare *m* Zustimmungserklärung *f*, Einverständniserklärung, Richtigbefund *m*; **dare il** – die Zustimmung erteilen; – **bancario** (*all'esportazione*) Ausfuhrmeldung *f* der Bank, (*all'importazione*) Einfuhrmeldung der Bank.

benefondi *m* (*banca*) Deckungsbestätigung *f*.

beni *m pl* Vermögen *n*; **rispondere con tutti i suoi** – mit seinem gesamten Vermögen haften; – **allodiali** Allodialgüter; – **del capitale circolante** Umlaufmittel *pl*, Umlaufvermögen *n*; – **della comunione** (*legale*) Gesamtgut *n*; – **di consumo** Konsumgüter *pl*, Verbrauchsgüter, Bedarfsgüter; – **di consumo durevole** langlebige Verbrauchsgüter, Gebrauchsgüter; – **culturali** Kulturgüter; – **demaniali** Vermögen der öffentlichen Hand; – **di demanio pubblico** Verwaltungsvermögen; – **dotali** Mitgift; – **durevoli** langlebige Güter, wertbeständige Güter; – **ecclesiastici** Kirchenvermögen; – **ereditari** Nachlass *m*; Erbschaftsvermögen, Nachlassvermögen; – **in esportazione** Aufuhrware *f*; – **all'estero** Auslandsvermögen; – **del fallito** Vermögen des Gemeinschuldners; – **futuri** künftiges

Vermögen; – **immateriali** Immaterialgüter; – **immobili**, – **immobiliari** unbewegliches Vermögen, Grundstücksvermögen, Grundvermögen; – **imponibili** steuerpflichtige Güter; – **importati** Importgüter; – **in importazione** Einfuhrware(n); – **industriali** gewerbliche Güter; – **d'investimento** Investitionsgüter, Anlagegüter, Anlageinvestitionsgüter; – **di largo consumo** Güter des täglichen Bedarfs; – **di lusso** Luxusgüter; – **della manomorta** Vermögen der toten Hand, Güter der toten Hand; – **materiali** Sachvermögen; – **del minore** Kindesvermögen; – **mobili** bewegliches Vermögen, Mobiliarvermögen, Mobilien *pl*, Beweglichkeiten *pl* (S); – **di natura strettamente personale** höchstpersönliche Gegenstände; – **nazionali** Inlandsgüter; – **nemici** Feindvermögenswerte *pl*, Feindvermögen, feindliches Vermögen; – **non compresi nel fallimento** konkursfreies Vermögen; – **parafernali** (gesetzliches) Vorbehaltsgut (der Ehefrau); – **patrimoniali** Sachanlagevermögen, (*di enti territoriali*) Finanzvermögen, Fiskalvermögen; – **personali** (1) Eigenvermögen; (2) (*del coniugi*) persönliche Gegenstände; – **presenti** gegenwärtiges Vermögen; – **privati** Privatvermögen; – **di provvenienza estera** Auslandsgüter; – **del pupillo** Mündelvermögen; – **di scambio** Austauschgüter *pl*; – **sequestrati,** – **sotto sequestro** Sequestervermögen, sequestriertes Vermögen; – **soggetti all'imposta** steuerpflichtige Güter; – **strumentali** Produktionsgüter *pl*, Produktionsmittel *pl*, Investitionsgüter, Anlagegüter, Anlageinvestitionsgüter; – **in transito** Transitgüter; – **d'uso** Gebrauchsgüter *pl*; v. a. BENE, PATRIMONIO.

benservito *m* Zeugnis *n*.

benzina *f*, – **senza piombo**, – **verde** bleifreies Benzin *n*.

bestemmia *f* **contro la Divinità** Gotteslästerung *f*.

bevande *f pl* **alcoliche** alkoholische Getränke *pl*.

bianco, in – blanko.

biancosegno *m* Blankett *n*.

biasimare tadeln.

biasimo *m* Tadel *m*, Verweis *m*, Rüge *f*.

biblioteca *f* Bücherei *f*, Bibliothek *f*; – **civica** Stadtbücherei; – **europea depositaria** Europäische Depositarbibliothek; – **nazionale** Staatsbibliothek; – **popolare** Volksbücherei; – **universitaria** Universitätsbibliothek.

bicameralismo *m* Zweikammersystem *n*.

bigamia *f* Bigamie *f*, Doppelehe *f* (D), mehrfache Ehe (A, S).

bigamo *agg* bigamisch, bigam (A).

bigamo *m* Bigamist *m*.

biglietti, **mettere – di banca in circolazione** Banknoten in Umlauf setzen; **ritirare – di banca dalla circolazione** Banknoten einziehen, Banknoten aus dem Umlauf ziehen; – **in circolazione** Notenumlauf *m*.

biglietto *m* (1) (*lettera*) Schreiben *n*; (2) (*d'ingresso*) Eintrittskarte *f*; (3) (*di trasporto*) Fahrkarte *f*, Fahrausweis *m*, Fahrtausweis, Fahrschein *m*; (4) (*banconota*) Note *f*; – **d'abbonamento** Zeitkarte *f*; – **aereo** Flugkarte *f*, Flugschein *m*; – **d'alloggio** Quartierzettel *m*; – **d'ammissione** Eintrittskarte *f*, Einlasskarte; – **di andata e ritorno** Hin- und Rückfahrkarte, Rückfahrkarte; – **di banca** Banknote; – **di cancelleria** Schreiben der Geschäftsstelle (des Gerichts); – **collettivo** Sammelfahrschein, Sammelfahrausweis; – **gratuito** Freikarte *f*, (*trasporto*) Freifahrkarte, Freifahrtausweis, Freifahrschein; – **d'ingresso** Eintrittskarte, Einlasskarte; – **d'invito** Einladungskarte *f*; – **di lotteria** Los *n*, Lotterielos; – **di lotteria a serie** Serienlos *n*; – **d'omaggio** Ehrenkarte *f*; – **di stabilito** Schlussnote, Schlussschein *m*, Schlusszettel *m*, Schlussbrief *m* (A); – **di stato** Schatznote; – **di trasporto** Fahrkarte, Fahrausweis, Fahrtausweis, Fahrschein; – **turistico di libera circolazione** Netzkarte *f*; – **vincente** Gewinnlos *n*, Treffer *m*; – **da visita** Visitenkarte.

bilancia *f*, – **commerciale** Handelsbilanz *f*, Warenhandelsbilanz, Außenhandelsbilanz; – **commerciale deficitaria** Handelsbilanzdefizit *n*; – **commerciale in equilibrio** ausgeglichene Handelsbilanz; – **dei conti** Wirtschaftsbilanz, Zahlungsbilanz; – **monetaria** Währungsbilanz, Devisenbilanz; – **dei movimenti di capitali** Kapitalverkehrsbilanz; – **dei pagamenti** Zahlungsbilanz, Wirtschaftsbilanz; – **dei pagamenti pareggiato** ausgeglichene Zahlungsbilanz; – **dei servizi** Dienstleistungsbilanz; – **valutaria** Devisenbilanz, Währungsbilanz.

bilanciamento *m* Abgleichung *f*, Ausgleichung *f*; – **dei doveri** Pflichtenabwägung *f*; – **degli interessi in conflitto** (*dir. pen.*) Güterabwägung *f*.

bilanciare ausgleichen, abgleichen.

bilancio *m* (1) Bilanz *f*; (2) (*pubblico*) Haushaltsplan *m*, Budget *n*; **alterare un** – eine Bilanz fälschen; **approvare il** – die Bilanz genehmigen, die Bilanz billigen; **camuffare il** – die Bilanz verschleiern; **compilare il** – die Bilanz aufstellen; **equilibrare il** – (*pubblico*) *den* Haushalt ausgleichen, den Haushalt abgleichen; **formare il** – die Bilanz aufstellen, (*pubblico*) *den* Haushaltsplan aufstellen; **fuori** – außerplanmäßig, außeretatmäßig; **iscrivere in** – bilanzieren; **presentare il** – die Bilanz vorlegen; – **alterato** gefälschte Bilanz; – **annesso** Anhangbudget; – **annuale** Jahresabschluss *m*, Jahresbilanz, (*pubblico*) Jahresbudget; – **d'apertura** Eröffnungsbilanz, Anfangbilanz; – **approvato** (3) genehmigte Bilanz; (2) verabschiedeter Haushalt; – attivo aktive Bilanz, Aktivbilanz, Gewinnbilanz, Gewinnabschluss *m*; – **di banca** Bankbilanz; – **camuffato** verschleierte Bilanz, (*corr*) frisierte Bilanz; – **della** (*società*) **capogruppo** Holdingbilanz; – **di cassa** Kassenbilanz; Kassenbudget; – **dei capitali** Kapitalbilanz; – **chiuso in deficit**, – **chiuso in disavanzo** Verlustabschluss *m*; – **di chiusura** Abschlussbilanz, Schlussbilanz; (*bilancio pubblico*) Haushaltsrechnung *f*, Rechnungsabschluss *m* (A); – **di competenza** Zuständigkeitsbudget; – **comunale** Gemeindehaushalt *m*, Gemeindevoranschlag *m* (A); – **comunitario** (CE) Gemeinschaftshaushalt; – **consolidato** konsolidierte Bilanz, Konzernbilanz; – **consuntivo** Abschlussbilanz, Schlussbilanz; – **consuntivo trimestrale** Quartalsabschluss *m*; – **deficitario** Verlustbilanz, Unterbilanz, Passivbilanz, passive Bilanz; – **in disavanzo** (1) Verlustbilanz; (2) Defizithaushalt; – **demografico** Bevölkerungsbilanz; – **della difesa** Wehrhaushalt, Wehretat *m*; – **di diritto** Zuständigkeitsbudget; – **economico** Handelsbilanz; – **effettivo** Istbilanz; – **energetico** Energiehaushalt; – **in equilibrio** ausgeglichene Bilanz, (*pubblico*) ausgeglichener Haushalt; – **d'esercizio** Jahresabschluss *m*, Betriebsbilanz; – **falso** verfälschte Bilanz; – **familiare** Familienbudget; – **federale** Bundeshaushalt, Bundesetat *m*; – **finanziario** Steuerbilanz; – **di fine d'anno** Jahresabschluss *m*, Jahresabschlussbilanz, Jahresschlussbilanz; – **fiscale** Steuerbilanz; – **fittizio** fiktive Bilanz, Scheinbilanz; – **di fusione** Fusionsbilanz; – **giuridico** Zuständigkeitsbudget; – **globale** Gesamthaushalt; – **idrico** Wasserhaushalt; – **intermedio** Zwischenbilanz, Zwischenstatus *m*, Zwischenabschluss *m*; – **di liquidazione** Liquidationsbilanz, Auflösungsbilanz, (*per stralcio*) Auseinandersetzungsbilanz, Abschichtungsbilanz (S); – **mensile** Monatsabschluss *m*, Monatsbilanz; – **ordinario** ordentlicher Haushalt; – **oro** Goldbilanz; – **in pareggio** ausgeglichene Bilanz, (*pubblico*) ausgeglichener Haushalt; – **passivo** passive Bilanz, Passivbilanz, Verlustbilanz, Unterbilanz; – **patrimoniale** Vermögensbilanz; – **preventivo**, – **di previsione** (1) (*pubblico*) Haushaltsplan, Voranschlag *m* (A), Budget; (2) Vorbilanz; – **preventivo trimestrale** Quartalsbudget; – **di produzione** Erzeugungsbilanz; – **provvisorio** (1) vorläufige Bilanz; (2) vorläufiger Haushalt; – **pubblico** Haushaltsplan, Haushalt *m*, Budget, Etat *m*; **approvare il – pubblico** den Haushaltsplan verabschieden; – **regionale** Regionalhaushalt *m*; – **rettificato** Berichtigungshaushalt *m*, Berichtigungshaushalt *m*, Berichtigungshaltsplan; – **semestrale** Halbjahresabschluss *m*, Halbjahresbilanz; – **settimanale** Wochenausweis *m*; – **sociale** Gesellschaftsbilanz; – **dello Stato** Staatshaushaltsplan, Staatshaushalt *m*, Staatsbudget; – **straordinario** außerordentlicher Haushalt; – **teorico** Sollbilanz; – **trimestrale** Quartalsabschluss; – **truccato** frisierte Bilanz; – **dell'Unione** (UE) Unionshaushalt; – **di verifica**, – **di verificazione** Probebilanz, Rohbilanz.

bilancista *m* Bilanzbuchhalter *m*.

bilaterale *agg* zweiseitig, bilateral.

bilinguismo *m* Zweisprachigkeit *f*.

bilinguità *f* Zweisprachigkeit *f*.

bimetallismo *m* Bimetallismus *m*, Doppelwährung *f*, Doppelwährungssystem *n*, Parallelwährung; – **claudicante**, – **zoppo** hinkende Währung.

bimetallista *m* Bimetallist *m*.

binubo *m* zum zweiten Mal Verheirateter *m*, Wiederverheirateter *m*.

bioetica *f* Bioethik *f*.

biologia *f* **criminale** Kriminalbiologie *f*.

bipartitismo *m* Zweiparteiensystem *n*.

bisca *f* Spielhölle *f*.

bisessualità *f* Bisexualität *f*.

bisognatario *m* (*cambiale*) Notadressat *m*.

bisogno *m* Bedürfnis *n*; Bedarf *m*; – **soddisfare un** – ein Bedürfnis befriedigen; **sopperire ad un** – einem Bedürfnis abhelfen; – **di capitale** Kapitalbedarf *m*; **di consumo** Konsumbedürfnis; – **elementare** Grundbedarf; – **fondamentale** Grundbedürfnis; – **d'informazione** Informationsbedürfnis; – **pubblico** öffentliches Bedürfnis; – **urgente** dringendes Bedürfnis; v. a. FABBISOGNO.

bisognoso *agg* bedürftig.

bit *m* (*inf*) Bit *n*.

bivalenza *f* Zweiwertigkeit *f*.

bloccare blockieren, sperren.

blocco *m* (1) (*barriera*) Sperre; (2) (*politico*, *economico*) Block *m*; (3) (*diritto bellico*) Blockade *f*; **acquistare in** – en bloc erwerben; **forzare il** – die Blockade brechen; **in** – in Bausch und Bogen, im Pausch und Bogen (A), Pauschal-; **infrangere il** – die Blockade brechen; **proclamare il** – die Blockade verhängen; **rompere il** – die Blockade brechen; **vendere in** – geschlossen verkaufen; **violare il** – die Blockade brechen; – **degli affitti** Mietenstopp *m*, Mietpreisbindung *f*; – **delle assunzioni** Einstellungsstopp *m*; – **bellico** kriegerische Blockade, Kriegsblockade; – **dei beni** Vermögenssperre, Vermögensblockierung (A); – **sulla carta** Papierblockade; – **commerciale** Handelssperre; Handelsblockade; – **condizionale** bedingte Blockade; – **continentale** Kontinentalsperre; – **del conto** Kontosperre; – **della corrispondenza** Postsperre; – **del credito** Kreditsperre; – **a distanza** Fernblockade; – **dei dividendi** Dividendenstopp *m*; – **economico** Wirtschaftsblock; Wirtschaftsblokkade; – **effettivo** effektive Blockade; – **elettorale** Wahlkoalition *f*; – **delle emissioni** Emissionsstopp; –

delle esportazioni Ausfuhrsperre, Ausfuhrstopp *m*; – **di fatto** de-facto-Blockade; – **dei fitti** Mietstopp *m*; – **fittizio** fiktive Blockade, Scheinblockade; – **a fogli staccabili** Abreißblock; – **delle importazioni** Einfuhrsperre, Einfuhrstopp *m*; – **dei licenziamenti** Entlassungssperre; – **di maggioranza** Mehrheitsblock; – **marittimo** Seeblockade; – **monetario** Währungsblock; – **orientale** Ostblock; – **pacifico** friedliche Blockade, Friedensblockade; – **dei pagamenti** Zahlungssperre, Zahlungsstopp *m*; – **dei prezzi** Preisstopp *m*; – **parziale** partielle Blockade; – **regolare** rechtmäßige Blockade; – **dei salari** Lohnstopp *m*; – **degli sfratti** Räumungs-(klage-)stopp; – **delle sinistre** Linksblock; – **sovietico** Sowjetblock; – **delle spese** Ausgabensperre; – **della sterlina** Sterlingblock; – **stradale** Straßensperre; – **totale** totale Blockade, Seesperre.

bocciato, **essere** – (*anche in politica*) durchfallen.

boia *m* Scharfrichter *m*, Henker *m*.

boicottaggio *m* Boykott *m*, Boykottierung *f*, Bestreikung *f*; – **economico** Wirtschaftsboykott; – **delle elezioni** Wahlboykott.

boicottare boykottieren, bestreiken.

bolla *f*, – **di accompagnamento** Warenbegleitschein *m*; – **di consegna** Lieferschein *m*; – **papale** päpstliche Bulle; v. a. BOLLETTA.

bollare stempeln, abstempeln.

bollatura *f* Stempelung *f*, Abstempelung.

bolletta *f* Schein, Rechnung; – **di accompagnamento** Warenbegleitschein; – **di cauzione** Bürgschaftsschein *m*; – **di cauzione aperta** (S) offener Geleitschein (S); – **di deposito** Lagerschein; – **doganale** Zollschein *m*, Zollbollette *f* (A), Zollausweis *m* (S); – **doganale di accompagnamento** Zollbegleitschein *m*, Zollgleitschein (S); – **doganale di transito** Zollbegleitschein *m*, Zollgeleitschein (S), Begleitschein, Begleitzettel *m*; – **d'entrata** Zolleinfuhrschein *m*, Zolleingangsschein; – **d'imbarco** Verladungsnote *f*, Verladungsschein *m*; – **di importazione** Einfuhrschein *m*; – **d'importazione temporanea** Zollvormerkschein; – **di scarico** Abladeschein; – **del telefono** Telefonrechnung *f*; – **di transito** Transitschein; v. a. BOLLETTINO.

bollettario *m* **per ordinazioni** Bestellscheinheft *n*, Kommissionsbuch *n*.

bollettino *m* (1) (*comunicazione*) Bericht *m*, Bulletin *n*; (2) (*bolletta*) Schein *m*, Karte *f*, Zettel *m*; – **d'accettazione** (*ass*) Annahmeschein; – **d'accompagnamento** Begleitschein *m*, Begleitzettel *m*; – **d'affrancazione** Gebührenzettel *m*; – **d'assicurazione** Versicherungsverzeichnis *n*; – **della borsa** Börsenbericht; – **dei brevetti** Patentblatt *n*; – **di commissione** Bestellschein; – **di consegna** Lieferschein *m*, Lieferungsschein, Lieferzettel *m*, Auslieferungsschein, Auslieferungsbescheinigung *f*, Übergabebescheinigung, (*parte di lettera di vettura*) Empfangsblatt *n*; – **di domanda** Antragsschein; – **informativo**, – **di informazioni** Auskunftsbericht *m*, Auskunft *f*; – **medico** ärztliches Bulletin; – **per ordinazioni** Bestellschein *m*, Bestellzettel *m*; – **dei prezzi** Preisliste; – **dei protesti** Protestliste *f*; – **riepilogativo** Sammelliste *f*, Sammelverzeichnis *n*, Schlussliste, Schlussverzeichnis; – **di scarico** Ausladeschein; – **settimanale** Wochenbericht *m*; – **di spedizione** Versandschein *m*, Abfertigungsschein, (*posta*) Einlieferungsschein, Posteinlieferungsschein, Postaufgabeschein (A), Aufgabeschein (A), (*di pacco postale*) Paketkarte *f*; – **di spedizione colli espressi** Expressgutschein; – **di statistica**, – **statistico** statistischer Bericht; – **di trasporto** Beförderungsschein *m*; – **ufficiale** Amtsblatt *n*; – **di versa-**

mento Einzahlungsschein *m*, (*su c.c.p.*) Zahlkarte *f*; v. a. BOLLETTA, DISTINTA.

bollo *m* Stempel *m*; **annullare col** – abstempeln; **esente da** – stempelfrei; **soggetto a** – stempelpflichtig; – **sull'assegno** Scheckstempel; – **sulla cambiale** Wechselstempel; – **cancellatore** Entwertungsstempel; – **di circolazione** Kraftfahrzeugsteuermarke *f*; – **sui contratti di borsa** Börsenumsatzsteuer *f*; – **di controllo** Kontrollstempel; – **a data**, – **datario** Tagesstempel, Datumsstempel; – **d'entrata** Einreisestempel; – **fiscale** Stempelmarke *f*, Steuerzeichen *n*; – **di garanzia** Garantiestempel; – **lineare** Langstempel; – **a mano** Handstempel; – **postale** Poststempel; – **di quietanza** Quittungsstempel; – **in rilievo** Hochdruckstempel; – **a secco** Trokkenstempel, Hartdruckstampiglie *f* (A); – **d'ufficio** Dienststempel; – **a umido** Gummistempel; – **d'uscita** Ausreisestempel; – **di verifica** (*pesi e misure*) Eichstempel.

bolscevico *agg* bolschewistisch.

bolscevico *m* Bolschewik *m*, Bolschewist *m*.

bolscevismo *m* Bolschewismus *m*.

bomba *f* Bombe *f*; – **atomica** Atombombe; – **a neutroni** Neutronenbombe.

bombardamento *m* Bombardierung.

bonario *agg* gütlich.

bonifica *f* Landerschließung *f*; – **integrale** (volle) Landerschließung.

bonificare (1) (*terreni*) erschließen, urbar machen; (2) (*abbonare*) vergüten; (3) (*eseguire un bonifico*) überweisen.

bonifico *m* (1) (*sconto*) Preisnachlass *m*, Vergütung *f*; (2) (*bancario*) Überweisung *f*; – **anticipato** Vorüberweisung; – **bancario** Banküberweisung *f*; – **internazionale** Auslandsüberweisung, zwischenstaatliche Überweisung (A, S); – **postale** Postüberweisung; – **telegrafico** telegraphische Überweisung; – **urgente** Eilüberweisung; v. a. TRASFERIMENTO.

bontà della firma Bonität *f*.

bonus *m* Bonus *m*, (ass) Prämierrabatt m, Schadenfreiheitsrabatt.

bonus malus *m* (ass) Schadensfreiheitsrabatt *m* (schadensabhängige Prämie).

bonuscita *f* v. USCITA, BUONA.

boom *m* Boom *m*; – **demografico** starker Geburtenanstieg *m*; – **economico** Hochkonjunktur *f*, Wirtschaftsboom; – **dell'edilizia**, – **edilizio** Bauboom.

borderò *m* Aufstellung *f*; – **di vendita** (S) Verkaufsbordereau *n* (S); v. a. DISTINTA.

bordo, lungo – längsseits.

borgata *f* Ortsteil *m*.

borghese *agg* bürgerlich.

borghese *m* Bourgeois *m*; **piccolo** – Kleinbürger *m*; **un poliziotto in** – ein Polizist in Zivil.

borghesia *f* Bürgertum *n*, Bourgeoisie *f*; **grande** – Großbürgertum; **piccola** – Kleinbürgertum.

borghesuccio *m* Kleinbürger *m*.

borgomastro *m* Bürgermeister *m*, Oberbürgermeister (*di grande città*); **ex-** – Altbürgermeister; v, a. SINDACO.

borsa *f* (*1*) Börse *f*; (2) (*di studio*) Stipendium *n*; **fuori** – außerbörslich; **negoziabile in** – börsenfähig; **quotato in** – börsennotiert; **speculare alla** – an der Börse spielen, an der Börse spekulieren; **operare in** – die Börse besuchen; – **affollata** stark besuchte Börse; – **delle assicurazioni** Versicherungsbörse, Assekuranzbörse; – attiva lebhafte Börse; – **del caffè** Kaffeebörse; – **dei cambi** Devisenbörse; – **dei cereali** Getreidebörse, Kornbörse; – **clandestina** Winkelbörse; – **di commercio** Wertpapier- und Warenbörse; – **del cotone** Baumwollbörse; – **debole** schwache Börse; – **delle derrate** Produktenbörse; – **estera** Auslandsbörse; – **fiacca** lustlose Börse, flaue Börse; – **finanziaria** Wertpapierbörse, Effektenbörse; – **del lavoro** Arbeitsbörse (A); – **merci** Warenbörse, Produktenbörse; – **nera** schwarze Börse, Schwarzmarkt *m*; – **dei noli** Frachtbörse, Frachtenbörse; – **dei noli aerei** Luftverkehrsbörse; – **dei noli marittimi** Schiffahrtsbörse, Schifferbörse; – **pomeridiana** Abendbörse; – **regionale** Heimatbörse; – **sostenuta** gefestigte Börse; – **di studio** Stipendium, Ausbildungsbeihilfe *f*, Ausbildungszuschuss *m*, Studienbeihilfe; – **valori** Wertpapierbörse, Effektenbörse; – **delle valute** Devisenbörse, Geldbörse (A); v. a. MERCATO.

borsaiuolo *m* Taschendieb *m*.

borsanera *f* Schwarzmarkt *m*.

borsanerista *m* Schwarzhändler *m*.

borsaro nero Schwarzhändler *m*.

borseggiatore *m* (*f*, – **trice**) Taschendieb *m* (-in).

borseggio *m* Taschendiebstahl *m*.

borsino *m* Sprechbörse *f*, Winkelbörse.

borsista *m* Börsianer *m*; Stipendiat *m*.

borsistico *agg* Börsen-, Börse – (A +).

bottega *f* Laden *m*.

bottino *m* Beute *f*, Beutegut *n*; **far** – erbeuten; – **di guerra** Kriegsbeute.

bozza *f* Entwurf *m*; – **di contratto** Vertragsentwurf.

bracciante *m* Hilfsarbeiter *m*, Tagelöhner *m*, Taglöhner (S); – **agricolo** Landarbeiter *m*, Feldarbeiter.

braccio *m* **di ferro** (*pol*) Tauziehen *n*.

branca *f* Branche *f*; – **di attività** Tätigkeitsbereich *m*; *v*. a. RAMO.

brefotrofio *m* Findelhaus *n*.

breve *agg* kurz.

breve *m* **papale** päpstliches Breve.

brevettabile *agg* patentfähig.

breventtabilità *f* Patentfähigkeit *f*.

brevettare patentieren.

brevettato *agg* patentrechtlich geschützt.

brevettazione *f* Patentierung *f*.

brevetto *m* Patent *n*, Patenturkunde *f*; **concedere un** – ein Patent erteilen; **depositare un** – ein Patent anmelden; **rilasciare un** – ein Patent erteilen; – **d'applicazione** Anwendungspatent, Verwendungspatent; – **completivo** Zusatzpatent, Verbesserungspatent; – **comunitario** (CE) Gemeinschaftspatent; – **estero** Auslandspatent; – **europeo** Europapatent; – **fondamentale** Grundpatent; – **d'importazione** Einführungspatent, Einfuhrpatent; – **industriale** industrielles Patent; – **d'invenzione** Erfindungspatent, Patent; – **di perfezionamento** Verbesserungspatent; – **di pilota** Luftführerschein *m*, (*marittimo*) Lotsenschein; – **principale** Hauptpatent, Stammpatent (A); – **di prodotto** Erzeugnispatent; – **scaduto** abgelaufenes Patent, erloschenes Patent; – **di stato maggiore** Generalstabspatent; – **d'ufficiale** Offizierspatent.

brevettuale *agg* Patent-.

brigantaggio *m* Bandendiebstahl *m*, Straßenraub *m*, Bandenraub *m*; Banditenunwesen *n*, Räuberunwesen.

brigante *m* Straßenräuber *m*.

brigata *f* **di partigiani** Freischar *f*.

brigate *f pl* **rosse** Rote Brigaden *f pl*.

brigatista *m* (*rosso*) Mitglied der Roten Brigaden.

brocardo *m* Rechtsregel *f*.

brogliaccio *m* v. brogliazzo.

brogliazzo *m* Strazze *f*, Kladde *f*; – **di cassa** Kassenkladde.

broglio *m* **elettorale** Wahlbetrug *m*, Wahlfälschung *f*, Wahlschiebung *f*, Wahlschwindel *m*.

buona, alla – gütlich.

buoncostume (1) *m* Sittlichkeit *f*; (2) *f* (*reparto della polizia*) Sittendezernat *n*.

buoningresso *m* (*locazione*) Abstand *m*.

buono *m* Gutschein *m*, Bon *m*; – **d'acquisto**, – **d'approvvigionamento** Bezugschein; – **d'avaria** Havarieschein; – **di benzina** Benzingutschein; – **carburante** Treibstoffgutschein; – **di cassa** Kassenanweisung *f*, Kassenschein, Kassenbon; – **collettivo** Gesamtgutschein; – **di consegna**

Lieferschein – **per diritti d'opzione** Bezugschein; – **fruttifero** verzinslicher Schuldschein; – **fruttifero del Tesoro** verzinsliche Schatzanweisung; – **di godimento** Genussschein; – **d'imbarco** Schiffszettel *m*, Verladungsschein; – **d'imposta** Steuergutschein; – **infruttifero del Tesoro** unverzinsliche Schatzanweisung; – **merci** Warengutschein; – **in natura** Sachgutschein; – **d'opzione** Bezugschein; – **ordinario del Tesoro (BOT)** ordentliche Schatzanweisung; – **per** gut für; – **postale fruttifero** Postsparbrief; – **postale internazionale** internationaler Antwortschein; – **postale di risparmio** Postsparbrief; – **postale di viaggio** Postreisegutschein, Postreisescheck *m*; – **di razionamento** Bezugschein; – **di riduzione** Verbilligungsschein; – **del Tesoro** Schatzanweisung *f*; – **del Tesoro a premio** Prämienschatzanweisung *f*; – **tributario** Steuergutschein; – **turistico** Reisegutschein.

buonuscita *f* Abfindung *f*.

burocrate *m* Bürokrat *m*.

burocratico *agg* bürokratisch.

burocratismo *m* Bürokratismus *m*.

burocrazia *f* (1) Bürokratie *f*; (2) (*spreg*) Amtsschimmel *m*.

busca *f* Plündern *n*.

busta *f*, – **affrancata** Freiumschlag *m*; – **paga** Lohntüte *f*, Gehaltstüte.

bustarella *f* Schmiergelder *pl*, Bestechungsgelder.

byte *m* (*inf*) Byte *n*.

C

cabina *f*, – **elettorale** Wahlzelle *f*, Wahlkabine *f*; – **telefonica** Telefonzelle.

cabotaggio *m* Küstenschiffahrt *f*, Kabotage *f*, Cabotage *f*, kleine Fahrt; **grande** – Küstenschiffahrt zwischen Häfen verschiedener Meere, große Cabotage; **piccolo** – Küstenschiffahrt zwischen Häfen desselben Meeres, kleine Fahrt, kleine Cabotage, kleinere Küstenschifffahrt; – **aereo** Luftkabotage; – **internazionale** internationale Küstenschiffahrt; – **nazionale** nationale Küstenschifffahrt.

cabotiere *m* Küstenfahrer *m*, Küstenschiffer *m*.

caccia *f* Jagd *f*; – **controllata** staatlich überwachte Jagdausübung *f*; – **di frodo** Wilddieberei *f*, Wilderei *f*, Wildern *n*, Jagdwilderei (D), Eingriff in fremdes Jagdrecht (A); – **in periodo di chiusura** Jagd während der Schonzeit; – **privata** Eigenjagd *f*; – **proibita** unberechtigtes Jagen.

cacciare di frodo wildern, wilddieben.

cacciatore *m*, – **di frodo** Wilddieb *m*, Wilderer *m*; – **di posti** Stellenjäger *m*.

cadavere *m* Leiche *f*.

cadere, **far** – (*governo*) stürzen.

caducità *f* Hinfälligkeit *f*, Kaduzität *f* (A).

caduco *agg* hinfällig, kaduk (A =).

caduta *f*, – **dei corsi** Kursfall *m*; – **del governo** Sturz der Regierung, Regierungssturz *f*; – **massi** (*circ. strad.*) Steinschlag *m*; – **del muro** (*di Berlino*) Fall der (*Berliner*) Mauer (*9. 11. 1989*); – **dei prezzi** Fallen der Preise, Preisfall *m*, Preissturz *m*; – **delle quotazioni** Kurssturz.

caduto *m* (*in guerra*) Gefallener *m*.

cagionare verursachen.

cagione *f* (1) (*causa*) Ursache *f*; (2) (*motivo*) Motiv *n*.

calamità *f*, – **naturale** Naturkatastrophe *f*; – **pubblica** (allgemeine) Katastrophe.

calare sinken.

calce *m*, **in** – untenstehend.

calcolabile *agg* berechenbar.
calcolabilità *f* Berechenbarkeit *f*.
calcolare berechnen, errechnen, ausrechnen, bemessen; – **approssimativamente** überschlägig berechnen; – **a parte** besonders berechnen.
calcolatore *m* Rechner *m*; – **analogico** Analogrechner; – **digitale** Digitalrechner; – **domestico** Heimcomputer *m*; – **elettronico** Elektronenrechner, Computer *m*.
calcolatrice *f* Rechenmaschine *f*; – **elettronica** Elektronenrechner *m*.
calcolo *m* Berechnung *f*, Bemessung *f*; – **approssimativo** Überschlagsrechnung; – **comparativo** Vergleichsrechnung; – **della contribuzione** Beitragsbemessung; – **dei costi** Kostenberechnung, Kostenkalkulation *f*; – **del dazio** Zollberechnung; – **errato** fehlerhafte Berechnung; – **dell'interesse** Zinsberechnung, Zinsrechnung; – **col metodo scalare** Staffelrechnung; – **della pensione** Rentenberechnung; – **preventivo** Vorausberechnung; – **dei prezzi** Preiskalkulation *f*; – **delle probabilità** Wahrscheinlichkeitsrechnung; – **della redditività** Wirtschaftlichkeitsberechnung; – **dello sconto** Diskontrechnung, Wechselrechnung; – **delle spese** Kostenberechnung; – **degli utili** Gewinnkalkulation; – **del valore** Wertberechnung.
caldeggiare befürworten.
calendario *m* Kalender *m*; – **di borsa** Börsenkalender *m*; – **comune** allgemeiner Kalender; – **elettorale** Wahlkalender; – **giudiziario** Gerichtskalender; – **dei lavori** Arbeitsprogramm *n*; – **venatorio** Jagdkalender.
calibro *m* Kaliber *n*.
calmiere *m* (1) (*behördlich festgesetzter*) Höchstpreis *m* (*für Bedarfsartikel*); (2) Preisaufsicht *f*.
calo (1) (*diminuzione di peso*) Gewichtsabgang *m*, Gewichtsabnahme *f*, Gewichtsschwund *m*, Schwund, Kalo *m*, Fehlgewicht *n*, Abgang; (2) (*decadimento*) Abnahme *f*, Sinken *n;* – **demografico** Bevölkerungsrückgang; – **naturale** natürlicher Schwund; – **dei prezzi** Preisrückgang *m*.
calunnia *f* falsche Verdächtigung (D), Verleumdung *f* (A), falsche Anschuldigung (S).
calunniare (jdn.) falsch verdächtigen (*bei einer Behörde*).
cambiale *f* Wechsel *m*; **accettare una** – einen Wechsel akzeptieren; **emettere una** – einen Wechsel ausstellen; **firmare una** – einen Wechsel unterschreiben; **garantire una** – für einen Wechsel bürgen; **girare una** – einen Wechsel indossieren; **fare buona accoglienza ad una** – einen Wechsel honorieren; **negoziare una** – einen Wechsel begeben, einen Wechsel abgeben; **onorare una –, pagare una** – einen Wechsel einlösen, einen Wechsel honorieren; **protestare una** – einen Wechsel protestieren; **richiamare una** – einen Wechsel zurückrufen; **ritirare una** – einen Wechsel zurückrufen, einen Wechsel abfordern; **scontare una** – einen Wechsel diskontieren; **trarre una** – einen Wechsel ziehen; – **accettata** angenommener Wechsel, akzeptierter Wechsel; – **agraria** Wechsel mit Angabe des Zuwendungsverhältnisses (Landwirtschaftsdarlehen); – **all'aria** Kellerwechsel; – **attiva** Aktivwechsel, Forderungswechsel (A), (*al plurale anche*:) Besitzwechsel *pl*; – **avallata** Avalwechsel; – **bancabile** bankfähiger Wechsel; – **in bianco** Blankowechsel, Wechselblankett *n*; – **bollata insufficientemente** ungenügend gestempelter Wechsel (A), ungenügend versteuerter Wechsel; – **a breve scadenza** kurzfristiger Wechsel; – **bruciante** Wechsel kurz vor Verfall; – **a certo tempo data** Datowechsel; – **a certo tempo vista** Zeitsichtwechsel, Nachsichtwechsel; – **in circolazione** umlaufender Wechsel, laufender Wechsel; – **commerciale** Handelswechsel, kommerzieller Wechsel; – **di comodo** Gefälligkeits-

wechsel, Gefälligkeitsakzept *n*, Scheinwechsel; – **diretta** Rektawechsel; – **domiciliata** domizilierter Wechsel, Domizilwechsel (*al domicilio del trattario, ma non all'indirizzo di questi*), Zahlstellenwechsel; – **sull'estero** Auslandswechsel; – **di favore** Gefälligkeitswechsel, Gefälligkeitsakzept *n*; – **di finanziamento** Finanzierungswechsel; – **di finanziamento ammassi** Vorratsstellenwechsel; – **finanziaria** Finanzwechsel; – **fittizia** Scheinwechsel, fingierter Wechsel, Kellerwechsel; – **all'incasso** Inkassowechsel; – **incrociata** Reitwechsel; – **insoluta** nicht eingelöster Wechsel, unbezahlter Wechsel, uneingelöster Wechsel; – **sull'interno** Inlandswechsel; – **inviata all'incasso** Versandwechsel; – **ipotecaria** Wechsel, der durch eine Hypothekenbestellung gesichert ist; – **a lunga scadenza** langfristiger Wechsel; – **a un mese data** Monatswechsel; – **non bancabile** nichtbankfähiger Wechsel; – **non all'ordine** Rektawechsel; – **non onorata**, – **non pagata** nicht eingelöster Wechsel, uneingelöster Wechsel, unbezahlter Wechsel, geplatzter Wechsel; – **pagabile in fiera** Messewechsel; – **pagabile a giorno fisso** Präziswechsel; – **di pagamento rateale** Ratenwechsel; – **passiva** Passivwechsel, Schuldwechsel; – **in pensione** Pensionswechsel; – **su piazza** Platzwechsel, Platztratte *f*; – **propria** Eigenwechsel, eigener Wechsel, trockener Wechsel, Solawechsel, eigenes Akzept; – **di proprietario** Eigentümerwechsel; – **di proroga** Prorogationswechsel; – **protestata** protestierter Wechsel, Protestwechsel; – **provvisoria** Interimswechsel; – **quietanzata** quittierter Wechsel; – **riscontabile** rediskontierbarer Wechsel; – **ritornata**, – **di ritorno** Retourwechsel; – **a saldo** Ausgleichswechsel; – **a scadenza fissa** Tageswechsel, Tagwechsel; – **scaduta** verfallener Wechsel; – **scontabile** diskontfähiger Wechsel; – **allo sconto** Diskontwechsel, Diskontowechsel; – **simulata** Scheinwechsel, fingierter Wechsel; – **a smobilizzo** Mobilisierungswechsel; – **in sofferenza** notleidender Wechsel, überfälliger Wechsel; – **spedita per l'incasso** Versandwechsel; – **a termine** Terminwechsel; – **tratta** gezogener Wechsel; – **tratta sull'estero** Auslandswechsel; – **tratta su se stesso** trassiert eigener Wechsel; – **a tre mesi** Dreimonatswechsel; – **in valuta estera** Währungswechsel, Valutawechsel; – **a vista** Sichtwechsel; v. a. CAMBIALI, CARTA, EFFETTO.

cambiali *f pl*, – **attive** Besitzwechsel *pl*, Wechselbesitz *m*, Wechselbestand *m*; – **in circolazione** Wechselumlauf *m*; – **passive** Wechselobligo *n*; v. a. CAMBIALE.

cambiamento *m* Änderung *f*, Abänderung, Umänderung; – **di cittadinanza** Staatsangehörigkeitswechsel; – **climatico** Klimaveränderung; – **di corsia** (*circ. strad.*) Spurwechsel; – **della denominazione sociale** Umfirmierung; – **di direzione** Richtungsänderung; – **della ditta** Umfirmierung; – **di domicilio** Wohnsitzwechsel *m*, Wegzug *m* (S); – **d'impiego** Arbeitsplatzwechsel *m*; – **d'indirizzo** Änderung der Anschrift; – **intervenuto** eingetretene Veränderung; – **di mani** Besitzwechsel *m*, Handänderung (S); – **del nome** Namensänderung; – **della parità** Paritätsänderung; – **di possesso** Besitzwechsel *m*, Handänderung (S); – **del posto di lavoro** Arbeitsplatzwechsel *m*; – **di professione** Berufswechsel; – **di proprietario** Eigentümerwechsel; – **della ragione sociale** Umfirmierung; – **di regime** Staatsumwälzung *f*; – **di residenza** Aufenthaltswechsel *m*; – **del rito** (*proc.*) Wechsel der Verfahrensform; – **di rotta** Kursänderung; – **di sovranità** Hoheitswechsel *m*; – **di tendenza** Tendenzumschwung; – **dei valori** Wertewandel *m*.

cambiamonete *m* Geldwechsler *m*, Sortenhändler *m*.

cambiare (1) (*modificare*) ändern, abändern, umändern; (2) wechseln, umtauschen, einwechseln; – **denaro** Geld wechseln.

cambiario *agg* Wechsel-.

cambiavalute *m* Geldwechsler *m*, Sortenhändler *m*.

cambio *m* (1) Wechsel *m*, Geldwechsel, Geldumtausch *m*; (2) (*commercio di valute*) Wechselhandel *m*; (3) (*corso*) Wechselkurs *m*, Kurs, Devisenkurs, Umrechnungskurs; (4) (*scambio*) Umtausch *m*; – **d'acquisto** Ankaufskurs; – **alto** hoher Kurs; – **attuale** gegenwärtiger Kurs, jetziger Kurs; – **basso** niedriger Kurs; – **di chiusura** Schlusskurs; – **a consegna** Termindevise; – **di corsia** (*circ. strad.*) Fahrstreifenwechsel, Spurwechsel; – **di denaro** Geldkurs; – **in devise auree** Golddevisenwährung *f*; – **del dollaro** Dollarkurs; – **effettivo** Effektivkurs; – **favorevole** günstiger Kurs; – **fisso** fester Kurs; – **flessibile** flexibler Wechselkurs; – **fluttuante** schwankender Kurs; – **garantito** garantierter Kurs; – **della giornata** Tageskurs; – **di governo** Regierungswechsel; – **di gruppo parlamentare** Fraktionswechsel; – **incrociato** (*cross rate*) Kreuzkurs; – **lettera** Briefkurs; – **libero** freier Kurs; – **della guardia** Wachablösung; – **manuale** Sortenhandel *m*, Sortengeschäft *n*, Geldwechselgeschäft, Geldwechslergeschäft, Münzwechsel; – **del marco (tedesco)** DM-Kurs; – **medio** Mittelkurs; – **multiplo** mehrfacher Kurs; – **non garantito** unverbindlicher Kurs; – **obbligatorio** Zwangsumtausch; – **alla pari** Parikurs; – **a pronti** Spotkurs; – **a sistema aureo** Golddevisenwährung *f*; – **reale** realer Kurs; – **stabilizzato** Stützkurs, Stützungskurs; – **a termine** Termindevise; – **traiettizio** Devisenhandel; – **triangolare** Dreieckkurs; – **di turno** Schichtwechsel; – **ufficiale** amtlicher Kurs, amtlicher Wechselkurs, amtlich notierter Kurs; – **di vendita** Verkaufskurs; – **a vista** Sichtkurs, Sichtwechselkurs; v. a. CORSO.

cambista *m* Devisenhändler *m*, Devisendisponent *m*, Wechselhändler, Sortenhändler, Geldwechsler *m*.

camera *f* Kammer *f*; – **d'accusa** (S) Anklagekammer; – **dell'agricoltura** Landwirtschaftskammer, Bauernkammer (A =); – **alta** Oberhaus *n*, Herrenhaus; – **dell'artigianato** Handwerkskammer; – **bassa** Unterhaus; – **blindata** Stahlkammer *f*; Panzergewölbe *n*; – **di commercio** Handelskammer; – **di commercio estera** Auslandshandelskammer, Auslandskammer; – **di commercio e industria** Industrie- und Handelskammer, Kammer der gewerblichen Wirtschaft (A); – **di commercio, industria, artigianato e agricoltura (CCIAA)** Kammer für Handel, Industrie, Handwerk und Landwirtschaft; – **di commercio internazionale** Internationale Handelskammer; – **di compensazione** v. stanza di compensazione; – **dei Comuni** Unterhaus *n*; – **di consiglio** (1) Beratungszimmer *n*; (2) (nichtöffentliche) Sitzung im Beratungszimmer; – **consultiva** be-ratende Kammer; – **criminale** (S) Kriminalkammer (S); – **di custodia** Saferaum; – **dei deputati** Abgeordnetenkammer, Abgeordnetenhaus *n*, Repräsentantenhaus; – **del lavoro** Arbeitskammer; – **dei Lords** Herrenhaus *n*, Oberhaus; – **penale** (*associazione degli avvocati penalisti nel distretto di Corte d'Apello*) Vereinigung *f* der Strafverteidiger; – **di punizione semplice** Stubenarrest *m*; – **di punizione di rigore** verschärfter Stubenarrest; – **dei rappresentanti** Repräsentantenhaus *n*; – **di sicurezza** Polizeigewahrsam *n*; – **dei signori** Herrenhaus *n*; – **del tesoro** Panzergewölbe *n*.

Camere *f pl*, **le** – (*Camera dei deputati e Senato della Repubblica*) das Parlament *n*, **sciogliere le** – das Parlament auflösen.

camerale *agg* (Handels) Kammer-.

cameralismo *m* Kameralismus *m*.

cameralista *m* Kameralist *m*.

cameralistica *f* Kameralistik *f*, Kameralwissenschaft *f*.

camerata *m* (*partito fascista*) Parteigenosse *m*.

camicia *f* **di forza** Zwangsjacke *f*.

camion *m* Last(kraft)wagen *m*.

camorra *f* Kamorra *f*.

campagna *f* (1) Land *n*; (2) Kampagne *f*, Feldzug *m*; – **elettorale** Wahlfeldzug, Wahlkampagne; – **d'informazione** Informationskampagne; – **di lancio** Einführungskampagne; – **di propaganda**, – **di pubblicità**, – **pubblicitaria** Werbefeldzug, Werbekampagne, Propagandafeldzug; – **di stampa** Pressekampagne; – **per il tesseramento** Mitgliederwerbung.

campionamento *m* (*demoscopia*) (1) Auswahlverfahren *n*, Stichprobenverfahren *n*, Teilerhebung *f*; (2) Auswahl *f*, Stichprobenauswahl *f*; – **casuale** Zufallsauswahl; – **a grappoli** Klumpenauswahl; – **sistematico** systematische Auswahl; – **a più stadi** mehrstufige Auswahl; – **stratificato** geschichtete Auswahl.

campionario *m* Musterkatalog *m*, Musterkollektion *f*, Mustersammlung *f*; – **del commesso viaggiatore** Reisemuster *pl*.

campanilismo *m* Lokalpatriotismus *m*.

campione *m* (1) Muster *n*, Probe *f*; (2) (*stat.*) Stichprobe; (3) Register *n*; **analizzare un** – eine Probe analysieren; **prelevare un** – eine Probe entnehmen; – **civile** Kostenregister in Zivilsachen; – **commerciale** Handelsmuster; – **fittizio** Attrappe *f*; – **gratuito** Gratisprobe; – **di merce** Warenmuster, Warenprobe; – **penale** Kostenregister in Strafsachen; – **ponderato** gewichtete Stichprobe; – **prelevato a caso** Stichprobe; – **rappresentativo** repräsentativer Querschnitt; – **di sangue** Blutprobe; – **a sorte** Zufallsstichprobe; – **stratificato** geschichtete Stichprobe; – **senza valore** Muster ohne Wert.

campo *m*, – **d'applicazione** Anwendungsbereich *m*, Anwendungsgebiet *n*, Geltungsbereich, Geltungsgebiet; – **d'attività** Tätigkeitsbereich *m*, Tätigkeitsgebiet, Tätigkeitsfeld *n*, Tätigkeitskreis *m*, Geschäftsbereich; – **d'azione** Wirkungsfeld *n*, Wirkungskreis *m*, Wirkungsbereich; – **di concentramento** Konzentrationslager *n*; – **d'impiego** Anwendungsbereich *m*; – **d'internamento** Internierungslager *n*, Anhaltelager (A); – **profughi** Flüchtlingslager *n*; – **di rifugiati** Flüchtlingslager; – **di sterminio** Vernichtungslager; – **di variazione** Streuungsmaß, Variationsmaß; – **di visibilità** Sichtweite *f*.

camuffamento *m* (1) Vermummung *f*; (2) Verschleierung *f*; – **del bilancio** Bilanzverschleierung *f*.

canale *m*, – **diplomatico** diplomatischer Kanal *m*; – **di distribuzione** Vertriebsweg *m*; – **di vendita** Absatzkanal.

cancellare streichen, löschen; – **ciò che non interessa** Nichtzutreffendes streichen.

cancellazione *f* Streichung *f*, Löschung *f*, Extabulation *f* (A =), Extabulierung *f* (A =); – **della causa dal ruolo** Streichung der Sache aus der Prozessliste; – **della ditta** Firmenlöschung *f*; – **giudiziale** gerichtliche Löschung; – **d'ipoteca** Löschung einer Hypothek, Hypothekenlöschung; – **dalla lista elettorale** Streichung aus der Wählerliste; – **della trascrizione** Löschung der Eintragung; – **d'ufficio** Löschung von Amts wegen, Amtslöschung.

cancelleria *f* (1) Kanzlei *f*; (2) (*di stato*) Staatskanzlei; (3) (*di ufficio giudiziario*) Geschäftsstelle des Gerichts, gerichtliche Geschäftsstelle (A =); – **consolare** Konsulatskanzlei; – **federale** Bundeskanzleramt *n*.

cancellierato *m* Kanzleramt *n*, Kanzlerwürde *f*.
cancelliere *m* Kanzler *m*; (*di ufficio giudiziario*) Urkundsbeamter der Geschäftsstelle; – **d'ambasciata** Botschaftskanzler; – **della Confederazione** (S) Bundeskanzler; – **federale** Bundeskanzler; – **dello scacchiere** Schatzkanzler.
candidati, **presentare** – Kandidaten aufstellen.
candidato *m* Bewerber *m*, Kandidat *m*, (*aspirante a una carica*) Anwärter *m*; **nominare un** – einen Kandidaten aufstellen; **presentarsi** – kandidieren, als Kandidat auftreten; **presentarsi – alle elezioni** als Wahlkandidat auftreten, sich als Wahlkandidat aufstellen lassen; – **avversario** gegnerischer Kandidat; – **capolista** Spitzenkandidat; – **comune** Gemeinschaftskandidat; – **diretto** Direktkandidat; – **alle elezioni** Wahlkandidat, Wahlbewerber, Wahlwerber (A); – **ad un esame** Prüfungskandidat *m*, Prüfling *m*; – **di lista** Listenkandidat; – **al parlamento** Parlamentskandidat; – **alla presidenza** Präsidentschaftskandidat.
candidatura *f* Kandidatur *f*, Bewerbung *f*; **appoggiare la** – die Kandidatur unterstützen; **porre la propria –, presentare la propria –, proporre la propria** – kandidieren, als Kandidat auftreten, sich bewerben; **presentare la propria – alle elezioni** als Wahlkandidat auftreten, sich als Wahlkandidat aufstellen lassen; **ritirare la propria** – als Kandidat zurücktreten; – **alle elezioni** Wahlkandidatur; – **alla presidenza** Präsidentschaftskandidatur.
cane *m*, – **anti-droga** Drogenspürhund; – **poliziotto** Polizeihund *m*.
canestro *m* (*statistica*) Warenkorb *m*.
canone *m* Gebühr *f*, Zins *m*; (*locativo*) Mietzins, Miete *f* **equo** – gerechter Mietzins, angemessene Miete; – **d'abbonamento** Abonnementsgebühr; – **d'abbonamento alle radiodiffusioni** Rundfunkgebühr, Rundfunkteilnehmergebühr; – **d'abbonamento al telefono** Fernsprechgebühr; – **d'abbonamento alla televisione** Fernsehgebühr; – **d'affitto** Pachtzins; – **enfiteutico** Erbzins, Erbpachtzins; – **per licenza** Lizenzgebühr; – **locativo**, – **di locazione** Mietzins, Miete, Mietpreis *m*, Bestandzins (A); – **netto** (*di locazione*) Nettomiete; – **di noleggio** Mietgebühr, Leihgebühr; – **pattuito** (*di locazione*) vereinbarter Mietzins; – **sociale** Sozialmiete; – **di sublocazione** Untermietzins.
cantiere *m* Baustelle *f*, – **edile** Baustelle; – **navale** Schiffswerft *f*.
cantina *f* **sociale** Genossenschaftskellerei *f*.
cantone *m* (S) Kanton *m* (S); – **concordatario** (S) Konkordatskanton (S); – **di domicilio** (S) Wohnsitzkanton (S), Wohnkanton (S); – **d'origine** (S) Heimatkanton (S).
cantoniere *m* Straßenwärter *m*.
caos monetario Währungschaos *n*.
capace *agg* fähig; – **d'agire** geschäftsfähig, handlungsfähig (+ S); – **di chiedere in giudizio** postulationsfähig; – **di contrarre matrimonio** ehefähig; – **di deliberare** beschlussfähig; – **di deporre** zeugnisfähig, aussagetüchtig; – **di disporre** dispositionsfähig; – **d'essere parte** (*in giudizio*) parteifähig; – **d'intendere** einsichtsfähig, diskretionsfähig (A), urteilsfähig (S); – **d'intendere e di volere** einsichts- und steuerungsfähig, schuldfähig, diskretions- und dispositionsfähig (A), zurechnungsfähig (A, S); – **di lavorare** arbeitsfähig; – **di lavoro proficuo** erwerbsfähig; – **di obbligarsi per assegno** scheckfähig; – **di obbligarsi cambiariamente** wechselfähig; – **di stare in giudizio** prozessfähig; – **di succedere** (*a causa di morte*) erbfähig; – **di testare** testierfähig; – **di testimoniare** zeugnisfähig; – **di volere** steuerungsfähig, dispositionsfähig (A).
capacità *f* (1) Fähigkeit *f*; (2) (*di rendimento*) Leistungsfähigkeit (3) (*pro-*

duttiva) Kapazität *f*; (4) (*volume*) Raumgehalt *m*; **ampliare la** – die Kapazität ausbauen; **ridotta – di guadagno** geminderte Erwerbsfähigkeit; – **d'acquisto** Kaufkraft *f*; – **di adattamento** Anpassungsfähigkeit; – **d'agire** Geschäftsfähigkeit, Handlungsfähigkeit (+ S); – **d'agire limitata** beschränkte Geschäftsfähigkeit; – **d'assorbimento** Aufnahmefähigkeit; – **competitiva**, – **di competizione** Wettbewerbsfähigkeit, Konkurrenzfähigkeit; – **di contrattare** Vertragsfähigkeit; – **contributiva** Steuerleistungsfähigkeit, steuerliche Leistungsfähigkeit, Steuerkraft *f*; – **di credito** Kreditfähigkeit; – **criminale** Hang *m* zur Begehung von Straftaten; – **di deliberare** Beschlussfähigkeit; – **a delinquere** Hang *m* zur Begehung von Straftaten; – **di diritto internazionale** Völkerrechtsfähigkeit; – **di diritto privato** Privatrechtsfähigkeit; – **di discernimento** (S) Urteilsfähigkeit (S); – **di disporre** Verfügungsgewalt; – **di disporre per testamento** Testierfähigkeit; – **eccessiva** Überkapazität, Kapazitätsüberhang *m*; – **elettorale** Wahlfähigkeit; – **di essere parte** (*in giudizio*) Parteifähigkeit; – **finanziaria** Kapitalkraft *f*, Finanzkraft; – **giuridica** Rechtsfähigkeit; – **giuridica tributaria** steuerliche Rechtsfähigkeit; – **di guadagno** Erwerbsfähigkeit; – **innovativa** Innovationsfähigkeit; – **di intendere** Einsichtsfähigkeit, Diskretionsfähigkeit (A), Urteilsfähigkeit (S); – **di intendere e di volere** Einsichts- und Steuerungsfähigkeit, Schuldfähigkeit, Zurechnungsfähigkeit (A, S); – **lavorativa**, – **di lavoro** Arbeitsfähigkeit; – **di lavoro proficuo** Erwerbsfähigkeit; – **matrimoniale**, – **al matrimonio** Ehefähigkeit, Ehetauglichkeit *f*; – **di memoria** (*inf*) Speicherkapazität; – **negoziale** Geschäftsfähigkeit; – **di obbligarsi per assegno** Scheckfähigkeit; – **di obbligarsi cambiariamente** Wechselfähigkeit; – **penale** Deliktsfähigkeit; – **processuale** Prozessfähigkeit; – **di procreare** Zeugungsfähigkeit; – **produttiva**, – **di produzione** Produktionsfähigkeit, Produktionskapazität, Produktionskraft *f*, Erzeugungskraft, Kapazität; – **di reddito** Ertragsfähigkeit; – **di rendimento** Leistungsfähigkeit; – **di resistenza** Widerstandskraft *f*; – **di ricordare** Erinnerungsvermögen *n*; – **di rigenerazione** Regenerationsfähigkeit; – **di risparmio** Sparkraft *f*; – **di stare in giudizio** Prozessfähigkeit; – **di stipulare** Vertragsfähigkeit; – **a succedere (per causa di morte)** Erbfähigkeit; – **di testare** Testierfähigkeit; – **di testimoniare** Zeugnisfähigkeit; – (*produttiva*) **utilizzata** Kapazitätsauslastung *f*; – (*dell'autore*) **di valutare l'illiceità del fatto** Unrechtseinsichtsfähigkeit *f* (*des Täters*); – **di volere** Steuerungsfähigkeit, Dispositionsfähigkeit (A).

capannone *m* **di calata coperta** Privatzollboden *m*.

caparra *f* Draufgabe *f*, Draufgeld *n*, Handgeld, Angeld, Aufgeld, Arrha *pl* (A =); – **confirmatoria** Draufgabe (als Zeichen des Vertragsschlusses), Haftgeld (S); – **penitenziale** (Draufgabe als) Reugeld.

capienza *f* (1) (*capacità ricettiva*) Fassungsvermögen *n*, Aufnahmefähigkeit *f*; (2) (*di fondi*) Beleihungswert *m*.

capire verstehen.

capitale *f* Hauptstadt *f*; – **federale** Bundeshauptstadt.

capitale *m* Kapital *n*; (*per es, di assegno*) Hauptsumme *f*; **aumentare il** – das Kapital aufstocken; **ridurre il** – das Kapital herabsetzen; – **ammortato**, – **ammortizzato** amortisiertes Kapital; – **annacquato** verwässertes Kapital; – **apportato** eingebrachtes Kapital; – **approvato** genehmigtes Kapital; – **assicurato** Versicherungskapital, Versicherungssumme *f*; – **autorizzato** genehmigtes Kapital; – **d'avviamento** Anfangskapital; – **d'azien-**

da Betriebsvermögen *n*; – **azionario** Aktienkapital; – **bancario** Bankkapital; – **in caso di vita** Erlebenskapital, Alterskapital; – **circolante** umlaufendes Kapital, Umlaufmittel *pl*, Umlaufkapital, Umlaufvermögen *n*; – **complessivo** Gesamtkapital; – **conferito** eingebrachtes Kapital; – **in contanti** Barkapital; – **di copertura** Dekkungskapital; – **costitutivo di rendita** Renteneinlage *f*; – **di costituzione** Gründungskapital; – **di credito** Kreditkapital, Fremdkapital; – **differito** Erlebensfallkapital; – **diluito** verwässertes Kapital; – **di diretta pertinenza** Eigenkapital; – **disponibile** verfügbares Kapital; – **di dotazione** Ausstattungskapital, Dotationskapital; – **emesso** ausgegebenes Kapital; – **d'esercizio** Betriebskapital, Arbeitskapital, Geschäftskapital, Gewerbekapital; – **estero** Auslandskapital; – **finale** Endvermögen *n*; – **finanziario** Finanzkapital; – **fisso** Anlagevermögen *n*; – **di fondazione** Gründungskapital; – **fuggitivo** Fluchtkapital; – **di funzionamento** Betriebskapital; – **di garanzia** Garantiekapital; – **immobilizzato** festliegendes Kapital, stehendes Kapital, Anlagevermögen *n*; – **d'impianto** Anlagekapital, Gründungskapital, Anfangskapital; – **impiegato** angelegtes Kapital; – **d'impresa** Geschäftskapital, Betriebskapital; – **improduttivo**, – **inattivo** brachliegendes Kapital, totes Kapital; – **iniziale** Anfangskapital, Anfangsvermögen *n*, Ausgangskapital, (*ass*) anfängliche Versicherungssumme; – **interamente versato** volleingezahltes Kapital; – **d'investimento** Investitionskapital, Anlagekapital; – **investito** angelegtes Kapital, investiertes Kapital, Anlagevermögen *n*, Anlagekapital; – **liquido** flüssiges Kapital; – **minimo** Mindestkapital; – **monetario** Geldkapital; – **monopolistico** Monopolkapital; – **mutuato** Leihkapital, Fremdkapital, Kreditkapital; – **netto** Eigenkapital; – **nominale** Nennkapital, Nominalkapital (A); – **obbligazionario** Obligationenkapital; – **prestato**, – **di prestito** Leihkapital, Fremdkapital, Kreditkapital, (*derivante dall'emissione di prestiti obbligazionari*) Anleihekapital; – **privato** privates Kapital, Privatkapital; – **produttivo** Produktivkapital; – **proprio** Eigenkapital, Beteiligungskapital; – **raddoppiato in caso di morte per infortunio** Verdoppelung der Versicherungssumme bei Unfalltod; – **reale** Realkapital, Sachkapital; – **richiamato** zur Einzahlung aufgerufenes Kapital; – **ridotto su polizza liberata** beitragsfreie Versicherungssumme, prämienfreie Versicherungssumme, Reduktionswert *n*, Umwandlungswert; – **rimborsato** zurückgezahltes Kapital; – **di riscatto** Rückkaufssumme *f*, Auskaufssumme (S); – **di rischio** haftendes Kapital, haftende Mittel; – **sotto rischio** unter Risiko stehende Summe, Risikokapital, Risikosumme; – **e riserve** Eigenmittel *pl*; – **risparmiato**, – **di risparmio** Sparkapital; – **salario** Lohnkapital; – **sociale** Gesellschaftskapital, (*di una S. p. A*) Grundkapital, Aktienkapital, (*di una s. a. r. l*) Stammkapital, (*di società cooperativa*) Genossenschaftskapital; – **sociale privilegiato** (S) Prioritäts-Genossenschaftskapital (S); – **di società cooperativa** Genossenschaftskapital; – **di sopravvivenza** Überlebenskapital; – **sottoscritto** gezeichnetes Kapital; – **speculativo** Spekulationskapital; – **di terzi** Fremdkapital; – **totale** Gesamtkapital; – **unico di rendita** Renteneinmaleinlage *f*; – **versato** eingezahltes Kapital, einbezahltes Kapital; v. a. CAPITALI, FONDI, MEZZI.

capitali *f pl* Mittel *pl*, Gelder *pl*; **collocare** – Gelder anlegen; **investire** – Kapital investieren; – **altrui**, – **di credito** Fremdmittel; – **di diretta pertinenza** Eigenmittel; – **dotali** Dotalgelder *pl*; – **im-**

mobilizzati festgelegte Gelder; – **del minore** Mündelgelder; – **propri** eigene Mittel, Eigenmittel *pl*; – **di terzi** Fremdmittel *pl*; v. a. CAPITALE.

capitalismo *m* Kapitalismus *m*; **grande** – Hochkapitalismus; **tardo** – Spätkapitalismus; – **industriale** Industriekapitalismus; – **monopolistico** Monopolkapitalismus; – **privato** Privatkapitalismus; – **di Stato** Staatskapitalismus.

capitalista *m* (1) Kapitalist *m*; (2) Kapitalanleger *m*, Anleger.

capitalista, capitalistico *agg* kapitalistisch.

capitalizzabile *agg* kapitalisierbar.

capitalizzare kapitalisieren.

capitalizzazione *f* Kapitalisierung *f*, Kapitalisation *f*, Kapitalansammlung *f*, Aufzinsung *f*; – **degli interessi** Kapitalisierung der Zinsen; – **di riserve** Zuführung von Rücklagen zum Kapital, Kapitalerhöhung aus Gesellschaftsmitteln, Kapitalberichtigung *f*; – **degli utili** Gewinnansammlung *f*.

capitaneria di porto Hafenmeisteramt *n*, Hafenmeisterei *f*.

capitano *m* (*di nave*) Seeschiffer *m*, Schiffer, Schiffskapitän *m*, Kapitän; – **-armatore** Schifferreeder *m*; – **d'industria** Wirtschaftsführer *m*, Industrieführer; – **di lungo corso** Kapitän auf großer Fahrt; – **marittimo – di nave** Schiffer, Seeschiffer, Schiffskapitän; – **di porto** Hafenmeister *m*, Hafendirektor *m*.

capitazione *f* Kopfsteuer *f*.

capitolare kapitulieren, sich ergeben.

capitolari *m pl* (*leggi degli imperatori carolingi*) Kapitularien *pl*.

capitolato *m* (1) (*generale*) Verdingungsordnung *f*, Vergabeordnung (A); (2) (*speciale*) Leistungsverzeichnis *n*; – **d'appalto** Verdingungsordnung; – **di concessione** Konzessionsvertrag *m*; – **generale** Verdingungsordnung, Vergabeordnung (A); – **d'oneri** Leistungsverzeichnis *n*; – **speciale** Leistungsverzeichnis.

capitolazione *f* Kapitulation *f*, Übergabe *f*.

capitolazioni *f pl* Kapitulationen *pl*.

capitolo *m* Kapitel *n*, Titel *m*, Abschnitt *m*; – **di bilancio pubblico** Haushaltskapitel; – **cattedrale** (*dir. eccl.*) Domkapitel *n*; – **per memoria** Leerkapitel; – **di spesa** Ausgabenkapitel.

capo *m* Leiter *m*, Vorstand *m*, Vorsteher *m*, Chef *m*; – **d'accusa** Anklagepunkt *m*; – **dell'azienda** Betriebsleiter *m*; – **cassiere** Kassenvorstand; – **del cerimoniale** Chef des Protokolls; – **del comune** Ortsvorsteher, Ortsvorstand (A); – **convizenza** Vorstand einer Hausgenossenschaft; – **di divisione** Abteilungsleiter, Dezernent *m*; – **(della) famiglia** Familienvorstand, Familienoberhaupt, Familienhaupt *n* (S), Haushaltsvorstand, Haushaltungsvorstand; – **di gabinetto** Kabinettschef; – **gerarchico** Dienstvorgesetzter; – **del governo** Regierungschef; – **di imputazione** Anklagepunkt; – **della mafia**, – **mafioso** Mafiaboss; – **di missione** Missionschef; – **dell'opposizione** Oppositionsführer *m*; – **del partito** Parteiführer *m*; – **del personale** Personalleiter, Personalchef; – **della polizia** Polizeichef; – **del protocollo** Chef des Protokolls; – **reparto**, – **sezione** Abteilungsleiter; – **di Stato**, – **dello Stato** Staatsoberhaupt, Staatschef; – **ufficio** Amtsleiter, Büroleiter, Bürovorsteher, Dienststellenleiter; – **dell'ufficio legale** Chefsyndikus *m*; – **dell'ufficio stampa** Pressechef.

capoarea *m* Gebietsleiter.

capobanda *m* Anführer einer Bande, Bandenführer *m*.

capocantiere *m* Baustellenleiter *m*.

capodelegazione *m* Delegationsleiter, Chefdelegierter.

capodipartimento *m* Bezirksleiter.

capodivisione *m* Abteilungsleiter *m*, Dezernent *m*.

capofabbrica *m* Werkleiter.

capofamiglia v. capo della famiglia.

capogruppo (1) *m* (*parlamento*) Klubobmann (A), Fraktionsführer; (2) *f* (*società*) Holding *f*.
capolista *m* Listenführer *m*, Spitzenkandidat *m*.
capoluogo *m* Hauptort *m*; – **di provincia** Provinzhauptstadt *f*; – **di regione** Regionalhauptstadt.
capomafia *m* Mafiaboss *m*.
capomissione *m* Missionschef *m*.
caporeparto *m* Abteilungsleiter *m*.
caporione *m* Rädelsführer *m*, Anführer *m*.
caposervizio *m* Amtsvorstand *m*, Amtsvorsteher *m*, Abteilungsleiter *m*.
caposezione *m* Abteilungsleiter *m*, Sektionschef *m*, Ressortchef *m*.
caposquadra *m* (*operai*) Vorarbeiter *m*.
capoufficio *m* v. capufficio.
capoverso *m* (*comma d'articolo*) zweiter Absatz; **secondo** – dritter Absatz.
cappa *f* (*nolo*) Frachtzuschlag *m*.
cappellano *m*; – **delle carceri** Anstaltsgeistlicher; – **militare** Militärseelsorger *m*.
cappello *m* Kaplaken *n*, Primage *f*, Primgeld *n*.
captazione *f* Erschleichung *f*; – **d'eredità** Erberschleichung.
capufficio *m* Büroleiter *m*, Amtsvorstand *m*, Amtsvorsteher *m*, Abteilungsleiter.
carabiniere *m* Karabiniere *m*.
caratista *m* Schiffspartner *m*, Mitreeder *m*.
carato *m*, Schiffspart *f*, Part, Schiffsanteil *m*.
carattere *m*, – **di novità** (*invenzione*) Neuheitsmerkmal *n*; – **preventivo** Präventivcharakter *m*; – **del reo** Täterpersönlichkeit *f*.
caratteristiche *f pl*, – **di funzionamento** (*di una macchina ecc.*) Betriebseigenschaften *f pl*; – **del prestito** Ausstattung der Anleihe; – **del rischio** Gefahrenmerkmale *pl*.
caratura *f* Schiffspart *f*, Part, Schiffsanteil *m*; Kommanditanteil.
carcerare inhaftieren.
carcerato *m* Häftling *m*, Inhaftierter *m*, Haftgefangener *m* (S).
carcerazione *f* Haft *f*, Inhaftierung *f*, Inhaftnahme *f* (A, S); – **preventiva** Untersuchungshaft.
carcere *m* (1) (*pena*) (S) Einschließung *f* (S); (2) (*istituto penitenziario*) Haftanstalt *f*, Justizvollzugsanstalt, Strafvollzugsanstalt (A); Gefängnis *n*, Gefangenenanstalt (A), Strafanstalt (S); **evadere dal-** aus der Haftanstalt entweichen; **ingiungere a costituirsi in** – zum Strafantritt laden; – **cellulare** Zellengefängnis; – **giudiziario** Untersuchungsgefängnis, Untersuchungshaftanstalt, gerichtliches Gefangenenhaus (A); – **di massima sicurezza** Hochsicherheitsgefängnis; – **militare** Militärgefängnis, Militärstrafanstalt; – **per i minorenni**, – **minorile** Jugendstrafanstalt; – **preventivo** Untersuchungshaft; v. a. ISTITUTO DI PENA.
carceri *m pl*, **associare alle** – ins Gefängnis einliefern; **tradurre alle** – ins Gefängnis überführen; – **centrali** Hauptgefängnis *n*, Hauptstrafanstalt *f*.
carceriere *m* Gefängniswärter *m*, Gefängnisaufseher *m*.
cardinale *m* Kardinal *m*.
carenza *f* (1) (*mancanza*) Mangel *m*; (2) Karenz *f*; – **di alloggi** Wohnungsnot *f*; – **legislativa** Gesetzeslücke *f*; – **di personale** Personalmangel; – **di mano d'opera** Arbeitskräftemangel *m*; v. a. PENURIA, SCARSEZZA.
carestia *f* Hungersnot *f*.
carica *f* Amt *n*, Beamtung *f* (S –), Posten *m*; **abbandonare una** – ein Amt niederlegen; **accettare una** – ein Amt annehmen; **conferire una** – ein Amt übertragen; **dimettersi dalla** – das Amt niederlegen; **entrare in** – ein Amt antreten; **essere in** – amtieren; **in** – im Amt, in Amt und Würden; **restare in** – im Amt bleiben; **ricoprire una** –, **rivestire una** – ein Amt bekleiden; – **di consigliere d'amministrazione** Verwaltungsratsposten; (*di S. p. A*) Posten eines Vorstands-

mitglieds; – **di corte** Hofamt; – **elettiva** Wahlamt; – **ereditaria** vererbliches Amt; – **di giudice** Richteramt; – **di ministro** Ministerposten; – **onorifica** Ehrenamt; – **pubblica** öffentliches Amt; – **secondaria** Nebenamt.

caricamento *m* Ladung *f*, Beladung, Verladung; – **di sicurezza** (*ass*) Sicherheitszuschlag *m*; – **per spese** Kostenzuschlag; – **per spese di acquisizione** Abschlusskostenzuschlag; – **per spese di gestione** Verwaltungskostenzuschlag.

caricare laden, beladen, verladen; belasten.

caricatore *m* Ablader *m*, Belader, Verlader, Verschiffer *m*, Befrachter *m*.

caricazione *f v.* caricamento.

carichi *m pl*, **esente da** – lastenfrei; – **pendenti** laufende Strafverfahren (*gegen eine Person*); – **sociali** Soziallasten *f pl*.

carico *m* (1) Ladung *f*; (2) (*peso*) Last *f*, Belastung *f*; **a** – (*per es.*: *il figlio*) unterhaltsberechtigt; **a** – **di** zu Lasten von; **essere a** – zur Last fallen; – **ambientale** Umweltbelastung *f*; – **ammissibile** zulässige Belastung; – **di capitale** Kapitalbelastung; – **a collettame** Sammelladung; – **contributivo** Beitragslast; – **di coperta** Deckladung, Deckgüter *pl*; – **dei costi** Kostenlast; – **dei debiti** Schuldenlast; – **familiare** unterhaltsberechtigte Familienangehörige *m pl*; – **fiscale** steuerliche Belastung, Steuerlast; – **flottante** schwimmende Ladung; – **degli interessi** Zinsenlast; – **massimo** Höchstlast; – **misto** gemischte Ladung; – **della nave** Schiffsladung, Schiffsfracht *f*; – **parziale** Teilladung; – **pendente** Strafvorwurf *m*; – **alla rinfusa** Bulkladung, lose Ladung; – **di ritorno** Rückladung; – **totale** Gesamtlast; – **tributario** Steuerlast, Steuerbelastung; – **utile** Nutzlast, Nutzladung, Ladefähigkeit; v. a. ONERE.

carità *f* Mildtätigkeit *f*.

caritatevole *agg* mildtätig.

carnale *agg* (*fratelli*) leiblich.

carnefice *m* Henker *m*, Scharfrichter *m*.

carnet *m*, – **di assegni** Scheckheft *n*; – **degli ordini** Auftragsbestand *m*; – **des passages en douane** Grenzscheinheft *n*, Zollpassierscheinheft.

caropane *m*, **carovita** *m*, **caroviveri** *m* Teuerung *f*.

carotte *f* Kursschnitt *m*.

carreggiata *f* Fahrbahn *f*.

carretta *f* (*corr*) Trampschiff *n*.

carriaggio *m* Rollgeld *n*.

carriera *f* Laufbahn *f*, Karriere *f*; **di** – hauptamtlich, vollamtlich (S), Berufs-; – **ausiliare** Laufbahn des einfachen Dienstes; – **bancaria** Banklaufbahn; – **di concetto** Laufbahn des gehobenen Dienstes; – **diplomatica** Diplomatenlaufbahn; – **direttiva** Laufbahn des höheren Dienstes; – **esecutiva** Laufbahn des mittleren Dienstes; – **statale** Staatsdienst *m*.

carrierista *m* Karrieremacher *m*.

carrozzone *m* **cellulare** Gefangenenwagen *m*, Gefangenensammelwagen, grüne Minna (*corr*).

carta *f* (1) Papier *n*, Wechsel *m*; (2) Charta *f*; **lasciare** – **bianca** freie Hand lassen; – **assegni** Scheckkarte; – **assegni eurochèque** Euroscheckkarte; – **altantica** (*1941*) Atlantik-Charta *f*; – **bancabile** bankfähiger Wechsel, bankfähiges Papier; – **bancaria** Bankpapier, Bankwechsel; – **bianca** Blankett *n*, Blankopapier; – **bollata**, – **da bollo** Stempelpapier; – **breve** kurzfristiges Papier; – **di cavalleria** Reitwechsel; – **di circolazione** Fahrzeugschein, Typenschein (A); – **commerciale** Handelspapier, Handelswechsel, Warenwechsel, Kommerzpapier; – **commerciale di prim'ordine** Primapapier, Primadiskont *m*; – **di comodo**, – **di compiacenza** Gefälligkeitswechsel; – **costituzionale** Verfassungsurkunde; – **di credito (1)** Kreditkarte; (2) Kreditwechsel; – **dei diritti dell'uomo** Menschenrechtscharta; – **finanziaria** Finanzpapier, Finanzwechsel; – **fondamentale**

Grundgesetz *n*; – **d'identità** Personalausweis *m*, Kennkarte *f*, Erkennungskarte, Ausweis, Legitimationskarte, Identitätsausweis (A); – **d'identità con fotografia** Lichtbildausweis; – **d'identità di marinaio** Schifferpass *m*; – **d'identità di rifugiato** Flüchtlingsausweis *m*; – **legale** Stempelpapier; – **di legittimazione** Legitimationskarte *f*, Ausweis *m*, Ausweiskarte; – **libera** stempelfreies Papier, ungestempeltes Papier; – **lunga** langfristiges Papier; – **media** mittelfristiges Papier; – **moneta** Geldpapier, Papiergeld *n*; – **delle Nazioni Unite** Charta der Vereinten Nationen; – **negoziabile** Bankierwechsel; – **di passo** (S) Freipass *m* (S); – **di permanenza** Aufenthaltskarte *f*; – **precettiva** (*libertà vigilata*) Führungskarte; – **protocollo** Kanzleipapier; – **resa legale** mit Stempelmarken versehenes Papier; – **di riconoscimento** Kennkarte; – **semplice** stempelfreies Papier; – **di smobilizzo** Mobilisierungswechsel; – **sociale** Sozialcharta *f*; – **sociale europea** europäische Sozialcharta *f*; – **valore** Wertpapier; – **valore postale** Postwertzeichen *n*; – **verde** grüne Versicherungskarte; v. a. CAMBIALE, EFFETTO, TESSERA.

carte *f pl*, – **di bordo** Bordpapiere *pl*; – **domestiche** Familienpapiere *pl*, Familienschriften *pl* (S).

carteggio *m* Schriftwechsel *m*, Briefwechsel.

cartella *f*, – **biografica** (*dei pregiudicati*) Personalbogen *m*; – **di cedole** (*interessi*) Zinsbogen *m*, Zinsscheinbogen (*dividendi*) Dividendenscheinbogen, Gewinnanteilscheinbogen; – **clinica** Krankenblatt *n*; – **di credito ipotecario**, – **edilizia** Grundpfandbrief *m*; – **esattoriale** Steuerzahlungsbescheid *m*; Steuerbogen *m*; – **fondiaria** Grundpfandbrief, Hypothekenpfandbrief; – **delle imposte** Steuerbogen *m*, Steuerkarte *f*; – **ipotecaria** (S) Schuldbrief *m* (S); – **obbligazionaria** Pfandbrief; – **delle tasse** Steuerzahlungsbescheid *m*, Steuerbogen *m*.

cartellino *m*; – **di controllo** Kontrollkarte *f*; – **delle firme** Unterschriftskarte *f*; – **di presenza** Stechkarte; – **del prezzo** Preiszettel *m*; – **segnaletico** Fingerabdruckblatt.

cartellizzare kartellieren.

cartellizzazione *f* Kartellbildung *f*.

cartello *m* (1) (*insegna*) Schild *n*; (2) (*consorzio*) Kartell *n*; – **d'acquisto** Einkaufskartell; – **bancario** Bankenkartell; – **di condizioni contrattuali** Konditionenkartell; – **di contingentamento** Quotenkartell; – **doganale** Zollkartell; – **indicatore** Hinweisschild; – **industriale** Industriekartell; – **interbancario** Bankenkartell; – **obbligatorio** Zwangskartell; – **di prezzo** Preiskartell; – **di produzione** Produktionskartell; – **di razionalizzazione** Rationalisierungskartell; – **della sinistra** (*pol*) Linkskartell; – **stradale** Verkehrsschild *n*; – **di vendita** Verkaufskartell; – **di zona** Gebietskartell.

cartellone *m* Plakat *n*; – **elettorale** Wahlplakat; – **pubblicitario** Werbeplakat *n*.

cartolina *f*, – **di ordinazione** Bestellkarte; – **postale** Postkarte *f*; – **postale risposta** Antwortkarte, Antwortpostkarte; – **postale con risposta pagata** Postkarte mit Antwortkarte, Postkarte mit bezahlter Antwort; – **precetto** Einberufungsschreiben *n*; – **di risposta** Rückantwortkarte; – **vaglia** Kartenanweisung *f*.

casa *f* Haus *n*; **seconda** – Zweitwohnung *f*; – **d'abitazione** Wohnhaus *n*; – **d'affitto** Mietshaus; – **bifamiliare** Zweifamilienhaus; – **cantoniera** (1) (*ferroviaria*) Bahnwärterhaus; – (2) (*stradale*) Straßenwärterhaus; – **chiusa** Bordell *n*; – **circondariale** (*istituto di pena*) Haftanstalt (*eines Landgerichtsbezirks*), – **di commercio** Handelsgeschäft *n*, Handelshaus *n*, Handelsfirma *f*; – **commissionaria** Kommissionshaus *n*, Kommissionsfirma *f*; –

comunale Gemeindehaus *n*, Gemeindeamt *n*, Rathaus *n*; – **coniugale** eheliche Wohnung; – **di correzione** Besserungsanstalt *f*; – **di cura** Pflegeanstalt *f*, Heil- und Pflegeanstalt; – **di custodia** Verwahrungsanstalt; – **del dopolavoro** Arbeitnehmerfreizeitheim *n*; – **editrice** Verlag *m*, Verlagshaus *n*; – **d'esportazione** Exportfirma *f*, Exporthaus *n*, Ausfuhrfirma; – **di giuoco** Spielbank *f*; – **d'importazioni** Importfirma *f*, Importhaus *n*; – **di lavoro** Arbeitshaus *n*, Arbeitserziehungsanstalt *f* (S); – **madre** Mutterfirma *f*, Stammhaus *n*, Stammbetrieb *m*, Muttergesellschaft *f*, Dachunternehmern *n*; – **mandamentale** (*istituto di pena*) Haftanstalt (*eines Amtsgerichtsbezirks*); – **municipale** Gemeindehaus *n*, Gemeindeamt *n*, Rathaus; – **operaia** Arbeiterwohnhaus *n*; – **di pena** Justizvollzugsanstalt (D), Strafanstalt *f* (S), Strafvollzugsanstalt (A); – **plurifamiliare** Mehrfamilienhaus; – **popolare** (1) (*palazzo*) Mietshaus im sozialen Wohnungsbau; (2) (*appartamento*) Sozialwohnung; – **prefabbricata** Fertighaus; – **regnante** regierendes Haus, regierendes Herrscherhaus; – **di rieducazione** Erziehungsheim *n*; – **di riposo per anziani** Altersheim *n*; – **a riscatto** Mietkaufhaus, Mietkaufwohnung; – **a schiera** Reihenhaus; – **di spedizioni** Speditionshaus *n*; – **unifamiliare** Einfamilienhaus; – **di vendita per corrispondenza** Versandhaus.

casco *m*, – **blu** (ONU) Blauhelm *m*; – **protettivo** Schutzhelm *m*.

casella *f* (*per avvisi pubblicitari*) Chiffre *f*; – **postale** Postfach *n*, Abholfach, Schließfach, Postschließfach.

casellario giudiziale Strafregister *n*.

casistica *f* Kasuistik *f*, Fallsammlung *f*; – **giurisprudenziale** Rechtsprechung *f*.

caso *m* Fall *m*; **occuparsi di un** – einen Fall bearbeiten; – **di Aids** Aids-Fall; – **analogo** gleichgelagerter Fall; – **d'applicazione** Anwendungsfall; – **assicurato** versichertes Ereignis; – **d'assicurazione** Versicherungsfall; – **dubbio** Zweifelsfall; – **eccezionale** Ausnahmefall; – **di emergenza** Notfall; – **di esclusione** Ausschlussfall; – **d'estradizione** Auslieferungsfall; – **fortuito** Zufall *m*, Zufallsereignis *n*, zufälliges Ereignis – **di forza maggiore** Fall höherer Gewalt, unabwendbares Ereignis; – **giuridico** Rechtsfall; – **giudiziario** Gerichtsfall; – **di impedimento** Verhinderungsfall; – **ipotetico** hypothetischer Fall; – **limite** Grenzfall; **in – di morte** im Todesfalle; – **di malattia** Krankheitsfall; – **di non punibilità** Straffreiheit *f*; – **particolare** besonderer Fall; – **di poca importanza** Bagatellfall; **in – di recidiva** im Wiederholungsfalle; – **singolo** Einzelfall; – **di sinistro** Schaden(s)fall; – **urgente**, – **d'urgenza** Dringlichkeitsfall.

cassa *f* Kasse *f*; **fare la** – die Kasse abstimmen; **piccola** – kleine Kasse, Portokasse; **pronta** – sofortige Kasse; **tenere la** – die Kasse führen; – **ammalati** Krankenkasse; – **di ammortamento** Amortisationskasse; – **anticipata** Vorauskasse, Vorkasse; – **di anticipi** Vorschußkasse; – **di assicurazione contro l'incendio** Brandkasse, Feuerkasse; – **di assicurazioni** Versicherungskasse; – **di assicurazioni autonoma** selbständige Versicherungskasse, autonome Versicherungskasse; – **ausiliaria** Nebenkasse, Hilfskasse; – **automatica (prelievi)** Geldautomat; – **cedolare**, – **cedole** Zinsscheinkasse, Kuponkasse, Kuponzahlstelle *f*, Kuponschalter *m*; – **centrale** Zentralkasse; – **civica** Stadtkasse; – **di compensazione** Ausgleichskasse, Verrechnungskasse, Kompensationskasse; – **complementare** Zusatzkasse; – **comune** gemeinschaftliche Kasse, Gemeinschaftskasse, Sammelkasse; – **continua** (*banca*) Nachttresor *m*; – **di conversione** Konversionskasse; – **cooperativa**

Genossenschaftskasse; – **di credito** Kreditkasse; – **di credito agricolo** landwirtschaftliche Kreditkasse; – **di credito a termine differito** (S) Kreditkasse mit Wartezeit (S); – **di credito edilizio** Bausparkasse; – **di crisi** Krisenkasse; – **di depositi** Depositenkasse; – **contro documenti** Kasse gegen Dokumente; – **a doppia chiave** Kassengegensperre *f*; – **federale** (S) Bundeskasse (S); – **di garanzia** Garantiekasse, Gewährleistungskasse; – **per la gestione degli assegni familiari** Familienausgleichskasse; – **incaricata del deposito** Hinterlegungsstelle *f*; – **incaricata del pagamento** Zahlstelle *f*; – **incaricata del pagamento del dividendo** Dividendenauszahlungsstelle *f*; – **incaricata del rilascio delle azioni** Ausgabestelle *f*; – **integrazione guadagni (CIG)**, – **per l'integrazione dei guadagni (degli operai dell'industria)** Lohnausfallkasse; Lohnergänzungskasse; – **di liquidazione** Liquidationskasse; – **malattie** Krankenkasse; – **per il Mezzogiorno** Kasse für Süditalien; – **mutua di assicurazioni** Versicherungskasse auf Gegenseitigkeit; – **mutua di garanzia** Garantiekasse auf Gegenseitigkeit, Gewährleistungskasse auf Gegenseitigkeit; – **mutua malattie** Krankenkasse; – **mutua di prestiti** Darlehenskassenverein *m*; – **di mutuo soccorso** Hilfskasse; – **dei pagamenti** auszahlende Kasse, Auszahlungskasse; – **di pagamento** Zahlstelle *f*, (*titoli*) Einlösungskasse, Einlösungsstelle, Einlösestelle; – **paritetica** paritätische Kasse; – **particolare** Sonderkasse; – **per le pensioni** Pensionskasse; Ruhegeldkasse, Versorgungskasse; – **di perequazione** Ausgleichskasse; – **di prestiti** Darlehenskasse, Darlehnskasse; – **di previdenza** Versorgungskasse; – **di previdenza per la vecchiaia** Altersversorgungskasse; – **principale** Hauptkasse; – **professionale** freiberufliche Versorgungskasse; – **di risparmio** Sparkasse, Ersparniskasse (S –); – **di risparmio immobiliare** Bausparkasse; – **di risparmio postale** Postsparkasse, Postsparkassenamt *n* (A); – **rurale** ländliche Kreditgenossenschaft, landwirtschaftliche Kreditkasse, landwirtschaftliche Kreditbank; – **di soccorso** Unterstützungskasse, Zuschusskasse, Hilfskasse; – **di soccorso in caso di morte** Sterbekasse; – **sociale** Gesellschaftskasse; – **di sottoscrizione** Zeichnungsstelle; – **di sovvenzione** Zuschusskasse; – **di spese funerarie** Begräbniskostenkasse; – **degli stipendi** Gehaltskasse; – **dei versamenti** Einzahlungskasse.

cassaforte *f* Geldschrank *m*, Panzerschrank, Safe *m*, Tresor *m*.

cassare (*una sentenza*) kassieren, eine gerichtliche Entscheidung aufheben.

cassazione *f* (1) Kassation *f*, Aufhebung einer gerichtlichen Entscheidung; (2) (*procedimento*) Kassationsverfahren; (3) (*Corte di Cassazione*) Kassationsgerichtshof; **ricorrere in** – auf Kassation antragen; Revision einlegen; – **parziale** Teilaufhebung; – **con rinvio** Aufhebung und Zurückverweisung; – **della sentenza** Urteilsaufhebung.

cassazionista *m* (*avvocato*) Kassationsanwalt *m* (*beim Kassationsgerichtshof zugelassener Anwalt*).

cassetta *f* **di sicurezza** Bankfach *n*, Bankschließfach, Schließfach, Sicherheitsfach, Safe *m*, (A) *n*, Tresorfach, Banktresorfach, Schrankfach.

cassettista *m* (1) Schließfachmieter *m*; (2) Kapitalanleger *m*.

cassintegrato *m* (*lavoratore messo in cassa integrazione*) Kurzarbeiter *m*.

cassiere *m* Kassierer *m*, Kassier *m* (A, S), Kassenführer *m*, Kassenbeamter *m*.

castelletto *m* Kreditlinie *f*, Kreditgrenze *f*; Kreditwürdigkeit *f*; Kreditbuch *n*.

casuale *agg* zufällig.

casus *m*, – **belli** Kriegsfall *m*; – **foederis** Bündnisfall *m*.

catalizzatore *m* Katalysator *m*.

catalogo *m* Katalog *m*, Verzeichnis *n*; – **d'asta** Versteigerungskatalog; – **generale** Gesamtverzeichnis; – **(dei) prezzi** Preisliste; – **di vendita per corrispondenza** Versand(haus-)katalog.

catasto *m* Kataster *n*, (A) *m*, Grundsteuerbuch *n*, Grundsteuerrolle *f*, Flurbuch, Grundsteuerkataster (A =); **trascrivere nel** – katastrieren; – **agricolo** (S) Produktionskataster (S); – **dei fabbricati** Gebäudekataster; – **fondiario**, – **immobiliare** Grundkataster, Flurbuch; – **particellare** Parzellenkataster; – **terreni** Grundkataster (A).

catastrofe *f* Katastrophe *f*; – **ecologica** Umweltkatastrophe; – **naturale** Naturkatastrophe.

categoria *f* Klasse *f*, Kategorie *f*; – **di acquirenti** Käufergruppe *f*; – **di azioni** Aktiengattung *f*; – **di consumatori** Verbrauchergruppe; – **contributiva**, – **di contribuzione** Beitragsklasse *f*; – **impiegatizia** Angestellten *pl*; – **d'imposizione** Steuerklasse *f*; – **lavoratrice**, – **operaia** Arbeiterschaft *f*, Arbeiterstand *m*; – **di peso** Gewichtsklasse, Gewichtsstufe; – **di prezzo** Preisklasse *f*; – **professionale** Berufsgruppe *f*, Berufsstand *m*; – **dei pubblici impiegati** Angehörige *pl* des öffentlichen Dienstes; – **di reddito** Einkommensklasse; – **di rischi** Gefahrenklasse *f*; – **a rischio** Risikogruppe; – **salariale** Lohnklasse *f*, Lohnstufe *f*; – **di stipendio** Gehaltsstufe *f*, Gehaltsklasse *f*, Gehaltsgruppe *f*; – **di veicolo** Fahrzeugklasse.

catena *f*; – **alberghiera** Hotelkette; – **alimentare** Ernährungskette; – **commerciale** Handelskette; – **di distribuzione** Verteilerkette *f*; – **di negozi** Ladenkette; – **di produzione** Fließband *n*; – **umana** Menschenkette.

cattedra *f* (*universitaria*) Lehrstuhl *m*.

cattolico *agg* katholisch.

cattore *m* Kaperer *m*, Kaper *m*.

cattura *f* Aufbringung *f*, Kapern *n*; Prise *f*; Fang *m*; (*arresto*) Verhaftung *f*, Ergreifung *f*, Gefangennahme *f*, Gefangennehmung *f*; **franco – e sequestro** Ausschluss von Prise und Beschlagnahme.

catturare (1) aufbringen, kapern; (2) fangen; (3) (*arrestare*) gefangennehmen, verhaften.

causa *f* (1) Ursache *f*; (2) (*motivo*) Grund *m*, Beweggrund; (3) (*del negozio*) Rechtsgrund, Rechtsgrundlage *f*; (4) (*lite*) Rechtsstreit *m*, Rechtsstreitigkeit *f*, Rechtssache *f*, Sache, Prozess *m*; **a – di** wegen; **affidare la – ad un avvocato** die Sache einem Rechtsanwalt übergeben; **aggiornare la** – den Prozess vertagen; **chiamare in** – den Streit verkünden; **comporre una** – einen Rechtsstreit beilegen; **condurre una** – einen Prozess führen; **definire la** – den Rechtsstreit entscheiden; **far** – prozessieren; **far – a qualcuno** jemanden gerichtlich belangen, jemandem den Streit verkünden; **giusta** – wichtiger Grund; **intentare una** – einen Prozess anhängig machen, einen Prozess anstrengen, einen Prozess einleiten; **intervenire in** – (*als Dritter*) in den Prozess eintreten; **iscrivere una – a ruolo** eine Sache in die Prozessliste eintragen; **perdere una** – einen Prozess verlieren; **rinviare la** – den Prozess vertagen; **senza** – ungerechtfertigt; **stabilire la** – die Ursache feststellen; **vincere una** – einen Prozess gewinnen; – **accessoria** akzessorischer Rechtsstreit; – **alimentare** Unterhaltssache; – **d'annullamento** Aufhebungsgrund, Anfechtungsgrund; – **d'annullamento del matrimonio** Eheaufhebungsgrund; – **di appello** (1) Berufungssache, Berufungsverfahren *n*; (2) Berufungsgrund; – **civile** Zivilsache, Zivilrechtsstreit; – **commerciale** Handelssache; – **concorrente** Mietursache; – **per danni** Schadensersatzprozess; – **del danno** Schaden(s)ursache; – **delegata** (S) Delegationssache (S); –

determinante ausschlaggebende Ursache; – **di diseredazione** Enterbungsgrund; – **di divorzio** (1) (*motivo*) Scheidungsgrund; (2) (*processo*) Scheidungsprozess; – **efficiente** wirkende Ursache; – **ereditaria** Erbschaftssache, Erbschaftsstreit, Erbschaftsstreitigkeit, Erbschaftsangelegenheit *f*; – **di esclusione dell'antigiuridicità** Rechtfertigungsgrund; – **di esclusione della colpevolezza** Schuldausschließungsgrund; – **di esclusione dell'illecito** Rechtfertigungsgrund; – **di esclusione della pena** Strafausschließungsgrund; – **di esclusione della punibilità** Strafausschließungsgrund; – **oggettiva di esclusione del reato** Rechtfertigungsgrund; – **d'esenzione** Befreiungsgrund; – **esimente** Rechtfertigungsgrund; – **estintiva della pena**, – **di estinzione della pena** Strafaufhebungsgrund; – **di garanzia** Gewährleistungsstreitigkeit; – **giustificativa**, – **di giustificazione** Rechtfertigungsgrund; – **grave** wichtiger Grund; – **illecita** unerlaubter Rechtsgrund; – **d'impedimento** Hinderungsgrund; – **d'impugnazione** Anfechtungsgrund; – **di liceità** Rechtfertigungsgrund; – **di licenziamento** Entlassungsgrund, Kündigungsgrund; – **marittima** Schifffahrtssache; – **matrimoniale** Ehesache; – **matura per la decisione** entscheidungsreife Sache; – **matura per essere rimessa al collegio** kammerreife Sache; – **modello** Musterprozess; – **di morte** Todesursache; – **del negozio** Rechtsgrund, causa *f* (des Rechtsgeschäftes); – **di non punibilità** Strafausschließungsgrund; – **di nullità** Nichtigkeitsgrund; – **dell'obbligazione** Schuldgrund; – **ostativa** Hinderungsgrund; – **della pace** Sache des Friedens; – **penale** Strafsache; – **pendente** anhängige Sache, anhängiger Prozess; – **petendi** (*ragione della domanda giudiziale*) Klagegrund; – **pregiudicata** Präjudiz *n*; – **pregiudiziale** vorgreiflicher Rechtsstreit; – **principale** Hauptprozess; **in – propria** in eigener Sache; – **prossima** unmittelbare Ursache; – **putativa** putativer Beweggrund; – **relativa allo stato delle persone** Statusklage; – **di responsabilità** Haftungsgrund, Haftungsgrundlage *f*; – **riconvenzionale** Widerklage *f*; – **di ricusazione** Ablehnungsgrund; – **di rifiuto** Weigerungsgrund; – **scriminante** Rechtfertigungsgrund; – **di separazione** Trennungsgrund; – **simulata** Scheingrund; – **soggettiva di esclusione del reato** Schuldausschließungsgrund; v. a: AFFARE, CIRCOSTANZA, MOTIVO, PROCESSO.

causale *agg* ursächlich.

causale *f* Verwendungszweck *m*; – **del pagamento**, – **del versamento** Zahlungsgrund *m*, Zahlungszweck *m*.

causalità *f* Ursächlichkeit *f*, Kausalität *f*; – **adeguata** adäquate Verursachung; – **sopravvenuta** überholende Kausalität.

causare verursachen.

cause *f pl*, – **inscindibili** zwingend verbundene Streitsachen; – **scindibili** abtrennbare Streitsachen.

causidico *m* Winkeladvokat *m*.

cautela *f* (1) Vorsichtsmaßnahme *f*; (2) (*garanzia*) Sicherheit *f*.

cautio iudicatum solvi Sicherheitsleistung für die Prozesskosten, aktorische Kaution (A); Prozesskostenkaution (A).

cauzione *f* Kaution *f*, Sicherheitsleistung *f*, Haftungssumme *f*; **costituire** – Sicherheit leisten; **liberare su** – auf Kaution freilassen; **prestare** – Kaution leisten; – **di buona condotta** Sicherheitsleistung für straffreies Verhalten; – **convenzionale** vertraglich vereinbarte Kaution; – **doganale** Zollsicherheit *f*; – **per l'esportazione** Ausfuhrkaution; – **giudiziale**, – **giudiziaria** richterlich bestimmte Sicherheitsleistung; Prozesskaution

(S); – **legale** gesetzliche Sicherheitsleistung; – **preventiva** (S) Friedensbürgschaft *f* (S); – **per le spese processuali** Prozesskostensicherheit *f*, aktorische Kaution (A), Prozesskostenkaution (A); – **supplementare** Kautionsnachschuss *m*.
cavaliere *m* Ritter *m*; – **d'industria** Hochstapler *m*.
cavillo *m* Schikane *f*.
cavilloso *agg* schikanös.
cecchino *m* Heckenschütze *m*.
cedente *m* (1) Abtretender *m*, Zedent *m*, Veräußerer *m*, Altgläubiger *m*, alter Gläubiger; (2) (*di effetti ad una banca*) Einreicher *m*.
cedenza della quota Kursabschwächung *f*.
cedere (1) abtreten; (2) (*trasferire*) übertragen, überlassen; (3) (*alienare*) veräußern, ablassen, abgeben; (4) (*effetti ad una banca*) einreichen.
cedibile *agg* (1) abtretbar, zedierbar; (2) übertragbar.
cedibilità *f* (1) Abtretbarkeit *f*; (2) Übertragbarkeit *f*.
cedimento *m*, – **dei prezzi** Preisrückschlag *m*, Preiseinbruch *m*; – **della quota** Kursabschwächung *f*.
cedola *f* Kupon *m*, Berechtigungsschein *m*, Abschnitt *m*, abtrennbarer Abschnitt, Coupon (S), (*di dividendo*) Dividendenschein, Anteilschein, Gewinnanteilschein, (*di interessi*) Zinsschein, Zinskupon; **senza** – ohne Kupon; **staccare una** – einen Kupon abtrennen; – **attaccata** anhaftender Kupon; – **d'azione** Aktienkupon; – **di busta paga** Lohnzettel *m*; – **di dividendo** Dividendenschein, Dividendenabschnitt, Gewinnanteilschein, Anteilschein, Ertragsschein; – **di interessi** Zinsschein, Zinskupon, Zinsenschein, Zinsenkupon (A); – **di rendita** Rentenschein; – **di riaffogliamento** Erneuerungsschein *m*, Talon *m*, Zinsleiste *f*, Leistenschein, Leiste, Zinsenstamm *m*, Stichcoupon (A =); – **scaduta** ausstehender Kupon; – **staccata** abgetrennter Kupon.
cedolare *agg* Kupon-.
cedolare *f* v. imposta cedolare.
cedolario *m* Kuponbogen *m*, Couponbogen (S), (*solo di dividendi*) Dividendenscheinbogen, Gewinnanteilscheinbogen (*solo di interessi*) Zinsscheinbogen, Zinsbogen.
celare verheimlichen.
celamento *m* Verheimlichung *f*; – **della gravidanza** Verheimlichung der Schwangerschaft; – **del testamento** Verheimlichung des Testaments.
celebrazione *f*, – **del matrimonio** Eheschließung *f*, Eheschluss *m* (S =), Eheabschluss (S =), Eingehung der Ehe, Trauung *f*; – **di un referendum** Abhaltung *f* eines Referendums.
celere *f* (*polizia*) Bereitschaftspolizei *f*.
celerità *f* Schnelligkeit *f*; – **del giudizio** Schnelligkeit des Gerichtsverfahrens; – **del procedimento** Schnelligkeit des Verfahrens.
celibato *m* Junggesellentum *n*; Ehelosigkeit *f*, Zölibat *m*.
celibe *agg* ledig, ehelos, unverheiratet.
celibe *m* Lediger *m*, Junggeselle *m*.
cella *f* Zelle *f*; – **d'isolamento** Einzelzelle, Isolierzelle; – **solare** Solarzelle.
cellula *f* Zelle *f*.
cellulare *m* Gefangenenwagen *m*, Gefangenensammelwagen, grüne Minna (*corr.*).
censimento *m* Zählung *f*, Volkszählung; – **demografico** Volkszählung; – **economico**, – **industriale** Betriebszählung, Industriezählung, Industriebetriebszählung; – **della popolazione** Volkszählung; – **del traffico** Verkehrszählung.
censire (1) zählen, zahlenmäßig erfassen; (2) (*iscrivere nei registri catastali*) katastermäßig erfassen.
censo *m* (1) Erbzins *m*; (2) Zensus *m*.
censore *m* Zensor *m*.
censura *f* (1) Zensur *f*, Zensurbehörde *f*; (2) Tadel *m*, Rüge *f*; (3) (*sanzione disciplinare*) Verweis *m*; – **artistica** Kunstzensur, Geschmackszensur; – **cinematografica** Filmzensur; – **della corris-**

pondenza, – **epistolare** Briefzensur; – **postale** Postzensur; – **preventiva** Vorzensur; – **pubblicitaria** Werbezensur; – **repressiva** Repressivzensur; – **sulla stampa** Pressezensur; – **teatrale** Theaterzensur; – **telefonica** Telefonzensur.

censurare (1) zensieren; (2) tadeln, mißbilligen.

cento, per – vom Hundert.

centrale *agg* zentral, Zentral-.

centrale *f* Zentrale *f*; – **atomica** Atomkraftwerk *n*; – **elettrica** Elektrizitätswerk; – **d'emissione di lettere di pegno** (S) Pfandbriefzentrale (S); – **nucleare** Kernkraftwerk; – **operativa** Einsatzzentrale; – **del partito** Parteizentrale; – **del potere** Machtzentrale; – **dei rischi** Evidenzzentrale *f*.

centralino *m* (*telefonico*) Fernsprechvermittlung *f*.

centralismo *m* Zentralismus *m*.

centralizzare zentralisieren.

centrismo *m* Politik *f* der Mitte.

centralizzazione *f* Zentralisierung *f*,

centro *m* (1) Mittelpunkt *m*, Zentrum *n*; (*2*) (*città*) Stadtmitte *f*; – **abitato** geschlossene Ortschaft; – **di assistenza fiscale (CAF)** Steuerberatungszentrum; – **commerciale** Handelszentrum *n*; – **comune di richerche** (CE) gemeinsame Forschungsstelle; – **congressi** Kongresszentrum; – **di consulenza**, – **consultivo** Beratungszentrum; – **decisionale** Entscheidungszentrum; – **direzionale** (*della città*) City *f* (*Banken- und Verwaltungsviertel*); – **di elaborazione (dati)** Datenverarbeitungszentrum, Rechenzentrum; – **finanziario** Finanzplatz *m*; – **d'influenza** Einflusszentrum; – **industriale** Industriezentrum *n*; – **d'informazione** Informationszentrum; – **internazionale d'informazione, di sicurezza e d'igiene del lavoro** internationale Informationsstelle für Arbeitshygiene und Gesundheitsschutz; – **meccanografico** Rechenzentrum; – **di orientamento professionale** Berufsberatungsstelle *f*; – **di potere** Machtzentrum; – **di raccolta** Sammelstelle *f*; – **di ricerca** Forschungszentrum; – **di rieducazione** (*per minori*) Erziehungsanstalt *f*; – **di servizio** Service-Büro; – **di servizio sociale** Sozialdienststelle *f*; – **sinistra** (*politica*) linke Mitte *f*; – **storico** (*della città*) Altstadt *f*; – **turistico** Touristenzentrum; – **universitario** Universitätszentrum.

cercare suchen.

cerimonia *f* Feier *f*.

cerimoniale *m* **diplomatico** diplomatisches Zeremoniell.

certezza del diritto, – **giuridica**, – **legale** Rechtssicherheit *f*.

certificare bescheinigen, bestätigen, beurkunden.

certificato *m* Bescheinigung *f*, Zeugnis *n*, Zertifikat *n*, Attest *n*, Bestätigung *f*, Schein *m*; **rilasciare un** – eine Bescheinigung ausstellen; – **di abilitazione** Befähigungsnachweis *m*, Befähigungszeugnis; – **di abitabilità** Bauabnahmebescheinigung; – **di accreditamento** Gutschriftzettel *m*, Gutschriftsaufgabe *f*; – **di addebitamento** Belastungsaufgabe *f*, Lastschrift *f*, Lastschriftaufgabe, Lastschriftzettel *m*; – **di allibramento** Buchungsbescheinigung, Buchungsbeleg *m*; – **anagrafico** Meldebescheinigung; – **d'apprendistato** Ausbildungszeugnis, Lehrzeugnis, Lehrabschlusszeugnis, Lehrbrief *m*; – **di assicurazione** Versicherungsbestätigung, Versicherungsurkunde *f*, Versicherungszertifikat *n*, Versicherungsausweis *m*; – **d'assunzione** Anstellungsbescheinigung *f*, Einstellungsbescheinigung; – **d'attitudin** Eignungszeugnis; – **d'attitudine fisica** Tauglichkeitszeugnis; – **di autenticazione** Beglaubigungsbescheinigung; – **di autenticità** Echtheitszeugnis; – **d'avaria** Havariezertifikat, Havarieattest, Beschädigungsschein; – **azionario** Aktienurkunde *f*, Aktienzertifikat, Aktienschein, Anteilschein, Aktientitel *m* (S); – **azionario provvisorio** Aktienpromesse *f*, Kassenquittung *f*, Zwischenschein; – **di banca**, – **bancario** Bankbescheinigung; – **di battesimo** Taufschein; – **di bordo libero** Freibordzeugnis; – **di buona condotta** Führungszeugnis, Leumundsbericht *m* (S); – **di cancellazione** Löschungsbescheinigung; – **di carenza di beni** (S) Verlustschein (S); – **del casellario giudiziale** v. certificato penale; – **catastale** Katasterbescheinigung; – **di cessione** Zessionsschein; – **di cittadinanza** Staatsangehörigkeitsurkunde, Staatsbürgerschaftsnachweis *m* (A), (*per il soggiorno in patria*) Staatsangehörigkeitsausweis, (*per il soggiorno all'estero*) Heimatschein; – **di classe** Klassenzertifikat, Klassifikationsattest, Klassifikationszertifikat, Klassifizierungszeugnis (S); – **di collaudo** Abnahmebescheinigung; – **di consegna** Lieferschein, Auslieferungsschein, Auslieferungsbescheinigung, Ablieferungsbescheinigung, Übergabebescheinigung; – **consolare** Konsulatsbescheinigung; – **di contingente** Kontingentsbescheinigung, Kontingentsschein; – **di Credito del Tesoro (CCT)** Schatzbrief *m*; – **di debito** Schuldschein; – **di deposito** Hinterlegungsschein, Depotschein; (*denaro*) Einlageschein, Depositenschein; – **di disoccupazione** Arbeitslosigkeitsbescheinigung; – **di dispensa** Befreiungsschein, Ausnahmezeugnis, Bescheinigung der Nachsichtserteilung (A), Bescheinigung der Dispenserteilung (A); – **doganale** zollamtliche Bescheinigung; – **di domicilio** Wohnsitzbescheinigung, Domizilzertifikat (S); – **elettorale** Wählerkarte *f*; – **d'entrata** Eingangsbescheinigung; – **d'eredità** (*regioni facenti già parte dell'Austria*), – **ereditario** (S) Erbschein, Einantwortungsurkunde (A); – **d'esame** Prüfungsbescheinigung, Prüfungszeugnis, Prüfbescheinigung (A); – **di eseguita pubblicazione di matrimonio** Bescheinigung über das erfolgte Eheaufgebot, Verkündschein (S); (*all'estero corrisponde in sostanza a*:) Ehefähigkeitszeugnis; – **d'esenzione**, – **d'esonero** Befreiungsschein, Ausnahmezeugnis; – **di esistenza in vita** Lebensbescheinigung; – **d'esportazione** Ausfuhrbescheinigung, Exportbescheinigung; – **fitosanitario** Pflanzengesundheitszeugnis; – **fitosanitario d'origine** Abstammungs- und Gesundheitszeugnis; – **di franchigia** Freischein; – **di franchigia doganale** Zollfreischein; – **di frequenza** Schulbesuchszeugnis; – **di garanzia** Garantieschein, Garantiezeugnis, Bürgschaftsschein; – **di godimento** Genussschein; – **di identità** (*merci*) Nämlichkeitszeugnis; – **d'idoneità alla guida** Fahrtüchtigkeitsbescheinigung *f* (*des Arztes*); – **d'immatricolazione** Immatrikulationsbescheinigung, Immatrikulationsausweis *m*, Immatrikulierungsschein, Matrikelschein, Registerbrief *m*; – **immobiliare** Immobilienzertifikat; – **d'impegno** Verpflichtungsschein; – **d'impiego** Beschäftigungsnachweis *m*, Beschäftigungszeugnis; – **d'importazione** Importschein; – **internazionale di assicurazione** (*carta verde*) internationale Versicherungskarte *f* (*für Kfz*); – **internazionale di vaccinazione** internationale Bescheinigung über Impfung; – **di iscrizione** Eintragungsschein; – **di iscrizione della nave** Schiffsbrief *m*, Schiffszertifikat, Registerbrief; – **d'ispezione** Inspektionszertifikat; – **di lavoro** Arbeitszeugnis, Arbeitsbescheinigung, Arbeitsbestätigung, Arbeitsausnahmebescheinigung; – **di legato** Vermächtnisschein; – **di libera circolazione delle merci** Warenverkehrsbescheinigung; – **di libera pratica** Freiverkehrsbescheinigung; – **di malattia** Krankheitsbescheinigung; – **di mancata conciliazione** Bescheinigung über den erfolglosen Sühneversuch, Erfolglosigkeitsbescheinigung; – **di matrimonio**

Heiratsurkunde, Eheschein (S), Verehelichungszeugnis (A); – **di matrimonio religioso** kirchlicher Trauschein, kirchlicher Trauungsschein; – **di maturità** Reifezeugnis, Maturitätsauweis *m* (S); – **medico** ärztliches Attest, ärztliches Parere (A); – **di morte** Sterbeurkunde *f*; – **di nascita** Geburtsurkunde; – **di navigabilità** (*aeromobili*) Lufttüchtigkeitszeugnis, Lufttüchtigkeitsschein, Flugsicherheitsbescheinigung; – **di nazionalità** Flaggenzeugnis, Flaggenschein; – **negativo di matrimonio** Ledigkeitsbescheinigung, Zeugnis über den ledigen Stand (S); – **di negoziabilità** (*titoli di credito*) Lieferbarkeitsbescheinigung; – **nominativo** Namenszertifikat; – **notarile** notarielle Bescheinigung; – **di nulla-osta** Unbedenklichkeitsbescheinigung; – **di nulla-osta matrimoniale** Ehefähigkeitszeugnis, Ehetauglichkeitszeugnis; – **di nullatenenza** Mittellosigkeitszeugnis; – **obbligazionario** Anleiheschein, Teilschuldverschreibung, Anleihenstitel (S); – **d'opzione** Bezugsschein; – **d'origine** Ursprungszeugnis, Ursprungsbescheinigung, Ursprungsausweis *m* (S =); – **-oro** Goldzertifikat; – **di pagamento** Zahlungsbescheinigung; – **di partecipazione** (*fondi comuni di investimento*) Anteilschein *m*; – **di passaggio** Durchgangsbescheinigung, Durchreiseschein; – **di passaggio in giudicato** Rechtskraftzeugnis; – **penale** (*rilasciato ad Autorità o ad aziende pubbliche*) unbeschränkte Auskunft aus dem Strafregister, Strafregisterauszug *m*; (*rilasciato a privati*) Führungszeugnis; – **peritale**, – **di perizia** Sachverständigenbescheinigung; – **al portatore** Inhaberzertifikat; – **di povertà** Armutszeugnis; – **di prestata cauzione** Bescheinigung über erfolgte Sicherheitsleistung; – **di proprietà** Eigentumsnachweis *m*; (*auto*) Fahrzeugbrief *m*; – **di protesto** Protestzeugnis; – **provvisorio** (*azionario od obbligazionario*) Zwischenschein, Kassenquittung *f*, Interimsschein, Anrechtsschein, (*solo azionario*) Aktienpromesse *f*, Interimsaktie, Jungschein; – **di registrazione** Eintragungsschein; – **di residenza** Aufenthaltsbescheinigung, Meldebescheinigung; – **di rimpatrio** Heimschaffungsbescheinigung; – **di salario** Lohnnachweis *m*; – **di sana costituzione fisica** Tauglichkeitszeugnis; – **di sanità e d'origine** Gesundheits- und Ursprungszeugnis; – **sanitario** Gesundheitszeugnis, amtsärztliches Zeugnis; – **di scarico** Löschungsbescheinigung; – **scolastico** Schulzeugnis; – **di sdoganamento** Verzollungsausweis *m*, Abfertigungsschein; – **di servizio** Dienstzeugnis, Dienstschein; Abgangszeugnis; – **di sicurezza** Sicherheitszeugnis; – **di sicurtà** Versicherungsbestätigung; – **di soggiorno** Aufenthaltsbescheinigung; – **di solvibilità** Bescheinigung über die Zahlungsfähigkeit, Habhaftigkeitsbescheinigung (S), Habhaftigkeitszeugnis (S); – **di sopravvivenza** Überlebensbescheinigung; – **sostitutivo** Ersatzbescheinigung; – **di spedizione** Abfertigungsbescheinigung; Spediteurübernahmebescheinigung, Spediteurübernahmeschein; – **di stato libero** Ledigkeitsbescheinigung, Zeugnis über den ledigen Stand (S); – **di stazza** Schiffsvermessungszeugnis, Schiffsmessbrief *m*, Messbrief, Eichschein; – **di studio** Studienbescheinigung; – **di transito** Durchgangsbescheinigung, Durchreiseschein; – **ufficiale** Amtsbescheinigung, Amtszeugnis, Amtsbestätigung; – **d'uscita** Ausgangsbescheinigung; – **di vaccinazione** Impfschein, Impfbescheinigung, Impfzeugnis; – **di validità** Gültigkeitszeugnis; – **di valore** Wertbescheinigung; – **di verifica** Prüfungsbescheinigung, Kontrollzeugnis; – **di versamento** Einzahlungsbescheinigung; – **di vita** Lebensbescheinigung v. a. ATTO.

certificazione *f* Beurkundung *f*, Verurkundung (S =); (*del bilancio*) (uneingeschränkter) Bestätigungsvermerk *m* (*des Wirtschaftsprüfers*); – **del bilancio** Bilanzbestätigung *f*; – **notarile** notarielle Beurkundung, notarische Beurkundung; – **pubblica** öffentliche Beurkundung.

certo *agg* sicher.

cespite *m* Ertragsquelle *f*; – **d'entrata** Einnahmequelle *f*; – **di reddito** Einkommensquelle.

cessare (*diritto*) erlöschen, enden.

cessazione *f*, – **dell'amministrazione giudiziaria** Aufhebung der Zwangsverwaltung; – **dell'attività** Aufgabe der Tätigkeit; (*azienda*) Betriebsaufgabe; – **dalla circolazione** (*auto*) Außerbetriebsetzung *f* (*von Fahrzeugen*); – **di commercio** Geschäftsaufgabe *f*; – **d'un diritto** Erlöschen eines Rechts; – **degli effetti civili del matrimonio** Beendigung der zivilrechtlichen Wirkungen der Ehe; – **d'esercizio** Betriebsaufgabe; – **del lavoro** Arbeitsniederlegung *f*; – **della materia del contendere** Wegfall des Streitgegenstandes; – **delle ostilità** Einstellung der Feindseligkeiten, Beendigung der Feindseligkeiten; – **dei pagamenti** Zahlungseinstellung; – **della produzione** Produktionseinstellung; – **della quotazione (ufficiale)** (*borsa*) Einstellung *f* der Kursnotierung; – **del rapporto di lavoro** Beendigung des Arbeitsverhältnisses; – **dello stato di guerra** Beendigung des Kriegszustandes; – **della turbativa** Störungsunterlassung *f*.

cessionario *m* Zessionar *m*, neuer Gläubiger, Neugläubiger *m*, Übernehmer *m*.

cessione *f* (1) Abtretung *f*, Zession *f*, (1) (*trasferimento*) Übertragung *f*, Überlassung *f*, (3) (*alienazione*) Veräußerung *f*; (4) (*ass*) abgegebene Rückversicherung; **notificare la** – die Abtretung anzeigen; – **in affitto** Abtretung durch Pachtvertrag; – **amichevole** gütliche Abtretung; – **anticipata** Vorausabtretung; – **d'azienda** Geschäftsveräußerung; – **di beni** Vermögensübertragung, Vermögensübergang *m*; – **dei beni ai creditori** Vermögensabtretung an die Gläubiger; – **in bianco** Blankoabtretung; – **di brevetto** Patentübertragung; – **di capitale** Kapitalüberlassung; – **di contratto** Vertragsabtretung, Vertragsübertragung; – **di credito** Abtretung einer Forderung, Forderungsabtretung, Forderungsübernahme *f*, (*a titolo oneroso*) Forderungskauf *m*; – **di debito** Schuldabtretung, Schuldübertragung; – **di diritti** Abtretung von Rechten, Rechtsabtretung *f*; – **di eredità** Erbschaftskauf; – **fiduciaria** fiduziarische Abtretung; – **forzata** Zwangsabtretung, zwangsweise Abtretung; – **globale** Globalzession; – **di grado** Rangabtretung, Rangrücktritt *m*, Vorrangseinräumung *f*, Prioritätsabtretung, Prioritätszession; – **per incasso** Einziehungsabtretung, Inkassozession; – **di licenza** Lizenzübertragung; – **di locazione** Abtretung der Ansprüche aus einem Mietvertrag; – **in luogo di adempimento** Abtretung an Zahlungsstatt; – **parziale** Teilabtretung; – **di portafoglio** Bestandsübertragung, Portefeuilleüber- tragung, Portefeuilleüberweisung *f*, Abtretung eines Versicherungsbestandes; – **di priorità** Prioritätsabtretung, Prioritätszession, Vorrechtseinräumung *f*; – **pro soluto** Abtretung an Zahlungsstatt; – **pro solvendo** Abtretung zahlungshalber; – **di quota lite** Erfolgshonorar *n*; – **di salario** Lohnabtretung; – **allo scoperto** Blankozession; – **solvendi causa** Abtretung zahlungshalber; – **di stipendio** Gehaltsabtretung; – **territoriale**, – **di territorio** Gebietsabtretung, Lindabtretung; – **a titolo di garanzia** Sicherungsabtretung; – **a titolo di liberalità** unentgeltliche Zuwendung *f*; – **d'uso** Gebrauchsüberlassung.

ceto *m* Schicht *f*, Stand *m*; – **dirigente** Führungsschicht; – **elevato** gehobene Schicht; – **impiegatizio** Angestelltenstand; – **medio** Mittelstand *m*; – **operaio** Arbeiterstand; – **rurale** Bauernstand; – **sociale** Gesellschaftsschicht *f*.

chiama *f* Namensaufruf *m*.

chiamare un terzo in causa einem Dritten den Streit verkünden.

chiamata *f*, – **alle armi** Einberufung zum Wehrdienst; – **in causa** (*del terzo*) Streitverkündung *f*, Streitverkündigung *f* (A); – **di correo** Nennung eines Mittäters; – **all'eredità** Berufung zur Erbschaft; – **in garanzia** Gewährleistungsklage, Garantieklage, Verweisung auf den Bürgen.

chiamato *m*, – **in causa** Verkündungsgegner *m*, Denunziat *m* (S); – **all'eredità** zur Erbschaft Berufener; – **sostituito**, – **in sostituzione** Nachberufener *m*.

chiarezza *f* **del bilancio** Bilanzklarheit *f*, (*bilancio pubblico*) Haushaltsklarheit.

chiarire erklären, aufklären.

chiasso *m* Lärm *m*.

chiave *f*, – **falsa** Nachschlüssel *m*; – **di ripartizione** Verteilungsschlüssel; – **telegrafica** Telegrammschlüssel.

chiedere (1) ersuchen, bitten; (2) verlangen, fordern.

chiesa *f*, – **nazionale** Nationalkirche *f*; – **di Stato** Staatskirche.

chirografario *agg* (*credito*) nicht bevorrechtigt.

chirògrafo *m* (*scrittura privata*) handschriftlicher Schuldschein *m*.

chiudere (*conto, esercizio*) abschließen; – **in attivo** mit Gewinn abschließen; – **l'inchiesta** die Untersuchung abschließen; – **in passivo** mit Verlust abschließen.

chiusura *f* Schluss *m*; – **dell'assunzione dei mezzi di prova** Schluss der Beweisaufnahme; – **d'azienda** Betriebsschließung *f*; – **delle banche** Banksperre *f*; – **del bilancio** Bilanzabschluss; – **di borsa** Börsenschluss; – **della caccia** Beginn der Schonzeit; – **di cassa** Kassenabschluss; – **dei confini** Grenzsperre *f*; – **dei conti** Rechnungsabschluss, Rechnungsschluss (S); – **di conto** Kontoabschluss, Buchabschluss, Saldoziehung *f*; – **del dibattimento** (1) Schluss der Verhandlung, Schluss der Debatte, Verhandlungsschluss; (2) (*giudizio penale*) Ende der Hauptverhandlung; – **doganale** Zollverschluss; – **doppia** Mitverschluss *m*; – **del fallimento** Einstellung des Konkursverfahrens; – **di fine anno** Jahresabschluss; – **del fondo** Einfriedung des Grundstücks; – **delle frontiere** Schließung der Grenzen; – **delle indagini preliminari** (*proc. pen.*) Abschluss der Ermittlungen; – **iscrizioni** Anmeldeschluss; – **dell'istruzione** (*proc. pen.*) Abschluss der Ermittlungen, Schluss des Vorverfahrens (S); – **dell'istruzione probatoria** Abschluss der Beweisaufnahme; – **dei negozi** Ladenschluss; – **parziale della caccia** Artenschollzeit *f*; – **della procedura di fallimento** Aufhebung des Konkursverfahrens; – **della sottoscrizione** Zeichnungsschluss; – **degli sportelli** Schalterschluss; – **di stabilimento** Betriebsschließung *f*; – **di turno** (*negozi*) Ruhetag *m*; – **delle votazioni** Schluss der Wahl, Wahlschluss.

ciclo *m* Zyklus *m*; – **di affari** Geschäftsumlauf *m*; – **congiunturale** Konjunkturzyklus *m*; **in – continuo** am laufenden Band; – **economico** Konjunkturzyklus *m*; – **lavorativo**, – **di lavoro** Arbeitszyklus; – **produttivo**, – **di produzione** Produktionskreislauf *m*, Produktionszyklus *m*; – **di vita del prodotto** Produktlebenszyklus *m*.

cifra *f* (1) (*denaro*) Betrag *m*; (2) Ziffer *f*; (3) Schlüsselwort *n*, Chiffre *f*; **d'affari** Umsatz *m*; – **nera** Dunkelziffer; – **record** Rekordzahl *f*; – **teorica** Sollzahl; – **tonda** glatter Betrag; v. a. IMPORTO.

cifrario *m* Schlüsselbuch *n*, Kode *m*, Code *m*.

cimitero *m* Friedhof *m*; – **demaniale** staatlicher Friedhof; – **di guerra** Soldatenfriedhof.

cinghia *f* **di trasmissione** Transmissionsriemen *m*.

cintura *f*, – **doganale** Zollgürtel *m* (S), Zollinie *f*; – **di sicurezza** Sicherheitsgurt *m*; **allacciare la – di sicurezza** den Sicherheitsgurt anlegen.

cippo *m* **di confine** Grenzmal *n*, Grenzstein *m*.

circolante *m* Geldumlauf *m*.

circolare verkehren, umlaufen.

circolare *f* Rundschreiben *n*; (*amministrativa*) Runderlass *m*; Kreisschreiben (S); – **ministeriale** Ministerialrunderlass; – **pubblicitaria** Werberundschreiben *n*.

circolazione *f* (1) (*traffico*) Verkehr *m*; (2) (*ciclo*) Umlauf *m*; **in** – in Umlauf, im Umlauf, im Umlauf befindlich; **libera** – freier Verkehr, Freizügigkeit *f*; **libera – dei capitali** freier Kapitalverkehr; **libera – dei lavoratori** Arbeitnehmerfreizügigkeit; **libera – delle merci** freier Warenverkehr; **mettere in** – in Umlauf bringen, in Umlauf setzen, in Verkehr bringen; – **aerea** Luftverkehr; – **automobilistica** Autoverkehr; – **dei beni** Warenverkehr; – **di biglietti di banca** Banknotenumlauf; – **di cambiali** Wechselverkehr, Wechselumlauf; **cambiaria** Wechselumlauf; – **dei capitali** Kapitalverkehr; – **fiduciaria** Notenumlauf, Geldumlauf, Banknotenumlauf; – **per file parallele** Mehrspurverkehr; – **forzata** Zwangsnotenumlauf, Zwangsumlauf; – **giuridica** Rechtsverkehr; – **marittima** Schiffahrtsverkehr; – **delle merci** Warenverkehr; **libera – delle merci** freier Warenverkehr; – **metallica** Metallgeldumlauf, Münzumlauf; – **di mezzi di pagamento** Zahlungsmittelumlauf; – **monetaria** Notenumlauf, Geldumlauf, Bargeldumlauf, Banknotenumlauf, Geldumsatz *m*, Münzumlauf; – **pedonale** Fußgängerverkehr; – **rotatoria** (*traffico*) Kreisverkehr *m*; – **dei servizi** Dienstleistungsverkehr; – **stradale** Straßenverkehr; – **transfrontaliera** grenzüberschreitender Verkehr; v. a. MOVIMENTO, TRAFFICO.

circoli *m pl*, – **bancari** Bankkreise *m pl*; – **ben informati** gut unterrichtete Kreise; – **di qualità** (*controllo produttivo*) Qualitätszirkel *m pl*; v. a. AMBIENTI.

circolo *m* Kreis *m*; – **clientelare** Kundenkreis, Klientel *f*; – **di corte d'assise** Schwurgerichtsbezirk *m*, Assisenbezirk (S).

circondario *m* Bezirk *m*, Kreis *m*, Sprengel *m*; – **amministrativo** Amtsbezirk; – **d'esecuzione** (S) Betreibungskreis (S); – **pei fallimenti** (S) Konkurskreis (S); – **di tribunale** Landgerichtsbezirk.

circonvenzione *f* **di persone incapaci** Ausbeutung hilfloser Personen.

circoscrizione *f* Bezirk *m*, Sprengel *m*; – **amministrativa** Verwaltungsbezirk, Regierungsbezirk, Amtsbezirk; – **comunale** Gemeindebezirk; – **consolare** Amtsbezirk eines Konsuls, Konsularbezirk; – **doganale** Zollbezirk; – **elettorale** Wahlbezirk, Wahlkreis *m*, Abstimmungsbezirk, Stimmbezirk; – **giudiziaria** Gerichtsbezirk, Gerichtssprengel (A); – **di leva** Aushebungsbezirk; – **notarile** Notariatsbezirk; – **di quartiere** Stadtbezirk; – **territoriale** Gebietsbereich *m*; – **del tribunale** Landgerichtsbezirk, Sprengel des Landesgerichts (A).

circostanza *f* Umstand *m*; – **aggravante** erschwerender Umstand, strafschärfender Umstand, Strafschärfungsgrund *m*, Erschwerungsgrund (A); – **aggravante comune** allgemeiner Strafschärfungsgrund; – **aggravante il rischio** gefahrerhöhender Umstand; – **aggravante speciale** besonderer Strafschärfungsgrund; – **antecedente** (*dir. pen.*) vor der Tat liegender Umstand; – **attenuante** mildernder Umstand, Strafmilderungsgrund *m*, Milderungsgrund; – **attenuante comune** allgemeiner Strafmilderungsgrund; – **attenuante speciale** besonderer Strafmilderungsgrund; – **concomitante** (*dir. pen.*) tatbegleitender Umstand; – **di esclusione della pena** Strafausschließungsgrund; – **diminuente** strafmildernder Umstand; – **di fatto** Tatumstand *m*; – **di giustificazione** Rechtfertigungsgrund; – **influente sull'apprezzamento del rischio** Gefahrentatsache *f*; – **oggettiva** objektiver Umstand; – **del reato** Tatumstand; – **soggettiva** subjektiver Umstand; – **specifica del caso** besonderer Umstand des Falles; – **speciale** besonderer Umstand; – **susseguente** (*dir. pen.*) der Tat nachfolgender Umstand; v. a. CAUSA.

circuito *m*; – **commerciale** Handelskreislauf; – **economico** Wirtschaftskreislauf *m*.

citare laden, vorladen; – **in giudizio** verklagen, gerichtlich belangen; **da – nella risposta** bei Antwort anzugeben.

citato *m* Geladener *m*.

citazione *f* (1) (*dell'imputato, di testimoni*) Ladung *f*, Vorladung *f*; (2) (*azione civile*) Klageschrift *f*, Ladungsschrift; **notificare la** – die Klage zustellen; – **per (la) convalida di sfratto** Klage auf Räumung, Räumungsklage *f*; – **in giudizio** Ladung vor Gericht; – **di testimonio** Zeugenladung *f*.

città *f* Stadt *f*; – **anseatica** Hansestadt *f*; – **aperta** offene Stadt; – **capitale** Hauptstadt; – **dormitorio** Schlafstadt; – **franca**, – **libera** freie Stadt; – **gemellata** Partnerstadt; – **industriale** Industriestadt; – **metropolitana** Metropole *f*; – **natale**, – **d'origine** Heimatstadt; – **satellite** Trabantenstadt; – **stato** Stadtstaat *m*; – **del Vaticano** Vatikanstadt.

cittadinanza *f* Staatsangehörigkeit *f*, Bürgerrecht *n* (S =), Staatszugehörigkeit (S =), Staatsbürgerschaft *f* (A); **acquisire la** – die Staatsangehörigkeit erwerben; **avere la** – die Staatsangehörigkeit besitzen; **conferire la** – die Staatsangehörigkeit verleihen; **doppia** – Doppelstaatsangehörigkeit, Doppelstaatsbürgerschaft (A), Doppelbürgerschaft (A), Doppelbürgerrecht (S); **optare per una** – für eine Staatsangehörigkeit optieren; **perdere la** – die Staatsangehörigkeit verlieren; **privare della** – ausbürgern, die Staatsangehörigkeit aberkennen; **riacquistare la** – die Staatsangehörigkeit wiedererlangen; – **attiva** Aktivbürgerschaft; – **per beneficio di legge** Staatsangehörigkeit kraft Gesetzes; – **cantonale** (S) Kantonsbürgerrecht (S); – **europea** Europa-Staatsbürgerschaft; – **federale** Bundesstaatsangehörigkeit, Bundesbürgschaft (A); – **per matrimonio** durch Eheschließung erworbene Staatsangehörigkeit; – **per nascita** durch Geburt erworbene Staatsangehörigkeit, angeborene Staatsbürgerschaft (A); – **onoraria** Ehrenbürgerschaft; – **per opzione** durch Option erworbene Staatsangehörigkeit; – **plurima** mehrfache Staatsangehörigkeit; – **svizzera** Schweizerbürgerrecht (S); – **a titolo derivato** derivative Staatsangehörigkeit; – **a titolo originario** originäre Staatsangehörigkeit; – **dell'Unione** (UE) Unionsbürgerschaft (EU).

cittadino *m* Staatsangehöriger *m*, Staatsbürger *m*, Inländer *m*; (*di un comune*) Bürger *m*; **privato** – Bürger als Privatperson; – **attivo** Aktivbürger; – **del comune** Bürger, Gemeindemitglied *n*; – **federale** Bundesbürger; – **onorario** Ehrenbürger; – **di uno stato membro** Angehöriger eines Mitgliedsstaats; – **svizzero** Schweizerbürger (S); – **dell'Unione** (UE) Unionsbürger (EU).

civico *agg* staatsbürgerlich; städtisch.

civile *agg* bürgerlich, zivil, zivilrechtlich, Zivil-.

civilista *m* Zivilrechtler *m*, Privatrechtler, Zivilrechtslehrer *m*.

civilprocessualistico *agg* zivilprozessrechtlich.

clacson *m* Hupe *f*.

clandestinità *f* Heimlichkeit *f*, Verborgenheit *f*; Untergrund *m*.
clandestino *agg* heimlich, geheim, verborgen; Untergrund-.
clandestino *m* (1) blinder Passagier *m*; (2) Untergrundkämpfer *m*.
classamento Unterbringung von Effekten bei Kapitalanlegern, Daueranlage *f*.
classe *f* (1) (*categoria*) Klasse *f*; (2) (*di leva*) Altersklasse, Jahrgang *m*; – **d'assicurazione** Versicherungsklasse; – **borghese** Bürgerstand *m*, Bourgeoisie *f*; – **catastale** Katasterstufe *f*; – **demografica** (*dei comuni nelle locazioni urbani*) Einwohnerstufe *f*; – **differenziale** (*scuola*) Sonderschulklasse; – **dirigente** Führungsschicht; *f*; – **dominante** herrschende Klasse; – **di età** Altersstufe *f*; – **lavoratrice** Arbeiterklasse, Arbeiterstand *m*; – **di leva** Geburtsjahrgang, Jahrgang; – **media** Mittelstand *m*; – **nobile** Adelsstand *m*; – **operaia** Arbeiterklasse, Arbeiterstand *m*, Arbeiterschaft *f*; – **padronale** Arbeitgeber *m pl*; – **politica** Politiker *m pl*; – **possidente** besitzende Klasse, Klasse der Besitzenden; – **di reddito** Einkommensstufe; – **di retribuzione** Lohnklasse, Besoldungsklasse; – **sociale** Gesellschaftsschicht; – **di stipendio** Gehaltsstufe, Gehaltsklasse; – **di tariffa** Tarifklasse; v. a. CATEGORIA.
classifica *f* (1) (*graduatoria*) Rangliste *f*, Tabelle *f*; (2) (*classificazione*) *Einteilung f*, Klassifizierung *f*.
classificare (1) klassifizieren; (2) (*demanio*) widmen; (3) (*corrispondenza*) ablegen.
classificazione *f* (1) Klassifikation *f*; (2) (*di demanio*) Widmung *f*; (3) (*della corrispondenza*) Ablage *f*; – **doganale** Zollklassifikation; – **internazionale dei brevetti** internationale Patentklassifikation; – **della nave** Schiffsklassifikation; – **delle pratiche** Aktenablage; – **dei rischi** Gefahreneinteilung *f*, Gefahrenklassifikation; – **tabellare**, – **tariffaria** Tarifklassifizierung *f*, Tarifeinreihung *f*.
classismo *m* (1) Klassensystem *n*; (2) Klassendenken *n*.
clausola *f* Klausel *f*, Vermerk *m*, Bestimmung *f*; **inserire una** – eine Klausel einfügen; – **d'abbordaggio** Kollisionsklausel; – **abrogatoria** Aufhebungsklausel; – **d'accessione** Beitrittsklausel, Akzessionsklausel; – **d'accessione generale** Allbeitrittsklausel, Allbeteiligungsklausel; – **accessoria** Nebenabrede; – **„da accreditare"** Klausel „nur zur Verrechnung"; – **addizionale** Zusatzklausel; – **d'adesione** Beitrittsklausel; – **aggiuntiva** Zusatzklausel; – **ambigua** mehrdeutige Klausel; – **di amnistia** Amnestieklausel; – **arbitrale** Schiedsgerichtsklausel, Schiedsklausel; – **di arbitrato obbligatorio** obligatorische Schiedsgerichtsklausel; – **di attentato** Attentatsklausel; – **di attribuzione della competenza** Gerichtsstandsklausel; – **d'avaria** Havarieklausel; – **d'avviso** Avisklausel; – **del bonus-malus** (*ass*) Schadensfreiheitsrabatt-Klausel; – **di cambio** Währungsklausel, Fremdwährungsklausel; – **di cancello** Cancelling-Klausel; – **cif** CIF-Klausel; – **„circa"** Circaklausel; – **coloniale** Kolonialklausel; – **complementare** Ergänzungsklausel; – **compromissoria** Schiedsgerichtsklausel, Schiedsklausel, kompromissorische Klausel; – **di concorrenza** Konkurrenzklausel, Wettbewerbsklausel; – **per conteggio** Verrechnungsklausel; – **del contratto**, – **contrattuale** Vertragsbestimmung, Vertragsklausel; – **contrattuale risolutiva** auflösende Vertragsbestimmung; – **di conversione** Konversionsklausel; – **di decadenza** Verfallklausel, Verwirkungsklausel, kassatorische Klausel; – **di decadenza dal termine** Fälligkeitsklausel; – **„del credere"** Angstklausel; – **di denuncia** (*di trattato*) Kündigungsklausel; – **di**

deposito Depositionsklausel; – **derogatoria** Abweichungsklausel; – **derogatrice della competenza** (*territoriale*) Klausel über einen abweichenden Gerichtsstand; – **derogatrice della giurisdizione** Klausel über eine abweichende Gerichtsbarkeit; – **di destinazione** Zweckbestimmungsklausel; – **difforme** abweichende Klausel; – **dollaro** Dollarklausel; – (*di pagamento*) **„effettivo"** (*in moneta estera*) Effektivklausel; – **d'equità** Billigkeitsklausel; – **d'esclusione** Ausschlussklausel; – **d'esclusione di infermità** Gebrechensklausel; – **d'esclusione dei rischi** Risikoausschlussklausel; – **di esclusiva**, – **d'esclusività** Ausschließlichkeitsklausel; – **esecutiva** Vollstreckbarkeitsklausel; – **di esonero da responsabilità** Haftungsausschließungsklausel, Haftungsausschlussklausel; – **facoltativa** Fakultativklausel; – **di favore** Vergünstigungsklausel; – **„al felice arrivo della nave"** Klausel „falls das Schiff eintrifft"; – **della firma congiunta** Kollektivklausel; – **del foro competente** Gerichtsstandsklausel; – **di franchigia** (*ass*) Bagatellklausel; – **„franco d'avaria salvo incaglio"** Klausel „frei von Beschädigung außer im Strandungsfall"; – **„franco di colaggio"** Klausel „frei von Leckage"; – **„franco di rottura salvo incaglio"** Klausel „frei von Bruch außer im Strandungsfall"; – **„franco di rischio di guerra"** Klausel „frei von Kriegsmolest"; – **di garanzia** Garantieklausel, Gewährleistungsklausel; – **di garanzia di cambio**, – **di garanzia monetaria** Kurssicherungsklausel, Wertsicherungsklausel; – **generale** Generalklausel; – **di guerra** Kriegsklausel; – **dell'impresa più favorita** Meistbegünstigungsklausel; – **d'inalienabilità** Unveräußerlichkeitsklausel; – **dell'incompatibilità** Unvereinbarkeitsklausel; – **di incontestabilità** Unanfechtbarkeitsklausel; – **di indicizzazione** Indexklausel; – **degli interessi** Zinsvermerk, Zinsklausel; – **dell'irresponsabilità** Haftungsausschließungsklausel, Haftungsausschlussklausel, Freizeichnungsklausel, Enthaftungsklausel; – **di limitazione del rischio** Risikobegrenzungsklausel; – **merce** Sachwertklausel; – **monetaria** Währungsklausel, Fremdwährungsklausel; – **della nazione più favorita** Meistbegünstigungsklausel; – **della negligenza dell'equipaggio** Fahrlässigkeitsklausel; – **di noleggio** Charterklausel; – **di non concorrenza** Konkurrenzklausel, Wettbewerbsklausel; – **di non discriminazione** Nichtdiskriminierungsklausel; – **„non all'ordine"** Klausel „nicht an Order", Vermerk „nicht an Order", negative Orderklausel, Rektaklausel; – **di non responsibilità** Haftungsausschließungsklausel, Haftungsausschlussklausel, Freizeichnungsklausel, Enthaftungsklausel; – **„numeri indici"** Indexklausel; – **onerosa** lästige Bedingung; – **opzionale**, – **d'opzione** Optionsklausel; – **d'opzione monetaria** Währungsoptionsklausel; – **all'ordine** Orderklausel, Vermerk „an Order"; – **oro** Goldklausel, Goldmünzklausel; – **oro-valore** Goldwertklausel; – **di pagamento** Zahlungsklausel, Einlösungsklausel; – **di pagamento in dollari** Dollarklausel; – **di pagamento effettivo in moneta estera** Effektivvermerk; – **della parentela** (*ass*) Verwandtenklausel, Angehörigenklausel; – **della parità** Paritätsklausel; – **di partecipazione generale** Allbeteiligungsklausel; – **penale** Strafklausel, Vertragsstrafe *f*; – **al portatore** Inhaberklausel, Überbringerklausel; – **predisposta** (*contratto di massa*) vorformulierte Vertragsbedingung *f*; – **„per procura"** Vermerk „in Prokura"; – **di proroga** Verlängerungsklausel; – **protettiva** Schutzklausel; – **protocollare** Protokollbestimmung; – **di provvisoria esecuzione** Vollstreckbarkeitserklärung; – **„da qui la girata non vale che sulla copia"** Abschließungsvermerk, Arrestvermerk, Schlussvermerk, Sperrvermerk, Arretierungsklausel; – **rebus sic stantibus** Derzeitklausel, Umstandsklausel (A); – **di recesso** Rücktrittsklausel; – **di reciprocità** Gegenseitigkeitsklausel, Reziprozitätsklausel; – **relativa alla responsabilità** Haftungsklausel; – **restrittiva** Einschränkungsklausel; – **di reversibilità** Reversible-Klausel; – **„ricevuta per l'imbarco"** Klausel „empfangen zur Verschiffung"; – **di riconduzione tacita** Verlängerungsklausel; – **di rinnovazione tacita** (*locazione*) Verlängerungsklausel; – **di rinuncia** Verzichtsklausel; – **del rischio di guerra** Molestklausel, Kriegsmolestklausel; – **di riserva** Vorbehaltsklausel; – **risolutiva** auflösende Vertragsbestimmung; – **di salvaguardia** Schutzklausel, Sicherheitsklausel, Ausweichklausel, salvatorische Klausel; – **„salvo arrivo"** Klausel „für behaltene Auskunft"; – **„salvo il venduto"** Klausel „soweit der Vorrat reicht"; **di sbarramento** Sperrklausel; – **della scala mobile** Gleitklausel; – **della scala mobile dei prezzi** Preisgleitklausel; – **di scioglimento** Auflösungsklausel; – **segreta** Geheimklausel; – **„senza garanzia"** Vermerk „ohne Gewähr", Angstklausel; – **„senza impegno"** Angstklausel, Vermerk „ohne Verbindlichkeit", Vermerk „ohne Obligo"; – **„senza obbligo"** Vermerk „ohne Obligo", Angstklausel; – **„senza protesto"** Vermerk „ohne Protest"; – **„senza responsabilità"** Angstklausel; – **„senza spese"** Vermerk „ohne Kosten"; – **„si omnes"**, – **di solidarietà** Allbeteiligungsklausel, „si omnes"-Klausel; – **„solo per rischio di mare"** Klausel „nur für Seegefahr"; – **di sopravvivenza** Überlebensklausel; – **sospensiva** aufschiebende Bestimmung; – **dello star del credere** Delkredereklausel; – **sussidiaria** Subsidiärklausel; – **di svalutazione** Abwertungsklausel; – **di tacita rinnovazione** Klausel über die stillschweigende Verlängerung; – **del terremoto** Erdbebenklausel; – **territoriale** territoriale Bestimmung; – **tipo** Musterklausel, Standardklausel; – **di transazione** Vergleichsklausel; – **transitoria** Übergangsklausel; – **di trattamento preferenziale** Begünstigungsklausel; – **del trattato più favorevole** Meistbegünstigungsklausel; – **d'urgenza** Dringlichkeitsklausel; – **d'uso** übliche Klausel; – **valore** Wertklausel; – **del valore accettato** Klausel des taxierten Versicherungswertes; – **„valuta in garanzia"** – **„valuta in pegno"** Pfandklausel; – **„valuta ricevuta"** Valutaklausel; v. a. DISPOSIZIONE.

clausula rebus sic stantibus clausula rebus sic stantibus, Derzeitklausel, Umstandsklausel *f* (A).

claxon *m* Hupe *f*.

clearing *m* Clearing *n*; – **bilaterale** bilaterales Clearing; – **multilaterale** multilaterales Clearing; v. a. COMPENSAZIONE.

clemente *agg* mild.

clemenza *f* Milde *f*.

cleptomane *m/f* Kleptomane *m (f, – in)*.

cleptomania *f* Kleptomanie *f*.

clero *m* Geistlichkeit *f*; – **secolare** Weltgeistlichkeit.

cliente *m* Kunde *m*, Klient *m* (A –), (*d'avvocato*) Mandant *m*, Auftraggeber *m*, (*d'albergo*, *ristorante*) Gast *m*; – **abituale** Stammkunde, Dauerkunde; – **di banca**, – **bancario** Bankkunde; – **correntista** (*banca*) Girokunde; – **estero** Auslandskunde; – **fisso** Stammkunde; – **occasionale**, – **di passaggio** Laufkunde; – **principale** Hauptkunde; – **solvente** zahlungsfähiger Kunde.

clientela *f* Kundschaft *f*, Käuferschaft, Abnehmerkreis *m*, Kundenkreis *m*,

Klientele *f* (A =); (*di avvocato*) Mandantenschaft *f*, Klientele (A); – **abituale** Kundenstamm *m*: – **di banca** Bankkundschaft; – **elettorale** Wählerstamm *m*, Wählerstock *m* (A); – **fissa** Kundenstamm *m*, fester Kundenstamm, Stammkundschaft, Kundenstock, feste Kundschaft; – **occasionale**, – **di passaggio** Laufkundschaft; – privata Privatkundschaft; – **solvente** solvente Kundschaft; – **stabile** Stammkundschaft, Kundenstamm *m*, fester Kundenstamm, feste Kundschaft, Kundenstock; – **stagionale** Saisonkundschaft.
clientelismo *m* Klientelwirtschaft *f*; Klienteldenken *n*.
clima *m* Klima *n*; – **borsistico** Börsenklima; – **congiunturale** Konjunkturklima; – **di distensione** Entspannungsklima; – **di fiducia** Klima des Vertrauens; – **di lavoro** Arbeitsklima; – **del mercato** Marktklima; – **politico generale** allgemeines politisches Klima, politische Großwetterlage; – **delle trattative** Verhandlungsklima; – **di violenza** Klima der Gewalt.
clinica *f*, – **convenzionata** Vertragsklinik *f*.
club *m*, – **dei dieci** Zehnerklub *m*.
coabitare zusammenwohnen.
coabitazione *f* häusliche Gemeinschaft *f*; (*dei coniugi*) (eheliches) Zusammenleben *n*.
coadiutore *m* (1) (*in generale*) Mitarbeiter *m*, Gehilfe *m*; (2) (*notariato*) Notarvertreter *m*.
coadiuvante *m*, – **familiare** helfendes Familienmitglied *n*.
coalizione *f* Koalition *f*; – **elettorale** Wahlbündnis *n*; – **governativa**, – **di governo** Regierungskoalition; – **di sinistra** Linkskoalition.
coalizzarsi koalieren.
coarmamento *m* Mitreederei *f*.
coartare nötigen.
coartazione *f* Nötigung *f*.
coassicuratore *m* Mitversicherer *m*.
coassicurazione *f* Mitversicherung *f*.
coattivo *agg* zwangsweise, Zwangs-.
coattore *m* Mitkläger *m*.
coautore *m* (1) (*di un'opera*) Miturheber *m*, (2) (*di reato*) Mittäter *m*.
coavallante *m* Mitbürge *m*.
coavallo *m* Mitbürgschaft *f*.
coazione *f* Zwang *m*, Nötigung *f*; – **fisica** körperlicher Zwang.
cobelligerante *agg* mitkriegführend.
cobelligerante *m* Mitkriegführender *m*.
coda *f* (1) (*di cambiale*) Allonge *f*; (2) (*circ. strad.*) Stau *m*; – **di portafoglio** Auslaufen eines Versicherungsbestandes.
codeterminazione *f* Mitbestimmung *f*, Mitentscheidung *f*.
codice *m* (1) Gesetzbuch *n*; (2) (*cifrario*) Code *m*, Kode *m*, Schlüsselbuch *n*; – **di accesso** (*inf*) Zugriffscode; – **dell'articolo** Artikelnummer *f*; – **di autodisciplina** Selbstverhaltenskodex; – **di avviamento bancario (CAB)** Bankleitzahl *f* (BLZ) – **di avviamento postale (CAP)** Postleitzahl (PLZ); – **a barre** Strichcode; – **di bloccaggio** (*inf*) Sperrcode; – **civile (c.c.)** Bürgerliches Gesetzbuch, Zivilgesetzbuch (S); – **cliente** Kundennummer; – **commerciale** Handelsgesetzbuch; – **di comportamento**, – **di condotta** Verhaltenskodex; – **deontologico** Pflichtenkodex; – **disciplinare** (*dir. lav.*) Disziplinarordnung *f*; – **europeo d'incidente** Europäischer Unfall-Code; – **fiscale** Steuernummer *f*; – **internazionale dei segnali** internationales Signalbuch; – **di istituto di credito** Bankleitzahl *f* (BLZ); – **di liberalizzazione** (OCES) Liberalisierungskodex (OECD); – **della navigazione** Schiffahrtsgesetz *n*; – **delle obbligazioni** (S) Obligationenrecht *n* (S); – **penale (c.p.)** Strafgesetzbuch; – **personale** persönliche Geheimzahl *f*; – **d'onore** Ehrenkodex *m*; – **penale federale** (S) Bundesgesetz über das Bundesstrafrecht (S); – **penale militare** Wehrstrafgesetz *n*, Militärstrafgesetz (A, S); – **postale e delle telecommunicazioni** Post-

gesetz *n*; – **di procedura civile (c.p.c.)** Zivilprozessordnung *f*; – **di procedura penale (c.p.p.)** Strafprozessordnung *f*; – **di riconoscimento** Kenncode; – **Rocco** (*codice di procedura penale 1930–1988*) alte Strafprozessordnung *f* (von 1930–1988); – **di sicurezza** Sicherungscode; – **della strada** Straßenverkehrsordnung *f*.
codicillo *m* Kodizill *n*, Kodizillarklausel *f*, Testamentsnachtrag *m*.
codifica *f* (*inf*) Codierung *f*.
codificare kodifizieren.
codificatore *m* (*inf*) Codierer *m*.
codificazione *f* Kodifizierung *f*, Kodifikation *f*.
coeducazione *f* Koedukation *f*.
coefficiente *m* Koeffizient *m*; – **di adattamento** (Anpassungskoeffizient; – **d'ammortamento** Abschreibungssatz; – **di capitale** Kapitalkoeffizient; – **catastale** Katasterkoeffizient; – **di correlazione** (*stat*) Korrelationskoeffizient; – **di copertura** Deckungsverhältnis *n*; – **correttivo** Berichtigungskoeffizient; – **di esercizio** priceearnings ratio, Wertfaktor *m*; – **di garanzia** Deckungsverhältnis *n*; – **di maggiorazione** Erhöhungsfaktor; – **minimo di liquidità** Mindestreservesatz; – **di produzione** Produktionskoeffizient; – **di rendimento** Leistungsfaktor *m*; – **di redditività** Ertragskoeffizient; – **di Zillmer** Zillmersatz *m*; v. a. QUOTA, SAGGIO, TASSO.
coercibilità *f* Erzwingbarkeit *f*.
coercizione *f* Zwang *m*, Nötigung *f*.
coerede *m* Miterbe *m*.
coesecutore *m*, – **testamentario** Mittestamentsvollstrecker *m*.
coesione *f* Kohäsion *f*.
coesistenza pacifica friedliches Zusammenleben, friedliche Koexistenz.
cofinanziamento *m* Mitfinanzierung.
cofinanziare mitfinanzieren.
cofirmatario *m* Mitunterzeichner *m*, Mitzeichnender *m*.
cofondatore *m* Mitbegründer *m*, Gründergenosse *m*.
cogente *agg* zwingend.
cogerente *m* Mitgeschäftsführer *m*.
cogestione *f* (1) Mitgeschäftsführung; (2) (*partecipazione dei lavoratori*) Mitbestimmung *f*; – **aziendale** betriebliche Mitbestimmung; – **paritetica** paritätische Mitbestimmung.
cogliere (*catturare*) ergreifen; – **sul fatto**, – **in flagranza** auf frischer Tat betreffen.
cognizione *f* Erkenntnis *f*.
cognome *m* Familienname *m*, Zuname, Geschlechtsname (A); **doppio** – Doppelname; – **di nascita** Geburtsname; – **da nubile** Mädchenname.
coimperio *m* Koimperium *n*.
coimputato *m* Mitangeklagter *m*.
coinquilino *m* Mitmieter *m*, Hausgenosse *m*.
cointeressato *m* Mitbeteiligter *m*.
cointeressenza *f* Mitbeteiligung *f*.
cointestatario *m* (*per es. di conto*) Mitinhaber *m*.
colaggio *m* Leckage *f*, Rinnverlust *m*, Flüssigkeitsverlust.
colazione *f* **di lavoro** Arbeitsessen *n*.
Coldiretti *f* (*confederazione nazionale dei coltivatori diretti*) Bauernverband *m*.
collaborare (1) zusammenarbeiten, mitarbeiten; (2) (*col nemico*) kollaborieren.
collaboratore *m* (1) Mitarbeiter *m*; (2) (*col nemico*) Kollaborateur *m*.
collaboratrice *f* Mitarbeiterin *f*; – **familiare (Colf)** Hausgehilfin *f*.
collaborazione *f* (1) Mitarbeit *f*, Zusammenarbeit; (2) (*col nemico*) Kollaboration; **stretta** – enge Zusammenarbeit; – **civica** Bürgerbeteiligung *f*; – **culturale** kulturelle Zusammenarbeit; – **economica** wirtschaftliche Zusammenarbeit; – **finanziaria** finanzielle Zusammenarbeit; – **con la giustizia** (*dir. pen.*) Kronzeugentätigkeit *f*; – **internazionale** internationale Zusammenarbeit; – **col nemico** Zusammenarbeit mit dem Feind.
collaborazionismo *m* Zusammenarbeit mit dem Feind.

collaborazionista *m/f* Kollaborateur *m* (*f*, -in).
collaterale *agg* in der Seitenlinie verwandt, zur Seitenlinie gehörig.
collaterale *m* Seitenverwandter *m*.
collaudare abnehmen.
collaudatore *m* Prüfer *m*.
collaudo *m* Abnahme *f*, Kollaudation *f* (A, S), Kollaudierung *f* (A, S); – **finale** Endabnahme, Schlussabnahme.
collazionamento *m* Vergleichung *f* (der Abschrift mit der Urschrift).
collazionare (die Abschrift mit der Urschrift) vergleichen, kollationieren.
collazione *f* (1) (*diritto successorio*) Ausgleichung *f*; (2) (*di copie*) Vergleichung *f* (der Abschrift mit der Urschrift); – **ereditaria** Ausgleichung *f* Kollation, Collation *f*, Anrechnung zum Erbteil (A +); – **per imputazione** Idealausgleichung, Idealkollation, Wertausgleichung, rechnerische Ausgleichung, rechnerische Kollation; – **in natura** Realausgleichung, Realkollation, Naturalkollation.
collega *m* Mitarbeiter *m*, Kollege *m*; – **d'ufficio** Kollege *m*.
collegamento *m* (1) Verbindung *f*; (2) (*dir priv. int.*) Anknüpfung *f*; – **negoziale** rechtsgeschäftliche Verknüpfung, Verbindung von Rechtsgeschäften; – **on line** (*inf*) Online-Verbindung; – **sociale** soziale Bindung *f*; – **telefonico** Telefonverbindung.
collegatario *m* Mitvermächtnisnehmer *m*, Mitlegatar *m*.
collegiale *f* **medica** gemeinsame ärztliche Begutachtung *f*.
collegialità *f* Kollegialismus *m*, Kollegialprinzip *n*, Kollegialsystem *n*.
collegio *m* Kollegium *n*; (*proc.*) Kammer *f*, Senat *m*; **rimettere la causa al** – den Rechtsstreit auf die Kammer (zurück-)übertragen; **supremo** – höchstes Gericht; – **arbitrale** Schiedsgericht *n*, Schiedsrichterkollegium; – **di conciliazione** (*stat. lav.*) Einigungsstelle *f*; – **dei docenti** (*scuola*) Lehrerkollegium; – **elettorale** Wahlkollegium; – **giudicante** Spruchkörper *m*; – **di giudici** Richterkollegium; – **notarile** Notarkammer *f*, Notariatskollegium (A); – **di probiviri** Ehrengericht *n*; – **plurinominale** Mehrmannwahlkreis *m*; – **professionale** Berufskammer; – **sindacale**, – **dei sindaci** (*società*) Aufsichtsrat *m*, Kontrollstelle *f* (S), Revisionskommission *f* (S), Revisorenkommission *f* (S); – **unico** einheitliches Wahlkollegium; **uninominale** Einmannwahlkreis *m*.
colletta *f* Kollekte *f*, Sammlung *f*; **far** – sammeln, kollektieren; – **a domicilio** Hauskollekte, Haussammlung; – **non autorizzata** wilde Kollekte; – **sulla pubblica via** Straßensammlung.
collettame *m* Sammelgut *n*.
collettante *m* Sammler *m*.
collettare sammeln, kollektieren, eine Kollekte veranstalten.
colletti *m pl*, – **bianchi** Angestelltenschaft *f*; – **blu** Arbeiterschaft *f*.
collettivismo *m* Kollektivismus *m*.
collettivista *agg* kollektivistisch.
collettivista *m* Kollektivist *m*.
collettivistico *agg* kollektivistisch.
collettività Allgemeinheit *f*.
collettivizzare kollektivieren, in Gemeineigentum überführen.
collettivizzazione *f* Kollektivierung *f*, Kollektivisierung *f* (A), Vergemeinschaftung *f*, Vergesellschaftung *f*; – **forzata** Zwangskollektivierung.
collettivo *agg* kollektiv, Sammel-.
collettivo *m* Kollektiv *n*.
collettore *m* Erfassungshändler *m*; Sammelspediteur *m*; – **delle imposte** Steuereinnehmer *m*, Steuererheber *m*, Steuereinheber *m* (A).
collettoria *f*, – **delle imposte** Steuerkasse *f*; – **postale** Postnebenstelle *f*, Posthilfsstelle, Postablagestelle (A).
collezione *f*, – **di armi** Waffensammlung; – **dei documenti** (*libro fondiario*) Urkundensammlung *f* (A).
colli *m pl* Stückgüter *pl*.
collidere zusammenstoßen, kollidieren.

collisione *f* Zusammenstoß *m*; – **d'interessi** Interessenkollision *f*; – **di navi** Schiffszusammenstoß.

collo *m* Frachtstück *n*, Versandstück, Gepäckstück, Kollo *n*; – **celere** Expressgut *n*; – **ingombrante** Sperrgut *n*; – **in transito** Durchfuhrgut *n*.

collocabile *agg* (1) (*merci*, *titoli*) absetzbar, plazierbar; (2) (*manodopera*) vermittelbar.

collocamento *m* (1) (*piazzamento*) Placierung *f*, Unterbringung *f*, Absatz *m*, (2) (*al lavoro*) Arbeitsvermittlung *f*, Stellenvermittlung; – **agevolato** geförderte Vermittlung; – **in aspettativa** Versetzung in den Wartestand; – **in congedo** Beurlaubung *f*; – **in disponibilità** Versetzung in den Wartestand; – **fuori ruolo** Beurlaubung *f*; – **obbligatorio** Pflichtvermittlung; – **pericoloso di cose** gefährliches Aufstellen von Sachen; – **di un prestito** Placierung einer Anleihe, Unterbringung einer Anleihe; – **in quiescenza**, – **a riposo** Versetzung in den Ruhestand, Ruhestandsversetzung *f*, Zurruhesetzung; – **a riposo d'ufficio** Zwangsversetzung in den Ruhestand, Zwangspensionierung *f*; – **speciale** Sondervermittlung.

collocare (1) unterbringen, placieren; (2) vermitteln.

collocatore *m* Arbeitsvermittler *m*.

colloquio *m* Gespräch *n*; – **confidenziale** vertrauliche Unterredung; – **del difensore col detenuto** Verteidigergespräch; – **esplorativo** Sondierungsgespräch; – **informale** informelles Gespräch; – **di lavoro** Arbeitsgespräch; – **preliminare** Vorgespräch; – **a quattr'occhi** Gespräch unter vier Augen; – **segreto** geheime Unterredung; – **ufficiale** offizielle Unterredung; – **al vertice** Spitzengespräch, Gespräch auf höchster Ebene.

collusione *f* Kollusion *f*, Verabreden *n*.

colomba *f* (*politica*) Taube *f*.

colònia *f* Kolonie *f*; – **agricola** (*penale*) (landwirtschaftliche) Strafkolonie; – **della corona** Kronkolonie; – **penale**, – **penitenziaria** Strafkolonie.

colonía parziaria Teilpacht *f*.

coloniale *agg* kolonial.

colonialismo *m* Kolonialismus *m*.

colonizzare kolonisieren.

colonizzazione *f* Kolonisation *f*, Kolonisierung *f*; – **forzata** Zwangsansiedlung *f*.

colonna *f*, **quinta** – fünfte Kolonne; – **dell'avere** Habenspalte *f*; – **del dare** Sollspalte *f*.

colono *m*, – **parziario** Teilpächter *m*.

colorante *m* Farbstoff *m*.

colori nazionali *m pl* Landesfarben *pl*.

colpa *f* (1) (*negligenza*) Fahrlässigkeit *f*, (2) (*colpevolezza*) Schuld *f*, Verschulden *n*; **agire con** – fahrlässig handeln; **causato per** – fahrlässig verursacht; – **altrui** fremdes Verschulden; – **aquiliana** deliktisches Verschulden; – **in astratto** Außerachtlassung der durchschnittlichen Sorgfalt, Außerachtlassen der ordentlichen Sorgfalt; – **d'autore** Täterschuld; – **collettiva** Kollektivschuld; – **commerciale** kommerzielles Verschulden; – **commissiva** Handlungsverschulden; Fahrlässigkeit bei aktivem Tun; – **concorrente** Mitschuld, Mitverschulden; – **in concreto** Außerachtlassen der in eigenen Angelegenheiten angewandten Sorgfalt; – **in contrahendo** Verschulden bei Vertragsschluss; – **contrattuale** vertragliches Verschulden; – **cosciente** bewusste Fahrlässigkeit; – **extracontrattuale** deliktisches Verschulden; – **grave** grobe Fahrlässigkeit, grobes Verschulden; Leichtfertigkeit *f*; **per** – **grave** grob fahrlässig, leichtfertig; – **incosciente** unbewusste Fahrlässigkeit; – **lieve** leichte Fahrlässigkeit; – **per il modo d'essere dell'agente** Täterschuld; – **nautica** nautisches Verschulden; – **oggettiva** Außerachtlassen der durchschnittlichen Sorgfalt, Außerachtlassen der ordentlichen Sorgfalt; – **ommissiva** Unterlassungsverschulden; Fahrlässigkeit bei Unterlassung; – **personale** persönliches Verschulden, eigenes Verschulden, Selbstverschulden, Eigenschuld; – **prevalente** überwiegendes Verschulden; – **con previsione** bewusste Fahrlässigkeit; – **propria** eigenes Verschulden, Eigenschuld, Selbstverschulden, persönliches Verschulden; – **reciproca** beiderseitiges Verschulden; – **semplice** unbewusste Fahrlässigkeit; – **soggettiva** Außerachtlassen der in eigenen Angelegenheiten angewandten Sorgfalt.

colpevole *agg* schuldig; **confessarsi** – sich schuldig bekennen; **dichiarare** – für schuldig erklären; **riconoscersi** – sich schuldig bekennen.

colpevole *m* Schuldiger *m*.

colpevolezza *f* Schuld; – **per la condotta della vita** (*dir. pen.*) Lebensführungsschuld.

colpo *m* (*percossa*) Schlag *m*, Hieb *m*, Stoß *m*; (*di arma da punta*) Stich *m*; (*sparo*) Schuss *m*; – **di forza** Gewaltstreich *m*; – **di mano** Handstreich; – **di pistola** Pistolenschuss; – **di Stato** Staatsstreich, Putsch *m*.

colposo *agg* fahrlässig, kolpos (A =).

coltellata *f* Messerstich *m*.

coltivare (1) (*prodotti agricoli*) anbauen; (2) (*giacimento*) abbauen.

coltivatore *m* **diretto** selbständiger Landwirt *m*.

coltura *f* **rapace** Raubbau *m*.

comandante *m* Befehlshaber *m*; – **di areromobile** Luftfahrzeugkommandant *m*; – **in capo** Oberfehlshaber; – **di nave** Schiffer *m*, Schiffskapitän *m*, Seeschiffer; – **di porto** Hafenkommandant *m*; – **supremo** Oberbefehlshaber.

comandare (1) (*ordinare*) befehlen; (2) (*avere il comando*) befehligen, anführen; (3) (*destinare ad altro ufficio*) abordnen, abkommandieren.

comando *m* (1) (*ordine*) Befehl *m*; (2) (*autorità di comandante*) Kommando *n*; **alto** – Oberkommando; **assumere il** – den Befehl übernehmen; – **presso altra amministrazione** Abordnung an eine andere Dienststelle; – **centrale** Zentralkommando; – **di distacco** (*dir. lav.*) Abordnung *f* (zu einem anderen Arbeitgeber); – **militare** Kommandantur *f*; (militärische) Befehlsgewalt *f*; – **operativo**, – **delle operazioni** Einsatzleitung; – **supremo** Oberbefehl; v. a. ORDINE.

combattente *m* Kombattant *m*, Krieger *m*, Kriegsteilnehmer *m*; **ex** – Veteran *m*; – **legittimo** rechtmäßiger Kombattant.

combinare (1) (*concludere*) abschließen, zustande bringen; (2) (*accordare*) verbinden, vereinigen; (3) (*concertare*) verabreden, vereinbaren.

combinat *m* Kombinat *n*.

combinazione *f* (1) Zusammenstellung *f*, Kombinierung *f*; (2) Kombination *f*; – **di assicurazioni** Versicherungskombination *f*.

combustibile *m* Brennstoff *m*; – **fossile** fossiler Brennstoff.

combutta *f* geheimes Einverständnis.

come da laut.

cominciare beginnen, anfangen.

comitato *m* Ausschuss *m*, Komitee *n*; – **degli agenti di cambio** Maklerkammer *f*; – **amministrativo di coordinamento** Verwaltungsausschuss für Koordinierung (UNO); – **per l'ammissione dei titoli a quotazione** Zulassungsstelle *f*; – **per l'assistenza allo sviluppo** Ausschuss für Entwicklungshilfe; – **di associazione** Assoziationsausschuss; – **aziendale europeo** (CE) Europäischer Betriebsrat; – **d'azione** Aktionsausschuss; – **di azione concertata** (CE) Ausschuss für konzertierte Aktion; – **bancario** Bankenausschuss; – **bicamerale** Zweikammerausschuss; – **del bilancio** (CE) Haushaltsausschuss; – **di base (cobas)** Basiskomitee; – **centrale** Zentralkomitee, Zentralausschuss; – **centrale del partito** Parteizentrale *f*; – **civico** städtischer Ausschuss; – **del**

commercio e della distribuzione (CE) Ausschuss für Handel und Verteilung; – **conciliativo**, – **di conciliazione** Schlichtungsausschuss; Vermittlungsausschuss; – **consultivo** beratender Ausschuss, Beratungsausschuss, Konsultativkomitee (S =), Beirat *m*; – **consultivo per gli appalti pubblici** (CE) Beratender Ausschuss für öffentliche Aufträge; – **consultivo dei consumatori** (CE) Beratender Verbraucherausschuss; – **consultivo per la ricerca e lo sviluppo industriali** (CE) Beratender Ausschuss für industrielle Forschung und Entwicklung; – **consultivo internazionale** internationaler beratender Ausschuss; – **di controllo** Überwachungsausschuss; – **di coordinamento** Koordinierungsausschuss, Lenkungsausschuss, Vermittlungsausschuss; – **dei creditori** (*fallimento*) Gläubigerausschuss, (*concordato*) Gläubigerbeirat *m*; – **difesa consumatori** Komitee zum Schutz der Verbraucher; – **direttivo**, – **di direzione** geschäftsführender Ausschuss, Direktionsausschuss (S), Direktorium *n*, Vorstand *m*; – **direttivo degli agenti di cambio** Börsenvorstand *m*; – **economico e sociale** Wirtschafts- und Sozialausschuss; – **per l'edilizia residenziale** Ausschuss für (öffentlichen) Wohnungsbau; – **per l'esame del mercato** Ausschuss für Marktüberprüfung; – **esecutivo** vollziehender Ausschuss, Vollzugsausschuss, Exekutivausschuss, Exekutivkomitee; – **d'esperti** Sachverständigenausschuss, Fachausschuss; – **europeo della ricerca e dello sviluppo** Europäischer Ausschuss für Forschung und Entwicklung; – **europeo per la standardizzazione** Europäisches Komitee für Normung; – **fondatore** Gründungsausschuss; – **di gestione** geschäftsführender Ausschuss; – **governativo** Regierungsausschuss; – **dei governatori** (*delle banche centrali CEE*) Ausschuss der Zentralbankpräsidenten; – **insurrezionale** Ausschuss der Aufständischen; – **intergovernativo** Regierungsausschuss; – **intergovernativo per le migrazioni europee (C.I.M.E.)** zwischenstaatliches Komitee für europäische Auswanderung (ICEM); – **interministeriale** interministerieller Ausschuss; – **interministeriale per il credito ed il risparmio (Cicr)** interministerieller Ausschuss für das Kredit- und Sparwesen; – **interministeriale prezzi (Cip)** interministerieller Ausschuss für Preise; – **interministeriale per la programmazione economica (Cipe)** interministerieller Ausschuss für Wirtschaftsplanung; – **internazionale della Croce Rossa** internationales Komitee vom Roten Kreuz; – **d'intesa** Koordinierungsausschuss; – **di liberazione nazionale (CLN)** Nationales Befreiungskomitée – **locale** Ortsausschuss; – **di mediazione** Vermittlungsausschuss; – **dei ministri** Ministerkomitee; – **monetario** Währungsausschuss; – **nazionale per l'energia nucleare (CNEN)** nationaler Ausschuss für Kernenergie; – **nazionale dell'ordine e della sicurezza pubblica** Nationaler Ausschuss für öffentliche Ordnung und Sicherheit; – **olimpico nazionale italiano (C.O.N.I.)** Olympisches Komitee Italiens; – **d'onore** Ehrenkomitee; – **organizzativo**, – **organizzatore** Organisationsausschuss, Veranstaltungsausschuss; – **parlamentare** parlamentarischer Ausschuss (*der Abgeordnetenkammer und des Senats*); – **permanente** ständiger Ausschuss; – **di pianificazione dello sviluppo** (ONU) Ausschuss für Entwicklungsplanung; – **plenario** Plenarausschuss; – **di politica regionale** (CE) Ausschuss für Regionalpolitik; – **preparatorio** vorbereitender Ausschuss; – **di presidenza** Präsidium *n*, Präsidialausschuss; – **per la programma-**

zione Planungsausschuss; – **promotore** Gründungsausschuss; – **provinciale per la caccia** Landesjagdkomitee (Südtirol); – **di quartiere** Stadtteilkomitée; – **dei Rappresentanti Permanenti** (CE) Ausschuss der Ständigen Vertreter; – **regionale di controllo (CORECO)** Regionaler Kontrollausschuss; – **regionale prezzi** regionaler Preisausschuss; – **rivoluzionario** Revolutionsausschuss; – **di salute pubblica** Wohlfahrtsausschuss; – **di sciopero** Streikkomitee, Streikausschuss; – **di soccorso** Hilfskomitee; – **di sorveglianza** Aufsichtsausschuss, Überwachungsausschuss; – **speciale agricoltura** (CE) Sonderausschuss Landwirtschaft; – **tariffario** Tarifausschuss; – **tributario** Steuerausschuss; – **di verifica** Prüfungsausschuss; – **di vigilanza** Aufsichtsausschuss, Überwachungsausschuss; v. a. COMMISSIONE.

comizi *m pl*, **convocare i – elettorali** (*indire le elezioni*) Wahlen ausschreiben.

comizio *m* Versammlung *f*; – **elettorale** Wahlversammlung *m*, Wählerversammlung.

comma *m* Absatz *m*.

commando *m* Kommando *n*; – **terroristico** Terrorkommando.

commentare kommentieren.

commentario *m* Kommentar *m*.

commento *m* Kommentar *m*.

commerciabile *agg* handelbar.

commerciabilità *f* Handelbarkeit *f*; – **degli immobili** Verkehrsfähigkeit *f* von Grundstücken.

commerciale *agg* kaufmännisch, kommerziell, geschäftlich, gewerblich, Geschäfts-, Handels-.

commercialista *m* (1) (*laureato*) Diplom-Betriebswirt; (2) (*perito*) Betriebswirt; (3) (*avvocato*) Fachanwalt für Wirtschaftsrecht; (4) (*studioso di diritto commerciale*) Handelsrechtler; **dottore** – Diplom-Betriebswirt, Wirtschaftsberater.

commercializzare vermarkten, kommerzialisieren.

commercializzazione *f* Vermarktung *f*, Kommerzialisierung *f*.

commerciante *m* Kaufmann *m*, Händler *m*; **piccolo** – Kleinkaufmann; – **apparente** Scheinkaufmann, – **all'ingrosso** Großhändler; – **al minuto** Einzelhändler, Detailhändler; – **in proprio** Eigenhändler.

commerciare handeln, Handel treiben; – **all'ingrosso** im Großen handeln; – **al minuto** im Kleinen handeln.

commercio *m* Handel *m*, Warenhandel, Vertrieb *m*; **esercitare il** – Handel treiben; **esercitare un** – ein Handelsgewerbe treiben; **fuori** – außer Verkehr, verkehrsunfähig, unverkäuflich, in – in Verkehr, verkehrsfähig; **mettere fuori** – außer Verkehr setzen; **mettere in** – auf den Markt bringen; **piccolo** – Kleinhandel; – **abusivo** Schwarzhandel; – **ambulante** Reisegewerbe; – **attivo** Ausfuhrhandel, Aktivhandel; – **di borsa** Börsenhandel; – **di cabotaggio** Küstenhandel; – **dei cambi** Devisenhandel, Geldhandel; – **a catena** Kettenhandel; – **clandestino di cose antiche** Schwarzhandel mit Antiquitäten; – **coloniale** Kolonialhandel; – **di commissione** Kommissionshandel, Zwischenhandel; – **costiero** Küstenhandel; – **delle derrate** Produktenhandel; – **delle divise** Devisenhandel; – **d'esportazione** Ausfuhrhandel, Exporthandel; – **con l'estero**, – **estero** Außenhandel, Handel mit dem Ausland, auswärtiger Handel; – **fisso** stehendes Gewerbe; – **illecito** unerlaubter Handel; – **d'importazione** Einfuhrhandel, Importhandel; – **all'ingrosso** Großhandel, Handel im Großen; – **d'intermediazione** Zwischenhandel; – **internazionale** zwischenstaatlicher Handel, Außenhandel; – **interno** Binnenhandel, inländischer Handel; – **intracomunitario** innergemeinschaftlicher Handel; – **marittimo** Seehandel; – **al minuto** Einzelhandel,

Kleinhandel, Detailhandel; – **mondiale** Welthandel; – **nazionale** inländischer Handel, Binnenhandel; – **col nemico** Feindhandel, Handelsbeziehungen mit dem Feind; – **non autorizzato di armi** unerlaubter Waffenhandel; – **non autorizzato di cose preziose** unerlaubter Handel mit Wertsachen; – **d'oltremare** überseeischer Handel, Überseehandel; – **con paesi terzi** Handel mit Drittländern; – **passivo** Passivhandel; – **privato** Privathandel; – **in proprio** Eigenhandel; – **sulla pubblica via** Straßenhandel; – **di rigattiere** Trödelhandel; – **allo scoperto** Windhandel; – **al semi-ingrosso** Groß- und Einzelhandel; – **di sostanze alimentari contraffatte o adulterate** Handel mit nachgemachten oder verfälschten Lebensmitteln; – **di sostanze alimentari nocive** Handel mit schädlichen Lebensmitteln; **di sostanze stupefacenti** Rauschgifthandel; – **di spedizione** Speditionshandel; – **stagionale** Saisonhandel; – **di Stato** Staatshandel; – **a termine** Terminhandel; – **in titoli** Effektenhandel, Wertpapierhandel; – **di transito** Transithandel, Durchfuhrhandel; – **tri** – **triangolare** Dreieckshandel; – **delle valute** Devisenhandel, Geldhandel, Sortenhandel, Usancenhandel.

commessa *f* (1) (*ordinazione*) Auftrag *m*, Bestellung *f*; (2) (*di negozio*) Verkäuferin; – **per l'esportazione** Ausfuhrauftrag, Exportauftrag; – **dall'estero** Auslandsauftrag; – **dall'interno** Inlandsauftrag; – **pubblica** öffentlicher Auftrag.

commesso *m* (1) (*in senso generale*) Gehilfe *m*; (2) (*dell'imprenditore*) Handelsgehilfe; (3) (*nei fatti illeciti*) Verrichtungsgehilfe, Besorgungsgehilfe (A); (4) (*di negozio*) Verkäufer *m*; (5) (*assemblee*) Ordner *m*; – **di negozio** Ladengehilfe, Ladenangestellter *m*, Verkäufer *m*; – **d'ufficio** Bürodiener *m*: – **viaggiatore** Handelsreisender *m*, Handlungsreisender, Geschäftsreisender, Reisender.

commettere (1) (*ordinare*) *m* Auftrag geben, bestellen; (2) (*reato*) begehen.

comminare androhen, bedrohen.

comminatoria *f* Androhung *f*, Strafandrohung; – **di fallimento** (S) Konkursandrohung (S).

comminazione *f* Androhung *f*, – **di pena** Strafandrohung.

commissariato *m* Kommissariat *n*; – **generale** Generalkommissariat; – **del governo** Regierungskommissariat; – **di polizia** Polizeikommissariat; – **del popolo** Volkskommissariat; – **di pubblica sicurezza** Polizeikommissariat, Polizeirevier *n*; **Alto** – **per i rifugiati** Flüchtlingshochkommissariat.

commissario *m* Kommissar *m*, Kommissär *m* (A); **alto** – Hoher Kommissar, Hochkommissar; – **alto** – **per i rifugiati (ONU)** Flüchtlingskommissar (UNO); – **d'avaria** Havariekommissar, Schadenberechner *m*; – **di borsa** Staatskommissar (für die Börsenaufsicht); – **C. E.** EG-Kommissar; – **d'emigrazione** Auswanderungskommissar; – **d'esame** Prüfungskommissar; – **generale** Generalkommissar, Generalkommissar (A); – **giudiziale** (*concordato preventivo*) Vergleichsverwalter *m*, Ausgleichsverwalter (A), Sachwalter *m* (S); – **governativo**, – **del governo** Regierungskommissar, Regierungskommissar (A); – **liquidatore** Zwangsabwickler *m*; – **di polizia** Polizeikommissar; – **della polizia giudiziaria**, – **della polizia investigativa** Kriminalkommissar, Kriminalkommissar (A); – **del popolo** Volkskommissar; – **prefettizio** Staatskommissar; – **di pubblica sicurezza** Polizeikommissar, Polizeikommissar (A); – **straordinario** (*enti pubblici*) Staatskommissar; – **UE** EU-kommissar

commissionario *m* Kommissionär *m*; – **di borsa** Effektenkommissionär; – **contraente in proprio** selbsteintretender Kommissionär; –

esportatore Ausfuhrkommissionär; – **viaggiatore** Kommissionsreisender *m.*

commissione *f* (1) (*comitato*) Ausschuss *m*, Kommission *f*; (1) (*ordine*) Auftrag *m*, Bestellung *f*; (3) (*provvigione*) Provision *f*, (4) (*di reato*) Begehung *f*; **Alta** – Hohe Kommission, Hochkommission; **istituire una –, nominare una** einen Ausschuss einsetzen; **rimettere ad una** – an einen Ausschuss überweisen; – **di accettazione** Akzeptprovision; – **per gli affari esteri** Ausschuss für auswärtige Angelegenheiten, auswärtiger Ausschuss, Kommission für auswärtige Angelegenheiten (S); – **per l'agricoltura** Landwirtschaftsausschuss; – **amministrativa** Verwaltungsausschuss; – **amministrativa per la sicurezza sociale dei lavoratori migranti** (CE) Verwaltungskommission für die soziale Sicherheit der Wanderarbeitnehmer; – **d'ammissione** Aufnahmeausschuss, Zulassungsausschuss; – **anti-mafia** Anti-Mafia-Kommission; – **arbitrale**, – **d'arbitrato** Schiedsausschuss, Schiedskommission; – **d'armistizio** Waffenstillstandskommission; – **bicamerale** (*composta da deputati e senatori*) Zweikammerausschuss; – **del bilancio** Haushaltsausschuss; – **di borsa** Maklergebühr *f*, Courtage *f*, Kurtage *f*; – **C. E.** EG-Kommission; – **C. E. E.** EWG-Kommission; – **censuaria** Erhebungskommission; – **centrale** Hauptausschuss, Zentralausschuss, Zentralkommission; – **di classificazione** Klasseneinteilungsausschuss; – **di collegamento** Verbindungsausschuss, Verbindungsdungskommission; – **del commercio estero** Außenhandelsausschuss; – **comunale** Gemeindeausschuss; – **delle Comunità europee** Kommission der Europäischen Gemeinschaften; – **di concertazione** Konzertierungsausschuss; – **di conciliazione** Schlichtungsausschuss, Vermittlungsausschuss; (*controversie internazionali*) Vergleichskommission; – **di conferma** Bestätigungsprovision; – **consultiva** beratender Ausschuss, Beratungsausschuss; – **consultiva per acquisti e contratti** (CE) Vergabebeirat; – **di controllo** Überwachungsausschuss, Überwachungskommission, Kontrollausschuss, Kontrollkommission; – **di controllo sull'amministrazione regionale** Kommission zur Kontrolle der regionalen Verwaltung; – **di credito** Kreditkommission; – **della difesa** Verteidigungsausschuss; – **per il diritto internazionale** (ONU) Völkerrechtskommission; – **di disciplina** Disziplinarkammer (D); Disziplinarkommission (A, S); – **economica** Wirtschaftskommission; – **economica per l'Europa** Wirtschaftskommission für Europa; – **edilizia** Bauausschuss; – **elettorale** Wahlausschuss, Wahlkommission, Wahlbehörde *f*; – **d'epurazione** Säuberungsausschuss, Säuberungskommission; – **d'esame**, – **esaminatrice** Prüfungskommission; Prüfungsausschuss, Prüfungskommission; – **esecutiva** Vollzugsausschuss, Vollzugskommission; – **d'esperti** Sachverständigenausschuss, Expertenkommission; – **Europea** (UE) Europäische Kommission (EU); – **europea dei diritti dell'uomo** europäische Kommission für Menschenrechte; – **delle finanze** Finanzausschuss; – **giudicatrice** Prüfungsausschuss, Prüfungskommission; – **giuridica** Rechtsausschuss, Juristenausschuss; – **governativa** Regierungsausschuss, Regierungskommission; – **grandi rischi** (*protezione civile*) Kommission für Katastrophenfälle; – **ad interim** Interimsausschuss; – **interministeriale** interministerielle Kommission; – **d'inchiesta**, – **inquirente** Untersuchungsausschuss; Untersuchungskommission; – **interna** Betriebsrat *m*; – **internazionale di inchiesta** internationale Untersuchungskommission; – **in-**

ternazionale di navigazione aerea internationale Luftfahrtkommission; – **internazionale dello stato civile** internationale Kommission für das Personenstandswesen; – **interparlamentare** interparlamentarischer Ausschuss; – **interregionale** interregionaler Ausschuss; – **per i masi chiusi** Höfekommission (A, Südtirol) – **mista** gemischter Ausschuss, gemischte Kommission; – **nazionale per le società e la borsa (CONSOB)** Nationale Kommission für Börse und Aktiengesellschaften; – **delle Nazioni Unite per il diritto commerciale internazionale** Kommission der Vereinten Nationen für internationales Handelsrecht; – **paritetica** paritätischer Ausschuss, paritätische Kommission; – **parlamentare** Parlamentsausschuss, Parlamentskommission (S); – **penale** (S) strafrechtliche Kommission (S); – **penale di ricorso** (S) strafrechtliche Rekurskommission (S); – **di periti** Sachverständigenausschuss; – **permanente** ständiger Ausschuss; – **permanente di conciliazione** ständige Vergleichskommission; – **plenaria** Gesamtkommission; – **politica** politischer Ausschuss; – **delle prede** Prisengericht *n*; – **preparatoria** vorbereitender Ausschuss; – **provinciale per l'artigianato** Handwerkskammer *f*; – **del reato** Tatbegehung; – **referente** berichtender Ausschuss; – **di revisione** Überprüfungskommission; – **dei ricorsi** Beschwerdeausschuss *m*, (*brevetti*) Beschwerdesenat *m*, Nichtigkeitssenat; – **di riforma** Ausmusterungskommission; – **ristretta** engerer Ausschuss; – **rogatoria** (1) (*di autorità giudiziaria*) Rechtshilfeersuchen *n*; (2) (*di autorità amministrativa*) Amtshilfeersuchen; – **in sede legislativa** (*parlamento*) Ausschuss als endgültiges Beschlussorgan; – **in sede referente** (*parlamento*) Ausschuss als vorbereitendes Beschlussorgan; – **sociale** Sozialausschuss; – **di sorveglianza** Aufsichtsratsausschuss, Überwachungsausschuss, Überwachungskommission; – **speciale** Sonderausschuss, Sonderkommission; – **straordinaria** Staatskommission; – **degli stretti** Meerengenkommission; – **di studi** Studienausschuss; – **di tariffazione** Tarifkommission; – **tecnica** Fachausschuss; – **dei trasporti** Verkehrsausschuss; – **tributaria** Finanzgericht, Steuerkommission (S); – **tributaria di primo grado** Finanzgericht *n*; – **tributaria di secondo grado** Oberfinanzgericht; – **tributaria centrale** Finanzgerichtshof *m*; – **di vigilanza** Aufsichtsausschuss, Überwachungsausschuss, Überwachungskommission; v. a. COMITATO, PROVVIGIONE.

commistione *f* Vermengung *f*.

commisurazione *f* **della pena** Strafzumessung *f*.

committente *m* (1) Auftraggeber *m*, Kommittent *m*; (2) (*appalto*) Besteller *m*; (3) (*fatti illeciti*) Geschäftsherr *m*.

commoriente *m* Kommorient *m*.

commorienza *f* gleichzeitiger Tod, Gleichzeitigkeit der Todesfälle.

communio pro indiviso Gemeinschaft nach Bruchteilen, Bruchteilsgemeinschaft *f*.

commutare umwindeln.

commutazione *f* Umwandlung *f*; – **di pena** Umwandlung einer Strafe, Strafumwandlung, Strafverwechslung *f* (A).

comodante *m* Verleiher *m*.

comodatario *m* Entleiher *m*, Entlehner *m* (A, S).

comodato *m* Leihe *f*, Gebrauchsleihe *f* (S =).

comodo *m* **di cassa** (*commercio*) kurzfristiger Zahlungsaufschub *m*.

compagine *f* **dello Stato** Staatsverband m.

compagnia *f* Gesellschaft *f*; – **aerea** Luftfahrtgesellschaft; – **di assicurazioni** Versicherungsgesellschaft; – **charter** Chartergesellschaft; – **di correzione**, – **di disciplina** Strafkompanie *f*; Wehrstrafeinheit *f*, Militärstrafeinheit.

compagno *m* (1) (*socio*) Teilhaber *m*, Kompagnon *m*; (2) (*di partito*) Parteifreund *m*; Genosse *m*; (3) (*della vita*) Lebensgefährte *m*.

comparaggio *m* (*reato*) unerlaubte Absprache *f* (*zwischen Arzt und Pharmaindustrie*) über die Verschreibung bestimmter Arzneimittel.

comparazione *f*, – **di bilanci** Bilanzvergleich *m*; – **interaziendale** Betriebsvergleich; – **temporale** (*di bilanci*) Zeitvergleich; v. a. CONFRONTO.

comparente *m* Erschienener *m*, erschienene Person.

comparire erscheinen; – **personalmente** persönlich erscheinen.

comparizione *f* Erscheinen *n*; **mancata** – Nichterscheinen, Ausbleiben *n*; **ordinare la – personale delle parti** das persönliche Erscheinen der Parteien anordnen.

comparsa *f* Schriftsatz *m*, Rechtsschrift *f* (S); – **d'appello** Berufungsschrift *f*; – **autorizzata** zugelassener Schriftsitz; – **avversaria** gegnerischer Schriftsatz; – **conclusionale** Schlussschriftsatz; – **di costituzione** Einlassungsschriftsatz; – **d'intervento** Interventionsschrift *f*; – **di riassunzione** Aufnahmeschriftsatz; – **di risposta** (1) (*in senso generale*) Erwiderungsschrift *f*, Gegenschrift; (2) (*replica alla citazione*) Klageerwiderung *f*; – **scritta** Schriftsatz *m*, Rechtsschrift *f* (S).

compartecipazione *f* Mitbeteiligung *f*; (S) Ertragsgemeinschaft (S); – **agraria** landwirtschaftlicher Beteiligungsvertrag *m*; – **criminosa**, – **al reato** Teilnahme *f*.

compartimento *m* (*circoscrizione amministrativa*) Bezirk *m*.

comparto *m* **edificatorio** Bauzone *f*.

compascolo *m* (*dir. agr.*) Weidegemeinschaft *f*.

compatibile *agg* vereinbar.

compatibilità *f* Vereinbarkeit *f*, Kompatibilität *f*; – **ambientale** Umweltverträglichkeit *f*.

compendio *m* (*trattato breve*) Grundriss *m*.

compensabile *agg* aufrechenbar, kompensabel.

compensare (1) (*obbligazioni reciproche*) aufrechnen; (2) (*bilanciare*) verrechnen, kompensieren, ausgleichen, skontieren.

compensatio lucri cum damno Vorteilsausgleichung *f*, Vorteilsausgleich *m*, Vorteilsanrechnung *f*.

compensazione *f* (1) (*modo di estinzione di obbligazioni reciproche*) Aufrechnung *f*; (2) (*di spese ecc.*) Verrechnung *f*, Ausgleich *m*, Ausgleichung *f*, Kompensation *f*, Kompensierung *f*, Skontration *f*; – **degli assegni** Scheckabrechnung, Scheckverrechnung; – **delle colpe** Schuldkompensation; – **contrattuale**, – **facoltativa** vertragsmäßige Aufrechnung; – **dei crediti** Forderungsaufrechnung; – **dei danni** Schadenkompensation, Schadenaufrechnung; – **finanziaria** Finanzausgleich; – **generale** Clearing *n*; – **giudiziale**, – **giudiziaria** gerichtliche Aufrechnung; – **delle ingiurie** Kompensation der Beleidigungen; – **legale** gesetzliche Aufrechnung; – **delle offese** Kompensation der Beleidigungen; – **dei prezzi** Preisausgleichung; – **privata** Privatclearing *n*; – **di rischi** Wagnisausgleich, Gefahrenausgleich, Risikoausgleich; – **delle spese** Kostenaufhebung *f*; – **volontaria** rechtsgeschäftliche Aufrechnung; v. a. CLEARING.

compenso *m* (1) (*retribuzione*) Entgelt *n*, Lohn *m*, Vergütung *f*; (2) (*indennizzo*) Ausgleich *m*, Entschädigung *f*; – **di assistenza** Hilfslohn; – **congruo** angemessener Ausgleich *m*; – **all'interprete** Dolmetscherentschädigung; – **in natura** Naturalbezüge *pl*; – **di ricupero** Bergelohn, Bergegeld *n*; – **di salvataggio** Rettungslohn; – **per soccorso** Hilfslohn; – **straordinario** einmalige Entschädigung; v. a. INDENNITA.

compera *f* Kauf *m*; – **coattiva** Zwangskauf; Kaufzwang *m*; – **di cosa generica** Gattungskauf; – **in danno** Zwangskauf, Kaufzwang *m*; – **garantita** Garantiekauf; v. a. ACQUISTO, COMPRAVENDITA.

comperare kaufen; v. a. ACQUISTARE.

competente *agg* (1) zuständig; (2) (*esperto*) fachkundig, sachkundig.

competenza *f* (1) Zuständigkeit *f*, Kompetenz *f*; (2) (*campo di attribuzioni*) Befugnis *f*, Aufgabenbereich *m*, Geschäftsbereich, Ressort *n*; (3) (*esperienza*) Sachkunde *f*; **declinare la** – die Zuständigkeit verneinen; **determinare la** – die Zuständigkeit bestimmen; **piena** – umfassende Zuständigkeit, Allzuständigkeit; – **per accordo delle parti** Zuständigkeitsvereinbarung, Zuständigkeitsprorogation *f* (A), Zuständigkeitsprorogierung *f* (A); – **amministrativa** verwaltungsbehördliche Zuständigkeit; – **delle competenze** Kompetenz-Kompetenz; – **per connessione** Zuständigkeit kraft Zusammenhangs; – **domestica** innerstaatliche Zuständigkeit; – **esclusiva** ausschließliche Zuständigkeit; – **finanziaria** Finanzkompetenz; – **funzionale** funktionelle Zuständigkeit; – **del giudice ordinario** Zuständigkeit der ordentlichen Gerichte; – **giudiziaria** gerichtliche Zuständigkeit; – **governativa** Regierungszuständigkeit; – **per grado** Instanzzuständigkeit; – **legislativa** Gesetzgebungskompetenz, Gesetzgebungszuständigkeit, Gesetzgebungsbefugnis; – **per materia** sachliche Zuständigkeit; – **di merito** sachliche Zuständigkeit; – **ordinaria** Regelzuständigkeit; – **penale** strafgerichtliche Zuständigkeit; – **pianificatoria** Planungszuständigkeit; – **piena** umfassende Zuständigkeit, Allzuständigkeit; – **professionale** berufliche Befähigung; – **riservata** Vorbehaltsbefugnis; – **speciale** Sonderzuständigkeit; – **specifica** Einzelzuständigkeit; – **sussidiaria** Hilfszuständigkeit; – **per territorio** örtliche Zuständigkeit; – **per valore** Zuständigkeit nach dem Wert (des Streitgegenstandes).

competenze *f pl* Honorar *n*, Gebühren *pl*, Gebührnisse *pl*; – **bancarie** Bankgebühren; – **di chiusura** (*conto*) Abschlussspesen *pl*.

competitività *f* Wettbewerbsfähigkeit *f*, Konkurrenzfähigkeit.

competitivo *agg* konkurrenzfähig, wettbewerbsfähig.

competitore *m* Wettbewerber *m*, Konkurrent *m*, Wettbewerbsteilnehmer *m*.

competizione *f* Wettbewerb *m*.

compiere ausführen, leisten.

compilare zusammenstellen, aufstellen; (*riempire*) ausfüllen.

compilazione *f*, – **di bilancio** Bilanzaufstellung *f*, Bilanzziehung *f*, Bilanzierung *f*; – **del bilancio pubblico** Haushaltsaufstellung; v. a. FORMAZIONE.

compimento *m*, – **delle formalità** Erledigung der Formalitäten; – **delle operazioni doganali** Zollabfertigung *f*.

compito *m* Aufgabe *f*; – **in classe** Klausurarbeit *f*, Klausur *f*; – **d'esame** Prüfungsaufgabe *f*; – **scritto** Klausurarbeit *f*, Klausur *f*.

complementare *agg* ergänzend.

complemento *m* Nachtrag *m*; – **di prova** zusätzliche Beweisaufnahme; – **di rendita** Ergänzungsrente *f*; – **di tassa** Ergänzungsgebühr *f*.

complesso *m*, – **economico** Wirtschaftskomplex *m*; – **edilizio** Baukomplex; – **industriale** Industriekomplex.

completo *agg* vollständig.

complice *m* (*reato*) Gehilfe *m*.

complicità *f* (*reato*) Beihilfe *f*, Gehilfenschaft *f*; – **fisica**, – **materiale** physische Beihilfe; – **morale**, – **psichica** intellektuelle Beihilfe, psychische Beihilfe.

complottare komplettieren, sich verschwören.

complotto *m* Komplott *n*, Verschwörung *f*.

componente *m* Mitglied *n*; Bestandteil *m*; – **(del)la commissione** Ausschussmitglied *n*; – **patrimoniale** Vermögensbestandteil.

componente *f* Komponente *f*; – **di reddito** Ertragsfaktor *m*; – **sociale** soziale Komponente; – **stagionale** saisonale Komponente, saisonaler Faktor *m*.

componimento *m* Beilegung *f*; – **amichevole** gütliche Beilegung, gütliche Regelung, gütliche Erledigung; – **arbitrale** schiedsgerichtliche Beilegung; – **giudiziario** gerichtliche Beilegung; – **di una lite** Erledigung eines Rechtsstreits; – **pacifico** friedliche Beilegung.

comporre beilegen, schlichten, regeln.

comportamento *m* Verhalten, *n*; – **aggressivo** aggressives Verhalten; – **anteriore al reato** Verhalten vor der Tat; – **antigiuridico** rechtswidriges Verhalten; – **antisindacale** (*dir. lav.*) gewerkschaftsfeindliches Verhalten; – **antisociale** gesellschaftsfeindliches Verhalten; – **secondo buona fede** Verhalten nach Treu und Glauben; **censurabile** kritikwürdiges Verhalten; – **commissivo** Tun *n*; – **concludente** konkludentes Verhalten, schlüssiges Verhalten; – **del consumatore** Verbraucherverhalten; – **contrario ai doveri coniugali** ehewidriges Verhalten; – **contrario alle leggi** gesetzwidriges Verhalten; – **contrario ai patti** vertragswidriges Verhalten; – **criminoso** strafbares Verhalten; – **deviante** abweichendes Verhalten; – **doloso** arglistiges Verhalten; – **omissivo** Unterlassen *n*; – **ostruzionistico** Obstruktionsverhalten; – **processuale** Prozessverhalten; – **scusabile** entschuldbares Verhalten; – **sociale** soziales Verhalten; – **socialmente adeguato** sozialadäquates Verhalten; – **stradale** Verhalten im Straßenverkehr; – **successivo al reato** Verhalten nach der Tat.

comporto *m* Wartefrist *f*.

compositore *m* **amichevole** Schlichter *m*.

composizione *f* (1) (*di organi, commissioni ecc.*) Zusammensetzung *f*; (2) (*conciliazione*) Schlichtung *f*, Beilegung *f*, Regelung *f*; – **amichevole** gütliche Beilegung; – **del collegio giudicante** Besetzung des Gerichts; – **demografica** Zusammensetzung der Bevölkerung; – **extragiudiziale** außergerichtliche Einigung; – **della lite** Beilegung des Rechtsstreits; – **stragiudiziale** außergerichtliche Einigung; v. a. COMPONIMENTO.

compossesso *m* Mitbesitz *m*, Mitgewahrsam *m* (S).

compossessore *m* Mitbesitzer *m*.

comprabile *agg* käuflich.

comprare kaufen, käuflich erwerben, einkaufen, ankaufen; v. a. ACQUISTARE.

compratore *m* Käufer *m*, Einkäufer; – **a contanti** Barkäufer; – **qualificato** gewerblicher Einkäufer; – **a rate** Abzahlungskäufer; v. a. ACQUIRENTE.

compravendita *f* Kauf *m*; – **commerciale**, – **di diritto commerciale** Handelskauf; – **a domicilio** Haustürgeschäft *n*; – **fuori dei locali commerciali** Haustürgeschäft *n*; – **generica** Gattungskauf; – **di immobili** Immobilienhandel *m*; – **reale** Realkauf; v. a. AQUISTO, VENDITA.

comprensorio *m* Gebiet *n*, Bezirk *m*; – **di bonifica** Landerschließungsgebiet.

compressione *f* **del credito** Kreditschrumpfung *f*.

compromesso *m* (1) (*transazione*) Ausgleich *m*, Vergleich *m*, Kompromiss *m*; (2) (*giudizio arbitrale*) Schiedsrichtervertrag *m*, Schiedsvereinbarung *f*, Schiedsvertrag, Schiedsabkommen *n*, Schiedsabrede *f*; (3) (*contratto preliminare*) Vorvertrag *m*; **raggiungere un** – einen Kompromiss erzielen; – **amichevole** gütlicher Vergleich; – **arbitrale** Schiedsvergleich; –

d'avaria comune Havariegroßeverpflichtungsschein *m*, allgemeine Havarieverpflichtung; – **di compravendita** Kaufvorvertrag *m*, Verkaufsvorvertrag; – **storico** (*politica*) historischer Kompromiss.

compromettere kompromittieren, bloßstellen, gefährden.

comproprietà *f* Miteigentum *n*; – **indivisa** Eigentum zur gesamten Hand, Gesamthandseigentum.

comproprietario *m* Miteigentümer *m*, (*di quota ideale*) Bruchteilseigentümer.

computare anrechnen.

computazione *f* Anrechnung *f*; – **della carcerazione preventiva** Anrechnung der Untersuchungshaft.

computer *m* Computer *m*; – **didattico** Lerncomputer.

computerizzazione *f* Computerisierung *f*.

computista *m/f* Buchhalter *m* (*f*, -in), Rechnungsführer *m* (*f*, -in).

computisteria *f* Rechnungswesen *n*.

computo *m* Berechnung *f*; – **civile** (*del tempo*) Zivilkomputation *f*; – **naturale** Naturalkomputation *f*; – **della pena** Bemessung der Strafe *f*; – **del tempo** Zeitberechnung *f*; – **del termine** Fristberechnung *f*; – **dei voti** Auszählung der Stimmen, Stimmenzählung *f*, Stimmenauszählung.

comunale *agg* Gemeinde-, gemeindlich, Kommunal-.

comunale *m* Bürger *m*, Gemeindemitglied *m*.

comunanza *f* **di rischi** Gefahrengemeinschaft *f*, Risikogemeinschaft.

comune *m* Gemeinde *f*, (*città*) Stadt *f*; – **catastale** Katastergemeinde, Katastralgemeinde (A); – **d'Europa** Gemeinde Europas; – **confinario**, – **di frontiera** Grenzgemeinschaft; – **gemellato** Partnerschaftsgemeinde; – **di iscrizione anagrafica** meldeamtlicher Wohnort; – **limitrofo** Nachbargemeinde, Randgemeinde, Grenzgemeinde; – **di nuova residenza** Zuzugsgemeinde; – **d'origine** Heimatort *m*, Heimatgemeinde; – **politico** (S) Einwohnergemeinde (S); – **di residenza** Wohngemeinde, Wohnort *m*.

comunicare mitteilen, bekanntgeben.

comunicato *m* Verlautbarung *f*, Mitteilung *f*, Kommuniqué *n*; – **governativo** Regierungsverlautbarung; – **rivendicativo** (*attentato*) Bekennerschreiben *n*; – **stampa** Presseerklärung *f*, Presseverlautbarung *f*, Pressekommuniqué; – **ufficiale** amtliche Verlautbarung.

comunicazione *f* Mitteilung *f*, Bekanntgabe *f*; – **di atti** Übersendung *f* der Akten; – **confidenziale** vertrauliche Mitteilung; – **giudiziaria** (*proc. pen.*) Bekanntgabe der Einleitung des Ermittlungsverfahrens; – **interna** Dienstmitteilung; – **del licenziamento** Kündigungsmitteilung, Kündigungsschreiben *n*; – **on line** (*inf*) On-line-Verbindung *f*; – **della sentenza** Mitteilung des Urteils; – **telefonica** Fernsprechverbindung *f*.

comunione *f* Gemeinschaft *f*; **sciogliere la** – die Gemeinschaft aufheben; – **dei beni** Gütergemeinschaft; – **dei beni tra coniugi** eheliche Gütergemeinschaft; – **tra coniugi** eheliche Gemeinschaft; – **convenzionale dei beni** (*tra coniugi*) vertragliche Gütergemeinschaft; – **di diritti** Rechtsgemeinschaft; – **ereditaria** Erbengemeinschaft; – **forzosa** Zwangsgemeinschaft; – **d'interessi** Interessengemeinschaft, Interessenvereinigung *m*; – **legale** gesetzliche Gütergemeinschaft; – **a mani riunite** (*diritto tedesco*) Gemeinschaft zu gesamten Hand, Gesamthandsgemeinschaft; – **per quote ideali** Gemeinschaft nach Bruchteilen, Bruchteilsgemeinschaft; – **di rischi** Gefahrengemeinschaft, Risikogemeinschaft; – **spirituale e materiale tra i coniugi** eheliche Lebensgemeinschaft; – **tacita familiare** (*nell' esercizio dell'agricoltura*) stillschweigend geführter Familienbetrieb *m* (*in der Landwirtschaft*); – **degli utili** Gewinngemeinschaft; – **di vita** Lebensgemeinschaft; v. a. COMUNITÀ.

comunismo *m* Kommunismus *m*; – **agrario** Agrarkommunismus.

comunista *agg* kommunistisch.

comunista *m* Kommunist *m*.

comunità *f* Gemeinschaft *f*; – **alloggio** Wohngemeinschaft; – **atlantica** atlantische Gemeinschaft; – **carbone-acciaio**, – **carbo-siderurgica** Montanunion *f*; – **di creditori** Gläubigergemeinschaft; – **di diritti** Rechtsgemeinschaft; – **comprensoriale** Bezirksgemeinschaft; – **doganale** Zollgemeinschaft; – **economica** Wirtschaftsgemeinschaft; – **economica europea (CEE)** Europäische Wirtschaftsgemeinschaft (EWG); – **europea del carbone e dell'acciaio (CECA)** Europäische Gemeinschaft für Kohle und Stahl (EGKS); – **europea di difesa (CED)** Europäische Verteidigungsgemeinschaft (EVG); – **europea dell'energia atomica (CEEA, EURATOM)** Europäische Atomgemeinschaft (EURATOM); – **europee** *f pl* **(CE)** Europäische Gemeinschaften (EG); – **di interessi** Interessengemeinschaft; – **internazionale** Völkergemeinschaft, Staatengemeinschaft; – **di lavoro** Arbeitsgemeinschaft (ARGE); – **montana** Berggemeinschaft; – **mondiale** Weltgemeinschaft; – **nazionale** Nation *f*; – **di persone** Personengemeinschaft; – **religiosa** Religionsgemeinschaft, Glaubensgemeinschaft; – **sociale** Gesellschaft *f*; – **sopranazionale** supranationale Gemeinschaft; – **superstatale** überstaatliche Gemeinschaft; – **terapeutica** Therapieeinrichtung *f*, – **di valle** Talgemeinschaft (*Südtirol*); – **di vita** Lebensgemeinschaft; v. a. COMUNIONE.

comunitario *agg* gemeinschaftlich, Gemeinschafts-; **a livello** – (CE) auf Gemeinschaftsebene.

concausa *f* Mitursache *f*.

concedente *m* Verleiher einer Konzession, Lizenzgeber *m*; – **il credito** Kreditgeber *m*; – **l'ipoteca** Hypothekenbesteller.

concedere (1) (*accordare*) gewähren, einräumen, bewilligen; (2) (*ammettere*) zugeben, zugestehen.

concentramento *m* **di potere** Machthäufung *f*, Machtkonzentration *f*.

concentrazione *f* Konzentration *f*, Zusammenschluss *m*, Verflechtung *f*; – **alcoolemica** Blutalkoholkonzentration; – **alcoolica** Alkoholkonzentration; – **aziendale** Unternehmenskonzentration; – **bancaria** Bankenkonzentration; – **di capitali** Kapitalkonzentration; – **di imprese** Unternehmenszusammenschluss; – **industriale** industrielle Konzentration; industrielle Zusammenballung; – **massima ammissibile** zulässige Höchstkonzentration; – **del mercato** Marktkonzentration; – **orizzontale** horizontale Konzentration, horizontaler Zusammenschluss; – **dei redditi** Einkommenskonzentration; – **verticale** vertikale Konzentration, vertikaler Zusammenschluss.

concepito *m* Erzeugter *m*.

concerto *m*, **di** – im Einvernehmen; – **europeo** Konzert der europäischen Mächte; – **delle potenze** Konzert der Mächte.

concessionario *m* (1) Konzessionär *m*, Konzessionsinhaber *m*, Lizenzinhaber, Lizenznehmer *m*, Genehmigungsinhaber; (2) Vertragshändler *m*; – **di servizi pubblici** beliehener Unternehmer.

concessione *f* (1) (*amministrativa*) Konzession *f*, Verleihung *f*; (2) (*il concedere*) Gewährung *f*, Einräumung *f*; (3) (*ammissione*) Zugeständnis *n*; **dara una** – eine Konzession erteilen, eine Konzession verleihen, konzessionieren; **ritirare una** – eine Konzession entziehen; **soggetto a** – konzessionspflichtig; – **amministrativa** behördliche Erlaubnis *f*; – **di brevetto** Patenterteilung *f*; – **di caccia** Jagdverleihung, Jagdrechtsverleihung; – **di coltivazione** (*di giacimenti*) Gewinnungsfeld *n*; – **di credito** Kreditgewährung, Krediterteilung *f*, Kreditbewilligung *f*, Krediteinräumung, Kreditierung *f*; – **di dispensa** Dispenserteilung *f*; – **edilizia** Baugenehmigung; – **edilizia condizionata** unter Bedingungen erteilte Baugenehmigung; – **edilizia in deroga** Bausondergenehmigung; – **edilizia in precario** vorläufige Baugenehmigung; – **edilizia in sanatoria** nachträglich erteilte Baugenehmigung; – **d'estrazione** Gewinnungsfeld *n*; – **di fido** Krediterteilung *f*, Kreditgewährung, Krediteinräumung, Kreditbewilligung *f*, Kreditierung *f*; – **governativa** Nutzungsverleihung; – **d'ipoteca** Hypothekengewährung, Hypothekenbewilligung *f*; – **di lavori pubblici** Vergabe öffentlicher Arbeiten; – **di licenza** Lizenzerteilung *f*, Lizenzeinräumung, Lizenzbewilligung *f*; – **mineraria** Bergbauberechtigung *f*, Bergwerkskonzession, Bergwerksmasse *f* (A); – **di mutuo** Darlehensgewährung; – **della parola** Worterteilung *f*; – **perpetua** dauerndes Ruherecht; – **postale** Postkonzession; – **d'un termine** Fristbewilligung *f*; – **a titolo personale** Personalkonzession; – **di usufrutto** Nießbrauchseinräumung, Fruchtgenusseinräumung (A); – **di vendita** Verkaufskonzession.

concessioni *f pl* **reciproche** gegenseitige Zugeständnisse *n pl*.

concetto *m* Begriff *m*; – **chiave** Schlüs- selbegriff; – **legale** Rechtsbegriff, gesetzlicher Begriff, Legalbegriff.

concezione *f*, – **del diritto**, – **giuridica** Rechtsanschauung *f*, Rechtsauffassung *f*.

conciliabile *agg* versöhnbar; vereinbar.

conciliare versöhnen, vermitteln, schlichten; vereinbaren.

conciliatore *m* (1) Schlichter *m*; (2) (*giudice onorario*) Schiedsmann *m*, Friedensrichter *m*, Ortsrichter.

conciliazione *f* (1) (*il conciliare*) Schlichtung *f*; (2) (*il conciliarsi*) gütliche Beilegung (des Streits); (3) (*delle controversie internazionali*) Vergleich *m*; (4) (*fra Chiesa cattolica e Stato italiano*) Aussöhnung *f* (*zwischen Kirche und Staat durch den Lateransvertrag*); **mancata** – ergebnisloser Sühneversuch, Scheitern des Güteversuchs; – **dei coniugi** Versöhnung der Ehegatten; – **della lite** gütliche Beilegung des Rechtsstreits; – **obbligatoria** Zwangsschlichtung; – **sindacale** (*dir. lav.*) arbeitsgerichtlicher Vergleich (*unter Mitwirkung der Sozialpartner*).

concilio *m* Konzil *n*.

concittadino *m* Mitbürger *m*, Gemeindegenosse *m* (S).

conclave *m* (1) Klausurtagung *f*; (2) (*eccl.*) Konklave *n*.

concludente *agg* konkludent; schlüssig.

concludenza *f* Schlüssigkeit *f*.

concludere abschließen.

conclusione *f* (1) (*di contratto*) Abschluss *m*; (2) (*deduzione*) Schlussfolgerung *f*; – **per analogia** Analogieschluss *m*; – **del contratto** Vertragsabschluss, Vertragsschließung *f*; – **di contratto per corrispondenza** Vertragsschluss unter Abwesenden; – **finale** Schlussfolgerung; – **della pace** Friedensschluss *m*; – **fra persone lontane** Vertragsschluss unter Abwesenden; – **del trattato** Vertragsabschluss.

conclusioni *f pl* (*dir. proc.*) Anträge *pl*; – **subordinate**, – **in via subordinata** Hilfsantrag *m*.

concordare abstimmen; **far** – (*conti*) abstimmen.

concordato *m* (1) Vergleich *m*, Ausgleich *m* (A), Nachlass vertrag *m* (S); (2) (*con la chiesa cattolica*) Konkordat *n*; – **con cessione dei beni** Liquidationsvergleich, Nachlassvertrag durch Vermögensabtretung (S); – **dilatorio** Stundungsvergleich; –

fallimentare Zwangsvergleich, Zwangsausgleich (A), gerichtlicher Nachlassvertrag (S); – **giudiziale** gerichtlicher Vergleich; – **intercantonale** (S) interkantonales Konkordat (S); – **ipotecario** (S) Pfandnachlassvertrag (S); – **di massa** Zwangsvergleich, Zwangsausgleich (A), gerichtlicher Nachlassvertrag (S); – **a percentuale** Prozentvergleich; – **preventivo** Vergleich (zur Abwendung des Konkurses), Ausgleich (A); – **stragiudiziale** außergerichtlicher Vergleich; – **tributario** Steuervereinbarung *f*, Vergleich mit der Steuerbehörde über die Festsetzung der Steuerschuld.

concorrente *m* (1) (*commercio*) Konkurrent *m*, Wettbewerber *m*, Wettbewerbsteilnehmer *m*; (2) (*nel reato*) Tatbeteiligter *m*; – **a pubblica gara** Submissionsbewerber *m*, Submittent *m*.

concorrenza *f* Konkurrenz *f*, Wettbewerb *m*; **essere in** – in Wettbewerb stehen; **fino a** – **di** bis zum Höchstbetrag von; **libera** – freier Wettbewerb; **limitare la** – die Konkurrenz einschränken; – **accanita**, – **aspra** scharfer Wettbewerb, scharfe Konkurrenz; – **estera** ausländische Konkurrenz; – **fallimentare** ruinöse Konkurrenz; – **imperfetta** unvollkommener Wettbewerb, unvollkommene Konkurrenz; – **leale** lauterer Wettbewerb; – **monopolistica** monopolistischer Wettbewerb; – **parassitaria**, – **parassitica** schmarotzerischer Wettbewerb; – **perfetta** vollkommener Wettbewerb; – **rovinosa** ruinöse Konkurrenz; – **sleale** unlauterer Wettbewerb; – **spietata** schonungslose Konkurrenz.

concorrenziale *agg* wettbewerbsfähig, konkurrenzfähig.

concorrenzialità *f* Wettbewerbsfähigkeit *f*.

concorrere (1) an einer Ausschreibung teilnehmen; (2) in Wettbewerb stehen.

concorso *m* (1) (*coincidenza*) Zusammentreffen *n*; (2) (*cooperazione*) Mitwirkung *f*, Beteiligung *f*; (3) (*competizione ufficiale*) (Auswahl-)Wettbewerb *m*; **bandire un** – einen Wettbewerb ausschreiben; **fuori** – außer Konkurrenz; **mettere a** – ausschreiben; – **alternativo di criteri di collegamento** (*dir. priv. int.*) alternative Anknüpfung *f*; – **di ammissione** Aufnahmewettbewerb; – **apparente di norme** (*dir. pen.*) Gesetzeskonkurrenz; – **di aventi diritto** Mehrheit von Berechtigten; – **di cause** Mitverursachung *f*; – **di circostanze** (*del reato*) Zusammentreffen von Tatumständen; – **di più circostanze attenuanti** Zusammentreffen von Strafmilderungsgründen; – **di colpe** Mitverschulden *n*; – **di creditori** Mehrheit *f* von Gläubigern; – **di diritti** Anspruchskonkurrenz *f*; – **finanziario** Finanz(bei)hilfe *f*; – **formale eterogeneo** (*di reati*) ungleichartige Tateinheit; – **formale omogeneo** (*di reati*) gleichartige Tateinheit; – **formale di reati**, – **ideale di reati** Idealkonkurrenz *f*, Tateinheit *f*; – **di idee** Ideenwettbewerb; – **di leggi** Gesetzeskonkurrenz *f*; – **materiale di reati** Realkonkurrenz *f*, Tatmehrheit *f*; – **necessario** (*di persone nel reato*) notwendige Teilnahme; – **di norme** Normenkollision *f*; (*dir. pen.*) Gesetzeskonkurrenz; – **di obbligati** Mehrheit von Verpflichteten; – **di pene** Zusammentreffen von Strafen; – **di persone nel reato** Mittäterschaft *f*, Teilnahme; – **a premi** Preisausschreiben *n*, Preisausschreibung *f*; – **pubblico** öffentliche Ausschreibung; – **a pubblico impiego** Auswahlwettbewerb (zur Besetzung von Stellen im öffentlichen Dienst); – **di responsabilità** (*contrattuale ed extracontrattuale*) Haftungskonkurrenz; – **di reati** Zusammentreffen mehrerer strafbarer Handlungen; – (*di*) **spese** Kostenbeitrag; – **per titoli ed esami** Wettbewerb nach Titeln und Prüfungen.

concubina *f* Konkubine *f*.
concubinato *m* Konkubinat *n*, wilde Ehe.
concussione *f* Erpressung *f* im Amt.
condanna *f* Verurteilung *f*; – **anteriore** Vorstrafe *f*; – **civile** zivilrechtliche Verurteilung; – **condizionale** Verurteilung mit Strafaussetzung zur Bewährung; – **in contumacia** Verurteilung in Abwesenheit, Verurteilung in Abwesenheit des Angeklagten; – **generica** Grundurteil *n*, Verurteilung nach dem Grund; – **giudiziaria** gerichtliche Verurteilung, gerichtliche Bestrafung; – **all'interdizione dai pubblici uffici** Aberkennung der bürgerlichen Ehrenrechte, Einstellung in der bürgerlichen Ehrenfähigkeit (S); – **a morte** Todesurteil; – **passata in guidicato** rechtskräftige Verurteilung; – **al risarcimento dei danni** Verurteilung zum Schadensersatz; – **con riserva** (*proc. civ.*) Vorbehaltsurteil; – **alle spese** Verurteilung zu den Kosten, Verurteilung zur Tragung der Kosten.
condannare verurteilen; – **alle spese** die Kosten auferlegen.
condannato *m* (1) Verurteilter *m*; (2) (*ordinamento penitenziario*) Strafgefangener *m*; – **definitivo** rechtskräftig Verurteilter; – **all'ergastolo** lebenslänglich Verurteilter, lebenslang Verurteilter (A); – **a morte** zum Tode Verurteilter.
condebitore *m* Mitschuldner *m*.
condifensore Mitverteidiger *m*.
condirettore *m* Mitdirektor *m*.
condirezione *f* Mitleitung *f*.
condizionale *agg* bedingt.
condizionale *f* (*sospensione condizionale della pena*) Strafaussetzung *f*, Bewährung(sfrist) *f*.
condizionato *agg* bedingt.
condizione *f* (1) Bedingung *f*; (2) (*posizione*) Stand *m*; (3) (*situazione*) Zustand *m*; **a** – unter der Bedingung; **accettare una** – eine Bedingung annehmen; **adempiere una** – eine Bedingung erfüllen; **imporre una** – eine Bedingung auferlegen; **porre una** – eine Bedingung stellen; **soggetto a** – **risolutiva** auflösend bedingt; **soggetto a** – **sospensiva** aufschiebend bedingt, suspensivbedingt; – **accessoria** Nebenbedingung; – **accettabile** annehmbare Bedingung; – **d'accettazione** Ausnahmebedingung; – **addizionale** Zusatzbedingung; – **d'adesione** Aufnahmebedingung; – **aggiuntiva** Zusatzbedingung; – **d'ammissione** Aufnahmebedingung, Zulassungsbedingung; – **arbitraria** willkürliche Bedingung; – **d'assunzione** Anstellungsbedingung; – **casuale** Zufallsbedingung; – **di consegna** Lieferungsbedingung, Lieferbedingung; – **contrattuale** Vertragsbedingung; – **determinante** ausschlaggebende Bedingung; – **di diritto** Rechtsbedingung; – **esplicita** ausdrückliche Bedingung; – **espressa** ausdrückliche Bedingung; – **essenziale** wesentliche Bedingung; – **fittizia** Scheinbedingung; – **fondamentale** Grundbedingung; – **giuridica** rechtliche Stellung, Rechtsstellung; – **illecita** unerlaubte Bedingung; – **d'impiego** Anstellungsbedingung; – **implicita** unausgesprochene Bedingung, stillschweigende Bedingung, stillschweigend miteingeschlossene Bedingung; – **impossibile** unmögliche Bedingung; – **impropria** unechte Bedingung; – **impropria di diritto** Rechtsbedingung; – **inaccettabile** unannehmbare Bedingung; – **legale** Rechtsbedingung; – **meramente potestativa** Potestativbedingung; – **mista** gemischte Bedingung; – **necessaria** notwendige Bedingung; – **negativa** negative Bedingung, verneinende Bedingung; – **obiettiva di punibilità** objektive Bedingung der Strafbarkeit; – **di pagamento** Zahlungsbedingung; – **particolare** besondere Bedingung; – **pattuita** vereinbarte Bedingung; – **pendente** schwebende Bedingung; – **positiva** bejahende Bedin-

gung, affirmative Bedingung, positive Bedingung; – **potestativa** Potestativbedingung; – **preferenziale** Vorzugsbedingung; – **preliminare** Vorbedingung; – **presente** gegenwärtige Bedingung; – **di procedibilità** Prozessvoraussetzung, Verfahrensvoraussetzung; – **di punibilità** Strafbarkeitbedingung; – **reciproca** gegenseitige Bedingung; **a – di reciprocità** unter der Voraussetzung der Gegenseitigkeit; – **risolutiva** auflösende Bedingung, Resolutivbedingung; – **sine qua non** unerlässliche Bedingung; – **sociale** soziale Stellung *f*; – **sospensiva** aufschiebende Bedingung, Suspensivbedingung; – **sottintesa** unausgesprochene Bedingung, stillschweigende Bedingung; – **supplementare** Zusatzbedingung; – **tacita** unausgesprochene Bedingung, stillschweigende Bedingung; – **tipo** Musterbedingung; – **turpe** sittenwidrige Bedingung, unsittliche Bedingung; – **di validità** Gültigkeitsbedingung, Gültigkeitserfordernis *n*; – **vantaggiosa** vorteilhafte Bedingung; – **di vedovanza** Witwenstand; – **di vendita** Verkaufsbedingung; v. a. CLAUSOLA, CONDIZIONI.

condizioni *f pl*, **attenersi alle –** sich an die Bedingungen halten; **porre –** Bedingungen stellen; **senza –** bedingungslos; **alle solite –** zu den üblichen Bedingungen; **stabilire le –** die Bedingungen festlegen; – **di acquisto** Bezugsbedingungen; – **di adesione** Beitrittsbedingungen; – **ambientali** Umweltbedingungen; – **di ammortamento** Amortisationsbedingungen *pl*; – **di appalto** Ausschreibungsbedingungen; – **di armistizio** Waffenstillstandsbedingungen; – **d'assicurazione** Versicherungsbedingungen; – **di azienda** Betriebsverhältnisse *pl*; – **dell'azione** Klagevoraussetzungen; – **di banca**, – **bancarie** Bankbedingungen; Bankkonditionen *pl*; – **di concorrenza** Wettbewerbsbedingungen; – **di contratto** Vertragsbedingungen; – **del credito** Kreditkonditionen; – **economiche** wirtschaftliche Verhältnisse; – **di emissione** Ausgabebedingungen; – **d'esercizio** Betriebsbedingungen; – **di favore** Vorzugsbedingungen; – **favorevoli** günstige Bedingungen; – **generali** (1) (*di contratto*) allgemeine Geschäftsbedingungen; (2) (*della situazione*) Rahmenbedingungen; – **generali d'assicurazione** allgemeine Versicherungsbedingungen; – **generali di contratto** allgemeine Vertragsbedingungen, allgemeine Geschäftsbedingungen; – **di lavoro** Arbeitsverhältnisse *pl*; Arbeitsbedingungen; – **di mercato** Marktverhältnisse *pl*; – **di noleggio** Befrachtungsbedingungen, Verfrachtungsbedingungen; – **normali della concorrenza** normale Wettbewerbsbedingungen; – **normative** Normativbedingungen, Normbedingungen; – **di pace** Friedensbedingungen; – **di pagamento** Zahlungsbedingungen; – **particolari d'assicurazione**, – **particolari di polizza** besondere Versicherungsbedingungen; – **personali** persönliche Verhältnisse *pl*; – **politiche** politische Verhältnisse; – **di prestito** Anleihebedingungen, Anleihensbedingungen (S); – **di prezzo** Preisbedingungen; – **di produzione** Produktionsbedingungen; – **di pubblica gara** Submissionsbedingungen; – **del ramo** branchenübliche Bedingungen; – **di rateizzazione** Teilzahlungsbedingungen; – **di rimborso** Rückzahlungsbedingungen; – **sociali** gesellschaftliche Verhältnisse; – **socio-ambientali** Milieubedingungen; – **di sottoscrizione** Zeichnungsbedingungen; – **speciali** Sonderbedingungen, Sonderkonditionen; – **stradali** Straßen Verhältnisse *n pl*; – **del traffico** Verkehrslage *f*; – **di trasporto** Beförderungsbedingungen, Transportbedingungen; – **da trattare** auszuhandelnde Bedingungen; – **di vendita** Verkaufsbedingungen; –

di vita Lebensbedingungen, Daseinsbedingungen; – **di vita individuale, familiare e sociale del reo** persönliche, familiäre und soziale Lebensverhältnisse des Täters; V. A. CONDIZIONE.

condominio *m* (1) Miteigentum *n*, Eigentumsgemeinschaft *f* (A); (2) (*diritto internazionale*) Kondominat *n*, Kondominium *n*; (3) (*casa di abitazione*) Wohnungseigentum *n*; (4) (*altri edifici*) Teileigentum; – **precostituito** vorwegbegründetes Wohnungseigentum.

condomino *m* (1) Miteigentümer *m*, (*di quota ideale*) Bruchteilseigentümer; (2) (*casa di abitazione*) Wohnungseigentümer *m*; (3) (*altri edifici*) Teileigentümer.

condonare nachlassen.

condono *m* (*dir. pen.*) Straffreiheit *f*; (*di pena inflitta*) Straferlass *m*; – **edilizio** (*sanatoria degli illeciti edilizi*) Straffreierklärung für ordnungswidriges Bauen; – **fiscale** Straffreierklärung für Steuerdelikte; V. A. INDULTO.

condotta *f* (1) Führung *f*; (2) (*elemento del reato*) Verhalten *n* (*Tun oder Unterlassen*); **buona** – gute Führung, untadelhafter Wandel (A); **cattiva** – schlechte Führung; – **antigiuridica** rechtswidriges Verhalten; – **antisindacale** gewerkschaftsfeindliches Verhalten; – **colpevole** schuldhaftes Verhalten; – **contemporeanea o susseguente al reato** Verhalten während oder nach der Tat; – **contraria all'ordine o alla morale della famiglia** Verhalten gegen Ordnung oder Moral der Familie; – **criminosa** strafbares Verhalten; – **deviante** abweichendes Verhalten; – **disattenta** unaufmerksames Verhalten; – **della guerra** Kriegführung; – **di guida** Fahrverhalten; – **imprudente** unvorsichtiges Verhalten; – **del processo** Prozessführung; – **rimproverabile** vorwerfbares Verhalten; – **in servizio** dienstliches Verhalten; – **umana** menschliches Verhalten; – **e vita del reo antecedenti al reato** Vorleben des Täters; V. A. COMPORTAMENTO.

conduttore *m* (1) (*locazione*) Mieter *m*; (2) (*affitto*) Pächter *m*, Pachtinhaber *m*; (3) (*di esercizio*) Geschäftsinhaber *m*.

conducente *m* (*di veicolo*) Fahrzeugführer *m*; – **sorpassante** Überholender *m*; – **cui spetta la precedenza** Vorfahrtberechtigter.

conduzione *f* (1) (*in generale*) Führung *f*; (2) (*locazione*) Mieten *n*; (3) (*affitto*) Pachten *n*; – **diretta**, – **in economia** Selbstbewirtschaftung *f*; – **d'impresa** Unternehmensführung *f*; – **del maso** Bewirtschaftung des Hofes.

Confagricoltura *f* (*Confederazione generale dell'agricultura italiana*) Hauptverband der italienischen Landwirtschaft.

Confartigianato *f* (*Confederazione generale italiana dell'artigianato*) Hauptverband des italienischen Handwerkswesens.

Confcommercio *f* (*Confederazione generale italiana del commercio e del turismo*) Italienischer Hauptverband für Handel und Tourismus.

confederato *m* Eidgenosse *m* (S).

confederazione *f* (1) Staatenbund *m*, Bund (S); (2) (*di persone ed associazioni*) Vereinigung *f*, Bund; – **elvetica** schweizerische Eidgenossenschaft; – **europea dell'agricoltura** europäische Agrarunion; – **europea dei sindacati** Europäischer Gewerkschaftsbund; – **internazionale dei sindacati cristiani (CISC)** internationaler Bund der christlichen Gewerkschaften (IBCG); – **internazionale dei sindacati liberi (CISL)** internationaler Bund freier Gewerkschaften (IBFG); – **dei lavoratori**, – **sindacale** Gewerkschaftsbund; – **di stati** Staatenbund; – **svizzera** schweizerische Eidgenossenschaft.

conferente *m* Einleger *m*.

conferenza *f* (1) (*discorso*) Vortrag *m*; (2) (*riunione*) Konferenz *f*; **indire una** – eine Konferenz einberufen; **partecipare ad una** – an einer

Konferenz teilnehmen; **tenere una** – einen Vortrag halten; – **degli ambasciatori** Botschafterkonferenz, Botschaftertag *m*, Botschaftertagung *f*; – **amministrativa** Verwaltungskonferenz; – **sulla cooperazione economica internazionale** Konferenz über internationale wirtschaftliche Zusammenarbeit; – (*internazionale*) **della Croce Rossa** Rotkreuzkonferenz; – **sul diritto del mare** (ONU) Seerechtskonferenz; – **sul disarmo** Abrüstungskonferenz; – **economica mondiale** Weltwirtschaftskonferenz; – **episcopale** Bischofskonferenz; – **intergovernativa** Regierungskonferenz; – **marittima** Schiffahrtskonferenz; – **ministeriale**, – **dei ministri** Ministerkonferenz; – **mondiale sull'alimentazione** (ONU) Welternährungskonferenz; – **monetaria** Währungskonferenz; – **delle Nazioni Unite sul commercio e lo sviluppo** Welthandelskonferenz, Handels- und Entwicklungskonferenz der Vereinten Nationen; – **dei non allineati** Konferenz der Blockfreien; – **della pace** Friedenskonferenz; – **permanente per i rapporti tra lo stato e le regioni** Ständige Konferenz über die Beziehungen zwischen Staat und Regionen; – **dei presidenti di gruppo** (*parlamentare*) Konferenz der Fraktionsvorsitzenden; – **di servizio** Dienstbesprechung; – **sulla sicurezza e la collaborazione in Europa (CSCE)** Konferenz über Sicherheit und Zusammenarbeit in Europa (KSZE); – **stampa** Pressekonferenz; – **Stato-Regioni** Staat-Regionen-Konferenz; – **al vertice** Gipfelkonferenz.

conferimento *m* (1) Verleihung *f*, Erteilung *f*; (2) (*aggiudicazione*) Vergebung *f*, Vergabe *f*; (3) (*assegnazione*) Zuerkennung *f*; (4) (*apporto*) Einbringung *f*, Einlage *f*, Geschäftseinlage; – **di capitale** Kapitaleinbringung, Kapitaleinlage; – **della cittadinanza** Verleihung der Staatsangehörigkeit; – **di concessione** Konzessionserteilung, Konzessionierung *f*; – **in denaro** Bareinlage, Geldeinlage; – **dell'incarico**, – **del mandato** Erteilung des Auftrages, Auftragserteilung; – **in natura** Sacheinlage, Einlage in Sachwerten; – **in numerario** Bareinlage, Geldeinlage; – **di procura** Erteilung einer Vollmacht, Vollmachtserteilung, Bevollmächtigung *f*; – **nella società** Gesellschaftseinlage; – **del socio** Gesellschaftereinlage; – **supplementare** Nachschuss *m*.

conferire (1) verleihen, erteilen; (2) einbringen; (3) zuerkennen.

conferma *f* Bestätigung *f*; – **d'arrivo** Eingangsbestätigung; – **di ordinazione**, – **di ordine** Auftragsbestätigung; – **di pagamento** Zahlungsbestätigung; – **di ricevimento** Empfangsbestätigung; – **ufficiale** offizielle Bestätigung.

confermare bestätigen.

confessare gestehen.

confessionale *agg* Bekenntnis-.

confessione *f* (1) Geständnis *n*; (2) (*di religione*) Glaubensbekenntnis *n*; **estorcere una** – ein Geständnis erpressen; **fare una** – **completa**, **rendere piena** – ein umfassendes Geständnis ablegen; **revocare la** – das Geständnis widerrufen; – **di aver commesso il fatto** Tatgeständnis; – **giudiziale** gerichtliches Geständnis; – **parziale** Teilgeständnis; – **spontanea** freiwilliges Geständnis; – **stragiudiziale** außergerichtliches Geständnis.

confesso *agg* geständig.

confideiussione *f* Mitbürgschaft *f*.

confideiussore *m* Mitbürge *m*.

confidente *m* (*informatore della polizia*) Vertrauensperson *f*, V-Mann *m*; (*spreg.*) Spitzel *m*.

confidenziale, **strettamente** – streng vertraulich.

confinante *agg* angrenzend.

confinare (1) angrenzen; (2) (*mandare al confino*) konfinieren.

Confindustria *f* (*Confederazione generale dell'industria italiana*) Hauptverband der italienischen Industrie.

confine *m* Grenze *f*; **attraversare il –, passare il** – die Grenze überschreiten; – **artificiale** künstliche Grenze; – **doganale** Zollgrenze; – **esterno** Außengrenze; – **etnico** ethnische Grenze, Volkstumsgrenze; – **federale** Bundesgrenze; – **interno** Binnengrenze; – **linguistico** Sprachgrenze; – **marittimo** nasse Grenze; – **naturale** natürliche Grenze; – **politico** politische Grenze; – **di Stato** Staatsgrenze, Landesgrenze; – **di terra**, – **terrestre** Landgrenze, trockene Grenze; – **territoriale** Gebietsgrenze; v. a. FRONTIERA, LINEA.

confino *m* Zwangsaufenthalt *m*, Zwangswohnsitz *m*, Konfination *f*, Konfinierung *f* (A); v. OBBLIGO DI SOGGIORNO, SOGGIORNO OBBLIGATORIO.

confisca *f* (1) (*delle cose che servirono a commettere il reato*) Einziehung *f*; (2) (*delle cose che sono il prodotto o il profitto del reato*) Verfall *m*; – **dei beni** Vermögenseinziehung, Vermögensverfall, Konfiskation von Vermögen (A).

confiscabile *agg* konfiszierbar, einziehbar.

confiscare einziehen, konfiszieren, entschädigungslos enteignen (A).

conflitto *m* Konflikt *m*, Streit *m*, Streitfall *m*, Streitigkeit *f*; – **apparente di norme** (*dir. pen.*) Gesetzeskonkurrenz; – **armato** bewaffneter Konflikt; – **di attribuzioni** Zuständigkeitsstreit (*zwischen Behörden und/oder Gerichten unterschiedlicher Rangordnung*); – **collettivo** (*diritto del lavoro*) Tarifstreitigkeit; – **di competenza** Zuständigkeitsstreit, Kompetenzkonflikt, Kompetenzstreit, Kompetenzstreitigkeit; – **di coscienza** Gewissenskonflikt; – **costituzionale** Verfassungskonflikt; – **doganale** Zollkonflikt; – **di doveri** (*dir. pen.*) Pflichtenkollision *f*; – **di frontiera** Grenzkonflikt; – **di giurisdizione** Zuständigkeitsstreit (*zwischen Gerichten*); – **di interessi** Interessenkonflikt, Interessenwiderstreit; – **di interpretazione** Auslegungsstreit; – **di lavoro** Arbeitskampf, Lohnkampf, Arbeitskonflikt *m*; – **di leggi** Gesetzeskollision *f*, (*diritto internazionale privato*) Rechtskollision, (*diritto internazionale pubblico*) Kollision der Statuten; – **negativo di competenza** negativer Kompetenzkonflikt, verneinender Kompetenzkonflikt; – **di norme** Normenkollision *f*; – **di norme nello spazio** räumliche Normenkollision; – **di norme nel tempo** zeitliche Normenkollision; – **nucleare** atomarer Konflikt; – **positivo di competenza** positiver Kompetenzkonflikt, bejahender Kompetenzkonflikt; – **razziale** Rassenkonflikt; – **salariale** Lohnkonflikt; – **sociale** Sozialkonflikt.

conflittualità *f* Konfliktsituation *f*; – **sindacale** Arbeitskampfsituation.

confondere verwechseln.

conforme *agg* gleichlautend, übereinstimmend; – a gemäß, entsprechend.

conformità *f*, **in – a** gemäß; – **al contratto** Vertragsmäßigkeit *f*; – **al diritto** Rechtmäßigkeit *f*, – **alla fattispecie** Tatbestandsmäßigkeit.

confrontare gegenüberstellen, konfrontieren.

confronto *m* Gegenüberstellung *f*, Konfrontierung *f*, Konfrontation *f*; **mettere a** – gegenüberstellen, konfrontieren; – **all'americana** (*proc. pen.*) Wahlgegenüberstellung; – **di prezzi** Preisvergleich *m*; – **di scritture** Schriftvergleich *m*; – **di testimoni** Zeugengegenüberstellung.

confusione *f* Konfusion *f*, (*nei diritti reali*) Konsolidation *f*; – **di beni** Vermischung von Sachen; – **di poteri** Gewaltenvereinigung *f*.

congedare beurlauben; entlassen.

congedo *m* Urlaub *m*, (*di militare*) Entlassung aus dem Militärdienst; **collocare in** – beurlauben; – **per contrarre matrimonio** Heiratsurlaub; – **di convalescenza** Genesungsurlaub; – **di maternità** Mutterschaftsurlaub; – **matrimoniale** Heiratsurlaub; – **non retribuito** unbezahlter Urlaub; – **ordinario** Erholungsurlaub; – **parentale** Elternzeit *f*, Erziehungsurlaub; – **retribuito** bezahlter Urlaub; – **straordinario** Sonderurlaub; v. a. FERIE, LICENZA, VACANZE.

congelamento *m* Einfrieren *n*; – **dei crediti** Einfrieren der Guthaben; – **dei prezzi** Einfrieren der Preise.

congiunto *m* Familienangehöriger *m*, Familienmitglied *n*, Familienglied *n* (S); **prossimo** – naher Angehöriger.

congiuntura *f* Konjunktur *f*; **alta** – Hochkonjunktur; – **ascendente** steigende Konjunktur; – **borsistica** Börsenkonjunktur; – **discendente** sinkende Konjunktur; – **economica** Wirtschaftskonjunktur; – **d'espansione** expansive Konjunktur; – **finanziaria** Finanzkonjunktur; – **mondiale** Weltkonjunktur; – **monetaria** Währungskonjunktur; – **nazionale** Binnenkonjunktur; – **di prosperità** Hochkonjunktur; – **in regresso** rückläufige Konjunktur; – **surriscaldata** überhitzte Konjunktur.

congiunturale *agg* konjunkturell, Konjunktur-. **connazionale** *m* Landsmann *m*.

congiunzione *f*, – **carnale** Beischlaf *m*, Beiwohnung *f*; – **carnale violenta** Vergewaltigung *f*.

congiura *f* Verschwörung *f*.

congiurare sich verschwören.

congiurato *m* Verschwörer *m*.

congregazione *f* Kongregation *f*; – **di carità** fromme Stiftung, milde Stiftung, mildtätige Stiftung, wohltätige Stiftung.

congressista *m* Kongressteilnehmer *m*.

congresso *m* Tagung *f*, Kongress *m*; **partecipare ad un** – an einem Kongress teilnehmen; – **annuale** Jahreskongress; – **federale** Bundeskongress; – **meteorologico mondiale** meteorologischer Weltkongress; – **nazionale** nationaler Kongress; – **pacifista** Pazifistenkongress; – **di partito** Parteitag *m*, Parteikongress; – **postale universale** Weltpostkongress; – **sindacale** Gewerkschaftskongress; – **straordinario** (*di partito*) Sonderparteitag.

congruenza monetaria Kongruenz der Währungen.

conguaglio *m* Ausgleich *m*; – **dei cambi** Währungsausgleich; – **in contanti**, – **in denaro** Barausgleich, Barausgleichung *f*; – **di dividendo** Dividendenausgleich; – **finanziario** Finanzausgleich; – **in natura** Naturalausgleich; – **dei prezzi** Preisausgleich, Preisausgleichung *f*; – **retributivo** Gehaltsausgleich; – **dei salari** Lohnausgleich; – **tributario** Steuerausgleich; v. a. COMPENSO.

coniare prägen, ausprägen.

coniatore *m* Münzer *m*.

coniatura *f* Prägung *f*, Ausprägung *f*; – **di denaro** Geldprägung; – **libera** Freiprägung; – **dell'oro** Goldprägung.

coniazione v. coniatura.

coniuge *m* Ehegatte *m*; – **deceduto** verstorbener Ehegatte; – **divorziato** geschiedener Ehegatte; – **superstite** überlebender Ehegatte.

coniugi *m pl* Ehegatten *pl*, Eheleute *pl*;

connessione *f* Zusammenhang *m*; Konnexität *f*; – (*di cause*) **per accessorietà** Zusammenhang kraft Akzessorietät; – **causale** Ursachenzusammenhang; – **di cause** Zusammenhang von Rechtsstreitigkeiten; – (*di cause*) **per compensazione** Zusammenhang kraft Aufrechnung; – (*di cause*) **oggettiva** Sachzusammenhang; – **di procedimenti** Zusammenhang von Verfahren; – **di reati** Zusammenhang mehrerer Straftaten; – (*di cause*) **soggettiva** subjektiver Zusammenhang; v. a. NESSO.

connivenza *f* Konnivenz *f*.

connotati *m pl* Personenbeschreibung *f*, Personalbeschreibung, Personsbeschreibung (A), Signalement *m*.

conoscenza *f*, **per** – zur Kenntnisnahme, nachrichtlich; **venire a** – Kenntnis erlangen; – **del diritto** Rechtskenntnis; – **della legge** Gesetzeskenntnis; – **di lingue straniere** Fremdsprachenkenntnisse *f pl.*

conoscenze *f pl* Kenntnisse *f pl*; – **tecnologiche** technologisches Wissen.

conoscere di erkennen.

conquista *f*, – **del mercato** Markteroberung *f*; – **del potere** Machtergreifung *m*; – **sociale** soziale Errungenschaft *f*; – **territoriale** Gebietseroberung *f*.

conquistare erobern.

conquistatore *m* Eroberer *m*.

consanguineità *f* Blutsverwandtschaft *f*.

consanguineo *agg* blutsverwandt, halbbürtig (väterlicherseits).

consanguineo *m* Blutsverwandter *m*.

consegna *f* (1) Übergabe *f*, Aushändigung *f*; (2) Ablieferung *f*, Auslieferung *f*, Lieferung *f*; (3) (*ordine*) Vorschrift *f*; **alla** – bei Lieferung; **franco di** – Lieferung kostenfrei; **mancata** – Nichtlieferung; **omessa** – **di armi** Nichtablieferung von Waffen; **omessa** – **di monete riconosciute contraffatte** Nichtablieferung von Geld trotz erkannter Unechtheit; **pagabile alla** – zahlbar bei Lieferung; **prendere in** –, **ricevere in** – entgegennehmen, in Empfang nehmen, abnehmen; – **anticipata** vorzeitige Lieferung; – **in conto deposito** (*contratto estimatorio*) Bedingtlieferung; – **contro assegno** Lieferung per Nachnahme; – **differita** aufgeschobene Lieferung; – **alla dogana** Zollgestellung *f*; – **a domicilio** Lieferung frei Haus; – **effettiva** tatsächliche Übergabe; – **dell'eredità** Auslieferung der Erbschaft (S); – **forzata** Zwangsübergabe; – **futura** zukünftige Lieferung; – **di guardia** Wachvorschrift; – **immediata** Lieferung sofort; – **in mani proprie** eigenhändige Zustellung; – **materiale** tatsächliche Übergabe; – **in natura** Sachlieferung; – **obbligatoria** Pflichtablieferung, Zwangsablieferung; – **obbligatoria di esemplari degli stampati e delle pubblicazioni** Hinterlegung von Pflichtexemplaren; – **pronta** Lieferung prompt; – **a richiesta del compratore** Lieferung auf Abruf; – **ripartita** Teillieferung; – **ritardata** verspätete Lieferung, Spätlieferung; – **di sentinella** Wachvorschrift; – **simbolica** Übergabe durch Zeichen, symbolische Übergabe (A =).

consegnabile *agg* lieferbar.

consegnare übergeben, aushändigen, abliefern, ausliefern, liefern.

consegnatario *m* (1) Empfänger *m*; (2) Verwahrer *m*, Konsignatar *m*.

conseguenza *f*, – **dannosa** Schadensfolge *f*; – **giuridica** Rechtsfolge *f*; – **tardiva** Spätfolge; – **sanzionatoria** Sanktion *f*.

conseguenze *f pl*, **rispondere delle** – für die Folgen haften; – **dannose** nachteilige Folgen; – **della guerra** Kriegsfolgen *pl*; – **incalcolabili** unübersehbare Folgen.

conseguimento fraudolento di un concordato giudiziale (S) Erschleichung eines gerichtlichen Nachlassvertrages (S).

consenso *m* (1) (*concordanza di più volontà*) Einigung *f*, Konsens *m;* (2) (*assenso*) Einwilligung *f*, Zustimmung *f*; **chiedere il** – die Zustimmung einholen; **negare il** – die Zustimmung versagen; **mutuo** – gegenseitiges Einvernehmen, gegenseitiges Einverständnis, beiderseitiges Einverständnis; – **dell'avente diritto** Einwilligung des Berechtigten; – **esplicito**, – **espresso** ausdrückliches Einverständnis; – **per il matrimonio** Einwilligung zur Eheschließung, Eheeinwilligung, Ehekonsens *m* (A =); – **dell'offeso** Einwilligung des Verletzten; – **del paziente** Einwilligung des Patienten; – **preventivo** Einwilligung, vorherige Zustimmung; – **reciproco** gegenseitiges Einvernehmen, gegenseitiges Einverständnis, beiderseitiges Einverständnis; – **sociale** gesellschaftlicher Konsens *m*; – **tacito** stillschweigendes Einverständnis; – **unanime** einstimmiges Einverständnis; – **valido** wirksames Einverständnis.

consensuale *agg* konsensuell, Konsensual-.

consentire zustimmen.

conservatore *agg* konservativ.

conservatore *m* Konservativer *m*; – **del libro fondiario** Grundbuchsführer (A); – **dei registri immobiliari** Grundbuchführer; – **del registro** Registerführer *m*, Matrikenführer *m* (A =).

conservatoria *f* **dei registri immobiliari** Grundbuchamt.

conservazione *f*, – **della cosa data in pegno** Pfandverwahrung *f*; – **del posto di lavoro** Erhaltung des Arbeitsplatzes.

considerato che in der Erwägung, dass.

considerazione *f*, **prendere in** – berücksichtigen; – **di equità** Billigkeitserwägung *f*; – **di opportunità** Zweckmäßigkeitserwägung *f*.

consigliabile *agg* ratsam.

consigliare beraten.

consigliere *m* Rat *m*, Ratsmitglied *n*; – **d'ambasciata** Botschaftsrat; – **d'amministrazione** Mitglied des Verwaltungsrats, Verwaltungsratsmitglied *n*; – **di cassazione** Richter am Kassationshof; – **comunale** Gemeinderat, Gemeinderatsmitglied, Mitglied des Gemeinderats, Gemeindevertreter *m*, Ratsmitglied, Ratsherr *m*, (*di città*) Stadtrat, Stadtverordneter *m*, Stadtvertreter *m*, Stadtvater *m*; – **di Corte d'Appello** Richter am Appellationsgerichtshof (D: *Richter am Oberlandesgericht*); – **delegato** (*di S. p. A.*) geschäftsführendes Verwaltungsratsmitglied; – **delegato della sezione istruttoria** (*Corte d'appello proc. pen.*) beauftragter Richter des Senats für gerichtliche Voruntersuchungen; – **federale** Bundesrat (A, S); – **di legazione** Legationsrat, Gesandtschaftsrat; – **militare** Militärberater *m*; – **nazionale** Nationalrat (A, S); – **provinciale** Landtagsabgeordneter (*Südtirol*); – **regionale** Regionalratsabgeordneter; – **per la sicurezza** Sicherheitsberater; – **di Stato** Staatsrat, Mitglied des Consiglio di Stato; – **di tribunale** Richter am Landgericht.

consiglio *m* Rat *m*; **gran** – Großrat; – **di aiuto sociale** (*ord. penit.*) Rat für soziale Hilfe (*bei Gefangenenentlassung*); – **alimentare mondiale** (ONU) Welternährungsrat; – **d'amministrazione** Verwaltungsrat; – **di amministrazione fiduciaria** (ONU) Treuhandrat; – **d'associazione** Assoziationsrat; – **atlantico** Atlantikrat; – **della banca** (nazionale svizzera) Bankrat (S); – **di borsa** Börsenvorstand *m*; – **cantonale** (S); Kantonsrat (S), Landrat (S), Landsgemeinde *f* (S); – **circoscrizionale** Bezirksverordnetenversammlung *f*; – **comunale** (Baden-Württemberg, Bayern, Rheinland-Pfalz, Saarland, Schweiz) Gemeinderat, (Niedersachsen, Nordrhein-Westfalen) Rat der Gemeinde, (Brandenburg, Hessen, Mecklenburg-Vorpommern, Sachsen, Sachsen-Anhalt, Schleswig-Holstein, Thüringen) Gemeindevertretung *f*, (Schweiz auch:) Bürgerrat; (di città) (Baden-Württemberg, Bayern, Rheinland-Pfalz, Saarland) Stadtrat, (Niedersachsen, Nordrhein-Westfalen) Rat der Stadt, (Bremerhaven, Hessen) Stadtverordnetenversammlung *f*, (Schleswig-Holstein) Stadtvertretung *f*; (*anche parlamenti delle cittàstato:*) Bürgerschaft *f*, (Bremen, Hamburg); Abgeordnetenhaus *n* (Berlin); – **dei Comuni d'Europa** Rat der Gemeinden Europas; – **di controllo** Kontrollrat; – **di cooperazione doganale** Rat für die Zusammenarbeit auf dem Gebiet des Zollwesens; – **della corona** Kronrat; – **di disciplina** Disziplinarkammer, Disziplinarkommission (A =, S =); – **dell'economia**, – **economico** Wirtschaftsrat;

– **economico e sociale (ECOSOC)** Wirtschafts- und Sozialrat (ECOSOC); – **ecumenico delle Chiese** Weltkirchenrat *m*; – **esecutivo** Exekutivrat; – **degli esperti** Sachverständigenrat; – **d'Europa** Europarat; – **europeo** Europäischer Rat; – **di fabbrica** (*rappresentanza sindacale aziendale*) (gewerkschaftlicher) Betriebsausschuss *m*; – **di famiglia** Familienrat; – **di fondazione** Stiftungsrat; – **di gabinetto** Kabinettsrat; – **di gestione** Betriebsausschuss *m*; – **guidiziario** (*organo rappresentativo*) Richterrat; – **di giustizia amministrativa per la regione Siciliana** Verwaltungsgerichtshof für die Region Sizilien; – **dei governatori** (*delle banche centrali*) Rat der Gouverneure (EIB); – **di guerra** Kriegsrat; – **internazionale del frumento** internationaler Weizenrat; – **internazionale dello zucchero** internationaler Zuckerrat; – **di leva** Musterungskommission *f*, Aushebungskommission; – **dei ministri** Ministerrat, (*riunione*) Ministerratssitzung *f*; – **mondiale della pace** Weltfriedensrat; – **municipale** Gemeinderat, Stadtrat; – **nazionale** Nationalrat; – **Nazionale dell'Ambiente** Nationaler Rat für Umweltfragen; – **nazionale dell'economia e del lavoro (CNEL)** Nationaler Rat für Wirtschaft und Arbeit; – **nazionale forense** nationaler Anwaltsrat (*entscheidet über Beschwerden gegen Entscheidungen des Rates der Anwaltskammer*); – **nazionale di polizia** Nationaler Polizeirat; – **nazionale delle ricerche (CNR)** Nationaler Forschungsrat; – **nordatlantico** Nordatlantikrat; – **nordico** nordischer Rat; – **notarile** Vorstand *m* der Notarkammer (D), Notariatskammer (A); – **dell'ordine** Kammer vorstand *m*, Kammerausschuss (A); – **dell'ordine degli avvocati e procuratori** Vorstand der Rechtsanwaltskammer, Ausschuss der Rechtsanwaltskammer (A); – **delle prede** Prisengericht *n*; – **di prefettura** Beirat der Präfektur und Provinzial-Rechnungshof, Präfekturrat; – **di presidenza** Präsidialrat *m*; – **provinciale** Provinzialrat, Landtag *m* (*Südtirol*); – **di reggenza** Regentschaftsrat; – **regionale** Regionalrat; – **della rivoluzione** Revolutionsrat; – **sanitario**, – **di sanità** Gesundheitsbeirat; – **di sicurezza** Sicherheitsrat; – **di sicurezza delle Nazioni Unite; – di sicurezza dell'ONU** Sicherheitsrat der Vereinten Nationen, UNO-Sicherheitsrat; – **della Società delle Nazioni** Völkerbundsrat; – **degli stati** (S) Ständerat (S); – **di Stato** Staatsrat (*bestehend aus drei Abteilungen mit beratender Funktion – insbesondere Begutachtung von Gesetzentwürfen und Beratung der Regierung – und aus drei Abteilungen, die einem obersten Verwaltungsgericht gleichkommen*); (S) Regierungsrat (S); – **di Stato in sede giurisdizionale** oberstes Verwaltungsgericht; – **superiore** oberster Rat; – **superiore della Magistratura (CSM)** Oberster Richterrat; – **superiore di Sanità** Oberster Rat für das Gesundheitswesen; – **supremo di difesa** Oberster Verteidigungsrat; – **tributario** (*comunale*) Steuerbeirat *m*; – **dell'Unione Europeo** Rat der Europäischen Union.

consistenza *f* Bestand *m*; – **di cassa** Kassenbestand, Barbestand, Barvorrat *m*; – **patrimoniale** Vermögensbestand; – **del personale** Personalbestand, Personalstand (A).

consociata *f* Konzerngesellschaft *f*.

consocio *m* Mitgesellschafter *m*, Mitunternehmer *m*.

consolare *agg* konsularisch, Konsular-, Konsulats-.

consolato *m* Konsulat *n*; – **generale** Generalkonsulat; – **onorario** Wahlkonsulat.

console *m* Konsul *m*; – **di capitolazione** (*stor.*) Jurisdiktionskonsul; – **di carriera** Berufskonsul; – **generale** Generalkonsul; – **giudice**

Jurisdiktionskonsul; – **onorario** Wahlkonsul, Honorarkonsul, Handelskonsul.

consolidamento *m* (1) Festigung *f*, Konsolidation *f*; Konsolidierung *f*, Fundierung *f*; (2) (*confusione nei diritti reali*) Konsolidation; – **dei corsi** Kursfestigung; – **di debiti fluttuanti** Konsolidierung schwebender Schulden; – **della moneta** Währungsbefestigung, Währungsfestigung; – **della pace** Festigung des Friedens.

consolidare (1) konsolidieren, fundieren; (2) (*sostenere*) stützen, festigen.

consolidato *m* konsolidierte Anleihe, Konsol *m*.

consolidazione *f* v. consolidamento.

consorella *f* Schwesterfirma *f*, Schwestergesellschaft *f*, Schwesterunternehmen *n*.

consorte (1) *m* Ehegatte *m*, Ehemann *m*; *f* Ehegattin *f*, Ehefrau *f*; (2) *m* (*membro di un consorzio*) Konsorte *m*.

consorziare zusammenschließen.

consorziato *m* Konsorte *m*.

consorzio *m* Verband *m*, Konsortium *n*, Konzern *m*; – **agrario** landwirtschaftliche Genossenschaft; – **amministrativo** Verwaltungsverband; – **bancario** Bankenkonsortium, Bankkonsortium; – **di bonifica** Landerschließungsgenossenschaft; – **coattivo** Pflichtverband, Zwangsverband, Zwangssyndikat *n*; – **di collocamento** Placierungskonsortorium, Übernahmekonsortorium; – **per il collocamento di un prestito** Anleihekonsortium; – **di comuni** Gemeindeverband, Kommunalverband; – **di credito** Kreditkonsortium; – **per il deflusso delle acque** Wassergenossenschaft *f*; – **economico** Wirtschaftskonsortium, Wirtschaftskonzern; – **d'emissione** (*in generale*) Emissionskonsortium, (*solo di prestiti*) Begebungskonsortium; – **tra enti locali** Gemeindeverband; – **finanziario** Finanzkonsortium; – **di garanzia** Garantiekonsortium, Gewährverband, Gewährleistungsverband; – **d'intervento** Interventionskonsortium; – **di mercato** Marktverband; – **di miglioramento fondiario** Meliorationsgenossenschaft *f*; – **minerario** bergrechtliche Gewerkschaft; – **obbligatorio** Zwangsverband, Zwangssyndikat *n*; – **al rialzo** Haussekonsortium; v. a. GRUPPO.

constatare feststellen.

constatazione *f* Feststellung *f*; – **amichevole di incidente** (*veicoli*) Unfallbericht *m*.

consuetudine *f* Gewohnheit *f*; – **commerciale** Handelsgewohnheit; – **locale** Ortsgewohnheit, Observanz *f*, Herkommen *n*.

consulente *m* Berater *m*; – **d'azienda** Betriebsberater; – **economico** Wirtschaftsberater; – **finanziario** Finanzberater, Anlageberater; – **fiscale** Steuerberater; – **del lavoro** Berater in Arbeitsrechtsfragen; – **legale** Rechtsberater; – **tecnico** (1) technischer Berater; (2) (*nel processo*) Sachverständiger *m*; – **tecnico di parte** Sachverständiger der Partei; – **tributario** Steuerberater.

consulenza *f* Beratung *f*, Raterteilung *f*; – **aziendale** Betriebsberatung, Unternehmensberatung; – **finanziaria** Anlageberatung; – **fiscale** Steuerberatung; – **infedele** Parteiverrat *m* (*des Sachverständigen einer Partei*), Parteien verrat (A); – **legale** Rechtsberatung; – **tecnica** (*proc. civ.*) Sachverständigengutachten.

consulta *f* beratende Versammlung, Konsultativversammlung *f*.

Consulta *f* (= *Corte Costituzionale*) Bezeichnung für den Verfassungsgerichtshof, der seinen Sitz im Palazzo della Consulta in Rom hat.

consultare konsultieren, anhören.

consultazione *f* Konsultation *f*, Konsultierung *f*; **previa** – **dell'assemblea** nach Anhörung der Versammlung; – **popolare** Volksbefragung *f*, Volksabstimmung *f*; – **referendaria** Referendum *n*.

consultazioni *f pl* **intergovernative** Regierungskonsultationen *f pl*.

consultivo *agg* beratend.
consulto *m* Beratung *f*, Begutachtung *f*, Gutachten *n*.
consultorio *m* Beratungsstelle *f*; – **familiare** Familienberatungsstelle, anerkannte Beratungsstelle (D).
consumabile *agg* verbrauchbar.
consumare (1) verbrauchen; (2) (*reato*) vollenden, ausführen.
consumatore *m* Verbraucher *m*, Konsument *m*; **grande** – Großverbraucher; **piccolo** – Kleinverbraucher; – **finale** Endverbraucher, Letztverbraucher; – **nazionale** Inlandsverbraucher; – **normale** Normalverbraucher; – **primario** Erstverbraucher; – **privato** Privatverbraucher.
consumazione *f*, – **del matrimonio** Vollziehung der Ehe; – **di reato** Vollendung einer Straftat.
consumo *m* Verbrauch *m*, Konsum *m*; **maggior** – Mehrverbrauch; – **domestico** Haushaltsverbrauch; – **dovuto all'uso** Abnutzung durch Gebrauch; – **di droghe** Drogenkonsum; – **energetico**, – **d'energia** Energieverbrauch; – **finale** Endverbrauch; – **giornaliero** Tagesverbrauch; – **individuale** Individualverbrauch; – **interno** Inlandsverbrauch; – **locale** Ortsverbrauch; – **di massa** Massenverbrauch, Massenkonsum; – **nazionale** Inlandsverbrauch; – **personale** Selbstverbrauch, Eigenverbrauch; – **privato** privater Verbrauch, Privatverbrauch; – **pro capite** Pro-Kopf-Verbrauch; – **proprio** Eigenverbrauch, Selbstverbrauch; – **pubblico** öffentlicher Verbrauch; – **totale** Gesamtverbrauch.
consuntivo *m* (*bilancio*) Abschlussbilanz *f*.
consunzione *f* (*dir. pen.*) Konsumtion *f*; – **dell'azione penale** Strafklageverbrauch *m*.
contabile *agg* buchmäßig, Buchhaltungs-, Buchführungs-.
contabile *m* Buchhalter *m*, Rechnungsführer *m*, Buchführer; v. a. RAGIONIERE.
contabilità *f* (1) (*in concreto*) Buchhaltung *f*, Buchführung *f*; (2) (in *astratto*) Rechnungswesen *n*; **tenere la** – die Bücher führen; – **aziendale** Betriebsbuchführung; – **bancaria** Bankbuchhaltung; – **di bilancio** Bilanzbuchhaltung; – **di cassa** Kassenbuchführung; – **commerciale** kaufmännische Buchführung, Handelsbuchführung; – **finanziaria** Finanzbuchhaltung, Finanzbuchführung; – **fiscale** Steuerbuchführung; – **a fogli mobili** Loseblattbuchführung; – **generale** allgemeine Buchführung; – **di magazzino** Lagerbuchhaltung, Warenbuchhaltung, Warenbuchführung; – **nazionale** (1) volkswirtschaftliches Rechnungswesen (*des Staates*); (2) volkswirtschaftliche Gesamtrechnung; – **ordinaria** ordentliche Buchhaltung; – **a partita doppia** doppelte Buchführung; – **a partita semplice** einfache Buchführung; – **pubblica** öffentliches Rechnungswesen; – **a ricalco** Durchschreibebuchhaltung; – **salari** Lohnbuchführung, Lohnabrechnung; – **segreta** Geheimbuchführung; – **semplificata** vereinfachte Buchhaltung; – **sociale** Gesellschaftsbuchführung; – **di Stato** Staatsrechnungswesen, Staatsbuchhaltung; – **stipendi** Gehaltsbuchführung, Gehaltsabrechnung; – **tributaria** Steuerbuchführung; – **unificata** Einheitsbuchführung; v. a. PARTITA.
contabilizzare verbuchen.
contagio *m* Ansteckung *f*.
container *m* Container *m*.
contaminazione *f* Verunreinigung *f*, Verseuchung *f*; – **ambientale** Umweltverseuchung; – **radioattiva**, – **da radioattività** radioaktive Verseuchung; v. a. INQUINAMENTO.
contante *m* bares Geld, Bargeld *n*, Kassa *f*; – **in cassa** Bargeldbestand *m*; – **netto** netto Kasse.
contanti, a –, in –, per – bar; **acquistare a –, comprare a – bar** kaufen; **pagare in** – bar bezahlen.

contare (1) (*enumerare*) zählen (2) (*calcolare*) rechnen.

contatto *m* Kontakt *m*, Verbindung *f*; **stretto** – enger Kontakt; – **informale** informeller Kontakt; – **con il mondo esterno** Kontakt zur Außenwelt.

contatti *m pl* **con la clientela** Kundenpflege *f*.

conteggiare berechnen, in Rechnung stellen, in Rechnung bringen.

conteggio *m* Berechnung *f*, Abrechnung; – **del danno** Schadensabrechnung; – **finale** Schlussabrechnung; – **degli interessi** Zinsberechnung; – **del premio** Prämienabrechnung, Beitragsabrechnung; – **del salario** Lohnabrechnung; v. a. CALCOLO, LIQUIDAZIONE.

contegno *f* Verhalten *n*; – **processuale delle parti** Prozessverhalten der Parteien; – **sconveniente** ungebührliches Verhalten.

contendente *m* streitende Partei, Streitpartei *f* (A), Streitteil *m*.

contendere streitig machen; streiten.

contenimento *m*, – **dei costi** Kostendämpfung *f*; – **dell'inflazione** Inflationseindämmung *f*; – **della spesa pubblica** Begrenzung der öffentlichen Ausgaben.

contenuto *m* Inhalt *m*; – **informativo** Informationsgehalt *m*; – **contrattuale** Vertragsinhalt.

contenzioso *agg* streitig.

contenzioso (1) streitige Gerichtsbarkeit *f*, Streitverfahren *n*; (2) (*ufficio*) Rechtsabteilung *f*; – **amministrativo** (1) Verwaltungsstreit(igkeit); (2) Verwaltungsstreitverfahren; – **tributario** Steuerstreitverfahren.

contestare (1) (*negare*) bestreiten, abstreiten, in Abrede stellen; (2) (*un reato*) vorhalten.

contestazione *f* (1) (*il negare*) Bestreiten *n*, Bestreitung *f*; (2) (*reclamo*) Beanstandung *f*, Beanstandung (A); (3) (*di un reato*) Vorhalt *m*; – **dell'accusa** Vorhalt der zur Last gelegten Tat; – **dell'addebito** Vorhalt der angelasteten Verfehlung; – **di circostanze aggravanti** Vorhalt erschwerender Umstände; – **giovanile** Jugendprotest *m*; – **della legittimità** Anfechtung der Ehelichkeit, Bestreitung der Ehelichkeit (A).

conteste *m* Mitzeuge *m*.

contesto *m* Kontext *m*, Zusammenhang *m*; – **internazionale** internationaler Kontext.

contestualmente (*esecuzione di contratti*) Zug um Zug.

contezza, **dare – di sé** sich ausweisen.

conti, **fare i** – abrechnen.

contiguità *f* Angrenzen *n*.

contiguo *agg* angrenzend.

continenza *f* (*di cause*) teilweise Rechtshängigkeit *f*.

contingentamento *m* Kontingentierung *f*, Bewirtschaftung *f*; – **delle divise** Devisenbewirtschaftung, Devisenzwangswirtschaft *f*; – **delle importazioni** Einfuhrkontingentierung, Importkontingentierung; – **obbligatorio** Zwangsbewirtschaftung; – **della vendita** Absatzkontingentierung.

contingentare kontingentieren, bewirtschaften.

contingente *m* Kontingent *n*; **fuori** – kontingentsfrei; – **annuale** Jahresquote *f*; – **di base** Grundkontingent; – **bilaterale** bilaterales Kontingent; – **comunitario** (CE) Gemeinschaftskontingent; – **doganale** Zollkontingent; – **doganale comunitario** Gemeinschaftszollkontingent; – **d'esportazione** Ausfuhrkontingent, Ausfuhrquote *f*, Exportkontingent, Exportquote; – **globale** (CE) Globalkontingent; – **d'immigrazione** Einwanderungsquote *f*; – **d'importazione** Einfuhrkontingent, Einfuhrquote; – **libero** zollfreies Kontingent; – **massimo** Höchstkontingent; – **supplementare** Zusatzkontingent; – **tariffario** (*doganale*) Zollkontingent; – **di valuta estera** Devisenkontingent; – **di vendita** Absatzkontingent, Verkaufskontingent.

continuare fortsetzen.

continuazione *f* (*nel reato*) Fortsetzungszusammenhang *m*.
continuità *f*, – **giuridica** Rechtskontinuität *f*; – **dello Stato** Staatskontinuität.
contingenza *f* (*indennità di*) Teuerungszulage *f*.
contitolare *m* Mitinhaber *m*.
conto *m* (1) Konto *n*, Rechnung *f*; (2) (*fattura*) Rechnung; (3) (*nel senso di rendere conto*) Rechenschaft *f*; **accendere un** – ein Konto eröffnen; **accreditare un** – ein Konto erkennen, einem Konto gutschreiben; **addebitare un** – ein Konto belasten; **alimentare un** – ein Konto speisen, auf ein Konto einzahlen; **appurare un** – ein Konto abschließen; **aprire un** – ein Konto eröffnen, ein Konto einrichten, ein Konto errichten, ein Konto anlegen; **assestare un** – ein Konto abschließen; **bilanciare un** – ein Konto ausgleichen; **bloccare un** – ein Konto sperren; **chiudere un** – ein Konto abschließen, eine Rechnung abschließen; **estinguere un** – ein Konto löschen, ein Konto schließen; **intrattenere un** – ein Konto unterhalten; **liquidare un** – ein Konto abschließen; **mandare un – allo scoperto** ein Konto überziehen; **mettere in** – in Rechnung stellen, in Rechnung bringen; **pagare a** – auf Konto zahlen; **pareggiare un** – ein Konto ausgleichen; **prelevare da un** – von einem Konto abheben; **rendere** – Rechenschaft ablegen, Rechnung legen, Rechnung ablegen; **rettificare un** – eine Rechnung berichtigen, eine Rechnung bereinigen; **tenere un** – ein Konto führen; **verificare un** – eine Rechnung prüfen; **versare su un** – auf ein Konto einzahlen; **per Vostro – e rischio** auf Ihre Rechnung und Gefahr; – **accreditato** erkanntes Konto; – **acquisti** Einkaufskonto; – **addebitato** belastetes Konto; **per – d'altri** für fremde Rechnung; – **d'amministrazione** Verwaltungskonto; – **d'ammortamento** Abschreibungskonto (*stato patrimoniale*) Wertberichtungskonto; – **analitico** Unterkonto, Subkonto; – **annuale** Jahresrechnung; – **anticipazioni**, – **anticipi** Kreditkonto, Vorschusskonto; – **aperto** offene Rechnung, offenstehende Rechnung, offenes Konto; – **arretrato** in Rückstand befindliche Rechnung, offene Rechnung; – **ausiliario** Hilfskonto; – **in banca**, – **bancario** Bankkonto; – **di bilancio** Bilanzkonto, (*bilancio pubblico*) Haushaltsrechnung; – **bloccato** gesperrtes Konto, Sperrkonto, Festkonto, Registerkonto; – **cambiali attive** Besitzwechselkonto, Rimessenkonto, Forderungswechselkonto (A); – **capitale** Kapitalkonto; Kapitalanlagekonto; – **di cassa** Kassenkonto, Kassakonto; – **cedole** Kuponkonto; – **chèques postali** (S) Postscheckkonto, Postscheckrechnung (S); **per – di chi spetta** wen es angeht; – **di clearing** Clearingkonto; – **clienti** Kundenkonto; – **collettivo** Gemeinschaftskonto, Kollektivkonto, Undkonto; Sammelkonto; – **di comodo** Deckkonto; – **di compensazione** Verrechnungskonto; – **comune** gemeinschaftliches Konto; **per – comune** für gemeinschaftliche Rechnung; – **congelato** eingefrorenes Konto, Sperrkonto; – **congiunto** Oderkonto; – **consortile** Konsortialkonto; – **consuntivo** Haushaltsrechnung, Rechnungsabschluss *m* (A); – **di contropartita** Gegenkonto, Gegenrechnung; – **di copertura** Dekkungskonto; – **corrente** laufende Rechnung, laufendes Konto, Kontokorrent *n*, Kontokorrentkonto; – **corrente di corrispondenza** Girokonto *n*, Scheckkonto, Scheckrechnung, Guthabenkonto, Konto auf Guthabenbasis, kreditorisches Konto; – **corrente a metodo scalare** Staffelkontokorrent *n*; – **corrente postale** Postgirokonto, Postscheckrechnung (S), Postsparkassenkonto (A); – **crediti** Kredit-

konto; – **crediti dubbi** Dubiosenkonto, Konto dubioso (A); – **creditore** kreditorisches Konto; – **creditori** Kreditorenkonto; – **debitori** Debitorenkonto – **debitorio** debitorisches Konto, Debetkonto; – **di deposito** (*denaro*) Einlagekonto, Depositenkonto, (*titoli*) Depotkonto, Hinterlegungskonto; **in – deposito** konsignationsweise; – **dividendi** Dividendenkonto; – **economico** Erfolgsrechnung, Erfolgskonto, Erfolgsbilanz *f*, Ertragsrechnung, Ertragsbilanz, Ergebnisrechnung, Gewinn- und Verlustrechnung, Gewinn- und Verlustkonto, Aufwands- und Ertragsrechnung; – **effetti** Wechselkonto; – **effetti passivi** Akzeptkonto; – **delle entrate** Einnahmenrechnung, Einnahmenkonto; – **esercizio** Umsatzrechnung; – **d'esercizio** Betriebsrechnung, Betriebskonto; – **estero** Ausländerkonto; – **all'estero** Auslandskonto; – **di fabbricazione** Fabrikationskonto, Herstellungskonto; – **fiduciario** Treuhandkonto, Anderkonto; – **finale** Schlussrechnung; – **di finanziamento** Finanzierungskonto, Kreditkonto, Vorschusskonto, Barvorschusskonto, Barkreditkonto; – **finanziario** Finanzkonto; – **a firma collettiva** Undkonto; – **a firme disgiunte** Oderkonto; – **fittizio** Deckkonto; – **fornitori** Lieferantenkonto, Liefererkonto; – **fruttifero** verzinsliches Konto; – **generale** Hauptkonto, Hauptrechnung; – **di gestione** Betriebsrechnung; – **immobiliare** Immobilienkonto; – **inattivo** umsatzloses Konto, Konto ohne Bewegung, ruhendes Konto; – **indisponibile** Sperrkonto; – **individuale** persönliches Konto, Personalkonto; – **infruttifero** unverzinsliches Konto; – **insoluto** offene Rechnung, offenstehende Rechnung, offenes Konto; – **interessi** Zinsenkonto; – **intestato a cose** totes Konto; – **levate** Privatkonto; – **libero** freies Konto; – **liquidato** ausgeglichene Rechnung, beglichene Rechnung; – **di liquidazione** Liquidationskonto, Abwicklungskonto, Abschlussrechnung; – **lire estero** Ausländer-Lire-Konto; – **loro** Lorokonto; – **magazzino** Lagerkonto, Warenkonto; – **mensile** Monatsrechnung; – **mercanzie**, – **merci generali** Warenkonto, Bestandskonto, Lagerkonto; – **merci in lavorazione** Herstellungskonto, Fabrikationskonto; – **merci in magazzino**, – **merci in monte**, – **monte merci** Bestandskonto, Lagerkonto, Warenkonto; – **negativo** Leerrechnung; – **non pagato** unbezahlte Rechnung; – **non saldato** offene Rechnung; – **nostro** Nostrokonto; – **d'ordine** durchlaufender Posten, Durchlaufposten, Posten unter dem Strich, Ordnungskonto (S); – **pareggiato** ausgeglichenes Konto; – **in partecipazione** Partizipationsrechnung; – **particolare** Einzelrechnung; – **del patrimonio** Vermögensrechnung; – in pendenza offene Rechnung, offenstehende Rechnung, offenes Konto; – **perdite e profitti** Aufwands- und Ertragsrechnung, v. a. conto profitti e perdite; – **personale** persönliches Konto, Personalkonto, Eigenkonto; – **di persone** lebendes Konto; – **prelevamenti** Privatkonto; – **principale** Hauptkonto, Hauptrechnung; – **processuale** Prozessvertrag; – **profitti** Gewinnkonto, Gewinnrechnung; – **profitti e perdite** Gewinn- und Verlustrechnung, Gewinn- und Verlustkonto, Aufwands- und Ertragsrechnung, Erfolgsrechnung, Erfolgskonto, Erfolgsbilanz *f*, Ertragsrechnung, Ertragsbilanz *f*, Ergebnisrechnung; – **profitti e perdite in forma descrittiva** Gewinn- und Verlustrechnung in Staffelform; – **profitti e perdite a sezioni divise contrapposte** Gewinn- und Verlustrechnung in Kontoform; **per – proprio** für eigene Rechnung; – **provvisorio** provisorisches Konto, vorläufiges

Konto, Zwischenkonto, Interimskonto; – **rimborso tratte accettate** Rembourskonto; – **in riposo** ruhendes Konto; **per – e rischio di** für Rechnung und auf Gefahr von; – **di riserva** Reservekonto; – **di risparmio** Sparkonto; – **di risparmio postale** Postsparkassenkonto; – **di ritorno**, – **di rivalsa** Rückrechnung, Retourrechnung; – **di rivalutazione** Umstellungskonto, Wertberichtigungskonto; – **salari** Lohnkonto; – **saldato** beglichene Rechnung; – **a saldi** Saldenkonto; – **a scala**, – **scalare** Staffelkonto, Staffelrechnung, Saldenkonto; – **scoperto**, – **allo scoperto** überzogenes Konto; – **segreto** Geheimkonto; – **a sezione unica** Saldenkonto, Staffelkonto, Staffelrechnung; – **sintetico** Hauptkonto, Hauptrechnung, Sammelkonto; – **in sospeso** vorläufiges Konto, provisorisches Konto, Zwischenkonto, Interimskonto; – **speciale** Sonderkonto, Sonderrechnung; – **delle spese** Kostenkonto, Kostenrechnung, Spesenkonto, Spesenrechnung, Ausgabenkonto, Ausgabenrechnung; – **stipendi** Gehaltskonto; – **sussidiario** Nebenkonto; – **a termine** Terminkonto; **per – di terzi** für fremde Rechnung; – **titoli** Wertpapierrechnung, Effektenkonto, Effektendepotkonto, Stückekonto; **il – torna** die Rechnung geht auf; – **transitorio** Übergangskonto, Zwischenkonto, Interimskonto; – **trimestrale** Quartalsrechnung; – **in valuta estera** Fremdwährungskonto; – **valutario** Devisenkonto, Währungskonto; – **valute estere** Sortenkonto; – **di vendita**, – **vendite** Verkaufskonto, Verkaufsrechnung; – **vincolato** gebundenes Konto, Sperrkonto, Asservantenkonto; – **vostro** Vostrokonto; v. a. FATTURA.

contrabbandare schmuggeln, (*introdurre di contrabbando*) einschmuggeln.

contrabbandiere *m* Schmuggler *m*, (*mercato nero*) Schleichhändler *m*.

contrabbando *m* (*in generale*) Schmuggel *m*, (*doganale*) Bannbruch *m*, (*di guerra*) Konterbande *f*, (*mercato nero*) Schleichhandel *m*; **esercitare il** – schmuggeln; **introdurre di** – einschmuggeln; – **abituale** gewohnheitsmäßiger Schmuggel; – **di alcoolici** Alkoholschmuggel; – **d'armi** Waffenschmuggel; – **assoluto** absolute Konterbande, absolute Bannware; – **condizionale**, – **condizionato** bedingte Konterbande; – **di divise** Devisenschmuggel; – **di guerra** Kriegskonterbande, Kriegsbannware; – **occasionale** gelegentliche Konterbande; – **professionale** gewerbsmäßiger Schmuggel; – **relativo** relative Konterbande, relative Bannware; – **di stupefacenti** Rauschgiftschmuggel; – **di valuta** Devisenschmuggel.

contraccusa *f* Gegenbeschuldigung *f*.

contraddire widersprechen.

contraddittorietà *f* Gegensätzlichkeit *f*, Widersprüchlichkeit *f*; – **fra più atti** (*amministrativi*) Gegensätzlichkeit mehrerer Verwaltungsakte; – **della motivazione** widersprüchliche Begründung *f*.

contraddittorio *agg* kontradiktorisch.

contraddittorio *m* kontradiktorisches Verfahren, kontradiktorische Verhandlung, streitige Verhandlung, Streitverhandlung (A =).

contraente *m* vertragschließende Partei, Vertragspartei *f*, vertragschließender Teil, Vertragschließender *m*, Vertragspartner *m*, Kontrahent *m*; **terzo** – Drittkontrahent; – **dell'assicurazione** Versicherungsnehmer *m*; – **in proprio** Selbstkontrahent *m*.

contraffare verfälschen, nachahmen, nachmachen, fälschen; v. a. FALSIFICARE.

contraffattore *m* Nachahmer *m*, Fälscher *m*; – **di biglietti di banca** Banknotenfälscher; v. a. FALSIFICATORE.

contraffazione *f* Verfälschung *f*, Nachahmung *f*, Nachmachen *n*,

Fälschung *f*; – **di biglietti di banca** Banknotenfälschung; – **di marche ufficiali** (S) Fälschung amtlicher Zeichen (S); – **di merci** Warenfälschung; – **di monete** Münzverfälschung; – **di sigillo** Siegelfälschung; v. a. FALSIFICAZIONE.

contrappeso *m* Gegengewicht *n*.

contrario *agg* entgegengesetzt; – **ai doveri coniugali** ehewidrig; – **al proprio dovere** pflichtwidrig.

contrario *m* Gegenteil *n*; **provare il** – den Gegenbeweis erbringen.

contrarre (1) (*stipulare*) abschließen; (2) (*matrimonio*) schließen, eingehen; (3) (*debito*) eingehen; (4) (*prestiti*) aufnehmen; – **in proprio** selbstkontrahieren.

contrassegno *m* kennzeichnen *n*, Gegenzeichen *n*; – **doganale** Zollzeichen; – **di identificazione** kennzeichnen.

contrassicurazione *f* Gegenversicherung *f*.

contrasto *m* Gegensatz *m*, Streit *m*; – **di interessi** Interessenwiderstreit, Interessenkonflikt *m*; – **interpretativo** Auslegungsstreit.

contrattazione *f* Abschluss *m*; Verhandlung *f*; – **di borsa** Börsengeschäft; – **ufficiale** (*borsa*) amtlicher Handel *m*.

contrattazioni *m pl*, – **collettive** Tarifverhandlungen *pl*; – **dopoborsa** nachbörslicher Handel *m*; – **su piazza** Platzhandel *m*; – **fuori piazza** Fernhandel *m*; – **fuori del recinto delle grida** Freiverkehr *m*.

contrattista *m* Angestellter mit Zeitvertrag.

contratto *m* Vertrag *m*, Vereinbarung *f*, (*specialmente di borsa*) Geschäft *n*; **adempiere un** – einen Vertrag erfüllen; **aderire ad un** – einem Vertrag beitreten; **annullare un** – einen Vertrag für nichtig erklären; **concludere un** – einen Vertrag abschließen, einen Vertrag schließen; **conforme al** – vertragsgemäß, vertragsmäßig; **contrario al** – vertragswidrig; **denunciare un** –, **disdire un** – einen Vertrag kündigen, einen Vertrag aufkündigen; **eseguire un** – einen Vertrag ausführen; **firmare un** – einen Vertrag unterzeichnen; **impugnare un** – einen Vertrag anfechten; **obbligarsi per** – sich durch Vertrag verpflichten; **perfezionare un** – einen Vertrag abschließen, einen Vertrag schließen, einen Vertrag zustande bringen; **porre in essere un** – einen Vertrag zustande bringen; **recedere dal** – vom Vertrag zurücktreten; **redigere un** – einen Vertrag aufsetzen; **registrare un** – einen Vertrag (ins Register) eintragen; **rinnovare un** – einen Vertrag erneuern; **risolvere un** – einen Vertrag auflösen; **rispettare un** – einen Vertrag einhalten; **rompere il** – den Vertrag brechen; **sciogliere un** – einen Vertrag lösen; **siglare un** – einen Vertrag paraphieren; **stendere un** – einen Vertrag abfassen; **stipulare un** – einen Vertrag abschließen, einen Vertrag schließen; **subentrare nel** – in den Vertrag eintreten; **violare il** – einen Vertrag verletzen; – **d'abbonamento** Abonnementsvertrag, Bezugsvertrag; – **accessorio** Nebenvertrag, Zusatzvertrag; – **di accollo** Schuldübernahmevertrag; – **addizionale** Zusatzvertrag; – **di adesione** (1) Unterwerfungsvertrag, Adhäsionsvertrag; (2) Aufnahmevertrag, Beitrittsabkommen *n*; – **di affittanza agraria** landwirtschaftlicher Pachtvertrag; – **di affitto** Pachtvertrag, (*locazione*) Mietvertrag; – **d'agenzia** Agenturvertrag; – **di aggiunta** (*borsa*) Nochgeschäft, Nochprämiengeschäft; – **agrario** landwirtschaftlicher Vertrag; – **di albergo** Beherbergungsvertrag; – **aleatorio** aleatorischer Vertrag, gewagter Vertrag, Glücksvertrag, aleatorisches Geschäft, gewagtes Geschäft, Risikogeschäft; – **alimentare** Unterhaltsvertrag; – **di amministrazione fiduciaria** Treuhandvertrag; – **annesso** Zusatzvertrag, Nebenvertrag; – **annullabile** anfechtbarer

Vertrag; – **annullato** für nichtig erklärter Vertrag; – **di apertura di credito** Krediteröffnungsvertrag; – d'appalto Werkvertrag; – **d'apprendistato** Berufsausbildungsvertrag, Lehrvertrag; – **di arbitraggio** Schiedsgutachtervertrag; – **d'armamento** Reedereivertrag; – **di arrolamento** (*gente di mare*) Heuervertrag; – **tra assenti** Vertrag unter Abwesenden; – **di assicurazione** Versicherungsvertrag; – **di assicurazione sulla vita** Lebensversicherungsvertrag; – **di assistenza** Hilfeleistungsvertrag, Hilfsleistungsvertrag; – **associativo**, – **d'associazione** Assoziationsvertrag; – **atipico** atypischer Vertrag; – **di attività** Tätigkeitsvertrag; – **per atto pubblico** notarieller Vertrag, in notarieller Form geschlossener Vertrag; – **autonomo di garanzia** selbständiger Garantievertrag; – **di avaria** Havarievertrag; – **aziendale** Betriebsvereinbarung; – **di banca**, – **bancario** Bankgeschäft *n*, Bankvertrag; – **di baratto** Tauschvertrag; – **base** Rahmenvertrag; – **bilaterale** (1) zweiseitiger Vertrag; (2) (*a prestazioni reciproche*) zweiseitig verpflichtender Vertrag, zweiseitig verbindlicher Vertrag (A); – **di borsa** Börsengeschäft, Börsegeschäft (A =); – **di borsa a termine** Börsentermingeschäft; – **a breve scadenza** kurzfristiger Vertrag; – **di cambio a termine** Termindevisenvertrag, Termindevisengeschäft; – **di capitalizzazione** Kapitalisierungsvertrag, Kapitalansammlungsvertrag; – **a carico di terzi** Vertrag zu Lasten Dritter; – **di cartello** Kartellvertrag; – **di cessione** Abtretungsvertrag, Überlassungsvertrag, (*compravendita*) Kaufvertrag; – **di cessione d'azienda** Betriebsüberlassungsvertrag; – **di cessione dei beni** Vermögensübertragungsvertrag; – **coattivo** Zwangsvertrag; – **collettivo** Kollektivvertrag; – **collettivo di lavoro** Tarifvertrag, Arbeitsabkommen *n*, Gesamtarbeitsvertrag, Kollektivvertrag (A), Kollektivarbeitsvertrag (S); – **di colonia parziaria** Kolonenvertrag, Teilpachtvertrag; – **commerciale** handelsrechtlicher Vertrag; – **di commissione** Kommissionsvertrag, Kommissionsgeschäft; – **di comodato** Leihvertrag, Gebrauchsleihevertrag (S); – **di compensazione** Aufrechnungsvertrag, Kompensationsvertrag, Skontrierungsvertrag; – **di compravendita** Kaufvertrag, Verkaufsvertrag (S); – **di concessione** Konzessionsvertrag; – **concluso in silenzio** stillschweigend geschlossener Vertrag, stillschweigender Vertrag; – **condizionale** bedingter Vertrag; – **sotto condizione risolutiva** auflösend bedingter Vertrag; – **sotto condizione sospensiva** aufschiebend bedingter Vertrag; – **di consegna** Ablieferungsvertrag; – **a consegna futura** Liefergeschäft; – **con consegna immediata**, – **con consegna prontissima** Lokogeschäft, Loko *n*; – **con consegna a termine** Liefergeschäft; – **per consegnare o non consegnare** Rückprämiengeschäft; – **consensuale** Konsensualvertrag; – **di consorzio** Konsortialvertrag; – **per contanti** Kassageschäft, Kassengeschäft, Tafelgeschäft, Tagesgeschäft, Lokogeschäft, Loko *n*, Bargeschäft, Promptgeschäft, Komptantgeschäft (S =); – **di contegno** Tätigkeitsvertrag; – **di conto corrente** Kontokorrentvertrag; – **per conto di chi spetta** Vertrag für wen es angeht; – **in conto deposito tra editore e libraio** buchhändlerisches Konditionsgeschäft; – **contrario al buon costume** sittenwidriger Vertrag; – **di cooperazione** Genossenschaftsvertrag; – **per corrispondenza** Vertrag unter Abwesenden; – **in corso** laufender Vertrag; – **costitutivo di rendita** Rentenvertrag; – **di costruzione** Bauvertrag; – **di cottimo** Akkordvertrag, (*industria estrattiva*) Gedingevertrag; – **di cre-**

dito Kreditvertrag; – **di cui** Dontgeschäft, Vorprämiengeschäft; – **di custodia** Verwahrungsvertrag; – **a danno di terzi** Vertrag mit nachteiliger Wirkung gegenüber Dritten; – **di deposito** Verwahrungsvertrag, Hinterlegungsvertrag; – **di deposito bancario** Depositengeschäft; – **differenziale** Differenzgeschäft; – **di diligenza** Tätigkeitsvertrag; – **di diritto privato** privatrechtlicher Vertrag; – **di diritto pubblico** öffentlich-rechtlicher Vertrag; – **dissimulato** verdeckter Vertrag; – **di divisione** Teilungsvertrag; – **a domicilio** Haustürgeschäft; – **di donazione** Schenkungsvertrag; – **dont** Dontgeschäft, Vorprämiengeschäft; – **a doppio premio** Doppelprämiengeschäft, Stellagegeschäft, Stellgeschäft; – **di durata** Dauerschuldvertrag; – **di edizione** Verlagsvertrag; – **con effetti protettivi a favore di terzi**, – **con effetti di protezione per il terzo** Vertrag mit Schutzwirkung für Dritte; – **con effetti reali** Vertrag mit dinglicher Wirkung; – **di emigrazione** Auswanderungsvertrag; – **di emissione** (*di obbligazioni*) Begebungsvertrag; – **d'enfiteusi** Erbpachtvertrag, Erbzinsvertrag; – **esattoriale** Steuerpachtvertrag; – **di esclusività** Ausschließlichkeitsvertrag; – **ad esecuzione continuata** Dauerschuldverhältnis mit fortgesetzten Leistungen; – **ad esecuzione differtita** Vertrag mit aufgeschobenem Erfüllungstermin; – **ad esecuzione immediata** Schuldgeschäft mit sofortiger Vollziehung; – **ad esecuzione istantanea** Schuldverhältnis mit einmaliger Erfüllung (*im Gegensatz zum Dauerschuldverhältnis*); – **ad esecuzione periodica** Dauerschuldverhältnis mit wiederkehrenden Leistungen; – **d'esportazione** Ausfuhrvertrag; – **di esposizione** Ausstellungsvertrag; – **estimatorio** Trödelvertrag; – **d'estrazione** Gewinnungsvertrag, Ausbeutungsvertrag; – **di factoring** Factoringvertrag; – **di fatto** faktischer Vertrag; – **di favore** Begünstigungsvertrag, Vergünstigungsvertrag; – **a favore di terzi** Vertrag zugunsten Dritter; – **fermo** fester Abschluss; – **di fideiussione** Bürgschaftsvertrag; – **fiduciario** Treuhandvertrag; – **di finanziamento** Finanzierungsvertrag; – **a fine ultimo** Ultimogeschäft; – **fittizio** fingierter Vertrag, Scheinvertrag; – **formale** Formalvertrag; – **di formazione** (*dir. lav.*) Ausbildungsvertrag; – **di fornitura** Lieferungsvertrag, Liefervertrag, Liefergeschäft, Bezugsvertrag; – **in frode alla legge** Umgehungsvertrag; – **di fusione** Fusionsvertrag; – **di garanzia** Bürgschaftsvertrag, Garantievertrag, Gewährleistungsvertrag, Gewährvertrag; – **di gestione** Betriebsführungsvertrag, Verwaltungsvertrag; – **giudiziario** vor Gericht geschlossener Vertrag; – **di giuoco** Spielvertrag; – **di guardia** Wachvertrag; – **illecito** unerlaubter Vertrag; – **immorale** sittenwidriger Vertrag; – **immobiliare** Grundstücksgeschäft; – **imperfettamente bilaterale** unvollkommen zweiseitiger Vertrag; – **d'impiego** Anstellungsvertrag; – **d'importazione** Einfuhrgeschäft, Einfuhrvertrag; – **individuale** Individualvertrag; Einzelvertrag; – **individuale di lavoro** Einzelarbeitsvertrag, Einzeldienstvertrag; – **innominato** nichtbenannter Vertrag; – **integrativo** Ergänzungsvertrag; – **intergenerazionale** Generationenvertrag; – **internazionale** völkerrechtlicher Vertrag; – **invalido** ungültiger Vertrag; – **irregolare** faktischer Vertrag; – **di lavoro** Arbeitsvertrag; – **di lavoro autonomo** Dienstvertrag; – **di lavoro in prova** Probearbeitsvertrag; – **di lavoro a tempo determinato** Zeit(arbeits-)vertrag, befristeter Arbeitsvertrag; – **di lavoro a cottimo** Akkordvertrag, Akkordlohnvertrag, (*industria estrattiva*) Gedingevertrag; – **di leasing**

Leasingvertrag; – **librario in conto deposito** buchhändlerisches Konditionsgeschäft; – **di licenza** Lizenzvertrag; – **di locazione** Mietvertrag, Bestandvertrag (A), (*affitto*) Pachtvertrag; – **di locazione di cassetta di sicurezza** Safevertrag, Schrankfachvertrag; – **di locazione coatta** Zwangsmietvertrag; – **di locazione di mobili** Möbelleihvertrag; – **di locazione-vendita** Miet-Kaufvertrag; – **di lotteria** Lotterievertrag; – **di mandato** Auftragsvertrag, Geschäftsbesorgungsvertrag, Bevollmächtigungsvertrag (A); – **di manutenzione** Wartungsvertrag; – **di matrimonio** Ehevertrag *m*, Ehepakt *m* (A =), Ehepakten *pl* (A =); – **di mediazione** Makler vertrag; – **di mezzadria** Halbpachtvertrag; – **di mezzi** Tätigkeitsvertrag; – **misto** gemischter Vertrag, Mischvertrag; – **modificativo** Abänderungsvertrag; – **di modificazione di confini** Grenzveränderungsvertrag;– **di mostra** Ausstellungsvertrag; – **di mutuo** Darlehens vertrag, Darlehensvertrag (A | =, S | =); – **noch** Nochgeschäft, Nochprämiengeschäft; – **di noleggio** Charterpartie *f*, Chartervertrag, Schiffsfrachtvertrag, Frachtvertrag, Frachtgeschäft, Verfrachtungsvertrag, Befrachtungsvertrag, (*di automobili, apparecchi ecc.*) Leihvertrag; – **di noleggio di pellicole cinematografiche** Filmverleihvertrag; – **nominato** benannter Vertrag; – **per non consegnare** Rückprämiengeschäft; – **non solenne** formfreier Vertrag; – **normale di lavoro** (S) Normalarbeitsvertrag (S); – **normativo** Normenvertrag; – **novativo**, – **novato**, – **di novazione** Novationsvertrag, Neuerungsvertrag (A); – **nullo** nichtiger Vertrag; – **nuziale** Ehevertrag, Ehepakt *m* (A =); Ehepakten *pl* (A =); – **obbligatorio** Schuldvertrag, schuldrechtlicher Vertrag, bindender Vertrag, verpflichtender Vertrag; – **oneroso** entgeltlicher Vertrag; – **d'opera** Werkvertrag, (*con materia fornita dal prestatore d'opera*) Werklieferungsvertrag; – **ad opzione** Optionsgeschäft; – **di opzione** (*borsa*) Stellagegeschäft, Stellgeschäft; – **orale** mündlich geschlossener Vertrag, mündlicher Vertrag, Verbalkontrakt; – **di partecipazione** Beteiligungsvertrag; – **particolare** Einzelvertrag; Sondervertrag; – **di passaggio** Überfahrtsvertrag; – **di pegno** Pfandvertrag, Pfandbestellungsvertrag, Verpfändungsvertrag; – **di permuta** Tauschvertrag; – **per persona da nominare** Vertrag für eine zu benennende Person; – **tra persone lontane** Vertrag unter Abwesenden; – **di pilotaggio** Lotsenvertrag; – **plurilaterale** mehrseitiger Vertrag; – **di pool** Poolvertrag; – **„pour livrer"** Rückprämiengeschäft; – **predisposto** vorgefertigter (*o.* vorformulierter Vertrag); – **di prelazione** Vorkaufsvertrag; – **preliminare** Vorvertrag; – **preliminare di compravendita** Kaufvorvertrag, Verkaufsvorvertrag; – **preliminare di fondazione** (*di società*) Vorgründungsvertrag; – **a premio** Prämiengeschäft; – **a prestazioni corrispettive** gegenseitiger Vertrag; – **di prestito a cambio marittimo** Bodmereivertrag, Großaventureikontrakt; – **di prestito obbligazionario** Anleihevertrag, Anleihensvertrag (S); – **principale** Hauptvertrag; – **a pronti** Promptgeschäft; – **della pubblica amministrazione** verwaltungsrechtlicher Vertrag, Verwaltungsvertrag; – **di pubblicità** Werbevertrag; – **„put"** Rückprämiengeschäft; – **quadro** Mantelvertrag, Rahmenvertrag; – **di raccomandazione** (*cod. nav*) Reedereivertrag; – **di rappresentanza** Vertretungsvertrag; – **reale** dinglicher Vertrag, Realvertrag, sachenrechtlicher Vertrag; – **reciproco** Reziprozitätsgeschäft; – **di rendita vitalizia** Leibrentenvertrag; – **rettificato** berichtigter Vertrag; – **di**

riassicurazione Rückversicherungsvertrag; – **di riassicurazione generale** Generalrückversicherungsvertrag; – **di riassicurazione speciale** Spezialrückversicherungsvertrag; – **di ricerche** Forschungsvertrag; – **di ricerche minerarie** Aufsuchungsvertrag, Schürfvertrag; – **per ricevere o non ricevere** Vorprämiengeschäft; – **di ricupero** Bergungsvertrag; – **di rilievo** Übernahmevertrag; – **di rilievo d'azienda** Betriebsübernahmevertrag, Betriebsüberlassungsvertrag; – **di rimorchio** Schleppvertrag; – **di riporto** Reportgeschäft, Prolongationsgeschäft, Schiebungsgeschäft; – **di risparmio** Sparvertrag; – **di risparmio immobiliare** Bausparvertrag; – **di risultato** Erfolgsvertrag; – **di salvataggio** Rettungsvertrag; – **di scambio** Austauschvertrag; – **con se stesso** Selbstkontrahieren *n*, Selbstabschluss *m*, Insichgeschäft; – **segreto** Geheimvertrag; – **di servitù** Dienstbarkeitsvertrag; – **di servizio** Dienstvertrag; – **simulato** Scheinvertrag; – **sinallagmatico** synallagmatischer Vertrag; – **di soccida** Viehpachtvertrag; – **di soccida con conferimento di pascolo** Weidepachtvertrag; – **sociale**, – **di società** Gesellschaftsvertrag; – **solenne** förmlicher Vertrag, Formalvertrag; – **solutorio** Auflösungsvertrag; – **di somministrazione** Dauerlieferungsvertrag, Bezugsvertrag; – **di somministrazione di energia elettrica** Stromlieferungsvertrag; – **di sorte** Glücksvertrag, gewagter Vertrag, aleatorischer Vertrag; – **di sottoscrizione** Zeichnungsvertrag; – **di spedizione** Speditionsvertrag; – **di sponsorizzazione** Sponsoringvertrag, Sponsoring *n*; – **stellage**, – **stellaggio** Stellagegeschäft, Stellgeschäft; – **stipulato per corrispondenza** durch Briefwechsel geschlossener Vertrag; – **a stipulazione forzata** Zwangsvertrag; – **di subaffitto** Unterpachtvertrag; (*locazione*) Untermietvertrag; – **di sublocazione** Untermietvertrag, Unterbestandsvertrag (A); – **di subnoleggio** Unterfrachtvertrag; – **di tariffa** Tarifvertrag; – **tedesco** Stellagegeschäft, Stellgeschäft; – **a tempo determinato** befristeter Vertrag; – **a tempo indeterminato** unbefristeter Vertrag; – **a termine** Terminvertrag, Termingeschäft, Zeitgeschäft, Zielgeschäft; – **a termine fermo**, – **a termine fisso** festes Termingeschäft, Fixgeschäft; – **tipico** typischer Vertrag; – **tipo** Mustervertrag, Normalvertrag, Formularvertrag; – **a titolo gratuito** unentgeltlicher Vertrag; – **a titolo oneroso** entgeltlicher Vergleichsvertrag; – **di transazione** Vergleichsvertrag, Vergleichsabkommen *n*; – **di trasporto** Beförderungsvertrag, (*solo merci*) Frachtvertrag; – **di trasporto aereo** Luftbeförderungsvertrag; – **di trasporto aereo di merci** Luftfrachtvertrag; – **di trasporto a collettame** Stückgutfrachtvertrag; – **di trasporto fluviale** Floßfahrtvertrag; – **di trasporto marittimo** (*cose*) Seefrachtvertrag, (*persone*) Seepassagevertrag, Passagiervertrag; – **di trasporto di merci** Frachtvertrag, Güterbeförderungsvertrag; – **di trasporto di persone** Personenbeförderungsvertrag, (*per nave*) Seepassagevertrag, Passagiervertrag; – **turpe** sittenwidriger Vertrag; – **unilaterale** einseitiger Vertrag, einseitig verpflichtender Vertrag, einseitig verbindlicher Vertrag (A); – **usurario** wucherischer Vertrag; – **di utilizzazione** Nutzungsvertrag; – **di vendita** Kaufvertrag; – **di vendita a consegne ripartite** Teillieferungsvertrag, Sukzessivlieferungsvertrag; – **di vendita a rate**, – **di vendita rateale** Abzahlungsgeschäft, Teilzahlungsgeschäft, Ratenkaufvertrag, Ratenzahlungsvertrag; – **verbale** mündlich geschlossener Vertrag, mündlicher Vertrag, Verbalkontrakt; – **di viaggio (turistico)** Reisevertrag;

– **di vigilanza** Wachvertrag; – **vincolante** bindender Vertrag; – **di vitalizio** (S); – **di vitalizio oneroso** Verpfründungsvertrag (S); v. a. ACCORDO, AFFARE, ATTO, CONVENZIONE, NEGOZIO, OPERAZIONE, TRATTATO.

contrattuale *agg* vertraglich, vertragsmäßig, vertragsgemäß.

contravvenire zuwiderhandeln, entgegenhandeln, übertreten, (gegen etwas) verstoßen.

contravventore *m* Zuwiderhandelnder *m*; (*reato*) Täter *m* einer Übertretung.

contravvenzione *f* (1) (*in generale*) Zuwiderhandlung *f*, Verstoß *m*; (2) (*reato*) Übertretung *f*; – **amministrativa** Verwaltungsübertretung; – **doganale** Zollübertretung; – **fiscale** Steuerübertretung; – **alle misure d'ordine** (S) Ordnungsverletzung *f* (S); – **di polizia** Polizeiübertretung; – **tributaria** Steuerübertretung.

contrazione *f*, – **di prestiti** Aufnahme von Mitteln; – **di un prestito** Aufnahme eines Darlehns, (*obbligazionario*) Aufnahme einer Anleihe.

contribuente *m* Abgabepflichtiger *m*, Steuerzahler *m*, Steuerpflichtiger *m*; – **inciso** Steuerträger *m*; – **moroso** säumiger Steuerzahler.

contribuire Beiträge leisten, beitragen.

contributi *pl* Beiträge *pl*; **pagare i** – Beiträge zahlen; – **a carico del datore di lavoro** Arbeitgeberbeiträge; – **alle esportazioni** Exportbeihilfen; – **agli investimenti** Investitionszuschüsse; – **di previdenza sociale**, – **previdenziali**, – **sociali** Sozialversicherungsbeiträge *pl*; – **pagati** Beitragseingänge *pl*, Beitragseinnahmen *pl*; – **volontari** freiwillige Beiträge.

contributo *m* Beitrag *m*, Zuschuss *m*; (*tributo*) Abgabe; **esente da** – beitragsfrei; **riscuotere un** – einen Beitrag einziehen, einen Beitrag einheben (A); – **antincendio** Feuerlöschbeitrag, Feuerschutzsteuer *f*; – **arretrato** rückständiger Beitrag, ausstehender Beitrag, Beitragsrückstand *m*; – **degli assicurati** Versichertenbeitrag; – **assicurativo**, – **di assicurazione** Versicherungsbeitrag; – **di assicurazione sociale** Sozialversicherungsbeitrag; – **associativo** Mitgliedsbeitrag; – **d'avaria** Havariebeitrag; – **d'avaria comune** Havariegroßebeitrag; – **base** Grundbeitrag; – **causale alla verificazione del fatto** (*dir. pen.*) kausaler Tatbeitrag; – **consortile**, – **consorziale** Genossenschaftsbeitrag; – **di costruzione** Baukostenzuschuss *m*; – **in denaro** Geldbeitrag; – **alla difesa** Verteidigungsbeitrag; – **erariale** Staatszuschuss *m*; – **facoltativo** freiwilliger Beitrag; – **finanziario** Finanzbeitrag; – **a fondo perduto** verlorener Beitrag; – **forfettario** Pauschalbeitrag; – **forzato** Zwangsbeitrag; – **iniziale** Anfangsbeitrag; – **per l'integrazione del canone** Wohngeld; – **di lavorro** Arbeitsbeitrag; – **di malattia** Kranken(versicherungs)beitrag; – **obbligatorio** Zwangsbeitrag, Pflichtbeitrag, Zwangsumlage *f*; – **pensionistico** Rentenbeitrag;– **proporzionale** anteilsmäßiger Beitrag; – **per il rilascio dell concessione edilizia** Baugenehmigungsgebühr *f*; – **sindacale** Gewerkschaftsbeitrag; – **di solidarietà** Solidaritätsbeitrag; – **speciale** Sonderabgabe; – **speciale di cura** Kurtaxe *f*; – **alle spese** Kostenbeitrag; – **statale** Staatszuschuss *m*; – **di urbanizzazione** Erschließungsbeitrag; – **di viabilità** Straßenunterhaltungsbeitrag, Straßenanliegerbeitrag; v. a. PREMIO.

contribuzione *f* Beitragsleistung *f*; – **d'avaria** Havarieverteilung *f*; – **minima** Mindestbeitragsleistung.

controassicurazione *f* Versicherung der Prämienrückgewähr.

controazione *f* Gegenmaßnahme *f*, Gegenaktion *f*.

controblocco *m* Gegenblockade *f*.

controcandidato *m* Gegenkandidat *m*.

controcitazione *f* Gegenklage *f*.
controcredito *m* Gegenakkreditiv *n*.
controdeduzione *f* Gegenausführung *f*.
controdichiarazione *f* Gegenerklärung *f*.
controdimostrante *f* Gegendemonstrant *m*.
controdimostrazione *f* Gegendemonstration *f*.
controffensiva *f* Gegenoffensive *f*.
controfferta *f* Gegenangebot *n*, Gegenofferte *f*.
controfirma *f* Gegenunterschrift *f*, Gegenzeichnung *f*, Mitunterschrift, Mitunterzeichnung.
controfirmare gegenzeichnen, mitunterzeichnen, mitfertigen (A =).
controgarante *m* Gegenbürge *m*, Rückbürge.
controgaranzia *f* Gegenbürgschaft *f*, Gegengarantie *f*, Rückbürgschaft (*reale o equivalente*) Gegensicherheit.
controgoverno *m* Gegenregierung *f*.
controinchiesta *f* Gegenuntersuchung *f*.
controinteressato *m* Gegenpartei *f*.
controinterrogatorio *m* Vernehmung *f* durch die Gegenseite.
controintervento *m* Gegenintervention *f*.
controllare (1) kontrollieren, überwachen, beaufsichtigen; (2) (*esaminare*) nachprüfen, überprüfen, prüfen; (3) (*contingentare, disciplinare*) bewirtschaften; (4) (*dominare*) beherrschen; – **il mercato** den Markt beherrschen.
controllo *m* (1) Kontrolle *f*, Überwachung *f*, Beaufsichtigung *f*, (2) (*disciplina*) Bewirtschaftung *f*; (3) (*esame*) Nachprüfung *f*, Überprüfung; **sottoporre a** – einer Kontrolle unterziehen; – **dell'accesso** (*inf*) Zugriffskontrolle; – **amministrativo** Verwaltungskontrolle; – **analogica** (*inf*) analoge Steuerung *f*; – **antidoping** Dopingkontrolle; – **degli armamenti** Rüstungskontrolle; – **aziendale** Betriebskontrolle; – **sulle banche** Bankenaufsicht *f*; – **dal basso** (*pol*) Kontrolle von unten; – **del bilancio pubblico** Haushaltskontrolle; – **dei cambi** Devisenkontrolle, Devisenüberwachung, Devisenbewirtschaftung, devisenwirtschaftliche Überwachung, Währungskontrolle; – **per campione** (*stat*) Stichprobenkontrolle; – **di cassa** Kassenprüfung *f*; – **della contabilità** Buchprüfung; – **dei costi** Kostenkontrolle; – **costituzionale** verfassungsmäßige Kontrolle; – **della costituzionalità delle leggi** Normenkontrolle; – **democratico** demokratische Kontrolle; – **a distanza** Fernsteuerung; – **delle divise** Devisenkontrolle, Devisenüberwachung, Devisenbewirtschaftung, devisenwirtschaftliche Überwachung, Währungskontrolle; – **doganale** Zollkontrolle, Zollabfertigung *f*; – **economico** Wirtschaftskontrolle; – **efficace** wirksame Kontrolle; – **di fabbricazione** Fabrikationskontrolle, Fertigungskontrolle; – **finanziario** Finanzkontrolle; – **fitosanitario** sanitäre Pflanzenkontrolle; – **alla frontiera** Grenzkontrolle; – **funzionale** Funktionsüberwachung, Funktionskontrolle; – **sulle fusioni** Fusionskontrolle; – **gerarchico** Dienstaufsicht *f*; – **sulla gestione del bilancio** (*pubblico*) Haushaltskontrolle; – **giudiziario** richterliche Nachprüfung; – **giuridico** Rechtskontrolle; – **governativo** Regierungsaufsicht *f*; – **interno** interne Kontrolle; (*dir. amm.*) Dienstaufsicht; – **degli investimenti** Investitionskontrolle; – **ispettivo** (*dir. amm.*) Staatsaufsicht; – **di legalità** Legalitätskontrolle; – **di legittimità** Rechtmäßigkeitsprüfung *f*, Rechtskontrolle; (*dir. amm.*) Rechtsaufsicht *f*; – **manuale** Handsteuerung *f*; – **del mercato** Marktkontrolle, Marktbeherrschung *f*; – **delle merci** Warenkontrolle; – **di merito** Sachprüfung *f*; – **delle nascite** Geburtenkontrolle; – **numerico** (*econ.*) Numerical Control (NC); – **parlamentare** parlamentarische Kon-

trolle; – **dei passaporti** Passkontrolle, Passabfertigung *f*; – **periodico** regelmäßige Kontrolle; – **del peso** Gewichtskontrolle; – **postale** Postüberwachung; – **preventivo** Vorkontrolle; – **dei prezzi** Preislenkung *f*; – **di processo** (*econ.*) Prozesssteuerung; – **(della) produzione** Fertigungssteuerung *f*; – **pubblico** öffentliche Kontrolle – **della qualità**, – **qualitativo** Güteprüfung *f*, Güteüberwachung; – **quantitativo** Mengenkontrolle; – **radar** Radarkontrolle; – **sanitario** Gesundheitskontrolle; – **di sicurezza** Sicherheitskontrolle; – **di sistema** Systemsteuerung; – **sociale** soziale Kontrolle; – **statale**, – **dello Stato** Staatskontrolle; – **successivo** Nachkontrolle; – **del traffico** Verkehrsüberwachung; – **valutario** Währungskontrolle, Devisenkontrolle, Devisenüberwachung, devisenwirtschaftliche Überwachung; – **delle vendite** Absatzlenkung *f*; v. a. ESAME, SINDACATO, VERIFICA.

controllore *m* Kontrollbeamter *m*, Kontrolleur *m*, Kontrollor *m* (A), Kontrollbeauftragter *m*; – **di volo** Fluglotse *m*.

contromarca *f* Kontermarke *f*, Gegenmarke, Gegenzeichen *n*.

contromisura *f* Gegenmaßnahme *f*, Gegenmaßregel *f*.

controparte *f* Gegenpartei *f*, Gegenseite *f*, Gegenkontrahent *m*, Vertragspartner *m*.

contropartita *f* (1) (*contabilità*) Gegenposten *m* (2) (*controprestazione*) Gegenleistung *f* (3) (*controparte*) Gegenpartei *f*.

controperizia *f* Gegengutachten *n*, Gegenbegutachtung *f*.

contropotere *m* Gegenmacht *f*.

controprestatione *f* Gegenleistung *f*.

contropretesa *f* Gegenanspruch *m*, Gegenforderung *f*.

controprogetto *m* Gegenentwurf *m*, Gegenvorschlag *m*.

controproposta *m* Gegenvorschlag *m*, Gegenantrag *m*, Gegenofferte *f* (+ S).

controprotesta *f* Gegenprotest *m*.

controprova *f* (1) Gegenprobe *f*; (2) Gegenbeweis *m*.

controquerela *f* Gegenanzeige *f*.

controrappresaglia *f* Wiedervergeltung *f*, Gegenrepressalie *f*.

controrrdine *m* (1) (*ordinazione*) Gegenauftrag *m*, Gegenorder *f*, Konterorder *f* (2) (*comando*) Gegenbefehl *m*, Gegenanordnung *f*.

controrelazione *f* Gegenbericht *m*.

controreplica *f* Gegenerwiderung *f*.

controricorso *m* Gegenbeschwerde *f*.

controriforma *f* (*stor.*) Gegenreformation *f*.

controriserva *f* Gegenvorbehalt *m*.

controrivoluzionario konterrevolutionär.

controrivoluzionario *m* Gegenrevolutionär *m*, Konterrevolutionär.

controrivoluzione *f* Gegenrevolution *f*, Konterrevolution.

controspionaggio *m* Gegenspionage *f*, Spionageabwehr *f*.

controstallie *f pl* Überliegetage *pl*, Überliegezeit *f*.

controtendenza *f* Gegentendenz *f*.

controtest *m* Gegentest *m*.

controtestimonianza *f* Gegenaussage *f*.

controvalore *m* Gegenwert *m*.

controversia *f* Auseinandersetzung *f*, Streitigkeit *f*, Streitfall *m*; **comporre una –, risolvere una –** eine Streitigkeit beilegen, einen Streit beilegen; – **agraria** Landwirtschaftssache; – **amministrativa** verwaltungsrechtliche Streitigkeit; – **collettiva** Kollektivstreitigkeit, (*in materia di lavoro*) Tarifstreitigkeit; – **sulle competenze** Zuständigkeitsstreitigkeit, Kompetenzstreit *m*, Kompetenzstreitigkeit; – **di frontiera** Grenzstreitigkeit; – **giuridica** Rechtsstreitigkeit; – **individuale** Einzelstreitigkeit; – **individuale di lavoro** Einzelarbeitsstreitigkeit; – **internazionale** völkerrechtliche Streitigkeit, Staatenstreitigkeit; – **di lavoro** Arbeitssache; – **legale** Rechtsstreitigkeit; – **in materia civile** zivilrechtliche Streitigkeit; – **in materia di lavoro** Arbeitssache *f*, Arbeitsstreitigkeit; – **in materia di previdenza e di assistenza obbligatoria** Sozialrechtsstreitigkeit; – **matrimoniale** Ehestreitigkeit; – **salariale** Lohnkonflikt *m*; – **tributaria** Streitigkeit über Abgabeangelegenheiten; v. a. CAUSA, LITE, LITIGIO, VERTENZA.

controverso *agg* (1) streitig, strittig; (2) (*proc. civ.*) streitbefangen, streitverfangen (A); **non** – unstreitig, unbestritten.

contumace *agg* (1) (*proc. civ.*) säumig; (2) (*proc. pen.*) abwesend.

contumace *m* Abwesender *m*.

contumacia *f* Säumnis, Nichterscheinen *n*; **condannare in** – in Abwesenheit verurteilen.

contusione *f* (*med. leg.*) Prellung *f*.

convalescenza *f* **di atti amministrativi viziati** Heilung fehlerhafter Verwaltungsakte.

convalida *f* Wirksamkeitserklärung *f*, Gültigkeitserklärung; (*del contratto annullabile*) Bestätigung *f*; – **del fermo** (*proc. pen.*) Bestätigung der vorläufigen Festnahme; – **del sequestro** Bestätigung der Beschlagnahme, Prosequierung des Arrestes (S); – **di sfratto** Räumungsbestätigung.

convalidare für gültig erklären, für wirksam erklären.

convalidazione *f* v. convalida.

convegnista *m* Tagungsteilnehmer *m*.

convegno *m* Treffen *n*, Tagung *f*.

convenire (1) vereinbaren, übereinkommen, abmachen, ausmachen, verabreden; (2) (*riunirisi*) zusammenkommen, zusammentreffen; – **in giudizio** v. GIUDIZIO.

convenuto *m* Beklagter *m*, beklagte Partei *m*.

convenzionale *agg* vertragsgemäß, vertragsmäßig, vertraglich, Vertrags-.

convenzione f (1) (trattato) Abkommen, Übereinkommen *n*, Konvention *f*, Vertrag *m*; (2) (*pattuizione*) Vereinbarung *f*, Abmachung *f*, Abrede *f*, Übereinkunft *f*, Abkommen, Verabredung *f*; – **addizionale**, – **aggiuntiva** Zusatzübereinkommen, Zusatzabkommen, Zusatzvereinbarung; – **dell'Aja concernente la procedura civile** Haager Abkommen über den Zivilprozess; – **amministrativa** Verwaltungsvereinbarung; – **aperta** offene Konvention, offenes Abkommen; – **d'applicazione** Durchführungsabkommen; – **sulle assicurazioni sociali** Sozialversicherungsabkommen; – **d'assistenza** Fürsorgeabkommen; – **d'associazione economica** Übereinkunft zur wirtschaftlichen Assoziierung; – **d'attuazione** Durchführungsabkommen; – **di Berna** Berner Übereinkunft; – **sul brevetto comunitario** (CE) Gemeinschaftspatentübereinkommen; – **sul brevetto europeo** Europäisches Patentübereinkommen; – **di cartello** Kartellvereinbarung, Kartellabmachung, Kartellabrede; – **di check** Scheckvertrag; – **chiusa** geschlossene Konvention, geschlossenes Abkommen; – **collettiva** Kollektivvereinbarung; – **commerciale** Handelsabkommen, Handelsabmachung; – **concernente la dichiarazione di morte delle persone disperse** Konvention über die Todeserklärung Verschollener; – **concernente i lavoratori migranti** Übereinkommen über Wanderarbeiter; – **concernente il lavoro notturno delle donne** Übereinkommen betreffend die Nachtarbeit der Frauen; – **concernente la procedura civile** Zivilprozessabkommen; – **consolare** Konsularabkommen, Konsularkonvention, Konsularvertrag; – **contrattuale** vertragliche Abmachung; – **di cooperazione economica europea** Abkommen über die europäische wirtschaftliche Zusammenarbeit; – **culturale** Kulturabkommen, Kulturübereinkommen, Kulturkonvention; – **diplomatica** diplomatisches Abkommen; – **doganale** Zollabkommen, Zollabmachung; – **doganale sul transito internazionale delle merci** Zollübereinkommen über die grenzüberschreitende Warendurchfuhr; – **doganale relativa all'importazione temporanea dei veicoli stradali privati** Zollabkommen über die vorübergehende Einfuhr privater Straßenfahrzeuge; – **d'esecuzione** Durchführungsabkommen, Vollstreckungsabkommen; – **d'estradizione** Auslieferungsabkommen; – **europea d'assistenza sociale e medica** europäisches Fürsorgeabkommen; – **europea per la classificazione internazionale dei brevetti d'invenzione** europäische Übereinkunft über die internationale Patentklassifikation; – **europea sulla composizione pacifica di controversie** europäisches Übereinkommen zur friedlichen Beilegung von Streitigkeiten; – **europea di radiodiffusione** europäisches Rundfunkabkommen; – **europea relativa all'equipollenza dei diplomi per l'ammissione alle Università** europäische Konvention über die Gleichwertigkeit der Reifezeugnisse; – **europea relativa alle formalità prescritte per le domande di brevetto** europäische Übereinkunft über Formerfordernisse bei Patentanmeldungen; – **europea (per la salvaguardia) dei diritti dell'uomo (e delle libertà fondamentali)** Europäische Konvention zum Schutz der Menschenrechte und Grundfreiheiten, Europäische Menschenrechtskonvention; – **per evitare le doppie imposizioni** Abkommen zur Vermeidung der Doppelbesteuerung, Doppelbesteuerungsabkommen; – **sulle facilitazioni doganali in favore del turismo** Abkommen über Zollerleichterungen im Touristenverkehr; – **ferroviaria** Eisenbahnabkommen; – **finanziaria** Finanzvertrag; – **fiscale** Steuerabkommen, Steuerkonvention; – **di frontiera** Grenzabkommen, Grenzvertrag, Grenzvereinbarung; – generale allgemeines Abkommen; – **di Ginevra** Genfer Abkommen; – **giudiziaria** Justizkonvention; – **internazionale** internationales Abkommen; – **internazionale per l'abolizione dei divieti e delle restrizioni all'importazione e all'esportazione** internationale Übereinkunft für die Abschaffung der Ein- und Ausfuhrbeschränkungen; – **internazionale concernente il trasporto delle merci per ferrovia** (CIM) internationales Übereinkommen über den Eisenbahnfrachtverkehr (CIM); – **internazionale concernente il trasporto dei viaggiatori e dei bagagli per ferrovia (CIV)** internationales Übereinkommen über den Eisenbahn-Personen- und Gepäckverkehr (CIV); – **internazionale concernente il trattamento dei prigionieri di guerra** internationales Abkommen über die Behandlung der Kriegsgefangenen; – **internazionale per l'esecuzione delle sentenze arbitrali straniere** internationales Abkommen zur Vollstreckung ausländischer Schiedssprüche; – **internazionale sull'oppio** internationales Opiumabkommen; – **internazionale per la prevenzione dell'inquinamento da parte delle navi (MARPOL)** Internationales Übereinkommen zur Verhütung der Meeresverschmutzung durch Schiffe; – **internazionale per la protezione delle opere letterarie ed artistiche** internationale Übereinkunft zum Schutze von Werken der Literatur und Kunst; – **internazionale per la protezione delle piante** internationales Pflanzenschutzabkommen; – **internazionale per la protezione della proprietà industriale** internationale Übereinkunft zum Schutze des gewerblichen Eigentums; – **inte-**

mazionale relativa all'esecuzione delle sentenze arbitrali straniere internationales Abkommen zur Vollstreckung ausländischer Schiedssprüche; – **internazionale relativa alla protezione delle persone civili in tempo di guerra** internationales Abkommen zum Schutze von Zivilpersonen in Kriegszeiten; – **internazionale relativa alla repressione della tratta delle bianche** internationales Übereinkommen zur Bekämpfung des Mädchenhandels; – **internazionale per la repressione della circolazione e del traffico delle pubblicazioni oscene** internationales Abkommen zur Bekämpfung der Verbreitung und des Vertriebs von unzüchtigen Veröffentlichungen; – **internazionale per la repressione della tratta delle donne e dei fanciulli** internationales Abkommen zur Unterdrückung des Frauen- und Kinderhandels; – **internazionale per la salvaguardia della vita umana in mare** internationales Übereinkommen zum Schutze des menschlichen Lebens auf See; – **internazionale per la semplificazione delle formalità doganali** internationales Abkommen zur Vereinfachung der Zollformalitäten; – **internazionale delle telecomunicazioni** internationaler Fernmeldevertrag, Weltnachrichtenvertrag (A); – **sul mare territoriale e la zona contigua** Übereinkommen über das Küstenmeer und die Anschlusszone; – **matrimoniale** Ehevertrag, Ehepakt *m* (A =), Ehepakten *pl* (A =); – **per il miglioramento della sorte dei feriti e dei malati delle forze armate in campagna** Abkommen zur Verbesserung des Loses der Verwundeten und Kranken der Streitkräfte im Felde; – **per il miglioramento della sorte dei feriti, malati e naufraghi delle forze armate sul mare** Abkommen zur Verbesserung des Loses der Verwundeten, Kranken und Schiffbrüchigen der Streitkräfte zur See; – **militare** Militärabkommen, Militärkonvention; – **monetaria** Münzabkommen, Münzkonvention; – **multilaterale** mehrseitiges Abkommen, multilaterales Abkommen; – **particolare** Sonderabkommen, Sonderübereinkommen, Sonderabmachung, Einzelabrede; – **di pesca** Fischereikonvention; – **postale universale** Weltpostvertrag; – **preliminare** Vorvereinbarung, Präliminarkonvention; – **per la prevenzione e la repressione del delitto di genocidio** Konvention über die Verhütung und Bestrafung des Völkermordes; – **sui prezzi** Preisabkommen, Preisabmachung, Preisabrede; – **quadro** Rahmenabkommen; – **radiotelegrafica internazionale** internationaler Funkentelegraphenvertrag; – **di reciprocità** Gegenseitigkeitsabkommen, Gegenseitigkeitsvereinbarung; – **per il recupero degli alimenti all'estero** Übereinkommen über die Geltendmachung von Unterhaltsansprüchen im Ausland; – **sul regime internazionale dei porti marittimi** Abkommen über die internationale Ordnung der Seehäfen; – **relativa alla condizione giuridica dei rifugiati** Abkommen über die Rechtsstellung der Flüchtlinge; – **relativa alla procedura civile** Zivilprozessabkommen; – **relativa alla schiavitú** Sklavereiabkommen; – **relativa ai trasporti internazionali ferroviari (COTIF)** Übereinkommen über den internationalen Eisenbahnverkehr; – **sui salari** Lohnvereinbarung; – **per la salvaguardia dei diritti dell'uomo e delle libertà fondamentali** Konvention zum Schutze der Menschenrechte und Grundfreiheiten; – **sanitaria** Sanitätsabkommen, Sanitätskonvention; – **sanitaria internazionale** internationales Sanitätsabkommen; – **segreta** Geheimabkommen, Geheimvertrag, Geheimabmachung; – **e statuto sul regime internazionale delle ferrovie** Übereinkommen und Statut über die internationale Rechtsordnung der Eisenbahnen; – **e statuto sul regime internazionale dei porti marittimi** Übereinkommen und Statut über die internationale Rechtsordnung der Seehäfen; – **supplementare** Zusatz Vereinbarung, Zusatzübereinkommen; – **tariffaria** Tarifabkommen, Tarifabmachung, Zolltarifabrede; – **sul tasso dei noli** Frachtratenkonvention; – **telegrafica internazionale** internationales Telegraphenübereinkommen; – **tipo** Mustervereinbarung; – **di transito** Durchgangsabkommen; – **tributaria** Steuerabkommen, Steuerkonvention; – **per l'unificazione di alcune norme sul trasporto aereo internazionale** (convenzione di Varsavia) Abkommen zur Vereinheitlichung von Regeln im internationalen Luftverkehr (Warschauer Abkommen); – **d'unione** Unionsvertrag, Verbandsübereinkunft; – **d'Unione di Parigi** Pariser Verbandsübereinkunft; – **d'Unione per la protezione della proprietà industriale** Verbandsübereinkunft zum Schutze des gewerblichen Eigentums; – **universale sul diritto d'autore** Welturheberrechtsabkommen; – **di Varsavia** Warschauer Abkommen; v. a. ACCORDO, CONTRATTO, PATTO, PATTUIZIONE, TRATTATO.

convergenza *f* Konvergenz *f*, Übereinstimmung *f*; – **degli interessi** Interessenübereinstimmung.

conversazione *f*, – **telefonica interurbana** Ferngespräch *n*.

conversione *f* (1) Konvertierung *f*, Konversion *f*, Umtausch *m*, Umwandlung *f*; (2) (*di atto o negozio nullo*) Umdeutung *f*; – **di atti amministrativi** Umdeutung von (nichtigen) Verwaltungsakten; – **di atti processuali** Umdeutung von Prozesshandlungen; – **dell'atto pubblico** Umdeutung der öffentlichen Urkunde; – **del contratto nullo** Umdeutung des nichtigen Vertrages; – **di debiti**, – **del debito** Schuldumwandlung, Umschuldung *f*; – **forzata** Zwangskonvertierung, Zwangskonversion; – **in legge** (*di un decreto*) Umwandlung (*eines Dekrets*) in ein Gesetz; – **obbligatoria** zwangsweise Konversion, Zwangskonversion, Zwangskonvertierung; – monetaria Währungsumrechnung *f*, Währungskonversion *f*, Münzkonvertierung *f*, Geldumstellung *f*; – **del negozio nullo** Umdeutung des nichtigen Rechtsgeschäfts; – **alla pari** Umtausch zum Nennwert; – **della pena** Strafumwandlung; – **della pena pecuniaria in pena detentiva** Umwandlung der Vermögensstrafe in Haftstrafe; – **del pignoramento** Pfandaustausch; – **di prestito** Anleiheumwandlung, Anleihekonversion; – **produttiva** Produktionsumstellung; – **del sequestro conservativo in pignoramento** Umwandlung des dinglichen Arrestes in Pfändung; – **di valuta** Geldumstellung *f*, Währungsumrechnung *f*, Münzkonvertierung, Währungskonversion.

convertibile *agg* konvertierbar, konvertibel, umrechnungsfähig, umrechenbar; **liberamente** – frei konvertierbar.

convertibilità *f* Konvertierbarkeit *f*, Konvertibilität *f*, Einlöslichkeit *f*, Einlösungspflicht *f*, Einlösung *f*; **libera** – freie Konvertierbarkeit, freie Konvertibilität, uneingeschränkte Konvertibilität; – **completa** Vollkonvertibilität; – **monetaria** Einlösung von Noten; – **in oro** Einlösung in Gold, Goldeinlösung; – **parziale** Teilkonvertierbarkeit.

convertire (1) umwandeln, konvertieren; (2) umrechnen, umtauschen.

convincere überzeugen.

convincimento *m* Überzeugung *f*; **libero** – freie Überzeugung; **li-**

bero – **del giudice** freie richterliche Überzeugung.

convivente *m* Haushaltsmitglied *n*; – **familiare** in häuslicher Gemeinschaft lebendes Familienmitglied.

convivenza *f* häusliche Gemeinschaft *f*; – **di fatto**, – **more uxorio** eheähnliche Gemeinschaft; – **pacifica** friedliches Zusammenleben.

convocare einberufen, zusammenberufen, einladen.

convocazione *f* Einberufung *f*, Zusammenberufung, Einladung *f*; – **d'assemblea** Einberufung einer Versammlung, Einladung zu einer Versammlung; – **dell'assemblea (dei soci)** Einberufung der Hauptversammlung; – **dei comizi** Wahlausschreibung *f*; – **del Consiglio di Sicurezza** (*delle Nazioni Unite*) Einberufung des Sicherheitsrates (*der Vereinten Nationen*); – **del corpo elettorale** Wahlausschreibung; – **dei creditori** Gläubigeraufgebot *n*, Gläubigeraufruf *m*, Schuldenruf *m* (S), Gläubigerkonvokation *f* (A); – **del parlamento** Parlamentseinberufung.

coobbligato *agg* mitverpflichtet.

coobbligato *m* Mitverpflichteter *m*, Mitschuldner *m*.

coobbligazione *f* Mitverpflichtung *f*.

cooperativa *f* Genossenschaft *f*; – **di acquisti**, – **di acquisto** Einkaufsgenossenschaft, Bezugsgenossenschaft, Wareneinkaufsverein *m*; – **d'acquisto e di vendita** Bezugs- und Absatzgenossenschaft, Einkaufs- und Verkaufsgenossenschaft (A); – **agricola** landwirtschaftliche Genossenschaft; – **artigiana** Handwerkergenossenschaft, Handwerksgenossenschaft; – **di assicurazioni** Versicherungsgenossenschaft; – **bancaria** Bankgenossenschaft; – **centrale** Zentralgenossenschaft; – **commerciale** Handelsgenossenschaft; – **di consumo** Konsumgenossenschaft, Konsumverein *m*, Verbrauchergenossenschaft; – **di credito** Kreditgenossenschaft, Kreditverein *f*; – **edilizia** Baugenossenschaft; – **fiduciaria** (S) Treuhand-Genossenschaft (S); – **industriale** Gewerbegenossenschaft; – **di lavoro** Produktionsgenossenschaft; – **operaia di produzione** Arbeiterproduktionsgenossenschaft; – **di produzione** Produktionsgenossenschaft, Produktivgenossenschaft; – **di produzione e di consumo** Erwerbs- und Wirtschaftsgenossenschaft; – **a responsabilità illimitata** Genossenschaft mit unbeschränkter Haftpflicht; – **a responsabilità limitata** Genossenschaft mit beschränkter Haftpflicht; – **sociale** genossenschaftliche Sozialeinrichtung; – **di trasformazione** Veredelungsgenossenschaft; – **di vendita** Verkaufsgenossenschaft, Absatzgenossenschaft.

cooperativismo *m* Genossenschaftswesen *n*.

cooperativo *agg* genossenschaftlich.

cooperatore *m* Mitarbeiter *m*.

cooperazione *f* Mithilfe *f*, Zusammenarbeit *f*, Mitwirkung *f*; – **culturale** kulturelle Zusammenarbeit; – **economica** wirtschaftliche Zusammenarbeit; – **internazionale** internationale Zusammenarbeit; – **negoziale** Mitwirken *n* am Zustandekommen des Rechtsgeschäfts; – **politica europea** Europäische Politische Zusammenarbeit *f* (EPZ); – **allo sviluppo** Entwicklungshilfe; – **tecnica** (*con i paesi in via di sviluppo*) Entwicklungshilfe *f*; v. a. COLLABORAZIONE.

cooptare zuwählen, kooptieren, hinzuwählen.

cooptato *m* Zugewählter *m*.

cooptazione *f* Zuwahl *f*, Kooptierung *f*, Hinzuwahl.

coordinamento *m* Koordination *f*, Koordinierung *f*, Abstimmung *f*; – **del diritto** Rechtsangleichung *f*.

coordinate *fpl* **bancarie** Bankverbindung *f*, Bankverbindungsdaten *pl*.

coordinazione *f* v. coordinamento.

copertura *f* Deckung *f*; **per mancanza di** – mangels Deckung; – **dell'assegno** Scheckdeckung; –

assicurativa Versicherungsdeckung, Versicherungsschutz *m*; – **aurea** Golddeckung; – **in contanti** Bardeckung; – **contributiva** Beitragsdeckung; – **dei costi** Kostendeckung; – **di credito** Kreditabsicherung; – **dell'eccedente dei sinistri** Schadenexzedentendekkung; – **in eccesso** Überdeckung; – **del fabbisogno** Bedarfsdeckung; – **finanziaria** kostenmäßige Abdeckung; – **insufficiente** ungenügende Deckung; – **metallica** Metalldeckung; – **minima** Mindestdeckung; – **monetaria** Währungsdeckung; – **oro** Golddekkung; – **provvisoria** vorläufige Deckung, provisorische Deckung; – **del rischio** Risikodeckung; – **delle spese** Kostendeckung; – **sostitutiva** Ersatzdeckung; – **sufficiente** genügende Deckung; **a – di una tratta** zum Ausgleich einer Tratte; v. a. ASSICURAZIONE, FONDI.

copia *f* (1) Abschrift *f*, Kopie *f*; (2) (*riproduzione*) Nachbildung *f*, Kopie *f*; (3) (*esem plare*) Exemplar *n*; **in duplice** – in doppelter Ausfertigung, in zweifacher Ausfertigung; **fare una** – eine Abschrift herstellen; – **d'archivio** Archivexemplar *n*; – **autentica**, – **autenticata** beglaubigte Abschrift; – **di cambiale** Wechselabschrift, Wechselkopie; – **certificata conforme** beglaubigte Abschrift; – **collazionata** verglichene Abschrift, kollationierte Abschrift (A); – **conforme** mit der Unterschrift übereinstimmende Abschrift, gleichlautende Abschrift; **per – conforme** für die Richtigkeit der Abschrift; – **esecutiva** vollstreckbare Ausfertigung; – **di fattura** Fakturenzweitschrift *f*; – **fatture** Rechnungsbuch *n*; – **fedele** wortgetreue Abschrift; – **in forma esecutiva** vollstreckbare Ausfertigung; – **fotostatica** Photokopie; – **gratuita** Freiexemplar; – **integrale** vollständige Abschrift; – **legale** Abschrift auf Stempelpapier; – **legalizzata** beglaubigte Abschrift; – **lettere** Briefkopierbuch *n*, Kopierbuch; – **permanente** (*computer*) Ausdruck *m*; – **vidimata** beglaubigte Abschrift; v. a. DUPLICATO.

copialettere *m* Briefkopierbuch *n*, Kopierbuch.

copiatrice *f* Kopiergerät *n*.

copresidente *m* Kopräsident *m*.

copresidenza *f* Kopräsidentschaft *f*.

coprifuoco *m* Ausgehverbot *n*, Ausgangssperre *f*; **decretare il** – das Ausgehverbot erlassen.

coprire decken, (*carica*) bekleiden.

coprirsi sich eindecken.

coproduzione *f* Gemeinschaftsproduktion *f*.

coraggio *m* **civile** Zivilcourage *f*.

cordata *f* Seilschaft *f*.

cordone *m*, – **di polizia** Polizeikordon *m*; – **sanitario** Seuchensperre *f*, Seuchengrenze *f*.

cornice *f* **normativa** rechtlicher Rahmen *m*.

corona *f* Krone *f*.

corporale *agg* körperlich.

corpo *m* Körperschaft *f*, Korps *n*; – **armato** bewaffnete Einheit *f*; – **consolare** Konsularkorps *n*; – **consultivo** beratende Körperschaft; – **del delitto** Überführungsstück *n*; – **diplomatico** diplomatisches Korps; – **docente** Lehrkörper *m*; – **elettorale** Wählerschaft *f*; – **estraneo** Fremdkörper *m*; – **forestale** Forstverwaltung *f*; – **franco** Freikorps; – **giudicante** Spruchkörper; – **insegnante** Lehrkörper *m*; – **legiferante**, – **legislativo** Gesetzgebungskörperschaft *f*, Gesetzgebungskörper *m* (A), gesetzgebende Körperschaft; – **del reato** Überführungsstück *n*; – **sanitario** Sanitätskorps *n*, Gesundheitspersonal *n*; – **sociale** Gesellschaft; – **tavolare** (*libro fondiario*) Grundbuchskörper (A); – **di volontari** Freischar *f*; v. a. ORGANO, ORGANISMO.

corporativismo *m* Korporativismus *m*, Innungswesen *n*, Zunftwesen.

corporativo *agg* korporativ, ständisch.

corporazione *f* Innung *f*, Zunft *f*, Gilde *f*, Korporation *f*; (*ente collettivo*) Körperschaft *f*; – **artigiana** Handwerksinnung; – **di commercianti** Handelsinnung.
corredo *m* Aussteuer *f*, Ausstattung *f*.
correggere berichtigen, ausbessern, züchtigen.
correità *f* Mittäterschaft *f*.
corrente *agg* (1) laufend; (2) kulant.
corrente *f* (*all'interno di un partito*) Richtung *f*, Strömung *f* (*innerhalb einer Partei*); – **migratoria** Migrationsbewegung *f*.
correntezza *f* Kulanz *f*.
correnti fpl **commerciali** Handelsströme *pl*.
correntista *m* Kontokorrentinhaber *m*, Inhaber eines laufenden Kontos; Giroteilnehmer *m*; – **bancario** Bankgiroteilnehmer, Inhaber eines Bankgirokontos; – **postale** Postgiroteilnehmer, Postscheckteilnehmer *m*, Postscheckkunde *m*, Postsparkassenkunde (A).
correo *m* Mittäter *m*.
corresponsabile *agg* mithaftend, mitverantwortlich.
corresponsabilità *f* Mitverantwortlichkeit *f*, Mitverantwortung *f*, Mithaftung *f*.
corresponsione *f* **di interessi** Vergütung von Zinsen, Verzinsung f.
correttezza *f* Korrektheit *f*, Richtigkeit *f*; – **professionale** standesgemäßes Verhalten *n*.
correzione *f* Verbesserung *f*, (*rettifica*) Berichtigung *f*; – **dei prezzi** Preisberichtigung; – **di rotta** (*fig.*) Kurskorrektur *f*; – **della sentenza** Berichtigung des Urteils.
corridoio *m* **aereo** Luftkorridor m, Luftschneise f.
corriere *m*, **con lo stesso** – mit gleicher Post; – **diplomatico** diplomatischer Kurier; – **della droga** Drogenkurier m.
corrispettivo *m* Entgelt *n*, Gegenleistung *f*, (*appalto*) Werklohn *m*; – **pattuito** vereinbarte Gegenleistung *f*.
corrispondente *m* Korrespondent *m*, (*giornalista*) Berichterstatter *m*, (*imprenditore*) Geschäftsfreund *m*; – **commerciale** Handelskorrespondent; – **estero** (*di una ditta*) Auslandskorrespondent; – **dall'estero** Auslandsberichterstatter, Auslandskorrespondent; – **di guerra** Kriegsberichterstatter, Kriegskorrespondent; – **in lingue estere** Auslandskorrespondent.
corrispondenti esteri (*bilancio*) Auslandsforderungen *pl*.
corrispondenza *f* (1) Korrespondenz *f*, Schriftwechsel *m*, Briefwechsel; (2) (*invio postale*) Postsendung *f*, Briefsendung, Briefpostsendung (S); – **aerea** Luftpostsendung, Luftpostbriefsendung, Flugpostbriefsendung (A); – **aerea sopratassata** zuschlagspflichtige Luftpostbriefsendung (S); – **tra il chiesto e il pronunciato** (*proc. civ.*) Entsprechung *f* von Antrag und Ausspruch (*Bindung an die Parteianträge*); – **commerciale** Geschäftskorrespondenz, Handelskorrespondenz; – **diplomatica** diplomatische Korrespondenz; – **epistolare** Schriftverkehr *m*; – **espressa** Eilsendung, Eilbotensendung; – **di guerra** Kriegsberichterstattung *f*; – **al tipo legale** (*del reato*) Tatbestandsmäßigkeit *f*.
corrispondere (1) entsprechen, übereinstimmen; (2) (*versare una somma*) entrichten, zahlen; **far** – (*conti*) abstimmen.
corrompere bestechen.
corruttibile *agg* bestechlich.
corruttibilità *f* Bestechlichkeit *f*.
corruzione *f* Bestechung *f*, Korruption *f*; – **attiva** aktive Bestechung, Vorteilsgewährung *f* (D), Verleitung zu Pflichtwidrigkeiten (A), Bestechen *n* (S); – **per un atto contrario ai doveri d'ufficio** schwere passive Bestechung, Bestechlichkeit *f* (D), Geschenkannahme für pflichtwidrige Amtsgeschäfte (A), Sich bestechen lassen (S); – **per un atto di ufficio** passive Bestechung, Vorteilsannahme *f*

(D), Geschenkannahme für pflichtgemäße Amtsgeschäfte (A), Annahme von Geschenken (S); – **del cittadino da parte dello straniero** Bestechung eines Staatsangehörigen durch einen Ausländer; – **elettorale** Wahlbestechung; – **impropria** Vorteilsannahme *f* (D), Geschenkannahme für pflichtgemäße Amtsgeschäfte (A), Annahme von Geschenken (S); – **di magistrato** Richterbestechung; – **di minorenni** Unzucht mit Kindern (S); – **passiva** Vorteilsannahme *f* (D), Geschenkannahme für pflichtgemäße Amtsgeschäfte (A), Annahme von Geschenken (S); – **propria** schwere passive Bestechung, Bestechlichkeit *f* (D), Geschenkannahme für pflichtwidrige Amtsgeschäfte (A), Sich bestechen lassen (S); – **di pubblico ufficiale** Beamtenbestechung.

corsa *f* Kaperei *f*; – **abusiva** Schwarzfahrt *f*; – **agli armamenti** Rüstungswettlauf *m*, Wettrüsten *n*; – **dei prezzi** (starker) Preisauftrieb; – **agli sportelli** Ansturm auf eine Bank.

corsaro *m* Freibeuter *m*, Kaper *m*, Korsar *m*.

corsia *f* (*circ. strad.*) Fahrstreifen *m*, Spur *f*; **cambiare la** – den Fahrstreifen (*o.* die Spur) wechseln; – **di accelerazione** Beschleunigungsstreifen; – **di decelerazione** Verzögerungsstreifen; – **di emergenza** Standspur, Pannenstreifen; – **preferenziale** Sonderfahrstreifen; – **riservata** Sonderfahrstreifen; – **di sorpasso** Überholspur.

corso *m* Kurs *m*; **mettere fuori** – außer Kurs setzen; **sostenere il** – den Kurs stützen, den Kurs pflegen; – **di acquisto** Ankaufkurs, Geldkurs; – **di addestramento** Schulungslehrgang *m*; – **degli affari** Geschäftsverlauf *m*; – **di aggiornamento** Fortbildungskurs; – **d'apertura** Eröffnungskurs, Anfangskurs; – **approssimativo** annähernder Kurs, ungefährer Kurs (A); – **artificiale** künstlicher Kurs; – **azionario**, – **dell'azione** Aktienkurs; – **base** Grundkurs, Basiskurs; – **di borsa** Börsenkurs; – **del cambio** Wechselkurs, Devisenkurs, Sortenkurs, Umrechnungskurs; – **di chiusura** Schlusskurs; – **di compensazione**, – **di compenso** Kompensationskurs, Liquidationskurs; – **a contanti** Kassakurs; – **di conversione** Umrechnungskurs; – **per corrispondenza** Fernkurs; – **denaro** Geldkurs; – **del deporto** Deportsatz *m*; – **depresso** gedrückter Kurs; – **delle divise** Devisenkurs; – **di domanda** Geldkurs; – **d'emissione** Ausgabekurs, (*solo obbligazioni*) Begebungskurs; – **estivo** Sommerkurs; – **fisso** fester Kurs; – **fluttuante** schwankender Kurs; – **forzoso** Zwangsumlauf *m*, Zwangskurs; – **forzoso della moneta** Währungszwangskurs; – **della giornata** Tageskurs; – **del giorno della risposta** Prämienkurs; – **indicativo** Richtkurs; – **iniziale** Anfangskurs; – **d'insegnamento** Lehrgang; – **di introduzione** (*borsa*) Einführungskurs; – **delle istanze** Instanzenzug *m*; – **di laurea** (*università*) Studiengang *m*, Hochschulstudium *m*; – **di laurea in giurisprudenza** Studium *n* der Rechtswissenschaft; – **legale** gesetzlicher Kurs; – **lettera** Briefkurs; – **libero** freier Kurs; – **limite** Grenzkurs; – **di liquidazione** Liquidationskurs; – **massimo** Höchstkurs; – **medio** Mittelkurs, Durchschnittskurs, Mischkurs (A); – **minimo** Tiefstkurs, Mindestkurs, Niedrigstkurs; – **di offerta** Briefkurs; – **alla pari** Parikurs; – **di perfezionamento** Fortbildungslehrgang; – **presumibile** Taxkurs; – **in rialzo** anziehender Kurs; – **in ribasso** fallender Kurs, sinkender Kurs; – **di riferimento** Bezugskurs, Referenzkurs; – **di riqualificazione** (*professionale*) Umschulungskurs; – **di rimborso** Rückzahlungskurs; – **sostenuto** gehaltener Kurs, gestützter Kurs; – **stabilizzato** Stützkurs, Stützungskurs, gestützter Kurs; – **di stima** Taxkurs; – **tale quale**, – **tel quel** Telquelkurs; – **a termine** Terminkurs; – **ufficiale** amtlicher Kurs, amtlich notierter Kurs, offizieller Kurs; – **unico** Einheitskurs; – **variabile** fortlaufend notierter Kurs, variabler Kurs; – **di vendita** Briefkurs, Verkaufskurs; v. a. CAMBIO, PREZZO, QUOTAZIONE.

corte (*di giustizia*) *f* Gerichtshof *m*; **Alta – di giustizia** Hoher Gerichtshof; **suprema** – höchstes Gericht; – **d'appello** Appellationsgericht *n*, Appellationshof *m*, (*corrisponde in Germania a*:) Oberlandesgericht; – **d'appello per il brevetto comunitario** Berufungsgericht für Gemeinschaftspatente; – **d'arbitrato** Schiedsgerichtshof *m*, Schiedshof; – **d'assise** Schwurgericht *n*, Geschworenengericht (A); – (*suprema*) **di cassazione** Kassationshof *m*, (*corrisponde in Germania al*) Bundesgerichtshof, (in *A a*:) oberster Gerichtshof; – **dei conti** Rechnungshof *m*, Rechnungskammer *f*; – **dei conti europea** Europäischer Rechnungshof; – **costituzionale** Verfassungsgerichtshof *m*, (*corrisponde in Germania a*:) Bundesverfassungsgericht *n*; – **costituzionale integrata** (*guidizi relativi ai reati presidenziali*) erweiterter Verfassungsgerichtshof; – **europea dei diritti dell'uomo** (*a Strasburgo*) Europäischer Gerichtshof für Menschenrechte; – **di giustizia** Gerichtshof; – **di giustizia centroamericana** Zentralamerikanischer Gerichtshof; – **di giustizia delle Comunità europee** Gerichtshof der europäischen Gemeinschaften; – **internazionale di giustizia** internationaler Gerichtshof; – **internazionale delle prede** internationaler Prisengerichtshof; – **marziale** Standgericht; – **penale federale** (S) Bundesstrafgericht (S); – **permanente d'arbitrato** Ständiger Internationaler Schiedsgerichtshof; – **permanente di giustizia internazionale** Ständiger Internationaler Gerichtshof; – **suprema di cassazione** v. corte di cassazione.

corteo *m* Umzug *m*; – **funebre** Leichenzug *m*.

cortesia *f* **internazionale** Völkerhöflichkeit f, völkerrechtliche Courtoisie.

cosa *f* Sache *f*; – **abbandonata** aufgegebene Sache; – **accessoria** Nebensache; – **acquistata** Kaufsache, Kaufgegenstand *m*; – **affittata** Pachtgegenstand *m*; – **alienabile** veräußerliche Sache; – **d'altri**, – **altrui** fremde Sache; – **in commercio** verkehrsfähige Sache, Sache in Verkehr; – **fuori commercio** verkehrsunfähige Sache, Sache außer Verkehr; – **composta** zusammengesetzte Sache, Gesamtsache; – **comprata** Kaufsache, Kaufgegenstand *m*; – **comune** (*condominio*) gemeinschaftliche Sache, in gemeinschaftlichem Eigentum stehende Sache; – **consumabile** verbrauchbare Sache; – **corporale** körperliche Sache; – **data in pegno** Pfandsache, Pfandgut *n*, Pfandobjekt *n*, Pfandstück *n*; – **derelitta** derelinquierte Sache; – **deteriorabile** abnutzbare Sache, abnutzbare Sache (A, B); – **divisibile** teilbare Sache; – **fruttifera** früchtetragende Sache; – **fungibile** vertretbare Sache; – **futura** künftige Sache; – **di genere**, – **generica** Gattungssache; – **giacente** ansprüchige Sache (A); – **giudicata** Rechtskraft *f*; rechtskräftig entschiedene Sache; – **giudicata formale** formelle Rechtskraft; – **giudicata sostanziale** materielle Rechtskraft; – **immobile** unbewegliche Sache; – **impegnata** Pfandsache, Pfandobjekt *n*, Pfandgut *n*; Pfandstück *n*; – **impignorabile** unpfändbare Sache; – **inalienabile** unveräußerliche Sache; – **inconsumabile** unverbrauchbare Sache; – **incorporale** unkörperliche Sache; – **indivisibile** unteilbare Sache; – **infungibile** unvertretbare Sache; – **locata** Mietsache, Bestandsache (A),

Mietgegenstand *m*, Mietobjekt *n*; – **mobile** bewegliche Sache; – **mobile altrui** fremde bewegliche Sache; – **di nessuno** herrenlose Sache, freistehende Sache (A); – **oppegnorata** Pfandsache, Pfandgut *n*; Pfandobjekt *n*; Pfandstück *n*; – **senza padrone** herrenlose Sache, freistehende Sache (A); – **perita** untergegangene Sache; – **pignorabile** pfändbare Sache; – **principale** Hauptsache; – **di qualità non inferiore alla media** Sache von mittlerer Art und Güte; – **ritrovata** Fundsache, Fundgegenstand *m*, Fundgut *n*; – **sacra** heilige Sache, geheiligte Sache; – **semplice** einfache Sache; – **smarrita** verlorene Sache; – **di specie**, – **specifica** Speziessache; – **vacante** anspruchige Sache (A); – **venduta** Kaufsache, Kaufgegenstand *m*; – **viziata** mangelhafte Sache; v. a. BENE, OGGETTO.

coscienza *f* (1) Gewissen *n*; (2) (*consapevolezza*) Bewusstsein *n*; – **dell'antigiuridicità** Bewusstsein der Rechtswidrigkeit; – **civica** Bürgerbewusstsein; – **di classe** Klassenbewusstsein *n*; – **collettiva** kollektives Gewissen; – **critica** kritisches Bewusstsein; – **ecologica** Umweltbewusstsein; – **europea** europäisches Bewusstsein; – **nazionale** Nationalbewusstsein; – **sociale** soziales Gewissen, öffentliches Gewissen.

coscritto *m* Rekrut *m*.

coscrizione *f* Aushebung *f*, Rekrutierung *f*, Konskription *f*; – **forzata** Zwangsrekrutierung; – **obbligatoria** (*obbligo di leva*) (allgemeine) Wehrpflicht *f*.

cospirare sich verschwören.

cospiratore *m* Verschwörer *m*.

cospirazione *f* Verschwörung *f*; – **politica** politische Verschwörung.

costare kosten.

costi *m pl* Kosten *pl*, Unkosten *pl*; – **accessori** Nebenkosten; – **accessori di acquisto** Nebenkosten der Beschaffung, Beschaffungskosten (*im engeren Sinne*), Bezugskosten; – **aziendali** Betriebskosten; – **di collocamento** bei der Unterbringung neu ausgegebener Wertpapiere entstandene Kosten; – **complementari di mano d'opera** Lohnnebenkosten; – **comuni** Gemeinkosten, gemeinsame Kosten; – **costanti** konstante Kosten; – **di costituzione** Gründungskosten, Gründungsaufwand *m*; – **crescenti** ansteigende Kosten; – **decrescenti** fallende Kosten, degressive Kosten; – **effettivi** tatsächliche Kosten; Istkosten; – **di emissione** Ausgabekosten, Emissionskosten, (*solo obbligazioni*) Begebungskosten; – **d'esercizio** Betriebskosten, Betriebsaufwand *m*; – **fissi** fixe Kosten; – **di fondazione** Gründungskosten, Gründungsaufwand *m*; – **generali** Gemeinkosten, allgemeine Unkosten; – **globali** Gesamtkosten; – **di gruppo** Gruppenkosten; – **di ordinamento** Gründungskosten, Gründungsaufwand *m*; – **del personale** Personalkosten, Personalaufwendungen *pl*; – **di prima istituzione**, – **di primo impianto** Gründungskosten, Gründungsaufwand *m*; – **di produzione** Produktionskosten; – **di pubblicità** Werbungskosten; – **rimborsabili** (1) erstattungsfähige Kosten; (2) erstattungspflichtige Kosten; – **supplementari** Zusatzkosten; – **di trasporto** Beförderungskosten, Transportkosten; – **variabili** veränderliche Kosten, variable Kosten; v. a. COSTO, SPESE.

costituente *f* verfassunggebende Versammlung *f*.

costituente *m* (*per es. di un diritto*) Besteller *m*; – **del pegno** Pfandbesteller, Pfandgeber *m*, Verpfänder *m*; – **di suppegno** Afterpfänder *m* (A).

costituire (1) (*fondare*) gründen, errichten; (2) (*diritti*) bestellen, begründen.

costituto possessorio Besitzkonstitut *n*, Besitzauftragung *f* (A =, S).

costituzionale *agg* verfassungsmäßig, verfassungsrechtlich, konstitutionell.

costituzionalista *m* Verfassungsrechtler.

costituzionalità *f* Verfassungsmäßigkeit *f*.

costituzione *f* (1) Verfassung *f*; (2) (*fondazione*) Gründung *f*, Errichtung *f*, Bildung *f*; (3) (*di diritti*) Bestellung *f*; **conforme alla –** verfassungsgemäß; **mancata –** (*del convenuto*) Nichteinlassung *f* (*des Beklagten*); **regolare –** (*di assemblea*) Beschlussfähigkeit *f*; **– di cauzione** Kautionsbestellung, Kautionsstellung, Kautionsgestellung; **– in compartecipazione** Gemeinschaftsgründung; **– mediante conferimento in natura** (*società*) Sachgründung; **– di diritti, – di un diritto** Anspruchsbegründung *f*, Begründung eines Rechts, Begründung eines Anspruchs; **– di dote** Gewährung einer Mitgift, Mitgiftbestellung (A); **– dell'evaso** Selbstgestellung des Entwichenen; **– federale** Bundesverfassung; **– di fideiussione** Bürgschaftsstellung; **– flessibile** geschmeidige Verfassung; **– di garanzia** Stellung einer Garantie, Bürgschaftsstellung, (*garanzia reale*) Sicherheitsbestellung; **– del giudice** Besetzung des Gerichts; **– in giudizio** Streiteinlassung; **– d'ipoteca** Hypothekenbestellung; **– in mora** Inverzugsetzung *f*; **– non scritta** ungeschriebene Verfassung; **– di parte civile** (*nel processo penale*) Beitritt als Zivilpartei; **– in pegno** Pfandbestellung, Verpfändung *f*, Pfandrechtsbestellung; **– delle parti** Einlassung der Parteien; **– per pubblica sottoscrizione** Zeichnungsgründung, Stufengründung, Sukzessivgründung; **– di un rapporto giuridico** Begründung eines Rechtsverhältnisses; **– di rendita** Rentenbestellung; **– repubblicana** (*del 1948*) republikanische Verfassung; **– rigida** starre Verfassung; **– di riserve** Reservenbildung, Bildung von Rücklagen; **– ritardata** verspätete Einlassung; **– simultanea** Einheitsgründung, Simultangründung; **– di società** Errichtung einer Gesellschaft, Gesellschaftsgründung; **– dello Stato** Staatsverfassung; **– successiva** Sukzessivgründung, Stufengründung, Zeichnungsgründung; **– di suppegno** Afterverpfändung (A); **– d'usufrutto** Nießbrauchsbestellung; v. a. FONDAZIONE, FORMAZIONE.

costo *m* Kosten *pl*, Unkosten *pl*; **maggior –** Mehrkosten; **vendere sotto –** unter (Selbstkosten-)Preis verkaufen; **– assicurazione e nolo** (*cif = cost, insurance and freight*) Kosten, Versicherung und Fracht; **– base** Grundkosten; **– del capitale** Kapitalkosten, Kapitalaufwand *m*, Kapitalaufwendungen *pl*; **– di costruzione** Baukosten; **– di credito** Kreditkosten; **– del denaro** Geld(beschaffungs)kosten; **– eccessivo** überhöhte Kosten; **– dell'educazione** Erziehungskosten *pl*; **– effettivo** Effektivkosten; **– d'emissione** Ausgabekosten, (*solo obbligazioni*) Begebungskosten; **– d'esercizio** Betriebskosten; **– di fabbricazione** Fertigungskosten, Herstellungskosten, Fabrikationskosten, Gestehungskosten; **– dei fattori** Faktorkosten; **– fiscale** Steuerkosten; **– di gestione** Betriebskosten, Geschäftskosten; **– delle imposte** Steuerkosten; **– degli interessi** Zinsaufwendung *f*; **– dell'investimento** Investitionskosten; **– del lavoro, – della mano d'opera** Arbeitskosten, Lohnkosten, Lohnaufwand *m*; **– marginale** Grenzkosten; **– del materiale** Materialkosten; **– medio** Durchschnittskosten; – netto Nettokosten; **– nolo e assicurazione** Kosten, Fracht und Versicherung; **– del personale** Personalkosten; **– della polizza** Policengebühr, Versicherungsscheingebühr; **– di produzione** Erzeugungskosten, Produktionskosten; **– di pubblicità** Werbungskosten; **– di rimpiazzo** Wiederbeschaffungskosten; **– dello studio** Studienkosten; – **teorico** Kostensoll *n*; – **del tirocinio** Lehrgeld *n*; – **totale** Gesamtkosten; – **per unità di produzione** Stückkosten; – **unitario** Stückkosten, Einheitskosten; – **della vita** Lebenshaltungskosten, Lebenskosten; v. a. COSTI.

costoso *agg* kostspielig.

costringere zwingen, nötigen.

costringimento *m*, – **fisico** (*dir. pen.*) körperlicher Zwang *m*; – **psichico** psychischer Zwang.

costrizione *f* Zwang *m*, Nötigung *f*; – **di elettore** Wählernötigung.

costruire bauen, errichten.

costruttore *m* Erbauer *m*.

costruzione *f* Bau *m*; **in corso di** – im Bau befindlich; **nuova** – Neubau; – **abusiva** illegaler Bau; – **in aderenza** Anbau *m* (*an das Nachbargebäude*); – **in ampliamento** Erweiterungsbau, Anbau; – **senza concessione** ungenehmigter Bau, Bauen *n* ohne Baugenehmigung; – **al disotto del suolo** unterirdisches Bauwerk *n*; – **mobiliare** (S) Fahrnisbaute *f* (S); – **del muro di cinta** Einfriedung *f*, Einfriedigung *f*.

costume *m* Sitte *f*, Anstand *m*; **il buon** – die guten Sitten.

cottimista *m* Akkordarbeiter *m*, Stückarbeiter, (*industria estrattiva*) Gedingearbeiter.

cottimo *m* Akkord *m*, (*industria estrattiva*) Gedinge *n*; **lavorare a** – in Akkord arbeiten; – **in gruppo** Gruppenakkord; – **individuale** Einzelakkord; – **pieno** Vollakkord.

cotutore *m* Mitvormund *m*.

couso *m* Mitbenutzung *f*, Mitbenützung (A, B, S), Mitgebrauch *m*.

coutente *m* Mitbenutzer *m*, Mitbenützer (A, B, S).

crac *m* Zusammenbruch *m*; – **di una banca**, – **bancario** Bankkrach, Bankzusammenbruch *m*; – **finanziario** finanzieller Zusammenbruch.

creazione *f* Schaffung *f*, (*fondazione*) Gründung *f*; – **di azioni** Schaffung von Aktien; – **di capitale** Kapitalschöpfung *f*; – **di credito** Kreditschöpfung *f*; – **di denaro** Geldschöpfung; – **del diritto** Rechtsschöpfung *f*, Rechtsschaffung *f*, Rechtserzeugung *f*; – **intellettuale** (*opera dell'ingegno*) geistige Schöpfung; – **di liquidità** Liquiditätsschöpfung; – **di possibilità di lavoro** Arbeitsbeschaffung *f*; – **di posti di lavoro** Arbeitsplatzbeschaffung; – **di potere d'acquisto** Kaufkraftschöpfung *f*.

credenziale *f* Beglaubigungsschreiben *n*, Akkreditiv *n*; (*Handelsrecht*) Kreditbrief *m*.

credere glauben, meinen; – **opportuno** für angebracht halten.

credibile *agg* glaubwürdig, glaubhaft.

credibilità *f* Glaubwürdigkeit *f*, Glaubhaftigkeit; – **politica** politische Glaubwürdigkeit.

crediti, altri – (*bilancio*) sonstige Forderungen; **congelare** – Guthaben einfrieren; **ricuperare** – Außenstände eintreiben, Außenstände einziehen; – **bancari** Bankforderungen *pl*; – **verso banche** Forderungen an Banken; Bankguthaben *pl*; – **verso clienti** Forderungen an Kunden, Kundenaußenstände; – **contabili** Buchforderungen *pl*, Buchaußenstände *pl*; – **controversi** zweifelhafte Außenstände, unsichere Außenstände; – **diversi** verschiedene Forderungen; – **in essere** ausstehende Forderungen, Außenstände *pl*; – **verso l'estero** Auslandsforderungen *pl*; – **irrecuperabili** uneinbringliche Außenstände; – **non introitati** ausstehende Forderungen, Außenstände *pl*; – **pendenti** Außenstände *pl*; – **da riscuotere** ausstehende Forderungen, Außenstände *pl*; – **verso società collegate**, – **verso società consociate** Forderungen an Konzerngesellschaften; v. a. CREDITO.

credito m (1) Forderung f, Anspruch m; (2) (fido) Kredit m; (3) (anticipazione) Vorschuss m, Vorlage f; (4) (avere, per es. presso banche) Guthaben n; (5) (apertura di credito) Akkreditiv n; **a** – auf Kredit, auf Borg; **accordare un** – einen Kredit gewähren, einen Kredit einräumen; **ammortizzare un** – einen Kredit tilgen; **aprire un** – einen Kredit eröffnen, ein Akkreditiv eröffnen; **assumere un** – einen Kredit aufnehmen; **capace di** – kreditfähig; **cedere un** – eine Forderung abtreten; **concedere un** – einen Kredit gewähren, einen Kredit einräumen, einen Kredit bewilligen; **dare – a qualcuno di una somma** jemandem einen Betrag gutschreiben; **esaurire un** – einen Kredit vollständig in Anspruch nehmen; **godere** – Kredit genießen; **meritevole di** – kreditwürdig; **piccolo** – Kleinkredit; **portare a** – gutschreiben; **prorogare un** – einen Kredit verlängern; **realizzare un** – eine Forderung einziehen; **registrare a** – gutschreiben, gutbringen; **revocare un** – einen Kredit zurückziehen; **riscuotere un** – eine Forderung eintreiben, eine Forderung beitreiben, eine Forderung einbringlich machen (A); **ritirare un** – einen Kredit zurückziehen; **scrivere a** – gutschreiben, gutbringen; **superare un** – einen Kredit überschreiben; **utilizzare un** – einen Kredit in Anspruch nehmen, einen Kredit benutzen; – **accertato** anerkannte Forderung; – **accessorio** Nebenforderung; – **di accettazione** Akzeptkredit, Akzeptationskredit; – **addizionale** Zusatzkredit; – **agevolato** zinsverbilligter Kredit; – **agrario**, – **agricolo** landwirtschaftlicher Kredit, Agrarkredit; – **di aiuto** Hilfskredit; – **di aiuto allo sviluppo** Entwicklungskredit; – **alimentare**, – **di alimenti** Unterhaltsforderung, Unterhaltsanspruch, Alimentenforderung; – **ammesso** (dir. fall.) festgestellte Forderung; – **ammesso allo stato passivo fallimentare** festgestellte Konkursforderung; – **ammesso tardivamente** (dir. fall.) nachträglich festgestellte Forderung; – **d'approvvigionamento** Bevorratungskredit; – **artigiano** Handwerkskredit, Handwerkerkredit; – **assistenziale** Beistandskredit; – **dell'attore** klägerische Forderung; – **d'avallo** Avalkredit; – **in banca**, – **verso banche** Bankguthaben; – **bancario** Bankkredit; – **in bianco** Blankokredit, ungedeckter Kredit; – **bloccato** (1) gesperrtes Guthaben; (2) gesperrter Kredit; – **a breve termine** kurzfristiger Kredit, Kurzkredit; – **cambiario** Wechselforderung, (fido) Wechselkredit; – **di campagna** Saisonkredit; – **di capitale** Kapitalforderung; – **per cassa** Kassenkredit, Barkredit, Barvorlage, Barvorschuss; – **di cauzione** Kautionskredit; – **cedibile** abtretbare Forderung; – **ceduto** abgetretene Forderung; – **chirografario** nicht vorberechtigte Forderung, Kurrentforderung (S); – **civile** bürgerliche Forderung, zivilrechtliche Forderung; – **alla clientela** Kundenkredit; – **verso la clientela** Kundenforderung; – **commerciale** Handelsforderung; – **al commercio** Handelskredit; – **di compensazione** (1) Aufrechnungsforderung, Ausgleichsforderung, Kompensandoforderung (A); (2) (fido) Verrechnungskredit; – **complementare** Ergänzungskredit; – **comunale** Kommunalkredit; – **comunitario** (CE) Gemeinschaftskredit; – **concesso** bewilligter Kredit; – **condizionale** bedingte Forderung; – **confermato** bestätigtes Akkreditiv; – **congelato** eingefrorener Kredit; eingefrorene Forderung; – **consorziale** Konsortialkredit; – **al consumatore** Verbraucherkredit; – **al consumo** Konsumkredit, Konsumtionskredit, Konsumtivkredit, Verbraucherkredit, Konsumentenkredit; – **contabile** Buchforderung, buchmäßige Forderung; – **contestato** streitige Forderung, bestrittene Forderung; – **di conto corrente** Kontokorrentforderung, (deposito) Kontokorrentgelder pl, Kontokorrentguthaben; – **in**

conto corrente Kontokorrentkredit; – **contrattuale** vertragliche Forderung; – **in contropartita** Gegenforderung; – **corrente** laufende Forderung; – **di corriere** Postlaufkredit, Postlaufvorlage; – **in corso** laufender Kredit; – **costituito in pegno** verpfändete Forderung; – **di danni di guerra** Kriegsschadenersatzforderung, Kriegsschädenforderung; – **di denaro** Geldforderung; – **dichiarato** angemeldete Forderung; – **documentario**, – **documentato** Dokumentenakkreditiv, Warenakkreditiv; – **dubbio** dubiose Forderung, zweifelhafte Forderung; – **all'economia** Wirtschaftskredit; – **edilizio** Baukredit; – **d'equipaggiamento** Ausstattungskredit; – **ereditario** Nachlassforderung; – **escluso** (dir. fall.) ausgeschlossene Forderung; – **d'esercizio** Betriebskredit, Betriebsmittelkredit; – **esigibile** fällige Forderung; – **esistente** bestehende Forderung; – **all'esportazione** Ausfuhrkredit, Exportkredit; – **d'esportazione** Ausfuhrforderung, Exportforderung; – **estero** Auslandskredit; – **verso l'estero** Forderung auf das Ausland; – **estinto** erloschene Forderung; – **fallimentare** Insolvenzforderung, Konkursforderung; – **di fideiussione**, – **fideiussorio** Bürgschaftskredit; – **fiduciario** Vertrauenskredit, Kredit auf Vertrauensbasis; – **di finanziamento** Finanzierungskredit; – **finanziario** Finanzforderung, (fido) Finanzkredit; – **di firma** Kreditanleihe f; – **fondiario** Bodenkredit, Grundkredit; – **di fornitura** Lieferantenkredit; – **forzoso** Zwangskredit; – **fruttifero** verzinsliche Forderung; – **futuro** zukünftige Forderung; – **garantito** (garanzia reale) gesicherte Forderung, sichergestellte Forderung, (garanzia personale) garantierte Forderung; (fido) gedeckter Kredit; – **garantito da pegno** Pfandforderung, pfandversicherte Forderung (S); – **con garanzia reale** dinglich gesicherte Forderung; – **da giuoco** Spielforderung; – **illimitato** unbegrenzter Kredit; – **immobiliare** Immobiliarkredit, Realkredit; – **immobilizzato** eingefrorener Kredit, Stillhaltekredit; – **d'impianto** Einrichtungskredit; – **impignorabile** unpfändbare Forderung; – **all'importazione** Einfuhrkredit, Importkredit; – **d'imposta** Steuerforderung, Steueranspruch; – **incedibile** nicht abtretbare Forderung; – **d'indennità di assicurazione** Versicherungsforderung; – **indiviso** gemeinschaftliche Forderung; – **individuale** Einzelkredit, persönlicher Kredit; – **all'industria**, – **industriale** Industriekredit; – **inflazionistico** inflatorischer Kredit; – **infruttifero** unverzinsliche Forderung; – **insinuato** (fallimento) angemeldete Forderung, eingegebene Forderung (S); – **di interessi** Zinsforderung, Zinsenforderung; – **intrasmissibile** nicht übertragbare Forderung; – **inutilizzato** nicht in Anspruch genommener Kredit; – **d'investimento** Investitionskredit, Anlagekredit; – **su ipoteca**, – **ipotecario** (fido) Hypothekenkredit, Hypothekarkredit; – **ipotecario** hypothekarisch gesicherte Forderung, Hypothekenforderung, Grundpfandforderung, Hypothekarforderung (A), grundversicherte Forderung (S); – **ipotecario di capitale** Pfandkapitalforderung (S); – **irrecuperabile** uneinbringliche Forderung; – **irrevocabile** unwiderrufliches Akkreditiv, unwiderruflicher Kredit; – **libero** einfaches Akkreditiv; – **limitato** begrenzter Kredit; – **liquido** feststehende Forderung; – **litigioso** streitige Forderung, bestrittene Forderung; – **a lunga scadenza**, – **a lungo termine** langfristiger Kredit; – **marittimo** Seehandelskredit; – **di massa** Masseforderung; – **a medio termine** mittelfristiger Kredit; – **mercantile** Lieferantenkredit; – **su merci** Warenforderung, (fido)

Warenkredit; – **di miglioramento** Meliorationskredit; – **mobiliare** Mobiliarkredit; – **navale** Schiffsbaukredit; – **netto** Nettoforderung; – **di nolo** Frachtforderung; – **non confermato** unbestätigtes Akkreditiv; – **non utilizzato** nicht in Anspruch genommener Kredit; – **d'onorario** Honorarforderung; – **di partita** Buchforderung, buchmäßige Forderung; – **parziale** Teilforderung; – **pecuniario** Geldforderung; – **su pegno** Faustpfandkredit, (di titoli o merci) Lombardkredit; – **permanente** Dauerkredit, Dauervorschuss, (apertura di credito) Daueraktkreditiv; – **personale** persönlicher Kredit; – **pignoratizio** Pfandforderung; – **pignorato** gepfändete Forderung; – **ponte** Überbrückungskredit; – **di prefinanziamento** Vorfinanzierungskredit; – **prescritto** verjährte Forderung; – **del prezzo** Preisforderung; – **del prezzo di acquisto**, – **del prezzo di vendita** Kaufpreisforderung, Kaufgeldforderung; – **principale** Hauptforderung, Hauptanspruch (+ S =); – **privato** Privatkredit; – **privilegiato** bevorrechtigte Forderung, bevorrechtete Forderung (A); – **alla produzione** Produktionskredit, Produktivkredit; – **provvisorio** Zwischenkredit; – **pubblico** öffentlicher Kredit; – **reale** Realkredit, Sachkredit; – **reciproco** gegenseitige Forderung; – **di regresso** Rückgriffsforderung, Regressforderung; – **residuo** Restforderung; – **revocabile** widerruflicher Kredit, widerrufliches Akkreditiv; – **di rimborso** Rembourskredit; – **di rimodernamento** Modernisierungskredit; – **rinnovabile** Revolvingkredit, revolvierender Kredit, sich automatisch erneuernder Kredit, revolvierendes Akkreditiv; – **di rifinanziamento** Refinanzierungskredit; – **di riparazione** Reparationsforderung; – **di riporto** Reportkredit; – **di risarcimento** Schadenersatzforderung, Schadensersatzforderung, Ersatzforderung (S); – **di risconto** Rediskontkredit; – **di rivalsa** Revalierungsanspruch; – **rotativo** Revolvingkredit, revolvierender Kredit, sich automatisch erneuernder Kredit, revolvierendes Akkreditiv; – **di salario** Lohnforderung; – **scaduto** fällige Forderung; – **di sconto** Diskontkredit; – **di sconto cambiario** Wechseldiskontkredit; – **allo scoperto** ungedeckter Kredit, Blankokredit, Kredit auf ungedeckter Basis; – **per scoperto di conto corrente** Kontokorrentkredit, Überziehungskredit; – **semplice** einfaches Akkreditiv; – **sequestrato** gepfändete Forderung; – **sfornito di azione** klaglose Forderung; – **simulato** erdichtete Forderung, fingierte Forderung, vorgetäuschte Forderung, Scheinforderung; – **sociale** Gesellschaftsforderung, Sozialkredit; – **in sofferenza** notleidender Kredit; – **solidale** Gesamtforderung, Solidarforderung (A, S); – **speciale** Sonderkredit; – **di spese** Kostenforderung; – **di stagione** Saisonkredit; – **dello Stato** Staatskredit; – **di stipendio** Gehaltsforderung; – **supplementare** Zusatzkredit; – **di tenue valore** geringfügige Forderung; – **trasferibile** übertragbares Akkreditiv; – **transitorio** Zwischenkredit; – **usurario** wucherische Forderung; – **in valuta estera** Fremdwährungsforderung, (fido) Fremdwährungskredit, Währungskredit; v. a. CREDITI, FIDO.

creditore m Gläubiger m; **nuovo** – Neugläubiger, neuer Gläubiger; **soddisfare un** – einen Gläubiger befriedigen; **vecchio** – bisheriger Gläubiger, Altgläubiger; – **alimentare** Unterhaltsgläubiger; – **anticretico** Nutzpfandgläubiger, Nutzungspfandgläubiger, antichretischer Gläubiger; – **apparente** Scheingläubiger; – **cambiario** Wechselgläubiger; – **chirografario** nicht bevorrechtigter Gläubiger,

Gemeingläubiger, Kurrentgläubiger (S); – **commerciale** Handelsgläubiger; – **concordatario** Vergleichsgläubiger, Ausgleichs gläubiger (A); – **in conto corrente** Kontokorrentkreditor m; – **escluso** ausgeschlossener Gläubiger; – **finanziario** Finanzgläubiger; – **garantito** sichergestellter Gläubiger; – **insoddisfatto** unbefriedigter Gläubiger; – **intervenuto** (nel processo) beigetretener Gläubiger; – **ipotecario** Grundpfandgläubiger, Hypothekengläubiger; Hypothekargläubiger (A); – **della massa ereditaria** Erbschaftsgläubiger, Nachlassgläubiger, Verlassenschaftsgläubiger (A); – **della massa fallimentare** Insovenzgläubiger, Konkursgläubiger; – **moroso** säumiger Gläubiger; – **obbligazionista** Schuldverschreibungsgläubiger; – **particolare**, – **personale** Privatgläubiger; – **pignorante** pfändender Gläubiger, Vollstreckungsgläubiger; – **pignoratizio** Pfandgläubiger; – **principale** Hauptgläubiger; – **privilegiato** bevorrechtigter Gläubiger, bevorrechteter Gläubiger (A), privilegierter Gläubiger (S), Prioritätsgläubiger (S), Absonderungsgläubiger, Absonderungsberechtigter m; – **separatista** Absonderungsberechtigter m, Absonderungsgläubiger, Aussonderungsgläubiger; – **sequestrante** Arrestgläubiger; – **sociale** Gesellschaftsgläubiger; – **del socio** persönlicher Gläubiger des Gesellschafters; – **solidale**, – **in solido** Gesamtgläubiger, Mitgläubiger, Solidargläubiger (S).

creditori *m pl* (*bilancio*) Kreditoren *pl*, Verbindlichkeiten; – **diversi** verschiedene Kreditoren.

credo *m* Glaubensbekenntnis *n*.

cremazione *f* Einäscherung *f*, Feuerbestattung *f*.

crescere wachsen, zunehmen, steigen.

crescita *f* Wachstum *n*; – **demografica** Bevölkerungswachstum; – **incontrollata** unkontrolliertes Wachstum; – **industriale** industrielles Wachstum; – **sostenibile** nachhaltiges Wachstum; – **stabile** stabiles Wachstum; – **zero** Nullwachstum.

criminale *agg* (1) strafrechtlich, Kriminal-; (2) verbrecherisch.

criminale *m* Verbrecher *m*; **grande** – Schwerverbrecher; – **di guerra** Kriegsverbrecher; **grande** – **di guerra** Hauptkriegsverbrecher; – **politico** politischer Verbrecher; v. a. DELINQUENTE.

criminalista *m* Strafrechtslehrer *m*, Kriminalist *m*.

criminalistica *f* Kriminalistik *f*.

criminalità *f* Kriminalität *f*, Verbrechertum *n*; **reprimere la** – die Kriminalität bekämpfen; **grande** – Schwerkriminalität; **piccola** – Kleinkriminalität; – **dei colletti bianchi** Weiße-Kragen-Kriminalität; – **comune** allgemeine Kriminalität; – **economica** Wirtschaftskriminalität; – **informatica** Computerkriminalität; – **mafiosa** Mafia-Kriminalität; – **organizzata** organisierte Kriminalität; – **professionale** Berufsverbrechertum; – **urbana** Kriminalität in den Städten.

criminalizzare kriminalisieren.

criminalizzazione *f* Kriminalisierung *f*.

crimine *m* (+ S) Verbrechen *n*; – **di guerra** Kriegsverbrechen; – **organizzato** organisiertes Verbrechen; – **contro la pace** Verbrechen gegen den Frieden; – **contro l'umanità** Verbrechen gegen die Menschlichkeit; v. a. DELITTO.

crimini *m pl*, – **internazionali** international verfolgbare Verbrechen *n pl*; – (*di violenza*) **nazisti** nationalsozialistische Gewaltverbrechen.

criminologia *f* Kriminologie *f*, Verbrechenskunde *f*.

criminologo *m* Kriminologe *m*.

crisi *f* Krise *f*; – **degli alloggi** Wohnungsnot *f*; – **da astinenza** (*med.*) Entzugserscheinungen *f pl*; – **bancaria** Bankenkrise *f*; – **della borsa** Börsenkrise; – **commerciale** Handelskrise, Handelskrisis; – **costituzionale** Verfassungskrise; – **di**

crescenza Wachstumskrise; – **economica** Wirtschaftskrise; – **economica mondiale** Weltwirtschaftskrise; – **energetica** Energiekrise; – **finanziaria** Finanzkrise; – **di gabinetto** Kabinettskrise; – **governativa**, – **di governo** Regierungskrise; – **d'identità** Identitätskrise; – **inflazionistica** Inflationskrise; – **internazionale** internationale Krise; – **delle istituzioni** Krise der verfassungsmäßigen Ordnung; – **legislativa** Gesetzgebungsnotstand *m*; – **ministeriale** Kabinettskrise; – **monetaria** Geldkrise, Währungskrise; – **occupazionale** Beschäftigungskrise; – **permanente** Dauerkrise; – **periodica** periodische Krise; – **petrolifera** Ölkrise; – **pilotata** gesteuerte Krise; – **politica** politische Krise; – **strutturale** strukturelle Krise.

criterio *m* Kriterium *n*, Grundsatz *m*, Maßstab *m*; – **dell'assorbimento** Absorptionsprinzip *n*; – **di avanzamento** Beförderungsgrundsatz; – **di calcolo** Berechnungsmaßstab; – **di collegamento** (*diritto intern. privato*) Anknüpfungspunkt *m*, Anknüpfungsmoment *n*; – **di classificazione** Einteilungskriterium; – **di convergenza** Konvergenzkriterium; – **direttivo** Leitkriterien, Richtlinie *f*; – **distintivo**, – **di distinzione** Unterscheidungsmerkmal *n*; – **distributivo** Verteilungsgrundsatz; – **di formazione dei bilanci** Bilanzierungsgrundsatz, Bilanzierungsrichtlinie *f*; – **di scelta** Auswahlkriterium; – **di valutazione** Bewertungsmaßstab *m*.

critica *f* Kritik *f*; – **costruttiva** konstruktive Kritik; – **sociale** Sozialkritik, Gesellschaftskritik.

croce *f* **rossa** Rotes Kreuz *n*; – **internazionale** Internationales Rotes Kreuz.

croce *f* **di S. Andrea** (*circ. strad.*) Andreaskreuz.

crocesegno *m* Kreuz *n* (Handzeichen eines Analphabeten).

crocevia *f* Kreuzung *f*.

crollare zusammenbrechen, (*di costruzioni*) einstürzen.

crollo *m* Zusammenbruch *m*, (*di costruzioni*) Einsturz *m*; – **di una banca**, – **bancario** Bankzusammenbruch *m*, Bankkrach *m*; – **in borsa** Börsenkrach *m*, Börsenzusammenbruch *m*; – **di costruzioni** (*reato*) Zerstörung *f* von Bauwerken; – **economico** wirtschaftlicher Zusammenbruch *m*; – **finanziario** finanzieller Zusammenbruch; – **dei prezzi** Preissturz *m*, Preiseinbruch *m*, Preiszusammenbruch *m*; – **dei prezzi di borsa**, – **delle quotazioni** Kurseinbruch *m*, Kurssturz *m*.

cronaca *f* Bericht *m*, Reportage *f*; – **giudiziaria** Gerichtsbericht, Gerichtsnachrichten *pl*.

cronista *m* Reporter *m*, Berichterstatter *m*; – **giudiziario** Gerichtsberichterstatter.

cronotachigrafo *m* (*autocarro*) Fahrtschreiber *m*.

crudele *agg* grausam.

crumiraggio *m* Streikbruch *m*.

crumiro *m* Streikbrecher *m*.

cubatura *f* umbauter Raum *m*.

culpa *f*, – **in contrahendo** Verschulden bei den Vertragsverhandlungen; – **in eligendo** Verschulden bei der Auswahl; – **in vigilando** schuldhafte Verletzung der Aufsichtspflicht.

culto *m* **della personalità** (*pol*) Personenkult *m*.

cultura *f* Kultur *f*, Bildung *f*; – **generale** Allgemeinbildung.

cumulare häufen.

cumulativo *agg* kumulativ.

cumulo *m* Häufung *f*, Kumulation *f*, Kumulierung *f*; – **di azioni** Klagenhäufung, Klagehäufung; – **di cariche** Ämterhäufung; – **di cause** Klage(*n*)häufung; – **di domande** Klage(*n*)häufung; – **di funzioni**, – **di impieghi pubblici** Ämterhäufung, Ämterkumulierung; – **oggettivo** (*di domande*) objektive Klage(*n*)häufung, Anspruchshäufung; – **delle pene** Strafkumulierung; – **di pignoramenti** Mehrpfändung, mehrfache Pfändung; –

di rischi Risikenhäufung; – **soggettivo** (*di domande*) subjektive Klage(*n*)häufung.
curando (*ordine di borsa*) interessewahrend.
curare pflegen, behandeln.
curatela *f* Pflegschaft *f*, Kuratel *f*, Beistandschaft *f* (S); – **dei beni dell'assente** Abwesenheitspflegschaft, Abwesenheitskuratel (A); – **dell'eredità** Nachlasspflegschaft; – **della successione** Nachlasspflegschaft, Verlassenschaftskuratel (A); v. a. AMMINISTRAZIONE.
curatore *m* Pfleger *m*, Kurator *m* (A), Beistand *m* (S); – **dell'assente** Abwesenheitspfleger; – **dell'emancipato** Pfleger des aus der elterlichen Sorge Entlassenen; – **dell'eredità** (*giacente*) Nachlasspfleger; – **fallimentare**, – **del fallimento** Insolvenzverwalter, Konkursverwalter *m*, Masseverwalter *m* (A); – **dell'inabilitato** Pfleger des beschränkt Geschäftsfähigen; – **del minore** Pfleger für den Minderjährigen; – **del nascituro** Pfleger der Leibesfrucht, Kurator für eine Leibesfrucht (A); – **provvisorio** vorläufiger Pfleger, vorläufiger Kurator (A); – **dello scomparso** Abwesenheitspfleger, Abwesenheitskurator (A); – **speciale** (*nel processo*) Prozesspfleger, Prozesskurator (A), (*nel processo civile*) besonderer Vertreter (D); – **speciale del pupillo in conflitto di interessi col tutore** Kollisionskurator (A); – **della successione** Nachlasspfleger, Verlassenschaftskurator (A); – **al ventre** Pfleger der Leibesfrucht, Kurator für eine Leibesfrucht (A); v. a. AMMINISTRA-TORE.
curia *f* Kurie *f*.
curriculum *m*, – **professionale** beruflicher Werdegang; – **vitae** Lebenslauf *m*.
curva *f* Kurve *f*; – **della domanda** Nachfragekurve *f*; – **della mortalità** Sterblichkeitskurve *f*; – **dei prezzi** Preiskurve *f*.
custode *m* (1) Wächter *m*, Aufseher *m*; (2) Verwahrer *m*.
custodia *f* Verwahrung *f*; **omessa** – **di armi** ungenügende Verwahrung von Waffen; **omessa** – **e malgoverno di animali** mangelnde Beaufsichtigung und Führung von Tieren; – **in casa** Hausarrest *m*; – **cautelare (in carcere)** Untersuchungshaft; – **cautelare subita all'estero** (*a seguito di una domanda di estradizione*) Auslieferungshaft; – **collettiva di giro** Girosammelverwahrung; – **preventiva** v. custodia cautelare; – **pubblica di cose** öffentliche Verwahrung von Sachen; – **di titoli** Wertpapierverwahrung, Effektenverwahrung.
custodire (1) verwahren, aufbewahren; (2) bewachen.

D

danaro *m* v. denaro.
danneggiamento *m* (1) Beschädigung *f*, Schädigung; (2) (*reato*) Sachbeschädigung; – **di affissioni** Beschädigung von Anschlägen; – **del carico** Ladungsbeschädigung; – **di cose altrui** Sachbeschädigung; – **al patrimonio archeologico, storico o artistico nazionale** Beschädigung archäologischer, historischer oder künstlerischer Güter der Nation; – **seguito da incendio** Sachbeschädigung nach Brandlegung.
danneggiante *m* Schädiger *m*.
danneggiare beschädigen.
danneggiato *m* Geschädigter *m*, Beschädigter; **terzo** – Drittgeschädigter.
danni *m pl*, **chiedere i** – Schadensersatz fordern; **risarcire i** – Schadensersatz leisten.

danni-interessi *m pl* Schadenersatz *m*; – **moratori** Schadenersatz für verspätete Erfüllung.

danno *m* Schaden *m*; **accertare il** – den Schaden feststellen; **arrecare un** – (einen) Schaden zufügen; **cagionare un** – einen Schaden verursachen; **causare un** – einen Schaden verursachen; **evitare un** – einen Schaden abwenden; **liquidare un** – einen Schaden regulieren; **risarcire il** – den Schaden ersetzen; **piccolo** – Kleinschaden, Bagatellschaden; **provocare un** – einen Schaden verursachen; **riparare il** – den Schaden wiedergutmachen; **rispondere del** – für den Schaden aufkommen; **subire un** – einen Schaden erleiden; – **accertato** festgestellter Schaden; – **ambientale** Umweltschaden; – **assicurato** Versicherungsschaden; – **da atto illecito** Schaden aus unerlaubter Handlung; – **di avaria** Havarieschaden; – **biologico** gesundheitlicher Schaden; – **cagionato** verursachter Schaden; – **cagionato da animali** Tierschaden; – **al carico** Ladungsbeschädigung *f*; – **causato da aerei** Flugzeugschaden; – **causato dall'incendio** Brandschaden, Feuerschaden; – **causato dalla selvaggina** Wildschaden; – **alle colture** Landschaden, Flurschaden; – **complessivo** Gesamtschaden; – **consecutivo** nachträglich eingetretener Schaden; – **conseguente** Folgeschaden; – **contrattuale** vertraglicher Schaden; – **corporale** Körperschaden; – **alle cose** Sachschaden; – **derivante dal ritardo** Verzugsschaden; – **diretto** unmittelbarer Schaden; – **doloso** arglistiger Schaden, böswilliger Schaden; – **eccedente l'ammontare dell'assicurazione** Überschaden; – **ecologico** Umweltschaden; – **economico** wirtschaftlicher Schaden; – **effettivo**, – **emergente** eingetretener Schaden, wirklich eingetretener Verlust (S); – **evitabile** vermeidbarer Schaden; – **da fermo** Standgeld; – **fisico** Körperschaden; – **grave** schwerer Schaden; Großschaden, Massenschaden; – **di guerra** Kriegsschaden, (*ad una nave assicurata*) Kriegsmolest *m*; – **immobiliare** Immobiliarschaden; – **imprevidibile** unvorhersehbarer Schaden; – **da inadempimento** Schaden aus Nichterfüllung (des Vertrages); – **indiretto** mittelbarer Schaden, Folgeschaden; – **ingiusto** unbilliger Schaden; – **insignificante** geringfügiger Schaden; – **irreparabile** nicht wiedergutzumachender Schaden; – **lieve** leichter Schaden; – **lordo** Bruttoschaden; – **massimo previsto** geschätzter Maximalschaden; – **massimo probabile** wahrscheinlicher Maximalschaden; – **materiale** Sachschaden; – **materiale di guerra** Kriegssachschaden; – **mediato** mittelbarer Schaden; – **morale** immaterieller Schaden, ideeller Schaden; – **netto** Nettoschaden; – **non patrimoniale** Nichtvermögensschaden, ideeller Schaden, immaterieller Schaden; – **d'occupazione** Besatzungsschaden; – **parziale** Teilschaden, Partialschaden; – **patrimoniale** Vermögensschaden; – **permanente** Dauerschaden; – **alla persona** Personenschaden; – **prevedibile** vorhersehbarer Schaden; – **prossimo** unmittelbar bevorstehender Schaden; – **reale** eingetretener Schaden, wirklicher eingetretener Verlust (S); – **riparabile** erstattungsfähiger Schaden; – **risarcibile** zu ersetzender Schaden; – **di rottura** Bruchschaden; – **sociale** (*diritto penale*) Sozialschaden; – **subito** erlittener Schaden; – **temuto** Besorgnis eines bevorstehenden Schadens; – **del terzo** Drittschaden; – **totale** Vollschaden, Totalschaden; – **di trasporto** Transportschaden; – **ulteriore** darüberhinausgehender Schaden; – **da urto** Aufprallschaden.

dannosità *f* **sociale** Sozialschädlichkeit *f*.

dante causa *m* Rechtsvorgänger *m*, Vorgänger *m*, Rechtsvorfahr *m* (S), Vormann *m*, Auktor *m* (A).
dare geben.
dare *m* (*contabilità*) Soll *n*, Debet *n*.
data *f* Datum *n*; **senza** – undatiert; – **attuale** aktuelles Datum; – **di arrivo** Eingangsdatum; – **certa** beglaubigtes Datum, gerichtlich oder notariell beglaubigtes Datum; – **di confezione** Abpackdatum; – **di consegna** Lieferungsdatum; – **d'emissione** Ausstellungstag *m*, Ausstellungsdatum, Ausgabedatum; – **dell'entrata in vigore** Tag *m* des Inkrafttretens; – **della fattura** Rechnungsdatum; – **di iscrizione** Eintragungsdatum; – **di nascita** Geburtsdatum; – **di notifica** Zustellungsdatum **in** – **odierna** unter heutigem Datum, am heutigen Tag; – **dell'ordine** Auftragsdatum; – **di pagamento** Zahlungstag, Zahltag; – **di produzione** Herstellungsdatum; – **del protesto** Datum der Protesterhebung; – **di scadenza** Fälligkeitstag *m*, Fälligkeitstermin *m*, Verfalltag, Verfallstag (A); – **di rilascio** Ausstellungsdatum, Ausstellungstag *m*; – **di scadenza** Fälligkeitstag, Fälligkeitstermin *m*; (*alimentari*) Haltbarkeitsdatum; – **stabilita** festgelegter Zeitpunkt *m*; – **storica** historisches Datum; – **del timbro postale** Datum des Poststempels; – **di traenza** Ausstellungstag; – **di valuta** Valutierungstag; v. a. GIORNO, TERMINE.
datare datieren.
datario *m* Datumsstempel *m*, Tagesstempel.
dati *m pl* Daten *pl*, Angaben *pl*; – **anagrafici** melderechtliche Daten; – **aggiornati** Daten nach dem gegenwärtigen Stand; – **catastali** Katasterangaben, Katasteraldaten (A); – **complementari** ergänzende Angaben; – **confidenziali** vertrauliche Daten; – **congiunturali** Konjunkturdaten; – **destagionalizzati** saisonbereinigte Daten; – **economici** wirtschaftliche Daten, Wirtschaftszahlen *f pl*; – **di ingresso** Eingabedaten; – **di mercato** Marktdaten; – **originali** Ursprungsdaten; – **personali** Personalangaben, Personalien *pl*; – **segnaletici** Personenbeschreibung *f*, Personsbeschreibung (A), Personalbeschreibung; – **segreti** Geheimdaten; – **statistici** statistische Daten, statistische Angaben, statistische Unterlagen; – **tecnici** technische Angaben.
dato *m* **di fondo** grundlegende Tatsache *m*.
datore *m*, – **d'ipoteca** Hypothekenbesteller *m*; – **di lavoro** Arbeitgeber *m*; – **di pegno** Pfandgeber *m*.
dattilogramma *m* (*impronta digitale*) Daktylogramm *n*.
dattiloscopia *f* Daktyloskopie *f*.
dattiloscritto *agg* maschinengeschrieben.
dazio *m* Zoll *m*; **esente da** – zollfrei; **soggetto a** – zollpflichtig; – **antidumping** Antidumpingzoll; – **base** Grundzollsatz *m*; – **compensatore** Ausgleichszoll, Kompensationszoll; – **comunale** Stadtzoll, Verbrauchsteuer *f*; – **di consumo** Verbrauchsteuer *f*, Verbrauchsabgaben; – **convenzionale** Vertragszoll, Vertragszollsatz *m*, vertraglicher Zollsatz, Konventionalzoll; – **differenziale** Differentialzoll, Unterscheidungszoll; – **di dogana** Zoll, Zollabgabe *f*; – **economico** Schutzzoll; – **d'entrata** Eingangszoll; – **d'esportazione** Ausfuhrzoll; – **esterno** Außenzoll; – **fiscale** Fiskalzoll, Finanzzoll; – **d'importazione** Einfuhrzoll, Eingangszoll; – **interno** Binnenzoll; – **massimo** Höchstzoll; – **minimo** Mindestzoll; – **misto** Mischzoll; – **a misura** Maßzoll; – **mobile** gleitender Zoll, Gleitzoll; – **preferenziale** Vorzugszoll, Präferenzzoll, Ausnahmezollsatz *m*; – **proibitivo** Prohibitivzoll, Sperrzoll; – **protettivo** Schutzzoll; – **di rappresaglia** Vergeltungszoll; – **di ritorno** Rückzoll; – **di ritorsione** Retorsionszoll, Vergeltungszoll; – **specifico** spezifischer Zoll, Stück-

zoll, Gewichtszoll; – **stagionale** Saisonzoll; – **supplementare** Zuschlagszoll. Nachzoll; – **di transito** Durchfuhrzoll, Durchgangszoll, Transitzoll; – **d'uscita** Ausgangszoll, Ausfuhrzoll; – **ad valorem**, – **sul valore** Wertzoll.

dazione *f*, – **in luogo dell'adempimento** Hingabe an Erfüllungs Statt; – **in pagamento** Hingabe an Zahlungs Statt; – **pro solvendo**, – **solvendi causa** Hingabe erfüllungshalber.

debellatio *f* debellatio, kriegerische Niederringung, militärische Niederringung.

debitamente *avv* ordnungsgemäß, ordnungsmäßig.

debiti *m pl* (*bilancio*) Verbindlichkeiten *pl*, Kreditoren *pl*; **altri** – sonstige Verbindlichkeiten; **sovraccarico di** – überschuldet; – **verso banche** Bankverbindlichkeiten, Bankschulden *pl*, Verbindlichkeiten gegenüber Banken; – **a breve scadenza** kurzfristige Verbindlichkeiten; – **cambiari** Wechselverbindlichkeiten; – **verso clienti** Verbindlichkeiten gegenüber Kunden; – **correnti** laufende Verbindlichkeiten; – **diversi** sonstige Verbindlichkeiten; – **esigibili** fällige Verbindlichkeiten; – **verso l'estero** Auslandsverbindlichkeiten; – **verso fornitori** Verbindlichkeiten gegenüber Lieferanten; – **liquidi** fällige Verbindlichkeiten; – **a lunga scadenza** langfristige Verbindlichkeiten; – **a media scadenza** mittelfristige Verbindlichkeiten; – **a scadenza differita** lang- und mittelfristige Verbindlichkeiten; – **scaduti** fällige Verbindlichkeiten; – **verso società collegate**, – **verso società consociate** Verbindlichkeiten gegenüber Konzerngesellschaften; v. a. DEBITO.

debito *m* Schuld *f*, Verbindlichkeit *f*; **accollarsi un** – eine Schuld übernehmen; **ammortare un –, ammortizzare un** – eine Schuld tilgen; **contrarre un** – eine Verbindlichkeit eingehen; **dare – a qualcuno di una somma** jemanden mit einem Betrag belasten; **estinguere un** – eine Schuld tilgen; **registrare a** – ins Soll eintragen, debitieren; **rimettere un** – eine Schuld erlassen; **scrivere a** – ins Soll eintragen, debitieren; **saldare un** – eine Schuld begleichen; – **amministrativo** Verwaltungsschuld; – **di alimenti** Unterhaltspflicht *f*; – **attivo** Schuldforderung *f*; – **bancario** Bankschuld; – **cambiario** Wechselschuld; – **di capitale** Kapitalschuld, Kapitalverbindlichkeit; – **chiedibile** Holschuld; – **commerciale** Handelsschuld, Handelsverbindlichkeit, Geschäftsschuld, Geschäftsverbindlichkeit; – **consolidato** fundierte Schuld, konsolidierte Schuld, feste Schuld (S); – **contabile** Buchschuld; – **di conto corrente** Kontokorrentschuld, Kontokorrentverbindlichkeit; – **convertito** Ablösungsschuld; – **contrattuale** Vertragsverbindlichkeit, Vertragsschuld; – **differito** aufgeschobene Schuld; – **doganale** Zollschuld; – **ereditario** Nachlassschuld, Nachlassverbindlichkeit; – **esigibile** fällige Schuld; – **estero** Auslandsschuld, äußere Schuld; – **verso l'estero** Auslandsschuld; – **federale** Bundesschuld; – **finanziario** Finanzschuld, Finanzverbindlichkeit; – **fluttuante** schwebende Schuld, unfundierte Schuld; – **verso i fornitori** Lieferantenschuld; – **di giuoco** Spielschuld; – **di guerra** Kriegsschuld; – **d'imposta** Steuerschuld, Abgabenschuld, Abgabeschuldigkeit *f* (A =), Abgabenschuldigkeit (A =); – **indivisibile** unteilbare Schuld; – **irrecuperabile**, – **insolvibile** uneinbringliche Schuld; – **di interessi** Zinsschuld; – **interno** innere Schuld; – **ipotecario** Hypothekenschuld, Hypothekarschuld; – **della massa** Masseschuld; – **della massa ereditaria** Erbschaftschuld; – **su merci** Warenschuld; – **mobiliare** Mobiliarschuld; – **non consolidato**

unfundierte Schuld; – **numerario** Geldschuld; – **obbligazionario** Obligationenschuld; – **sull'onore** Ehrenschuld; – **pagabile a rate** Abzahlungsschuld; – **sulla parola** Schuld auf Ehrenwort, Ehrenschuld; – **di partita** Buchschuld; – **pecuniario** Geldschuld, Geldverbindlichkeit; – **di perequazione** Ausgleichsschuld; – **permanente** Dauerschuld; – **perpetuo** Rentenschuld; – **personale** Privatschuld; – **pignoratizio** Pfandschuld; – **portabile** Bringschuld; – **principale** Hauptschuld; – **pubblico** öffentliche Schuld, Staatsschuld; – **pubblico consolidato** fundierte Staatsschuld, konsolidierte Staatsschuld; – **pubblico fluttuante** schwebende Staatsschuld; – **pubblico irredimibile** fundierte Staatsschuld, konsolidierte Staatsschuld; – **pubblico oscillante** schwebende Staatsschuld; – **redimibile** Tilgungsschuld, Amortisationsschuld; – **residuo** Restschuld; – **riconosciuto** anerkannte Schuld; – **in scadenza**, – **scaduto** fällige Schuld; – **di scommessa** Wettschuld; – **sociale** Gesellschaftsschuld, Gesellschaftsverbindlichkeit; – **solidale** Gesamtschuld, Solidarschuld; – **di somma di moneta** Geldsummenschuld; – **di specie monetaria** Geldsortenschuld; – **dello Stato** Staatsschuld; – **di valore** Wertschuld; – **di valuta** Geldwertschuld; – **in valuta estera** Fremdwährungsschuld; – **vitalizio** Leibrentenschuld; v. a. OBBLIGAZIONE.

debitore *m* Schuldner *m*; – **alimentare** Unterhaltsschuldner; – **bancario** Bankschuldner; – **cambiario** Wechselschuldner; – **in conto corrente** Kontokorrentschuldner, Kontokorrentdebitor *m*; – **contrattuale** Vertragsschuldner; – **convenuto** beklagter Schuldner, verklagter Schuldner; – **del de cuius** Nachlassschuldner; – **di diritti doganali** Zollschuldner; – **fallito** Gemeinschuldner; – **d'imposta** Steuerschuldner; – **individuale** Einzelschuldner; – **insolvente** zahlungsunfähiger Schuldner; – **ipotecario** Hypothekenschuldner, Hypothekarschuldner (A); – **in mora** in Verzug befindlicher Schuldner; – **moroso** säumiger Schuldner; – **obbligazionario** Obligationsschuldner, Obligationenschuldner; – **del pagamento** Zahlungsschuldner; – **particolare** Einzelschuldner; Privatschuldner; – **personale** Privatschuldner; – **pignoratizio** Pfandschuldner; – **pignorato** Pfändungsschuldner, Pfändungspfandschuldner; – **della prestazione** Leistungsschuldner; – **primario** Erstschuldner; – **principale** Hauptschuldner; – **di una rendita** Rentenschuldner; – **del salario** Lohnschuldner; – **solidale**, – **in solido** Gesamtschuldner, Solidarschuldner; – **delle spese** Kostenschuldner; – **dello stipendio** Gehaltsschuldner; – **del tributo** Abgabenschuldner; v. a. OBBLIGATO.

debitori *m pl* (*bilancio*) Debitoren *pl*, Forderungen *pl*.

debitorio *agg* debitorisch.

debole *agg* schwach.

debolezza *f* Schwäche *f*; – **del dollaro** Dollarschwäche; – **strutturale** Strukturschwäche.

decadenza *f* Verfall *m*, Verwirkung *f*, Verlust *m*, Aberkennung *f*; – **dall'assunzione** (*di prove*) Verwirkung des Rechts auf Beweiserhebung; – **dal brevetto** Erlöschen des Patents, Aberkennung des Patents, Ablaufen des Patents (A); – **dalla carica** Amtsverlust *m*; – **da un diritto** Verwirkung eines Rechts, Rechtsverwirkung, Rechtsverlust, Anspruchverwirkung; – **dall'impiego** (*pubblico*) Entlassung *f*; – **dall'impugnazione** Verwirkung des Anfechtungsrechts; – **dal mandato** Mandatsverlust; – **dalla pensione** Pensionsentziehung *f*; – **dalla potestà sui figli** Entziehung der elterlichen Sorge, Aberkennung der elterlichen Gewalt (A); – **del socio**

moroso Kaduzierung *f*; – **dal termine** Terminsverlust; v. a. PERDITA.
decadere (1) (*scadere*) verfallen, (2) (*perdere*) verlustig werden.
decalogo *m* (*Mosè*) Zehn Gebote *n pl*.
decanato *m* Dekanat *n*.
decano *m* Dekan *m*, Rangältester *m*, Ältester; – **del corpo diplomatico** Doyen des Diplomatischen Korps.
decantare anpreisen.
decapitare enthaupten.
decapitazione *f* Enthauptung *f*.
decartellizzare dekartellieren.
decartellizzazione *f* Dekartellierung *f*, Dekartellisierung.
decentramento *m* Dezentralisation *f*, Dezentralisierung *f*; – **amministrativo** Verwaltungsdezentralisation.
decentrare dezentralisieren.
decenza *f* Anstand *m*; – **pubblica** öffentlicher Anstand.
decesso *m* Tod *m*.
decidere entscheiden, erkennen.
deciframento *m* Entschlüsselung *f*.
decifrare entschlüsseln.
decima *f* Zehnte *m*, Zehnt *m*, Zehent *m* (A).
decimo *m* (*d'azione*) Zehntelaktie *f*.
decisione *f* Entscheidung *f*; (*giudiziaria*) Entscheidung, Entscheid (S), Erkenntnis *n*; **cassare una** – eine Entscheidung aufheben; **impugnare una** – eine Entscheidung anfechten; **matura per** – (*causa*) entscheidungsreif; **motivare una** – eine Entscheidung begründen, eine Entscheidung mit Gründen versehen; – **adottata** getroffene Entscheidung; – **amministrativa** Verwaltungsentscheidung; – **amministrativa preliminare** Vorbescheid; – **arbitrale** schiedsgerichtliche Entscheidung; – **arbitraria** willkürliche Entscheidung; – **di bilancio** Haushaltsentscheidung; – **della causa** Entscheidung des Rechtsstreits; – **della causa secondo equità** Entscheidung des Rechtsstreits nach Billigkeit; – **collegiale** Kollegialentscheidung; – **contraddittoria** kontradiktorische Entscheidung; – **di controversie** Beilegung von Streitigkeiten; – **definitiva** rechtskräftige Entscheidung, rechtskräftiger Entscheid (S); endgültige Entscheidung; – **disciplinare** Disziplinarentscheidung, Disziplinarerkenntnis, Disziplinarentscheid (S); – **discrezionale** Ermessensentscheidung; – **secondo equità**, – **equitativa** Billigkeitsentscheidung; – **errata** Fehlentscheidung; – **esecutiva** vollstreckbare Entscheidung; – **d'espulsione** Abschiebungserkenntnis, Abschaffungserkenntnis (A); – **finale** Endentscheidung, Endentscheid (S); – **di fondo** Grundsatzentscheidung; – **giudiziaria** gerichtliche Entscheidung, Gerichtsentscheidung; – **impugnata** angefochtene Entscheidung; – **inappellabile** (1) (*non suscettibile di appello*) nicht berufungsfähige Entscheidung; (2) (*definitiva*) unabänderliche Entscheidung; – **incidentale** Zwischenentscheidung, Zwischenentscheid (S); – **individuale** Individualentscheidung; – **inoppugnabile** unanfechtbare Entscheidung; – **interlocutoria** Zwischenentscheidung, Zwischenentscheid (S); – **maggioranza**, – **maggioritaria** Mehrheitsentscheidung; – **nel merito** Sachentscheidung; – **di nomina** Anstellungsverfügung *f*; – **parziale** Teilentscheidung; – **passata in giudicato** rechtskräftige Entscheidung, rechtskräftiger Entscheid (S); – **politica** politische Entscheidung; – **pregiudiziale** (S) Vorentscheid (S); – **di principio** Grundsatzentscheidung; – **pronunciata allo stato degli atti** Entscheidung nach Lage der Akten; – **provvisoria** vorläufige Entscheidung, Zwischenentscheidung, Zwischenentscheid (S); – **di un ricorso** Beschwerdeentscheidung, Beschwerdeentscheid (S), Beschwerdebescheid *m*, Rekursentscheid (S), Rekursbescheid,

Widerspruchsbescheid; – **di rigetto** ablehnende Entscheidung, abweisende Entscheidung; – **allo stato degli atti** Entscheidung nach Aktenlage; – **unanime**, – **all'unanimità** einstimmiger Beschluss; – **vincolante** bindende Entscheidung.

decisivo *agg* entscheidend, ausschlaggebend.

declaratoria *f* Erklärung *f*; – **di non punibilità** Straffreierklärung.

declassare deklassieren.

declinare ablehnen.

decodificare dekodieren.

decodificatore *m* Dekoder *m*.

decodificazione *f* Dekodierung *f*.

decollo *m* Startphase *f*.

decolonizzazione *f* Entkolonialisierung *f*.

deconcentramento *f* Dekonzentration *f*.

deconcentrare entflechten.

deconcentrazione *f* Dekonzentration *f*, Entflechtung *f*.

decontaminazione *f* Entseuchung *f*.

decorazione *f* Auszeichnung *f*, Ehrenzeichen *n*.

decoro *m* Anstand *m*, Würde *f*.

decorrenza *f* Laufzeit *f*; – **degli effetti** Zeitpunkt *m* des Inkrafttretens; – **degli interessi** Zinsenlauf *m*, Zinslauf; – **del termine** Fristbeginn *m*.

decorrere laufen.

decorso *m* Ablauf *m*; – **infruttuoso di termine** fruchtloser Verlauf einer Frist; – **inutile** fruchtloser Ablauf; – **di tempo** Zeitablauf; v. a. DECORRENZA.

decozione *f* Überschuldung *f*.

decretare verordnen, anordnen, dekretieren, (*per es.: stato d'assedio*) verhängen.

decretazione *f* Erlass *m* von Verordnungen; – **d'urgenza** Erlass von Notverordnungen.

decreto *m* (1) (*atto normativo*) Verordnung *f*, Rechtsverordnung *f* (S), Erlass *m*, Dekret *n*; (2) (*giudiziario*) Verfügung, Beschluss *m*; **emanare un** – ein Dekret erlassen; **regio** – königliche Verordnung; – **d'adozione** Adoptionsbeschluss; – **di amnistia** Amnestieerlass; – **d'ammortamento** Kraftloserklärung *f*, Ausschlussurteil *n*, Mortifikationserklärung (S =); – **d'annullamento** Aufhebungsbeschluss; – **antiracket** Anti-Schutzgelderpressungsverordnung; – **di archiviazione** (*dagli atti del procedimento*) Einstellungsbeschluss; – **di autorizzazione** Genehmigungsbescheid *m*; – **catenaccio** Vorlegeverordnung; – **di citazione** Ladungsverfügung; – (*penale*) **di condanna** Strafbefehl *m*; – **di confisca** Einziehungsbeschluss; – **delegato** (*emanato dal governo per delega del parlamento*) (gesetzesvertretene) Rechtsverordnung (kraft Ermächtigung); – **che dispone il guidizio** (*proc. pen.*) Eröffnungsbeschluss; – **d'esecutorietà** Vollstreckungsbescheid; – **d'esecuzione** Ausführungserlass (S); – **di espropriazione** Enteignungsanordnung *f*, Enteignungsverfügung *f*, Enteignungserkenntnis *n* (A), Enteignungsbescheid *m*; – **d'espulsione** Ausweisungsbeschluss, Ausweisungserlass, Ausweisungsverfügung *f*; – **giudiziario** gerichtliche Verfügung, Gerichtsbeschluss; – **governatoriale** Regierungsbeschluss; – **di grazia** Gnadenerlass; – **ingiuntivo**, – **d'ingunzione** Mahnbescheid *m*, Zahlungsbefehl (A); – **interministeriale** interministerieller Erlass; – **legge** Verord-nung mit Gesetzeskraft, Gesetzesverordnung, Gesetzesdekret, Notverordnung, Rechtsverordnung, im Verordnungswege erlassenes Gesetz; **regio** – **legge** königliche Gesetzesverordnung; – **legislativo** (gesetzesvertretene) Rechtsverordnung; – **legislativo del Capo provvisorio dello Stato** geset-zesvertretende Verordnung desprovisorischen Staatsoberhauptes (1946–48); – **legislativo luogotenenziale** gesetzesvertretende Verordnung des Statthalters (1944–46); – **di liquida-**

– **di liquidazione** (*dei compensi ai periti*) Entschädigungsanordnung; – **ministeriale** Ministerialerlass; – **di mobilitazione** (S) Mobilmachungsbeschluss (S); – **monitorio** Mahnbescheid, Zahlungsbefehl (A); – **di naturalizzazione** Einbürgerungsbescheid *m*; – **di nomina** Ernennungsurkunde *f*, Anstellungsurkunde, Anstellungsverfügung *f*, Bestallungsurkunde, Ernennungsbescheid *m*, Bestallungsdekret, Bestellungsdekret (A), Anstellungsdekret (A); – **d'omologazione** Bestätigungsbeschluss; – penale Strafbefehl *m*; – **di perquisizione domiciliare** Hausdurchsuchungsbefehl *m*, Haussuchungsbefehl; – **del Presidente della Repubblica** Verordnung des Präsidenten der Republik; – **presidenziale** Präsidialerlass; – **del principe** Verfügung von Hoher Hand; – **di rigetto** Abweisungsbeschluss; – **di rinvio** Verweisungsbeschluss, Zurückverweisungsbeschluss; – **di scioglimento** Auflösungsverfügung *f*; – **tavolare** (*libro fondiario*) Grundbuchsbeschluss (A); – **di vincolo** Unterschutzstellungsdekret; v. a. ORDINANZA.

decretone *m* (*insieme di decreti*) Paket *n* von Verordnungen, Maßnahmenbündel *n*.

de cuius *m* Erblasser *m*.

decurtazione *f* Kürzung *f*; – **del prezzo di borsa per dividendi** Dividendenabschlag *m*; – **del prezzo di borsa per esercizio di opzioni** Bezugsrechtsabschlag *m*; – **del prezzo di borsa per opzioni**, **cedole**, **assegnazioni ecc**. Kursabschlag *m*.

dedica *f* Widmung *f*.

dedicare widmen.

dedotto abzüglich, ab.

deducibile *agg* abzugsfähig, absetzbar.

deducibilità *f* Abzugsfähigkeit *f*, Absetzbarkeit *f*.

dedurre (1) (*sottrarre*) abziehen, absetzen, abschreiben, abrechnen, in Abrechnung bringen; (2) (*desumere*) schließen, folgern.

deduzione *f* (*1*) Abzug *m*, Absetzung *f*, Abschreibung *f*, Abrechnung *f*; (2) Schlussfolgerung *f*, – **avversaria** gegnerische Darlegung; – **immediata** Sofortabzug; – **di prova** Beweisantritt *m*, Beweisanbietung (A), Beweisantretung *f* (A, S), Antretung des Beweises (S).

defalco *m* Abzug; Abbuchung.

deferimento di giuramento Zuschiebung des Eides, Eideszuschiebung *f*.

deferire (*giuramento*) zuschieben.

defezione *f* Abfall *m*.

deficienza *f* Mangel *m*, Fehlmenge *f*, Ausfall *m*; – **di alloggi** Wohnungsfehlbestand *m*; – **di peso** Gewichtsverlust *m*, Gewichtsabgang *m*, Gewichtsschwund *m*, Gewichtsabnahme *f*, Gewichtsman-ko *n*; – **di potere** (*di rappresen-tanza*) fehlende Vertretungsmacht; – **di qualità** Qualitätsmangel; v. a. VIZIO.

deficit *m* Defizit *n*, Fehlbetrag *m*, Fehlbestand *m*, Ausfallbetrag, Unterbilanz *f*, Abgang *m* (A =); **chiudere in** – mit Verlust abschließen; **colmare un** – ein Defizit ausgleichen; **coprire un** – einen Fehlbetrag decken; – **della bilancia dei pagamenti** Zahlungsbilanzdefizit *n*; – **di cassa** Kassenfehlbetrag, Kassendefizit, Kassenmanko *n*; – **contabile** rechnerisches Deficit, Rechnungsdefizit; – **di democrazia** Demokratiedefizit; – **d'esercizio** Betriebsfehlbetrag; – **finanziario** Finanzlücke; – **di gestione** Gebarungsdefizit, Gebarungsabgang (A); – **di nascite** Geburtenausfall *m*; v. a. DISAVANZO.

deficitario *agg* defizitär, Verlust-.

definire bestimmen, definieren.

definizione *f* Definition *f*, Begriffsbestimmung *f*; – **amichevole della controversia** gütliche Beilegung der Streitigkeit; – **concettuale** begriffliche Definition; – **legale** Legaldefinition; – **normativa** gesetzliche Definition; – **del problema** Problemstellung *f*; – **del processo** Entscheidung des Verfahrens.

deflazione *f* Deflation *f*; – **dei prezzi** Preisdeflation.

deflazionismo *m* Deflationismus *m*.

deflazionista, deflazionistico *agg* deflationistisch, deflatorisch.

deflusso *m*, – **di capitale** Kapitalabwanderung; – **dell'oro** Goldabfluß *m*.

deformazione *f* (*corpo, viso*) Entstellung *f*; – **permanente** dauernde Entstellung.

defraudamento *m* (S) Unterschlagung *f*.

defraudare betrügen, (S) unterschlagen.

defunto *m* Verstorbener *m*, (*de cuius*) Erblasser *m*.

degradamento *m* Degradation *f*, Degradierung *f*, Zurückstufung *f*, Rückstufung, Deklassierung *f* (A).

degradare degradieren, zurückstufen, deklassieren.

degradazione *f*, Degradation *f*, Degradierung *f*, Zurückstufung *f*, Rückstufung, Deklassierung *f* (A =).

degrado *m*, – **dell'ambiente** Verschlechterung *f* der Umweltbedingungen; – **edilizio** baulicher Verfall *m*.

delatore *m* Anzeigender *m*, Anzeiger *m*, Anzeigeerstatter *m*, Denunziant *m*.

delazione *f* Anzeige *f*, Denunziation *f*; (*eredità*) Anfall *m*; – **anonima** anonyme Anzeige; – **confidenziale** vertraulicher Hinweis *m*; – **dell'eredità** Erbschaftsanfall; – **di giuramento** Zuschiebung des Eides, Eideszuschiebung *f*.

del credere *m* Delkredere *n*; Delkredereprovision *f*, Bürgschaftsprovision.

delega *f* (1) Delegierung *f*, Übertragung *f* (*von Befugnissen*); (2) (*procura*) Vollmacht *f*, Bevollmächtigung *f*; (3) (*autorizzazione*) Ermächtigung *f*; **per** – in Vertretung; – **legislativa** gesetzliche Ermächtigung, Gesetzesdelegation (S); – **di poteri** Übertragung von Befugnissen, Bevollmächtigung *f*; – **di voto** Stimmrechtsvollmacht *f*; v. a. DELEGAZIONE.

delegante *m* Delegant *m*, Anweisender *m*.

delegare (1) (*affidare funzioni ad altri*) delegieren, übertragen; (2) (*autorizzare*) ermächtigen; (3) (*investire di poteri*) bevollmächtigen; (4) (*incaricare*) beauftragen; (*deputare*) abordnen.

delegatario *m* Anweisungsempfänger *m*, Anweisungsbegünstigter *m*.

delegato *m* Beauftragter *m*, Abgeordneter *m*, Vertreter, Obmann; (*delegazione di pagamento*) Angewiesener *m*; – **apostolico** apostolischer Delegat; – **governativo**, – **del governo** Regierungsvertreter *m*; – **d'impresa** Betriebsobmann *m*; – **del personale** Belegschaftsvertreter *m*; – **regionale** (*elezione del Predidente della Repubblica*) Regionalwahlmann; – **sindacale** Gewerkschaftsvertreter *m*.

delegazione (1) Delegierung *f*, Übertragung *f* (von Befugnissen), (2) Bevollmächtigung *f*, Ermächtigung *f*; (3) (*gruppo di delegati*) Delegation *f*; (4) (*di pagamento*) Anweisung *f*; **per** – im Auftrag; – **amministrativa** Übertragung *f* von Verwaltungsaufgaben; – **apostolica** apostolische Delegatur; – **d'armistizio** Waffenstillstandsdelegation; – **attiva** Aktivdelegation; – **commerciale** Handelsabordnung, Handelsdelegation; **economica** Wirtschaftsabordnung, Wirtschaftsdelegation; – **legislativa** gesetzliche Ermächtigung, Gesetzesdelegation (S); – **di operai** Arbeiterabordnung; – **di pagamento** Zahlungsanweisung *f*; – **passiva** Passivdelegation; – **di poteri** Übertragung von Befugnissen, Bevollmächtigung *f*; v. a. DELEGA.

delfino *m* (*pol*) Kronprinz *m*, auserwählter Nachfolger *m*.

delibare ein ausländisches Urteil prüfen, dessen Anerkennung beantragt wird.

delibazione *f* Prüfung eines ausländischen Urteils, dessen Anerkennung beantragt wird.

delibera *f* Beschluss *m*, Beschlussfassung *f*; – **assembleare** Versammlungsbeschluss; (*spa*) Hauptversammlungsbeschluss; – **del consiglio dei ministri** Ministerratsbeschluss; – **consiliare** Ratsbeschluss; – **del gruppo** (*parlamentare*) Fraktionsbeschluss; – **sindacale** Gewerkschaftsbeschluss; v. a. DELIBERAZIONE.

deliberante *agg* beschließend.

deliberare beschließen; beraten, beratschlagen; – **a maggioranza qualificata** mit qualifizierter Mehrheit beschließen.

deliberativo *agg* beschließend.

deliberazione *f* (1) Beschluss *m*, Beschlussfassung *f* Schlussnahme *f* (S =); (2) Beratung *f*, Beratschlagung *f*; (3) (*giudizio*) Beratung und Abstimmung; **prendere una** – einen Beschluss fassen; – **assembleare** Versammlungsbeschluss; – **del consiglio comunale** Gemeinderatsbeschluss, Gemeindebeschluss; – **di distribuzione** Verteilungsbeschluss; – **generica** (*nel reato continuato*) Gesamtvorsatz *m*; – **del lodo** Fällung des Schiedsspruchs; – **del parlamento** Parlamentsbeschluss; – **di rinvio** Verweisungsbeschluss; Zurückverweisungsbeschluss; – **di scioglimento** Auflösungsbeschluss; – **della sentenza** Urteilsfällung; – **sociale** Gesellschafterbeschluss; – **dello stato di guerra** Feststellung *f* des Kriegszustands (*durch Beschluss beider Kammern*); – **all' unanimità** einstimmiger Beschluss; v. a. DELIBERA.

delimitare begrenzen, abgrenzen.

delimitazione Begrenzung *f*, Abgrenzung; – **della competenza** Abgrenzung der Zuständigkeit, Zuständigkeitsbegrenzung, Kompetenzabgrenzung; – **di confine**, – **di frontiera** Grenzabsteckung *f*, Grenzziehung *f*.

delinquente *m* (1) (*in generale*) Rechtsbrecher *m*, Straftäter *m*; (2) (*autore di reato grave*) Verbrecher *m*; – **abituale** Gewohnheitstäter; – **internazionale** internationaler Rechtsbrecher; – **minorenne**, – **minorile** jugendlicher Straftäter; – **nato** geborener Verbrecher; – **occasionale**, – **d'occasione** Gelegenheitstäter; – **per passione** Leidenschaftstäter; – **primario** Ersttäter; – **professionale** Berufsverbrecher; – **recidivo** Rückfalltäter; – **per tendenza** Hangtäter, Neigungsverbrecher.

deliquenza *f* Kriminalität *f*, Verbrechertum *n*; – **associata** organisierte Kriminalität, Bandenkriminalität; – **mafiosa** Mafia-Kriminalität; – **minorile** Jugendkriminalität *f*; – **organizzata** organisierte Kriminalität; v. a. CRIMINALITA.

delirio *m* (1) Delir *n*; (2) Wahnerlebnis *n*.

delitto *m* (1) (*più grave*) Verbrechen *n* (2) (*meno grave*) Vergehen *n*; (3) (*in senso generale*) Delikt *n*; **cogliere in flagrante –, sorprendere in flagrante** – auf frischer Tat ergreifen, auf frischer Tat ertappen, auf frischer Tat betreten (A); – **abituale** Gewohnheitsverbrechen; – **di aborto** Abtreibungsdelikt; – **aggravato dall'evento** erfolgsqualifiziertes Delikt, erfolgsqualifizierte Straftat; – **contro l'amministrazione della giustizia** Delikt gegen die Rechtspflege, Rechtspflegedelikt; – **capitale** Kapitalverbrechen; – **collettivo** Kollektivdelikt; – **colposo** Fahrlässigkeitsdelikt; – **commesso col mezzo della stampa** Pressedelikt, Pressevergehen, Pressdelikt (A =); – **comune** gemeines Verbrechen, nichtpolitisches Verbrechen; – **di comune pericolo** gemeingefährliches Delikt, gemeingefährliches Verbrechen; – **consumato** vollendetes Verbrechen, vollbrachtes Verbrechen (A); – **continuato** Dauerstraftat; – **contro i diritti politici del cittadino** Delikt gegen die Ausübung staatsbürgerlicher Rechte; – **doloso** vorsätzliches Delikt; – **esaurito** beendete Straftat; – **contro la famiglia** Delikt gegen die Familie; – **fiscale** Steuerstraftat; – **di guerra** Kriegsverbrechen; – **impossibile** Verbrechen mit untauglichen Mitteln, Verbrechen am untauglichen Objekt; – **contro l'intenzione**, – **oltre l'intenzione** erfolgsqualifiziertes Delikt, erfolgsqualifizierte Straftat; – **secondo l'intenzione** absichtliches Delikt; – **internazionale** völkerrechtliches Delikt; – **di lesa maestà** Majestätsverbrechen; – **contro la libertà personale** Straftat gegen die persönliche Freiheit; – **contro la libertà sessuale** Straftat gegen die sexuelle Selbstbestimmung; – **contro il matrimonio** Ehedelikt; – **contro la moralità pubblica e il buon costume** Sittlichkeitsdelikt; – **contro la moralità sessuale** Sittlichkeitsvergehen, Sexualverbrechen; – **di omissione**, – **omissivo** Unterlassungsdelikt, Omissivdelikt; – **contro l'onore** Ehrverletzungsdelikt; – **contro la pace** Verbrechen gegen den Frieden; – **passionale** Verbrechen aus Leidenschaft; – **contro il patrimonio** Vermögensdelikt; – **perfetto** perfektes Verbrechen; – **permanente** Dauerdelikt, Dauerverbrechen; – **perseguibile su querela** Antragsdelikt; – **perseguibile d'ufficio** Offizialdelikt; – **contro la personalità dello Stato** Staatsverbrechen; – **politico** politisches Verbrechen; – **contro il prestigio politico dello Stato** Staatsverleumdung *f*; – **preterintenzionale** erfolgsqualifiziertes Delikt, erfolgsqualifizierte Straftat; – **di pubblico ufficiale contro la pubblica Amministrazione** Straftat im Amt, Amtsdelikt; – **putativo** Putativdelikt; – **qualificato dall'evento** erfolgsqualifizierte Straftat; – **contro la religione** Religionsdelikt; – **contro la salute pubblica** Delikt gegen die öffentliche Gesundheit; – **sessuale** Sexualdelikt, Sexualstraftat; – **di stampa** Pressedelikt, Pressevergehen, Pressdelikt (A); – **contro l'umanità** Verbrechen gegen die Menschheit, Verbrechen gegen die Menschlichkeit; Humanitätsverbrechen; – **di violenza carnale** Sexualverbrechen; – **contro la vita** Straftat gegen das Leben, Tötungsdelikt; – **contro la vita e l'incolumità individuale** Delikt gegen Leib und Leben, Verbrechen gegen Leib und Leben; v. a. REATO.

delittuoso *agg* (1) deliktisch; (2) verbrecherisch.

delivery order *m* Teilkonnossement *n*, Konnossementsteilschein *m*.

demagogia *f* Demagogie *f*.

demandato, **essere – a** obliegen.

demaniale *agg* zum Verwaltungsvermögen gehörend, domanial, ärarisch (A).

demanialità *f* Zugehörigkeit zum Verwaltungsvermögen.

demanio *m* Domäne *f*; – **comunale** Gemeindevermögen *n*; – **idrico** öffentliches Wassergut (A); – **fiscale**, – **privato** Fiskalvermögen, Finanzvermögen; – **pubblico** Verwaltungsvermögen *n*, öffentliches Eigentum, Staatsgut *n*, Staatsbesitz *m*, öffentliches Gut (A); – **regionale** öffentliches Gut der Region.

demarcazione *f* Demarkation, *f*, Abgrenzung *f*.

demente *m* Wahnsinniger *m*, Irrsinniger.

demenza *f* Wahnsinn *m*, Irrsinn; – **senile** Altersschwachsinn, Altersblödsinn, senile Demenz.

democratico *agg* demokratisch; – **cristiano** *agg* christlich-demokratisch.

democratico *m* Demokrat *m*.

democratizzare demokratisieren.

democratizzazione *f* Demokratisierung *f*.

democrazia *f* Demokratie *f*; – **di base** Basisdemokratie; – **cristiana** (*partito*) Christlich-demokratische Partei *f*; – **diretta** unmittelbare Demokratie; – **parlamentare** parlamentarische Demokratie – **popolare** Volksdemokratie; – **presi-**

denziale Präsidialdemokratie; – **rappresentativa** repräsentative Demokratie; – **sociale** soziale Demokratie.

democristiano *agg* christdemokratisch.

democristiano *m* Christdemokrat *m.*

demografia *f* Bevölkerungslehre *f.*

demosocialismo *m* Sozialdemokratie *f.*

demoscopia *f* Demoskopie *f.*

denari *m pl* Gelder *pl*; – **pubblici** Amtsgelder; v. a. DENARO, FONDI.

denaro *m* (1) Geld *n*; (2) (*borsa*) Geld; **anticipare** – Geld vorschießen; **cambiare** – Geld wechseln; **convertire in** – in Geld umsetzen; **estorcere** – Geld erpressen; **far** – (*borsa*) nach Wertpapieren oder Waren nachfragen; **immobilizzare** – Geld festlegen; **impiegare** –, **investire** – Geld anlegen; **prelevare** – Geld abheben; **sborsare** –, **spendere** – Geld ausgeben; **vincolare** – Geld festlegen; – **bloccato** Sperrgeld; – **bruciante** heißes Geld; – **a buon mercato** billiges Geld; – **in cirolazione** Geldumlauf *m*; – **contante** bares Geld, Bargeld; – **fresco** neues Geld; – **alla giornata** tägliches Geld, Tagesgeld; – **immobilizzato** festgelegtes Geld; – **investito** angelegtes Geld; – **e lettera** Geld und Brief, Geld und Papier (A); – **liquido** flüssiges Geld; – **monetato** gemünztes Geld; – **risparmiato** Spargeld; – **a scadenza fissa** Festgeld; – **per le spese minute** Taschengeld; – **spiccio** Kleingeld; – **sporco** schmutziges Geld; – **a termine** Termingeld; – **a vista** tägliche *Gelder pl.*

denatalità *f* Geburtenrückgang *m.*

denaturare vergällen.

denaturazione *f* Denaturierung *f.*

denazionalizzione *f* (*di imprese*) Entstaatlichung *f*, Privatisierung *f.*

denegare leugnen.

denegazione *f* Leugnen *n*; – **di paternità** Vaterschaftsbestreitung *f* (A).

denigrare anschwärzen.

denigrazione *f* Anschwärzung *f.*

denominare bezeichnen.

denominatore *m* **comune dei valori** (moneta) Wertmesser m.

denominazione *f* Bezeichnung *f*; – **commerciale** handelsübliche Bezeichnung, Handelsbezeichnung; – **del conto** Kontobezeichnung; – **della ditta** Firmenbezeichnung, Firmenname *m*, Firmenwortlaut *m* (A); – **merceologica**, – **delle merci** Warenbezeichnung, Warenbenennung *f*; – **d'origine** Ursprungsbezeichnung, Herkunftsbezeichnung; – **di origine controllata (D.O.C.)** (*vino*) kontrollierte Ursprungsbezeichnung; – **professionale** Berufsbezeichnung; – **sociale** (*società di capitali*) Firma einer Kapitalgesellschaft, Gesellschaftsfirma *f*, Gesellschaftsname *m.*

densità *f*, – **abitativa** Wohndichte *f*; – **demografica** Bevölkerungsdichte; – **edilizia** Bebauungsdichte; – **di popolazione** Bevölkerungsdichte *f*, Wohndichte; – **di traffico** Verkehrsdichte.

denuncia *f* (1) Anzeige *f*, Meldung *f*, Verzeigung *f* (S –); (2) (*di tratta-to*) Kündigung *f*, Aufkündigung; (3) (*procedura penale*) Strafanzeige; **omessa** – Nichtanzeige; **omessa** – **di reato** Nichtanzeige einer Straftat; **presentare** – Anzeige erstatten, Strafanzeige erstatten; **sporgere** – Anzeige erstatten; – **anonima** anonyme Anzeige; – **della causa** (S) Streitverkündung *f*, Streitverkündigung (A); – **del contratto** Vertragskündigung; – **del contribuente** Steuererklärung *f*, Steueranzeige (S); – **di danno** Schadenanzeige; – **di danno temuto** Klage zur Abwendung eines bevorstehenden Schadens; – **di decesso** Anzeige des Sterbefalls; – **falsa** Falschanzeige; – **fiscale** Steuererklärung *f*, Steueranzeige (S); – **contro ignoti** Anzeige gegen Unbekannt; – **d'incidente**, – **d'infortunio** Unfallanzeige, Unfallsanzeige, Unfallmeldung; – **della lite**

(S) Streitverkündung, *f*, Streitverkündigung (A); – **di matrimonio** Eheaufgebot *n*; – **di nuova opera** Klage auf Unterlassung der Errichtung eines Bauwerks, Klage auf Unterlassung einer Bauführung (A), Bauverbotsklage *f* (A); – **obbligatoria** Anzeigepflicht *f*, Pflichtanzeige; – **di perdita** Verlustanzeige, Verlustanmeldung *f*; – **di reato** Strafanzeige; – **dei redditi** Einkommensteuererklärung *f*; – **di ritrovamento** Fundanzeige; – **di sinistro** Schadensanzeige; – **della situazione di abbandono** (*di minori*) Anzeige einer (Kindes-) Vernachlässigung; – **di smarrimento** Verlustmeldung; – **del trattato** Vertragskündigung; – **dei vizi** Mängelanzeige, Mängelrüge, Bemängelungsanzeige (S).

denunciabile *agg* (*trattato*) kündbar.

denunciante *m* (1) Anzeigender *m*, Anzeiger *m*, Anzeigeerstatter *m*, Anzeigesteller *m* (S =); (2) (*spreg*) Denunziant *m*.

denunciare (1) anzeigen, melden, anmelden, denunzieren; (2) (*trattato*) kündigen, aufkündigen.

denunzia V. DENUNCIA.

denunziare V. DENUNCIARE.

denunziante *m*, V. DENUNCIANTE.

deontologia *f* Pflichtenlehre *f*, Deontologie *f*; – **professionale** Berufspflichten *f pl*.

depenalizzazione *f* (*di reati*) Entkriminalisierung *f* (von *Straftaten*).

depennamento *m* Durchstreichen *n*.

depennare durchstreichen.

deperimento *m* Abnutzung, Abnützung *f* (A, B); – **economico** wirtschaftliche Abnutzung; – **naturale** natürliche Abnutzung; – **normale** übliche Abnutzung, normale Abnutzung; – **tecnico** technische Abnutzung.

depoliticizzazione *f* Entpolitisierung *f*.

deponente *m* (1) (*depositante*) Einleger *m*, Deponent *m*; (2) (*chi fa una deposizione*) Aussagender *m*.

deporre aussagen; – **a carico** belasten; – **a favore** entlasten.

deportare verschleppen, deportieren, zwangsweise verschicken.

deportato *m* Verschleppter *m*, Deportierter *m*, – **civile** Zivilverschleppter.

deportazione *f* (1) (strafweise) Verschickung *f*, Deportation *f*; (2) Zwangsumsiedlung *f*, Deportation *f*.

deporto *m* Deport *m*, Kursabschlag *m*; Deportgeschäft *n*.

depositante *m* (1) Hinterleger *m*, Deponent *m*; (2) (*denaro*) Einleger *m*; (3) (*domanda*) Einreicher *m*; (4) (*merci*) Einlagerer *m*; (5) (*titolare di deposito*) Depotinhaber *m*.

depositare (1) hinterlegen, erlegen (A+); (2) (*domande, atti*) einreichen; (3) (*merci*) einlagern.

depositario *m* Verwahrer *m*, Aufbewahrer *m* (S); (*dir. int.*) Depositär *m*.

depositi *m pl*, – **in banca** Bankeinlagen *pl*; – **della clientela** Kundeneinlagen; – **fiduciari** Bankdepositen *pl*, Bankeinlagen *pl*, Kundeneinlagen; – **ritirabili dietro preavviso** Kündigungsgelder *pl*; V. A. DEPOSITO.

deposito *m* (1) Hinterlegung *f*, Erlag *m* (A), Deponierung *f*, Deposition *f*; (*atti*) Niederlegung; (2) (*di denaro*) Einlage *f*; (3) (*di titoli*) Depot *n*; (4) (*custodia*) Verwahrung *f*, Verwahrnis *f* (A); (5) (*avere presso banca*) Guthaben *n*; (6) (*magazzino*) Lager *n*, Niederlage *f*, Niederlagshaus *n* (S); (7) (*ferrovia*) Heimatbahnhof *m*; **dare in** – in Verwahrung geben; **in** – auf Lager; **prendere in** – in Verwahrung nehmen; – **in albergo** Einbringung von Sachen bei Gastwirten; – **aperto** offenes Depot; – **d'armi** Waffenlager *n*; – **di atti** Urkundenhinterlegung; – **dell'azione** Einreichung der Klage bei Gericht, Einbringung der Klage bei Gericht (A); – **dei bagagli** Gepäckaufbewahrung *f*; – **in banca**, – **bancario** (*di denaro*) Bankeinlage, Bankdepositen *pl*, (*di titoli*) Bankdepot; – **del bilancio** Hinterlegung des Jahresabschlusses (*beim Sitz der Gesellschaft, damit ihn die Aktionäre in den 15 Tagen vor* *der Hauptversammlung einsehen können*); – **bloccato** Sperrdepot *n*; – **a breve termine** kurzfristige Einlage; – **in cancelleria** Niederlegung auf der Geschäftsstelle (des Gerichts); – **cauzionale** Sicherheitshinterlegung, Pfandhinterlegung, Kautionsdepot, Sicherstellungsdepot; – **cauzionale iniziale** Anfangskaution *f*; – **cauzionale per avaria comune** Sicherheitsrücklage für große Havarie; – **chiuso** verschlossenes Depot; – **della clientela** Kundeneinlage, Kundenguthaben; – **collettivo** Sammelverwahrung; – **collettivo di giro** Girosammeldepot; – **collettivo di titoli** Sammeldepot; – **comune** Gemeinschaftsdepot; – **in conto corrente** Einlage auf laufende Rechnung, Kontokorrenteinlage; – **della cosa dovuta** Hinterlegung der geschuldeten Sache; – **di denaro** Geldeinlage, Gelddepot, Bardepot, Barhinterlegung, Bareinlage, Summendepot; – **doganale** Zollager, Zollagerung *f*, Zollniederlage, Zollverwahrung; – **doganale privato** Zolleigenlager; – **della domanda** Antragstellung *f*; – **della domanda di brevetto** Patentanmeldung *f*; – **a dossier** Streifbanddepot, Sonderdepot, Sonderverwahrung; – **fiduciario** Bankeinlage *f*, Bankdepositen *pl*, Kundeneinlage; – **della firma** Unterschriftshinterlegung; – **franco** Freilager, Steuerfreilager (A); – **fruttifero** verzinsliche Einlage; – **di garanzia** Garantiedepot; – **di gestione di titoli** Verwaltungsdepot; – **giudiziario** gerichtliche Hinterlegung, Hinterlegung bei Gericht, gerichtlicher Erlag (A), Gerichtserlag (A), gerichtliche Verwahrung (A); – **infruttifero** unverzinsliche Einlage; – **iniziale** Stammeinlage; – **irregolare** unregelmäßige Verwahrung, irreguläres Depot; – **irregolare di titoli** Aberdepot, Stückdepot Summendepot (S); – **liberatorio** schuldbefreiende Hinterlegung; – **a lungo termine** langfristige Einlage; – **di una marca**, – **di un marchio** Eintragung eines Warenzeichens, Hinterlegung eines Warenzeichens, Markenhinterlegung; – **minimo** Mindesteinlage – **di modello** Musteranmeldung; – **necessario** notwendige Hinterlegung; – **non disponibile** Termineinlage; – **obbligatorio** Pflichteinlage, Depotzwang *m*; – **postale** Postbankgeschäft; Postbankeinlage; – **di premio** Prämiendepot, Beitragsdepot; – **regolare** echte Verwahrung, reguläres Depot; – **per retrocessione** Retrozessionsdepot; – **per riassicurazioni accettate** Rückversicherungsdepot; – **per riassicurazioni cedute** Rückversicherungsdepot aus abgegebenen Versicherungen; – **a risparmio** Spareinlage, Sparguthaben; – **a risparmio postale** Postspareinlage; – **a scadenza fissa** Termineinlage, befristete Einlage, befristete Depositen; festes Geld, Zeitgelder *pl*; – **della sentenza** (*in cancelleria*) Niederlegung des Urteils (*auf der Geschäftsstelle*); – **sigillato** verschlossenes Depot; – **degli strumenti di ratifica** Hinterlegung der Ratifikationsurkunden; – **a termine**, – **a termine fisso** Termineinlage, befristete Einlage, befristete Depositen; – **presso terzi** Fremddepot, Drittverwahrung; – **del testamento** Testamentshinterlegung; – **di titoli** Wertpapierdepot, Wertschriftendepot (S), Effektendepot; – **di transito** Transitlager; – **a tre mesi** Dreimonatsgeld *n*; – **vincolato** Termineinlage, befristete Einlage, befristete Depositen, feste Gelder, vinkulierte Depositen (S =); – **a vista** Sichteinlage, Sichtdepositen, Sichtguthaben; v. a. DEPOSITI.

deposizione *f* (1) Aussage *f*, Zeugenaussage; (2) (*d'un monarca*) Absetzung *f*; **falsa** – Falschaussage; – **a carico** belastende Aussage *f*; – **contraria** Gegenaussage; – **giurata** beeidigte Aussage, eidliche

Aussage; – **testimoniale**, **di testimonio** Zeugenaussage; – **dal trono** Entthronung *f*.

depredare plündern, ausplündern.

depredatore *m* Plünderer *m*, Ausplünderer.

depredazione *f* Plünderung *f*, Ausplünderung.

depressione *f* Depression *f*, Tiefstand *m*; – **economica** Wirtschaftsdepression, Konjunkturtief *n*.

deprezzamento *f* Wertminderung *f*, Wert Verminderung, Wertverringerung *f* Wertabnahme *f*, Wertherabsetzung *f*, Wert Verschlechterung *f*; Abnutzung *f*, Abnützung (A, B); – **del capitale** Kapitalentwertung *f*; – **della moneta**, – **monetario** Währungsentwertung *f*, Währungsverfall *m*, Währungszerfall *m*, Währungsverschlechterung *f*.

deputare abordnen.

deputato *m* Abgeordneter *m*, Deputierter *m*; – **europeo** Europaabgeordneter *m*.

deputazione *f* Abordnung *f*, Deputation *f*; – **di borsa** Börsenvorstand *m*; – **di commercianti** Handelsdeputation.

derelizione *f* Dereliktion *f*, Eigentumsaufgabe *f*.

derivativo *agg* derivativ, abgeleitet.

deroga *f* Abweichung *f*; in – **a** in Abweichung von; – **della competenza territoriale per accordo delle parti** abweichender Gerichtsstand kraft Parteivereinbarung; – **alla giurisdizione** Prorogation *f*.

derogabile *agg* abdingbar.

derogabilità *f* Abdingbarkeit *f*, Derogierbarkeit *f* (S).

derogante *agg* abweichend.

derogare abweichen.

derogativo *agg*, **derogatorio** *agg* derogativ, derogatorisch, derogierend, abweichend.

derrata *f* Ware; – **agricola** Agrarerzeugnis *n*, Agrarprodukt *n*.

derrate alimentari *f pl* Nahrungsmittel *pl*.

derubare bestehlen, berauben, ausplündern.

descrizione *f*, – **dell'invenzione** Patentbeschreibung *f* Patentschrift *f*; – **del problema** Problembeschreibung; – **del rischio** Risikobeschreibung.

desiderare wünschen; verlangen.

designare (1) (*denominare*) bezeichnen; (2) (*nominare*) bestellen, ernennen.

designazione *f* (1) (*denominazione*) Bezeichnung *f*; (2) (*nomina*) Bestellung *f*, Ernennung *f*; – **del giudice istruttore** (*proc. civ.*) Bestimmung des Instruktionsrichters; – **d'origine** Ursprungsbezeichnung; – **professionale** Berufsbezeichnung; – **di provenienza** Herkunftsbezeichnung.

desistenza *f* (*dir. pen.*) Rücktritt *m* (*vom unbeendeten Versuch*).

despatsch money *m* Eilgeld *n*.

despota *m* Despot *m*.

destagionalizzato *agg* saisonbereinigt.

destagionalizzazione Saisonbereinigung *f*.

destalinizzare entstalinisieren.

destalinizzazione *f* Entstalinisierung *f*.

destinare bestimmen, zuweisen, widmen.

destinatario *m* Adressat *m*, Empfänger *m*; – **della dichiarazione** Erklärungsempfänger; – **dell'imposta** Steuerdestinatar *m*, Steuerdestinatär *m* (S); – **della mercé** Warenempfänger; – **della norma** Adressat der Rechtsnorm; – **della notificazione** Zustellungsempfänger; – **della promessa** Versprechensempfänger; – **del trasferimento** Überweisungsempfänger.

destinazione *f* Bestimmung *f*, Zweckbestimmung *f*; (*luogo di destinazione*) Bestimmungsort *m*; – **di beni** Zuweisung von Werten; – **del padre di famiglia** Bestimmung des Eigentümers; – **perpetua** Dauerwidmung *f*; – **del reddito d'esercizio** Gewinnverwendung *f*; – **alle riserve** Zuweisung an die Reserven; – **d'uso** Zweckbestimmung; – **vincolata** Zweck-

bindung *f*, Zweckgebundenheit *f*; **a – vincolata** zweckgebunden.
destino *m* Bestimmungsort *m*.
destituire entheben, absetzen.
destituzione *f* Enthebung *f* Absetzung *f*; **– dalla carica** Amtsenthebung, Amtsentsetzung *f*, Amtsentlassung *f*; **– di pubblico ufficiale** Beamtenentlassung *f*; **– dall'ufficio** Amtsenthebung, Amtsentsetzung *f*, Amtsentlassung *f*.
destra *f* Rechte *f*; **essere di –** rechts eingestellt sein; **estrema –** äußerste Rechte; **d'estrema –** rechtsradikal; **tenere la –** (*circ. strad.*) rechts fahren; **voltare a –** rechts abbiegen.
destrorso, **essere –** rechts eingestellt sein.
desuetudine *f* desuetudo *f*; **cadere in –** obsolet werden.
desumere folgern, schließen.
detassazione *f* Nichtbesteuerung *f*.
detenere innehaben.
detentivo *agg* (*pena*) freiheitsentziehend.
detentore *m* (1) (*in generale*) Gewahrsamsinhaber *m*, Halter *m*; (2) (*nell'interesse altrui*) Besitzdiener *m*, Besitzesdiener (A); **– di un'arma** Waffenbesitzer; **– del pegno** Pfandinhaber; **– della sovranità** Hoheitsträger *m*.
detenuto *m* Häftling, *m*, Inhaftierter *m*, **– in attesa di giudizio** Untersuchungsgefangener; **– estradando** Auslieferungshäftling; **– politico** politischer Häftling.
detenzione *f* (1) (*diritto civile*) Gewahrsam *m*, Gewahrsame *f* (A); (2) (*diritto penale*) Halten *n*, Innehaben *n*; (3) (*privazione della libertà personale*) Haft; **– abusiva di armi** unerlaubter Waffenbesitz; **– domiciliare** (*ord. pen.*) häuslicher Strafvollzug; **– preventiva** (S) Untersuchungshaft (S).
deterioramento *m* Verschlechterung *f*, Abnutzung, *f*, Abnützung (A, B); **– di affissioni** Beschädigung von Anschlägen; **– di moneta** Münzbeschädigung *f*.
deteriorare verschlechtern, beschädigen.
deteriorazione *f* v. deterioramento.
determinabile *agg* bestimmbar.
determinare bestimmen, ermitteln, feststellen, festlegen.
determinatore *m* (*dir. pen*) Anstifter *m*.
determinazione *f* Bestimmung *f*, Ermittlung *f*, Festsetzung *f*, Feststellung *f*, Festlegung *f*; **– della base imponibile** Festsetzung der Steuerbemessungsgrundlage; **– della competenza** Bestimmung der Zuständigkeit; **– del danno** Schadensfestsetzung *f*; **– forfettaria del reddito imponibile** pauschale Einkommensermittlung; **– dell'imposta** Steuerfestsetzung *f*; **– della pena** Straffestsetzung *f*, Strafzumessung; **– del prezzo** (*fissazione*) Preisbestimmung, Preisfestsetzung *f*, (*accertamento*) Preisermittlung *f*; **– al reato** Bestimmen *n* zur Straftat; **– dei redditi** Ermittlung der Einkünfte; **– (*in altri*) dello stato d'incapacità** Herbeiführung der Schuldunfähigkeit (*eines anderen*); **– (*in altri*) dello stato di ubriachezza** Herbeiführung der Trunkenheit (*eines anderen*); **– degli utili** Gewinnermittlung; **– del valore** (*della causa*) Streitwertfestsetzung.
deterrente *m* Abschreckungsmittel *n*; **– nucleare** nukleare Abschreckung *f*.
detesaurizzare enthorten.
detesaurizzazione *f* Enthortung *f*.
detraibile *agg* abzugsfähig, absetzbar; **– ai fini tributari** steuerlich absetzbar.
detraibilità *f* Abzugsfähigkeit *f*, Absetzbarkeit *f*.
detrarre abziehen, in Abzug bringen, absetzen.
detratto abzüglich.
detrazione *f* Abzug *m*; **– d'imposta** Steuerabzug; **– delle spese** Abzug der Kosten.
detronizzare entthronen, des Thrones entsetzen, vom Throne stoßen.
dettagliante *m* Einzelhändler *m*, Detailhändler, Detailkaufmann *m*,

Verschleißer *m* (A +), Kleinverschleißer (A +).

dettaglio *m* Einzelhandel *m*; **al** – im Einzelhandel; – **delle spese** Aufgliederung der Kosten, Ausgabenaufgliederung *f*.

dettato *m* **costituzionale** Verfassungsgebot *n*.

deturpamento *m* **e imbrattamento di cose altrui** Verunstaltung und Beschmutzung fremder Sachen.

devalutazione *f* Abwertung *f*; v. a. SVALUTAZIONE.

devastazione *f* Verwüstung *f*; (*dir. int.*) Devastation *f*.

devianza *f* abweichendes Verhalten *n*, Devianz *f*.

deviazione *f* (1) Abweichung *f*; (2) (*circ. strad.*) Umleitung *f*; – **di acque** Ableitung von Wasser; – **sessuale** sexuelle Abartigkeit; – **del traffico** Verkehrsumleitung.

deviazionismo *m* Abweichlertum *n*.

deviazionista *m* Abweichler *m*.

devoluzione *f* (1) (*di controversia*) Zuweisung (2) (*di eredità*) Anfall *m*; – **dei beni** Vermögensübergang; – **dell'eredità**, – **ereditaria** Erbschaftsanfall, Erbanfall.

devolvere (*controversia*) zuweisen.

diagnosi *f* Diagnose *f*; – **congiunturale** Konjunkturdiagnose *f*; – **errata** Fehldiagnose; – **di gruppo sanguigno** Blutgruppenbestimmung.

diagnostica *f* Diagnostik *f*.

diagramma *m* Schaubild *n*; – **della mortalità** Sterblichkeitskurve *f*.

dialogo *m* Dialog *m*; – **nord-sud** (*politica*) Nord-Süd-Dialog.

diaria *f* Tagegeld *n*, Taggeld (A, S), Tagesentschädigung *f*, Tagesvergütung *f*, Diäten *pl*.

dibattere verhandeln, debattieren.

dibattimento *m* (1) (*dibattito*) Debatte *f*, Aussprache *f*, Diskussion *f*; (2) (*proc. pen*) Hauptverhandlung *f*; **dirigere il** – die Hauptverhandlung leiten; **rinviare il** – die Hauptverhandlung aussetzen; **sospendere il** – die Hauptverhandlung unterbrechen; – **d'appello** Berufungshauptverhandlung; – **di cassazione** Revisionshauptverhandlung; – **pubblico** öffentliche Hauptverhandlung.

dibattito *m* Debatte *f*; – **generale** Generaldebatte; – **sull'ordine del giorno** Tagesordnungsdebatte; – **parlamentare** Parlamentsdebatte.

dicastero *m* Ressort *m*.

dichiarante *m* Erklärender *m*, Anmeldender *m*, Anmelder *m*, Anzeiger *m*, Angeber *m*, Deklarant *m*; – **in dogana** Zollanmelder, Zolldeklarant.

dichiarare erklären, angeben, anmelden, deklarieren.

dichiarativo *agg* deklaratorisch, verlautbarend.

dichiarazione *f* Erklärung *f*, Deklaration *f*; (*doganale*) Anmeldung *f*; (*d'imposta*) Steuererklärung; **incompleta** – (*dei redditi*) unvollständige (Einkommen-)Steuererklärung; **infedele** – wahrheitswidrige (Einkommen-)Steuererklärung; **omessa** – Nichtabgabe der (Einkommen-)Steuererklärung; **tardiva** – verspätete Abgabe der (Einkommen-)Steuererklärung; – **d'abbandono** Abandonerklärung; – **di accettazione** Annahmeerklärung; – **di acquisto** Kaufanmeldung; – **addizionale** Zusatzerklärung; – **di adesione** Beitrittserklärung; – **d'ammortamento** (*di titoli*) Kraftloserklärung *f*; – **di appartenenza ad un gruppo linguistico** (Alto Adige) Erklärung der Zugehörigkeit zu einer Sprachgruppe (Südtirol); – **di assegno** Scheckerklärung; – **di assenza** Verschollenheitserklärung, Verschollenerklärung (S); – **di assicurazione** Versicherungsbestätigung *f*, Versicherungsausweis *m*; – **di astensione** (*dir. proc.*) Selbstablehnung; – **d'avaria** Havarieerklärung, Andienung des Seeschadens; – **benestare all'importazione** Einfuhrgenehmigungserklärung; – **di blocco** Blockadeerklärung; – **cambiaria** Wechselerklärung; – **di cessione** Abtretungserklärung, Abtretungsanzeige *f*; – **di colpe-**

volezza Schuldigerklärung; – **complementare** ergänzende Erklärung, Zusatzerklärung; – **comune d'intenzione** gemeinsame Absichtserklärung; – **di confisca** Verfallerklärung; – **congiunta** (*dei coniugi*) gemeinsame (Einkommen-) Steuererklärung; – **di consenso** Zustimmungserklärung; – **del contenuto** Angabe des Inhalts, Inhaltsangabe, Inhaltserklärung; – **di continuità** Kontinuitätserklärung; – **di contumacia** (1) (*proc. civ.*) Säumniserklärung; (2) (*proc. pen.*) Abwesenheitserklärung; – **di credito** (*dir. fall.*) Forderungsanmeldung; – **di danni di guerra** Kriegsschädenanmeldung; – **di decadenza** Verlustigerklärung (S); – **diplomatica** diplomatische Erklärung; – **dei diritti** Erklärung der Rechte; – **dei diritti dell'uomo e del cittadino** Erklärung der Menschen- und Bürgerrechte; – **disgiunta** (*dei coniugi*) getrennte (Einkommen-)Steuererklärung; – **di dividendo** Dividendenerklärung; – **alla dogana**, – **doganale** Zollanmeldung, Zollerklärung, Zolldeklaration, Zollinhaltserklärung, Abfertigungsdeklaration (S); – **di efficacia** Wirksamkeitserklärung; – **d'entrata** Einfuhrerklärung, Einfuhrdeklaration; – **d'esecutorietà** Vollstreckbarkeitserklärung, Vollstreckbarerklärung; – **d'esportazione** Ausfuhrerklärung; – **espressa** ausdrückliche Willenserklärung; – **di fallimento** Konkurseröffnung; **chiedere la – di fallimento** den Konkurs anmelden; – **falsa** falsche Erklärung; falsche Angaben; – **fatta per scherzo** Scherzerklärung; – **fiscale** Steuererklärung; – **di garanzia** Garantieerklärung, Bürgschaftserklärung; – **giudiziale di paternità** gerichtliche Feststellung der Vaterschaft, Zusprechung mit Standesfolge (S); – **governativa** Regierungserklärung; – **di guerra** Kriegserklärung; – **di identità** Identitätserklärung; – **d'impegno** Verpflichtungserklärung; – **dell'imponibile** Steuererklärung; – **d'importazione** Einfuhrerklärung, Einfuhrdeklaration; – **d'imposta** Steuererklärung; – **d'incompetenza** Unzuständigkeitserklärung; – **d'indipendenza** Unabhängigkeitserklärung; – **indiretta della volontà** mittelbare Willenserklärung; – **inesatta** ungenaue Angabe; – **d'insolvenza** (S) Insolvenzerklärung (S); – **di intenti** (*pol*) Absichtserklärung; – **d'intenzione** Absichtserklärung; – **internazionale per la dogana** internationale Anmeldung für das Zollamt; – **di lealtà** Loyalitätserklärung; – **della merce** Warenerklärung; – **di morte** Sterbefallanzeige *f*, Sterbeanzeige, Todesfallanzeige; – **di morte presunta** Todeserklärung; – **di nascita** Geburtsanzeige *f*; – **negoziale** rechtsgeschäftliche Erklärung; – **di neutralità** Neutralitätserklärung; – **di non doversi procedere** (S), – **di non luogo a procedere** (*proc. pen.*) Außerverfolgungsetzung *f*, Einstellungsbeschluss *m* (S); – **di non punibilità** Straffreierklärung; – **non recettizia** nicht empfangsbedürftige Willenserklärung; – **non seria** nichternstliche Erklärung; – **di nullità** Nichtigkeitserklärung, Nichtigerklärung, Kraftloserklärung, Kraftlosigkeitserklärung, Unwirksamerklärung, Unwirksamerklärung (A), Ungültigkeitserklärung, Ungültigkeitserklärung, Ungültigerklärung (S); – **d'obbligo** Verpflichtungserklärung; – **sull'onore** ehrenwörtliche Erklärung, Erklärung auf Ehrenwort; – **d'opzione** Optionserklärung, (*titoli*) Bezugserklärung; – **di paternità** Feststellung der Vaterschaft; – **delle persone fisiche** (*IRPEF*) Einkommensteuererklärung; – **preventiva** vorherige Erklärung; – **di principii** Grundsatzerklärung, Prinzipienerklärung; – **di priorità** Prioritätserklärung; – **programmatica del governo** Regierungserklärung (einer neuen

Regierung); – **di pubblica utilità** Erklärung, dass eine Enteignung dem Wohl der Allgemeinheit dient; – **di recesso** (1) (*dal contratto*) Rücktrittserklärung; (2) (*dall'associazione*) Austrittserklärung; – **recettizia** empfangsbedürftige Willenserklärung; – **di reciprocità** Gegenseitigkeitserklärung; – **dei redditi** Einkommensteuererklärung; – **di residenza** Angabe des gewöhnlichen Aufenthalts; – **di responsabilità** Haftungserklärung, Haftungsanerkenntnis; – **rettificativa** Richtigstellungserklärung; – **di riconoscimento** Anerkennungserklärung, Anerkenntnis *n*; – **di ricusazione** Ablehnungserklärung; – **di rinunzia** (*all'eredità*) Ausschlagungserklärung; – **per scherzo** Scherzerklärung; – **di scienza** Wissenserklärung; – **scritta** schriftliche Erklärung; – **di servizio** dienstliche Erklärung; – **di solidarietà** Geschlossenheitserklärung; – **di sottomissione** (S) Unterziehungserklärung (S); – **tacita** (*di volontà*) stillschweigende Willenserklärung; – **tardiva di credito** (*dir. fall.*) nachträgliche Forderungsanmeldung; – **di temporanea importazione** (*dogana*) Anmeldung zur vorübergehenden Einfuhr; – **testimoniale** Zeugenaussage *f*; – **tipica** typisierte Erklärung; – **di transito** Transiterklärung; – **di trasferimento** Übertragungserklärung; – **tributaria** Steuererklärung; – **ufficiale** amtliche Erklärung; – **unilaterale** einseitige Erklärung; – **universale dei diritti dell'uomo** (*ONU*) Allgemeine Erklärung der Menschenrechte; – **d'urgenza** Dringlicherklärung (S); – **d'uscita** Ausgangsdeklaration; – **del valore** Angabe des Wertes, Wertangabe *f*; – **di volontà** Willenserklärung, Willensäußerung *f*; – **di voto** Erklärung zur Abstimmung.

dicotomia *f* Dichotomie *f*.

dieta *f*, – **federale** (G) Bundestag *m*; – **regionale** (del Land) (G) Landtag.

difendere verteidigen.

difensore *m* (1) (*proc. civ.*) Anwalt *m*; (2) (*proc. pen.*) Verteidiger *m*; **nominare** (*d'ufficio*) **un** – einen Verteidiger bestellen; – **civico** Bürgerbeauftragter *m*, Volksanwalt (A); – **di fiducia** Wahlverteidiger; – **della parte civile** (*proc. pen.*) Vertreter der Zivilpartei (*im Strafverfahren*); – **nominato d'ufficio**, – **d'ufficio** Pflichtverteidiger, Offizialverteidiger, Notanwalt (D, *Zivilprozess*) Amtsverteidiger (A), amtlicher Verteidiger (S).

difesa *f* Verteidigung *f*; Schutz *m*; (*penale*) Strafverteidigung; **legittima** – Notwehr *f*; – **dell'ambiente** (*naturale*) Umweltschutz; – **antiaerea** Luftverteidigung, Luftschutz *m*, Luftabwehr *f*; – **dei consumatori** Verbraucherschutz; – **della costituzione** Verteidigung der Verfassung; – **formale** anwaltliche Vertretung; – **giurisdizionale** Rechtsschutz *m*; – **dell'individuo** Schutz des Individuums; – **materiale** Selbstvertretung (*vor Gericht*); – **nazionale** Landesverteidigung; – **della patria** Verteidigung des Vaterlandes; – **personale** Selbstvertretung *f* (*vor Gericht*), Selbstverteidigung; – **del risparmio** Sparerschutz *m*; – **sociale** (*dir. pen.*) sozialer Schutz *m*; – **tecnica** (*dir. proc.*) anwaltliche Vertretung; v. a. TUTELA.

difetto *m* Fehler *m*; – **di competenza** mangelnde Zuständigkeit; – **di costruzione** Baufehler; – **di fabbricazione** Fabrikationsfehler; – **di forma** Formfehler, Formmangel *m*, Formgebrechen *n* (A); – **di giurisdizione** fehlende Gerichtsbarkeit; – **di motivazione** fehlende Begründung; – **principale** Hauptmangel *m*; – **di procedura** Verfahrensverstoß; – **di qualità** Qualitätsmangel; – **di rappresentanza** (*processuale*) Mangel der Vertretung (im Prozess); – **strutturale** Strukturfehler; v. a. VIZIO.

difettosità *f* Fehlerhaftigkeit *f*.

difettoso *agg* fehlerhaft.

diffalcabile *agg* absetzbar.
diffalcare absetzen, abrechnen, in Abrechnung bringen.
diffalco *m* Abzug *m*, Abrechnung *f*, Abschreibung *f*; – **di Zillmer** Zillmerabzug.
diffamante *agg* verleumderisch, diffamierend.
diffamare verleumden, diffamieren.
diffamatore *m* Verleumder *m*.
diffamatorio *agg* verleumderisch, diffamatorisch, diffamierend.
diffamazione *f* (1) (*in generale*) Diffamierung; (2) (*reato*) üble Nachrede *f*; – **col mezzo della stampa** üble Nachrede durch Druckwerke.
differenza *m* Unterschiedsbetrag *m*, Differenzbetrag; – **dei cambi** Kursabweichung *f*, Kursdifferenz *f*, Devisenabweichung *f*, Devisendifferenz *f*; – **dei corsi**, – **dei prezzi** Kursabweichung *f*, Kursdifferenz *f*, Preisunterschied *m*, Preisdifferenz; – **di qualità** Qualitätsabweichung; – **dei tassi di interesse** Zinsgefälle *n*.
differenze *f pl*, – **di classe** Klassenunterschiede *pl*; – **sociali** soziale Unterschiede.
differenziali *m pl* **salariali** Lohnunterschiede *m pl*, unterschiedliche Entlohnung *f*.
differenziamento dei prezzi Preisdifferenzierung *f*, Preisstaffelung *f*.
differenziazione *f* **del prodotto** Produktdifferenzierung *f*.
differibile *agg* aufschiebbar.
differimento *m* (*rinvio*) Aufschub *m*, (*del pagamento*) Stundung *f*; – **dell'appello** Aufschub der Berufung; – **dell'effetto dell'assicurazione** Aufschub des Versicherungsbeginns; – **dell'esecuzione della pena** Strafaufschub; – **del pagamento** Zahlungsstundung; – **dell'udienza** Terminsverlegung, Verlegung der Verhandlung (auf einen anderen Tag).
differire verschieben, aufschieben, (*il pagamento*) stunden.
difficoltà *f pl* Schwierigkeiten *pl*; – **di adattamento** Anpassungsschwierigkeiten; – **di assorbimento** Aufnahmeschwierigkeiten; – **di collocamento** Unterbringungsschwierigkeiten; – **di crescita** Wachstumsprobleme; – **economiche** finanzielle Schwierigkeiten; – **di finanziamento** Finanzierungsschwierigkeiten; – **finanziarie** Finanzschwierigkeiten *pl*, Geldschwierigkeiten; – **di pagamento** Zahlungsschwierigkeiten *pl*; – **di rifornimento** Versorgungsschwierigkeiten; – **di socializzazione** Sozialisationsschwierigkeiten; – **di vendita** Absatzschwierigkeiten.
diffida *f* (1) (*invito*) Aufforderung *f*; (2) (*avviso*) Warnung *f*; – **ad adempiere** Aufforderung zur Leistung; – **ai creditori** (S) Schuldenruf *m* (S); v. a. AVVISO, INGIUNZIONE.
diffidare (1) (*ingiungere*) auffordern; (2) (*avvisare*) warnen.
diffondere verbreiten.
difformità *f*, – **dell'opera** (*appalto*) Abweichung des Werkes von der geschuldeten Herstellung.
diffusione *f* Verbreitung *f*; – **di notizie false** Verbreitung unwahrer Gerüchte.
dignità *f* Würde *f*; – **di dottore** Doktorwürde; – **sociale** soziale Achtung; – **umana** Menschenwürde.
dignitario *m* Würdenträger *m*, Dignitar *m*, Amtsträger *m*.
digos *f* (*reparto speciale della polizia*) Staatsschutz *m*.
diktat *m* Diktat *n*, (*spec.*) Friedensdiktat.
dilapidare verschwenden.
dilapidatore *m* Verschwender *m*.
dilapidazione *f* Verschwendung *f*; – **dei beni** Vermögensverschwendung; – **di capitali** Kapitalvergeudung *f*.
dilatazione *f* **creditizia** Kreditausweitung f, Kreditausdehnung f, Kreditexpansion f.
dilatorio *agg* verzögernd, dilatorisch.
dilazionabile *agg* aufschiebbar.
dilazione *f* Aufschub *m*, Aufschiebung *f*, Stundung *f* Nachfrist *f*; **concedere una** – einen Aufschub

gewähren; – **concordataria** (S) Nachlassstundung (S); – **di pagamento** Zahlungsaufschub, Zahlungsstundung; – **di tempo** Fristverlängerung *f*, Nachfrist.

diligenza *f* Sorgfalt *f*; **non usare la – dovuta** die erforderliche Sorgfalt außer acht lassen – **del buon padre di famiglia** im Verkehr erforderliche Sorgfalt; – **dovuta** erforderliche Sorgfalt; – **normale** gewöhnliche Sorgfalt; – **ordinaria** gewöhnliche Sorgfalt; – **della parte** Parteibetrieb *m*, Parteienbetrieb (A); – **professionale** berufliche Sorgfalt; – **quam in suis** Sorgfalt in eigenen Angelegenheiten.

dimesso *m* Strafentlassener *m*.

dimettere absetzen, entheben.

dimettersi zurücktreten, demissionieren.

diminuire verringern, herabsetzen, vermindern, senken, ermäßigen, (*passivo*) abnehmen, sinken.

diminuzione *f* Verminderung *f*, Verringerung *f*, Herabsetzung *f*, Ermäßigung *f*, Rückgang *m*; – **della capacità di guadagno** Minderung der Erwerbsfähigkeit, Erwerbsminderung *f*; – **del consumo** Verbrauchsrückgang; – **del dividendo** Dividendenkürzung; – **della domanda** Nachfragerückgang; – **delle esportazioni** Exportrückgang; – **della mortalità infantile** Verringerung der Kindersterblichkeit; – **delle nascite** Geburtenrückgang; – **patrimoniale** Vermögensverlust *m*; – **di pena** Strafmilderung *f*; – **degli ordini** Auftragsrückgang; – **della popolazione** Bevölkerungsabnahme *f*; – **di prezzo** Preisminderung; – **della produttività** Produktivitätsrückgang; – **della produzione** Produktionsrückgang; – **dei proventi** Ertragsrückgang; – **di rischio** Gefahrminderung; – **di valore** Wertminderung, Wertverringerung; – **di valore delle monete** Münzverringerung; – **delle vendite** Absatzrückgang; v. a. RIDUZIONE.

dimissionario *agg* zurücktretend, zurückgetreten.

dimissione *f* (*del detenuto*) Strafentlassung *f*.

dimissione *f*, **dimissioni** *f pl* (1) (*recesso del lavoratore dal contratto di lavoro*) Kündigung *f* (*des Arbeitsvertrags durch den Arbeitnehmer*); (2) (*nell'impiego pubblico*) Antrag auf Entlassung (*aus dem Amt*); (3) (*del governo ecc.*) Rücktritt *m*; **accettere le** – den Rücktritt annehmen; **dare le** – (1) kündigen; (2) zurücktreten, demissionieren.

dimora *f* Aufenthalt *m*; **senza fissa** – ohne festen Wohnsitz *m*; – **abituale** gewöhnlicher Aufenthalt.

dimorante *m* (S) Aufenthalter *m* (S).

dimostrante *m* Demostrant *m*.

dimostrare (1) demonstrieren; (2) nachweisen.

dimostrazione *f* (1) Demonstration *f*, Kundgebung *f*; (2) Nachweis *m*, Nachweisung *f*; – **navale** Flottendemonstration.

dinamica *f* Dynamik *f*; – **economica** wirtschaftliche Dynamik *f*; – **dell'incidente** Unfallhergang *m*; – **salariale** Lohnentwicklung.

dinastia *f* Dynastie *f*, Herrscherhaus *n*.

dinastico *agg* dynastisch.

diniego *m* **di giustizia** Rechtsverweigerung f, Verweigerung des Rechtsschutzes.

dipartimento *m* Departement *n*; Abteilung *f*; – **per la cooperazione allo sviluppo** Abteilung Entwicklungshilfe (*beim Außenministerium*); – **dell'economia pubblica** (S) Volkswirtschaftsdepartement (S); – **delle finanze e delle dogane** (S) Finanz- und Zolldepartement (S); – **di giustizia e polizia** (S) Justiz- und Polizeidepartement (S); – **dell'interno** (S) Departement des Innern (S); – **militare** (S) Militärdepartement (S).

dipendente *agg* abhängig.

dipendente *m* Beschäftigter *m*, Bediensteter *m*, Betriebsangehöriger *m*; **pubblico** – Angehöriger *m* des öffentlichen Dienstes; – **d'azienda**

Betriebsangehöriger; – **inventore** Arbeitnehmererfinder *m*; – **statale**, – **dello Stato** Staatsbediensteter.

dipendenza *f* (1) Abhängigkeit *f*; (2) (*filiale*) Zweigstelle *f*, Nebenstelle, Nebenbetrieb *m*; (3) (*edificio annesso*) Nebengebäude *n*; – **alcolica** Alkoholabhängigkeit; – **economica** wirtschaftliche Abhängigkeit; – **fisica** (*med.*) körperliche Abhängigkeit; – **gerarchica** hierarchische Abhängigkeit; – **psichica** psychische Abhängigkeit; – **reciproca** gegenseitige Abhängigkeit.

dipendenze *f pl* Zubehör *n*, Zugehör (A).

dipendere (*da*) abhängen (*von*).

diploma *m* Diplom *n*; – **di abilitazione** Befähigungszeugnis *n*, Befähigungsnachweis *m*; – **d'esame** Prüfungszeugnis *n*; – **di licenza** Abgangszeugnis *n*, Abschlusszeugnis; – **di maturità** Reifezeugnis *n*, Maturitätsausweis *m* (S); – **di nobiltà** Adelsdiplom, Adelsbrief *m*, Adelspatent *n*; – **d'onore** Ehrenurkunde *f*; – **universitario** Universitätszeugnis *n*, Universitätsdiplom.

diplomatico *agg* diplomatisch.

diplomatico *m* Diplomat *m*; – **di carriera** Berufsdiplomat.

diplomato *m* Inhaber eines Diploms, Diplominhaber *m*.

diplomazia *f* Diplomatie *f*; – **segreta** Geheimdiplomatie.

dire sagen; – **la verità** die Wahrheit sagen.

direttamente *avv* unmittelbar, direkt.

direttario *m* Obereigentümer *m* (A).

direttissima, **per** – im Schnellverfahren.

direttiva *f* Richtlinie *f*, Direktive *f*, Anweisung *f* Weisung; – **di armonizzazione** Harmonisierungsrichtlinie; – **CE** EG-Richtlinie; – **CEE** EWG-Richtlinie; – **complementare** Ergänzungsrichtlinie; – **comunitaria** (CE) Gemeinschaftsrichtlinie; – **generale** Rahmenrichtlinie; – **di modifica** Änderungsrichtlinie; – **particolare** (CE) Einzelrichtlinie; – **quadro** Rahmenrichtlinie.

direttore *m* Direktor *m*, Leiter *m*, Vorsteher *m*; – **d'agenzia** Agenturleiter; – **amministrativo** Verwaltungsdirektor; – **di banca** Bankdirektor; – **commerciale** kaufmännischer Leiter; – **didattico** (*scuola elementare*) Grundschulrektor; – **di filiale** Filialdirektor, Filialleiter; – **generale** Generaldirektor; – **generale di ministero** Ministerialdirektor; – **dei lavori** Bauleiter; – **marittimo** Hafendirektor; – **del personale** Personalchef *m*; – **di produzione** Produktionsleiter; – **di reparto** Abteilungsleiter, Abteilungsdirektor; – **responsabile** (1) verantwortlicher Leiter; (2) (*di giornale*) Chefredakteur *m*, Schriftleiter; – **tecnico** technischer Direktor; – **delle vendite** Verkaufsleiter.

direttorio *m* Direktorium *n*.

direzione *f* (1) Leitung *f*, Direktion *f*; (*d'azienda*) Geschäftsleitung; (2) (*circ. strad.*) Fahrtrichtung *f*; – **amministrativa** (*dell'azienda*) Verwaltung *f*; – **dell'azienda**, – **aziendale** Betriebsleitung; – **centrale** Zentralleitung, Zentraldirektion; – **commerciale** Verkaufsleitung; – **del consorzio** Konsortialleitung; – **del consumo** Verbrauchslenkung *f*; – **del credito** Kreditlenkung *f*, Kreditsteuerung *f*; – **del dibattimento**, – **del dibattito** Verhandlungsleitung; – **didattica** (*scuola elementare*) Grundschulrektorat *n*; – **distrettuale antimafia (DDA)** Anti-Mafia-Bezirksdirektion (*der Staatsanwaltschaft*); – **dell'economia** Wirtschaftslenkung *f*; – **generale** Generaldirektion; – **del giornale** Schriftleitung; – **dell'impresa** Unternehmensleitung; – **investigativa antimafia (DIA)** Anti-Mafia-Fahndungsamt *n*; **dei lavori** Bauleitung; – **marittima** Hafendirektion; – **di marcia** Marschrichtung; – **nazionale antimafia (DNA)** Anti-Mafia-Zentraldirektion (*der Staatsanwaltschaft*); – **del partito** Parteiführung *f*; – **del personale** Personalführung; –

del processo Prozessleitung; – **dell'udienza** Verhandlungsleitung.

dirigente *m* Leiter *m*, Führungskraft *f*, leitender Angestellter; – **d'azienda** Betriebsleiter; – **sindacale** Gewerkschaftsführer *m*, Gewerkschaftsfunktionär *m*.

dirigenza *f* Leitung *f*, Führung *f*; – **del partito** Parteiführung; – **politica** politische Führung.

dirigere leiten, führen, lenken.

dirigismo *m* Dirigismus *m*; – **economico** wirtschaftlicher Dirigismus, Wirtschaftslenkung *f*, Planwirtschaft *f*; – **statale** staatliche Lenkung.

dirimente *m* Ehehindernis *n*.

diritti *m pl*, **avente gli stessi –, equiparato nei –** gleichberechtigt; **privare dei –** entrechten; **reintegrare nei suoi –** in seine Rechtsstellung wiedereinsetzen; **subentrare nei –** in die Rechte eintreten; – **affievoliti** (*dir. amm.*) abgeschwächte Rechte; – **amministrativi** Bearbeitungsgebühren *pl*; – **di arbitrato** Schiedsgerichtsgebühren *pl*; – **d'autore** Autorenhonorar *n*, Urhebergebühren *pl* (A); – **di chiusa** Schleusengeld *n*; – **di cittadinanza** staatsbürgerliche Rechte; – **civili e politici** bürgerliche Ehrenrechte; – **compensativi** (GATT) Ausgleichszölle; – **di conio** Münzgebühren *pl*; – **connessi** (*al diritto d'autore*) angrenzende Rechte, Nachbarrechte, verwandte Schutzrechte; – **di controstallia** Überliegegeld *n*; – **di copiatura** Abschreibegebühren *pl*; – **differenziali** Staffelgebühren *pl*; **passibile di – doganali** zollpflichtig, zollabgabepflichtig; – **e doveri reciproci dei coniugi** gegenseitige Rechte und Pflichten der Ehegatten; – **fissi** Bearbeitungsgebühren; – **individuali di libertà** individuelle Freiheitsrechte; – **di licenza** Lizenzgebühren *pl*, Lizenzabgaben *pl*; – **di monopolio** Monopolgebühren; – **di navigazione** Schifffahrtsgebühren *pl*, Schiffahrtsabgaben *pl*; – **politici** politische Rechte; – **di procuratore** Anwaltsgebühren; – **di quarantena** Quarantänegebühren *pl*, Quarantänegelder *pl*; – **di riduzione cinematografica** Verfilmungsrechte *pl*; – **riservati** Vorbehaltsrechte *pl*; **tutti i – riservati** alle Rechte vorbehalten; – **sociali** Gesellschaftsrechte *pl*; – **speciali di prelievo** Sonderziehungsrechte; – **di spedizione** Speditionsgebühren *pl*;
– **territoriali** Gebietsrechte *pl*; – **di terzi** Rechte Dritter; – **di tonnellaggio** Tonnengebühren *pl*, Tonnengelder *pl*; – **umani**, – **dell'uomo** Menschenrechte *pl*; – **di utilizzazione economica dell'opera cinematografica** Filmrechte *pl*; *v.* a. DIRITTO, TASSA, TASSE.

diritto *m* (1) Recht *n*; (2) (*pretesa*) Anspruch *m*; (3) (*facoltà, autorizzazione*) Berechtigung *f*; (3) (*tassa*) Gebühr *f*; **abbandonare un –** ein Recht aufgeben; **accampare un –** einen Anspruch erheben; **acquisire un –** ein Recht erwerben; **applicare il –** das Recht anwenden; **arrogarsi il –** sich das Recht anmaßen; **attuare un –** ein Recht durchsetzen, einen Anspruch durchsetzen; **avente – di voto** wahlberechtigt, stimmberechtigt; **avere il –** das Recht haben, berechtigt sein; **avere il – esclusivo** alleinberechtigt sein; a buon – mit gutem Recht, zu Recht; **cedere un –** ein Recht abtreten; **chi di –** Berechtigter *m*; **con –** mit Recht, zu Recht; **conforme al –** rechtmäßig; **contrario al –** rechtswidrig; **costituire un –** einen Anspruch begründen; **costitutivo del –** rechtsgestaltend, rechtsbegründend; **creativo del –, creatore del –** rechtschöpferisch, rechtserzeugend; **di –** von Rechts wegen; **esercitare un –** ein Recht ausüben; **essere in –** berechtigt sein; **far valere un –** einen Anspruch geltend machen; **ignorante del –, inesperto del –** rechtsunkundig;

ledere il – altrui ein fremdes Recht verletzen; **pagare un –** eine Gebühr entrichten, eine Gebühr zahlen; **pieno –** Vollberechtigung; **privare di un –** eines Rechts berauben; **reclamare un –** einen Anspruch erheben; **riconoscere un –** ein Recht anerkennen; **rinunciare ad un –** auf ein Recht verzichten; **riservarsi un –** sich ein Recht vorbehalten; **rivendicare un –** ein Recht beanspruchen; **senza –** rechtlos; **trasferire un –** ein Recht übertragen; **violare un –** ein Recht verletzen; **– d'abbandono** Abandonrecht, Preisgaberecht; **– all'abitazione** Recht auf Wohnraum; **– d'abitazione** Wohnrecht; **– d'accessione** Zuwachsrecht, Anwachsungsrecht; **– d'accesso** Zutrittsrecht, Zugangsrecht, (*con veicolo*) Zufahrtsrecht; **– accessorio** Nebenrecht, akzessorisches Recht, Nebenanspruch; **– di accostamento** Recht auf Flaggenerkundung; **– di accrescimento** Zuwachsrecht, Anwachsungsrecht; **– delle acque** Wasserrecht; **– di acquedotto** Wasserleitungsrecht; **– acquisito** wohlerworbenes Recht; **– acquisito in buona fede** gutgläubig erworbenes Recht; **– addizionale** zusätzliche Gebühr; Zusatzgebühr; **– d'adesione** Beitrittsrecht; **– aereo** Luftrecht; **– aereo di assicurazione** Luftversicherungsgebühr; **– affievolito** (*dir. amm.*) abgeschwächtes Recht; **– degli affitti** Pachtrecht; **– agrario** Agrarrecht, Flurrecht, Landwirtschaftsrecht; **– alienabile** veräußerliches Recht; **– di alienazione** Veräußerungsrecht; **– agli alimenti** Unterhaltsanspruch; **– d'alleggio** Leichtergebühr; **– degli alloggi** Wohnungsrecht; **– d'alpeggio** Sömmerungsrecht; **– di ambasciata** Gesandtschaftsrecht; **– ambientale** Umweltrecht; **– amministrativo** Verwaltungsrecht, (*tassa*) Verwaltungsgebühr; **– di – amministrativo** verwaltungsrechtlich; **– amministrativo internazionale** Völkerverwaltungsrecht; **– d'ammissione** Eintrittsrecht; Eintrittsgebühr; **– di ancoraggio** Recht zum Ankern; Ankergeld *n*; **– d'angaria** Angarienrecht; **– annuale** Jahresgebühr; **– anteriore** älteres Recht, früheres Recht; **– applicabile** anwendbares Recht, anzuwendendes Recht; **– d'appoggio** Anlegerecht; **– di appropriazione** Aneignungsrecht; **– di approvazione** Genehmigungsrecht; **– di arresto** Festnahmerecht, (*diritto marittimo*) Anhalterecht; **– d'asilo** Asylrecht; **– di aspettativa** Anwartschaftsrecht; **– d'assegnazione** Zuteilungsrecht; **– delle assemblee** Versammlungsrecht; **– di assicurazione** Versicherungsgebühr; **– delle assicurazioni** Versicherungsrecht; **– delle assicurazioni sociali** Sozialversicherungsrecht; **– di assistenza** Beistandsrecht; **– delle associazioni** Vereinsrecht; **– di associazione** Vereinigungsrecht, Koalitionsrecht; **– assoluto** absolutes Recht, unbedingtes Recht, uneingeschränktes Recht; **– di astenersi dal testimoniare** Zeugnisverweigerungsrecht; **– astratto** abstraktes Recht; **– d'atteraggio** Landungsrecht; **– di autenticazione** Beglaubigungsgebühr; **– di autodecisione**, **– di autodeterminazione** Selbstbestimmungsrecht; **– di autodifesa** Selbsthilferecht; **– autonomo** selbständiges Recht; **– d'autore** Urheberrecht, (*partecipazione agli utili*) Autorenanteil *m*, Autorenhonorar *n*, Urhebergebühren *pl* (A); **– di avocazione** (*dir. amm.*) Eintrittsrecht, Devolutionsrecht (*Staatsanwaltschaft*); **– d'azione** Klagerecht, Klageanspruch, Klaganspruch, Klagsanspruch (A); **– di azione penale** Strafverfolgungsrecht; **– bancario** Bankrecht; **– di battere moneta** Münzrecht, Münzgerechtigkeit *f*; **– bellico** Kriegsrecht; **– bellico marittimo** Seekriegsrecht; **– di blocco** Blokkaderecht; **– di bollo** Stempelgebühr; – **di boa** Bakengeld *n*; – **dei brevetti** Patentrecht; – **al brevetto** Recht auf das Patent; – **di cabotaggio** Kabotagerecht; – **della caccia** Jagdrecht; – **di caccia** Jagdberechtigung, Waidgerechtigkeit *f*; – **cambiario** Wechselrecht; – **di cambio** Umtauschrecht; – **di canale** Kanalgebühr, Kanalabgabe *f*, Kanalbeitrag *m*; – **di cancelleria** Kanzleigebühr, Schreibgebühr, Kanzleitaxe *f* (A), (*per rilascio di certificati*) Ausfertigungsgebühr; – **canonico** (kanonisches) Kirchenrecht, kanonisches Recht; – **cantonale** (S) Kantonsrecht (S), kantonales Recht; – **di cappa** Primage *f*, Primgeld *n*, Kaplaken *n*; – **cedibile** abtretbares Recht; – **di chiusa** Schleusengeld *n*; – **di citazione** Zitierfreiheit; – **della cittadinanza** Staatsangehörigkeitsrecht, Staatsbürgerrecht (A), Bürgerrecht (S); – **del cittadino** Staatsbürgerrecht, Bürgerrecht; – **civico** Stadtrecht; – **civile** bürgerliches Recht, Zivilrecht; **di – civile** zivilrechtlich; – **civile comparato** Zivilrechtsvergleichung *f*; – **codificato** kodifiziertes Recht; – **di coercizione** Zwangsrecht; – **cogente** zwingendes Recht; – **di cogestione** Mitbestimmungsrecht; – **di collazione** Kollationsgebühr (*Gebühr für die Vergleichung einer Abschrift mit dem Original*); – **coloniale** Kolonialrecht; – **commerciale** Handelsrecht; **di – commerciale** handelsrechtlich; – **commerciale consuetudinario** Handelsgewohnheitsrecht; – **del commercio marittimo** Seehandelsrecht; – **di commissione** Kommissionsgebühr, (UPU) Gebührenzettelgebühr; – **di commutazione** (*in favore dei figli legittimi*) Abfindungsrecht (*der ehelichen gegenüber den nichtehelichen Kindern*); – **comparato** Rechtsvergleichung *f*; **di – comparato** rechtsvergleichend; – **di compensazione** Aufrechnungsanspruch; – **di comproprietà** Miteigentumsrecht; – **comunale** Gemeinderecht; – **comune** gemeines Recht; **di – comune** gemeinrechtlich; – **delle comunicazioni** Verkehrsrecht; – **delle comunicazioni aeree** Luftverkehrsrecht; – **comunitario** Gemeinschaftsrecht; – **della concorrenza** Wettbewerbsrecht; – **concorsuale** Konkursrecht; – **di condominio** Miteigentumsrecht, (*casa di abitazione*) Wohnungseigentumsrecht, (*altri edidici*) Teileigentumsrecht; – **conferito** verliehenes Recht; – **di confine** Grenzabgabe *f*; – **dei conflitti di legge** Kollisionsrecht; – **di coniatura**, – **di conio** Prägerecht; Prägegebühr; – **di conquista** Eroberungsrecht; – **alla consegna** Herausgaberecht; – **di consegna** (UPU) Aushändigungsgebühr; – **di consenso** Bewilligungsrecht; – **consolare** Konsularrecht; Konsulargebühr, Konsulatsgebühr; – **consuetudinario** Gewohnheitsrecht; **di – consuetudinario** gewohnheitsrechtlich; – **consuetudinario internazionale** völkerrechtliches Gewohnheitsrecht, Völkergewohnheitsrecht; – **di consultazione** Anhörungsrecht; – **contrario** Gegenrecht; – **di contrarre matrimonio** Recht zur Eheschließung; – **contrattuale** Vertragsrecht; – **di controfirma** Gegenzeichnungsrecht; – **di controllo** Kontrollrecht, Überwachungsrecht; – **di convocazione** Einberufungsrecht; – **di copiatura** Schreibgebühr; – **corporativo** Korporationsrecht, Zunftrecht; – **di correzione** Züchtigungsrecht; – **a corrispettivo** Entgeltsrecht, Entgeltsanspruch; – **delle cose** Sachenrecht; – **costitutivo** (*potestativo*) Erwerbsrecht (*Gestaltungsrecht*); – **costituzionale** (1) Verfassungsrecht; (2) (*diritto soggettivo*) verfassungsmäßiger Anspruch; **di – costituzionale** verfassungsrechtlich; – **costituzionale consuetudinario** Verfassungsgewohnheitsrecht; – **di costrizione** Zwangsrecht; – **di couso** Mitbenutzungsrecht, Mitbenutzungsrecht (A, B, S); – **del creditore** Gläubigerrecht; – **criminale** Kriminalrecht; – **di cronaca** Recht der (freien) Berichterstattung; – **di custodia** Verwahrungsgebühr; – **di decisione** Bestimmungsrecht; – **di deporto** Deportgebühr; – **derivato** abgeleitetes Recht; – **di deroga** Abweichungsrecht; – **derogabile** nachgiebiges Recht; – **di designazione** Ernennungsrecht; – **di difesa** Recht auf Verteidigung; – **di diffusione** Verbreitungsrecht, Vertriebsrecht; – **su diritti** Recht an Rechten; – **di disamina** (*avvocati*) Gebühr für die Überprüfung der Sache; – **di disciplina** Züchtigungsrecht; – **disciplinare** Disziplinarrecht; – **disponibile** abdingbares Recht; – **dispositivo** nachgiebiges Recht, dispositives Recht; – **di disporre**, – **di disposizione** Verfügungsrecht; – **della ditta** Firmenrecht; – **al dividendo** Dividendenanspruch, Dividendenberechtigung *f*; – **divino** göttliches Recht; – **doganale** (1) Zollrecht; (2) (*tributo*) Zoll *m*, Zollabgabe *f*, Zollgebühr, Grenzzoll; – **del domicilio** Domizilrecht; – **-dovere** Pflichtrecht; – **d'eccezione** Ausnahmerecht; – **ecclesiastico** Staatskirchenrecht; – **dell'economia** Wirtschaftsrecht; – **edilizio** Baurecht; – **d'edizione** Verlagsrecht; – **dell'educazione** Erziehungsrecht; – **elettorale** Wahlrecht; – **all'eliminazione dei vizi** Mängelbeseitigungsrecht, Nachbesserungsrecht; – **d'emendamento** Abänderungsrecht, Änderungsrecht; – **d'emergenza** Notrecht; – **d'entrata** Eintrittsrecht; – **erariale sugli spettacoli** staatliche Vergnügungsteuer; – **ereditario** (1) (*diritto delle successioni*) Erbrecht; (2) (*diritto del chiamato*) Erbanspruch; (3) angestammtes Recht; – **di esclusiva** Ausschließlichkeitsrecht; (*di vendita*) Alleinverkaufsrecht; – **d'esclusività** Ausschließlichkeitsrecht; – **esclusivo** ausschließliches Recht, Alleinrecht, Alleinberechtigung; – **esclusivo di rappresentanza** Alleinvertretungsrecht; – **esclusivo di vendita** Alleinverkaufsrecht; – **d'esecuzione** Vollstreckungsrecht; – **d'esercizio** Ausübungsrecht; Betriebsrecht; – **d'espropriazione** Enteignungsrecht; – **di essere ascoltato dal giudice** Anspruch auf rechtliches Gehör; – **di essere consultato** Mitspracherecht; – **d'estrazione** Gewinnungsrecht; Ausbeutungsrecht, Abbaurecht, Abbaugerechtigkeit *f*; (a *sorte*) *Ziehungsrecht*; – **eventuale** Eventualrecht; – **di fabbricazione** Herstellungsrecht; – **fallimentare** Insolvenzrecht, Konkursrecht; – **di famiglia** Familienrecht; – **di far giustizia da sé**, – **di farsi giustizia** Selbsthilferecht, Faustrecht; – **di faro** Leuchtfeuergebühr; – **federale** Bundesrecht; – **alle ferie** Recht auf Urlaub, Urlaubsanspruch; – **ferroviario** Eisenbahnrecht; – **feudale** Lehnsrecht; – **delle finanze pubbliche** Finanzstaatsrecht; – **finanziario** Finanzrecht; – **di firma** Zeichnungsrecht, Zeichnungsberechtigung, Zeichnungsbefugnis *f*, Unterschriftsberechtigung; – **di firma congiunta** Gesamtzeichnungsberechtigung; – **di firma disgiunta** Einzelzeichnungsberechtigung, Alleinzeichnungsberechtigung; – **fiscale** Steuerrecht; – **fisso** feste Gebühr, feste Abgabe; – **fondamentale** Grundrecht; – **forestale** Forstrecht; – **forfettario** Pauschalgebühr; – **formale** formelles Recht, Verfahrensrecht; – **futuro** künftiges Recht; – **di garanzia** Garantiegebühr; – **generalmente riconosciuto** allgemein anerkanntes Recht; – **delle genti** Völkerrecht; – **giurisprudenziale** Richterrecht; – globale Pauschalgebühr, Einheitsgebühr; – **di godimento** Genussrecht, Nutzungsrecht, Nutzungsbefugnis *f*; **con** – **di godimento** zinsberechtigt, dividendenberechtigt; – **graduato** abgestufte Gebühr; – **di grazia** Gnadenrecht, Begnadigungsrecht; – **di gru** Krangebühr; – **della guerra** Kriegsrecht; – **ideale** ideelles Recht; – **all'immagine** Recht am eigenen Bild; – **immateriale** unkörperliches Recht; – **immobiliare** Grundstücksrecht; Immobiliarrecht; – **immobiliare di garanzia** Grundpfandrecht; – **d'immunità** Immunitätsrecht, Recht auf Immunität, Recht der Immunität; – **imperativo** zwingendes Recht; – **d'imposizione** Besteuerungsrecht; – **imprescrittibile** unverjährbares Recht, unverlierbares Recht; – **inalienabile** unveräußerliches Recht; – **d'inchiesta** Ermittlungsrecht; – **incorporato** Recht aus dem Papier, verbrieftes Recht; – **all'indennizzo**, – **d'indennizzo** Entschädigungsanspruch, Schadensersatzanspruch, Ersatzanspruch; – **indisponibile** unabdingbares Recht; – **individuale** Individualrecht, Individualanspruch; – **dell'individuo** Individualrecht; – **industriale** gewerblicher Rechtsschutz und Urheberrecht; – **inerente all'assegno** Recht aus dem Scheck; – **di informazione** Auskunftsanspruch, Informationsrecht; – **d'iniziativa (delle leggi)** Initiativrecht; – **innato** angeborenes Recht, angestammtes Recht; – **d'inseguimento** (*diritto internazionale marittimo*) Recht auf Nacheile, Nacheile *f*, Verfolgungsrecht; – **intangibile** unantastbares Recht; – **internazionale** Völkerrecht, internationales Recht; **di** – **internazionale** völkerrechtlich; – **internazionale amministrativo** internationales Verwaltungsrecht; **internazionale bellico** (internationales) Kriegsrecht; – **internazionale consuetudinario** Völkergewohnheitsrecht; – **internazionale generale** allgemeine Völkerrechts-Grundsätze *pl*, allgemeine völkerrechtliche Normenordnung; – **internazionale marittimo** (internationales) Seerecht; – **internazionale pattizio** Völkervertragsrecht, internationales Vertragsrecht; – **internazionale privato** internationales Privatrecht (IPR); – **internazionale pubblico** Völkerrecht; – **internazionale tributario** internationales Steuerrecht; – **internazionale scritto** Völkervertragsrecht; – **interno** innerstaatliches Recht, inländisches Recht, Landesrecht; – **d'interpellanza** Interpellationsrecht; – **di interrogazione** Fragerecht; – **intertemporale** intertemporales Recht; – **d'intervento** Recht zum Einschreiten, Eingriffsrecht, Interventionsrecht; – **intrasmissibile** unübertragbares Recht; – **d'invenzione** (1) Erfinderrecht; (2) (*ritrovamento*) Finderrecht, Fundrecht; – **d'investigazione** Untersuchungsrecht, Investigationsrecht; – **inviolabile** unantastbares Recht; – **ipotecario** Hypothekenrecht, Hypothekarrecht (A); – **irrinunciabile** unverzichtbares Recht; – **iscritto** eingetragenes Recht; – **d'ispezione** Recht auf Einsicht, Recht auf Einsichtnahme, Recht zur Einsichtnahme, Besichtigungsrecht, Inspizierungsrecht, Kontrollrecht, Prüfungsrecht, Aufsichtsrecht; – **al lavoro** Recht auf Arbeit; – **del lavoro** Arbeitsrecht; – **di legalizzazione** Beglaubigungsgebühr; – **di legazione** Gesandtschaftsrecht; – **di legazione attivo** aktives Gesandtschaftsrecht; – **di legazione passivo** passives Gesandtschaftsrecht; – **di legiferare** Gesetzgebungsrecht; – **alla legittima** Pflichtteilsanspruch, Pflichtteilsrecht; – **alla legittima difesa** Notwehrrecht; – **di libertà** Freiheitsrecht; – **di licenza** Lizenzrecht, (*canone*) Lizenzgebühr; – **di licenziamento** Entlassungsrecht, Kündigungsrecht des Arbeitgebers; – **limitato** beschränktes Recht; – **litigioso** streitiges Recht, strittiges Recht, streitbefangenes Recht, streitverfangenes Recht; – **locale**

Ortsrecht, örtliches Recht, lokales Recht; – **di magazzinaggio** Lagergebühr; – **di manipolazione** Manipulationsgebühr, Manipulierungsgebühr; – **di manipolazione doganale** Zollmanipulationsgebühr; – **al mantenimento** Unterhaltsanspruch; – **di manutenzione** Behandlungsgebühr; – **dei marchi d'impresa** Warenzeichenrecht, Markenrecht; – **marittimo** Seerecht; – **marittimo di guerra** Seekriegsrecht; – **marittimo internazionale** Seevölkerrecht; – **materiale** materielles Recht; – **matrimoniale** Eherecht; – **di mediazione** Maklergebühr; – **militare** Wehrrecht; – **minerario** Bergrecht; – **delle minoranze** Musterrecht; – **dei modelli** Musterrecht; – **dei modelli ornamentali** Geschmacksmusterrecht; – **dei modelli di utilità** Gebrauchsmusterrecht; – **di modificazione** Änderungsrecht; – **di monopolio** Monopolrecht; – **morale d'autore** Urheberpersönlichkeitsrecht; – **municipale** Gemeinderecht; – **naturale** Naturrecht; – **della navigazione** Schifffahrtsrecht, Seerecht; – **della navigazione aerea** Luftfahrtsrecht, Luftverkehrsrecht; – **della navigazione interna** Binnenschiffahrtsrecht; – **della navigazione marittima** Schiffahrtsrecht, Seestraßenrecht; – **nazionale** innerstaatliches Recht, inländisches Recht, Landesrecht; – **di necessità** Notstandsrecht; – **della neutralità** Neutralitätsrecht; – **di noleggio** (*di automobili, strumenti ecc.*) Leihgebühr; – **al nome** Namensrecht; – **di nomina** Ernennungsrecht, Bestallungsrecht; – **non scritto** ungeschriebenes Recht; – **non usucapibile** unersitzbares Recht; – **notarile** Notariatsrecht; – **delle obbligazioni** Recht der Schuldverhältnisse, Schuldrecht, Obligationenrecht (S); – **obiettivo** objektives Recht; – **d'occupazione** Besatzungsrecht, Besetzungsrecht, Okkupationsrecht; – **oggettivo** objektives Recht; – **all'onore** Recht an der Ehre, (*diritto internazionale*) Recht auf Achtung; – **onorifico** Ehrenrecht; – **d'opposizione** Einspruchsrecht; – **di opzione** Optionsrecht, Wahlrecht (*titoli*) Bezugsrecht; **con – d'opzione** mit Bezugsrecht; – **d'opzione su nuove azioni** Aktienbezugsrecht; – **originario** ursprüngliches Recht, Urrecht; – **d'ospitalità** Gastrecht; – **al pagamento** Zahlungsanspruch; – **parlamentare** Parlamentsrecht; – **di partecipazione** Teilnahmerecht, Teilnahmeberechtigung, Teilnehmungsrecht (A), Anteilsrecht, (*alla direzione dell'impresa*) Mitwirkungsrecht; – **di partecipazione udienza** (*avvocati*) Verhandlungsgebühr; – **di pascolo** Weiderecht; – **di passaggio**, – **di passo** (S) Wegerecht, Wegrecht (S), Wegeberechtigung; (*traversata*) Überfahrtsrecht; – **di passaggio carraio** Durchfahrtsrecht, Fahrrecht, Fahrwegrecht; – **di passaggio pedonale** Wegerecht, Wegeberechtigung, Fußsteigerecht; – **patrimoniale** Vermögensrecht; **di – patrimoniale** vermögensrechtlich; – **patrimoniale d'autore** Urheberverwertungsrecht; – **pattizio** Vertragsrecht; – **di pedaggio** Mautgebühr, Wegegeld *n*, Brükkengeld, Brückenzoll *m*; – **di pegno** Pfandrecht; – **di pegno privilegiato** (S) Vorgangspfandrecht (S); – **di pegno e di ritenzione del locatore** Pfand- und Zurückbehaltungsrecht des Vermieters, Pfand- und Zurückbehaltungsrecht des Bestandgebers (A); – **penale** Strafrecht; **di – penale** strafrechtlich; – **penale amministrativo** Verwaltungsstrafrecht; – **penale doganale** Zollstrafrecht; – **penale economico** Wirtschaftsstrafrecht; – **penale formale** Strafprozessrecht, formelles Strafrecht; – **penale internazionale** internationales Strafrecht; Völkerstrafrecht; –

penale materiale materielles Strafrecht; – **penale militare** Wehrstrafrecht, Militärstrafrecht, (*del tempo di guerra*) Kriegsstrafrecht; – **penale minorile** Jugendstrafrecht; – **penale sostanziale** materielles Strafrecht; – **penale della stampa** Pressestrafrecht; – **penale tributario** Steuerstrafrecht, Finanzstrafrecht (A), Fiskalstrafrecht (S), Abgabestrafrecht (+ S); – **alla pensione** Rentenanspruch, Pensionsanspruch; – **di perquisizione** Durchsuchungsrecht, Untersuchungsrecht; – **personale** persönliches Recht; – **personale di godimento** persönliches Nutzungsrecht; – **personalissimo** höchstpersönliches Recht; – **della personalità** Persönlichkeitsrecht; – **delle persone** Personenrecht; – **di pesatura** Wiegegebühr, Wiegegeld *n*, Waagegebühr, Waagegeld, Waagegebühr (S); – **della pesca** Fischereirecht; – **di pesca** Fischereiberechtigung, Fischereigerechtigkeit *f*; – **di petizione** Petitionsrecht; – **pieno** Vollrecht; – **di pignoramento** Pfändungsrecht; – **di pilotaggio** Lotsengebühr, Lotsengeld *n*; – **del più forte** Recht des Stärkeren; – **di polizza** Policengebühr; – **di porto**, – **portuale** Hafengeld *n*, Hafenabgabe *f*; – **positivo** positives Recht, gesetztes Recht, Gesetzesrecht; – **di possesso** Besitzrecht; – **postergato** (*libro fondiario*) zurücktretendes Recht (A); – **potestativo** Gestaltungsrecht; – **potestativo costitutivo** Erwerbsrecht; – **potestativo estinto** Aufhebungsrecht; – **potestativo modificativo** Rechtsänderungsrecht; – **di porziorità** Vorzugsrecht, Befriedigungsvorrecht; – **di precedenza** (1) Vortrittsrecht; (2) (*circ. strad.*) Vorfahrtsrecht; – **delle prede** Prisenrecht; – **di preempzione** Ankaufsrecht (einer Prise); – **preesistente** vorher bestehendes Recht; – **di preferenza** Vorzugsrecht; – **preferito** (*libro fondiario*) vortretendes Recht (A); – **di prelazione** Vorkaufsrecht, Wiederkaufsrecht; – **di prelievo** Ziehungsrecht; – **di prendere la parola** Recht, das Wort zu ergreifen; – **di presa d'acqua** Recht des Wasserschöpfens, Wasserentnahmerecht, Wassergerechtsame *f*; – **prescritto** verjährter Anspruch; – **di presentazione** Präsentationsrecht; Vorzeigungsgebühr; – **alla prestazione** Leistungsanspruch; – **di prevenzione** (*diritto bellico*) Vorbeugungsanspruch; – **di prevenzione della guerra** Kriegsverhütungsrecht; – **della previdenza sociale**, – **previdenziale** Sozialversicherungsrecht, Sozialrecht; – **primario** Primärrecht; – **primario sottostante all'azione** Klagegrund *m*; – **di primogenitura** Recht der Erstgeburt, Ältestenrecht; – **di priorità** Vorgangsrecht, Prioritätsrecht, Befriedungsvorrecht, Prioritätsanspruch, (*preuso*) Vorbenutzungsrecht, Vorbenützungsrecht (A, B, S); – **privato** Privatrecht, privates Recht; **di** – **privato** privatrechtlich; – **privato internazionale** internationales Privatrecht; – **procedurale**, – **processuale** Verfahrensrecht, Prozessrecht, formelles Recht; – **processuale civile** Zivilprozessrecht; – **processuale penale** Strafprozessrecht, formelles Strafrecht; – **professionale** Berufsrecht, Standesrecht; – **di promuovere l'azione penale** Strafverfolgungsrecht; – **alla propria immagine** Recht am eigenen Bild; – **di proprietà** Eigentumsrecht; – **di proprietà industriale** Recht des gewerblichen Eigentums, gewerbliches Eigentumsrecht; – **protettivo**, – **di protezione** Schutzrecht; – **alla provvigione** Provisionsanspruch; – **di pubblicazione** (*diritto d'autore*) Veröffentlichungsrecht; – **pubblico** öffentliches Recht; **di** – **pubblico** öffentlich-rechtlich; – **pubblico interno** Staatsrecht; – **pubblico subiettivo** subjektives öffentliches Recht; – **di purgazione** Ablösungsrecht; – **di querela** Antragsrecht (bei Strafantrag); – **quesito** wohlerworbenes Recht; – **di quotazione** Kotierungsgebühr, Kotegebühr (A); – **di raccogliere i frutti caduti dai rami protesi** Fallrecht; – **di raccomandazione** Einschreibgebühr; – **di radiodiffusione** Senderecht; – **dei rapporti di vicinato** Nachbarrecht; – **di rappresentazione** (1) (*diritto d'autore*) Aufführungsrecht; (2) (*diritto delle successioni*) Eintrittsrecht (der Abkömmlinge), Repräsentationsrecht; – **reale** dingliches Recht, Sachenrecht; – **reale immobiliare** dingliches Grundstücksrecht; – **di recesso** Rücktrittsrecht, Kündigungsrecht, (*da un'associazione*) Austrittsrecht; – **di reclamare la prestazione** Leistungsbegehrungsrecht; – **di reclamo** (1) Beschwerderecht; (2) (*posta*) Nachfragegebühr; – **di regresso** Regressanspruch, Regressrecht, Rückgriffsanspruch, Rückgriffsrecht; – **relativo** relatives Recht, Sollrecht; – **di replica** Erwiderungsrecht, Recht der Gegenäußerung; – **di requisizione** Requisitionsrecht, Beschlagnahmerecht; – **alla restituzione** Rückerstattungsanspruch, Rückerstattungsrecht; (*di cose*) Rückgabeanspruch; – **di retrovendita** Rückverkaufsrecht (A); – **di rettifica** Berichtigungsrecht; (*stampa*) Recht auf Gegendarstellung; – **di revocazione** Widerrufsrecht; – **di ricerca** Suchgebühr; – **di ricorso** Beschwerderecht; – **riconosciuto** anerkanntes Recht; – **di ricusazione** Ablehnungsrecht; – **di riduzione** (1) (*del prezzo*) Minderungsrecht; (2) (*del legittimario*) Kürzungsrecht; – **di riempimento** (*cambiale*) Ausfüllungsbefugnis; – **di rifiutare la testimonianza** Zeugnisverweigerungsrecht; – **riflesso** Reflexrecht; Rechtsreflex *m*; – **di riforma** Abänderungsrecht; – **di rimborso** Erstattungsrecht, Rückerstattungsrecht; – **di rimorchio** Schleppgebühr; – **a riparazione** Schadensersatzanspruch, Entschädigungsanspruch; – **di ripresa** (S) (*fallimento*) Verfolgungsrecht (S); – **di riproduzione** Reproduktionsrecht, Vervielfältigungsrecht; – **al risarcimento del danno** Schadenersatzanspruch, Entschädigungsanspruch; – **di riscatto** Ablösungsrecht, Einlösungsrecht; – **di riscossione** Einziehungsgebühr; – **di risoluzione** Aufhebungsrecht, Kündigungsrecht; – **di risposta** Erwiderungsrecht; – **di ritenzione** Zurückbehaltungsrecht, Rückbehaltungsrecht (A), Retentionsrecht; – **di ritorsione** Vergeltungsrecht; – **di riunione** Versammlungsrecht; – **di rivalsa** Regressanspruch, Regressrecht, Rückgriffsanspruch, Rückgriffsrecht; – **di riversibilità** Rückfallrecht; – **di riversione** Rückfallrecht, Rückfallsrecht (S), Heimfallsrecht; – **rivierasco** Uferrecht; – **romano** römisches Recht; – **al salario** Lohnanspruch; – **del sangue** (*ius sanguinis*) Abstammungsrecht; – **sanitario** (1) (*normativa*) Gesundheitsrecht; (2) (*tassa*) Gesundheitsgebühr; – **di scarico** Abladegebühr; – **di scioglimento** Auflösungsrecht; – **di sciopero** Streikrecht; – **scolastico** Schulrecht; – **di scoperta** Finderrecht, Fundrecht; – **scritto** geschriebenes Recht, Gesetzesrecht, Statutarrecht (A =); – **di scritturazione** Schreibgebühr; – **di sdoganamento** (UPU) Verzollungspostgebühr, Verzollungsposttaxe *f* (S); – **secondario** Sekundärrecht; – **di segreteria** Schreibgebühr; – **di seguito** (1) (*di inseguire la cosa per riprenderla*) Verfolgungsrecht; (2) Nachfolgerecht; – **alla separazione** (*di beni*) Absonderungsrecht, Absonderungsanspruch; – **di serrata** Aussperrungsrecht; – **di servitù** Dienstbarkeitsrecht; – **di servizio** Bedienungsgebühr, Bedienungsgeld *n*, Bedienungszuschlag *m*; – **sindacale** Gewerkschaftsrecht, Koalitionsrecht; – **della società** Gesellschaftsrecht; – **delle società per azioni** Aktienrecht; – **a soddisfazione privilegiata** Recht auf vorzugsweise Befriedigung; – **soggettivo** subjektives Recht; – **soggettivo di punire** Strafanspruch; – **di soggiorno** Aufenthaltsrecht; – **di sorveglianza** Überwachungsrecht, Aufsichtsrecht; – **di sorvolo** Überflugsrecht, Flugrecht; – **sostanziale** materielles Recht; **di – sostanziale** materiellrechtlich; – **di sottoscrizione** Zeichnungsrecht; – **di sovranità** Souveränitätsrecht, Hoheitsrecht; – **dello spazio** Weltraumrecht; – **speciale** Sonderrecht; – **speciale di prelievo** Sonderziehungsrecht; – **sportivo** Sportrecht; – **di stabilimento** Niederlassungsrecht; – **di stallia** Liegegebühr, Liegegeld *n*; – **di stampa** Presserecht, Pressrecht (A =); – **di stare in giudizio** Recht, vor Gericht zu stehen, Recht, vor Gericht als Partei aufzutreten; – **di statistica** statistische Gebühr, statistische Abgabe *f*; – **statuale** Staatsrecht; – **di stazionamento** Stationierungsrecht; – **di stillicidio** Dachtraufenrecht; – **allo stipendio** Gehaltsanspruch; – **di stola** Stolgebühr; – **degli stranieri** Ausländerrecht, Fremdenrecht; – **straniero** ausländisches Recht; – **stretto** strenges Recht; – **subiettivo** subjektives Recht; – **alla successione** Erbschaftsanspruch; – **delle successioni**, – **successorio** Erbrecht; – **di successione**, – **successorio** Erfolgerecht; – **di suffragio** Wahlberechtigung; – **del suolo** (*ius soli*) Bodenrecht; – **di superficie** Erbbaurecht, Baurecht (A, S); – **di tariffazione** Tarifierungsrecht; – **di tassazione** Besteuerungsrecht; – **tavolare** Grundbuchrecht; – **testamentario** Testamentsrecht; – **di testare** Testierrecht; – **dei titoli di credito** Wertpapierrecht; – **al titolo** Recht am Papier; – **di traduzione** Übersetzungsrecht; – **di transito** Überfahrtsrecht; – **di transito marittimo** Seedurchgangsgebühr; – **di transito territoriale** Landdurchgangsgebühr; – **transitorio** Überleitungsrecht, Übergangsrecht; – **di trasbordo** Umladegebühr; – **trascritto** eingetragenes Recht; – **di trasferimento** Transfergebühr; – **trasmissibile** übertragbares Recht; – **dei trasporti** Verkehrsrecht; – **di trasporto** Beförderungsgebühr; – **del trasporto aereo** Luftverkehrsrecht, Lufttransportrecht; – **al trasporto gratuito** Recht zur freien Fahrt, Freifahrtberechtigung, Freifahrtrecht; – **al trattamento di quiescenza** Ruhegehaltsanspruch, Ruhegehaltsberechtigung; – **tributario** Steuerrecht, Abgabenrecht, Abgaberecht (+ S); – **di tutela** Schutzrecht; – **alla tutela giurisdizionale** Rechtsschutzanspruch; – **della tutela dei modelli** Musterschutzrecht; – **umano** Menschenrecht; – **unico** Einheitsgebühr; – **universitario** Hochschulrecht; – **urbanistico** Raumordnungsrecht, Städtebaurecht; – **di urgenza** Eilgebühr; – **di uscita** Ausgangsgebühr; – **di uso** (1) Gebrauchsrecht, Benutzungsrecht, Benützungsrecht (A, B); (2) Benutzungsgebühr, Benützungsgebühr (A, B); – **di uso esclusivo** Alleinbenutzungsrecht; – **usucatto** ersessenes Recht; – **di usufrutto** Nießbrauchsrecht, Nutznießungsrecht, Fruchtziehungsrecht; – **agli utili** Gewinnanspruch; – **di utilizzazione** (*diritto d'autore*) Verwertungsrecht; – **di vacazione** Wartegebühr; – **valutario** Devisenrecht; – **di veduta** Fensterrecht; – **venatorio** Jagdrecht; – **di vendita esclusiva** Alleinverkaufsrecht; – **di verifica** Prüfungsrecht; – **di veto** Vetorecht; – **vigente** geltendes Recht; – **di vigilanza** Überwachungsrecht, Aufsichtsrecht; – **del vincitore** Siegerrecht, Recht des Siegers; – **di visita** (1) Besuchsrecht; (2) (*ispe-*

zione) Untersuchungsrecht, Visitationsrecht; – **vitalizio** lebenslänglicher Anspruch; – **di voto** Wahlrecht, Wahlstimmrecht, Wahlstimmberechtigung, Stimmrecht, Stimmberechtigung; – **di voto degli azionisti** Aktionärsstimmrecht; – **di voto plurimo** Mehrstimmrecht; – **di voto privilegiato** Vorzugsstimmrecht; – **di voto dei soci** Gesellschaftsstimmrecht; v. a. DIRITTI, PROVVIGIONE, TASSA.

dirottamento *m*, – **di aereo** Flugzeugentführung *f*.

dirottatore *m*, – **di aereo** Flugzeugentführer *m*.

disaccordo *m* Meinungsverschiedenheit *f*, Unstimmigkeit *f*.

disaggio *m* Disagio *n*, Abgeld *n*, Abschlag *m*; – **d'emissione** Emissionsdisagio. Disagio.

disapplicazione *f* Nichtanwendung *f*.

disapprovare missbilligen.

disapprovazione *f* Missbilligung *f*.

disarmare abrüsten; entwaffnen.

disarmo *m* Abrüstung *f*; Entwaffnung *f*; – **nucleare** atomare Abrüstung.

disassuefazione *f* (*med.*) Entwöhnung *f*.

disastro *m* Unglück *n*; – **aviatorio** Flugzeugunglück; – **doloso** vorsätzlich herbeigeführtes Unglück; – **ecologico** Umweltkatastrophe; – **ferroviario** Zugunglück *n*; – **marittimo** Seeunglück *n*.

disavanzo *m* Fehlbetrag *m*, Defizit *n*, Unterbilanz *f*, Abgang *m* (A =); **chiudere in** – mit Verlust abschließen; **colmare un** – einen Fehlbetrag ausgleichen, ein Defizit ausgleichen; – **della bilancia commerciale** Außenhandelsdefizit, Handelsdefizit; – **della bilancia dei pagamenti** Zahlungsbilanzdefizit; – **di bilancio** (1) Bilanzdefizit; (2) (*pubblico*) Haushaltsdefizit; – **del bilancio pubblico** Haushaltsdefizit; – **di cassa** Kassenfehlbetrag, Kassendefizit, Kassenmanko *n*; – **commerciale** Handelsdefizit; – **d'esercizio** Betriebsfehlbetrag, Betriebsabgang (A =); – **di gestione** Gebarungsverlust; – **netto** Nettodefizit; – **pubblico** Haushaltsdefizit, Staatsdefizit; v. a. DEFICIT.

discarica *f* **incontrollata** wilde Mülldeponie *f*.

discaricare entlasten.

discarico Entlastung *f*; **dare** – entlasten, die Entlastung erteilen; **a nostro** – zu unserer Entlastung.

discendente *m* Nachfahre *m*, Nachkomme *m*, Deszendent *m*, Abkömmling *m*.

discendenti *m pl* Nachkommenschaft *f*.

discendenza *f* Abstammung *f*, Deszendenz *f*; Nachkommenschaft *f*.

discernere einsehen, erkennen.

discernimento *m* Einsicht *f*, Einsichtsfähigkeit *f*; **capace di** – (S) urteilsfähig (S).

discesa *f*, – **della congiuntura**, – **congiunturale** Konjunkturabschwung *m*; – **pericolosa** (*circ. strad.*) Gefälle *n*.

dischetto *m* Diskette *f*.

disciplina *f* (1) Disziplin *f*, Ordnung *f*; (2) (*materia*) Fach *n*; (3) (*regolamentazione*) Regelung *f*; (4) (*controllo statale*) Bewirtschaftung *f*; – **delle associazioni** Vereinsrecht; – **dei cambi** Devisenbewirtschaftung *f*; – **contrattuale** vertragliche Regelung; – **giuridica della circolazione stradale** Straßenverkehrsrecht; – **guidiziaria** (*controllo disciplinare dei magistrati*) Dienstgerichtsbarkeit; – **di gruppo** Fraktionsdisziplin, Fraktionszwang *m*; – **del mercato** Marktordnung *f*, Marktregelung; – **normativa** gesetzliche Regelung; – **particolare** Einzelregelung; – **di partito** Parteidisziplin; – **permanente** Dauerregelung; – **previgente** bisherige Regelung; – **professionale** Berufsdisziplin; – **specifica** ins Einzelne gehende Regelung; – **speciale** Sonderregelung; – **urbanistica** Raum-ordnungsrecht, Städtebaurecht.

disciplinare (1) regeln, reglementieren; (2) bewirtschaften.
disciplinare *agg* disziplinarisch, Disziplinar-.
disciplinare *m* Lastenheft *n*, Bedingnisheft (A =).
disconoscimento *m* Bestreitung *f*, Nichtanerkennung *f*; – **della paternità** Ehelichkeitsanfechtung *f*, Vaterschaftsbestreitung *f* (A); – **della scrittura privata** Bestreitung der Echtheit einer Privaturkunde.
disco *m*, – **fisso** (*computer*) Festplatte *f*; – **orario** (*circ. strad.*) Parkscheibe *f*.
discordanza *f* Unstimmigkeit *f*.
discorso *m* Rede *f*, (*allocuzione*) *Ansprache f*; – **della corona** Thronrede; – **elettorale** Wahlrede; – **d'insediamento** Antrittsrede; – **programmatico** (1) programmatische Rede; (2) (*del presidente del Consiglio*) Regierungserklärung *f*.
discredito *m* Misskredit *m*.
discrepanza *f* Unstimmigkeit *f*.
discrezionale *agg* Ermessens-.
discrezionalità *f* Ermessen *n*, Ermessensspielraum *m*; – **amministrativa** Verwaltungsermessen; – **del guidice** richterliches Ermessen; – **pura** reines Ermessen.
discrezionalmente *avv* nach freiem Ermessen.
discrezione (1) (*facoltà di discernere*) Einsicht *f*, Einsichtsvermögen *n*; (2) (*arbitrio*) Ermessen *n*; (3) (*riservatezza*) Verschwiegenheit *f*; **a** – nach freiem Ermessen; (*resa*) bedingungslos.
discriminante *f* (*circostanza*) Strafaufhebungsgrund *m*.
discriminante *agg* diskriminierend.
discriminare diskriminieren, unterschiedlich behandeln.
discriminativo *agg* diskriminierend.
discriminatorio *agg* diskriminierend.
discriminazione *f* (1) (*ingiusta disparità di trattamento*) Diskriminierung *f*, Ungleichbehandlung *f*, Schlechterstellung *f*; (2) (*differenziazione nel trattamento*) unterschiedliche Behandlung; – **doganale** Zolldiskriminierung; – **dei prezzi** Preisdifferenzierung *f*; – **razziale** Rassendiskriminierung.
discussione *f* Besprechung *f*, Diskussion *f*, Erörterung *f*, Beratschlagung *f*, Beratung *f*; – **del bilancio pubblico** Haushaltsberatung, Haushaltsdebatte *f*; – **della causa** (*proc. civ.*) Verhandlung der Rechtssache, Erörterung des Rechtsstreits, Prozesserörterung; – **finale** (*proc. pen.*) Schlussvorträge *pl*; – **generale** allgemeine Beratung; (*parl.*) Generalaussprache *f*; – **parlamentare**, – **in parlamento** parlamentarische Beratung, Beratung im Parlament.
discutere besprechen, erörtern, diskutieren, beratschlagen, beraten.
disdetta *f* Kündigung *f*, Aufkündigung, Abbestellung *f*; **dare** – aufkündigen, kündigen; – **del contratto** Vertragskündigung; – **del contratto di locazione** Kündigung des Mietvertrags; – **parziale** Teilkündigung.
disdire (1) kündigen, aufkündigen; (2) (*invito, riunione*) absagen; (3) (*un ordine*) abbestellen.
disegno *m*, – **industriale** gewerbliches Muster; – **di legge** Gesetzesvorlage *f*, Gesetzentwurf *m*; – **di legge governativo** Regierungsvorlage *f*; – **originario** Urentwurf *m*; – **ornamentale** Geschmacksmuster *n*; v. a. PROGETTO.
disegualianza *f* **sociale** soziale Ungleichheit *f*.
disequilibrio *m* Ungleichgewicht *n*.
diseredare enterben.
diseredazione *f* Enterbung *f*.
disertare fahnenflüchtig werden, desertieren, zum Feind überlaufen.
disertore *m* Deserteur *m*, Fahnenflüchtiger *m*, Überläufer *m*, Ausreißer *m* (A).
diserzione *f* Fahnenflucht *f*, Überlaufen zum Feind, Desertion *f*.
disfacimento *m* **del matrimonio** Zerrüttung der Ehe.
disfatta elettorale Wahlniederlage *f*, Wahlschlappe *f*.
disfattismo *m* Defätismus *m*, Zersetzung *f*; – **economico** wirtschaftli-

che Zersetzung, Wirtschaftsdefätismus; – **militare** Zersetzung der Wehrkraft, Wehrkraftzersetzung; – **politico** politische Zersetzung.

disfattista *m* Defätist *m*.

disfunzione *f* Nichtfunktionieren *n*.

disgelo *m* (*pol.*) Tauwetter *n*; – **dei rapporti** Auftauen *n* der Beziehungen.

disgregazione *f* Ausgliederung *f*.

disguidare (*posta*) fehlleiten.

disguido *m* Fehlleitung *f*, Irrleitung, Irrläufer *m*; – **postale** falsche Beförderung durch die Post.

disinflazionista *agg* deflationistisch.

disinformazione *f* Desinformation *f*.

disinquinamento *m* Entseuchung *f*.

disinteressare (*soci*) (einem ausscheidenden Gesellschafter) das Abfindungsguthaben auszahlen.

disinteressato *agg* uneigennützig.

disinteresse *m* Uneigennützigkeit *f*.

disinvestimento *m* Desinvestition *f*; Abgang vom Anlagevermögen, Anlageabgang *m*; – **di capitale** Kapitalfreisetzung *f*, Kapitalverflüssigung *f*.

disistima *f* Missachtung *f*.

dislivello *m* Gefälle *n*; – **economico** wirtschaftliches Gefälle; – **regionale** regionales Gefälle; – **sociale** soziales Gefälle.

disobbedienza *f* Ungehorsam *m*; – **alle leggi** Ungehorsam gegen die Gesetze; v. a. DISUBBIDIENZA.

disoccupato *agg* arbeitslos, stellenlos, beschäftigungslos, erwerbslos.

disoccupato *m* Arbeitsloser *m*, Erwerbsloser, – **di lunga durata** Langzeitarbeitsloser *m*.

disoccupazione *f* Arbeitslosigkeit *f*, Erwerbslosigkeit; **assorbire la** – die Arbeitslosigkeit beseitigen; – **ciclica** zyklische Arbeitslosigkeit; – **completa** Vollarbeitslosigkeit; – **congiunturale** konjunkturelle Arbeitslosigkeit; – **cronica** dauernde Arbeitslosigkeit, Dauerarbeitslosigkeit; – **femminile** Frauenarbeitslosigkeit; – **frizionale** friktionale Arbeitslosigkeit; – **generale** allgemeine Arbeitslosigkeit; – **generalizzata** Massenarbeitslosigkeit; – **giovanile** Jugendarbeitslosigkeit; – **involontaria** unverschuldete Arbeitslosigkeit; – **latente** latente Arbeitslosigkeit; – **di lunga durata** Langzeitarbeitslosigkeit; – **nascosta** versteckte Arbeitslosigkeit; – **parziale** Teilarbeitslosigkeit; – **permanente** dauernde Arbeitslosigkeit, Dauerarbeitslosigkeit; – **stagionale** saisonbedingte Arbeitslosigkeit; – **strutturale** strukturelle Arbeitslosigkeit; – **tecnologica** technologische Arbeitslosigkeit; – **temporanea** vorübergehende Arbeitslosigkeit; – **totale** Vollarbeitslosigkeit.

disordine *m* (1) (*disfunzione*) Misswerwaltung, Misswirtschaft *f*; (2) (*tumulto*) Unruhe *f*.

disorganizzazione *f* Desorganisation *f*.

dispaccio *m* Depesche *f*, Sendung *f*; – **aereo chiuso** (UPU) Luftpostkartenschluss *m*; – **aereo in transito** (UPU) Durchgangsluftpostkartenschluss; – **chiuso** (UPU) Kartenschluss *m*, Briefkartenschluss; – **telegrafico** Depesche *f*.

disparità *f* Abweichung *f*, Disparität *f*; – **di culto** Konfessionsverschiedenheit *f*; – **formativa** Bildungsunterschied *m*; – **monetaria** Valutadisparitat; – **dei noli** Frachtdisparität; – **dei prezzi**, – **di prezzo** Preisunterschied *m*, Preisabweichung; – **retributiva**, – **dei salari**, – **salariale** Lohnungleichheit *f*; – **sociale** sozialer Unterschied *m*; – **di trattamento** Ungleichbehandlung *f*; v. a. DIFFERENZA, SCARTO.

dispendio *m* Kostenaufwand *m*.

dispendiosità *f* Kostspieligkeit *f*.

dispendioso *agg* kostspielig.

dispensa *f* Dispens *m*, Befreiung *f*, Dispensation *f*; – **dalla collazione** Befreiung von der Ausgleichung; – **d'età** Befreiung vom Alterserfordernis, Altersdispens (A), Altersnachsicht *f* (A); – **da impedimenti al matrimonio**, – **matrimoniale** Befreiung von Ehehindernissen, Befreiung von Eheverboten, Ehedispens; – **dal pagamento** Zahlungsbefreiung; – **dal protesto** Erlass des Protestes, Protesterlass *m*; – **dalla pubblicazione del matrimonio** Befreiung vom Aufgebot; – **di reciprocità** Befreiung von dem Gegenseitigkeitserfordernis, Befreiung von der Gegenseitigkeitsverpflichtung; – **dal requisito dell'età** Befreiung vom Alterserfordernis, Altersdispens (A), Altersnachsicht *f* (A); – **dal servizio** (*impiego pubblico*) (vorzeitige) Versetzung in den Ruhestand (*bei Dienstunfähigkeit*); – **dal servizio alle armi** Wehrdienstbefreiung.

dispensare befreien.

disponente *m* Verfügender *m*; (*de cuius*) Erblasser *m*.

disponibile *agg* verfügbar.

disponibile (1) *m* (*in conto*) sofort verfügbares Guthaben; (2) *f* (*quota*) frei verfügbarer Teil.

disponibilità *f* (1) Verfügbarkeit *f*; (2) (*impiego pubblico*) Wartestand *m*; **collocare in** – in den Wartestand versetzen.

disponibilità *f pl* greifbare Mittel *pl*, verfügbare Mittel, freie Mittel, vorhandene Mittel, verfügbare Gelder *pl*, Liquiditätsausstattung *f*; – **in banca** Bankguthaben *n*; – **in cassa** Barbestand *m*, Kassenbestand, Kassenguthaben *n*; – **in contanti** Bargeldguthaben; – **finanziarie** finanzielle Mittel; – **in valuta estera** Währungsguthaben *n*.

disporre verfügen, anordnen, bestimmen; – **mortis causa** letztwillig verfügen; – **per testamento** testamentarisch verfügen.

dispositivo *agg* dispositiv.

dispositivo *m* (1) (*congegno*) Anlage *f*, Einrichtung *f*, Vorrichtung *f*; (2) (*formula*) Tenor *m*; – **d'allarme** Alarmanlage; – **antifurto** Diebstahlsicherung; – **di controllo** Kontrollvorrichtung; – **di emergenza** Notvorrichtung; – **di frenatura** Bremsanlage, Bremsvorrichtung; – **di protezione** Schutzvorrichtung; – **di prova** Prüfeinrichtung, Prüfvorrichtung; – **della sentenza** Urteilstenor *m*, Urteilsformel *f*, Urteilsspruch (A), Dispositiv *n* (S) – **di sicurezza** Sicherheitsvorrichtung; – **di sorveglianza** Überwachungsgerät *n*.

disposizione *f* (1) (*ordine*) Verfügung *f*, Anordnung *f*; (2) (*norma*) Bestimmung *f*, Vorschrift *f*; (3) (*negoziale*) Verfügung; **mettere a** – bereitstellen, zur Verfügung stellen; – **abrogativa**, – **abrogatoria** aufhebende Bestimmung, Aufhebungsbestimmung, Aufhebungsvorschrift; – **accessoria** Nebenbestimmung; – **addizionale** Zusatzbestimmung; – **aggiuntiva** Zusatzbestimmung; – **amministrativa** Verwaltungsvorschrift; – **d'applicazione** Anwendungsbestimmung; – **d'attuazione** Durchführungsbestimmung, Ausführungsbestimmung; – **in caso di morte** Verfügung auf den Todesfall; – **a causa di morte** Verfügung von Todes wegen; – **citata** zitierte Vorschrift; – **complementare** Zusatzbestimmung, Ergänzungsbestimmung; – **comunitaria** (CE) Gemeinschaftsvorschrift; – **contraria** Gegenverfügung; – **del contratto**, – **contrattuale** Vertragsbestimmung; – **costituzionale** Verfassungsbestimmung; – **derogatoria** abweichende Bestimmung, derogierende Bestimmung; – **discriminatoria** diskriminierende Bestimmung; – **doganale** Zollbestimmung; – **esecutiva**, – **d'esecuzione** Ausführungsbestimmung; – **facoltativa** Kannbestimmung; – **a favore dell'anima** Verfügung für das Seelenheil; – **a favore di persona incerta** Verfügung zugunsten einer unbestimmten Person; – **a favore dei poveri** Verfügung zugunsten der Armen; – **fiduciaria** treuhänderische Verfügung; – **finanziaria** Finanzbestimmung; – **fiscale** Steuerbestimmung; – **generale** allgemeine Bestimmung, allgemeine Vorschrift; – **integrativa** ergänzende Bestimmung; – **interpretativa** Auslegungsbestimmung, Auslegungsvorschrift; – **legale**, – **di legge**, – **legislativa** gesetzliche Bestimmung, Gesetzesbestimmung, gesetzliche Vorschrift; – **in materia** einschlägige Bestimmung; – **negoziale** rechtsgeschäftliche Verfügung; – **del non dominus**, – **del non titolare** Verfügung des Nichtberechtigten; – **particolare** besondere Bestimmung; – **patrimoniale** Vermögensverfügung; – **penale** Strafbestimmung; – **potestativa** Kannbestimmung, Potestativbestimmung; – **preliminare** einleitende Bestimmung; – **principale** Hauptbestimmung; – **di principio** Grundsatzbestimmung; – **procedurale** Verfahrensbestimmung; – **protettiva** Schutzbestimmung; – **reciproca** wechselseitige Verfügung; – **restrittiva** einschränkende Bestimmung; – **rimessa all'arbitrio del terzo** dem freien Ermessen eines Dritten überlassene Verfügung; – **speciale** Sonderbestimmung; – **statutaria** Satzungsbestimmung; – **testamentaria** letztwillige Verfügung, testamentarische Verfügung, letztwillige Anordnung (A); – **a titolo gratuito** unentgeltliche Verfügung; – **transitoria** Überleitungsvorschrift, Überleitungsbestimmung, Übergangsbestimmung; – **tributaria** Steuerbestimmung; – **d'ultima volontà** letztwillige Verfügung, letztwillige Anordnung (A); – **valutaria** devisenrechtliche Bestimmung, Devisenbestimmung, Devisenvorschrift, Währungsbestimmung; – **vigente** geltende Bestimmung; – **tra vivi** Verfügung unter Lebenden; v. a. NORMA.

disposizioni *f pl*, – **di coordinamento** Koordinierungsvorschriften; – **finali** Schlussbestimmungen *pl*; – **sulla legge in generale**, – **preliminari** (*premesse al testo del codice civile*) Einführungsvorschriften; – **quadro** Rahmenvorschriften; – **di servizio** Dienstvorschriften *pl*; – **transitorie** Übergangsbestimmungen; – **vigenti**, – **in vigore** geltende Bestimmungen.

disposto *m* Bestimmung *f*; **combinato** – (*desunto dal riferimento a più norme*) gemeinsame Bestimmung.

dispotismo *m* Despotie *f*, Despotismus *m*, Willkürherrschaft *f*.

disprezzo *m* Missachtung *f*.

dissenso *m* Dissens *m*, Unstimmigkeit *f*; **mutuo** – (*comune accordo di sciogliere un contratto*) Aufhebungsvertrag *m*; – **consapevole** offener Dissens; – **latente**, – **occulto** versteckter Dissens; – **palese** offener Dissens.

dissequestrare (*liberare dal sequestro*) freigeben.

dissequestro *m* (*di beni*) Freigabe *f* (*beschlagnahmter Gegenstände*).

dissesto finanziario Vermögensverfall *m*.

dissidente *agg* abtrünnig.

dissidente *m* Abtrünniger *m*, Dissident *m*.

dissigillare entsiegeln.

dissimulare verschleiern, verheimlichen, vortäuschen.

dissimulato *agg* verdeckt, vorgetäuscht.

dissimulazione *f* Verschleierung *f*, Verheimlichung *f*, Verdeckung *f*; Vortäuschung; – **di beni** Vermögensverschleierung, Vermögensverheimlichung; – **di capitali** Kapitalverheimlichung; – **di utili** Gewinnverschleierung, Gewinnverheimlichung.

dissuggellare entsiegeln.

distaccamento *m* Detachement *n*, Detachierung *f*.

distaccare detachieren.

distanza *f* Abstand *m*; **tenere la** – Abstand halten; – **laterale** Seitenabstand; – **tra edifici** Bauwich *m*; – **legale** gesetzlich vorgeschriebener Abstand; – **minima** Mindestabstand; – **di sicurezza** Sicherheitsabstand; – **di sparo** Schussentfernung.

distensione *f* Entspannung *f*; – **internazionale** internationale Entspannung.

distillazione clandestina Schwarzbrennen *n*.
distilleria clandestina Schwarzbrennerei *f*.
distinguere unterscheiden.
distinta *f* Aufstellung *f*, Liste *f*, Verzeichnis *n*; – **di assicurazioni** Versicherungsverzeichnis *n*; – **di carico** Ladezettel *m*, Verladungsnote *f*; – **di cedole** Kuponaufstellung, Kuponverzeichnis *n*; – **di consegna** Lieferzettel *m*, Versandliste *f*, Übergabenachweisung *f*; – **di negoziazione** (*cambio*) Sortenzettel *m*, (*titoli*) Stückeverzeichnis *n*; – **di netto ricavo** Diskontabrechnung *f*, Diskontrechnung, Diskontnote *f*; – **dei pesi** Gewichtsnachweisung *f*, Gewichtsbescheinigung *f*, Gewichtsnota *f*, Gewichtsschein *m*; – **dei prezzi** Preisliste; – **di sconto** Diskontnote *f*, Diskontabrechnung *f*, Diskontrechnung, Diskontnota *f*, Einreichungsverzeichnis *n*; – **delle spese** Kostenaufstellung, Kostenverzeichnis *n*, Ausgabenaufstellung, Spesenaufstellung, Ausgabenverzeichnis *n*; – **di stipendio** Gehaltsaufstellung; – **di vendita** Verkaufsliste *f*, Verkaufsbordereau *n* (S); – **di versamento** Einzahlungsschein *m*, Einzahlungsbeleg *m*, (*deposito di denaro*) Depositenschein *m*.
distintivo *m* Abzeichen *n*; – **del partito** Parteiabzeichen; – **d'ufficio** Dienstabzeichen.
distinzione *f* Unterscheidung *f*.
distorsione *f*, – **di concorrenza**, – **concorrenziale** Wettbewerbsverzerrung *f*.
distrazione *f* (*di fondi*) Veruntreuung (von Geldern); – **di clienti** Ausspannen von Kunden; – **delle spese** Aussonderung *f* der Kosten.
distretto *m* Bezirk *m*; – **amministrativo** Verwaltungsbezirk, Amtsbezirk; – **di** caccia Jagdrevier *n*, Jagdbezirk, Jagddistrikt *m*; – **comunale** Stadtbezirk; – **di corte d'appello** Oberlandesgerichtsbezirk; – **giudiziario** Gerichtsbezirk; – **militare** Wehrbezirk; – **di pesca** Fischereibezirk; – **rurale** Landbezirk; – **scolastico** Schulbezirk.
distribuire verteilen, ausschütten.
distributore *m* Verteiler *m*; – **automatico** Verkaufsautomat.
distribuzione *f* (1) (*merci*) Vertrieb *m*; (2) (*utili*) Ausschüttung *f*, Verteilung *f*; – **di capitale** Kapitalausschüttung, Kapitalverteilung; – **in contanti** Barausschüttung; – **di dividendi** Ausschüttung von Dividenden, Dividendenausschüttung; – **di dividendi fittizi** Verteilung von Scheindividenden; – **delle imposte** Steuerverteilung; – **del lavoro** Arbeitsverteilung; – **in natura** Sachausschüttung; – **dei pacchi** Paketzustellung *f*; – **percentuale** prozentuale Verteilung; – **dei redditi** Einkommensverteilung; – **del ricavato** Verteilung des Erlöses; – **dei ruoli** Rollenverteilung; – **dei seggi** Sitzverteilung; – **della somma ricavata** Verteilung des Erlöses; – **straordinaria** Extraausschüttung; – **del suolo** Bodenverteilung; – **di terra** Landverteilung; – **di utili** Gewinnausschüttung, Gewinnverteilung; – **di utili fittizi** Verteilung von Scheingewinnen.
distruggere vernichten, zerstören.
distruzione *f* Vernichtung *f*, Zerstörung *f*; **fraudolenta – della cosa propria** betrügerische Zerstörung eigener Sachen; – **dell'ambiente** Umweltzerstörung; – **di atti** Vernichtung von Urkunden, Urkundenvernichtung; – **di capitali** Kapitalvernichtung; – **di cose** Vernichtung von Sachen; – **dei dati** Datenvernichtung; – **o deterioramento di affissioni** Zerstörung oder Beschädigung von Anschlägen; – **o deturpamento di bellezze naturali** Zerstörung oder Verunstaltung von Naturschönheiten; – **di documenti** Vernichtung von Urkunden, Urkundenvernichtung; – **soppressione o sottrazione di cadavere** Vernichtung, Beseitigung oder Wegnahme eines Leichnams; –

dello strato di ozono Zerstörung der Ozonschicht.
disturbatore *m* Störer *m*.
disturbo *m* Störung *f*; – **della memoria** Gedächtnisstörung; – **mentale** Geistesstörung; – **di** (o. **della**) **personalità** Persönlichkeitsstörung; – **della quiete pubblica** Störung der öffentlichen Ruhe; – **del ricordo** Erinnerungsstörung; – **del riposo** Ruhestörung *f*.
disubbidienza *f* Ungehorsam *m*; – **civile** ziviler Ungehorsam.
disuguaglianza *f* Ungleichheit *f*.
disuso, **cadere in** – außer Gebrauch kommen.
ditta *f* Firma *f*; **cancellare una** – eine Firma löschen; **vecchia** – alteingesessene Firma; – **bancaria** Bankfirma; – **commerciale** Handelsfirma; – **compratrice** Käuferfirma; – **concorrente** Konkurrenzfirma; – **d'esportazione** Exportfirma, Ausfuhrfirma; – **estera** ausländische Firma; – **fallita** in Konkurs gegangene Firma; – **fornitrice** Lieferfirma; – **grossista** Großhandelsfirma, Großhandlung *f*; – **importatrice** Importfirma; – **individuale** Einzelfirma; – **industriale** Industriefirma; – **in liquidazione** Abwicklungsfirma, Liquidationsfirma; – **oggettiva** Sachfirma, Realfirma; – **produttrice** Herstellerfirma; – **registrata** eingetragene Firma; – **soggettiva** Personenfirma, Namensfirma, Namenfirma; – **specializzata** Fachfirma; – **di spedizioni** Speditionsfirma.
dittatore *m* Diktator *m*.
dittatoriale *agg* diktatorisch.
dittatura *f* Diktatur *f*; – **fascista** faschistische Diktatur; – **militare** Militärdiktatur; – **nazista** Nazi-Diktatur; – **dei partiti** Parteiendiktatur; – **del proletariato** Diktatur des Proletariats.
divergente *agg* abweichend.
divergenza *f* Abweichung *f*; Meinungsverschiedenheit *f*.
divergere abweichen.
diversificare diversifizieren.
diversificazione *f* Diversifizierung *f*, Diversifikation *f*; – **dei prezzi** Preisdifferenzierung *f*; – **del rischio** Risikostreuung, Streuung, Risikomischung.
diversità *f* **di specie** (*ambiente*) Artenvielfalt *f*.
diverso *agg* unterschiedlich.
dividendo *m* Dividende *f*; **distribuire un** – eine Dividende ausschütten, eine Dividende verteilen; **passare un** – keine Dividende ausschütten; **privilegiato nel** – dividendenbevorrechtigt; – **addizionale** Superdividende, Bonus *m*, Überdividende; – **annuale** Jahresdividende; – **arretrato** rückständige Dividende; – **sulle azioni ordinarie** Stammdividende; – **in denaro** Bardividende; – **dichiarato** erklärte Dividende; – **distribuito** ausgeschüttete Dividende; – **esigibile** fällige Dividende; – **fittizio** Scheindividende; – **invariato** unveränderte Dividende; – **limitato** limitierte Dividende; – **lordo** Bruttodividende; – **in natura** Sachdividende; – **netto** Nettodividende; – **pagabile** fällige Dividende; – **privilegiato** Vorzugsdividende; – **provvisorio** Abschlagsdividende, Interimsdividende, Zwischendividende; – **semestrale** halbjährige Dividende, Halbjahresdividende; – **supplementare** Überdividende, Superdividende, Zusatzdividende, Bonus *m*, Extraausschüttung *f*; – **totale** Gesamtdividende; – **trimestrale** Quartalsdividende, Vierteljahresdividende.
dividere teilen.
divieto *m* Verbot *n*, Untersagung *f*; – **d'abitare** Wohnverbot; – **di accesso** Zutrittsverbot; – **d'alienazione** Veräußerungsverbot; – **di analogia** Analogieverbot; – **degli atti di emulazione** Verbot der schikanösen Rechtsausübung; – **di balneazione** Badeverbot; – **di caccia** Jagdverbot; – **di censura** Zensurverbot; – **di cessione** Abtretungsverbot; – **di circolazione**

Fahrverbot; – **di commerciare** Handelsverbot; – **di compensazione** Aufrechnungsverbot; – **di concorrenza** Wettbewerbsverbot, Konkurrenzverbot; – **di costruzione** Bauverbot; – **del cumulo delle pene** Kumulierungsverbot; – **di demolire** Abrissverbot; – **di discriminazione** Benachteiligungsverbot, Diskriminierungsverbot; – **di disporre**, – **di disposizione** Verfügungsverbot; – **d'entrata** Einreiseverbot, Einreisesperre; – **di esercitare una professione** Berufs(ausübungs)verbot; – **di espatrio** Ausreiseverbot; – **d'esportazione** Ausfuhrverbot, Ausfuhrsperre *f*, Exportsperre, Ausfuhrstopp *m*; – **d'esportazione di valuta** Geldausfuhrverbot; – **del doppio giudizio** Verbot der Doppelbestrafung; – **di fabbricazione** Fabrikationsverbot; – **di fermata** Halteverbot; – **di frequentare osterie** Wirtshausverbot (S); – **di fumare** Rauchverbot; – **di guida** Fahrverbot; – **d'immigrazione** Einwanderungsverbot; – **d'importazione** Einfuhrverbot; – **di lavoro notturno** Nachtarbeitsverbot; – **legale** gesetzliches Verbot; – **di licenziamento** Kündigungsverbot, Entlassungsverbot; – **di matrimonio** Eheverbot; – **di pagamento** Zahlungsverbot; – **di polizia** polizeiliches Verbot; – **probatorio** Beweisverbot; – **di propaganda pubblicitaria** Werbeverbot; – **di pubblicazione** Veröffentlichungsverbot; – **della reformatio in peius** Verschlechterungsverbot, Verschlimmerungsverbot (A); – **di residenza** Aufenthaltsverbot; – **di retroattività** Rückwirkungsverbot; – **con riserva di permesso** (*dir. amm.*) Verbot mit Erlaubnisvorbehalt; – **di sciopero** Streikverbot; – **di segnalazioni acustiche** Hupverbot; – **di soggiorno** Aufenthaltsverbot; – **di sorpasso** Überholverbot; – **di sosta** Parkverbot; – **di svolta** Abbiegeverbot; – **temporaneo di nuove nozze** zeitweiliges Verbot einer neuen Eheschließung, Wartezeit *f*; – **di testimonianza** Zeugnisverbot, Aussageverbot; – **di tortura** Verbot der Folter; – **di transito** Durchfahrtsverbot; – **dei trasferimenti** Transferverbot; – **di utilizzazione** Verwertungsverbot; – **di vendita** Verkaufsverbot, Marktverbot.

divisa *f* (1) Devise *f*, Fremdwährung *f*; (2) (*uniforme*) Uniform *f*; – **aurea** Golddevise, Goldwährung; – **a contanti** Kassadevise; – **estera** Devise; – **forte**, – **pregiata** hochwertige Devise; v. a. VALUTA.

divise *f pl*, – **in portafoglio** Devisenbestände *pl*; – **a scadenza**, – **a termine** Termindevisen *pl*.

divisibilità *f* Teilbarkeit *f*.

divisione *f* (1) Teilung *f*, Auseinandersetzung *f*; (2) (*reparto*) Abteilung *f*, Dezernat *n*; – **amichevole** gütliche Teilung; – **amministrativa** Verwaltungsabteilung; – **dei beni della comunione legale** (*tra coniugi*) Teilung des Gemeinschaftsvermögens (bei ehelicher Gütergemeinschaft); – **dell'eredità**, – **ereditaria** Erbteilung, Erbauseinandersetzung, Verlassenschaftsabhandlung *f* (A); – **fisso** (*calcolo degli interessi*) Zinsdivisor *m*; – **giudizaria** gerichtliche Teilung; – **internazionale del lavoro** internationale Arbeitsteilung; – **del lavoro** Arbeitsteilung, Arbeitseinteilung, Arbeitsgliederung *f*; – **in natura** Teilung in Natur; – **con pagamento di conguaglio** Teilung mit Ausgleichszahlung; – **dei poteri** Gewaltenteilung, Gewaltentrennung *f*, Trennung der Gewalten; – **provvisoria** provisorische Teilung; – **del servizio** Diensteinteilung; – **territoriale** Gebietsgliederung *f*; – **testamentaria** letztwillig verfügte Teilung; – **fra vivi** Teilung unter Lebenden.

divorziare sich scheiden lassen.

divorziato *m* Geschiedener *m*.

divorzio *m* Ehescheidung *f*, Scheidung; **chiedere il –, domandare**

il – auf Scheidung klagen, die Scheidung einreichen; **pronunciare il** – die Scheidung aussprechen.

divulgare verbreiten, verlautbaren.

divulgazione *f* Verbreitung *f*, Verlautbarung *f*, Bekanntgabe *f*; – **di stampa clandestina** Verbreitung heimlicher Druckwerke.

doario *m* Witwengeld *n*.

docente *m* Dozent *m*; **libero** – Privatdozent *m*; – **di diritto** Rechtslehrer *m*; – **di diritto penale** Strafrechtslehrer.

documentale *agg* urkundlich.

documentare dokumentieren.

documentario *agg* urkundlich.

documentazione *f* Unterlagen *pl*; Dokumentation *f*.

documenti *m pl* Papiere *pl*, Dokumente *pl*; (*d'identità*) Ausweispapiere; **esibire i** – die (Ausweis-)Papiere vorzeigen; – **contro accettazione** Dokumente gegen Akzept; – **d'accompagnamento** Begleitpapiere; – **allegati** Begleitpapiere; – **di bordo** Schiffspapiere, Bordpapiere; – **di circolazione** Fahrzeugpapiere; – **commerciali** Geschäftspapiere; – **giustificativi** Belege *pl*; – **d'identificazione**, – **d'identità** Personalpapiere, Ausweispapiere; – **d'imbarco** Verschiffungsdokumente, Verschiffungspapiere; – **all'incasso** Dokumenteninkasso *n*; – **di lavoro** Arbeitspapiere; – **di legittimazione** Ausweispapiere; – **contro pagamento** Dokumente gegen Zahlung, Kasse gegen Dokumente; – **di riconoscimento** Ausweispapiere; – **di servizio** Dienstpapiere; – **di spedizione**, – **di trasporto** Versanddokumente, Versandpapiere, Beförderungspapiere; v. a. DOCUMENTO.

documento *m* Urkunde *f*, Dokument *n*, Unterlage *f*; **alterare un** – eine Urkunde (ver)fälschen; **autenticare un** – eine Urkunde beglaubigen; **falsificare un** – eine Urkunde fälschen; **firmare un** – eine Urkunde unterzeichnen; **produrre un** – eine Urkunde vorlegen; – **alterato** verfälschte Urkunde; – **autentico** echte Urkunde; – **casuale** Zufallsurkunde; – **contabile** Rechnungsbeleg *m*, Rechnungsunterlage, Buchungsbeleg, Buchungsunterlage, Buchhaltungsbeleg, Beleg; – **costitutivo** Konstitutiv-Urkunde; – **dimostrativo** Ausweispapier, Legitimationspapier, Ausweisschrift (S); – **doganale** Zollpapier *n*; – **equipollente** gleichwertige Urkunde; – **d'esportazione** Ausfuhrpapier *n*; – **falsificato** gefälschte Urkunde; – **falso** unechte Urkunde; – **giustificativo** Beleg *m*, Rechnungsbeleg, Kontrollbeleg, Beweisunterlage, Beweisstück *n*; – **giustificativo originale** Originalbeleg; **giustificativo della spesa** Ausgabebeleg, Ausgabenbeleg; – **d'identità** Ausweis *m*, Ausweispapier *n*, Personalausweis, Ausweisschrift *f* (S); – **d'importazione** Einfuhrpapier *n*; – **intenzionale** Absichtsurkunde; – **istruttorio** Untersuchungsunterlage; – **di legittimazione** Legitimationspapier *n*, Ausweispapier, Ausweisschrift *f* (S); – **notarile** notarielle Urkunde; – **occasionale** Zufallsurkunde; – **originale** Originalurkunde, Originalbeleg; – **probatorio** Beweisurkunde, Beweisstück *n*, Beleg *m*; – **programmatico** Grundsatzpapier *n*; – **di prova** Beweisurkunde, Beweisstück *n*, Beleg *m*; – **di riconoscimento** Ausweis *m*, Ausweispapier *n*, Ausweisschrift *f* (S); – **sanitario** Gesundheitsdokument; – **di servizio** Diensturkunde; – **smarrito** abhandengekommene Urkunde; – **sostitutivo** Ersatzdokument; – **ufficiale** amtliche Urkunde; – **di vendita** Verkaufsurkunde; – **di viaggio** Reiseausweis *m*; v. a. ATTO, DOCUMENTI.

dodicesimo *m*, – **di bilancio** Budgetzwölftel *n*.

dogana *f* Zoll *m*, Zollamt *n*; **franco** – zollfrei; **soggetto a** – zollpflichtig; **svincolare dalla** – verzollen; – **di confine**, – **di frontiera** Grenzzollamt; – **interna** Inlandszollamt, Binnenzollamt, Binnenzollstelle *f*; – **principale** Hauptzollamt.

doganale *agg* zollamtlich, Zoll-.

doganiere *m* Zöllner *m*, Zollbeamter *m*.

dogmatica *f* Dogmatik *f*; – **giuridica** Rechtsdogmatik *f*.

dogmatismo *m* Dogmatismus *m*.

dollaro *m* Dollar *m*; – **blu** US-Dollar *m*; – **di compensazione** Verrechnungsdollar *m*; – **oro** Golddollar.

dolo *m* (1) (*contrattuale*) Arglist *f*, arglistige Täuschung, absichtliche Täuschung (S), List (A) böse Absicht (A), zivilrechtlicher Betrug (A); (2) (*extracontrattuale, penale*) Vorsatz *m*; **agire con** – arglistig handeln; vorsätzlich handeln; – **alternativo** alternativer Vorsatz; – **commissivo** arglistige Täuschung durch positives Tun, Täuschung durch Vorspiegelung falscher Tatsachen; – **condizionato** bedingter Vorsatz; – **di danno** Verletzungsvorsatz; – **determinante** (*dir. civ.*) (für die Abgabe der Willenserklärung) bestimmende arglistige Täuschung; – **diretto** unmittelbarer Vorsatz, unbedingter Vorsatz; – **eventuale** bedingter Vorsatz; – **d'impeto** Vorsatz aus plötzlicher Eingebung; – **incidente** (für die Abgabe der Willenserklärung) nicht bestimmende arglistige Täuschung; – **indiretto** mittelbarer Vorsatz, bedingter Vorsatz; – **intenzionale** Absicht; – **omissivo** arglistige Täuschung durch Unterlassen, Täuschung durch Verschweigen von Tatsachen; – **di pericolo** Gefährdungsvorsatz; – **di proposito** geplanter Vorsatz; – **specifico** Absicht, auf einen bestimmten Erfolg gerichteter Vorsatz; – **successivo** nachträglicher Vorsatz, nachhinkender Vorsatz (A).

dolosità *f* arglistiges Verhalten *n*.

doloso *agg* (1) (*dir. civ.*) arglistig; (2) (*dir. pen.*) vorsätzlich.

domanda *f* (1) Frage *f*; (2) (*istanza*) Antrag *m*, Gesuch *n*; (3) (*giudiziale*) Klageantrag *m*, Klage *f*, Klagebegehren *n*; (4) (*contrario di offerta*) Nachfrage *f*; **accogliere la** – nach Klageantrag erkennen, dem Klageantrag stattgeben; **depositare una** – einen Antrag einreichen; **fare** – beantragen; **forte** – starke Nachfrage; **motivare la** – den Antrag begründen; die Klage begründen; **presentare una** – einen Antrag stellen; **proporre la** – die Klage erheben; **respingere la** –, **rigettare la** – die Klage abweisen, den Klageantrag abweisen; **nuova** – (*dir. proc.*) neuer Klageantrag; **scarsa** – spärliche Nachfrage; **soddisfare la** – die Nachfrage befriedigen; – **di accertamento incidentale** Zwischenfeststellungsklage; – **d'accessione** Antrag auf Beitritt, Beitrittsantrag; – **accessoria** Nebenklage, Nebenforderung, konnexe Klage (A); – **di acquisto** Kaufgesuch; – **d'adesione** Antrag auf Beitritt, Beitrittsantrag; – **d'ammissione** Aufnahmeantrag, Aufnahmegesuch, Aufnahmeersuchen *n*, Zulassungsantrag, (*adesione*) Antrag auf Beitritt, Beitrittsantrag; – **di ammissione al beneficio del gratuito patrocinio** Antrag auf Bewilligung der Prozesskostenhilfe, Antrag auf Bewilligung der Verfahrenshilfe (A); – **di ammissione al passivo** (*dir. fall.*) Anmeldung der Insolvenzforderung, Anmeldung der Konkursforderung; – **di ammissione alla quotazione** Börsenzulassungsantrag, Kotierungsgesuch *n* (S); – **di annullamento** Aufhebungsantrag; – **di autorizzazione** Genehmigungsantrag, Genehmigungsgesuch, Bewilligungsgesuch; – **di beni di prima necessità** lebenswichtiger Bedarf; – **di brevetto** Patentanmeldung *f*, Patentantrag, Patentgesuch; – **di cancellazione** Löschungsantrag, Löschungsgesuch (A); – **di capitale** Kapitalnachfrage; – **in carta bollata** Antrag auf Stempelpapier; – **in carta semplice** formloser Antrag; – **complessiva** Gesamtnachfrage; – **di con-**

cessione Antrag auf Verleihung einer Konzession, Verleihungsgesuch (A), Konzessionsgesuch (S); – **per la concessione edilizia** Bauantrag; – **di conciliazione** Güteantrag; – **di condordato** Vergleichsantrag; – **di congedo** Urlaubsgesuch; – **connessa per accessorietà** konnexe Klage (A); – **costante** anhaltende Nachfrage; – **di credito** (1) Kreditantrag, Kreditersuchen *n*; (2) Kreditnachfrage; – **crescente** wachsende Nachfrage; – **per dichiarazione di assenza** Antrag auf Verschollenheitserklärung; – **di dichiarazione del fallimento** Insolvenzantrag, Antrag auf Eröffnung des Insolvenzverfahrens, Antrag auf Eröffnung des Konkurses, Konkurseröffnungsantrag, Konkursanmeldung *f*, Konkursantrag, Konkursbegehren *n* (S); – **per dichiarazione di morte presunta** Antrag auf Todeserklärung; – **di divisione** Teilungsklage; – **di divisione dell'eredità** Erbteilungsklage, Erbauseinandersetzungsklage; – **eccessiva** Übernachfrage; – **effettiva** wirklicher Bedarf; – **elastica** elastische Nachfrage, elastischer Bedarf; – **d'esecuzione** (S) Betreibungsbegehren *n* (S); – **d'esonero** Freistellungsantrag; – **d'espropriazione** Enteignungsbegehren *n*; – **di espropriazione forzata** Antrag auf Zwangsveräußerung; – **estera** Auslandsnachfrage; – **d'estradizione** Auslieferungsersuchen, Auslieferungsbegehren *n*; – **frenetica** stürmische Nachfrage; – **di garanzia** Garantieklage, Gewährleistungsklage; – **giudiziale** Klageantrag, Klagantrag, Klagebegehren *n*; – **di grazia** Gnadengesuch, Begnadigungsgesuch; – **d'impiego** Stellengesuch, Stellenbewerbung *f*; – **per inabilitazione** Antrag auf beschränkte Entmündigung; – **incidentale** Zwischenklage, Inzidentklage; – **d'informazioni** Auskunftsersuchen *n*; – **d'iniziativa** (S) Initiativbegehren *n* (S), Initiativantrag; – per interdizione Antrag auf Entmündigung; – **interna** Inlandsnachfrage; – **d'investimenti** Investitionsnachfrage; – **d'iscrizione** Eintragungsantrag, Eintragungsbegehren *n* (S), Einverleibungsantrag (A =), Einverleibungsgesuch (A =), Einverleibungsansuchen (A =); – **di libertà provvisoria** Haftverschonungsantrag; – **di licenza** Lizenzantrag; – **di liquidazione** (*delle spese*) Festsetzungsgesuch; – **di mano d'opera** Nachfrage nach Arbeitskräften; – **di manutenzione nel possesso** Klage auf Besitzerhaltung; – **del mercato** Marktnachfrage; – **di mutuo** Darlehensantrag; – **di naturalizzazione** Einbürgerungsantrag; – **nazionale** Inlandsnachfrage; – **ed offerta** Angebot und Nachfrage; – **di pagamento rateale** Teilzahlungsgesuch; – **di pensione** Rentenantrag; – **di pignoramento** Pfändungsbegehren *n* (S); – **potenziale** potentieller Bedarf; – **pregiudiziale** präjudizielle Frage, Vorfrage; – **principale** Hauptklage; – **di pronuncia pregiudiziale** Vorabentscheidungsersuchen; – **di proroga** Verlängerungsantrag; – **di reintegrazione nel possesso** Klage auf Wiedereinräumung des Besitzes; – **di restituzione** Rückerstattungsantrag, Restitutionsantrag, Rückstellungsantrag (A); – **di revisione** Wiederaufnahmeantrag, Revisionsgesuch (S), Revisionsbegehren *n* (S), Wiederaufnahmebegehren (S); – **di revocazione** Wiederaufnahmeklage, Restitutionsklage; – **di riabilitazione** Rehabilitationsgesuch (S); – **riconvenzionale** Widerklage; – **riconvenzionale di accertamento** Feststellungswiderklage; – **di ricusazione** Ablehnungsgesuch, Ausstandsbegehren *n* (S); – **di rimessione in pristino** Antrag auf Wiederherstellung des früheren Zustandes; – **di rinvio** (1) Vertagungsantrag; (2) Verweisungsantrag; – **di riparazione** (*dell'errore* *giudiziario*) Entschädigungsantrag; – **di sdoganamento** Abfertigungsantrag, Zollabfertigungsantrag, Zollantrag; – **di separazione personale** (*dei coniugi*) Antrag auf Trennung (der Ehegatten); – **di servizi** Dienstleistungsnachfrage; – **di sospensione** Antrag auf Aussetzung (des Verfahrens); – **di sottoscrizione** Bezugsantrag; – **speculativa** spekulative Nachfrage; – **suggestiva** Suggestivfrage; – **di sussidio** Unterstützungsgesuch; – **tavolare** (*libro fondiario*) Grundbuchantrag, Grundbuchsgesuch (A); – **in via principale** Hauptantrag; – **in via subordinata** Hilfsantrag; v. a. AZIONE, FABBISOGNO, ISTANZA, RICHIESTA.

domandante *m* (*contrario di offerente*) Nachfrager *m*.

domandare (1) fragen, anfragen; (2) (*chiedere*) fordern, anfordern; (3) (*fare istanza*) beantragen; (4) (*in giudizio*) klagen, beantragen.

domande *f pl* (*giudiziali*) Anträge *pl*; – **nuove** Klageerweiterung *f*, Klagsausdehnung *f* (A).

domiciliare domizilieren, zahlbar stellen.

domiciliatario *m* Domizilität *m*, (*notificazione di atti processuali*) Zustellungsbevollmächtigter *m*.

domiciliato *agg* ansässig.

domiciliato *m* Niedergelassener *m* (S).

domiciliazione *f* Domizilierung *f*.

domicilio *m* Wohnsitz *m*, Domizil *n*, (*cambiale*) Zahlstelle *f*; **eleggere** – einen Wohnsitz erwählen (*notificazione di atti processuali*) einen Zustellungsbevollmächtigen benennen; **violare il** – das Hausrecht verletzen; – **coatto** Zwangswohnsitz, Zwangsaufenthalt *m*; – **concordatario** (S) Konkordatswohnsitz (S); – **coniugale** ehelicher Wohnsitz, Ehewohnung *f*; – **elettivo**, – **eletto** erwählter Wohnsitz, Zustellungsanschrift *f*, Zustellungsdomizil (S); – **fiscale** steuerlicher Wohnsitz, Steuerwohnsitz; – **fisso** fester Wohnsitz; – **legale** gesetzlicher Wohnsitz, Rechtssitz, Rechtsdomizil (S); – **necessario** gesetzlicher Wohnsitz; – **permanente** ständiger Wohnsitz, Dauerwohnsitz; – **principale** Hauptwohnsitz, Hauptdomizil (S); – **di soccorso** Unterstützungswohnsitz; – **speciale** erwählter Wohnsitz; – **volontario** gewillkürter Wohnsitz.

dominare herrschen, beherrschen.

dominazione *f* Herrschaft *f*.

dominio *m*, **riservato** – Eigentumsvorbehalt *m*; – **sull'azione** (*dir. pen.*) Tatherrschaft *f*; – **della cosa** Sachherrschaft; – **diretto** Obereigentum (A); – **sul fatto** (*dir. pen.*) Tatherrschaft; – **del mare** Seeherrschaft *f*; – **del mercato** Marktherrschaft *f*.

donante *m* Schenkender *m*, Schenker *m*.

donare schenken, zuwenden, spenden.

donatario *m* Beschenkter *m*, Schenkungsempfänger *m*; Geschenknehmer *m*.

donatore *m* Schenkender *m*, Schenker *m*, Spender *m*; – **d'organo** Organspender; – **di sangue** Blutspender.

donazione *f* Schenkung *f*; – **a causa di morte** Schenkung von Todes wegen, Schenkung auf den Todesfall; – **congiuntiva** gemeinschaftliche Schenkung (*an mehrere Beschenkte*); – **in conto di legittima** Schenkung in Anrechnung auf den Pflichtteil; – **di cosa generica** Gattungsschenkung; – **indiretta** mittelbare Schenkung, indirekte Schenkung; – **liberatoria** schuldbefreiende Schenkung; – **manuale** Handschenkung, Schenkung von Hand zu Hand (S); – mista gemischte Schenkung; – **modale** Schenkung unter Auflage; – **mortis causa** Schenkung von Todes wegen; – **obbligatoria** Pflichtschenkung; – **onerosa** Schenkung unter Auflage; – **reciproca** gegenseitige Schenkung, wechselseitige Schenkung (A); – **rimuneratoria** Schenkung zur

Belohnung, belohnende Schenkung (A), remuneratorische Schenkung; – fra vivi Schenkung unter Lebenden.

donna *f* Frau *f*; – **lavoratrice** berufstätige Frau.

dono *m* Geschenk *m*, Liebesgabe *f*, Spende *f*, Schenkung *f*; – **fatto a causa della promessa di matrimonio** Verlobungsgeschenk, Brautgeschenk; – **fatto durante il matrimonio** Ehegeschenk; – **gratuito** Gratisgabe *f*; – **manuale** Handgeschenk; – **in natura** Sachspende; – **nuziale** Hochzeitsgeschenk.

dont *m*, – **del compratore** Vorprämie *f*; – **del venditore** Rückprämie *f*.

dopoborsa *m* Nachbörse *f*; **nel** – nachbörslich.

dopoguerra *m* Nachkriegszeit *f*.

dopolavoro *m* Feierabend *m*.

doppione *m* Doppelstück *n*.

dose *f* Dosis *f*; – **giornaliera** (*droga*) Tagesdosis *f*; – **letale** (*med.*) letale Dosis, tödliche Dosis.

dossier *m* Akte *f*.

dotare ausstatten, dotieren.

dotazione *f* Ausstattung *f*, Dotation *f*, Dotierung *f*; (*consistenza*) Bestand *m*; – **di base** Grundausstattung; – **di capitale** Kapitalausstattung; – **di contante** Barausstattung; – **minima** Mindestausstattung; – **standard** Standardausrüstung; – **tecnica** technische Ausstattung.

dote *f* Aussteuer *f*, Mitgilt *f*, Ausstattung *f*, Ehesteuer (S).

dottore *m*, – **in giurisprudenza**, – **in legge** Doktor der Rechte, doctor iuris (Dr. iur.); – **honoris causa** Ehrendoktor *m*, Doktor ehrenhalber, doctor honoris causa (Dr. h. c.).

dottrina *f* Lehre *f*, Doktrin *f*; – **aziendale** Betriebswirtschaftslehre; – **costituzionalistica** Verfassungsrechtslehre; – **dominante** herrschende Lehre; – **economica aziendale** Betriebswirtschaftslehre; – **dell'economia politica** Volkswirtschaftslehre; – **economica** Wirtschaftslehre; – **giuridica** Rechtslehre; – **di Monroe** Monroedoktrin; – **penale** Strafrechtslehre; – **prevalente** vorherrschende Lehre; – **dello Stato** Staatslehre, Staatstheorie *f*; v. a. TEORIA.

dovere schulden.

dovere *m* Pflicht *f*; **contrario al proprio** – pflichtwidrig; – **di assistenza** Unterstützungspflicht; – **di cittadino**, – **civico** staatsbürgerliche Pflicht, Bürgerpflicht; – **coniugale** eheliche Pflicht; – **di conservare buona condotta civile e morale** Pflicht zu achtungswürdigem Verhalten; – **di consultazione** Konsultationspflicht; – **di contribuzione** (*dei coniugi*) Beitragungspflicht (*zum Familienunterhalt*); – **di dare all'ufficio tutta la propria capacità lavorativa** Pflicht zum vollen Einsatz seiner Arbeitskraft; – **di diligenza** Sorgfaltspflicht; – **di fedeltà** Treuepflicht; – **giuridico** Rechtspflicht; – **di intervento** Eingriffspflicht; – **di lealtà e di probità** (*delle parti*) Pflicht zur Lauterkeit und Redlichkeit (der Prozessparteien); – **morale** sittliche Pflicht; – **d'obbedienza** Gehorsamspflicht; – **di pace sindacale** (*dir. lav.*) Friedenspflicht; – **professionale** Berufspflicht, Standespflicht; – **di protezione** Schutzpflicht; – **di prudenza** Sorgfaltspflicht; – **pubblico** öffentliche Pflicht; – **di servizio** Dienstpflicht; – **sociale** gesellschaftliche Pflicht, Anstandspflicht; – **di sorveglianza** Aufsichtspflicht; – **di subordinazione** Weisungsgebundenheit; – **d'ufficio** Amtspflicht; – **di vigilanza** Aufsichtspflicht; – **di votare** Wahlpflicht, Stimmpflicht; v. a. OBBLIGO.

doveri *m pl*, **contrario ai** – **d'ufficio** amtswidrig; – **costituzionali** Grundpflichten.

dracma *f* Drachme *f*.

drawback *m* Rückzoll *m*, Zollrückvergütung *f*, Drawback *m*.

drenaggio *m*, – **di capitali** Kapitalverlegung *f*; – **fiscale** fiscal drag *m*.

droga *f* Rauschgift *n*, Droge *f*; **spacciare** – Drogenhandel treiben; – **leggera** weiche Droge; – **pesante** harte Droge. – **sintetica** synthetische Droge;
drogato *agg* drogenabhängig.
drogato *m* Drogenabhängiger *m*.
dualismo *m* Dualismus *m*, dualistische Rechtslehre.
dubbio *m* Zweifel *m*; **in caso di** – im Zweifelsfall; **mettere in** – in Zweifel ziehen; **senza** – zweifelsohne; – **di costituzionalità** Zweifel an der Verfassungsmäßigkeit; – **fondato** begründeter Zweifel.
duellante *m* Duellant *m*.
duellare duellieren.
duello *m* Zweikampf *m*, Duell *n*; **sfidare a** – zum Duell fordern.
dumping *m* Dumping *n*, Unterbietung *f*, Preisdumping; – **di valuta** Valutadumping.
duopolio *m* Duopol *n*, Dyopol *n*.
duplica *f* Duplik *f*, Gegeneinrede *f*, Gegenerwiderung *f*.
duplicato *m* Duplikat *n*, Doppel *n*, zweite Ausfertigung, Zweitausfertigung *f*, Zweitschrift *f*, (*cambiale*) Ausfertigung; – **di assegno** Ausfertigung eines Schecks; – **di cambiale** Ausfertigung eines Wechsels, Wechselausfertigung, Wechselduplikat; – **di fattura** Rechnungsdoppel, Fakturaduplikat, Fakturendoppel, Fakturenzweitschrift; – **della lettera di vettura** Frachtbriefdoppel, Frachtbriefduplikat; – **di quietanza**, – **di ricevuta** Quittungsduplikat, Quittungsdoppel.
duplicazione *f* **di competenza** Doppelzuständigkeit *f*.
durata *f* Dauer *f*, Laufzeit *f*; **di lunga** – von langer Dauer; – **dell'abbonamento** Abonnementsdauer, Bezugsdauer; – **dell'affitto** Pachtzeit *f*, Pachtdauer; – **dell'assicurazione** Dauer der Versicherung, Versicherungsdauer, Versicherungszeit *f*; – **del brevetto** Patentdauer; – **della carica** Amtsdauer; – **di circolazione** Laufzeit *f*, Lauffrist *f*; – **del contratto**, – **contrattuale** Vertragsdauer; – **del credito** Kreditdauer; – **del finanziamento** Finanzierungsdauer; – **della garanzia** Garantiezeit *f*; – **d'impiego** Beschäftigungsdauer; – **dell'incarico** Amtsdauer; – **dell'istruzione** Ausbildungsdauer; – **del lavoro** Arbeitsdauer; – **della locazione** Mietdauer, Mietzeit *f*, Mietsdauer (S), Bestandzeit (A); – **del mandato** Amtsdauer; – **del mandato elettivo** Wahlperiode *f*; – **massima** Höchstdauer; – **media della vita** mittlere Lebensdauer, mittlere Lebenserwartung; – **minima** Mindestdauer; – **del mutuo** Laufzeit des Darlehns; – **dell'occupazione** Beschäftigungsdauer; – **dell'orario di lavoro** Arbeitszeitdauer; – **della pena** Strafdauer, Strafzeit; – **probabile della vita** Lebenserwartung *f*, Altersaussichten *pl*; – **della protezione** Schutzdauer; – **del servizio militare** Militärdienstzeit *f*; – **del soggiorno** Aufenthaltsdauer; – **di validità** Gültigkeitsdauer, Geltungsdauer; – **del vincolo** Bindungsfrist; – **della vita** Lebensdauer.

E

eccedente *agg* überschüssig.
eccedente *m* **dei sinistri** Schadenexzedent *m*.
eccedenza *f* Überschuss *m*, Überhang *m*, Mehr *n*; – **agraria** Agrarüberschuss; – **alimentare** Nahrungsmittelüberschuss; – **di assicurazione** Überversicherung *f*; – **attiva dell'esercizio** Betriebsüberschuss; – **di cassa** Kassenüberschuss, Barüberschuss; – **contabile** Rechnungsüberschuss; – **demografica**

Bevölkerungsüberschuss; – **delle esportazioni** Ausfuhrüberschuss, Exportüberschuss; – **delle importazioni** Einfuhrüberschuss, Importüberschuss; – **lorda** Bruttoüberschuss; – **di mano d'opera** Überschuss an Arbeitskräften; – **di merci** Warenüberschuss; – **delle morti** Sterbefallüberschuss, Sterbeüberschuss; – **delle nascite** Geburtenüberschuss; – **dei nati sui morti** Geburtenüberschuss; – **passiva** Verlustsaldo *m*; – **di personale** Personalüberhang; – **di popolazione** Bevölkerungsüberschuss; – **di potere d'acquisto** Kaufkraftüberschuss, Kaufkraftüberhang; – **dei prelevamenti** Auszahlungsüberschuss; – **delle spese** Ausgabenüberschuss; – **dell'utile** Gewinnüberschuss; v. a. ECCESSO.

eccepire einwenden, Einwendungen erheben.

eccessivo *agg* übermäßig, überhöht.

eccesso *m* (1) Überschreitung *f*; (2) (*eccedenza*) Überschuss *m*, Überhang *m*; (3) (*vie di fatto*) Tätlichkeit *f*; **commettere un – di potere** seine Befugnisse überschreiten; – **di capacità** (*produttiva*) Überkapazität *f*; – **colposo nella legittima difesa** Überschreitung der Notwehr, Notwehrexzess *m*; – **colposo nello stato di necessità** Notstandsexzess *m*; – **di difesa** (*dir. pen.*) Notwehrexzess; – **di domanda** Nachfrageüberhang, Übernachfrage *f*; – **di liquidità** Überliquidität *f*; – **d'offerta** Überangebot *n*; – **di popolazione** Überbevölkerung *f*; – **di potere** (1) (*in generale*) Überschreitung *f* der Befugnisse; (2) (*rappresentanza*) Überschreitung der Vertretungsmacht; (3) (*dir. amm.*) Ermessensüberschreitung; – **di produzione** Produktionsüberschuss; – **dei sinistri** Schadensexzedent *m*; – **di velocità** Geschwindigkeitsüberschreitung; – **della velocità massima consentita** Überschreiten *n* der zulässigen Höchstgeschwindigkeit; v. a. ECCEDENZA.

eccettuare ausnehmen.

eccezione *f* (1) (*obiezione*) Einrede *f*, Einwendung *f*, Einwand *m*, Einspruch *m*; (2) (*eccezionalità*) Ausnahme *f*; **nuova –** neue Einrede; **proporre un' –** eine Einrede erheben; **rigettare un' –** eine Einrede verwerfen; **sollevare un' –** eine Einrede erheben, eine Einwendung erheben; – **di annullabilità** Einrede der Anfechtbarkeit; – **assoluta** absolute Einwendung; – **cambiaria** Wechseleinrede, Einwendung des Wechselschuldners; – **di cessione del credito** Einrede der Forderungsabtretung; – **di compensazione** Aufrechnungseinrede, Kompensationseinrede, Aufrechnungseinwand, Einrede der Aufrechnung, Einwand der Aufrechnung, Verrechnungseinrede (+ S); – **di compromesso** Einrede des Schiedsvertrages; – **comune** gemeinsame Einrede; – **di connessione** (*di cause*) Einrede des Zusammenhangs (vor Rechtsstreitigkeiten); – **di cosa giudicata** Einrede der Rechtskraft, Einrede der entschiedenen Sache (A), Einrede der beurteilten Sache (S); – **declinatoria** Einrede der Unzuständigkeit; – **dilatoria** aufschiebende Prozeßeinrede, dilatorische Einrede, hemmende Einrede; – **di dolo** Einrede der Arglist, Arglisteinrede; – **di forza maggiore** Einrede der höheren Gewalt; – **di garanzia** Einwendung der Gewährleistung; – **di giuoco** Einrede der Spielschuld; – **d'illegalità** Einwendung der Ungesetzlichkeit; – **di inadempimento** Einrede der Nichterfüllung; – **di inadempiuto contratto** Einrede des nicht erfüllten Vertrages; – **d'inammissibilità** Einrede der Unzulässigkeit; – **d'incompetenza** Einrede der Unzuständigkeit; – **di incostituzionalità** Einrede der Verfassungswidrigkeit; – **di litispendenza** Einrede der Rechtshängigkeit,

Einrede der Streitanhängigkeit (A); – **di non perfetto adempimento** Einrede der nicht richtigen Erfüllung; – **di nullità** Einrede der Nichtigkeit, Einwand der Nichtigkeit, Nichtigkeitseinrede, Nichtigkeitseinwand; – **perentoria** dauernde Einrede, rechtsvernichtende Einrede, peremptorische Einrede; – **personale** persönliche Einwendung; – **„plurium concumbentium"** Einrede des Mehrverkehrs, Mehrverkehrseinwand; – **di prescrizione** Einrede der Verjährung; – **del preuso** Vorbenutzungseinrede; – **reale** dingliche Einwendung; – **relativa** relative Einwendung; – **riconvenzionale** Widerklage; – **di simulazione** Einrede der Simulation (S); – **variabile** variable Einrede (S).

eccezioni, sollevare – Einwendungen erheben.

eccitamento *m* Aufreizung *f*; – **all'emigrazione** Verleitung zur Auswanderung, Auswanderungsverleitung.

ecocatastrofe *f* Umweltkatastrophe *f*.

ecocidio *m* Umweltzerstörung *f*.

ecologia *f* Ökologie *f*, Umweltlehre *f*, Umweltforschung *f*.

ecologico *agg* ökologisch, umweltfreundlich, Umwelt-.

ecologismo *m* Umweltschutzbewegung *f*.

ecologista *m* (1) Umweltforscher *m*; (2) Umweltschützer *m*.

economato *m* Materialverwaltung *f*; Wirtschaftsamt *n*.

econometria *f* Ökonometrie *f*.

econometrico *agg* ökonometrisch.

economia *f* (1) Wirtschaft *f*, Ökonomie *f*; (2) (*teoria*) Wirtschaftslehre *f*, Wirtschaftswissenschaft *f*; (3) (risparmio) Ersparnis *f*, Einsparung *f*, Sparsamkeit *f*; **rianimare l'** – die Wirtschaft ankurbeln; – **agraria** Agrarwirtschaft; – **aziendale,** – **d'azienda** Betriebswirtschaft; – **di baratto** Tauschwirtschaft; – **capitalistica** kapitalistische Wirtschaft; – **chiusa** geschlossene Wirtschaft; – **collettiva** kollektive Wirtschaft, Gemeinwirtschaft; – **collettivista** kollektivistische Wirtschaft; – **competitiva** wettbewerbsfähige Wirtschaft, wettbewerbsorientierte Wirtschaft; – **concorrenziale** Wettbewerbswirtschaft; – **controllata** gelenkte Wirtschaft; – **cooperativa** Genossenschaftswirtschaft; – **creditizia** Kreditwirtschaft; – **dinamica** dynamische Wirtschaft; – **dirigista,** – **dirigistica** gelenkte Wirtschaft, Lenkungswirtschaft; – **domestica** (1) Hauswirtschaft *f*, Haushaltsführung *f*; (2) Hauswirtschaftslehre *f*; – **in espansione** expandierende Wirtschaft; – **familiare** Familienwirtschaft; – **finanziaria** Finanzwirtschaft; – **forestale** Forstwirtschaft, Waldwirtschaft; – **generale** Gesamtwirtschaft; – **di guerra** Kriegswirtschaft, Wehrwirtschaft; – **industriale** gewerbliche Wirtschaft; – **interna** Binnenwirtschaft; – **isolata** geschlossene Wirtschaft; – **libera** freie Wirtschaft; – **liberista** liberalistische Wirtschaft; – **manovrata** gelenkte Wirtschaft; – **di mercato** Marktwirtschaft; – **mista** gemischte Wirtschaft; **d'** – **mista** gemischtwirtschaftlich; – **mondiale** Weltwirtschaft; – **monetaria** Geldwirtschaft; – **naturale** Naturalwirtschaft; – **nazionale** Volkswirtschaft, Nationalökonomie, Nationalwirtschaft, Binnenwirtschaft; – **di pace** Friedenswirtschaft; – **pianificata** Planwirtschaft; – **politica** Volkswirtschaftslehre *f*, Nationalökonomie, Staatswirtschaftslehre; – **privata** Privatwirtschaft; – **processuale** Prozessökonomie; – **pubblica** öffentliche Wirtschaft; – **rapace** Raubwirtschaft; – **regolata** gelenkte Wirtschaft, Lenkungswirtschaft; – **di scambio** Tauschwirtschaft; – **sociale di mercato** soziale Marktwirtschaft; – **sommersa** Schattenwirtschaft; – **statica** statische Wirtschaft; – **dello Stato** Staatswirtschaft.

economicità *f* Wirtschaftlichkeit *f*; – **del bilancio** (*pubblico*) Sparsamkeit des Haushaltsplanes.

economico *agg* wirtschaftlich, volkswirtschaftlich, ökonomisch; (2) billig, wirtschaftlich; – **aziendale** betriebswirtschaftlich.

economista *m* Wirtschaftler *m*, Volkswirt *m*, Volkswirtschaftler *m*, Nationalökonom *m*.

economizzare ersparen, einsparen.

economo *agg* sparsam.

economo *m* Wirtschafter *m*, Verwalter *m*, Materialverwalter; Ökonom *m*.

ecosistema *m* Ökosystem *n*.

edificabile *agg* bebauungsfähig.

edificio *f*, – **amministrativo** Verwaltungsgebäude *n*, Geschäftshaus *n*, Bürohaus, Kontorhaus; – **annesso** Nebengebäude *n*; – **di culto** Kultgebäude; – **monumentale** unter Denkmalschutz stehendes Gebäude; – **pubblico** öffentliches Gebäude; – **ad uso abitativo** Wohngebäude.

edilizia *f* Bauwesen *n*, Bauwirtschaft *f*; – **abitativa** Wohnungsbau *m*; – **agevolata** geförderter Wohnungsbau; – **popolare ed economica** sozialer Wohnungsbau; – **residenziale pubblica** öffentlicher Wohnungsbau; **sovvenzionata** öffentlich geförderter Wohnungsbau; – **spontanea** wilde Bautätigkeit *(ohne Baugenehmigung)*.

editore *m* Verleger *m*; (*chi cura un'edizione*) Herausgeber *m*.

editoriale *m* Leitartikel *m*.

editto *m* Edikt *n*.

edizione *f* Ausgabe *f*, Herausgabe, Auflage *f*; – **ampliata** erweiterte Ausgabe; – **rimaneggiata** Neubearbeitung *f*; – **riveduta** durchgesehene Ausgabe.

educare erziehen.

educatore *m* Erzieher *m*.

educazione *f* Erziehung *f*; – **civica** Staatsbürgerkunde *f*; – **prescolare** vorschulische Erziehung; – **della prole** Kindeserziehung; – **sessuale** Sexualerziehung, Sexualunterricht; – **stradale** Verkehrserziehung; – **vigilata** (S) Erziehung unter Aufsicht (S).

effetti *m pl*, **produrre** – **giuridici** rechtliche Auswirkungen haben; **agli** – **penali** in strafrechtlicher Hinsicht; – **accettati in circolazione** Akzeptumlauf *m*; – **bancari** Bankpapiere *pl*; – **da esigere** Besitzwechsel *pl*; – **da pagare,** – **passivi** Passivwechsel *pl*; – **personali** persönliche Gebrauchsgegenstände, persönliche Kleidungsstükke; – **in portafoglio** Akzeptbestand *m*; v. a. CAMBIALE, CAMBIALI, EFFETTO.

effettivo *agg* (1) effektiv; (2) (*funzionario*) hauptamtlich, vollamtlich (S).

effettivo *m* Istbestand *m*, Iststärke *f*; – **del personale** Personalbestand; – **teorico** Sollbestand *m*.

effetto *m* (1) Wirkung *f*; (2) (*cambiale*) Wechsel *m*, (*titolo*) Papier *n*; **privo d'** – **giuridico** rechtsunwirksam; **senza** – kraftlos; – **di accertamento** Feststellungswirkung; – **di annuncio** Ankündigungseffekt; – **dell'atto giuridico** Rechtserfolg *m*; – **bancabile** bankfähiges Papier, bankfähiger Wechsel; – **bancario** Bankwechsel, Bankakzept *n*, Banktratte *f*; – **a breve scadenza** kurzfristiges Papier; – **collaterale** Nebenwirkung; – **commerciale** Handelspapier; – **di cosa giudicata** Rechtskraftwirkung; – **costitutivo** Gestaltungswirkung, rechtsbegründende Wirkung; – **destabilizzante** destabilisierende Wirkung; – **devolutivo** Devolutivwirkung, Devolutiveffekt *m*; – **dichiarativo** deklaratorische Wirkung; – **a distanza** Fernwirkung; – **erga omnes** allgemein verbindliche Wirkung; – **ex nunc** Jetztwirkung; – **giuridico** Rechtswirkung; **con** – **immediato** mit sofortiger Wirkung; – **inflazionistico** inflatorische Wirkung; – **insoluto** unbezahlter Wechsel; – **sull'interno** Inlandswechsel; – **inter partes** Wirkung zwischen den Prozeßparteien; – **liberatorio** befreiende

Wirkung, schuldbefreiende Wirkung; – **a lunga scadenza** langfristiges Papier; – **moltiplicatore** Multiplikatoreffekt; – **negativo** nachteilige Auswirkung; – **nocivo** Schadwirkung; – **ex nunc** Exnunc-Wirkung; – **da pagare**, – **passivo** Schuldwechsel; – **paralizzante** paralysierende Wirkung; – **in pensione** Pensionswechsel; – **permanente** Dauerwirkung; – **fuori piazza** Versandwechsel; – **preclusivo** Ausschlusswirkung; – **protestabile** protestable Urkunde (S); – **protettivo** Schutzwirkung; – **retroattivo** rückwirkende Kraft, Rückwirkung; – **risolutivo** auflösende Wirkung; – **scontabile** diskontfähiges Papier; – **secondario** Nebenwirkung; – **serra** Treibhauseffekt; – **sinergico** Synergieeffekt; – **di smobilizzo** Mobilisierungswechsel, Mobilisierungstratte *f*, Finanzwechsel; – **in sofferenza** notleidender Wechsel; – **sospensivo** aufschiebende Wirkung, Suspensivwirkung, Suspensiveffekt *m*, Hemmungwirkung; – **tardivo** Spätfolge; – **verso terzi** Wirkung gegenüber Dritten, Drittwirkung; – **traslativo** rechtsübertragende Wirkung; – **ex tunc** Ex-tunc-Wirkung; – **vincolante** Bindungswirkung; – **a vista** Sichtpapier; v. a. CAMBIALE, CARTA, EFFETTI.

effettuare (1) (*p. es. un piano*) ausführen, durchführen; (2) (*pagamenti*) leisten; (3) (*affari*) tätigen.

efficace *agg* wirksam.

efficacia *f* Wirksamkeit *f*; – **di accertamento** Feststellungswirkung *f*; – **di cosa giudicata**, – **di giudicato** Rechtskraftwirkung *f*; – **giuridica** Rechtswirksamkeit; – **immediata** sofortige Wirkung; – **della legge nel tempo** zeitlicher Geltungsbereich des Gesetzes; – **della legge nello spazio** räumlicher Geltungsbereich des Gesetzes; – **limitata nel tempo** zeitlich beschränkte Geltung *f*; – **normativa** rechtsetzende Wirkung; – **probatoria** Beweiskraft; – **retroattiva** rückwirkende Wirksamkeit; – **di sentenza** Urteilskraft; – **spaziale** räumliche Wirkung; v. a. FORZA.

efficiente *agg* leistungsfähig.

efficienza *f* Leistungsfähigkeit, Leistungsvermögen *n*; – **causale** Kausalwirkung; – **di mercato** Markteffizienz *f*; – **produttiva** Produktionsleistung *f*.

efflusso *m* Abfluss *m*, Abwanderung *f*; – **di capitale** Abwanderung von Kapital, Kapitalabfluss *m*; – **di divise** Devisenabfluss *m*; – **dell'oro** Goldabfluss *m*.

effrazione *f* (1) Einbruch *m*; (2) (*evasione*) Ausbruch *m*.

egemonia *f* Vorherrschaft *f*, Hegemonie *f*.

eguaglianza *f* Gleichheit *f*; – **delle armi** Waffengleichheit; – **di diritti** Gleichberechtigung *f*, Rechtsgleichheit *f*; – **davanti alla legge** Gleichheit vor dem Gesetz; – **di opportunità** Chancengleichheit; – **sociale** soziale Gleichheit; – **degli stati** (*dir. int.*) Gleichheit der Staaten; – **di trattamento** Gleichbehandlung *f*.

elaboratore *m* **elettronico** elektronische Datenverarbeitungsanlage *f*.

elaborazione *f*, – **elettronica dei dati** elektronische Datenverarbeitung (EDV); – **delle informazioni** Informationsverarbeitung; – **di testi** (*inf*) Textverarbeitung.

elargire spenden.

elargitore *m* Spender *m*.

elargizione *f* Spende *f*.

elasticità *f*; – **della domanda** Nachfrageelastizität *f*; – **dell'offerta** Angebotseleastizität *f*; – **dei prezzi** Preiselastizitat *f*.

eleggere wählen, erwählen.

eleggibile *agg* wählbar, wahlfähig.

eleggibilità *f* Wählbarkeit *f*, Wahlfähigkeit *f*, passives Wahlrecht.

elemento *m* (1) Element *n*; (2) (*parte componente*) Teil *m*, Bestandteil *m*; (3) (*fattore*) Faktor *m*; – **asociale** Asozialer *m*; – **di costo** Kostenbestandteil *m*; – **essenziale del contratto** wesentlicher Vertragsbestandteil; – **fiscale** (S) Abgabefaktor *m* (S); – **di incertezza** Unsicherheitsfaktor; – **materiale del reato** objektives Tatmerkmal *m*; – – **oggettivo del reato** objektives Tatmerkmal; – **patrimoniale** Vermögenswert *m*, Vermögensbestandteil *m*, Vermögensgegenstand *m*, Kapitalbestandteil (A =); – **di prova** Beweisgegenstand *m*, Beweisstück *n*; – **psicologico del reato** subjektives Tatmerkmal; – **soggettivo della fattispecie** (*dir. pen.*) subjektives Tatbestandsmerkmal; – **soggettivo del reato** subjektives Tatmerkmal.

elencare verzeichnen.

elencazione *f* Aufstellung *f*, Verzeichnis *n*; – **delle spese** Ausgabenverzeichnis, Spesenaufstellung, Kostenverzeichnis, Ausgabenaufgliederung *f*.

elenco *m* Verzeichnis *n*, Aufstellung *f*; – **alfabetico** alphabetisches Verzeichnis; – **clienti** Kundenverzeichnis; – **dei creditori** (*dir. fall.*) Gläubigerverzeichnis; – **cronologico delle domande di ammissione al passivo** (*dir. fall.*) Konkurstabelle, Anmeldungsverzeichnis (A); – **delle firme autorizzate** Unterschriftsverzeichnis; – **fornitori** Lieferantenverzeichnis – **dei partecipanti** Teilnehmerliste; – **dei passeggeri** Passagierliste *f*; – **dei presenti** Anwesenheitsliste; – **dei protesti cambiari** Verzeichnis der Wechselproteste; – **dei rischi formanti cumulo** Risikosammelkarte *f*, Kumulkarte; – **dei rivenditori** Bezugsquellennachweis; – **telefonico** Telefonbuch *n*; – **degli utenti dei pesi e misure** Eichliste *f*.

elettorato *m* (1) (*diritto di eleggere*) Wahlrecht *n*; (2) (*diritto di essere eletto*) Wählbarkeit *f*; (3) (*l'insieme degli elettori*) Wählerschaft *f*; – **attivo** Wahlrecht *n*, aktives Wahlrecht, Wahlberechtigung *f*, Wahlstimmrecht, Wahlstimmberechtigung; – **passivo** Wählbarkeit *f*, passives Wahlrecht.

elettore *m* Wähler *m*, Wahlberechtigter *m*; – **delegato** Wahlmann *m*; – **primario** Urwähler.

elettrice *f* Wählerin *f*.

elettroencefalogramma *m* (*med.*) Elektroenzephalogramm *n*.

elevare erhöhen.

elevazione *f* Erhöhung *f*; – **del capitale sociale** Erhöhung des Grundkapitals; – **di comune a città** Stadterhebung *f* (A); – **di grado** Rangerhöhung; – **graduale** schrittweise Anhebung; – **di protesto** Protesterhebung; – **del tenore di vita** Anhebung des Lebensstandards; – **al trono** Thronerhebung *f*.

elezione *f* Wahl *f*; **nuova** – Neuwahl; – **per acclamazione** Wahl durch Zuruf, Wahl durch Akklamation; – **amministrativa** Kommunalwahl, Stadtratswahl, Gemeindewahl, Gemeinderatswahl; – **della camera** Kammerwahl; – **cantonale** (S) Kantonalwahl (S); – **complementare** Nachwahl, Ergänzungswahl, Ersatzwahl; – **comunale** Kommunalwahl, Stadtratswahl, Gemeindewahl, Gemeinderatswahl; – **diretta** Direktwahl; – **di domicilio** Benennung des Zustellungsbevollmächtigten, Domizilerwählung *f* (S); – **parziale** Teilwahl; – **preliminare** Vorwahl; – **presidenziale** Präsidentschaftswahl; – **uninominale** Persönlichkeitswahl.

elezioni *f pl*, **annullare le** – die Wahlen für ungültig erklären; **indire le** – die Wahlen ausschreiben; **nuove** – Neuwahlen; – **amministrative** Wahlen in den Teilgebietskörperschaften (*Gemeinden, Provinzen und Regionen*) – **anticipate** vorgezogene (Neu-)Wahlen; – **per la Camera** (*dei deputati*) Parlamentswahlen; – **europee** Europawahl; – **libere** freie Wahlen; – **per il Parlamento Europeo** Wahlen zum Europaparlament; – **politiche** Parlamentswahlen; – **regionali** Regionalwahlen; – **al**

Senato Senatskammerwahlen; v. a. ELEZIONE.

eliminare eliminieren, ausmerzen, ausscheiden.

eliminazione *f* Beseitigung *f*, Eliminierung *f*, Ausscheidung *f*; – **di impianto** Anlageabgang *m*; – **delle iscrizioni del casellario giudiziale** Tilgung der Eintragungen im Strafregister; – **dei vizi** (*appalto*) Mängelbeseitigung, Nachbesserung *f* (*bei Werkvertrag*).

elitarismo *m* Elitedenken *n*.

élite *f* Elite *f*; – **del potere** Machtelite.

eludere umgehen.

elusione *f* Umgehung *f*; – **fiscale** Steuerumgehung; – **della legge** Gesetzesumgehung.

emanare erlassen.

emancipare für volljährig erklären, aus der elterlichen Sorge entlassen.

emancipazione *f* Entlassung aus der elterlichen Sorge, Volljährigkeitserklärung *f*, Volljährigerklärung (A), Entlassung aus der väterlichen Gewalt (A), Mündigerklärung (S =); – **della donna,** – **femminile** Emanzipation *f* der Frau.

emarginare (1) (*annotare sul margine*) am Rand vermerken; (2) (*isolare*) ausgrenzen.

emarginazione *f* **sociale** soziale Ausgrenzung *f*.

embargo *m* Embargo *n*, Handelssperre *f*; – **sulle armi** Waffenembargo, Waffenausfuhrverbot *n*; – **commerciale** Handelsembargo, Handelssperre; – **generale** Generalembargo.

emblema nazionale, – **dello Stato,** – **di sovranità** Hoheitszeichen *n*, (dello Stato soltanto) Staatswappen *n*.

emenda *f* Besserung *f*.

emendamento *m* Abänderung *f*, Änderung; **votare un** – über eine Änderung abstimmen; – **aggiuntivo** Zusatzänderung; – **di legge** Gesetzesänderung; – **soppressivo** Streichung *f*; v. a. MODIFICA, MODIFICAZIONE.

emendare abändern, ändern.

emettere (1) (*certificati*) ausstellen; (2) (*titoli*) ausgeben, emittieren, (*solo obbligazioni*) begeben, auflegen.

emigrante *m* Auswanderer *m*, Emigrant *m*.

emigrare auswandern, emigrieren.

emigrato *m* Ausgewanderter *m*; – **rimpatriante** Rückwanderer *m*.

emigrazione *f* Auswanderung *f*, Emigration *f*; – **di capitali** Kapitalauswanderung, Kapitalabwanderung; – **di mano d'opera** Abwanderung von Arbeitskräften.

eminenza *f* **grigia** graue Eminenz *f*.

emissario *m* Emissär *m*.

emissione *f* (1) (*certificati*) Ausstellung *f*; (2) (*titolo*) Ausgabe *f*, Emission *f*, (*solo obbligazioni*) Begebung *f*; Auflegung *f*; (3) (*fisica*) Emission *f*; **nuova** – Neubegebung; – **di agenti inquinanti** Emission von Schadstoffen; – **di assegno** Scheckausstellung; – **di azioni** Aktienausgabe; – **di banconote,** – **di biglietti di banca** Banknotenausgabe, Notenausgabe, Notenemission; – **di fattura** Rechnungsausstellung; – **di gas, di vapori o di fumo** Freisetzen *n* von Gas, Dämpfen oder Rauch; – **inquinante** Schadstoffemission; – **di obbligazioni** Ausgabe von Schuldverschreibungen, Obligationenausgabe; – **alla pari** Pariausgaben, Pariemission, (*solo obbligazioni*) Paribegebung; – **sopra la pari** Überpariausgabe, Überpariemission, Ausgabe über dem Nennwert, Übernennwertausgabe; – **sotto la pari** Unterpariemission, (*solo obbligazioni*) Unterparibegebung; – **di un prestito** Begebung einer Anleihe, Auflegung einer Anleihe, Anleihebegebung, Anleiheausgabe; – **primaria** Primärenergie; – **per pubblica sottoscrizione** Begebung durch öffentliche Zeichnung, Begebung durch öffentliche Subskription; – **rinnovabile** erneuerbare Energie; – **di titoli** Wertpapierbegebung.

emittente *m* (1) (*certificati*) Aussteller *m*; (2) (*titoli*) Emittent *m*, Ausgeber *m*; (3) *f* (*radio*) Sender *m*; – **di una cambiale** Aussteller eines Wechsels, Wechselaussteller, Wechselgeber *m*; – **pirata** Piratensender; – **privata** Privatsender.

emolumenti *m pl* Bezüge *pl*, Dienstbezüge; – **in natura** Sachbezüge.

emorragia *f*, – **di capitali** Kapitalabfluss; – **di divise** Devisenabfluss *m*; – **di voti** starker Stimmenverlust *m*.

emporio *m* Warenhaus *n*.

empirico *agg* empirisch.

emulazione *f* schikanöse Rechtsausübung *f*, Schikane *f*.

enciclica *f* Enzyklika *f*.

enciclopedia *f* Lexikon *n*, Enzyklopädie *f*; – **del diritto,** – **giuridica** Rechtslexikon.

enclave *f* Enklave *f*.

energia *f* Energie *f*, Kraft *f*; – **alternativa** alternative Energie; – **atomica** Atomenergie; – **ecologica** umweltfreundliche Energie; – **elettrica** Elektroenergie; – **nucleare** Kernenergie; – **solare** Solarenergie; – **termica** Wärmeenergie.

energodipendente *agg* energieabhängig.

enfiteusi *f* Erbpacht *f*, Erbzinsvertrag *m*, Emphyteuse *f*; – **perpetua** Ewigpacht *f*.

enfiteuta *m* Erbpächter *m*.

ente *m* (*collettivo*) Körperschaft *f*; – **ammassatore** Vorratsstelle *f*; – **assicuratore** Versicherungsträger *m*; – **assicuratore sociale** Sozialversicherungsträger; – **d'assistenza**, – **assistenziale** Sozialeinrichtung; – **autarchico**, – **autonomo** Selbstverwaltungskörperschaft, Selbstverwaltungskörper (+ A), Selbstverwaltungseinrichtung *f*, Selbstverwaltungsbehörde *f*; – **collettivo** Körperschaft *f*, Korporation *f*; Gemeinwesen *n*; – **di diritto pubblico** Körperschaft des öffentlichen Rechts, öffentlich-rechtliche Körperschaft (S); – **erogatore** Leistungsträger; Versorgungsunternehmen; – **fiduciario** Treuhandkörperschaft *f*; – **finanziatore** Finanzierungsträger; – **investitore** Investitionsträger; – **locale** örtliche Körperschaft; – **minore** Körperschaft des öffentlichen Rechts (außer dem Staat), untergeordnete Gebietskörperschaft, nachgeordnete Gebietskörperschaft (A); – **morale** idealer Verein, Idealverein *m*; – **mutualistico** Verein auf Gegenseitigkeit, Gegenseitigkeitsverein *m*; – **per le nuove tecnologie, l'energia e l'ambiente** (**ENEA**) Anstalt für neue Technologien, Energie und Umwelt; – **ospedaliero** Krankenanstalt; – **pararegionale** halbregionale Körperschaft; – **parastatale** halbstaatliche Körperschaft; – **previdenziale** Sozialversicherungsträger *m*; – **produttore del servizio** Leistungserbringer *m*; – **di promozione** Förderanstalt; – **publico** öffentliche Körperschaft, Körperschaft des öffentlichen Rechts; – **regionale** regionale Körperschaft; Landesanstalt; – **riassicuratore** Rückversicherungsträger *m*; – **di sviluppo** Förderanstalt; – **territoriale** Gebietskörperschaft *f*; – **territoriale minore** untergeordnete Gebietskörperschaft, nachgeordnete Gebietskörperschaft (A).

entità *f* Ausmaß *n*; Umfang *m*; – **della causa** Umfang der Sache; **lieve** – **del fatto** Geringfügigkeit *f* der Tat; – **del danno** Umfang des Schadens, Schadensumfang *m*; – **economica** Wirtschaftsgebilde *n*; – **giuridica** Rechtsgebilde *n*; – **dell' indennizzo** Entschädigungshöhe *f*; – **della responsabilità** Umfang der Haftung; – **del rischio** Gefahrumfang *m*; – **del sinistro** Umfang des Schadens, Schadensumfang *m*.

entrare (1) (in *uno Stato*) einreisen; (2) (*aderire*) beitreten.

entrata *f* (1) Eingang *m*, Eintritt *m*; (2) (*in uno Stato*) Einreise *f*; (3) (introito) Eingang *m*, Einnahme *f*; **maggiore** – Mehreinnahme; **minore** – Mindereinnahme; – in carica Amtsantritt *m*, Amtsübernahme *f*; – **di cassa** Bareinnahme, Kasseneinnahme; – **del commissionario nel contratto** Selbsteintritt *m*; – **complessiva** Gesamteinnahme; – **di denaro** Geldeingang, Geldeinnahme; – **effettiva** Isteinnahme; – **in franchigia** zollfreie Einfuhr, zollfreier Eingang, Eingangszollfreiheit *f*; – **in funzione** Inbetriebnahme *f*; Inbetriebsetzung *f*; – **in guerra** Kriegseintritt; – **lorda** Bruttoeinnahme; – **monetaria** Geldeingang, Geldeinnahme; – **netta** Nettoeinnahme; – **nel possesso** Besitzantritt *m*; – **in servizio** Dienstantritt *m*, Dienstaufnahme *f*; – **teorica** Solleinnahme; – **in vigore** Inkrafttreten *n*, Wirksamwerden *n*; v. a. ENTRATE, INTROITO.

entrate *f pl* Einnahmen *pl*, Einkünfte *pl*, Eingänge *pl*; – **accessorie** Nebeneinnahmen, Nebeneinkünfte; – **di cassa** Kasseneingänge, Kasseneinnahmen, Bareingänge, Bareinnahmen; – **del comune** Gemeindeeinnahmen; – **correnti** laufende Einnahmen; – **demaniali,** – **del demanio** Domanialeinkünfte, Domanialeinnahmen; – **di divise** Deviseneingänge; – **erariali** Staatseinnahmen; – **d'esercizio** Betriebseinnahmen; – **fiscali** Steuereinnahmen, Steuereingänge; – **ordinarie** ordentliche Einnahmen; – **patrimoniali** finanzielle Einnahmen; – **pubbliche** öffentliche Einnahmen; – **straordinarie** außerordentliche Einnahmen, einmalige Einnahmen, Sondereinnahmen; – **tributarie** Steuereingänge, Steuereinnahmen; – **ed uscite** Einnahmen und Ausgaben.

enumerare aufzählen.

enumerazione *f* **tassativa** abschließende Aufzählung, geschlossene Aufzählung, erschöpfende Aufzählung.

enunciazione *f*, – **dei fatti** Sachverhaltsdarstellung *f*; – **del principio di diritto** Festlegung der Rechtsansicht (*durch das Revisionsgericht*).

enunciazioni *f pl* **di principio** tragende Gründe.

epurare säubern.

epurazione *f* Säuberung *f*; – **della base imponibile** Feststellung *f* des zu versteuernden Einkommens;

equilibrio *m* Gleichgewicht *n*; – **ambientale** ökologisches Gleichgewicht; – **atomico** atomares Gleichgewicht; – **biologico** biologisches Gleichgewicht; – **del bilancio pubblico** Haushaltsgleichgewicht *n*, Haushaltsausgleich *m*, Gleichgewicht des Budgets; – **ecologico** ökologisches Gleichgewicht; – **economico** wirtschaftliches Gleichgewicht; – **fra entrate e spese** Ausgeglichenheit von Einnahmen und Ausgaben; – **europeo** europäisches Gleichgewicht; – **finanziario** finanzielles Gleichgewicht; – **delle forze** Gleichgewicht der Mächte; – **del mercato** Marktgleichgewicht; – **militare** militärisches Gleichgewicht; – **naturale** natürliches Gleichgewicht; – **nucleare** nukleares Gleichgewicht; – **politico** politisches Gleichgewicht; – **dei prezzi** Preisgleichgewicht; – **regionale** regionales Gleichgewicht; – **del terrore** Gleichgewicht des Schreckens;

equipaggiare (*navi*) bemannen.

equipaggio *m* Besatzung *f*, Mannschaft *f*.

equiparare gleichsetzen, gleichstellen.

equiparato nei diritti gleichberechtigt.

equiparazione *f* Gleichstellung *f*.

equipollenza *f* **dei diplomi** Gleichwertigkeit von Diplomen, Gleichwertigkeit von Zeugnissen.

equità *f* Billigkeit *f*, billiges Ermessen; **decidere secondo** – nach Billigkeit entscheiden; – **fiscale** Steuergerechtigkeit.

equitativamente *avv* nach Billigkeit.

equivalente *agg* gleichwertig.

equivalente *m* Gegenwert *m*.

equivoco *agg* mehrdeutig.

equivoco *m* Missverständnis *n*.

equo *agg* billig.

era *f* Zeitalter *n*; – **elettronica** elektronisches Zeitalter; – **nucleare** Atomzeitalter.

erariale *agg* staatlich, ärarisch (A =).

erario *m* Fiskus *m*, Arar *n* (A =).

erede *m* Erbe *m*, (*figlio del de cuius*) Leibeserbe; **istituire un** – einen Erben einsetzen; **unico** – alleiniger Erbe; – **ab intestato** Intestaterbe, gesetzlicher Erbe; – **accettante col beneficio d'inventario** Inventarerbe, Vorbehaltserbe (A), bedingt erbserklärter Erbe (A); – **apparente** Scheinerbe; – **beneficiato** Inventarerbe; – **contrattuale** Vertragserbe; – **di**... (*nome del de cuius*) Erbe nach... (Name des Erblassers); – **fiduciario** fiduziarischer Erbe; – **istituito** eingesetzter Erbe, ernannter Erbe, benannter Erbe; – **istituito sotto condizione** bedingt eingesetzter Erbe; – **istituito sotto condizione risolutiva** unter auflösender Bedingung eingesetzter Erbe; – **istituito sotto condizione sospensiva** unter aufschiebender Bedingung eingesetzter Erbe; – **legittimario** Pflichtteilsberechtigter *m*, Noterbe (A); – **legittimo** gesetzlicher Erbe; – **naturale** Erbe aus unehelichem Verwandtschaftsverhältnis; – **necessario** Pflichtteilsberechtigter *m*, Noterbe (A); – **principale** Haupterbe; – **riservatario** Pflichtteilsberechtigter; – **sostituito** Nacherbe; – **sostituto** Ersatzerbe; – **testamentario** Testamentserbe; – **universale** Alleinerbe, Universalerbe.

eredità *f* Erbschaft *f*, Verlassenschaft *f* (A), Nachlaß *m*, Hinterlassenschaft *f*; **accettare l'** – die Erbschaft annehmen; **essere chiamato all'** – zur Erbfolge berufen sein; **rinunciare all'** – die Erbschaft ausschlagen; – **beneficiata** unter dem Vorbehalt der Inventarerrichtung angenommene Erbschaft; – **devoluta** angefallene Erbschaft; – **giacente** ruhende Erbschaft, ruhender Nachlaß (A), ruhende Verlassenschaft (A); – **vacante** erbenloser Nachlaß, erbloser Nachlaß, erblose Verlassenschaft (A).

ereditabile *agg* vererblich.

ereditare erben.

ereditario *agg* erblich.

erezione *f* **d'inventario** Inventarerrichtung *f*; v. a. FORMAZIONE.

ergastolano *m* zu lebenslanger Freiheitsstrafe Verurteilter *m*.

ergastolo *m* lebenslange Freiheitsstrafe.

ergonomia *f* Ergonomie *f*.

ergoterapia *f* Arbeitstherapie *f*, Beschäftigungstherapie *f*.

erogazioni *f pl*, – **monetarie periodiche** wiederkehrende Geldleistungen; – **sociali** Sozialleistungen *pl*; – **volontarie** freiwillige Aufwendungen.

eroina *f* Heroin *n*.

eroinomania *f* Heroinabhängigkeit *f*.

erosione *f*, – **monetaria** Währungsverfall *m*, Währungszerfall *m*; – **delle quotazioni** Kursverfall; – **del suolo** (*ambiente*) Bodenerosion *f*.

erroneo *agg* irrtümlich.

error in negotio Irrtum über die Geschäftsgrundlage; – **in persona** (*dir. pen.*) error in persona.

errore *m* Irrtum *m*, Fehler *m*; **per** – irrtümlich; **salvo** – Irrtum vorbehalten; – **di calcolo** Rechenfehler; Kalkulationsirrtum; – **di campionamento** (*stat*) Stichprobenfehler; – **casuale** (*stat*) Zufallsfehler; – **sulle cause di giustificazione** (*dir. pen.*) Irrtum über Rechtfertigungsgründe; – **sulle circostanze (del reato)** Irrtum über die Umstände der Tat; – **comune** beiderseitiger Irrtum, gemeinschaftlicher Irrtum (A), Irrtum beider Parteien; – **sulle conseguenze giuridiche** Rechtsfolgenirrtum; – **contabile** Buchungsfehler; – **determinato dall'altrui inganno** durch Täuschung eines anderen hervorgerufener Irrtum; – **nella dichiarazione** Irrtum in der Erklärungshandlung, Erklärungsirrtum; – **di diritto** Rechtsirrtum; – **sul divieto** (*dir. pen.*) Verbotsirrtum; – **essen-**

ziale wesentlicher Irrtum; – **evitabile** vermeidbarer Irrtum; – **di fatto, – sul fatto** (1) (*dir. civ.*) Tatsachenirrtum; (2) (*dir. pen.*) Tatbestandsirrtum; – **formale** formeller Fehler; – **giudiziario** Justizirrtum; – **sull' identità** Identitätsirrtum; – **di input** (*inf*) Eingabefehler; – **di interpretazione** Auslegungsfehler; – **irrilevante** unbeachtlicher Irrtum; – **sulla legge extrapenale** außerstrafrechtlicher Irrtum; – **sulla legge penale** Strafrechtsirrtum; – **materiale** sachlicher Irrtum, sachlicher Fehler; – **nel matrimonio** Irrtum bei der Eheschließung; – **motivo, – nel motivo** Irrtum im Beweggrund, Motivirrtum; – **sulla natura del negozio** Irrtum über die Rechtsnatur des Geschäfts; – **sull'oggetto del negozio** Irrtum über den Gegenstand des Geschäfts; – **ostativo** Irrtum in der Erklärungshandlung; – **palese** offensichtlicher Fehler; – **sulla persona** Irrtum über die Person; – **sul precetto** (*dir. pen.*) Verbotsirrtum; – **sulla presupposizione** Irrtum über die Geschäftsgrundlage; – **professionale** Kunstfehler; – **di programmazione** (*inf*) Programmierfehler; – **sulla punibilità** (*del fatto*) Irrtum über die Strafbarkeit (der Handlung); – **sulle qualità** Eigenschaftsirrtum; – **rilevante** beachtlicher Irrtum; – **rimproverabile** vorwerfbarer Irrtum; – **scusabile** entschuldbarer Irrtum; – **di sistema** Systemfehler; – **di stampa** Druckfehler; – **di traduzione** Übersetzungsfehler; – **di trascrizione** Abschreibfehler; – **di trasmissione** Übermittlungsfehler; – **nella trasmissione della dichiarazione** falsche Übermittlung der Erklärung; – **sul valore** Wertirrtum, Irrtum über den Wert; – **vizio** Irrtum im Beweggrund.

errori, salvo – ed omissioni Irrtum und Auslassungen vorbehalten.

esalazioni *fpl*, – **dal fondo vicino** Gas-, Dampf- und Geruchsimmissionen vom Nachbargrundstück; – **tossiche** giftige Dämpfe. *f* Ausdünstung *f*.

esame *m* (1) Prüfung *f*, Examen *n*; (2) (*verifica*) Besichtigung *f*, Untersuchung *f*; (3) (*testimoniale*) Vernehmung *f*; **sostenere un** – eine Prüfung ablegen, ein Examen ablegen; **sottoporsi ad un** – sich einer Prüfung unterziehen; **superare un** – eine Prüfung bestehen, ein Examen bestehen; – **di abilitazione** Eignungsprüfung; – **alcoolimetrico del sangue** Blutalkoholuntersuchung; – **d'ammissione** Aufnahmeprüfung, Aufnahme prüfung (A); – **attitudinale** Eignungsprüfung; – **della causa** Prozesserörterung *f*; – **di concorso** Auswahlprüfung; – **contabile** Rechnungsprüfung; – **dattiloscopico** daktyloskopische Untersuchung; – (*testimoniale*) **a domicilio** Vernehmung am Wohnsitz; – **finale** Abschlußprüfung, Abschlußexamen; – **a futura memoria** (*dir. proc.*) Vernehmung zur Beweissicherung; – **di guida** Fahrprüfung, Führerscheinprüfung; – **d'idoneità** Eignungsprüfung; – **intermedio** Zwischenprüfung; – **di laurea** Doktorprüfung; – **di legittimità** Rechtmäßigkeitsprüfung; – **dei libri** Bucheinsicht *f*, Büchereinsicht; – **di maturità** Reifeprüfung, Maturitätsprüfung (S); – **medico** ärztliche Untersuchung; – **del merito, – nel merito** Sachprüfung, meritorische Prüfung (A); – **necroscopico** Leichenschau; – **della novità** (*invenzione*) Neuheitsprüfung; – **obbligatorio** Pflichtprüfung; – **orale** mündliche Prüfung; – **delle parti** (*mezzo di prova*) Vernehmung der Parteien; – **di passaggio** (*a classe superiore*) Übergangsprüfung; – **per la patente die guida** Führerscheinprüfung; – **della pratica** Aktenstudium *n*; – **preliminare, – preventivo** Vorprüfung; – **delle prove** Beweisaufnahme; – **psichiatrico** psychiatrische Untersuchung; – **di riparazione** Wiederholungsprüfung; – **del sangue** Blutuntersuchung; – **scritto** schriftliche Prüfung; – **sociale** sozialer Ausschluss; – **di Stato** Staatsprüfung, Staatsexamen; – **dello stato passivo** (*dir. fall.*) Prüfung der angemeldeten Forderungen; – **di testimoni,** – **testimoniale,** – **di testimonio** Zeugeneinvernahme *f*, Zeugenvernehmung *f*; v. a. ISPEZIONE, VERIFICA.

esaminando *m* Prüfling *m*.

esaminare prüfen, untersuchen, besichtigen, revidieren; – **d'ufficio** von Amts wegen prüfen.

esaminatore *m* Prüfer *m*.

esaurimento *m* **delle vie legali** Erschöpfung *f* des Rechtswegs.

esattore *m* Einnehmer *m*; – **comunale** Gemeindeerheber *m*; – **consorziale** Steuereinnehmer eines Gemeindeverbandes; – **delle imposte** Steuereinnehmer *m*, Steuererheber *m*, Steuereinheber *m* (A).

esattoria *f* Steuerkasse *f*, Hebestelle *f*.

esazione *f* Eintreibung *f*; – **di imposte** Steuererhebung *f*, Steuerbeitreibung *f*, Steuereinhebung *f* (A), Steuereintreibung (A), Abgabeneinhebung (A).

esborso *m* Auslage *f*, Barauslage, Barausgabe *f*, Geldausgabe.

escludere ausschließen.

esclusione *f* Ausschließung *f*, Ausschluss *m*; – **dell' antigiuridicità** Ausschluss der Rechtswidrigkeit; – **dalla borsa** Börsenausschluss; – **della colpevolezza** Schuldausschluss; – **della concorrenza** Konkurrenzausschluss; – **di un giudice per incompatibilità** Ausschluß eines Richters; – **della responsabilità** Ausschluss der Haftung, Haftungsausschluss; – **di socio** Ausschließung eines Gesellschafters; – **delle vie legali ordinarie** Ausschluss des ordentlichen Rechtsweges; – **dalla votazione** Wahlausschließung.

esclusiva *f* Alleinrecht *n*; – **di vendita** Alleinverkaufsrecht *n*.

esclusivista *m* Alleinverkäufer *m*.

esclusività *f* Ausschließlichkeit *f*, Exklusivität *f*, Alleinrecht *n*, Alleinberechtigung *f*; – **(dell'uso) della ditta** Firmenausschließlichkeit.

esclusivo *agg* ausschließlich, exklusiv, Allein-.

escorporazione *f* (*libro fondiario*) Abschreibung *f* (*Grundbuch*).

escussione *f* (1) (*azione*) Vorausklage *f*; (1) (*interrogatorio*) Vernehmung *f*, Einvernahme *f*; – **del testimone** Zeugeneinvernahme.

escutere (1) vorausklagen; (2) vernehmen.

esecutività *f* Vollstreckbarkeit *f*.

esecutivo *agg* vollstreckbar; **dichiarare** – für vollstreckbar erklären; **immediamente** – sofort vollstreckbar.

esecutivo *m* Exekutive *f*; (*comitato*) Exekutivausschuß *m*.

esecutore *m* Vollstrecker *m*, Vollzieher *m*; – **testamentario** Testamentsvollstrecker, Testamentsvollzieher (A), Testamentsexekutor *m* (A), Willensvollstrecker (S).

esecutorietà *f* Vollstreckbarkeit *f*.

esecutorio *agg* vollstreckbar.

esecuzione *f* (1) (*attuazione*) Ausführung *f*, Durchführung; (2) (*del contratto*) Erfüllung; (3) (*forzata*) Vollstreckung *f*, Exekution *f* (A), Betreibung *f* (S); (4) (*pena, atto di volantà, provvedimento del giudice*) Vollstreckung *f*, Vollziehung *f*, Vollzug *m*; **mancata – dolosa di un provvedimento del giudice** Vollstreckungsvereitelung *f*, Exekutionsvereitelung (A +); **rinviare l'** – die Vollstreckung aufschieben, die Vollstreckung aussetzen; **sospendere l'** – die Vollstreckung vorläufig einstellen; – **amministrativa** Verwaltungsvollstreckung; – **del bilancio pubblico** Haushaltsvollzug, Haushaltsdurchführung; – **di buona fede** Erfüllung nach Treu und Glauben; – **cambiaria** (S) Wechselbetreibung (S); – **capitale** Hinrichtung *f*, Exekution; – **concorsuale** Gesamtvollstreckung, Totalvollstreckung; –

del contratto Vertragserfüllung; – **per debiti** (S) Schuldbetreibung (S); – **donnant-donnant** Erfüllung Zug um Zug; – **fiscale** Vollstreckung aus dem Steuerschuldverhältnis; – **in forma specifica** Naturalexekution, Realexekution (S); – **forzata** Zwangsvollstrekkung; Zwangsexekution, Exekution (A); – **forzata per consegna o rilascio** Zwangsvollstreckung zur Erwirkung der Herausgabe von Sachen; – **forzata in forma specifica** Naturalexekution; – **forzata individuale** Einzelzwangsvollstrekkung; – **forzata di obblighi di fare o di non fare** Zwangsvollstreckung zur Erwirkung von Handlungen oder Unterlassungen; – **forzata di rilascio di immobile** Zwangsräumung *f*; – **dei lavori** Ausführung der Arbeiten; – **del mandato** Auftragsausführung; – **„intra muros"** Intramuranhinrichtung *f*; – **in massa** Massenhinrichtung *f*; – **dell'ordine** (1) Auftragserledigung; (2) Befehlsausführung; – **particolare** Einzelvollstreckung, Singularvollstreckung; – **della pena,** – **penale** Strafvollstreckung, Strafvollzug; – **provvisoria** vorläufige Vollstreckung; – **del reato** Ausführung der Straftat; – **della sentenza** Urteilsvollstrekkung; – **del sequestro** Vollziehung der Beschlagnahme; Arrestvollzug, Arrestvollziehung; – singolare Einzelvollstreckung, Singularvollstrekkung; – **sommaria** Hinrichtung ohne Verfahren; – sostitutiva Ersatzvollstreckung (*Zwangsvollstreckung durch Ersatzvornahme*); – **testamentaria** Testamentsvollstreckung; – **d'ufficio** Ersatzvornahme *f*, Selbstausführung; – **universale** Gesamtvollstreckung, Totalvollstrekkung; v. a. ADEMPIMENTO.

eseguibile *agg* ausführbar, durchführbar.

eseguibilità *f* Ausführbarkeit *f*, Durchführbarkeit.

eseguire ausführen, durchführen, vollstrecken, vollziehen.

esempio *m* **modello** Modellbeispiel *n*.

esemplare *m* (*di contratto*) Ausfertigung *f*; – **giustificativo** Belegexemplar *n*; – **d'obbligo** Pflichtexemplar *n*.

esentare ausnehmen, befreien.

esente frei.

esenzione *f* Befreiung *f*, Freiheit *f*, Erlassung *f*; – **da bollo** Stempelfreiheit; – **da carichi** Lastenfreiheit; – **contributiva** Beitragsbefreiung; – **doganale** Zollbefreiung; – **fiscale** Abgabenbefreiung, Abgabenfreiheit, Steuerbefreiung, Steuerfreiheit; – **dalla giurisdizione** Gerichtsfreiheit, gerichtliche Immunität, Befreiung von der Gerichtsbarkeit; – **dalla giurisdizione penale** Verfolgungsimmunität *f*; – **da imposte** Steuerbefreiung, Steuerfreiheit; – **da oneri** Lastenfreiheit; – **parziale** Teilbefreiung; – **provvisoria** einstweilige Befreiung; – **dal servizio** Dienstbefreiung, Dienstfreiheit; – **dal servizio militare** Befreiung vom Militärdienst, Wehrpflichtausnahme *f*; – **da spese** Kostenfreiheit; **in** – **di tassa** gebührenfrei; – **dalle tasse** Gebührenbefreiung, Ge-bührenfreiheit; – **tributaria** Abgabenbefreiung, Abgabenfreiheit; Steuerbefreiung, Steuerfreiheit; – **tributaria degli agenti diplomatici** Steuer- und Zollfreiheit der Diplomaten; v. a. ESONERO.

esercente *m* (1) (*in generale*) Betreiber *m*, Ausübender *m*; (2) (*commercio*) Gewerbetreibender *m*; Lokalinhaber, Geschäftsinhaber.

esercire betreiben.

esercitare ausüben, betreiben, geltend machen.

esercitazione *f* **di guida** Fahrübung *f*.

esercito *m* **d'occupazione** Besatzungsarmee *f*.

esercizio *m* (1) (*di un diritto*) Ausübung *f*; (2) (*azienda*) Betrieb *m*; (3) (*periodo di gestione*) Geschäftsjahr *n*, Betriebsjahr, Bilanzjahr, Wirtschaftsjahr; **chiudere l'** – das Geschäftsjahr abschließen; **decorso** – abgelaufenes Geschäftsjahr; – **abusivo di una professione** unbefugte Berufsausübung; – **abusivo di pubbliche funzioni** Amtsamaßung, unbefugte Amtsausübung; – **arbitario delle proprie ragioni** eigenmächtige Rechtsausübung; – **dell'azione** Klageführung *f*, Ausübung der Klage; – **dell'azione civile nel processo penale** Anschlußverfahren *n*, Adhäsionsprozeß *m*, Adhäsionsverfahren; – **della caccia** Jagdausübung; – **commerciale** Geschäftsjahr, Bilanzjahr, Betriebsjahr; – **in corso** laufendes Geschäftsjahr; – **deficitario** Verlustjahr; – **di un diritto** Ausübung eines Rechts, Rechtsausübung, Geltendmachung eines Anspruchs; – **del diritto di opzione** (*azioni*) Ausübung des Bezugsrecht; – **del diritto di voto** Ausübung des Stimmrechts, Ausübung des Wahlrechts; – **della discrezionalità** Ermessensausübung; – **in esame** Berichtsjahr; – **di una facoltà legittima** Wahrnehmung berechtigter Interessen; – **finanziario** Finanzjahr, Haushaltsjahr, Rechnungsjahr, Budgetjahr, Budgetperiode *f*, Rechnungsperiode; – **fiscale** Steuerjahr, Steuerabschnitt *m*; – **delle funzioni** Ausübung eines Amtes, Amtsausübung; – **di mandato** Ausübung eines Mandats, Mandatsausübung; – **parziale** Rumpfgeschäftsjahr, Rumpfwirtschaftsjahr, Rumpfbetriebsjahr, Zwischengeschäftsjahr; – **passivo** Verlustjahr; – **del potere** Machtausübung; – **precedente** Vorjahr; – **della professione** Berufsausübung; – **delle proprie ragioni** Selbsthilfe *f*; – **in proprio** Selbstbewirtschaftung *f*; – **provvisorio** Notetat *m*, Budgetprovisorium *n* (A); – **sociale** Geschäftsjahr (*einer Gesellschaft*), Gesellschaftsjahr; – **della sovranità** Herrschaftsausübung; – **tributario** Steuerjahr, Steuerabschnitt *m*.

esibizione *f* (1) Vorlegung *f*; (2) (*spettacolo*) Vorführung *f*, – **documentale,** – **di documenti** Urkundenvorlegung; – **delle prove** Vorlegung der Beweise.

esibizionismo *m* Exhibitionismus *m*.

esigenza *f* Erfordernis *n*, Forderung *f*; – **della forma scritta** Schriftformerfordernis; – **del mercato** Marktbedürfnis *n*.

esigenze *f pl*, **corrispondere alle** – den Anforderungen entsprechen; – **ambientali** Umweltbedürfnisse *npl*; – **di cassa** Baranforderungen *pl*.

esigere (1) (*pretendere*) fordern, verlangen, erfordern; (2) (*riscuotere*) eintreiben, erheben, einnehmen.

esigibile *agg* (1) (*del credito*) fällig; (2) (*dir. pen.*) zumutbar.

esigibilità *f* (1) (*del credito*) Fälligkeit *f*; (2) (*dir. pen.*) Zumutbarkeit *f*.

esiliare verbannen, abschaffen (A).

esiliato *m* Verbannter *m*.

esilio *m* Exil *n*, Verbannung *f*, Abschaffung *f* (A =).

esimente *f* (*causa di giustificazione*) Rechtfertigungsgrund.

esimere befreien.

esistenza *f* (*consistenza*) Bestand *m*; – **di cassa** Kassenbestand; – **effettiva** Istbestand; – **teorica di cassa** Kassensollbestand.

esistenze *f pl* **iniziali** Anfangsbestand *m*.

esistere bestehen, vorliegen.

esitare (*smerciare*) absetzen.

esito *m* (1) (*risultato*) Ergebnis *n*; (*2*) (*smercio*) Absatz *m*; – **delle elezioni** Ausgang *m* der Wahlen; – **delle trattative** Ausgang der Verhandlungen.

esiti di valuta Devisenausgänge *pl*.

esodo *m*, – **dalla campagna** Abwanderung vom Lande, Landflucht *f*; – **di capitali** Abwanderung von Kapital, Kapitalabwanderung *f*, Kapitalflucht *f*, Kapitalabfluss *m*.

esonerare freistellen, entbinden, befreien.

esonero *m* Befreiung *f*, Freistellung *f*, Entbindung *f*; – **fiscale** Abgabenfreiheit *f*, Abgabenbefreiung;

– **fraudolento dal servizio militare** (*reato*) betrügerische Freistellung vom Wehrdienst; – **da imposte** Steuerfreiheit *f*, Steuerbefreiung; – **dal pagamento del contributo** Beitragsbefreiung; – **dal pagamento del premio** Prämienbefreiung; – **da responsabilità** Haftungsbefreiung, Freistellung von der Haftung; v. a. ESENZIONE.

espansione *f* Expansion *f*, Ausdehnung *f*, Ausweitung *f*; – **degli affari** Geschäftsausweitung; – **congiunturale** konjunkturelle Expansion; – **creditizia,** – **del credito** Kreditexpansion, Kreditausdehnung, Kreditausweitung; – **del deficit pubblico,** – **del disavanzo pubblico** Ausweitung des Staatsdefizits; – **della domanda** Nachfrageexpansion; – **economica** Wirtschaftsausdehnung, wirtschaftliche Ausweitung, Wirtschaftsexpansion; – **dell'industria** Wachstum der Industrie; – **del mercato** Marktausdehnung, Marktausweitung; – **monetaria** Geldausweitung, monetäre Expansion; – **territoriale** Gebietserweiterung *f*.

espansionismo *m* Expansionismus *m*, Ausdehnungsbestrebung *f*, Ausdehnungstendenz *f*.

espatriare die Heimat verlassen, expatriieren.

espatrio *m* Verlassen der Heimat, Expatriierung *f*, Expatriation *f*.

espediente *m* Ausweg *m*, Notbehelf *m*; – **avvocatesco,** – **legale** Advokatenkniff *m*.

espellere ausschließen; (*uno straniero*) ausweisen; (*cacciare da un territorio*) vertreiben.

esperienza *f* Erfahrung *f*; – **commerciale** Handelserfahrung *f*, (*negli affari*) Geschäftserfahrung; – **comune** allgemeine Lebenserfahrung; – **professionale** Berufserfahrung; – **del ramo** Branchenerfahrung.

esperimento *m* Versuch *m*, Experiment *n*; – **sugli animali** Tierversuch; – **giudiziale** richterliches Experiment; – **nucleare** Kernwaffenversuch; – **pilota** Pilotversuch; – **delle vie legali** Beschreitung des Rechtsweges.

esperire betreiben; – **le vie legali** den Rechtsweg beschreiten.

esperto *agg* sachkundig, sachverständig, erfahren.

esperto *m* (1) (*perito*) Sachverständiger *m*, Sachkundiger *m*; (2) (*giudice onorario nelle sezioni specializzate*) Fachbeisitzer *m*; – **bancario** Banksachverständiger; – **contabile** Rechnungssachverständiger, Buchsachverständiger; – **doganale** Zollsachverständiger; – **economico** Wirtschaftssachverständiger; – **finanziario** Finanzsachverständiger, Finanzfachmann *m*; – **fiscale** Steuersachverständiger; – **governativo** Regierungssachverständiger; – **di pubblicità,** – **pubblicitario** Werbefachmann *m*; – **di statistica** Statistiker *m*; – **tributario** Steuersachverständiger; v. a. PERITO.

espiare verbüßen, abbüßen.

espiazione *f* Verbüßung *f*, Sühne *f*; – **della pena** Strafverbüßung.

espletare erledigen, durchführen.

esplicito *agg* ausdrücklich.

esplorazione *f* Sondierung *f*; – **diplomatica** diplomatische Sondierung.

esplosione *f* Explosion *f*; – **dei costi** Kostenexplosion; – **demografica** Bevölkerungsexplosion; – **nucleare** Kernexplosion; – **pericolosa** gefährliche Explosion.

esplosivo *agg* explosiv.

esplosivo *m* Sprengstoff *m*.

esponente *m* (*rappresentante autorevole*) maßgeblicher Vertreter *m* (*einer Partei usw.*); **alto** – führende Persönlichkeit.

esporre (*minori*) aussetzen.

esportabile *agg* exportfähig, ausfuhrfähig, ausführbar.

esportare ausführen, exportieren.

esportatore *m* Exporteur *m*, Ausfuhrhändler *m*.

esportazione *f* Ausfuhr *f*, Export *m*; **favorire l'** –, **incoraggiare l'** – die Ausfuhr fördern; – **di capitali** Kapitalausfuhr; – **illegale** illegale

Ausfuhr; – **invisibile** unsichtbare Ausfuhr; – **temporanea** Ausfuhr auf Zeit; – **di valuta** Geldausfuhr; – **franco valuta** unentgeltliche Ausfuhr.

espositore *m* Aussteller *m*.

esposizione *f* (1) Ausstellung *f*; (2) (*di minore*) Aussetzung *f*; (3) (*indebitamento*) Verschuldung *f*; – **agricola** Landwirtschaftsausstellung; – **debitoria** Verschuldung; – **di diritto** Rechtsdarlegung *f*, Rechtsdarstellung *f*; – **dei fatti** Darstellung des Sachverhalts, Sachverhaltsdarstellung *f*, Sachdarstellung (S), Tatbericht *m*; – **giuridica** Rechtsdarstellung *f*, Rechtsdarlegung *f*; – **industriale** Industrieausstellung; – **mercato** Verkaufsausstellung; – **mondiale** Weltausstellung; – **dei motivi** Begründung *f*; – **permanente** Dauerausstellung; – **universale** Weltausstellung.

esposto *m* (1) Exposé *n*, Darlegung *f*, Denkschrift *f*; (2) (*persona abbandonata*) Ausgesetzter *m*.

espressione *f*, – **offensiva** beleidigender Ausdruck; – **sconveniente** ungehöriger Ausdruck, unschicklicher Ausdruck; – **del voto** Stimmabgabe *f*.

espressività del bilancio Bilanzklarheit *f*.

espresso *m* (*invio*) Eilsendung *f*, Eilbrief *m*.

espromissione *f* Expromission *f*, Schuldübernahme *f* (durch Vertrag mit dem Gläubiger).

espropriante *m* Expropriant *m*, Enteigner *m* (S).

espropriare enteignen.

espropriato *m* Enteigneter *m*, Expropriat *m*.

espropriazione *f* Enteignung *f*, Expropriation *f*; (*proc. civ.*) Zwangsveräußerung *f*; – **forzata** Zwangsveräußerung; – **immobiliare** Zwangsveräußerung von Liegenschaften; – **ex lege** Legalenteignung; – **mobiliare presso il debitore** Zwangsveräußerung beweglicher Sachen beim Schuldner; – **parziale** teilweise Enteignung; – **per pubblico interesse** Enteignung zum Wohl der Allgemeinheit, Enteignung zum Allgemeinwohl, Enteignung im öffentlichen Interesse; – **singolare** Einzelvollstreckung; – **presso terzi** Zwangsveräußerung bei Dritten; – **contro il terzo proprietario** Zwangsveräußerung beim Dritteigentümer.

esproprio *m* v. espropriazione.

espulsione *f* Ausweisung *f*, Vertreibung *f*; – **da un cantone** (S) Kantonsverweisung (S); – **dello straniero dallo Stato** (*misura di sicurezza*) Ausweisung *f* des Ausländers.

espulso *m* Ausgewiesener *m*; Vertriebener *m*.

estensione *f*, – **dell'assicurazione** Versicherungsumfang *m*; – **della competenza** Zustandigkeitserweiterung *f*; – **della sentenza** Urteilsabfassung; – **del termine** Fristerstreckung *f* (A, S).

estensivo *agg* extensiv.

estensore *m* Verfasser *m*; – **della sentenza** Urteilsfasser *m*.

estero *agg* ausländisch, auswärtig.

estero *m* Ausland *n*.

estimazione *f*, – **dell'imponibile,** – **d'imposta** Steuereinschätzung *f*, Steuerbewertung *f*.

estimo *m* v. stima.

estinguere auslöschen, tilgen.

estinguersi erlöschen.

estinguibile *agg* tilgbar.

estinzione *f* Erlöschen *n*; Erlöschung *f*, Tilgung *f*; – **dell'azione** Verlust des Klagerechts; – **di un conto** Löschung eines Kontos; – **del credito** Erlöschen der Forderung; – **di debito,** – **di debiti** Schuldentilgung; – **di un diritto** Erlöschen eines Rechtes; – **del diritto di pegno** Erlöschen des Pfandrechts; – **dell'ipoteca** Erlöschen der Hypothek; – **del mandato** Auftragsbeendigung; – **delle obbligazioni** Erlöschen der Verbindlichkeiten; – **della pena** Straftilgung; – **del processo** Erlöschen des Prozesses, Beendigung des Verfahrens (*durch*

Untätigkeit oder Verzicht der Parteien); – **della procura** Erlöschen der Vollmacht; – **del rapporto giuridico** Erlöschen des Rechtsverhältnisses; – **del rapporto obbligatorio** Erlöschen des Schuldverhältnisses; – **del reato** Erlöschen der Straftat (*durch Tod des Beschuldigten, Amnestie u.a.*); – **della servitù** Untergang der Dienstbarkeit (S); – **dell'usufrutto** Untergang der Nutznießung (S).

estorcere erpressen, erzwingen.

estorsione *f* Erpressung *f*, Chantage *f*. (S =); – **di confessione** Geständniserpressung.

estra- v. anche extra-, stra-.

estraconiugale *agg* außerehelich.

estradare ausliefern.

estradato *m* Ausgelieferter *m*.

estradizione *f* Auslieferung *f*; **chiedere l'** – um Auslieferung ersuchen; – **attiva** Auslieferung; – **passiva** Einlieferung; – **temporanea** zeitweilige Auslieferung; – **in transito** Durchlieferung *f*.

estraparlamentare *agg* außerparlamentarisch.

estrarre ausbeuten, gewinnen, fördern; – **a sorte** ziehen, auslosen, losen, das Los entscheiden lassen.

estraterritoriale *agg* exterritorial.

estraterritorialità *f* Exterritorialität *f*.

estratto *m* Auszug *m*; – **dell'atto di matrimonio** Auszug aus dem Heiratsbuch; – **dell'atto di morte** Auszug aus dem Sterbebuch; – **dell'atto di nascita** Geburtsschein *m*, Auszug aus dem Geburtenbuch; – **autentico** beglaubigter Auszug; – **del casellario giudiziale** v. certificato penale; – **catastale** Katasterauszug; – **di contabilità** Buchauszug, Buchungsauszug; – **di conto** Kontoauszug, Rechnungsauszug, Saldoauszug; – **di conto corrente** Kontokorrentauszug, Girokontoauszug; – **di conto corrente postale** Postgirokontoauszug; Postsparkassenauszug (A); – **giornaliero** Tagesauszug; – **del libro fondiario** Grundbuchauszug, Grundbuchsauszug (A); – **di registro** Registerauszug; – **per riassunto** Auszug; – **di sentenza** Urteilsauszug; – **tavolare** Grundbuchauszug, Grundbuchsauszug (A).

estrazione *f* (1) Ausbeute *f*; Ausbeutung *f*, Förderung *f*, Gewinnung *f*, Abbau *m*; (2) (*di numero*) Ziehung *f*; **rimborsabile per** – auslosbar; – **a serie** Serienziehung; – **a sorte** Losziehung, Verlosung *f*, Auslosung *f*, Entscheidung durch das Los; – **a sorte dei premi** Prämienverlosung *f*.

estremi *m pl* Charakteristika *n pl*, wesentliche Punkte; (*di un reato*) Tatbestand *m*.

estremismo *m* Extremismus *m*; – **di destra** Rechtsextremismus; – **politico** politscher Extremismus.

estremista *agg* radikal.

estremista *m* Extremist *m*; – **di destra** Rechtsextremist; – **di sinistra** Linksextremist.

estromissione *f* (*dal giudizio*) Entlassung *f* (aus dem Verfahren).

esuberanza di capitali Kapitalüberfluß *m*.

esulare ins Exil gehen.

esule *m* im Exil Lebender; Verbannter *m*; Heimatvertriebener *m*.

esumazione *f* Exhumation *f*, Exhumierung *f*, Leichenausgrabung *f*.

età *f* Alter *n*, Lebensalter; **maggiore** – Volljährigkeit *f*, Mündigkeit *f*, Mündigkeitsalter (S); – **d'ammissione** Zulassungsalter; – **atomica** Atomzeitalter; – **del collocamento a risposo** Ruhealter, Pensionsalter; – **elettorale** Wahlalter; – **all'entrata** Eintrittsalter, Beitrittsalter; – **finale** Schlussalter; – **di guadagnare** erwerbsfähiges Alter; – **lavorativa**, – **da lavoro** Arbeitsalter; – **limite** Grenzalter; – **massima** Höchstalter; – **matrimoniale** Ehemündigkeit; – **media** Durchschnittsalter; – **minima** Mindestalter; – **minore** Minderjährigkeit *f*, Unmündigkeit *f*; **d'** – **minore** minderjährig; – **pensionabile** pensionsfähiges Alter; – **del pensionamento** Pensionsalter; – **scolastica** schulpflichtiges Alter; – **per stare in giudizio** Prozessfähigkeitsalter; – **al termine** Endalter; – **all'uscita** Austrittsalter.

etica *f*, – **economica** Wirtschaftsethik *f*; – **professionale** Berufsethos *n*; – **tributaria** Steuermoral *f*.

etichetta *f* **a barre** Strichcode – Etikett *n*.

etichettatura *f* Auszeichnung *f* (der Ware); Etikettierung *f*.

etilometro *m* Alkoholmessgerät *n*.

etto *m* hundert Gramm *pl*.

eurocittadino *m* EU-Bürger *m*.

eurocomunismo *m* Eurokommunismus *m*.

eurocrate *m* Eurokrat *m*.

eurodeputato *m* Europaparlamentarier *m*.

eurodifesa *f* Euro-Verteidigung *f*.

eurodivisa *f* Euro-Währung *f*.

eurodollaro *m* Eurodollar *m*.

euromercato *m* Euromarkt *m*.

euromissili *m pl* eurostrategische Raketen *pl*.

euroobligazioni *f pl* Eurobonds *pl*.

europarlamento *m* Europa-Parlament *n*.

europeismo *m* Europabewegung *f*.

europrestito *m* Euroanleihe *f*.

eurosaggio *m* Eurozinssatz *m*.

eurovaluta *f* Euro-Währung *f*.

eurovisione *f* Eurovision *f*.

eutanasia *f* Euthanasie *f*.

evacuare räumen, evakuieren, aussiedeln.

evacuato *m* Evakuierter *m*, Ausgesiedelter *m*, Aussiedler *m*.

evacuazione *f* Räumung *f*, Aussiedlung *f*.

evadere (1) entweichen, ausbrechen; (2) (*sottrarsi a un obbligo*) sich entziehen; (3) (*sbrigare*) erledigen.

evasione *f* (1) (*del detenuto*) Selbstbefreiung *f*; (2) (*elusione*) Umgehung *f*; **procurata** – Gefangenenbefreiung *f* (D), Befreiung von Gefangenen (A), Entweichenlassen von Gefangenen (S); – **fiscale** Steuerhinterziehung, Steuerflucht *f*, Abgabenhinterziehung *f*, Abgabehinterziehung (S =), Übergang der Abgabepflicht (S =).

evaso *m* Entwichener *m*.

evasore *m*, – **fiscale** Steuerhinterzieher *m*.

evento *m* (*diritto penale*) Erfolg *m*; – **bellico** Kriegsereignis *n*; – **dannoso** Schadensereignis *n*, Schadensfall *m*, schädigendes Ereignis; – **giuridico** Rechtserfolg.

eversione *f* verfassungsfeindliche Kräfte *f pl*, Subversion *f*.

eversivo *agg* verfassungsfeindlich, subversiv.

evidente *agg* offenkundig.

evidenza *f* (1) Offenkundigkeit; (2) Unterlage *f*.

evidenze *f pl* Unterlagen *pl*, Aufzeichnungen *pl*.

evincere evinzieren, entwehren, entziehen.

evitabilità *f* Vermeidbarkeit *f*; (*evento*) Abwendbarkeit *f*.

evitare vermeiden; (*evento*) abwenden.

evizione *f* Eviktion *f*, Entziehung *f*, Entwehrung *f*; – **parziale** teilweise Entwehrung (S); – **totale** vollständige Entwehrung (S).

evoluzione *f* Entwicklung *f*; – **congiunturale** Konjunkturentwicklung; – **demografica** Bevölkerungsentwicklung; – **economica** Wirtschaftsentwicklung; – **generale** Gesamtentwicklung; – **dei salari** Lohnentwicklung; – **strutturale** strukturelle Entwicklung; – **tecnologica** technologische Entwicklung; v. a. ANDAMENTO, SVILUPPO.

ex, – **acconto** ohne Zwischendividende; – **aequo et bono** nach Billigkeit – **cedola** ex Kupon, ohne Kupon; – **opzione** ohne Bezugsrecht, ausschließlich Bezugsrecht; – **saldo** ohne Schlussdividende; – **tagliando** ex Kupon, ohne Kupon.

exceptio Einrede *f*, Einwand *m*; – **doli generalis** Einwand des Rechtsmißbrauchs, Einwand der unzulässigen Rechtsausübung, Einrede der unzulässigen Rechtsausübung; – **inadimpleti contractus**

Einrede des nicht erfüllten Vertrages, Einrede der Nichterfüllung; – **non rite adimpleti contractus** Einrede der nicht richtigen Erfüllung; – **plurium concumbentium** Einrede des Mehrverkehrs; – **veritatis** Wahrheitsbeweis *m*.

exclave *f* Exklave *f*.

exequatur *m* Exequatur *n*.

extra- v. a. estra-, stra-.

extracomunitario *agg* (CE) außergemeinschaftlich.

extracontrattuale *agg* außer vertraglich; (*lavoro*) außertariflich.

extragiudiziale *agg* außergerichtlich.

extraprocessuale *agg* außergerichtlich.

extraparlamentare *agg* außerparlamentarisch.

extraterritoriale *agg* exterritorial.

extraterritorialità *f* Exterritorialität f.

F

fabbisogno *m* Bedarf *m*; **coprire il –** den Bedarf decken; **maggiore –** Mehrbedarf; – **abitativo** Wohnungsbedarf; – **accumulato** angestauter Bedarf; – **alimentare** Nahrungsmittelbedarf; – **annuo** Jahresbedarf; – **di capitale** Kapitalbedarf; – **di cassa** Kassenbedarf; – **creditizio,** – **di credito** Kreditbedarf; – **di denaro** Geldbedarf; – **eccedente** Mehrbedarf; – **elementare** Grundbedarf: – **energetico,** – **d'energia** Energiebedarf; – **di finanziamento** Finanzierungsbedarf; – **finanziario** Finanzbedarf; Kapitalbedarf; – **di guerra** Kriegsbedarf; – **d'importazione** Importbedarf; – **interno** Inlandsbedarf; – **d'investimento** Investitionsbedarf; – **di manodopera** Bedarf an Arbeitskräften, Arbeitskräftebedarf; – **di materie prime** Rohstoffbedarf; – **del mercato** Marktbedarf; – **nazionale** Inlandsbedarf; – **proprio** Eigenbedarf; – **di punta** Spitzenbedarf; – **supplementare** zusätzlicher Bedarf; – **di tesoreria** Kassenbedarf; – **totale** Gesamtbedarf; – **urgente** dringender Bedarf.

fabbrica *f* Fabrik *f*; **nuovo di –** fabrikneu.

fabbricabile *agg* bebauungsfähig.

fabbricabilità *f* (*di un terreno*) Bebaubarkeit *f*.

fabbricante *m* Fabrikant *m*, Hersteller *m*; – **di monete false** Falschmünzer *m*; – **unico** Alleinhersteller.

fabbricare herstellen, fertigen.

fabbricato *m*, – **industriale** gewerbliches Gebäude; – **rurale** landwirtschaftliches Gebäude.

fabbricazione *f* Herstellung *f*, Fertigung *f*; – **o commercio non autorizzati di armi** Herstellung von oder Handel mit Waffen ohne behördliche Erlaubnis; – **o detenzione di materie esplodenti** Herstellung oder Halten von Sprengstoff; – **di massa** Massenfertigung; – **di monete false** Falschmünzerei *f*; – **in serie** Serienfertigung, Serienfabrikation *f*, Serienherstellung, Serienerzeugung *f*, Reihenfertigung.

facilitazione *f*, **accordare una –** eine Vergünstigung gewähren; – **bancaria** Bankfazilität *f*; – **creditizia,** – **di credito** Kreditfazilität *f*, Krediterleichterung *f*, Fazilität; – **doganale** Zollerleichterung *f*; – **fiscale** Steuererleichterung; – **d'importazione** Einfuhrerleichterung; – **di pagamento** Zahlungserleichterung; – **speciale** Sondervergünstigung; – **valutaria** Devisenerleichterung.

facinoroso *agg* aufrührerisch.

facinoroso *m* Aufrührer *m*.

facoltà *f* (1) Befugnis *f*; (2) (*università*) Fakultät *f*, Fachbereich *m*; **riservarsi la** – sich das Recht vorbehalten; – **alternativa** Ersatzbefugnis; – **di controllo** Kontrollbefugnis; – **di deposito** Hinterlegungsbefugnis; – **di disporre,** – **di dispozione** Verfügungsmacht, Verfügungsbefugnis; – **di firma** Zeichnungsberechtigung *f*, Zeichnungsbefugnis *f*, Unterschriftsberechtigung; – **di firma congiunta** Gesamtzeichnungsberechtigung *f*, Kollektivzeichnungsberechtigung; – **di firma disgiunta** Einzelzeichnungsbefugnis; – **di giurisprudenza** Rechtsfakultät, juristische Fakultät, juridische Fakultät (A); – **di graziare** Begnadigungsbefugnis; – **di liberazione** (*di beni ipotecati*) Ablösungsanspruch, Ablösungsrecht; – **di optare** Optionsmöglichkeit; – **di opzione** Optionsmöglichkeit *f*; – **partecipativa** Beteiligungsbefugnis; – **di risoluzione** Aufhebungsrecht *n*; – **di rivalsa** Rückgriffsrecht; – **di scelta** Wahlrecht; v. a. DIRITTO, POTERE.

facoltà *f pl* **mentali** Geisteskräfte *pl*, geistige Kräfte.

facoltativo *agg* fakultativ, freiwillig.

facsimile *m* Faksimile *n*, Blankett *n*, Muster *n*; **in** – faksimiliert; – **della firma** Unterschriftsprobe *f*.

factoring *m* Factoring *n*.

falco *m* (*pol.*) Falke *m*.

fallimentarista *m* (1) (*legale specialista*) Fachanwalt für Insolvenzrecht, Fachanwalt für Konkursangelegenheiten; (2) (*studioso*) Insolvenzrechtler, Konkursrechtler.

fallimento *m* Insolvenz *f* Konkurs *m*, (*corr*) Pleite *f*; **dichiarare il** – den Konkurs eröffnen; **fare** – in Konkurs geraten, in Konkurs gehen, in Konkurs fallen (S =); – **consecutivo** (*al vano esperimento del concordato preventivo*) Anschlusskonkurs; – **dell'imprenditore defunto** Nachlassinsolvenz, Nachlasskonkurs; – **del matrimonio** Scheitern *n* der Ehe; – **delle trattative** Scheitern der Verhandlungen; v. a. BANCAROTTA.

fallire in Konkurs geraten, in Konkurs gehen, in Konkurs fallen (S =), (*corr*) Pleite machen.

fallito *m* Gemeinschuldner *m*, Konkursschuldner, Konkursit *m* (S =).

falsare fälschen.

falsario *m* Falschmünzer *m*, Münzfälscher *m*, Fälscher.

falsificare fälschen, verfälschen.

falsificatore *m* Fälscher *m*; – **di biglietti di banca** Banknotenfälscher; – **di monete** Münzfälscher.

falsificazione *f* Fälschung *f*, Verfälschung; – **di assegno** Scheckfälschung; – **di atti** Urkundenfälschung; – **di biglietti di banca** Banknotenfälschung; – **del bilancio** Bilanzfälschung; – **di cambiale** Wechselfälschung; – **di documenti** Urkundenfälschung; – **di monete** Münzfälschung, Geldfälschung; – **di passaporto** Passfälschung; – **di sigillo** Siegelfälschung; – **di stato** (civile) Personenstandsfälschung; – **di valori di bollo** Wertzeichenfälschung.

falsità *f* Falschheit *f*, Unechtheit *f*; – **in atti** Urkundenfälschung *f*; – **documentale,** – **in documenti** Urkundenfälschung; – **ideologica** intellektuelle Urkundenfälschung (*Herstellen einer inhaltlich unwahren Urkunde*); – **ideologica commessa dal privato in atto pubblico** mittelbare Falschbeurkundung (D), mittelbare unrichtige Beurkundung (A); – **ideologica commessa dal pubblico ufficiale in atti pubblici** Falschbeurkundung im Amt; – **intellettuale** intellektuelle Urkundenfälschung (*Herstellen einer inhaltlich unwahren Urkunde*); – **materiale** materielle Fälschung (*Herstellen einer unrechten oder Verfälschen einer echten Urkunde*); – **in scrittura privata** Fälschung einer Privaturkunde; – **della testimonianza** falsches Zeugnis.

falso *agg* unecht, falsch.

falso *m* Fälschung *f*; **deporre il** – falsch aussagen; **giurare il** – einen Meineid leisten, einen Meineid schwören; – **in atti,** Urkundenfälschung; – **in bilancio** Bilanzfälschung; – **documentale** Urkundenfälschung; – **ideologico** intellektuelle Urkundenfälschung; – **nummario** Münzfälschung, Münzverfälschung, Geldfälschung, Münzverbrechen *n*.

famiglia *f* Familie *f*; **senza** – alleinstehend; – **affidataria** Pflegefamilie; – **coltivatrice** Bauernfamilie; – **di fatto** eheähnliche Gemeinschaft; – **monoparentale** Familie mit (nur) einem Elternteil; – **delle nazioni** Völkerfamilie; – **numerosa** kinderreiche Familie; – **reale** königliche Familie.

familiare *m* Familienangehöriger *m*, Familienmitglied *n*, Familienglied (S); – a **carico** zu versorgender Familienangehöriger.

fanale *m* **posteriore antinebbia** Nebelschlussleuchte *f*.

fanatismo *m* Fanatismus *m*; – **politico** politischer Fanatismus; – **religioso** religiöser Fanatismus.

fanciullo affidato alle cure di … (S) Pflegekind *n*.

fare *m* Tun *n*.

farmacodipendente *agg* medikamentenabhängig.

farmocodipendenza *f* Medikamentenabhängigkeit *f*.

farmacopea *f* **ufficiale** (*elenco dei farmaci*) Rote Liste *f* (*der Arzneimittel*).

Farnesina *f* (*palazzo della Farnesina*) (1) Sitz *m* des ital. Außenministeriums; (2) Außenministerium *n*.

fascia *f*, **sotto** – unter Streifband, unter Kreuzband; – **di confine** Grenzstreifen *m*; – **di oscillazione** (*dei cambi*) Bandbreite (*der Wechselkurse*); – **dell' ozono** Ozonschicht *f*; – **di popolazione** Bevölkerungsschicht; – **di reddito** Einkommensgruppe; – **di rispetto** Schutzstreifen; – **salariale** Lohngruppe; – **smilitarizzata** entmilitarisierter Streifen; – **tricolore** Trikolore-Band.

fascicolo *m* Akte *f*; **formare un** – eine Akte anlegen; – **di cancelleria** Akte der Geschäftsstelle; – **della causa** Prozessakten *pl*; – **per il dibattimento** Hauptverhandlungsakte; – **dell'esecuzione** Vollstreckungsakte; (*penale*) Vollstreckungsheft *n*; – **delle firme autorizzate** Unterschriftsverzeichnis *n*; – **di parte** Parteiakte; – **penale** Strafakte; – **personale** Personalakte; – **del Pubblico Ministero** Ermittlungsakte (der Staatsanwaltschaft); – **d'ufficio** Prozessakte, Gerichtsakte; Amtsakte.

fascismo *m* Faschismus *m*.

fascista *agg* faschistisch.

fascista *m* Faschist *m*.

fase *f*, – **di attuazione** Umsetzungsphase; – **congiunturale** Konjunkturphase *f*; – **consultiva** Beratungsphase, – **decisionale** Entscheidungsphase; – **del dibattimento** Hauptverhandlung *f*; – **di elaborazione** Ausarbeitungsphase; – **finale** Endphase; – **del giudizio** Hauptverfahren *n*; – **del procedimento** Verfahrensstadium *n*, Verfahrensabschnitt *m*; – **di prova** Testphase *f*; – **di transizione** Übergangsphase.

fatti *m pl* **nuovi** neue Umstände *pl*, neue Tatsachen *pl*.

fattispecie *f* Tatbestand *m*; – **costitutiva**, – **formativa** Entstehungstatbestand; – **giuridica** gesetzlicher Tatbestand; – **legale del reato** Straftatbestand, gesetzlicher Tatbestand; – **oggettiva** objektiver Tatbestand; – **soggettiva** subjektiver Tatbestand.

fatto *m* (1) (*realtà concreta*) Tatsache *f*; (2) (*azione*) Handlung *f*, Tat f; cogliere **sul** – auf frischer Tat betreffen, auf frischer Tat betreten (A); – **addebitato** zur Last gelegte Tat; – **allegato** behauptete Tatsache; – **altrui** Handlung eines Dritten; – **amministrativo** (*azienda*) Betriebsvorfall *m*, Geschäftsvorfall; – **a carico** belastende Tatsache; – **certo** feststehende Tatsache; – **colposo** fahrlässige Handlung; – **commesso in recidiva** Rückfalltat; – **compiuto** vollendete Tatsache; – **confessato** (*proc. civ*) zugestandene Tatsache; – **costitutivo di diritto** rechtserzeugende Tatsache; – **criminoso** strafbare Handlung; – **dannoso** Schadenshandlung; – **a discarico** entlastende Tatsache; – **doloso** vorsätzliche Handlung; – **economico** wirtschaftlicher Vorgang; – **empirico** Erfahrungstatsache; – **dell' esperienza** Erfahrungstatsache; – **generatore** (*dir. trib.*) Entstehungstatbetand; – **di gestione** Geschäftsvorfall *m*, Betriebsvorfall; – **giuridicamente rilevante** rechtserhebliches Ereignis; – **giuridico** Rechtstatsache, juristische Tatsache; – **di guerra** Kriegseinwirkung *f*, Kriegshandlung *f*, Kriegsbelästigung *f*; – **illecito** unerlaubte Handlung, verbotene Handlung; – **imputato** zur Last gelegte Tat; – **lesivo** schädigende Handlung, Verletzungshandlung; – **di lieve entità** geringfügige Tat; – **noto al giudice** gerichtsbekannte Tatsache; – **notorio** offenkundige Tatsache, – **nuovo** neue Tatsache, neuer Umstand *m*; **per – personale** in eigener Sache; – **del principe** Verfügung von Hoher Hand; – **processuale** Prozesstatsache; – **proprio** eigenes Verhalten; – **di reato** Straftat; – **rilevante** erhebliche Tatsache; – **a Roma, li** geschehen zu Rom, am; – **di sangue** Bluttat *f*; v. a. ATTO.

fattore *m* Faktor *m*, Umstand *m*; – **di campagna** Guts Verwalter *m*; – **di calcolo** Bemessungsfaktor; – **di capitalizzazione** Aufzinsungsfaktor *m*, Kapitalisierungsfaktor; – **causale** kausalfaktor, ursächlicher Umstand; – **concausale** mitursächlicher Umstand; – **di costo** Kostenfaktor; – **economico** Wirtschaftsfaktor; – **inflazionistico** Inflationsfaktor; – **produttivo**, – **di produzione** Produktionsfaktor *m*; – **umano** Faktor Mensch; – **valutativo** Bewertungsfaktor.

fattura *f* Rechnung *f*, Faktura *f*; **compilare una** – eine Rechnung ausschreiben; **emettere una** –, **rilasciare una** – eine Rechnung ausstellen, eine Faktura ausstellen; **saldare una** – eine Rechnung begleichen; – **commerciale** Handelsrechnung, Warenrechnung; – **consulare** Konsularfaktura, Konsulatsfaktura, Konsulatsrechnung; – **fittizia** fingierte Rechnung, Scheinrechnung; – **pro forma** Proformafaktura; – **legalizzata** beglaubigte Faktura; – **originale** Originalfaktura, Originalrechnung; – **provvisoria** vorläufige Rechnung; – **quietanzata** quittierte Rechnung; – **simulata** Scheinrechnung, Scheinfaktura.

fatturare in Rechnung stellen, fakturieren, berechnen.

fatturato *m* Umsatz *m*; – **annuo** Jahresumsatz; – **consolidato** Konzernumsatz; – **estero** Auslandsumsatz; – **del gruppo** Gruppenumsatz, Konzernumsatz; – **mondiale** Weltumsatz; – **quantitativo** Mengenumsatz; – **totale** Gesamtumsatz.

fatturatrice *f* Fakturiermaschine *f*.

fatturazione *f* Rechnungsausstellung *f*, Fakturierung *f*.

fautore *m* Förderer *m*.

favore *m* Begünstigung *f*, Vergünstigung; **a – di zu** Gunsten von; **a – di terzi** zu Gunsten Dritter; – **consistente in un atto contrario ai doveri di ufficio** Begünstigung im Amt; – **personale** persönliche Begünstigung, Personenhehlerei *f*; – **reale** sachliche Begünstigung.

favoreggiamento *m* Begünstigung *f*; Vorschubleistung *f*; – **bellico** Feindbegünstigung; – **personale** Strafvereitelung *f*, persönliche Begünstigung; – **alla prostituzione** Förderung der Prostitution (D), Förderung gewerbsmäßiger Unzucht (A); – **reale** sachliche Begünstigung, Sachhehlerei *f*.

favoreggiare begünstigen; Vorschub leisten.

favoreggiatore *m* Begünstigter *m.*
favorire begünstigen, bevorzugen, fördern.
favoritismo *m* Günstlingswirtschaft *f.*
febbre *f* **d'acquisto** Kauffieber *n.*
fecondazione *f* **artificiale** künstliche Befruchtung.
fede *f* (1) Glauben *m*, Glaube *m*; (2) (*certificato*) Bescheinigung *f*, Schein *m*; **acquistare di buona** – gutgläubig erwerben; **agire in mala** – bösgläubig handeln; **buona** – (1) (in *senso aggettivo*) Treu und Glauben; (2) (in *senso soggettivo*) guter Glaube, Gutgläubigkeit *f*; **di buona** –, **in buona** – gutgläubig, redlich, in guten Treuen (S=); **degno di** – glaubwürdig; **far** – maßgebend sein; **in** –, **in** – **di che** zum Zeugnis dessen, zu Urkund dessen, urkundlich dessen; **mala** – schlechter Glauben, Unredlichkeit, Bösgläubigkeit *f*; **di mala** – schlechtgläubig, bösgläubig, unredlich; **in mala** – (*sapendo che il contrario è vero*) wider besseres Wissen; **perfetta buona** – unbedingte Beachtung von Treu und Glauben; – **di battesimo** Taufschein *m*; – **di deposito** Lagerschein *m*, Warenschein. Warenpfandschein; – **di deposito non trasferibile** Rektalagerschein. *m*; – **di deposito all'ordine** Orderlagerschein *m*; – **di deposito al portatore** Inhaberlagerschein *m*; – **di origine** (S) Heimatschein *m* (S); – **pubblica** öffentlicher Glauben; – **pubblica del libro fondiario** öffentlicher Glaube des Grundbuchs; – **religiosa** Glaubensbekenntnis *n*; – **di sopravvivenza** Überlebensbescheinigung *f*; v. a. ATTO, CERTIFICATO.
fedecommesso *m* Fideikommiss *n*; – **familiare** Familienfideikommiss (A).
fedecommissario *agg* fideikommisarisch.
fededegno *agg* glaubwürdig.
fedeltà *f*, – **coniugale** eheliche Treue; – **alla costituzione** Verfassungstreue; – **alla Repubblica** Treue zur Republik;
federale *agg* Bundes-, bundesstaatlich, föderalistisch.
federalismo *m* Föderalismus *m.*
federalista *agg* föderalistisch.
federalista *m* Föderalist *m.*
federativo *agg* föderativ.
federazione *f* Bund *m*, Föderation *f*; – **della funzione pubblica europea** Europäischer Beamtenbund; – **internazionale delle borse valori** internationale Vereinigung der Wertpapierbörsen; – **mondiale del lavoro** Weltverband der Arbeitnehmer; – **sindacale,** – **di sindacati** Gewerkschaftsverband *m*, Gewerkschaftsbund; – **sindacale mondiale** Weltgewerkschaftsbund; – **di Stati** Staatenbund.
fedina *f* **penale** (*certificato penale*) Strafregister(auszug).
femminismo *m* Frauenbewegung *f.*
femminista *f* Frauenrechtlerin *f.*
fenomeni *m pl* **da carenza** (*med.*) Entzugserscheinungen *f pl.*
fenomeno *m*, – **d'azienda,** – **di gestione** Betriebsvorfall *m*, Geschäftsvorfall; – **inflazionistico** Inflationserscheinung *f*; – **di mercato** Markterscheinung *f*; – **sociale** gesellschaftliches Phänomen.
ferie *f pl* Urlaub *m*, Ferien *pl*; – **annuali** Jahresurlaub; – **aziendali** Betriebsferien, Werkurlaub; – **giudiziarie** Gerichtsferien; – **non godute** nicht genommener Urlaub; – **non retribuite** unbezahlter Urlaub; – **retribuite** bezahlter Urlaub.
ferire verletzen.
ferita *f* Verletzung *f*; – **da arma da fuoco** Schussverletzung; – **di guerra** Kriegsverletzung *f*, Kriegsbeschädigung *f*; – **da punta** Stichverletzung; – **da punta e taglio** Stich-Schnitt-Verletzung; – **da taglio** Schnittverletzung; v. a. LESIONE.
ferma *f* **di leva** Grundwehrdienst *m.*
fermare vorläufig festnehmen, sistieren.
fermato *m* Festgenommener *m.*
fermo *agg* fest; **al** – fest, auf feste Rechnung; **vendere al** – fest verkaufen.

fermo *m* vorläufige Festnahme, Anhaltung *f* (A); (*blocco*) Sperre *f*; **colpito da** – gesperrt, mit Opposition belegt; **mettere li – su** sperren; – **su assegno** Schecksperre; – **di indiziato per sospetto di fuga** Verhaftung wegen Fluchtverdachts; – **di nave** Schiffsarrest; – **di polizia** polizeiliche (vorläufige) Festnahme; – **di sicurezza** Vorbeugehaft.

ferrovia, a mezzo –, per – mit der Bahn.

ferroviaria *f* (*polizia*) Bahnpolizei *f*.

festa *f*, **– del lavoro** (*1 maggio*) Tag der Arbeit; – **nazionale** Nationalfeiertag *m*.

festività *f* Feiertag *m*; – **ecclesiastica**, – **religiosa** kirchlicher Feiertag.

feticidio *m* Abtötung der Leibesfrucht, Tötung der Leibesfrucht.

feto *m* Leibesfrucht *f*.

feudo *m* Lehen *n*, Lehnsgut *n*; – **comunale** Gemarkung *f*.

fiacchezza *f* **del mercato** Marktmüdigkeit *f*.

fiacco *agg* flau.

fidanzamento *m* Verlobung *f*.

fidanzata *f* Verlobte *f*.

fidanzati *m pl* Verlobten *pl*.

fidanzato *m* Verlobter *m*.

fidefacente *m* Bürge *m*, Garant *m*.

fideiussio indemnitatis Ausfallbürgschaft *f*.

fideiussione *f* Bürgschaft *f*, Garantie *f*; – **senza beneficio d'escussione** selbstschuldnerische Bürgschaft. **doganale** Zollbürgschaft; – **della fideiussione, – per il fideiussore** Nachbürgschaft; – **generale** Generalbürgschaft; – **d'indennità** Ausfallbürgschaft; – **per obbligazione futura** Kreditbürgschaft; – **solidale** Mitbürgschaft; v. a. GARANZIA.

fideiussor indemnitatis Ausfallbürge *m*.

fideiussore *m* Bürge *m*, Garant *m*; – **del fideiussore** Nachbürge; – **d'indennità** Ausfallbürge; – **solidale** Mitbürge, Solidarbürge.

fido *m* Kredit *m*; **far** – Kredit geben; **meritevole di** – kreditwürdig; – **bancario** Bankkredit; – **cambiario** Wechselkredit; – **di sconto** Diskontkredit.

fiducia *f*, **revocare la** – das Vertrauen entziehen; **votare la** – das Vertrauen aussprechen; – **reciproca** gegenseitiges Vertrauen.

fiduciante *m* Treugeber *m*, Fiduziant *m*.

fiduciaria *f* (*società*) Treuhandgesellschaft *f*.

fiduciario *agg* fiduziarisch; treuhänderisch.

fiduciario *m* Treunehmer *m*, Fiduziar *m*; Treuhänder *m*; Vertrauensmann.

fiera *f* Messe *f*; – **agricola** Landwirtschaftsmesse; – **campionaria** Mustermesse; – **commerciale** Handelsmesse; – **industriale** Industriemesse; – **internazionale** internationale Messe; – **di primavera** Frühjahrsmesse.

figliastra *f* Stieftochter *f*.

figliastri *m pl* Stiefkinder *pl*.

figliastro *m* Stiefsohn *m*.

figlia *f* Tochter *f*; – **adottiva** Adoptivtochter *f*.

figlio *m* (1) Sohn *m*; (2) (*senza riguardo al sesso*) Kind *n*; – **adottivo** Adoptivkind, angenommenes Kind, Wahlkind (A, S); – **adulterino** aus einem Ehebruch hervorgegangenes Kind, Ehebruchskind, im Ehebruch erzeugtes Kind (S); – **a carico** unterhaltsberechtigtes Kind; – **concepito** empfangenes Kind; – **consanguineo** vom gleichen Vater abstammendes Kind; – **illegittimo** nichteheliches Kind, außereheliches Kind (S); – **incestuoso** aus blutschänderischem Verhältnis hervorgegangenes Kind, in Blutschande erzeugtes Kind (S); – **legittimato** für ehelich erklärtes Kind, legitimiertes Kind (A); – **legittimo** eheliches Kind; – **di letto precedente** Vorkind; – **di letto seguente** Nachkind; – **maggiore** ältester Sohn; **– nato fuori dal matrimonio** außereheliches Kind; – **nato morto** totgeborenes Kind; – **naturale** nichteheliches Kind, außereheliches Kind (S); – **postumo** nachgeborenes Kind; – **di primo letto** Kind aus erster Ehe; – **riconosciuto** anerkanntes Kind; – **uterino** von der gleichen Mutter abstammendes Kind.

figura *f*, – **criminosa** Straftatbestand *m*; – **giuridica** Rechtsgebilde *n*, Rechtsfigur *f*; – **legale del reato** Straftatbestand, gesetzlicher Tatbestand; – **professionale** Berufsbild; – **di reato** Straftatbestand.

fila *f* (*circ. strad.*) Kolonne *f*.

filiale *f* **(1)** Filiale *f*, Zweigniederlassung *f*, Zweiganstalt *f*, Niederlassung; (2) Tochterfirma *f*, Tochtergesellschaft *f*; – **di banca** Bankfiliale; – **estera,** – **all'estero** Auslandsfiliale, Auslandsniederlassung; v. a. AGENZIA.

filiazione *f* Abstammung *f*; – **adulterina** ehebrecherische Abstammung; – **illegittima** nichteheliche Abstammung, nichteheliche Geburt, außereheliches Kindesverhältnis (S); – **incestuosa** blutschänderische Abstammung; – **legittima** eheliche Abstammung, eheliche Geburt, eheliches Kindesverhältnis (S); – **naturale** nichteheliche Abstammung, nichteheliche Geburt, außereheliches Kindesverhältnis (S); – **non riconoscibile** nicht anerkennungsfähige Abstammung.

filibustiere *m* (1) Freibeuter *m*; (2) (*cavaliere d'industria*) Hochstapler *m*.

filiera *f*, **filière** *m* Andienungszettel *m*.

filocomunista *agg* kommunistenfreundlich.

filoeuropeo *agg* europafreundlich.

filogovernativo *agg* regierungsfreundlich.

filosofia *f* **del diritto** Rechtsphilosophie *f*.

finalità *f* Zweck *m*, Ziel *n*; – **risocializzante** Resozialisierungszweck; – **della tutela** Schutzzweck.

finanza *f*; (2) Finanz *f*; (2) (*guardia di finanza*) Finanzpolizei, Steuerfahndung *f*; **alta** – Hochfinanz; – **locale** Finanzen der untergeordneten Gebietskörperschaften; v. a. FINANZE.

finanze *f pl* Finanzwesen *n*, Geldwesen; – **comunali** Gemeindefinanzen; – **dissestate** zerrüttete Finanzen; – **di guerra** Kriegsfinanzen; – **pubbliche** öffentliche Finanzen; – **dello Stato** Staatsfinanzen.

finanziamento *m* Finanzierung *f*; – **agevolato** zinsverbilligte Finanzierung; – **attivo** Aktivfinanzierung, Kreditgewährung *f*; – **bancario** Bankfinanzierung; – **base** Grundfinanzierung; – **a breve termine** kurzfristige Finanzierung; – **con capitali altrui** Fremdfinanzierung; – **del commercio estero** Außenhandelsfinanzierung; – **in eccesso** Überfinanzierung; – **all'edilizia** Baufinanzierung; – **dell'esportazione** Ausfuhrfinanzierung, Exportfinanzierung; – **mediante conferimento di capitale proprio** Eigenfinanzierung; – **di fonte esterna** Fremdfinanzierung; – **di fonte interna** Selbstfinanzierung; – **della guerra** Kriegsfinanzierung; – **delle importazioni** Importfinanzierung; – **interno** Innenfinanzierung, Selbstfinanzierung, Eigenfinanzierung; – **degli investimenti** Investitionsfinanzierung; – **a lungo termine** langfristige Finanzierung; – **a medio termine** mittelfristige Finanzierung; – **dei partiti** Parteienfinanzierung; – **passivo** Passivfinanzierung, Fremdfinanzierung; – **supplementare** Nachfinanzierung; – **transitorio** Zwischenfinanzierung; – **delle vendite** Absatzfinanzierung; v. a. CREDITO.

finanziare finanzieren.

finanziaria *f* (1) (*società*) Finanzierungsgesellschaft *f* (2) (*legge*) Finanzgesetz *n*.

finanziario *agg* finanziell, Finanz-.

finanziatore *m* Geldgeber *m*.

finanziere *m* (1) Finanzier *m*, Finanzfachmann *m*; (2) (*guardia di finanza*) Angehöriger der Steuerfahndung.

fine *m* (1) (*scopo*) Zweck *m*, Absicht *f*; (2) (*esito*) Ausgang *m*, Ende *n*; **sal-**

vo buon – Eingang vorbehalten; **a – di libidine** zu Unzuchtszwekken; **a fini di lucro** zu Erwerbszwecken; – **corrente** Ultimo des Monats; – **prossimo** Ultimo des nächsten Monats; – **sociale** Gesellschaftszweck, Vereinszweck – **speculativo** Spekulationsabsicht.

fine *f* Ende *n*, Schluss *m*.

finezza *f* Feinheit *f*, Feingehalt *m*.

fini *mpl*, **ai – dell'articolo** im Sinne von Artikel; **a – pacifici** zu friedlichen Zwecken.

finire beenden.

fino *m* Feingehalt *m*.

finzione *f* Fiktion *f*; – **giuridica** Rechtsfiktion, juristische Fiktion; – **legale** gesetzliche Fiktion.

firma *f* Unterschrift *f*, Unterzeichnung *f*, Unterfertigung *f*; **apporre la** – unterschreiben; **autenticare una** – eine Unterschrift beglaubigen; **avere la** – zeichnungsberechtigt sein; **depositare la** – die Unterschrift hinterlegen; **falsificare una** – eine Unterschrift fälschen; – **abbinata** Gesamtzeichnung, Kollektivzeichnung, Kollektivunterschrift (S); – **autografa** eigenhändige Unterschrift; – **autenticata** beglaubigte Unterschrift; – **autorizzata** rechtsverbindliche Unterschrift; – **in bianco** Blankettunterschrift, Blankounterschrift, Biancounterschrift (A); – **cambiaria** Wechselunterschrift; – **colletiva, – congiunta** Gesamtzeichnung, Kollektivzeichnung, Kollektivunterschrift (S); – **di comodo** Gefälligkeitsunterschrift; – **depositata** hinterlegte Unterschrift; – **della ditta** Firmenzeichnung, Firmaunterschrift (S); – **falsa**, – **falsificata** gefälschte Unterschrift; – **individuale, – libera** Alleinzeichnungsberechtigung *f*, Einzelzeichnung, Einzelunterschrift *f*, Einzelzeichnungsberechtigung; – **leggibile** leserliche Unterschrift; – **„ad referendum"** Unterzeichnung „ad referendum"; – **singola** Einzelzeichnung, Einzelunterschrift, Alleinzeichnungsberechtigung, Einzelzeichnungsberechtigung; – **sociale** Gesellschaftszeichnung; – **solenne** feierliche Unterzeichnung.

firmare unterschreiben, unterzeichnen, unterfertigen; – **in bianco** blanko unterschreiben; – **di propria mano** eigenhändig unterschreiben.

firmario *m* Unterschriftenmappe *f*.

firmatario *m* Unterzeichner *m*, Unterfertigter *m*, Signatar *m*; – **della cambiale** Person, deren Unterschrift auf dem Wechsel erscheint, Wechselverpflichteter *m*.

firme *fpl*, **raccogliere** – Unterschriften sammeln.

fiscale *agg* fiskalisch, Abgaben-, steuerlich, Steuer-.

fiscalismo *m* Fiskalismus *m*.

fiscalista *m* Steuerfachmann *m*.

fiscalità Fiskalität *f*.

fiscalizzazione *f* Übernahme durch den Staat; – **degli oneri sociali** Übernahme von Soziallasten durch den Staat.

fisco *m* Fiskus *m*; **evadere il** – Steuern hinterziehen.

fisiocratico *m* Physiokrat *m*.

fissare festsetzen, festlegen, bestimmen.

fissato *m*, – **bollato** Schlussnote *f*, Schlussschein *m*, Schlusszettel *m*, Schlussbrief *m* (A); – **bollato di contratto a premio** Prämienbrief *m*; – **bollato di vendita** Marktschlussschein *m*; – **di Stellage** Stellbrief *m*.

fissazione *f* Festsetzung *f*, Feststellung, Festlegung, Bestimmung *f*; – **dei corsi** Kursfestsetzung; – **dell'imposta** Steuerfestsetzung; – **d'onorario** Honorarfestsetzung; – **della pena** Straffestsetzung; – **del premio** Prämienfestsetzung; – **del prezzo** Preisfestsetzung; – **di termine** Fristfestsetzung, Fristsetzung *f*, Fristansetzung (S); – **d'udienza** Terminsanberaumung *f*, Terminsfestsetzung, Terminsbestimmung; – **del valore** Wertfestsetzung, Wertfestlegung; v. a. DETERMINAZIONE.

fisso *m* Fixum *n*, festes Gehalt.

fittabile *m*, **fittaiuolo** *m*, **fittavolo** *m* Pächter *m*.
fittizio *agg* fiktiv, Schein-.
fitto *m* (1) (*affitto*) Pacht *f*; (*locazione*) Miete *f*; (2) (*canone d'affitto*) Pachtzins *m*; (*canone di locazione*) Mietzins *m*; – **arretrato** Pachtrückstand *m*, Mietrückstand; – **bloccato** Mietstopp *m*.
fiume *m*, – **di frontiera** Grenzfluss; – **internazionale** internationaler Strom; – **navigabile** schiffbarer Fluss.
fixing *m* (*borsa*) Fixing *n*.
flagrante, **cogliere in – auf** frischer Tat betreffen, auf frischer Tat betreten (A).
flagranza *f* Betreffen *n* auf frischer Tat, Betretung *f* auf frischer Tat (A); **arrestare in** – auf frischer Tat festnehmen; **in caso di** – im Betretungsfall (A); **cogliere in – di delitto** auf frischer Tat betreffen, auf frischer Tat betreten (A).
flessibilizzazione *f* Flexibilisierung *f*; – **degli orari di lavoro** Flexibilisierung der Arbeitszeit.
flessione *f*, – **della domanda interna** Rückgang m der Inlandsnachfrage; – **economica** wirtschaftlicher Rückgang m; – **dei prezzi** Nachgeben n der Preise; – **delle quotazioni** Nachgeben der Kurse; – **delle vendite** Absatzrückgang.
flettersi (*corsi*) nachgeben.
flotta *f*, – **aerea** Luftflotte *f*; – **di guerra** Kriegsflotte; – **mercantile** Handelsflotte.
fluitazione *f* Flößerei *f*.
flusso *m*, – **di capitali** Kapitalstrom *m*; – **dei dati** (*inf*) Datenfluss *m*; – **della circolazione** Verkehrsfluss; – **d'informazioni** Informationsfluss; – **migratorio** Migrationsstrom; – **del traffico** Verkehrsfluss; – **turistico** Touristenstrom.
fluttuazione *f*, Schwankung *f*, Fluktuation *f*; – **ciclica** zyklische Schwankung; – **congiunturale** Konjunkturschwankung; – **economica** Konjunkturschwankung *f*, wirtschaftliche Schwankung; – **del mercato** Marktschwankung; v. a. OSCILLAZIONE.
focatico *m* Familiensteuer *f*.
focolaio *m* **di crisi** Krisenherd *m*.
focolare *m* Wohnstätte *f*.
foglietto *m* **bollato** mit Börsenumsatzsteuermarke versehene Schlussnote; – **interinale** provisorische Schlussnote.
foglio *m*, – **degli aggravi** (*libro fondiario*) Lastenblatt (A) (*des Grundbuchs*); – **di allungamento** Anhang *m*, Allonge *f*; – **degli annunzi legali** amtliches Veröffentlichungsblatt, amtliches Mitteilungsblatt, Veröffentlichungsblatt für gerichtliche Bekanntmachungen; – **d'avviso** (UPU) Briefliste *f*; – **bancabile** bankfähiges Papier, bankfähiger Wechsel; – **in bianco** Blankett *n*; – **di carta bollata** Stempelbogen *m*; – **cedolare, – di cedole** Kuponbogen *m*, Couponbogen (S), (*solo di dividendi*), Dividendenscheinbogen, Gewinnanteilscheinbogen, (*solo di interessi*) Zinsscheinbogen, Zinsbogen; – **di censimento** Zählblatt *n*, Zählbogen *m*; – **complementare** (*autoveicolo*) Kraftfahrzeugbrief *m*; – **di comunicazioni** Bekanntmachungsblatt *n*, Mitteilungsblatt; – **di consistenza** (*libro fondiario*) Gutbestandsblatt *n* (A); – d'entrata Einreiseblatt *n*; – **di entrata merci** Eingangsmeldeschein *m*; – **firmato in bianco** Blankett *n*; – **d'impegnativa** Krankenschein; – **d'iscrizione** Anmeldeformular; – **di licenza** Urlaubsschein *m*, Urlaubspaß *m* (S); – **di liquidazione** Abrechnungsbogen *m*, Abrechnungsblatt *n*; – **matricolare** Personalbogen *m*, Personalblatt *n*; – **di paga** Lohnabrechnungszettel *m*, Lohnstreifen *m*, Lohnzettel, Gehaltsberechnungsstreifen, Gehaltsbogen *m*, Gehaltsstreifen; – **di possesso** Besitzbogen; – **della proprietà** (*libro fondiario*) Eigentumsblatt (A); – **di registrazione** (*circ. strad.*) Schaublatt *n*; – **riepilo-**

gativo Sammelbogen *m*; – **di riscontro** Skontrobogen *m*; – **rosa** (*autorizzazione per esercitazioni su veicoli*), Fahrübungsschein *m*; – **di soggiorno** (*in caso di obbligo di soggiorno in un determinato commune*) Aufenthaltsschein; – **di stipendio** Gehaltsberechnungsbogen *m*, Gehaltsberechnungsstreifen *m*, Gehaltsstreifen; – **ufficiale svizzero di commercio** schweizerisches Handelsamtsblatt; – **d'uscita** Ausreiseblatt *n*, Ausgangsschein *m*, Ausfuhrschein *m*; – **di via** Begleitschein *m*, Gepäckbegleitschein, Warenbegleitschein, Gutbegleitschein, Frachtkarte *f*, Transportschein, Frachtliste *f*; – **di via aereo** Luftfrachtliste *f*; – **di via obbligatorio** (*misura di prevenzione*) Heimschaffungsschein; – **di via di pacco postale** Postbegleitadresse *f*; – **volante** Flugblatt *n*.

folla *f* Menschenmenge *f*.

folle *m* Wahnsinniger *m*.

follia *f* Wahnsinn *m*.

fomentatore *m* Aufwiegler *m*.

fondamentale *agg* grundlegend, Grund-.

fondamentalista *m* Fundamentalist *m*.

fondamento *m* Grundlage *f*; – **della decisione** Grundlage der Entscheidung; – **giuridico** Rechtsgrundlage.

fondare gründen, begründen.

fondatezza *f* Begründetheit *f*.

fondato *agg* begründet.

fondatore *m* Gründer *m*; (*di fondazione*) Stifter *m*; – **della società** Gesellschaftsgründer.

fondazione *f* Gründung *f*; (*ente morale*) Stiftung *f*; – **di diritto privato** Stiftung (des) bürgerlichen Rechts; – **di famiglia** Familienstiftung; – **privata** Privatstiftung; – **pubblica** öffentliche Stiftung, Stiftung des öffentlichen Rechts; – **di società** Gesellschaftsgründung; v. a. COSTITUZIONE.

fondere verschmelzen, fusionieren.

fondi *m pl* Gelder *pl*, Geldmittel *pl*, Mittel *pl*; **fare** –, **rimettere** – Deckung anschaffen; **ritirare** – Gelder abheben, Gelder abziehen; **stanziare** – Mittel bereitstellen; – **di bilancio** Haushaltsmittel; – **congelati** eingefrorene Gelder; – **di copertura** Deckungsmittel; – **a destinazione vincolata** zweckgebundene Mittel; – **disponibili** verfügbare Mittel, vorhandene Mittel, verfügbare Gelder; – **elettorali** Wahlfonds *pl*; – **di gestione** Betriebsmittel; – **insufficienti** (*su un conto*) ungenügende Deckung; – **liquidi** flüssige Mittel, Barmittel; – **neri,** – **occulti** geheime Fonds, Geheimfonds *pl*, Geheimmittel, Dispositionsfonds, Reptilienfonds; – **patrimoniali** Eigenmittel, eigene Mittel; – **presi in prestito** Fremdmittel; – **privati** Privatgelder, nichtöffentliche Mittel; – **propri** Eigenmittel, eigene Mittel; – **pubblici** (1) öffentliche Mittel, Mittel der öffentlichen Hand, öffentliche Gelder, Staatsgelder; (2) (*titoli*) Staatspapiere *pl*, Staatsschuldverschreibungen *pl*, Staatsanleihen; – **segreti** geheime Fonds, Geheimfonds *pl*, Geheimmitel, Dispositionsfonds, Reptilienfonds; – **sociali** Gesellschaftsmittel; – **speciali** Sondermittel; – **stanziati** bereitgestellte Mittel; – **di Stato** Staatsgelder, Staatspapiere *pl*; – **sufficienti** (*su conto*) genügende Deckung; – **vincolati** festgelegte Gelder; v. a. CAPITALE, CAPITALI, FONDO, MEZZI.

fondo *m* (1) Grundstück *n*; (2) Fonds *m*, Rückstellung *f*; **ricomporre un** – kommassieren (A); – **di accantonamento** Rückstellungsfonds, Rücklagefonds; – **ad accumulazione** (*fondi comuni*) Wachstumsfonds; – **altrui** fremdes Grundstück; – **d'ammortamento** Tilgungsfonds, Amortisationsfonds, Abschreibungsfonds, Abschreibungsrückstellung, Amortisationskasse *f*; – **d'ammortamento finanziario** Wertberichtigungen zum Finanzvermögen; – **anticipi** Vorschussfonds; – **d'assicurazione**

Versicherungsfonds; – **d'assistenza** Unterstützungsfonds; – **azionario** Aktienfonds; – **di bottega** Ladenhüter *m*; – **chiuso** eingefriedetes Grundstück; – **di compensazione** Ausgleichsfonds, Ausgleichsstock *m*, Ausgleichskasse *f*; – **per il culto** Religionsfonds (A); – **di coesione** (UE) Kohäsionsfonds *m*; – **comune** gemeinsamer Fonds, Gemeinschaftsfonds; – **comune di garanzia** gemeinsamer Garantiefonds; – **comune d'investimento** Investmentfonds; **confinante** angrenzendes Grundstück, Anliegergrundstück; – **di conguaglio** Ausgleichsfonds; – **di conguaglio dei cambi** Währungsausgleichsfonds; – **di copertura** Deckungsstock *m*; – **dominante** herrschendes Grundstück, herrschender Grund (A), berechtigtes Grundstück (S); – **di dotazione** Dotationsfonds *m*; – **enfiteutico** Erbpachtgut *n*, Erbzinsgut; – **d'esercizio** Betriebsfonds; Betriebsstock *m*, Betriebsmittelfonds; – **europeo agricolo di orientamento e garanzia** Europäischer Ausrichtungs- und Garantiefonds für die Landwirtschaft; – **europeo di cooperazione monetaria** Europäischer Fonds für währungspolitische Zusammenarbeit; – **europeo di sviluppo** europäischer Entwicklungsfonds; – **europeo di sviluppo regionale** Europäischer Fonds für regionale Entwicklung; – **di garanzia** Garantiefonds, Sicherungsfonds, Sicherstellungsfonds, Sicherheitsfonds, Deckungsstock *m*, Deckungsmasse *f*, Delkrederefonds; – **di garanzia per le vittime della strada** Verkehrsopfersicherstellungsfonds; – **imposte e tasse** Steuerrückstellung; – **di incentivazione** Förderungsfonds; – **interbancario di tutela dei depositi** Einlagenschutzfonds (der Banken); – **intercluso** eingeschlossenes Grundstück; – **d'investimento** Investitionsfonds, Anlagefonds; – **d'investimento aperto** offener Investmentfonds; – **d'investimento chiuso** geschlossener Investmentfonds; – **d'investimento immobiliare** Immobilienfonds; – **ipotecato** hypothekarisch belastetes Grundstück, belastetes Grundstück; – **limitrofo** angrenzendes Grundstück; – **di liquidazione anzianità** Rückstellung für Dienstaltersentschädigungen; – **di magazzino** Ladenhüter *m*; – **di miglioramento agrario** Meliorationsfonds; – **monetario europeo** Europäischer Währungsfonds; – **monetario internazionale (FMI)** internationaler Währungsfonds, Weltwährungsfonds; – **nazionale di garanzia** staatlicher Gerantiefonds; – **delle Nazioni Unite per l'Infanzia (UNICEF)** Kinderhilfswerk der Vereinten Nationen; – **obbligazionario** Rentenfonds; – **oscillazione cambi** Währungsschwankungsfonds; – **di partecipazione** Beteiligungsfonds; – **patrimoniale** (*dei coniugi*) Familienfonds; – **pensioni** Pensionsfonds, Alterspensionsfonds, Pensionsrückstellung; – **perequativo** Ausgleichsfonds; – **di previdenza** Versorgungsfonds; – **di propaganda** Propagandafonds; – **pubblico** öffentlicher Fonds; – **quiescenza personale** Pensionsrückstellung, Pensionsfonds; – **recintato** eingefriedetes Grundstück; – **di religione** Religionsfonds (A); – **di ricostruzione** Wiederaufbaufonds; – **di rimodernamento** Modernisierungsfonds; – **di rinnovamento** Erneuerungsfonds; – **rischi** Risikofonds; – **di riserva** Reservefonds, Rücklage *f*; – **di riserva legale** gesetzliche Rücklage, gesetzlicher Reservefonds (S); – **di riserva per svalutazione** Entwertungsrücklage *f*; – **rustico** Landgut *n*, landwirtschaftliches Grundstück; – **servente** dienendes Grundstück, dienstbarer Grund (A), belastetes Grundstück; – **di soccorso** Hilfsfonds, Unterstützungsfonds; – **sociale europeo** Europäischer Sozialfonds; – **di sostegno** Unterstützungsfonds; – **speciale** Sonderfonds, Spezialfonds; – **di stabilizzazione** Stabilisierungsfonds; – **di stabilizzazione dei cambi,** – **die stabilizzazione monetaria** Währungsstabilisierungsfonds, Devisenstabilisierungsfonds; – **di stanziamenti** Bereitstellungsfonds; – **strutturale** Strukturfonds; – **di sviluppo** Entwicklungsfonds; – **di sviluppo economico e sociale** Fonds für wirtschaftliche und soziale Entwicklung; – **di sviluppo regionale** Regionalfonds; – **vicino** Nachbargrundstück; v. a. CAPITALE, CAPITALI, FONDI.

fonte *f* Quelle *f*; **trattenere alla** – an der Quelle abziehen; – **d'approvvigionamento** Versorgungsquelle *f*; – **attendibile** zuverlässige Quelle; – **di credito** Kreditquelle *f*; – **di danno** Schadensquelle; – **di diritto** Rechtsquelle; – **del diritto internazionale** Völkerrechtsquelle; – **energetica** Energiequelle; – **energetica alternativa** alternative Energiequelle; – **d'energia** Energiequelle; – **di entrate** Einnahmenquelle; – **di errore** Fehlerquelle; – **di guadagno** Erwerbsquelle; – **d'imposta** Steuerquelle; – **informativa,** – **di informazione** Informationsquelle, Auskunftsquelle; – **legislativa** Rechtsquelle; – **di pericolo** Gefahrenquelle; – **di responsabilità** Haftungsgrund; – **di reddito** Einkommensquelle; – **di rumore** Lärmquelle; – **sicura** sichere Quelle; – **ufficiale** amtliche Quelle.

forbice *f* **tra tassi attivi e tassi passivi** Zinsschere *f*.

forca *f* Galgen *m*; **condannare alla** – zum Tode durch den Strang verurteilen.

forense *agg* forensisch, gerichtlich.

foresta *f* **tropicale** Tropenwald *n*.

forestiero *agg* fremd.

forestiero *m* Fremder *m*.

forfaiting *m* Forfaitierung *f* (*Factoringvertrag*)

forfettario *agg* Pauschal-.

forma *f* Form *f*; **in buona e dovuta** – in gehöriger Form; **in dovuta** – formgerecht, in gehöriger Form; **senza** –, **sprovvisto di** – formlos; – **di assicurazione** Versicherungsart *f*; **nella** – **e con gli effetti** in der Form und mit den Wirkungen; – **convenzionale** vereinbarte Form; – **di finanziamento** Finanzierungsform; – **giuridica** Rechtsform; – **di governo** Regierungsform; – **d'investimento** Anlageform; – **legale** Rechtsform; – **legislativa** Gesetzesform; – **necessaria** notwendige Form; – **notarile** notarielle Form, Notariatsform (A); – **di pagamento** Zahlungsart; *f*; – **olografa** eigenhändige Form; – **scritta** Schriftform, Schriftlichkeit *f*; – **della società** Gesellschaftsform; – **di stato** Staatsform; – **del testamento** Testamentsform.

formale *agg* förmlich, formell.

formalismo *m* Formalismus *m*; – **giuridico** juristischer Formalismus.

formalista *agg* formalistisch, (*in diritto*) formaljuristisch.

formalità *f* Förmlichkeit *f*, Formalität *f*, Formsache *f*; **adempiere le** – die Formalitäten erfüllen; **espletare le necessarie** – die erforderlichen Formalitäten erledigen; – **doganale** Zollformalität, Zollförmlichkeit; – **essenziale** wesentliche Förmlichkeit.

formare bilden; – **un governo** eine Regierung bilden.

formato *m* **protocollo** Kanzleiformat *n*.

formazione *f* Bildung *f*, (*professionelle*) Ausbildung; – **degli adulti** Erwachsenenbildung; – **armata** Kampfverband *m*; – **di associazione segreta** Geheimbündelei *f*; – **di bande** Bandenbildung; – **di bande armate** Bildung bewaffneter Haufen; – **di bilancio** Bilanzaufstellung *f*, Bilanzziehung *f*, Bilanzierung *f*; – **di capitali** Kapitalbildung; – **combattente** kämpfende Truppe, kämpfende Einheit; – **del contratto** Zustandekommen *n* des Vertrages; – **dei corsi** Kursbildung, Kursgestaltung *f*; – **del diritto** Rechtsbildung; – **del fascicolo** Anlegung der Akte; – **giuridica** juristische Ausbildung; – **del governo** Regierungsbildung; – **della graduatoria** Aufstellung *f* der Rangliste; – **di inventario** Inventaraufstellung *f*, Inventarerrichtung *f*, Bestandsaufnahme *f*, Bestandsaufnahme (A), Bestandesaufnahme (S); – **paramilitare** halbmilitärische Einheit, halbmilitärische Formation; – **di patrimoni** Vermögensbildung; – **del personale** Personalausbildung; – **dei prezzi,** – **del prezzo** Preisbildung; – **professionale** Berufsausbildung, Fachausbildung; – **di rifiuti** Abfallentstehung; – **di riserve** Bildung von Rücklagen; – **del risparmio** Ersparnisbildung: – **dei salari** Lohnbildung, Lohngestaltung *f*, Lohnpreisbildung; – **dello stato passivo** (*dir. fall.*) Aufstellung der Schuldenmasse; – **della volontà** Willensbildung.

forme *fpl* **ad substantiam** wesentliche Formvorschriften.

formula *f* Formel *f*; **assolvere con – dubitativa** aus Mangel an Beweisen freisprechen; **assolvere con – piena** wegen erwiesener Unschuld freisprechen; – **di asseveramento** Beteuerungsformel; – **esecutiva** Vollstreckungsformel; – **di giuramento** Eidesformel; – **politica** politische Formel;

formulare formulieren.

formulario *m* (1) Formular *n*, Formblatt *n*, Vordruck *m*; (2) Formbuch *n*, Formularbuch, Formularienbuch (A); **riempire un** – ein Formular ausfüllen: – **di contratto** Vertragsformular.

formulazione *f* Formulierung *f*, Fassung *f*; – **delle prove** Benennung der Beweismittel.

fornibile *agg* lieferbar.

fornire liefern.

fornitore *m* Lieferant *m*, Lieferer *m*; – **di corte** Hoflieferant; – **grossista** Großlieferant.

fornitura *f* Lieferung *f*; – **di armi** Waffenlieferung; – **dall'estero** Lieferung aus dem Ausland; – **di guerra** Kriegslieferung; – **per l'interno** Inlandslieferung; – **di merci** Warenlieferung; – **parziale** Teillieferung.

foro *m* (1) (*competenza per territorio*) Gerichtsstand *m*; (2) Gesamtheit von Richtern, Staatsanwälten und Rechtsanwälten an einem Ort; – **per le cause ereditarie** Gerichtsstand der Erbschaft; **unico – competente** alleiniger Gerichtsstand; – **competente** Gerichtsstand *m*; – **convenzionale** vereinbarter Gerichtsstand; – **del domicilio del convenuto** Gerichtsstand des Wohnsitzes des Beklagten; – **del domicilio eletto** Gerichtsstand des erwählten Wohnsitzes; – **elettivo** Wahlgerichtsstand *m*; – **erariale** Gerichtsstand des Fiskus; – **esclusivo** ausschließlicher Gerichtsstand; – **facoltativo** Wahlgerichtsstand; – **generale delle persone fisiche** allgemeiner Gerichtsstand für natürliche Personen; – **generale delle persone giuridiche e delle associazioni non riconosciute** allgemeiner Gerichtsstand für juristische Personen und nichtanerkannte Vereinigungen; – **del luogo del commesso reato** Gerichtsstand des Tatorts; – **del luogo di compimento dell'atto illecito** Gerichtsstand der unerlaubten Handlung; – **del luogo d'esecuzione** Gerichtsstand des Erfüllungsorts; – **del luogo del pagamento** Gerichtsstand des Zahlungsorts; – **del luogo di situazione della cosa** Gerichtsstand der belegenen Sache, dinglicher Gerichtsstand, Gericht der belegenen Sache; – **obbligatorio** Zwangsgerichtsstand *m* (A); – **della pubblica amministrazione** Gerichtsstand des Fiskus; – **reale** dinglicher Gerichtsstand; – **della**

residenza Gerichtsstand des dauernden Aufenthalts; – **speciale** besonderer Gerichtsstand; – **speciale delle controversie individuali di lavoro** besonderer Gerichtsstand für Einzelarbeitssachen; – **stabilito per accordo delle parti** vereinbarter Gerichtsstand; – **dello Stato** Gerichtsstand des Fiskus.

fortezza *f* (pena) Festungshaft *f*.

fortuito *agg* zufällig.

fortuna *f*, – **di mare** Schiffsvermögen *n*, Seevermögen; (*rischio*) Seegefahr *f*; – **di terra** Landvermögen *n*.

forum *m*, – **commissi delicti** Gerichtsstand der begangenen Tat; – **rei sitae** Gerichtsstand der belegenen Sache, dinglicher Gerichtsstand, Gericht der belegenen Sache.

forza *f* Kraft *f*, Macht *f*, Gewalt *f*; **ricorrere alla** –, **usare la** – Gewalt anwenden; **terza** – dritte Kraft; – **armata** bewaffnete Macht, Streitmacht; **in** – **del contratto** kraft Vertrages; – **economica** Wirtschaftskraft; – **esecutiva** Vollstreckbarkeit *f*; – **fisica** körperliche Gewalt; – **di intervento rapido (FIR)** Schnelle Eingreiftruppe *f*; – **irresistibile** unwiderstehliche Gewalt; – **lavorativa,** – **di lavoro** Arbeitskraft; – **di legge** Gesetzeskraft; **in** – **della legge** kraft Gesetzes; – **legislativa** Gesetzeskraft; – **liberatoria** Zahlkraft (S); – **maggiore** höhere Gewalt; – **multinazionale** multinationale Streitmacht; – **di pace** Friedensstreitmacht; – **della persuasione** Überzeugungskraft; – **probante,** – **probativa,** – **probatoria** Beweiskraft; – **pubblica** öffentliche Gewalt, öffentliche Macht; **contro la** – **la ragion non vale** Gewalt geht vor Recht, Macht geht vor Recht; – **traente** Zugkraft; – **vincolante** bindende Kraft, bindende Wirkung.

forzato *agg* zwangsweise, Zwangs-.

forze *f pl*, – **armate** Streitkräfte *pl*; – **di mercato** Markkräfte; – **navali** Seestreitkräfte *pl*; – **d'occupazione** Besatzungsstreitkräfte *pl*; – **dell'ordine** Ordnungskräfte; – **politiche** politische Kräfte; – **di polizia** Polizeikräfte *pl*, Polizeieinheiten *pl*; – **produttive** Produktivkräfte *pl*; – **progressive** fortschrittliche Kräfte; – **di sicurezza** Sicherheitskräfte; – **sindacali** gewerkschaftliche Kräfte; – **sociali** gesellschaftliche Kräfte; – **di terra** Landstreitkräfte.

fosso *m* **comune** gemeinschaftlicher Graben.

fotocopia *f* Ablichtung *f*, Photokopie *f*.

fotokit *m* Phantombild *n*.

frammentazione *f* **delle competenze** Aufsplitterung *f* der Zuständigkeiten.

francare freimachen, frankieren.

francatura *f* Freimachung *f*, Frankatur *f*, Frankierung *f*, Freimachungsgebühr *f*, Freigebühr; – **insufficiente** ungenügende Freimachung; – **obbligatoria** Freimachungszwang *m*; – **ordinaria** gewöhnliche Freigebühr.

franchigia *f* Franchise *f*, Freiheit *f*, Gebührenfreiheit, Gebührenbefreiung *f*, (*importo franco*) Freibetrag *m*; (*ass*) Selbstbeteiligung *f*, Selbstbehalt *m*, Franchise; **ammettere in** – zollfrei zulassen, freischreiben; – **assicurativa**, – **di assicurazione** Franchiseklausel *f*, Selbstbeteiligung *f*; – **assoluta** Vorwegfranchise, Abzugsfranchise; – **doganale** Zollfreiheit, Zollbefreiung; **in** – **doganale** zollfrei; – **fissa** Vorwegfranchise, Abzugsfranchise; – **militare** Feldpost-Gebührenfreiheit; – **pagamento integrale eccedendo** Integralfranchise; – **di porto** Portofreiheit; – **postale** Postgebührenfreiheit; – **totale** Totalfranchise.

franchising *m* Franchising *n*.

franco frei, franko, ab; – **d'avaria** havariefrei, frei von Beschädigung, frei von Haverei; – **d'avaria salvo incaglio** frei von Beschädigung außer im Strandungsfall; – **d'avaria particolare** frei von besonderer Havarie, frei von Partikularschaden; – **banchina** frei Kai; – **a bordo**

frei an Bord; – **cattura e sequestro** Ausschluß von Prise und Beschlagnahme; – **confine** frei Grenze; – **destinazione, – destino** frei Bestimmungsort; – **dogana** franko Zoll; – **di diritti** gebührenfrei; – **domicilio** frei Haus, franko Domizil; – **lungo bordo** frei Längsseite des Schiffes, frei längsseits; – **nolo ferroviario** bahnfrei; – **di porto** frachtfrei, franko Fracht; – **di rischio di guerra** frei von Kriegsgefahr, ohne Kriegsrisiko; – **di rottura** frei von Bruch, bruchfrei; – **di spese** spesenfrei; – **stabilimento** ab Werk.

franco *m* Franc *m* (*svizzero*) Franken *m*; – **oro** Goldfranken.

francobollo *m* Briefmarke *f*, Freimarke, Postmarke; – **per la risposta** Rückporto *n*.

fratellastro *agg* halbbürtig.

fratellastro *m* Stiefbruder *m*, Halbbruder.

fratelli *m pl* (*ditta*) Gebrüder *pl*; – **e sorelle** Geschwister *pl*.

fratello *m* Bruder *m*; – **adottivo** Adoptivbruder; – **consanguineo** Halbbruder väterlicherseits; – **germano** vollbürtiger Bruder; – **unilaterale** Halbbruder; – **uterino** Halbbruder mütterlicherseits.

fratricida *agg* brudermörderisch.

fratricida *m* Brudermörder *m*.

fratricidio *m* Brudermord *m*.

fraudolento *agg* betrügerisch.

frazionamento *m* Aufteilung *f*; – **di azioni** Aktiensplitting *n*, Aktienzerlegung *f* (S); – **politico** (partei-) politische Zersplitterung; – **dei rischi** Risikoverteilung *f*.

frazionare aufteilen.

frazione *f* (1) Teil *m*, Bruchteil *m*; (2) (*di comune*) Ortsteil *m*, Fraktion *f* (Südtirol); – **di premio** Prämienrate *f*.

franzionismo *m* Spaltungstendenz *f*, Fraktionismus *m*.

frazionista *m* (1) Abspaltler *m*; (2) Bewohner eines Ortsteils.

freccia *f* (1) (*segnale*) Pfeil *m*; (2) (*indicatore di direzione*) Richtungsanzeiger *m*, Blinkleuchte *f*; – **direzionale** Richtungspfeil.

frenare bremsen.

freno *m* Bremse *f*; – **a mano** Handbremse; – **a pedale** Fußbremse.

frequentatore della borsa Börsenbesucher *m*, Börsebesucher (A).

frequenza *f*, – **di errore** Fehlerhäufigkeit; – **ottimale di funzionamento** optimale Arbeitsfrequenz; – **dei sinistri** Schadenhäufigkeit *f*; – **alle urne** Wahlbeteiligung *f*.

frodare betrügen, hinterziehen, defraudieren.

frodatore *m* Betrüger *m*, Defraudant *m*.

frode *f* Betrug *m*, Defrautation *f*, Hinterziehung *f*; **agire in** – betrügerisch handeln; – **alimentare** Lebensmittelfälschung; – **in assicurazione** Versicherungsbetrug, Assekuranzbetrug (A=); – **doganale** Zollhinterziehung, Zolldefraude *f* (S=); – **elettorale** Wahlbetrug, Wahlfälschung *f*; – **in emigrazione** betrügerische Verleitung zur Auswanderung; – **fiscale** Abgabenhinterziehung, Abgabehinterziehung (S), Steuerhinterziehung, Defraude (S=), Steuerdefraude (S=); – **informatica** Computerbetrug; – **alla legge** Gesetzesumgehung *f*; – **nazionale** nationale Front; – **nel pignoramento** (S) Pfändungsbetrug; – **processuale** Prozessbetrug (*Rechtspflegedelikt*); – **dello scotto** (S) Zechprellerei *f*.

frontaliero *m* Grenzgänger *m*.

fronte *m* Front *f*; – **del lavoro** Arbeitsfront *f*; – **per la liberazione** Befreiungsfront; – **popolare** Volksfront *f*; – **unico** Einheitsfront *f*.

frontiera *f* Grenze *f*; – **del benessere** Wohlstandsgrenze; – **esterna** Außengrenze; – **fiscale** Steuergrenze; – **fluviale** Flußgrenze; – **interna** Binnengrenze; – **internazionale** Auslandsgrenze; – **marittima** Seegrenze; – **terrestre** Landgrenze; v. a. CONFINE.

frontista *m* Anlieger *m*, Anrainer *m*.

fruttare (*utili, interessi*) abwerfen, bringen.
frutti *m pl* Früchte *pl*; – **civili** Rechtsfrüchte, bürgerliche Früchte, Zivilfrüchte, Zinsen *pl*; – **naturali** natürliche Früchte; – **naturalmente caduti sul fondo del vicino** Überfall *m*; – **non ancora raccolti,** – **non ancora separati dal suolo,** – **pendenti** stehende Früchte, Ernte auf dem Halm.
fruttifero fruchtbringend, zinsbringend, zinstragend, verzinslich.
frutto *m* (*di titolo obbligazionario*) Verzinsung *f*.
fu verstorben, Sohn (Tochter) des (der) verstorbenen...
fucilare erschießen.
fucilazione *f* Erschießung *f*.
fuga *f* Flucht *f*; – **di capitali** Kapitalflucht; – **del conducente** unerlaubtes Entfernen vom Unfallort; – **di notizie** (*indiscrezioni*) Indiskretion *f*. – **nei valori reali** Flucht in die Sachwerte.
fuggiasco *m* Flüchtling *m*.
fuggire fliehen, entfliehen.
funerale *m* **a spese dello Stato** Staatsbegräbnis *n*.
fungere fungieren; – **da**... als... amtieren.
fungibile *agg* vertretbar.
fungibilità *f* Vertretbarkeit *f*.
funzionale *agg* zweckdienlich, funktionsgerecht.
funzionalità *f* Zweckdienlichkeit *f*, Funktionalität; – **della giustizia** Funktionsfähigkeit *f* der Rechtspflege.
funzionamento *m* **di prova** Testbetrieb *m*.
funzionario *m* (1) Beamter *m*; (2) (*di sindacato, partito politico*) Funktionär *m*; (3) (*di aziende private, approssimativamente*) Handlungsbevollmächtigter *m*; **alto** – hoher Beamter; **pubblico** – Beamter; – **amministrativo** Verwaltungsbeamter; – **in aspettativa** Wartestandsbeamter; – **in attività di servizio** Beamter im aktiven Dienst, Beamter des Dienststandes (A); – **di banca** Bankbeamter; höherer Bankangestellter; – **di carriera** Berufsbeamter, Laufbahnbeamter, Karrierebeamter; – **della carriera direttiva** Beamter des höheren Dienstes; – **collocato in disponibilità** Beamter zur Wiederverwendung; – **coloniale** Kolonialbeamter; – **comunale** Gemeindebeamter, Kommunalbeamter; – **di consolato** Konsulatsbeamter; – **in disponibilità** Wartestandsbeamter; – **elettivo** Wahlbeamter; – **europeo** Europabeamter; – **federale** Bundesbeamter; – **governativo** Regierungsbeamter; – **delle imposte** Steuerbeamter; – **inamovibile** unabsetzbarer Beamter; – **internazionale** internationaler Beamter; – **di ministero** Ministerialbeamter; – **non di ruolo** außerplanmäßiger Beamter; – **onorario** ehrenamtlicher Funktionsträger; – **di partito** Parteifunktionär; – **in pensione** Ruhestandsbeamter; – **in pianta stabile** Beamter auf Lebenszeit; – **delle poste** Postbeamter; – **in prova** Beamter auf Probe, Beamter im Probedienst, Widerrufsbeamter, Beamter auf Widerruf; – **pubblico** Beamter; – **a riposo** Beamter im Ruhestand, Ruhestandsbeamter, Beamter des Ruhestandes (A); – **in servizio attivo** Beamter im aktiven Dienst, Beamter des Dienststandes (A); – **sindacale** Gewerkschaftsfunktionär; – **statale** Staatsbeamter; – **subalterno** untergeordneter Beamter, Subalternbeamter; V. A. IMPIEGATO PUBBLICO.
funzione *f* Funktion *f*, Gewalt *f*, Amt *n*; Aufgabe *f*; **doppia** – Doppelfunktion; **esercitare una** – ein Amt ausüben; – **accessoria** Nebenamt; – **amministrativa** verwaltende Tätigkeit, Verwaltungsfunktion; – **ausiliaria** Hilfsfunktion; – **consultiva** beratende Funktion; – **di controllo** Kontrollfunktion; – **di coordinamento** Koordinierungsfunktion; – **correttiva** Korrektivfunktion; – **direttiva** leitende Funktion; – **documentale** Urkundenfunktion;

– **di garanzia** Garantiefunktion; – **giurisdizionale** rechtsprechende Tätigkeit; – ispettiva Aufsichtsfunktion; – **legislativa** gesetzgebende Tätigkeit, gesetzgeberische Tätigkeit, Gesetzgebungsfunktion; – **di legittimazione** Legitimationsfunktion; – **della pena** Strafzweck; – **pubblica** öffentliches Amt, Beamtung *f* (S =); – religiosa Gottesdienst *m*; – **secondaria** Nebenamt; – **sociale** (*della proprietà*) Sozialbindung *f* (*des Eigentums*); – **di sorveglianza** Überwachungsfunktion; – **di sostituzione** Ersatzfunktion; – **di trasferimento** (*della girata*) Transportfunktion; V. a. CARICA, POTERE, UFFICIO.

funzioni *fpl* **dello Stato** Staatsfunktionen *f*.

fuoco *m* (S) Befugnis der Tessiner Auslandsschweizer, trotz Wohnsitz im Ausland die politischen Rechte in ihrer Heimatgemeinde auszuüben.

fuorilegge *m* Rechtloser *m*, Geächteter *m*.

fuoriuscita di capitale Abwanderung von Kapital, Kapitalabwanderung *f*.

furgone *m* **cellulare** Gefangenenwagen *m*, Gefangenensammelwagen, grüne Minna (*corr*).

furto *m* Diebstahl *m*; **commettere un** – einen Diebstahl begehen; – **aggravato** schwerer Diebstahl, qualifizierter Diebstahl; – **di bestiame** Viehdiebstahl; – **campestre** Felddiebstahl; – **commesso su cadaveri** Leichenfledderei *f*; – **continuato** fortgesetzter Diebstahl; – **di cosa ritrovata** Funddiebstahl; – **di cosa di tenue valore** Diebstahl geringwertiger Sachen; – **di cose destinate a pubblica reverenza** Kirchendiebstahl; – **con effrazione** Einbruchdiebstahl; – **d'energia elettrica** Entziehung elektrischer Energie (D); Entziehung von Energie (A), unrechtmäßige Entziehung von Energie (S); – **lieve per bisogno** Notentwendung, Entwendung (S); – **minore** leichter Diebstahl; – **occasionale** Gelegenheitsdiebstahl; – **di oggetti sacri** Kirchendiebstahl; – **pluriaggravato** mehrfach erschwerter Diebstahl; – **punibile a querela dell'offeso** auf Strafantrag verfolgbarer Diebstahl; – **qualificato** qualifizierter Diebstahl, schwerer Diebstahl; – **con recidiva** Rückfalldiebstahl, Rückfallsdiebstahl; – **con scasso** Einbruchsdiebstahl; – **semplice** einfacher Diebstahl; – **d'uso** Gebrauchsdiebstahl, Gebrauchsanmaßung *f*.

fusionare fusionieren.

fusione *f* Verschmelzung *f*, Fusion *f*, Fusionierung *f*; – **di comuni** Gemeindeverschmelzung; – **mediante costituzione di società nuova** Verschmelzung durch Neubildung; – **forzata** Zwangsfusionierung; – **mediante incorporazione** Verschmelzung durch Aufnahme.

futurologia *f* Zukunftsforschung *f*.

futurologo *m* Zukunftsforscher *m*. –

G

gabbietta *f* Zinsstaffel *f*.

gabella sul sale Salzsteuer *f*.

gabinetto *m* Kabinett *m*; **rimaneggiare il** – die Regierung umbilden; – **federale** Bundeskabinett; – **di guerra** Kriegskabinett; – **ombra** Schattenkabinett; – **di tecnici** Fachkabinett, Kabinett von Fachministern; – **di transizione** Übergangskabinett; V. a. GOVERNO.

galateo *m* **parlamentare** parlamentarische Anstandsregeln.

gamma *f*, – **dei modelli** Modellpalette *f*; – **dei prezzi** Preisfächer *m*; – **dei prodotti** Produktpalette.

gansterismo *m* Gangstertum *n*.

gara, **indire una –** ausschreiben; – **di appalto** (öffentliche) Ausschreibung *f*; – **degli armamenti** Rüstungswettlauf *m*, Wettrüsten *n*; – **pubblica** (öffentliche) Ausschreibung, Submission *f*.

garante *m* Garant *m*, Bürge *m*, Garantiegeber *m*, Gewährsmann *m*; **rendersi** –, **stare** – bürgen, sich verbürgen; – **dell'editoria** Pressebeauftragter (*des Parlaments*); – **del pagamento** Zahlungsbürge; – **per la protezione dei dati personali** Datenschutzbeauftragter *m;* – **delle radiodiffusioni e dell'editoria** Medienbeauftragter *m;* – **solidale** Mitbürge, Solidarbürge; – **sussidiario** Nebenbürge; v. a. FIDEIUSSORE.

garantire gewährleisten, garantieren, bürgen, verbürgen, sichern, sicherstellen, absichern, decken, einstehen (für etwas).

garantito *m* Garantienehmer *m*.

garanzia *f* Garantie *f*, Bürgschaft *f*, Gewährleistung *f*, Gewähr *f*, Deckung *f*; (*reale o equivalente*) Sicherheit *f*, Sicherstellung, Sicherung *f*; **assumere una** – eine Bürgschaft nehmen; **chiamare in** – den Bürgen in Anspruch nehmen, auf den Bürgen zurückgreifen, auf den Bürgen greifen; **costituire una** – eine Sicherheit bestellen; **liberare dalla** – aus der Haftung entlassen; **per** – als Bürge, als Garant, per Aval; **prestare** – Garantie leisten, Bürgschaft leisten, (*reale*) Sicherheit leisten; – **accessoria** (*reale*) zusätzliche Sicherheit, Nebensicherheit; – **assicurativa** Versicherungsschutz *m*, Versicherungsdeckung *f*; – **d'autenticità** Echtheitsgarantie *f*; – **d'avaria comune** große Havariegarantie; – **bancaria** Bankgarantie, Bankbürgschaft (*reale*) Banksicherheit; – **di buon funzionamento** (*della cosa venduta*) Gebrauchsfähigkeitsgarantie; – **di cambio** Währungsgarantie, Wechselkursgarantie, Kurssicherung, Kursgarantie, Kursgewähr; – **collaterale** Nebensicherheit; – **collettiva** Kollektivgarantie; – **di collocamento** Absatzgarantie; – **di consegna** Liefergarantie; – **in contanti** Bardeckung; – **contrattuale** vertragsmäßige Garantie; – **costituzionale** Verfassungsgarantie; – **per i crediti all'esportazione** Ausfuhrkreditbürgschaft; – **di credito** Kreditbürgschaft, Kreditgarantie; – **per le difformità ed i vizi dell'opera** (*appalto*) Gewährleistung für Mängel des versprochenen Werkes; – **di dividendo** Dividendengarantie; – **eccessiva** Übersicherung; – **d'esportazione** Ausfuhrbürgschaft, Ausfuhrgarantie; – **per evizione** Rechtsmängelhaftung *f*, Rechtsgewährleistung *f* (S); – **federale** Bundesbürgschaft; – **fideiussoria** Bürgschaft; – **finanziaria** finanzielle Garantie; – **generale** Gesamtbürgschaft, Generalbürgschaft; – **giuridica** Rechtsgarantie; – **giurisdizionale,** – **giustiziale** Rechtsschutzgarantie; – **dell'identità** (*merci*) Nämlichkeitssicherung; – **immobiliare** Grundpfandsicherheit, Grundstückssicherheit; – **individuale** Einzelgarantie; – **di interessi** Zinsgarantie, Zinsengarantie; – **ipotecaria** hypothekarische Sicherheit; – **mobiliare** Mobiliarsicherheit; – **oro** Goldgarantie; – **di pace** Friedensgarantie; – **di pagamento** (*assegno bancario*) Einlösungsgarantie; – **personale** Bürgschaft, Garantie, Personalsicherheit, persönliche Sicherheit; – **pignoratizia** Pfandsicherheit; – **del posto di lavoro** Arbeitsplatzschutz; – **del prestito** (*obbligazionario*) Anleihegarantie; – **di prezzo** Preisgarantie; – **di provenienza** Herkunftsgarantie; – **reale** Sicherheit, Sachsicherheit, sachliche Sicherheit, dingliche Sicherheit, Realsicherheit; – **contro i rischi dell'esportazione** Exportrisikogarantie; – **di salario** Lohngarantie; – **semplice**

persönliche Sicherheit; – **di sicurezza** Sicherheitsgarantie; – **solidale** Mitbürgschaft, Solidarbürgschaft; – **statale** Staatsbürgschaft; – **suppletiva** zusätzliche Sicherheit; – **sussidiaria** Nebensicherheit; – **di trasferimento** Transfergarantie; – **di tutela giurisdizionale** Rechtsschutzgarantie; – **d'uso** Gebrauchsgarantie; – **per i vizi della cosa** Mängelgewähr, Sachmängelhaftung *f*, Sachgewährleistung *f* (S); v. a. FIDEIUSSIONE.

gas *m* Gas *n*; – **cromatografia** *f* Gaschromatographie *f*; – **ad effetto serra** Treibhausgas; – **di scarico** Abgas; – **tossico** Giftgas.

gazzetta *f* **ufficiale** (G. U.) Gesetzblatt *n*, Amtsblatt, Staatsanzeiger *m*, (*in Germania*:) Bundesgesetzblatt (*leggi e regolamenti*), Bundesanzeiger (*avvisi ufficiali, annunci legali ecc.*); – **delle Comunità europee** Amtsblatt der Europäischen Gemeinschaften.

gemellaggio *m* (*di comuni*) Partnerschaft *f* (von *Gemeinden*).

generale *agg* allgemein, General-.

generalità *f pl* Personalien *pl*, Personalangaben *pl*; **declinare le** – die Personalien angeben.

genere *m* Gattung *f*; Ware *f*, Artikel *m*; – **di consumo** Verbrauchsartikel; – **di lusso** Luxusware; – **di prima necessità** Bedarfsgegenstand *m*, Bedarfsartikel.

generi *m pl*, – **alimentari** Nahrungsmittel *pl*, Lebensmittel; – **di uso corrente** Güter des täglichen Bedarfs.

genio *m* **civile** Amt für öffentliche Bauten.

genitori *pl* Eltern *pl*; – **addottivi** Adoptiveltern *pl*, Wahleltern (A); – **affilianti** Zieheltern (A).

genocidio *m* Völkermord *m*.

gente *f*, – **dell'aria** Luftfahrtpersonal *n*; – **del mare** Seeleute *pl*, Schiffsleute.

genuinità *f* Echtheit *f*.

genuino *agg* echt.

geografia *f* **economica** Wirtschaftsgeographie.

geotermica *f* Erdwärme *f*.

gerarchia *f* Hierarchie *f*, Rangordnung *f*; – **amministrativa** Verwaltungshierarchie; – **normativa** Normenhierarchie.

gerarchico *agg* hierarchisch, dienstrangmäßig; dienstaufsichtsmäßig.

gerente *m* Geschäftsführer *m*, Geschäftsleiter *m*; – **di un consorzio** Konsortialführer(in); – **di un consorzio bancario** konsortialfuhrende Bank.

gerenza *f* Geschäftsführung *f*, Geschäftsleitung *f*.

gergo *m*, – **di borsa** Börsenjargon *m*; – **burocratico** Bürokratensprache *f*, Bürokratendeutsch *n*; – **giornalistico** Zeitungsjargon; – **della malavita** Gaunersprache; – **politico** Politjargon.

germano *agg* leiblich, vollbürtig.

gerontocrazia Altenherrschaft *f*, Gerentokratie *f*.

gestione *f* Gebarung *f*, Führung *f*, Geschäftsführung, Geschäftsgebaren N, Geschäftsgebarung; – **d'affari** Geschäftsführung, Geschäftsgebaren *n*, Geschäftsgebarung, Geschäftsbesorgung *f*; – **d'affari rappresentativa** Geschäftsführung mit Auftrag; – **d'affari semplice** Geschäftsführung ohne Auftrag, auftraglose Geschäftsführung; – **autonoma** Eigenverwaltung, Selbstverwaltung; – **aziendale** Betriebsführung; – **di bilancio** Haushaltsführung, Haushaltsgebarung; – **fuori bilancio** Sonderhaushaltsführung; – **coattiva** Zwangsverwaltung; – **collettiva degli affari** Gesamtgeschäftsführung; – **della crisi** Krisenmanagement *n*; – **diretta,** – **in economia** Selbstbewirtschaftung *f*, Regiebetrieb; – **fallimentare** Konkursverwaltung; – **fiduciaria** treuhänderische Verwaltung; – **fiduciaria di patrimoni mobiliari** Vermögensverwaltung; – **finanziaria** Finanzgebarung *f*, Finanzgebaren *n*; – **d'impresa** Unternehmensführung, Unternehmensleitung *f*; – **infedele** unredliche Geschäftsführung, ungetreue Geschäftsführung

(S); – **patrimoniale** Vermögensverwaltung; – **del personale** Personalführung; – **di portafoglio** Wertpapierverwaltung *f*, Verwaltung von Wertpapieren; Effekten Verwaltung; – **in proprio** Eigenbewirtschaftung *f*; – **regolare** ordnungsgemäße Geschäftsführung; – **di titoli,** – **di valori mobiliari** Wertpapierverwaltung *f*, Effekten Verwaltung, Verwaltung von Wertpapieren; – **valutaria** Devisenbewirtschaftung *f*.

gestire führen, verwalten, wirtschaften.

gesto *m* **di buona volonta** Geste *f* des guten Willens.

gestore *m* Verwalter *m*, Geschäftsführer *m*; – **d'affari** Geschäftsführer.

gettito *m* Aufkommen *n*; **maggiore** – Mehraufkommen; – **effettivo** Istaufkommen; – **fiscale**, – **delle imposte** Steueraufkommen, Abgabenaufkommen, Steuerertrag *m*; – **inferiore** Minderaufkommen; – **previsto,** – **teorico** Sollaufkommen; – **totale** Gesamtaufkommen; – **tributario** Abgabenaufkommen, Steueraufkommen; – **tributario totale** Gesamtsteueraufkommen.

getto *m*, – **ed asporto** Überbordwerfen und -spülen; – **in mare** Auswurf *m*, Werfen *n*, Seewurf, Seeauswurf, Notauswurf; – **pericoloso di cose** gefährliches Wegwerfen von Sachen.

gettone *m*, – **di presenza** Sitzungsgeld *n*, Anwesenheitsgeld, Präsenzgeld; – **telefonico** Telefonmünze *f*.

ghigliottina *f* Fallbeil *n*, Guillotine *f*.

ghigliottinare mit dem Fallbeil hinrichten, guillotinieren.

giacenza *f*, – **di cassa**, – **numeraria** Kassenbestand *m*, Barbestand.

giacenze in magazzino Lagerbestand *m*, Lagerbestände *pl*.

giardinetto *m* breitgestreute Kapitalanlage.

gilda *f* Gilde *f*.

giocare spielen, spekulieren.

giocatore *m* Spieler *m*, Spekulant *m*; – **di borsa** Börsenspekulant; – **al rialzo** Haussier *m*, Haussespekulant; – **al ribasso** Baissier *m*, Baissespekulant.

gioco *m*, **libero** – **delle forze di mercato** freies Spiel *n* der Marktkräfte; v. a. GIUOCO.

giornale *m* (1) Zeitung *f*, Blatt *n*; (2) (*libro*) Journal *n*, Tagebuch *n*, Tagesregister *n*; – **di bordo** Schiffstagebuch, Schiffsjournal, Logbuch; – **di cassa** Kassentagebuch; – **dei clienti** Kundenbuch; – **commerciale** Handelsblatt *n*; – **di economia** Wirtschaftszeitung; – **finanziario** Finanzblatt; – **dei fornitori** Lieferantenbuch; – **d'informazioni** Nachrichtenblatt; – **di macchina** Maschinentagebuch; – **murale** Wandzeitung; – **nautico,** – **di navigazione** Schiffstagebuch, Schiffsjournal, Logbuch; – **di partito** Parteizeitung; – **di portafoglio** Obligobuch; – **quotidiano** Tageszeitung; – **radio** Nachrichtendienst *m*; – **radiotelegrafico** Funktagebuch; – **sanitario** Gesundheitsbuch; v. a. FOGLIO, LIBRO, REGISTRO.

giornaliero *m* Tagelöhner *m*, Taglöhner (S).

giornalista *m* Journalist *m*.

giornata *f*, – **lavorativa** Arbeitstag *m*; – **lavorativa di otto ore** Achtstundenarbeitstag; – **mondiale dell' infanzia** Weltkindertag; – **mondiale del risparmio** Weltspartag; – **di otto ore** Achtstundentag; v. a. GIORNO.

giorni *m pl*, – **di banca** Banktage *pl*; – **di controstallia** Überliegetage *pl*; – **di viaggio** (*posta*) Postlauf *m*.

giorno *m*, – **dell'adempimento** Erfüllungstag *m*; – **d'arrivo** Ankunftstag; – **di banca aperta** Bankwerktag; – **di banca chiusa** Bankfeiertag; – **di borsa aperta** Börsentag; – **di borsa chiusa** Börsenfeiertag; – **di calendario** Kalendertag; – **di chiusura del bilancio** Bilanzstichtag, Abschlussstichtag; – **di chiusura del conto** Abschlusstag; – **civile** Kalendertag; – **di compensazione** Skontierungstag, Skontrotag; – **di consegua** Liefertag; – **delle elezioni** Wahltag; – **d'emissione** Ausgabetag, (solo *obbligazioni*) Begebungstag, (*atti*) Ausstellungstag; – **d'estrazione** Ziehungstag; – **feriale** Werktag, Arbeitstag; – **festivo legale** gesetzlicher Feiertag; – **festivo riconosciuto** gesetzlich anerkannter Feiertag; – **finale** Ablaufstag; – **di grazia** Gnadenfrist *f*, Gnadentag, Respekttag, Achtungstag, Nachsichtstag, Nachfrist; – **iniziale** Anfangstag; – **lavorativo**, – **di lavoro** Arbeitstag; – **ibero** voller Tag; – **della liquidazione** (*borsa*) Erfüllungstag, Abrechnungstag; – **di malattia** Krankheitstag; – **di mercato** Markttag; – **di paga** Lohnzahlungstag, Zahltag; – **di pagamento** Zahlungstag, Zahltag; – **di respiro** Nachfrist *f*, Respekttag, Achtungstag, Gnadenfrist, Gnadentag, Nachsichtstag; – **di riferimento** Stichtag, Referenztag; – **del rilascio** Ausstellungstag; – **di riporto** Reporttag; – **di riposo** Ruhetag; – **di rispetto** Respekttag, Nachsichtsstag; – **di rispetto giudiziario** richterlicher Respekttag; – **di rispetto legale** gesetzlicher Respekttag; – **di risposta dei premi** Erklärungstag; – **di scadenza** Verfalltag, Fälligkeitstag; – **di seduta** Sitzungstag; – **d'udienza** Verhandlungstag, Verhandlungstermin *m*, Gerichtstag, Gerichtstermin, Rechtstag (S=); – **utile** Frist von 24 Stunden, innerhalb deren eine Handlung vorgenommen werden kann; – **di valuta** Valutatag; V. A. DATA, TERMINE.

girabile *agg* indossabel, indossierbar, durch Indossament übertragbar, übertragbar.

girabilità *f* Indossierbarkeit *f*, Übertragbarkeit *f* (durch Indossament).

girante *m* Indossant *m*, Girant *m*; – **di cambiale** Wehselgirant; – **di favore** Gefälligkeitsgirant; – **precedente** Vorindossant, Vorgirant, unmittelbarer Vormann *m*; – **susseguente** Nachmann *m*.

girare indossieren, girieren.

girata *f* (1) Indossament *n*, Giro *n*; (1) (*atto della girata*) Indossierung *f*; – **in bianco** Blankoindossament, Blankogiro, Biancoindossament (A); – **di cambiale,** – **cambiaria** Wechselindossament, Wechselgiro; – **completa** Vollindossament, Vollgiro; – **condizionata** bedingtes Indossament; – **con divieto di ulteriori girate** Rektaindossament; – **di favore** Gefälligkeitsindossament; – **fiduciaria** Treuhandindossament; – **in garanzia** reines Garantieindossament; – **senza garanzia** Indossament ohne Gewähr; – **per incasso** Inkassoindossament; – **incondizionata** unbedingtes Indossament; – **non all'ordine** Rektaindossament, Rektagiro; – **parziale** Teilindossament; – **in pegno** Pfandindossament; – **piena**, – **in pieno** Vollindossament, Vollgiro; – **al portatore** Blankoindossament; – **posteriore alla scadenza o al protesto** Nachindossament; – **per procura** Vollmachtindossament, Vollmachtsindossament, Prokuraindossament; – **di ritorno** Rückindossament; – **simulata** Scheinindossament; – **a titolo di pegno** (offenes) Pfandindossament.

giratario *m* Indossat *m*, Indossatar *m*, Girat *m*, Giratar *m*, Girarta *m* (A); – **susseguente** Hintermann *m*.

giro *m* Giro *n*; – **d'affari** Geschäftsumsatz *m*, Umsatz; – **d'affari consolidato** bereinigter Konzernumsatz; – **d'affari totale** Gesamtumsatz; – **completo di polizze di carico** voller Satz Konnossemente; – **fondi** Überweisung *f*; – **di partite** Überweisung *f*, Umbuchung *f*; **a – di posta, a stretto – di posta** postwendend, mit umgehender Post; – **di servizio** Dienstgang *m*.

giroconto *m* Girokonto *n*.

girovago *agg* umherziehend, Reise-.

giubbotto *m* **antiproiettile** Panzerweste *f*, kugelsichere Weste.

giudicare urteilen, beurteilen, aburteilen, entscheiden, erkennen.

giudicato *m* Rechtskraft *f*; rechtskräftig entschiedene Sache; **passare in –** rechtskräftig werden; **– formale, – in senso formale** formelle Rechtskraft; **– in senso sostanziale, – sostanziale** materielle Rechtskraft.

giudice *m* (1) Richter *m*; (2) (*ufficio giudiziario*) Gericht *n*; **accompagnare davanti al –** dem Richter vorführen; **adire un –** ein Gericht anrufen; **comparire davanti al –** vor Gericht erscheinen; **interrogare dal –** richterlich vernehmen; **nominare –** zum Richter ernennen; **noto al –** gerichtskundig, gerichtsbekannt, gerichtsnotorisch; **ricusare un –** einen Richter ablehnen; **– adito** angerufenes Gericht; **– aggiunto** Ergänzungsrichter; **– amministrativo** Verwaltungsrichter; **– d'appello** Berufungsrichter, Berufungsgericht; **– ausiliare** Hilfsrichter; **– di carriera** Berufsrichter; **– di cassazione** Kassationsrichter; **– della causa** mit der Sache befaßtes Gericht, Instanzgericht; **– civile** Zivilrichter, Richter in Zivilsachen, Zivilgericht; **– della cognizione** erkennendes Gericht; **– collegiale** Kollegialgericht; **– commerciale** Handelsrichter; **– competente** zuständiger Richter, zuständiges Gericht; **– conciliatore** Schiedsmann *m*, Ortsrichter, Friedensrichter; Richter im Sühneverfahren, Sühnerichter, Schiedsrichter; **– di Corte d'Appello** Richter am Appellationsgerichtshof; **– costituzionale** Verfassungsrichter; **– delegato** beauftragter Richter, (*fallimento*) Konkursrichter, Konkurskommissär *m* (A), (*concordato*) Ausgleichskommissär (A); **– disciplinare** Disziplinarrichter; **– del divorzio** Scheidungsgericht; **– escluso** ausgeschlossener Richter; **– dell'esecuzione** Vollstreckungsrichter, Vollstreckungsgericht; **– estensore** Urteilsfasser *m*; **– del fatto** Tatrichter; **– federale** Bundesrichter; **– di gara** Kampfrichter; **– di grado inferiore** Gericht niedriger Ordnung; **– di grado superiore** Gericht höherer Ordnung; **– ad hoc** Richter ad hoc; **– della impugnazione** Rechtsmittelgericht; **– incaricato** beauftragter Richter; **– degli incidenti** Richter für Zwischenstreitfragen; **– incompetente** unzuständiger Richter; unzuständiges Gericht; **– per le indagini preliminari** (*proc. pen.*) Ermittlungsrichter; **– indipendente** unabhängiger Richter; **– inferiore** Untergericht; **– inquirente** ermittelnder Richter; **– istruttore** (1) (*proc. civ.*) Instruktionsrichter; (2) (*proc. pen.*) Untersuchungsrichter; **– d'istruzione** (S) Instruktionsrichter (S); **– a latere** beisitzender Richter, Beisitzer *m*, Richter im Nebenamt (S); **– del lavoro** Arbeitsrichter, Arbeitsgericht; **– di merito** Tatrichter; **– militare** Militärrichter; **– minorile** Jugendrichter; **– monocratico** Einzelrichter; **– naturale** gesetzlicher Richter; **– non di carriera, – non togato** Laienrichter; **– onorario** ehrenamtlicher Richter; **– ordinario** ordentlicher Richter, ordentliches Gericht, allgemeiner Richter, allgemeines Gericht; **– di pace** Friedensrichter; **– di pari grado** Gericht gleicher Ordnung; **– penale** Strafrichter; **– popolare** Laienrichter, (*corte d'assise*) Schöffe (D), Geschworner (A), Geschworener (S); **– popolare supplente** Hilfsschöffe, (*corte d'assise*) Hilfsschöffe (D), Ersatzgeschworner (A); **– precedente** Vorderrichter; **– di primo grado, – di prima istanza** Richter erster Instanz, Erstrichter, Gericht erster Instanz; **– relatore** Berichterstatter, berichterstattender Richter; **– della revisione** Wiederaufnahmerichter; **– richiesto** ersuchter Richter; **– ricusato** abgelehnter Richter; **– di rinvio** Übernahmegericht; **– di secondo grado** Gericht zweiter

Instanz; – **singolo** Einzelrichter; – **di sorveglianza** (*proc. pen.*) Strafvollstreckungsrichter, Vollstreckungsleiter *m* (*bei Jugendstrafe*); – **speciale** besonderes Gericht; – **straordinario** Ausnahmegericht, außerordentlicher Richter (S); – **supplente** Ersatzrichter; – **superiore** höheres Gericht; – **tavolare** Grundbuchrichter, Grundbuchsrichter (A), Grundbuchsgericht (A); – **togato** Berufsrichter; – **di tribunale** Richter am Landgericht; – **tutelare** Vormundschaftsrichter, Vormundschaftsgericht, Vormundschaftsbehörde *f* (S).

giudiziale *agg* gerichtlich, richterlich.

giudiziario *agg* gerichtlich, richterlich.

giudizio *m* gerichtliches Verfahren, Gerichtsverfahren, Prozess *m*, Verfahren *n*; (*proc. pen.*) Hauptverfahren; **agire in** – vor Gericht klagen, klagen, bei Gericht einschreiten (A); **citare in** – vor Gericht laden, vor Gericht klagen, vor Gericht verklagen, verklagen, gerichtlich belangen; **comparire in** – vor Gericht auftreten, vor Gericht erscheinen; **condurre in** – vor Gericht bringen, vor Gericht stellen; **convenire in** – verklagen, vor Gericht laden, vor Gericht klagen, vor Gericht verklagen, gerichtlich belangen; **definire il** – das Verfahren entscheiden; **deporre in** – vor Gericht aussagen; **difendere in** – vor Gericht verteidigen; **domandare in** – (ein)klagen; **in** – vor Gericht; **rappresentare in** – vor Gericht vertreten, bei Gericht vertreten (A), gerichtlich vertreten; **resistere in** – als Beklagter auftreten; **secondo** – (*proc. pen.*) Doppelbestrafung *f* (nochmaliges Verfahren wegen derselben Tat); **stare in** – vor Gericht stehen, vor Gericht auftreten, (*attore*) als Kläger auftreten, (*convenuto*) als Beklagter auftreten; **tradurre in** – vor Gericht bringen, vor Gericht stellen, vor Gericht ziehen; – **abbreviato** abgekürztes Verfahren; – **d'accertamento** Feststellungsprozeß; – **d'accusa** (*contro il P. d. R.*) Anklageverfahren; – **amministrativo** Verwaltungsprozess; – **d'appello** Berufungsverfahren; – **arbitrale** Schiedsverfahren; – **cambiario** Wechselprozess; – **di cassazione** Kassationsverfahren; – **civile** Zivilprozeß, Zivilverfahren; – **di cognizione** Erkenntnisverfahren; – **in contumacia, – contumaciale** (*proc. pen.*) Verfahren in Abwesenheit; (*proc. civ.*) Versäumnisverfahren; **– di costituzionalità delle leggi** Normenkontrollverfahren; – **per decreto peuale** Strafbefehlsverfahren; – **di delibazione** (*delle sentenze straniere*) Anerkennungsverfahren; – **dibattimentale** kontradikatorisches Verfahren; – **direttissimo** Schnellverfahren; – **di divisione** Teilungsverfahren; – **di doppio grado** zweistufiges Verfahren; – **d'estradizione** Auslieferungsverfahren; – **di grado unico** einstufiges Verfahrens; – **immediato** (*proc. pen.*) Schnellgerichtsverfahren; – **d'impugnazione** Rechtsmittelverfahren, Rechtsmittelinstanz *f*; – **insindacabile** nicht nachprüfbares Ermessen; – **di lavoro** Arbeitsgerichtsverfahren; – **di legittimità costituzionale** Normenkontrollverfahren; – **di omologazione** Bestätigungsverfahren; – **di opposizione** Einspruchsverfahren; – **ordinario** ordentliches Verfahren; – **di ottemperanza** (*dir. amm.*) Erzwingungsverfahren *n*; – **penale** Strafverfahren; – **pendente** anhängiges Verfahren, schwebendes Verfahren; – **positivo** positive Einschätzung *f*; – **di primo grado** erstinstanzliches Verfahren; – **prognostico** Prognoseentscheidung; – **di rinvio** Verfahren nach Zurückverweisung; – **di secondo grado** Berufungsverfahren, Berufungsinstanz; – **di valore** Werturteil; v. a. PROCEDIMENTO, PROCEDURA, PROCESSO.

giunta *f* Ausschuss *m*; – **per le autorizzazioni a procedere** (*camera dei deputati*) Immunitätsausschuss; – **comunale** ausführendes Organ der Gemeinde, (Berlin, Bremen, Hamburg) Senat *m* (che è però anzitutto governo regionale), (Bremerhaven, Schleswig-Holstein) Magistrat *m*, (Hessen, comuni di media grandezza) Gemeindevorstand *m*, (Hessen, grandi comuni) Magistrat, (Niedersachsen) Verwaltungsausschuss *m*, (Wien) Stadtsenat; – **elettorale,** – **per le elezioni** Wahlprüfungsausschuss; – **militare** Militärjunta; – **municipale** v. giunta comunale; – **parlamentare** Parlamentsausschuss; – **provinciale** Provinzialausschuss, Landesausschuss *m*, Landesregierung (*Südtirol*); – **provinciale amministrativa** Provinzialverwaltungsausschuss; – **regionale** Regionalregierung *f*, Regionalausschuss (Trentino – Südtirol); – **per il regolamento** (*parlamentare*) Geschäftsordnungsausschuss.

giuoco, **doppio** – Doppelspiel *n*; – **di abilità** Geschicklichkeitsspiel; – **d'azzardo** Glücksspiel; – **di borsa** Börsenspiel, Börsenspekulation *f*; – **completo di polizze di carico** voller Satz Konnossemente; – **di destrezza** Geschicklichkeitsspiel; – **di sorte** Glücksspiel.

giuramento *m* Eid *m*, Schwur *m*; **essere sotto** – unter Eid stehen; **deferire il** – (*dal giudice a una parte*) zur Eidesleistung laden, (*da una parte all'altra*) den Eid zuschieben; **falso** – Meineid; **far asseverare col** –, **far prestare** – beeiden, beeidigen; **prestare** – den Eid leisten, den Eid ablegen, schwören; **ricevere un** – einen Eid abnehmen; **riferire il** – den Eid zurückschieben; **sciogliere da un** – von einem Eid entbinden; **violare il** – eidbrüchig werden; – **assertorio** assertorischer Eid; – **decisorio** Schiedseid; – **decisorio deferito** zugeschobener Eid; – **decisorio riferito** zurückgeschobener Eid; – **deferito** zugeschobener Eid; – **deferito dal giudice** notwendiger Eid; – **estimatorio,** – **di estimazione** Schätzeid; **falso** – **della parte** Parteimeineid; – **di fedeltà** Treueid; – **di fedeltà alla bandiera** Fahneneid; – **di giudice** Richtereid; – **di giudice popolare** Schöffeneid; – **giudiziario** gerichtlicher Eid; – **di interprete** Dolmetschereid; – **di perito** Sachverständigeneid; – **professionale** Berufseid; – **promissorio** promissorischer Eid; – **provvisorio** Voreid; – purgatorio (S) Entkräftigungseid (S); – **riferito** zurückgeschobener Eid; – **di servizio** Diensteid; – **suppletorio** Ergänzungseid; – **di testimonio** Zeugeneid; – **di traduttore** Übersetzereid; – **d'ufficio** Diensteid.

giurare schwören; – **di dire la verità, null'altro che la verità** schwören, die reine Wahrheit zu sagen und nichts zu verschweigen.

giureconsulto *m* Rechtsgelehrter *m*.

giuri *m* **d'onore** Ehrengericht *n*.

giuria *f* Jury *f*; – **di concorso a premi** Preisgericht *n*.

giuridico *agg* rechtlich, Rechts-, juristisch, juridisch (A=).

giurisdizione *f* (1) Gerichtsbarkeit *f*; (2) Amtsbezirk *m*; **esente da** – gerichtsfrei; **esercitare la** – die Gerichtsbarkeit ausüben; – **amministrativa** Verwaltungsgerichtsbarkeit, Administrativjustiz (A); – **arbitrale** Schiedsgerichtsbarkeit; – **civile** bürgerliche Gerichtsbarkeit, Zivilgerichtsbarkeit; Zivilrechtspflege *f*; – **commerciale** Handelsgerichtsbarkeit; – **consolare** Konsulargerichtsbarkeit; – **contenziosa** streitige Gerichtsbarkeit; – **corporativa** Standesgerichtsbarkeit; – **costituzionale** Verfassungsgerichtsbarkeit; – **disciplinare** Disziplinargerichtsbarkeit; – **domestica** (1) (*nazionale*) innerstaatliche Gerichtsbarkeit; (2) (*di categoria*) Berufsgerichtsbarkeit, Standesgerichtsbarkeit; – **d'eccezione** Ausnahmegerichtsbarkeit; – **ecclesiastica** kirchliche Gerichtsbarkeit;

– **esclusiva** ausschließliche Gerichtsbarkeit; – **estraterritoriale** außergebietliche Gerichtsbarkeit; – **federale** Bundesgerichtsbarkeit, Bundesrechtspflege *f* (S); – **internazionale** internationale Gerichtsbarkeit; – **del lavoro** Arbeitsgerichtsbarkeit; – **marittima** Seegerichtsbarkeit; – **militare** Militärgerichtsbarkeit, (*in guerra*) Kriegsgerichtsbarkeit; – **obbligatoria** obligatorische Gerichtsbarkeit; – **d'occupazione** Besatzungsgerichtsbarkeit; – **ordinaria** ordentliche Gerichtsbarkeit; – **penale** Strafgerichtsbarkeit; – **penale federale** Bundesstrafgerichtsbarkeit; – **piena** volle Gerichtsbarkeit; – **sociale** Sozialgerichtsbarkeit; – **speciale** Sondergerichtsbarkeit; – **straordinaria** Ausnahmegerichtsbarkeit; – **tributaria** Finanzgerichtsbarkeit; – **volontaria** freiwillige Gerichtsbarkeit, außerstreitige Gerichtsbarkeit (A).

giurisperito *m* Rechtskundiger *m*.

giurisprudente *m* Rechtsgelehrter *m*.

giurisprudenza *f* (1) (*guidiziaria*) Rechtsprechung *f*, Judikatur *f*; (2) (*dottrinale*) Rechtswissenschaft *f*, Jurisprudenz *f*; – **amministrativa** Verwaltungsrechtsprechung; – **dei concetti** Begriffsjurisprudenz *f*; – **consolidata,** – **constante** ständige Rechtsprechung; – **della corte suprema** höchstrichterliche Rechtsprechung; – **dottrinale** Rechtswissenschaft, Rechtslehre *f*; – **giudiziaria** Rechtsprechung, Judikatur; – **degli interessi** Interessenjurisprudenz *f*; – **maggioritaria** überwiegende Rechtsprechung; – **di merito** tatrichterliche Rechtsprechung; – **oscillante** uneinheitliche Rechtsprechung; – **tributaria** Finanzrechtsprechung, Steuerrechtsprechung.

giurisprudenziale Rechtsprechungs-.

giurista *m* Jurist *m*, Rechtskundiger *m*, Rechtsgelehrter *m*; – **d'impresa** Justitiar *m*.

giuslavorista *m* Arbeitsrechtler *m*.

giusnaturalismo Naturrechtslehre *f*.

giusnaturalista *m* Naturrechtler *m*.

giuspubblicistico *agg* öffentlichrechtlich.

giustamente *avv* zu Recht.

giustificare rechtfertigen.

giustificativo *m* Beleg *m*.

giustificazione *f* Rechtfertigung *f*, Begründung *f*; – **della prenotazione** (*libro fondiario*) Rechtfertigung der Vormerkung (A).

giustizia *f* (1) (*ordine giudiziario*) Justiz *f*; (2) (*amministrazione della giustizia*) Rechtspflege *f*; (3) (*l'essere giusto*) Gerechtigkeit *f*; **amministrare la** – Recht sprechen; **decidere secondo** – nach Billigkeit entscheiden; **denegata** – Rechtsverweigerung, Verweigerung des Rechtsschutzes; **giudicare secondo** – nach Billigkeit entscheiden; **ritardata** – (S) Rechtsverzögerung *f* (S); – **amministrativa** Verwaltungsrechtspflege *f*, Verwaltungsgerichtsbarkeit *f*, verwaltungsbehördliche Verwaltungsrechtspflege (S); – **civile** Zivilgerichtsbarkeit *f*; – **di classe** Klassenjustiz; – **commutativa** kommutative Gerechtigkeit, entscheidende Gerechtigkeit; – **distributiva** verteilende Gerechtigkeit, zuteilende Gerichtigkeit, ausgleichende Gerechtigkeit, distributive Gerechtigkeit, austeilende Gerechtigkeit; – **fiscale** Steuergerechtigkeit, steuerliche Gerechtigkeit; – **internazionale** internationale Gerichtsbarkeit; – **militare** Militärjustiz; – **minorile** Jugendgerichtsbarkeit; – **penale** Strafjustiz, Strafrechtspflege, Strafgerichtsbarkeit; – **punitiva** strafende Gerichtsbarkeit; **farsi** – **da sé** zur Selbsthilfe schreiten; – **sociale** soziale Gerechtigkeit; – **sommaria** Lynchjustiz; – **sostanziale** materielle Gerechtigkeit; – **sportiva** Sportgerichtsbarkeit; – **tributaria** steuerliche Gerechtigkeit, Steuergerechtigkeit; Steuerjustiz, Steuerrechtspflege, Abgabejustiz (+S).

giustiziare hinrichten.

giustiziere *m* Henker *m*, Scharfrichter *m*.

giusto *agg* gerecht; – **ed equo** recht und billig.
globalizzazione *f* Globalisierung *f*; – **dell'economia** Globalisierung der Wirtschaft.
globalmente *avv* in Bausch und Bogen, im Pausch und Bogen (A), Pauschal-.
glossatore *m* (*stör.*) Glossator *m*.
godere genießen, nutzen.
godimento *m* Genuss *m*, Nutzung *f*, Fruchtgenuß (A); (*titolo a reddito fisso*) Zinsberechtigung *f*, Zinsengenuß (A); (*titolo a reddito variabile*) Gewinnberechtigung, Dividendenberechtigung; – **1. 1. 19** .. (*titolo a reddito fisso*) zinsberechtigt ab 1.1. 19 .., (*titoli a reddito variabile*) gewinnberechtigt ab 1. 1. 19 .., dividendenberechtigt ab 1. 1. 19 ..; **entrare nel** – den Genuss antreten, in den Genuss eintreten; **mancato** – Nutzungsausfall *m*; **pacifico** – ungestörter Genuss; **pieno** – Vollgenuss; – **di diritto** Rechtsgenuss, Genuss eines Rechts.
gold bullion standard Goldbarrenwährung *f*; – **exchange standard** Golddevisenwährung.
golpe *m* Putsch *m*.
golpista *m* Putschist *m*.
gonfiamento *m* **del credito** Kreditaufblähung *f*.
gonfiatura *f* **pubblicitaria** marktschreierische Anpreisung.
governabilità Regierbarkeit *f*.
governare regieren.
governatorato *m* Statthalterei *f*; – **generale** Generalgouvernement *n*.
governatore *m* Statthalter *m*, Gouverneur *m*; (*della Banca Centrale*) Präsident *m*; – **generale** Generalgouverneur; – **militare** Militärgouverneur.
governo *m* Regierung *f*; (*forma di governo*) Regierungsform *f*; **appoggiare il** – die Regierung stützen; **far cadere il** – die Regierung zu Fall bringen; **formare il** – die Regierung bilden; **rovesciare il** – die Regierung stürzen; – **d'affari** geschäftsführende Regierung; – **bicolore**, – **bipartito** Zweiparteienregierung; – **cantonale** (S) Kantonsregierung (S); – **della casa** Haushaltsführung *f*, Haushalt *m*; – **centrale** Zentralregierung; – **di centro-sinistra** Mitte-Links-Regierung; – **di coalizione** Koalitionsregierug, Koalitionskabinett *n*; – **democratico** demokratische Regierung; – **depositario** Verwahrregierung; – **di destra** Rechtsregierung; – **dimissionario** zurücktretende Regierung; – **dittatoriale** Diktaturregierung; – **di emergenza** Notstandsregierung; – **in esilio** Exilregierung; – **all'estero** Auslandsregierung; – **fantasma** Scheinregierung; – **fantoccio** Marionettenregierung; – di fatto Defacto-Regierung; – **federale** Bundesregierung; – **firmatario** Unterzeichnerregierung, Signatarregierung; – **insurrezionale** Regierung der Aufständigen; – **ad interim** Interminsregierung; – **legittimo** rechtmäßige Regierung; – **laburista** Labourregierung, Arbeiterregierung; – **di maggioranza** Mehrheitsregierung, Majoritätsregierung; – **militare** Militärregierung; – **di minoranza** Minderheitsregierung; – **monocolore** Einparteienregierung; – **ombra** Schattenkabinett *n*; – **parlamentare** parlamentarische Regierungsform; – **pentapartito** Fünfparteienregierung; – **ponte** Übergangsregierung; – **popolare** Volksregierung; – **presidenziale** Präsidialregierung; – **progressista** fortschrittliche Regierung; – **provinciale** Provinzialregierung; – **provvisorio** provisorische Regierung; – **reazionare** reaktionäre Regierung; – **richiedente** ersuchende Regierung, ersuchender Staat; – **richiesto** ersuchte Regierung, ersuchter Staat; – **rivoluzionario** Revolutionsregierung; – **di sinistra** Linksregierung; – **dei soviet**, – **sovietico** Sowjetregierung, Räteregierung; – **dello Stato** Staatsregierung; – **totalitario** tota-

litäre Regierung; – **di transizione** Übergangsregierung.

gradimento *m* (*dipl.*) Agrément *n.*

grado *m* (1) Grad *m*, Rang *m*, Stufe *f*, Rangstufe; (2) Dienstgrad *m*, Dienstrang, Charge *f* (A=); **di pari** – gleichrangig; **prededere nel** – im Rang vorgehen; **di primo** – (*giudizio*) erstinstanzlich, (*ipoteca*) erststellig, erstrangig; – **accademico** akademischer Grad; – **di affinità** Schwägerschaftsgrad; – **d'anzianità** Altersstufe *f*, Dienstaltersstufe; – **d'appello** Berufungsinstanz *f*; – **di automatizzazione** Automatisierungsgrad; – **della colpa** Verschuldensgrad; Fahrlässigkeitsgrad; – **della colpevolezza** Schwere der Schuld; – **di concentrazione** Konzentrationsgrad; – **gerarchico** Dienstgrad, Rangstufe *f*; – **del giudizio,** – **di giurisdizione** Gerichtsinstanz *f*; – **di industrializzazione** Industrialisierungsgrad; – **d'invalidità** Invaliditätsgrad, Versehrtenstufe *f*; – **dell'ipoteca** Hypothekenrang; – **di liquidità** Liquiditätsgrad; – **dell'occupazione** Beschäftigungsgrad; – **di organizzazione** Organisationsgrad; – **di parentela** Verwandtschaftsgrad; – **precedente** Vorrang; – **del procedimento** Instanz *f*, Rechtszug *m*; – **di responsabilità** Umfang der Haftung; – **di specializzazione** Spezialisierungsgrad; – **d'urgenza** Dringlichkeitsstufe *f*.

graduatoria *f* Rangordnung *f*, Rangliste *f*.

graduazione *f* Staffelung *f*, Rangeinteilung *f*; – **dei creditori** Rangordnung der Gläubiger; – **della pena** Strafzumessung *f* (*im Einzelfall*).

grafico *m* **dell'incidente** (*stradale*) Unfallskizze *f*.

granducato *m* Großherzogtum *n*.

gratifica *m* v. gratificazione.

gratificare bedenken.

gratificazione *f* Gratifikation *f* Bonus *m*, Ehrengabe *f*, Sonderzuwendung *f*; – **di fine d'anno** Neujahrszuwendung *f*, Weihnachtsgratifikation; – **natalizia** Weihnachtsgratifikation; – **una tantum** einmalige Sonderzuwendung.

gratis unentgeltlich.

gratuito *agg* kostenlos, unentgeltlich.

gravame *m* (1) (*mezzo di impugnazione*) Rechtsmittel *n*; (2) (*onere*) Belastung *f*, Last *f*; **libero da – i** lastenfrei; – **fiscale** steuerliche Belastung.

gravare belasten, lasten.

gravato d'ipoteca mit einer Hypothek belastet.

gravità *f* Schwere *f*; – **del danno** Schwere des Schadens; – **del fatto** Schwere der Tat; – **del reato** Schwere der Straftat; – **della violazione** Schwere der Zuwiderhandlung.

grazia *f* Gnade *f*; – **concedere la** – begnadigen; – **condizionale** bedingte Gnade.

graziare begnadigen.

grida *f* (S) Schuldenruf (S), Aufruf der Gläubiger (S), Rechnungsruf (S); **alle** – (*borsa*) durch Ausruf.

grilletto *m* (*arma*) Abzug *m*.

grimaldello *m* Dietrich *m*.

grossista *m* Großhändler *m*, Grossist *m*, Großverteiler *m*, Niederläger *m* (A).

groupage *f* Sammelladung *f*.

gruppo *f* (1) Gruppe *f*; (2) (*parlamentare*) Fraktion *f*, Klub (A); (3) (*economico*) Gruppe, Konzern *m*; (4) (*di interessi*) Interessengemeinschaft *f*, Interessengruppe; – **di acquisto** Einkaufsvereinigung; – **di autoaiuto** Selbsthilfegruppe; – **aziendale** Unternehmensgruppe; – **bancario** Bankgruppe; – **di base** Basisgruppe; – **di collegamento** Verbindungsgruppe; – **di combattimento** Kampfverband *m*; – **consiliare** (*regione*) Fraktion des Regionalrats; (*provincia*) Fraktion des Provinzialrats, Landtagsfraktion (*Südtirol*); – **di coordinamento** Koordinierungsgruppe; – **dei democratici europei di progresso** (UE) Fraktion der Europäischen Demokraten für den Fortschritt; –

dei dieci Zehnergruppe; – **democratico europeo** (UE) Fraktion der Europäischen Demokraten; – **economico** Wirtschaftsgruppe; – **editoriale** Verlagsgruppe; – **elitario** elitäre Gruppe; – **di esperti** Expertengruppe; – **etnico** Volksgruppe; – **europeo di cooperazione** europäische Kooperationsvereinigung; – **finanziario** Finanzgruppe; – **di imprese** Unternehmensgruppe; – **industriale** Industriekonzern; – **di interessi** Interessenverband; – **di intervento speciale** Sondereinsatzgruppe; – **di lavoro** Arbeitsgruppe, Arbeitsgemeinschaft; – **di lavoro permanente** ständige Arbeitsgruppe; – **liberale e democratico** (UE) Liberale und Demokratische Fraktion; – **linguistico** Sprachgruppe; – **di maggioranza** Mehrheitsgruppe, Majoritätsgruppe; – **marginale** Randgruppe, randständige Gruppe; – **merceologico** Warengruppe; – **di minoranza** Minderheitsgruppe, Minoritätsgruppe; – **misto** Fraktion, deren Mitglieder verschiedenen Splitterparteien angehören oder parteilos sind; – **di montaggio** Bausatz *m*; – **occupazionale** Beschäftigungsgruppe; – **operativo** Einsatzgruppe; – **parlamentare** parlamentarische Fraktion; – **di osservatori** Beobachtergruppe; – **del partito popolare europeo** (UE) Fraktion der Europäischen Volkspartei; – **di persone** Personengruppe; – **di potere** Machtgruppe; – **di pressione** Interessenverband *m*, Lobby *f*; – **di prezzi** Preisgruppe; – **professionale** Fachgruppe; – **rappresentativo** repräsentative Gruppe; – **sanguigno** Blutgruppe; – **a rischio** Risikogruppe; – **socialista** (UE) Sozialistische Fraktion; – **di studio** Studiengruppe; – **terroristico** Terrorgruppe.

gruppuscolo *m* Splittergruppe *f*.

gruzzolo *m* Spargroschen *m*, Sparpfennig *m*, Strumpf *m* (A).

guadagnare gewinnen, verdienen.

guadagno *m* Gewinn *m*, Verdienst *m*, Gelderwerb *m*; **mancato** – entgangener Gewinn; – **accessorio** Nebenverdienst, Nebengewinn; – **sul cambio** Kursgewinn; – **congiunturale** Konjunkturgewinn; – **lordo** Bruttoverdienst, Rohgewinn; – **medio** Durchschnittsgewinn; – **netto** Nettoverdienst, Nettogewinn; – **occasionale** Nebengewinn; – **ora**, – **orario** Stundenverdienst; v. a. UTILE.

guardacaccia *m* Jagdaufseher *m*, Jagdhüter *m*, Jagdschutzberechtigter *m*.

guardacoste *m* Küstenwache *f*.

Guardasigilli *m* Siegelbewahrer *m*.

guardia *f* (1) (*custodia*) Wache *f*, Aufsicht *f*; (2) (*custode*) Wärter *m*, Aufseher *m*; **vecchia** – alte Garde; – **campestre** Feldhüter *m*, Flurhüter, Flurwächter *m*; – **carceraria** Gefängniswärter *m*, – **civica** Miliz *f*, Bürgerwehr *f*; – **comunale** Schutzmann *m*; – **confinaria** Grenzschutzbeamter *m*, Grenzwache *f*, Grenzaufseher *m*; – **del corpo** (1) Leibwache; (2) Leibwächter; – **di finanza** Zollwache (A); Zollpolizei *f* (S); – **forestale** Forstaufseher *m*, Forsthüter *m*; – **giurata** vereidigter Wachmann; – **medica** ärztlicher Bereitschaftsdienst *m*; – **municipale** Schutzmann *m*; – **nazionale** Nationalgarde *f*; – **notturna** Nachtwächter *m*; – **sanitaria** Gesundheitsaufseher *m*, Gesundheitswache *f*.

guardiacaccia *m* Jagdaufseher *m*, Jagdhüter *m*, Jagdschutzberechtigter *m*.

guardiana *f* **della Costituzione** (= *Corte Costituzionale*) Wächterin *f* der Verfassung.

guardiano *m* Aufseher *m*.

guardie *f pl* **giurate** (*fabbrica*) Werkschutz *m*.

guardina *f* Polizeigewahrsam *n*.

guarentigia *f* Garantie *f*; – **costituzionale** Verfassungsgarantie.

guarnigione *f* Garnison *f*, Besatzung *f*.

guerra *f* Krieg *m*; **dichiarare la** – den Krieg erklären; **entrare in**

– in den Krieg eintreten; **far** – Krieg führen; – **aerea** Luftkrieg; – **d'aggressione** Angriffskrieg; – **atomica** Atomkrieg: – **di bande** Bandenkrieg; – **batteriologica** bakteriologischer Krieg; – **chimica** chemischer Krieg; – **civile** Bürgerkrieg; – **coloniale** Kolonialkrieg; – **commerciale** Handelskrieg; – **di conquista** Eroberungskrieg; – **difensiva,** – **di difesa** Verteidigungskrieg; – **doganale** Zollkrieg; – **economica** Wirtschaftskrieg; – **d'espansione** Expansionskrieg; – **fredda** kalter Krieg; – **giusta** gerechter Krieg; – **ideologica** ideologischer Krieg; – **imperialistica** imperialistischer Krieg; – **d'indipendenza** Unabhängigkeitskrieg; – **d'intervento** Interventionskrieg; – **lampo** Blitzkrieg; – **di liberazione** Befreiungskrieg, Freiheitskrieg; – **di logoramento** Abnutzungskrieg; – **sul mare** Seekrieg; – **manovrata** Bewegungskrieg; – **mondiale** Weltkrieg; – **di movimento** Bewegungskrieg; – **navale** Seekrieg; – **dei nervi** Nervenkrieg; – **nucleare** Atomkrieg; – **di offesa** Angriffskrieg, Offensivkrieg; – **partigiana** Partisanenkrieg; – **di posizione** Stellungskrieg; – **preventiva** Präventivkrieg; – **dei prezzi** Preiskrieg; – **psicologica** Nervenkrieg; – **di religione** Religionskrieg; – **santa** heiliger Krieg; – **di secessione** Sezessionskrieg; – **sottomarina** Unterseebootskrieg; – **di sterminio** Ausrottungskrieg; – **tariffaria,** – **di tariffe** Tarifkampf *m*, (*doganali, anche*:) Zollkampf; – **terrestre** Landkrieg; – **totale** totaler Krieg.

guerrafondaio *m*, **guerraiuolo** *m* Kriegshetzer *m*, Kriegstreiber *m*.

guerriglia *f* Guerilla *f*, Kleinkrieg *m*, Partisanenkrieg.

guerrigliero *m* Guerillakämpfer *m*.

guida *f* (1) Führer *m*; (2) Führung *f*; (3) Führer *n*;– **alpina** Bergführer; – **di autoveicoli** Führen von Kraftfahrzeugen; – **sotto l'influenza dell'alcool** Fahren *n* Unter Alkoholeinfluss; – **senza patente** Fahren ohne Fahrerlaubnis; – **in stato di ebbrezza** Trunkenheit am Steuer; – **turistica** Reiseführer.

H

habitat *m* Habitat *n*.

handicap *m* Behinderung *f*.

handicappato *m* Behinderter *m*.

hardware *m* (*inf*) Hardware *f*.

hashish *m* (*droga*) Haschisch *n*.

hearing *m* Hearing *n*, Anhörung *f*.

hereditas v. damnosa.

hinterland *m* Hinterland *n*.

holding *f* Holdinggesellschaft *f*, Besitzgesellschaft.

I

idea *f* Idee *f*; – **guida** Leitidee; inventiva (*soggettiva*) Erfindungsgedanke *m*; (*oggettiva*) Erfindungsidee *f*; – **di stato** Staatsidee.

identificabile *agg* identifizierbar.

identificare identifizieren, die Identität feststellen.

identificazione *f* Identifizierung *f*, Identifikation *f*, Identitätsfeststellung *f*; (*merci*) Feststellung der Nämlichkeit, Nämlichkeitsfeststellung *f*.

identikit *m* Phantombild *n*, Phantomzeichnung *f*.

identità *f* Identität *f*, (*merci*) Nämlichkeit *f*; **accertare l'** – die Identität feststellen; **provare la propria** – seine Identität nachweisen, sich ausweisen; – **dello Stato** Staatsidentität, Fortdauer des Staates.

ideologia *f* Ideologie *f*; – **comunista** kommunistische Ideologie.

idoneità *f*, – **fisica** körperliche Eignung *f*; – **al lavoro** Arbeitstüchtigkeit *f*; – **alla navigazione** Seetüchtigkeit; – **all'uso** Gebrauchstauglichkeit *f*.

idrovia *f* Wasserstraße *f*, Wasserweg *m*.

igiene *f*, – **degli alimenti** Lebensmittelhygiene *f*; – **industriale** Betriebshygiene *f*; – **del lavoro** Arbeitshygiene.

ignoranza *f* Nichtkenntnis *f*, Unkenntnis *f*; – **del diritto** Rechtsunwissenheit *f*, Rechtsunkenntnis *f*; – **inescusabile** Kennenmüssen *n*; – **della legge** Gesetzesunkenntnis; **nessuno può invocare a propria scusa l'** – **della legge penale** Unkenntnis des Gesetzes schützt nicht vor Strafe.

ignoti *m pl* unbekannte Täter; **contro** – gegen Unbekannt.

illecito *agg* unerlaubt, unrechtmäßig, widerrechtlich, rechtswidrig.

illecito *m* Unrecht *n*; – **amministrativo** Verwaltungsunrecht; – **civile** zivilrechtliches Unrecht; – **edilizio** Verstoß *m* gegen die Bauvorschriften; – **internazionale** völkerrechtliches Unrecht, – **tributario** Steuervergehen *n*.

illegale *agg* gesetzwidrig, ungesetzlich, rechtswidrig, unrechtmäßig, illegal.

illegalità *f* Gesetzwidrigkeit *f*, Rechtswidrigkeit, Unrechtmäßigkeit *f*, Illegalität *f*.

illegittimità *f* (1) Unrechtmäßigkeit *f*, Illegitimität *f*; (2) (*filiazione*) Nichtehelichkeit *f*; – **costituzionale** Verfassungswidrigkeit.

illegittimo *agg* (1) rechtswidrig, unrechtmäßig, unstatthaft, illegitim; (2) (*filiazione*) nichtehelich, außerehelich (+ S).

illibato *agg* unbescholten.

illiceità *f* Widerrechtlichkeit *f*, Unrechtmäßigkeit *f*, Unstatthaftigkeit *f*.

illiquidità *f* Illiquidität *f*.

illogicità *f* logischer Widerspruch *m*, Verstoß *m* gegen die Denkgesetze; – **manifesta** offensichtlicher Verstoß gegen die Denkgesetze.

illuminazione *f* Beleuchtung *f*; – **pubblica** öffentliche Beleuchtung.

imballaggio *m* Verpackung *f*.

imbandieramento *m* Beflaggung *f*; – **degli edifici pubblici** Beflaggung öffentlicher Gebäude.

imbandierare beflaggen.

imbarcare verschiffen.

imbarco *m* Verschiffung *f*, Einschiffung; – **clandestino** heimliche Einschiffung, unerlaubte Einschiffung.

imborghesimento *m* Verbürgerlichung *f*.

imboscata *f* Hinterhalt *m*.

imbroglio *m* (1) (*raggiro*) Betrügerei *f*; (2) Affäre *f*.

imitare nachahmen, nachmachen.

imitatore *m* Nachahmer *m*.

imitazione *f* Nachahmung *f*, Nachmachung *f*; – **servile** sklavischer Nachbau.

imitazioni, **si diffida dalle** – vor Nachahmungen wird gewarnt.

immagazzinamento *m* Einlagerung *f*, Lagerung.

immagazzinare einlagern.

immagine *f* Bild *n*, Abbildung *f*; (*pubblica*) Image *f*; – **altrui** fremdes Bild; – **oscena** unzüchtige Abbildung, – **pubblica** Image *n*, Bild *n* in der Öffentlichkeit.

immaginario *agg* erdichtet.

immateriale *agg* immateriell, unkörperlich.

immatricolare einschreiben, eintragen, immatrikulieren.

immatricolazione *f* Einschreibung *f*, Immatrikulierung *f*, Immatrikulation *f*, (*veicolo*) Zulassung *f*; **nuova** – Neuzulassung *f*; – **di autoveicolo** Kraftfahrzeugzulassung *f*.

immemorabile *agg* unvordenklich.

immemoriale *m* (*possesso*) unvordenklicher Besitz.

immettere einweisen.
immigrante *m* Einwanderer *m*, Immigrant *m*.
immigrare einwandern, immigrieren, zuwandern.
immigrazione *f* Einwanderung *f*, Immigration *f*, Zuwanderung.; – **clandestina,** – **illegale** illegale Einwanderung; – **straniera** Einwanderung von Ausländern.
imminente aggagg unmittelbar bevorstehend; drohend.
immischiarsi sich einmischen.
immissione *f* (1) Einweisung *f*; (2) Immission *f*; – **nel possesso** Einweisung in den Besitz, Besitzeinweisung, (*solo eredi*) Einantwortung *f* (A); – **in ruolo** (*pubblico impiego*) Verbeamtung *f*.
immissioni *f pl* (*sul fondo altrui*) Einwirkungen *pl*, Immissionen *pl*.
immobile *agg* unbeweglich.
immobile *m* unbewegliche Sache, unbewegliches Gut, Liegenschaft *f*, Grundstück *n*, Realität *f* (A =); **acquistare un** – ein Grundstück erwerben; – **contiguo** angrenzendes Grundstück; – **gravato da ipoteca** mit einer Hypothek belastendes Grundstück; – **industriale** Betriebsgrundstück.
immobili *m pl* Immobilien *pl*; v. a. IMMOBILE.
immobiliare *agg* unbeweglich, Immobiliar-.
immobilizzare immobilisieren, festlegen, fest anlegen.
immobilizzazione *f* Festlegung *f*.
immobilizzazioni *f pl*, – **finanziarie** Finanzanlagevermögen *n*; – **tecniche** Sachanlagevermögen *n*.
immobilizzo *m* Festlegung *f*; – **di capitale** Kapitalanlage *f*, Kapitalinvestition *f*, Kapitalinvestierung *f*.
immorale *agg* unsittlich, sittenwidrig.
immoralità *f* Unsittlichkeit *f*, Sittenwidrigkeit *f*.
immunità *f* Immunität *f*, Freiheit *f*, Befreiung *f*; – **d'arresto** Befreiung von Verhaftung; – **consolare** konsularische Immunität; – **diplomatica** diplomatische Immunität; – *f pl* **diplomatiche** diplomatische Vorrechte und Befreiungen; – **fiscale** Abgabenfreiheit; – **di giurisdizione** Befreiung von der Gerichtsbarkeit; – **parlamentare** parlamentarische Immunität, Abgeordnetenimmunität; – **penale** Unverfolgbarkeit *f*; – **personale** Personalimmunität; – *f pl* **e privilegi** *m pl* Immunitäten und Vorrechte; – **tributaria** Abgabenfreiheit.
immutabilità *f* Unaustauschbarkeit *f*; – **del giudice** Unaustauschbarkeit des Richters.
impartire erteilen.
imparziale *agg* unparteiisch.
imparzialità *f* Unparteilichkeit *f*.
impatto *m* **ambientale** Umweltauswirkungen *fpl*; – **negativo** negative Auswirkung.
impedimento *m* Hindernis *n*; Behinderung *f*, Verhinderung; **legittimo** – gerechtfertigter Hinderungsgrund; – **alla consegna** Ablieferungshindernis; – **dirimente** unheilbares Hindernis; – **dell'evento** (*dir. pen.*) Abwendung des Erfolges; – **legale** gesetzliches Hindernis; – **al matrimonio** Ehehindernis; – **permanente** dauerndes Hindernis; – **di servizio** Dienstbehinderung, Dienstverhinderung; – **al trasporto** Beförderungshindernis.
impedire behindern, verhindern.
impegnare verpfänden, versetzen; – **denaro** Geld anlegen.
impegnarsi sich verpflichten.
impegnativa *f* (*della mutua*) Krankenschein *m*.
impegnativo *agg* bindend, verbindlich.
impegni *m pl*, **nostri** – Nostroverpflichtungen *pl*; – **a breve scadenza** kurzfristige Verbindlichkeiten; – **correnti** laufende Verbindlichkeiten; – **di girata** Indossamentverbindlichkeiten *pl* – **a vista** Sichtverbindlichkeiten.
impegno *m* Verpflichtung *f*, Verbindlichkeit *f*, Engagement *n*, Obligo *n*; **assumere un** – eine

Verpflichtung eingehen, eine Verbindlichkeit eingehen, eine Verpflichtung übernehmen; **senza** – unverbindlich, ohne Obligo, obligolos, (*offerta*) freibleibend; – **cambiario** Wechselobligo; – **di credito** Kreditengagement; – **finanziario** Geldverpflichtung; – **di pagamento** Zahlungsverbindlichkeit, Zahlungsverpflichtung; – **delle spese** Eingehung der Ausgaben; – **a termine** Terminverpflichtung; v. a. DEBITO, OBBLIGAZIONE, OBBLIGO.

imperativo *agg* zwingend.

imperatore *m* Kaiser *m*.

imperialismo *m* Imperialismus *m*; – **economico** Wirtschaftsimperialismus.

imperialista *agg* imperialistisch.

imperialista *m* Imperialist *m*.

imperialistico *agg* imperialistisch.

imperio *m* Machtbereich *m*; Befehlsgewalt *f*.

imperizia *f* mangelnde Fähigkeit, mangelnde Kenntnis.

impero *m* Kaiserreich *n*; – **coloniale** Kolonialreich.

impianto *m* Anlage *f*; **costruire un** – eine Anlage errichten; – **d'allarme** Alarmanlage; – **di depurazione** Kläranlage; – **per l'elaborazione dei dati** Datenverarbeitungsanlage; – **di fabbricazione** Fabrikationsanlage; – **frigorifero** Kühlanlage; – **industriale** Industrieanlage; – **di intercettazione** Abhöranlage; – **nucleare** Kernanlage; – **pilota** Pilotanlage; – **di produzione** Produktionsanlage; – **di ricerca** Forschungsanlage; – **di riciclaggio** Abfallverwertungsanlage; – **di riscaldamento** Heizungsanlage; – **sperimentale** Versuchsanlage, – **termico** Heizungsanlage.

impiccagione *f* Hängen *n*.

impiccare hängen.

impiegare (1) verwenden; (2) (*mano d'opera*) beschäftigen.

impiegata *f* Angestellte *f*; – **pubblica** Angehörige des öffentlichen Dienstes.

impiegato *m* Angestellter *m*; **pubblico** – Angehöriger des öffentlichen Dienstes; – **di banca** Bankangestellter; – **di cancelleria** Kanzleiangestellter; – **civile dello Stato** Staatsbeamter *m* (*mit Zivilaufgaben*); – **di commercio** kaufmännischer Angestellter, Handelsangestellter; – **comunale** Kommunalbeamter, Gemeindeangestellter, Gemeindebediensteter, Gemeindebeamter, städtischer Beamter; – **dirigente** leitender Angestellter; – **parastatale** Angestellter einer halbstaatlichen Einrichtung; – **in pianta stabile** Festangestellter, Dauerangestellter; – **pubblico** Angehöriger des öffentlichen Dienstes; – **pubblico della carriera ausiliaria** Beamter des einfachen Dienstes; – **della carriera di concetto** Beamter des mittleren Dienstes; – **pubblico collocato in disponibilità** Beamter zur Wiederverwendung; – **pubblico non di ruolo** außerplanmäßiger Beamter; – **pubblico in pianta stabile** Beamter auf Lebenszeit, – **pubblico in prova** Beamter auf Probe, Beamter im Probedienst; – **pubblico a riposo** Beamter im Ruhestand, Beamter des Ruhestandes; – **pubblico di ruolo** planmäßiger Beamter; – **del registro** Registerbeamter *m*; – **soprannumerario,** – **in soprannumero** Supernumerat *m*; – **statale** Staatsangestellter; – **d'ufficio** Büroangestellter, Bürokraft *f*; v. a. FUNZIONARIO.

impiego *m* (1) Einsatz *m*, Verwendung *f*; (2) (*di fondi*) Anlage *f*; (3) (*assunzione*) Anstellung *f*; (4) (*occupazione, posto*) Beschäftigung *f*, Stellung *f*, Posten *m*; **doppio** – Doppelbeschäftigung; **pieno** – Vollbeschäftigung; **primo** – Erstanstellung; **secondo** – Nebenbeschäftigung; **senza** – ohne Beschäftigung, beschäftigungslos, stellungslos; – **di capitale** Kapitaleinsatz, Kapitalverwendung, Kapitalanlage; – **all'estero** (*fondi*) Auslandsanlage; – **fisso** Dauerstellung;

– **di fondi** Geldanlage, Geldanlegung *f*; – **della forza** Gewaltanwendung*f*; – **della mano d'opera** Arbeitseinsatz; – **a mezza giornata** Halbtagsbeschäftigung; – **privato** private Anstellung; – **pubblico** Amt *n*, öffentliches Amt; – **del tempo libero** Freizeitgestaltung *f*; – **a tempo parziale** Teilzeitbeschäftigung.

impignorabile *agg* unpfändbar, pfändungsfrei.

impignorabilità *f* Unpfändbarkeit *f*; – **assoluta** absolute Unpfändbarkeit; – **relativa** realtive Unpfandbarkeit.

implicito *agg* stillschweigend, implizite.

imponibile *agg* steuerpflichtig, besteuerbar, besteuerungsfähig, steuerbar (+ A).

imponibile *m* (1) Bemessungsgrundlage*f*, Besteuerungsgrundlage, Steuergrundlage; (2) (*reddito*) steuerpflichtiges Einkommen, (*patrimonio*) steuerpflichtiges Vermögen; – **contributivo** Beitragsbemessungsgrundlage.

imponibilità *f* Steuerfähigkeit *f*, Besteuerbarkeit *f*, Besteuerungsfähigkeit, Steuerbarkeit.

imporre auferlegen, auflegen, aufbürden.

importante *agg* wichtig.

importanza *f* Bedeutung *f*, Wichtigkeit *f*; – **decisiva** entscheidende Bedeutung.

import-export *m* Import-Export *m*.

importare importieren, einführen; – **in franchigia** zollfrei einführen.

importatore *m* Importeur *m*, Einfuhrhändler *m*, Einführer *m*.

importazione *f* Einfuhr *f*, Import *m*; **maggiore** – Mehreinfuhr; **minore** – Mindereinfuhr; – **a basso prezzo** Billigimport; – **di capitale** Kapitaleinfuhr; – **in franchigia** zollfreie Einfuhr; – **franco valuta** unentgeltliche Einfuhr, Einfuhr ohne Bezahlung; – **invisibile** unsichtbare Einfuhr; – **di merci** Wareneinfuhr; – **temporanea** Einfuhr auf Zeit.

importi *m pl* **compensativi** (CE) Ausgleichsbeträge *m pl*; – **adesione** Beitrittsausgleichsbeträge; – **monetari** Währungsausgleichsbeträge.

importo *m* Betrag *m*; **accreditare un** – einen Betrag gutschreiben; – **dell'assegno** Schecksumme *f*, (*posta*) Nachnahmebetrag; – **base** Grundbetrag, Sockelbetrag; – **bloccato** Sperrbetrag; – **della cambiale** Wechselsumme *f*; – **in cifre** Betrag in Zahlen; – **compensativo** Ausgleichsbetrag; – **complessivo** Gesamtbetrag; – **in contanti** Barbetrag; – **di copertura** Deckungsbetrag; – **del credito** Kreditsumme; – **del danno** Schadensbetrag; – **eccedente** Mehrbetrag; – **esente** Freibetrag; – **della fattura,** – **fatturato** Rechnungsbetrag, Fakturenbetrag; – **fisso** Festbetrag; – **garantito** Garantiebetrag; – **in lettere** Betrag in Worten; – **limite** Maximalbetrag; – **lordo** Bruttobetrag; – **massimo** Höchstbetrag; – **medio** Durchschnittsbetrag; – **minimo** Mindestbetrag; – **del mutuo** Darlehnsbetrag; – **netto** Nettobetrag; – **nominale** Nennbetrag, Nominalbetrag; – **non tassato** Freibetrag, Freigrenze *f*; – **parziale** Teilbetrag; – **residuo,** – **restante** Restbetrag; v. a. AMMONTARE, SOMMA.

imposizione (1) (*l'imporre*) Auferlegung *f*, (2) (*tassazione*) Besteuerung *f*; **doppia** – Doppelbesteuerung; – **in base ai segni esterni dell'agiatezza** Merkmalbesteuerung; – **di cauzione** Auferlegung einer Sicherheitsleistung; – **alla fonte** Quellenbesteuerung; – **di guerra** Kriegsbesteuerung; – **immediata** Sofortbesteuerung; – **multipla** Mehrfachbesteuerung; – **netta** Nettobesteuerung; – **del nome** Namensgebung *f*; – **oggettiva** Objektbesteuerung; – **all'origine** Quellenbesteuerung; – **progressiva** Staffelbesteuerung; – **separata** Getrenntbesteuerung; – **supplementare** Nachbesteuerung;

– **„una tantum“** Phasenpauschalierung *f*; v. a. TASSAZIONE.
impossessamento *m* Besitzergreifung *f*, Inbesitznahme *f*; – **della nave** Prise *f*.
impossibile *agg* unmöglich.
impossibilità *f* Unmöglichkeit *f*; – **assoluta** absolute Unmöglichkeit; – **definitiva** dauernde Unmöglichkeit; – **iniziale** anfängliche Unmöglichkeit; – **originaria** ursprüngliche Unmöglichkeit, ursprüngliches Unvermögen; – **parziale** teilweise Unmöglichkeit; – **della prestazione** Unmöglichkeit der Leistung, Unvermögen zur Leistung; – **relativa** relative Unmöglichkeit; – **di ricevere** (*la prestazione*) Annahmeverhinderung; – **soggettiva** Unvermögen *n*; – **sopravvenuta** nachträgliche Unmöglichkeit, nachträgliches Unvermögen; – **temporanea** vorübergehende Unmöglichkeit.
imposta *f* Steuer *f*; **commisurare l'** – die Steuer bemessen; **dopo l'** – nach Steuer; **eludere l'** – die Steuer umgehen; **esentato dall'** – steuerbefreit; **esente da** – steuerfrei; **essere soggetto all'** – der Steuer unterliegen; **evadere l'** – die Steuer hinterziehen; **gravare d'** – mit einer Steuer belasten; **pagare l'** – die Steuer zahlen; **prima dell'** – vor Steuer; **riscuotere un'** – eine Steuer erheben; **scaricare un'** – eine Steuer abwälzen, eine Steuer überwälzen; **scontare l'** – versteuert werden; **soggetto all'** – steuerpflichtig, steuerverpflichtet; – **d'acconto** Akontosteuer; – **sull'acquisto** Erwerbsteuer, Kaufsteuer; – **sugli affari** Verkehrsteuer, Rechtsgebühr *f* (A), Rechtsgeschäftsgebühr (A); – **anticipata** (S) Verrechnungssteuer (S); Verrechnungsabgabe *f* (S); – **arretrata** rückständige Steuer; – **sulle assicurazioni** Versicherungsteuer; – **base** Basissteuer; – **sulle bevande** Getränkesteuer; – **sulle bevande alcooliche** Branntweinsteuer; – **sulla birra** Biersteuer; – **di bollo** Stempelsteuer; – **di bollo sulle cambiali** Wechselsteuer; – **di bollo sulle quietanze** Stempelsteuer, Rechnungsstempelgebühr *f* (A); – **camerale** Kammerbeitrag *m*, Kammerumlage *f* (A); – **sui cani** Hundesteuer, Hundeabgabe *f* (A); – **sul capitale** Kapitalsteuer; – **sui capitali fuggitivi** Kapitalfluchtsteuer; – **sulle carte da giuoco** Spielkartensteuer; – **a cascate** Lawinensteuer; – **cedolare** Zedularsteuer, Zedulärsteuer (S), Cedulareinkommensteuer, Ertragsteuer; (*su cedole di titoli*) Kuponsteuer, Couponsteuer (S); – **sui celibi** Ledigensteuer, Junggesellensteuer; – **sulla cifra d'affari** Umsatzsteuer; – **sulla circolazione degli autoveicoli** Kraftfahrzeugsteuer; – **sulla circolazione dei capitali** Kapitalverkehrsteuer; – **civica** Bürgersteuer; **l'** – **colpisce** ... die Steuer trifft ..., die Steuer erfaßt ...; – **sul commercio ambulante** Reisegewerbesteuer; – **complementare** Ergänzungsteuer, Ergänzungssteuer (S), Nebensteuer; – **complementare progressiva sul reddito complessivo** progressive Ergänzungsteuer vom Gesamteinkommen; – **complementare sul reddito delle persone fisiche** Ergänzungsteuer vom Einkommen natürlicher Personen; – **comunale** Gemeindesteuer, Kommunalsteuer; – **comunale per l'esercizio di imprese, arti e professioni (ICIAP)** kommunale Gewerbesteuer; – **comunale sugli immobili,** – **comunale immobiliare** – **(I.C.I.)** kommunale Gebäudesteuer; – **congiunta con altri tributi** Gemengsteuer, Mischsteuer; – **di conguaglio** Ausgleichsteuer; – **sui consumi,** – **di consumo** Verbrauchsteuer, Verzehrungssteuer (A); – **sul consumo del caffè** Kaffeesteuer; – **di contingente** Repartitionssteuer; – **sui contratti di borsa** Börsenumsatzsteuer; – **cumulativa a cascata** kumulative

Allphasensteuer; – **deducibile** abzugsfähige Steuer; – **degressiva** Degressivsteuer; – **con destinazione determinata** zweckgebundene Steuer, Zwecksteuer; – **diretta** direkte Steuer, veranlagte Steuer; – **sui distributori automatici** Automatensteuer; – **doganale** Zoll *m*, Zollabgabe *f*; – **sulle donazioni** Schenkungsteuer; – **sull'emissione di titoli** Emissionssteuer, Emissionsabgabe *f* (S); – **erariale** staatliche Steuer; – **sui fabbricati** Gebäudesteuer; – **di fabbricazione** Fabrikationsteuer, Fabrikatsteuer, Fabrikationsabgabe *f* (S); – **sulla fabbricazione della birra** Biersteuer; – **di fabbricazione dei fiammiferi** Zündwarensteuer; – **di fabbricazione della margarina** Margarinesteuer; – **di fabbricazione degli oli minerali** Mineralölsteuer; – **di fabbricazione dello zucchero** Zuckersteuer; – **di famiglia** (Gemeindesteuer vom Gesamteinkommen der in einem Haushalt lebenden Personen) Familiensteuer, Haushaltsteuer, Haushaltungssteuer (S), Herdsteuer (S); – **fondiaria** Grundsteuer; – **alla fonte** Quellensteuer; – **generale sull'entrata** Umsatzsteuer; – **di guerra** Kriegssteuer; – **immobiliare** Grundsteuer, Gebäudesteuer, Liegenschaftensteuer; – **sull'incremento di valore** Wertzuwachssteuer; – **sull'incremento di valore degli immobili (INVIM)** Grundwertzuwachssteuer; – **indiretta** indirekte Steuer, tarifierte Steuer; – **sulle insegne** (*luminose*) Leuchtmittelsteuer; – **sulle inserzioni** Anzeigensteuer; – **ipotecaria** Hypothekensteuer; – **istantanea** einmalige Steuer; – **locale** örtliche Steuer, lokale Steuer; – **locale sui redditi (ILOR)** lokale Ertragsteuer; – **sul lusso** Luxussteuer; – **monofase** Einphasensteuer; – **in natura** Naturalsteuer; – **occasionale** Gelegenheitssteuer; – **oggettiva** Objektsteuer; – **sugli oli combustibili** Heizölsteuer; – **sugli oli minerali** Mineralölsteuer; – **omnifase** Allphasensteuer; – **ordinaria** ordentliche Steuer; – **sul passaggio di proprietà** Grundverkehrsteuer, Grundverkehrsabgabe *f*; – **di patente** Patentsteuer; – **sul patrimonio** Vermögensteuer, Vermögensabgabe *f*; – **periodica** laufende Steuer; – **personale** persönliche Steuer, Personensteuer, Personalsteuer; – **plurifase** *Mehr*phasensteuer; – **principale** Hauptsteuer; – **sui profitti di guerra** Kriegsgewinnsteuer; – **progressiva** progressive Steuer, gestaffelte Steuer, Progressivsteuer, Staffelsteuer; – **proporzionale** proportionale Steuer; – **sulla pubblicità** Reklamesteuer; – **di quotità** Quotitätssteuer; – **reale** Realsteuer, Sachsteuer; – **sui redditi di ricchezza mobile** Steuer von Einkünften aus beweglichem Vermögen; – **sul reddito agrario** Steuer von Einkünften aus Landwirtschaft; – **sul reddito di capitale** Kapitalertragssteuer; – **sul reddito dominicale dei terreni** Grundsteuer; – **sul reddito dei fabbricati** Gebäudesteuer; – **sul reddito delle persone fisiche (IRPEF)** Einkommensteuer; – **sul reddito delle persone giuridiche (IRPEG)** Körperschaftsteuer; – **regionale** Regionalsteuer; – **di registro** Registersteuer; – **regressiva** regressive Steuer; – **di ricchezza mobile sui redditi di lavoro** Arbeitsertragsteuer; – **di ricchezza mobile sui redditi di lavoro subordinato** (*approssimativamente*:) Lohnsteuer; – **di ricchezza mobile sui redditi di puro capitale** (*approssimativamente*:) Kapitalertragsteuer, Kapitalrentensteuer; – **sul sale** Salzsteuer; – **sulle società** Körperschaftsteuer; – **soggettiva** Subjektsteuer; – **di soggiorno** Kurtaxe *f*, Aufenthaltstaxe, Aufenthaltsabgabe *f*, Aufenthaltsgebühr *f* (S); – **sui sopraprofitti** Mehrgewinnsteuer;

– **sostitutiva** Ersatzsteuer; – **speciale** Sondersteuer; – **statale** staatliche Steuer; – **straordinaria** außerordentliche Steuer; – **sulle successioni** Erbschaftsteuer, Erbschaftsteuer (A, S); – **sulla superficie** Flächensteuer, Arealsteuer (A); – **supplementare** Zuschlagsteuer, Nachsteuer; – **sul tabacco** Tabaksteuer; – **sui terreni** Grundsteuer; – **sui titoli** Wertpapiersteuer, Titelstempel *m* (S); – **sui trasferimenti** Verkehrsteuer, Rechtsgebühr *f* (A), Rechtsgeschäftsgebühr (A), – sui **trasferimenti della ricchezza** Grunderwerbsteuer, Grundverkehrsteuer, Grundverkehrsabgabe *f*, Handänderungssteuer (S); – **sui trasporti** Beförderungsteuer, Transportsteuer; – **trattenuta alla fonte,** – **trattenuta all'origine** Quellensteuer; – **su tutte le fasi** Allphasensteuer; – **su tutte le fasi ad effetto cumulativo** kumulative Allphasensteuer; – **una tantum** einmalige Sonderabgabe; – **unica** einzige Steuer, Einsteuer, Alleinsteuer, Einheitssteuer; – **sul valore aggiunto** (IVA) Mehrwertsteuer; – **sul valore locativo** Mietwertsteuer, Hauszinssteuer (A), Wohnbausteuer (A); – **sui vini spumanti** Sektsteuer; – **sul vino** Weinsteuer; – **sullo zucchero** Zuckersteuer; v. a. TASSA, TRIBUTO.

impostare einliefern, aufgeben, bei der Post aufgeben.

impostazione *f* Einlieferung *f*, Aufgabe *f*; – **di bilancio** Bilanzansatz *m*; – **dei costi** Kostenaufstellung *f*.

imposte, riscuotere – Steuern einnehmen, Steuern einziehen; – **arretrate** Steuerrückstände *pl*; – **e tasse** (*bilanci*) Steuern und Abgaben.

impotente *agg* (*di generare*) zeugungsunfähig.

impotenza *f*, – **di generare** Zeugungsunfähigkeit *f*, geschlechtliches Unvermögen; **procurata** – **alla procreazione** Herbeiführung der Zeugungsunfähigkeit.

impoverito *m* (*dir. civ.*) Entreicherter *m*.

impregiudicato *agg* unbescholten.

imprenditizio *agg* unternehmerisch, Unternehmer-.

imprenditore *m* Unternehmer *m*, (*figura centrale del diritto commerciale*) Kaufmann *m*; **piccolo** – Kleinkaufmann; – **agricolo** Landwirt *m*; – **artigiano** selbständiger Handwerksmeister; – **commerciale** Kaufmann; – **edile** Bauunternehmer; – **ai fini fiscali** Unternehmer im steuerrechtlichen Sinne; – **individuale** Einzelunternehmer; – **privato** Privatunternehmer.

imprenditoria *f* Unternehmer *mpl*.

imprenditoriale *agg* Unternehmer-, unternehmerisch.

imprenditrice *f* Kauffrau *f*.

impresa *f* Unternehmen *n*, Unternehmung *f* (+ A, + S), (*azienda*) Betrieb *m*; **grande** – Großbetrieb; **media** – Mittelbetrieb; **piccola** – Kleinunternehmen; – **agraria,** – **agricola** landwirtschaftliches Unternehmen; – **alberghiera** Beherbergungsbetrieb; – **artigiana,** – **artigianale** Handwerksunternehmen, Handwerksbetrieb; – **di assicurazioni** Versicherungsunternehmen, Versicherungsunternehmung (+ A, + S); – **azionaria** Aktienunternehmen, Aktienunternehmung (+ A); – **bancaria** Bankunternehmen, Bankgeschäft *n*; – **candidata** Bewerberfirma; – **a carattere misto** Mischunternehmen; – **collegata** Konzernunternehmen; – **commerciale** Handelsunternehmen, kaufmännisches Unternehmen; – **concessionaria** konzessionierter Betrieb, beliehene Unternehmung (A); – **concorrente** Konkurrenzunternehmen, Konkurrenzbetrieb; – **controllata** abhängiges Unternehmen; – **cooperativa** Genossenschaftsunternehmen; – **costruttrice** Bauunternehmen; bauausführende Firma; – **di costruzioni** Bauuntemehmen,

Baugeschäft *n*; – **deficitaria** Verlustbetrieb; – **dominante** beherrschendes Unternehmen; – **di economia mista** gemischtwirtschaftliches Unternehmen, gemischtwirtschaftlicher Betrieb; – **economica** Wirtschaftsunternehmen, Wirtschaftsbetrieb, – **edile** Bauunternehmen, Bauunternehmung (A); – **esportatrice** Exportunternehmen; – **in fallimento** in Konkurs gegangenes Unternehmen; – **di famiglia,** – **familiare** Familienunternehmen; – **fornitrice** Lieferfirma; – **individuale** Einzelunternehmen, Einzelunternehmung (A); – **industriale** Industrieunternehmen; – **marginale** Grenzbetrieb; – **mercantile** Handelsunternehmen; – **mineraria** Bergwerksunternehmen, Bergwerksbetrieb, Zechenunternehmen; – **minima** Kleinstunternehmen; – **minore** (*dir. trib.*) Kleinunternehmer; – **multinazionale** multinationales Unternehmen; – **multipla** Filialunternehmen; – **di navigazione aerea** Luftfahrtunternehmen; – **di navigazione marittima** Schiffahrtsunternehmen; – **nazionalizzata** verstaatlichtes Unternehmen; – **parastatale** halbstaatliches Unternehmen; – **privata** Privatunternehmen, Privatunternehmung (A, S); – **produttrice** Herstellungsbetrieb; – **pubblica** Unternehmen der öffentlichen Hand; – **di pubblici servizi** (*elettricità, gas ed acqua*) Versorgungsbetrieb, (*trasporti e communicazioni*) Verkehrsbetrieb; – **di riassicurazioni** Rückversicherungsunternehmen, Rückversicherungsunternehmung (+ A, + S); – a **scopo di lucro** Erwerbsbetrieb; – **di servizi** Dienstleistungsunternehmen; – **sociale**, – **societaria** Gesellschaftsunternehmen; – **stagionale** Saisonbetrieb, Kampagnebetrieb; – **subappaltatrice** Subunternehmen; – **in sviluppo** Wachstumsunternehmen; – **di tendenza** (*dir. lav.*) Tendenzbetrieb; – **di trasformazione** Verarbeitungsbetrieb; – **di trasporti** Transportunternehmen Transportanstalt *f* (S =), (*pubblica*) Verkehrsbetrieb; – **d'utilità pubblica** gemeinnütziges Unternehmen; – **di viaggi** Reiseunternehmen, Reisebürounternehmung (A); v. a. AZIENDA.

impresario *m* **edile** Bauunternehmer *m*.

imprescrittibile *agg* unverjährbar.

imprescrittibilità *f* Unverjährbarkeit *f*.

imprevedibile *agg* unvorhersehbar.

imprevedibilità *f* Unvorhersehbarkeit.

imprigionamento *m* Einsperrung *f*.

imprigionare einsperren.

improcedibilità *f* Unverfolgbarkeit *f*.

improduttività *f* Unproduktivität *f*.

improduttivo *agg* unproduktiv, unrentabel.

impronta *f*, – **digitale** Fingerabdruck *m*; – **di francatura** Freistempelabdruck; – **genetica** genetischer Fingerabdruck; – **di sigillo** Siegelabdruck *m*.

improrogabile *agg* unaufschiebbar; nicht verlängerbar.

improrogabilità *f* Unaufschiebbarkeit *f*; Nichtverlängerbarkeit *f*.

improponibile *agg* (*azione*) nicht erhebbar.

improponibilità *f* Nichterhebbarkeit *f*; – **dell'azione** Unzulässigkeit *f* der Klageerhebung.

imprudente *agg* unvorsichtig.

imprudenza *f* Unvorsichtigkeit *f*.

impudicizia *f* Unzucht *f*.

impugnabile *agg* anfechtbar, durch Rechtsmittel anfechtbar.

impugnabilità *f* Anfechtbarkeit *f*.

impugnante *m* Rechtsmittelkläger *m*, Rechtsmittelwerber *m* (A).

impugnare anfechten, angreifen.

impugnativa *f* Anfechtungsklage *f*; Rechtsmittel *n*; – **di paternità** Vaterschaftsanfechtungsklage, Vaterschaftsbestreitungsklage (A).

impugnazione *f* Anfechtung *f*, Anfechtungserklärung *f*, Rechtsmitteleinlegung *f*, Rechtsmitteleingabe *f* (S); – **di un atto** (*negoziale*) Anfechtung einer rechtsgeschäftlichen Handlung; – **del contratto** Vertragsanfechtung; – **dei crediti ammessi** (*dir. fall.*) Widerspruch gegen die festgestellten Forderungen; – **dell'elezione** Wahlanfechtung; – **per errore** Irrtumsanfechtung; – **del licenziamento** Kündigungsanfechtung; – **parziale** Teilanfechtung; – **della sentenza** Urteilsanfechtung; – **tardiva** verspätete Anfechtung; – **del testamento** Testamentsanfechtung.

impulso *m* Antrieb *m*, Impuls *m*; – **economico** wirtschaftlicher Impuls; – **della parte** Parteibetrieb *m*, Parteienbetrieb (A); – **processuale** Prozeßbetrieb.

impune *agg* straffrei, straflos.

impunibile *agg* nicht strafbar.

impunità *f* Straffreiheit *f*, Straflosigkeit *f*.

impunito *agg* ungestraft, straflos.

imputabile *agg* zurechenbar, anrechenbar; verantwortlich; (*dir. pen.*) schuldfähig, zurechnungsfähig.

imputabilità *f* Zurechenbarkeit *f*, Anrechenbarkeit *f*; (*penale*) Schuldfähigkeit *f*, Zurechnungsfähigkeit *f*.

imputare zurechnen, zuschreiben; (*importo*) anrechnen, zurechnen, einrechnen; beschuldigen, anklagen.

imputato *m* Angeklagter *m*; **principale** – Hauptangeklagter; – **contumace** Angeklagter in Abwesenheit.

imputazione *f* (1) Anschuldigung *f*, Beschuldigung *f*, Anklage *f*; v. a. IMPUTATO; (2) (*di importo*) Anrechnung *f*, Einrechnung; – **del pagamento** Anrechnung der Zahlung (*bei Forderungsmehrheit*).

inabile *agg* untauglich, unfähig; – **al lavoro** arbeitsunfähig; – **al servizio** dienstunfähig, dienstuntauglich; – **al servizio militare** wehrdienstuntauglich, wehruntauglich.

inabile *m*, – **al lavoro** Arbeitsunfähiger *m*.

inabilità *f* **al lavoro** Arbeitsunfähigkeit *f*.

inabilitato *m* beschränkt Geschäftsfähiger, beschränkt Entmündigter (A).

inabilitazione *f* beschränkte Geschäftsfähigkeit, beschränkte Entmündigung (A), Beschränkung der Handlungsfähigkeit (S).

inabitabile *agg* unbewohnbar.

inabitabilità *f* Unbewohnbarkeit *f*.

inaccettabile *agg* unannehmbar.

inadempibile *agg* unerfüllbar.

inadempiente *agg* vertragsbrüchig, kontraktsbrüchig.

inadempienza *f* Nichterfüllung *f*, Vertragswidrigkeit *f*; – **contrattuale** Nichterfüllung des Vertrages; Vertragsbruch *m*, Kontraktsbruch.

inadempimento *m* Nichterfüllung *f*, Nichteinhaltung *f*; – **colpevole** schuldhafte Nichterfüllung; – **definitivo** endgültige Nichterfüllung; – **incolpevole** (*vom Schuldner*) nicht zu vertretende Nichterfüllung; – **parziale** teilweise Nichterfüllung.

inalienabile *agg* unveräußerlich.

inalienabilità *f* Unveräußerlichkeit *f*.

inammissibile *agg* unzulässig.

inammissibilità *f* Unzulässigkeit *f*; – **dell'appello** Unzulässigkeit der Berufung; – **della domanda** Unzulässigkeit des Antrags; (*giudiziale*) Unzulässigkeit der Klage; – **dell'impugnazione** Unzulässigkeit des Rechtsmittels; – **del ricorso per cassazione** Unzulässigkeit der Revision.

inamovibile *agg* unabsetzbar, unversetzbar.

inamovibilità *f* Unabsetzbarkeit *f*, Unversetzbarkeit *f*.

inappellabile *agg* nicht berufungsfähig. **inappellabilità** *f* Unstatthaftigkeit *f* der Berufung.

inapplicabile *agg* unanwendbar.

inapplicabilità *f* Unanwendbarkeit *f*.

inasprimento *m*, – **della concorrenza** Verschärfung der Konkurrenz; – **fiscale** Steuerverschärfung *f*; – **della pena** Strafverschärfung *f*, Strafschärfung.

inasprire verschärfen.

inattendibile *agg* unglaubwürdig.
inattendibilità *f* Unglaubwürdigkeit *f.*
inattività *f* Untätigkeit *f,* – **dell'azienda** Betriebsausfall *m*; – **delle parti** Untätigkeit der Parteien.
inattuabile *agg* undurchführbar, undurchsetzbar.
inattuabilità *f* Undurchführbarkeit *f,* Undurchsetzbarkeit *f.*
incaglio *m* Strandung *f.*
incameramento *m* Einziehung *f.*
incamerare einziehen.
incanto *m* Versteigerung *f*; **mettere all'** – zur Auktion bringen; **offrire all'** – ausbieten; **pubblico** – öffentliche Versteigerung; **vendere all'** – versteigern, auktionieren; – **senza adempimento** (S) Reukauf *m*; – **col sistema della candela vergine** Versteigerung unter Abbrennen ungebrauchter Kerzen.
incapace *agg* unfähig; **giuridicamente** – rechtsunfähig; – **di agire** geschäftsunfähig, handlungsunfähig (+ S); – di **intendere** einsichtsunfähig; – **d'intendere e di volere** schuldunfähig; – **di lavorare** arbeitsunfähig; – **di lavoro proficuo** erwerbsunfähig; – **di stipulare** vertragsunfähig; – **di succedere** erbunfähig.
incapace *m*, **parzialmente** – **di intendere e di volere** vermindert Schuldfähiger *m*, vermindert Zurechnungsfähiger (S); – **di lavorare** Arbeitsunfähiger *m.*
incapacità *f* Unfähigkeit *f*; *(d'agire)* Geschäftsunfähigkeit; – **d'agire** Geschäftsunfähigkeit, mangelnde Geschäftsfähigkeit, Handlungsunfähigkeit (+ S); – **elettorale** Wahlunfähigkeit; – **di guidare** Fahruntüchtigkeit *f*; – **giuridica** Rechtsunfähigkeit; – **di guadagnare,** – **di guadagno** Erwerbsunfähigkeit; – **d'intendere** Einsichtsunfähigkeit, mangelnde Einsicht, Urteilsunfähigkeit (+ S); – **d'intendere e di volere** Schuldunfähigkeit; – **lavorativa,** – **di lavoro** Arbeitsunfähigkeit; – **di lavoro proficuo** Erwerbsunfähigkeit; – **parziale** teilweise Arbeitsunfähigkeit; – permanente dauernde Arbeitsunfähigkeit; – **di servizio** Dienstunfähigkeit; – **di stare in giudizio** Prozessunfähigkeit, mangelnde Prozessfähigkeit; – **di succedere** Erbunfähigkeit; – **temporanea** vorübergehende Arbeitsunfähigkeit, zeitweilige Arbeitsunfähigkeit; – **di testare** Testierunfähigkeit; – **a testimoniare** Zeugnisunfähigkeit; – **totale** vollständige Arbeitsunfähigkeit.
incarceramento *m* Inhaftierung *f.*
incarcerare in Haft nehmen, inhaftieren.
incaricare beauftragen.
incaricato *m* Beauftragter *m*; – **d'affari** *(dipl.)* Geschäftsträger *m*; – **speciale,** – **straordinario** Sonderbeauftragter.
incarico *m* Auftrag *m*; **agire per** – **di un altro** im Auftrag eines Anderen handeln; – **esplorativo** Sondierungsauftrag; – **governativo** *(di formare il governo)* Regierungsauftrag; Auftrag zur Regierungsbildung; – **d'insegnamento** Lehrauftrag – **speciale,** – **straordinario** Sonderauftrag.
incartamento *m* Akte *f,* Handakte.
incassare kassieren, einkassieren, einziehen, vereinnahmen.
incasso *m* Inkasso *n*; Einkassierung *f,* Vereinnahmung *f,* Einzug *m,* Einziehung *f*; **all'** –, **per l'** – zum Inkasso; **salvo** – Eingang vorbehalten; – **di assegno** Scheckeinzug, Scheckinkasso; – **di cambiale** Wechseleinzug, Wechselinkasso; – **di documenti** Dokumenteninkasso; – **giornaliero,** – **della giornata** Tageseinnahme *f*; – **premi** Prämieneinnahme *f,* Prämieninkasso, Beitragseinzug; – **totale** Gesamteinnahme.
incedibile *agg* unabtretbar, nicht abtretbar, unübertragbar, nicht übertragbar.
incedibilità *f* Unabtretbarkeit *f,* Unübertragbarkeit *f.*

incendiario *m* Brandstifter *m*, Brandleger *m* (A).
incendio *m*, – **colposo** fahrlässige Brandstiftung, fahrlässige Herbeiführung einer Freuerbrunst (A), fahrlässige Verursachung einer Feuerbrunst (S); – **doloso** Brandstiftung *f*.
incensurato *agg* nicht vorbestraft.
incentivare Anreiz geben, fördern.
incentivazione *f* Förderung *f*, Anreiz *m*; – **regionale** regionale Förderung; v. a. INCENTIVO.
incentivo *m* Anreiz *m*; – **alla congiuntura** Konjunkturspritze *f*; – **finanziario** finanzieller Anreiz; – **fiscale** Steueranreiz; – **agli investimenti** Investitionsanreiz; – **al risparmio** Sparanreiz.
incertezza *f*, – **dei confini** Grenzverwirrung *f*; – **di diritto,** – **giuridica** Rechtsunsicherheit *f*.
incerti *m pl* Nebenbezüge *pl*. Nebeneinkünfte *pl*. Nebeneinnahmen *pl*, Gelegenheitsgewinne *pl*.
incerto *agg* unsicher, ungewiß.
incesto *m* Blutschande *f*, Inzest *m*, (*tra consanguinei*) Verwandtenbeischlaf *m*, (*tra affini*) Verschwägertenbeischlaf.
incestuoso *agg* blutschänderisch.
incetta *f* Aufkauf *m*, Hamstern *n*, Schwänze *f*; **fare** – aufkaufen, aufschwänzen; – **di terreni** Landaufkauf; – **di voti** Stimmenkauf, Stimmenfang *m*, Stimmenfängerei *f*.
incettare aufkaufen, aufschwänzen, hamstern.
incettatore *m* Aufkäufer *m*, Hamsterer *m*; – **di voti** Stimmenfänger *m*.
inchiesta *f* Ermittlung *f*, Untersuchung *f*, Erhebung *f*, Umfrage *f*; **aprire un'** – eine Untersuchung einleiten; **ordinare un** – eine Untersuchung anordnen; – **amministrativa** behördliche Untersuchung; – **di bandiera** Feststellung der Nationalität eines Schiffes; – **disciplinare** Disziplinaruntersuchung; – **formale** förmliche Untersuchung; – **giudiziaria** (gerichtliches) Ermittlungsverfahren; – **governativa** Regierungserhebung; – **sul luogo** Ermittlung an Ort und Stelle; – **parlamentare** parlamentarische Untersuchung; – **preliminare** Voruntersuchung, Ermittlungsverfahren *n*; Vorerhebung; – **statistica** statistische Erhebung; – **d'ufficio** Ermittlung von Amts wegen, Amtsermittlung; V. a. INDAGINE.
incidente *m* (1) Unfall *m*; (2) (*questione*) Zwischenfall; (3) (*questione incidentale*) Zwischenstreit *m*; **causare un** – einen Unfall verursachen; **denunciare un** – einen Unfall melden; **subire un** – einen Unfall erleiden; – **aereo** Flugzeugunfall; Luftzwischenfall; – **automobilistico** Autounfall; – **diplomatico** diplomatischer Zwischenfall; – **di falso** Zwischenklage auf Feststellung der Echtheit einer Urkunde; – **di frontiera** Grenzzwischenfall; – **sul lavoro** Arbeitsunfall – **marittimo** Seeunfall; – **mortale** tödlicher Unfall; – **nautico** nautischer Unfall; – **nucleare** Atomunfall; – **probatorio** (*proc. pen.*) Beweissicherungsverfahren *n*; – **stradale** Verkehrsunfall; v. a. INFORTUNIO.
incidenza *f* Auswirkung, Inzidenz *f*; – **dei costi** Kostenanfall *m*; – **dell'imposta** Steuerauswirkung, Steuerbelastung *f*, Steuerinzidenz, Steueranfall *m*; – **dei sinistri** Schaden(s)anfall *m*.
incidere sich auswirken.
incitamento *m* Anreizung *f*; – **al duello** Anreizung zum Zweikampf, Aufreizung zum Zweikampf (A, S).
incitare anreizen.
inclinazione *f* Hang *m*, Neigung *f*; – **al delitto** Hand zum Verbrechen, Hang zu erheblichen Straftaten (D).
incolpare bezichtigen; v. a. ACCUSARE.
incolpato *m* v. accusato.
incolpazione *f* Bezichtigung *f*; v. a. ACCUSA.
incolpevole *agg* unschuldig.
incolpevolezza *f* Unschuld *f*.

incolumità *f* Unversehrtheit *f*; – **individuale** persönliche Unversehrtheit.
incombenza *f* Obliegenheit *f*.
incombere obliegen.
incominciare anfangen, beginnen.
incompatibile *agg* unvereinbar, inkompatibel.
incompatibilità *f* Unvereinbarkeit *f*, Inkompatibilität *f*; – **di carattere** Unvereinbarkeit der Charaktere; – **dei trattati** Vertragskonkurrenz *f*.
incompetente *agg* unzuständig.
incompetenza *f* Unzuständigkeit *f*, mangelende Zuständigkeit, Nichtzuständigkeit (A); **eccepire l'** – die Zuständigkeit rügen; – **assoluta** absolute Unzuständigkeit; – **del giudice** Unzuständigkeit des Gerichts; – **per grado** instanzmäßige Unzuständigkeit; – **per materia** sachliche Unzuständigkeit; – **relativa** relative Unzuständigkeit; – **per territorio** örtliche Unzuständigkeit.
inconciliabile *agg* unvereinbar; unversöhnlich.
inconciliabilità *f* Unvereinbarkeit *f*; Unversöhnlichkeit *f*.
incondizionato *agg* bedingungslos, unbedingt.
inconfutabile *agg* unwiderlegbar.
inconsumabile *agg* unverbrauchbar.
inconsumazione *f* **del matrimonio** Nichtvollziehung *f* der Ehe.
incontestabile *agg* unbestreitbar.
incontestabilità *f* Unbestreitbarkeit *f*.
incontestato *agg* unstreitig.
incontro *m* **al vertice** Gipfeltreffen *n*.
incontrallabile *agg* unüberprüfbar.
inconvertibile *agg* unkonvertierbar, nicht konvertierbar, nicht konvertibel, uneinlösbar, uneinlöslich.
inconvertibilità *f* Unkonvertierbarkeit *f*, Nichtkonvertierbarkeit, Uneinlöslichkeit *f*.
incoraggiamento *m* Förderung *f*; – **all'esportazione** Ausfuhrförderung.
incoraggiare fördern.
incoronare krönen.
incoronazione *f* Krönung *f*.
incorporale *agg* unkörperlich.
incorporare eingliedern, einverleiben, inkorporieren, angliedern.
incorporazione *f* Einverleibung *f*, Eingliederung *f*, Anschluß *m*; (*di immobili*) Zuschreibung *f* (*von Grundstücken*).
incorrettezza *f* Unkorrektheit *f*; Unrichtigkeit *f*.
incorruttibile *agg* unbestechlich.
incorruttibilità *f* Unbestechlichkeit *f*.
incostituzionale *agg* verfassungswidrig.
incostituzionalità *f* Verfassungswidrigkeit *f*.
incrementare steigern.
incremento *m* Zunahme *f*, Steigerung, *f*, Zugang *m*; – **di capitale** Kapitalzuwachs; – **del capitale fisso** Zugang zum Anlagevermögen; – **demografico** Bevölkerungswachstum *n*, Bevölkerungszunahme *f*, Bevölkerungszuwachs *m*; – **delle esportazioni** Ausfuhrsteigerung; – **delle immobilizzazioni** Zugang zum Anlagevermögen; – **patrimoniale** Vermögenszuwachs *m*; – **della popolazione** Zunahme der Bevölkerung; – **produttivo** Produktionszuwachs; – **di valore** Wertzuwachs *m*; – **di valore naturale** natürliche Wertsteigerung; – **delle vendite** Absatzsteigerung; v. a. AUMENTO, CRESCITA.
incriminare (*einer Straftat*) beschuldigen.
incriminazione *f* Beschuldigung *f*.
incrociatura *f* (*assegni*) Kreuzung *f*; – **generale** allgemeine Kreuzung; – **speciale** besondere Kreuzung.
incrocio *m* (*stradale*) Kreuzung *f*.
incustodito *agg* unbeaufsichtigt.
indagare ermitteln, untersuchen, nachforschen, Erhebungen anstellen.
indagato *m* (*persona sottoposta alle indagini preliminari*) Beschuldigter *m*.
indagine *f* Erhebung *f*, Untersuchung *f*, Nachforschung *f*; – **campionaria** Stichprobenerhebung; – **comparativa** vergleichende

Untersuchung; – **congiunturale** Konjunkturforschung; – **demoscopica** Meinungsumfrage *f*, demoskopische Erhebung; – **economica** Wirtschaftsforschung; – **di mercato** Marktuntersuchung; – **sulla paternità** Nachforschung über die Vaterschaft; – **sulla personalità** Persönlichkeitserforschung; – **preliminare** Vorerhebung; – **rappresentativa** Repräsentativbefragung *f*; – **statistica** statistische Erhebung; v. a. INCHIESTA, SONDAGGIO.

indagini, fare – Erhebungen anstellen, Nachforschungen anstellen; – **della polizia** polizeiliche Ermittlungen; – **preliminari** Vorermittlungen, (*proc. pen.*) Ermittlungen.

indebitamento *m* Verschuldung *f*; – **verso l'estero** Auslandsverschuldung; – **ipotecario** Hypothekenverschuldung; Hypothekarverschuldung (A); – **nazionale** Inlandsverschuldung; – **pubblico** Staatsverschuldung.

indebitarsi in Verschuldung geraten.

indebitato *agg* verschuldet; **eccessivamente** – überschuldet.

indebito *m* Nichtschuld *f*; – **tributario** Steuerüberzahlung *f*, zuviel – gezahlte Steuer.

indebolimento della quota Kursabschwächung *f*.

indegnità *f* Unwürdigkeit *f*; – **a succedere** Erbunwürdigkeit *f*.

indegno a succedere erbunwürdig.

indennità *f* Entschädigung *f*, Vergütung *f*, Zulage *f*; **congrua** – angemessene Entschädigung, billige Entschädigung; – **d'allattamento** Stillgeld *n*; – **d'alloggio** Unterkunftsentschädigung, Wohnungsentschädigung, Wohnungsgeld *n*, Quartierentschädigung, Quartiergelder *pl*. Logisentschädigung (S); – **per ammanco di cassa** Mankogelder *pl*. Fehlgeldentschädigung, Kassenverlustentschädigung; – **d'anzianità** Alterszulage, Dienstalterszuschlag *m*, Dienstalterprämie *f*; – **d'assenza** Abwesenheitsgeld *n*, Abwesenheitszuschluß *m*; – **d'assicurazione** Versicherungsentschädigung; – **di attesa** Wartegeld *n*; – **base**, – **di base** Grundentschädigung, Grundvergütung; – **di buona uscita** Abfindung, Abstand *m*, Abstandsgeld *n*, Abstandssumme *f*, Auslösungssumme (S); – **di cambio** Kursdifferenzvergütung; – **in capitale** Kapitalsabfindung; – **di carica** Amtszulage; – **di caropane,** – **di caroviveri**, – **di carovita** Teuerungszuschlag *m*, Teuerungszulage; – **in caso di infortunio** Unfallentschädigung; – **in caso di morte** Sterbegeld *n*; – **di cassa** Kassenverlustentschädigung, Mankogelder *pl*, Fehlgeldentschädigung, Fehlgelder *pl* Zählgelder; – **chilometrica,** – **per chilometro** Kilometergeld *n*; – **di compensazione** Ausgleichsentschädigung; – **complementare** Zusatzentschädigung, Zusatzvergütung; – **di contingenza** Teuerungszulage, Teuerungszuschlag *m* – **in denaro** Barentschädigung, Geldabfindung *f*; – **di deprezzamento** Abnutzungsentschädigung, Abschatzungsentschädigung (S); – **differenziale** Differenzentschädigung; – **di disoccupazione** Arbeitslosengeld *n*, Arbeitslosenunterstützung *f*, Arbeitslosenhilfe *f*; – **d'espropriazione,** – **di esproprio** Enteignungsentschädigung; – **„ex gratia"** (*ass*) Ermessensleistung *f*, Kulanzleistung; – **di famiglia** Hausgeld *n*; – **di fine rapporto** (*di lavoro dipendente*) Abfindung *f*, Abfertigung *f* (A); – **forfettaria** Pauschalentschädigung, Pauschalvergütung, Pauschalabfindung *f*, Abfindung; – **di funzione** Dienstzulage, Funktionszulage, Amtszulage; – **funeraria** Beerdigungsgeld *n*, Sterbegeld; – **giornaliera** Tagegeld *n*, Taggeld (A, S), Tagesentschädigung, Diäten *pl*; – **giornaliera di malattia** Krankentagegeld; – **globale** Gesamtentschädigung, Globalentschädigung (S); – **di gravidanza** Schwangerengeld *n*; – **di guerra**

Kriegsentschädigung, Kriegskostenentschädigung; – **d'invalidità** Versehrtengeld *n*; – **integrativa speciale** (*pubblico impiego*) Sonderzulage *f* (*für Teuerungen*); – **di lavorazione pericolosa** Gefahrenzulage, Gefahrenzuschlag *m*; – **per lavoro straordinario** Überstundenentschädigung; – **di licenziamento** Entlassungsentschädigung, Kündigungsentschädigung, Abgangsentschädigung, Abbauentschädigung; – **di maternità** Mutterschaftsgeld; – **di mensa** Essenzuschuß; – **di missione all'estero** Auslandszulage, Auslandsvergütung; – **di mora** Verzugsentschädigung, Verzugsstrafe *f*, Verzugszuschlag *m*, (*pagamento di imposte*) Säumniszuschlag *m*; – **di nazionalizzazione** Verstaatlichungsentschädigung; – **di nuova sistemazione** Umsiedlungsbeihilfe *f*; – **parlamentare** Diäten *pl*; – **parziale** Teilentschädigung; – **pecuniaria** Geldentschädigung; – **per perdita di guadagno** Verdienstausfallentschädigung (S), Verdienstersatz *m* (S); – **per perdita di salario** Lohnausfallentschädigung, Lohnausfallvergütung; – **di perizia** Sachverständigenentschädigung; – **di presenza** Anwesenheitsgeld *n*, Sitzungsgeld *n*; – **di presenza al fronte** Frontzulage *f*; – **provvisoria** vorläufige Entschädigung; – **di puerperio** Stillgeld *n*; – **di rappresentanza** Repräsentationsgelder *pl*, Repräsentationsspesen *pl*; – **di recesso** Abgangsentschädigung, Abgangsvergütung; – **di requisizione** Requisitionsentschädigung, Requisitionsvergütung; – **di residenza** Ortszulage, Ortszuschlag *m* – **di ricupero** Bergegeld *n*, Bergelohn *m*; – **di rischio** Risikozulage, Gefahrenzulage; – **di risoluzione** Kündigungsentschädigung; – **di rottura di contratto** Schadensersatz für Vertragsbruch; – **di salvataggio** Rettungslohn *m*; – **di separazione** Trennungsentschädigung, Trennungsgeld *n*, Trennungszuschlag *m*; – **di servizio** Dienstzulage, Funktionszulage, Amtszulage; – **di sessione** Tagegeld *n*, Taggeld (A, S), Sitzungsgeld, Diäten *pl*; – **di soggiorno** Aufenthaltsentschädigung; – **di soggiorno coloniale** Tropenzulage; – **di soggiorno all'estero** Auslandszulage, Territorialzulage; – **sostitutiva per ferie non godute** Urlaubsabgeltung; – **di sottosuolo** Untertagezuschlag *m*; – **speciale** Sonderzulage; – per **spese** Aufwendsentschädigung; – **di spese funerarie** Sterbegeld *n*, Beerdigungsgeld, Bestattungsentschädigung; – **straordinaria** Sonderzulage; – **supplementare,** – **suppletiva** Zusatzentschädigung, Zusatzvergütung; – **ai testimoni** Zeugenentschädigung, Zeugengebühr *f*, Zeugengeld *n* (S); – **di trasferimento** Umzugsentschädigung, Umzugsvergütung, Übersiedlungskostenbeitrag *m*, Übersiedlungszuschuß *m*; – **di trasferta** Reisekostenvergütung, Reisekostenentschädigung, Reiseentschädigung (S =), Reisevergütung, Fahrkostenentschädigung, Weggeld *n* (A =), Wegentschädigung (A =); – **di trasferta all'estero** Auslandsvergütung, Auslandszulage; – **una tantum** einmalige Sonderzahlung; – **di turno** Schichtzulage; – **di vacanze** Ferienvergütung; – **di vestiario** Kleiderentschädigung; – **di viaggio** Reisekostenentschädigung, Reisekostenvergütung, Reiseentschädigung (S =), Reisevergütung, Reisezulage, Fahrkostenentschädigung, Weggeld *n* (A =), Wegentschädigung (A =); – **di vitto** Verpflegungszulage, Verpflegungsgeld *n*, Beköstigungsgeld, Mundportionsvergütung (S); v. a. INDENNIZZO, RISARCIMENTO.

indennizzare entschädigen, vergüten, schadlos halten.

indennizzo *m* Schadensersatz, Ersatz, Ersatzleistung *f*, Schadensersatzleistung, Schadensleistung, Entschädigung *f*, Entschädigungsleistung,

Schadloshaltung *f*; **equo** – angemessene Entschädigung, billige Entschädigung; – **in denaro** Barentschädigung; v. a. INDENNITÀ, RISARCIMENTO.

inderogabile *agg* unabdingbar.

inderogabilità *f*, Unabdingbarkeit *f*; – **convenzionale della competenza territoriale** Verbot einer Gerichtsstandsvereinbarung.

indesiderabile *agg* unerwünscht.

indesiderabile *m* unerwünschter Ausländer, lästiger Ausländer.

indeterminabile *agg* unbestimmbar.

indeterminato *agg* unbestimmt.

indetraibile *agg* nicht abzugsfähig.

indicare angeben, nennen.

indicatore *m* Anzeiger *m*, Indikator *m*; – **di direzione** (*veicolo*) Fahrtrichtungsanzeiger; – **economico** Konjunkturindikator.

indicato al bisogno Notadressat *m*.

indicazione *f* (1) Angabe *f*; (2) (*medica*) Indikation *f*; **mancata** – Nichtangabe; – **dell'avviamento** Leitwegangabe *f*, Leitvermerk *m*; – **al bisogno** Notadresse *f*; – etica ethische Indikation; – **eugenica** eugenische Indikation; – **falsa** falsche Angabe; – **della fonte** Quellenangabe; – **dell'indirizzo** Angabe der Anschrift; – **dell'istradamento** Leitwegangabe *f*, Leitvermerk *m*; – **del nome** Namensangabe; – **obbligatoria** Angabepflicht *f*, Pflichtangabe; – **d'origine** Ursprungsangabe *f*; – **del peso** Gewichtsangabe; – **del prezzo** Preisauszeichnung *f*, Preisanschreibung *f* (A), Preisanschrift *f* (A); – **di provenienza** Herkunftsangabe *f*, Herkunftsbezeichnung *f*; – **di servizio** Dienstvermerk *m*; – **sociale** soziale Indikation; – **terapeutica** medizinische Indikation; – **del valore** Wertangabe *f*, Angabe des Wertes.

indice *m* (1) Index *m*; (2) (*elenco*) Verzeichnis *n*, Register *n*; **mettere all'** – (*dei libri proibiti*) auf den Index setzen; – **alfabetico** alphabetisches Verzeichnis; – **analitico** Sachregister; – **dell'attività industriale** Index der Industrietätigkeit; – **azionario,** – **delle azioni** Aktienindex, Index der Aktienkurse; – **di benessere** Wohlfahrtsindex; – **dei corsi di borsa** Börsenindex, Kursindex; – **del costo del lavoro** Lohnkostenindex; – **del costo della vita** Lebenshaltungsindex, allgemeiner Lebenshaltungsindex; – **demografico** Geburtenindex; – **economico** Wirtschaftsindex, wirtschaftlicher Index, Index der wirtschaftlichen Entwicklung; – **di frequenza** Häufigkeitsindex, – **generale** Generalindex; – **dei generi alimentari** Nahrungsmittelindex; – **mensile** Monatsindex; – **della natalità** Geburtenindex; – **di partecipazione** Beteiligungsverhältnis *n*; – **delle pigioni** Mietindex; – **ponderato** gewogener Index; – **dei prezzi** Preisindex; – **dei prezzi all'ingrosso** Index der Großhandelspreise, Großhandelsindex; – **dei prezzi al minuto** Index der Einzelhandelspreise, Kleinhandelsindex; – **della produzione** Produktionsindex; – **della produzione industriale** Index der Industrieproduktion; – **di prosperità** Wohlfahrtsindex; – **delle quotazioni** Kursindex, Börsenindex; – **delle quotazioni azionarie** Aktienindex; – **dei salari** Lohnindex; – **di sinistrosità** Schadenquote *f*; – **dei titoli quotati in borsa** Kursindex, Börsenindex.

indicizzato *agg* indexgebunden.

indicizzazione *f* (*assicurazione, pensione*) Dynamisierung *f*; Indexbindung *f*, Indexierung *f*; – **dei prezzi** Preisindexierung; – **dei salari** Lohnindexierung.

indigenato *m* Bürgerrecht *n*, Heimatrecht.

indigeno *agg* einheimisch.

indigeno *m* Eingeborener *m*, Einheimischer *m*.

indigente *agg* bedürftig.

indigenza *f* Bedürftigkeit *f*, Armut *f*.

indilazionabile *agg* unaufschiebbar.

indimostrabilità *f* Nichterweisbarkeit *f.*
indipendente *agg* unabhängig; (*senza partito*) parteilos.
indipendente *m* (*senza partito*) Parteiloser *m*, (*fur oi di un gruppo parlamentare*) Fraktionsloser *m.*
indipendenza *f* Unabhängigkeit *f*; (*senza partito*) Parteilosigkeit *f*; – **dei giudici** richterliche Unabhängigkeit; – **della magistratura** Unabhängigkeit der Gerichte, Unabhängigkeit der dritten Gewalt.
indire anberaumen.
indirizzare richten, adressieren.
indirizzato *agg* (*dichiarazione di volontà*) empfangsbedürftig.
indirizzo *m* (1) Anschrift *f*, Adresse *f*; (2) (*a capi di Stato*) Adresse; (3) (*tendenza*) Richtung *f*; (4) (*di studi*) Fachrichtung *f*; – **commerciale** Geschäftsadresse; – **di comodo,** – **convenzionale** Deckadresse, Deckanschrift; – **fittizio** Scheinadresse; – **giurisprudenziale** Rechtsprechungstendenz *f*; – **politico** politische Linie *f*; – **telegrafico** Telegrammadresse, Telegrammanschrift; – **della vita familiare** Ausgestaltung des familiären Lebens.
indisponibile *agg* nicht verfügbar, indisponibel, unveräußerlich.
indisponibilità *f* mangelnde Verfügbarkeit, Unverfügbarkeit *f* (A), Unveräußerlichkeit *f.*
indissolubile *agg* unauflösbar, unauflöslich.
indissolubilità *f* Unauflösbarkeit *f*, Unauflöslichkeit *f.*
individuale *agg* individuell, Einzel-.
individualismo *m* Individualismus *m.*
individuare (*specificare*) spezifizieren, individualisieren (S).
individuazione *f* (*specificazione*) *Spezifikation f*, Individualisierung *f* (S).
individuo *m* Individuum *n*, Einzelner *m.*
indivisibile *agg* unteilbar.
indivisibilità *f* Unteilbarkeit *f.*
indiviso *agg* ungeteilt.
indiziario *agg* indiziell, Indizien-.
indiziato *m* Verdächtigter *m.*
indizi *mpl*, **gravi** – **di reato** dringender Tatverdacht *m.*
indizio *m* Indiz *n*; – **grave d'aver commesso il fatto** (*come presupposto del fermo*) dringender Tatverdacht.
indizione *f*, – **delle elezioni** Ausschreibung der Wahlen, Wahlausschreibung; – **di gara** Ausschreibung *f.*
indottrinamento *m* Indoktrinierung *f.*
indulgenza *f* Nachsicht *f*, Milde *f.*
indulto *m* (1) (*dir. pen.*) Straferlaß *m*; (2) (*termine concesso a nave mercantile nemica di abbandonare il porto in seguito a dichiarazione di guerra*) Indult *m*; – **condizionato** (*dir. pen.*) bedingter Straferlaß.
indumento *m* **protettivo** Schutzkleidung *f.*
industria *f* Industrie *f*, Gewerbe *n*, Wirtschaft; (*impresa industriale*) Industrieunternehmen *n*; **grande** – Großindustrie; **piccola** – Kleinindustrie, Kleingewerbe; – **accessoria** Zulieferindustrie; – **aeronautica** Flugzeugindustrie, Luftfahrtindustrie; – **alberghiera** Hotelgewerbe, Beherbergungsgewerbe; – **alimentare** Lebensmittelindustrie, Nahrungsmittelindustrie; – **degli armamenti** Rüstungsindustrie; – **assicurativa** Versicherungsgewerbe, Versicherungswirtschaft; – **atomica** Atomindustrie; – **automobilistica** Automobilindustrie; – **di base** Grundstoffindustrie; – **dei beni di consumo** Verbrauchsgüterindustrie; – **dei beni strumentali** Produktionsgüterindustrie; – **chiave** Schlüsselindustrie; – **chimica** chemische Industrie; – **cinematogafica** Filmindustrie, Filmwirtschaft; – **e commercio** Handel und Gewerbe; – **concorrente** Konkurrenzindustrie; – **domestica** Hausgewerbe, Hausindustrie, Heimindustrie; – **edile,** – **edilizia** Bauindustrie, Bauwirtschaft, Baugewerbe; – **elettronica**

Elektronikindustrie; – **enologica** Weinwirtschaft; – **esportatrice**, – **d'esportazione** Ausfuhrindustrie, Exportindustrie; – **estrattiva** Bergbau *m*, Grubenindustrie; – **farmaceutica** pharmazeutische Industrie, Pharmaindustrie; – **dei giocattoli** Spielwarenindustrie; – **di guerra** Kriegsindustrie; – **leggera** Leichtindustrie; – **locale** einheimische Industrie; – **manifatturiera** verarbeitendes Gewerbe, weiterverarbeitende Industrie; – **metallurgica** Metallindustrie; – **mineraria** Bergbau *m*, Grubenindustrie; – **del mobile** Möbelindustrie; – **nazionale** einheimische Industrie; – **nazionalizzata** verstaatlichte Industrie; – **nucleare** Kernindustrie; – **pesante** Schwerindustrie; – **petrolifera** Erdölindustrie; – **primaria** (*agricoltura*) primärer Sektor; – **privata** Privatindustrie; – **produttrice di beni di consumo** Verbrauchsgüterindustrie; – **produttrice di beni di utilizzazione immediata per la produzione** Grundstoffindustrie; – **dei pubblici servizi** (*elettricità, gas, acqua*) Versorgungswirtschaft, (*trasporti, comunicazioni*) Verkehrsgewerbe, Verkehrswirtschaft; – **secondaria** (*industria*) sekundärer Sektor; – **dei servizi** Dienstleistungsgewerbe, – **siderurgica** eisenschaffende Industrie, Eisen- und Stahlindustrie, – **terziaria** (*servizi*) tertiärer Sektor, Dienstleistungsbereich, – **trasfortrice,** – **di trasformazione** verarbeitende Industrie, Verarbeitungsindustrie, Veredelungsindustrie, – **del turismo,** – **turistica** Tourismusindustrie **industriale** *agg* gewerblich, industriell.

industriale *m* (1) Industrieller *m*, (2) (*piccolo*) Gewerbetreibender *m*.

industrialismo *m* Industrialismus *m*.

industrialità *f* (*invenzione*) gewerbliche Verwertbarkeit.

industrializzare industrialisieren.

industrializzazione *f* Industrialisierung *f*.

induzione al matrimonio mediante inganno Verleitung zur Eheschließung, Ehebetrug *m*, Ehetauschung (A).

inedificabilità *f* Unbebaubarkeit *f*.

inefficace *agg* unwirksam.

inefficacia *f* Unwirksamkeit *f*, – **giuridica** Rechtsunwirksamkeit; – **del negozio giuridico** Unwirksamkeit des Rechtsgeschäfts; – **relativa** relative Unwirksamkeit.

inefficienza *f* Ineffizienz *f*.

ineguaglianza Ungleichheit *f*, – **sociale** soziale Ungleichheit, – **di trattamento** Ungleichbehandlung *f*.

ineleggibile *agg* unwahlbar, nicht wahlbar.

ineleggibilità *f* Unwahlbarkeit *f*, Nichtwahlbarkeit

inerzia *f* Untätigkeit *f*; – **della pubblica amministrazione** Untätigkeit der Verwaltung.

inesatto *agg* ungenau.

inescusabile *agg* unentschuldbar.

ineseguibile *agg* unerfüllbar, undurchführbar.

ineseguibilità *f* Unvollstreckbarkeit *f*, Unvollziehbarkeit, Undurchführbarkeit, Unerfüllbarkeit.

inesigibile *agg* (1) (*crediti*) uneinbringlich, unklagbar, (2) (*comportamento*) unzumutbar.

inesigibilità *f* (1) (*crediti*) Uneinbringlichkeit *f*, Unklagbarkeit, (2) (*di un comportamento*) Unzumutbarkeit *f*.

inesistenza *f* Nichtbestehen *n*, – **di un diritto** Nichtbestehen eines Rechts.

inesperienza *f* Unerfahrenheit *f*.

inestimabile *agg* unschätzbar.

inevitabile *agg* (*evento*) unabwendbar.

infamante *agg* entehrend.

infanticida *m* Kindesmörder *m*.

infanticidio *m* Kindestötung *f*, (*in presenza di circostanze aggravanti*) Kindesmord *m*.

infedele *agg* untreu.

infedeltà *f* Untreue *f*, – **in affari di Stato** pflichtwidrige Führung von Staatsgeschäften, – **nella gestione pubblica** (S) ungetreue Amtsführung (S), – **del patrocinatore o del consulente tecnico** Parteiverrat *m*.

infermità *f*, – **mentale**, – **di mente** Geisteskrankheit *f*.
infermo di mente geisteskrank.
infermo di mente *m* Geisteskranker *m*.
infezione *f* **da hiv** HIV-Infektion *f*.
infiltrazione *f* Infiltration *f*, Unterwanderung *f*.
infirmare entkräften.
inflazione *f* Inflation *f*, Aufblähung *f*, **combattere l'** – die Inflation bekämpfen, **frenare l'** – die Inflation bremsen, – **cartacea** Papierinflation, – **controllata** gesteuerte Inflation, – **creditizia** Kreditinflation, – **cronica** chronische Inflation, – **da domanda** Nachfrageinflation, nachfragebedingte Inflation, – **galoppante** galoppierende Inflation, – **importata** importierte Inflation, – **latente** schleichende Inflation, – **metallica** Metallinflation, – **monetaria** Geldinflation, Geldaufblähung *f*, Währungsinflation, Noteninflation, – **permanente** andauernde Inflation, – **dei prezzi** Preisinflation, – **dei redditi** Einkommensinflation, – **repressa** zurückgestaute Inflation, – **salariale** Lohninflation, - **sfrenata** zügellose Inflation, – **strisciante** schleichende Inflation.
inflazionismo *m* Inflationismus *m*.
inflazionista, inflazionistico *agg* inflatorisch, inflationistisch.
infliggere (*pene*) verhangen, auferlegen.
inflizione *f* Auferlegung *f*.
influenza *f*, – **dell' alcool** Alkoholeinfluss *m*.
influenzare beeinflussen.
influire su beeinflussen.
influsso *m* Einfluß *m*; – **sul mercato** Marktbeeinflussung *f*.
infondatezza *f* Unbegründetheit *f*; – **manifesta** offensichtliche Unbegründetheit.
infondato *agg* unbegründet; **manifestamente** – offensichtlich unbegründet.
informare benachrichtigen, verständigen.
informatica *f* Informatik *f*.
informatico *m* Informatiker *m*.
informativa *f* Bericht *m*, Meldung *f*.
informatore *m* Auskunftgeber *m*, Auskunftsperson *f*, Informant *m*.
informazione *f* Information *f*, Auskunft *f*, Benachrichtigung *f*; – **confidenziale** vertrauliche Mitteilung *f*; – **dei consumatori** Verbraucheraufklärung *f*; – **di garanzia** (*proc. pen.*) Ermittlungsbescheid (*Mitteilung an den Beschuldigten über die Einleitung eines Strafverfahrens*); – **memorizzata** (*inf*) gespeicherte Information; – **oggettiva** objektive Information; – **riservata** vertrauliche Mitteilung; – **di ritorno** (*feed back*) Rückkopplung *f*.
informazioni *pl* Auskunft *f*, (*da più fonti*) Auskünfte *pl*; **assumere** – eine Auskunft einholen; **fornire** – eine Auskunft erteilen; – **turistische** Reiseauskunft.
infortunato *m* Verunglückter *m*, Verunfallter *m* (S).
infortunio *m* Unfall *m*; **denunciare l'** – den Unfall anzeigen; – **extraprofessionale** Nichtberufsunfall, Nichtbetriebsunfall; – **in itinere** Arbeitswegunfall *m*; – **sul lavoro** Arbeitsunfall, Dienstunfall, Betriebsunfall; – **professionale** Berufsunfall; – **di servizio** Dienstunfall; V. A. INCIDENTE.
infortunistica *f* Unfallforschung *f*.
infrangere (1) (*norma*) übertreten; (2) (*blocco*) brechen.
infrastruttura *f* Infrastruktur *f*; – **economica** wirtschaftliche Infrastruktur.
infrazione *f* Verstoß *m*; – **amministrativa** Ordnungswidrigkeit *f*; – **del blocco** Blockadebruch *m*; – **disciplinare** Disziplinarvergehen *n*; – **fiscale** Steuerübertretung, Steuerzuwiderhandlung *f*; – **alla legge** Gesetzesverletzung *f*; – **al regolamento** Ordnungswidrigkeit *f*; – **tributaria** Steuerzuwiderhandlung *f*; – **valutaria** Devisenvergehen *n*; V. A. CONTRAVVENZIONE, REATO, VIOLAZIONE.

infruttifero *agg* unverzinslich, unverzinsbar, zinsfrei, zinslos, zinsenfrei, (*titoli a reddito variabile*) dividendenlos.

infungibile *agg* unvertretbar.

inganno *m*, **trarre in** – irreführen; **bellico** Kriegslist *f*.

ingegnere *m* Diplom-Ingenieur *m*; – **edile** Bauingenieur,– **di informatica** Informativ-Ingenieur.

ingegneria *f* Ingenieurwesen *n;* – **edile** Bautechnik *f*; – **genetica** Gentechnik *f*.

ingerenza *f* Einmischung *f*, Ingerenz *f*; – **negli affari interni** Einmischung in innere Angelegenheiten.

ingerirsi sich einmischen.

ingiungere anordnen, mahnen, einmahnen (A).

ingiunzione *f* Mahnung *f*, Einmahnung *f* (A); – **di costituirsi in carcere** (*esec. pen.*) Ladung *f* zum Strafantritt; – **di pagamento** Zahlungsaufforderung *f*; (*decreto*) Mahnbescheid *m*, Zahlungsbefehl *m* (A).

ingiuria *f* Beleidigung *f*, Beschimpfung *f* (S); – **consistente nell'attribuzione di un fatto determinato** Tatsachenbeleidigung; – **grave** grobe Beleidigung; – **reale** tätliche Beleidigung, Realinjurie *f*, tätliche Beschimpfung (S); – **simbolica** symbolische Beleidigung; – **verbale** Verbalinjurie.

ingiuriare beleidigen, beschimpfen (S).

ingiurioso *agg* beleidigend.

ingiustificato *agg* ungerechtfertigt.

ingiustizia *f* Ungerechtigkeit *f*; – **manifesta** offensichtliche Ungerechtigkeit; – **sociale** soziale Ungerechtigkeit.

ingiusto *agg* ungerecht.

ingombrante *agg* sperrig.

ingovernabile *agg* unregierbar.

ingovernabilità *f* Unregierbarkeit *f*.

ingratitudine *f* Undank *m*, Undankbarkeit *f*; – **grave** grober Undank.

ingresso *m* (1) Eintritt *m*; (2) Eingang *m*; (3) (*inf*) Eingabe *f*; – **abusivo nel fondo altrui** unbefugtes Betreten eines fremden Grundstücks; – **in borsa** Zulassung zum Börsenbesuch; – (**dei**) **dati** (*inf*) Dateneingabe *f*.

inidoneità *f* Untauglichkeit *f*, Ungeeignetheit *f*; – **dell'azione** (*dir. pen.*) Untauglichkeit der Handlung; – **fisica** körperliche Untauglichkeit.

inidoneo *agg* untauglich.

iniezione *f* **di capitale** Kapitalspritze *f*.

iniquità *f* Unbilligkeit *f*.

iniquo *agg* unbillig.

iniziativa *f* Initiative *f*; Vorhaben *n*, Unternehmung *f*; – **comunitaria** Gemeinschaftsinitiative; – **delle leggi,** – **legislativa** Gesetzesinitiative, Gesetzgebungsinitiative; – **legislativa popolare** Volksbegehren *n*, Bürgerbegehren; – **occupazionale** Beschäftigungsinitiave; – **parlamentare** Initiativantrag *m*; – **popolare** Volksbegehren *n*; – **privata** Privatinitiative, freies Unternehmertum.

iniziato *m* Eingeweihter *m*.

inizio *m*, – **dell'assicurazione** Versicherungsbeginn *m*; – **dell'attività** Tätigkeitsaufnahme *f*; – **della decorrenza del termine** Fristbeginn *m*; – **del lavoro** Arbeitsbeginn; – **della responsabilità penale** Beginn der Strafmündigkeit.

innavigabile *agg* seeuntüchtig.

innavigabilità *f* Seeuntüchtigkeit *f*.

inno nazionale Nationalhymne *f*.

innocente *agg* unschuldig.

innocenza *f* Unschuld *f*.

innovativo *agg* inno vati v.

innovazione *f* Innovation *f*, Neuerung *f*; – **tecnica** technische Neuerung; – **tecnologica** technologische Innovation.

inoltrare weiterbefördern, weiterleiten.

inoperante *agg* hinfällig.

inopportunità *f* Unzweckmäßigkeit *f*.

inopportuno *agg* unzweckmäßig.

inoppugnabile *agg* unanfechtbar.

inoppugnabilità *f* Unanfechtbarkeit *f*.

inosservanza *f* Nichtachtung *f*, Nichtbeachtung, Nichteinhaltung *f*, Nichtbefolgung *f*, Außerachtlas-sung *f*, Missachtung; – **degli accordi** Nichteinhaltung der Vereinbarungen; – **della diligenza dovuta nell' adempimento** positive Vertragsverletzung; – **procurata di pena** Vollstreckungsvereitelung; – **di pene accessorie** Nichtbefolgung von Nebenstrafen; – **dei provvedimenti dell'Autorità** Nichtbefolgung behördlicher Verfügungen; – **del termine** Fristversäumnis *f*, Fristversäumung *f*, – **unico** (*dir. lav.*) einheitliche Einstufung.

inquadramento *m*, – **per età** Altersklasseneinstufung *f*, Altersklasseneinteilung *f*; – **unico** (*dir. lav.*) einheitliche Einstufung;

inquinamento *m* Verschmutzung *f*; – **dell'acqua** Wasserverschmutzung; – **delle acque** Gewässerverschmutzung; – **acustico** Lärmbelästigung; – **ambientale**, – **dell'ambiente** Umweltverschmutzung; – **dell'aria**, – **atmosferico** Luftverschmutzung; – **atmosferico transfrontaliero** grenzüberschreitende Luftverschmutzung; – **ecologico** Umweltverschmutzung; – **fonico** Lärmbelästigung; – **idrico** Wasserverschmutzung; – **industriale** industrielle Umweltverschmuzung;
– **del mare, – marino** Meeresverschmutzung; – **probatorio, – delle prove** Verdunklung der Beweise; – **radioattivo** radioaktive Verseuchung; – **del suolo** Bodenverschmutzung.

inquinante *m* Schadstoff *m*.

inquinatore *m* Umweltverschmutzer *m*.

inquisire inquirieren.

inquisizione *f* Inquisition *f*.

insanabile *agg* unheilbar.

insediamento *m* (1) Einsetzung *f*, Einweisung *f*, Bestallung *f*; (2) Ansiedlung *f*; – **abusivo** wilde Ansiedlung; – **industriale** Industrieansiedlung *f*; – **produttivo** Ansiedlung von Produktionsstätten; – **residenziale** Wohnsiedlung; – **in un ufficio** Amtseinführung *f*, Amtseinsetzung.

insediare einweisen, einsetzen.

insegna *f* Schild *n*; (*commerciale*) Enseigne *f* (S); – **di grado** Rangabzeichen *n*; – **dell'impresa** Firmenschild, Enseigne (S); – **onorifica** Ehrenzeichen *n*; – **di sovranità** Hoheitszeichen.

insegnamento *m* Unterricht *m*; – **complementare** Wahlfach *n*, Nebenfach; – **per corrispondenza** Fernunterricht; – **fondamentale** Hauptfach *n*; – **libero** Privatschulwesen *n*; – **obbligatorio** Pflichtfach; – **prescolare** Vorschulunterricht; – **religioso** Religionsunterricht *m*.

insegnante *m* Lehrer *m*; – **di guida** Fahrlehrer.

inseguimento *m* Nacheile *f*.

inseminazione *f* **artificiale** künstliche Besamung *f*.

insequestrabile *agg* beschlagnahmefrei, exekutionsfrei (A).

insequestrabilità *f* Beschlagnahmefreiheit *f*, Exekutionsfreiheit (A).

inserimento *m* Eingliederung f; – **professionale** berufliche Eingliederung; – **sociale** soziale Eingliederung *f*.

inserire (*avvisi*) einrücken, inserieren.

inserto *m* (1) (*fascicolo*) Aktenheft *n*, Handakte *f*; (2) (*in giornali*) Beilage *f*.

inserzione *f* Inserat *n*, Anzeige *f*; – **per estratto** (*della sentenza*) auszugsweise Veröffentlichung *f* (*des Urteils in der Presse*).

inserzionista *m* Inserent *m*.

insieme *m* Gesamtheit *f*; – **dei dati** Datenbestand *m*.

insindacabile *agg* unüberprüfbar, unanfechtbar.

insindacabilità *f* Unüberprüfbarkeit *f*, Unanfechtbarkeit *f*.

insinuare unterstellen.

insinuazione *f*, – **del credito** (*dir. fall.*) Forderungsanmeldung *f*, Forderungseingabe *f* (S); – **tardiva** nachträgliche Anmeldung.

insociale *agg* unsozial.
insolvente *agg* zahlungsunfähig, insolvent.
insolvenza *f* Zahlungsunfähigkeit *f*, Insolvenz *f*; – **fraudolenta** betrügerische Verheimlichung *f* der Zahlungsunfähigkeit.
insolvibile *agg* zahlungsunfähig, insolvent.
insolvibilità *f* Zahlungsunfähigkeit *f*, Insolvenz *f*.
insorgere sich erheben, in Aufstand treten.
insorto *agg* aufständisch.
insorto *m* Aufständischer *m*, Insurgent *m*.
instabilità *f* Instabilität *f*; – **politica** politische Instabilität; **dei prezzi** mangelnde Festigkeit der Preise, Preisunruhe *f*.
institore *m* Prokurist *m*, Disponent *m*.
insubordinanzione *f* Ungehorsam *m*, Ungehorsamkeit *f*, Unbotmäßigkeit *f*, Subordinationsverletzung *f* (A =).
insufficienza *f*, – **di assicurazione** Unterversicherung *f*; – **di motivazione** (*di un provvedimento*) unzureichende Begründung; – **di prova** Beweismangel *m*; **per – di prove** aus Mangel an Beweisen, mangels Beweises; v. a. MANCANZA.
insultante *agg* beleidigend, beschimpfend.
insultare beleidigen, beschimpfen.
insulto *m* Beleidigung *f*, Beschimpfung *f*.
insurrezione *f* Aufstand *m*, Insurrektion *f*; **reprimere un'** – einen Aufstand unterdrücken; – **armata conto i poteri dello Stato** bewaffneter Aufstand gegen die Staatsgewalt; – **popolare** Volksaufstand, Volkserhebung *f*.
insussistenza *f* Nichtbestehen *n*, Gegenstandslosigkeit *f*.
intavolazione (*libro fondiario*) Einverleibung *f* (A).
integrare eingliedern.
integrativa *f* **speciale** (*pubblico impiego*) Sonderzulage *f* (*für Teuerungen*).
integrazione *f* Integration *f*, Zusammenschluss *m*, Eingliederung *f*; – **del canone di locazione** Wohngeld *n*; – **del contraddittorio** (*proc. civ.*) Vervollständigung des Verfahrens; - **del contratto** ergänzende Auslegung des Vertrags; – **economica** Wirtschaftsintegration, wirtschaftliche Integration, wirtschaftlicher Zusammenschluß; – **europea** europäische Integration; – **politica** politische Integration; – **salariale**, – **di salario** Lohnergänzung *f*; – **sociale** soziale Integration, gesellschaftliche Eingliederung; – **verticale** verticale Integration.
integrità *f* (1) Integrität *f*, Unversehrtheit *f*; (2) (*morale*) Integrität, Unbescholtenheit *f*; – **del bilancio** (*pubblico*) Vollständigkeit des Haushaltsplanes; – **fisica** körperliche Unversehrtheit; – **morale** moralische Integrität; – **territoriale** territoriale Unversehrtheit, territoriale Integrität; – **del territorio nazionale** Unversehrheit des Staatsgebietes.
integro *agg* unbescholten.
intelligenza col nemico Einverständnis mit dem Feinde.
intendente *m* Intendant *m*; – **di finanza** Finanzpräsident *m*; – **scolastico** (Alto Adige) Schulamtsleiter *m* (Südtirol).
intendenza di finanza (*appros.*:) Finanzdirektion *f*.
intendere beabsichtigen.
intensificazione *f* **dei rapporti** Vertiefung der Beziehungen.
intensità *f* **del traffico** Verkehrsaufkommen *n*.
intentare (*processo*) anstrengen.
intento *m*, **comune** – gemeinschaftliches Ziel; – **speculativo** Spekulationsabsicht *f*.
intenzionale *agg* absichtlich. intenzione *f* Absicht *f*; – **dei contraenti** Wille der Vertragsparteien; – **criminosa,** – **delittuosa** verbrecherische Absicht; – **fraudolenta** betrügerische Absicht; – **del legislatore** Wille des Gesetzgebers;

– **di nuocere** Schädigungsabsicht; – **omicida** Tötungsabsicht; – **della parte** Parteiabsicht; v. a. ANIMUS, DOLO.

interalleato *agg* interalliiert.

intercantonale *agg* (S) interkantonal (S).

interaziendale *agg* zwischenbetrieblich.

intercapedine *f* (*distanza minima*) Abstand *m*.

intercessione *f* Fürsprache *f*, Interzession *f*.

intercettamento *m* v. INTERCETTAZIONE.

intercettare (*lettera*) abfangen, (*radiomessaggio*) auffangen, (*telefono*) abhören.

intercettazione *f* (*lettera*) Abfangen *n*, (*radiomessaggio*) Auffangen *n*, (*telefono*) Abhören *n*; – **di conversazioni** Abhören von Gesprächen; – **telefonica** Abhören von Ferngesprächen.

intercezione *f* **v.** intercettamento.

interclusione *f* **del fondo** Einschließung *f* des Grundstücks.

interdetto *m* Entmündigter *m*, voll Entmündigter (A); **dichiarare** – entmündigen.

interdipendenza *f* Interdependenz *f*.

interdire (1) entmündigen; (2) (*proibire*) untersagen.

interdizione (1) Entmündigung *f*, volle Entmündigung (A); (2) (*divieto*) Untersagung *f*, Verbot *n*; – **di esercitare una professione** Berufsverbot; – **dall'esercizio di una professione, di un'industria o di un commercio** (S) Verbot, einen Beruf, ein Gewerbe oder ein Handelsgeschäft auszuüben (S); – **dal lavoro** Beschäftigungsverbot; – legale (*pena accessoria*) Entmündigung kraft Gesetzes (*Nebenstrafe*); – **da una professione o da un'arte** Untersagung der Berufsausübung, Berufsverbot, Verbot, einen Beruf, ein Gewerbe oder ein Handelsgeschäft auszuüben (S); – **dai pubblici uffici** (*pena accessoria*) Verlust der Amtsfähigkeit (*Nebenstrafe*).

interessato *m* Beteiligter *m*, Betroffener *m*; – **al carico** Ladungsbeteiligter *m*.

interesse *m* (1) Interesse *n*; (2) (*rimunerazione del capitale*) Zins *m*; **a basso** – zinsgünstig; **esente da** – zinsfrei, zinsenfrei; **ledere un** – ein Interesse verletzen; **prestare a** – gegen Zinsen leihen, auf Zinsen verleihen (A); **senza-** zinslos, zinsfrei, zinsenfrei; – **all'accertamento** Feststellungsinteresse; – **all'adempimento** Erfüllungsinteresse; – **affettivo,** – **d'affezione** Affektionsinteresse; – **ad agire** (*dir. proc.*) Rechtsschutzbedürfnis *n*; – **ambientale** Umweltinteresse; – **assicurabile** versicherbares Interesse; – **del capitale** Kapitalzins; – **collettivo** Kollektivinteresse; – **composto** Zinseszins; – **comune** gemeinsames Interesse; – **contrattuale** Vertragsinteresse; vertragliche Zinsen; – **contrattuale negativo** negatives Vertragsinteresse; – **contrattuale positivo** Erfüllungsinteresse; – **convenuto** vereinbarte Zinsen; – **convenzionale** vertragliche Zinsen; – **creditorio** Gläubigerinteresse; – **del denaro** Geldzins; – **effettivo** Effektivzins, Effektivzinsen *pl*; – **di esecuzione** Erfüllungsinteresse; – **finanziario** finanzielle Beteiligung; – **fisso** fester Zins, feste Verzinsung; – **generale** Allgemeininteresse; – **giuridicamente rilevante** rechtserhebliches Interesse; – **giuridico** rechtliches Interesse; – **degli interessi** Zinseszins; – **legale** gesetzlicher Zinsfuß, gesetzliche Zinsen (A); – **legittimo** (*dir. anm.*) rechtlich geschütztes Interesse, berechtigtes Interesse, anerkennenswertes Interesse; – **meritevole di tutela** schutzwürdiges Interesse; – **di mora**, – **moratorio** Verzugszins, Verspätungszins; – **nazionale** gesamtstaatliches Interesse; – **negativo** negatives Interesse, Vertrauensinteresse; – **nominale** Nominalzins, Nominalverzinsung *f*; – **pattuito** vereinbarte Zinsen; – **particolare**

Privatinteresse; – **patrimoniale** Vermögensinteresse; – **personale** Eigennutz *m*; – **positivo** positives Interesse, Erfüllungsinteresse; – **privato** Privatinteresse; – **prioritario** vorrangiges Interesse; – **privato in atti di ufficio** (*dir. pen.*) Wahrnehmung *f* privater Interessen bei Amtshandlungen; – **protetto** geschütztes Interesse; – **pubblico** öffentliches Interesse; – **qualificato** qualifiziertes Interesse; – **reale** Realzins; – **scalare** Staffelzins; – **semplice** einfacher Zins; faktisches Interesse; – **della società** Gesellschaftsinteresse; – **dello Stato** Staatsinteresse; – **usuario** Wucherzins, Wucherzinsen *pl*, Zinswucher *m*; v. a. INTERESSI.

interessenza *f* Beteiligung *f*, Kapitalbeteiligung.

interessi *m pl* Zinsen *pl*, *Zinse pl* (S); **capitalizzare gli** – die Zinsen kapitalisieren; **fruttante** – verzinslich, zinsbringend, zinstragend; **fruttare** – Zinsen bringen, Zinsen tragen, Zinsen abwerfen, verzinslich sein; **fruttifero di -**, **produttivo di** – zinstragend, zinsbringend, verzinslich; **salvaguardare gli** –, **tutelare gli** – die Interessen wahren, die Interessen wahrnehmen; – **accumulati** aufgelaufene Zinsen, anerlaufende Zinsen (A), erlaufene Zinse (S); – **arretrati** rückständige Zinsen, Zinsrückstände *pl*; – **attivi** Aktivzinsen, Habenzinsen; – **su cambiali** Wechselzinsen; – **compensativi** Vergütungszinsen; – **consolidati** fundierte Zinsen; – **convenzionali** Vertragszinsen, Konventionalzinsen, – **correnti** laufende Zinsen; – **corrispettivi** Vergütungszinsen; – **in corso** laufende Zinsen; – **del credito** Kreditzinsen; – **creditori** Habenzinsen, Aktivzinsen; – **debitori** Schuldzinsen, Sollzinsen, Passivzinsen; – differiti gestundete Zinsen; – **di gruppo** Gruppeninteressen; – **intercalari** Zwischenzinsen, (*società di recente costiuzione*) Bauzinsen, Interkalarzinsen; – **maturanti** auflaufende Zinsen, anfallende Zinsen, fällig werdende Zinsen, – **maturati** aufgelaufende Zinsen; anerlaufende Zinsen (A), erlaufende Zinse (S), fällige Zinsen; – **in natura** Naturalzinsen; – **passivi** Passivzinsen, Schuldzinsen; – **scaduti** fällige Zinsen; – **semplici** einfache Zinsen; – **usurari** Wucherzinsen; v. a. INTERESSE.

intereuropeo *agg* innereuropäisch.

interferenze *fpl* **illecite nella vita privata** (*reato*) unerlaubter Eingriff *m* in die Privatsphäre.

interferire sich einmischen.

intergovernativo *agg* zwischenstaatlich, Regierungs-.

intergruppo *agg* (*parlamento*) interfraktionell.

interinale v. foglietto interinale.

interino *agg* interimistisch.

interlocutore *m* Gesprächspartner *m*.

intermediario *m* (1) Mittler *m*, Mittelsmann *m*, Mittelsperson *f*; (2) Vermittler *m*, Vermittlungsagent *m*; – **di commercio** Zwischenhändler *m*.

intermediazione *f* Vermittlung *f*.

interministeriale *agg* interministeriell.

internamento *m* Internierung *f*, Verwahrung *f* (S), Unterbringung in einer Anstalt; – **di delinquenti abituali** (S) Verwahrung von Gewohnheitsverbrechern (S).

internare internieren, verwahren (S).

internato *m* Internierter *m*, Untergebrachter, Verwahrter *m* (S); – **civile** Zivilinternierter.

internazionale *agg* international, zwischenstaatlich.

Internazionale *f* **socialista** sozialistische Internationale.

internazionalismo *m* Internationalismus *m*.

internazionalista *m* Völkerrechtler *m*.

internazionalità *f* Internationalität *f*.

internazionalizzare internationalisieren.

internazionalizzazione *f* **Internationalisierung** *f*.

interno *agg* innerstaatlich, inländisch, Inlands- inner-.
interno *m* Inland *n*.
internunzio *m* Internuntius *m*.
interparlamentare *agg* interparlamentarisch.
interpellante *m* Interpellant *m*.
interpellanza *f* Interpellation *f*, (*parlamento*) große Anfrage; – **parlamentare** parlamentarische Anfrage; – **di urgenza** Dringlichkeitsanfrage.
interpellare interpellieren.
interpello *m* (*della parte*) Befragung *f*, Anhörung *f* (*einer Partei*).
interposizione *f*, – **d'appello** Berufungseinlegung *f*, Einlegung der Berufung, Berufungserhebung *f* (A); – **fittizia di persona** Schiebungsgeschäft *n*; – **gestoria** Geschäftsbesorgung *f* (*im eigenen Namen, aber im Interesse eines anderen*); – **di persona** Vorschieben eines Dritten, Vorschiebung eines Strohmannes; – **reale di persona** Treuhandgeschäft *n*, fiduziarisches Rechtsgeschäft.
interpretare auslegen, interpretieren.
interpretativo *agg* Auslegungs-.
interpretazione *f* Auslegung *f*, Interpretation *f*; falsa – ungetreue Übersetzung (*des Dolmetschers*), falsche Übersetzung (S); – **analogica** Auslegung durch Analogieschluß; – **autentica** authentische Auslegung, maßgebliche Auslegung, authentische Interpretation; – **conforme alla costituzione** verfassungskonforme Auslegung; – **del contratto** Vertragsauslegung; – **convenuta** vereinbarte Auslegung; – **corretta** richtige Auslegung; – **critica** kritische Auslegung; – **dichiarativa** deklaratorische Auslegung; – **del diritto** Rechtsauslegung; – **dottrinale** doktrinelle Interpretation, **interrogatorio** wissenschaftliche Interpretation, doktrinelle Auslegung, von der herrschenden Lehre gegebene Auslegung; – **errata** Fehlinterpretation; – **estensiva** ausdehnende Auslegung, extensive Auslegung, extensive Interpretation; – **finalistica** zweckgerichtete Auslegung, teleologische Auslegung; – **giudiziale,** – **giurisprudenziale** richterliche Auslegung, von der Rechtsprechung gegebene Auslegung; – **grammaticale** grammatische Auslegung; – **integrativa** ergänzende Auslegung; – **lata** weite Auslegung; – **legale** Legalinterpretation; – **della legge** Gesetzesauslegung; – **letterale** buchstäbliche Auslegung, wörtliche Auslegung; – **logica** logische Interpretation; – **modificativa** abändernde Auslegung; – **restrittiva** restriktive Auslegung, enge Auslegung, einschränkende Auslegung, restriktive Interpretation; – **rettificativa** berichtigende Auslegung; – **sistematica** systematische Auslegung; – **storica** geschichtliche Auslegung, historische Auslegung, historische Interpretation; – **teleologica** teleologische Auslegung, zweckgerichtete Auslegung; – **del testamento** Testamentsauslegung; – **vincolante** bindende Auslegung.
interprete *m* Dolmetscher *m*, Dolmetsch *m* (A); – **giudiziario** Gerichtsdolmetscher *m*, Gerichtsdolmetsch *m* (A =); – **giurato** beeidigter Dolmetscher, vereidigter Dolmetscher, gerichtlich beeidigter Dolmetsch (A); – **simultaneo** Simultandolmetscher.
interregno *m* Interregnum *n*, Zwischenherrschaft *f*, herrschaftslose Zeit (A).
interrogare (1) befragen; (2) (*imputato, testimonio*) vernehmen; (3) (*inf*) abfragen.
interrogato *m* Befragter *m*; Vernommener *m*.
interrogatorio *m* Vernehmung *f*; – **formale** (*della parte*) Parteivernehmung; – **sulle generalità** Vernehmung zur Person; – **dell'imputato** Beschuldigtenvernehmung; – **incrociato** Kreuzverhör; – **dell'indiziato** Vernehmung des Beschuldigten (*durch die Kriminalpolizei im Ermittlungsverfahren*); –

libero, – non formale (*della parte*) formlose Parteieinvernahme; – **nel merito** Vernehmung zur Sache; – **della persona sottoposta alle indagini** (*proc. pen.*) Vernehmung des Beschuldigten, Beschuldigtenvernehmung; – **pubblico** öffentliche Vernehmung; – **del testimone** Zeugenvernehmung.

interrogazione *f* (*parlamento*) kleine Anfrage, mündliche Anfrage; (*inf*) Abfrage *f*; – **diretta** (*inf*) Direktabfrage; – **a distanza** (*inf*) Fernabfrage; – **urgente** (*parlamento*) Dringlichkeitsanfrage.

interrompere unterbrechen, einstellen.

interruzione *f* Unterbrechung *f*; – **della discussione per assumere nuove prove** (*proc. pen.*) Wiedereintritt *m* in die Beweisaufnahme während der Schlussvorträge; – **d'esercizio** Betriebsunterbrechung; – **di gravidanza** Schwangerschaftsabbruch; – **del lavoro** Arbeitsunterbrechung; – **del nesso causale** Unterbrechung des Kausalzusammenhangs; – **della prescrizione** Unterbrechung der Verjährung, Verjährungsunterbrechung; – **del processo** Unterbrechung des Verfahrens; – **di seduta** Unterbrechung einer Sitzung; – **del servizio** Dienstunterbrechung, Dienstunterbruch *m* (S); – **del termine** Fristenunterbrechung; – **delle trattative** Abbruch der Verhandlungen; – **dell'usucapione** Unterbrechung der Ersitzungsfrist; – **volontaria della gravidanza** Schwangerschaftsabbruch *m*.

interscambio *m* zwischenstaatlicher Warenaustausch.

intersezione *f* (*circ. strad.*) Kreuzung *f*, Einmündung *f* (mehrerer Straßen); – **regolato da semaforo,** – **semaforizzata** ampelgeregelte Kreuzung (o. Einmündung).

interstatale *agg* zwischenstaatlich.

intertedesco *agg* innerdeutsch.

intervallo *m*, – **die lucidità,** – **lucido** lichter Augenblick, lichter Zwischenraum (A).

interveniente *m* (1) Intervenient *m*, Honorant *m*, (*accettante*) Ehrenakzeptant *m*, (*pagante*) Ehrenzahler *m*, (2) (*intervento in causa*) Streithelfer *m*; – **accessorio** Nebenintervenient; – **adesivo** Streithelfer; – **adesivo autonomo** selbständiger Streithelfer; – **adesivo dipendente** unselbständiger Streithelfer; – **litisconsortile** selbständiger Streithelfer; – **principale** Hauptintervenient; – **volontario** Streithelfer.

intervenire (1) intervenieren, einschreiten; (2) (*cambiale*) zu Ehren annehmen, zu Ehren zahlen.

interventismo *m* Interventionismus *m*, Interventionspolitik *f*.

interventista *agg* interventionistisch.

interventista *m* Interventionist *m*.

intervento *m* (1) Intervention *f*, Intervenieren *n*, Einschreiten *n*; (2) (in *borsa*) Stützungsaktion *f*; (3) (*cambiale*) Ehreneintritt *m*; (4) (*in causa*) Intervention *f*, Beitritt *m*; – **accessorio** Nebenintervention; – **adesivo** Streithilfe; – **adesivo autonomo** selbständige Streithilfe; – armato bewaffnete Intervention, gewaltsames Eingreifen; – **in causa** Intervention; – **in causa su chiamata di parte,** – **in causa su istanza di parte** Beitritt nach Streitverkündung *f*, Beitritt nach Streitverkündigung *f* (A); – **chirurgico** Operation *f*; – **collettivo** Kollektivintervention; – **dei creditori** Beitritt der Gläubiger (*im Vollstreckungsverfahren*); – **diplomatico** diplomatische Intervention; – **economico** wirtschaftliche Intervention; – **edificatorio,** – **edilizio** Baumaßnahme *f*; – **di emergenza** Notmaßnahme; – **finanziario** finanzielles Eingreifen *n*, Finanzhilfe *f*; – **del giudice** gerichtliches Eingreifen; – **governativo**, – **del governo** Regierungsintervention, Eingreifen der Regierung; – **legislativo** – **del legislatore** gesetzgeberisches Eingreifen; – **litisconsortile** streitgenössische Streithilfe; – **medico** ärztlicher Eingriff; – **di mercato**

Marktintervention; – **militare** militärisches Eingreifen, militärische Intervention; – **per ordine del giudice** Beiladung *f*; – **della polizia** Polizeieinsatz; – **preventivo** vorbeugende Maßnahme *f*; – **principale** Hauptintervention; – **pubblico** staatliches Eingreifen; – **di recupero** (*edilizia*) Sanierungsmaßnahme; – **di riforma** Reformeingriff; – **statale, – dello stato** staatlicher Eingriff, Staatseingriff *m*, Staatsintervention; – **umanitario** humanitärer Einsatz; – **urbanistico** städtebauliche Maßnahme; – **volontario** Streitbeitritt *m*.

interventore *m* v. interveniente.

intervenuto *m* Erschienener *m*, erschienene Partei.

interversione *f* **del possesso** (*usucapione*) Änderung *f* des Besitzgrundes.

intervista *f* Interview *n*; **concedere un'** – ein Interview gewähren; – **televisiva** Fernsehinterview.

intervistare interviewen, befragen.

intesa *f* Vereinbarung *f*, Absprache *f*, Einigung *f*, Einverständnis *n*, Einvernehmen *n*; (*diplomazia*) Entente *f*; **comune** – gemeinsames Einvernehmen; **di comune** – im gegenseitigen Einvernehmen; **d'** – **con** im Benehmen mit; **piccola** – kleine Entente; **triplice** – Dreierentente; – **economica** Wirtschaftsvereinbarung; – **industriale** Unternehmerzusammenschluß *m*; – **monopolistica** Monopolabsprache; – **sui prezzi** Preisabsprache *f*; – **di programma** Planungsabsprache; – **regionale** (*dir. int.*) Regionalabkommen *n*; – segreta geheimes Einverständnis; – verbale mündliche Abrede; v. a. ACCORDO, CONVENZIONE, PATTO, PATTUIZIONE.

intestare (*a qd.*) (auf jemanden) eintragen.

intestatario *m* (eingetragener) Inhaber *m*.

intestazione *f* (1) (*di immobili ecc.*) Inhabereintragung *f*; (2) (*della lettera*) Briefkopf *m*; (3) (*della sentenza*) Urteilskopf *m*, Rubrum *n*.

intimare anordnen, mahnen; – **a comparire** laden, vorladen.

intimazione *f* (1) (*a comparire*) Ladung *f*, Vorladung; (S) Zustellung *f*; (2) (*ingiunzione*) Aufforderung *f*; – **di licenza** Klage auf Räumung, Räumungsklage; – **di pagamento** Aufforderung zur Zahlung, Zahlungsaufforderung *f*; – **di resa** Aufforderung zur Übergabe; – **di sfratto** Räumungsaufforderung; – **ai testimoni** Zeugenladung.

intimidazione *f* **pubblica** (*reato*) Störung *f* des öffentlichen Friedens durch Androhung von Straftaten.

intoccabile *agg* unantastbar.

intolleranza Unduldsamkeit *f*.

intonazione *f* (*borsa*) Stimmung *f*; – **del mercato** Stimmung am Markt.

intossicazione *f* Vergiftung *f*; – **alimentare** Lebensmittelvergiftung; – **professionale** berufsbedingte Vergiftung.

intracomunitario *agg* innergemeinschaftlich.

intralci agli scambi Handelsschranken *pl*.

intrallazzare schieben.

intrallazzo *m* Schiebung *f*.

intrasferibile *agg* unübertragbar, nicht übertragbar, nicht transferierbar.

intrasferibilità *f* Unübertragbarkeit *f*.

intrasmissibile *agg* unübertragbar, nicht übertragbar.

intrasmissibilità *f* Unübertragbarkeit *f*.

intrighi *m pl* Umtriebe *pl*.

introduzione *f* Einführung *f*; – **nell'abitazione altrui** (*violazione di domicilio*) Eindringen *n* in die Wohnung eines anderen; – **in borsa** Börseneinführung; – **della causa** Einleitung des Rechtsstreits; – **graduale** schrittweise Einführung; – **sul mercato** Markteinführung; – **di nuove tecniche** Einführung neuer Techniken.

introitare vereinnahmen.

introiti di cassa Kasseneingänge *pl*, Kasseneinnahmen *pl*, Bareingänge, Bareinnahmen; – fiscali Steuereingänge *pl*, Steuereinnahmen *pl*; v. a.

ENTRATE; – **di valuta** Deviseneingänge.
introito *m* Einnahme *f*; v. a. ENTRATA.
intromettersi sich einmischen.
inumano *agg* unmenschlich. inumazione *f* Bestattung *f*.
inurbamento *m* Verstädterung *f*.
inutilizzabilità *f* (1) (*in generale*) mangelnde Gebrauchsfähigkeit *f*, Unbenutzbarkeit *f*; (2) (*proc. pen.*) Unverwertbarkeit *f* (*eines Beweismittels*).
invadere (1) einfallen; (2) (*diritti altrui*) übergreifen (in jemandes Rechte).
invalidare entkräften, für unwirksam erklären.
invalidazione *f* Entkräftung *f*; Unwirksamkeitserklärung *f*, Unwirksamerklärung (A).
invalidità *f* (1) (*fisica*) Invalidität *f*, Arbeitsunfähigkeit *f*; (2) (*giuridica*) Unwirksamkeit *f*, Ungültigkeit *f*, Ungiltigkeit (A =), Rechtsungültigkeit; – **assoluta** absolute Unwirksamkeit; – **completa** Vollinvalidität; – **formale** Formungültigkeit; – **parziale** (1) Teilunwirksamkeit; (2) Teilinvalidität, teilweise Invalidität; – **pendente** schwebende Unwirksamkeit; – **permanente** Dauerinvalidität, dauernde Invalidität; – **prematura** Frühinvalidität; – **relativa** relative Unwirksamkeit; – **sospesa** schwebende Unwirksamkeit; – **sopravvenuta** nachträgliche Unwirksamkeit; – **temporanea** vorübergehende Invalidität, zeitweise Invalidität; – **totale** Vollinvalidität, vollständige Invalidität; v. a. INCAPACITÀ. **invalido** *agg* (1) invalid, arbeitsunfähig; (2) (*inefficace*) ungültig; **grande** - schwerbeschädigt.
invalido *m* Invalider *m*; Arbeitsunfähiger *m*; – **di guerra** Kriegsversehrter *m*, Kriegsbeschädigter *m*, Kriegsinvalider *m*; **grande – di guerra** Schwerkriegsbeschädigter.
invasione *f* Invasion *f*; Übergriff *m*; **arbitraria – e occupazione di aziende agricole o industriali** Eindringen in und Besetzen von landwirtschaftlichen oder gewerblichen Betrieben; – **militare** militärische Invasion.
invendibile *agg* unverkäuflich.
invendibilità *f* Unverkäuflichkeit *f*.
invenduto *agg* unverkauft.
inventare erfinden.
inventariare inventarisieren, in ein Verzeichnis aufnehmen, verzeichnen, den Bestand aufnehmen.
inventario *m* (1) Inventar *n*, Verzeichnis *n*, Inventarium *n* (A =), Inventarverzeichnis, Bestandsverzeichnis; (2) (*operazione dell'inventariare*) Inventur *f*, Bestandsaufnahme *f*, Bestandsaufnahme (A), Bestandesaufnahme (S); **compilare un–, erigere un–, formare un–, redigere un** – ein Inventar errichten, ein Inventar aufnehmen, ein Inventar aufstellen, ein Verzeichnis aufnehmen, den Bestand aufnehmen; – **di beni** Vermögens Verzeichnis, Güteverzeichnis (S); – **di bordo** Schiffsinventar; – **commerciale** Geschäftsinventar; – **di consegna** Übergabeverzeichnis, Übergabsverzeichnis (A); – **dell'eredità** Nachlassverzeichnis, Nachlaßinventar, Erbschaftsinventar; – **delle merci** Warenverzeichnis; – **mobiliare** Mobiliarverzeichnis; – **patrimoniale** Vermögensverzeichnis, Vermögensaufstellung *f*, Vermögensstatus *m*.
inventore *m* Erfinder *m*; – **posteriore** Nacherfinder; – **unico** Alleinerfinder.
invenzione *f* (1) Erfindung *f*; (2) (*ritrovamento*) Fund *m*; – **di azienda** Betriebserfindung; – **brevettabile** patentfähige Erfindung; – **brevettata** patentierte Erfindung; – **del lavoratore** Arbeitnehmererfindung; – **occasionale** Zufallserfindung; – **di perfezionamento** Verbesserungserfindung; – **del prestatore d'opera** Arbeitnehmererfindung, Diensterfindung, Erfindung des Dienstpflichtigen (S); – **segreta** Geheimerfindung; – **di stabilimento** Betriebserfindung, Etablissementerfindung (A).

inversione *f*, – **dell'onere della prova** Umkehrung der Beweislast, Beweisumkehrung *f*; – **di tendenza** Tendenzwende *f*; – **della tendenza del mercato** Umschwung der Markttendenz; – **ad U** (*circ. strad.*) Wenden *n*.

investigare nachforschen.

investigatore *m* **privato** Privatdetektiv *m*.

investigazione *f* Nachforschung *f*.

investimenti *m pl* Investitionen *pl*; – **in beni patrimoniali** Investitionen im Anlagevermögen; – **effettuati** Investitionsleistungen *pl*; – **esteri** ausländische Investitionen; – **all'estero** Investitionen im Ausland, Auslandsinvestitionen; – **finanziari** Finanzanlagevermögen *n*; – **all'interno** Inlandanlagen *pl*.

investimento *m* (1) (*economia*) Anlage *f*, Investierung *f*, (*in impianti e beni materiali*) Investition *f*, (*partecipazione a società collegata*) Beteiligung *f*; (2) (*circ. strad.*) Zusammenstoß *m*, Auffahren *n*, Anfahren *n*, (*di persone:*) Überfahren *n*. – **di beni** Vermögensanlage; – **a breve termine** kurzfristige Anlage; – **di capitale** Kapitalanlage, Kapitalanlegung *f*, Kapitalinvestierung, Kapitalinvestition; – **di capitali eccedenti** Anlage überschüssiger Mittel; – **diretto** Direktanlage; – **all'estero** Auslandsanlage *f*, Auslandskapitalanlage; Auslandsinvestition; – **fisso** Daueranlage; – **di fondi** Geldanlage, Geldanlegung *f*; – **fruttifero** gewinnbringende Anlage, zinstragende Anlage; – **a lungo termine** langfristige Anlage; – **netto** Nettoinvestition; – **obbligatorio** Pflichtinvestierung; – **permanente** Daueranlage; – **privato** private Investition; – **produttivo** produktive Investition; – **pubblico** öffentliche Investition; – **a reddito fisso** festverzinsliche Anlage; – **speculativo** Spekulationsanlage; – **in titoli** Wertpapieranlage; – **di tutto riposo** mündelsichere Anlage.

investire (1) anlegen, investieren (2) anfahren, auffahren, überfahren.

investitore *m* (1) Anleger *m*, Kapitanleger, Geldanleger, Investor *m*; (2) Auffahrender *m*. – **istituzionale** institutioneller Anleger; – **privato** Privatanleger *m*.

investitura *f* Investitur *f*.

inviato *m* Gesandter *m*; – **speciale** (1) Sonderbeauftragter *m*; (2) (*giornalismo*) Sonderberichterstatter *m*; – **straordinario** Sondergesandter.

invio *m* Sendung *f*; – **di denaro** Geldsendung; – **postale** Postsendung; – **raccomandato** Einschreibsendung, Einschreibesendung, eingeschriebene Sendung; – **con valore dichiarato** Wertsendung; v. a. SPEDIZIONE.

inviolabile *agg* unverletzbar, unverletzlich, unantastbar.

inviolabilità *f* Unverletzbarkeit *f*, Unverletzlichkeit *f*; – **del domicilio** Unverletzlichkeit der Wohnung, Unverletzlichkeit des Hausrechts (A); – **della libertà personale** Unverletzlichkeit der persönlichen Freiheit; – **della sede** Unverletzlichkeit des Gesandtschaftsgebäudes; – **del segreto della corrispondenza** Unverletzlichkeit des Briefgeheimnisses.

invito *m* (1) Einladung *f*; (2) (*intimazione*) Aufforderung; – **a comparire** Vorladung *f*; – **ad offrire** Aufforderung zur Abgabe von (Vertrags-)Angeboten, invitatio ad offerendum; – **a presentarsi** Aufforderung zum Erscheinen.

invocare anrufen, sich berufen (auf).

involontario *agg* unfreiwillig.

iperinflazione *f* Hyper-Inflation *f*.

iperliquidità *f* Überliquidität *f*.

ipoteca *f* Hypothek *f*, Grundpfandrechte *n*, verbüchertes Pfandrecht (A =), verbüchertes Pfand (A =), Grundpfandverschreibung *f* (S); **cancellare un'** – eine Hypothek löschen; **concedere un'** – eine Hypothek gewähren, eine Hypothek einräumen, eine Hypothek bewilligen; **costituire un'** – eine

Hypothek bestellen; **gravato d' –** mit einer Hypothek belastet; **iscrivere un' –** eine Hypothek eintragen; **prestare su –** auf Hypothek leihen; **purgare un –** eine Hypothek ablösen; **– su aeromobile** Luftfahrzeughypothek, Hypothek an einem Luftfahrzeug; **– ammortizzabile** Tilgungshypothek, Amortisationshypothek; **– convenzionale, – costituita per contratto** Vertragshypothek; **– di garanzia** Sicherungshypothek; **– giudiziale** Zwangshypothek, Judikatshypothek (A); **– di grado posteriore** nachrangige Hypothek; **– iscritta** eingetragene Hypothek, verbücherte Hypothek (A); **– legale** gesetzliches Grundpfand, gesetzliches Grundpfandrecht (S), gesetzliche Hypothek, Hypothek kraft Gesetzes; **– mobiliare** Mobiliarhypothek, Fahrnisverschreibung *f* (S =); – di **nave** Schiffshypothek; **– occulta** nicht eingetragene Hypothek, nicht verbücherte Hypothek (A), außerbücherliche Hypothek (A); **– ordinaria** Verkehrshypothek; **– di pari grado** gleichrangige Hypothek; **– di primo grado** erststellige Hypothek; **– di secondo grado** zweitstellige Hypothek; **– simultanea** Gesamthypothek, Simultanhypothek (A); **– volontaria** Vertragshypothek.

ipotecare hypothekarisch belasten, mit einer Hypothek belasten.

ipotecario *agg* hypothekarisch, grundbuchrechtlich gesichert, Hypothekar- (A).

ipotecato *agg* hypothekarisch belastet, belastet.

ipoteche, libero da – hypothekenfrei.

ipotesi *f*, **– eccezionale** Ausnahmefall *m*, Ausnahmetatbestand *m*; **– di esenzione** Befreiungstatbestand; **– di lavoro** Arbeitshypothese; **– di legge** gesetzlicher Tatbestand *m*; **– di reato** Straftatbestand *m*.

irrealizzabile *agg* undurchsetzbar.

irrealizzabilità *f* Undurchsetzbarkeit *f*.

irrecuperabile *agg* (*crediti*) uneinbringlich, nicht beitreibbar.

irrecuperabilità *f* Uneinbringlichkeit *f*, Nichtbeitreibbarkeit *f*.

irredimibile *agg* tilgungsfrei, untilgbar, unkündbar.

irregolare *agg* unvorschriftsmäßig, ordnungswidrig; (*borsa*) uneinheitlich.

irregolare *m* Irregulärer *m*, Freischärler *m*.

irregolarità *f* Unregelmäßigkeit *f*, Ordnungswidrigkeit *f*, Unstimmigkeit *f*; **– formale** Formfehler *m*.

irreperibile *agg* unauffindbar, unerreichbar.

irreperibilità *f* Unauffindbarkeit *f*, Unerreichbarkeit *f*.

irresponsabile *agg* unverantwortlich, (*incapace di intendere e di volere*) schuldunfähig, unzurechnungsfähig.

irresponsabilità *f* Unverantwortlichkeit *f*, Verantwortungsfreiheit *f*, Nichthaftung *f* (A); (*incapacità di intendere e di volere*) Schuldunfähigkeit, Zurechnungsunfähigkeit *f*.

irretrattabilità *f* Unzurücknehmbarkeit *f*; **– dell'azione penale** Unzurücknehmbarkeit der Strafklage.

irretroattività *f* Nichtrückwirkung *f*.

irretroattivo *agg* nicht rückwirkend.

irrevocabile *agg* unwiderruflich.

irrevocabilità *f* Unwiderruflichkeit *f*.

irricevibile *agg* unzulässig.

irricevibilità *f* Unzulässigkeit *f*.

irrigidimento del mercato Marktversteifung *f*.

irrilevante *agg* unerheblich; **giuridicamente –** rechtlich unerheblich.

irrinunciabile *agg* unverzichtbar.

irrinunciabilità *f* Unverzichtbarkeit.

irripetibile *agg* nicht rückforderbar.

irripetibilità *f* Nichtrückforderbarkeit *f*.

irrito e nullo *agg* null und nichtig.

irrituale *agg* (*procedimento*) nicht förmlich.

iscritto *agg* schriftlich; **mettere per –** niederschreiben, schriftlich abfassen.

iscritto *m*, – **ad un partito** Parteimitglied *n*, Parteianhänger *m*, Parteigänger *m*; – **a sindacato** Gewerkschaftsmitglied *n*; Gewerkschafter *m*, Gewerkschaftler *m*.

iscrivere einschreiben; (*in un registro*) eintragen, verbüchern (A =), intabulieren (A =), verbüchern (A =); – **d'ufficio** von Amts wegen eintragen.

iscrizione *f* (1) Einschreibung *f*; (2) (*registrazione*) Eintragung *f*, Verbücherung *f* (A =), Einverleibung *f* (A =); **cancellare l'** – die Eintragung löschen; **domandare l'** – die Eintragung beantragen; – **in bilancio** Bilanzierung *f*; – **nel casellario giudiziale** Eintragung im Strafregister; – **della causa a ruolo** Eintragung des Rechtsstreits in die Prozeßliste; – **d'ipoteca** Hypothekeneintragung, Hypothekentranskription *f*, Hypothekeneinverleibung (A); – **all'ordine del giorno** Aufnahme in die Tagesordnung; – **preliminare** Vormerkung *f*; – **nel registro delle imprese** Eintragung im Handelsregister; – (*della causa*) **a ruolo** Eintragung in das Prozeßregister; – **tavolare** Eintragung im Grundbuch, Grundbucheintragung, Grundbucheintrag *m* (S), grundbücherliche Eintragung (A =), Intabulation *f* (A =); – **d'ufficio** Eintragung von Amts wegen.

isola *f*, – **pedonale** Fußgängerinsel *f*; – **salvagente** Verkehrsinsel; – **spartitraffico** Mittelstreifen; – **di traffico** Verkehrsinsel *f*.

isolamento *m* (1) Isolierung *f*, Isolation *f*; (2) (*attenzione*) Einzelhaft *f*; – **economico** wirtschaftliche Isolierung.

isolazionismo *m* Isolationismus *m*.

isolazionista, **isolazionistico** *agg* isolationistisch.

isolazionista *m* Isolationist *m*.

ispettorato *m* Aufsichtsamt *n*; – **del lavoro** Gewerbeaufsicht *f*, Gewerbeaufsichtsamt, Arbeitsinspektorat *n* (A); – **per la motorizzazione civile** Kraftverkehrsamt; – **scolastico** Schulaufsichtsbehörde *f*; – **del Tesoro** (*borsa*) Börsenkommissar *m*.

ispettore *m* Aufseher *m*, Inspekteur *m*, Inspektor *m* (A); – **d'assicurazioni** Versicherungsinspektor; – **generale** Generalinspekteur, Generalinspektor (A); – **generale di ministero** Ministerialdirigent *m*.

ispezionare prüfen, besichtigen, inspizieren.

ispezione *f* Inspektion *f*, Inspizierung *f*, Besichtigung *f*, Einsichtnahme *f*, Einsicht *f*, (*giudiziale*) Augenschein *m*; – **di cassa** Kassenprüfung, Kassenrevision *f*; – **contabile** Buchprüfung; – **corporale** körperliche Untersuchung; – di cose Augenscheinseinnahme von Sachen; – **dogonale** zollamtliche Revision, Zollrevision; – **giudiziale** richterlicher Augenschein, Augenscheinsvornahme *f* (A), Einnahme des Augenscheins (S); – **dei libri** Bucheinsicht, Büchereinsicht, Bücherrevision; – **del libro fondiario** Grundbucheinsicht; – **locale**, – **dei luoghi** Ortsbesichtigung, Vornahme eines Lokalaugenscheins (A); – **oculare** (S) Augenschein, Augenscheinseinnahme *f*, Augenscheinsvornahme *f* (A); Einnahme des Augenscheins (S); – **personale** körperliche Untersuchung; – **preventiva** Augenscheinseinnahme im Beweissicherungsverfahren; – **del registro** Registereinsicht; – **sanitaria** Gesundheitskontrolle *f*; V. A. CONTROLLO, REVISIONE.

istante *m* Antragsteller *m*.

istanza *f* (1) Instanz *f*, Rechtsgang *m*, Rechtszug *m*; (2) (*domanda*) Antrag *m*, Eingabe *f*, Gesuch *n*; **accogliere un'** – einem Antrag stattgeben; **fare** – **di** beantragen; **prima** – erste Instanz; **di prima** – erstinstanzlich, erster Instanz; **proporre** (**un'**) – einen Antrag stellen; **respingere un'** – einen Antrag ablehnen; **ultima** – letzte Instanz; – **d'apposizione di sigilli** Antrag auf Versiegelung; – **di concessione edilizia** Bauantrag; – **di controllo**

Kontrollinstanz; – **per convalida di sfratto** Klage auf Räumung, Räumungsklage *f*; – **istinto giudiziaria** Gerichtsinstanz, gerichtliche Instanz; – **d'interdizione** Entmündigungsantrag, (D) Antrag auf Betreuung; – **intermedia** Mittelinstanz; – **di istruzione preventiva** Beweissicherungsantrag; – **precedente** Vorinstanz; – **di procedimento** (*proc. pen.*) Antrag auf Strafverfolgung; – **di regolamento di competenza** Gesuch um Bestimmung des zuständigen Gerichts; – **per revisione** (*proc. pen.*) Antrag auf Wiederaufnahme, Wiederaufnahmeantrag *m*, Wiederaufnahmsantrag (A); – **di rimborso** Erstattungsantrag; – **di sequestro** Arrestgesuch; – **superiore** höhere Instanz; – suprema höchste Instanz; V. A. DOMANDA.

istigare aufreizen, anstiften, aufwiegeln.

istigatore *m* Anstifter *m*, Aufwiegler *m*.

istigazione *f* Anstiftung *f*; – **o aiuto al suicidio** Verleitung *f* oder Beihilfe zur Selbsttötung, Verleitung oder Beihilfe zum Selbstmord (S); Mitwirkung am Selbstmord (A); – **a commettere un delitto** Aufforderung zur Begehung eines Verbrechens; – **a delinquere** öffentliche Aufforderung zu Straftaten, Aufforderung zu mit Strafe bedrohten Handlungen (A); – **alla diserzione** Verleitung zur Fahnenflucht; – **a disobbedire** Aufforderung zum Ungehorsam, Verleitung zum Ungehorsam; – **a disobbedire alle leggi** Aufforderung zum Ungehorsam gegen die Gesetze, Aufreizung zum Ungehorsam gegen Gesetze (A =); – **al falso giuramento** Verleitung zum Falscheid, Verleitung zum Meineid; – **infruttuosa** mißlungene Anstiftung; – **all'odio fra le classi sociali** Anreizung zum Klassenkampf, Klassenverhetzung *f*, Aufreizung zu Feindseligkeiten gegen Klassen (A); – **all'odio razziale** Rassenverhetzung *f*; – **alla prostituzione** Verleitung zur Prostitution; – **alla ribellione** Aufwiegelei *f*, Aufwiegelung *f*.

istinto *m*, – **aggressivo** Aggressionstrieb *m*; – **sessuale** Geschlechtstrieb *m*.

istituire einrichten, (*eredi*) einsetzen.

istituito *m*, **primo** – Vorerbe *m*.

istituto *m* Institut *n*, Anstalt *f*, Einrichtung *f*; – **assicuratore,** – **di assicurazioni** Versicherungsanstalt, Versicherungsinstitut; – **di assistenza** Sozialeinrichtung; – **bancario** Bankinstitut, Bankanstalt; – **di beneficienza** Wohltätigkeitsanstalt, Wohlfahrtsreinrichtung; – **centrale di statistica (ISTAT)** Zentralamt für Statistik; – **correttivo** Besserungsanstalt; – **di credito** Kreditinstitut, Kreditanstalt; – **di credito fondiario** Bodenkreditanstalt, Pfandbriefanstalt; – **die credito speciale** Spezialbank; – **di cultura** Kulturinstitut; – **di custodia cautelare** Untersuchungshaftanstalt; – **demoscopico** demoskopisches Institut, Meinungsforschungsinstitut; – **di diritto internazionale** Institut für internationales Recht; – **di diritto pubblico** öffentlich-rechtliche Anstalt, Anstalt des öffentlichen Rechts, öffentliche Anstalt; – **di disassuefazione** Entziehungsanstalt; – **d'emissione** Emissionsinstitut; – **per l'esecuzione delle misure di sicurezza** Anstalt des Maßregelvollzuges; – **per l'esecuzione delle pene** Strafvollzugsanstalt; – **federale** Bundesanstalt, Bundesinstitut; – **di finanziamento** Finanzierungsinstitut, Finanzierungseinrichtung; – **finanziario** Finanzinstitut, Geldanstalt; – **giuridico** Rechtsinstitut, Rechtseinrichtung; – **internazionale dei brevetti** internationales Patentamt; **- internazionale per l'unificazione del diritto privato (UNIDROIT)** Internationales Institut für die Vereinheitlichung des Privatrechts; – **di**

investigazione privata Auskunftei *f*; – **d'istruzione** Unterrichtsanstalt; – **di medicina legale** Institut für Rechtsmedizin; – **nazionale per il commercio estero (ICE)** Italienisches Institut für Außenhandel; – **nazionale della previdenza sociale (INPS)** Staatliche Sozialversicherungsanstalt; – **di patronato** Arbeitnehmerfürsorgewerk *n*; – **di pena,** – **penitenziario** Justizvollzugsanstalt (JVA), Strafanstalt, Strafvollzugsanstalt (A); – **di previdenza** Versorgungsanstalt, Versorgungseinrichtung; – **di previdenza sociale** Sozialversicherungsanstalt, Rentenanstalt; – **professionale** Berufsfachschule, berufsbildende Oberschule; – **pubblico** öffentliche Anstalt, öffentlichrechtliche Anstalt, Anstalt des öffentlichen Rechts; – **di riassicurazione** Rückversicherungsanstalt; – **di ricerche** Forschungsanstalt, Forschungsinstitut; – **di ricerche economiche** Wirtschaftsforschungsinstitut; – **sociale** Sozialeinrichtung; – **specializzato** (ONU) Sonderorganisation (UND); – **statistico delle Comunità Europee (EUROSTAT)** Statistisches Amt der Europäischen Gemeinschaften; – **per lo studio della congiuntura** Konjunkturforschungsinstitut; – **superiore di commercio** Handelshochschule; – **tecnico** (*scuola*) Fachoberschule; – **universitario europeo** (CE) Europäisches Hochschulinstitut; – **di vigilanza** Wachinstitut; – **per la vigilanza sulle assicurazioni private** Aufsichtsamt *n* für das Versicherungswesen; V. A. BANCA, ENTE.

istituzionale *agg* institutionell.

istituzione *f* Einrichtung *f*, Institution *f*; – **d'assistenza,** – **benefica,** – **di beneficenza** Wohlfahrtseinrichtung; – **di una commissione d'inchiesta** Einsetzung einer Untersuchungskommission; – **costituzionale** verfassungsmäßige Einrichtung; – **d'erede** Erbeinsetzung *f* Erbseinsetzung (A); Erbeneinsetzung (A); – **di legatario** *f* Vermächtnisanordnung *f*; – **sociale** Sozialeinrichtung – **specializzata** (ONU) Sonderorganisation *f* (UNO); – **statale** Staatseinrichtung.

istradamento *m* Leitweg *m*, Beförderungsweg, Instradierung *f* (A).

istradare befördern, leiten.

istruire (1) (*addestrare*) ausbilden; (2) (*dare istruzioni*) anweisen; (3) (*fare un'inchiesta*) untersuchen; (4) (*un processo*) instruieren; (5) (*svolgere l'istruttoria*) das Ermittlungsverfahren betreiben; (6) (*una pratica*) bearbeiten.

istruttore *m* Ausbilder *m*.

istruttoria *f* Ermittlungsverfahren *n*, Untersuchungsverfahren, (*di pratica*) Bearbeitung *f*; – **dibattimentale** Beweisaufnahme.

istruzione *f* (1) Anweisung *f*, Weisung *f*, Instruktion *f*, Anordnung *f*; (2) Untersuchung *f*, Ermittlung *f*; (3) (*di una pratica*) Bearbeitung *f*; **pubblica** – Unterrichtswesen *n*; – **di base** Grundausbildung; – **della causa** (*proc. civ.*) Instruktion der Streitsache; – **dibattimentale** (*proc. pen.*) Beweisaufnahme *f*; – **elementare** (*scuola*) Grundschulunterricht; – **individuale** Einzelanweisung; – **a livello universitario** akademische Ausbildung; – **ministeriale** ministerielle Dienstanweisung; – **obbligatoria** Schulzwang *m*, Schulpflicht *f*; – **particolare** Einzelweisung; – **penale** Strafuntersuchung; – **preliminare,** – **preparatoria** (S) Voruntersuchung; – **preventiva** Beweissicherungsverfahren; – **probatoria** Beweisaufnahme; – **professionale** Berufs-ausbildung; – **scolastica** Schulausbildung; – **di servizio** Dienstanweisung, Dienstweisung, Dienstinstruktion, Verwaltungsanweisung; – **sommaria** (*proc. pen.*) summarisches Ermittlungsverfahren; – **per l'uso** Gebrauchsanweisung.

istruzioni, conforme agli – weisungsgemäß; **dare** – anweisen, Anweisungen erteilen; **impartire** – Weisungen erteilen; **prendere** – Anweisungen einholen; **ricevere** – Anweisungen entgegennehmen; – **seguire le** – die Anweisungen befolgen; – **per l'uso** Bedienungsanleitung *f*.

italiano *m*, – **all'estero** Auslandsitaliener *m*; – **non appartenente alla Repubblica, – non cittadino**, – **non regnicolo** (*durante il Regno*) Auslandsitaliener *m*, Volksitaliener.

iter *m*, – **legislativo, – parlamentare** (*di una legge*) Gesetzgebungsweg *m*.

itinerario della spedizione Beförderungsweg *m*.

ius *m*, – **corrigendi** Züchtigungsrecht *n*; – **postulandi** Postulationsfähigkeit *f*; – **sanguinis** Blutsrecht *n*; – **soli** Bodenrecht *n*; – **tollendi** Wegnahmerecht.

K

kidnapping *m* kidnapping *n*.

know-how *m* know-how *n*.

kolkhos *m* Kolchose *f*.

L

laburista Arbeiterparteiler *m*.

lacuna *f*, – **del diritto** Rechtslücke *f*, Gesetzeslücke; – **legislativa** Gesetzeslücke; – **di mercato** Marktlücke; – **mnesica** Erinnerungslücke.

ladro *m* Dieb *m*; – **abituale** Gewohnheitsdieb (A); – **di bestiame** Viehdieb; – **campestre** Felddieb.

laicizzare verweltlichen.

laicizzazione *f* Verweltlichung *f*.

laico *agg* weltlich, bekenntnisfrei.

lampeggiamento *m* (*circ. strad.*) Lichthupen *n*.

lanciare un prodotto (*sul mercato*) ein Produkt auf den Markt bringen.

lancio *m* (*sul mercato*) Markteinführung *f*.

languente *agg* flau.

lanterna *f*, – **semaforica** Lichtzeichenanlage *f*, Ampel *f*; – **semaforica pedonale** Fussgängerampel.

lasciapassare *m* Passierschein *m*, Pass *m*, Ausweis *m*, Durchlaßschein, (*marittimo*) Landgangsausweis; – **doganale** Zollpassierschein; – **di frontiera** Grenzkarte *f*, Grenzpassierschein, Grenzausweis, Grenzübertrittsschein; – **permanente** Dauerausweis; v. a. TESSERA.

lascito *m* Vermächtnis *n*, V. A. LEGATO.

lasso di tempo Zeitraum *m*.

latifondista *m* Großgrundbesitzer *m*.

latifondo *m* Großgrundbesitz *m*.

latitante, **essere** – flüchtig sein; rend**ersi** – entweichen, flüchtig werden.

latitante *m* Flüchtiger *m*, Entwichener *m*.

latitanza, **darsi alla** – entweichen, flüchtig werden.

latore *m* Überbringer *m*.

laudemio *m* Laudemium *n*, Lehenware *f* (A =).

laurea *f* Doktorwürde *f*; – **ad honorem, – honoris causa** Ehrendoktorwürde.

laurearsi promovieren.

laureato *m* Akademiker *m*, Universitätsabsolvent *m*.

lavaggio *m* **del cervello** Gehirnwäsche *f.*

lavoratore *m* (1) (*dipendente*) Arbeitnehmer *m;* (2) (*operaio*) Arbeiter *m;* **assumere un** – einen Arbeitnehmer einstellen; **licenziare un** – einen Arbeitnehmer entlassen; – **agricolo** Landarbeiter; – **autonomo** selbständiger Arbeiter; – **avventizio** Gelegenheitsarbeiter; Aushilfsarbeiter, Aushilfskraft *f;* – **clandestino** Schwarzarbeiter; – **a cottimo** Akkordarbeiter; – **dipendente** Arbeitnehmer *m,* unselbständiger Erwerbstätiger; – **a domicilio** Heimarbeiter; – **frontaliero,** – **di frontiera** Grenzgänger *m;* – **indipendente** selbständiger Arbeiter; – **dell'industria** Industriearbeiter; – **intellettuale** Geistesarbeiter, geistiger Arbeiter; – **libero** freier Arbeiter; – **manuale** Handarbeiter; – **della mente** Geistesarbeiter, geistiger Arbeiter; – **migrante** Wanderarbeiter; – **pendolare** Pendler *m;* – **qualificato** Facharbeiter; – **salariato** Lohnarbeiter; – **specializzato** Facharbeiter; – **stagionale** Saisonarbeiter; – **straniero** ausländischer Arbeitnehmer *m,* Gastarbeiter; – **studente** studierender Arbeitnehmer; – **a tempo parziale** Teilzeitbeschäftigter; – **della terra** Landarbeiter; – **di turno** Schichtarbeiter; – **d'urto** Stoßarbeiter; – **della zona di frontiera** Grenzgänger *m,* Grenzarbeitnehmer *m;* V. A. IMPIEGATO, OPERAIO.

lavoratrice *f* Arbeiterin *f,* Arbeitnehmerin *f;* – **madre** erwerbstätige Mutter.

lavorazione *f,* – **a catena** Fließbandarbeit *f,* Fließarbeit; – **a più turni** Mehrschichtenbetrieb *m.*

lavori *m pl,* – **edilizi** Bauarbeiten *fpl;* – **forzati** Zwangsarbeit *f;* – **di manutenzione** Wartungsarbeiten; – **preparatori** (1) Vorarbeiten *pl,* vorbereitende Arbeiten; (2) (*legge*) Gesetzesmaterialien *pl;* – **pubblici** öffentliche Arbeiten.

lavoro *m* Arbeit *f;* **astenersi dal** – die Arbeit niederlegen; **cercare** – Arbeit suchen; **doppio** – Doppelbeschäftigung *f;* **interrompere il** – die Arbeit unterbrechen; **restio al** – arbeitsscheu; **riprendere il** – die Arbeit wiederaufnehmen; **sospendere il** – die Arbeit einstellen, die Arbeit niederlegen; – **abusivo** Schwarzarbeit; – **accessorio** Nebenarbeit; – **agricolo** Landwirtschaftsarbeit; – **arretrato** Arbeitsrückstand *m;* – **artigiano** handwerkliche Arbeit; – **autonomo** selbständige Arbeit; – **avventizio** Gelegenheitsarbeit; – **a ciclo continuo** Fließarbeit, Fließbandarbeit; – **clandestino** Schwarzarbeit; – **coatto** Zwangsarbeit; – **a cottimo** Akkordarbeit, Stückarbeit; (*industria estrattiva*) Gedingearbeit; – **domenicale** Sonntagsarbeit; – **domestico** Hausarbeit; – **a domicilio** Heimarbeit; – **di équipe** Teamarbeit; – **familiare** Familienmitarbeit; – **dei fanciulli e degli adolescenti** Kinder- und Jugendarbeit; – **fatto a vuoto** Leerlauf *m* (*corr*); – **femminile** Frauenarbeit; – **festivo** Feiertagsarbeit; – **forzato** Zwangsarbeit; – **giovanile** Jugendarbeit; – **di gruppo** Gruppenarbeit; – **intellettuale** Geistesarbeit, geistige Arbeit; – **legislativo** Gesetzgebungsarbeit; – **manuale,** – **materiale** Handarbeit, körperliche Arbeit; – **mentale** Geistesarbeit, geistige Arbeit; – **a mezza giornata** Halbtagsarbeit; – **su misura** Maßarbeit; – **notturno** Nachtarbeit; – **obbligatorio** Pflichtarbeit, Arbeitspflicht *f;* – **ad orario ridotto** Kurzarbeit; – **parttime** Teilzeitbeschäftigung *f;* – **penitenziario** Gefängnisarbeit, Gefangenenarbeit; – **pericoloso** gefahrgeneigte Arbeit; – **pesante** Schwerarbeit; – **professionale** Berufsarbeit; – **proficuo** Erwerbstätigkeit; – **qualificato** Facharbeit; – **di ricerca** Forschungsarbeit; – **rischioso** gefahrgeneigte Arbeit, gefahrbehaftete Arbeit; – **salariato**

Lohnarbeit; – **scientifico** wissenschaftliche Arbeit; – **sostitutivo** (*dir. pen.*) gemeinnützige Arbeit (*anstelle von Geldstrafe*); – **specializzato** Facharbeit, fachmännische Arbeit; – **sprecato** Leerlauf *m* (*corr*); – **stagionale** Saisonarbeit; – **straordinario** Überarbeit, Überstundenarbeit, Mehrarbeit; – **subordinato** abhängige Arbeit, unselbständige Erwerbstätigkeit; – **a tempo determinato** Zeitarbeit; – **a tempo parziale Teilzeitarbeit;** – **a turno** Schichtarbeit; – **d'urto** Stoßarbeit; V. A. IMPIEGO, OCCUPAZIONE.

leader *m*, – **d'opinione** Meinungsführer *m*; – **del partito** Parteiführer; – **politico** führender Politiker *m*; – **sindacale** Gewerkschaftsführer.

leadership *m* Führung *f*.

leale *agg* redlich, loyal, (*concorrenza*) lauter.

lealtà *f* Redlichkeit *f*, Loyalität *f*.

leasing *m* Leasing *n*; – **finanziario** Finanzierungsleasing, Finance-Leasing; – **immobiliare** Immobilienleasing; – **operativo** Operate-Leasing.

lecito *agg* erlaubt, zulässig.

ledere verletzen.

lega *f* Bund *m*, Liga *f*, Verein *m*; – **araba** arabische Liga; – **europea di cooperazione economica** Europäische Liga für wirtschaftliche Zusammenarbeit; – **latina** lateinische Münzunion; – **monetaria** Münzbund, Münzunion *f*; – **navale** Flottenverein.

legale *agg* gesetzlich, gesetzmäßig, rechtmäßig, rechtlich.

legale *m* Anwalt *m*, V. A. AVVOCATO, PROCURATORE LEGALE.

legalismo *m* Legalismus *m*.

legalità *f* Gesetzlichkeit *f*, Gesetzmäßigkeit *f*, Rechtlichkeit *f*, Rechtmäßigkeit *f*, Legalität *f*.

legalizzare (1) legalisieren; (2) (*autenticare*) beglaubigen.

legalizzazione *f* (1) (*autenticazione*) Beglaubigung *f*; (2) Legalisierung *f*; – **consolare** konsularische Beglaubigung; – **di firma** Unterschriftsbeglaubigung; – **giudiziaria** gerichtliche Beglaubigung, gerichtliche Beurkundung.

legame *m* Bindung *f*; V. A. NESSO, VINCOLO.

legare (1) binden; (2) (*fare un legato*) vermachen, ein Vermächtnis aussetzen.

legatario *m* Vermächtnisnehmer *m*, Legatar *m*; – **sostituito** Nachvermächtnisnehmer; – **a titolo particolare** Einzelvermächtnisnehmer; – **a titolo universale** Gesamtvermächtnisnehmer, Alleinvermächtnisnehmer.

legato *m* (1) (*dipl.*) Gesandter *m*; (2) (*nelle successioni*) Vermächtnis *n*, (*nella sostituzione volgare*) Ersatzvermächtnis; – **alternativo** Wahlvermächtnis; – **di cosa altrui** Verschaffungsvermächtnis; – **di credito** Forderungsvermächtnis; – **di un debito** Schuldvermächtnis; – **con effetto traslativo** Vindikationslegat; – **di genere** Gattungsvermächtnis; – **di liberazione di un debito** Befreiungsvermächtnis, Liberationsvermächtnis, Schuldvermächtnis; – **modale**, – **con onere** Vermächtnis mit Auflage, Vermächtnis unter einer Auflage; – **particolare** Einzelvermächtnis; – **pontificio** päpstlicher Gesandter, Legat *m*; – **di quantità** Gattungsvermächtnis; – **di una rendita** Rentenvermächtnis; – **rimuneratorio** belohnende Verfügung; – **in sostituzione di legittima** Vermächtnis anstelle des Pflichtteils; – **di specie** Stückvermächtnis, Vindikationslegat *n*; – a **titolo particolare** Einzelvermächtnis; – **universale** Gesamtvermächtnis; – **di usufrutto** Nießbrauchvermächtnis.

legatum per vindicationem Vindikationslegat *n*.

legazione *f* Gesandtschaft *f*.

legge *f* Gesetz *n*; **abrogare una** – ein Gesetz aufheben; **applicare una** – ein Gesetz anwenden; **approvare una** – ein Gesetz beschließen, ein Gesetz annehmen

(A), ein Gesetz verabschieden; **attenersi alla** – sich an das Gesetz halten; **avere forza di** – Gesetzeskraft haben; **conforme alla** – gesetzesgemäß; **contravvenire alla** – dem Gesetz zuwiderhandeln; **eludere la** – das Gesetz umgehen; **essere obbligato per** – gesetzlich verpflichtet sein; **emanare una** – ein Gesetz erlassen; **far passare una** – ein Gesetz durchbringen; **infrangere la** – das Gesetz übertreten, das Gesetz verletzen, gegen das Gesetz verstoßen; **la – è uguale per tutti** vor dem Gesetz sind alle gleich; **a norma della – del** ... nach Maßgabe des Gesetzes vom ...; **ossequente alla** – gesetzestreu; per – von Gesetzes wegen, durch Gesetz, kraft Gesetzes, nach dem Gesetz; **promulgare una** – ein Gesetz verkünden; **rispettare la** – das Gesetz beachten; **rispettoso della** – gesetzestreu; **secondo la** – nach dem Gesetz; **trasgredire la** – das Gesetz übertreten, das Gesetz verletzen, gegen das Gesetz verstoßen; **varare una** – ein Gesetz verabschieden; **vietato dalla** – gesetzlich verboten; **violare la** – das Recht verletzen; **votare una** – ein Gesetz beschließen, ein Gesetz verabschieden; – **abrogativa,** – **d'abrogazione** aufhebendes Gesetz, Aufhebungsgesetz; – **addizionale** Ergänzungsgesetz; – **di adeguamento** Anpassungsgesetz; – **di affitti e prestiti** Pacht-Leih-Gesetz; – **amministrativa** Verwaltungsgesetz; – **d'amnistia** Amnestiegesetz, Straffreiheitsgesetz; – **annessa** Nebengesetz; – **antimafia** Anti-Mafia-Gesetz; – **antismog** Smog-Gesetz; – **antitrust** Antitrustgesetz, Kartellgesetz; – **d'approvazione** Zustimmungsgesetz; – **sull'assegno** Scheckgesetz; – **d'attuazione** Durchführungsgesetz; – **bancaria** Bankgesetz; – **della bandiera** Recht der Flagge, Flaggenrecht *n*; – **di bilancio** Haushaltsgesetz, Budgetgesetz; – **sul bollo** Stempelgesetz; – **sulla borsa** Börsengesetz, Börsegesetz (A); – **sui brevetti** (*d'invenzione*) Patentgesetz; – **dei brevetti per marchi d'impresa** Warenzeichengesetz; – **bronzea dei salari** ehernes Lohngesetz; – **cambiaria** Wechselgesetz; – **civile** Zivilgesetz; – **coloniale** Kolonialgesetz; – **commerciale** Handelsgesetz; – **complementare** Zusatzgesetz; Ergänzungsgesetz; – **comunale** Gemeindegesetz; – **consolare** Konsulargesetz; – **di conversione** Umwandlungsgesetz; – **cornice** Rahmengesetz; – **costituzionale** Verfassungsgesetz; – **costituzionale federale** Bundesverfassungsgesetz (A); – **di delegazione,** – **(di) delega** Ermächtigungsgesetz; – **sul diritto d'autore** Urheberrechtsgesetz; – **doganale** Zollgesetz; – **della domanda e dell'offerta** Gesetz von Angebot und Nachfrage; – **del domicilio** Recht des Wohnsitzes; – **eccezionale,** – **d'eccezione** Ausnahmegesetz, Notgesetz; – **economica** Wirtschaftsgesetz, wirtschaftliches Gesetz; – **elettorale** Wahlgesetz; – **d'esecuzione** Ausführungsgesetz, Durchführungsgesetz; – **fallimentare** Konkursordnung *f*; – **federale** Bundesgesetz; – **ferrea dei salari** eisernes Lohngesetz; – **finanziaria** Finanzgesetz; – **fiscale** Steuergesetz, Fiskalgesetz (S); – **fondamentale** Grundgesetz; – **fondamentale dello Stato** Staatsgrundgesetz; – **garantista** Schutzgesetz; – **generale** allgemeines Gesetz; – **delle guarentigie** Garantie-Gesetz; – **di guerra** Kriegsgesetz; – **d'imposta** Steuergesetz; – **incostituzionale** verfassungswidriges Gesetz; – **d'introduzione,** – **istitutiva** Einführungsgesetz; (*di un istituto*) Gründungsgesetz; – **locale** Lokalrecht *n*; – **marziale** Kriegsstrafrecht *n*, Standrecht; – **militare** Militärgesetz; – **modificativa** Abänderungsgesetz; – monetaria Münzgesetz; – **di mortalità** Sterbegesetz, Sterblichkeitsgesetz; – **nazionale** einzelstaatliches Gesetz; (*diritto intern. privato*) Heimatrecht; – **di nazionalizzazione** Verstaatlichungsgesetz; – **di neutralità** Neutralitätsgesetz; – **novella** Gesetzesnovelle *f* – **non scritta** ungeschriebenes Gesetz; – **sull'ordinamento dello stato civile** Personenstandsgesetz; – **ordinaria** einfaches Gesetz; – **particolare** besonderes Gesetz; Sondergesetz; – **penale** Strafgesetz; – **penale militare** Wehrstrafgesetz, Militärstrafgesetz; – **del più forte** Gesetz des Stärkeren; – **di polizia** Polizeigesetz; – **ponte** Überbrückungsgesetz; – **positiva** positives Recht; – **processuale** Prozessgesetz; – **programmatica** Programmgesetz, Rahmengesetz; – **protettiva** Schutzgesetz; – **provinciale** Provinzialgesetz, Landesgesetz (Südtirol); – **-provvedimento** Einzelfallgesetz, Maßnahmegesetz; – **di pubblica sicurezza** Polizeigesetz; – **quadro** Rahmengesetz; – **di ratificazione** Ratifikationsgesetz; Zustimmungsgesetz; – **razziale** Rassengesetz; – **regionale** Regionalgesetz, Landesgesetz; – **regolatrice** (*diritto intern. privato*) anwendbares Recht; – **della rendita decrescente** Gesetz über den abnehmenden Ertrag, Ertragsabnahmegesetz; – **retroattiva** rückwirkendes Gesetz; **di revisione della costituzione** verfassungsänderndes Gesetz; – **di riforma** Reformgesetz; – **rinforzata** (verfassungsrechtlich) qualifiziertes Gesetz; – **sanitaria** Gesundheitsgesetz; – **scritta** geschriebenes Gesetz; – **in senso formale** Gesetz in formellem Sinne; – **in senso materiale** Gesetz in materiellem Sinne; – **singolare** Einzelfallgesetz; – **speciale** Sondergesetz; (*lex specialis*) Spezialgesetz; – **sulla stampa** Pressegesetz; Preßgesetz (D 1874, A); – **stataria** Standrecht *n*; – **dello Stato** Staatsgesetz; – **stralcio** (*aus einer Gesamtreform verabschiedenes*) Teilgesetz; – **suprema** oberstes Gesetz; – **del taglione** Talionsprinzip *n*, Talionsgrundsatz *m*, Recht der Wiedervergeltung; – **di tariffa** Tarifgesetz; – **tavolare** Grundbuchordnung *f*; – **delle XII Tavole** Zwölftafelgesetz; – **temporanea** Zeitgesetz; – **territoriale** Gebietsrecht *n*; – **transitoria, – di transizione** Überleitungsgesetz; Übergangsgesetz; Rechtsüberleitungsgesetz (A); – **tributaria** Abgabengesetz, Fiskalgesetz (S); Steuergesetz; – **sulla tutela dei fanciulli e degli adolescenti** Jugendschutzgesetz; – **ultrattiva** fortgeltendes Gesetz; – **uniforme** einheitliches Gesetz; Einheitsgesetz; – **uniforme sulla vendita internazionale di merci** Einheitliches Gesetz über den internationalen Kauf beweglicher Sachen; – **urbanistica** Städtebaugesetz; – **valutaria** Währungsgesetz, Devisenge-setz; – **vigente, – in vigore** geltendes Gesetz, in Kraft befindliches Gesetz; in Kraft stehendes Gesetz (A).

leggi *f pl*, – **e costumi della guerra, – e usi della guerra** Gesetz und Gebräuche des Krieges; – **penali speciali** Nebenstrafrecht *n*; – **dell'umanità** Gesetz der Menschlichkeit.

legiferante *agg* gesetzgebend, gesetzgeberisch.

legiferare Gesetze beschließen, Gesetze geben.

legiferatore *m* Gesetzgeber *m*.

legione *f*, – **d'onore** Ehrenlegion *f*; – **straniera** Fremdenlegion *f*.

legislative *f pl* (*elezioni*) Parlamentswahlen, Wahlen zur Abgeordnetenkammer.

legislativo *agg* gesetzgebend, gesetzgeberisch.

legislatore *m* Gesetzgeber *m*; – **regionale** Regionalgesetzgeber.

legislatura *f* Legislaturperiode *f*, Gesetzgebungsperiode, Wahlperiode, Mandatsperiode.

legislazione *f* Gesetzgebung *f*, Rechtsetzung *f*; – **agraria** Agrargesetzgebung; – **ambientale** Umweltgesetzgebung; – **antisemita** Judengesetzgebung; – **assistenziale** Fürsorgegesetzgebung; – **bancaria** Bankengesetzgebung, Bankgesetzgebung; – **sui beni nemici** Feindvermögensrecht *n*, Feindvermögensgesetzgebung, Feindgesetzgebung; – **sui brevetti d'invenzione** Patentgesetzgebung; – **civile** Zivilgesetzgebung; – **commerciale** Handelsgesetzgebung; – **doganale** Zollgesetzgebung; – **economica** Wirtschaftsgesetzgebung; – **elettorale** Wahlgesetzgebung; – **d'emergenza** Notgesetzgebung, Ausnahmegesetzgebung; – **esclusiva** ausschließliche Gesetzgebung; – **sull'estradizione** Auslieferungsgesetzgebung; – **federale** Bundesgesetzgebung; – **finanziaria** Finanzgesetzgebung; – **fiscale** Abgabengesetzgebung, Steuergesetzgebung; – **di guerra** Kriegsgesetzgebung; – **sul lavoro** Arbeitsgesetzgebung; – **locale** örtliches Recht, Ortsrecht *n*, Lokalrecht; – **militare** Militärgesetzgebung; – **mineraria** Bergwerksgesetzge-bung; – **monetaria** Münzgesetzgebung, Währungsgesetzgebung; – **nazionale** innerstaatliche Gesetzgebung; – **d'occupazione** Besatzungsgesetzgebung; – **penale** Strafgesetzgebung; – **postale** Postgesetzgebung; – **previdenziale** Sozialgesetzgebung; – **sui prezzi** Preisgesetzgebung; – **programmatica** Rahmengesetzgebung; – **quadro** Rahmengesetzgebung; – **razziale** Rassengesetzgebung; – **regionale** Regionalgesetzgebung; – **sulle requisizioni** Leistungsgesetzgebung; – **sociale** Sozialgesetzgebung, Sozialrecht *n*; – **speciale** Sondergesetzgebung; – **statuente principii generali** Grundsatzgesetzgebung; – **straniera** ausländische Rechtsvorschriften *fpl*; – **sugli stupefacenti** Betäubungsmittelgesetzgebung; – **tariffaria** Tarifgesetzgebung; – **tributaria** Abgabengesetzgebung, Steuergesetzgebung; – **valutaria** Währungsgesetzgebung; v. A. DIRITTO.

legittima *f* Pflichtteil *m*.

legittimare legitimieren, für ehelich erklären.

legittimario *m* Pflichtteilsberechtigter *m*.

legittimarsi sich ausweisen.

legittimato *agg* legitimiert, berechtigt; **attivamente** – aktiv legitimiert; **essere** – berechtigt sein.

legittimazione *f* **(1)** (*termine generale*) Legitimation *f*; (2) (*di figlio*) Ehelichkeitserklärung *f*, Ehelicherklärung (A, S), Legitimation, Legitimierung *f*; (3) (*diritto*) Berechtigung *f*; (4) (*documentazione della legittimazione*) Berechtigungsnachweis *m*, Ausweis *m*; – **ad agire** Prozeßführungsbefugnis; – **attiva** Aktivlegitimation; **avere** – **attiva** aktiv legitimiert sein; – **per decreto** Legitimation durch Verfügung der Staatsgewalt, Legitimation durch Verfügung der Verwaltungsbehörde; – **passiva** Passivlegitimation; – **processuale** Sachbefugnis; – **per provvedimento del giudice** Ehelicherklärung durch richterliche Verfügung; – **per rescriptum principis** Legitimation durch Verfügung der Staatsgewalt, Legitimation durch Verfügung der Verwaltungsbehörde, Legitimation durch Begünstigung des Landesfürsten (A), gnadenweise Legitimation (A); – **per susseguente matrimonio** Legitimation durch nachfolgende Ehe, Legitimation durch nachfolgende Eheschließung.

legittimista *m* Legitimist *m*.

legittimità *f* (1) Rechtmäßigkeit *f*, Legitimität *f*, Gesetzmäßigkeit, Gesetzlichkeit *f*; (2) (*filiazione*) Ehelichkeit *f*; – **dell'atto** Rechtmäßigkeit des Handelns; – **costituzionale** Verfassungsmäßigkeit *f*.

legittimo *agg* (1) rechtmäßig, legitim, gesetzlich, gesetzmäßig; (2) (*filiazione*) ehelich.

leguleio *m* Winkeladvokat *m*, Rechtsverdreher *m*.

leninismo *m* Leninismus *m*.

lenocinio *m* gewerbsmäßige Kuppelei.

lenone *m* gewerbsmäßiger Kuppler.

leonino *agg* leoninisch.

lesione *f* Verletzung *f*; – **del bene giuridico** Rechtsgutverletzung; – **del consenziente** Verletzung des Einwilligenden; – **da difesa** (*med. leg.*) Abwehrverletzung; – **dei diritti** Verletzung der Rechte, Beeinträchtigung der Rechte; – **eccedente la metà,** – **enorme** Verletzung über die Hälfte (A), Verkürzung über die Hälfte (A), Übervorteilung *f* (S); – **di guerra** Kriegsverletzung, Kriegsbeschädigung *f*, Wehrdienstbeschädigung, – **intravitale** (*med. leg.*) vitale Verletzung; – **di legittima** Pflichtteilsverletzung; – **non patrimoniale** Nichtvermögensschaden *m*; – **all'onore** Ehrverletzung; – **patrimoniale** Vermögensschaden *m*; – **personale** Körperverletzung, körperliche Beschädigung (A), Körperbeschädigung (A); – **personale colposa** fahrlässige Körperverletzung, fahrlässige Körperbeschädigung (A); – **personale comune** einfache Körperverletzung, leichte Körperbeschädigung (A); – **personale dolosa** vorsätzliche Körperverletzung; – **personale grave** schwere Körperverletzung, schwere Körperbeschädigung (A); – **personale gravissima** gefährliche Körperverletzung; – **personale lieve** einfache Körperverletzung, leichte Körperbeschädigung (A); – **postmortale** postmortale Verletzung; – **alla reputazione** Rufschädigung; – **ultra dimidium** Verletzung über die Hälfte (A), Verkürzung über die Hälfte (A), Übervorteilung *f* (S).

lettera *f* (1) Brief *m*, Schreiben *n*; (2) (*borsa*) Brief, Papier *n* (A, B); **far** – (*borsa*) Wertpapiere oder Waren anbieten; – **d'accompagnamento** Begleitbrief, Begleitschreiben; – **d'accompagnamento negativa** (UPU) Leerbegleitbrief; – **di accreditamento,** – **di accredito** Gutschriftsaufgabe *f*; – **di addebitamento,** – **di addebito** Belastungsaufgabe *f*, Lastschriftaufgabe; – **d'affari** Geschäftsbrief, geschäftlicher Brief; – **anonima** anonymer Brief; – **aperta** offener Brief; – **d'assunzione** Antellungsschreiben; – **autografa** Handschreiben; – **avocatoria** (*dipl.*) Abberufungsschreiben; – **d'avviso** Benachrichtigungsschreiben, Avisbrief, Avis *n*, Avisobrief (A), Aviso *n* (A); – **di cambio** Wechsel *m*; – **circolare** Rundschreiben, Umlaufschreiben, Laufschreiben, Kreisschreiben (S); – **commerciale** Geschäftsbrief, Handelsbrief, geschäftlicher Brief; – **di conferma** Bestätigungsschreiben; – **di convocazione** Einberufungsschreiben; – **di copertura** Deckungszusage *f*; – **credenziale** Beglaubigungsschreiben; – **di credito** Kreditbrief, (*apertura di credito*) Akkreditiv *m*; – **di credito circolare** Zirkularkreditbrief; – **di credito commerciale** Handelskreditbrief; – **di credito documentata** Dokumentenkreditbrief; – **di credito postale** Postkreditbrief; – **di credito turistica** Reisekreditbrief; – **di delega** Delegierungsschreiben; – **di dimissioni** Rücktrittsschreiben; – **di disdetta** Kündigungsschreiben; – **per espresso** Eilbrief; – **di garanzia** Garantieschreiben, Grantieschein *m*, Gewährbrief (A); – **d'immunità** Freibrief; – **d'impegno** Verpflichtungsschreiben; – **d'ingiunzione** Mahnbrief, Mahnschreiben; – **della legge** Buchstabe des Gesetzes, Wortlaut des Gesetzes; – **di licenziamento** Kündigungsschreiben; – **di marca** Kaperbrief; – **minatoria** Drohbrief; – **morta** toter Buchstabe; – **pastorale** Hirtenbrief; – **patente** Patentbrief; – **di patronage** Patronatserklärung; – **di pegno** Pfandbrief; – **di porto** Eisenbahnfrachtbrief, Bahnfrachtbrief; – **di presentazione** Einführungsschreiben; – **del principe** Verfügung von Hoher Hand; – **di privilegio** Freibrief; – **di protesta** Protestschreiben; – **raccomandata** eingeschriebener Brief, Einschreibbrief, Einschreibebrief, rekommandierter Brief (A, S); – di **rappresaglia** Kaperbrief; – **di riaccreditamento** Rekredentialschreiben, Rekreditiv *n*; – **di ricatto** Erpresserbrief; – **di richiamo** Abberufungsschreiben; – **riservata** vertrauliches Schreiben; – **rogatoria** Rechtshilfeersuchen *n*, (*di autorità amministrativa*) Amtshilfeersuchen; – **di salvaguardia** Anerkennung des Heimfall-Vorbehalts; – **di sollecitazione** Erinnerungsschreiben, Erinnerungsbrief; – **di trasporto aereo** Luftfrachtbrief; – **con valore dichiarato** Wertbrief, Geldbrief; – **di vettura** Frachtbrief, (*ferrovia*) Bahnfrachtbrief, Eisenbahnfrachtbrief; – **di vettura aerea** Luftfrachtbrief; – **di vettura diretta** durchgehender Frachtbrief; – **di vettura a grande velocità** Eilfrachtbrief; – **di vettura internazionale** internationaler Frachtbrief.

letteratura giuridica Rechtsschrifttum *n*.

lettere patenti *f pl* Bevollmächtigungsschreiben *n*.

letto ed approvato gelesen und genehmigt.

letto, di primo – aus erster Ehe.

lettore *m*, – **di codice a barre** Strichcodeleser *m*; – **di schede** Lochkartenleser.

lettura *f* Verlesung *f*; (*parlamento*) Lesung *f*, Beratung *f*; **prima** – erste Lesung, erste Beratung; **seconda** – zweite Lesung, zweite Beratung; **terza** – dritte Lesung, dritte Beratung.

letturista *m* (*di contatori*) Ableser *m*.

leva *f* Aushebung *f*; – **in massa** Volksaufgebot *n*; – **militare** Wehrpflicht *f*.

leve, giovani – del lavoro beruflicher Nachwuchs.

lex rei sitae Recht der belegenen Sache; v. a. DIRITTO, LEGGE.

libbra *f* Pfund *n*.

libello *m* Schmähschrift *f*.

liberale *agg* liberal.

liberale *m* Liberaler *m*.

liberalismo *m* Liberalismus *m*; – **economico** Wirtschaftsliberalimus.

liberalità *f* Schenkung *f*, unentgeltliche Zuwendung, freiwillige Zuwendung; Freigebigkeit *f*; – **in natura** Sachzuwendung; – **testamentaria** letztwillige Schenkung; v. a. DONAZIONE.

liberalizzare liberalisieren.

liberalizzazione *f* Liberalisierung *f*; - **integrale** Vollliberalisierung; – **dei prezzi** Preisfreigabe *f*; – **degli scambi** Liberalisierung des Warenverkehrs.

liberare (1) (*persone*) befreien, freilassen; (2) (*da impegni, restrizioni ecc.*) befreien, freistellen, freigeben; (3) (*beni bloccati*) freigeben; (4) (*azioni*) einzahlen.

liberata, interamente – (*azione*) volleingezahlt.

liberatorio *agg* schuldbefreiend, schuldtilgend.

liberazione *f* (1) (*di detenuti*) Freilassung *f*, Befreiung *f*; (2) (*azioni*) Einzahlung *f*, Liberierung *f* (S =); – **anticipata** vorzeitige Entlassung; – **di azioni** Einzahlung auf Aktien; – **dei cambi** Devisenfreigabe *f*; – **condizionale** bedingte Entlassung; – **delle cose sequestrate** Freigabe beschlagnahmter Gegenstände; – **di detenuto** Gefangenenbefreiung; – **sulla parola** Freilassung auf Ehrenwort; – **dal pignoramento** Pfandfreigabe; – **dalla responsabilità** Haftungsfreistellung *f*.

liberismo *m* Freihandelslehre *f*, Freihandel *m*.

liberista *m* Freihändler *m*.

liberista *agg* freihändlerisch.

libero *agg* frei.

libero-scambismo *m* Freihandelslehre *f*.

libero-scambista *agg* freihändlerisch.

libero-scambista *m* Freihändler *m*.

libertà *f* Freiheit *f*, **mettere in** –, **rimettere in** – freilassen, entlassen, auf freien Fuß setzen; **privare della** – der Freiheit berauben; – **di accesso alle informazioni** freier Zugang *m* zu Informationen; – **dell'aria** Freiheit des Luftraumes, Luftfreiheit; – **d'arte** Kunstfreiheit; – **d'associazione** Vereinigungsfreiheit, Vereinsfreiheit, Koalitionsfreiheit; – **d'azione** Handlungsfreiheit, Bewegungsfreiheit; – **di circolazione** Verkehrsfreiheit, (*persone*) Freizügigkeit; – **civile** bürgerliche Freiheit, – **commerciale,** – **di commercio** Handelsfreiheit; – **comunali** *f pl* Gemeindefreiheiten *pl*; – **di concezione filosofica** Bekenntnisfreiheit; – **di concorrenza** Wettbewerbsfreiheit; – **di coniazione,** – **di conio** Prägefreiheit, Münzfreiheit; – **contrattuale** Vertragsfreiheit, Kontrahierungsfreiheit, Abschlußfreiheit; – **controllata** (*sanzione penale*) Führungskontrolle *f*; – **di coscienza** Gewissensfreiheit; – **di cronaca** Freiheit der Berichterstattung; – **di culto** Glaubensfreiheit, Freiheit der Religionsausübung, Kultusfreiheit, Kultfreiheit; – **di disposizione** Verfügungsfreiheit; – **economica** Tariffreiheit; – **di espatrio** Ausreisefreiheit; – **d'espressione** Freiheit der Meinungsäußerung, freie Meinungsäußerung; – **di fede religiosa** Glaubensfreiheit; – **fondamentale** Grundfreiheit; – **della forma** Formfreiheit; **turbata** – **degli incanti** Störung des freien Ablaufs einer Versteigerung; – **individuale** Freiheit des Einzelnen, persönliche Freiheit; – **d'industria** Gewerbefreiheit; **turbata** – **dell'industria** Störung des eingerichteten und ausgeübten Gewerbebetriebs; – **d'informazione** Informationsfreiheit; – **d'insegnamento** Lehrfreiheit; – **d'interpretazione** Auslegungsfreiheit; – **del lavoro** Freiheit der Arbeit, Arbeitsfreiheit; – **di manifestazione del pensiero** Freiheit der Meinungsäußerung, freie Meinungsäußerung; – **dei mari** Freiheit der Meere, Meeresfreiheit; – **matrimoniale** Eheschließungsrecht *n*; – **di movimento** Bewegungsfreiheit; – **di navigazione** Freiheit der Schiffahrt, Schiffahrtsfreiheit; – **d'opinione** Meinungsfreiheit; – **di parola** Redefreiheit, Freiheit der Meinungsäußerung, freie Meinungsäußerung; – **di pensiero** Gedankenfreiheit, Gesinnungsfreiheit; – **personale** persönliche Freiheit; – **politica** politische Freiheit; – **provvisoria** Haftverschonung *f*; – **religiosa** religiöse Freiheit, Religionsfreiheit, Bekenntnisfreiheit, Freiheit der Religionsausübung; – **di riunione** Versammlungsfreiheit; – **di sciopero** Streikrecht *n*; – **di serrata** Aussperrungsfreiheit; – **sessuale** sexuelle Selbstbestimmung *f*, geschlechtliche Freiheit (S); – **sindacale** Gewerkschaftsfreiheit, Freiheit des gewerkschaftlichen Zusammenschlusses, Koalitionsfreiheit, Vereinigungsfreiheit, Tariffreiheit; – **di soggiorno** Aufenthaltsfreiheit, Freiheit des Aufenthaltes (A); – **di stabilimento** Niederlassungsfreiheit; – **di stampa** Pressefreiheit, Preßfreiheit (S =); – **di stato** Ledigkeit *f*, lediger Stand (S); – **della strada** Freiheit der Straße; – **testamentaria** Testierfreiheit; – **del traffico** Verkehrsfreiheit; – **di transito** Freiheit des Durchgangsverkehrs; – **vigilata** Führungsaufsicht; **in** – **vigilata** unter Führungsaufsicht; – **di votazione** Freiheit der Stimmabgabe.

libretto *m*, – **di assegni** Scheckbuch *n*, Scheckheft *n*; – **di circolazione** Kraftfahrzeugbrief *m*; – **di conto corrente** Kontokorrentbuch *n*, Kontokorrentheft (S); – **di deposito** Depositenbuch *n*, Einlagebuch (A, S), Einlageheft (S); – **di deposito a risparmio** Sparbuch; – **di lavoro** Arbeitsbuch *n*, Dienstbüchlein *n* (S); – **di legittimazione per stranieri** (S) fremdenpolizeiliches Ausweisbuch (S); – **di navi-**

gazione Seefahrtbuch *n*; – **per i passaggi in dogana** Zollpassierscheinheft *n*; – **di risparmio** Sparbuch *n*, Spareinlagebuch (A =), Einlagebuch (A =), Sparheft *n* (S), Einlageheft (S); (*cassa di risparmio anche*:) Sprakassenbuch; – **di risparmio postale** Postsparkassenbuch *n*; – **sanitario** Gesundheitspass *m*; – **universitario** Studienbuch *n*; – **delle vaccinazioni** Impfbuch.

libri *m pl*, **tenere i** – die Bücher führen; – **commerciali,** – **di commercio,** – **contabili** Handelsbücher *pl*, Geschäftsbücher; – **elementari** (*contabilità*) Grundbücher *pl*; – **dell'imprenditore** Handelsbücher *pl*, Geschäftsführer; – **sociali** Gesellschaftsbücher *pl*.

libro *m* Buch *n*, Register *n*; – **degli acquisti** Einkaufsbuch; – **ausiliario** Hilfsbuch, Nebenbuch; – **dei battesimi** Taufregister; – **bianco** Weißbuch; – **dei bilanci** Bilanzbuch; – **di bordo** Schiffsbruch, Schiffsjournal *n*; – **delle cambiali attive** Besitzwechselbuch, Wechselbuch; – **delle cambiali passive** Schuldwechselbuch, Trattenbuch; – **di cassa** Kassenbuch, Kassabuch (A), Kassastrazza *f* (A); – **delle commissioni** Bestellbuch, Auftragsbuch, Auftragsbestandsbuch; – **delle consegne** Lieferbuch, Auslieferungsbuch; – **contabile** Rechnungsbuch; – **dei conti** Kontenbuch; – **di controllo dei francobolli in entrata e in uscita** Portobuch; – **copia cambiali** Wechselkopierbuch; – **copia fatture** Fakturenbuch; – **copialettere** Briefkopierbuch, Kopierbuch; – **dei crediti** Sollbuch; **gran** – **del debito federale** (S) eidgenössisches Schuldbuch (S); **gran** – **del debito pubblico** Staatsschuldbuch; – **dei debitori** Debitorenbuch; – **delle ditte** (S) Firmenbuch (S); – **degli effetti passivi** Schuldwechselbuch, Wechselobligobuch, Akzeptbuch, Akzeptationsbuch; – **delle entrate di merci** Wareneingangsbuch; – **delle entrate e delle uscite di merce** Skontobuch; – **delle fatture di acquisto** Wareneinkaufsbuch; – **delle fatture di vendita** Warenverkaufsbuch; – **dei fidi** Kreditbuch; – **delle firme autorizzate** Unterschriftsverzeichnis *n*; – **fondiario** Grundbuch; – **giallo** (1) Gelbbuch; (2) (*romanzo poliziesco*) Kriminalroman *m*; – **giornale** Tagebuch, Journal *n*, Tagesregister; – **degli inventari** Inventarbuch; – **di magazzino** Lagerbuch, Magazinbuch; – **maestro** (*libro fondiario*) Hauptbuch (A); – **mastro** Hauptbuch; – **mastro delle azioni** Aktienbuch; – **mastro dei titoli** Effektenbuch; – **matricola** (*dir. lav.*) (chronologisches) Verzeichnis der eingestellten Arbeitskräfte; – **dei matrimoni** Heiratsbuch, Trauungsbuch; – **delle merci in lavorazione** Fabrikationsbuch; – **delle ordinazioni** Auftragsbuch, Bestellbuch, Orderbuch; – **delle ordinazioni di vendita** Kundenauftragsbuch; – **paga** Lohnbuch; – **parrochiale** Kirchenbuch; – **pubblico** öffentliches Buch; – **rischi** Obligo *n*, Obligobuch, Wechselobligobuch; – **di riscontro** Skontrobuch, Gegenbuch; – **delle scadenze** Verfallbuch, Verfallsbuch; – **dei sigilli doganali** Verschlussbuch (S); – **dei soci** Gesellschafterbuch, Gesellschafterregister, (*di una S. p. A anche*:) Aktienbuch, (*di una S. a. r. l. anche*:) Anteilbuch; – **spedizioni e consegne** Versand- und Auslieferungsbuch; – **delle spese** Ausgabenbuch; – **delle uscite di merci** Warenausgangsbuch; – **delle vendite** Verkaufsbuch; v. a. GIORNALE, REGISTRO.

liceità *f* Erlaubtheit *f*, Zulässigkeit *f*.

licenza *f* (1) (*concessione*) Lizenz *f*, Bewilligung *f*; (2) (*congedo*) Urlaub *m*; **concedere una** – eine Lizenz erteilen; – **d'acquisto** Kauflizenz, Ankaufserlaubnisschein *m*; – **aero-**

nautica Fluglizenz *f*, Luftfahrerschein *m*; – **di caccia** Jagderlaubnisschein *m*, Jagdschein, Jagdkette *f* (A), Fangschein (A); – di **commercio ambulante** Reisegewerbekarte *f*; – **compensativa** Ausgleichsurlaub; – **di costruzione,** – **edilizia** (*jetzt*: concessione edilizia) Baugenehmigung *f*; – **elementare** Grundschulabschluss *m*; – **esclusiva** ausschließliche Lizenz; – **d'esercizio** Betriebserlaubnisschein *m*, Betriebsgenehmigung *f*, Betriebslizenz *f*, Betriebslizenz *f*, Gewerbeerlaubnis *f*, Gewerbeschein, Geschäftserlaubnis, Gewerbezulassung *f*, gewerbliche Genehmigung; – **per l'esercizio del commercio** Handelserlaubnis *f*, Handelsbewilligung *f* (S); – **d'esportazione** Ausfuhrlizenz, Exportlizenz; – **di fabbricazione** Herstellungslizenz, Fabrikationslizenz; - **governativa** Regierungsgenehmigung *f*; – **d'importazione** Einfuhrbewilligung *f*, Einfuhrgenehmigung *f*, Importlizenz; – legale gesetzliche Lizenz; – **per malattia** Krankheitsurlaub; – **media** (*scuola*) mittlere Reife; – **di navigazione** Schifferpatent *n*; – **obbligatoria** Zwangslizenz; – **di pesca** Fischereischein; – **di porto d'armi** Waffenschein *m*, Waffenpaß *m* (A); – **di porto d'armi da caccia** Jagdwaffenschein *m*; – **preliminare** Vorlizenz; – **d'uso** Gebrauchslizenz; – **di vendita** Verkaufslizenz; – **di vendita al minuto di bevande alcooliche** Schankerlaubnis *f*; v. a. CONGEDO, FERIE, PERMESSO, VACANZE.

licenziamento *m* Entlassung *f* Kündigung *f*; – **collettivo** kollektive Entlassung; – **dell'equipaggio** Abmusterung *f*; – **per giusta causa** Kündigung aus wichtigem Grund; – **individuale** Einzelentlassung; – **in massa** Massenentlassung; – **parziale** Teilkündigung; – **senza preavviso,** – **in tronco** fristlose Entlassung, fristlose Kündigung.

licenziare entlassen, kündigen, (*equipaggio di nave*) abmustern; – **in tronco** fristlos entlassen.

licenziatario *m* Lizenznehmer *m*, Lizenzinhaber *m*, Lizenzerwerber *m*.

licenziato di scuola media superiore Abiturient *m*.

licitazione *f* Lizitation *f*; – **privata** (*appalto pubblico*) beschränkte Ausschreibung.

lievitazione *f*, – **dei costi** Aufwärtsentwicklung der Kosten, Kostenauftrieb *m*; – **dei prezzi** Aufwärtsentwicklung der Preise, Preisauftrieb *m*; – **dei salari** Lohnauftrieb *m*.

limitare beschränken, einschränken, limitieren.

limitazione *f* Beschränkung *f*, Einschränkung, Limitierung *f*; – **degli armamenti** Rüstungsbeschränkung; – **della concorrenza** Wettbewerbsbeschränkung; – **dei consumi** Konsumeinschränkung; – **convenzionale della responsabilità** vertragliche Haftungsbeschränkung; – **dei diritti fondamentali** Einschränkung der Grundrechte; – **del diritto di alienazione** Veräußerungsbeschränkung; – **della libertà** Freiheitsbeschränkung, Freiheitseinschränkung; – **dell libertà personale** Einschränkung der persönlichen Freiheit; – **della libertà di stampa** Einschränkung der Pressefreiheit; – **delle nascite** Geburtenbeschränkung; – **alla pignorabilità** Pfändungsbeschränkung, Pfändungseinschränkung (A); – **del potere di disposizione** Verfügungsbeschränkung; – **della proprietà** Eigentumsbeschränkung; – **quantitativa** mengenmäßige Beschränkung; – **della responsabilità** Haftungsbeschränkung; – **del rischio** Risikobegrenzung *f*; – **della velocità** Geschwindigkeitsbeschränkung, Geschwindigkeitsbegrenzung *f*.

limite *m* Grenze *f*; – **di capacità** Kapazitätsgrenze; – **di carico** Beladungsgrenze, Höchstladegewicht *n*, Belastungsgrenze; – **costituzionale** verfassungsrechtliche Schranke *f*; – **di credito** Kreditgrenze; – **di edificabilità** Bebaubarkeitsbeschränkung; – **d'esenzione d'imposta** Steuerfreigrenze, Freigrenze; – **di età** Altersgrenze; – **di fido** Kreditgrenze, Kreditplafond *m*; – **d'imposizone** Besteuerungsgrenze, Steuerfreigrenze; – **di indebitamento** Verschuldungsgrenze; – **d'intervento** Interventionspunkt; – **d'ipoteca** Pfandgrenze (S); – **massimo** Höchstgrenze, obere Grenze; – **minimo** untere Grenze; – **minimo di velocità** Mindestgeschwindigkeit; – **di oscillazione** Schwankungsgrenze; – **di pignoramento** Pfändungsgrenze; – **di prezzo** Limitpreis *m*, Preisgrenze, Preisbegrenzung *f*, Limitkurs *m*, Kursgrenze, Preislimit *n*, Kurslimit, Limit; – **di** produttività Produktivitätsgrenze; – **di reddito** Einkommensgrenze; – **di responsabilità** Haftungsgrenze; – **di sovranità** Hoheitsgrenze; – **di tassazione** Besteuerungsgrenze, Steuerfreigrenze; – **di tolleranza** Toleranzgrenze; – **di valore** Wertgrenze; – **di velocità** Höchstgeschwindigkeit *f*, Geschwindigkeitsbeschränkung *f*.

limiti *mpf*, **per raggiunti – di età** wegen Erreichung der Altersgrenze; – **della cosa giudicata** Grenzen der Rechtskraft; – **del potere discrezionale** Ermessensspielraum.

limitrofo *agg* benachbart, angrenzend.

linciaggio *m* Lynchen *n*, Lynchjustiz *f*.

linciare lynchen.

linea *f* (1) Linie *f*; (2) (*discendenza*) Linie, Stamm *m*; **in – di massima** grundsätzlich; – **aerea** Fluglinie, Luftverkehrslinie; – **di arresto** (*circ. strad.*) Halt(e)linie; – **ascendente** aufsteigende Linie; – **di base** (*dir. mar.*) Grundlinie; – **di blocco** Blockadelinie, Blockadegürtel *m*; – **cadetta** Nebenlinie, jüngere Linie; – **calda** heißer Draht; – **collaterale** Seitenlinie; – **di confine** Grenzlinie; – **di credito** Kreditlinie, Kreditplafond *m*; – **di credito di accettazione** Akzeptlinie; – **di credito occasionale** gelegentliche Kreditlinie; – **di demarcazione** Demarkationslinie, Abgrenzungslinie; – **direttrice** Leitlinie; – **discendente** absteigende Linie; – **doganale** Zollinie; Zollgrenze *f*; – **doganale interna** Zollbinnenlinie, Zwischenzollinie (A); – **doganale marittima** Seezollgrenze *f*; – **economica** wirtschaftlicher Kurs *m*; – **di fabbrica** Bauflucht *f*, Baufluchtlinie; – **femminile** weibliche Linie; – **di fido** Kreditlinie; – **di fondo** Grundlinie; – **del fronte** Frontlinie; – **di fuga** (*edilizia*) Fluchtlinie; – **di garanzia** Garantieplafond *m*; – **guida** Leitlinie; – **maschile** männliche Linie, Mannesstamm *m*; – **materna** mütterliche Linie; – **di navigazione** Schifffahrtslinie; – **di navigazione aerea** Luftverkehrslinie; – **del partito** Parteilinie; – **paterna** väterliche Linie; – **politica** politische Linie; – **di produzione** Fertigungslinie; – **retta** gerade Linie; – **retta ascendente** gerade aufsteigende Linie; – **retta discendente** gerade absteigende Linie; – **di tendenza** Tendenz *f*; v. a. CONFINE.

linee *fpl* **direttrici** Richtlinien *pl*.

lingotto *m* **d'oro** Goldbarren *m*.

lingua *f* Sprache *f*; – **dell'atto** Vertragssprache; – **degli atti** (*proc.*) Gerichtssprache; – **comunitaria** (CE) Gemeinschaftssprache; – **di lavoro** Arbeitssprache *f*; – **madre** Muttersprache; – **nazionale** Landessprache, Nationalsprache (S); – **del paese** Landessprache; – **processuale** Verfahrenssprache, Prozeßsprache; – **ufficiale** Amtssprache.

linguaggio *m*, – **forense** Gerichtssprache *f*; – **giuridico** Rechtssprache; – **di programmazione** Programmiersprache; – **tecnico** Fachsprache; v. a. GERGO.

liquidare (1) (*somma*) festsetzen, feststellen, regulieren; (2) (*impresa*) liquidieren, abwickeln; (3) (*svendere*) ausverkaufen; (4) (*conti*) abrechnen.

liquidatore *m* (1) Liquidator *m*, Abwickler *m*; (2) (*borsa*) Abrechnungsbeamter *m*, Abrechner *m*; – **d'avaria** Havariekommissar *m*, Havarieagent *m*, Dispachant *m*, Dispacheur *m*, Schadenberechner *m*; – **giudiziario** gerichtlich bestellter Liquidator; – **sequestratario** Sequesterliquidator.

liquidazione *f* (1) (*di una somma*) Festsetzung *f*, Feststellung *f*, Liquidierung *f*; (2) (*di un'impresa*) Abwicklung *f*, Liquidation *f*; (3) (*di danno*) Regulierung *f*, Berechnung *f*; (4) (*indennità di fine rapporto*) Abfindung *f*, Abfertigung (A); – **dell'attivo** (*fallimentare*) Verwertung der Teilungsmasse; – **d'avaria** Seeschadenberechnung, Dispache *f*, Adjustierung *f*, Havarieregelung *f*, Schadensberechnung; – **d'avaria comune** große Havariedispache; – **d'azienda** Betriebsauflösung; – **coatta** Zwangsliquidation; – **coatta amministrativa** (*dir. fall.*) behördliche Zwangsabwicklung; – **concordataria** (S) Nachlaßliquidation (S); – **concorsuale dell'eredità** Nachlaßkonkurs; – **dei danni,** – **del danno** Schadensliquidierung *f*, Schadensberechnung; – **dei diritti** Berechnung der Gebühren; – **dell'eredità** Nachlaßabwicklung; – **di fine mese** Ultimoabrechnung *f*, Ultimoabwicklung, Ultimoliquidation, Ultimoliquidierung *f*, Ultimoregulierung, Ultimoabschluss *m*; – **forfettaria** Pauschalregulierung; – **del'imposta** Steuerfestsetzung; – **d'onorario** Honorarfestsetzung, Liquidierung des Honorars; – **di un portafoglio** Abwicklung eines Versicherungsbestandes; – **del sinistro** Schadensregulierung, Schadenabwicklung, Schadenerledigung *f*; – **delle spese** Feststellung der Ausgaben, Kostenfestsetzung, Kostenliquidation, Kostenliquidierung *f*.

liquidità *f* Liquidität *f*, Geldflüssigkeit *f*, Flüssigkeit, liquide Mittel *pl*, flüssige Mittel; – **a breve scadenza** einzugsbedingte Liquidität, liquide Mittel zweiter Ordnung; – **di cassa** Kassenliquidität, Barliquidät; – **eccessiva** Überliquidität; – **dell'impresa** Liquidität des Unternehmens; – **a lunga scadenza** umsatzbedingte Liquidität, liquide Mittel dritter Ordnung; – **primaria,** – **di primo grado** liquide Mittel erster Ordnung, liquide Mittel ersten Grades, Barliquidität; – **secondaria,** – **di secondo grado** liquide Mittel zweiter Ordnung, einzugsbedingte Liquidität; – **di terzo grado** liquide Mittel dritter Ordnung, umsatzbedingte Liquidität; – **a vista** Barliquidität.

liquido *agg* liquid, flüssig; **rendere** – flüssig machen.

lira *f* Lira; – **oro** Goldlira; – **sterlina** Pfund *n*.

lire *f pl* Lire *pl*; – **d'occupazione** Besatzungslire.

lista *f* Liste *f*, Aufstellung *f*, Verzeichnis *n*; **mettere in** – auf die Liste setzen; **presentare una** – einen Wahlvorschlag machen, einen Wahlvorschlag einreichen; – **degli assenti** Abwesenheitsliste; – **d'attesa** Warteliste; – **di candidati** Wahlvorschlag *m*, Vorschlagsliste, Kandidatenliste; – **di carico** Ladungsverzeichnis; – **dei cittadini** Bürgerliste; – **civica** (*elezioni*) freie Wählervereinigung *f*; – **civile** Zivilliste; – **collegata** verbundener Wahlvorschlag; – **di collocamento** Vermittlungskartei (*Liste der arbeitssuchenden Personen*); – **di contrabbando** Konterbandeliste; – **elettorale** Wählerliste, Wählerverzeichnis, Stimmliste, Bürgerliste, Stimmregister *n* (S); Wahlvorschlag *m*; – **di leva** Stammrolle *f*; – **libera** Liste der nicht unter die Konterbande fallenden Güter, Freiliste; – **di liberalizzazione** (OCES) Liberalisierungsliste (OECD); – **dei ministri** Ministerliste; **nera** scharze Liste; - **dei partecipanti** Teilnehmerverzeichnis; – **riepilogativa** zusammenfassende Aufstellung; – **dei testimoni,** – **testimoniale** Zeugenliste; – **unica** Einheitsliste; v. a. ELENCO.

listino *m*, – **di borsa,** – **dei cambi** Kursbericht *m*, Kursblatt *n*, Kurszettel *m*; – **delle estrazioni** Ziehungsliste *f*; – **dei prezzi** Preisliste *f*, Preisverzeichnis *n*; – **ufficiale** (*borsa*) amtlicher Kurszettel.

lite *f* Streit *m*, Streitfall *m*, Rechtsstreit, Rechtsstreitigkeit *f*, Rechtssache *f*; **aggiustare una** –, **comporre una** – einen Streit beilegen; **in** – streitend; – **pendente** schwebender Rechtsstreit; – **di rivendicazione** (S) Widerspruchsverfahren *n* (S); – **temeraria** mutwillige Prozeßführung *f*; v. a. AFFARE, CONTROVERSIA, CAUSA.

litigante *agg* streitend.

litigante *m* streitende Partei, Streitpartei *f* (A), Streitteil *m*.

litigio *m* Streit *m*, Streitfall *m*.

litigiosità *f* Prozeßsucht *f*.

litigioso *agg* (1) (*persona*) prozeßsüchtig; (2) (*oggetto*) streitig.

litisconsorte *m* Streitgenosse *m*.

litisconsorzio *m* Streitgenossenschaft *f*; – **facoltativo** einfache Streitgenossenschaft, gewöhnliche Streitgenossenschaft; – **necessario** notwendige Streitgenossenschaft, besondere Streitgenossenschaft, qualifizierte Streitgenossenschaft.

litispendenza *f* Rechtshängigkeit *f*, Anhängigkeit *f*, Streitanhängigkeit (A).

livellamento (1) Angleichung, Ausgleichung; (2) Gleichschaltung; – **del cambio** Kursangleichung *f*.

livellario *m* Erbpächter *m*.

livello *m* (1) Erbzins *m*, Erbpachtzins; (2) Erbpachtgut *n*, Erbzinsgut; (3) Stand *m*, Höhe *f*, Niveau *n*; – **ad alto** – auf hoher Ebene; auf hohem Niveau; – **di affidabilità** Zuverlässigkeitsgrad *m*; – **d'anteguerra** Vorkriegsstand, Vorkriegshöhe; – **dei corsi** Kursstand, Kursniveau; – **dei costi** Kostenniveau; **a** – **governativo** auf Regierungsebene; – **guida** Leitniveau; – **di inquinimento** Verunreinigungsgrad *m*; – **degli interessi** Zinsniveau; – **di istruzione** Bildungsstand; – **a** – **di ministri** auf Ministerebene; – **mondiale dei prezzi** Weltpreisniveau; – **occupazionale,** – **d'occupazione** Beschäftigungsstand; – **dei prezzi** Preisstand, Preisniveau; – **di produzione** Produktionsstand; – **di qualità accettabile** annehmbare Qualitätsgrenzlage; – **di reddito** Ein-kommensniveau; – **di rumore** Geräuschpegel *m*; – **dei salari** Lohnstand, Lohnhöhe, Lohnniveau; – **di vita** Lebensstandard;.

lividure *f pl* **cadaveriche** (*med. leg.*) Totenflecke *m pl*.

locale *agg* (1) örtlich; (2) (*indigeno*) einheimisch.

locale *m* Raum *m*; – **commerciale** Geschäftsraum, Geschäftslokal *n*, gewerblicher Raum; – **d'esercizio** Betriebsraum; – **industriale** gewerblicher Raum; – **di lavoro** Arbeitsraum; – **del tesoro** Tresor *m*, Banktresor; – **di vendita** Verkaufslokal.

locali consolari *m pl* Konsularamtsräume *pl*.

localizzazione dell'azienda Standort des Betriebes.

locare vermieten, (*affittare*) verpachten.

locatario *m* Mieter *m*, Bestandnehmer *m* (A).

locatore *m* Vermieter *m*, Bestandgeber *m* (A); (*contratto d'affitto*) Verpächter *m*.

locazione *f* (1) Miete *f*, (*affitto*) Pacht *f*; (2) (*il locare*) Vermietung *f*, (*il dare in affitto*) Verpachtung *f*; **prendere in** – mieten, (*affitto*) pachten; – **abitativa** Wohnraummiete; – **di cassetta di sicurezza** Schließfachmiete, Safemiete; – **coattiva,** – **coatta** Zwangsmiete; – **finanziaria** Leasing *n*; – **di immobili urbani adibiti ad uso di abitazione** Vermietung von Wohnhäusern; – **di nave** Schiffsmiete; – **perpetua** Ewigpacht; – **stagionale** Saisonvermietung; – **vendita** Mietkauf *m.*

lodo *m*, – **arbitrale** Schiedsspruch *m*, schiedsgerichtliche Entscheidung.

loggia *f* Loge *f*; – **massonica** Freimaurerloge.

logistica *f* Logistik *f*.

logoramento *m*, **logorio** *m* Abnutzung *f*, Anützung (A, B, S).

lordo *agg* brutto, Roh-; – **per netto** Brutto für Netto, Rohgewicht für Reingewicht.

lotta *f* Kampf *m*; – **anti-droga** Drogenbekämpfung; – **armata** bewaffneter Kampf; – **tra capitale e lavoro** Arbeitskampf *m*; – **di classe** Klassenkampf; – **concorrenziale** Konkurrenzkampf; – **contro la delinquenza** Verbrechensbekämpfung *f*; – **alla criminalità** Verbrechensbekämpfung; – **doganale** Zollkampf; – **contro la** (*o.* **alla**) **droga** Drogenbekämpfung; – **economica** Wirtschaftskampf; – **elettorale** Wahlkampf; – **per l'esistenza** Daseinskampf; – **all'inflazione** Inflationsbekämpfung; – **per il potere** Machtkampf; – **contro la povertà** Kampf gegen die Armut; – **razziale** Rassenkampf; – **tariffaria** Tarifkampf; – **contro il terrorismo** Terrorismusbekämpfung; – **per la vita** Daseinskampf.

lotteria *f* Lotterie *f*, Geldlotterie; – **di beneficenza** Wohltätigkeitslotterie; – **nazionale** Staatslotterie, staatliche Lotterie.

lottizzare parzellieren.

lottizzazione *f* Parzellierung *f*; – **del potere** Machtaufteilung *f* (*unter den Parteien*), Machtproporz *m.*

lotto *m* (1) Posten *m*, Partie *f*; (2) (*asta pubblica*) *Los n*; (3) (*unità di contrattazione*) Schluss *m*; (4) (*di terreno*) Parzelle *f*; (5) (*giuoco*) Lotto *n*; – **edificabile** Baugrundstück *n*, Bauparzelle *f*; – **pubblico** öffentliche Lotterie.

luce *f* Licht *n*; – **abbagliante** (*veicoli*) Fernlicht; – **anabbagliante** Abblendlicht; – **di arresto** Bremslicht, Bremsleuchte; – **di posizione** Standlicht.

lucrativo *agg* gewinnbringend.

lucro cessante entgangener Gewinn, entgangene Einkünfte *pl.*

lungaggine procedurale Rechtsverzögerung *f*.

lungaggini burocratiche Amtsschimmel *m*.

luogo *m* Ort *m*; **dichiarare il non – a procedere** außer Verfolgung setzen; – **dell'adempimento** Erfüllungsort; **in – d'adempimento** an Erfüllungs Statt; – **aperto al pubblico** öffentlich zugänglicher Ort; - **dell'arresto** Ergreifungsort; – **d'arrivo** Ankunftsort; – **del commesso reato** Begehungsort, Tatort; – **di conclusione del contratto** Abschlußort; – **di consegna** Ablieferungsort, Lieferort; – **di conservazione**, – **di custodia** Verwahrungsort, Aufbewahrungsort; – **di deposito** Hinterlegungsort; – **di destinazione** Bestimmungsort; – **d'emissione** Ausstellungsort; (*obbligazioni*) Begebungsort; – **d'esecuzione** Leistungsort, Erfüllungsort; – **dell'esecuzione** (S) Betreibungsort (S); – **esposto all'pubblico** öffentlich zugänglicher Ort; – **d'immatricolazione,** – **d'iscrizione** Regierungsort, Eintragungsort, Registrierungsort; – **dell'incidente** Unfallort; – **di lavoro** Arbeitsstätte *f*; – **di nascita** Geburtsort; – **di pagamento** Zahlungsort; – **di partenza** Abgangsort; – **d'origine** Ursprungsort; – **della prestazione** Leistungsort, Zahlungsort; – **pubblico** öffentlicher Ort; **in – pubblico** in der Öffentlichkeit; – **del reato** Tatort; – **di registrazione** Eintragungsort, Registerort, Registrierort, Registrierungsort; – **di residenza** Aufenthaltsort; – **di rifugio** Zufluchtstätte *f*; – **di ritrovamento** Fundort; – **di riunione** Versammlungsort; – **di situazione della cosa** Belegenheitsort, Ort der Belegenheit der Sache; – **di soggiorno** Aufenthaltsort; – **di**

spedizione Versandort; – **di stipulazione** Abschlussort, Zeichnungsort; – **delle udienze del giudice** Gerichtsstätte *f*; – **di vendita** Verkaufsort, Vertriebsort.

luogotenente *m* Statthalter *m*.

luogotenenza *f* Statthalterei *f*.

lutto *m*, – **nazionale** Staatstrauer *f*; – **vedovile** Wartezeit *f* (der Witwe).

M

macchina *f*, – **bollatrice** Steuerstempler *m*; – **calcolatrice** Rechenmaschine *f*; – **civetta** (*della polizia*) Zivilstreife *f*; – **per fatturare** Fakturiermaschine *f*; – **obliteratrice** Entwerter; – **per scrivere** Schreibmaschine *f*; – **usata** Gebrauchtwagen; – **della verità** Lügendetektor *m*.

macchinazione *f* Anzettelung *f*.

macchinazioni *f pl* Umtriebe *pl*; v. a. MENE.

macellare clandestinamente schwarzschlachten.

macellazione clandestina Schwarzschlachtung *f*; – **domestica** Hausschlachtung *f*.

macroeconomia *f* Makroökonomie *f*.

macroeconomico *agg* makroökonomisch.

madre *f*, – **adottiva** Adoptivmutter *f*, Wahlmutter (A); – **e figlia** Schein und Gegenschein; – **naturale** nichteheliche Mutter; – **nubile** ledige Mutter, Kindesmutter *f*.

maestà, lesa – Majestätsbeleidigung *f*.

maestranza *f* Belegschaft *f*.

maestro *m* (1) (*insegnante di scuola elemantare*) Lehrer *m*; (2) Lehrherr *m*, Lehrmeister *m*.

mafia *f* Mafia *f*; – **urbana** Stadtmafia.

mafioso *m* Mafia-Mitglied *n*.

magazzinaggio *m*, Lagerhaltung *f*; Lagergeld *n*, Lagergebühr *f*, Lagerkosten *pl*, Lagertaxe *f* (S).

magazzini generali *m pl* Lagerhaus *n*.

magazziniere *m* Lagerhalter *m*, Lagerverwalter *m*, Magazinverwalter.

magazzino *m* Lager *n*, Niederlage *f*, Warenlager; **liquidare il** – das Lager räumen; **grande** – Kaufhaus *n*, Warenhaus; – **di calata coperta** Privatzollboden *m*; – **doganale** Zolllager, Zollagerung f, Zollniederlage *f*, Zollverschlag *m* (S); – **merci in arrivo** Warenannahme f.

maggioranza *f* Mehrheit *f*, Mehr *n* (S =); (*dei voti*) Stimmenmehrheit, Stimmenmehr (S =); **approvare a larga** – mit großer Mehrheit annehmen; **possedere la** – die Mehrheit haben; **stretta** – knappe Mehrheit; – **alta** große Mehrheit; – **assoluta** absolute Mehrheit; – **azionaria** Aktienmehrheit, Aktienmajorität; – **compatta** geschlossene Mehrheit; – **di controllo** Kontrollmehrheit; – **definita** klar umgrenzte Mehrheit; – **favorevole** zustimmende Mehrheit; **governativa,** – **di governo** Regierungsmehrheit; – **parlamentare** Parlamentsmehrheit, Mehrheit im Parlament; – **qualificata** qualifizierte Mehrheit; – **dei tre quarti** Dreiviertelmehrheit; – **relativa** relative Mehrheit, relative Majorität; – **richiesta** erforderliche Mehrheit; – **schiacciante** überwältigende Mehrheit; – **semplice** einfache Mehrheit; – **silensiosa** schweigende Mehrheit; – **speziale** qualifizierte Mehrheit; – **stragrande** überwältigende Mehrheit; – **di due terzi** Zweidrittelmehrheit; – **dei voti** Stimmenmehrheit, Stimmenmehr (S =).

maggiorascato *m*, **maggiorasco** *m* Majorat *n*, Majoratsgut *n*.

maggiorazione *f* Aufschlag *m*; Zuschlag *m*, Zulage *f*; – **d'anzianità** Dienstalterszulage, Dienstalterszuschlag, Dienstaltersprämie *f*, Alterszulage, Alterszuschlag; – **per lavoro al caldo** Hitzezuschlag; – **per lavoro festivo** Feiertagszuschlag, Feiertagsgeld *n*; – **per lavoro notturno** Nachtarbeitszuschlag; – **per lavoro penoso** Lästigkeitszuschlag; – **per lavoro straordinario** Überstundenzulage, Überstundenzuschlag, Überzeitzuschlag, Mehrarbeitszuschlag; – **di paga** Lohnzuschlag; – **di premio** Prämienerhöhung *f*; – **di prezzo** Aufpreis *m*, Preisaufschlag; – **sociale** Sozialzulage; – **per spese** Kostenzuschlag; – **di stipendio** Mehrgehalt *n*, Gehaltserhöhung *f*; – **del valore iniziale** Erhöhung des Anfangswertes; V. a. AUMENTO, INDENNITÀ.

maggiore *agg* (*maggiorenne*) volljährig, großjährig (A).

maggiorenne *agg* volljährig, großjährig (A).

maggiorenne *m* Volljähriger *m*, Großjähriger (A).

magistrato *m* Richter *m*, Staatsanwalt *m*; – **di carriera** Berufsrichter *m*, Berufsbeamter *m*; – **giudicante** Spruchrichter *m*; – **inquirente** Untersuchungsrichter *m*; – **dei minorenni** (S) Jugendanwalt *m* (S); – **di sorveglianza** Strafvollstreckungsrichter; V. a. FUNZIONARIO, GIUDICE.

magistratura *f* (1) Gerichtswesen *n*, Justiz *f*; (2) Stand *m* der Richter und Staatsanwälte; – **del lavoro** Arbeitsgericht *n*, Gewerbegericht (A); – **militare** Militärgerichtsbarkeit *f*; – **ordinaria** ordentliche Gerichtsbarkeit; – **requirente** Staatsanwaltschaft.

malafede *f* Bösgläubigkeit *f*; **agire in –** bösgläubig handeln; **essere in –** bösgläubig sein.

malattia *f* Krankheit *f*; – **contagiosa** ansteckende Krankheit; – **ereditaria** Erbkrankheit; – **infettiva** Infektionskrankheit; – **mentale** Geisteskrankheit; – **a notifica obbligatoria** meldepflichtige Krankheit; – **professionale** Berufskrankheit *f*; – **venerea** Geschlechtskrankheit.

malavita *f* Unterwelt *f*.

male *m* **necessario** notwendiges Übel *n*.

malfattore *m* Übeltäter *m*, Rechtsbrecher *m*.

malgoverno *m* Misswirtschaft *m*.

malleveria *m* Verbürgung *m*.

malmenare misshandeln.

maltrattamenti *m pl* **in famiglia o verso fanciulli** Misshandlung von Familienangehörigen oder Kindern.

maltrattamento *m* Misshandlung *f*; – **di animali** Misshandlung von Tieren, Tierquälerei *f*; – **di minori,** – **minorile** Kindesmisshandlung; – **di persone sottoposte** Misshandlung von Untergebenen.

maltrattare misshandeln.

malversazione *f* Veruntreuung *f*, Untreue *f*; – **a danno di privati** Veruntreuung im Amt zum Nachteil von Privatpersonen; – **di denaro pubblico** Veruntreuung öffentlicher Gelder; – **o dilapidazione dei beni del figlio minore, del pupillo o del coniuge** Verschleuderung von Familienhabe.

man, far – bassa (*corr.*) plündern, ausplündern.

management *m* Management *n*.

managerialismo *m* Managertum *n*.

mancanza *f* (1) Mangel *m*; (2) (*infrazione*) Verfehlung *f*, **per – di** mangels; – **della base negoziale** Fehler *n* der Geschäftsgrundlage; – **di capitali** Kapitalmangel, Kapitalnot *f*; – **della causa** (*neg. giur.*) Fehlen *n* des Rechtsgrunds; – **di una condizione di procedibilità** Verfahrenshindernis *n*; – **di consenso** fehlende Willensübereinstimmung; **per – di copertura** mangels Deckung; – **di coscienza dell'antigiuridicità** (*del fatto*) fehlendes Unrechtsbewußtsein; – **d'interesse** fehlendes Interesse, mangelndes Interesse; – **di lavoro** Arbeitsmangel; – **di mano d'opera qualificata** Mangel an qualifizierten Arbeitskräften; – **delle**

materie prime Rohstoffmangel; – **di motivazione** Begründungsmangel, *fehlende* Begründung *f*; – **di ordini** Auftragsmangel; Mangel an Aufträgen; – **di posti di lavoro** Arbeitsplatzmangel; – **della presupposizione** (*nel contratto*) Fehlen der Geschäftsgrundlage; – **di prove** Mangel an Beweisen; – **di qualità** Qualitätsmangel; – **sopravvenuta della presupposizione** Wegfall der Geschäftsgrundlage; – **di spazio** Raummangel; – **di volontà** Fehlen des Willens; v. a. PENURIA, SCARSEZZA.

mancare fehlen, ausbleiben.

manchesterismo *m* Manchestertum *n*.

mancia *f* Trinkgeld *n*; – **competente** Finderlohn *m*.

mandamento *m* Bezirk *m*; – **di pretura** Amtsgerichtsbezirk *m*; – **dell'ufficio tavolare** Grundbuchkreis *m* (S); v. a. CIRCOSCRIZIONE.

mandante *m* Auftraggeber *m*, Mandat *m*.

mandatario *m* Beauftragter *m*, Auftragnehmer *m*. Sachverwalter *m*, Mandatar *m*; – **commerciale** (S) Handlungsbevollmächtigter *m*; – **speciale** Sonderbeauftragter.

mandato *m* (1) (*contratto*) Auftrag *m*; (2) (*ordine*) Befehl *m*, Mandat *n*; (3) (*elettivo*) Mandat, Funktionsperiode *f* (S); **ampio** – umfassende Vollmacht, weitgehende Vollmacht; **conferire un** – einen Auftrag erteilen; **doppio** – Doppelmandat; **eseguire un** – einen Auftrag ausführen; – **di accompagnamento** Vorführungsbefehl, Zuführungsbefehl (S); – **ad alienare** Veräußerungsauftrag; – **d'arresto** Festnahmebefehl (vorläufiger Haftbefehl); **emettere un** – **d'arresto** einen Festnahmebefehl erlassen; – **di bonifico** Überweisungsauftrag; Übertragungsanweisung *f*; – **di cattura** Haftbefehl, Verhaftbefehl (S), Verhaftsbefehl (A); **emettere un** – **di cattura** einen Haftbefehl erlassen; – **di comparizione** Vorladung *f*, Ladung; – **di credito** Kreditauftrag; – **a donare** Schenkungsauftrag; – **elettivo** Wahlmandat; – **degli elettori** Wählerauftrag; – **d'entrata** Einnahmeanweisung *f*; – **d'esecuzione** Vollstreckungsauftrag; – **esplorativo** (*per formare un nuovo governo*) Sondierungsauftrag; – **fiduciario** Treuhandauftrag; – **giudiziario** richterliche Ermächtigung; – **imperativo** imperatives Mandat; – **d'incasso** Inkassoauftrag, Inkassomandat, Einziehungsauftrag, Einkassierungsmandat; – **internazionale** internationales Mandat; – **irrevocabile** unwiderruflicher Auftrag; – **alle liti** Prozessvollmacht; – **negoziale** Verhandlungsmandat; – **oneroso** entgeltlicher Auftrag; – **orale** mündlicher Auftrag, mündliche Vollmacht; – **di pagamento** Zahlungsauftrag, Zahlungsanweisung *f*, Auszahlungsanordnung *f*; – **parlamentare** Abgeordnetenmandat; – **di rappresentanza** Vertretungsmandat; – **con rappresentanza** Auftrag mit Vertretungsmacht; – **senza rappresentanza** Auftrag ohne Vertretungsmacht; – **rinnovabile** verlängerbares Mandat (*o.* Amtszeit) – **di riscossione** Einziehungsauftrag; – **speciale** Sonderauftrag; (*procura*) Sondervollmacht; – **di spesa** Ausgabeanweisung *f*; – **di trasferimento** Überweisungsauftrag, Überweisungsanweisung *f*, Übertragungsanweisung; – **verbale** mündlicher Auftrag, mündliche Vollmacht; v. a. ORDINE, PROCURA.

maneggio *m* Handhabung *f*.

manette *f pl* Handschellen *pl*.

mani, consegnare nelle – **della giustizia** den Händen der Justiz übergeben, der Justiz überstellen; **sue proprie** – zu eigenen Händen; **a** – **fidate** zu treuen Händen.

mania *f* **di persecuzione** Verfolgungswahn *m*.

manicomio *m* Irrenanstalt *f*; – **giudiziario** psychiatrisches Krankenhaus (*Maßregelvollzug*); v. OSPEDALE PSICHIATRICO GIUDIZIARIO.

manifestare kundgeben.

manifestazione *f* Kundgebung *f*, Demonstration *f*; – **autorizzata** genehmigte Kundgebung; – **di conoscenza** Wissensäußerung *f*; – **pacifica** friedliche Demonstration; – **del pensiero** Meinungsäußerung *f*; – **di protesta** Protestkundgebung; – **pubblica** öffentliche Kundgebung; – **di solidarietà** Solidaritätskundgebung; – **sportiva** Sportveranstaltung *f*; – **sulla strada** Straßenkundgebung; – **violenta** gewalttätige Demonstration; – **della volontà** Willenskundgebung.

manifestazioni *f pl* **oltraggiose verso i defunti** Verunglimpfung des Andenkens Verstorbener.

manifesto *m* (1) Manifest *n*; (2) (*cartellone*) Plakat *n*; – **del carico** Ladungsmanifest, Schiffsmanifest, Zollmanifest; – **dei comunisti** (*Marx-Engels*) kommunistisches Manifest; – **elettorale** Wahlmanifest, Wahlplakat; – **pubblicitario** Werbeplakat.

manipolazione *m*, – **dei corsi** Kursmanipulation *m*; – **elettorale** Wahlmanipulation; – **genetica** Genmanipulation; – **dell' informazione** Nachrichtenmanipulation; – **delle merci** Warenmanipulation; – **monetaria** Währungsmanipulation, Währungsmanipulierung *f*; – **dei prezzi** Preismanipulierung *f*.

mano, lasciare – **libera** freie Hand lassen; – **tenere la** – **destra** (*circ. strad.*) rechts fahren; **di prima** – aus erster Hand; **di seconda** – gebraucht, Gebraucht-; **di** – **altrui** fremdhändig; **a** – **armata** bewaffnet, mit Waffengewalt; – **morta** tote Hand; – **nemica** Feindeshand *f*; – **d'opera** Arbeitskräfte *pl*; – **d'opera avventizia** Aushilfskräfte *pl*; – **d'opera non qualificata** ungelernte Arbeitskräfte; – **d'opera qualificata** Fachkräfte *pl*; – **pubblica** öffentliche Hand.

manodopera *f* Arbeitskräfte *f pl*; – **avventizia** Aushilfskräfte; – **qualificata** qualifizierte Arbeitskräfte.

manomorta *f* tote Hand.

manoscritti *m pl* (*posta*) Geschäftspapiere *pl*.

manoscritto *agg* handschriftlich.

manovale *m* Hilfsarbeiter *m*, Handarbeiter, ungelernter Arbeiter.

manovra *f* – **di bilancio** Haushalts(spar)maßnahme *f*; – **di borsa** Börsenmanöver *n*; – **dilatoria** Verzögerungsmanöver; – **elettorale** Wahlmanöver; – **fiscale** (Haushalts(spar)maßnahme; – **processuale** Prozessmanöver – **di sorpasso** Überholvorgang.

manovre *f pl* Umtriebe *pl*, Machenschaften *pl*; – **delittuose** verbrecherische Machenschaften; – **fraudolente** betrügerische Machenschaften, betrügerische Handlungen.

mansione *f* Aufgabe *f*, Obliegenheit *f*.

mansioni *f pl* Aufgabenbereich *m*, Tätigkeitsbereich *m*.

mantello dell'azione Mantel der Aktie, Aktienmantel *m*.

mantenere aufrechterhalten; – **la distanza** Abstand halten.

mantenimento *m* Aufrechterhaltung *f*, Unterhalt *m*; – **della disciplina** Aufrechterhaltung der Ordnung; – **della famiglia** Familienunterhalt; – **di liquidità** Flüssighaltung *f*; – **dell'ordine** Aufrechterhaltung der Ordnung; – **della pace** Erhaltung des Friedens; – **in vigore** Inkraftbleiben *n*.

manuale *m* Lehrbuch *n*, Handbuch *n*.

manufatto *m* Fabrikat *n*.

manutengolo *m* Hehler *m*.

manutenzione *f* Erhaltung *f*, Instandhaltung *f*; **ordinaria** – (*locazione*) gewöhnliche Instandhaltung; **piccola** – (*locazione*) Kleinreparaturen *f pl*.

maoismo *m* Maoismus *m*.

maoista *agg* maoistisch.

maoista *m* Maoist *m*.

mappa *f*, – **catastale** Katasterplan *m*, Katastralmappe *f* (A), Flurkarte *f*, Grundbuchplan (S); – **tavolare** Grundbuchsmappe (A).

marasma *m* Flaute *f*; – **negli affari** Geschäftsstillstand *m*; – **borsistico**

Börsenflaute; – **economico** wirtschaftliche Flaute; – **politico** politischer Verfall.

maratona *f* (*corr.*) Marathonsitzung *f.*

marca *f* Marke *f*; – **assicurativa** Versicherungsmarke, Beitragsmarke; – **per atti amministrativi** Gebührenmarke; – **per atti giudiziari** Gerichtskostenmarke; – **da bollo** Stempelmarke, Gebührenmarke, Steuerzeichen *n*, Steuermarke, Kostenmarke; – **da bollo sulle cambiali** Wechselsteuermarke; – **da bollo per quietanza** Quittungsmarke; – **concorrente** Konkurrenzmarke; – **contrassegno** Stempelstreifen *m*, Banderole *f*; – **di contrassegno** Merkzeichen *n*; – **di fabbrica** Fabrikmarke, Fabriksmarke (A); – **fiscale** Abgabenmarke; – **di immatricolazione** Eintragungszeichen *n*; – **di risparmio** Sparmarke; v. a. MARCHIO.

marchio *m* Warenzeichen *n*, Marke *f*; – **d'autenticità** Echtheitszeichen; – **brevettato** eingetragene Marke; – **CE** EG-Gütezeichen; – **collettivo** Kollektivmarke, Verbandzeichen, Verbandsmarke; – **di commercio** Warenzeichen, Handelszeichen, Handelsmarke; – **depositato** eingetragenes Warenzeichen, registriertes Warenzeichen; – **emblematico** Bildzeichen; – **di fabbrica**, – **di fabbricazione** Warenzeichen, Fabrikmarke, Fabriksmarke (A); – **di fantasia** Wortzeichen, Wortschutzmarke; – **a fuoco** Brandzeichen, Brandmarkung *f*; – **di garanzia** Garantiezeichen; – **d'identificazione** Erkennungszeichen, Erkennungsmarke; – **d'impresa** Warenzeichen; – **individuale** Individualzeichen; – **internazionale** international eingetragenes Warenzeichen, international geschützte Marke; – **misto** kombiniertes Zeichen; – **nazionale di esportazione** staatliches Exportzeichen; – **nominativo** Wortzeichen, Wortschutzmarke; – **notorio** notorische Marke; – **d'origine** Ursprungszeichen; – **protettivo** Defensivzeichen, Abwehrzeichen; – **protetto** geschütztes Warenzeichen, Schutzmarke, geschützte Marke; – **di provenienza** Herkunftszeichen, Herkunftsmarke; – **di qualità** Gütezeichen, Qualitätsmarke; – **registrato** eingetragenes Warenzeichen, registriertes Warenzeichen; – **di riconoscimento** Erkennungszeichen, Erkennungsmarke; – **riservato** Vorratszeichen; – **di zecca** Münzzeichen; v. a. MARCA.

marcia *f*, – **per file parallele** (*circ. strad.*) Fahrstreifenfahren *n*, Kolonnenfahren *n*; – **della** (*o* **per la**) **pace** Friedensmarsch *m*.

marciapiede *m* Gehweg *m*.

marco *m* Mark *f*; – **bloccato** Sperrmark, Registermark; – **di compensazione** Verrechnungsmark; – **finlandese** Finnmark; – **orientale** Ostmark; – **oro** Goldmark; – **tedesco** Deutsche Mark (DM).

mare *m*, – **aperto** offene See; – **chiuso** geschlossenes Meer; – **libero** offene See; – **territoriale** Hoheitsgewässer.

maresciallo *m* Feldwebel *m*.

marginale *agg* Rand-, Grenz-.

marginalismo *m* (*econ.*) Grenznutzenlehre *f*.

margine *m* Marge *f*, Spanne *f*; **a** – am Rande; – **dell'agente di cambio** Maklerspanne; – **di applicabilità** Anwendungsspielraum *m*; – **di cambio** Kursspanne; – **commerciale** Handelsspanne; – **del commercio al minuto** Einzelhandelsspanne, Kleinhandelsspanne, Verschleißspanne (A); – **di contribuzione** (*econ.*) Deckungsbeitrag *m*; – **di copertura** Deckungsspanne, Deckungsbetrag *m*, (*borsa*) Einschuss *m*, Marge; – **di credito** Kreditspanne; – **del dettagliante** Einzelhandelsspanne, Kleinhandelsspanne, Verschleißspanne (A); – **d'errore** Fehlerspanne; – **di fabbricazione** Verarbeitungsspanne; – **di fluttuazione** Schwankungsbreite *f*; – **di garan-**

zia (*borsa*) Einschuss *m*, Marge; – **del grossista** Großhandelsspanne; – **di guadagno** Verdienstspanne; – **di interesse** Zinsmarge; – **di manovra** Handlungsspielraum *m*; – **del mediatore** Maklerspanne; – **di oscillazione** Schwankungsbreite; – **di prezzo** Preisspanne; – **di produttività** Rentabilitätsgrenze *f*, Leistungsgrenze; – **di profitto** Gewinnspanne; – **di redditività** Rentabilitätsgrenze *f*; – **di rendimento** Leitungsgrenze *f*; – **di sicurezza** Sicherheitsspanne, Sicherheitsmarge; – **di utile** Gewinnspanne, Gewinnmarge; – **di utile del commercio** Handelsspanne.

margini *m pl*, **ai – della legalità** am Rande der Legalität; – **di libertà** Freiraum *m*.

marina *f*, – **libera** Trampschiffahrt *f*, Trampfahrt; – **di linea** Linienschiffahrt; – **mercantile** Handelsmarine *f*.

marinaio *m* Seemann *m*.

marito *m* Ehemann *m*; v. CONIUGE.

marittimo *m* Seemann *m*.

marketing *m* Marketing *n*.

marxismo *m* Marxismus *m*.

marxismo-leninismo *m* Marxismus-Leninismus *m*.

marxista *agg* marxistisch.

marxista *m* Marxist *m*.

masnada *f* Bande *f*.

maso chiuso (Alto Adige) geschlossener Hof, Erbhof (Südtirol, Tirol).

massa *f* Masse *f*; – **attiva** Aktivmasse; – **di beni** Vermögensmasse; – **circolante** (*econ.*) Umlaufvermögen *n*; – **dei debiti** Schuldenmasse; – **ereditaria** Erbmasse, Nachlassmasse, Nachlass *m*, Verlassenschaft *f* (A), Verlassenschaftsmasse (A); – **fallimentare** Insolvenzmasse, Konkursmasse; – **fiduciaria** (*banca*) Einlagesumme; – **monetaria** Geldvolumen *n*; – **passiva** Schuldenmasse; – **patrimoniale** Vermögensmasse; – **restante** Restmasse; – **da ripartire** Teilungsmasse; – **di rispetto** (*banca*) Rücklagevermögen.

massacro *m* Gemetzel *n*.

masse *fpl* **popolari** Volksmassen *f pl*.

massima *f* Leitsatz *m* (*eines Urteils*); **in linea di –** grundsätzlich; – **d'esperienza** Erfahrungsgrundsatz *m*; – **legale** Rechtsmaxime *f*; – **d'ufficio** Amtsgrundsatz *m*; v. a. PRINCIPIO.

massimale *m* Höchstgrenze *f*; – **di copertura** (*ass*) Haftungshöchstgrenze; – **di credito** Kredithöchstgrenze; – **di garanzia** Maximalgarantie *f*; v. a. LIMITE, MASSIMO.

massimario *m* Leitsatzsammlung *f*, Entscheidungssammlung.

massimizzazione *f* Maximierung *f*; – **del profitto** Gewinnmaximierung.

massimo *m*, – **d'assunzione** (*ass*) Zeichnungsgrenze *f*; – **edittale** (*della pena*) gesetzlich vorgesehene Höchststrafe; – **della pena** Höchststrafe.

mastro *m*, – **generale** Hauptbuch *n*.

matematica *f*, – **attuariale** Versicherungsmathematik *f*; – **finanziaria** Finanzmathematik.

materia *f* Sache *f*, Sachgebiet *n*, Gebiet; **competente in –** fachkundig; **competente per –** sachlich zuständig; – **ausiliaria** Hilfsstoff *m*; – **di brevetti** Patentsache; – **civile** Zivilsache; – **commerciale** Handelssache; – **complementare** Nebenfach *n*, Wahlfach; – **del contendere** Streitgegenstand *m*, Streitsache, Streitobjekt *n*, streitbefangener Gegenstand; – **contenziosa** Streitsache; – **d'esame** Prüfungsfach; – **esplodente** Sprengstoff *m*; – **facoltativa** (*scuola*) Wahlfach *n*; – **giuridica** Rechtsstoff *m*; – **di giurisdizione volontaria** Sache der freiwilligen Gerichtsbarkeit, Außerstreitsache (A), außerstreitige Sache (A); – **di imposte** Steuersache; – **infiammabile** nicht brennbares Material; – **d'insegnamento** Unterrichtsfach; – **di lavoro** Arbeitssache; – **litigiosa** Streitsache; – **obbligatoria** Pflichtfach *n*; – **penale** Strafsache; – **plastica** Kunststoff; – **prima**

Rohstoff *m*; – **del processo** Prozessstoff *m*; – **tributaria** Steuersache.

materiale *m*, – **bellico** Kriegsmaterial *n*, kriegswichtiges Material; – **a carico** Belastungsmaterial; – **informativo,** – **d'informazione** Informationsmaterial; – **di lavoro** Arbeitsstoff *m*, Arbeitsmaterial; – **probatorio** Beweismaterial; – **pubblicitario** Werbematerial; – **rotabile** rollendes Material.

materiali *m pl* **di riferimento** Referenzmaterialien.

materialismo storico historischer Materialismus, materialistische Geschichtsauffassung.

maternità *f* Mutterschaft *f*.

matrice *f* Mutterrolle *f*, Stamm *m*, Stammleiste *f*, Leiste, Stammabschnitt *m*; – **dell'assegno** Scheckleiste.

matricidio *m* Muttermord *m*.

matricola *f* Mutterrolle *f*, Stammrolle, Eintragsrolle, Matrikel *f*, Matrik *f* (A =).

matrigna *f* Stiefmutter *f*.

matrimonio *m* Ehe *f*, Eheschließung *f*, Heirat *f*, **celebrare il** – die Ehe schließen; **consumare il** – die Ehe vollziehen; **contrarre** – die Ehe schließen, die Ehe eingehen; **contrarre – morganatico** zur linken Hand heiraten; **nato fuori dal** – außerehelich; – **annullabile** anfechtbare Ehe; – **apparente** Scheinehe; – **civile** Zivilehe *f*, standesamtliche Ehe, zivilstandesamtliche Trauung (S); – **concordatario** Konkordatsehe (im Konkordat zwischen der römischen Kirche und dem italienischen Staat vorgesehene kirchliche Trauung mit standesamtlicher Wirkung); – **consumato** vollzogene Ehe; – **disfatto** zerrüttete Ehe; – **di fatto** eheähnliche Lebensgemeinschaft *f*; – **fittizio** Namensehe, Scheinehe; – **illecito** rechtswidrige Ehe; – **inesistente** Nichtehe; – **invalido** ungültige Ehe; – **della mano sinistra** Ehe zur linken Hand; – **di minorenni** Frühehe; – **misto** Mischehe; – **morganatico** morganatische Ehe, Ehe zur linken Hand; – **nullo** richtige Ehe; – **per procura** Handschuhehe; – **putativo** Putativehe; – **rato e non consumato** geschlossene und nicht vollzogene Ehe; – **religioso** kirchliche Trauung; – **simulato** Scheinehe; – **susseguente** nachfolgende Eheschließung; – **d'urgenza** Nottrauung.

matura, (*causa*) – **per decisione** entscheidungsreif; – **per essere rimessa al collegio** kammerreif, verhandlungsreif.

maturando *m* Abiturient *m*, Maturand *m* (A).

maturare (*interessi*) auflaufen, anfallen.

maturato *agg* fällig; aufgelaufen, anerlaufen (A), erlaufen (S).

maturazione *f* Fälligkeit *f*.

maturità *f* Reife *f*, Matura *f* (A =), Maturität *f* (S †).

maxi-processo *m* Großverfahren *n*.

mazzo *m* **di banconote** Banknotenbündel *n*.

meccanica *f* **dell'incidente** Unfallhergang *m*.

meccanismi *m pl*, – **economici** wirtschaftliche Mechanismen *m pl*; – **del mercato** Marktmechanismen.

meccanismo *m*, – **di compensazione** Ausgleichseinrichtung *f*; – **di controllo** Kontrollmechanismus *m*; – **di fondo** Grundmechanismus; – **di funzionamento** Funktionsmechanismus; – **di sviluppo** Entwicklungsmechanismus.

medaglia *f*, – **commemorativa** Erinnerungsmedaille *f*, Erinnerungszeichen *n*; – **di presenza** Sitzungsgeld *n*; Anwesenheitsgeld.

media *f* Durchschnitt *m*, Mittel *n*; – **annua** Jahresdurchschnitt; – **aritmetica** rechnerischer Durchschnitt; – **armonica** harmonisches Mittel; – **complessiva** Gesamtdurchschnitt; – **giornaliera** Tagesdurchschnitt; – **mensile** Monatsdurchschnitt, Monatsmittel *n*, – **ponderata** gewogener Durchschnitt; – **dei prezzi** Preisdurchschnitt; – **retributiva,** –

della retribuzione Verdienstdurchschnitt, durchschnittlicher Verdienst *m*; – **dei salari** Lohndurchschnitt; – **del settore** Branchendurchschnitt; – **trimestrale** Vierteljahresdurchschnitt; – **della vita** Durchschnittslebensalter *n*.

mediatore *m* (1) (*in generale*) Vermittler *m*; (2) (*professionale*) Makler *m*, Vermittlungsagent *m*; – (3) (*del Parlamento Europeo*) Bürgerbeauftragter *m*, Ombudsman *m*; – **d'affari** Handelsmakler; – **di assicurazioni** Versicherungsmakler; – **di assicurazioni marittime** Seeversicherungsmakler; – **di borsa** (*che non opera nel recinto delle grida*) Kulissier *m*; – **di commercio** Handelsmakler; – **immobiliare** Immobilienmakler; – **iscritto** eingetragener Makler; – **libero** freier Makler, Privatmakler; – **occasionale** Gelegenheitsvermittler; – **di pace** Friedensvermittler; – **patentato,** – **pubblico** amtlich zugelassener Makler; – **di riassicurazioni** Rückversicherungsmakler; v. a. AGENTE, INTERMEDIARIO, SENSALE.

mediazione *f* Vermittlung *f*, (*affari*) Geschäftsvermittlung *f*; (*provvigione*) Maklergebühr *f*, Maklerlohn *m*, Courtagegebühr, Courtage *f*; – **abusiva nel collocamento della mano d' opera** unerlaubte Arbeitsvermittlung; – **professionale** gewerbsmäßige Vermittlung.

medicina *f* Medizin *f*; – **assicurativa** Versicherungsmedizin; – **forense** Gerichtsmedizin; – **infortunistica** Unfallmedizin; – **del lavoro** Arbeitsmedizin *f*; – **legale** Gerichtsmedizin, Rechtsmedizin; – **soziale** Sozialmedizin.

medicinale *m* Arzneimittel *n*.

medico *m* Arzt *m*; – **aziendale** Betriebsarzt *m*, – **di bordo** Schiffsarzt; – **condotto** Gemeindearzt; – **convenzionato** Kassenarzt; – **curante** behandelnder Arzt; – **di fabbrica** Betriebsarzt; – **fiscale** Amtsarzt; – **legale** Gerichtsarzt; – **della mutua** Kassenarzt; Vertrauensarzt; – **provinciale** Provinzialarzt; – **scolastico** Schularzt; – **specialista** Facharzt; – **specialista in medicina legale** Arzt für Rechtsmedizin.

mediocredito *m* mittelfristiger Kredit *m*.

meglio, al – bestens, (*per il compratore, anche*:) billigst.

membro *m* Mitglied *n*; **non** – Nichtmitglied; – **aggiunto** beigeordnetes Mitglied; – **associato** angeschlossenes Mitglied, assoziiertes Mitglied; – **attivo** aktives Mitglied, Aktivmitglied; – **della commissione** Ausschussmitglied; – **della commissione interna** Betriebsmitglied; – **della comunione domestica** (S) Familiengenosse *m* (S); – **del consiglio** Ratsmitglied; – **del consorzio** Konsortialmitglied; – **consultivo** beratendes Mitglied; – **cooptato** zugewähltes Mitglied; – **della delegazione** Delagationsmitglied; – **di diritto** Mitglied kraft Amtes; – **effettivo** Vollmitglied; – **elettivo** wählbares Mitglied; – **della famiglia** Familienmitglied, Familienglied (S); – **fondatore** Gründungsmitglied; – **del gabinetto** Kabinettsmitglied, Regierungsmitglied; – **del governo** Regierungsmitglied; – **del gruppo** (*parlamentare*) Fraktionsmitglied; – **iscritto** eingeschriebenes Mitglied; – **della missione** Missionsangehöriger; – **obbligatorio** Pflichtmitglied; – **onorario** Ehrenmitglied; – **originario** Stammmitglied; – **del parlamento** Parlamentsmitglied; – **permanente** ständiges Mitglied, Stammmitglied; – **del senato** Senatsmitglied; – **straordinario** außerordentliches Mitglied; – **supplente** stellvertretendes Mitglied, Ersatzmitglied, Ergänzungsmitglied; – **dell'unione** Unionsmitglied; – **uscente** ausscheidendes Mitglied; v. a. SOCIO.

memorandum *m* **d'intesa** Vereinbarungsprotokoll *n*.

memoria *f* (1) Denkschrift *f*; (2) (*dir. proc.*) Schriftsatz *m*, Rechtsschrift *f*

(S); (3) (*inf*) Speicher *m*; **a futura** – zur Beweissicherung; – **autorizzata** zugelassener Schriftsatz; – **di costituzione** Einlassungsschrift; – **dati** (*inf*) Datenspeicher; – **difensiva** Verteidigungsschrift; – **di parte** Parteischriftsatz; – **di replica** Erwiderungsschrift.
memoriale *m* Denkschrift *f*.
memorizzare (*dati*) speichern, abspeichern
memorizzazione *f* (*dei dati*) Speicherung *f*, Abspeichern *n*; – **dei dati** Datenspeicherung.
mendicante *m* Bettler *m*.
mendicità *f* Bettelei *f*, Betteln *n*, Bettelwesen *n*.
mendico *m* Bettler *m*.
mene *f pl* Machenschaften *pl*, Umtriebe *pl*, – **elettorali** Wahlumtriebe; – **segrete** geheime Machenschaften, geheime Umtriebe.
meno abzüglich.
menomato *agg* behindert.
menomazione *f* Behinderung *f*; – **fisica** körperliche Behinderung *f*.
mensile *m* (*stipendio*) Monatsgehalt *n*.
mensilità *f* (1) (*rata mensile*) Monatsrate *f*; (2) (*stipendio mensile*) Monatsgehalt N; **tredicesima** – dreizehntes Monatsgehalt.
mentalità *f* Mentalität *f*; – **consumistica** Konsumdenken *n*.
mente, debole di – geistesschwach; **infermo di** –, **malato di** – geisteskrank; **sano di** – geistig gesund.
menzione *f* Vermerk *m*, Anmerkung *f*; – **di accettazione** Annahmevermerk; – **nel casellario giudiziale** Vermerk im Strafregister; – **di accettazione** Annahmevermerk; – **del domicilio** Domizilvermerk; – **onorevole** ehrenvolle Erwähnung; V. A. CLAUSOLA, VISTO.
mercante *m* Händler *m*; – **di schiavi** Sklavenhändler.
mercanteggiamento *m* Kuhhandel *m*, Feilschen *n*.
mercanteggiare feilschen.
mercantilismo *m* Merkantilismus *m*, Merkantilsystem *n*.
mercantilista, mercantilistico *agg* merkantilistisch.
mercantilista *m* Merkantilist *m*.
mercanzia *f* Handelsware *f*, Handelsgut *n*.
mercatino *m* (*borsa*) geregelter Freiverkehr *m*.
mercatistica *f* Absatzkunde *f*.
mercato *m* Markt *m*; **ampio** – breiter Markt; **aprire un** – **nuovo** einen neuen Markt erschließen; **a buon** – billig; **conquistare un** – einen Markt erobern; **controllare il** – den Markt beherrschen; **creare un** – einen Markt schaffen; **deprimere il** – den Markt drücken; **dominare il** – den Markt beherrschen; **inondare il** – den Markt überschwemmen; **introdurre sul** – am Markt einführen; **invadere il** – den Markt überschwemmen; **lanciare sul** –, **portare sul** – auf den Markt bringen; **ritirare dal** – vom Markt nehmen; **sondare il** – den Markt abtasten; **terzo** – (*borsa*) ungeregelter Freiverkehr *m*; **vasto** – breiter Markt; – **delle abitazioni** Wohnungsmarkt; – **di acquirenti** Käufermarkt; – **agrario,** – **agricolo** Agrarmarkt, Landwirtschaftsmarkt; – **degli alloggi** Wohnungsmarkt; – **animato** lebhafter Markt; – **aperto** offener Markt; – **assicurativo** Versicherungsmarkt; – **attivo** lebhafter Markt; – **aureo** Goldmarkt; – **azionario** Aktienmarkt; – **di borsa,** – **borsistico** Börsenmarkt; – **calmo** ruhiger Markt; – **dei cambi** Devisenmarkt, Sortenmarkt; – **dei capitali** Kapitalmarkt; – **chiuso** geschlossener Markt; – **clandestino** schwarzer Markt, Schwarzmarkt, Schwarzhandel *m*, Schleichhandel; – **comune** gemeinsamer Markt; – **comune agricolo** (CEE) gemeinsamer Agrarmarkt; – **comune europeo (MEC)** Gemeinsamer Europäischer Markt (GEM); – **comune nucleare** gemeinsamer Markt auf dem Gebiet der Kernenergie; – **concorrenziale** Wettbewerbsmarkt; – **di**

consumo Verbrauchermarkt; – **a contanti** Kassamarkt; – **coperto** Markthalle *f*; – **cotoniero** Baumwollbörse *f*; – **creditizio,** – **del credito** Kreditmarkt; – **debole** schwacher Markt; – **depresso** gedrückter Markt; – **disciplinato** (1) geordneter Markt; (2) bewirtschafteter Markt; – **del disponibile** Lokomarkt, Kassamarkt; – **delle divise** Devisenmarkt, Sortenmarkt; – **edilizio** Baumarkt; – **d'emissione** Ausgabenmarkt; – **dell'energia** Energiemarkt; – **d'esportazione** Ausfuhrmarkt, Exportmarkt; – **estero** Auslandsmarkt; – **dell'eurodollaro** Eurodollarmarkt; – **europeo** europäischer Markt; – **fermo** fester Markt; – **fiacco** lustloser Markt, flauer Markt; – **finanziario** Kapitalmarkt, Finanzmarkt (S =); – **fondiario** Grundstücksmarkt; – **grigio** grauer Markt; – **immobiliare** Grundstücksmarkt, Immobilienmarkt; – **inattivo** lustloser Markt, flauer Markt; – **internazionale** Weltmarkt; – **interno** Inlandsmarkt, Binnenmarkt; – **irregolare** uneinheitlicher Markt; – **languido** lustloser Markt, flauer Markt; – **del lavoro** Arbeitsmarkt, Stellenmarkt; – **libero** freier Markt, Freimarkt, (*al di fuori del recinto delle grida*) Kulisse *f*, Freiverkehr *m*; – **libero dello sconto** Privatdiskontmarkt; – **locale** lokaler Markt; – **delle locazioni** Wohnungsmarkt; – **della mano d'opera** Arbeitsmarkt; – **delle materie prime** Rohstoffmarkt; – **mobiliare** Wertpapiermarkt; – **mondiale** Weltmarkt; – **mondiale dei prodotti agricoli** Weltagrarmarkt; – **monetario** Geldmarkt; – **nazionale** Inlandsmarkt, Binnenmarkt, einzelstaatlicher Markt; – **nero** schwarzer Markt, Schwarzmarkt, Schwarzhandel *m*, Schleichhandel; – **dei noli** Frachtbörse *f*, Frachthandel *m*, Chartermarkt; – **d'oltremare** überseeischer Markt, Überseemarkt; – **dell'oro** Goldmarkt; – **poco animato** ruhiger Markt; – **preborsistico** Vorbörse *f*; – **dei prestiti obbligazionari** Anleihemarkt; – **privato** freier Markt, Freimarkt, (*al di fuori del recinto delle grida*) Kulisse *f*, Freiverkehr *m*; – **a pronti,** – **del pronto** Spotmarkt, Lokomarkt, Kassamarkt; – **di prova** Testmarkt; – **pubblico** öffentlicher Markt; – **regionale** Regionalmarkt; – **resistente** widerstandsfähiger Markt; – **della ricchezza mobiliare,** – **del risparmio** Kapitalmarkt; – **ristretto** beschränkter Markt, enger Markt, (*borsa*) Freiverkehr *m*; – **saturo** gesättigter Markt; – **di sbocco** Absatzmarkt; – **dello sconto** Diskontmarkt; – siderurgico Eisen- und Stahlmarkt; – **soprassaturo** übersättigter Markt; – **sostenuto** fester Markt; – **a termine** Terminmarkt, Terminbörse *f*; – **a termine delle divise** Devisenterminmarkt; – **dei titoli a reddito fisso** Rentenmarkt; – **ufficiale** amtlicher Markt; – **unico** einheitlicher Markt; – **unico europeo** europäischer Binnenmarkt; – **dei valori mobiliari** Wertpapiermarkt, Effektenmarkt; – **di vendita** Absatzmarkt; – **di venditori** Verkäufermarkt; – **di voto** Stimmenkauf *m*; v. a. BORSA.

merce *f* Ware *f*, Gut *n*, Handelsware; – **avariata** beschädigte Ware; – **a contanti** Lokoware; – **contrabbandata,** – **di contrabbando** Schmuggelware, Schmuggelgut, Bannware, Banngut; – **daziata** verzollte Ware; – **deperibile** verderbliche Ware; – **depositata** Lagergut; – **deteriorata** beschädigte Ware; – **a dogana** Zollgut, zollpflichtige Ware; – **esente da dazio** zollfreie Ware, Freigut; – **esportata,** – **d'esportazione** Ausfuhrware, Exportware; – **flottante** schwimmende Ware; – **in franchigia** zollfreie Ware, Freigut; – **importata,** – **d'importazione** Einfuhrware, Importware; – **ingombrante** Sperrgut; – **a licenza** einfuhrgenehmigungspflichtige

Ware; – **in magazzino,** – **in monte** Lagerware, Lagergut; – **nazionalizzata** verzollte Einfuhrware; – **pericolosa** Gefahrgut, gefährliches Gut; – **pignorata** gepfändete Ware; – **di prima scelta** Ware erster Wahl; – **di prim'ordine** erstklasse Ware; – **di qualità** Qualitätsware; – **di qualità corrente** Durchschnittsware; – **di ritorno** Rückware, Retourware; – **sana, leale e mercantile,** – **sana e mercantile** Handelsgut, Merkantilware, gut Mittel, Handelsgut mittlerer Art und Güte; – **scarsa** Mangelware; – **di scarto** fehlerhafte Ware, minderwertige Ware, Ausschussware; – **schiava di dazio** Zollgut, zollpflichtige Ware; – **sdoganata** verzollte Ware; – **spedita in conto deposito** Konsignationsgut, Konsignationsware; – in transito Transitgut, Durchfuhrgut, Durchgangsware; – **viaggiante,** – **in viaggio** unterwegs befindliche Ware; – **vincolata alla dogana,** – **sotto vincolo doganale** zollpflichtige Ware, Zollgut; v. a. MERCI.

mercede *f* Entgelt *n*, Arbeitsentgelt, Lohn *m*; **giusta** – gerechter Lohn; v. a. COMPENSO, RETRIBUZIONE.

merceologia *f* Warenkunde *f*.

merchandising *m* Merchandising *n*.

merci *f pl*, – **ingombranti** sperrige Güter; – **in magazzino** Warenbestand *m*, Warenvorrat *m*; – **di massa** Massengüter *pl*; – **in monte** Warenbestand *m*, Warenvorrat *m*; – **pericolose** gefährliche Güter, gefahrbringende Güter; – **alla rinfusa** Sturzgüter; – **di ritorno** Retouren *pl*; – **in transito** Transitwaren; – **urgenti** eilbedürftige Güter; – **voluminose** sperrige Güter; v. a. MERCE.

mercuriale *f* Marktbericht *m*, Preisbericht.

meretrice *f* Prostituierte *f*.

meretricio *m* Prostitution *f*.

merito *m* Sache *f*, Sachverhalt *m*; **decidere nel** – in der Hauptsache entscheiden, zur Hauptsache entscheiden; **giudicare nel** – in der Sache urteilen; **interrogare nel** – zur Sache vernehmen.

mesata *f* Monatsgehalt *n*.

mescolanza *f* Vermischung *f*.

mese *m*, **fine** – Ultimo *m*; **per fine** – per Ultimo; – **di calendario,** Kalendermonat; – **contributivo** Beitragsmonat; – **corrente** laufender Monat; – **solare** Kalendermonat *m*.

messa *f* (*posta*) Einsatz *m*, Wetteinsatz, Mise *f*; – **in attività** Inbetriebnahme *f*, Inbetriebsetzung *f*, Indienstnahme, Indienststellung; – **in circolazione** Inverkehrbringen *n*; – **fuori commercio** Außerverkehrsetzung *f*; – **fuori corso** Außerkurssetzung *f*, – **a disposizione** Zuverfügungstellung *f*; – **in libertà** Freilassung *f*; – **in mora** Inverzugsetzung *f*; – **in pericolo** Gefährdung *f*; – **fuori servizio** Außerdienststellung; – **in servizio** Indienstnahme *f*, Indienststellung *f*, Inbetriebnahme, Inbetriebsetzung; – **in stato di accusa** Versetzung in den Anklagestand; – **in valore** (*di brevetti ecc.*) Auswertung *f*; – **in vigore** Inkraftsetzung *f*.

messaggio *m* Botschaft *f*; – **alle Camere** Botschaft an beide Kammern (des Parlaments); – **complementare** (S) Nachtragsbotschaft (S); – **di pace** Friedensbotschaft; – **al parlamento** Botschaft an das Parlament; – **promozionale,** – **pubblicitario** Werbebotschaft.

messo *m* Bote *m*; – **comunale** Gemeindediener *m*; – **di conciliazione** Zustellungsbeamter des Schiedsmanns; – **notificatore** Zustellungsbeamter *m*.

mestiere *m* Gewerbe *n*, Handwerk *n*; – **ambulante,** – **girovago** Reisegewerbe; – **rumoroso** lärmerzeugendes Gewerbe.

metallo *m* **monetabile** Münzmetall *n*.

metallurgico *m* (*operaio*) Metallarbeiter *m*.

metalmeccanico *m* (*operaio*) Metallarbeiter *m*, Arbeiter der Metall- und Maschinenbauindustrie.

metanodotto *m* Erdgasleitung *f*.

metodo *m* Methode *f*; – **adottato** angewandte Methode; – **d'ammortamento** Abschreibungsmethode *f*, Tilgungsart; – **di calcolo** Berechnungsverfahren; – **comparativo** vergleichende Methode; – **di lavoro** Arbeitsmethode; – **operativo** Betriebsverfahren *n*, Betriebsweise *f*; – **di valutazione** Bewertungsmethode.

metropolitano *agg* mutterländisch.

mezzadria *f* Halbpacht *f*.

mezzadro *m* Halbpächter *m*, Halbscheidpächter.

mezzana *f* Kupplerin *f*.

mezzi *m pl* Mittel *pl*; **disporre di** – über Mittel verfügen; – **di altri,** – **altrui** Fremdmittel *pl*; – **anticoncezionali** empfängnisverhütende Mittel; – **di copertura** (*finanziaria*) Deckungsmittel; – **di difesa** Verteidungsmittel *pl*; – **di diretta pertinenza** eigene Mittel, Eigenmittel; – **disponibili** verfügbare Mittel; – **finanziari,** – **monetari** Geldmittel *pl*; – **illeciti** unerlaubte Mittel; – **d'investimento** Investitionsmittel; – **di lavoro** Arbeitsmittel; – **produttivi,** – **di produzione** Produktionsmittel *pl*; – **propri** eigene Mittel, Eigenmittel *pl*; – **pubblici** (*di trasporto*) öffentliche Verkehrsmittel; – **di sostentamento,** – **di sussistenza** Mittel zur Bestreitung des Lebensunterhalts, Unterhaltsmittel *pl*, Subsistenzmittel, Existenzmittel; – **sufficienti** ausreichende Mittel; – **di terzi** Fremdmittel.

mezzo *m* Mittel *n*; – **accumulatore del valore** (*moneta*) Wertaufbewahrungsmittel; – **bellico** Kriegsmittel, Kampfmittel; – **coattivo,** – **coercitivo** Zwangsmittel; – **di comunicazione** Kommunikationsmittel; – **di correzione** Zuchtmittel, Züchtungsmittel (S); – **creditizio** Kreditmittel; – **di disciplina** Zuchtmittel, Züchtigungsmittel (S); – **di espropriazione** (*esec. forz.*) Mittel der Zwangsveräußerung; – **di finanziamento** Finanzierungsmittel; – **di guerra** Kriegsmittel, Kampfmittel; – **di impugnazione** Rechtsmittel; – **d'impugnazione devolutivo,** – **d'impugnazione con effetto devolutivo** Rechtsmittel mit Devolutivwirkung; – **d'impugnazione non devolutivo** Rechtsmittel ohne Devolutivwirkung; – **d'impugnazione ordinario** ordentliches Rechtsmittel; – **d'impugnazione straordinario** außerordentliches Rechtsmittel; – **d'informazione** Informationsmittel; – **intimidatorio,** – **d'intimidazione** Entschüchterungsmittel; – **orientativo** Orientierungsmittel; – **di pagamento** Zahlungsmittel, Zahlungsinstrument *n*; – **di produzione** Produktionsmittel; – **di prova** Beweismittel; – **pubblicitario** Werbemittel, Werbeträger *m*; – **di scambio** Tauschmittel; – **sostitutivo del denaro** Geldersatzmittel, Geldsurrogat *n*; – **di trasmissione del valore** (*moneta*) Werttransportmittel; – **di trasporto** Transportmittel, Beförderungsmittel; v. a. MEZZI.

microcriminalità *f* Kleinkriminalität *f*.

microdelinquenza *f* Kleinkriminalität *f*.

microeconomia *f* Mikroökonomie *f*.

microeconomico *agg* mikroökonomisch.

microfiche *f* (*microscheda*) Mikrofiche.

microprocessore *m* (*inf*) Mikroprozessor *m*

microscheda *f* Mikrofiche.

miglioramento *m* Besserung *f*, Verbesserung *f*, Aufbesserung, (*fondiario*) Melioration *f*; – **fondiario** Bodenmelioration, Bodenverbesserung; – **della qualità di vita** Verbesserung der Lebensqualität; – **della quota** (*borsa*) Kursanstieg, Kursverbesserung; – **retributivo** Lohnaufbesserung; – **di salario** Lohnaufbesserung; – **di stipendio** Gehaltsaufbesserung; – **del tenore di vita** Hebung der Lebenshaltung.

miglioria *f* v. miglioramento.

migrazione *f* Wanderung *f*; – **interna** Binnenwanderung, innere Wanderung; – **dei popoli** Völkerwanderung.
militante *m* Aktivist *m*.
militare *m* Soldat *m*, Wehrmann *m* (S); – **di carriera** Berufssoldat *m*; – **in congedo** Reservist; – **in congedo richiamato** einberufener Reservist; – **di leva** Wehrpflichtiger *m*.
militarismo *m* Militarismus *m*.
militarista *m* Militarist *m*.
militarizzare militarisieren.
militarizzazione *f* Militarisierung *f*.
milizia *f* Miliz *f*, – **civica** Bürgerwehr *f*; – **locale** Einwohnerwehr *f*; – **privata** private militärische Einheit; – **volontaria** Freiwilligen verband *m*.
millesimi *mpl* (*condominio*) Wohneigentumsanteile *mpl* (*ausgedrückt in Tausendstel*)
minaccia *f* Drohung *f*, Furchterregung *f* (S =); – **globale** globale Bedrohung *f*; – **di guerra** Kriegsdrohung; – **per la pace** Bedrohung des Friedens, Friedensbedrohung; – **di sciopero** Streikdrohung.
minacciare bedrohen.
minatore *m* Bergarbeiter *m*.
miniera *f* Bergwerk *n*.
minimale *m* Mindestbetrag *m*; – **retributivo** Mindestentlohnung *f*.
minimizzazione *f* **del costo** Kostenminimierung *f*.
minimo *m*, – **di cottimo** Akkordmindestsatz; – **edittale** (*della pena*) gesetzliche Mindeststrafe *f*; – **di mezzi di sussistenza** Existenzminimun *n*; – **di nolo** Mindestfracht *f*; – **della pena** Mindeststrafe; – **di retribuzione** Mindestentlohnung; – **di salario** Lohnminimum *n*, Mindestlohn *m*; – **tabellare** tariflicher Mindestlohn; – **di trattamento economico** Lohnminimum *n*; – **vitale** Existenzminimum *n*, Notbedarf *m*.
miniriforma *f* Minireform *f*.
ministeriale *agg* ministeriell.
ministero *m* Ministerium *n*; (*governo*) Kabinett *n*; **pubblico** – Anklagebehörde *f*, Staatsanwaltschaft *f*; **rimaneggiare il –, rimpastare il –** die Regierung umbilden; – **degli affari di culto** Kultusministerium; – **degli affari esteri** Außenministerium; – **dell'agricoltura** Landwirtschaftsministerium; – **dell'agricoltura e delle foreste** Ministerium für Landwirtschaft und Forsten; – **dell'ambiente** Umweltministerium; – **per i beni culturali e ambientali** Ministerium für Kulturgut und Umwelt; – **del bilancio e della programmazione economica** Ministerium für Haushalt und Wirtschaftsplanung; – **delle comunicazioni** Ministerium für Kommunikation; – **del commercio** Handelsministerium; – **del commercio con l'estero** Außenhandelsministerium; – **competente** Fachministerium; zuständiges Ministerium; – **della difesa** Verteidigungsministerium; – **degli esteri** Außenministerium, Auswärtiges Amt (D), Außenamt *n* (A); – **federale** Bundesministerium; – **delle finanze** Finanzministerium; – **della giustizia,** – **di grazia e giustizia** Justizministerium; – **della guerra** Kriegsministerium; – **dell'industria, del commercio e dell'artigianato** Ministerium für Industrie, Handel und Handwerk; – **dell'interno** Innenministerium; – **del lavoro** Arbeitsministerium; – **del lavoro e della previdenza sociale** Ministerium für Arbeit und Sozialordnung; – **dei lavori pubblici** Ministerium für öffentliche Arbeiten; – **della marina mercantile** Ministerium für Handelsschifffahrt; – **delle partecipazioni statali** Ministerium für staatliche Beteiligungen; – **per le politiche agricole** Ministerium für Agrarpolitik; – **della pubblica istruzione** Unterrichtsministerium; – **pubblico della Confederazione** (S) Bundesanwaltschaft *f*; – **della sanità** Gesundheitsministerium; – **di Stato** Staatsministerium; – **tecnico** Fachministerium; – **del Tesoro**

Schatzministerium; – **di transizione** Übergangskabinett; – **dei trasporti e della navigazione** Ministerium für Verkehr und Schifffahrt; – **dell' Università e della ricerca scientifica e tecnologica** Ministerium für Hochschulen und Wissenschafts- und Technologieforschung.

ministro *m* Minister *m*; **Primo** – Premierminister; – **per gli affari di culto** Kultusminister; – **per gli affari esteri** Außenminister; – **per l'agricoltura** Landwirtschaftsminister; – **del bilancio** Haushaltsminister, Budgetminister; – **per il commercio** Handelsminister; – **per il commercio con l'estero** Außenhandelsminister; – **competente** Ressortminister; – **di culto** Geistlicher *m*; – **per la difesa** Verteidigungsminister; – **degli esteri** Außenminister; – **federale** Bundesminister; – **per il lavoro** Arbeitsminister; – **plenipotenziario** bevollmächtigter Minister, Gesandter *m*; – **senza portafoglio** Minister ohne Portefeuille, Minister ohne Geschäftsbereich; – **della pubblica istruzione** Unterrichtsminister; – **residente** Ministerresident *m*; – **per la sanità** Gesundheitsminister; – **segretario di Stato** Minister mit Geschäftsbereich; – **di Stato** Staatsminister; – **del Tesoro** Schatzminister; – **dei trasporti** Verkehrsminister.

minoranza *f* Minderheit *f*, Minorität *f*; **andare in** – (*pol*) in die Minderheit geraten; **essere in** – in der Minderheit sein; **mettere in** – majorisieren, überstimmen; – **azionaria** Aktienminderheit; – **di blocco** Sperrminorität; – **confessionale** konfessionelle Minderheit; – **etnica** völkische Minderheit; – **linguistica** Sprachminderheit, sprachliche Minderheit; – **nazionale** nationale Minderheit, völkische Minderheit; – **parlamentare** Minderheit im Parlament; – **razziale** Rassenminderheit; – **religiosa** religiöse Minderheit.

minorato *m* Behinderter *m*; – **fisico** Körperbehinderter; – **psichico** geistig Behinderter.

minore *agg* minderjährig, unmündig, (*fra i 14 e i 18 anni*) jugendlich.

minore *m* Minderjähriger *m*, Unmündiger *m*, (*degli anni* 14) Kind *n*, (*fra gli anni 14 e gli anni 18*) Jugendlicher; – **assistito** Fürsorgezögling *m*, von der Fürsorge betreutes Kind; – **delinquente** jugendlicher Straftäter; – **moralmente abbandonato** verwahrlostes Kind.

minorenne *agg* v. minore.

minorenne *m* v. minore.

minusvalenza Minderwert *m*, Wertminderung *f*.

minuta *f* (1) Urschrift *f*; (2) Konzept *n*, Entwurf *m*.

minuto, al – im Einzelhandel.

miracolo *m* **economico** Wirtschaftswunder *n*.

misfatto *m* Untat *f*, Übeltat, Frevel *m*.

missione *f* Mission *f*, Auftrag *m*; – **accreditata** beglaubigte Mission; – **commerciale** Handelsmission; – **diplomatica** diplomatische Mission; – **di fiducia** Vertrauensmission; – **militare** Militärmission; – **segreta** geheime Mission, geheimer Auftrag; – **speciale** Sondermission, Sonderauftrag; – **straordinaria di controllo** (CE) besondere Untersuchungsgruppe; – **umanitaria** humanitärer Auftrag.

misura *f* Maßnahme *f*; – **di accompagnamento** begleitende Maßnahme; – **di adattamento** Anpassungsmaßnahme; – **alternativa** alternative Maßnahme; – **amministrativa** Verwaltungsmaßnahme; – **amministrativa di sicurezza** (*dir. pen.*) Maßregel der Sicherung; – **anticongiunturale** konjunkturdämpfende Maßnahme; – **antiinflazionistica** antiinflationäre Maßnahme; – **arbitraria** Willkürmaßnahme; – **di boicottaggio** Boykottmaßnahme; – **cautelare** vorsorgliche Maßnahme, vorbeugende Maßnahme; – **cautelare coercitiva** (*proc. pen.*) vorbeugende Zwangsmaßnahme; – **cautelare in-**

terdittiva (*proc. pen.*) vorbeugende Verbotsanordnung *f*; – **coercitiva,** – **di coercizione** Zwangsmaßnahme; – **congiunturale** konjunkturpolitische Maßnahme; – **conservativa** Sicherungsmaßnahme; – **di contingentamento** Kontingentierungsmaßnahme; – **di coordinamento** Koordinierungsmaßnahme; – **correttiva** Korrektivmaßnahme; – **deflatoria** deflatorische Maßnahme; – **di difesa** Abwehrmaßnahme; – **dirigistica** Lenkungsmaßnahme, Planungsmaßnahme; – **disciplinare** Disziplinarmaßnahme; – **discriminante** diskriminierende Maßnahme, Diskriminierungsmaßnahme; – **drastica** drastische Maßnahme; – **eccezionale,** – **d'eccezione** Ausnahmemaßnahme; – **d'economia** Sparmaßnahme; – **educativa** Erziehungsmaßnahme; (*dir. pen.*) Erziehungsmaßregel *f*; – **di emergenza** Notmaßnahme; – **di favore** begünstigende Maßnahme, Begünstigungsmaßnahme; – **fiscale** steuerliche Maßnahme; – **di forza** Gewaltmaßnahme; – **ad hoc** Ad-hoc-Maßnahme; – **innovativa** Innovationsmaßnahme; – **interdittiva** Verbotsmaßnahme; – **d'intervento** Interventionsmaßnahme; – **di liberalizzazione** Liberalisierungsmaßnahme; – **della pena** Strafmaß *n*, Strafausmaß (A); – **di polizia** polizeiliche Maßnahme, Polizeimaßnahme, Polizeimaßregel *f*; – **precauzionale** vorbeugende Maßnahme; – **preferenziale** begünstigende Maßnahme, Begünstigungsmaßnahme; – **pregiudizievole** benachteiligende Maßnahme; – **preventiva,** – **di prevenzione** vorbeugende Maßnahme, Vorbeugungsmaßnahme; – **proibitiva** Verbotsmaßnahme; – **protettiva,** – **di protezione** Schutzmaßnahme; – **di pubblica sicurezza** Polizeimaßnahme, polizeiliche Maßnahme; – **punitiva** Strafmaßnahme; – **di quarantena** Quarantänemaßnahme; – **radicale** durchgreifende Maßnahme, einschneidende Maßnahme; – **di rappresaglia** Vergeltungsmaßnahme; – **di razionalizzazione** Rationalisierungsmaßnahme; – **repressiva** Unterdrückungsmaßnahme; – **restrittiva** restriktive Maßnahme, einschränkende Maßnahme; – **rieducativa** Erziehungsmaßregel; – **di rigore** Härtemaßnahme; – **di risanamento** Sanierungsmaßnahme; – **del risarcimento** Schadensersatzumfang *m*, Schadenshöhe *f*; – **di salvaguardia** Schutzmaßnahme, Sicherungsmaßnahme; – sanitaria Gesundheitsmaßnahme; – **sanzionatoria** Sanktion *f*; – **di sicurezza** (1) Sicherheitsmaßnahme; (2) (*diritto penale*) Maßregel der Sicherung (D), vorbeugende Maßnahme (A), sichernde Maßnahme (S); – **di sicurezza patrimoniale** (*dir. pen.*) vermögensrechtliche Maßregel der Sicherung; – **unilaterale** einseitige Maßnahme; – **d'urgenza** Sofortmaßnahme; – **dei valori** Wertmesser *m*; v. a. PROVVEDIMENTO.

misure *fpl*, **adottare –, prendere –** Maßnahmen treffen, Maßnahmen ergreifen; – **miranti a rafforzare la fiducia (CSCE)** vertrauensbildende Maßnahmen (KSZE).

mitigare mildern.

mitigazione *f* **della pena** Strafmilderung *f*.

mittente *m* Absender *m*, Adressant *m*.

mobile *agg* beweglich.

mobile *m* bewegliches Gut, Fahrnis *f*, Fahrhabe *f* (A, S).

mobili *m pl* (1) Mobilien *pl*, Möbel *pl*; (2) (*voce di bilancio*) Geschäftseinrichtung *f*, Geschäftsausstattung *f*.

mobilia *f* Hausrat *m*.

mobilio *m* v. mobili, mobilia.

mobilità *f* Mobilität *f*; – **del lavoro** Arbeitsmobilität; – **del personale** Fluktuation des Personals, Arbeitsplatzwechsel *m*; – **professionale** berufliche Mobilität.

mobilitare mobilisieren, mobilmachen.

mobilitazione *f* Mobilmachung *f*, Mobilisierung *f*; – **di capitale** Flüs-

sigmachung von Kapital; – **generale** Generalmobilmachung; – **di guerra** (S) Kriegsmobilmachung (S); – **dell'opinione pubblica** Mobilisierung der öffentlichen Meinung; v. a. SMOBILIZZO.
mobilizzare mobilisieren.
mobilizzazione *f* Mobilisierung *f.*
modalità *f* (1) (*modo*) Modalität *f,* Art *f,* Weise *f;* (2) (*condizione*) Bedingung *f,* Bestimmung *f;* – **d'applicazione** Anwendungsbedingung; – **d'attuazione** Durchführungsbestimmung, Durchführungsanordnung; – **di azione** Handlungsweise *f;* – **di elezione** Wahlmodus *m;* – **esecutiva,** – **d'esecuzione** Ausführungsart *f,* Ausführungsverfahren *n;* – **di organizzazione** Organisationsweise; – **di pagamento** Zahlungsbedingung, Zahlungsmodalität; – **di protesto** Protestförmlichkeit *f;* – **di regolamento** Zahlungsbedingung, Zahlungsmodalität; v. a. CONDIZIONE, DISPOSIZIONE.
modello *m* Muster *n,* Modell *n;* – **brevettato** eingetragenes Muster; – **di comportamento** Verhaltensmodell; – **costituzionale** Verfassungsmodell; – **industriale** gewerbliches Muster; – **ornamentale** Geschmacksmuster; – **di società** Gesellschaftsmodell; – **standard** Standardmodell; – **di sviluppo** Entwicklungsmodell; – **d'utilità** Gebrauchsmuster.
moderatore *m* Moderator *m.*
modernizzare modernisieren.
modernizzazione *f* Modernisierung *f.*
modicità *f* (*prezzi*) Mäßigkeit *f,* Niedrigkeit *f.*
modico *agg* mäßig, niedrig.
modifica *f* Änderung *f,* Abänderung, Umänderung; – **legislativa** gesetzgeberische Veränderung; – **radicale** radikale Veränderung; – **successiva** nachfolgende Änderung; v. a. MODIFICAZIONE.
modificabile *agg* abänderungsfähig.
modificabilità *f* Abänderungsfähigkeit.
modificare ändern, abändern, umändern.
modificazione *f* Änderung *f,* Abänderung, Umänderung; – **dell'atto costitutivo** Satzungsänderung; – **del bilancio** (*pubblico*) Haushaltsplanänderung; – **del capitale** Kapitaländerung; – **della competenza** Zuständigkeitsänderung; – **del contratto** Vertragsänderung; – **della ditta** Firmenänderung, Firmaänderung (S); – **della domanda** (*giudiziale*) Änderung des Klageantrags; – **di frontiera** Grenzänderung, Grenzveränderung; – **di legge** Gesetzesänderung; – **di rapporti giuridici** Umgestaltung von Rechtsverhältnissen; – **statutaria,** – **di statuto** Satzungsänderung, Statutenänderung (+ S); – **territoriale** Gebietsänderung, Gebiets Veränderung.
modifiche *f pl,* **apportare delle** – Änderungen anbringen; **salvo** – Änderungen vorbehalten.
modo *m* (1) Art *f,* Weise *f,* Art und Weise; (2) (*all'istituzione di erede*) Auflage *f;* – **di acquisto** Erwerbsart; – **di agire** Handlungsweise; – **capitalistico di produzione** kapitalistische Produktionsweise; – **di comportamento** Verhaltensweise; – **di esecuzione** Ausführungsweise, Abwicklungsmodus *m;* – **di pagamento,** – **di regolamento** Zahlungsweise *f,* Zahlungsart *f.*
modulo *m* Formular *n,* Vordruck *m,* Formblatt *n,* Muster *n;* **compilare un** – ein Formular ausfüllen; – **di assegno** Scheckvordruck *m,* Scheckformular; – **di cambiale** Wechselformular, Wechselvordruck, Wechselblankett *n;* – **di contratto,** – **contrattuale** Vertragsmuster; – **di denuncia** Anzeigeformular; – **di domanda** Antragsformular, Antragsvordruck; – **d'iscrizione** Anmeldeformular; – **per ordinazioni** Bestellformular; – **di quietanza,** – **di ricevuta** Quittungsformular; – **di rilevazione** Erhebungsbogen *m;* – **unifica-**

to Einheitsvordruck; – **dei valori** (*moneta*) Wertmesser *m*.
moglie *f* Ehefrau *f*; v. coniuge.
molenda *f* Mahlgeld *n*, Mahllohn *m*.
molestia *f* Belästigung *f*, Störung *f*; – **o disturbo alle persone** Belästigung oder Störung anderer Personen; – **nel possesso** Besitzstörung; – **sessuale** – sexuelle Belästigung.
molesto *agg* lästig.
moltiplicatore *m* Multiplikator *m*.
momento *n*, **al – del fatto** zum Zeitpunkt der Tat; – **dell'incidente** Unfallzeitpunkt.
monarca *m* Monarch *m*, Herrscher *m*, Alleinherrscher; – **di diritto divino** Herrscher von Gottes Gnaden.
monarchia *f* Monarchie *f*, Alleinherrschaft *f*; – **assoluta** absolute Monarchie; – **costituzionale** konstitutionelle Monarchie; – **di diritto divino** Monarchie von Gottes Gnaden; – **elettiva** Wahlmonarchie; – **ereditaria** Erbmonarchie; – **illuminata** aufgeklärte Monarchie; – **parlamentare** parlamentarische Monarchie; – **temperata** beschränkte Monarchie.
monarchico *agg* monarchisch, monarchistisch.
monarchico *m* Monarchist *m*.
mondo *m*, **terzo** – dritte Welt; – **degli affari** Geschäftswelt *f*; – **bancario** Bankwelt; – **del commercio** Handelswelt; – **economico** Wirtschaftswelt; – **finanziario** Finanzwelt; – **del lavoro** Arbeitswelt; – **occidentale** westliche Welt.
moneta *f* Münze *f*, Geldstück *n*, Geld *n*; (*valuta*) Währung *f*; **battere** – Münze schlagen, Geld prägen; **coniare** – Geld prägen; **mettere una – fuori corso** Geld außer Kurs setzen, Geld für ungültig erklären; **spacciare – falsa** falsches Geld in Verkehr bringen, Falschgeld ausgeben; – **alterata** verfälschtes Geld; – **d'argento** Silberwährung, Silbermünze, Silberstück *n*; – **aurea** Goldwährung; – **bancaria** Bankgeld; – **di biglione** Scheidemünze; – **cartacea** Papiergeld, Papierwährung; – **chiave** Schlüsselwährung; – **di compensazione** Verrechnungswährung; – **contante** bare Münze; – **contabile, – di conto** Rechnungsgeld, Rechnungsmünze, Kontowährung, Verrechnungswährung; – **contraffatta** nachgemachtes Geld; – **convenuta** Vertragswährung; – **corrente** Kurantgeld, Kurantmünze, Kurant *n*; – **a corso legale** gesetzliches Geld; – **fuori corso** außer Kurs gesetzes Geld, verrufenes Geld, verrufene Münze; – **debole** weiche Währung, Weichwährung; – **divisionaria** Scheidemünze; – **estera** Auslandswährung, fremde Währung, Fremdwährung; – **falsa** falsche Münze, falsches Geld, Falschgeld, Falschstück *n*; – **fiduciaria** Papiergeld, Papierwährung; – **flottante** unbeständige Währung; – **forte** harte Währung, Hartwährung; – **genuina** echtes Geld; – **di giro** Giralgeld; – **guida** Leitwährung; – **indice** Indexwährung; – **legale** gesetzliches Geld, gesetzliche Münze; – **di liquidazione** Abrechnungswährung; – **locale** Ortswährung; – **logora** abgegriffene Münze, abgenutzte Münze; – **manipolata, – manovrata** manipulierte Währung; – **metallica** Metallgeld, Hartgeld; – **nazionale** Landeswährung; – **d'occupazione** Besatzungsgeld; – **originale** Originalwährung; – **d'oro** Goldwährung; – **del paese** Landeswährung; – **di peso giusto** vollwichtige Münze; – **a potere d'acquisto stabile** wertbeständiges Geld, wertbeständige Währung; – **provvisoria** Behelfsgeldschein *m*; – **di riserva** Reservewährung; – **scritturale** Buchgeld, Giralgeld; – **sonante** klingende Münze; – **stabile** stabile Währung, wertbeständige Währung, wertbeständiges Geld; – **spicciola** Kleingeld, bare Münze; – **tosa, – tosata** untergewichtige Münze; – **a valore costante** wertbeständige Währung, wertbeständiges Geld; v. a. VALUTA.

monetabile *agg* münzbar, ausmünzbar.
monetaggio *m* Münzkosten *pl*, Münzgebühren *pl*.
monetare münzen, ausmünzen.
monetario *agg* Geld-, Münz-, Währungs-.
monetario *m* Münzer *m*.
monetazione *f* Ausmünzung *f*.
monetiere *m* Münzer *m*.
monetizzazione degli utili conseguiti (*borsa*) Gewinnmitnahme *f*.
monitor *m* Monitor *m*.
monitoraggio *m* Überwachung *f* (*durch Monitore u. ä.*); – **ambientale** Umweltüberwachung (*durch Messstellen u. ä.*); – **del mercato** Marktüberwachung.
monocameralismo *m* Einkammersystem *n*.
monocoltura *f* Monokultur *f*.
monogamia *f* Monogamie *f*.
monogramma *m* Namenszug *m*.
monolocale *m* Einraumwohnung *f*.
monometallismo Monometallismus *m*, einfache Währung.
monopartitismo *m* Einparteiensystem *n*.
monopolio *m* Monopol *n*, Alleinhandel *m*, Alleinrecht *n*; **esercitare un** – ein Monopol ausüben; – **d'acquisto** Bezugsmonopol; – **degli alcoolici** Branntweinmonopol; – **d'approvvigionamento** Versorgungsmonopol; – **dell'azione (penale)** Anklagemonopol; – **bilaterale** bilaterales Monopol; – **commerciale** Handelsmonopol, Alleinhandel; – **della creazione intellettuale** originäres Monopol; – **di diritto** gesetzliches Monopol; – **della domanda** Nachfragemonopol; – **d'emissione** (*di biglietti di banca*) Banknotenmonopol, Banknotenregal *n*, Bankmonopol, Emissionsmonopol; – **d'esportazione** Exportmonopol; – **di fabbricazione** Fabrikationsmonopol, Herstellungsmonopol, Erzeugungsmonopol; – **di fatto** tatsächliches Monopol; – **dei fiammiferi** Zündwarenmonopol; – **fiscale** Finanzmonopol, Steuermonopol, Regal *n*, Regale *n*, Regalie *f*; – **d'importazione** Einfuhrmonopol; – **legale** gesetzliches Monopol; – **del mercato** Marktmonopol; – **delle miniere** Bergregal *n*; – **mondiale** Weltmonopol; – **naturale** natürliches Monopol; – **della navigazione marittima** Schiffahrtsmonopol; – **dell'offerta** Angebotsmonopol; – **postale** Postregal *n*, Postmonopol, Postzwang *m*; – **del potere** Machtmonopol; – **di produzione** Produktionsmonopol, Erzeugungsmonopol, Erzeugermonopol, Herstellungsmonopol; – **pubblico** Staatsmonopol; – **di rappresentanza** Vertretungsmonopol; – **del sale** Salzmonopol; – **statale,** – **di stato** Staatsmonopol, Finanzmonopol; – **dei tabacchi** Tabakmonopol; – **di vendita** Verkaufsmonopol.
monopolista *m* Monopolist *m*, Alleinhändler *m*.
monopolistico *agg* monopolistisch.
monopolizzare monopolisieren.
monopolizzazione *f* Monopolisierung *f*.
monopsonio *m* Nachfragemonopol, Monopson *n*.
montaggio *m* Montage *f*, Zusammenbau *m*.
montante *m* **compensativo** (CEE) Ausgleichsbetrag *m*.
monte *m*, – **di credito su pegno** Pfandhaus *n*, Pfandleihanstalt *f*, Leihamt *n*, Leihanstalt, Leihbank *f*, Leihhaus, Versatzamt (A); – **merci** Lagerbestand *m*, Warenvorrat *m*, Warenbestand; – **pensioni** Pensionskasse; – **di pietà** Leihamt *n*, Leihanstalt *f*, Leihhaus *n*, Pfandhaus, Pfandleihanstalt, Versatzamt (A); – **salari** Gesamtlohnsumme.
Montecitorio Sitz der italienischen Abgeordnetenkammer.
montepremi *m* (*lotteria*) Gesamtgewinnsumme *f*.
monumento *m* Denkmal *n*; – **nazionale** Nationaldenkmal.
mora *f* Verzug *m*; **cadere in** – in Verzug geraten; **costituire in** – in Verzug setzen; – **nell'accettazione** Annahmeverzug; – **nella**

consegna Ablieferungsverzug, Lieferverzug; – **del creditore** Gläubigerverzug; – **del debitore** Schuldnerverzug; – **nel agamento** Zahlungsverzug; – **nella prestazione** Leistungsverzug.

morale *f* Moral *f*; – **familiare** Familienmoral; – **internazionale** Völkermoral, internationale Moral; – **del lavoro** Arbeitsmoral.

moralità *f* Sittlichkeit *f*; – **commerciale** *f* Handelsmoral *f*; – **fiscale** Steuermoral; – **professionale** Berufsethos *n*; – **pubblica** öffentliche Moral.

moratoria *f* Moratorium *n*, Stundung *f*, (*condordato*) Nachlassstundung (S); – **di guerra** Kriegsverzug *m*, Kriegsverzugsfrist *f*; – **degli interessi** Zinsenmoratorium; – **di pagamento** Zahlungsmoratorium, Zahlungsaufschub *m*; – **straordinaria** (S) Notstundung (S); – **di trasferimento** Transfermoratorium.

morosità *f* Säumnis *f*, Zahlungsverzug *m*, Zahlungsrückstand *m*.

moroso *agg* säumig, saumselig (A).

mortalità *f* Sterblichkeit *f*; – **infantile** Kindersterblichkeit *f*, (*dei lattanti*) Säuglingssterblichkeit; – **osservata** beobachtete Todesfälle *pl*; – **presunta,** – **teorica** angenommene Todesfälle, erwartete Todesfälle.

morte *f* Tod *m*; **condannare a** – zum Tode verurteilen; **disporre a cause di** – letztwillig verfügen; – **apparente** Scheintod; – **civile** bürgerlicher Tod; – **naturale** natürlicher Tod; – **presunta** Todesvermutung *f*, Vermutung des Todes; – **in seguito ad infortunio** Unfalltod; – **violenta** gewaltsamer Tod.

morto *agg*, **clinicamente** – klinisch tot.

mostra *f* Schau *f*, Ausstellung *f*; – **mercato** Verkaufsausstellung.

motivare begründen.

motivato *agg* begründet, mit Gründen versehen; **succintamente** – mit kurzer Begründung.

motivazione *f* Begründung *f*; **omessa** – fehlende Begründung; – **contraddittoria** widersprüchliche Begründung; – **della decisione** Entscheidungsgründe *pl*; – **della domanda** Klagebegründung; – **insufficiente** ungenügende Begründung; – **della sentenza** Urteilsbegründung, Urteilsgründe *pl*.

motivi *m pl*, **per** – **di famiglia** aus familiären Gründen; **per** – **di salute** aus gesundheitlichen Gründen; **per** – **d'ufficio** amtshalber; – **di coscienza** Gewissensgründe; – **della decisione** Entscheidungsgründe *pl*; – **giustificatori** rechtliche Gründe.

motivo *m* Grund *m*, Beweggrund, Motiv *n*; – **abbietto** niedriger Beweggrund; – **ad agire** Klaggrund; – **d'appello** Berufungsgrund; – **dell'arresto** Haftgrund; – **determinante** ausschlaggebender Grund; – **d'esclusione** Ausschließungsgrund; – **futile** nichtiger Anlass *m*; – **giuridico** Rechtsgrund; – **giustificato** berechtigter Grund; – **illecito** unerlaubter Beweggrund; – **di impugnazione** Anfechtungsgrund; – **legittimo** rechtsmäßiger Grund; – **di particolare valore morale o sociale** (*dir. pen.*) besonderer sittlicher oder sozialer Beweggrund; – **di revoca** Widerrufsgrund; – **di revocazione** (*proc. civ.*) Wiederaufnahmegrund; – **di ricorso** Beschwerdegrund; Revisionsgrund; – **di ricusazione** Ablehnungsgrund; – **di rifiuto** Wiegerungsgrund; – **di servizio** dienstlicher Grund, dienstliches Interesse *n*; v. a. CAUSA.

motore *m* **dell'integrazione europea** Motor *m* der europäischen Integration.

motu proprio aus eigenem Antrieb.

movente *m* Beweggrund *m*.

movimento *m* Bewegung *f*, Verkehr *m*; – **d'affari** Geschäftsverkehr; – **annessionistico** Anschlussbewegung; – **ascensionale** Aufwärtsbewegung; – **di capitali** Kapitalbewegung, Kapitalverkehr; – **di**

cassa Kassenbewegung, Kassenumsatz *m*; – **clandestino** Untergrundbewegung; – **congiunturale** Konjunkturbewegung; – **di contestazione** Protestbewegung; – **di conto** Kontobewegung; – **cooperativo** Genossenschaftsbewegung; – **demografico** Bevölkerungsbewegung; – **diplomatico** Revirement *n*; – **d'emigrazione** Auswanderungsbewegung; – **europeo** Europabewegung; – **femminista** Frauenbewegung; – **di fondi** Geldbewegung, Geldumsatz *m*, Kapitalbewegung; – **generale dei prezzi** Gesamtpreisbewegung; – **d'immigrazione** Einwanderungsbewegung; – **insurrezionale** Aufstandsbewegung, Aufstand *m*, Aufruhr *m*; – **interno** Inlandsverkehr; – **di liberazione** Befreiungsbewegung; – **liberista,** – **libero-scambista** Freihandelsbewegung; – **merci** Güterverkehr, Warenverkehr; – **migratorio** Wanderungsbewegung, Migrationsbewegung; – **nazionale** nationale Bewegung; – **nazionalista** nationalistische Bewegung; – **operaio** Arbeiterbewegung; – **di opinione** Bürgeriniative *f*; – **dell'oro** Goldbewegung; – **per la pace** Friedensbewegung; – **pacifista** Friedensbewegung; – **passeggeri** Passagierverkehr; – **popolare** Aufruhr *m*; – **della popolazione** Bevölkerungsbewegung; – **di portafoglio** (*titoli*) Bestandsbewegung; – **dei prezzi** Preisbewegung; – **di protesta** Protestbewegung; – **di resistenza** Widerstandsbewegung; – **di rialzo** Haussebewegung, Aufwärtsbewegung; – **di ribasso** Baissebewegung; – **rivoluzionario** Revolutionsbewegung; – **dei salari** Lohnbewegung, Lohnentwicklung *f*; – **di sciopero** Streikbewegung; – **sindacale** Gewerkschaftsbewegung; – **sociale** soziale Bewegung, Sozialbewegung; **speculativo** Spekulationsbewegung; – **stradale** Straßenverkehr; – **studentesco** Studentenbewegung; – **turistico** Touristenverkehr; – **viaggiatori** Personenverkehr, Reiseverkehr; v. a. CIRCOLAZIONE, TRAFFICO.

mozione *f* Antrag *m*; Motion *f* (S =, Parlament); **appoggiare una** – einen Antrag unterstützen; **approvare una** – einen Antrag annehmen, **respingere una** – einen Antrag ablehnen; – **di censura** Tadelsantrag, Tadelsmotion *f* (S); – **di fiducia** Vertrauensantrag; – **d'ordine** Geschäftsordnungsantrag; – **di sfiducia** Misstrauensantrag; **presentare una – di sfiducia** einen Misstrauensantrag einbringen; – **d'urgenza** Dringlichkeitsantrag.

multa *f* Geldstrafe *f*; – **disciplinare** (S) Ordnungsbusse *f*; – **penitenziale** (*recesso unilaterale*) Reugeld *n*.

multare mit einer Geldstrafe belegen.

multilaterale *agg* mehrseitig, multilateral.

multimilionario *m* vielfacher Millionär.

multinazionale *agg* multinational.

multinazionale *f* (*società*) multinationale Gesellschaft *f*.

multiproprietà *f* Teilzeiteigentum *n*.

multiproprietario *m* Teilzeiteigentümer *m*.

municipale *agg* gemeindlich, Gemeinde-, Kommunal-.

municipalizzare kommunalisieren.

municipalizzazione *f* Kommunalisierung *f*.

municipio *m* Rathaus *n*.

munire versehen, ausstatten.

muraglia doganale Zollmauer *f*.

muro *m*, – **comune** gemeinschaftliche Mauer; – **divisorio** Grenzmauer, Scheidemauer; – **refrattario,** – **tagliafuoco** Brandmauer, Feuermauer.

mutamento *m* Änderung *f*, Wechsel *m*; – **nelle condizioni patrimoniali dei contraenti** Änderung in der Vermögenslage der Vertragsparteien; – **della detenzione in possesso** Änderung des Gewahrsams in Besitz; – **della domanda** Klageänderung *f*, Klagänderung, Klagsänderung (A); – **dell'imputazione** Umgestaltung der Strafklage; – **dell'indirizzo politico** politische Kursänderung; – **di sovrano** Thronwechsel *m*; – **strutturale** Strukturveränderung; – **della tendenza** Tendenzwechsel, Tendenzwandel; – **del titolo del reato** Veränderung des rechtlichen Gesichtspunkts (*der angeklagten Tat*).

mutatis mutandis entsprechend, sinngemäß.

mutilato di guerra Kriegsversehrter *m*, Kriegsbeschädigter *m*; v. a. INVALIDO.

mutilazione *f* Verstümmelung *f*; – **della propria persona** Selbstverstümmelung.

mutua (1) Verein auf Gegenseitigkeit; (2) Krankenkasse *f*; – **assicuratrice** Versicherungsverein auf Gegenseitigkeit; – **di vecchiaia** Alterskasse *f*; v. a. CASSA MUTUA.

mutualità *f* Genossenschaftswesen *n*; – **assicurativa** Versicherungsgegenseitigkeit *f*.

mutuante *m* (1) Darlehensgeber *m*, (*cod. civ.*) Darleiher *m*; (2) (*prestito obbligazionario*) Anleihegläubiger *m*.

mutuatario *m* Darlehensnehmer *m*, Darlehensschuldner *m*, Darlehensempfänger *m*, Geldnehmer, Borger *m* (S =), (*prestito obbligazionario*) Anleiheschuldner.

mutuo *agg* gegenseitig, wechselseitig.

mutuo *m* Darlehen *n*, Darleihen *n* (A-, S-); **concedere un** – ein Darlehen gewähren; **contrarre un** – ein Darlehen aufnehmen; **rimborsare un** – ein Darlehen zurückzahlen; – **agevolato** zinsgünstiges Darlehen; – **ammortizzabile** Amortisationsdarlehen; – **attivo** Darlehensforderung *f*; – **bancario** Bankdarlehen; – **comunale** Gemeindedarlehen, Kommunaldarlehen; – **per costruire** Baudarlehen; – **di denaro** Gelddarlehen; – **edilizio** Baudarlehen; – **feneratizio** (*usurario*) Wucherdarlehen; – **fruttifero** verzinsliches Darlehen; – **garantito** gedecktes Darlehen, gesichertes Darlehen; – **gratuito** unentgeltliches Darlehen; – **infruttifero** unverzinsliches Darlehen, zinsloses Darlehen; – **su ipoteca**, – **ipotecario** Hypothekendarlehen, Hypothekendarlehen (A), Grundpfanddarlehen, hypothekarisch gesichertes Darlehen; – **oneroso** entgeltliches Darlehen; – **passivo** Darlehensschuld *f*; – **rimborsabile a rate** Abzahlungsdarlehen; – **di scopo** zweckgebundenes Darlehen; – **usurario** wucherisches Darlehen, Wucherdarlehen.

N

narcoanalisi *f* Narkoanalyse *f*.

narcotest *m* Drogentest *m*.

narcotraffico *m* Drogenhandel *m*.

narrativa *f* Tatbericht *m*, Präambel *m*, Sachverhaltsdarstellung *f*.

nascita *f* Geburt *f*; – **dell'obbligazione** Entstehung der Schuld; – **del rapporto giuridico** Entstehung des Rechtsverhältnisses.

nascituro *m* Nasziturus *m*, Ungeborener *m*, ungeborenes Kind, Leibesfrucht *f*; – **non concepito** Nochnicht-Erzeugter *m*.

nastro trasportatore Fließband *n*.

natalità *f* Geburtenfrequenz *f*, Geburtenhäufigkeit *f*, Geburtenzahl *f*, Geburtenziffer *f*.

nato *m*, – **morto** Totgeborener *m*; – **postumo** Nachgeborener *m*.

natura *f*, – **della cosa** Natur der Sache; – **giuridica** Rechtsnatur *f*.

naturale *agg* (*illegittimo*) nichtehelich, außerehelich (S).

naturalità *f*, – **grande** Einbürgerung mit Verleihung der staatsbürgerlichen Rechte; – **piccola** Einbürgerung ohne Erwerb der staatsbürgerlichen Rechte.

naturalizzare einbürgern, naturalisieren.
naturalizzato *m* eingebürgerte Person.
naturalizzazione *f* Einbürgerung *f*, Naturalisation *f*, Naturalisierung *f*; – **collettiva** Sammeleinbürgerung, Kollektiveinbürgerung; – **individuale** Einzeleinbürgerung.
nave *f*, – **alturiera** Hochseeschiff *n*; – **da carico** Frachtschiff *n*, Frachter *m*, (*a vapore*) Frachtdampfer *m*; – **cisterna** Tankschiff; – **contrabbandiera** Schmugglerschiff; – **da diporto** Lustjacht *f*; – **guardacoste** Küstenwachschiff; – **da guerra** Kriegsschiff; – **libera** Trampschiff; – **da linea** Linienschiff; – **mercantile** Handelsschiff, Kauffahrteischiff, Kauffahrer *m*; – **ospedale** Lazarettschiff; – **passeggeri** Fahrgastschiff, Passagierschiff; – **pirata** Kaperschiff; – **portacontainers** Containerschiff; – **postale** Postschiff; – **volandiera** Trampschiff.
navigabile *agg* seetüchtig (*aeromobile*) lufttüchtig.
navigabilità *f* Seetüchtigkeit *f*, (*aeromobile*) Lufttüchtigkeit.
navigazione *f* Schiffahrt *f*; – **aerea** Luftfahrt *f*, Luftschiffahrt, Luftverkehr *m*; – **di altura,** – **alturiera** Hochseeschiffahrt; – **di cabotaggio** Küstenschiffahrt; – **commerciale** Handelsschiffahrt, Kauffahrtei *f*; – **costiera** Küstenschiffahrt; – **fluviale** Flußschiffahrt, Binnenschiffahrt; – **interna,** – **lacuale** Binnenschiffahrt; – **di linea** Linienschiffahrt; – **di lungo corso** große Fahrt; – **marittima** Seeschiffahrt; – **mercantile** Handelsschiffahrt; – **mista** Fluß- und Hochseeschifffahrt; – **di scalo** Staffelfahrt; – **volandiera** Trampfahrt, Trampschiffahrt, wilde Fahrt.
nazi *m* Nazi *m*, Nazist *m*.
nazifascismo *m* Nazifaschismus *m*.
nazionale *agg* national, innerstaatlich, einzelstaatlich, einheimisch, inländisch, Inlands-.
nazionalismo *m* Nationalismus *m*; – **economico** Wirtschaftsnationalismus.
nazionalista *agg* nationalistisch.
nazionalista *m* Nationalist *m*.
nazionalità *f* Nationalität *f*; – **straniera** ausländische Staatsangehörigkeit; V. A. CITTADINANZA.
nazionalizzare nationalisieren, verstaatlichen.
nazionalizzazione *f* Nationalisierung *f*, Verstaatlichung *f*.
nazionalsocialismo *m* Nationalsozialismus *m*.
nazionalsocialista *agg* Nationalsozialist *m*.
nazione *f* Nation *f*, Volksgemeinschaft *f*; – **civile** Kulturvolk *n*; – **più favorita** meistbegünstigtes Land *n*.
Nazioni Unite *f pl* Vereinte Nationen *pl*.
nazista *m* Nazist *m*, Nazi *m*.
'ndrangheta *f* (*mafia calabrese*) Kalabrien-Mafia *f*.
necessario *agg* notwendig.
necessità *f* Notwendigkeit *f*; – **bellica** militärische Notwendigkeit; – **evidente** offensichtliche Notwendigkeit; – **finanziaria** Finanzbedarf *m*; – **di tutela** Schutzbedürfnis *n*; V. A. BISOGNO, FABBISOGNO.
necessità *f pl*, – **economiche** wirtschaftliche Bedürfnisse *n pl*; – **del mercato** Marktbedürfnisse.
necroscopia *f* Obduktion *f*, Leichenöffnung *f*.
negare leugnen, bestreiten.
negatoria *f* (*azione*) Unterlassungsklage *f*.
negligence clause Nachlässigkeitsklausel *f*.
negligente *agg* nachlässig.
negligenza *f* mangelnde Sorgfalt, Vernachlässigung *f*, Nachlässigkeit *f*.
negligere vernachlässigen, versäumen.
negoziabile *agg* marktfähig, marktgängig (*effetti*) begebbar, (*titoli*) handelbar.
negoziabilità *f* Marktfähigkeit *f*, Marktgängigkeit *f*, (*effetti*) Begebbarkeit, Begebungsfähigkeit.
negoziale *agg* rechtsgeschäftlich.

negoziante *m* Kaufmann *m*, Händler *m*; – **all'ingrosso** Großkaufmann, Großhändler; – **al minuto** Einzelhändler, Detailhändler, Detailkaufmann.

negoziare (1) (*commerciare*) handeln, (*effetti*) begeben; (2) (*trattare*) verhandeln, unterhandeln.

negoziati *m pl* Verhandlungen *pl*, Unterhandlungen; – **d'armistizio** Waffenstillstandsverhandlungen; – **collettivi** Kollektivverhandlungen; – **diplomatici** diplomatische Verhandlungen; – **economici** Wirtschaftsverhandlungen; – **intergovernativi** Regierungsverhandlungen; – **internazionali** internationale Verhandlungen; – **di pace** Friedensverhandlungen; – **preliminari** Vorverhandlungen.

negoziatore *m* Unterhändler *m*.

negoziazione *f* (1) Handel *m*, (*di effetti*) Begebung *f*; (2) Geschäft *n*; – **di azioni** Aktienhandel; – **di borsa** Börsengeschäft, Börsengeschäft (A); – **di titoli per telefono** Telefonverkehr *m*; – **ufficiale** (*borsa*) amtlicher Handel.

negozio *m* (1) (*di vendita*) Laden *m*, Geschäft *n*, Handlung *f*; (2) (*giuridico*) Rechtsgeschäft, Geschäft; – **abbinato** Koppelungsgeschäft; – **di accertamento** Feststellungsgeschäft; – **annullabile** anfechtbares Rechtsgeschäft; – **astratto** abstraktes Rechtsgeschäft; – **di attribuzione** (*dir. civ.*) Zuwendungsgechäft; – **base** Grundgeschäft; – **bilaterale** zweiseitiges (Rechts-) Geschäft; – **a catena** Filialgeschäft; – **causale** Kausalgeschäft, kausales Rechtsgeschäft; – **condizionale** bedingtes Rechtsgeschäft; – **condizionato** Bedingtgeschäft; – **per conto di chi spetta** Geschäft für den, den es angeht; – **costitutivo** Bestellungsgeschäft; – **dispositivo,** – **di disposizione** Verfügungsgeschäft; – **dissimulato** verdecktes Geschäft, dissimuliertes Geschäft; – **con efficacia reale,** – **ad effetti reali** dingliches Rechtsgeschäft; – **con efficacia sospesa** schwebend unwirksamer Vertrag; – **fiduciario** fiduziarisches Rechtsgeschäft, Treuhandgeschäft; – **fittizio** Scheingeschäft; – **di fondazione** Stiftungsgeschäft; – **formale** formbedürftiges Rechtsgeschäft; – **in frode alla legge** Umgehungsgeschäft; – **in frode di terzi** Schiebungsgeschäft; – **giuridico** Rechtsgeschäft; – **giuridico unilaterale** einseitiges Rechtsgeschäft; – **gratuito** unentgeltliches Geschäft; – **illecito** unerlaubtes Geschäft, verbotenes Geschäft; – **immorale** sittenwidriges Geschäft; – **indiretto** (*dir. civ.*) Umgehungsgeschäft; – **interpretativo** (ergänzende) Auslegungsvereinbarung *f*; – **legittimo** bedingungsfeindliches Rechtsgeschäft, bedingungsfeindliches Geschäft; – **misto** gemischtes Rechtsgeschäft; – **misto con donazione** gemischte Schenkung; – **mortis causa** Rechtsgeschäft von Todes wegen; – **multilaterale** mehrseitiges Rechtsgeschäft; – **non serio** nichternstliches Geschäft; – **nullo** nichtiges Rechtsgeschäft; – **obbligatorio,** – **di obbligazione** Verpflichtungsgeschäft; – **occulto** verdecktes Geschäft; – **oneroso** entgeltliches Geschäft; – **parziario** partiarisches Rechtsgeschäft; – **presunto** vermutete Willenserklärung; – **di provvista** Deckungsgeschäft; – **puro** bedingungsfeindliches Geschäft, bedingungsfeindlichesRechtsgeschäft; – **di riempimento** (*cambiale*) Vereinbarung der Ausfüllungsbefugnis; – **per scherzo** Scherzgeschäft; – **simulato** Scheingeschäft; – **solenne** formbedürftiges Geschäft; – **specializzato** Fachgeschäft; – **traslativo** Übertragungsgeschäft; – **triangolare** Dreieck(s)geschäft; – **turpe** unsittliches Geschäft; – **unilaterale** einseitiges Rechtsgeschäft; – **usurario** Wuchergeschäft; – **tra vivi** Rechtsgeschäft unter Lebenden; v. a. AFFARE, CONTRATTO, OPERAZIONE.

nemico *agg* feindlich, feindlich gesinnt.

nemico *m* Feind *m*; **passare al –** zum Feinde überlaufen; **– del popolo, – pubblico** Volksfeind, Volksschädling *m*; **– dello Stato** Staatsfeind.
neocolonialismo *m* Neokolonialismus *m*.
neofascismo *m* Neofaschismus *m*.
neofascista *agg* neofaschistisch.
neofascista *m* Neofaschist *m*.
neolaureato *m* Hochschulabsolvent *m*.
neoliberalismo *m* Neoliberalismus *m*.
neonato *m* Neugeborener *m*.
neonazismo *m* Neonazismus *m*.
neonazista *m* Neonazi *m*.
nepotismo *m* Vetternwirtschaft *f*.
nesso *m* Zusammenhang *m*; **– causale, – di causalità, – eziologico** ursächlicher Zusammenhang, Ursachenzusammenhang, Kausalzusammenhang; **– sociale** soziale Bindung *f*.
nessuno, di – herrenlos.
nettezza *f* **urbana** Müllabfuhr *f*, Stadtreinigung *f*.
netto *agg* netto, rein, Rein-; **al – delle spese** nach Abzug der Kosten.
neutrale *agg* neutral.
neutrale *m* Neutraler *m*.
neutralismo *m* Neutralismus *m*.
neutralista *m* Neutralist *m*.
neutralità *f* Neutralität *f*; **– armata** bewaffnete Neutralität; **– benevola** wohlwollende Neutralität; **– garantita** garantierte Neutralität; **– incondizionata** unbedingte Neutralität; **– permanente, – perpetua** ständige Neutralität, dauernde Neutralität, ewige Neutralität, immerwährende Neutralität (A =); **– volontaria** freiwillige Neutralität.
neutralizzare neutralisieren.
neutralizzazione *f* Neutralisierung *f*.
nevrosi *f* Neurose *f*.
nicchia *f* **di mercato** Marktnische *f*.
nistagmo *m* (*med.*) Nystagmus *m*.
nobile *m* Adeliger *m*.
nobilitare adeln.
nobiltà *f* Adel *m*; **– di campagna** Landadel.
noch *m*, **– per consegnare** Nochgeschäft in Verkäufers Wahl, Nochgeschäft nach unten; **– per ritirare** Nochgeschäft in Käufers Wahl, Nochgeschäft nach oben.
nocumento *m* Schädigung *f*; Schaden *m*; **– pubblico** Schaden für die Allgemeinheit.
noleggiante *m* Verfrachter *m*, Vercharterer *m*, Verleiher *m*.
noleggiare verfrachten, verchartern, befrachten, chartern, verleihen.
noleggiatore *m* Befrachter *m*; **– di nave** Schiffsbefrachter.
noleggio *m* (1) Befrachtung *f*, Charterung *f*; (2) Verfrachtung *f*; Vercharterung *f*; (3) Verleih *m*; **– cinematografico** (*contratto*) Filmbezugsvertrag *m*, Filmverleihvertrag; **– di cose** Sachmiete *f*; **– di nave** Schiffsbefrachtung; **– parziale** Teilcharter *m*, Teilcharterung *f*; **– a tempo** Zeitcharter *m*, Zeitcharterung, Zeitverfrachtung; **– totale** Ganzcharter *m*, Voll Charterung, Vollcharter; **– a viaggio** Reisecharter *m*, Reiseverfrachtung.
nolo *m* (1) Fracht *f*, Frachtgeld *n*, Schiffsfracht; (2) (*di automobili, film ecc.*) Leihmiete *f*; **– aereo** Luftfracht; **– di andata** Hinfracht; **– a corpo** Pauschalfracht; **– cumulativo** Durchfracht; **– di distanza** Distanzfracht; **– falso** Fehlfracht, Fautfracht, Leerfracht, Reuefracht, Ballastfracht; **– ferroviario** Bahnfracht; **– fluviale** Flußschiffahrtsfracht; **– lordo** Bruttofracht; **– marittimo** Seefracht; **– morto** Fehlfracht, Fautfracht, Leerfracht, Reuefracht, Ballastfracht; **– netto** Nettofracht; **– di percorso** Distanzfracht; **– a peso** Gewichtsfracht; **– di ritorno** Rückfracht, Retourfracht, Herfracht; **– a tempo, – a termine** Zeitfracht; **– di transito** Durchfuhrfracht; **– a viaggio** Reisefracht.
nome *m* Name *m*; **– agire in – altrui** in fremdem Namen han-

deln; **agire in – proprio** in eigenem Namen handeln; – **assumere un** – einen Namen annehmen; **dare un –, imporre un** – einen Namen geben; **doppio** – Doppelname; **in – altrui** in fremdem Namen; – **d'arte,** – **di battaglia** Künstlername, angenommener Name; – **commerciale** Handelsname, handelsübliche Bezeichnung; Firmenname; **in – e per conto proprio** in eigenem Namen und für eigene Rechnung; – **convenzionale** Deckname; – **dativo** beigelegter Name; – **falso** falscher Name; – **fittizio** Deckname; **in – del popolo italiano** im Namen des italienischen Volkes; **in – proprio** in eigenem Namen.

nomenclatura *f* Nomenklatur *f*; – **doganale** Zolltarifschema *n*, Zollnomenklatur; – **tipo** Musternomenklatur; – **uniforme delle merci** (CE) einheitliches Güterverzeichnis.

nomina *f* Ernennung *f*, Bestellung *f*; – **dei cancidati** Kandidatenaufstellung; – **del difensore** (1) (*prov. civ.*) Anwaltsbestellung; (2) (*proc. pen.*) Verteidigerbestellung; – **di un esecutore testamentario** Einsetzung eines Testamentsvollstreckers; – **governativa** Ernennung durch die Regierung; – **del perito** Sachverständigenbestellung; – **in prova** Ernennung auf Probe; – **in ruolo** Ernennung zum planmäßigen Beamten.

nominale *agg* Nenn-, Nominal-.

nominalismo *m* Nennwerttheorie *f*.

nominare ernennen, bestellen.

nominativo *agg* auf den Namen lautend, Namens-, Namen- (S).

non affrancato *agg* unfrankiert.

non allineamento *m* Blockfreiheit *f*.

non allineato *agg* blockfrei, bündnisfrei.

non appartenenza *f* Nichtzugehörigkeit *f*.

non autorizzato *agg* unberechtigt, unbefugt.

non belligeranza *f* Nichtkriegführung *f*.

non collaborazione *f* (*forma di lotta sindacale*) Dienst *m* nach Vorschrift.

non combattente *m* Nichtkombattant *m*, Nichtkämpfer *m*, Nichtkriegsteilnehmer *m*.

non commerciante *m* Nichtkaufmann *m*.

non confessionale *agg* bekenntnisfrei.

non consolidato *agg* unfundiert.

non contenzioso *agg* nichtstreitig, außerstreitig.

non datato *agg* undatiert.

non denunciabile *agg* unkündbar.

non discriminazione *f* Nichtdiskriminierung *f*.

non economico *agg* unwirtschaftlich.

non equo *agg* unbillig.

non fare *m* Unterlassung *f*.

non genuino *agg* unecht.

non imputabile *agg* schuldunfähig.

non imputabilità *f* Schuldunfähigkeit *f*.

non ingerenza *f* (*negli affari interni di un altro Stato*) Nichteinmischung *f* (*in die inneren Angelegenheiten eines anderen Staates*).

non intervento *m* Nichtintervention *f*, Nichteinmischung *f*.

non liquido *agg* illiquid.

non membro *m* Nichtmitglied *n*.

non menzione *f* **della condanna nel certificato del casellario** Nichterwähnung der Verurteilung im Strafregisterauszug.

non pagato *agg* unbezahlt, offenstehend.

non patrimoniale *agg* nichtvermögensrechtlich.

non proliferazione *f* Nichtverbreitung *f*.

non proponibilità della domanda Unklagbarkeit *f*.

non punibilità *f* Straffreiheit *f*.

non residente *agg* gebietsfremd.

non residente *m* Gebietsfremder *m*, (*disposizioni valutarie*) Devisenausländer *m*, (*disposizioni tributarie*) Steuerausländer *m*.

non responsabilità *f* Haftungsausschluss *m*.

non riconoscimento *m* Nichtanerkennung *f.*

non scioperante *m* Streikbrecher *m.*

non udente *m/f* (*persona*) Gehörlose *f* (*m*, -r).

non ufficiale *agg* inoffiziell.

non uso *m* Nichtgebrauch *m*; – **di un diritto** Nichtausübung eines Rechts.

non usucapibile *agg* unersitzbar.

non usucapibilità *f* Unersitzbarkeit *f.*

non vedente *m/f* (*persona*) Blinde *f* (*m*, -r).

non vincolante *agg* unverbindlich.

non violenza *f* Gewaltlosigkeit *f.*

non voto *m* Nichtwähler *m pl.*

norma *f* Vorschrift *f*, Rechtssatz *m*, Satz, Regel *f*, Norm *f*, Bestimmung *f*; **a – di** gemäß, nach Maßgabe von; **abrogare una –** eine Bestimmung aufheben; **contravvenire ad una –** einer Vorschrift zuwiderhandeln; **interpretare una –** eine Vorschrift auslegen; **violare una –** gegen eine Bestimmung verstoßen; – **abrogativa** Aufhebungsnorm, aufhebende Bestimmung, Aufhebungsbestimmung; – **agevolativa** begünstigende Bestimmung; – **amministrativa** Verwaltungsnorm, Verwaltungsvorschrift; – **assicurativa** Versicherungsbestimmung; – **assoluta** Mussvorschrift, Mussbestimmung; – **d'attuazione** Durchführungsbestimmung; – **in bianca** Blankettgesetz; – **cedevole** nachgiebige Norm; – **di circolazione stradale** Verkehrsvorschrift, Verkehrsregel; – **cogente** Mussvorschrift, Mussbestimmung, zwingender Rechtssatz, zwingende Vorschrift, zwingende Norm; – **collettiva** Tarifnorm, Tarifvorschrift; – **di competenza** Zuständigkeitsvorschrift, Kompetenznorm; – **di comportamento** Verhaltensvorschrift; – **comunitaria** Gemeinschaftsnorm; – **di conflitto** Kollisionsnorm; – **sui conflitti di legge** Kollisionsnorm; – **consuetudinaria** Gewohnheitsrechtssatz; – **contabile internazionale** internationaler Rechnungslegungsgrundsatz; – **contrattuale** Vertragsnorm; – **convenzionale** Konventionalregel; – **costitutiva** Konstitutivbestimmung; – **costituzionale** Verfassungsvorschrift; – **derogabile** Sollvorschrift; – **derogatoria** derogierende Bestimmung, abweichende Bestimmung; – **di diritto privato** Privatrechtsnorm; – **disciplinare** Disziplinarvorschrift; – **dispositiva** Sollvorschrift, dispositive Norm, Dispositivbestimmung; – **di divieto** Verbotsvorschrift, Verbotsnorm; – **doganale** Zollvorschrift; – **eccezionale** Ausnahmebestimmung; – **ermeneutica** Auslegungsvorschrift, Auslegungsbestimmung, Auslegungsregel, Interpretationsvorschrift; – **d'esecuzione** Ausführungsbestimmung; – **facoltativa** Kannvorschrift; – **fiscale** Steuervorschrift; – **fondamentale** grundlegende Bestimmung, Grundnorm; – **fondamentale del diritto** überpositive Norm; – **sulla formazione dei bilanci** Bilanzierungsvorschrift; – **giuridica** Rechtsnorm, Rechtssatz, Rechtsvorschrift; – **imperativa** Mussbestimmung, Mussvorschrift, zwingender Rechtssatz, zwingende Vorschrift, zwingende Norm; – **incostituzionale** verfassungswidrige Vorschrift; – **internazionale** Völkerrechtsnorm; – **interpretativa, – d'interpretazione** Auslegungsvorschrift, Auslegungsbestimmung, Auslegungsregel, Interpretationsvorschrift; – **legale, – di legge** gesetzliche Bestimmung, Gesetzesvorschrift, Gesetzesbestimmung, Rechtsvorschrift; **a – di legge** auf Grund des Gesetzes, nach dem Gesetz, nach Maßgabe des Gesetzes; – **materiale** materiellrechtliche Vorschrift, Sachnorm; – **di pari rango** gleichrangige Norm; – **particolare** Sondervorschrift; – **penale** Strafvorschrift, Strafnorm; – **penale**

in bianco Blankettstrafgesetz; – **permissiva** Erlaubnissatz; – **potestativa** Kannvorschrift, Ermessensvorschrift; – **precettiva** Gebotssatz; – **procedurale,** – **processuale** Verfahrensvorschrift, Verfahrensnorm; – **programmatica** Programmsatz; – **proibitiva** Verbotssatz, Verbotsvorschrift, Verbotsnorm; – **protettiva** Schutznorm; – **che regola in concreto il fatto** Sachnorm; – **relativa** Sollvorschrift; – **restrittiva** restriktive Vorschrift; – **restrittiva** einschränkende Bestimmung; – **di rinvio** Verweisungsnorm; – **di servizio** Dienstvorschrift; – **di sicurezza** Sicherheitsvorschrift, Sicherheitsnorm; – **tariffaria** Tarifvorschrift, Tarifbestimmung; – **transitoria** Übergangsbestimmung; – **tributaria** Steuervorschrift, Steuerrechtsnorm; – **vigente** geltende Vorschrift; v. a. DISPOSIZIONE.

normalizzare normen, normieren, standardisieren.

normalizzazione *f* (1) Normung *f*, Normierung *f*; (2) Normalisierung; – **dei rapporti** (*pol*) Normalisierung der Beziehungen.

normativa *f* gesetzliche Regelung *f*, Rechtsvorschriften *f pl*; – **ambientale** Umweltrecht *n*, Umweltvorschriften; – **comunitaria** Gemeinschaftsrecht; – **sulla droga** Drogengesetzgebung *f*; – **regionale** regionale Rechtsvorschriften; – **urbanistica** Städtebaurecht, Raumordnungsrecht; – **vigente** geltende Vorschriften (*eines bestimmten Rechtsgebietes*).

normativismo *m* Normativismus *m*.

normativo *agg* normativ.

norme *f pl*, **in base alle** *o.* **secondo le** – **vigenti** nach den geltenden Vorschriften; – **edilizie** Bauvorschriften; – **di qualità ambientale** Umweltqualitätsnormen; – **di riforma** Reformvorschriften; – **sanitarie** Gesundheitsvorschriften; – **sociali** gesellschaftliche Normen; – **statutarie** Satzungsbestimmungen.

nota *f* (1) Note *f*, Nota; (2) (*annotazione*) Anmerkung *f*; (3) (*contabile*) Aufgabe *f*; **prima** – Adversarien *pl*, Primanota, Kladde *f*; – **di accreditamento,** – **di accredito** Gutschriftsaufgabe, Gutschriftsnote, Gutschriftszettel *m*; – **di addebitamento,** – **di addebito** Belastungsaufgabe, Belastungsanzeige *f*, Belastungsnote, Lastschriftanzeige, Lastschriftaufgabe, Lastschriftnote, Lastschriftzettel; **con** – **adesiva** mit zustimmender Anmerkung; – **di biasimo** Tadel *m*; – **in calce** Fußnote; – **di carico** Verladungsnote; – **collettiva** Kollektivnote; – **contabile** Buchungsaufgabe, Buchunganzeige, Aufgabe; – **di copertura** Deckungsbestätigung *f*; – **di copertura provvisoria** (*schriftliche*) vorläufige Deckungszusage; – **di demerito** Tadel *m*; – **difensiva** Verteidigungsschriftsatz; – **diplomatica** diplomatische Note; – **informativa** Mitteilung; – **d'iscrizione a ruolo** Antrag auf Eintragung (des Rechtsstreits) in die Prozessliste; – **di negoziazione** (*divise*) Sortenzettel *m*, (*titoli*) Stükkeverzeichnis *n*; – **d'onorario** Gebührenrechnung *f*; – **di pegno** Lagerpfandschein *m*, Pfandschein, Warrant *m*; – **dei pesi** Gewichtsbescheinigung *f*, Gewichtsnota, Gewichtsschein *m*; – **di protesta** Protestnote; – **di qualifica** Dienstbeurteilung *f*; – **della redazione (n. d. r.)** Anmerkung der Redaktion; – **delle spese** Spesennote, Spesennota, Auslagenabrechnung *f*, Auslagenrechnung, Kostenrechnung, Ausgabenrechnung; – **di trascrizione** (*nei registri immobiliari*) Antrag auf Eintragung; – **di variazione** Änderungsanzeige; – **verbale** Verbalnote.

notabili *m pl* Notabeln *pl*, Honoratioren *pl*.

notaio *m* Notar *m*; – **rogante** beurkundender Notar.

notariato *m* Notariat *n*.

notarile *agg* notariell.

notaro *m* v. notaio.
notifica *f* Anmeldung *f*, Meldung, Kundmachung *f*; (*di atti*) Zustellung *f*; v. a. NOTIFICAZIONE.
notificando *m* Zustellungsempfänger *m*, Zustellungsadressat *m*.
notificante *m* Anmeldender *m*, Anmelder *m*.
notificare anmelden, melden, ankündigen, (*atti*) zustellen.
notificazione *f* Bekanntgabe *f*, (*di atti*) Zustellung *f*; – **del blocco** Bekanntgabe der Blockade; – **della cessione** Abtretungsanzeige *f*; – **della citazione** (1) (*proc. pen.*) Ladungszustellung; (2) (*proc. civ.*) Klagezustellung Klagzustellung (A); – **di denuncia** (*di trattato*) Kündigungsanzeige *f*; – **a mani proprie,** – **in mani proprie** Zustellung zu eigenen Händen, Zustellung zu eigenen Händen (A), eigenhändige Zustellung (A), Zustellung in Person; – **a mezzo posta** Postzustellung; – **ordinata dal giudice** Zustellung von Amts wegen; – **per pubblici proclami** öffentliche Zustellung; – **nella residenza, dimora o domicilio** nicht eigenhändige Zustellung; – **della sentenza** Urteilszustellung; – **speciale** Spezialnotifikation *f*; – **d'ufficio** Amtszustellung von Amts wegen.
notizia *f* Nachricht *f*; – **falsa** Falschmeldung; – **di reato** Mitteilung des Verdachts einer strafbaren Handlung; – **di stampa** Pressemeldung *f*.
notiziario *m* (*radiofonico*) Nachrichtendienst *m*.
notorietà *f* Offenkundigkeit *f*, Notorietät *f*.
notorio *agg* (*fatto*) offenkundig.
novazione *f* Schuldumwandlung *f*.
novella *f* **di una legge** Gesetzesnovelle *f*.
novità *f* Neuheit *f*.
nozione *f* Begriff *m*; – **civilistica** zivilrechtlicher Begriff; – **di danno** Schaden(s)begriff; – **giuridica** Rechtsbegriff; – **processuale del fatto** (*proc. pen.*).
nozioni *f pl*, – **di diritto** Rechtskenntnisse *pl*; – **di fatto** Tatsachenwissen *n*; – **tecniche** Fachkenntnisse.
nozze *f pl* Hochzeit *f*, **nuove –, seconde –** Wiederverheiratung *f*, Wiederverehelichung *f*.
nubendo *m* Ehewerber *m* (A).
nubenda *f* Ehewerberin *f* (A).
nubile *agg* ledig.
nubile *f* Ledige *f*.
nucleo *m* (1) (*parte centrale*) Kern *m*; (2) (*reparto*) Gruppe *f*, Truppe *f*, – **abitativo** Haushalt *m*; – **antiterrorismo** (*polizia*) Anti-Terror-Einheit *f*; – **familiare** Haushalt *m*; – **operativo** Einsatzgruppe *f*; – **di pronto intervento** (*polizia*) Einsatzbereitschaft *f*; – **speciale** Sondereinheit.
nudismo *m* Freikörperkultur *f*.
nulla osta *m* Unbedenklichkeitsbescheinigung *f*.
nullatentente *agg* mittellos, unbemittelt.
nullatenente *m* Mittelloser *m*.
nullatenenza *f* Mittellosigkeit *f*.
nullità *f* Nichtigkeit *f*, Nullität *f* (A –), Kraftlosigkeit *f*, Ungültigkeit *f*, Ungiltigkeit (A –); **a pena di** – bei sonstiger Nichtigkeit; **sanare la** – die Nichtigkeit heilen; – **assoluta** absolute Nichtigkeit; – **assoluta insanabile** unheilbare Nichtigkeit; – **di forma** Formnichtigkeit, Ungültigkeit wegen Formmangels, Ungültigkeit wegen Formgebrechens (A); – **insanabile** unheilbare Nichtigkeit; – **del matrimonio** Ehenichtigkeit; – **parziale** Teilnichtigkeit; – **relativa** relative Nichtigkeit; – **sanabile** heilbare Nichtigkeit.
nullo *agg* nichtig, kraftlos, ungültig, ungiltig (A); **dichiarare** – für nichtig erklären; **parzialmente** – teilweise nichtig; **radicalmente** – von Anfang an nichtig; – **e senza effetto,** – **e non avvenuto** null und nichtig.
numerario *m* Bargeld *n*, Münzgeld.
numerazione *f* Numerierung *f*; – **civica** Hausnumerierung; – **delle**

pagine Paginierung *f* (*Seitennummerierung*); – **progressiva** fortlaufende Numerierung.

numero *m* (*per il calcolo degli interessi*) Zinszahl *f*; **primo – vincente** Haupttreffer *m*, Hauptgewinn *m*; – **dell'assegno** Schecknummer; – **di catalogo** Katalognummer; – **casuale** (*demoscopia*) Zufallszahl *f*; – **del catasto** Katasternummer *f*, Katastralzahl *f* (A); – **di conto** Kontonummer *f*; – **chiuso** Numerus clausus *f*; – **civico** Hausnummer; – **di commissione** Bestellnummer; – **complessivo** Gesamtzahl; – **di controllo** Kontrollnummer *f*; – **dei dipendenti** Beschäftigtenzahl *f*; – **dei disoccupati** Zahl der Arbeitslosen; – **della fattura** Rechnungsnummer; – **guida** Richtzahl; – **di immatricolazione** (*di veicolo*) Zulassungsnummer; – **degli incidenti** Unfallziffer; – **indice** Indexzahl *f*, Indexziffer *f*; – **legale** Quorum *n*, Beschlussfähigkeit *f*; **in – legale** beschlussfähig; – **di matricola** Matrikelnummer; – **dei membri** Mitgliederzahl; – **minimo di partecipanti** Mindestteilnehmerzahl *f*; – **dell'ordinazione** Bestellnummer; – **d'ordine** laufende Nummer, Ordnungsnummer *f*; – **di partita I. V. A.** Mehrwertsteuernummer; – **di partita tavolare (P. T.)** (*libro fondiario*) Einlagezahl (E. Z.) (A, Südtirol); – **del passaporto** Passnummer; – **progressivo** fortlaufende Nummer; – **di protocollo** Protokollnummer; – **di registro** Registernummer *f*; – **di registrazione** Buchungsnummer; – **di riferimento** Geschäftsnummer; Bezugsnummer; – **di serie** Seriennummer; – **di targa** Fahrzeugnummer; – **di telaio** Fahrgestellnummer; – **di telefono** Rufnummer *f*, Telefonnummer; – **della tessera assicurativa** Versicherungsnummer; – **totale** Gesamtzahl; – **vincente** Treffer *m*; – **dei voti** Stimmenzahl.

nunziatura *f* Nuntiatur *f*, Nunziatur *f*; – **apostolica** apostolische Nuntiatur.

nunzio *m* Nuntius *m*, Nunzius; – **apostolico** apostolischer Nuntius.

nuncius *m* (*di una dichiarazione di volontà*) Bote *m*; – **del destinatario** Empfangsbote; – **del dichiarante** Erklärungsbote.

nuovo, riportare a – auf neue Rechnung vortragen; – **per vecchio** neu für alt.

nuzialità *f* Eheschließungshäufigkeit *f*, Heiratshäufigkeit, Heiratsfrequenz *f*.

O

obbedienza *f* Gehorsam *m*; – **militare** militärischer Gehorsam.

obbligare verpflichten.

obbligarsi sich verpflichten; – **per contratto** sich vertraglich verpflichten.

obbligato *m* Verpflichter *m*; **terzo –** Drittschuldner *m*; **civilmente – per – la pena pecuniaria** (*dir. pen.*) zivilrechtlich für die Zahlung der Geldstrafe Verpflichteter; – **per assegno** Scheckverpflichteter; – **cambiario** Wechselverpflichteter, Wechselschuldner *m*; – **cambiario principale** Hauptwechselschuldner *m*; – **all'indennizzo** Entschädigungspflichtiger; – **al pagamento** Zahlungspflichtiger *m*, Zahlungsschuldner *m*; – **a prestare gli alimenti** Unterhaltspflichtiger *m*; – **alla prestazione** Leistungsverpflichteter, Leistungspflichtiger *m*; – **principale** Hauptverpflichteter; – **pro rata** Teilschuldner *m*; – **di**

regresso Regresspflichtiger; – **secondario** Zweitschuldner *m*; – **solidale, – in solido** gesamtschuldnerisch Verpflichteter, solidarisch Verpflichteter; – **in via di regresso** (S) Gewährspflichtiger *m* (S).

obbligatorietà *f* Pflicht *f*, Verpflichtung *f*; bindende Wirkung *f*; – **dell'azione penale** Strafverfolgungszwang *m*; – **della decisione** Entscheidungspflicht *f*; – **erga omnes** Allgemeinverbindlichkeit *f*.

obbligatorio *agg* (1) verbindlich, rechtsverbindlich, bindend; (2) obligatorisch; (3) schuldrechtlich.

obbligazione *f* (1) Schuld *f*, Verbindlichkeit *f*, Verpflichtung *f*, Schuldpflicht *f* (+ S); (2) (*di prestito*) Schuldverschreibung *f*, Teilschuldverschreibung, Obligation *f* (+ S), Anleihensobligation (S =); **adempiere un'** – eine Verbindlichkeit erfüllen, eine Verpflichtung erfüllen; **assumere un'** –, **contrarre un'** – eine Verbindlichkeit eingehen, eine Verpflichtung eingehen; – **accessoria** Nebenverpflichtung; – **alimentare** Unterhaltsverpflichtung, Unterhaltspflicht *f*; – **alternativa** Wahlschuld *f*, Alternativobligation, Wahlobligation (S =); – **d'avallo** Avalverbindlichkeit, Avalverpflichtung; – **cambiaria** Wechselverbindlichkeit, Wechselverpflichtung; – **di cassa** (S) Kassenobligation (S); – **civile per la pena pecuniaria** zivilrechtliche Verpflichtung zur Zahlung der Geldstrafe; – **comunale** Kommunalobligation, Kommunalschuldverschreibung; – **condizionale** bedingte Verbindlichkeit; – **di consegna** Ablieferungsverpflichtung; – **contraria** Gegenverpflichtung, Gegenschuld *f*; – **da contratto, – contrattuale** vertragsmäßige Verbindlichkeit, Vertragsverpflichtung, Vertragsobliegenheit *f*; – **contributiva** Beitragspflicht; – **convertibile** Wandelschuldverschreibung, Wandelobligation; – **convertita** Ablösungsschuldverschreibung; – **di custodire** Verwahrungspflicht; – **divisibile** teilbare Verbindlichkeit; – **doganale** Zollschuld *f*; – **di durata** Dauerschuld *f*; – **ereditaria** Nachlassverbindlichkeit; – **eventuale** Eventualverbindlichkeit, Eventualverpflichtung; – **con facoltà alternativa, – facoltativa** Obligation mit facultas alternativa, Fakultativobligation (S =); – **di fare** Verpflichtung zu einem Tun, Verpflichtung zur Vornahme einer Handlung, Handlungspflicht *f*; – **da fatto illecito** Schuldverhältnis aus unerlaubter Handlung; – **fideiussoria** Bürgschaftsverbindlichkeit, Bürgschaftsverpflichtung; – **di finanziamento** Finanzierungsverpflichtung; – **fondiaria** Bodenobligation; – **di fornitura** Lieferverbindlichkeit, Lieferverpflichtung; – **di garanzia** Garantieverbindlichkeit, Garantieverpflichtung, Bürgschaftsverbindlichkeit, Garantieverpflichtung; – **di genere, – generica** Gattungsschuld *f*, Genussschuld; – **di genus limitatum** Vorratsschuld, beschränkte Gattungsschuld *f*; – **giuridica** Rechtsverbindlichkeit; – **gratuita** Gratisobligation; – **imperfetta** unvollkommene Verpflichtung, unvollkommene Obligation (S), unvollkommenes Schuldverhältnis (S); – **d'imposta** Steuerschuld; – **indivisibile** unteilbare Verbindlichkeit; – **industriale** Industrieobligation; – **degli interessi** Zinsverpflichtung; – **ipotecaria** Hypothekenschuldverschreibung, Hypothekarverschreibung (A), Hypothekenobligation, Pfandverschreibung; – **lavorativa** Arbeitsleistungspflicht; – **legale** gesetzliches Schuldverhältnis; – **di massa** Masseschuld; – **morale** sittliche Pflicht; – **naturale** Naturalverpflichtung, Naturalobligation; – **negativa** Duldungspflicht *f*, Duldungsschuld *f*; – **nominativa** Namensschuldverschreibung, Namensobligation, Namenobligation (S +); – **di non fare** Unterlassungspflicht *f*, Unterlassungsverpflichtung; – **con opzione** Wandelschuldverschreibung, Wandelobligation; – **all'ordine** Orderschuldverschreibung; – **originaria** ursprüngliche Verpflichtung; – **di pagamento** Zahlungsverpflichtung, Zahlungsverbindlichkeit; – **partecipante agli utili,** – **di partecipazione** Gewinnschuldverschreibung, Gewinnobligation; – **parziale,** – **parziaria** Teilschuld *f*, Teilverpflichtung; – **pecuniaria** Geldschuld *f*, Geldverpflichtung, Geldverbindlichkeit; – **al portatore** Inhaberschuldverschreibung; – a premio Prämienschuldverschreibung, Schuldverschreibung mit Prämie, Prämienobligation; – **principale** (vertragliche) Hauptpflicht; – **privile giata** Prioritätsobligation; – **di quasi genus** Vorratsschuld; – **secondaria** Nebenverpflichtung; – **di servizio** Dienstverpflichtung; – **sociale** Gesellschaftsverbindlichkeit, Gesellschaftsverpflichtung; – **solidale,** – **in solido** Gesamtverpflichtung, Gesamtschuld *f*, Gesamtverbindlichkeit, Solidarverpflichtung, gesamtschuldnerische Verpflichtung, Korrealität (A), Solidarobligation (S =); – **di sopportare** Duldungspflicht, Duldungsschuld *f*; – **con sorteggio di premi** Prämienschuldverschreibung, Schuldverschreibung mit Prämie, Prämienobligation; – **sostituibile con azione** Wandelschuldverschreibung, Wandelobligation; – **di specie,** – **specifica** Stückschuld *f*, Speciesschuld, Speziesschuld; – **statutaria** Satzungsverpflichtung; – **surrogatoria** Ersatzverbindlichkeit; – **sussidiaria** subsidiäre Verbindlichkeit; – **a termine** Terminverpflichtung; – **tributaria** Abgabenschuld *f*, Abgabenschuldigkeit *f* (A), Steuerschuld, Steuerverpflichtung; v. a. DEBITO, DOVERE, IMPEGNO, OBBLIGO.

obbligazionista *m* Inhaber von Teilschuldverschreibungen, Schuldverschreibungsinhaber *m*, Anleihegläubiger *m*, Anleihensgläubiger (S); Obligationär *m*, Obligationeninhaber.

obbligo *m* Pflicht *f*, (*assoluto*) Zwang *m*; – **assumersi l'** – sich verpflichten; **senza** – unverbindlich, ohne Obligo; **sottrarsi ad un** – sich einer Verpflichtung entziehen; – **di abbassare i fari** (*circ. strad.*) Abblendpflicht *f*; – **di adempimento** Erfüllungspflicht, Leistungspflicht; – **d'adesione** Beitrittspflicht; – **alimentare,** – **degli alimenti** Unterhaltspflicht, Unterhaltsverpflichtung *f*, Alimentationspflicht; – **di allacciarsi** (*circ. strad.*) Anschnallpflicht; – **di arresto** (*circ. strad.*) Haltgebot *n*; – **assicurativo,** – **d'assicurazione** Versicherungspflicht, Versicherungszwang; – **d'assistenza** Unterstützungspflicht, Beistandsverpflichtung *f*, Fürsorgepflicht; – **assunto** übernommene Verpflichtung *f*; – **di assunzione** Einstellungspflicht; – **di autorizzazione** Genehmigungspflicht; – **di cessione di divise** Devisenablieferungspflicht; – **della cintura** (*circ. strad.*) Gurtpflicht; – **di collaborazione** (1) Mitwirkungspflicht; (2) Pflicht zur Mitarbeit; – **di collazione** Ausgleichungspflicht, Anrechnungspflicht (A +); – **di comportamento** Verhaltenspflicht; – **di comunicazione** Mitteilungspflicht; – **dei conferimenti** (*società*) Einschusspflicht; – **di consegna** Lieferungsverpflichtung, Ablieferungsverpflichtung; – **di conservazione** Aufbewahrungspflicht; – **di consultazione** Konsulationspflicht; – **a contrarre** Kontrahierungszwang, Abschlusszwang, Abschlusspflicht; – **contrattuale** Vertragspflicht; – **contributivo** Beitragspflicht; – **di cooperazione** Mitwirkungspflicht; – **di custodia** Obhutspflicht; – **della decisione** Entscheidungspflicht; – **di denuncia** Anzeigepflicht –, Meldepflicht; – **della denuncia doganale** (S) Zollmeldepflicht; – **di deporre** (*del testimone*) Pflicht zur Aussage, Zeugnispflicht; – **di deposito** Hinterlegungspflicht; – **di dichiarazione** Deklarationspflicht, Anmeldepflicht; – **dell'emissione della fattura** Pflicht zur Rechnungsausstellung; – **di eseguire la prestazione** Leistungspflicht; – **d'esercizio** Betriebspflicht; – **di fedeltà** Treupflicht; – **fideiussorio** Bürgschaftsverpflichtung; – **fiscale** Steuerpflicht; – **di garanzia** Gewährleistungspflicht, Gewährspflicht (S); – **giuridico** Rechtspflicht; – **giuridico di impedire l'evento** (*dir. pen.*) Rechtspflicht zur Abwendung des Erfolges (*bei Unterlassungsdelikt*); – **d'indennizzo** Schadensersatzpflicht; – **di informazione** Auskunftspflicht, Informationspflicht; – **d'intervento** Pflicht zum Eingreifen; – **d'iscrizione** Eintragungspflicht, Eintragspflicht (S); – **di lavoro** Arbeitspflicht; – **legale,** – **di legge** gesetzliche Verpflichtung; – **di leva** Wehrpflicht; – **al mantenimento** Unterhaltspflicht; – **di manutenzione** Unterhaltungspflicht, Erhaltungspflicht; – **della motivazione** Begründungszwang; – **di neutralità** Neutralitätspflicht; – **di non fare** Unterlassungsverpflichtung *f*; – **del non riscosso come riscosso** Pflicht des Steuereinnehmers, die in den Steuerhebebüchern enthaltenen Steuerbeträge bei Fälligkeit an den Steuergläubiger abzuführen, ohne Rücksicht darauf, ob sie tatsächlich vereinnahmt worden sind; – **di notifica** Anzeigepflicht; – **di pagamento** Zahlungspflicht; – **del passaporto** Passzwang, Passpflicht; – **del patrocinio** Anwaltszwang; – **di pilotaggio** Lotsenpflicht, Lotsenzwang; – **di presentazione** Vorlegungspflicht, Präsentationspflicht; (*alla polizia*) (polizeiliche) Meldepflicht; – **di prestare giuramento** Eidespflicht; – **di prestazione anticipata** Vorleistungspflicht; – **di prova** Nachweispflicht, Beweispflicht; – **di rapporto** (*di reato*) Anzeigepflicht *f*; – **di registrazione** Eintragungspflicht, Eintragspflicht (S), Registerpflicht, Registrierungszwang, Registrierungspflicht; – **di render conto,** – **di rendiconto** Rechenschaftspflicht; – **di residenza** Residenzpflicht; – **di restituzione** Rückgabepflicht; – **di rettifica** Pflicht zur Richtigstellung, Berichtigungspflicht; – **di rimborso** Erstattungspflicht; – **della riparazione** Wiedergutmachungspflicht; – **di risarcimento** Ersatzpflicht; – **di riservatezza** Verschwiegenheitspflicht; – **di ritiro** Abnahmepflicht; – **di salvataggio** Schaden(s)minderungspflicht; – **scolastico** Schulpflicht; – **del segreto professionale** berufliche Schweigepflicht; – **di servizio** Dienstpflicht; – **di sicurezza** Sicherheitspflicht, Sicherungspflicht; – **di soggiorno in un determinato commune** (*misura di prevenzione*) Pflicht zum Aufenthalt in einer bestimmten Gemeinde; – **di sorveglianza** Überwachungspflicht; – **di subordinazione** (*lavoro*) Gehorsamspflicht; – **di tenere la destra** (*circ. strad.*) Rechtsfahrgebot; – **di testimoniare** Zeugnispflicht; – **di trasporto** Beförderungspflicht, Beförderungszwang; – **di tutela** Schutzpflicht; – **di vendita** Verkaufszwang; – **di verifica** Nachprüfungspflicht; – **del visto** Sichtvermerkszwang, Visumszwang; – **di votare** Stimmpflicht, Wahlpflicht; v. a. DOVERE, OBBLIGAZIONE.

obiettare einwenden.

obiettivi *m pl* **di qualità ambientale** Umweltqualitätsziele *n pl.*

obiettività *f* Sachlichkeit *f*, Objektivität *f*.

obiettivo *m* Ziel *n*, Zweck *m*; – **comune** gemeinsames Ziel; – **finale** Endziel; – **fondamentale** grundlegendes Ziel; – **prefissato** gestecktes Ziel; – **principale**

Hauptziel; – **raggiunto** erreichtes Ziel.

obiettore *m* **di coscienza** Wehrdienstverweigerer *m*, Kriegsdienstverweigerer.

obiezione *f* Einwand *m*, Einwendung *f*, Einspruch *m*, Bedenken *n*; **sollevare un'** – Einspruch einlegen, Einspruch erheben; – **di coscienza** Wehrdienstverweigerung *f*, Kriegsdienstverweigerung; – **fondamentale** grundlegender Einwand.

obliteratrice *f* Entwerter *m*.

obitorio *m* Leichenschauhaus *n*, Obduktionshaus.

oblazione *f* (1) (*offerta*) Spende *f*; (2) (*nelle contravvenzioni*) freiwillige Zahlung einer Buße (*zur Abwendung einer Verurteilung bei geringfügigen Übertretungen*); (3) (*nelle violazioni amministrative*) Zahlung eines Verwarnungsgeldes.

obliterare entwerten.

occasione *f* Gelegenheit *f*; – **di lavoro** Arbeitsgelegenheit *f*.

occorrere erforderlich sein.

occultamento *m* Verheimlichung *f*, Verhehlung *f*; – **di atti** Urkundenunterschlagung *f*; – **di beni** Vermögens Verheimlichung, Vermögensverschleierung *f*; – **di cadavere** Verbergen einer Leiche; – **di documenti** Urkundenunterschlagung *f*; – **di neonato** Verheimlichung eines Kindes, Geburtsverheimlichung (A); – **di un reato** Verdeckung einer Straftat; – **di reo** Verbergen eines Täters; – **di stato** Personenstandsverheimlichung; – **di tesoro** Schatzverheimlichung (A); – **di testamento** Testamentsunterschlagung (A).

occultare verheimlichen.

occulta *agg* geheim, verborgen.

occupante *m* Okkupant *m*, Besatzungsmacht *f*.

occupare (1) besetzen; (2) (*persone*) beschäftigen.

occupazione *f* (1) Besetzung *f*, Okkupation *f*, Besatzung *f*; (2) (*impiego*) Beschäftigung *f*; (3) (*modo di acquisto della proprietà*) Aneignung *f*; **essere senza** – beschäftigungslos sein; **piena** – Vollbeschäftigung; – **bellica** kriegerische Besetzung; – **di case** Hausbesetzung, Besetzung von Häusern; – **complementare** Nebenbeschäftigung; – **di fabbrica** Werksbesetzung; – **a mezza giornata** Halbtagsbeschäftigung, Halbtagsstellung *f*; – **militare** militärische Besatzung; – **pacifica** friedliche Okkupation, Friedensokkupation; – **permanente** dauernde Besetzung; Dauerbeschäftigung; – **d'un posto** Besetzung einer Stelle; – **prevalente** überwiegende; – **rimunerata** bezahlte Beschäftigung; Beschäftigung gegen Entgelt; – **secondaria** Nebenbeschäftigung; – **di suolo pubblico** Benutzung *f* öffentlicher Flächen; v. a. IMPIEGO, LAVORO.

odio *m*, **di classe**, – **fra le classi sociali** – Klassenhass *m*; – **razziale** Rassenhass.

ofelimità *f* Ophelimität *f*.

offendere beleidigen.

offendicula *m pl* Schutzvorrichtungen *f pl* (*gegen das Eindringen auf Grundstücke*).

offensiva *f* Offensive *f*; – **di pace** Friedensoffensive; – **pubblicitaria** Werbeoffensive.

offensivo *agg* beleidigend.

offensore *m* Beleidiger *m*.

offerente *m* Anbietender *m*, Anbieter *m*, Bieter, Offerent *m* (S); **maggiore** –, **migliore** – Meistbietender, Mehrbietender, Höchstbietender, Bestbietender, Überbietender, Überbieter.

offerta *f* (1) Angebot *n*, Offerte *f*, Anerbieten *n*; (2) (*asta*) Gebot *n*, Anbot (A =); **accettare l'** – das Angebot annehmen; **eccesso d'** – Überangebot; **fare un'** – ein Angebot machen, bieten; **maggiore** – Mehrgebot, Meistgebot, Meistbot (A); **pubblica** – öffentliches Erbieten *n*; **rifiutare l'** – das Angebot ablehnen; **ultima** – Letztangebot; – **d'acquisto** Kaufangebot; – **d'adempimento** Leistungsangebot, Erfüllungsangebot; – **al-**

ternativa Alternativangebot; – **d'armistizio** Waffenstillstandsangebot; – **all'asta** Ausbietung *f*; – **di cambio** Umtauschangebot; – **di capitale** Kapitalangebot; – **competitiva** konkurrenzfähiges Angebot; – **della concorrenza** Konkurrenzangebot; – **condizionata** bedingtes Angebot; – **di contratto** Vertragsangebot, Vertragsanbot (A =); – **di conversione** Konversionsangebot, Konvertierungsangebot; – **in denaro** Bargebot; – **eccessiva** Überangebot; – **eccezionale** Ausnahmeangebot, (*speciale*) Sonderangebot; – **elastica** elastisches Angebot; – **favorevole** günstiges Angebot; – **ferma, – al fermo** festes Angebot, festes Gebot, Festofferte *f*; – **finale** Letztangebot; – **formativa** Bildungsangebot; – **forzata** Zwangsangebot; – **globale** Gesamtangebot, Globalangebot; – **senza impegno** freibleibendes Angebot; – **impegnativo** bindendes Angebot; – **d'impiego** Stellenangebot; – **inferiore** Mindergebot; – **per intimazione** Angebot durch Aufforderung (*bei Gläubigerverzug*); – **di lavoro** Stellenangebot; – **limitata** Grenzangebot; – **di mano d'opera** Arbeitskräfteangebot; – **massima** Höchstangebot, Höchstgebot; – **di merci** Warenangebot; – **minima** geringstes Gebot, Mindestgebot; – **di modificazione del contratto** Angebot zur Abänderung des Vertrages; – **in opzione** Bezugsangebot, Aufforderung zum Bezug, Bezugsaufforderung *f*; – **di pace** Friedensangebot; – **di pagamento** Zahlungsangebot; – **piú bassa** niedrigeres Gebot; – **piú elevata** höheres Gebot; – **di prezzo** Preisangebot; – **di prova** Beweisangebot, Beweisanerbieten, Beweisantrag *m*; – **pubblica di acquisto** (*take over bid, tender*) Übernahmeangebot; – **al pubblico** Angebot an jedermann; – **reale** tatsächliches Angebot; – **di ribasso** niedrigeres Gebot; – **di scambio** Tauschangebot; – **scritta** schriftliches Angebot; – **di sottoscrizione** Zeichnungsaufforderung *f*, Zeichnungsangebot, Zeichnungseinladung *f*; – **speciale** Sonderangebot; – **tardiva** Nachgebot; – **a termine** Terminangebot, Terminofferte; – **unilaterale** einseitiges Angebot; – **secondo gli usi** Angebot nach Verkehrssitte; – **di vendita** Verkaufsangebot, Verkaufsangebot (A); – **verbale** wörtliches Angebot; v. a. PROPOSTA.

offesa *f* Beleidigung *f*; – **alla bandiera o ad altro emblema di uno Stato estero** Verletzung von Flaggen und Hoheitszeichen ausländischer Staaten; – **al credito** (S) Kreditschädigung *f*; – a **gruppo collettivo** Kollektivbeleidigung; – **alla libertà del Presidente della Repubblica** Angriff auf die Freiheit des Staatspräsidenten; – **alla moralità pubblica** Verletzung des öffentlichen Anstandes, Verletzung der öffentlichen Sittlichkeit (S); – **all'onore** Ehrenkränkung *f*, Ehrenbeleidigung (A); – **all'onore dei Capi di Stati esteri** Beleidigung eines ausländischen Staatsoberhaupts; – **all'onore o al prestigio del Presidente della Repubblica** Verunglimpfung des Staatspräsidenten; – **all'onore sessuale** Verletzung der Geschlechtsehre; – **al pubblico pudore, – alla pubblica decenza** Erregung öffentlichen Ärgernisses; – **al pudore** Verletzung des Schamgefühls; v. a. OLTRAGGIO.

offese *f pl* **reciproche** wechselseitige Beleidigungen.

offeso *m* Beleidigter *m*.

officialità *f* **dell'azione penale** Offizialität *f* der Strafklage.

officina *f* Werkstatt *f*; – **autorizzata** Vertragswerkstatt.

offrire anbieten, bieten, offerieren.

oggetto (1) Gegenstand *m*, Objekt *n*; (2) (*sotto l'intestazione di una lettera*) Betreff *m*; **privo d'** – gegenstandslos; – **dell'assicurazione** Versicherungsgegenstand; – **bre-**

vettato patentierter Gegenstand; – **del brevetto** Gegenstand des Patents; – **della causa** Streitgegenstand; – **comprato** Kaufgegenstand; – **confiscato** beschlagnahmter Gegenstand, verfallener Gegenstand (A); – **del contendere** Streitgegenstand, Streitobjekt, streitbefangener Gegenstand, Streitsache *f*; – **contraffatto** nachgeahmter Gegenstand; – **del contratto** Gegenstand des Vertrags, Vertragsgegenstand; – **di corrispondenza** Briefsendung *f*; – **di custodia** Asservat *n*; – **del danno** Gegenstand des Schadens, Schadensgegenstand; – **della domanda** (*azione*) Gegenstand des Klageanspruchs, Klagegegenstand; – **esposto** Ausstellungsgegenstand; – **di giudizio** Entscheidungsgegenstand; – **giuridico del reato** (geschütztes) Rechtsgut, Schutzobjekt; – **impignorabile** (S) Kompetenzstück *n* (S); – **imponibile,** – **d'imposta** Steuergegenstand, Steuerobjekt; – **dell'imputazione** Gegenstand der Beschuldigung; – **indiviso** gemeinschaftlicher Gegenstand; – **inventariato,** – **d'inventario** Inventargegenstand, Inventarstück *n*; – **legato** vermachter Gegenstand; – **della lite** Streitgegenstand, Streitobjekt, streitbefangener Gegenstand, Streitsache *f*; – **locato,** – **della locazione** Mietgegenstand, Mietobjekt, Bestandgegenstand (A), Bestandobjekt (A); – **materiale del reato** Tatobjekt; – **del negozio** (*giuridico*) Geschäftsgegenstand; – **dell'obbligazione** Gegenstand der Verpflichtung; – **osceno** obszöner Gegenstand; – **del pegno** Pfandgegenstand; – **della perizia** Gegenstand der Guchtachtererstattung; – **della prestazione** Leistungsgegenstand; – **di prima necessità** Gegenstand des dringlichen Bedarfs; – **di prova** Beweisgegenstand; – **del ricorso** Beschwerdegegenstand; – **rinvenuto** Fundgegenstand, Fundsache *f*, Fundgut *n*; – **del rischio** Gegenstand des Risikos; – **ritrovato** Fundgegenstand, Fundsache *f*, Fundgut *m*; – **sequestrato** beschlagnahmter Gegenstand; – **sociale,** – **della società** Geschäftszweck der Gesellschaft, Gesellschaftszweck *m*, Betriebsgegenstand der Gesellschaft (A); – **di uso corrente** Gegenstand des täglichen Bedarfs; – **di valore** Wertgegenstand, Wertsache *f*, Wertobjekt; – **della vendita** Kaufgegenstand; v. a. COSA.

oligarchia *f* Oligarchie *f*.

oligopolio *m* Oligopol *n*.

oligopsonio *m* Oligopson *n*.

olografo *agg* eigenhändig, holographisch.

oltraggio *m* Beleidigung *f*; – **all'esercito** Militärbeleidigung; – **a un magistrato in udienza** Beleidigung eines Richters (bzw. Staatsanwalts) in der Sitzung; – **a pubblico impiegato** Beleidigung eines öffentlichen Angestellten; – **a pubblico ufficiale** Amtsehrenkränkung *f* (A), Beleidigung eines Amtsträgers; – **al pubblico pudore** öffentliches Ärgernis; – **al pudore** Verletzung des Anstandsgefühls; v. a. OFFESA.

oltresalari *m pl* Lohnnebenkosten *pl*.

omaggio *m* Geschenk *n*, Gabe *f*; **in** – gratis, Frei-.

ombudsman *m* Ombudsman *m*.

omertà *f* Gesetz des Schweigens (*Schweigepflicht für die Mitglieder einer Verbrechervereinigung*).

omettere unterlassen.

omicida *m* Totschläger *m*, (*in presenza di circostanze aggravanti*) Mörder *m*; – **a scopo di rapina** Raubmörder.

omicidio *m* (*in generale*) Tötung *f*, (*doloso comune*) Totschlag *m* (D), Mord (A), vorsätzliche Tötung (S); (*doloso grave*) Mord *m*; **tentato** – versuchter Totschlag; – **colposo** fahrlässige Tötung; – **su commissione** Auftragsmord, Mord auf Bestellung; – **del consenziente**

Tötung auf Verlangen; – **doloso** Totschlag (D), Mord (A), vorsätzliche Tötung (S); (*aggravato*) Mord; – **passionale** (S) Totschlag (A, S); – **premeditato** vorbedachte Tötung, Tötung mit Überlegung; – **preterintenzionale** Körperverletzung mit tödlichem Ausgang (A), Körperverletzung mit Todesfolge (D), – **in rissa** Schlägerei mit Todesfolge; – **sadico** Lustmord; – **a scopo di rapina** Raubmord.

omissione *f* Unterlassung *f*, Unterlassen *n*; – **dell'appello** Übergehung der Berufungsinstanz; – **colposa** schuldhaftes Unterlassen; – **contributiva** Nichtzahlung von Beiträgen; – **di denuncia** Nichtanzeige *f*, – **o rifiuto di atti di ufficio** Unterlassung oder Verweigerung von Amtshandlungen; – **di referto** Unterlassen der ärztlichen Meldung (über den Verdacht einer Straftat); – **di soccorso** unterlassene Hilfeleistung, Unterlassung der Hilfeleistung; – **di soccorso a un ferito** (S) Imstichlassen eines Verletzten (A, S).

omologare bestätigen, genehmigen.

omologazione *f* Bestätigung *f*; – **giudiziaria** gerichtliche Bestätigung, Bestätigung durch das Gericht; – **del concordato fallimentare** gerichtliche Bestätigung des Zwangsvergleichs; – **del concordato preventivo** gerichtliche Bestätigung des Vergleichs (*zur Abwendung des Konkursverfahrens*); – **della separazione consensuale** (*dei coniugi*) gerichtliche Bestätigung der einverständlichen Trennung (*der Ehegatten*).

omonimia *f* Namensgleichheit *f*.

omosessuale *agg* homosexuell.

omosessuale *m* Homosexueller *m*.

omosessualità *f* Homosexualität *f*.

onda *f*, – **di congiuntura** Konjunkturwelle *f*; – **verde** (*circ. strad.*) grüne Welle.

ondata *f*, – **di acquisti** Kaufwelle *f*; – **di epurazioni** Säuberungswelle; – **di immigrazione** Einwanderungswelle; – **di protesta** Protestwelle; – **di rincari** Teuerungswelle; – **di scioperi** Streikwelle; – **terroristica** Welle von Terroranschlägen; – **di violenza** Welle der Gewalt.

onerato *m* Beschwerter *m*.

onere *m* (1) Last *f*, Belastung *f*, Auflage *f*; (2) (*rapporto obbligatorio*) Obliegenheit *f*; **invertire l' – della prova** die Beweislast umkehren; – **dell'affermazione** (*proc. civ.*) Behauptungslast; – **contributivo** Beitragsbelastung; – **dei costi** Kostenlast; – **di deduzione delle prove** Beweisführungslast; – **dei debiti** Schuldenlast; – **doganale** Zollbelastung; – **ereditario** Erbschaftslast; – **di finanziamento** finanzielle Last, Finanzaufwendung *f*; – **fiscale** steuerliche Belastung, Steuerbelastung, Steuerlast; – **fondiario** (S) v. onere reale; – **di forma** Formerfordernis *n*; – **ipotecario** hypothekarische Belastung, Hypothekenbelastung; – **della prova** Beweislast, Beweisführungslast; – **reale** Grundlast, Reallast, Grundstücksbelastung, Grundstückslast; – **dei sinistri** Schadensbelastung, Schadenslast; – **sociale** Soziallast, soziale Last, Sozialbelastung; – **delle spese** Kostentragungspflicht; – **tributario** Steuerlast, Steuerbelastung, steuerliche Belastung; – **di vigilanza** Aufsichtspflicht; v. a. CARICO, ONERI.

oneri *m pl* Abgaben *f pl*, Lasten *f pl*; **esente da** – lastenfrei; **– accessori** Nebenkosten *pl*; – **complementari del lavoro** Lohnnebenkosten *pl*; – **comunali** Gemeindelasten *pl*; – **deducibili** (*imposta*) absetzbare Aufwendungen; – **finanziari** Finanzlasten *pl*; – **ordinari** ordentliche Lasten; – **pubblici** öffentliche Lasten; – **salariali** Lohnabgaben; – **sociali** Sozialabgaben; – **dello Stato** Staatslasten *pl*; – **straordinari** außerordentliche Lasten; – **di utilità sociale** (*deducibili*) Sozialaufwendungen; v. a. CARICO, ONERE.

onerosità *f* (1) Entgeltlichkeit *f*; (2) (onere) Belastung *f*; **eccessiva** – (*della prestazione*) Unzumutbarkeit *f* (*der Leistung wegen veränderter Umstände*).

oneroso *agg* (1) (*negozi*) entgeltlich; (2) (*gravoso*) belastend.

onnicomprensivo *agg* allumfassend.

onomastica *f* **stradale** Straßenbenennung *f*.

onorante *m* Honorant *m*, Ehrenadresse *f*, (*in particolare*: *accettante*...) Ehrenakzeptant *m*, (... *pagante*) Ehrenzahler *m*.

onorare honorieren, einlösen.

onorario *agg* ehrenamtlich, Ehren-.

onorario *m* Honorar *n*; – **per assistenza in udienza** Verhandlungsgebühr *f*; – **d'avvocato** Anwaltshonorar *n*; – **per fase dibattimentale** Verhandlungsgebühr *f*; – **globale** Pauschalhonorar; – **di medico** Arzthonorar, Arztgebühr *f*; – **notarile** Notariatsgebühr; – **di perito** Sachverständigengebühr.

onorato *m* (1) Honorat *m*, Beehrter *m*; (2) (*legato*) Bedachter *m*.

onore, giurare sull' – auf Ehre geloben; **lesivo dell'** – ehrverletzend, ehrenrührig; – **professionale** Berufsehre; – **sessuale** Geschlechtsehre, geschlechtliche Ehre (S).

onorevole *m* (*appellativo di parlamentari*) (Herr) Abgeordneter *m*.

onori regali *m pl* königliche Ehren *pl*, königliche Ehrenbezeugungen.

onorificenza *f* Ehrenzeichen *n*, Auszeichnung *f*.

onorifico *agg* ehrenamtlich.

opera *f* **Werk** *n*; – **abusiva** (*edilizia*) nichtgenhemigtes Bauwerk *n*; – **d'arte** Kunstwerk; – **d'assistenza** Hilfswerk *n*; – **cinematografica** Filmwerk *n*; – **collettiva** Sammelwerk *n*; – **contraffatta** nachgeahmtes Werk, nachgemachtes Werk, widerrechtlich hergestelltes Werk; – **creativa** schöpferisches Werk; – **dell'ingegno** Geisteswerk *n*, – **di persuasione** Überzeugungsarbeit; – **pia** Wohltätigkeitsanstalt *f*; – **postuma** nachgelassenes Werk; – **universitaria** Studentenwerk.

operaia *f* Arbeiterin *f*, Fabrikarbeiterin.

operaio *m* Arbeiter *m*; – **edile** Bauarbeiter; – **industriale** Betriebswerker *m*; – **metallurgico, – metalmeccanico** Metallarbeiter; – **non qualificato** ungelernter Arbeiter; – **qualificato** Facharbeiter, Spezialarbeiter; – **siderurgico** Stahlarbeiter; – **specializzato** Facharbeiter, Spezialarbeiter; v. a. LAVORATORE.

operatività *f* Wirksamkeit *f*; – **di una fideiussione** Inanspruchnahme einer Bürgschaft.

operatore *m*, – **di borsa** Börsenhändler *m*; – **in cambi** Devisenhändler, Sortenhändler; – **carcerario** Vollzugsbediensteter *m*; – **penitenziario** Vollzugsbediensteter; – **al rialzo** Haussier *m*; – **al ribasso** Baissier *m*; – **turistico** in der Tourismusbranche Tätiger *m*.

operatori *m pl* **professionali** (*borsa*) Berufshandel *m*.

operazione *f* Geschäft *n*, Transaktion *f*; **eseguire un'** – ein Geschäft abwickeln; – **abbinata** Koppelungsgeschäft, Kompensationsgeschäft; – **d'acquisto** Kaufgeschäft; – **antidroga** Anti-Drogen-Aktion; – **anti-mafia** Anti-Mafia-Aktion; – **anti-terrorista** Anti-Terror-Aktion; – **di arbitraggio** Arbitragegeschäft; – **arrischiata** gewagtes Geschäft, Risikogeschäft; – **di assicurazione** Versicherungsgeschäft; – **attiva** Aktivgeschäft; – **di banca,** – **bancaria** Bankgeschäft, Banktransaktion; – **di baratto** Tauschgeschäft; – **su base di reciprocità** Gegenseitigkeitsgeschäft; – **bellica** Kriegshandlung *f*; – **di borsa** Börsengeschäft, Börsegeschäft (A =), Börsentransaktion; – **in cambi,** – **di cambio** Wechselgeschäft, Devisengeschäft, Sortengeschäft, Geldwechslergeschäft; – **di cambio a consegna**

Termindevisengeschäft; – **di cambio a termine** Devisenttermingeschäft; – **commerciale** Handelsgeschäft; – **in compartecipazione** Gemeinschaftsgeschäft; – **di compensazione** Kompensationsgeschäft, Verrechnungsgeschäft; – **contabile** Buchungsvorgang *m*; – **a contanti** Kassengeschäft, Kassageschäft, Bargeschäft, Komptantgeschäft (S =), Comptantgeschäft (A); – **in conto corrente** Kontokorrentgeschäft; – **di copertura** Deckungsgeschäft; – **di credito** Kreditgeschäft; – **di credito documentato** Dokumentengeschäft, dokumentäres Geschäft; – **di credito su pegno** Lombardgeschäft, Versatzgeschäft (A); – **di deporto** Deportgeschäft; – **su divise** Devisengeschäft; – **in effettivo** Effektivgeschäft; – **elettorale** Wahlvorgang *m*, Wahlakt *m*, Wahlhandlung *f*, Abstimmungshandlung; – **d'emissione** Emissionsgeschäft; – **d'esportazione** Ausfuhrgeschäft; – **ferma** fester Abschluss; – **a fermo** (*borsa*) Fixgeschäft; – **di finanziamento** Finanzierungsgeschäft; – **finanziaria** Geldgeschäft, Finanzgeschäft; – **a „fine"** Ultimogeschäft; – **di gestione** Geschäftsvorgang; – **di guerra** Kriegshandlung *f*; – **d'impiego** Aktivgeschäft; – **d'incasso** Inkassogeschäft, Einkassierungsgeschäft; – **d'investimento** Investitionsgeschäft, Anlagegeschäft; – **di liquidazione** Abwicklungsgeschäft; – **lucrativa** gewinnbringendes Geschäft; – **di magazzinaggio** Lagergeschäft; – **di mediazione** Maklergeschäft; – **di mercato aperto** Offenmarktgeschäft; – **militare** militärische Operation; – **multilaterale sui cambi** Switschgeschäft; – **di mutuo** Darlehensgeschäft; – **negoziale** Rechtsgechäft; – **ONU** UNO-Einsatz *m*; – **passiva** Passivgeschäft; – **in partecipazione** Beteiligungsgeschäft; – **a premio** Prämiengeschäft; – **di prestito su pegno** (*di merci o titoli*) Lombardgeschäft; – **di polizia** Polizeiaktion *f*, Polizeieinsatz; – **di portafoglio** Wechselgeschäft; – **a pronti** Spotgeschäft; – **in proprio** Eigengeschäft, Eigenhandlergeschäft; – **di proroga** Prolongationsgeschäft; – **di provvista** Passivgeschäft; – **di raccolta** Passivgeschäft; – **di rastrellamento** Razzia *f*; – **redditizia** lohnendes Geschäft; – **al rialzo** Haussegeschäft; – **di ricopertura** Dekkungsgeschäft; – **di riporto in cambi** Swapgeschäft; – **rischiosa** Risikogeschäft, gewagtes Geschäft; – **di rivalsa** Revalierungsgeschäft; – **di sconto** Diskontgeschäft, Diskontierung *f*; – **allo scoperto** Biancogeschäft (A), Contreminegeschäft (A); – **di sostegno** Stützungsaktion; – **speculativa** Spekulationsgeschäft; – **di spedizione** Speditionsgeschäft; – **swap** Swapgeschäft; – **a termine** Termingeschäft, Zielgeschäft, Zeitgeschäft, Lieferungsgeschäft; – **a termine sulle divise** Devisentermingeschäft; – **a termine su merci** Warentermingeschäft; – **su titoli** Wertpapiergeschäft, Effektengeschäft; – **di transito** Transitgeschäft; – **triangolare** Dreieckgeschäft; – **triangolare sui cambi** Switschgeschäft; – **umanitaria** humanitäre Aktion; – **in valuta estera** Fremdwährungsgeschäft; – **di vendita** Verkaufsgeschäft, Kaufgeschäft; – **di voto** Wahlhandlung *f*, Wahlakt *m*, Abstimmungshandlung, Wahlvorgang *m*; v. a. AFFARE, CONTRATTO, NEGOZIO, TRANSAZIONE.

operazioni *f pl*, – **di acquisizione** Anwerbebetrieb *m*; – **attive** (*di banca*) Aktivgeschäft *n*; – **di banca** Bankverkehr *m*; – **doganali** Zollverrichtungen *pl*; – **con l'estero** Auslandsgeschäfte *n pl*; – **imponibili** (*dir. trib.*) steuerpflichtie Umsätze *m pl*; – **di pagamento** Zahlungsverkehr *m*; – **passive** (*di banca*) Passivgeschäft *n*; – **terziarie** Dienstleistungen *f pl*.

opere *f pl* – **pubbliche** öffentliche Arbeiten; – **di urbanizzazione** Erschließungsbauten *m pl.*

opificio *m* Produktionsstätte *f.*

opinio iuris, – necessitatis Rechtsgeltungswille *m.*

opinione *f* Meinung *f*; – **comune** allgemeine Meinung; – **diffusa** verbreitete Meinung; – **dissenziente** abweichende Meinung; – **dominante** herrschende Meinung; – **giuridica** Rechtsauffassung; – **politica** politische Einstellung; – **pubblica** öffentliche Meinung.

oppegnorare verpfänden.

opponente *agg* widersetzlich.

opponente *m* Antragsgegner *m*, Widerspruchsführer *m*, Einsprecher *m* (S), Einspruchswerber *m* (A); (*all'esecuzione*) Widerspruchskläger *m.*

opponibile *agg* einwendbar.

opponibilità *f* Einwendbarkeit *f.*

opporre entgegenhalten, einwenden.

opporsi sich widersetzen, Einspruch erheben.

opportunismo *m* Opportunismus *m.*

opportunista *m* Opportunist *m.*

opportunità *f* Zweckmäßigkeit *f*; **pari** – Chancenbleichheit *f*; – **di formazione** Bildungschancen; – **di occupazione** Beschäftigungschancen; – **storica** historische Chance.

opportuno zweckmäßig, opportun.

oppositore *m* Gegner *m*; – **politico** politischer Gegner; – **del regime** Regimegegner.

opposizione *f* (in *generale*) Einspruch *m*, Widerspruch; (*dir. amm.*) (*opposizione semplice*) Gegenvorstellung *f*, (*opposizione-ricorso*) Widerspruch (bei der erlassenden Behörde); (*politica*) Opposition *f*; **fare –, proporre** – Erinnerung einlegen, Einspruch erheben, Widerspruch erheben; – **agli atti esecutivi** (*proc. civ.*) Vollstreckungserinnerung, Vollstreckungsbeschwerde (A); – **al decreto d'ingiunzione** Widerspruch gegen den Mahnbescheid, Widerspruch gegen den Zahlungsbefehl (A); – **al decreto penale** Einspruch gegen den Strafbefehl; – **all'esecuzione** (*forzata*) Vollstreckungsabwehrklage, Oppositionsklage (A); – **extraparlamentare** extraparlamentarische Opposition; – **di interessi** Interessenwiderstreit *m*; – **al matrimonio** Einspruch gegen die Eheschließung, Heiratseinspruch; – **all'ordinanza-ingiunzione** Einspruch gegen den Bußgeldbescheid; – **al pagamento** Einspruch gegen die Auszahlung; – **al precetto** Widerspruch gegen die Leistungsaufforderung; – **alla sentenza dichiarativa di fallimento** Beschwerde gegen den Konkurseröffnungsbeschluss; – **allo stato passivo** Widerspruch gegen die Feststellung der Schuldenmasse; – **di terzi, – di terzo** (*all'esecuzione forzata*) Drittwiderspruchsklage *f*, Exszindierungskiage (A).

oppressione *f* Unterdrückung *f.*

oppressivo *agg* unterdrückerisch.

oppressore *m* Unterdrücker *m.*

opprimere unterdrücken.

oppugnabile *agg* anfechtbar, angreifbar.

oppugnare bestreiten.

oppugnazione *f* Bestreiten *n.*

optante *m* Optant *m*, Optierender *m.*

optare optieren.

opzione *f* (1) Option *f*, Wahl *f*, Wahlmöglichkeit *f*; (2) (*dir. civ.*) Optionsvertrag; (3) (*borsa*) Optionsgeschäft *n*; (*azioni*) Bezugsrecht; **offrire in** – (*titoli*) zum Bezug anbieten; – **d'acquisto** Kaufoption; – **call** Kaufoption; – **di cambio** Währungsoption; – **di cittadinanza** Option für eine Staatsangehörigkeit; – **put** Verkaufsoption; – **di vendita** Verkaufsoption *f.*

ora *f*, – **di chiusura** Sperrstunde *f*; – **del coprifuoco** Sperrzeit *f*; – estiva Sommerzeit *f*; – **estiva legale** gesetzliche Sommerzeit; – **lavorativa, – di lavoro** Arbeitsstunde *f*; – **di lavoro straordinario** Überstunde, Mehrarbeitsstunde; – **legale** gesetzliche Zeit; – **locale** Ortszeit; – **di punta** Spitzenzeit; – **settimanale** Wochenstunde *f*.

orale *agg* mündlich.

oralità *f* Mündlichkeit *f*.

orario (1) (*di apertura*) Öffnungszeit *f*; (2) (*di lavoro*) Arbeitszeit; **ridurre l'** – die Arbeitszeit verkürzen; **a pieno** – ganztägig; – **di apertura** Geschäftszeit *f*, Geschäftsstunden *pl*; – **di banca** Bankschalterstunden *pl*; – **di borsa** Börsenzeit *f*, Börsenstunden *pl*; – **di cassa** Kassenstunden *pl*, Schalterstunden; – **di chiusura dei negozi** Ladenschlusszeit *f*; – **contrattuale** vertragliche Arbeitszeit; – **elastico,** – **flessibile** gleitende Arbeitszeit, Gleitzeit; – **di lavoro** Arbeitszeit *f*; – **per il pubblico** (*ufficio*) Amtsstunden, Bürostunden, (*banca*) Schalterstunden, Kassenstunden; – **ridotto** verkürzte Arbeitszeit; – **di servizio** Dienststunden *pl*; Dienstzeit *f*; – **di sportello** Schalterstunden; – **ufficiale** (amtliches) Kursbuch *n*; – **di ufficio** Amtsstunden *n*, Bürostunden, Bürozeit *n*.

oratore *f* Redner *m*.

orbita *f* **di potere** Machtbereich *m*.

ordalia *f* (*stor.*) Gottesurteil *n*, Ordal *n*.

ordinamento *m* Ordnung *f*; – **agrario** Flurverfassung *f*; – **amministrativo** Verwaltungsaufbau *m*; – **aziendale** Betriebsordnung; – **comunale** Gemeindeordnung, Gemeindeverfassung *f*, Amtsverfassung; – **della chiesa** Kirchenverfassung *f*; – **comunitario** Gemeinschaftsordnung; – **corporativo** Zunftverfassung *f*; – **costituzionale** Verfassungsordnung, verfassungsmäßige Ordnung; – **di diritto privato** Privatrechtsordnung; – **economico** Wirtschaftsverfassung *f*, Wirtschaftsordnung; – **economico mondiale** Weltwirtschaftsordnung; – **finanziario** Finanzordnung, Finanzverfassung *f*; – **delle forze armate** Wehrverfassung *f*; – **giudiziario** Gerichtsverfassung *f*, Gerichtsordnung, Justizverfassung *f*, – **giuridico** Rechtsordnung; – **giuridico privato** Privatrechtsordnung; – **internazionale** Völkerrechtsordnung; – **di mercato** Marktordnung, Marktverfassung *f*; – **notarile** Notariatsordnung; – **penitenziario** Strafvollzugsordnung; – **processuale** Verfahrensordnung; – **professionale** Berufsordnung, Standesordnung; – **scolastico** Schulordnung; – **sociale** Gesellschaftsordnung, Sozialordnung; – **statale** Staatsordnung; – **tributario** Abgaberechtsordnung (+ S), Steuerrechtsordnung; – **valutario** Währungsordnung; v. a. ASSETTO, REGOLAMENTO.

ordinante *m* Besteller *m*, Auftraggeber *m*; – **del credito** Akkreditivsteller *m*.

ordinanza *f* Anordnung *f*, Verordnung *f*, Verfügung *f*, (S) Rechtsordnung, (*esercito*) Ordonnanz *f*; (*giudiziaria*) Beschluss *m*; – **amministrativa** Verwaltungsverordnung; – **d'ammissione di prova** Beweis(zulassungs)beschluss; – **di archiviazione (degli atti del procedimento)** Einstellungsbeschluss; – **per assunzione di prova** Beweisbeschluss *m*, Beweisverfügung (S); – **collegiale** Kammerbeschluss; Senatsbeschluss; – **di convalida** Bestätigungsbeschluss; – **generale di necessità**, – **generale di urgenza** Notverordnung; – **del giudice,** – **giudiziaria** Gerichtsbeschluss; – **giuridica** Rechtsverordnung; – **impugnata** angefochtener Beschluss; – **ingiunzione** (*dir. pen.*) Bußgeldbescheid *m*; – **inoppugnabile** unanfechtbarer Beschluss; – **istruttoria** (*proc. civ.*) Beschluss im Instruktionsverfahren; – **di liberazione** Entlassungsverfügung; – **di libertà provvisoria** Haftverschonungsbeschluss; – **di liquidazione delle spese** (*dir. proc.*) Kostenfestsetzungsbeschluss; – **necessitata** Notverordnung; – **di pagamento rateale** Ratenzahlungsbeschluss; – **passata in giudicato** rechtskräftiger Beschluss; – **di pignoramento** Pfändungsbeschluss; – **di polizia** Polizeiverordnung; – **presidenziale** Beschluss des Präsidenten (*des Gerichts*); – **di rinvio** Verweisungsverfügung; – **di rinvio a giudizio** (*proc. pen.*) Eröffnungsbeschluss; – **risolutiva di incidente** Zwischenurteil *n*; – **di sequestro** Arrestbeschluss *m*, Arrestbefehl *m*, Beschlagnahmeverfügung; – **di sospensione dei lavori** (*edili*) Beweiseinstellungsverfügung; – **urgente** Notverordnung; v. a. DECRETO, ORDINE.

ordinare bestellen; verordnen, anordnen; befehlen.

ordinatario *m* Anweisungsempfänger *m*, Assigantar *m*; (*cambiario*) Erster Nehmer, Remittent *m*.

ordinativo *m* Auftrag *m*, Bestellung *f*, Order *f*; – **d'acquisto** Kaufauftrag; – **di cassa** Kassenanweisung *f*; – **d'imbarco** Schiffszettel *m*, Verladungsschein *m*; – **di pagamento** Zahlungsanweisung *f*, Zahlungsorder; – **turistico** Reisegutschein *m*.

ordinazione *f* (1) Bestellung *f*, Auftrag *m*; (2) (*il dare un ordine*) Auftragserteilung *f*, Auftragsvergebung *f*, **eseguire un** – einen Auftrag ausführen; **revocare un'** – einen Auftrag widerrufen, einen Auftrag zurückziehen, einen Auftrag zurücknehmen; – **collettiva** Sammelbestellung; – **speciale** Sonderbestellung; v. a. ORDINE.

ordine *m* (1) (*commercio*) Auftrag *m*, *Order f*, Anweisung *f*; (2) (*comando*) Anordnung *f*, Befehl *m*; (3) (*precetto*) Gebot *n*; (4) (*classe*) Rang *m*; (5) (*ordinamento*) Ordnung *f*; – **acquisire un** – einen Auftrag hereinnehmen; **all'** – an Order; **all'** – **di** an die Order von; – **annullare un** – einen Auftrag stornieren; **contrario all'** – ordnungswidrig; **d'**– im Auftrag, auf Anordnung; **dar corso ad un –, eseguire un** – einen Auftrag ausführen; **impartire un** – eine Anweisung erteilen; **iscrivere all'** – **del giorno** auf die Tagesordnung setzen; **mantenere l'** – die Ordnung aufrechterhalten; **passare un** – einen Auftrag erteilen, einen Auftrag vergeben; **per** – auftrags, im Auftrag; **e per me pagate all'** – **di** für mich an die Order von; **radiare dall'– degli avvocati e procuratori** aus der Anwaltskammer ausschließen, aus der Anwaltschaft ausschließen, aus der Rechtsanwaltschaft ausschließen; **richiamare all'** – zur Ordnung rufen; **ripristinare l'** – die Orndung wiederherstellen; **ristabilire l'** – die Ordnung wiederherstellen; **stabilire l'** – **del giorno** die Tagesordnung festsetzen, die Tagesordnung feststellen; – **turbare l'** – die Ordnung stören; – **d'accompagnamento** Vorführungsbefehl, Zuführungsbefehl (S); – **d'acquisto** Kaufauftrag, Kauforder; – **di accreditamento** Gutschriftauftrag; – **di addebitamento, – di addebito** Belastungsanweisung; – **di apertura di credito** Akkreditiveröffnungsauftrag; – **d'arresto** Festnahmebefehl (*von der Staatsanwaltschaft erlassener vorläufiger Haftbefehl*); – **arretrato** rückständiger Auftrag; – **delle autorità** behördliche Anordnung; – **degli avvocati e procuratori** Anwaltskammer *f*, Rechtsanwaltskammer, Advokatenkammer (A); – **di banca** Bankauftrag; – **di bonifico** Überweisungsauftrag, Giroauftrag, Giroanweisung, Auszahlungsanweisung; – **di borsa** Börsenauftrag, Börsenorder; – **di carcerazione** (*del condannato*) Vollstreckungshaftbefehl; – **di cattura** (staatsanwaltschaftlicher) Haftbefehl; – **cavalleresco** Ritterorden *m*; – **„circa“, – con clausola „circa“** Zirkaauftrag; – **di comparizione forzata** (S) Vorführungsbefehl, Zuführungsbefehl; – **di comparizione personale** Anordnung des persönlichen Erscheinens; – **di conferma** Bestätigungsorder; – **di confisca** Einziehungsanordnung; – **di consegna** Lieferungsauftrag, (*per merci viaggianti alla rinfusa*) Konossementsteilschein *m*, Teilkonossementsteilschein *m*, Teilkonossement *n*; – **costituito** bestehende Ordnung; – **costituzionale** verfassungsmäßige Ordnung; – **cronologico** zeitliche Reihenfolge *f*; – **di demolizione** Abrissanordnung; – **di deposito** Verwahrauftrag (A); – **a discrezione** (*borsa*) Vertrauensauftrag; – **economico** Wirtschaftsordnung; – **equestre** Ritterorden *m*; – **d'espulsione** Ausweisungsbefehl, Ausweisungsverfügung, Anordnung der Landesverweisung; – **d'evacuazione** Räumungsbefehl; – **fermo,** – **al fermo** fester Auftrag, Festauftrag, Fixauftrag; – **gerarchico** Dienstbefehl; Rangordnung *f*; – **del giorno** (1) Tagesordnung *f*, Traktandenliste *f* (S); (2) (*esercito*) Tagesbefehl; **cancellare dall'** – **del giorno** von der Tagesordnung absetzen; – **di giro** Überweisungsauftrag, Giroauftrag, Giroanweisung *f*; – **del giudice** richterliche Anordnung; – **giudiziario** Gerichtsordnung *f*, Justiz *f*; – **giuridico** Rechtsordnung; – **di grado** Rangordnung *f*; – **illegittimo vincolante** rechtswidriger bindender Befehl; – **d'incasso** Inkassoauftrag, Einziehungsauftrag, Einzugsauftrag (S –), Inkassomandat *n*; – **d'internamento** Internierungsbefehl; – **internazionale** internationale Ordnung; – **di ispezione** Anordnung der Einnahme des Augenscheins; – **limitato** Limitauftrag, limitierte Order, Limitanweisung *f*; – **di Malta** Malteserorden *m*; – **dei medici** Ärztekammer *f*; – **al meglio** Bestensauftrag, Bestensorder; – **di mobilitazione** Mobilmachungsbefehl; – **non impegnativo** freibleibender Auftrag; – **di notifica** Zustellungsanordnung; – **di pagamento** Zahlungsauftrag, Zahlungsanweisung *f*, Auszahlungsanweisung, Auszahlungsanordnung *f*, Einlösungsauftrag; – **permanente** Dauerauftrag; – **di perquisizione** Durchsuchungsanordnung; – **della polizia** polizeiliche Anordnung; – **prevenuto** eingegangener Auftrag, Auftragseingang *m*; – **di pignoramento** Pfändungsbefehl; – **di postagiro** Überweisungsauftrag; – **di precedenza,** – **delle precedenze** Rangfolge *f*; – **di priorità** Prioritätsordnung; – **dei privilegi** Rangfolge der Vorrechte; – **professionale** (1) Berufskammer *f*; (2) Berufsstand *m*; – **pubblico** (*dir. pubbl.*) öffentliche Ordnung; (*dir. priv. int.*) ordre public; – **di requisizione** Leistungsbescheid *m*; – **a revoca** (*borsa*) Auftrag auf Widerruf; – **di scarcerazione** Entlassungsbefehl; – **di sciopero** Streikbefehl; – **scritto** schriftlicher Auftrag; – **sequenziale** Reihenfolge *f*; – **di sequestro** Beschlagnahmeanordnung, (*proc. civ.*) Arrestbefehl; – **di servizio** Dienstbefehl, dienstliche Anordnung; – **di sfratto** Räumungsbefehl, Ausweisungsbefehl; – **sociale** soziale Ordnung; – **di successione** Erbfolgeordnung; – **di trasferimento** Überweisungsauftrag, Giroauftrag, Giroanweisung *f*; – **urgente** Eilauftrag; – **di vendita** Verkaufsauftrag, Verkaufsorder; – **vincolato** gebundener Auftrag, limitierter Auftrag, limitierte Order, Limitanweisung *f*; v. a. MANDATO, ORDINAMENTO, ORDINANZA, ORDINAZIONE.

ordini *m pl*, **nuovi** – Neuaufträge *m pl*; – **arretrati** Auftragsrückstand *m*; – **in corso** Auftragsbestand *m*.

ordire anzetteln.

ore *f pl*, – **di borsa,** – **del negoziato** Börsenstunden *pl*, Börsenzeit *f*.

orfano *m* Waise *f*; – **di guerra** Kriegswaise, Kriegerwaise, Kriegerwaisenkind *n*; – **di padre e di madre** Vollwaise.

organico *m* Stellenplan *m*, Organisationsplan, Dienstpostenplan (A),

Personalbestand *m*, Personalstand (A), Beamtenkörper *m*.

organigramma *m* Organigramm *n*.

organismi *m pl* **di partecipazione dei cittadini** Einrichtungen *f pl* der Bürgerbeteiligung.

organismo *m* Einrichtung *f*, Organ *n*; – **associativo** Vereinigung *f*; – **autonomo** Selbstverwaltungsbehörde, Selbstverwaltungskörperschaft *f*, Selbstverwaltungskörper *m* (+ A); – **centrale** Zentralorgan; – **consultivo** Beratungskörperschaft *f*, Beratungsorgan, Beratungskörper *m* (+ A), beratender Organismus (A); – **rappresentativo** vertretendes Organ; v. a. ORGANO.

organizzare organisieren; veranstalten.

organizzatore *m* Veranstalter *m*, Organisator *m*; – **di viaggio** Reiseveranstalter.

organizzazione *f* (1) (*associazione*) Organisation *f*; (2) (*ordinamento*) Aufbau *m*, **stabile** – (*diritto tributario*) Betriebsstätte *f*; – **di acquisto** Einkaufsorganisation; – **amministrativa** Verwaltungsaufbau, Behördenaufbau; – **aziendale** Betriebsorganisation; – **della borsa** Börsenorganisation; – **bancaria** Bankenorganisation; – **di base** Basisorganisation; – **camuffata** Tarnorganisation; – **di categoria** Berufsorganisation; – **centrale** Spitzenorganisation; – **clandestina** Untergrundorganisation; – **comune di mercato** gemeinsame Marktorganisation; – **comune dei mercati agricoli** (CEE) gemeinsame Organisation der Agrarmärkte; – **continuatrice** Nachfolgeorganisation; – **per la cooperazione e lo sviluppo economici (OCSE)** Organisation für wirtschaftliche Zusammenarbeit und Entwicklung (OECD); – **dirigente** Dachorganisation; – **distributiva** Verteilerorganisation; – **economica** Wirtschaftsorganisation; – **esterna** Außenorganisation; – **europea dei brevetti** Europäische Patentorganisation; – **europea per l'energia nucleare (CERN)** europäische Kernenergie-Organisation; – **europea del mercato** europäische Marktordnung; – **europea per la protezione delle piante** europäische Pflanzenschutzorganisation; – **giovanile** Jugendorganisation; – **giudiziaria** Gerichtsorganisation; – **degli imprenditori**, – **imprenditoriale** Unternehmerorganisation; – **interna** (*ass*) Innendienst *m*; – **internazionale** internationale Organisation; – **internazionale per l'aviazione civile** internationale Zivilluftfahrtorganisation; – **internazionale del commercio** internationale Handelsorganisation; – **internazionale dei datori di lavoro** internationale Arbeitgeberorganisation; – **internazionale del lavoro** internationale Arbeitsorganisation; – **internazionale della polizia criminale (INTERPOL)** Internationale kriminalpolizeiliche Organisation; – **internazionale dei rifugiati (IRO)** internationale Flüchtlingsorganisation (IRO); – **internazionale per la standardizzazione** Internationale Normenorganisation; – **interstatale** zwischenstaatliche Organisation; – **lavorativa,** – **del lavoro** Arbeitsorganisation; – **marittima consultiva intergovernativa** zwischenstaatliche beratende Schiffahrtsorganisation, zwischenstaatliche Seeberatungsorganisation (A), zwischenstaatliche beratende Organisation für Seeschiffahrt (S); – **di massa** Massenorganisation; – **di mercato** Marktorganisation; **meteorologica mondiale** Weltorganisation für Meteorologie; – **mondiale della sanità (OMS)** Weltgesundheitsorganisation; – **delle Nazioni Unite per l'alimentazione e l'agricoltura (FAO)** Ernährungs- und Landwirtschaftsorganisation der Vereinten Nationen (FAO), Organisation der Vereinten Nationen für Ernährung und Landwirtschaft; – **delle Nazioni Unite per**

l'educazione, la scienza e la cultura (UNESCO) Organisation der Vereinten Nationen für Erziehung, Wissenschaft und Kultur (UNESCO); – **padronale** Arbeitgeberorganisation; – **dei paesi esportatori di petrolio** Organisation erdölexportierender Länder; – **del partito** Parteiorganisation; – **professionale** Berufsorganisation; – **segreta** Geheimorganisation; – **sindacale** Gewerkschaftsorganisation; – **sopranazionale** supranationale Organisation; – **terrorista** Terrororganisation; – **del Trattato Nord-Atlantico (NATO)** Nordatlantikpaktorganisation (NATO); – **umanitaria** humanitäre Organisation; – **per l'unità africana** Organisation für die Einheit Afrikas; – **i vendita** Verkaufsorganisation, Absatzorganisation; – **di volontari** Freiwilligenorganisation; v. a. COSTITUZIONE, ORDINAMENTO.

organo *m* Organ *n*; – **amministrativo** Verwaltungsorgan, Amtsorgan, Verwaltungsträger *m*; – **arbitrale** Schiedsstelle *f*, Spruchstelle; – **ausiliario** Hilfsorgan; – **di autogoverno** Selbstverwaltungsorgan; – **autonomo** Selbstverwaltungskörperschaft *f*, Selbstverwaltungskörper *m* (+ A); – **di borsa** Börsenorgan; – **centrale** zentrales Organ, Zentralorgan; – **collegiale** kollegiales Organ, Kollegialorgan; – **competente** zuständiges Organ, zuständige Stelle *f*; – **comunale** Gemeindeorgan; – **comunitario** (CE) Gemeinschaftsorgan; – **consultivo** beratendes Organ, Beratungsorgan, Beratungskörperschaft *f*, beratende Körperschaft, Beratungskörper *m* (+ A); – **di controllo** Kontrollorgan, Aufsichtsorgan; – **costituzionale** Verfassungsorgan; – **decisionale** Entscheidungsorgan; – **deliberante** beschließendes Organ, Beschlussorgan; – **direttivo** leitendes Organ, Leitungsorgan; – **elettivo** gewähltes Organ; – **esecutivo** ausführendes Organ, vollziehendes Organ, Exekutivorgan; – **dell'esecuzione** Vollstreckungsorgan, Vollstrekkungsleiter *m*; – **di gestione** Verwaltungsorgan; – **giudicante** rechtsprechendes Organ; – **giurisdizionale** Organ der Rechtsprechung, Rechtsprechungsorgan; – **del governo** Regierungsorgan; – **indiretto** mittelbares Organ; – **interno** internes Organ; – **ispettivo** Aufsichtsorgan; – **legislativo** gesetzgebende Körperschaft, Gesetzgebungskörperschaft *f*, Gesetzgebungskörper *m* (+ A); – **locale** lokales Organ; – **notificante** Zustellungsorgan; – **del partito** Parteiorgan; – **permanente** ständiges Organ; – **rappresentativo** Vertretungsorgan, Vertretungskörperschaft *f*, Vertretungskörper *m* (+ A); – **di ratifica** Bestätigungsorgan; (*trattati*) Ratifizierungsorgan; – **requirente** (*pubblico ministero*) Ermittlungsbehörde *f*, Strafverfolgungsorgan; – **sociale** Gesellschaftsorgan; – **di stampa** Presseorgan; – **dello Stato** staatliches Organ; – **ufficiale** offizielles Organ; – **di vertice** Spitzenorgan; – **di vigilanza** Aufsichtsorgan; – **volitivo** Willensbildungsorgan, Beschlussorgan, beschließendes Organ.

orientamento *m*, – **dottrinale** Lehrmeinung *f*; – **ideologico** ideologische Ausrichtung *f*; – **politico** politische Ausrichtung *f*; – **del mercato** Marktorientierung; – **professionale** Berufsberatung *f*.

orientato *agg* **ai problemi** problemorientiert.

originale *agg* original, ursprünglich.

originale *m* Urschrift *f*, Original *n*, erste Ausfertigung; **in doppio** – in doppelter Ausfertigung; **terzo** – **della lettera di vettura** Frachtbriefdritt *n*.

origine *f* (1) Ursprung *m*; (2) (UPU) Einlieferungsort *m*.

origini *f pl* Entstehungsgeschichte *f*.

orizzontale *agg* horizontal.

orrizzonte *m* **temporale** Zeithorizont *m*.
oro *m* Gold *n*; – **in barre** Gold in Barren; – **fino** Feingold *n*; – **moneta** Währungsgold *n*; – **monetato,** – **per usi monetari** gemünztes Gold, Münzgold *n*; – **in verghe** Barrengold, *n*, Gold in Barren, Stangengold.
orologio *m*, – **di controllo,** – **marcatempo** Kontrolluhr *f*, Stempeluhr, (*a schede*) Stechuhr.
orso *m* (*gergo di borsa*) Baissier *m*, bear *m*.
ortodossia *f* (*politica*) Orthodoxie *f*, Linientreue *f*.
ortomercato *m* Fruchthof *m*.
osceno *agg* unzüchtig, obszön.
oscenità *f* Unzüchtigkeit *f*, Obszönität *f*.
oscillazione *f*, – **dei cambi,** – **del cambio** Wechselkursschwankung *f*, Kursschwankung; – **congiunturale** Konjunkturschwankung *f*; – **del mercato** Marktschwankung; – **monetaria** Währungsschwankung; – **dei prezzi** Preisschwankung *f*; – **dei prezzi di borsa,** – **delle quotazioni** Kursschwankung *f*; – **del valore** Wertschwankung *f*; V. a. FLUTTUAZIONE.
ospedale *m* Krankenhaus *n*; – **psichiatrico** psychiatrisches Krankenhaus; – **psichiatrico giudiziario** (*istituto per l'esecuzione delle misure di sicurezza*) psychiatrisches Krankenhaus (*Anstalt des Maßregelvollzuges*).
ospedalismo *m* (*psicol.*) Hospitalismus *m*.
ospitalità *f* **neutrale** neutrale Gastfreundschaft.
ospite *m* **d'onore** Ehrengast *m*.
ospizio *m* Heim *n*.
osservanza *f* Beachtung *f*, Einhaltung *f*, Befolgung *f*; – **della legge** Gesetzestreue *f*; **con** – **delle leggi** in Übereinstimmung mit den Gesetzen; – **del termine** Fristeinhaltung.
osservare beachten, beobachten, befolgen, einhalten.
osservatore *m* Beobachter *m*; – **economico** Konjunkturbeobachter; – **governativo** Regierungsbeobachter.
Osservatorio *m* **europeo delle droghe e delle tossicodipendenze (OEDT)** Europäische Beobachtungsstelle *f* für Drogen und Drogensucht (EBDD).
osservazione *f* Beobachtung *f*; – **della congiuntura** Konjunkturbeobachtung; – **del mercato** Marktbeobachtung; – **psichiatrica** psychiatrische Beobachtung.
ostacolo *m* Hindernis *n*, Hemmnis *n*; – **fiscale** Steuerhemmnis; – **insormontabile** unüberwindbares Hindernis; – **agli scambi** Handelshemmnis *n*.
ostaggio *m* Geisel *m*, *f*.
ostile *agg* feindlich, feindselig, feindlich gesinnt.
ostilità *f* Feindschaft *f*, feindliche Gesinnung.
ostilità *f pl* Feindseligkeiten *pl*; **aprire le** – die Feindseligkeiten eröffnen.
ostruzionismo *m* Obstruktion *f*, Obstruktionspolitik *f*, Verschleppungspolitik, Verschleppungstaktik *f*; (*sindacale*) Dienst *m* nach Vorschrift; **fare dell'** – Obstruktion treiben; – **processuale** Prozessverschleppung.
ottava *f* **di borsa** Börsenwoche f.
ottemperanza *f*, **in** – **alle norme vigenti** in Befolgung der geltenden Vorschriften.
ottimizzazione *f* Optimierung *f*.
overdose *f* Überdosis *f*.

P

pacchetto *m* (*posta*) Päckchen *n*; (*di autonomia altoatesina*) Paket *n* (*Autonomievereinbarung für Südtirol*); – **azionario** Aktienpaket *n*; – **fiscale** Steuer(maßnahmen-)paket; – **di leggi** Gesetzespaket; – **di maggioranza** (*azioni*) Mehrheitspaket; – **di minoranza** (*azioni*) Minderheitspaket; – **di modifiche** Änderungspaket; – **di proposte** Vorschlagspaket; – **turistico** Pauschalreiseangebot *n;* – **di voti** Stimmenpaket.

pacco *f* Paket *n*; **spedire un** – ein Paket aufgeben; – **aereo** Luftpostpaket, Flugpostpaket (A), Luftpoststück *n* (S); – **con assegno** Nachnahmepaket, Nachnahmestück *n* (S); – **assicurato** Wertpaket, Paket mit Wertangabe (A), Wertstück *n* (S); – **espresso** Eilbotenpaket, Eilpaket (A), Eilstück *n* (S); – **franco di diritti** gebührenfrei auszuhändigendes Paket, Gebührenzettelpaket; – **giacente alla posta** postlagerndes Paket; – **ingombrante** sperriges Paket, sperriges Stück (S); – **ordinario** gewöhnliches Paket; – **postale** Postpaket, Poststück *n* (S); – **postale per l'interno** Inlandspaket, Inlandstück *n* (S); – **raccomandato** Einschreibepaket; – **in transito** Durchgangspaket; – **urgente** dringendes Paket, dringendes Stück (S); – **con valore dichiarato** Wertpaket, Paket mit Wertangabe, Stück mit Wertangabe (S), Wertstück *n* (S); – **senza valore dichiarato** gewöhnliches Paket.

paccotiglia *f* (1) Beifracht *f*; (2) (*scarto*) Ramsch *m*.

pace *f* Frieden *m*; **difendere la** – den Frieden verteidigen; **negoziare la** – den Frieden aushandeln; – **mondiale** Weltfrieden; – **negoziata** Verhandlungsfrieden; – **separata** Separatfrieden, Sonderfrieden; – **sociale** sozialer Frieden; – **stabile** dauerhafter Frieden; – **universale** Weltfrieden.

paciere *m* Schlichter *m*.

pacificare befrieden.

pacificazione *f* Befriedung *f*.

pacifico *agg* friedlich.

pacifismo *m* Pazifismus *m*.

pacifista *m* Pazifist *m*.

pactum *m* v. patto.

padre *m* Vater *m*; **buon** – **di famiglia** guter Familienvater, guter Haushalter (A), redlicher und fleißiger Hausvater (A), (*diritto commerciale*) ordentlicher Kaufmann; – **adottivo** Adoptivvater *m*, Wahlvater (A); – **illegittimo,** – **naturale** nichtehelicher Vater.

padrino *m* (1) Pate *m*; (2) (*duello*) Sekundant *m*.

padronale *agg* Arbeitgeber-.

padronato *m* Arbeitgeberschaft *f*.

padrone *m* (1) Herr *m*, Gebieter *m*; (2) (*datore di lavoro*) Arbeitgeber *m*; **senza** – herrenlos; – **di casa** Hauswirt *m*.

paesaggio *m* Landschaft *f*.

paese *m* Land *n*; – **acquirente** Käuferland, Abnehmerland; – **d'acquisto** Einkaufsland; – **agricolo** Agrarland; – **amico** befreundetes Land; – **associato** assoziiertes Land; – **beneficiario** Empfängerland; – **candidato** Bewerberland; – **a circolazione monometallica argentea** Silberwährungsland; – **comunitario** (CE) Gemeinschaftsland; – **concorrente** Konkurrenzland; – **confinante** Anrainerstaat; Nachbarstaat; – **consumatore** Verbraucherland; – **contraente** vertragschließendes Land; – **creditore** Gläubigerland, Gläubigerstaat *m*; – **debitore** Schuldnerland; – **di destinazione** Bestimmungsland; – **di domicilio** Wohnsitzland; – **donatore** Geberland; – **d'emigrazione** Auswanderungsland; – **d'emissione** Ausgabeland, Emissionsland, (*solo obbligazioni*) Begebungsland; – **d'entrata** Eingangsstaat *m*; – **in espansione** Expansionsland; – **esportatore** Exportland, Ausfuhrland; – **esportatore di petrolio** erdölexportierendes Land; – **extracomunitario** (CE) Nichtgemeinschaftsland; – **firmatario** Unterzeichnerland, Unterzeichnerstaat *m*, Signatarland (S); – **fornitore** Lieferland; – **d'immatricolazione** Immatrikulationsland; – **d'immigrazione** Einwanderungsland; – **d'impiego** Beschäftigungsland; – **importatore** Importland, Einfuhrland; – **industriale** Industrieland; – **industrializzato** Industrieland; – **litoraneo del Mediterraneo** Mittelmeerrandstaat *m*; – **sotto mandato** Mandatsland; – **membro** Mitgliedsland, Mitgliedsstaat; – **membro della NATO** Nato-(mitglieds)land; – **membro dell'unione** (*a seconda di come si denomini l'unione*) Unionsland, Verbandsland, Vereinsland; – **di nascita** Geburtsland; – **nemico** Feindesland, Feindstaat *m*; – **non allienato** blockfreies Land; – **d'oltre cortina** Ostblockstaat *m*; – **di origine** (*persone*) Heimatland, Heimatstaat *m*; (*merci*) Ursprungsland, (UPU) Einlieferungsland, Absendeland, (UPU, A, S) Aufgabeland; – **ospitante** Gastland; – **partecipante** Teilnehmerland; – **produttore** Erzeugerland, Erzeugungsland, Herstellungsland; – **produttore di petrolio** erdölerzeugendes Land; – **sotto protettorato** Protektoratsland; – **di provenienza** Herkunftsland; – **di residenza** Aufenthaltsland, Aufenthaltsstaat *m*; – **richiedente** ersuchender Staat; – **richiesto** ersuchter Staat; – **di rifugio** Zufluchtsstaat; – **satellite** Satellitenland; – **di sbocco** Absatzland; – **sottosviluppato** unterentwickeltes Land; – **in sviluppo** Entwicklungsland; – **terzo** Drittland; – **del terzo mondo** Dritte-Welt-Land; – **di transito** Durchreiseland, Durchgangsland; – **d'unione, – unionista** (*a seconda della denominazione dell'unione:*) Unionsland, Vereinsland, Verbandsland; – **d'uscita** Ausgangsstaat *m*; – **a valuta argentea** Silberwährungsland; – **a valuta aurea** Goldwährungsland; – **a valuta forte** Hartwährungsland; – **in via di sviluppo** Entwicklungsland; – **vicino** Nachbarland; v. a. STATO.

paesi *m pl*, – **meno sviluppati** am wenigsten entwickelten Länder; – **senza sbocco sul mare** Binnenländer.

paga *f* Arbeitslohn *m*, Lohn, (*dei soldati*) Sold *m*; – **base** Grundvergütung *f*; – **mensile** Monatslohn; – **oraria** Stundenlohn; v. a. REMUNERAZIONE, RETRIBUZIONE, SALARIO, STIPENDIO.

pagabile *agg* zahlbar, zahlbar gestellt; **rendere** – zahlbar stellen; – **in anticipo** im voraus zahlbar; – **all'ordine** zahlbar an Order; – **posticipatamente** nachschüssig zahlbar; – **alla presentazione** zahlbar bei Vorlage, zahlbar bei Vorlegung; – **a vista** zahlbar bei Sicht.

pagamenti, sospendere i – die Zahlungen einstellen; – **internazionali** internationaler Zahlungsverkehr.

pagamento *m* Zahlung *f*, Bezahlung, Auszahlung, (*conti*) Begleichung *f*, (*titoli di credito*) Einlösung *f*; **a** – kostenpflichtig, gebührenpflichtig; **accettare in** – als Zahlung annehmen, in Zahlung nehmen; **costringere al** – zur Zahlung zwingen; **dare in** – in Zahlung geben; **differire il** – die Zahlung aufschieben; **dilazionare il** – die Zahlung stunden; **effettuare un** –, **eseguire un** – eine Zahlung leisten; **mancato** – Nichtzahlung, Nichteinlösung; **per mancato** – mangels Zahlung; **presentare per il** – zur Zahlung vorlegen, zur Zahlung einreichen; **rifiutare il** – die Zahlung verweigern; – **addizionale** Zuzahlung; – **annuale** jährliche Zahlung; – **per annualità** Annuitätenzahlung; – **anticipato** Vorauszahlung, Vorausbezahlung, Zahlung vor Fälligkeit, Vorausentrichtung *f*, Vorauskasse *f*, Vorkasse, Pränumerandozahlung; – **degli arretrati** Gehaltsnachzahlung; – **arretrato** rückständige Zahlung, überfällige Zahlung; – **di un assegno** Scheckeinlösung; – **di cedole** Kuponeinlösung; – **compensativo** Ausgleichszahlung; – **alla consegna** Zahlung bei Lieferung; – **in contanti** Barzahlung, Barauszahlung; – **a conto** Akontozahlung; – **contributivo** Beitragszahlung; – **del contributo** Beitragszahlung; – **del dazio** Zollzahlung; – **di un debito** Abtragung einer Schuld; – **in denaro** Barzahlung, Geldzahlung; – **della differenza** Zahlung des Differenzbetrages; – **differito,** – **dilazionato** gestundete Zahlung; – **di dividendo** Dividendenzahlung, Dividendenauszahlung; – **fittizio** Scheinzahlung; – **forfettario** Pauschalzahlung; – **di imposta** Steuerzahlung, Steuerentrichtung *f*; – **dell'indebito** Zahlung einer Nichtschuld; – **individuale** Einzelzahlung; – **integrale** Vollzahlung; – interno Inlandszahlung; – **per intervento** Ehrenzahlung, Interventionszahlung; – **liberatorio** Zahlung mit befreiender Wirkung, Zahlung mit schuldbefreiender Wirkung; – **in mani proprie** eigenhändige Auszahlung, Auszahlung zu eigenen Händen; – **nelle mani dell'ufficiale giudiziario** Zahlung zu Händen des Gerichtsvollziehers; – **a mezzo assegno** Scheckzahlung; – **parziale** Teilzahlung, Abschlagszahlung; – **periodico** wiederkehrende Zahlung; – **del premio** Prämienzahlung; – **a pronti** Zahlung gegen Kasse; – **di rata,** – **a rate,** – **rateale** Ratenzahlung, Abzahlung; – **a saldo** Ausgleichszahlung, Saldozahlung, Saldierung *f*; – **alla scadenza** Zahlung bei Fälligkeit; – **scaduto** fällige Zahlung; – **scaglionato** gestaffelte Zahlung; – **dello stipendio** Gehaltszahlung; – **straordinario** Sonderzahlung; – **supplementare,** – **suppletivo** Nachzahlung, Nachschusszahlung; – **con surrogazione** Zahlung (*des Dritten*) mit Eintritt in die Gläubigerrechte; – **totale** Vollzahlung; – **trimestrale** Quartalszahlung; – **una tantum** einmalige Zahlung; – **in unica soluzione** Einmalzahlung; v. a. VERSAMENTO.

pagare zahlen, bezahlen, auszahlen, entrichten, (*titoli*) einlösen, (*saldare*) begleichen; – **anticipatamente,** – **in anticipo** im voraus zahlen, im voraus bezahlen, vorauszahlen, vorausbezahlen, pränumerando zahlen; – **in contanti** bar zahlen; – **a mezzo assegno** bargeldlos zahlen; – **posticipatamente** postnumerando zahlen, im nachhinein zahlen (A).

pagatore *m* Zahler *m*; **buon** – guter Zahler; **cattivo** – schlechter Zahler; – **moroso** säumiger Zahler; – **puntuale** pünktlicher Zahler.

pagella *f* Schulzeugnis *n*.

pagherò *m*, – **cambiario** eigener Wechsel, trockener Wechsel, Eigenwechsel *m*, eigenes Akzept; – **all'ordine** Orderverpflichtungsschein *m*.

pagine *fpl* **gialle** Gelbe Seiten (Branchenfernsprechbuch).

palazzo *m*, – **della borsa** Börsengebäude *n*; – **Chigi** Sitz des italienischen Ministerpräsidenten; – **di città** Rathaus *n*; – **dei congressi** Kongresszentrum *n*, Tagungsgebäude n; – **della Consulta** Sitz des Verfassungsgerichtshofs; – **di giustizia** Gerichtsgebäude *n*, Justizgebäude, Justizpalast *m*; – **Madama** Sitz des italienischen Senats, der italienische Senat.

paleocapitalismo *m* Frühkapitalismus *m*.

palmario *m* Erfolgshonorar *n*.

palmata *f* Handschlag *m*.

palo *m* Schmieresteher *m*; **far da –** Schmiere stehen.

pandettistica *f* Pandektenwissenschaft *f*.

panafricanismo *m* panafrikanische Bewegung *f*.

panamericanismo *m* panamerikanische Bewegung *f*.

panarabismo *m* Panarabische Bewegung *f*.

pangermanesimo *m* Alldeutschtum *n*, Pangermanismus *m*.

pangermanista *m* Alldeutscher *m*, Pangermanist *m*.

paniere *m* Korb *m*, Warenkorb; – **monetario, – di monete** Währungskorb.

panello *m* **integrativo** (*circ. strad.*) Zusatzschild *n*.

parabancario *m* Banknebengeschäfte *n pl*.

paradiso *m* **fiscale** Steuerparadies *n*.

parafa *f*, **paraffa** *f* Handzeichen *n*, Namenszug *m*.

parafare, paraffare paraphieren.

parafatura *f*, **paraffatura** *f* Paraphierung *f*.

paragrafare paragraphieren.

paragrafo *m* Paragraph *m*, Abschnitt *m*, Absatz *m*.

paralisi *f* **economica** Lähmung der Wirtschaft, Lahmlegung der Wirtschaft.

parametro *m* Parameter *m*, Maßstab *m*; – **di commisurazione** Bemessungsgrundlage *f*; – **di riferimento** Bezugsgrösse *f*, Bezugsgrundlage.

paramilitare *agg* militärähnlich, halbmilitärisch.

parastatale *agg* halbstaatlich.

parastato *m* halbstaatlicher Bereich *m*; (*personale*) halbstaatliche Angestellter *m pl*.

paraurti *m* (*veicolo*) Stoßstange *f*.

parcella *f* Rechnung *f*.

parcheggiare parken; – **in doppia fila** in zweiter Reihe parken.

parcheggio *m* Parkplatz *m*; – **custodito** bewachter Parkplatz; – **a pagamento** gebührenpflichtiger Parkplatz.

parchimetro *m* Parkuhr *f*.

parco *m*, – **automobilistico** Kraftfahrzeugbestand *m*, – **circolante** (Kraft-)Fahrzeugbestand; – **nazionale** Naturpark *m*; – **veicolare** Fahrzeugpark.

pareggiamento *m* Ausgleichung *f*, Abgleichung; – **dei conti** Rechnungsabgleichung, Kontenabgleichung.

pareggiare ausgleichen, abgleichen.

pareggio *m* Ausgleich *m*, Gleichgewicht *n*; – **della bilancia commerciale** Ausgleich der Handelsbilanz; – **della bilancia dei pagmenti** Ausgleich der Zahlungsbilanz; – **del bilancio pubblico** Haushaltsgleichgewicht, Haushaltsausgleich.

parentado *m* Parentel *f*, Verwandtschaft *f*.

parentela *f* Verwandschaft *f*; – **illegittima** Verwandtschaft durch nichteheliche Geburt; – **legittima** eheliche Verwandtschaft; – **in linea collaterale** Verwandtschaft in der Seitenlinie; – **in linea retta** Verwandtschaft in gerader Linie; – **naturale** Verwandtschaft durch nichteheliche Geburt.

parenti germani vollbürtige Verwandte.

parere *m* Gutachten *n*, Stellungnahme *f*, **chiedere un** – eine Stellungnahme einholen; **dare – favorevole** befürworten; – **conforme** Zustimmung *f*, zustimmende Stellungnahme; – **contrario** Gegengutachten; gegensätzliche Stellungnahme; – **facoltativo** fakultative Stellungnahme; – **favorevole** Befürwortung *f*; – **legale** Rechtsgutachten; – **obbligatorio** obligatorische Stellungnahme; – **peritale** gutachtliche Stellungnahme; – **sfavorevole** ablehnende Stellungnahme; – **vincolante** bindende Stellungnahme.

pari, alla – zu pari, al pari; **sopra la** – über pari; **sotto la** – unter pari.

parificazione *f* **dei sessi** Gleichstellung der Geschlechter.

parità *f* Parität *f*; – **di accesso** gleichberechtigter Zugang *m*; – **delle armi** (*processo*) Waffengleichheit; – **aurea** Goldparität; – **cambiaria,** – **di cambio** Kursparität *f*, Wechselparität, Wechselpari *n*; – **delle condizioni di concorrenza** gleiche Wettbewerbsbedingungen, Wettbewerbsgleichheit; – **dei coniugi** Gleichberechtigung der Ehepartner; – **di diritti** Gleichberechtigung; – **nei diritti dei sessi** Gleichstellung der Geschlechter, Gleichberechtigung von Mann und Frau; – **di grado** Ranggleichheit *f*; – **di imposizione** steuerliche Gleichbehandlung; – **monetaria** Währungsparität, Münzparität, Münzpari *n*; – **monetaria del-l'oro** Goldmünzparität; – **opportunità** Chancengleichheit *f*; – **del potere di acquisto** Kaufkraftparität; – **retributiva** Lohngleichheit; – **salariale** Lohngleichheit; – **dei sessi** Gleichstellung der Geschlechter; – **di trattamento** Gleichbehandlung; – **di trattamento tra uomini e donne** Gleichbehandlung von Mann und Frau; – **ufficiale** amtliche Parität; – **uomo-donna** Gleichstellung von Mann und Frau; – **valutaria** Währungsparität; – **di voti** Stimmengleichheit *f*.

pariteticità *f* paritätische Besetzung *f*.

paritetico *agg* paritätisch.

parlamentare *agg* parlamentarisch.

parlamentare unterhandeln.

parlamentare *m* Parlamentarier *m*, Parlamentsmitglieder *n*.

parlamentario *m* Parlamentär *m*, Unterhändler *m*.

parlamentarismo *m* Parlamentarismus *m*.

parlamento *m* Parlament *n*; **sciogliere il** – das Parlament auflösen; – **democraticamente eletto** demokratisch gewähltes Parlament; – **europeo** Europäisches Parlament; – **federale** Bundesparlament, Bundestag *m* (D) – **in seduta comune** gemeinsame Sitzung beider Kammern (*des Parlaments*).

parlatorio *m* Sprechzimmer *n*.

parola *f* (*d'onore*) Ehrenwort *n*; **avere la** – das Wort erhalten; **concedere la** – das Wort erteilen; **chiedere la** – das Wort verlangen, sich zum Wort melden; **dare la** – das Wort erteilen; **dare la propria** – **d'onore** sein Ehrenwort geben; **domandare la** – das Wort verlangen, sich zum Wort melden; **impegnare la propria** – **d'onore** sein Ehrenwort geben; **mancare alla** – **data** wortbrüchig werden; **ottenere la** – das Wort erhalten; **prendere la** – das Wort ergreifen; **togliere la** – das Wort entziehen; – **chiave** (*inf*) Passwort; – **d'onore** Ehrenwort; – **d'onore** Kennwort; – **tassata** Gebührenwort.

parquet *m* (*della borsa*) Parkett *n*.

parricida *m* Vatermörder *m*.

parricidio *m* Vatermord *m*, Elternmord (S =).

parte *f* (1) Teil *m*, Anteil, (*di fondo comune*) Anteil; (2) Partei *f*; **Alta** – **contraente** Hohe vertragsschließende Partei; – **accessoria** Nebenpartei; – **acquirente** Erwerber *m*; – **ammessa al beneficio del gratuito patrocinio** Partei, der Prozesskostenhilfe bewilligt worden ist; Partei, der Verfahrenshilfe bewilligt worden ist (A); – **assente** nicht erschienene Partei; – **attrice** Klagepartei, klagende Partei, klägerische Partei, klagender Teil; – **avversa,** – **avversaria** Gegenpartei, Gegenseite *f*, Prozessgegner *m*; – **belligerante** kriegführende Partei; – **in causa** streitende Partei, Streitpartei (A), Streitteil, beteiligte Partei; – **citata** geladene Partei, Geladener *m*; – **civile** (*nel processo penale*) Zivilpartei, Privatbeteiligter *m* (A) (*Partei, die im Strafverfahren zivilrechtliche Schadensersatzansprüche geltend macht*); – **collaterale** Nebenpartei; – **contendente** streitende Partei, Streitpartei (A), Streitteil; – **contraente** Vertragspartei, vertragschließende Partei, vertragschließender Teil; – **di contratto collettivo di lavoro** Tarifpartner *m*, Kollektivvertragspartei (A), Kollektivvertragspartner (A); – **contumace** (1) (*proc. civ.*) säumige Partei; (2) (*proc. pen*) abwesende Partei; – **convenuta** beklagte Partei; – **in errore** Irrender *m*; – **di fondatore** Gründeranteil, Gründeranteilschein *m* (S); – **di fondo comune** Investmentanteil; – **inadempiente** säumiger Teil *m*; – **integrante** Bestandteil; – **interessata** beteiligte Partei; – **interveniente** Intervenient *m*; – **intervenuta** erschienene Partei; – **istante** Antragsteller *m*; – **lesa** verletzte Partei, Geschädigter *m*; – **in lite** streitende Partei, Streitpartei (A), Streitteil (A); – **perdente** unterliegende Partei; – **di preda** Prisenanteil *m*; – **principale** Hauptpartei; – **privata** (*proc. pen.*) Privatpartei; – **procedente** (*procedimento di esecuzione*) betreibende Partei; – **del processo** Prozessbeteiligter, Prozesspartei; – **processuale** Prozesspartei; – **proporzionale** Verhältnisanteil; – **di responsabilità** Haftungsanteil; – **secondaria** Nebenpartei; – **soccombente** unterliegende Partei; – **venditrice** Veräußerer, Verkäufer; – **vincente** obsiegende Partei; v. a. QUOTA.

partecipante *m* Teilnehmer *m*.

partecipare sich beteiligen, beteiligt sein.

partecipazione *f* (1) Beteiligung *f*; (2) (*criminosa*) Teilnahme *f*; – **ad associazione per delinquere** Teilnahme an einer kriminellen Vereinigung; – **attiva** tätige Beteiligung; – **azionaria** Aktienbeteiligung; – **a banda armata** Teilnahme an einen bewaffneten Haufen; – **al capitale** Kapitalbeteiligung; – **dei cittadini** Bürgerbeteiligung; – **ad un consorzio** Konsortialbeteiligung; – **al dividendo** Dividendenbeteiligung; – **elettorale** Wahlbeteiligung, Stimmbeteiligung; **estera** ausländische Beteiligung; – **finanziaria** finanzielle Beteiligung; – **a giuochi d'azzardo** Beteiligung an Glücksspielen; – **al governo** Regieungsbeteiligung; – **industriale** Industriebeteiligung; – **di maggioranza,** – **maggioritaria** Mehrheitsbeteiligung; – **di minoranza,** – **minoritaria** Minderheitsbeteiligung; – **paritetica** paritätische Beteiligung; – **alle perdite** Verlustbeteiligung; – **popolare** Bürgerbeteiligung; – **ai proventi** Ertragsbeteiligung; – **sindacale** Syndikatsbeteiligung, Konsortialbeteiligung; – in **società estere** Auslandsbeteiligung; – **alle spese** Kostenbeteiligung, Kostenbeitrag *m*; – **statale** staatliche Beteiligung; – **straniera** ausländische Beteiligung; – **supplementare** Zusatzgewinnanteil *m*, Zusatzdividende *f*; – **alle urne** Wahlbeteiligung, Stimmbeteiligung; – **agli utili** Gewinnbeteiligung, Ertragsbeteiligung.

partecipazioni *f pl*, – **pubbliche,** – **statali (pp.ss.)** staatliche Beteiligungen.

partecipe *m* Teilnehmer *m*; Tatbeteiligter *m*.

partenariato *m* Partnerschaft *f*; – **di adesione (UE)** Beitrittspartnerschaft.

parti *f pl*, **audire le** – die Parteien anhören; – **sociali** Sozialpartner *m pl*.

particella *f* Parzelle *f*; – **catastale** Katasterparzelle, Flurstück *n*; – **edificiale** Bauparzelle; – **fondiaria** Grundstücksparzelle, Gutsparzelle.

particolari m pl Einzelheiten pl.

particolarismo *m* Partikularismus *m*; Kleinstaaterei *f*.

partigiano *m* Partisan *m*, Freischärler *m*; (*seguace*) Anhänger *m*.

partita *f* (1) (*contabilità*) Posten *m*, Post *f* (A =); (2) (*lotto*) Partie *f*, (3) (*tavolare*) Einalge *f* (A); – **accessoria** (*libro fondiario*) Nebeneinlage (A); – **in avere** Habenposten; – **catastale** Besitzbogen; – **corrente** laufender Posten; – **a debito,** – **debitoria** Debetposten; – **doppia** doppelte Buchführung *f*, Doppelbuchhaltung *f*, Doppik *f* (A); – **di giro** durchlaufender Posten; – **d'inventario** Inventarposten; – **isolata** Einzelposten; – **IVA** Mehrwertsteuernummer; – **di merci** Warenposten, Warenpartie; – **principale** (*libro fondiario*) Haupteinlage (A); – **semplice** einfache Buchführung; – **in sospeso** offener Posten; – **di storno** Stornobuchung *f*; – **tavolare** Grundbuchblatt *n*, Grundbuchseinlage (A), Grundbuchplan *m* (S); – **transitoria** Übergangsposten; v. a. POSTA.

partitante *m* Parteimann *m*.

partitario *m* Kontenbuch *n*.

partito *m* Partei *f*; **iscriversi ad un** – in eine Partei eintreten; – **agrario** Agrarpartei; – **dell'arco costituzionale** auf dem Boden der Verfassung stehende Partei; – **borghese** bürgerliche Partei; – **di centro** Zentrumspartei, Mittelpartei; – **di coalizione** Koalitionspartei; – **contadino** Bauernpartei; – **comunista** kommunistische Partei; – **conservatore** konservative Partei; – **dei contadini** Bauernpartei; – **democratico** demokratische Partei; – **democristiano** christlichdemokratische Partei; – **di destra** Rechtspartei; – **ecologico** Partei der Umweltschützer; – **di estrema destra** Partei der äußersten Rechten; – **di estrema sinistra** Partei der äußersten Linken; – **fascista** faschistische Partei; – **fratello** Bruderpartei; – **al** (*o.* **di) governo** Regierungspartei; – **indipendente** (*in un comune*) Rathauspartei, freie Wählervereinigung; – **laico** nicht konfessionsgebundene Partei; – **del lavoro,** – **laburista** Arbeiterpartei, Labourpartei; – **liberaldemocratico** freie demokratische Partei; – **liberale** liberale Partei; – **di maggioranza** Mehrheitspartei; – **di massa** Massenpartei; – **di minoranza** Minoritätspartei; – **moderato** gemäßigte Partei; – **del non voto** Partei der Nichtwähler; – **operaio** Arbeiterpartei; – **d'opposizione** Oppositionspartei; – **politico** politische Partei; – **progressista** Fortschrittspartei; – **popolare** Volkspartei; – **popolare europeo** Europäische Volkspartei; – **popolare sudtirolese** Südtiroler Volkspartei (SVP); – **radicale** radikale Partei; – **repubblicano** republikanische Partei; – **rivoluzionario** Revolutionspartei; – **di sinistra** Linkspartei; – **socialdemocratico** sozialdemokratische Partei; – **socialista** sozialistische Partei; – **socialista democratico** sozialistischdemokratische Partei; – **unico** Einheitspartei; – **unionista** Unionspartei; – **di unità proletaria per il comunismo** Partei der proletarischen Einheit für den Kommunismus.

partitocrazia *f* Partei(en)herrschaft *f*.

part-time *m* (*lavoro*) Teilzeitarbeit *f*.

parvenza, senza la minima – di guistizia ohne jeden Schein von Recht.

parziale *agg* (1) parteiisch, parteilich; (2) teilweise, Teil-.

parzialità *f* Parteilichkeit *f*; **sospetto di** – befangen.

pascolo *m* **abusivo** unerlaubtes Weiden *n*.

passaggio *m* (1) Durchgang *m*, Übergang, (*con veicoli*) Durchfahrt *f*; (2) (*traversata*) Passage *f*; (3) (*prezzo della traversata*) Überfahrtsgeld *n*, Überfahrtspreis *m*; **vietato il** – Durchgang (Durchfahrt) verboten; – **agli articoli** (*inizio della discussione parlamentare su ciascun articolo di una proposta di legge*) Einzelberatung *f*; – **coattivo** Notweg *m*; *m* – **del confine** Grenzübertritt *m*; – **in giudicato** Rechtskraft *f*; – **inoffensivo** (*dir. int.*) friedliche Durchfahrt; – **a livello** Bahnübergang; – **all'ordine del giorno** Übergang zur Tagesordnung; – **pedonale** Fußgängerüberweg *m*; – **di poteri** Amtsübergabe *f*; – **del rischio** (*contratto*) Gefahrübergang; – **dal rito ordinario al rito speciale** Übergang vom ordentlichen zum besonderen Verfahren.

passaporto *m* Pass *m*, Reisepass; **emettere un –, rilasciare un –** einen Pass ausstellen; **rinnovare un –** einen Pass verlängern; **– per apolidi** Nansenausweiß *m*, Nansenpass; **– collettivo** Sammelpass; **– diplomatico** Diplomatenpass; **– per l'estero** Reisepass, Auslandspass, Pass; **– familiare** Familienpass; **– individuale** Einzelpass; **– marittimo** Schiffspass; **– ministeriale** Ministerialpass; **– mortuario** Leichenpass; **– Nansen** Nansenpass, Nasenausweis *m*; **– nazionale** Nationalpass, Heimatpass; **– obbligatorio** Passzwang *m*; **– permanente** Dauerreisepass; **– sanitario** Gesundheitspass; **– di servizio** Dienstpass; **– per stranieri** Fremdenpass; **– turistico** Reisepass; **– valido** gültiger Pass.

passare durchfahren.

passeggero *m* Fahrgast *m*, Passagier *m*, Reisender *m*; **– di aereo** Fluggast; **– clandestino** blinder Passagier; **– in transito** Durchreisender.

passività *f pl* Passiva *pl*, Passiven *pl*, Verbindlichkeiten *pl*.

passivo *pl* passiv.

passivo *m* (1) Passiva *pl*, Passiven *agg*; (2) (*fallimentare*) Schuldenmasse; **al –** auf der Passivseite; **chiudere in –** mit Verlust abschließen; **mettere al –** passivieren; **– corrente** laufende Verbindlichkeiten; **– esigibile** fällige Verbindlichkeiten.

passo *m*, **– carrabile** Einfahrt *f*; **– diplomatico** Démarche *f*.

pastorale *f* Hirtenbrief *m*.

patente *f* (1) (*licenza*) Lizenz *f*; (2) (*di guida*) Führerschein *m*; (3) (*brevetto*) Patent *n*; **– esibire la –** den Führerschein vorweisen; **revocare la – di guida** die Fahrerlaubnis entziehen; **– ritirare la –** den Führerschein einziehen; **– consolare** Ermächtigungsschreiben *n* (eines Konsuls); **– di franchigia** Freibrief *m*; **– di guida** Führerschein *m*, Führerausweis *m* (S); **– internazionale** internationaler Führerschein; **– nautica, – di navigazione** Schiffspatent, Schifferpatent; **– di sanità, – sanitaria** Gesundheitspass *m*; V. A. LICENZA DIPLOMA.

paternità *f* Vaterschaft *f*, (*di un'opera*) Urheberschaft *f*; **accertare la –** die Vaterschaft feststellen; **disconoscere la –** die Vaterschaft bestreiten; **riconoscere la –** die Vaterschaft anerkennen; **– illegittima** nichteheliche Vaterschaft, außereheliche Vaterschaft (+ S); **– legittima** eheliche Vaterschaft; **– naturale** nichteheliche Vaterschaft, außereheliche Vaterschaft (+ S).

patibolo *m* Galgen *m*.

patria *f* Vaterland *n*, (*terra natia*) Heimat *f*; **– adottiva** Adoptivvaterland; **– d'elezione** Wahlheimat.

patrigno *m* Stiefvater *m*.

patrimoniale *agg* vermögensrechtlich, Vermögens-.

patrimonio *m* Vermögen *n*; **– abitativo** Wohnungsbestand *m*; **– dell'associazione** Vereinsvermögen; **– autonomo** Sondervermögen; **– d'azienda** Betriebsvermögen; **– amministrato fiduciariamente** Treuhandvermögen; **– complessivo** Gesamtvermögen; **– del comune** Gemeindevermögen; **– del debitore** Schuldnervermögen; **– destinato ad uno scopo, – di destinazione** Zweckvermögen; **– ecclesiastico** Kirchenvermögen; **– ereditario** Nachlassvermögen; **– fallimentare** Konkursvermögen; **– familiare** Familienvermögen, Familienhabe *f*, (*dei coniugi*) eheliches Vermögen (S); **– finale** Endvermögen; **– della fondazione** Stiftungsvermögen; **– fondiario** Landvermögen; **– di funzionamento** Betriebsvermögen; **– immobiliare** unbewegliches Vermögen, Grundstücksvermögen, Immobiliarvermögen, Grundvermögen; **– immobilizzato** Anlagevermögen; **– imponibile** steuerpflichtiges Vermögen, besteuerbares Vermögen, steuerbares Vermögen (+ A); **– iniziale** Anfangsvermögen; **– minerario** Bergwerksvermögen; **– del minore** Mündelvermögen; –

mobiliare bewegliches Vermögen, Mobiliarvermögen; – **navale** Schiffsvermögen; – **nazionale** Volksvermögen, Nationalvermögen; – **nemico,** – **del nemico** Feindvermögen, feindliches Vermögen; – **permanente** Dauervermögen; – **personale** Eigenvermögen; – **privato** Privatvermögen; – **separato** Sondervermögen; – **sociale** Gesellschaftsvermögen; – **dello Stato** Staatsvermögen; v. a. BENI, DEMANIO.

patrio *agg* vaterländisch.

patriota *m* Patriot *m.*

patriottico *agg* vaterländisch, patriotisch.

patrocinante in cassazione (*avvocato*) beim Kassationshof zugelassen.

patrocinare verteidigen, gerichtlich vertreten.

patrocinatore *m* Beistand *m*; – **legale** Rechtsbeistand.

patrocinio *m* anwaltliche Vertretung; – **gratuito** Prozesskostenhilfe *f,* Verfahrenshilfe (A), Verbeiständung *f* (S); **concedere il** – **gratuito** Prozesskostenhilfe bewilligen, Verfahrenshilfe bewilligen (A); – **infedele** Parteiverrat *m*, Parteien verrat (A); – **legale** anwaltliche Vertretung; – **dei non abbienti** Prozesskostenhilfe, Verfahrenshilfe (A); – **obbligatorio** Vertretungszwang *m.*

patronato *m* (1) Schirmherrschaft; (2) Arbeitersozialberatung; (3) (S) Schutzaufsicht *f* (S); **sotto l'alto** – unter der Schirmherrschaft.

patrono *m* Beistand *m*, Rechtsbeistand.

patteggiamento *m* (*proc. pen.*) Absprache *f*, Verständigung *f* (*im Strafprozess*).

patteggiare vereinbaren, verhandeln, absprechen.

patti *m pl*, **stare ai** – sich an die Vereinbarungen halten.

patto *m* (1) Vertrag *m*, Pakt *m*; (2) (*pattuizione*) Abmachung *f*, Abrede *f*, Vereinbarung *f*, Verabredung; – **accessorio** Nebenabrede, Nebenvereinbarung; – **di acciaio** Stahlpakt; – **aereo** Luftpakt; – **d'amicizia** Freundschaftsvertrag, Freundschaftspakt; – **arbitrale** Schiedsvereinbarung, Schiedsabrede, Schiedsrichtervereinbarung; – **atlantico** Atlantikpakt; – **balcanico** Balkanpakt; – **di coalizione** (*pol.*) Koalitionsvereinbarung; – **coloniale** Kolonialvertrag; – **commissorio** Pfandvertrag mit Verfallkausel, Verfallvertrag (A); **salvo** – **contrario** soweit nicht anders vereinbart; – **in deroga** abweichende Vereinbarung; – **di difesa** Verteidigungspakt; – **di esclusione della repsonsabilità** Haftungsausschließungsvereinbarung; – **di esclusiva**, – **d'esclusività** Ausschließlichkeitsvereinbarung, Ausschließlichkeitsabkommen *mn*; – **di esonero a responsabilità** Haftungsausschließungsvereinbarung; – **di famiglia** Familienvertrag; – **federale** Bundesvertrag; – **leonino** leoninischer Vertrag; – **militare** Militärpakt; – **di mutua assistenza** gegenseitiger Beistandspakt; – **de mutuo contrahendo** Darlehensversprechen *n*; – **di non aggressione** Nichtangriffspakt; – **di non concorrenza** vertragliches Wettbewerbsverbot, Konkurrenzverbot; – **di non intervento** Nichteinmischungspakt, Nichteinmischungsabkommen *n*; – **di non violenza** Gewaltverzichtsabkommen; – **oneroso** lästige Bedingung; – **di preferenza** Vorrechtsvertrag; – **di prelazione** Vorkaufsvertrag, Vorkaufsvorbehalt *m*; – **probatorio** Beweislastvertrag; – **di prova** (*dir. lav.*) Probearbeitsvertrag; – **di quota lite** (pactum de quota litis) Vereinbarung (zwischen Anwalt und Mandant) über den streitbefangenen Gegenstand; – **di reciproca difesa** Defensivpakt; – **regionale** Gebietsabkommen *n*; – **renano** Rheinlandpakt; – **di retrovendita** Rückverkaufsvertrag (A); – **di riscatto** Rückkaufsvereinbarung; – **di ri-**

servato dominio Eigentumsvorbehaltsvereinbarung; – **di riversibilità**, – **di riversione** Vereinbarung des Rückfalls, Verabredung des Rückfalls (S); – **segreto** Geheimpakt; – **di sicurezza** Sicherheitspakt; – **sociale** Gesellschaftsvertrag; Sozialpakt; – **della Società delle Nazioni** Völkerbundssatzung *f*, Völkerbundsakte *f*; – **di solidarietà** Solidaritätspakt; – **successorio** Erbvertrag; – **successorio istitutivo** Erbeinsetzungsvertrag; – **tripartito** Dreierpakt; – **di vendita esclusiva** Alleinverkaufsabrede; v. a. CLAUSOLA, CONTRATTO, PATTUIZIONE, TRATTATO.

pattuglia *f* **di polizia** Polizeistreife *f*.

pattuire vereinbaren, abmachen, ausmachen, verabreden, paktieren.

pattuizione *f* Abmachung *f*, Abrede *f*, Vereinbarung *f*, Vertragsabrede, Vertragsbestimmung *f*; – **contraria** Gegenabrede; – **di interessi** Zinsvereinbarung, Zinsklausel *f*; – **d'onorario** Honorarabrede; v. a. CLAUSOLA, CONVENZIONE.

pavesare beflaggen.

peculato *m* Amtsunterschlagung *f* Amtsveruntreuung *f* (A); – **mediante profitto dell'errore altrui** betrügerische Amtsunterschlagung.

peculiarità *f* Besonderheit *f*; – **del caso concreto** Besonderheit des Einzelfalles.

peculio *m* Spargroschen *m*, Sparpfennig *m*.

pecunia usuraria Wuchergeld *n*.

pecuniario *agg* pekuniär, Geld-.

pedaggio *m* (1) Wegegeld *n*, Maut *f* (A); Mautgebühr *f* (A); (2) (*ponti*) Brückengeld *n*, Brückenzoll *m*; (3) (*strade*) Straßenbenutzungsgebühr, Mautgebühr (A); – **per l'accesso all'autostrada,** – **autostradale** Autobahngebühr.

pedinamento *m* Beschatten *n*, Beschattung *f*.

pedinare qualcuno jemanden beschatten.

pedone *m* Fußgänger *m*.

pegno *m* Pfand *n*; **costituire un** – ein Pfand bestellen; **costituire in –, dare in** – als Pfand geben, versetzen, verpfänden; **prendere in** – in Pfand nehmen; **prestare su** – auf Pfand leihen, Darlehen gegen Pfandbestellung gewähren, (su pegno di titoli o merci) lombardieren; **riscattare un** – ein Pfand einlösen; – **collettivo** Sammelpfand; – **commerciale** Handelspfand; – **di crediti** Pfandrecht an Forderungen; – **doganale** (S) Zollpfand (S); – **irregolare** unregelmäßiges Pfandrecht; – **manuale** Faustpfand; – **mobiliare** Fahrnispfand; – **su nave** Schiffspfand; – **registrato** Registerpfand.

pena *f* Strafe *f*; **aggravare la** – die Strafe erhöhen; **applicare una** – eine Strafe anwenden; **attenuare la** – die Strafe mildern; **comminare una** – eine Strafe androhen; **commutare una** – eine Strafe umwandeln; **condonare una** – eine Strafe erlassen; **eseguire una** – eine Strafe vollstrekken, eine Strafe vollziehen; **esente da** – straffrei; **espiare una** – eine Strafe verbüßen, eine Strafe abbüßen; **inasprire la** – die Strafe verschärfen; **infliggere una –, irrogare una** – eine Strafe verhängen; **meritevole di** – strafwürdig; **passibile di** – strafbar, straffällig; – **patteggiare la** – die Strafe aushandeln; **rimettere una** – eine Strafe erlassen; **rinunciare alla** – von Strafe absehen; **scontare una** – eine Strafe verbüßen, eine Straße abbüßen; **sotto** – **di** bei Strafe von; – **accessoria** Nebenstrafe; – **amministrativa** Verwaltungsstrafe (A), Administrativstrafe (A); Ordnungsstrafe; – **d'arresto** Gefängnisstrafe, Haftstrafe (S); Arreststrafe; – **capitale** Todesstrafe; – **carceraria** Gefängnisstrafe; – **collettiva** Kollektivstrafe; – **complessiva** Gesamtstrafe; – **concorrente** Einzelstrafe; – **convenzionale** Vertragsstrafe, Konventionalstrafe; –

criminale Kriminalstrafe; – **cumulativa** (S) Gesamtstrafe; **a – di decadenza, sotto – di decadenza** bei Vermeidung des Ausschlusses, bei Vermeidung des Verlustes, zur Vermeidung des Ausschlusses, bei Verlust, bei sonstigem Verlust (A); bei Folge der Verwirkung (S); – **detentiva** freiheitsentziehende Strafe, Freiheitsstrafe; – **detentiva breve** kurze Freiheitsstrafe; – **detentiva temporaea** zeitige Freiheitsstrafe; – **disciplinare** Disziplinarstrafe; – **edittale** gesetzlich vorgesehene Strafe; – **eseguita** vollzogene Strafe, ausgestandene Strafe (A); – **esemplare** exemplarische Strafe, abschreckende Strafe; – **espiata** verbüßende Strafe, ausgestandene Strafe (A), – **di finanza,** – **fiscale** Steuerstrafe; – **infamante** entehrende Strafe, Ehrenstrafe, entehrende Freiheitsstrafe; – **inflitta,** – **irrogata** erkannte Strafe; – **massima** Höchststrafe; – **minima** Mindeststrafe; – **mite** milde Strafe; – **di morte** Todesstrafe; – **normale** Regelstrafe; **a – di nullità, sotto – di nullità** bei Nichtigkeit, zur Vermeidung der Nichtigkeit, bei sonstiger Nichtigkeit (A); bei sonstiger Ungültigkeit (A), bei sonstiger Unwirksamkeit (A); – **patrimoniale** Vermögensstrafe; – **pecuniaria** Geldstrafe, Vermögensstrafe; (*sanzione disciplinare*) Geldbuße *f* (*Disziplinarmaßnahme*); – **perpetua** lebenslängliche Strafe, lebenslange Strafe; – **di polizia** Polizeistrafe, Übertretungsstrafe; – **prescritta** verjährte Strafe; – **prevista della legge** vom Gesetz vorgesehene Strafe; – **principale** Hauptstrafe; – **scontata** verbüßte Strafe, vollzogene Strafe, ausgestandene Strafe; (A); – **sostitutiva** Ersatzstrafe; – **della reclusione** Zuchthausstrafe, Kerkerstrafe (A), zeitliche Kerkerstrafe (A); – **restrittiva della libertà personale** freiheitsentziehende Strafe, Freiheitsstrafe; – **sostitutiva** Ersatzstrafe; – **suppletiva** Zusatzstrafe; V. A. SANZIONE.

penale *agg* strafrechtlich, Straf-.

penale *f* Strafgeld *n*, Reugeld, Poenale *n* (A), Reukauf *m*, – **convenzionale** Vertragsstrafe *f*, Vertragsbuße *f*, Konventionalstrafe.

penalista *m* Strafrechtslehre *m*, Strafrechtler *m*, Kriminalist *m*.

penalità *f* Strafe *f*, Vertragsstrafe; – **di mora** Verzugsstrafe, Verzugszuschlag *m*.

penalizzare pönalisieren.

penalizzazione *f* Pönalisierung *f*.

pendente *agg* (1) (*giudizio*) rechtshängig, anhängig, streitanhängig (A); (2) (*in sospeso*) schwebend.

pendenza *f* (1) Schwebezeit *f*, Schwebezustand *m*; (2) (*questione in sospeso*) schwebende Angelegenheit; (3) (*giudizio*) Rechtshängigkeit *f*, Anhängigkeit; – **della condizione** Schweben *n* der Bedingung; – **del termine** Lauf der Frist.

pendolare *m* Pendler *m*.

pendolarismo *m* Pendlertum *n*.

penetrazione economica wirtschaftliche Durchdringung.

penitenziario *m* Strafanstalt *f*, Strafvollzugsanstalt.

pensionabile *agg* pensionsfähig.

pensionamento *m* Pensionierung *f*, Versetzung in den Ruhestand; – **anticipato** vorzeitiger Ruhestand.

pensionare pensionieren, mit Pension verabschieden, in den Ruhestand versetzen.

pensionato *m* Rentner *m*, Ruhegehaltsempfänger *m*, Ruhegeldempfänger, Ruhegenußempfänger (A), Ruheständler *m* (A), Ruhegehaltsbezüger *m* (S), Pensionär *m*, Pensionsempfänger, Pensionierter, Pensionsbezüger (S), Rentier *m*; **piccolo** – Kleinrentner; – **di guerra** Kriegsrentenempfänger.

pensione *f* Rente *f*, Pension *f*, Ruhegehalt *n*, Ruhegeld *n*, Ruhegenuss *m* (A), Versorgungsbezüge *pl*, Versorgungsgenuss (A); **andare in** – in den Ruhestand treten, in Pension gehen; **in** – im Ruhestand, in Pension; **percepire la** – Rente beziehen; – **alimentare** Unterhaltsrente, Alimentenbeiträge *pl* (S); – **di anzianità** Alterspension, Altersrente; – **dell'assicurazione sociale** Sozialversicherungsrente; – **base** Grundrente; – **in caso di infortunio sul lavoro** Unfallrente; – **civile** Zivilpension; – **di collocamento a riposo** Altersrente, Altersruhegehalt, Altersruhegeld; – **completa** Vollpension, Vollrente; – **di effetti** Wechselpension, Wechselpensionsgeschäft *n*; – **di guerra** Kriegsrente, Kriegspension; – **di inabilità** Berufsunfähigkeitsrente; – **indicizzata** dynamische Rente; – **d'invalidità** Invalidenrente, Invaliditätsrente; – **d'invalidità di guerra** Kriegsbeschäftigtenrente; – **d'invalidità professionale** Berufsunfähigkeitsrente; – **minima** Mindestrente; – **d'orfano** Waisenrente, Waisengeld *n*, Waisenpension; – **parlamentare** Abgeordnetenpension; – **parziale** Teilrente; – **di perequazione** Ausgleichsrente; – **principale** Hauptrente; – **riversibile,** – **di riversibilità,** – **di riversione** vererbliche Rente, Hinterbliebenenrente, Hinterbliebenenpension, Hinterlassungsrente (S); – **a scala mobile** dynamische Rente; – **sociale** Sozialrente; – **statale** Staatsrente, staatliche Pension, Staatspension; – **per i superstiti** Hinterbliebenenrente, Hinterbliebenenpension, Hinerlassenenrente (S); – **di vecchiaia** Altersrente, Altersruhegehalt, Altersruhegeld, Altersversorgung *f*; – **vedovile** Witwenrente, Witwenpension, Witwengeld *n*; – **di vedovo** Witwerrente; – **a vita,** – **vitalizia** Leibrente.

pentapartito *m* Fünfparteienregierung *f*.

pentimento *m* **operoso** (*dir. pen.*) tätige Reue.

pentito *m* (*dir. pen.*) reuiger Straftäter *m* (*der als Kronzeuge zur Aufklärung von Straftaten beiträgt*).

penuria *f* Mangel *m*, Knappheit *f*; – **di alloggi** Wohnungsmangel; – **di credito** Kreditknappheit; – **di capitale** Kapitalknappheit; – **di denaro** Geldknappheit; – **d'energia** Energieknappheit; – **di mano d'opera** Mangel an Arbeitskräften, Arbeitskräftemangel; – **di scorte** Lagerknappheit; v. a. CARENZA, MANCANZA, SCARSEZZA.

per, e – **esso** und stellvertretend für ihn.

percentuale *agg* prozentual.

percentuale *f* Hundersatz *m*, Vomhundertsatz, Prozentsatz; – **di aumento** Zuwachsrate; – **di disoccupati** Arbeitslosenquote *f*; – **per il servizio** Bedienungsgeld *n*, Bedienungsgebühr *f*, Bedienungszuschlag *m*; – **dei sinistri** Schadenquote *f*, – **delle spese generali** Unkostensatz; **bassa** – **di votanti** niedrige Wahlbeteiligung *f*; v. a. COEFFICIENTE, QUOTA, RAPPORTO, SAGGIO.

percezione dei frutti Fruchtbezug *m*.

percipiente *m* Bezieher *m*.

percorribilità *f* **stradale** Straßenzustand *m*, Verkehrslage *f*.

percorso *m* **di transito** Transitstrekke *f*.

percosse *f pl* (*reato*) körperliche Misshandlung (durch Schläge).

perdere verlieren.

perdita *f* (1) Verlust *m*, Einbuße *f*, Ausfall *m*, Entgang *m*; (2) (*di diritti*) Verlust, Verwirkung *f*; **chiudere in** – mit Verlust abschließen, *mit einem* Fehlbetrag abschließen, mit einem Defizit abschließen; **lavorare in** – mit Verlust arbeiten; **vendere in** – mit Verlust verkaufen; – **accidentale** Zufallsverlust; – **di un arto** (*lesione personale*) Verlust eines Gliedes; – **di bilancio** Bilanzverlust; – **sul cambio** Kursverlust, Kurseinbuße; – **della capacità di procreare** Verlust der Zeugungsfähigkeit; – **della capacità di testare** Verlust der Testierfähigkeit; – **di capitale** Kapitalverlust, Kapitaleinbuße; – **della cittadinanza** Verlust der Staatsangehörigkeit; – **di clienti** Abwanderung von Kunden; – **complessiva** Gesamtverlust; – **contabile** buchmäßiger Verlust, Buchverlust; – **del controllo** Kontrollverlust; – **sui corsi** Kursverlust, Kurseinbuße; – **della cosa dovuta** Untergang der geschuldeten Sache; – **di dati** Datenverlust; – **del diritto ad accettare l'eredità** Verlust des Rechts zur Annahme der Erbschaft; – **del diritto agli alimenti** Verlust des Unterhaltsanspruchs; – **di un diritto** Rechtsverlust, Anspruchsverlust; – **del diritto alla pensione** (*sanzione disciplinare*) Aberkennung des Ruhegehalts (*Disziplinarmaßnahme*); – **effettiva** wirklicher Verlust, eingetretener Verlust; – **di emissione** Disagio *n*, Emissionsdisagio; – **di energia** Energieverlust; – **di entrate** Einnahmeverlust, Einnahmenausfall; – **d'esercizio** Geschäftsverlust, Betriebsverlust; – **eventuale** möglicher Verlust; – **di gestione** Geschäftsverlust, Betriebsverlust; – **di grado** Rangverlust; – **di guadagno** Verdienstausfall, Verdiensteinbuße, Verdienstentgang; – **di interessi** Zinsverlust, Zinsenausfall; – **lorda** Bruttoverlust; – **del mandato** Mandatsverlust; – **di mortalità** Sterblichkeitsverlust; – **della nave** Schiffsverlust; – **di negoziazione di titoli** Kursverlust, Kurseinbuße; – **netta** Nettoverlust; – **di ore di lavoro, – di ore lavorative** Arbeitsstundenausfall; – **parziale** Teilverlust, Partialverlust; – **della potestà sui figli** Verwirkung der elterlichen Sorge; – **patrimoniale** Vermögensverlust, Vermögenseinbuße; – **di piazza** Platzverlust, Spesen für Einzug von Versandwechseln; – **di popolazione** Bevölkerungsverlust, Volkseinbuße; – **del posto di lavoro** Verlust des Arbeitslatzes; – **del potere d'acquisto** Kaufkraftschwund *m*; – **di produzione** Produktionsausfall; – **di reddito** Einkommenseinbuße, Einkommensverlust; – **riportata a nuovo** Verlustvortrag; – **tecnica** technischer Verlust; – **di speculazione** Spekulationsverlust – **della qualità di socio** Verlust der Mitgliedschaft; – **di salario** Lohneinbuße, Lohnausfall; – **totale** Vollverlust, Totalverlust, Gesamtverlust, – **totale effettiva** wirklicher Totalverlust; – **totale virtuale** konstruktiver Totalverlust; – **di valore** Wertverlust, Werteinbuße; – **di voti** Stimmenverlust; v. a. DECADENZA.

perditempo *m* Zeitverlust *m*.

perdono *m* Verzeihung *f*; – **giudiziale** (*dir. pen.*) richterliche Verzeihung, Absehen *n* von Strafe (bei Jugendlichen).

perentorio *agg* peremptorisch, peremtorisch.

perenzione *f* Verwirkung *f*; v. a. DECADENZA, PERDITA.

perequabile *agg* ausgleichsfahig.

perequare ausgleichen.

perequazione *f* Ausgleich *m*, Ausgleichung *f*; – **automatica** automatische Angleichung *f*; – **dei carichi** Lastenausgleich; – **dei costi** Kostenausgleich; – **finanziaria** Finanzausgleich; – **delle imposte** Steuerausgleich; – **degli oneri** Lastenausgleich; – **dei prezzi** Preisausgleich, Preisausgleichung; – **salariale** Lohnangleichung *f*; – **tributaria** Steuerausgleich.

perfezionamento *m* Vervollkommnung *f*, Fortbildung *f*; Veredelung; – **del contratto** Vertragsabschluss – **passivo** passive Veredelung; – **professionale** berufliche Fortbildung.

perfezionismo *m* Perfektionismus *m*.

perfezionare (*contratto*) abschließen, zustandebringen.

perfidia *f* Hinterlist *f*.

perfido *agg* hinterlistig.

pericolo *m* Gefahr *f*, Gefährdung *f*; **mettere in –, porre in –** gefährden; **in caso di – imminente** bei Gefahr im Verzugs; – **apparente** Scheingefahr; – **attuale di danno**

grave alla persona Gefahr für Leib und Leben; – **di autolesione** Selbstbeschädigungsgefahr; – **alla circolazione** Verkehrsgefährdung *f*; – **di collusione** Verabredungsgefahr, Kollusionsgefahr; – **di collusione e di distruzione delle prove** Verdunkelungsgefahr; – **comune** (all) gemeine Gefahr; – **di contagio** Ansteckungsgefahr; – **di danno** Schadensgefahr; – **di fuga** Fluchtgefahr; – **di guerra** Kriegsgefahr; – **imminente** drohende Gefahr; – **di mare** Seegefahr, Gefahr der See; – **di morte** Lebensgefahr, Todesgefahr (S); – **pubblico** Gemeingefahr; – **nel ritardo** Gefahr im Verzug, Gefahr am Verzuge (A-); – **di sciopero** Streikgefahr; – **di suicidio** Selbsttötunggsgefahr; – **di vita** Lebensgefahr; v. a. RISCHIO.

pericolosità *f* **sociale** (*dir. pen*) Gemeingefährlichkeit *f*.

pericoloso *agg* gefährlich; **socialmente** – gemeingefährlich, für die Allgemeinheit gefährlich.

perimento *m* Untergang *m*; – **per caso fortuito** zufälliger Untergang; – **della cosa** Untergang der Sache.

periodico *agg* wiederkehrend.

periodico *m* periodische Druckschrift, Zeitschrift *f*.

periodo *m* Frist *f*, Zeitraum *m*, Periode *f*; – **d'abbonamento** Bezugszeit *f*; – **di addestramento** Ausbildungszeit; – **di ammortamento** Abschreibungszeitraum; – **di apertura della caccia Jagdzeit** *f*, Schusszeit (A); – **d'apprendistato** Ausbildungszeit; Lehrzeit *f*; – **di aspettativa** Anwartschaftszeit *f*; – **di assicurazione** Versicherungszeit, Versicherungsperiode; – **d'attesa** Wartezeit *f*, Wartefrist; Karenzzeit, Karenzfrist; – **di base** Basiszeitraum; – **di caccia** Jagdzeit *f*, Abschusszeit, Schusszeit (A); – **di calcolo** Berechnungszeitraum; – **di carenza** Karenzfrist; – **di chiusura della caccia** Schonzeit *f*; – **di comporto** (*dir. lav.*) Wartefrist; – **di concepimento** Empfängniszeit; – **di confronto** Vergleichszeitraum; – **contabile** Rechnungsperiode, Rechnungsabschnitt *m*, Abrechnungszeitraum *m*, Abrechnungsperiode; – **contributivo,** – **di contribuzione** Beitragszeit *f*; – **di contribuzione figurativa** (*previdenza sociale*) Ersatzzeit; – **corrispondente** Vergleichszeitraum – **di crescita** Wachstumsperiode; – **elettorale** Wahlzeit *f*; – **in esame** (*relazioni di bilancio*) Berichtszeitraum; – **di esecuzione** Leistungsfrist, Leistungszeit *f*; – **d'esercizio** Rechnungsabschnitt *f*; – **fascista** Zeit *f* des Faschismus; – **feriale** Urlaubszeit *f*; – **feriale dei magistrati** Gerichtsferien *pl*; – **di ferie retribuite** bezahlte Urlaubszeit; – **finanziario** Budgetperiode; – **fiscale** Abgabeperiode, Steuerabschnitt *m*, Steuerperiode; – **di garanzia** Gewährleistungsfrist; Gewährfrist, Garantiefrist; – **di gestione** Geschfätszeitraum; – **di grazia** Nachsichtsfrist, Gnadenfrist; – **di guida** Lenkzeit; – **d'imposizione,** – **d'imposta** Steuerabschnitt *m*, Besteuerungszeitraum, Veranlagungszeitraum, Veranlagungsperiode; – **inflazionistico** Inflationsperiode; – **legale di concepimento** gesetzliche Empfängniszeit; – **di osservazione** Beobachtungszeit; – **di paga** Lohnzahlungszeitraum; – **di preavviso** Kündigungsfrist; – **di prescrizione** Verjährungsfrist; – **di prestazione** Leistungsfrist, Leistungszeit; – **di prova** Probezeit *f*, Probefrist (S), Bewährungsfrist; – **di quarantena** Quarantänezeit *f*; – **di rilevazione** Erhebungszeitraum; – **di riposo** Ruhezeit; – **di risarcimento** (*ass*) Haftzeit *f*, Leistungszeit; – **di riscossione** Erhebungszeitraum; – **di sospensione condizionale della pena** Bewährungsfrist; – **di tassazione** Besteuerungszeitraum, Veranlagungszeitraum, Veranlagungsperiode; – **di tempo** Zeitabschnitt *m*; – **transitorio,** – **di transizio-**

ne Übergangszeit *f*; – **utile** Frist, innerhalb deren eine Handlung vorgenommen werden kann; – **utile di sottoscrizione** (*di nuove azioni*) Bezugsfrist; – **di utilizzazione** Nutzungszeitraum; – **di validità** Gültigkeitsdauer *f*; v. a. TEMPO, TERMINE.

perire (*cosa*) untergehen.

peritale *agg* gutachtlich.

perito *m* Sachverständiger *m*, Gutachter *m*, Begutachter *m*; **nominare un** – einen Sachverständigen bestellen; – **d'asta** Auktionator *m*; – **calligrafico** Schriftsachverständiger, Schriftgutachter; – **contabile** Buchsachverständiger, Buchprüfer *m*, Bücherrevisor *m*, Buchexperte (S =), Büchersachverständiger (S =); – **della controparte** Gegengutachter; – **giudiziario** Gerichtssachverständiger, gerichtlich bestellter Sachverständiger; – **giurato** beeidigter Sachverständiger, beeideter Sachverständiger (A); gerichtlich beeideter Sachverständiger (A), vereidigter Sachverständiger; – **settore** Obduktionsgutachter; – **stazzatore** Eichmeister *m*; – **di tribunale** gerichtlich bestellter Sachverständiger; – **d'ufficio** Amtssachverständiger; v. a. ESPERTO; CONSULENTE TECHNICO.

perizia *f* Sachverständigengutachten *n*, Gutachten, Begutachtung *f*, Expertise *f*; **falsa** – Falschaussage des Sachverständigen, falsche Aussage des Sachverständigen (A), falsches Gutachten (S); – **d'avaria** Havariegutachten; – **calligrafica** Schriftgutachten; – **collegiale** Gemeinschaftsgutachten; – **dei danni** Schadensbegutachtung, Schadensexpertise; – **medico-legale** gerichtsärztliches Gutachten, gerichtsmedizinisches Gutachten; – **necroscopica** Obduktionsgutachten; – **nuova** neues Sachverständigengutachten; – **psichiatrica** psychiatrisches Gutachten; – **di stima** Wertexpertise; – **tecnica** technisches Gutachten; – **urgente** Sachverständigengutachten in Eilfällen.

periziare begutachten.

perlustrare perlustrieren.

perlustrazione *f* Perlustrierung *f*, Perlustration *f*.

permesso *agg* zulässig, erlaubt.

permesso *m* (1) Erlaubnis *f*, Genehmigung *f*, Bewilligung *f*; (2) (*congedo*) Urlaub *mm*; – **di abitabilità** Bauabnahmebescheinigung *f*, Gebrauchsabnahmebescheinigung; – **d'acquisto di armi** Waffenerwerbsschein *m*; – **delle autorità** behördliche Erlaubnis; – **di caccia** Jagdschein *m*, Jagderlaubnisschein, Jagdkarte *f* (A), Fangschein (A); – **di circolazione** Fahrterlaubnisschein *m*; – **di costruzione** Bauerlaubnis, Baugenehmigung, Baubewilligung; – **di detenzione di espolisivi** Sprengstofferlaubnisschein *m*; – **di demolizione** Abbruchserlaubnis, Abbruchsbewilligung Abbruchsschein *m*; – **di domicilio** (S) Niederlassungsbewilligung; – **d'entrata** Einreisebewilligung, Einreiseerlaubnis; – **d'esportazione** Ausfuhrerlaubnis, Ausfuhrbewilligung, Ausfuhrgenehmigung; – **d'estrazione** Abbaugenehmigung; – **d'importazione** Einfuhrbewilligung, Einfuhrgenehmigung; – **internazionale di guida** internationaler Führerschein; – **di lavoro** Arbeitserlaubnis, Arbeitsgenehmigung, Arbeitsbewilligung (A); – **di navigazione** Schiffahrtserlaubnisschein *m*, Fahrterlaubnisschein, Schiffspass *m*; – **permanente** Dauererlaubnis; – **di pesca** Fischereierlaubnis, Fischereierlaubnisschein *m*, Fischereischein, Fischereikarte *f* (A), Fischkarte *f* (A); – **premio** (*dir. penit.*) Urlaub wegen guter Führung; – **di reingresso** Wiedereinreiseerlaubnis; – **di residenza** Niederlassungsbewilligung, Aufenthaltserlaubnis, Aufenthaltsgenehmigung, Zuzugsgenehmigung, Anwesenheitsbewilligung (S); – **di ricerca mineraria** Aufsuchungsbewilligung, Schürfbewilligung, Schürfschein *m*; – **di scaricazione** Löscherlaubnis; – **di seppellimento** Beerdigungsschein *m*, Totenbeschauschein *m* (A); – **di soggiorno** Aufenthaltserlaubnis, Aufenthaltsgenehmigung; – **speziale** Sondererlaubnis; – **di transito** Durchreisegenehmigung, Durchfuhrbewilligung; – **d'uscita** Ausreiseerlaubnis, Ausreisebewilligung; v. a. AUTORIZZAZIONE, CARTA, LICENZA.

permettere erlauben, gestatten.

permissionario *m* Inhaber der Erlaubnis.

permuta *f* Tausch *m*.

permutare tauschen.

perorare plädieren.

perorazione *f* Plädoyer *n*.

perpetrare verüben.

perpetrazione *f* Verübung *f*.

perpetuatio iurisdictionis Prorogation *f*.

perquisire durchsuchen.

perquisizione *f* Durchsuchung *f*; – **domiciliare** Durchsuchung der Wohnung, Hausdurchsuchung, Haussuchung; – **personale** körperliche Durchsuchung, Leibesvisitation *f*, Personendurchsuchung (A).

persecuzione *f* Verfolgung *f*; – **politica** politisiche Verfolgung; – **razziale** rassische Verfolgung.

perseguire verfolgen.

perseguitato *m* **politico** politisch Verfolgter.

persona *f* Person *f*; **di** – persönlich; **in – di** vertreten durch; – **adempiente** Leistender; – **autorizzata** Berechtigter; – **bisognosa** unterstütungsbedürftige Person; – **a carico** Unterhaltsberechtigter *m*; – **civilmente obbligata per la pena pecuniaria** (*dir. pen.*) zivilrechtlich für die Zahlung der Geldstrafe Verpflichteter; – **della cui successione si tratta** Erblasser *m*; – **deportata** Vertriebener *m*, Heimatvertriebener; – **disoccupata** Arbeitsloser; – **estraterritoriale** extraterritoriale Person; – **di fiducia** Vertrauensperson, Gewährsmann *m*; – **fisica** natürliche Person, physische Person (A); – **giuridica** juristische Person, fingierte Person (A –), moralische Person (A –); – **giuridica di diritto pubblico** juristische Person des öffentlichen Rechts; – **giuridica internazionale** Rechtsperson des Völkerrechts; – **gravemente indiziata** dringend Tatverdächtiger *f*; – **incapace (di agire)** Geschäftsunfähiger; – **inesperta del diritto** Rechtsunkundiger; – **interposta** Strohmann *m*, vorgeschobene Person; – **lesa** Geschädigter; – **malata di Aids** Aids-Kranker; – **da nominare** zu benennende Person; – **non autorizzata** Unbefugter; – **non autosufficiente** pflegebedürftige Person; – **non grata** unerwünschte Person; – **offesa** Verletzter *m*; – **portatrice di handicap** Behinderter *m*; – **sospetta** verdächtige Person; – **sottoposta alle indagini** (*proc. pen.*) Beschuldigter *m*; – **sottoposta a tutela** Mündel *n*; **in – del suo legale rappresentante** gesetzlich vertreten durch.

personale *m* Personal *n*, Belegschaft *f*; **assumere del** – Personal einstellen; **basso** – niederes Personal; – **addetto alle vendite** Verkaufspersonal; – **d'ambasciata** Botschaftspersonal, Gesandtschaftspersonal; – **amministrativo** Verwaltungspersonal; – **ausiliario** Hilfspersonal; – **avventizio** Aushilfspersonal; – **dell'azienda** Betriebspersonal, Betriebsbelegschaft; – **di controllo** Aufsichtspersonal *f*, – **diplomatico** diplomatisches Personal; – **direttivo,** – **di direzione,** – **dirigente** leitendes Personal; – **docente** Lehrkräfte *f pl*, – **domestico** Dienstpersonal; – **fisso** Stammpersonal, Stammbelegschaft; – **marrittimo** Seeleute *pl*; – **sanitario** Gesundheitspersonal; – **al seguito** Gefolge *nn*, Gefolgschaft *f*; – **di servizio** Dienstpersonal, niederes Personal; – **di sorveglianza** Aufsichtspersonal; –

specializzato Fachpersonal; – **subalterno** Personal des einfachen Dienstes, untergeordnetes Personal, subalternes Personal; – **a tempo determinato** Zeitpersonal; – **d'ufficio** Büropersonal; – **di volo** Flugpersonal; v. a. MANODOPERA.

personalissimo *agg* hochpersönlich.

personalità *f* Persönlichkeit *f*; – **deviante** abweichende Persönlichkeit; – **giuridica** Rechtsperönlichkeit, Recht der Persönlichkeit (S), juristische Persönlichkeit (S); – **giuridica di diritto internazionale** völkerrechtliche Persönlichkeit, Rechtspersönlichkeit im Völkerrecht; – **individuale** Persönlichkeit des Einzelnen; – **del reo** Persönlichkeit des Täters; – **dello Stato** Staatspersönlichkeit.

persuadere überzeugen.

pertinente *agg* zugehörig, zur Sache gehörig.

pertinenza *f* Zugehörigkeit *f*; Zubehör *n*, Zubehör (A, S).

perturbazione *f* Störung *f*; – **economica** wirtschaftliche Störung, Wirtschaftsstörung; – **del mercato** Marktstörung *f*.

perversione *f* Perversion *f*.

pesa *f* **pubblica** öffentliche Waage *f*.

pesante *agg* schwer.

pesantezza del mercato Marktflaute *f*.

pesca *f* Fischerei *f*, Fischfang *n*; – **di altura,** – **d'alto mare** Hochseefischerei *f*; – **costiera** Küstenfischerei *f*; – **di frodo,** – **proibita** Fischwilderei *f*, unberechtigtes Fischen; – **subacquea** Unterwasserfischerei.

peso m, **buon** – Gutgewicht n; – **del carico all'imbarco** Abladegewicht n; – **alla consegna** Ablieferungsgewicht n; – **economico** wirtschaftliches Gewicht; – **ereditario** Erbschaftslast; – **in franchigia** Freigewicht n; – **lordo** Rohgewicht n, Bruttogewicht; – **massimo** Höchstgewicht; – **massimo autorizzato** höchstzulässiges Gesamtgewicht; – **minimo** Mindestgewicht; – **nettissimo** Eigengewicht; – **netto** Reingewicht, Nettogewicht; – **originario** Abgangsgewicht n; – **reale** wirkliches Gewicht; – **riconosciuto** (trasporti ferroviari) festgestelltes Gewicht; – **di riferimento** Bezugsgewicht; – **tassabile,** – **tassato** Taxgewicht n; – **totale** Gesamtgewicht; – **unitario** Einzelgewicht n; – **vivo** Lebendgewicht n; – **a vuoto** Leergewicht.

petente *m* Bittsteller *m*.

petizione *f* Eingabe *f*, Petition *f*, Bittschrift *f*; – **di eredità** Erbschaftsklage *f*; – **incidentale** (S) Zwischenklage *f*; v. a. DOMANDA, ISTANZA.

petrodollaro *m* Petrodollar *m*.

pezza d'appoggio, – **di controllo,** – **giustificativa** Beleg *m*, Buchungsbeleg, Buchhaltungsbeleg, Kontrollbeleg, Rechnungsbeleg.

pezzo *m*, – **di ricambio** Ersatzteil; – **di scarto** Ausschussstück.

pianificare planen.

pianificatore dell'economia Wirtschaftsplaner *m*.

pianificazione *f* Planung *f*; – **demografica** Bevölkerungsplanung; – **economica** Wirtschaftsplanung, Wirtschaftsplanifikation *f*; – **errata** Fehlplanung; – **familiare** Familienplanung; – **finanziaria** Finanzplanung; – **generale** Gesamtplanung; – **d'impresa** Unternehmensplanung; – **dell'istruzione** Bildungsplanung; – **del lavoro** Arbeitsplanung; – **della nascite** Geburtenplanung; – **del prodotto** Produktplanung; – **della produzione** Produktionsplanung; – **spazio** – **temporale** räumlich-zeitliche Planung; – **di sviluppo** Entwicklungsplanung; – **urbanistica** städtebauliche Planung; – **delle vendite** Absatzplanung.

piano *m* Plan *m*; **elaborare un** – einen Plan ausarbeiten; – **di accumulo del capitale** Kapitalsparplan; – **d'allineamento** Fluchtlinienplan; – **d'ammortamento**

Tilgungsplan; – **anticrisi** Krisenplan; – **d'azione** Aktionsplan; – **di campionamento** (*stat.*) Auswahlplan; – **di circolazione** Verkehrsplan; – **contabile,** – **dei conti** Kontenplan; – **dei conti della contabilità generale** Kontenrahmen *m*, – **di distribuzione** Verteilungsplan; – **di divisione** Teilungsplan, Auseinandersetzungsplan; – **economico** Wirtschaftsplan; – **di emergenza** Notplan; – **di estrazione** Auslosungsplan; – **di finanziamento** Finanzierungsplan; – **finanziario** Finanzplan; – **di industrializzazione** Industrialisierungsplan; – **di investimenti** Investitionsplan; – **di lavoro** Arbeitsplan; – **di lottizzazione** Parzellierungsplan; – **operativo** Einsatzplan; – **paesistico** Landschaftsplan; – **di pagamento** Zahlungsplan; – **di partecipazione** (*ass*) Gewinnplan; – **pluriennale** Mehrjahresplan; – **quinquennale** Fünfjahresplan; – **di recupero** Sanierungsplan; – **regolatore** Bauleitplan; Flächenwidmungsplan (A); – **regolatore genereale** vorbereitender Bauleitplan, Flächennutzungsplan; – **regolatore particolareggiato** verbindlicher Bauleitplan, Bebauungsplan; – **di ricostruzione** Wiederaufbauplan; – **di riforma** Reformplan; – **di rimodernamento** Modernisierungsplan; – **di riordinamento** Neuordnungsplan; – **di ripartizione,** – **di riparto** Teilungsplan; – **di ripartizione degli utili** Gewinnverteilungsplan; – **di risanamento** Sanierungsplan; – **di settore** Teilplan; – **di studio** Studienplan; – **di sviluppo** Entwicklungsplan; – **verde** grüner Plan; v. a. PROGETTO, PROGRAMMA.

piastra *f* Piaster *m*.

piattaforma *f*, – **continentale** Festlandssockel *m*; – **politica** politische Plattform; – **programmatica** Grundsatzprogramm *n*; – **rivendicativa** Forderungskatalog *m*.

piazza *f*, – **bancabile** Bankplatz *m*; – **di borsa** Börsenplatz *m*; – **di cambio** Wechselplatz *m*; – **commerciale** Handelsplatz; – **non bancabile** Nebenplatz, Nichtbankplatz.

piazzista pubblicitario Anzeigenakquisiteur *m*, Werbeakquisiteur.

picchetto *m* Streikposten *m*.

picchettaggio *n* Streikpostenstehen *n*.

piede, mettere a – **libero** auf freien Fuß setzen; – **della moneta** Münzfuß *m*; – **monetario zoppicante** hinkende Währung.

piego *m* v. plico.

pienezza *f*, – **di competenza** Allzuständigkeit *f*, umfassende Zuständigkeit; – **di giurisdizione** volle Gerichtsbarkeit; – **di potere** Machtvollkommenheit *f*.

pieno *m* (*ass*) Höchsthaftungssumme *f*; – **di accettazione** Übernahmegrenze *f*; – **per località** Höchsthaftungssumme für einen Ort; – **di sottoscrizione** Zeichnungsgrenze *f*.

pietra *f*, – **di confine** Grenzstein *m*, Grenzmal *n*; – **miliare** Meilenstein.

pigione *f* Miete *f*, Mietpreis *m*, Mietzins *m*, Bestandszins (A), Hausmiete, Hauszins (A); – **arretrata** Mietrückstand *m*.

pignorabile *agg* pfändbar.

pignorabilità *f* Pfändbarkeit *f*.

pignoramento *m* Pfändung *f*; **esente da** – pfändungsfrei; **sottoporre a** – der Pfändung unterwerfen; – **eccessivo** Überpfändung; – **dei frutti pendenti** Pfändung der Früchte auf dem Halm; – **immobiliare** Immobiliarpfändung; – **mobiliare** Fahrnispfändung, Mobiliarpfändung; – **di salario** Lohnpfändung; – **di stipendio** Gehaltspfändung; – **totale** Kahlpfändung; – **successivo** Anschlusspfändung; v. a. SEQUESTRO.

pignorare pfänden.

pignoratario *m* Pfandnehmer *m*.

pilota *m* (*aeromobile*) Flugzeugführer *m*, (*marittimo*) Lotse *m*; – **costiero**

Küstenlotse; – **obbligatorio** Zwangslotse; – **di porto** Hafenlotse.

pilotaggio *m* Lotsen *n*; – **obbligatorio** Lotsenzwang *m*.

pilotare lotsen.

pioggia *f* **acida** saurer Regen.

piombatura *f* Bleiversiegelung *f*, Plombenverschluss *m*.

piombo della dogana Zollverschluss *m*.

pirata *m* Pirat *m*, Freibeuter *m*, Seeräuber *m*; – **dell'aria** Luftpirat.

pirateria *f* Piratentum *n*, Freibeuterei *f*, Serräuberei *f*, Seeraub *m*; – **aerea** Luftpiraterie, Angriff auf den Luftverkehr (D).

piroscafo errante, – **vagabondo** Trampschiff *n*.

pista *f* **per cicli** Fahrradweg *m*.

plafond *m* Plafond *m*; – **creditizio** Kreditplafond *m*.

plagiare plagiieren, Plagiat treiben.

plagiario *m* Plagiatat *m*.

plagio *m* (1) (*dir. aut.*) Plagiat *n*; (2) (*dir. pen.*) Unterwerfung *f* eines Menschen.

plebiscito *m* Volksabstimmung *f*, Volksbefragung *f*, Volksentscheid *m*, Plebiszit *n*.

plenipotenziario *m* Bevollmächtigter *m*; – **speciale** Sonderbevollmächtiger.

plenum *m* Plenum *n*, Vollversammlung *f*.

pletora *f*, – **di capitali** Kapitalüberfluss *m*, Geldschwemme *f*; – **monetaria** Geldüberfluss *m*, Geldüberhang *m*, Geldschwemme *f*.

plico, in – a parte mit separater Post.

plotone *m* **d'esecuzione** Hinrichtungskommando *n*.

pluralità *f* **di reati** Tatmehrheit *f*.

pluriennale *agg* mehrjährig.

pluripartitismo *m* Mehrparteiensystem *n*.

plusvalenza *f* Wertsteigerung *f*; – **occulta** verdeckte Wersteigerung; – **su elementi patrimoniali realizzati,** – **realizzata** Veräußerungsgewinn; – **speculativa** Spekulationsgewinn; – **su titoli realizzati** Kursgewinn *m*.

plusvalore *m* Wertzuwachs *m*, Mehrwert *m*; – **di cambio** Mehrwert aus Valutadifferenz.

plutocrate *m* Plutokrat *m*.

plutocratico *agg* plutokratisch.

plutocrazia *f* Geldherrschaft *f*, Plutokratie *f*.

polarizzazione *f* Polarisierung *f*.

polemologia *f* Konfliktforschung *f*.

policentrismo *m* Polyzentrismus *m*.

poligamia *f* Polygamie *f*.

polipolio *m* Polypol *n*.

politica *f* Politik *f*; – **agraria** Agrarpolitik, Landwirtschaftspolitik; – **agricola comune** gemeinsame Agrarpolitik; – **ambientale,** – **dell'ambiente** Umweltpolitik; – **annessionistica** Annexionspolitik; – **antidroga** Drogenpolitik; – **antiinflazionistica** antiinflationäre Politik; – **antirecessiva** antirezessive Politik; – **antitrust** Antitrustpolitik; – **dell'apartheid** Apartheidpolitik; – **di appeasement** Appeasementpolitik; Politik der Beschwichtigung; – **degli armamenti** Rüstungspolitik; – **d'asilo** Asylpolitik; – **dell'austerità** Politik der Sparmaßnahmen; – **bancaria** Bankpolitik; – **di bilancio** Bilanzpolitik, (*pubblico*) Haushaltspolitik; – **dei cambi** Währungspolitik, Devisenpolitik; – **coloniale** Kolonialpolitik; – **commerciale** Handelspolitik; – **commerciale comune** gemeinsame Handelspolitik; – **commerciale estera** Außenhandelspolitik; – **comune della pesca** (CE) gemeinsame Fischereipolitik; – **comunitaria** (CE) Gemeinschaftspolitik; – **della concorrenza** Wettbewerbspolitik; – **congiunturale,** – **di congiuntura** Konjunkturpolitik; – **dei consumatori** Verbraucherpolitik; – **di contenimento del credito** restriktive Kreditpolitik; – **creditizia,** – **del credito** Kreditpolitik; – **criminale** Kriminalpolitik; – **deflazionistica** Deflationspolitik; – **demografica** Bevölkerungspolitik; – **di dialogo** Politik des Dialogs; – **direzionale** (*dell'azienda*) Unternehmenspolitik;

– **dirigista** dirigistische Politik; – **del disarmo** Abrüstungspolitik; – **disinflazionistica** Deflationspolitik; – **di distensione,** – **distensiva** Entspannungspolitik; – **dei dividendi** Dividendenpolitik; – **doganale** Zollpolitik, Zolltarifpolitik; – **del dumping** Dumpingpolitik; – **economica** Wirtschaftspolitik; – **di emissione** Emissionspolitik; – **energetica** Energiepolitik; – **d'espansione,** – **espansionistica** Expansionspolitik, Ausdehnungspolitik; – **d'espansione demografica** expansive Bevölkerungspolitik; – **d'esportazione** Ausfuhrpolitik; – **esterea** Außenpolitik, auswärtige Politik ; – **finanziaria** Finanzpolitik; – **fiscale** Steuerpolitik, Besteuerungspolitik, – **di forza** Gewaltpolitik; – **di gestione** Betriebspolitik; – **governativa,** – **del governo** Regierungspolitik; – **immigratoria,** – **d'immigrazione** Einwanderungspolitik; – **delle immobilizzazioni** Investitionspolitik; – **inflazionistica** Inflationspolitik; – **interna** Innenpolitik; – **intervenista** Interventionspolitik; – **degli investimenti** Investitionspolitik; – **di liberalizzazione** Liberalisierungspolitik; – **liberista** Freihandelspolitik; – **della liquidità** Liquiditätspolitik; – **della massima occupazione** Vollbeschäftigungspolitik; – **del mercato aperto** Offenmarktpolitik, offene Marktpolitik; – **militare** Militärpolitik; – **monetaria** Geldpolitik, Währungspolitik; – **nazionalista** nazionalistische Politik; – **neutralista,** – **neutralistica,** – **di neutralità** Neutralitätspolitik; – **di neutralizzazione** Neutralisierungspolitik; – **di non interferenza** Nichteinmischungspolitik; – **di non intervento** Nichteinmischungspolitik; – **occupazionale,** – **dell'occupazione** Beschäftigungspolitik; – **ostruzionistica** Obstruktionspolitik; – **pacificatrice,** – **di pacificazione** Befriedigungspolitik; – **pacifista** Friedenspolitik; – **perequativa** Politik des Ausgleichs; – **della piena occupazione** Vollbeschäftigungspolitik; – **dei prezzi** Preispolitik; – **protezionista** Schutzzollpolitik; – **di ravvicinamento** Annäherungspolitik; – **razziale** Rassenpolitik; – **reale** Realpolitik; – **restrittiva** Restriktionspolitik; – **dei redditi** Einkommenspolitik; – **revisionistica** Revisionspolitik, revisionistische Politik; – **del riarmo** Aufrüstungspolitik; – **del risparmio** Sparpolitik; – **salariale** Lohnpolitik; – **scolastica** Schulpolitik; – **dello sconto** Discontpolitik; – **di sicurezza** Sicherheitspolitik; – **sindacale** Gewerkschaftspolitik; – **sociale** Sozialpolitik; – **di stabilità** Stabilitätspolitik; – **strutturale** Strukturpolitik; – **dello struzzo** Vogelstraußpolitik; – **tariffaria,** – **delle tariffe** Tarifpolitik; – **dei tassi** Zinspolitik; – **dei trasporti** Verkehrspolitik; – **tributaria** Steuerpolitik, Besteuerungspolitik; – **urbanistica** Städtebaupolitik, Stadtentwicklungspolitik; – **valutaria** Währungspolitik, Devisenpolitik; Valutapolitik, – **delle vendite** Verkaufspolitik, Absatzpolitik.

politiche *f pl* (*elezioni*) Parlamentswahlen *f pl*.

politicizzare politisieren.

politicizzazione *f* Politisierung *f*.

politico *agg* politisch.

politico *m* Politiker *m*.

politologia *f* Politologie *f*.

politologo *m* Politologe *m*.

polizia *f* Polizei *f*; **costituirsi alla** – sich der Polizei stellen; **di** – polizeilich; – **delle acque** Wasserpolizei, Wasserschutzpolizei, – **amministrativa** Verwaltungspolizei; **dell'assemblea** Sitzungspolizei; – **ausiliaria** Hilfspolizei, Bereitschaftspolizei, – **campestre** Feldpolizei, Flurenpolizei (A); – **cantonale** (S) kantonale Polizei (S); – **coloniale** Kolonialpolizei; – **commerciale e industriale**, – **del commercio e dell'industria** (S) Gewerbepolizei,

– **confinaria** Grenzpolizei; – **dei costumi** Sittenpolizei; – **edilizia** Baupolizei; – **femminile** weibliche Polizei; – **ferroviaria** Bahnpolizei; – **fluviale** Strompolizei; – **forestale** Forstpolizei; – **di frontiera** Grenzpolizei; – **giudiziaria,** – **investigativa** Kriminalpolizei (Kripo), gerichtliche Polizei (S); – **locale** Ortspolizei; – **militare** Militärpolizei; – **mortuaria** Gesundheitsordnungsamt *n*; – **della navigazione** Schifffahrtspolizei, Wasserpolizei; – **municipale** Gemeindepolizei; städtische Polizei; – **della navigazione aerea** Luftpolizei; – **penitenziaria** Strafvollzugspolizei; – **della pesca** Fischereipolizei; – **politica** politische Polizei; – **dei porti interni** Wasserpolizei; – **di porto,** – **portuale,** – **portuaria** Hafenpolizei; – **rurale** Feldpolizei, Flurenpolizei (A); – **sanitaria** Sanitätspolizei, Gesundheitsordnungsamt *m*; – **scientifica** polizeitechnische Untersuchungsstelle; – **segreta** Geheimpolizei; – **di sicurezza** Sicherheitspolizei; – **di Stato** Staatspolizei; – **stradale** Straßenpolizei, Verkehrspolizei; – **degli stranieri** Fremdenpolizei; Ausländerpolizei; – **del traffico** Verkehrspolizei; – **tributaria** Steuerfahndungsdienst *m*, Finanzfahndungsdienst (A); – **delle udienze** Sitzungspolizei; – **urbana** Stadtpolizei, Gemeindepolizei; – **veterinaria** Veterinäramt *n*.

poliziesco *agg* polizeilich.

poliziotto *m* Polizist *m*.

polizza *f* Police *f*, Polizze *f* (A), Versicherungsschein *m*, Versicherungspolice, Versicherungspolizze (A), Versicherungsurkunde *f*; – **di abbonamento** Abonnementspolice, Abonnementpolizze (A), laufende Police, laufende Polizze (A), Abschreibpolice, Abschreibepolizze (A); – **aperta** offene Police, offene Polizze (A); – **d'assicurazione** Versicherungsschein *m*, Versicherungspolice, Versicherungspolizze (A), Versicherungsurkunde; – **di assicurazione marittima** Seepolice, Seepolizze (A); – **di un autoparco** Kraftfahrzeugsammelpolice; – **base** Stammpolice, Hauptpolice; – **in bianco** Blankopolice, Blankettpolice; – **del capitano** Kapitänskopie *f*; – **di carico** Konnossement *n*, Seeladeschein *m*, Ladeschein, Schiffsfrachtbrief *m*, Seekonnosement; – **di carico diretta** durchgehendes Konnosement, Transitkonnosement, Durchfrachtbrief *m*, Durchfrachtkonnossement, Durchkonnossement; – **di carico fluviale** Flußladeschein *m*; – **di carico netta** reines Konnossement; – **di carico nominativa** auf den Namen lautendes Konnossement, Namensfrachtbrief *m*; – **di carico non all'ordine** Rektakonnossement; – **all'ordine** Orderkonnossement; – **di carico al portatore** Inhaberkonnossement; – **di carico pulita** reines Konnosssement; – **cauzionale** Kautionsversicherungspolice, Kautionsversicherungsschein; – **con cedole** Kuponpolice, Kuponsversicherungsschein, Abreißpolice, Blockpolice; – **collettiva** Sammelversicherungsschein; – **combinata** kombinierte Police, Sammelversicherungsschein; – **a conto corrente** Abschreibepolice, Abschreibepolizze (A); – **su corpi** Kaskopolice, Kaskopolizze (A); – **di fedeltà** Veruntreuungsversicherung *f*; – **fideiussoria** Kautionsversicherungspolice, Kautionsversicherungsschein; – **flottante** laufende Police, laufende Polizze (A), offene Police, offene Polizze (A), Abschreibpolice, Abschreibpolizze (A), Abonnementspolice, Abonnementpolizze (A); – **generale** Generalpolice, Generalpolizze (A); – **globale** Globalpolice, Globalpolizze (A), Pauschalpolice, Umsatzpolice, Mantelpolice; – **globale dell'abitazione,** – **globale del capo di famiglia** Haushaltspolice; – **globale del proprietario di fabbricato** Hauseigentümerpolice; – **individuale** Einzelpolice; – **in-**

dividuale contro gli infortuni Einzelunfallpolice; – **liberata** prämienfreie Police, beitragsfreie Police; – **del lotto** Lottoschein *m*; – **all'ordine** Orderpolice; – **di pegno** Pfandschein *m*, Versatzschein (A, S), Versatzzettel *m* (A); – **al portatore** Inhaberpolice, Überbringerpolice, Überbringerpolizze (A); – **„in quovis"** laufende Police, laufende Polizze (A), Abonnementspolice, Abonnementspolizze (A); – **regolabile** Tagespauschalpolice; – **ricevuta per imbarco** Übernahmekonnossement *n*, Verladungskonnossement; – **standardizzata** Einheitspolice; – **con stima accettata** taxierte Police, taxierte Polizze (A); – **a tagliandi** Kuponpolice, Kuponversicherungsschein, Blockpolice, Abreißpolice; – **a tempo** Zeitpolice, Zeitpolizze (A); – **tipo** Einheitspolice; – **tutti i rischi** Omniumpolice, Omniumversicherung *f*; – **a viaggio** Reisepolice, Reisepolizze (A); v. a. ASSICURAZIONE.

polstrada *f* (*polizia stradale*) Verkehrspolizei *f*.

poltrona di ministro Ministersessel *m*.

ponderazione *f* Gewichtung *f*; – **dei voti** Stimmenwägung *f*, Abwägen der Stimmen (A); Stimmengewicht *n* (A).

ponte *m* **aereo** Luftbrücke *f*.

pool *m* Pool *m*, Interessengem einschaft *f*; – **carbone-acciaio** Montangemeinschaft *f*, Montanunion *f*.

popolazione *f* Bevölkerung *f*; – **agricola** landwirtschaftliche Bevölkerung; – **attiva** erwerbstätige Bevölkerung, arbeitende Bevölkerung; – **autoctona** einheimische Bevölkerung, autochtone Bevölkerung; – **civile** Zivilbevölkerung; – **di confine** Grenzbevölkerung; – **in età di lavorare** arbeitsfähige Bevölkerung; – **mondiale** Weltbevölkerung; – **residente** ansässige Bevölkerung; Wohnbevölkerung; – **rurale** Landbevölkerung, ländliche Bevölkerung; – **stabile** sesshafte Bevölkerung; – **dello Stato** Staatsvolk *n*; – **totale** Gesamtbevölkerung; – **urbana** städtische Bevölkerung, Stadtbevölkerung.

popolo *m* Volk *n*; – **civile** Kulturvolk *n*.

pornografia *f* Pornographie *f*.

pornografico *agg* pornographisch.

portacontainers *f* (*nave*) Containerschiff *n*.

portafoglio *m* Portefeuille *n*, Bestand *m*; – **assegni** Scheckbestand; – **di assicurazioni** Versicherungsbestand; – **assunto** übernommener Bestand; – **cambiario** Wechselbestand, Wechselportefeuille, Wechselbeseitz *m*; – **ceduto** abgetretener Bestand; – **di divise** Devisenbestand, Devisenportefeuille; – **equilibrato** Portefeuille mit ausgeglichenen Risiken; – **estero** (*di una banca*) Auslandsobligo *n*; Auslandsabteilung *f*; – **sconti** Diskontportefeuille; – **di titoli** Wertpapierbestand, Effektenbestand, Effektenportefeuille, Wertschriftenbestand (S), Wertschriftenportefeuille (S).

portata *f* Tragweite *f*.

portatore *m* Inhaber *m*, Überbringer *m*; **al** – auf den Inhaber lautend, Inhaber-; **essere al** – auf den Inhaber lauten; – **d'acqua** (*politica*) Wasserträger *m*; – **dell'assegno** Scheckinhaber; – **di azione** Aktieninhaber; – **di azioni ordinarie** Stammaktionär *m*; – **di cambiale** Wechselinhaber; – **di cartelle edilizie,** – **di cartelle fondiarie** Pfandbriefinhaber; – **di handicap** Behinderter; – **di obbligazioni** Inhaber von Teilschuldverschreibungen; – **di parte** Anteilseigner *m* – **di polizza** Policeninhaber, Policenbesitzer; – **di sfida** (*duello*) Kartellträger *m*.

portavoce *m* Sprecher *m*, Wortführer *m*, Sprachrohr *n*; – **del governo** Regierungssprecher; – **dell'opposizione** Oppositionssprecher.

porte, a – **chiuse** unter Ausschluss der Öffentlichkeit, nichtöffentlich.

porto *m* (1) Hafen *m*; (2) (*prezzo del transporto*) Porto *n*; **franco di –** portofrei, frachtfrei; **in – affrancato** frachtfrei, frei; **– abusivo di armi** unerlaubtes Führen von Waffen; **– anteriore** (*trasporti fenoriari*) Vorfracht *f*; **– d'armi** (1) (*il portare*) Führen *n* von Waffen; (2) (*licenza di portare armi*) Waffenschein *m*; **– assegnato** Portonachnahme *f*, Frachtnachnahme, **in – assegnato** unfrei; **– autonomo** selbständiger Hafen, Hafen mit eigener Rechtspersönlichkeit; **– di caricazione** Ladehafen, Verladehafen, Abladungshafen; **– commerciale** Handelshafen; **– di destinazione, – di destino** Bestimmungshafen; **– doganale marittimo** Seezollhafen; **– dovuto** unfrei; – d'entrata Einfuhrhafen; **– fluviale** Binnenhafen; **– franco** Freihafen; in – franco frei; **– franco marittimo** Seefreihafen; **– di guerra** Kriegshafen; **– d'imbarco** Einschiffungshafen, Verschiffungshafen, Verladehafen, Ladehafen; **– d'immatricolazione** (*della nave*) Registerhafen, Heimathafen, Heimatort *m*; **– intermedio** Zwischenhafen; **– dell'interno** Binnenhafen; **– d'iscrizione della nave** Registerhafen, Heimathafen, Heimatort *m*; **– lacuale** Binnenhafen; **– di mare, – marittimo** Seehafen; **– militare** Kriegshafen; **– pagato** frei; **– di partenza** Abgangshafen, Auslaufhafen; **– di pesca** Fischereihafen; **– di quarantena** Quarantänehafen; **– di rifugio** Nothafen, Zufluchtshafen; **– di rilascio** Zwischenhafen; **– di sbarco, – di scarico** Ausladehafen, Löschhafen, Löschungshafen; **– di transito** Transithafen; **– di uscita** Ausfuhrhafen, Ausgangshafen.

portuale, **portuario** *agg* Hafen-.

portuale *m* Hafenarbeiter *m*.

porzione *f*, **– disponibile** verfügbarer Teil; **– d'eredità** Erbteil *m*, Erbanteil; **– di fabbricato** Gebäudeteil; **– legittima** Pflichtteil *m*.

positivismo *m* Positivismus *m*; **– giuridico** Rechtspositivismus.

posizionamento *m* Positionierung *f*; **– del prodotto** Produktpositionierung *f*.

posizione *f* Stellung *f*, Position *f*; **– assicurativa** Versicherungsstand *m*; **– chiave** Schlüsselstellung *f*; **– comune** gemeinsamer Standpunkt *m*; **– del conto** Kontostand *m*; **– creditoria, – creditrice** Gläubigerstellung *f*, Gläubigerposition *f*; **– debitoria** Schuldnerstellung *f*, Schuldnerposition *f*; **– dipendente** abhängige Stellung; **– in divisa** Devisenposition *f*; **– dominante** beherrschende Stellung; **– equiordinata** gleichgeordnete Stellung; **– finanziaria** finanzielle Stellung; **– di forza** Machtstellung *f*, Machtposition *f*; **– di garante** (*dir. pen.*) Garantenstellung *f*; **– giuridica** rechtliche Stellung; **– di monopolio** Monopolstellung *f*; **– particolare** Sonderstellung; **– di potere** Machtposition; **– predominante, – preminente** Vormachtstellung *f*; **– primaria** Spitzenstellung; **– privilegiata** Vorzugsstellung *f*; **– di privilegio** Vorrangstellung *f*; **– di rialzista** Hausseposition *f*, Hausseengagement *n*; **– di ribassista** Baisseposition *f*, Baisseengagement *n*; **– sociale** soziale Stellung; **– strategica** strategische Stellung; **– subordinata** untergeordnete Stellung; **– di supremazia** übergeordnete Stellung; **– tabellare** Tarifeinstufung *f*; **– della tariffa** Tarifposition *f*, Tarifnummer *f*; **– della tariffa doganale** Zolltarifposition *f*.

posizionista *m* Buchführer *m*, Kontoführer, Kontenführer, Rechnungsführer.

possedere besitzen.

possedimento *m* Besitzung *f*: **– coloniale** Kolonialbesitz *m*.

possesso *m* Besitz *m*; **acquistare il –** den Besitz erwerben; **contendere il –** den Besitz streitig machen; **entrare in –** den Besitz erlangen; **essere in –** im Besitz sein; **immettere nel –** in den Besitz einweisen; **prendere** – Besitz ergreifen; **privare del** – den Besitz vorenthalten; – **anteriore** Vorbesitz; – **di azioni** Aktienbesitz; – **di beni ereditari** Erbschaftsbesitz; – **di buona fede** gutgläubiger Besitz, redlicher Besitz; – **comune** gemeinschaftlicher Besitz; – **continuo** fortwährender Besitz; – **controverso** umstrittener Besitz; – **derivativo** abgeleiteter Besitz; – **diretto** unmittelbarer Besitz; – **di un diritto** Rechtsbesitz; – **esclusivo** Alleinbesitz; – **illegittimo** unrechtmäßiger Besitz; – **immediato** unmittelbarer Besitz; – **indiretto** mittelbarer Besitz; – **ininterrotto** ununterbrochener Besitz; – **legittimo** rechtmäßiger Besitz; – **di mala fede** bösgläubiger Besitz; – **mediato** mittelbarer Besitz; – **mobiliare** Wertpapierbesitz, Effektenbesitz; – **pacifico** ruhiger Besitz, ungestörter Besitz; – **parziale** Teilbesitz; – **precario** Gewahrsam *m*, Gewahrsame *f* (A), Prektarium *n* (A), Bittleihe *f* (A), Bittleihen *n* (A); – **in proprio** Eigenbesitz; – **pubblico** öffentlicher Besitz; – **di stato** (*dir. fam.*) faktischer Personenstand *m*; – **ad usucapionem** Ersitzungsbesitz; – **viziato** fehlerhafter Besitz.

possessore *m* Besitzer *m*; – **anteriore** Vorbesitzer; – **di azioni** Aktienbesitzer; – **di beni ereditari** Erbschaftsbesitzer; – **di buona fede** gutgläubiger Besitzer, redlicher Besitzer; – **intermedio** Zwischenbesitzer; – **legittimo** rechtmäßiger Besitzer; – **di mala fede** bösgläubiger Besitzer, schlechtgläubiger Besitzer, unredlicher Besitzer; – **precario** Gewahrsamsinhaber, Prekarist *m* (A); – **in proprio** Eigenbesitzer; v. a. DETENTORE.

possessorio *agg* besitzrechtlich, possesorisch.

possibile *agg* möglich.

possibilità *f* Möglichkeit *f*; – **di accesso** Zugriffsmöglichkeit; – **di ammortamento** Abschreibungsmöglichkeit; – **applicativa** Anwendungsmöglichkeit; – **di collocamento** Placierungsmöglichkeit; – **decisionale** Entscheidungsmöglichkeit; – **di espansione** Expansionsmöglichkeit; – **di finanziamento** Finanzierungsmöglichkeit; – **di guadagno** Verdienstmöglichkeit; – **di impiego** Anwendungsmöglichkeit; – **di investimento** Anlagemöglichkeit; – **di miglioramento** Verbesserungsmöglichkeit; – **di vendita** Absatzmöglichkeit.

possibilità *f pl*, – **finanziarie** finanzielle Möglichkeiten; – **di occupazione** Beschäftigungsmöglichkeiten; – **di sviluppo** Entwicklungschancen *f pl*.

posta *f* (1) Post *f*; (2) (*contabilità*) *Posten m*, Post *f* (A =), Position *f*, Ansatz *m*; (3) (*puntata*) Einsatz *m*, Mise *f*; **fermo** –, **fermo in** – postlagernd; **con la** –, **per** – durch die Post, mit der Post; – **aerea** Luftpost, Flugpost (A); – **in arrivo** eingehende Post; – **attiva** Aktivposten, Aktivposition, Kreditposten; – **di bilancio** Bilanzposten, Bilanzposition; – **contabile** Buchungsposten; – **di un conto** Rechnungsposten; – **federale** Bundespost; – **marittima** Seepost; – **militare** Feldpost; – **d'ordine** durchlaufender Posten; – **in partenza** ausgehende Post; – **passiva** Passivposten, Schuldposten, Schuldpost (A =); – **pneumatica** Rohrpost; **con la** – **normale** mit gewöhnlicher Post; –**, pro memoria'** Erinnerungsposten; – **rettificativa** Berichtigungsposten, Wertberichtigungsposten; – **transitoria** Übergangsposten; v. a. PARTITA, VOCE.

postagiro *m* Postgiroüberweisung *f*, Postüberweisung, Postgiro *n* (S); – **telegrafico** telegraphische Postüberweisung, telegraphische Überweisung.

postale *agg* postalisch, postlich, Post-.

postale *m* Postschiff *n*.

postalettere *f* Briefdienst *m*.

posdatare, postdatare nachdatieren, postdatieren.
poste *fpl* **centrali** Hauptpostamt n.
postergazione *f* (*libro fondiario*) Vorrangseinräumung *f* (A).
posteri *m pl* Nachkommenschaft *f*.
posterità *f* Nachkommenschaft.
postfatto *m* **non punibile** straflose Nachtat, mitbestrafte Nachtat.
posto *m* Stellung *f*, Posten *m*, Stelle *f*; **occupare un** – eine Stelle besetzen; **perdere il** – die Stellung verlieren; – **di blocco** (*polizia*) Straßensperre *f*; – **di controllo** Kontrollstelle *f*; – **direttivo** leitende Stellung; – **doganale** Zollstelle; – **doganale di frontiera** Grenzzollstelle; – **di fiducia** Vertrauensstellung; – **di frontiera** Grenzposten; – **di guardia** Wachposten; – **di lavoro** Arbeitsplatz *m*; – **macchina** (Auto) Stellplatz; – **in organico** Planstelle; – **permanente** Dauerstellung; – **di polizia** Polizeistelle, Polizeiwache *f*; – **prenotato** reservierter Platz; – **di ruolo** Planstelle; – **vacante** freie Stelle, offene Stelle, Leerstelle, Vakanz *f*.
postulante *m* Bittsteller *m*, Gesuchsteller.
potentato *m* Machthaber *m*.
potenza *f* Macht *f*, Gewalt *f*; **grande** – Großmacht; – **atomica** Atommacht; – **belligerante** kriegführende Macht; – **coloniale** Kolonialmacht; – **commerciale** Handelsmacht; – **contraente** vertragschließende Macht, Vertragsmacht; – **denunciante** kündigende Macht; – **economica** Wirtschaftskraft *f*, Wirtschaftsmacht; – **finanziaria** Kapitalkraft, Geldmacht; – **firmataria** Signatarmacht; – **fiscale** (*autoveicoli*) Steuerleistung *f*; – **garante** Garantiemacht; – **in guerra** kriegführende Macht; – **guida** Führungsmacht; – **industriale** Industriemacht; – **mandataria** Mandatarmacht, Mandatsmacht; – **marittima** Seemacht; – **militare** Militärmacht; – **navale** Seemacht; **neutrale** neutrale Macht; – **nucleare** Atommacht; – **occupante,** – **di occupazione** Besatzungsmacht; – **protettrice** Schutzmacht; – **vincitrice** Siegermacht.
potenziale *m* Potential *n*; – **industriale** Industriepotential; – **innovativo** Innovationspotential; – **nucleare** Atompotential; – **scientifico** wissenschaftliches Potential.
potenze *f pl*, – **alleate** alliierte Mächte; – **in conflitto** streitende Mächte, in Streit befindliche Mächte; – **occidentali** Westmächte *pl*.
potenziale *m* Potential *n*; – **atomico** atomares Potential; – **bellico** Kriegspotential *n*; – **economico** Wirtschaftspotential *n*; – **finanzario** Finanzkraft *f*; v. a. FORZA.
potenzialità *f* Leistungsfähigkeit *f*, Leistungsvermögen *n*, Kapazität *f*; – **edificatoria** Bebaubarkeitsgrad; – **finanziaria** Finanzkraft *f*; – **produttiva** Produktionspotential *n*, Produktionskraft *f*, Produktionskapazität; v. a. CAPACITA, FORZA, POTENZA.
potenziamento *m*, – **delle riserve** Stärkung der Reserven, Reservenstärkung *f*.
potere *f* (1) (*potenza*) Gewalt *f*, Macht *f*; (2) (*facoltà*) Befugnis *f*; (3) (*procura*) Vollmacht; **assumere il** – die Macht übernehmen, die Macht ergreifen; **conservare il** – an der Macht bleiben; **esercitare il** – die Macht ausüben; **essere al** – an der Macht sein; **essere nel** – **di qualcuno** in der Macht von jemandem sein; **salire al** – zur Macht gelangen; **terzo** – dritte Gewalt; – **d'acquisto** Kaufkraft *f*; – **d'acquisto costante** gleichbleibende Kaufkraft; – **d'acquisto delle masse** Massenkaufkraft *f*; – **d'acquisto reale** Realkaufkraft; – **assoluto** absolute Gewalt; – **d'attrazione** Anziehungskraft; – **d'autenticazione** Beurkundungsbefugnis; – **autoritativo** autoritäre Gewalt; – **d'autorizzazione** Genehmigungsbefugnis; – **di avoca-**

zione (*dir. amm.*) Eintrittsrecht; – **centrale** Zentralgewalt; – **di codecisione** Mitentscheidungsbefugnis; – **coercitivo,** – **di coercizione** Zwangsgewalt, Zwangsbefugnis; – **di consumo** Konsumkraft *f*; – **di controllo** Kontrollbefugnis; – **constituente** verfassunggebende Gewalt; – **sulla cosa** Sachgewalt; – **costituzionale** verfassungsmäßige Gewalt; – **di costrizione** Zwangsbefugnis, Zwangsgewalt; – **decisionale,** – **di decisione** Entscheidungsbefugnis; – **di delega** Delegationsbefugnis; – **direttivo** Wiesungsbefugnis (*dell'imprenditore*) Direktionsrecht *n*; – **disciplinare** Disziplinarbefugnis, Disziplinargewalt; – **discrezionale** Ermessensbefugnis; – **di disporre,** – **di disposizione** Verfügungsbefugnis, Verfügungsrecht *n*, Verfügungsgewalt, Verfügungsmacht; – **ecclesiastico** kirchliche Gewalt; – **d'educazione** Erziehungsgewalt; – **effettivo** tatsächliche (Herrschafts)Gewalt; – **esecutivo** ausführende Gewalt, vollziehende Gewalt, Exekutivgewalt, Exekutive *f*; – **d'esecuzione** Ausführungsbefugnis; – **di fatto** faktische Gewalt; – **federale** Bundesgewalt; – **finanziario** Finanzgewalt, Finanzhoheit *f*; – **di firma** Zeichnungsberechtigung *f*; – Zeichnungsbefugnis, Unterschriftsberechtigung, Zeichnungsvollmacht *f*; – **di firma congiunta** Gesamtzeichnungsberechtigung *f*, Kollektivzeichnungsberechtigung; – **di firma disgiunta,** – **di firma individuale** Einzelzeichnungsberechtigung *f*; – **gerarchico** Disziplinargewalt; – **di gestione** Geschäftsführungsbefugnis; – **giudiziario** richterliche Gewalt, rechtsprechende Gewalt, Gerichtsgewalt, Judikative *f*; – **giurisdizionale** Rechtsprechungsbefugnis, Rechtsprechungsgewalt; – **governativo,** – **di governo** Regierungsgewalt; – **di grazia** Gnadenrecht *n*, Begnadigungsbefugnis; – **d'imperio** Befehlsgewalt, Hoheitsbefugnis; – **d'imposizione** Steuerhoheit *f*, – **d'inchiesta** Untersuchungsbefugnis, Untersuchungsgewalt; – **d'intervento** Interventionsbefugnis; – **ispettivo** Aufsichtsbefugnis; – **legiferante,** – **legislativo** gesetzgebende Gewalt, gesetzgeberische Gewalt, Gesetzgebungsgewalt, Legislative *f*, Rechtssetzungsgewalt, Rechtssetzungsbefugnis; – **liberatorio** gesetzliche Zahlungskraft, schuldbefreiende Wirkung, befreiende Wirkung, Zahlkraft *f* (S); – **militare** militärische Macht; – **di nomina** Ernennungsbefugnis; – **normativo** Rechtssetzungsgewalt; – **ordinatorio** Anweisungsbefugnis, Weisungsbefugnis, Weisungsrecht *n*; – **politico** politische Macht; – **di polizia** Polizeigewalt, Ordnungsgewalt; – **popolare** Volksmacht; – **pubblico** öffentliche Hand; – **punitivo** Strafgewalt, Strafbefugnis; – **di rappresentanza,** – **rappresentativo** Vertretungsmacht, Vertretungsbefugnis, Vertretungsvollmacht; – **regolamentare** Verordnungsgewalt, Verordnungsrecht *n*; – **repressivo** Strafgewalt, Strafbefugnis; – **di riforma** Änderungsbefugnis; – **di sanzione** Sanktionsbefugnis; – **di scioglimento** Auflösungsbefugnis; – **di sorveglianza** Aufsichtsgewalt, Aufsichtsrecht *n*, Überwachungsbefugnis; – **di sovranità,** – **sovrano** Hoheitsgewalt, Hoheitsbefugnis; – **spirituale** geistliche Gewalt; – **statale** Staatsgewalt; – **supremo** höchste Gewalt, oberste Gewalt; – **temporale** weltliche Gewalt; – **tributario** Abgabehoheit (+ S), Steuerhoheit; – **di ufficio** Amtsgewalt; – **di veto** Vetorecht *n*; – **di vigilanza** Überwachungsbefugnis, Aufsichtsgewalt; v. a. DIRITTO, FACOLTÀ, PROTESTA.

poteri, **conferire pieni** – **a** bevollmächtigten; **oltrepassare i propri** – seine Befugnisse überschreiten; **pieni** – Vollmacht *f*, umfassende Ermächtigung. **poteri**

potestà *f* Gewalt *f*; **patria** – (*adesso:* potestà dei genitori) elterliche Sorge (D), elterliche Gewalt (A, S); – **decisoria** Entscheidungsgewalt; – **discrezionale** Ermessensbefugnis; – **sui figli** elterliche Sorge (D), elterliche Gewalt (A, S); – **finanziaria** Finanzgewalt, Finanzhoheit *f*; – **dei genitori** elterliche Sorge (D), elterliche Gewalt (A, S); – **d'impero** Hoheitsgewalt, Hoheitsbefugnis *f*; – **d'imposizione** Steuerhoheit *f*, Finanzhoheit; – **legislativa** Gesetzgebungsgewalt; – **maritale** ehemännliche Gewalt, eheherrliche Gewalt (A); – **pianificatoria** Planungshoheit; – **punitiva** Strafgewalt; – **regolamentare** Verordnungsgewalt, Verordnungsrecht *n*; – **statutaria** Satzungsgewalt; – **territoriale** Gebietshoheit; – **tributaria** Steuerhoheit *f*; – **tutelare** vormundschaftliche Gewalt; v. a. POTERE.

pragmatico *agg* pragmatisch.

pragmatismo *m* Pragmatismus *n*.

prassi *f* Praxis *f*; – **amministrativa** Verwaltungspraxis *f*; – **bancaria** Bankpraxis; – **commerciale** Verkehrsauffassung *f*, Verkehrsübung *f*; – **costituzionale** Verfassungspraxis, Verfassungswirklichkeit; – **diplomatica** diplomatische Praxis; – **internazionale** Völkerrechtspraxis, Staatenpraxis; v. a. PRATICA.

pratica *f* (1) (*prassi*) Praxis *f*; (2) (*affare*) Angelegenheit *f*, Vorgang *m*, Geschäftsvorgang; (3) (*atto*) Akte *f*, Vorgang *m*; **espletare una** – eine Angelegenheit erledigen; **istruire una** – einen Vorgang bearbeiten; **libera** – freier Verkehr; – **degli affari** Geschäftspraxis, Geschäftspraktiken *pl*; – **amministrativa** Verwaltungspraxis; – **bancaria** Bankpraxis; – **commerciale** Verkehrsauffassung *f*, Verkehrsübung *f*; – **costituzionale** Verfassungspraxis; – **fiscale** Steuerpraxis; – **giudiziaria** Gerichtspraxis; – **giuridica** Rechtspraxis; – **giurisprudenziale** Rechtsprechungspraxis; – **internazionale** Völkerrechtspraxis, Staatenpraxis; – **notarile** Notariatspraxis; – **professionale** Berufspraxis; v. a. PRASSI.

praticante *m* Praktikant *m*; – **procuratore** Rechtsanwaltsanwärter (A).

pratiche *f pl*, – **commerciali** Handelspraktiken *pl*, Geschäftspraktiken; – **concordate** abgestimmte Verhaltensweisen; – **discriminanti** diskriminierende Praktiken; – **di vendita** Verkaufspraktiken *pl*; v. a. PRASSI, PRATICA.

preambolo *m* Präambel *f*, Vorspruch *m*.

preannunciare (im voraus) ankündigen.

preavvisare voranmelden.

preavviso *m* (1) (*in generale*) Voranmeldung *f*; – (2) (*dir. lav.*) Kündigung *f*; (*periodo di preavviso*) Kündigungsfrist; **dare** – kündigen; **senza** – fristlos; – **di dimissioni,** – **di licenziamento,** – **di recesso** Kündigung.

prebenda *f* Pfründe *f*.

preborsistico *agg* vorbörslich.

precapitalista, precapitalistico *agg* vorkapitalistisch.

precarista *m* Gewahrsamsinhaber *m*, Bittleiher *m* (A), Prekarist *m* (A).

precedente *m* Prazedenzfall *m*.

precedenti *m pl* Vorleben *n*; – **giudiziari,** – **penali** Vorstrafen *pl*; – **avere** – **penali** vorbestraft sein.

precedenza *f* (1) Vortritt *m*, Vorrang *m*, Priorität *f*; (2) (*circ. strad.*) Vorfahrt *f*; **cedere la** – Vorfahrt gewähren; **dare la** – die Vorfahrt einräumen; **togliere la** – die Vorfahrt nehmen.

precettante (*procedimento di esecuzione*) betreibende Partei.

precettare (*zu einem bestimmten Verhalten*) auffordern, mahnen; (*mil.*) einberufen.

precettazione *f* Dienstverpflichtung *f*.

precetto *m* (1) (*norma*) Vorschrift *f*, Gebot *n*; (2) (*esecuzione forzata*) Leistungsaufforderung *f* (*vor Zwangsvollstreckung*); – **costituzionele** Verfassungsgebot; – **esecutivo** (S)

Zahlungsbefehl *m*, Vollstreckungsbefehl.
precisare näher bestimmen.
precisazione *f* **delle conclusioni** (*proc. civ.*) endgültige Stellung der Anträge.
precludere präkludieren.
preclusione *f* Präklusion *f*, Ausschließung *f*.
precontratto *m* Vorvertrag *m*.
preda *f* Prise *f*; – **di guerra** Erbeutung *f*; – **marittima** Seebeute *f*.
predare erbeuten.
predecessore *m* Vorgänger *m*; – **tavolare** (*libro fondiario*) bücherlicher Vormann (A).
prededuzione *f* (*di crediti di massa*) Vorwegbefriedigung *f* (*von Masseforderungen*).
predeterminare vorherbestimmen, im Voraus bestimmen.
predicato nobiliare Adelsprädikat *n*.
predisposizione all'infortunio Veranlagung zum Unfall.
predominante *agg* vorherrschend.
predominio *m* Vorherrschaft *f*.
preferenza *f* Vorrang *m*, Vorzug *m*, Priorität *f*; – **comunitaria** Gemeinschaftspräferenz; – **della legge** Vorrang des Gesetzes.
preferenziale *agg* Präferenz-.
preferire bevorzugen, begünstigen.
prefetto *m* Präfekt *m* (*oberster Regierungsbeamter in der Provinz*); – **marittimo** Hafenkommandant *m*.
prefettura *f* Präfektur *f* (Ämt *und Sitz des Präfekten*); – **marittima** Hafenkommandant *f*.
prefiggere festsetzen; – **termini** Fristen festsetzen.
prefinanziamento *m* Vorfinanzierung *f*.
prefinanziare vorfinanzieren.
prefisso *m* (*telefonico*) Vorwahl *f*.
pregiudicare (1) vorgreifen, präjudizieren; (2) beeinträchtigen.
pregiudicato *m* Vorbestrafter *m*.
pregiudiziale *agg* (1) vorgreiflich, präjudiziell; (2) (*pregiudizievole*) nachteilig, beeinträchtigend.
pregiudizialità *f* Vorgreiflichkeit *f*.
pregiudizio *m* (1) Präjudiz *n*; (2) (*danno*) Nachteil *m*, Beeinträchtigung *f*; **senza** – **di** unbeschadet; **subire un** – einen Nachteil erleiden; – **legale** Rechtsnachteil.
prelazione *f* (1) Vorkauf *m*; (2) (*diritto del creditore privilegiato*) vorzugsweise Befriedigung *f*; – **legale** gesetzliches Vorkaufsrecht.
prelegato *m* Vorausvermächtnis *n*, Prälegat *n*.
preleggi *f pl* Einführungsgesetz zum codice civile.
prelevamento *m* Abhebung *f*, Rückzug *m* (S); Entnahme *f*; – **di campione** Musterentnahme; – **di capitale** Kapitalentnahme; – **in contanti** Barabhebung; Barentnahme; – **a titolo personale** Privatentnahme.
prelevare entnehmen, abheben.
prelievo *m* (1) Entnahme *f*; (2) Abschöpfung *f*, Abschöpfungsbetrag *m*; – di **campione** Musterentnahme; – **fiscale** Steuerabzug; – **alla fonte** Quellenabzug *m*; – **forfettario** Pauschalabzug; – **intracomunitario** innergemeinschaftlicher Abschöpfungsbetrag; – **dell'organo** Organentnahme.
preliminare *m*, – **di mutuo** Darlehensversprechen *n*; – **di vendita** Kaufvorvertrag.
preliminari *m pl* **di pace** Vorfrieden *m*, Vorfriedensvertrag *m*, Friedenspräliminarien *pl*, Präliminarfrieden.
premeditato mit Vorbedacht begangen, mit Überlegung begangen.
premeditazione *f* Vorbedacht *m*; **con** – mit Vorbedacht, mit Überlegung.
premessa *f* Voraussetzung *f*; Präambel *f*.
premi *m pl* **riscossi** Beitragseingänge *pl*, Beitragseinnahmen *pl*.
premiato *m* Preisträger *m*.
preminente *agg* vorherrschend.
preminenza *f* Vorherrschaft *f*.
premio *m* (1) Prämie *f*, Beitrag *m*; (2) (*nei contratti a premio*) Reugeld *n*; Prämie; (3) (*ricompensa*) Preis *m*;

abbandonare il – die Prämie aufgeben; **doppio** – Doppelprämie; **primo** – Erstprämie; – **di abbandono** Aufgabeprämie; – **di abbandono definitivo** (CE) Prämie für die endgültige Aufgabe; – **di abbandono temporaneo** Prämie für die vorübergehende Aufgabe; – **di acceleramento** Beschleunigungsvergütung *f*, Eilgeld *n*; – **acquisto all'esercizio** verdiente Prämie; – **addizionale** Zusatzprämie, Zuschlagsprämie; – **di allestimento** Eilgeld *n*, Beschleunigungsvergütung *f*; – **annuale** Jahresprämie; – **d'anzianità** Alterszulage *f*, Dienstalterszulage, Dienstalterszuschlag *m*, Dienstaltersprämie *f*; – **arretrato** rückständige Prämie, ausstehende Prämie; – **d'assicurazione** Versicherungsprämie; – **base** Grundprämie; – **di cambio** Kursdifferenzvergütung *f*; – **di cattura** Fangprämie, Belohnung für die Ergreifung; – **collettivo** Kollektivprämie; – **di coltivazione dei cereali** Getreideanbauprämie; – **di combattimento** Frontzulage *f*; – **al commercio** Handelsprämie; – **di compensazione** Ausgleichsprämie; – **alla consegna** Lieferprämie; – **per consegnare o non consegnare** Rückprämie; – **di consolazione** Trostpreis; – **consumato** verbrauchte Prämie; – **contrattuale** Vertragsprämie; – **di contribuzione** Kontributionsprämie; – **di conversione** Konversionsprämie, Konvertierungsprämie; – **costante** gleichbleibende Prämie, konstante Prämie; – **crescente** abnehmende Prämie, fallende Prämie; – **in denaro** Geldprämie; – **di deporto** Deport *m*; – **dovuto al ritrovatore** Finderlohn *m*; – **d'economia** Ersparnisprämie; – **effettivo** Istprämie; – **emesso** Sollprämie; – **di emissione** Agio *n*, Aufgeld *n*, Emissionsagio, Emissionsaufgeld, Aktienagio; – **all'esportazione** Ausfuhrprämie, Ausfuhrvergütung *f*, Exportbonifikation *f*; – **agli esportatori** Ausfuhrhändlervergütung *f*; – **di fedeltà** Treueprämie; – **di fine d'anno** Jahresschlussprämie; – **fisso** feste Prämie; – **forfettario** Pauschalprämie; – **frazionato** unterjährig zahlbare Prämie; – **incasso** eingenommene Prämie; – **d'incoraggiamento** Prämie zur Förderung; – **iniziale** Anfangsprämie; – **lordo** Bruttoprämie; – **di macinatura** Mahlprämie; – **di maternità** Geburtenzulage *f*, Geburtszulage (S), Geburtenprämie; – **medio** mittlere Prämie; – **minimo** Mindestprämie; – **naturale** natürliche Prämie; – **necessario** Bedarfsprämie; – **netto** Nettoprämie; – **netto per contante** Barprämie; – **Nobel** Nobel-Preis; – **Nobel per la pace** Friedensnobelpreis; – **non acquisito all'esercizio** nicht verdiente Prämie; – **non consumato** nicht verbrauchte Prämie; – **non maturato** nicht verdiente Prämie; – **di nuzialità** Heiratsprämie; – **d'operosità** Fleißprämie; – **parziale** Teilprämie; – **di perfezionamento** Erstprämie; – **periodico** laufende Prämie; periodische Prämie; – **di portafoglio** Portefeuilleprämie; – **di presenza** Anwesenheitsprämie, – **pro capite** Prämie pro Kopf; – **di produttività** Leistungsprämie, Leistungszulage *f*, Arbeitsprämie, Produktionsprämie, (*di affari*) Abschlussprämie; – **alla produzione,** – **di produzione** Produktionsprämie; – **per proprio conto** Eigenbehaltsprämie; – **provvisorio** vorläufige Prämie; – **di qualità** Qualitätsprämie; – **di quantità** Mengenprämie; – **di regolarità** Pünktlichkeitsprämie; – **di rendimento** Leistungsprämie, Leistungszulage *f*, Arbeitsprämie, Produktionsprämie, Erfolgsanteil *m*; – **di riassicurazione** Rückversicherungsprämie; – **per ricevere o non ricevere** Vorprämie; – **di ricupero** Bergegeld *n*, Bergelohn *m*; – **di rimborso** Rückzahlungsprämie, Rückzahlungsagio *n*,

Rückkaufsprämie; – **di riporto** Reportprämie; – **di rischio** Risikoprämie, Gefahrenprämie; – **da riscuotere** ausstehende Prämie; – **al risparmio** Sparprämie; – **a scadere di competenza dell'esercizio** gestundete Prämie; – **dello Stellage** Stellgeld *n*; – **stornato** rückvergütete Prämie, stornierte Prämie; – **successivo** Folgeprämie; – **supplementare,** – **suppletivo** Zusatzprämie, Nachschussprämie; – **di tariffa** Tarifprämie; – **unico** Einheitsprämie, Einmalprämie, Einzelprämie; – **variabile** veränderliche Prämie; v. a. CONTRIBUTO, MAGGIORAZIONE, SUPPLEMENTO.

premista *m* Konzertzeichner *m*.

premorienza *f* Vorversterben *n*, Vorabsterben (S), vorher eingetretener Todesfall.

premorto *m* Vorverstorbener *m*.

prenditore *m* Nehmer *m*, Remittent *m*; – **dell'assegno** Schecknehmer; – **di cambiale** Wechselnehmer.

prenotare vorbestellen, voranmelden, belegen, reservieren, vormerken.

prenotazione *f* Voranmeldung *f*, Vormerkung *f*, Reservierung *f*; (*tavolare*) Vormerkung; – **tavolare** (*libro fondiario*) Grundbuchvormerkung; – **della postergazione** (*libro fondario*) Vormerkung der Vorrangseinräumung (A).

preparare vorbereiten.

preparazione *f* **professionale** Berufsausbildung *f*.

preparitivi *mpl* **di guerra** Kriegsvorbereitungen pl.

prepensionamento *m* Vorruhestand *m*.

preponente *m* (*contratto di agenzia*) Unternehmer *m*.

prerogativa *f* Vorrecht *n*; – **della corona** Kronrecht.

prerogative *f pl*, – **diplomatiche** diplomatische Vorrechte; – **parlamentari** parlamentarische Vorrechte.

presa *f*, – **di beneficio** (*borsa*) Gewinnmitnahme *f*; – **in consegna** Empfangsnahme *f*, Entgegennahme; – **di posizione** Stellungnahme *f*; – **di possesso** Inbesitznahme *f*, Besitznahme, Besitznehmung *f* (A =), Besitzergreifung *f*, Besitzantritt *m*; – **di potere** Machtergreifung *f*, Machtübernahme *f*, Übernahme der Regierungsgewalt.

presalario *m* Stipendium *n*.

prescrittibile *agg* verjährbar.

prescrittibilita *f* Verjährbarkeit *f*.

prescrivere vorschreiben, verordnen.

prescriversi verjähren.

prescrizione *f* (1) (*disposizione*) Vorschrift *f*, Anordnung *f*, Weisung *f* (2) (*del diritto*) Verjährung *f*; **cadere in** – verjähren; **eccepire la** – Verjährung einwenden; **essere soggetto a** – der Verjährung unterliegen; **interrompere la** – die Verjährung unterbrechen; **sospendere la** – die Verjährung hemmen; – **acquistiva** erwerbende Verjährung, Akquisitivverjährung; – **dell'azione** Klageverjährung; – **dell'azione penale** Strafverfolgungsverjährung; – **breve** abgekürzte Verjährungsfrist; – **decennale** zehnjährige Verjährung; – **di un diritto** Verjährung eines Rechts, Verjährung eines Anspruchs, Anspruchsverjährung; – **estintiva** vernichtende Verjährung, erlöschende Verjährung, Extintivverjährung; – **di forma** Formvorschrift, Formalvorschrift (A); – **giuridica** Rechtsvorschrift; – **legale** Rechtsverjährung; – **medica** ärztliche Verordnung; – **ordinaria** regelmäßige Verjährung; – **della pena,** – **penale** Strafverjährung – **del reato** Straftatverjährung: – **della recidiva** Rückfallverjährung; – **di tariffa** Tarifvorschrift; – **trentennale** dreißigjährige Verjährung.

presentare vorlegen, einreichen.

presentatore *m* Einreicher *m*.

presentazione *f* Vorlegung *f*, Vorlage *f*, Einreichung *f*; – **per l'accettazione** Vorlegung zur Annahme, Akzeptvorlage; – **di assegno** Scheckvorlegung; – **del bilancio** Vorlage der Bilanz; – **del corpo**

del reato Vorlage der Überführungsstücke; – **di un disegno di legge** Einbringung einer Gesetzesvorlage; – **della domanda** Antragstellung *f*; – **per il pagamento** Vorlegung zur Zahlung, Einreichung zur Zahlung; – **spontanea** unaufgefordertes Erscheinen *n*.

presente *m* Erschienener *m*.

presenza *f* Anwesenheit *f*; **alla – di testimoni** in Beisein von Zeugen.

preside *m* (1) (*di scuola*) Schulleiter *m*; (2) (*di facoltà*) Dekan *m*, Fachbereichs Vorsitzender *m*.

presidente *m* Vorsitzender *m*, Präsident *m*, Vorsitzer *m*; **ex** – Altpräsident; **primo – della Corte di Cassazione** (Erster) Präsident des Kassationshofs; – **anziano** Alterspräsident; – **dell'assemblea** Versammlungsleiter; – **dell'associazione** Vereinsvorsitzender; – **della camera (dei deputati)** Parlamentspräsident; – **in carica** amtierender Präsident; – **di collegio arbitrale** Schiedsobmann; – **del collegio sindacale** (*spa*) Vorsitzender des Aufsichtsrats; – **della commissione** Ausschussvorsitzender; – **della commissione elettorale** Wahlleiter *m*; – **della Confederazione** (S) Bundespräsident; – **del consiglio di amministrazione** Vorsitzender des Verwaltungsrates; (*spa*) Vorstandsvorsitzender; – **del consiglio dei ministri** Ministerpräsident; – **federale,** – **della Federazione** Bundespräsident; – **della Giunta provinciale** Präsident des Provinzialausschusses, Landeshauptmann (Südtirol); – **della Giunta regionale** Präsident der Region; – **di gruppo parlamentare** Fraktionsvorsitzender, Klubobmann (A); – **onorario** Ehrenpräsident, Ehrenvorsitzender, Ehrenvorsitzer; – **del partito** Parteivorsitzender, Parteiobmann (A, Südtirol); – **della Republica** Staatspräsident: – **del seggio elettorale** Wahlvorsteher *m*; – **del senato** Senatspräsident; – **di sezione** Vorsitzender Richter, Abteilungspräsident (S); – **dello Stato** Staatspräsident; – **di tribunale** Präsident des Landgerichts; – **uscente** ausscheidender Vorsitzender.

presidenza *f* (1) Präsidentenschaft *f*; (2) Vorsitz *m*; – **onoraria** Ehrenvorsitz; – **del partito** Parteivorstand *m*; – **del seggio elettorale** Wahlvorstand *m*; – **di turno** turnusmäßige Präsidentschaft.

presidio *m* Besatzung *f*.

presidium *m* Präsidium *n*.

presiedere den Vorsitz führen, vorsitzen.

pressione *f* Druck *m*; – **concorrenziale** Wettbewerbsdruck; – **sui corsi** Kursdruck; – **dei costi** Kostendruck; – **deflazionistica** Deflationsdruck; – **demografica** Bevölkerungsdruck; – **della domanda** Nachfragedruck; – **elettorale** Wahlbeeinflussung *f*; – **fiscale** Steuerdruck; **aumentare la – fiscale** die Steuerschraube anziehen: – **inflazionistica** Inflationsdruck; – **dell'offerta** Angebotsdruck; – **delle offerte** (*borsa*) Abgabedruck; – **sui prezzi** Preisdruck; – **sindacale** Gewerkschaftsdruck; – **speculativa** Spekulationsdruck.

prestanome Strohmann *m*, vorgeschobene Person, Mittelsperson *f*, Mittelsmann.

prestare (1) (*prestazione*) leisten; (2) (*prestito*) leihen.

prestatore *m*, – **di denaro** Geldleiher *m*, Geldgeber *m*; – **di lavoro,** – **d'opera** Arbeitnehmer *m*, Dienstnehmer (A =), Dienstpflichtiger *m* (S –); – **su pegno** Pfandleiher *m*, Pfandverleiher; – **di servizi** Dienstleistender *m*.

prestazione *f* Leistung *f*; **esigere la** – die Leistung fordern; **eseguire una** – eine Leistung bewirken; **mancata – del giuramento** Eidesverweigerung; – **accessoria** Nebenleistung; – **alimentare** Unterhaltsleistung, Unterhaltsbeitrag *m*; – **anticipata** Vorausleistung, Vorleistung; – **d'assicurazione** Versicherungsleistung; – **d'as-**

sistenza Bestandsleistung, Hilfeleistung, Hilfsleistung, Verbeiständung *f* (S); – **assistenziale** Sozialleistung, Fürsorgeleistung; – **di cauzione** Sicherheitsleistung, Kautionsleistung; – **compensativa** Ausgleichsleistung; – **complementare** ergänzende Leistung; – **in contanti** Barleistung; – **continuativa** Dauerleistung; – **contraria al buon costume** sittenwidrige Leistung; – **contrattuale** vertragliche Leistung; – **contributiva** Beitragsleistung; – **convenuta** vereinbarte Leistung, ausbedungene Leistung; – **corporale** Hand- und Spanndienste *pl*; – **senza corrispettivo** unentgeltliche Leistung; – **di cortesia** Gefälligkeitsleistung; – **in denaro** Geldleistung; – **diversa da quella dovuta** andere als die geschuldete Leistung, Aliudleistung; – **dovuta** geschuldete Leistung; – **facoltativa** freiwillige Leistung, fakultative Leistung, Kannleistung; – **di fatto** faktische Leistung; – **di favore** Gefälligkeitsleistung; – **di garanzia** Garantieleistung, Bürgschaftsleistung; (*garanzia reale o equivalente*) Sicherheitsleistung; – **di giuramento** Eidesleistung; – **impossibile** unmögliche Leistung; – **imposta** auferlegte Leistung; – **indivisibile** unteilbare Leistung; – **di lavoro** Arbeitsleistung; – **in luogo di adempimento** Leistung an Erfüllungs Statt; – **in natura** Sachleistung, Naturalleistung, Leistung in Naturalien; – **parziale** Teilleistung; – **pecuniaria** Leistung in Geld, Geldleistung; – **di pensione, – pensionisica** Rentenleistung; – **periodica** wiederkehrende Leistung, periodische Leistung (S); – **personale** Individualleistung; – **previdenziale** Versorgungsleistung, Sozialversicherungsleistung; – **principale** Hauptleistung; – **professionale** berufliche Leistung; – **di servizio** Dienstleistung; – **di servizio militare** Militärdienstleistung; – **solvendi causa** Leistung erfüllungshalber; – **del terzo** Drittleistung, Leistung durch einen Dritten; – **unica** einmalige Leistung.

prestazioni *f pl*, – **delle assicurazioni sociali** Sozialversicherungsleistungen; – **in natura** Naturalien *pl* (A); – **offerte** Leistungsangebot *n*; – **pubbliche** öffentliche Leistungen; – **sociali** soziale Leistungen, Sozialleistungen *pl*; v. a. PRESTAZIONE.

prestigio *m* Prestige *n*; – **sociale** Sozialprestige.

prestito *m* (1) (*mutuo*) Darlehen *n*; (2) (*anticipazione*) Vorlage *f*, Vorschuss *m*; (3) (*obbligazionario*) Anleihe *f*, Anleihen *n* (S=); **accendere un** – Geld aufnehmen, eine Anleihe aufnehmen; **ammortizzare un** – eine Anleihe tilgen; **collocare un** – eine Anleihe unterbringen, eine Anleihe placieren; **contrarre un** – eine Anleihe aufnehmen; **emettere un** – eine Anleihe begeben, eine Anleihe ausgeben, eine Anleihe auflegen; **rimborsare un** – eine Anleihe zurückzahlen; **sottoscrivere un** – eine Anleihe zeichnen; – **agrario, – agricolo** Landwirtschaftsdarlehen *n*, – **ammortizzabile** tilgbare Anleihe; – **bancario** Bankdarlehen, Bankkredit *m*; – **a breve termine** kurzfristiges Darlehen, kurzfristiges Geld; – **cambiario** Wechsellombard *m*; – **a cambio marittimo** Bodmereidarlehen, Seedarlehen gegen Verbodmung; – **coloniale** Kolonialanleihe; – **comunale** Kommunalanleihe, Gemeindeanleihe, Stadtanleihe; – **comunitario** (CE) Gemeinschaftsanleihe; – **di consolidamento** Konsolidierungsanleihe; – **consolidato** fundierte Anleihe, konsolidierte Anleihe, Fundierungsanleihe, Konsol *m*; – **di consumazione** Darlehen; – **di conversione** Konversionsanleihe, Konvertierungsanleihe; – **per la difesa** Wehranleihe; – **emesso all'estero, – estero** Auslandsanleihe; – **fondiario** Bodenanleihe; – **a fondo perduto** verlorenes Darlehen; –

forzato Zwangsanleihe; – **fruttifero** verzinsliches Darlehen; – **garantito** (*da garanzie reali o equivalenti*) gesicherte Anleihe, gesichertes Darlehen, gedecktes Darlehen; – **garantito da ipoteche** hypothekarisch gesicherte Anleihe, hypothekarisch gesichertes Darlehen; – **giornaliero,** – **giorno per giorno** Tagesgeld *n*, tägliches Geld, Geld mit täglicher Kündigung, Callgeld (S); – **di guerra** Kriegsanleihe; – **indicizzato** Indexanleihe; – **infruttifero** zinsloses Darlehen; – **a interesse** verzinsliches Darlehen, Darlehen auf Zinsen; – **senza interesse** zinsloses Darlehen; – **ad interesse scalare** Staffelanleihe; – **internazionale** internationale Anleihe; – **interno** Inlandsanleihe, innere Anleihe; – **ipotecario** Hypothekenanleihe, Hypothekaranleihe, hypothekarisch gesicherte Anleihe; – **irredimibile** unkündbares Darlehen, unkündbare Anleihe, untilgbare Anleihe; – **libero** ungedecktes Darlehen, ungesichertes Darlehen; – **marittimo** Seedarlehen; – **nazionale** Inlandsanleihe, innere Anleihe; – **obbligazionario** Anleihe, Anleihen *n* (S), Anleihe auf Schuldverschreibungen, Anleihe auf Teilschuldverschreibungen, Obligationenanleihe, Obligationsanleihe, Obligationenanleihen (S); – **obbligazionario convertibile** Wandelanleihe; – **oro** Goldanleihe; – **su pegno** Pfandanleihe *f*, Darlehen gegen Faustpfand, Darlehen gegen Pfandbestellung, Pfanddarlehen, Faustpfanddarlehen (S), Lombard *m*, Lombarddarlehen, Versatzpfand *n* (S); – **perpetuo** ewige Anleihe; – **su polizza** Policendarlehen, Polizzendarlehen (A), Versicherungsscheindarlehen; – **a premi** Prämienanleihe, Prämienanleihen *n* (S), Losanleihe, Lotterieanleihe; – privato Privatanleihe; – **privilegiato** Prioritätsanleihe; – **pubblico** öffentliche Anleihe; – **redimibile** Tilgungsanleihe, Tilgungsdarlehen, tilgbare Anleihe, tilgbares Darlehen; – **per la ricostruzione** Wideraufbauanleihe; – **rimborsabile** kündbares Darlehen, kündbare Anleihe; – **rimborsabile per estrazione a sorte** auslosbare Anleihe; – **di risanamento** Sanierungsanleihe, Sanierungsdarlehen; – **allo scoperto** ungesichertes Darlehen, ungesicherte Anleihe; – **di stabilizzazione** Stabilisierungsanleihe; – **dello Stato** Staatsanleihe; – **su titoli** Wertpapierlombard *m*; – **a tre mesi** Dreimonatsgeld *n*; – **ad uso** Leihe *f*, Gebrauchsleihe (S =); – **usurario** Wucherdarlehen, wucherisches Darlehen; – **a valore stabile** wertbeständige Anleihe; – **in valuta estera** Fremdwährungsanleihe; – **a vista** tägliches Geld, Tagesgeld, Geld mit täglicher Kündigung; v. a. ANTICIPAZIONE, ANTICIPO, CREDITO, MUTUO, OBBLIGAZIONE.

presumere vermuten.

presunzione *f* Vermutung *f*; – **d'assenza** Abwesenheitsvermutung; – **assoluta** unwiderlegbare Vermutung; – **di colpa** Verschuldensvermutung; – **di non colpevolezza** Unschuldsvermutung; – **di commorienza** Vermutung gleichzeitigen Todes, Vermutung der Gleichzeitigkeit der Todesfälle (A); – **di concepimento durante il matrimonio** Vermutung der Ehelichkeit; – **di fatto** tatsächliche Vermutung; – **di innocenza** Unschuldsvermutung; – **iuris et de iure** unwiderlegbare Vermutung; – **iuris tantum** widerlegbare Vermutung; – **legale** gesetzliche Vermutung; – **di legittimità** (1) (*del figlio*) Ehelichkeitsvermutung; (2) (*dell' atto amministrativo*) Rechtmäßigkeitsvermutung; – **di morte** Vermutung des Todes, Todesvermutung; – **di paternità** Vermutung der Vaterschaft, Vaterschaftsvermutung; – **di proprietà** Eigentumsvermutung; – **relativa** widerlegbare Vermutung; – **semplice,** – **dell'uomo** tatsächliche Vermutung; – **di vita** Lebensvermutung, Vermutung des Lebens.

presupposizione *f* Voraussetzung *f*; (*base negoziale*) Geschäftsgrundlage *f*.

presupposto *m* Voraussetzung *f*; – **di fatto** tatsächliche Voraussetzung; – **dell'imposta** Steuergrundlage *f*; – **necessario** notwendige Voraussetzung; – **oggettivo** objektive Voraussetzung; – **processuale** Prozessvoraussetzung *f*; – **soggettivo** subjektive Voraussetzung; – **del tributo** Steuergrundlage *f*; – **di validità** Gültigkeitsvoraussetzung.

pretendente al trono Thronbewerber *m*. Thronprätendent *m*.

pretendere beanspruchen.

preterizione di erede Übergehung eines (*eingesetzten*) Erben (*bei Teilung durch den Erblasser*).

pretesa *f* Anspruch *m*, Ansprache *f* (S-); – **accessoria** Nebenanspruch; – **giuridica** Rechtsanspruch; – **creditoria** Gläubigeranspruch; – **infondata** unbegründeter Anspruch; – **pecuniaria** Geldanspruch; – **punitiva** Strafanspruch; – **temeraria** mutwillige Geltendmachung eines Anspruchs; v. a. DIRITTO.

pretesti, futili – *m pl* leere Ausflüchte *pl*.

pretesto *m* Vorwand *m*.

pretium doloris Schmerzensgeld *n*, Schmerzgeld (A).

pretore *m* Amtsrichter *m*, Bezirksrichter (A); (*penale*) Strafrichter; – **in funzione di giudice del lavoro** Amtsrichter als Arbeitsrichter.

pretura *f* Amtsgericht *n*, Bezirksgericht (A); – **del mandamento in cui è aperta la successione** Nachlaßgericht *n*.

preuso *m* Vorbenutzung *f*, Vorbenützung (A, B, S), Verwendungspriorität *f*.

prevaricazione *f* Parteiverrat *m*.

prevedibile *agg* voraussehbar.

prevedibilità *f* Voraussehbarkeit *f*.

prevendita *f* Vorverkauf *m*.

preventivare veranschlagen.

preventivo *m* Voranschlag *m*, Anschlag, Veranschlagung *f*; – **di cassa** Kassenvorschau *f*; – **di spesa** Kostenanschlag, Kostenvoranschlag, Kostenüberschlag *m*; Ausgabebudget *n*; – **delle spese** Ausgabenvoranschlag.

prevenuto *agg* befangen, voreingenommen.

prevenzione *f* (1) Verhütung *f*, Prävention *f*; (2) (*l'essere prevenuto*) Voreingenommenheit *f*; – **della criminalità** Verbrechensverhütung; – **dei danni** Schadensverhütung, Schadenverhütung; – **generale** (*dir, pen.*) Generalprävention; – **degli incendi** Brandverhütung; – **degli incidenti,** – **degli infortuni** Unfallverhütung, Unfallschutz; – **degli infortuni sul lavoro** Arbeitsunfallverhütung, Betriebsunfallverhütung; – **dei sinistri** Schadensverhütung, Schadenverhütung; – **speciale** (*dir. pen*) Spezialpravention.

previdenza *f* Vorsorge *f*; – **integrativa** Zusatzversorgung; – **per la vecchiaia** Altersvorsorge, – **sociale** Sozialversicherung *f*.

previsione *f*, – **di cassa** Kassenvorschau *f*; – **delle entrate** Einnahmenvoranschlag *m*, Einnahmensoll *n*; – **dell'evento** (*dir. pen.*) Voraussehen *n* des Erfolges; – **di piano** Planvorgabe *f*; – **di spesa** Kostenvoranschlag.

previsioni *f pl*, – **congiunturali** Konjunkturerwartungen; – **economiche** wirtschaftliche Vorausschätzungen.

prezzi *m pl*, – **agricoli** Agrarpreise *pl*; – **differenziati** Differentialpreise *pl*; – **multipli** Staffelpreise *pl*.

prezzo *m* (1) Preis *m*; (2) (*quotato*) Kurs *m*; **abbassare il** – den Preis herabsetzen; **alzare il –, aumentare il** – den Preis erhöhen; **fissare il** – den Preis festsetzen; **giusto** – gerechter Preis; **indicare il** – den Preis angeben; **al minimo** –

billigst; **negoziare il** – den Preis aushandeln; **pattuire un** – einen Preis vereinbaren; **restituire il** – (*pagato*) den Kaufpreis zurückerstatten; **ridurre il** – den Preis herabsetzen; **spuntare un** – einen Preis durchsetzen; **vil** – Schleuderpreis; – **d'abbonamento** Abonnementspreis, Bezugspreis, Abonnementsgebühr *f*; – **abbordabile** erschwinglicher Preis; – **accessibile** erschwinglicher Preis; – **d'acquisto** Kaufpreis, Kaufgeld *n*, Kaufsumme *f*, Kaufschilling *m* (A =), Ankaufspreis, Ankaufskurs, Einkaufspreis, Anschaffungspreis, Einstandspreis, Übernahmepreis, Übernahmspreis (A), Erwerbspreis; – **d'affezione** Liebhaberpreis, Preis der besonderen Vorliebe (A); – **dell'affitto** Pachtpreis, Pachtgeld, (*locazione*) Mietpreis; – **d'alienazione** Veräußerungspreis; – **amministrato** behördlich vorgeschriebener Preis, administrierter Preis; – **d'anteguerra** Vorkriegspreis; – **d'apertura** Anfangskurs, Eröffnungskurs; – **approssimativo** annähernder Kurs; – **di assunzione** (*del maso chiuso*) Übernahmepreis; – **d'asta** Versteigerungspreis, Auktionspreis, – **dell'azione** Aktienpreis, Aktienkurs; – **base** Grundpreis, (*borsa*) Basiskurs, Prämienkurs; – **bloccato** Stoppreis, gestoppter Preis; – **di borsa** Börsenpreis, Börsepreis (A), Börsenkurs; – **di calmiere** behördlich festgesetzter Preis; – **di catalogo** Katalogpreis; – **per chilometro** Kilometerpreis; – **di chiusa** Einschleusungspreis; – **di chiusura** Schlusskurs; – **cif** CIF-Preis; – **„circa"** Circakurs, Zirkakurs; – **civetta** Lockpreis; – **di compensazione** Verrechnungspreis, Kompensationspreis, Liquidationspreis; – **di compenso** Kompensationskurs, Liquidationskurs; – **competitivo** konkurrenzfähiger Preis; – **di concorrenza,** – **concorrenziale** Wettbewerbspreis, Konkurrenzpreis, konkurrenzfähiger Preis; – **di consegna** Lieferungspreis, Lieferpreis, Erlasspreis (A); – **consigliato** empfohlener Preis; – **per contanti** Barpreis, Barzahlungspreis, Kassapreis, Kassakurs; – **al consumatore,** – **al consumo** Verbraucherpreis; – **contrattuale** Vertragspreis; – **controllato** gebundener Preis; – **conveniente** vorteilhafter Preis; – **convenuto** vereinbarter Preis, ausbedungener Preis, ausgemachter Preis, abgemachter Preis; – **di copertina** Ladenpreis, Ordinärpreis; – **corrente** laufender Preis, Marktpreis; – **della corsa** Fahrpreis, Fahrgeld *n*; – **di costo** Anschaffungspreis, Einstandspreis, Gestehungspreis, Kostenpreis (S), Selbstkostenpreis; – **denaro** Geldkurs; – **del denaro** Geldpreis; – **differenziale** Staffelpreis; – **di domanda** Nachfragepreis; – **del dopoborsa** nachbörslicher Kurs; – **di dumping** Dumpingpreis; – **eccessivo** überhöhter Preis, Wucherpreis; – **eccezionale** Ausnahmepreis (A), Sonderpreis; – **d'emissione** Ausgabepreis, Ausgabekurs, Emissionspreis, Emissionskurs, (*solo obbligazioni:*) Begebungspreis, Begebungskurs; – **esorbitante** überhöhter Preis; – **d'esportazione,** – **all'esportazione** Ausfuhrpreis, Exportpreis; – **estremo** äußerster Preis; – **di fabbrica** Fabrikpreis; – **di fabbricazione** Fabrikationspreis; – **fatto** abgemachter Preis, ausgemachter Preis; – **di fattura,** – **fatturato** Rechnungspreis, Fakturapreis, Fakturenpreis; – **di favore** Vorzugspreis; – **fermo,** – **fisso** fester Preis, Festpreis; – **fob** FOB-Preis; – **garantito** Garantiepreis; – **del giorno** Tagespreis; – **del giorno della risposta** Stichkurs; – **giusto** gerechter Preis, angemessener Preis; – **globale** Pauschalpreis; – **illecito** unerlaubter Preis; – **d'imperio** (*fissato d'autorità*) behördlich festgelegter Preis; – **all'importazione,** – **d'importazione** Einfuhrpreis, Importpreis;

– **imposto** vorgeschriebener Preis; – **inaccessibile** unerschwinglicher Preis; – **indicativo** Richtpreis; – **d'ingresso** Eintrittspreis; – **all'ingrosso** Großhandelspreis; – **d'inserzione** Einrückungsgebühr *f*; – **all'interno** Inlandspreis; – **intero** voller Preis; – **d'intervento** Interventionspreis; – **irrisorio** Spottpreis; – **lettera** Briefkurs; – **limitato** limitierter Kurs; – **limite** Limitpreis, Limitkurs, Grenzkurs, Höchstpreis, Maximalpreis, Kursgrenze *f*, Kurslimit *n*; – **limite di vendita** Verkaufslimit *n*; – **di liquidazione** Abrechnungspreis, Abrechnungskurs, Liquidationspreis, Regulierungspreis, (*svendita*) Ausverkaufspreis; – **di listino** Listenpreis, Katalogpreis; – **della locazione** Mietpreis *m*, Miete *f*, Mietzins *m*, Bestandzins (A); – **lordo** Bruttopreis; – **della mano d'opera** Arbeitspreis; – **marginale** Grenzpreis; – **massimo** höchster Preis, Höchstpreis, Maximalpreis, Spitzenpreis; – **medio** mittlerer Preis, Mittelpreis, Mittelkurs, Durchschnitts- – **delle materie prime** Rohstoffpreis; – **medio** mittlerer Preis, Mittelpreis, Mittelkurs, Durchschnittspreis, Durchschnittskurs; – **di mercato** Marktpreis; – **del mercato libero** Freimarktkurs, außerbörslicher Kurs; – **minimo** Mindestpreis, niedrigster Preis, Mindestkurs, Tiefstpreis; – **minimo di salvaguradia** Mindestschutzpreis; – **al minuto** Klein Verkaufspreis, Einzelhandelspreis, Detailpreis; – **mobile** gleitender Preis, Gleitpreis; – **mondiale** Weltpreis; – **di monopolio** Monopolpreis; – **netto** Nettopreis; – **nominale** Nominalpreis; – **normale** Normalpreis; – **d'offerta** Briefkurs, Warenkurs (A); – **offerto** angebotener Preis; – **d'opzione** Bezugspreis; – **d'orientamento** (CEE) Orientierungspreis; – **dell'oro** Goldpreis; – **alla pari** Parikurs, Paritätskurs, Paritätspreis; – **del passaggio** Überfahrtspreis, Überfahrtsgeld *n*; – **pattuito** vereinbarter Preis, abgemachter Preis, ausgemachter Preis, ausbedungener Preis; – **di perequazione** Ausgleichspreis; – **più basso** niedrigerer Preis, (*superlativo*) niedrigster Preis; – **popolare** volkstümlicher Preis; – **praticato** getätigter Kurs; – **di prelazione** Vorkaufspreis; – **alla produzione** Erzeugerpreis, Herstellerpreis, Produzentenpreis, Fabrikpreis; – **proibitivo** unerschwinglicher Preis, prohibitiver Preis; – **promozionale, di promozione** Einführungspreis; – **del pronto** Lokopreis; – **di propaganda** Werbepreis, Reklamepreis (A), Einführungspreis; – **quotato** notierter Kurs; – **raccomandato** empfohlener Preis; – **ragionevole** angemessener Preis; – **a rate** Ratenzahlungspreis; – **remunerativo** lohnender Preis; – **in ribasso** fallender Preis, fallender Kurs, sinkender Preis; – **richiesto** Kaufpreisforderung; – **ridotto** herabgesetzter Preis, reduzierter Preis; – **di riferimento** Bezugskurs; Referenzpreis, Bezugspreis; – **di rimborso** Rückzahlungspreis, Rückzahlungskurs; – **di rimpiazzo** Wiederbeschaffungspreis; – **di riscatto** Rückkaufspreis, Wiederkaufspreis *m*, Rücknahmepreis; – **del riscatto** Lösegeld *n*, Loskaufsumme *f*; – **ristrettissimo** äußerster Preis; – **di rivendita** Wiederverkaufspreis; – **del silenzio** Schweigegeld *n*, Schweiggeld (A); – **di soglia** Schwellenpreis; – **sorvegliato** (staatlich) überwachter Preis; – **di sottocosto** Unterkostenpreis; – **di sottoscrizione** Zeichnungspreis, Zeichnungskurs, (*anche di pubblicazioni*) Subskriptionspreis; – **di sottoscrizione di nuove azioni** Bezugskurs; – **speciale** Sonderpreis; – **stabile** stabiler Preis; – **stabilizzato** Stützpreis, Stützkurs, Stützungspreis, Stützungskurs; – **stagionale** saisonbedingter Preis; – **di stima** Schätzungspreis, Schätzpreis (A), Taxpreis; – **di sublocazione** Untermietzins *m*, – **del suolo** Bodenpreis; – **di svendita** Ausverkaufspreis; – **tel quel** Telquelkurs; – **a termine** Terminpreis; – **totale** Gesamtpreis; – **del trasporto** Beförderungspreis, Fahrpreis; – **del trasporto aereo** Flugpreis; – **del trasporto del bagaglio** Gepäckfracht *f*; – **della traversata** Überfahrtspreis, Überfahrtsgeld *n*; – **tutto compreso** Inklusivpreis *m*; – **ufficiale** amtlicher Preis, amtlicher Kurs, offizieller Kurs; – **ultimissimo** äußerster Preis; – **ultimo** letzter Preis; – **unico** Einzelpreis, Einheitspreis; – **per unità, – unitario** Stückpreis, Einheitspreis; – **usuario** wucherischer Preis, Wucherpreis; – **vantaggioso** vorteilhafter Preis; – **variabile** Schwankungskurs; fortlaufend notierter Kurs, variabler Kurs; – **venale** Verkaufspreis; – **di vendita** Verkaufspreis, Verkaufskurs, Kaufpreis, Kaufgeld *n*, Kaufsumme *f*; – **di vendita all'interno** Inlandsverkaufspreis; – **di vendita al minuto** Ladenpreis, Einzelhandelspreis, Klein Verkaufspreis, Detailpreis; – **del viaggio** Reisegeld *n*, Fahrpreis *m*; – **vincolato** ebundener Preis; – **di zona** Zonenpreis; v. a. CORSO, QUOTAZIONE.

prigione *f* Gefängnis *n*, Gefangenanstalt (A), Gefangenhaus *n* (A), Gefangenenhaus (A).

prigionia *f* Gefangenschaft *f*.

prigioniero *m* Gefangener *m*, Häftling *m*; **far** – gefangennehmen; – **di guerra** Kriegsgefangener; – **politico** politischer Gefangener; v. a. DETENUTO.

prima *f* di **cambio** Wechselprima *f*, Erstausfertigung *f*, Primawechsel *m*, Prima *f*.

primaggio *m* Primage *f*, Primgeld *n*.

primario *agg* führend.

primato del diritto internazionale Vorrang des Völkerrechts.

primogenitura *f* Primogenitur *f*, Recht der Erstgeburt.

principale *m* Geschäftsführer *m*, Prinzipal *m*.

principato *m* Fürstentum *n*.

principe *m*, – **consorte** Prinzgemahl *m*; – **elettore** Kurfürst *m*; – **ereditario** Erbprinz *m*; – **del foro** Staranwalt *m*.

principii *m pl*, – **fondamentali dell'ordinamento giuridico** Grundprinzipien der Rechtsordnung; – **generali del diritto** allgemeine Rechtsgrundsätze; – **generalmente riconosciuti del diritto internazionale** allgemein anerkannte Grundsätze des Völkerrechts; – **dell'imposta** Steuergrundsätze *pl*; – **interpretativi** Auslegungsgrundsätze *pl*.

principio *m* Grundsatz *m*, Prinzip *n*; **in linea di** – grundsätzlich – **accusatorio** akkusatorisches Prinzip, Akkusationsprinzip, Anklageprinzip, Anklagegrundsatz; – **dell'affidamento** Vertrauensgrundsatz; – **dell'annualità** (*del bilancio pubblico*) Jährlichkeitsprinzip; – **dell'assegnazione globale delle entrate alle spese** Nonaffektationsprinzip; – **dell'assorbimento** Absorptionsprinzip; – **dell'astrattezza** Abstraktionsprinzip; – **di autorità** Autoritätsprinzip; – **della chiarezza** (*del bilancio pubblico*) Klarheitsprinzip; – **di colpevolezza** (*dir. pen.*) Schuldprinzip; – **di concentrazione** Konzentrationsgrundsatz; – **del contraddittorio** Grundsatz des kontradiktorischen Verfahrens; – **di convenienza** Günstigkeitsprinzip; – **costituzionale** Verfassungsgrundsatz; – **del cumulo delle pene** Kumulationsprinzip; – **di determinatezza** Bestimmtheitsgrundsatz; – **dispositivo** Verfügungsgrundsatz, Dispositionsmaxime *f*; – **di diritto** Rechtsgrundsatz; Rechtsansicht; – **della domanda** (*dir. proc.*) Antragsgrundsatz; – **di effettività** Grundsatz der Effektivität; – **dell'eguaglianza** Gleihheitsgrundsatz; – **dell'eguaglianza di trattamento** Grundsatz der Gleichbehandlung; – **guida** Leitprinzip; – **giuridico** Rechtsgrundsatz; – **di immediatezza** Unmittelbarkeitsgrundsatz; – **inquisitorio** Untersuchungsgrundsatz, Untersuchungsmaxime; – **dell'integrità** (*del bilancio*) Vollständigkeitsprinzip, Bruttoprinzip; – **di legalità** Legalitätsprinzip; – **della legalità dell'imposta** Prinzip der Gesetzmäßigkeit der Steuer, Prinzip der Rechtmäßigkeit der Steuer; – **maggioritario** Mehrheitsprinzip; – **della nazionalità** Völkerschaftsprinzip, Nationalitätenprinzip; – **di non interferenza** Grundsatz der Nichteinmischung; – **nominalistico** Nennwertprinzip; – **di officialità** Offizialmaxime *f*, Offizialprinzip, Amtsgrundsatz; – **d'opportunità** Opportunitätsprinzip; – **di oralità** Mündlichkeitsgrundsatz; – **della parità di trattamento** Gleichbehandlungsgrundsatz; – **di priorità** Prioritätsprinzip; – **processuale** Verfahrensgrundsatz, Prozessmaxime *f*, – **di pubblicità** Publizitätsprinzip, Öffentlichkeitsgrundsatz; – **di reciprocità** Gegenseitigkeitsprinzip; – **della specialità** (*dell'estradizione*) Grundsatz der Spezialität (*bei Auslieferung*); – **di specialità** (*dir. pen*) Spezialitätsprinzip; – **della specificazione** Spezialitätsgrundsatz, Spezialitätsprinzip, Appropriationsklausel *f*; – **di sussidiarietà** Subsidiaritätsprinzip; – **della territorialità** Territorialitätsprinzip; – **della unità del bilancio** (*pubblico*) Einheitsprinzip; – **del valore nominale** Nennwertprinzip.

priorità *f* Priorität *f*, Vorrang *m*, Vorrecht *n*; – **d'ipoteca** Hypothekenvorrang.

pristino, rimettere in – den früheren Zustand widerherstellen; wiederinstandsetzen.

privatista *m* (1) Zivilrechtler *m*; (2) Privatschüler, Externer.

privativa *f* Alleinberechtigung *f*, Monopol *n*; – **fiscale** Finanzmonopol *n*; – **industriale** Erfinderschutz *m*; – **del sale** Salzmonopol *n*.

privatizzare privatisieren.

privatizzazione *f* Privatisierung *f*.

privato *agg* privat, Privat-.

privazione *f*, – **della cittadinanza** Aberkennung der Staatsangehörigkeit; – **dei diritti** Entrechtung *f*; – **dei diritti civici** (S) Einstellung in der bürgerlichen Ehrenfähigkeit (S), Aberkennung der bürgerlichen Ehrenrechte; – **della libertà** Freiheitsentziehung *f*, Freiheitsentzug *m*; – **del possesso** Besitzvorenthaltung *f*; v. a. PERDITA.

privilegi *m pl*, – **diplomatici** diplomatische Vorrechte; – **fiscali,** – **tributari** Steuerprivilegien *pl*; v. a. PRIVILEGIO.

privilegiare bevorzugen.

privilegiato *agg* bevorrechtigt, Vorzugs-.

privilegio *m* (1) Vorrecht *n*, Vorzugsrecht, Privileg *n*, Privilegium *n*; (2) (*diritto reale di garanzia*) gesetzliches Pfandrecht; – **di bandiera** Vorrecht der Flagge; – **doganale** Zollbegünstigung *f*; – **d'emissione** Notenprivileg, Notenbankprivileg, Notenregal *n*, Emissionsprivileg; – **d'estraterritorialità** Vorrecht der Exterritorialität; – **fiscale** Steuervorrecht *n*; – **del locatore** Pfandrecht des Vermieters, Vermieterpfandrecht *n*, Pfandrecht des Bestandgebers (A); – **marittimo** Schiffspfandrecht; – **del vettore** Frachtführerpfandrecht.

pro, – **capite** pro Kopf; – **soluto** an Zahlungsstatt, an Erfüllungs Statt; – **solvendo** zahlungshalber, erfüllungshalber.

probabilità *f* (*ass*) Wahrscheinlichkeit *f*; – **composta** zusammengesetzte Wahrscheinlichkeit; – **corretta** berichtigte Wahrscheinlichkeit; – **dipendente** abhängige Wahrscheinlichkeit; – **d'eliminazione** Ausscheidewahrscheinlichkeit; – **d'invalidità** Invalidierungswahrscheinlichkeit; – **di morte** Sterbewahrscheinlichkeit; – **di nu-**

zialità Heiratswahrscheinlichkeit; – **semplice** einfache Wahrscheinlichkeit; – **di sinistro** Schadenswahrscheinlichkeit; – **di sopravvivenza** Überlebenswahrscheinlichkeit; – **sperimentale** erfahrungsgemäße Wahrscheinlichkeit; – **totale** totale Wahrscheinlichkeit; – **di vita** wahrscheinliche Lebensdauer.

probità *f* Redlichkeit *f*.

problema *m* Frage *f*; – **degli alloggi** Wohnungsfrage; – **ambientale** Umweltproblem; – **applicativo** Anwendungsproblem; – **centrale** Hauptproblem *n*; – **cruciale** Kernproblem; – **demografico** Bevölkerungsfrage; – **della droga** Drogenproblem; – **ecologico** Umweltproblem; – **di efficienza** Effizienzproblem; – **fondamentale** Grundproblem; – **di fondo** Grundproblem; – **giuridico** Rechtsfrage; – **logistico** logistisches Problem; – **delle minoranze** Minderheitenfrage, Minderheitenproblem *n*; – **prioritario** vorrangiges Problem; – **strutturale** Strukturproblem; – **tecnico** technisches Problem.

problematica *f* Problematik *f*, Problemkreis *m*, – **ambientale** Umweltproblematik.

problematizzare problematisieren.

procacciamento *m* **di notizie concernenti la sicurezza dello Stato** landesverräterische Ausspähung *f*.

procacciatore di affari Werber *m*, Akquisiteur *m*, (*borsa*) Remisier *m*.

procedere legalmente gerichtlich einschreiten, gerichtlich vorgehen.

procedibilità *f* Zulässigkeit *f* des Verfahrens.

procedimento *m* Verfahren *n*, Prozess *m*, Rechtsgang *m*; **annullare il** – das Verfahren aufheben; **archiviare gli atti del** – das Verfahren einstellen; **istruire un** – ein Verfahren einleiten; **separare un** – ein Verfahren abtrennen; – **snellire il** – das Verfahren vereinfachen; – **sospendere il** – das Verfahren einstellen; **sottoporre ad un** – **penale** strafrechtlich verfolgen; – **abbreviato** abgekürztes Verfahren; – **accelarato** beschleunigtes Verfahren; – **d'accertamento** Feststellungsprozess, (*imposte*) Veranlagungsverfahren; – **amministrativo** Verwaltungsverfahren, Adminitrativverfahren (A); – **d'ammissione** Zulasssungsverfahren; – **d'appello** Berufungsverfahren; – **applicativo** Anwendungsverfahren; – **arbitrale** Schiedsgerichtsverfahren, schiedsrichterliches Verfahren; – **di assise** Schwurgerichtsverfahren; – **d'assunzione delle prove** Beweisaufnahmeverfahren; – **d'autorizzazione** Genehmigungsverfahren; – **di brevettazione** Patentierungsverfahren; – **cambiario** Wechselprozess; – **in camera di consiglio** nicht öffentliches Verfahren; – **di cassazione** Revisionsverfahren; – **cautelare** vorläufiges Verfahren (zur einstweiligen Rechtsschutzgewährung); – **civile** Zivilverfahren, Zivilprozess; – **coattivo** Zwangsverfahren; – **di cognizione** Erkenntnisverfahren; – **di compensazione** Verrechnungsverfahren, Ausgleichsverfahren; – **di concessione di brevetto** Patenterteilungsverfahren; – **di conciliazione** Güteverfahren, Schlichtungsverfahren, Sühneverfahren, Versöhnungsverfahren (A), Einigungsverfahren (S); – **concorsuale** Konkursverfahren; – **di consultazione** Konsultationsverfahren; – **contenzioso** streitiges Verfahren, Streitverfahren; – **contenzioso amministrativo** Verwaltungsstreitverfahren; – **in contumacia**, – **contumaciale** (1) (*proc. civ.*) Säumnis verfahren, Versäumnisverfahren; (2) (*proc. pen.*) Verfahren gegen Abwesende, Abwesenheitsverfahren, Kontumazialverfahren, Ungehorsamverfahren (A); – **per convalida di sfratto** Verfahren zur Räumungsbestätigung; – **in corso** schwebendes

Verfahren, – **di creazione del diritto** Rechtserzeugungsverfahren, Rechtsetzungsverfahren; – **di delibazione di una sentenza straniera** Verfahren zur Anerkennung eines ausländischen Urteils; – **per la dichiarazione di morte presunta** gerichtliches Verfahren zur Todeserklärung; – **direttissimo** (*proc. pen.*) Schnellverfahren; – **disciplinare** Disziplinarverfahren; – **di disdetta** Kündigungsverfahren; – **di divisione** Teilungsverfahren; – **di divorzio** Scheidungsverfahren; – **elettorale** Wahlverfahren; – **d'esame** Prüfungsverfahren; – **esecutivo,** – **d'esecuzione** Vollstreckungsverfahren, Exekutionsverfahren (A); – **d'esecuzione forzata** Zwangsvollstreckungsverfahren; – **espropriativo,** – **d'espropriazione** Enteignungsverfahren; – **d'estradizione** Auslieferungsverfahren; – **formale** formelles Verfahren; – **di formazione delle leggi** Rechtserzeugungsverfahren, Rechtsetzungsverfahren; – **giudiziario** gerichtliches Verfahren, Gerichtsverfahren; – **giurisdizionale** Rechtsprechungsverfahren; – **di giurisdizione volontaria** Verfahren der freiwilligen Gerichtsbarkeit, Außerstreitverfahren (A), außerstreitiges Verfahren (A); – **d'impugnazione** Anfechtungsverfahren; – **d'inchiesta** Ermittlungsverfahren; – **incidentale** Zwischenverfahren; – **d'ingiunzione** Mahnverfahren; – **d'interdizione** Betreuungsverfahren, Entmündigungsverfahren; – **istruttorio,** – **d'istruzione** Ermittlungsverfahren, Untersuchungsverfahren, Vorverfahren; – **di istruzione preventiva** Beweissicherungsverfahren; – **legale** Rechtsverfahren; – **legislativo** Gesetzgebungsverfahren; – **di liquidazione** Abwicklungsverfahren, Liquidationsverfahren; – **in materia di lavoro** arbeitsgerichtliches Verfahren; – minorile Jugendverfahren; – **monitorio** Mahnverfahren; – **di naturalizzazione** Einbürgerungsverfahren; – **di notificazione** Zustellungsverfahren; – **di oblazione** Unterwerfungsverfahren; – **d'opposizione** Einspruchsverfahren, Einspracheverfahren; – **di omologazione** Bestätigungsverfahren; – **d'opposizione** Einspruchsverfahren; Einspracheverfahren (S =); – **orale** mündliches Verfahren; – **ordinario** ordentliches Verfahren; – **penale** Strafverfahren; – **penale in corso** laufendes Strafverfahren; – **di pignoramento** Pfändungsverfahren; – **possessorio** Besitzschutzverfahren; – **preparatorio** Vorverfahren; – **pretorile** amtsrichterliches Verfahren; – **principale** Hauptverfahren; – **di riabilitazione** Rehabilitierungsverfahren; – **di produzione** Produktionsverfahren; – **provocatorio** Aufgebotsverfahren; – **di ratificazione** Ratifikationsverfahren; – **redibitorio** Wandlungsverfahren; – **di revisione** (*proc. pen.*) Wiederaufnahmeverfahren Wiederaufnahms verfahren (A); – **di ricerca della paternità** Vaterschaftsprozess; – **di ricorso** Beschwerdeverfahren, Beschwerderechtszug *m* (A), Rekursverfahren (A); – **di ricusazione** Ablehnungsverfahren; – **di riesame** Überprüfungsverfahren; – **di riscossione** Beitreibungsverfahren; – **di riscossione coattiva** Zwangsbeitreibungsverfahren, Zwangseintreibungsverfahren; – **di risoluzione** Kündigungsverfahren; – **scritto** schriftliches Verfahren; – **segreto** Geheimverfahren; – **semplificato** vereinfachtes Verfahren, erleichtertes Verfahren; – **di sequestro** Arrestverfahren, Pfändungsverfahren; – **sommario** abgekürztes Verfahren, summarisches Verfahren; – **di sorveglianza** (*proc. pen.*) Strafvollstreckungsverfahren; – **speciale** besonderes Verfahren, Sonderverfahren; – **di stato di persone** Verfahren in Personenstandssachen; – **d'ufficio** Offizialverfahren; –

d'urgenza Eilverfahren, Dringlichkeitsverfahren, beschleunigtes Verfahren; – **di valutazione** Bewertungsverfahren; – **di verifica** Prüfungsverfahren; – **di verifica dei crediti** (*dir. fall.*) Verfahren zur Prüfung der angemeldeten Forderungen; – **di votazione** Abstimmungsverfahren; v. a. GIUDIZIO, PROCEDURA, PROCESSO.

procedura f Verfahren n; – **abbreviata** abgekürztes Verfahren; – **accelerata** (S) beschleunigtes Verfahren; – **di ammortamento** (di titoli) Aufgebotsverfahren; – **di approvazione** Zustimmungsverfahren; – **di bilancio** Haushaltsverfahren; – **civile** Zivilverfahren; – **di codecisione** (UE) Mitentscheidungsverfahren; – **di concertazione** Konzertierungsverfahren; – **di concordato (preventivo)** Vergleichsverfahren, Ausgleichsverfahren (A), Nachlassverfahren (S); – **di concordato ipotecario** (S) Pfandnachlassverfahren (S); – **concorsuale** Konkursverfahren; – **di consultazione** Anhörungsverfahren; – **consultiva** (corte internazionale di giustizia) Gutachterverfahren; – **di controllo** Kontrollverfahren; – **di cooperazione** (UE) Kooperationsverfahren; – **decisionale** Entscheidungsverfahren; – **di esame delle richiestae di asilo** Asylantragsverfahren; – **espropriativa,** – **di espropriazione** Enteignungsverfahren; – **fallimentare** Insolvenzverfahren, Konkursverfahren; – **di formazione di una legge** Entstehungsverfahren eines Gesetzes; – **giudiziaria** Gerichtsverfahren; – **legislativa** Gesetzgebungsverfahren; – **di liquidazione** Liquidationsverfahren, Abwicklungsverfahren; – **ordinaria** ordentliches Verfahren; – **parlamentare** parlamentarisches Verfahren; – **particolare** Sonderverfahren; – **penale** Strafverfahren, – **penale federale** (S) Bundesstrafverfahren (S); – **preventiva di conciliazione** (dir. lav.) Schlichtungsverfahren; – **referendaria** Volksbefragungsverfahren; – **semplificata** vereinfachtes Verfahren; – sommaria summarisches Verfahren; – **d'urgenza** Eilverfahren; – **di verifica** Überprüfungsverfahren; v. a. GIUDIZIO, PROCEDIMENTO, PROCESSO.

procedurale *agg* verfahrensrechtlich, Verfahrens-.

procedurista *m* Prozessrechtler *m*.

processare prozessieren.

processo *m* Prozess *m*, Verfahren *n*; **intentare un** – einen Prozess anhängig machen, einen Prozess anstrengen, einen Prozess einleiten; **perdere un** – einen Prozess verlieren; **riassumere il** – (*interrotto*) das (*ruhende*) Verfahren (wieder) aufnehmen; **rivedere un** – einen Prozess wiederaufnehmen; **vincere un** – einen Prozess gewinnen; – **accusatorio** Akkusationsprozess; Anklageprozess; – **di adeguamento** Angleichungsprozess; – **amministrativo** Verwaltungsprozess; – **apparente** Scheinprozess; – **bagatellare** Bagatellprozess; – **cambiario** Wechselprozess; – **causale** Kausalverlauf; – **civile** Zivilprozess; – **di cognizione** Erkenntnisverfahren; – **di crescita** Wachstumsprozess; – **decisionale,** – **di decisione** Entscheidungsprozess; – **di democratizzazione** Demokratisierungsprozess; – **disciplinare** Disziplinarverfahren; – **di distensione** Entspannungsprozess; – **distributivo** Vertriebsvorgang *m*; – **di divorzio** (Ehe-)Scheidungsprozess; – **documentale** Urkundenprozess; – **economico** wirtschaftlicher Ablauf *m*, Wirtschaftsprozess; – **equo** faires Verfahren; – **d'esecuzione** Vollstreckungsverfahren, Exekutionsverfahren (A); – **di fabbricazione** Herstellungsverfahren, Fabrikationsprozess, Fabrikationsverfahren; – **di formazione delle leggi** Gesetzgebungsverfahren, Gesetzgebungsgang *m*; – **graduale** schrittweiser Prozess; – **di impoverimento** Verarmungsprozess; –

indiziario Indizienprozess; – **di innovazione** Innovationsprozess; – **inquisitorio** inquisitorisches Verfahren; – **di inserimento** Eingliederungsprozess; – **di integrazione** Integrationsprozess; – **lavorativo** Arbeitsablauf; – **del lavoro** Arbeitsprozess; – **legislativo** Gesetzgebungsprozess; – **misto** Mischprozess; – **monitorio** Mahnverfahren; – **di parti** Parteienprozess; – **penale** Strafprozess, Strafverfahren; – **penale minorile** Jugendstrafprozess; – **pendente** anhängiger Prozess; – **principale** Hauptprozess; – **di privatizzazione** Privatisierungsprozess; – **produttivo,** – **di produzione** Produktionsprozess, Produktionsverfahren; – **di ristrutturazione** Umstrukturierungsprozess, Neuordnungsprozess; – **sensazionale** Schauprozess; – **di sicurezza** (*dir. pen.*) Sicherungsverfahren; – **simulato** Scheinprozess; – **di socializzazione** Sozialisationsprozess; – **tributario** Steuerverfahren; – **di unificazione europea** europäischer Einigungsprozess; – **verbale** Protokoll *n*, Verhandlungsschrift *f*, Niederschrift; – **verbale d'adesione** Beitrittsprotokoll; – **verbale di apposizione dei sigilli** Versiegelungsprotokoll; – **verbale d'audizione** Vernehmungsprotokoll; – **verbale di conciliazione** Protokoll über die erfolgte Versöhnung, Güteprotokoll; – **verbale del dibattimento** Verhandlungsniederschrift, Verhandlungsprotokoll; – **verbale di divisione** Teilungsniederschrift; – **verbale integrale** Wortprotokoll; – **verbale di interrogatorio** Vernehmungsprotokoll; – **verbale di mancata conciliazione** Protokoll über den ergebnislosen Versöhnungsversuch, Protokoll über den ergebnislosen Sühneversuch; – **verbale di perquisizione domiciliare** Haussuchungsprotokoll; – **verbale di pignoramento** Pfändungsprotokoll; – **verbale di stima** Schätzungsprotokoll, Schatzungsverbal *n* (S); – **verbale d'udienza** Verhandlungsniederschrift, Verhandlungsprotokoll, Tagesatzungsprotokoll (A); – **verbale di verifica** Prüfungsprotokoll; v. a. GIUDIZIO, PROCEDIMENTO, PROCEDURA, VERBALE.

processone *m* Schauprozess *m*.

processore *m* Prozessor *m*; – **(di) dati** Datenverarbeitungsgerät *n*.

processuale *agg* prozessual, Prozess-.

processualista *m* Prozessrechtler.

proclama *m* Aufruf *m*; – **elettorale** Wahlaufruf.

proclamare ausrufen, proklamieren.

proclamazione *f* Ausrufung *f*, Proklamation *f*, Bekanntgabe *f*; – **d'indipendenza** Unabhängigkeitserklärung *f*; – **della legge marziale** Verhängung des Standrechts; – **della repubblica** Ausrufung der Republik, Ausruf der Republik; – **dei risultati elettorali** Bekanntgabe des Wahlergebnisses; – **dello stato d'assedio** Verhängung des Belagerungszustandes.

procura *f* (1) Vollmacht *f*, Vertretungsvollmacht, (2) (*commerciale*) Prokura *f*, (3) (*come atto*) Vollmachtsurkunde *f*; **conferire una** – eine Vollmacht erteilen; Prokura erteilen; **per** – per Prokura (*abbreviato*: pp., ppa.); **revocare una** – eine Vollmacht widerrufen, eine Vollmacht aufheben; **rilasciare – a qualcuno** jemandem Vollmacht erteilen, jemanden bevollmächtigen; – **d'amministrazione di stabili** Hausverwaltungsvollmacht; – **per atto pubblico** notarielle Vollmacht; – **bancaria** Bankvollmacht; – **in bianco** Blankovollmacht; – **collettiva** Gesamtvollmacht, Kollektivvollmacht (A, S); Gesamtprokura, Kollektivprokura (A, S); – **commerciale** Handelsvollmacht, Prokura; – **congiunta** Gesamtvollmacht, Kollektivvollmacht (A, S); Gesamtprokura, Kollektivprokura (A, S); – **elettorale** Wahlvollmacht; – **espressa** ausdrückliche

Vollmacht; – **generale** Generalvollmacht, Allgemeinvollmacht; – **generale della Corte Suprema di Cassazione** Generalstaatsanwaltschaft beim Obersten Kassationshof; – **generale della Repubblica** Generalstaatsanwaltschaft; – **per incasso** Einziehungsvollmacht, Inkassovollmacht; – **individuale** Einzelvollmacht; – **institoria** Prokura; – **irrevocabile** unwiderrufliche Vollmacht; – **alle liti** Prozessvollmacht, Prozessauftrag *m* (A), Prozessbevollmächtigung *f*; – **notarile** notarielle Vollmacht; – **permanente** Dauervollmacht; – **postale** Postvollmacht; – **della Repubblica** Staatsanwaltschaft; – **per scrittura privata** privatschriftliche Vollmacht; – **speciale** Sondervollmacht, Spezialvollmacht, Sonderbevollmächtigung *f*, Artvollmacht; – **tacita** stillschweigende Vollmacht; v. a. POTERE, POTERI.

procuratore *m* Bevollmächtigter *m*; **nominare un** – einen Bevollmächtigten bestellen; – **commerciale** Prokurist *m*; – **domiciliatario** (*processo*) Zustellungsbevollmächtigter; – **generale** Generalbevollmachtiger; (S anche:) Erster Staatsanwalt (S); – **generale della Confederazione** (S) Bundesanwalt *m* (S); – **generale della Corte d'Appello** Generalstaatsanwalt beim Appellationsgerichtshof; – **generale della Corte di Cassazione** Generalstaatsanwalt beim Kassationsgerichtshof; – **generale della Repubblica** Generalstaatsanwalt *m*, Generalprokurator *m* (A); – **alle grida** Vertreter des Kursmaklers; – **legale** Rechtsanwalt *m*; – **alle liti** Prozessbevollmächtigter, Prozess Vertreter *m*; – **legale domiciliatario** Zustellungsbevollmächtigter; – **pubblico** (S), – **della Repubblica** Staatsanwalt *m*, Amtsanwalt (presso l'Amtsgericht); **sostituto** – **della Repubblica** stellvertretender Staatsanwalt; – speciale Sonderbevollmächtigter.

prodigalità *f* Verschwendungssucht *f*, Verschwendung *f*.

prodigare verschwenden.

prodigo *agg* verschwenderisch.

prodigo *m* Verschwender *m*.

proditorio *agg* verräterisch.

prodotto *m* (1) Erzeugnis *n*, Produkt *n*, (2) (*provento*) Ertrag *m*; – **agricolo** Agrarerzeugnis, Agrarprodukt, landwirtschaftliches Erzeugnis; – **alimentare** Nahrungsmittel *n*; – **base** Grundstoff *m*; Ausgangsprodukt; – **concorrente** Konkurrenzprodukt; – **di consumo** Konsumerzeugnis; – **edilizio** Bauwerk *n*; – **d'esercizio** Betriebsertrag; – **d'esportatione** Exportprodukt, Exportware *f*; – **estero** Auslandserzeugnis; – **finale** Enderzeugnis; – **finito** Fertigerzeugnis, Fertigprodukt, Fertigfabrikat *n*, Fertigware *f*; – **di gran qualità** Spitzenerzeugnis; – **grezzo** Rohprodukt; – **industriale** Industrieerzeugnis; – **interno lordo** Bruttoinlandsprodukt; – **interno netto (PIN)** Nettoinlandsprodukt; – **del lavoro** Arbeitsertrag; – **di lusso** Luxusgut *n*, Luxusware *f*; – **di marca** Markenerzeugnis; – **naturale** Naturprodukt; – **nazionale** Inlandserzeugnis; – **nazionale lordo (PNL)** Bruttosozialprodukt; – **nazionale netto al costo dei fattori** Nettosozialprodukt zu Faktorkosten; – **nazionale netto ai prezzi di mercato** Nettosozialprodukt zu Marktpreisen; – **pregiato** hochwertiges Erzeugnis; – **di prima qualità** Erzeugnis erster Qualität; – **di qualità** Qualitätserzeugnis; – **di scarto** Ausschusserzeugnis; – **semilavorato** Halberzeugnis, Halbfabrikat *n*, Halbfertigware *f*, Halbware; – **sociale** Sozialprodukt; – **sociale lordo** Bruttosozialprodukt; – **sociale netto** Nettosozialprodukt; – **di trasformazione** Veredelungsprodukt.

product manager *m* Produktmanager *m*.

product mix *m* Produktmix *n*.

product test *m* Produkttest *m.*

produrre produzieren, erzeugen, herstellen; – **un documento in causa** eine Urkunde im Rechtsstreit vorlegen.

produttività *f* Produktivität *f*; – **industriale** Industrieproduktivität; – **lavorativa,** – **del lavoro** Arbeitsproduktivität; – **marginale** Grenzproduktivität; – **massima** Höchstleistung *f*; – **pro capite** Pro-Kopf-Produktivität; v. a. RENDIMENTO.

produttivo *agg* produktiv.

produttore *m* (1) Hersteller *m*, Produzent *m*, Erzeuger *m*, (2) (*di affari*) Werber *m*, Akquisiteur *m*; – **di affari** Werber *m*; – **d'assicurazione** Versicherungswerber; – **consumatore** Selbstversorger *m*; – **occasionale** (*ass*) Gelegenheitsagent *m*; – **di ordini** (*borsa*) Remisier *m*; v. a. FABBRICANTE.

produzione *f* (1) Erzeugung *f*, Produktion *f*, Herstellung *f*, (*di birra*) Ausstoß *m*; (2) (*di documenti*) Vorlage *f*; (3) (*estrazione*) Gewinnung *f*; (4) (*di affari*) Werbung *f*, Akuisition *f*; **arrestare la** – die Produktion einstellen; **aumentare la** – die Produktion steigern; – **di affari** Werbung *f*, Akquisition *f*; – **agricola** landwirtschaftliche Produktion; – **annua** Jahresproduktion; – **di atti** Urkundenvorlage, Urkundenvorlegung *f*; – **a cottimo** Herstellung im Akkordlohn; – **del diritto** Rechtserzeugung; – **di documenti** Urkundenvorlage, Urkundenvorlegung *f*; – **in eccedenza** Überschussproduktion; – **d'energia** Energieerzeugung; – **giornaliera** Tagesproduktion; – **di guerra** Kriegsproduktion; – **industriale** Industrieproduktion, Industrieerzeugung; – **legislativa** Gesetzesproduktion; – **su licenza** Lizenzfertigung *f*; – **locale** einheimische Produktion; – **di massa** Massenerzeugung, Massenproduktion, Massenfertigung, Massenherstellung, Massenfabrikation *f*, Mengenproduktion; – **media** Durchschnittsproduktion; – **di materie prime** Rohstoffgewinnung; – **mondiale** Weltproduktion; Welterzeugung; – **nazionale** inländische Produktion, Inlandserzeugung, inländische Erzeugung; – **normativa** Rechtserzeugung, Rechtsetzung *f*; – **propria** Eigenproduktion, Eigenerzeugung; – **della prova** Antritt des Beweises, Beweisantritt *m*, Antretung des Beweises (S), Beweisantretung *f* (A, S); – **record** Rekordproduktion; – **in serie** Serienerzeugung, Serienherstellung, Serienfabrikation *f*, Serienfertigung *f*, Reihenfertigung; v. a. FABBRICAZIONE.

professionale *agg* Berufs-, gewerbsmäßig; (*di categoria professionale*) berufsständisch.

professionale *m* (*delinquente abituale*) Berufsverbrecher *m.*

professionalità *f* Professionalität *f*; **nel reato** Gewerbsmäßigkeit der strafbaren Handlung.

professione *f* (1) Beruf *m*; (2) (*categoria professionale*) Berufsstand *m*; **avviare ad altra** – umschulen; **di** – beruflich, berufsmäßig, gewerbsmäßig; **esercitare una** – einen Beruf ausüben; – **libera,** – **liberale** freier Beruf; – **principale** Hauptberuf.

professionista *m*, **libero** – Freiberufler *m*, freiberuflich Tätiger; – **della politica** Berufspolitiker *m.*

professore *m* (1) (*di scuola secondaria*) Studienrat *m*; Gymnasialprofessor; (2) (*di università*) Professor *m*, Universitätsprofessor; – **associato** Assistenzprofessor; – **emerito** emeritierter Professor; – **incaricato** Lehrbeauftragter *m*; – **onorario** Honorarprofessor; – **ordinario** ordentlicher Professor; – **fuori ruolo** emeritierter Professor; – **straordinario** außerordentlicher Professor; – **universitario** Universitätsprofessor.

profilo *m* **professionale** Berufsbild *n.*

profitto *m* Nutzen *m*, Vorteil *m*, Gewinn; **realizzare un** – einen Gewinn erzielen; – **sui cambi**

Kursgewinn; – **di congiuntura** Konjunkturgewinn; – **di guerra** Kriegsgewinn; – **illecito** unerlaubter Gewinn, ungesetzlicher Gewinn; – **dell'imprenditore** Unternehmergewinn; – **marginale** Grenznutzen; – **di monopolio** Monopolgewinn; – **di reato** Gewinn aus einer strafbaren Handlung; – **di speculazione** Spekulationsgewinn; – **usurario** wucherischer Gewinn; v. a. UTILE, UTILI.

profugo *m* Flüchtling *m*; – **riconosciuto** anerkannter Flüchtling; RIFUGIATO.

progettare planen, entwerfen.

progettazione *f* Planung *f*, Projektierung *f*.

progettista *m* Projekteur, Konstrukteur *m*.

progetto *m* (1) Entwurf *m*; (2) (*proposito*) Plan *m*, Vorhaben *n*; **presentare un** – (1) einen Plan vorstellen; (2) (*di legge*) eine Vorlage einbringen; – **ambientale** Umweltprojekt; – **approvato** genehmigtes Vorhaben; – **di bilancio** Bilanzentwurf, Rohbilanz *f*, (*pubblico*) Voranschlagsentwurf (A); – **comunitario** Gemeinschaftsprojekt; – **di costruzione** Bauvorhaben; – **di distribuzione** (*esecuzione forzata*) Teilungsplan *m*; – **di divisione** Teilungsplan *m*; – **d'emendamento** Abänderungsentwurf, Abänderungsvorschlag *m*; – **governativo** Regierungsvorlage *f*, Regierungsentwurf, Kabinettsentwurf; – **di investimento** Investitionsvorhaben, Investierungsvorhaben, – **di legge** Gesetzentwurf, Gesetzesvorlage *f*, Gesetzesvorschlag *m*, Gesetzvorschlag (A); – **di legge di bilancio** Haushaltsvorlage *f*; – **di legge doganale** Zollvorlage *f*; – **di legge finanziaria** Finanzvorlage *f*; – **di legge governativo** Regierungsvorlage *f*, Regierungsentwurf, Kabinettsentwurf; – **modificativo** Abänderungsentwurf; – **originario** Urentwurf, Urantrag *m*; – **pilota** Pilotprojekt; – **preliminare** Vorentwurf; – **preliminare di bilancio** Haushaltsplanvorentwurf; – **di razionalizzazione** Rationalisierungsvorhaben; – **di ricerca** Forschungsprojekt; – **di riforma** Reformvorhaben; – **di ripartizione** Verteilungsplan, Teilungsplan; – **di risoluzione** Entschließungsentwurf; – **di sostegno** Hilfsprojekt; – **strategico** Strategieplan; – **di sviluppo** Entwicklungsprojekt; – **transfrontaliero** grenzüberschreitendes Projekt; v. a. DISEGNO.

prognosi *f* Prognose *f*; – **della congiuntura** Konjunkturprognose *f*; – **economica** Wirtschaftsprognose.

programma *f* Programm *n*; – **d'aiuto** Hilfsprogramm *n*; – **d'aiuto immediato** Soforthilfeprogramm *n*; – **alimentare mondiale** (ONU) Welternährungsprogramm; – **d'ammodernamento** Modernisierungsprogramm; – **di assistenza** Hilfsprogramm; – **di austerità** Sparprogramm; – **d'azione** Aktionsprogramm; – **(di) base** Grundprogramm; – **congiunturale** Konjunkturprogramm; – **economico** Wirtschaftsprogramm *n*; – **elettorale** Wahlprogramm *n*; – **di emergenza** Notprogramm; – **d'espansione** Ausdehnungsprogramm, Expansionsprogramm *n*; – **di fabbricazione** (1) Fabrikationsprogramm *n*; (2) (*urbanistica*) Bebauungsplan *m*; – **finanziario** Finanzprogramm *n*; – **di fornitura** Lieferprogramm *n*; – **governativo** Regierungsprogramm *n*; – **informatico** Computerprogramm; – **di insegnamento** Lehrplan; – **d'investimenti** Investitionsprogramm *n*; – **di lavoro, – dei lavori** Arbeitsprogramm; – **legislativo** Gesetzgebungsprogramm; – **memorizzato** (*inf*) gespeichertes Programm; – **mondiale dell'occupazione** Weltbeschäftigungsprogramm; – **delle Nazioni Unite per l'ambiente** Umweltprogramm der Vereinten Nationen; – **del partito** Parteiprogramm *n*; – **politico** politisches Programm;

– **di produzione** Produktionsprogramm *n*; – **quadro** Rahmenprogramm; – **di ricerche** Forschungsprogramm; – **di ricostruzione** Wiederaufbauprogramm; – **di riforma** Reformprogramm; – **di rilancio della congiuntura** Konjunkturprogramm; – **di risanamento** Sanierungsprogramm *n*; – **di servizio** Betriebsprogramm; – **di socorso** Hilfsprogramm *n*; – **di sostegno** Unterstützungsprogramm; – **di sottoscrizione** (*di titoli*) Zeichnungsprospekt *m*; – **standard** Standardprogramm; – **strategico** Strategieprogramm; – **di sviluppo** Entwicklungsprogramm; – **di sviluppo regionale** (CE) Regionalentwicklungsprogramm; – **terapeutico** Therapieplan *m*; – **di trattamento** (*dir. penit.*) Vollzugsplan; – **utente** (*inf*) Benutzerprogramm; V. A. PIANO.

programmabile *agg* programmierbar.

programmare programmieren.

programmatore *m* Programmierer *m*.

programmazione *f* Programmierung *f*, Planung *f*; – **aziendale** Unternehmensplanung; – **di bilancio** Haushaltsplanung; – **dei costi** Kostenplanung; – **economica** Wirtschaftsplanung; – **finanziaria** Finanzplanung; – **degli investimenti** Investitionsplanung; – **a lunga scadenza** langfristige Planung; – **preventiva** Vorausplanung; – **delle spese** Ausgabenplanung; – **statale** Staatsplanung; – **urbanistica** städtebauliche Planung; V. A. PIANIFICAZIONE.

progressione criminosa kriminelle Progression.

progressista *agg* fortschrittlich.

progressista *m* Fortschrittler *m*.

progressività *f*, – **fiscale, impositiva,** – **dell'imposta** Steuerprogression *f*, Steuerstaffelung *f*.

progresso *m* Fortschritt *m*; – **economico** wirtschaftlicher Fortschritt; – **di integrazione** Integrationsprozess; – **scientifico** wissenschaftlicher Fortschritt; – **significativo** bedeutender Fortschritt; – **sociale** sozialer Fortschritt – **tecnico** technischer Fortschritt; – **technologico** technologischer Fortschritt.

proibire verbieten, untersagen.

proibito *agg* verboten; **severamente** – strengstens verboten.

proibizione *f* Untersagung *f*.

proibizionismo *m* Prohibitionismus *m*, Prohibitivsystem *n*.

proibizionista *agg* prohibitionistisch.

proibizionista *m* Prohibitionist *m*.

proiettile *m* Geschoss *n*.

proiettore *m* **fendinebbia** Nebelscheinwerfer *m*.

proiezione *f* (*stat.*) Hochrechnung *f*.

proletariato *m* Proletariat *n*; – **industriale** Indsutrieproletariat; – **rurale** Landproletariat.

proletario *agg* proletarisch.

proletario *m* Proletarier *m*, (*spregiativo*) Prolet *m*.

proletarizzare proletarisieren.

prolungare verlängern.

prolusione *f* Antrittsvorlesung *f*.

promemoria *m* Memorandum *n*, Gedächtnisprotokoll *n*.

promessa *f* Versprechen *n*, Zusage *f*, Promesse *f*; – **di azione** Aktienpromesse; – **di consegna** Lieferzusage; – **di contratto** Vorvertrag *m*; – **di credito** Kreditzusage; – **di debito** Schuldversprechen; – **di donazione** Schenkungsversprechen; – **elettorale** Wahlversprechen; – **di garanzia** Garantiezusage, Garantieversprechen; – **di interesse** Zinsversprechen, Zinsenversprechen (A), Zinsenzusage (A); – **di matrimonio** Verlöbnis *n*, Eheversprechen, Ehe Verlöbnis (A =), Ehegelöbnis *n*; – **di mutuo** Darlehensversprechen; – **dell'obbligazione o del fatto del terzo** Versprechen der Verpflichtung oder des Verhaltens eines Dritten; – **di pagamento** Zahlungsversprechen; – **al pubblico** Auslobung *n*; – **solenne** Gelöbnis *n*, feierliches Gelöbnis, Gelübde *n* (S), Angelobung *f* (A), (*data con stretta di* *mano)* Handgelöbnis, Handgelübde (S); – **unilaterale** einseitiges Versprechen; – **di vendita** Verkaufsversprechen; – **di vitalizio** Leibrentenversprechen.

prometterre versprechen, zusagen; – **solennemente** geloben, angeloben (A).

promissario *m* Versprechensempfänger *m*.

promittente *m* Versprechensgeber *m*, (*fidanzato*) Verlobter *m*.

promotore *m* Förderer *m*; – **della società** Gesellschaftsgründer bei der Stufengründung.

promovimento *m* **dell'azione pubblica** Erhebung der öffentlichen Klage.

promozione *f* (1) Förderung *f*; (*delle vendite*) Verkaufsförderung; (2) (*avanzamento*) Beförderung; (3) (*di scolari*) Versetzung *f*; – **della concorrenza** Wettbewerbsförderung; – **sociale** sozialer Aufstieg *m*; – **delle vendite** Absatzförderung.

promulgare verkünden, kundmachen (A), erlassen, bekanntgeben.

promulgazione *f* Verkündung *f*, Kundmachung *f* (A), Erlassung *f* (A), Promulgation *f* (S), Bekanntgabe *f*; – **della legge** Verkündung des Gesetzes.

promuovere (1) (*far progredire*) fördern; (2) (*far avanzare*) befördern; (3) (*scolari*) versetzen.

pronto prompt.

pronto *m* Lokomarkt *m*.

pronuncia *f* Spruch *m*, Ausspruch, Verkündung *f*, Ausfällung *f* (A =); – **secondo diritto** Entscheidung nach dem Gesetz; – **secondo equità** Entscheidung nach Billigkeit; – **giudiziaria** Gerichtsspruch, richterlicher Ausspruch, Gerichtsausspruch; – **sul merito** Entscheidung in der Sache; – **della sentenza** Urteilsverkündung, Urteilsverkündigung *f* (S), Urteilseröffnung *f* (S); – **a sezioni unite** Entscheidung des Vereinigten Senats; – **sul ricorso** Beschwerdeentscheidung; Revisionsentscheidung.

pronunciare (*sentenze*) verkünden.

propaganda *f* (1) Propaganda *f*; (2) (*pubblicità*) Werbung *f*, Reklame *f*; – **anticoncezionale** Empfängnisverhütungspropaganda; – **anticostituzionale** verfassungsfeindliche Propaganda; – **elettorale** Wahlpropaganda, Wahlwerbung (A); – **sovversiva** subversive Propaganda.

propagandista *m* Propagandist *m*; – **elettorale** Wahlwerber *m* (A).

propensione *f*, – **all'acquisto** Kaufneigung *f*, Kaufinteresse *n*; – **al consumo** Konsumneigung *f*; – **al risparmio** Sparneigung.

proponente *m* Antragsteller *m*.

proporre vorschlagen.

proporzionale *f* Proporz *m*; – **etnica** ethnischer Proporz (*Südtirol*).

proporzionalità Verhältnismäßigkeit *f*.

proporzional(ment)e anteilig, anteilsmäßig.

proporzione, in – anteilig, anteilsmäßig.

proposito criminoso verbrecherische Absicht.

proposizione *f*, – **d'appello** Berufungseinlegung *f*, Berufungserhebung *f* (A); – **dell'azione,** – **della domanda (giudiziale)** Klageerhebung *f*, Klageeinreichung *f*, Klagseinbringung *f* (A), Einreichung der Klage, Anhebung der Klage (S); – **del ricorso per cassazione** Revisionseinlegung.

proposizioni *fpl* **di pace** Friedensvorschlag m.

proposta *f* (1) Vorschlag *m*; (*2*) (*conclusione di contratto*) Antrag *m*, Offerte *f* (+ S); **accettare una** – einen Vorschlag annehmen; **avanzare una** – einen Vorschlag unterbreiten; **rifiutare una** – einen Vorschlag ablehnen; **su** – **di** auf Vorschlag von; – **di acquisto** Kaufangebot *n*; – **alternativa** Alternativvorschlag; – **di assicurazione** Versicherungsantrag; – **di compromesso** Kompromissvorschlag; – **di conciliazione** Vermittlungsvorschlag; – **di con-**

cordato Vergleichsvorschlag; – **di contratto,** – **contrattuale** Vertragsantrag, Vertragsangebot *n*, Vertragsangebot *n* (A), Vertragsvorschlag *m* (A); – **d'emendamento** Abänderungsvorschlag, Abänderungsantrag, Änderungsvorschlag; Novellierungsvorschlag (A =); – **d'impiego** Beschäftigungsangebot *n*; – **di iniziativa parlamentare** Initiativantrag, Initiativbegehren *n* (S); – **d'intesa** Einigungsvorschlag; – **irrevocabile** unwiderruflicher Antrag; – **di legge** Gesetzentwurf *m*, Gesetzesvorlage *f*, Initiativantrag; – **di miglioramento** Verbesserungsvorschlag; – **di modifica** Änderungsvorschlag; – **di pace** Friedensvorschlag; – **di transazione** Vergleichs Vorschlag; – **di vendita** Verkaufsangebot *n*.

proprietà *f* (1) (*diritto reale*) Eigentum *n*; (2) (*possesso*) Besitztum *n*; **grande** – **terriera** Großgrundbesitz *m*; **libera** – freies Eigentum; **nuda** – bloßes Eigentum, nacktes Eigentum (nuda proprietas), **piccola** – Kleineigentum, Kleinbesitz *m*; **riservarsi la** – sich das Eigentum vorbehalten; **trasferire la** – das Eigentum übertragen; **violare la** – **altrui** fremdes Eigentum verletzen; – **altrui** fremdes Eigentum; – **artistica** künstlerisches Eigentum; – **artistica e letteraria** künstlerisches und literarisches Eigentum; – **collettiva** (1) Gesamteigentum; (2) (*della collettività*) Kollektiveigentum, Gemeineigentum; – **coltivatrice** bäuerliches Eigentum; – **comune** (*condominio*) gemeinschaftliches Eigentum; – **in condominio** (1) Miteigentum; (2) (*case di abitazione*) Wohnungseigentum; (3) (*altri edifici*) Teileigentum; – **contadina** bäuerliches Eigentum; – **demaniale,** – **del demanio** Staatseigentum; – **esclusiva** Alleineigentum; (*condominio*) Sondereigentum; – **fondiaria** Grundeigentum, Grundbesitz *m*, Grund und Boden, Bodenbesitz; – **immobiliare** Grundeigentum, Grundbesitz *m*, Realbesitz; – **individuale** Individualeigentum, persönliches Eigentum; – **indivisa** Eigentum zur gesamten Hand, Gesamthandeigentum, Eigentumsgemeinschaft *f* (A); – **industriale** gewerbliches Eigentum; – **intellettuale** geistiges Eigentum; – **letteraria** literarisches Eigentum; – **limitrofa** Grenzeigentum; – **mineraria** Bergwerkseigentum; – **mobiliare** Fahrniseigentum; Wertpapierbesitz *m*; – **nemica** feindliches Eigentum, Feindbesitz *m*; – **originaria** originäres Eigentum, Ureigentum; – **particolare** Sondereigentum; – **per piani** Stockwerkseigentum; – **piena** volles Eigentum; – **privata** Privateigentum, Privatbesitz *m*; – **recintata** eingefriedetes Eigentum, befriedetes Eigentum, umfriedetes Eigentum, befriedetes Besitztum, umfriedetes Besitztum; – **rurale** (bäuerlicher) Landbesitz; – **terriera** Grundeigentum, Grundbesitz *m*; – **a titolo derivativo** abgeleitetes Eigentum.

proprietario *m* Eigentümer *m*; **grande** – **terriero** Großgrundbesitzer *m*; **nudo** – Inhaber einer nuda proprietas; **terzo** – Dritteigentümer; **vecchio** – Voreigentümer; – **di buona fede** gutgläubiger Eigentümer; – **confinante** Anrainer *m*; – **di immobile** Grundstückseigentümer, Grundeigentümer, Grundbesitzer *m*; – **legittimo** rechtsmäßiger Eigentümer; – **di nave** Schiffseigentümer, Schiffseigner *m*; – **di un piano di edificio** Stockwerkseigentümer; – **di quota ideale** Bruchteilseigentümer; – **rivierasco** Ufereigentümer; – **terriero** Grundbesitzer *m*, Grundeigentümer, Grundstückseigentümer; – **unico** Alleineigentümer.

proprio, in – im eigenen Namen.

prorata *m* Pro-rata-Satz *m*.

proroga *f* (1) Verlängerung *f*; (2) (*attribuzione di competenza per patto*) Prorogation *f*; **concedere una** – einen Aufschub bewilligen; –

dell'affitto Pachtverlängerung; – **del brevetto** Patentverlängerung; – **di cambiale** Stundung eines Wechsels, Wechselverlängerung, Wechselprolongation *f*; – **della competenza** Prorogation; – **del contratto** Vertragsverlängerung; – **del contratto d'affitto** Verlängerung des Pachtvertrags; – **del contratto di locazione** Verlängerung des Mietvertrages; – **del credito** Kreditverlängerung; – **di pagamento** Zahlungsaufschub *m*; – **di scadenza** Fälligkeitsaufschub *m*; – **tacita del contratto** stillschweigende Vertragsverlängerung; – **della validità** Gültigkeitsverlängerung; v. a. PROROGAZIONE, RINNOVO.

prorogabile *agg* verlängerbar, verlängerungsfähig.

prorogabilità *f* Verlängerbarkeit *f*.

prorogare verlängern.

prorogazione *f* **di termine** Fristverlängerung f, Fristaufschub m; v. a. PROROGA.

prosciogliere freilassen, freisprechen, auf freien Fuß setzen.

proscioglimento *m* Außerverfolgungsetzung *f*, Freilassung *f*, Freisprechung *f*, Freispruch *m*; – **perché il fatto non costituisce reato,** – **per insussistenza di reato** Freispruch mangels strafbaren Tatbestandes.

proscritto *m* Verbannter *m*, Geächteter *m*.

proscrivere verbannen.

proscrizione *f* Verbannung *f*, Proskription *f*.

prosecuzione *f* Fortsetzung *f*, Fortführung *f*; **mancata – del processo** Nichtfortsetzung des (unterbrochenen) Verfahrens; – **del processo** Fortsetzung des (unterbrochenen) Verfahrens.

prosindaco *m* stellvertretender Bürgermeister *m*.

prosperità *f* Wohlstand *m*.

prospettive *f pl*, – **congiunturali** Konjunkturaussichten; – **del mercato** Marktaussichten *pl*; – **di sviluppo** Wachstumsaussichten.

prospetto *m* (1) (*tabella riassuntiva*) Aufstellung *f*; (2) (*pubblicitario*) Prospekt *m*; (3) (*sul fondo del vicino*) Ausblick *m*; – **di cassa** Kassenausweis *m*; – **delle entrate e delle uscite** Aufstellung der Einnahmen und Ausgaben; – **finanziario** Finanzwausweis; – **informativo** Börsenprospekt, Zeichnungspflicht; – **di paga** Lohnabrechnungszettel *m*, Lohnaufstellung *f*, Lohnstreifen *m*, Lohnzettel; – **patrimoniale** Vermögensaufstellung; – **del peso** Gewichtsnachweisung *f*; – **delle somme disponibili** (*dir. fall.*) Aufstellung der verteilbaren Beträge.

prosseneta *m* gewerbsmäßiger Kuppler.

prostituta *f* Prostituierte *f*.

prostituzione *f* Prostitution *f*; – **professionale** gewerbsmäßige Prostitution.

proteggere schützen.

proteiformità *f* **dell'amministrazione** Vielförmigkeit *f* des Verwaltungshandelns.

protesta *f* Protest *m*.

protestare protestieren, Vorstellungen erheben, Vorstellungen machen, Verwahrung einlegen.

protestato *m* Protestgegner *m*.

protestazione *f* Protestaufnahme *f*, Protesterhebung *f*.

protesto *m* Protest *m*; (*atto del protesto*) Protesturkunde *f*; **levare** – Protest erheben, Protest aufnehmen; – **senza** ohne Protest; – **di assegno** Scheckprotest; – **d'avaria** Havarieprotest; – **cambiario** Wechselprotest; – **per mancata accettazione** Protest mangels Annahme; – **per mancato pagamento** Protest mangels Zahlung; – **di mare,** – **marittimo** Seeprotest, Verklarung *f*, Seeverklarung (A); – **al vento** Windprotest.

protettivo *agg* Schutz-.

protetto *m* Schützling *m*, Schutzbefohlener *m*.

protettorato *m* Protektorat *n*, Schutzherrschaft *f*, Protektoratsland *n*, Schutzgebiet *n*; – **collettivo** Kollektivprotektorat.

protettore *m* Protektor *m*.

protezione *f* Schutz *m*; – **delle acque** Gewässerschutz; – **acustica** Schallschutz; – **dell'ambiente (naturale)** Umweltschutz; – **antincendio** Brandschutz; – **degli animali** Tierschutz; – **assicurativa** Versicherungsschutz; – **brevettuale** Patentschutz; – **civile** Zivilschutz; – **consolare** konsularischer Schutz; Konsularschutz; – **del consumatore** Verbraucherschutz; – **del contraente economicamente più debole** Schutz des wirtschaftlich schwächeren Vertragspartners; – **dei creditori** Gläubigerschutz; – **dei dati** Datenschutz; – **diplomatica** diplomatischer Schutz; diplomatische Protektion, diplomatisches Schutzrecht; – **dei diritti dell'uomo** Schutz der Menschenrechte; – **doganale** Zollschutz; – **giudiziaria** gerichtlicher Schutz; – **giuridica,** – **giurisdizionale** Rechtsschutz; – **dell'infanzia** Kinderschutz; – **contro il licenziamento** Kündigungsschutz; – **delle minoranze** Minderheitenschutz; – **dei modelli d'utilità** Gebrauchsmusterschutz; – **della natura** Naturschutz; – **del nome** Namensschutz; – **del paesaggio** Landschaftsschutz; – **della proprietà industriale** gewerblicher Rechtsschutz; – **contro le radiazioni** Strahlenschutz; – **sociale** sozialer Schutz; – **delle specie** Artenschutz; V. A. PREVENZIONE, TUTELA.

protezionismo *m* Protektionismus *m*, Schutzzollsystem *n*; – **doganale** Zollprotektionismus.

protezionista *agg* protektionistisch.

protezionista *m* Anhänger des Schutzzollsystems.

protocollare protokollieren.

protocollare *agg* protokollarisch.

protocollista *m* Protokollführer *m*.

protocollo *m* Protokoll *n*; – **d'accordo** Vereinbarungsprotokoll; – **addizionale** Zusatzprotokoll, Ergänzungsprotokoll; – **d'adesione** Beitrittsprotokoll; – **aggiuntivo** Zusatzprotokoll; – **di collaudo** Abnahmeprotokoll; – **congiunto** gemeinsames Protokoll; – **descrittivo** protokollarische Beschreibung; – **di emendamento** Änderungsprotokoll; – **di errata corrige** Berichtigungsprotokoll; – **finale** Schlussprotokoll, Schlussniederschrift *f*; – **finanziario** Finanzprotokoll; (*finanziamento*) Finanzierungsprotokoll; – **di firma** Zeichnungsprotokoll, Unterzeichnungsprotokoll, Fertigungsprotokoll (A); – **di Ginevra** Genfer Protokoll; – **integrativo** Zusatzprotokoll; – **interpretativo** Auslegungsprotokoll; – **di modifica** Änderungsprotokoll; – **di rettifica** Berichtigungsprotokoll; – **segreto** Geheimprotokoll.

protutela *f* Gegenvormundschaft *f*, Mitvormundschaft, Beistandschaft *f* (S).

protutore *m* Gegenvormund *m*, Mitvormund (A), Pflegebeistand *m*, Beistand (S).

prova *f* (1) (*dir. proc.*) Beweis *m*; (2) (*dimostrazione*) Nachweis; (3) (*esame*) Prüfung *f*; (4) (*campione*) Probe *f*; **addurre la** – den Beweis führen; **assumere in** – zur Probe anstellen; **dedurre una** – einen Beweis antreten; **fino a** – **contraria** bis zum Beweis des Gegenteils, bis zum Nachweis des Gegenteils; **fornire la** – den Beweis liefern, den Nachweis liefern; **infirmare una** –, **invalidare una** – einen Beweis entkräften; **mettere a** – unter Beweis stellen; **produrre una** – einen Beweis antreten; – **acquista** erhobener Beweis; – **attitudinale** Befähigungsnachweis; – **d'autenticità** Echtheitsbeweis; – **del bisogno** Bedürftigkeitsnachweis; – **a caso** Stichprobe; – **di collaudo** Abnahmeprüfung; – **della colpa** Verschuldensnachweis; – **complementare** zusätzliche Beweisaufnahme, zusätzliches Beweismittel; – **concludente** schlüssiger Beweis; – **contabile** Buchnachweis, buchmäßiger Nachweis; – **contraria**

Gegenbeweis; – **del danno** Schadennachweis; – **diretta** unmittelbarer Beweis, direkter Beweis; – **del diritto** Berechtigungsnachweis; – **a discarico** Entlastungsbeweis; – **documentale** Urkundenbeweis; – **ematologica** Blutprobe; – **d'etilismo** Alkoholprobe, Blutprobe; – **di fortuna** Seeprotest *m*, Verklarung *f*, Seeverklarung (A); – **di forza** Machtprobe; – **di funzionamento** Funktionsprüfung; – **a futura memoria** Beweissicherung, Beweis zum ewigen Angedenken (S), Beweis zum ewigen Gedächtnis (S); – **dell'identità** Identitätsnachweis, (*merci*) Nämlichkeitsnachweis; – **di idoneità** (*apprendistato*) Gesellenprüfung; – **inammissibile** unzulässiger Beweis; – **indiretta** mittelbarer Beweis, indirekter Beweis; – **indiziaria** Anzeichenbeweis, Anscheinsbeweis, primafacie-Beweis, Indizienbeweis; – **irrefutabile** unwiderlegbarer Beweis; – **di laboratorio** Laborversuch; – **legale** gesetzlicher Beweis; gesetzliches Beweismittel; – **liberatoria** Wahrheitsbeweis; – **materiale** materieller Beweis; – **della morte** Todesbeweis; – **dell'avvenuta notificazione** Zustellungsnachweis; – **orale** mündliche Prüfung; – **della paternità** Vaterschaftsnachweis; – **peritale** Sachverständigenbeweis; – **a perpetua memoria** (S) Beweis zum ewigen Angedenken (S), Beweis zum ewigen Gedächtnis (S); – **piena** voller Beweis; – **precostituita** Absichtsurkunde *f*; – **della proprietà** Eigentumsnachweis; – **scritta** (*esame*) schriftliche Prüfungsaufgabe, Aufsichtsarbeit; – **per testimoni,** – **testimoniale** Zeugenbeweis; v. a. ESAME, VERIFICA.

provare beweisen, nachweisen, unter Beweis stellen.

prove *f pl*, **nuove** – neue Beweise; – **valutare le** – die Beweise würdigen; – **a carico** Belastungsmaterial *n*; – **a discarico** Entlastungsmaterial *f*.

provenienza *f* Herkunft *f*, Provenienz *f*.

proventi *m pl* **doganali** Zolleinnahmen *pl*.

provento *m* Ertrag *m*; **maggior** – Mehrertrag; – **d'esercizio** Betriebsertrag; – **finanziario** Finanzertrag; – **dell' imposta** Steuerertrag; – **di interessi** Zinsertrag; – **lordo** Bruttoertrag; – **netto** Nettoertrag; – **totale** Gesamtertrag; v. a. REDDITO.

provincia *f* Provinz *f*.

provocare (1) herausfordern, provozieren; (2) (*causare*) verursachen.

provocatore *m* Herausforderer *m*, Provokateur *m*.

provocazione *f* Herausforderung *f*, Provokation *f*.

provvedimenti, prendere – Maßnahmen treffen, Maßnahmen ergreifen.

provvedimento *m* Maßnahme *f*, Verfügung *f*; **prendere un** – eine Maßnahme treffen, eine Maßnahme ergreifen; – **amministrativo** Verwaltungsmaßnahme; – **anticongiunturale** Konjunkturdämpfungsmaßnahme; – **antiinflazionistico** Inflationsdämpfungsmaßnahme; – **arbitrario** willkürliche Maßnahme, Willkürmaßnahme; – **d'attuazione** Durchführungsanordnung *f*; – **dell'autorità** behördliche Maßnahme; – **dell'autorità giudiziaria** gerichtliche Verfügung; – **cautelare** sichernde Maßnahme, vorsorgliche Maßnahme; Vorsichtsmaßnahme; – **coercitivo,** – **di coercizione** Zwangsmaßnahme; – **di confisca** Verfallerklärung *f*; – **conservativo** (*eredità*) Sicherungsmaßnahme; – **per decreto** (*proc. pen.*) Strafbefehlsverfahren; – **definitivo** Verwaltungsakt nach Abschluss des Vorverfahrens; – **dirigista,** – **dirigistico** Lenkungsmaßnahme, Planungsmaßnahme; – **disciplinare** Disziplinarmaßnahme; – **discrezionale** Ermessensakt *m*; – **discriminante** diskriminierende Maßnahme, Diskriminierungsmaßnahme; – **eccezionale, – d'eccezione** Ausnahmemaßnahme; – **d'emergenza** Notmaßnahme; – **esecutivo** Vollstreckungsmaßnahme; – **espropriativo, – d'espropriazione** Enteignungsmaßnahme; – **fiscale** steuerliche Maßnahme; – **del giudice** richterliche Verfügung; – **giudiziario** gerichtliche Verfügung; – **governativo** Regierungsmaßnahme; – **illegale** gesetzwidrige Maßnahme; – **d'imperio** hoheitliche Maßnahme; – **legale** gesetzliche Maßnahme; – **legislativo** gesetzgeberische Maßnahme, Gesetzgebungsakt; – **limitativo** einschränkende Maßnahme; – **limitativo della libertà personale** freiheitsentziehende Maßnahme; – **di polizia** polizeiliche Maßnahme, polizeiliche Verfügung, Polizeiverfügung; – **protettivo, – di protezione** Schutzmaßnahme; – **punitivo** Strafmaßnahme; – **di quarantena** Quarantänemaßnahme; – **sanzionatorio** Strafmaßnahme; – **transitorio** Übergangsmaßnahme; – **di tutela** Schutzmaßnahme; – **d'urgenza** (1) Dringlichkeitsmaßnahme, Sofortmaßnahme, Notstandsmaßnahme, Notmaßnahme; (2) (*giudiziario*) einstweilige Verfügung; – **valutario** Währungsmaßnahme; v. a. MISURA.

provveditorato *m* (Verwaltungs-) Amt *n*; – **regionale delle opere pubbliche** Regionalamt für öffentliche Arbeiten; – **agli studi** Schulamt.

provveditore *m* **agli studi** Schulrat *m*, Leiter des Schulamtes.

provvigione *f* Provision *f*; (*del mediatore*) Maklergebühr *f*, Maklerlohn *m*; **a** – auf Provisionsbasis; – **dell'agente di cambio** Kurtage *f*, Courtage *f*, Courtagegebühr, Maklergebühr *f*, Sensarie *f* (A); – **d'apertura di credito** Krediteröffnungsprovision; – **d'avallo** Avalprovision; – **bancaria** Bankprovision; – **di collocamento** Unterbringungsprovision, Unterbringungsbonifikation *f*; – **del commissionario** Kommissionsgebühr *f*, Kommissionssatz *m*; – **di conferma** Bestätigungsprovision; – **di consegna** Auslieferungsprovision; – **di controllo** Überwachungsprovision, Überwachungsgebühr *f* (S); – **di credito** Kreditprovision; – **sul fatturato** Umsatzprovision; – **di garanzia** Garantieprovision, Bürgschaftsprovision, Garantiegebühr *f*; – **di gestione** Führungsprovision; – **sul giro d'affari** Umsatzprovision; – **d'incasso** Einziehungsprovision, Inkassoprovision, Inkassogebühr *f*; – **d'intervento** Interventionsprovision; – **di mediatore** Maklergebühr *f*, Maklerlohn *m*; – **di mediazione** Vermittlungsprovision; Vermittlungsgebühr *f*; – **di pagamento** Auszahlungsprovision, (*titoli*) Einlösungsprovision; – **rappel** Nachversicherungsprovision; – **per ritiro di documenti** Dokumentenaufnahmeprovision; – **di sconto** Diskontprovision; – **di scoperto** Überziehungsprovision; – **dello spedizioniere** Speditionsprovision; – **per tenuta di conto** Kontoführungsprovision; – **di vendita** Verkaufsprovision; v. a. DIRITTO.

provvisionale *f* (*condanna generica*) vorläufige Zahlung *f*.

provvisorio *agg* vorläufig, provisorisch, einstweilig.

provvista *f* Deckung *f*; Vorrat *m*.

provviste di bordo Schiffsproviant *m*.

prudenza *f* Vorsicht *f*, Umsicht *f*, Sorgfalt *f*; **con la massima** – mit äußerster Sorgfalt; – **normale** gewöhnliche Sorgfalt.

pseudonimo *m* Pseudonym *n*, Deckname *m*, angenommener Name.

psichiatra *m* Psychiater *m*.

psichiatria *f* Psychiatrie *f*; – **forense** forensische Psychiatrie.

psichiatrico *agg* psychiatrisch.

psicodinamica *f* Psychodynamik *f*.

psicofarmaco *m* Psychopharmakon *n*.

psicologia *f* Psychologie *f*; – **criminale** Krimmalpsychologie; – **economica** Wirtschaftspsychologie *f*; – **industriale** Betriebspsychologie *f*; – **del lavoro** Arbeitspsychologie.

psicologico *agg* psychologisch.

psicologo *m* Psychologe *m*.

psicopatico *m* Psychopath *m*.

psicosi *f* Psychose *f*; – **carceraria** Haftpsychose; – **endogena** endogene Psychose; – **esogena** exogene Psychose; – **maniaco-depressiva** manisch-depressive Psychose.

psicosomatico *agg* psychosomatisch.

psicoterapia *f* Psychotherapie *f*.

pubblicare veröffentlichen, verlautbaren, kundmachen, publizieren, bekanntmachen; (*da parte di una casa editrice*) verlegen.

pubblicazione *f* Veröffentlichung *f*, Bekanntmachung *f*, Verlautbarung *f*, Kundmachung *f*; – **arbitraria di atti di un procedimento penale** verbotene Mitteilungen über Strafverfahren; – **della legge** Gesetzesveröffentlichung; – **di matrimonio** Aufgebot *m*, Verkündung *f* (S); – **oscena** unzüchtige Veröffentlichung, unzüchtige Schrift; – **periodica** Zeitschrift *f*; – **pornografica** pornographische Schrift; – **della sentenza** Urteilsbekanntmachung; – **del testamento** Eröffnung des Testaments; – **ufficiale** amtliche Veröffentlichung.

pubblicazioni, fare le – das Aufgebot bestellen; – **e spettacoli osceni** obszöne Veröffentlichungen und Vorstellungen; v. a. PUBBLICAZIONE.

pubblicista *m* (1) Publizist *m*; (2) Staatsrechtler *m*.

pubblicistica *f* (1) Publizistik *f*; (2) Staatsrechtswissenschaft *f*.

pubblicistico *agg* öffentlich-rechtlich.

pubblicità *f* (1) Werbung *f*, Reklame *f*; (2) Publizität *f*; **piccola** – Kleinanzeigen *f pl*; – **abusiva** missbräuchliche Werbung; – **del bilancio** (*pubblico*) Öffentlichkeit des Haushaltsplanes; – **cinematografica** Kinoreklame; – **collettiva** Gemeinschaftswerbung; – **combinata** Gemeinschaftswerbung; – **commerciale** Geschäftswerbung; – **comparativa** vergleichende Werbung; – **diretta** Direktwerbung; – **esterna** Außenwerbung; – **illecita** unerlaubte Werbung; – **informativa** Aufklärungswerbung; – **ingannevole** irreführende Werbung; – **luminosa** Leuchtreklame; – **murale** Anschlagwerbung; – **selettiva** gezielte Werbung; – **subliminale** unterschwellige Werbung; – **televisiva** Fernsehwerbung; – **turistica** Fremdenverkehrswerbung; – **delle udienze** Öffentlichkeit der Gerichtsverhandlungen.

pubblicizzare vergesellschaften, sozialisieren, in Gemeineigentum überführen.

pubblicizzazione *f* Vergesellschaftung *f*, Sozialisierung *f*.

pubblico *agg* öffentlich; **rendere** – bekanntmachen.

pubblico *m* (1) Öffentlichkeit *f*, Publikum *f*; (2) (UPU) Postbenutzer *pl*, Postbenützer *pl* (A, S); **in** – in der Öffentlichkeit.

pudore *m* Schamgefühl *n*.

puerpera *f* Wöchnerin *f*.

pugno, di proprio – eigenhändig.

pulizia *f* Säuberung *f*; – **etnica** ethnische Säuberung.

punibile *agg* strafbar.

punibilità *f* Strafbarkeit *f*; – **del tentativo** Strafbarkeit des Versuchs.

punire strafen, bestrafen, ahnden.

punizione *f* Bestrafung *f*, Ahndung *f*; – **disciplinare** disziplinarische Bestrafung, Disziplinarbestrafung.

punta *f*, – **di reddito** Ertragsspitze; – **di rischio** Spitzenrisiko *n*.

puntata *f* Mise *f*, Einsatz *m*, Wetteinsatz.

punto *m* Punkt *m*; – **controverso** streitiger Punkt, Streitpunkt; – **di diritto** Rechtsfrage *f*; – **d'entrata**

dell'oro Goldeinfuhrpunkt, unterer Goldpunkt; – **franco** Freibezirk *m*; – **metallico** Metallpunkt; – **dell'ordine del giorno** Punkt der Tagesordnung; – **di orientamento** Orientierungspunkt; – **dell'oro** Goldpunkt; – **dell'oro all'esportazione** Goldausfuhrpunkt; – **dell'oro all'importazione** Goldeinfuhrpunkt; – **dell'oro inferiore** unterer Goldpunkt; – **dell'oro superiore** oberer Goldpunkt; – **di parità** Partitätspunkt; – **di penalità** Strafpunkt, Minuspunkt; – **di riferimento** Bezugspunkt; – **di uscita dell'oro** Goldausfuhrpunkt; – **di vendita** Verkaufsstelle *f*; – **di vista giuridico** Rechtsstandpunkt.

punzonare eichen, punzieren (A).

punzonatura *f* Punzierung *f* (A), Punzierungszeichen *n* (A, S).

punzone *m* Prägestempel *m*, Punze *f* (A, S).

pupillo *m* Mündel *m*, Pflegebefohlener *m*.

purga *f* Säuberung *f*, Säuberungsaktion *f*.

purgare säubern.

purgazione *f*, – **d'ipoteca** Hypothekenablösung; – **della mora** Beendigung des Verzuges.

putativo *agg* putativ.

putsch *m* Putsch *m*.

Q

quaderno *m*, – **di cassa** Kassenbuch; – **d'oneri** Lastenheft *n*, Bedingnisheft (A =).

quadri *m pl* Kader *pl*; – **direttivi** leitende Angestellte *pl*; – **tecnici** technischer Stab.

quadro *m*; – **congiunturale** Konjunkturbild *n*; – **dei conti** Kontenrahmen *m*; – **finanziario** Finanzrahmen; – **d'insieme** Gesamtbild; – **obiettivo** objektives Bild; – **politico** politische Lage; – **delle quotazioni** Kursanzeiger *m*, Kurstafel *f*; – **riepilogativo** zusammenfassende Übersicht *f*; – **statistico** statistische Übersicht.

qualifica *f* **professionale** Berufsbezeichnung *f*.

qualificare qualifizieren.

qualificazione *f* Befähigung *f*, Qualifizierung; – **giuridica** rechtliche Qualifizierung; – **professionale** berufliche Befähigung, berufliche Eignung, berufliche Fähigkeit.

qualità *f* (1) Eigenschaft *f*, (2) Qualität *f*; – **abitativa** Wohnqualität; – **dell'acqua di balneazione** Badewasserqualität; – **dell'acqua potabile** Trinkwasserqualität; – **dell'aria** Luftqualität; – **di autore** (*dir. pen.*) Tätereigenschaft; – **corrente** Durchschnittsqualität; – **della cosa venduta** Eigenschaft der gekauften Sache; – **essenziale** wesentliche Eigenschaft, wesentliche Beschaffenheit; – **garantita** garantierte Qualität; zugesicherte Eigenschaft; – **giuridica** Rechtseigenschaft; – **di imprenditore** (*commerciale*) Kaufmanneigenschaft; – **di imputato** Angeklagteneigenschaft; – **intrinseca** innewohnende Eigenschaft; – **media** Durchschnittsqualität; – **di membro** Mitgliedschaft *f*; – **promessa** zugesicherte Eigenschaft; – **di socio** Mitgliedschaft; (*società*) Gesellschaftereigenschaft; – **di straniero** Ausländereigenschaft; – **di teste** Zeugeneigenschaft; – **della vita** Lebensqualitat *f*.

quantità *f*, – **esportata** Ausfuhrmenge *f*; – **indicativa** Richtmenge; – **massima** Höchstmenge *f*; – **minima** Mindestmenge; – **modica** (*droga*) geringe Menge; – **negoziata in borsa** Börsenumsatz *m*; – **riservata** Vorbehaltsmenge *f*; – **scambiata in borsa** Börsenumsatz; – **smerciata** Absatzmenge.

quantitativo *m*, – **minimo** Mindestmenge *f*; – **minimo nelle contrazioni in borsa** Mindestschluss *m*, Schluss; – **trattato in borsa** Börsenumsatz *m*.

quarantena *f* Quarantäne *f*, Quarantänezeit; *f*; **mettere in** – unter Quarantäne stellen; – **terrestre** Landquarantäne.

quartiere *m*, – **degli affari** Geschaftsviertel *n*; – **generale** Hauptquartier *n*.

quasi, – **contrabbando** *m* Quasikonterbande *f*; – **contratto** *m* Quasivertrag *m*, Quasikontrakt; – **contrattuale** vertragsähnlich; – **delitto** Quasidelikt *n*; – **giurisdizione** *f* Quasijurisdiktion *f*; – **monopolio** *m* Quasimonopol *n*; – **obbligazion**e *f* Quasi Verbindlichkeit *f*; – **protettorato** *m* Quasi-Protektorat *n*; – **reato** *m* Quasidelikt *n*; – **usufrutto** *m* uneigentlicher Nießbrauch.

querela *f* Strafantrag *m*; **proporre** – einen Strafantrag stellen; **proporre** – **di falso** die Echtheit einer Urkunde bestreiten; **ritirare una** – einen Strafantrag zurücknehmen, einen Strafantrag zurückziehen; – **di falso** Einwendung der Fälschung, Fälschungseinwand *m*.

querelante *m* Strafantragsteller.

querelarsi Strafantrag stellen.

querelato *f* derjenige, gegen den Strafantrag gestellt wird.

quesito *m* Frage *f*; – **cruciale** Kernfrage.

question time *m* (*ora delle interrogazioni*) Fragestunde *f*.

questionario *m* Fragebogen *m*; – **compilare un** –, **riempire un** – einen Fragebogen ausfüllen; – **fiscale** Steuerfragebogen.

questione *f* Frage *f*; – **della colpevolezza** Schuldfrage; – **di competenza** Zuständigkeitsfrage; – **controversa** Streitfrage, Streitsache *f* – **costituzionale** verfassungsrechtliche Frage; – **di costituzionalità** Frage der Verfassungsmäßigkeit; – **demografica** Bevölkerungsfrage; – **di diritto** Rechtsfrage; – **doganale** Zollfrage; – **economica** Wirtschaftsfrage; – **di fatto** Tatfrage; – **femminile** Frauenfrage; – **di fiducia** Vertrauensfrage; **porre la** – **di fiducia** die Vertrauensfrage stellen; – **di forma** Formfrage, Formsache *f*; – **di frontiera** Grenzfrage, Grenzangelegenheit *f*; – **giuridica** Rechtsfrage; – **incidentale** Zwischenstreit *m*, Inzidentfrage, Inzidenzstreit (A); – **insoluta** offene Frage; – **di legittimità costituzionale** Frage der Verfassungsmäßigkeit; – **litigiosa** Streitfrage, Streitsache *f*; – **di massima** grundsätzliche Rechtsfrage; – **meridionale** Mezzogiorno-Problem; – **di merito** Tatfrage, materiellrechtliche Frage, sachlich-rechtliche Frage; – **delle minoranze** Minderheitenfrage, Minderheitenproblem *n*; – **d'onore** Ehrensache *f*; – **operaia** Arbeiterfrage: – **d'oriente** Orientfrage; – **pendente** schwebende Angelegenheit *f*; – **pregiudiziale** Vorfrage, präjudizielle Frage; – **preliminare** Vorfrage; – **di prezzo** Kostenfrage; – **principale** Hauptfrage; – **di principio** Grundsatzfrage; – **procedurale** Verfahrensfrage; – **di rito** Verfahrensfrage; – **secondaria,** – **di secondaria importanza** Nebenfrage, Nebensache *f*; – **sociale** soziale Frage; – **in sospeso** schwebende Frage, offene Frage; – **di stato** Personenstandsangelegenheit *f*; – **di vita o di morte** Lebensfrage; v. a. AFFARE.

questore *m* Polizeipräsident *m*, Sicherheitsdirektor *m* (A).

questua *f* Sammlung *f*.

questuante *m* Sammler *m*.

questuare sammeln.

questura *f* Polizeipräsidium *n*.

quiescenza *f* (1) (*pensione*) Ruhestand *m*; (2) (*del diritto soggettivo*) Ruhen *n*; **collocare in** – in den Ruhestand versetzen.

quietanza *f* Quittung *f*; **per** – Betrag erhalten; **rilasciare** – Quittung erteilen; – **d'acconto** Abschlagsquittung; – **in bianco** Blankoquittung; – **liberatoria** Ausgleichsquittung, Gesamtquittung, Generalquittung; – **di pagamento** Zahlungsquittung; – **parziale** Teilquittung; – **di premio** Prämienquittung; – **a saldo** Ausgleichsquittung; v. a. RICEVUTA.

quietanzare quittieren.

quiete *f* **pubblica** öffentliche Ruhe *f*.

Quirinale *m* Quirinal *m* (*Sitz des Präsidenten der Italienischen Republik*).

quorum *m* Quorum *n*; – **raggiungere il** – beschlussfähig sein; **verificare il** – die Beschlussfähigkeit feststellen.

quota *f* (1) Anteil *m*, Quote *f*; (2) (*contribuot*) Beitrag *m*; (3) (*sociale*) Geschäftsanteil; (4) (*borsa*) Kurs *m*, Kursniveau *n*; – **d'abbattimento** Steuerfreibetrag *m*; – **di accrescimento** Wachstumsrate, Zuwachsrate; – **d'ammortamento** Abschreibungsquote, Tilgungsquote, Tilgungssatz *m*, Amortisationsquote; – **annua,** – **annuale** Jahresquote, Jahresrate *f*; Jahresbeitrag; – **di assegnazione** Zuteilungsquote; – **associativa,** – **d'associazione** Mitgliedsbeitrag; – **astratta** ideeller Anteil; – **di autofinanziamento** Eigenfinanzierungsanteil; – **di capitale** Kapitalanteil, Kapitalquote; – **di cessione** (*ass*) Rückversicherungsquote; – **di compartecipazione** Beteiligungsquote; – **di condominio** Miteigentumsanteil; – **di consenso** Zustimmungsquote; – **di contingentamento** Kontingentierungssatz; – **contributiva** Beitragsquote; – **dei corsi** Kursniveau; – **di costruzione** Baugebühr *f*; – **di debito** Schuldenanteil; – **deducibile** absetzbarer Betrag; – **disponibile** verfügbarer Teil; – **d'eredità,** – **ereditaria** Erbanteil, Erbquote, Erbteil; – **esente** Freibetrag *m*, Freigrenze *f*; – **esente da imposta** Steuerfreibetrag *m*; – **gratuita** Freianteil; – **d'immigrazione** Einwanderungsquote; – **indisponibile** Pflichtteil; – **d'interessenza** Interessenquote; – **d'iscrizione** Aufnahmegebühr; Teilnahmegebühr; – **legittima** Pflichtteil *m*; – **di liquidazione** Liquidationsanteil, Auseinandersetzungsguthaben *n*; – **lite** (*patto di quota lite*) Vereinbarung (zwischen Anwalt und Mandant) über den streitbefangenen Gegenstand; – **di mercato** Marktanteil;– **obbligatoria** Pflichtbeitrag; – **parte** Quote, Anteilssatz *m*, Verhältnisanteil; – **-parte aerea** (UPU) Gebührenteil für Luftbeförderung; – **parte di arrivo** (UPU) Endgebührenanteil; – **-parte a carico dell'assicurato** Selbstbeteiligung *f*, Selbstbehalt *m*; – **-parte marittima** (UPU) Seegebührenanteil; – **-parte di partenza** (UPU) Anfangsgebührenanteil, Anfangsgebühr *f*, Abgangslandtaxanteil (S); – **-parte territoriale** (UPU) Landgebührenanteil; – **-parte di transito** (UPU) Durchgangsgebührenanteil; – **di partecipazione** Beteiligungsanteil, Beteiligungsquote (*fondi comuni di investimento*) Anteil, Investment-Anteil; – **di partecipazione al capitale sociale** Anteil am Gesellschaftskapital; – **di partecipazione al mercato** Marktanteil; – **di partecipazione agli utili** Gewinnanteil, Ertragsanteil, Erfolgsanteil; – **di premio** anteilige Prämie; – **pro capite** Pro-Kopf-Anteil; – **proporzionale** verhältnismäßiger Anteil; – **propria** Eigenanteil; – **di proprietà** Eigentumsanteil; – **di provvigione** Provisionsanteil; – **di ripartizione** Verteilungsquote; – **di riparto** Verteilungsquote; (*fallimento*) Konkursquote; – **di riserva** Pflichtteil; – **di salario** Lohnanteil; – **sindacale** Syndikatsanteil; – **sociale** Gesellschaftsanteil, Gesellschafteranteil, Geschäftsanteil; – **di società a responsabilità limitata** Stammeinlage *f*, Stammkapitalanteil, Geschäftsanteil, Stammanteil (S); – **spettante** zustehender Anteil; – **di utile** Gewinnanteil; – **di vendita** Verkaufsquote; – **di Zillmer** Zillmerquote; v. a. COEFFICIENTE, SAGGIO, TASSO.

quotabile *agg* kursfähig.

quotare notieren, kotieren.

quotazione *f* Notierung *f*, Notiz *f*, Kotierung *f*, Kursnotierung, Kursnotiz; (*prezzo di borsa*) Kurs *m*; **ammettere alla** – zur Notierung zulassen; **mancata** – Kursstreichung *f*; **sostenere la** – den Kurs stützen, den Kurs pflegen; – **d'apertura** Eröffnungskurs, Eröffnungsnotierung; – **delle azioni** Aktiennotierung, Aktienkurs; – **di borsa** Börsenkurs, Börsennotierung, Börsennotiz; – **dei cambi** Devisennotierung, Devisenkurs; – **del certo per l'incerto** indirekte Notierung, Mengennotierung, Mengenkurs, Warennotierung, feste Valuta; – **di chiusura** Schlussnotierung, Schlusskurs; – **del contante** Kassakurs, Kassanotiz; – **di fine anno** Jahresendkurs; – **alla francese** Telequelnotierung; – **della giornata** Tagesnotierung; – **del giorno precedente** Vortagsnotierung; – **dell'incerto per il certo** direkte Notierung, Preisnotierung, Preisnotiz, veränderliche Valuta; – **iniziale** Anfangskurs; – **di mercato** Marktkurs; – **del mercato libero** Freimarktkurs; – **minima** Niedrigstkurs; – **dei noli** Frachtkurs, Frachtnotierung; – **oscillante** schwankender Kurs; – **percentuale** Prozentkurs, Prozentnotierung; – **tale quale** Telequelnotierung; – **telegrafica** Kabelnotierung; – **tei quel** Telequeinotierung; – **a termine** Terminnotierung; – **per titolo** Stücknotierung, Stückpreisnotierung, Stückkurs, Stücknotiz; – **ufficiale** amtliche Notierung; v. a. CORSO, PREZZO.

quotista *m* Anteilseigner *m*, Gesellschafter *m*; – **unico** (*di s. r. l.*) Alleingesellschafter.

quotità Anteilsverhältnis *n*.

quoziente *m* Verhältniszahl *f*, Quotient *m*; – **elettorale** Wahlquotient, Wahlzahl *f*, Wahlschlüssel *m*; – **di intelligenza (Q. I.)** Intelligenzquotient *m* (I. Q.); – **di mortalità** Sterblichkeitsziffer; – **di natalità** Geburtenziffer *f*; – **di rotazione** Umschlagszahl *f*.

R

rabbia *f* Tollwut *f*.

raccoglitore *m* (*ufficio*) Ordner *m*; – (*Recycling*) Sammelbehälter *m*.

raccolta *f* Sammlung *f*; (*l'insieme dei deposti bancari*) Einlagen *f pl*; – **d'affari** Werbung *f*, Anwerbetätigkeit *f*; – **di capitali** Kapitalbeschaffung *f*; – **(di) dati** Datensammlung; – **di firme** Unterschriftensammlung; – **di fondi** Mittelausbringung *f*, Mittelaufnahme *f*, Mittelbeschaffung *f*, Geldaufnahme, Geldbeschaffung; – **di giurisprudenza** Entscheidungssammlung, Spruchsammlung (A); – **della giurisprudenza della Corte** (CE) Sammlung der Rechtsprechung des Gerichtshofs; – **di leggi** Gesetzessammlung; – **delle leggi federali** (S) Sammlung der eidgenössischen Gesetze (S); – **delle prove** Beweisaufnahme *f*; – **e trasporto dei rifiuti solidi urbani** Müllabfuhr *f*, Müllentsorgung *f*; – **di trattati** Vertragssammlung; – **ufficiale delle leggi e dei decreti** Amtliche Sammlung der Gesetze und Verordnungen.

raccomandata *f* **Einschreiben** *n*; – **con ricevuta di ritorno** Einschreiben mit Rückschein.

raccomandatario *m* (*marittimo*) Reedereivertreter *m*.
raccomandazione *f* Empfehlung *f*.
radar *m* Radargerät *m*; – **tachimetro** Radarmessgerät.
radiare löschen, streichen.
radiazione *f* Löschung *f*, Streichung *f*; – **dall'albo degli avvocati** Streichung aus der Liste der Rechtsanwälte.
radicale *agg* radikal; – **di destra** rechtsradikal; – **di sinistra** linksradikal.
radicalismo *m* Radikalismus *m*; – **di destra** Rechtsradikalismus; – **politico** politischer Radikalismus; – **di sinistra** Linksradikalismus.
radicalista *m* Radikaler *m*; – **di destra** Rechtsradikaler; – **di sinistra** Linksradikaler.
radicalsocialista *m* Radikalsozialist *m*.
radioattività *f* Radioaktivität *f*.
radioprotezione *f* Strahlenschutz *m*.
radunata sediziosa aufrührerische Versammlung.
raffrontare vergleichen, gegenüberstellen.
raffronto *m* Vergleich *m*.
ragazza madre ledige Mutter, Kindesmutter *f*.
raggio *m*, – **d'azione** Aktionsradius *m*; – **di distribuzione locale** Ortszustellbereich *m*, Ortszustellbezirk *m*, Ortszustellkreis *m* (S).
raggiro *m* Täuschungshandlung *f*.
raggiungimento *m* Erreichung *f*, Erreichen *n*; – **del limite d'età** Erreichung der Altersgrenze.
raggruppamento *m* Umschichtung *f*.
raggruppare umschichten.
ragguaglio *m* Ausgleich *m*; – **fra pene diverse** (*tra pena pecuniaria e pena detentiva*) Umrechnung unterschiedlicher Strafen.
ragion fattasi *f* Selbsthilfe *f*.
ragione *f* Grund *m*; **farsi – da sé** zur Selbsthilfe schreiten; **rendere di pubblica** – verlautbaren, veröffentlichen; – **della domanda** Klagegrund; – **d'essere** Daseinsberechtigung *f*; – **di giustizia** Billigkeitsgrund; – **sociale** Firma (*einer Personengesellschaft*), Gesellschaftsfirma; – **di Stato** Staatsräsion *f*.
ragioneria *f* Rechnungswesen *n*; (*ufficio*) Rechnungsamt *n*; – **applicata** besondere Betriebswirtschaftslehre; – **generale** allgemeine Betriebswirtschaftslehre; – **generale della Stato** Staatsrechnungsamt; – **pubblica** öffentliches Rechnungswesen.
ragionevole *agg* angemessen, zumutbar.
ragioni *f pl*; **per – di natura fiscale** aus steuerlichen Gründen; **per – opportunistiche** aus opportunistischen Gründen; **per – di opportunità** aus Zweckmäßigkeitsgründen; – **di scambio** (*terms of trade*) Austauschverhältnisse *n pl*; – **di servizio** dienstliche Belange, Dienstesrücksichten *pl* (A).
ragioniere *m* Betriebswirt *m* (*ohne Hochschulbildung*).
rallentamento *m* Verlangsamung *f*; – **degli affari** Geschäftsrückgang *m*; – **della congiuntura** Konjunkturverlangsamung *f*, Konjunkturabschwächung *f*, Konjunkturberuhigung *f*; – **della domanda** Nachfrageverlangsamung.
ramo *m* Zweig *m*, Branche *f*, Sparte *f*; – **d'affari** Geschäftssparte; – **assicurativo**, – **di assicurazioni** Versicherungszweig, Versicherungssparte *f*, Versicherungsbranche; – **commerciale** Geschäftszweig; – **incendio** (*ass*) Sparte Feuer; – **d'industria** Industriezweig; – **professionale** Berufszweig; – **secondario** Nebenzweig; – **vita** (*ass*) Sparte Leben.
rango *m* Rang *m*; – **sociale** soziale Stellung *f*.
rapimento *m* Entführung *f*.
rapina *f* Raub *m*; – **in banca** Banküberfall; – **impropria** räuberischer Diebstahl *m*; – **a mano armata** Raub mit Waffen.
rapinare rauben, berauben.
rapinatore *m* Räuber *m*; – **di banca** Bankräuber.
rapire rauben, entführen.

rapitore *m* Entführer *m*.

rapporti *m pl*, **rappresentare nei – esterni** nach außen vertreten; – **di buon vicinato** gutnachbarliche Beziehungen, gutnachbarschaftliche Beziehungen; – **economici internazionali** internationale Wirtschaftsbeziehungen; – **interbancari** Zwischenbankverkehr *m*; – **interumani** zwischenmenschliche Beziehungen; – **intimi** Intimbeziehungen, Intimverkehr; – **di maggioranza** Mehrheitsverhältnisse *n pl*; – **sessuali** Geschlechtsverkehr *m*; – **sessuali non protetti** ungeschützter Geschlechtsverkehr; – **sociali** soziale Beziehungen.

rapporto *m* (1) Verhältnis *n*, Beziehung *f*; (2) (*relazione orale o scritta*) Bericht *m*, Referat *n*; **fare** – Bericht erstatten; – **di adozione** Adoptionsverhältnis; – **d'affari** Geschäftsverbindung *f*; – **di affitto** Pachtverhältnis; – **d'apprendistato** Berufsausbildungsverhältnis, Lehrverhältnis; – **assicurativo** Versicherungsverhältnis; – **annuale** Jahresbericht; – **associativo** Gesellschaftsverhältnis; – **d'attività** Tätigkeitsbericht; – **benefici-costi** Kosten-Nutzen-Verhältnis; – **causale** Kausalverhältnis; – **di causalità** ursächlicher Zusammenhang, Ursachenzusammenhang *m*, Kausalzusammenhang; – **civile** zivilrechtliches Verhältnis; – **del collegio sindacale** Prüfungsbericht, Revisionsbericht (S); – **commerciale** Handelsbericht; – **della commissione** Ausschlussbericht, Kommissionsbericht; – **di coniugio** eheliches Verhältnis; – **di conto corrente** Kontoverbindung *f*; – **contrattuale** Vertragsverhältnis; – **contrattuale di fatto** faktisches Vertragsverhältnis; – **di conversione** (*obbligazioni convertibili*) Umtauschverhältnis; – **di cortesia** Gefälligkeitsverhältnis; – **di credito** (1) Forderungsverhältnis; (2) Kreditverhältnis; – **di dipendenza** Abhängigkeitsverhältnis; – **di diritto civile** zivilrechtliches Verhältnis; – **di fedeltà** Treueverhältnis; – **di fido** Kreditverhältnis; – **di fiducia** Vertrauensverhältnis; – **fiduciario** Treuhandverhältnis; – **di filiazione** Kindesverhältnis; – **finale** Schlussbericht, Abschlussbericht; – **finanziario** Finanzbericht; – **fondamentale** Grundverhältnis; – **di forze** Machtverhältnis; – **di garanzia** Bürgschaftsverhältnis; – **gerarchico** Dienstverhältnis; – **di gestione** Verwaltungsbericht; Rechenschaftsbericht; – **giornaliero** Tagesbericht; – **giuridico** Rechtsverhältnis; – **giuridico d'imposta** Steuerrechtsverhältnis; – **giuridico obbligatorio** Schuldverhältnis, Verpflichtungsverhältnis; – **giuridico processuale** Prozessrechtsverhältnis; – **d'impiego** Anstellungsverhältnis; – **d'imposta** Steuerrechtsverhältnis, Steuerverhältnis (S); – **informativo** Auskunftsbericht; – **intermedio** Zwischenbericht; – **interno** Innenverhältnis; – **interumano** zwischenmenschliche Beziehung; – **lavorativo, – di lavoro** Arbeitsverhältnis, Dienstverhältnis (S =); – **sciogliere il – di lavoro** das Arbeitsverhältnis auflösen; – **di lavoro dipendente** abhängiges Arbeitsverhältnis; – **lavorativo di fatto** faktisches Arbeitsverhältnis; – **di lavoro in prova** Probearbeitsverhältnis; – **di lavoro a tempo determinato** befristetes Arbeitsverhältnis; – **di lavoro a tempo indeterminato** unbefristetes Arbeitsverhältnis; – **locativo, – di locazione** Mietverhältnis, Bestandverhältnis (A); – **di mandato** Auftragsverhältnis; – **matrimoniale** eheliches Verhältnis; – **mensile** Monatsbericht; – **obbligatorio** Schuldverhältnis; – **obbligatorio di durata** Dauerschuldverhältnis; – **obbligatorio ad esecuzione periodica** Dauerschuldverhältnis mit wiederkehrenden Leistungen; – **obbligatorio d'imposta** steuerliches Schuldverhältnis, Steuerschuldverhältnis; –

d'opzione Bezugsverhältnis; – **organico** Organschaft *f*, Organschaftsverhältnis; – **di parentela** Verwandtschaftsverhältnis; – **patrimoniale** versmogensrechtliches Verhältnis; – **preliminare** Vorbericht *m*; – **prezzo-prestazioni** Preis-Leistungs-Verhältnis; – **di procura** Vollmachtsverhältnis; – **di provvista** Deckungsverhältnis; – **di pubblico impiego** öffentliches Dienstverhältnis, Beamtenverhältnis; – **di rappresentanza** Vertretungsverhältnis; – **di reato** Anzeige *f* (*vom Verdacht einer strafbaren Handlung*); – **di revisione** Prüfungsbericht, Revisionsbericht (S); – **di ricerca** Forschungsbericht; – **di servizio** Dienstverhältnis; – **dei sindaci** Prüfungsverhältnis, Revisionsverhältnis; – **sinistri a premi** Schadensquote *f*; – **sulla situazione** Lagebericht; – **sociale,** – **di società** Gesellschaftsverhältnis; – **di solidarietà** Gesamtschuldverhältnis; – **sottostante** Kausalverhältnis; – **di sublocazione** Untermietverhältnis; – **di subordinazione,** – **di sudditanza** Unterwerfungsverhältnis, Untertanenverhältnis, Untertänigkeitsverhältnis (A); – **di supremazia** Gewaltverhältnis; – **di supremazia speciale** (*dir. amm.*) besonderes Verwaltungsrechtsverhältnis, Einordnungsverhältnis, besonderes Gewaltverhältnis; – **triangolare** Dreieck(s)verhältnis; – **tributario** Steuerrechtsverhältnis, Steuerverhältnis (+ S), Abgaberechtsverhältnis (+ S), Abgabeverhältnis (+ S); – **tributario obbligatorio** Abgabeschuldverhältnis; – **trimestrale** Quartalsbericht; – **di valuta** Zuwendungsverhältnis, Valutaverhältnis; v. a. RELAZIONE.

rappresaglia *f* Vergeltung *f*, Repressalie *f*.

rappresentante *m* Vertreter *m* Agent *m*; – **accreditato** akkreditierter Vertreter; – **di commercio** Handelsvertreter; – **dei creditori** Gläubigervertreter; – **dei datori di lavoro** Arbeitgebervertreter; – **diplomatico** diplomatischer Vertreter; – **esclusivo** Alleinvertreter – **estero** Auslandsvertreter; – **generale** Generalvertreter; – **dei genitori** Elternvertreter; – **in giudizio** Prozessvertreter; Prozessbevollmächtigter *m*; – **del governo** Regierungsvertreter, – **dei lavoratori** Arbeitnehmervertreter; – **legale** gesetzlicher Vertreter, Vertreter kraft Gesetzes; – **di lista** Listenvertreter; – **locale** Ortsvertreter; – **della parte** Parteivertreter, Parteienvertreter (A); – **passivo** Empfangsvertreter; – **permanente** ständiger Vertreter; – **del personale** Belegschaftsvertreter; – **del popolo** Volksvertreter; – **senza potere** Vertreter ohne Vertretungsmacht; – **principale** Hauptvertreter; – **sindacale** Gewerkschaftsvertreter; – **della stampa** Pressevertreter; – **unico** Alleinvertreter, v. a. AGENTE.

rappresentanza *f* Vertretung *f*, Stellvertretung; – **apparente** Vertretungsmacht kraft Rechtsschein; – **di categoria** Berufsvertretung; – **collettiva,** – **congiunta** Gesamtvertretung, Kollektivvertretung, – **commerciale** Handelsvertretung; – **consolare** konsularische Vertretung; – **diplomatica** diplomatische Vertretung; – **diretta** unmittelbare Stellvertretung; – **disgiunta** Einzelstellvertretung; – **esclusiva** Alleinvertretung; – **esterna** Vertretung nach außen, Außenvertretung; – **estera,** – **all'estero** Auslandsvertretung; – **generale** Generalvertretung, Generalpräsentanz *f*; – **in giudizio** Prozessvertretung; Vertretung vor Gericht; – **indiretta** mittelbare Stellvertretung; – **di interessi** mittelbare Stellvertretung; – **legale** gesetzliche Vertretung; – **necessaria** notwendige Vertretung; – **obbligatoria** Vertretungszwang *m*; – **operaia** Arbeitervertretung; – **del paese** Landesvertretung; – **permanente** ständige Vertretung; – **del personale** Personalvertretung;

– **ponderata** gewichtete Vertretung; – **popolare** Volksvertretung, Volksrepräsentation (S =); – **processuale** Prozessvertretung; – **professionale** Berufsvertretung, Standesvertretung; – **proporzionale** verhältnismäßige Vertretung; – **sindacale** gewerkschaftliche Vertretung; – **sindacale aziendale** (*stat. lav.*) gewerkschaftliche Betriebsvertretung; – **unica** Alleinvertretung; – **volontaria** (*dir. civ.*) gewillkürte Stellvertretung, v. a. AGENZIA.

rappresentare vertreten; – **verso l'esterno** nach außen vertreten.

rappresentatività *f* Repräsentativität *f.*

rappresentativo *agg* repräsentativ.

rappresentato *m* Vertretener *m*, Vollmachtgeber *m.*

rappresentazione *f* (*nelle successioni*) Eintrittsrecht *n* (*der Abkömmlinge*), Repräsentation *f.*

rarefazione *f* Verknappung *f*; – **dei capitali** Kapitalverknappung; – **del credito** Kreditverknappung; – **del denaro** Geldverknappung.

rarità *f* Knappheit *f*, v. a. PENURIA.

rastrellamento *m* Razzia *f.*

rata *f* Rate *f*; – **d'imposta** Steuerrate; – **mensile** Monatsrate; – **di rendita** Rentenrate; – **semestrale** Halbjahresrate; – **trimestrale** Vierteljahresrate.

rate, comprare a – auf Raten (zahlung) kaufen; – **pagare a** – in Raten zahlen.

rateale *agg* ratenweise.

rateare in Raten einteilen.

ratei *m pl* transitorische Posten *pl*; – **attivi** transitorische Aktiva; – **passivi** transitorische Passiva; – **e risconti** Posten, die der Rechnungsabgrenzung dienen, Rechnungsabgrenzungsposten, Abgrenzungsposten *pl*, Abgrenzungskonten *pl*; – **sui titoli** Stückzinsen *pl*, Marschzinsen *pl* (S +).

rateizzare in Raten einteilen.

rateizzazione in Rateneinteilung *f.*

ratio legis Zweck des Gesetzes.

ratifica *f* (1) (*der trattati internazionali*) Ratifikation *f*, Ratifizierung *f*, (2) Genehmigung *f*; – **formale** förmliche Ratifikation *f.*

ratificare (1) ratifizieren, (2) genehmigen.

ratificazione *f* v. ratifica.

ratto *m* Entführung *f*; – **a fine di libidine** Entführung (D), Entführung einer Frauensperson zur Unzucht (A); – **a fine di matrimonio** Entführung zur Eheschließung, Entführung einer Frauensperson zur Heirat (A).

ravvedimento *m* **operoso** (*dir. pen.*) tätige Reue.

ravvicinamento *m* Annäherung *f*, (*tariffe, norme*) Angleichung *f*; – **delle legislazioni** Rechtsangleichung.

razionalizzare rationalisieren.

razionalizzazione *f* Rationalisierung *f.*

razionamento *f* Rationierung *f*, Bewirtschaftung *f*; – **obbligatorio** Zwangsbewirtschaftung.

razionare rationieren, zuteilen, bewirtschaften.

razione *f* Ration *f*, Zuteilung *f.*

razzia *f* Razzia *f.*

razzismo *m* Rassismus *m.*

razzista *m* Razzist *m.*

re *m* König *m.*

reale *agg* (1) königlich, (2) (*di cosa*) dinglich, Real-.

realismo *m* Realismus *m.*

realista *agg* königstreu.

realista *m* Royalist *m.*

realizzare (1) (*alienare*) realisieren, veräußern, verwerten, abstoßen, (2) (*effettuare*) verwirklichen, in die Tat umsetzen.

realizzazione *f* (1) (*alienazione*) Realisierung *f*, Veräußerung *f*, Realisation *f*, Verwertung *f*, (2) (*esecuzione*) Realisierung, Verwirklichung *f*; – **della fattispecie criminosa** Verwirklichung des Straftatbestandes; – **forzata** Zwangsverwertung; – **del pegno** Pfandverwertung; – **di profitti,** – **di utili** Gewinnerzielung *f*, Gewinnrealisierung.

realizzo *m* Verkaufserlös *m*; (*borsa*) Gewinnmitnahme *f*.

realpolitik *f* Realpolitik *f*.

realta *f* **costituzionale** Verfassungswirklichkeit *f*.

reato *m* strafbare Handlung, Delikt *n*, Straftat *f* (+ D), strafbare Tat (+ S), Straffall *m* (S); **commettere un** – eine Straftat begehen; – **incolpare di un** – einer Straftat beschuldigen; – **aberrante** Fehlgehen der Tat, Abirrung *f*, Abirren der Angriffshandlung (A =); – **abituale** gewohnheitsmäßige Straftat; – **di aborto** Abtreibungsdelikt; – **ambientale,** – **contro l'ambiente** Umweltdelikt, Umweltstraftat; – **d'azione** Begehungsdelikt; – **bagatellare** Bagatellstraftat; – **base** Grunddelikt; – **bilaterale** Begegnungsdelikt; – **di caccia** Jagdvergehen *n*; – **campestre** Feldfrevel *m*; – **circostanziato** unter besonderen Umständen begangene Straftat; – **colposo** Fahrlässigkeitsdelikt; – **commesso all'estero** Auslandstat; – **commesso in udienza** strafbare Handlung in der Sitzung; – **commissivo** Begehungsdelikt, Komissivdelikt; – **commissivo mediante omissione** Unterlassungstätigkeitsdelikt, – **complesso** zusammengesetzte Straftat; – **comune** allgemeines Delikt; – **concorrente** konkurrierende Straftat; – **a condotta mista** Mischform aus Begehungs- und Unterlassungsdelikt; – **consumato** vollendete Straftat; – **continuato** fortgesetzte Straftat; fortgesetztes Delikt; – **di criminalità organizzata** Straftat der organisierten Kriminalität; – **di danno** Verletzungsdelikt; – **a distanza** Distanzdelikt; – **doganale** Zollstraftat, Zolldelikt; – **doloso** Vorsatztat; – **economico** Wirtschaftsstraftat, Wirtschaftsdelikt *n*; – **elettorale** Wahldelikt; – **d'evento** Erfolgsdelikt, Materialdelikt (A); – **fallimentare** Insolvenzstraftat, Konkursstraftat; – **fiscale** Steuerstraftat, Finanzdelikt; – **forestale** Forstfrevel *m*, Waldfrevel; – **formale** Formaldelikt (+ A); – **di furto** Diebstahlsdelikt; – **immaginario** Wahndelikt; – **d'impeto** Affekttat; – **impossibile** untauglicher Versuch; – **impossibile per inesistenza dell'ogetto** Versuch am untauglichen Objekt; – **di incontro** Begegnungsdelikt; – **informatico** Computerdelikt; – **istantaneo con effetti permanenti** Zustandsdelikt, fortwirkendes Delikt (A =); – **contro la libertà personale** Freiheitsdelikt; – **in materia valutaria** Devisenvergehen *n*; – **materiale** Materialdelikt (A), Erfolgsdelikt; – **militare** Militardelikt, militärische Straftat; – **contro la moralità pubblica** Sittlichkeitsdelikt; – **nuovo** neue Straftat *f*; – **occasionale** Gelegenheitsdelikt; – **di omissione** Unterlässungsdelikt; – **omissivo improprio** unechtes Unterlassungsdelikt; – **omissivo proprio** echtes Unterlassungsdelikt; – **contro l'onore** Ehrverletzungsdelikt; – **di opinione** Meinungsäußerungsdelikt; – **di passaggio** Durchgangsdelikt; – **passionale** Affekttat; – **di pericolo** Gefährdungsdelikt; – **di pericolo astratto** abstraktes Gefährdungsdelikt; – **di pericolo concreto** konkretes Gefährdungsdelikt; – **permanente** Dauerdelikt, fortdauerndes Delikt (A =), Dauerstraftat; – **perseguibile su querela** Antragsdelikt, Antragsstraftat; – **perseguibile d'ufficio** Offizialdelikt; – **di pesca** Fischereidelikt; – **pluriaggravato** mehrfach erschwerte Straftat; – **plurisoggettivo** Straftat mit notwendiger Teilnahme; – **plurisoggettivo unilaterale** Konvergenzdelikt; – **plurisussistente** mehraktiges Delikt, mehraktiger Tatbestand, kombinierender Tatbestand; – **politico** politische Straftat, politisches Delikt; – **professionale** berufsmäßige Straftat; – **progressivo** Durchgangsdelikt; – **contro la proprietà** Eigentumsdelikt, Eigentumsvergehen *n*; – **proprio** Sonderdelikt, Sonderstraftat; – **di pura condotta** schlichtes Tätigkeitsdelikt; – **di pura omissione** echtes Unterlassungsdelikt; – **putativo** Putativdelikt, Wahndelikt, Wahnverbrechen *n*; – **qualificato dall'evento** erfolgsqualifiziertes Delikt, erfolgsqualifizierte Straftat; – **di semplice comportamento** schlichtes Tätigkeitsdelikt; – **simulato** vorgetäuschte Straftat; – **speciale** Sonderdelikt, Sonderstraftat; – **di stampa** Pressedelikt, Pressevergehen *n*, Pressdelikt (A); – **della stessa indole** gleichartige Straftat; – **supposto erroneamente** Wahndelikt; – **tentato** versuchte Straftat; – **tributario** Steuerstraftat, Steuerdelikt, Fiskaldelikt (S =); – **unisussistente** einaktige Straftat; V. A. DELITTO.

reattore *m* **nucleare** Atomreaktor *m*.

reazionario *agg* rückschrittlich, reaktionär.

reazionario *m* Rückschrittler *m*, Reaktionär *m*.

reazione *f*, – **abnorme** abnorme Reaktion *f*; – **abnorme all'ingestione di alcol** abnorme Alkoholreaktion; – **a corto circuito** Kurzschlussreaktion; – **di mercato** Marktreaktion.

recapitare zustellen, abliefern.

recapito *m* Anschrift *f*, Adresse *f*, Zustellung *f*.

recedente *m* Zurücktretender *m*.

recedere zurücktreten.

recentissime *f pl* neueste Nachrichten.

recessione *f*, – **della congiuntura**, – **economica** rückläufige Wirtschaftsentwicklung, konjunkturelle Rezession, Konjunkturrückschlag *m*.

recesso *m* Rücktritt *m*; – **attivo** (*pentimento operoso*) tätige Reue; – **del conduttore** (*locazione*) Kündigung *f* (des Mietvertrages) durch den Mieter; – **per giusta causa** (*lavoro*) Kündigung aus wichtigem Grund; – **per gravi motivi** (*locazione*) (fristlose) Kündigung aus wichtigem Grund; – **modificativo** Änderungskündigung *f*; – **del socio** Gesellschafteraustritt *m*, freiwilliges Ausscheiden des Gesellschafters; – **dal tentativo** Rücktritt vom Versuch; – **unilaterale** einseitiger Rücktritt.

recettizietà *f* (*di una dichiarazione*) Empfangsbedürftigkeit *f* (*einer rechtsgeschäftlichen Erklärung*).

recettizio *agg* (*dichiarazione di volontà*) empfangsbedürftig.

recezione del diritto Rezeption des Rechtes, Rechtsübernahme *f*.

recidiva *f* Rückfall *m*; – **aggravata** gleichartiger Rückfall; – **reiterata** wiederholter Rückfall; – **semplice** einfacher Rückfall, allgemeiner Rückfall; – **specifica** gleichartiger Rückfall.

recidivare rückfällig werden.

recidività *f* Rückfälligkeit *f*.

recidivo *agg* rückfällig.

recidivo *m* Rückfalltäter *m*.

recintare einfrieden, einfriedigen, einzäunen, umzäunen.

recinto *m* Umzäunung *f*; – **delle grida** Börsenring *m*, Börsenrunde *f*, Parkett *n*, Parquette *f* (A), Schranken *m* (A).

recipiente vuoto Leergut *n*.

reciprocità *f* Gegenseitigkeit *f*, Wechselseitigkeit, Reziprozität *f*, Gegenrecht *n* (S =); – **su base di** – (*dir. int.*) auf der Basis der Gegenseitigkeit; **garantire la** – die Gegenseitigkeit gewähren.

reciproco *agg* gegenseitig, wechselseitig, beiderseitig, reziprok.

recitare lauten.

reclamante *m* Beschwerdeführer *m*.

reclamare sich beschweren, bemängeln, beanstanden, reklamieren.

reclame *f* Reklame *f*, Werbung *f*; V. A. PUBBLICITÀ.

reclamo *m* (1) Beschwerde *f*, Reklamation *f*, Beanstandung *f*, Beanstandung *f* (A), (2) (*mezzo di impugnazione*) Beschwerde, Rekurs (A); – **al collegio** (*proc. civ.*) Antrag auf Kammerentscheidung; – **della legittimità** Klage auf Feststellung der Ehelichkeit; – **ulteriore** weitere Beschwerde; v. a. RICORSO.

reclusione *f* (zeitige) Freiheitsstrafe (für Verbrechen), (S) Zuchthausstrafe (S); – **perpetua** (S) lebenslängliche Zuchthausstrafe (S).

recluso *m* Gefangener *m*.

reclusorio *m* Gefängnis *n*.

recluta *f* Rekrut *m*.

reclutamento *m* Rekrutierung *f*, Anwerbung *f*.

reclutare rekrutieren, anwerben.

recupero *m* v. ricupero.

redattore *m* Redakteur *m*, Redaktor *m* (S); – **capo** Chefredakteur; – **responsabile** verantwortlicher Redakteur.

redazione *f* (1) Redaktion *f*, (2) (*stesura*) Fassung *f*, Abfassung *f*; – **di polizza** Policenausfertigung *f*; – **di sentenza** Abfassung eines Urteils, Urteilsabfassung; – **del testamento** Errichtung des Testaments, Testamentserrichtung *f*; – **di verbale** Protokollaufnahme; v. a. FORMAZIONE.

redditi *m pl* Einkünfte *pl*; **altri** – sonstige Einkünfte; – **accessori** Nebeneinkünfte, Nebenbezüge *pl*; – **agevolati** steuerbegünstigte Einkünfte; – **azionari** Aktienerträgnisse *pl*; – **di capitale** (*imposte*) Einkünfte aus Kapitalvermögen; – **dei fabbricati** Einkünfte aus Hausbesitz; – **diversi** (*imposte*) sonstige Einkünfte; – **fondiari** Einkünfte aus Grundbesitz; – **d'impresa** Einkünfte aus Gewerbebetrieb; – **di lavoro** Einkünfte aus selbständiger und nichtselbständiger Arbeit; – **di lavoro autonomo** Einkünfte aus selbständiger Arbeit; – **di lavoro dipendente** Einkünfte aus nichtselbständiger Arbeit; – **periodici** fortlaufende Einkünfte; – **prodotti all' estero** im Ausland erzielte Einkünfte; – **professionali** Berufseinkünfte; – **di puro capitale** Kapitaleinkünfte; Kapitalerträgnisse *pl*; – **speculativi** Spekulationsgewinne; – **dei terreni** Einkünfte aus Landbesitz; v. a. REDDITO.

redditività *f* Ertragsfähigkeit *f*, Ertragskraft *f*, Ertragenheit *f* (S =), Rentabilität *f*.

redditizio *agg* rentabel, gewinnbringend.

reddito *m* (1) (*derivante, da un'attivita o patrimonio*) Ertrag *m*; (2) (*complessivo di un soggetto*) Einkommen *n*; (3) (*di titoli*) Rendite *f*; **produrre un** – ein Einkommen erzielen; – **accessorio** Nebeneinkommen; – **agrario** Ertrag aus der landwirtschaftlichen Nutzung des Bodens, landwirtschaftliches Einkommen; – **d'azienda**, – **aziendale** Betriebsertrag, Betriebseinkommen; – **basso** niedriges Einkommen; – **di capitale** Kapitalertrag, Kapitaleinkommen, fundiertes Einkommen; – **pro capite** Pro-Kopf-Einkommen; – **catastale** Katastralertrag; – **commerciale** Gewerbeertrag; – **complessivo** Gesamteinkommen; – **differenziale** Differentialeinkommen; – **disponibile** verfügbares Einkommen; – **dominicale** Bodenertrag, Pachtertrag; – **effettivo** (1) Rendite, Effektivverzinsung *f*; (2) wirklicher Ertrag; – **effettivo dell'azione** Aktienrendite; – **d'esercizio** Betriebsertrag, Betriebseinkommen; – **dei fabbricati** Mietertrag; – **familiare** Familieneinkommen; – **fisso** festes Einkommen; **a** – **fisso** festverzinslich; – **fondiario** Bodenertrag; – **imponibile** steuerpflichtiges Einkommen, besteuerungsfähiges Einkommen, besteuerbares Einkommen, steuerbares Einkommen; **detrarre dal** – **imponibile** von der Steuer absetzen; – **d'impresa** Unternehmensertrag, Betriebseinkommen; – **individuale** Einzeleinkommen, Pro-Kopf-Einkommen, Individualeinkommen; – **industriale** Gewerbeertrag; – **di interessi** Zinseinkommen; – **di lavoro** Arbeitseinkommen, Arbeitsertrag, Erwerbseinkommen, unfundiertes Einkommen; – **del lavoro autonomo** Einkommen aus selbständiger Arbeit; – **di lavoro sala-**

riato, – **di lavoro subordinato** Einkommen aus nichtselbständiger Arbeit, Lohneinkommen; – **locativo** Mieteinkünfte, Einkünfte aus Vermietung; – **lordo** Bruttoeinkommen; – **lordo di azione** Dividendenrendite; – **medio** (1) Durchschnittsertrag; (2) Durchschnittseinkommen; – **minimo** Mindesteinkommen; – **mobiliare** Einkommen aus beweglichem Vermögen; – **in natura** Naturaleinkommen; – **nazionale** Volkseinkommen, v. a. PRODOTTO NAZIONALE; – **nazionale lordo** Bruttosozialprodukt *n*; – **nazionale netto** Nettosozialprodukt *n*; – netto Nettoeinkommen, Nettorendite; – **nominale** Nominaleinkommen; – **del nucleo familiare** Familieneinkünfte; – **pro capite** Pro-Kopf-Einkommen, Kopfertrag; – **di puro capitale** Kapitalertrag, Kapitaleinkommen; – **reale** Realeinkommen; – **di società** Gesellschaftseinkommen; – **tassabile** steuerpflichtiges Einkommen, besteuerungspflichtiges Einkommen, besteuerbares Einkommen, steuerbares Einkommen; – **tassato** besteuertes Einkommen; – **totale** Gesamteinkommen; v. a. PROVENTO.

reddituario Einkommensempfänger *m*, Einkommensbezieher *m*, Einkommensbezüger *m* (S =).

redibizione *f* Wandlung *f*.

redigere verfassen, abfassen.

redimere zurückkaufen, einlösen, ablösen.

redimibile *agg* ablösbar.

redimibilità *f* Ablösbarkeit *f*.

redistribuzione *f* Umverteilung *f*; – **del reddito** Einkommensumverteilung.

reduce *m* Heimkehrer *m*.

referendario *m* (*Consiglio di Stato, Corte dei Conti*) Referendar *m* (*Eingangsamt des höheren Dienstes*); **primo** – Erster Referendar (*Consiglio di Stato*).

referendum *m* Referendum *n*, Volksabstimmung *f*, Volksbefragung *f*, Volksentscheid *m*; – **abrogativo** Volksentscheid über die Aufhebung von Gesetzen; – **consultivo** Volksbefragung; – **costituzionale** Volksentscheid über verfassungsändernde Gesetze; – **legislativo** Gesetzesreferendum; – **popolare** Volksabstimmung, Volksbefragung, Volksentscheid; – **propositivo** Volksentscheid über die Einführung eines neuen Gesetzes; – **regionale** regionaler Volksentscheid; – **sindacale** (gewerkschaftliche) Urabstimmung.

referenza *f* Referenz *f*.

referto *m* (*proc. pen.*) ärztlicher Bericht *m* (über den Verdacht einer Straftat).

reflazione *f* Reflation *f*, Redeflation.

reformatio in peius Schlechterstellung *f*, (*diritto tributano*) Verböserung *f*.

refurtiva *f* Diebesgut *m*, Diebsgut (A).

regalia *f* Regal *m*, Regalie *f*, Regale *n*.

regalità *f* Königswürde *f*, Königtum *m*.

reggente *m* Regent *m*.

reggenza *f* Regentschaft *f*.

regia *f* Regie *f*.

regicida *m* Königsmörder *m*.

regicidio *m* Königsmord *m*.

regime *m* (1) (*forma di governo*) Regime *n*, System *n*, Regierungsform *f*; (2) (*ordinamento*) System, Regelung *f*, Ordnung *f*; – **antidemocratico** undemokratisches System; – **argenteo** Silberwährung *f*; – **aureo** Goldstandard *m*; – **autoritario** autoritäres Regime; – **di baratto** Tauschwirtschaft *f*; – **dei beni** Güterstand *m*; – **di blocco degli affitti** Mietpreisbindung; – **dei cambi fissi** System der festen Wechselkurse; – **carcerario** Gefängniswesen *n*, Strafvollzug *m*; – **coattivo** Zwangsordnung *f*; – **di comunione dei beni** Güterstand der Gütergemeinschaft; – **di concorrenza** Wettbewerbswirtschaft, Konkurrenzwirtschaft; – **convenzionale dei beni** vertraglicher

Güterstand; – **democratico** demokratisches System; – **dittatoriale** Diktatur *f*; – **doganale** Zollsystem, Zollbehandlung; – **dotale** Dotalrecht *n*, Dotalsystem; – **economico** Wirtschaftsordnung *f*; – **di favore** Vorzugsregelung; – **fiscale** steuerliche Regelung; – **hitleriano** Hitlerregime; – **legale dei beni** gesetzlicher Güterstand; – **di libera concorrenza** freie Wettbewerbswirtschaft, Wirtschaft des freien Wettbewerbs; – **di mercato** Marktsystem; – **d'occupazione** Besatzungsregime; – **particolare** Sonderregelung *f*; – **di partito unico** Einparteiensystem; – **patrimoniale** Güterstand; – **patrimoniale tra i coniugi** eheliches Güterrecht; – **patrimoniale legale** gesetzlicher Güterstand; – **di prelievo** Abschöpfungsregelung *f*; – **di semilibertà** (*ordinamento penitenziario*) offener Strafvollzug, Freigang *m* (*Strafvollzug*); – **di separazione dei beni** Güterstand der Gütertrennung; – **speciale** Sonderregelung; – **totalitario** totalitäres Regime, Gewaltherrschaft *f*; – **transitorio** Übergangsregelung *f*; – **tributario** steuerliche Behandlung; – **valutario** Wahrungssystem; – **vincolistico** Zwangswirtschaft *f*; – **vincolistico delle abitazioni** Wohnungszwangswirtschaft *f*.

regione *f* Region *f*, Land *n*; – **autonoma** autonome Region; – **industriale** Industriegebiet *n*; – **sinistrata** Katastrophengebiet *n*; – **a statuto autonomo** Region mit autonomer Gesetzgebungsgewalt; – **a statuto speciale** Region mit Sonderstatut.

registrabile *agg* eintragungspflichtig.

registrare eintragen, registrieren, einverleiben (A =), verbuchen (A =), in ein Register eintragen, einschreiben, (*contabilità*) buchen, verbuchen.

registratore *m*, – **di cassa** Registrierkasse *f*, Kontrollkasse; – **di volo** Flugschreiber *m*.

registratura *f* Registratur *f*.

registrazione *f* Eintragung *f*, Registrierung *f*, Verbucherung *f* (A =), Einverleibung *f* (A =), (*contabile*) Buchung *f*, Verbuchung; – **in avere** Habenposten *m*; – **contabile** Buchung *m*, Verbuchung, Bucheintragung; – **in contropartita** Gegenbuchung *f*; – **a credito** Gutschrift; – **(dei) dati** Datenaufzeichnung; – **a debito** Sollposten *m*, Lastschrift *f*; – **della ditta** Firmeneintragung; – **magnetica** (*inf*) magnetische Aufzeichnung *f*; – **di marchio** Warenzeicheneintragung, Markeneintragung, Markenregistrierung; – **del matrimonio** Heiratseintragung; – **su nastro** Tonbandaufnahme; – **di rettifica** Berichtigungsbuchung; – **con riserva** Eintragung unter Vorbehalt; v. a. ISCRIZIONE, SCRITTURA, TRASCRIZIONE.

registro *m* Register *n*, Buch *n*, Rolle *f*; **iscrivere in un** – in ein Register eintragen; **pubblico – automobilistico** öffentliches Kraftfahrzeugregister; **pubblico – dei falliti** öffentliches Konkursregister; **pubblico – delle persone giuridiche** öffentliches Register der juristischen Personen; – **degli abitanti** Einwohnerverzeichnis *n*, Einwohnermelderegister, Einwohnerliste *f*; – **delle adozioni** Adoptionsregister; – **degli aeromobili,** – **aeronautico** Luftfahrzeugregister; – **delle associazioni** Vereinsregister; – **degli atti di matrimonio** Heiratsbuch, Eheregister (S); – **degli atti di morte** Sterbebuch, Todesregister (S); – **degli atti di nascita** Geburtenbuch; – **delle azioni** Aktienbuch; – **dei battesimi** Taufregister; – **di borsa** Borsenregister; – **dei brevetti** Patentregister, Patentrolle; – **dei brevetti per marchi** Warenzeichenrolle, Zeichenrolle, Markenregister (A); – **di cancelleria** Geschäftsstellenregister; – **del catasto** Katasterbuch; – **dei certificati** Urkundenrolle; – **di commercio**

(S) Handelsregister; – **dei condomini** Wohnungseigentumsregister; – **consolare** Konsularmatrikel *f*; – **contabile** Rechnungsbuch; – **di controllo** Kontrollbuch; – **delle cooperative, della cooperazione** Genossenschaftsregister; – **cronologico** (zeitlich) fortlaufendes Register; – **delle ditte** Firmenregister, Firmenbuch *n* (S); – **delle famiglie** (S) Familienbuch, Familienregister (S); – **delle fatture d'acquisto** Register der Ankaufrechnungen; **delle fatture di vendita** Register der Verkaufsrechnungen; – **fondiario** (S) Grundbuch; – **immobiliare** Grundbuch; – **delle imprese** Handelsregister; – **delle ipoteche** Grundbuch, Hypothekenbuch; – **d'iscrizione delle navi** Schiffsregister, Seeschiffsregister; – **IVA** Mehrwertsteuerbuch; – **delle legittimazioni** (S) Register der Legitimationen (S); – **a madre e figlia** Stammregister, Souchenregister (S); – **di magazzino** Lagerregister; – **di matrimonio** Heiratsbuch, Eheregister (S); – **dei modelli** Musterregister, Musterrolle; – **di morte** Sterbebuch, Todesregister (S); – **di nascita** Geburtenbuch, Geburtsregister (S); – **navale** Schiffsregister, Seeschiffsregister; – **delle navi in costruzione** Schiffsbauregister; – **delle notizie di reato** Register der (strafrechtlichen) Ermittlungsverfahren; – **parrocchiale** Kirchenbuch, Kirchenregister; – **dei patti di riserva della proprietà** (S) Eigentumsvorbehaltsregister (S); – **dei pegni** (S) Pfandregister (S); – **di presenza** Anwesenheitsliste *f*, Präsenzliste; – **del protocollo** Protokollbuch; – **dei reclami** Beschwerdebuch, Beschwerderegister; – **repertorio** Sammelregister; – **dei revisori dei conti** Verzeichnis *n* der Wirtschaftsprüfer; – **dei riconoscimenti dei figli naturali** (S) Register der Anerkennung außerehelicher Kinder (S); – **riepilogativo** Sammelbuch; – **delle riserve di proprietà** Eigentumsvorbehaltsregister (S); – **delle scommesse** Wettbuch; – **dello stato civile** Personenstandsbuch, Standesbuch, Zivilstandsregister (S); – **degli stranieri** Ausländerregister, Fremdenmatrik *f* (A), – delle **successioni** Nachlassregister, Abhandlungsregister (A); – **delle tutele** Vormundschaftsregister; – **dei versamenti** Einzahlungsbuch; v. a. LIBRO.

regiudicata *f* rechtskräftig entschiedene Sache.

regnante *m* Herrscher *m*.

regnare herrschen.

regnicolo *m* Bewohner eines Königreichs.

regno *m* Königreich *n*, Herrschaft *f*.

regola *f* Regel *f*; **per la buona** – der (guten) Ordnung halber; – **d'arte** Kunstregel; – **basilare** Grundregel; – **di competenza** Zuständigkeitsvorschrift *f*, Kompetenznorm *f*; – **d'esperienza** Erfahrungssatz; – **del giucco** Spielregel; – **di interpretazione** Auslegungsregel; – **procedurale** Verfahrensnorm *f*; – **proporzionale** Verhältnisregel; – **di prova** Beweisregel; – **di riduzione** (*ass*) Umwandlungsregel, v. a. NORMA.

regolamentare *agg* verordnungsrechtlich.

regolamentazione *f* Regelung *f*, Reglementierung *f*; – **transitoria** Übergangsregelung; – **unitaria** einheitliche Regelung.

regolamenti amministrativi *m pl* Verwaltungsvorschriften *pl*.

regolamento *m* (1) (*governativo*) Verordnung *f*; (2) (*sistemazione*) Regelung *f*, Regulierung *f*; (3) (*interno*) Geschäftsordnung, Geschäftsreglement *n* (S); **contrario al** – ordnungswidrig; – **di arbitrato** Schiedsordnung; – **d'attuazione** Durchführungsverordnung, Ausführungsverordnung, Vollziehungsverordnung (S), Vollziehungserlass *m* (S); – **d'avaria** Havarieregelung, Havarieaufmachung *f*, Adjustierung *f*, Dispache *f*; –

d'avaria comune große Havariedispache; – **d'azienda,** – **aziendale** Betriebsordnung; – **di bordo** Schiffsordnung, Bordvorschrift *f*; – **di borsa** Börsenordnung; – **di caccia** Jagdordnung; – **collettivo** Tarifordnung; – **di competenza** Zuständigkeitsbestimmung; – **comunale** Gemeindeordnung; – **comunitario** (CE) Gemeinschaftsverordnung; – **di conciliazione e di arbitrato** (della CCI) Vergleichs- und Schiedsgerichtsordnung (der IHK); – **condominale,** – **di condominio** Gemeinschaftsordnung; – **di confini** Grenzregelung, Grenzausgleichung *f* (S); – **consolare** Konsularreglement *n* (S); – **contabile** Abrechnung *f*; – **in contanti** Barausgleich *m*, Barausgleichung *f*; – **contrattuale** Vertragsregelung; – **dei conti** Abrechnung *f*; – **di controversie** Beilegung von Streitigkeiten, Streiterledigung *f*; – **dei debiti** Schuldenregelung; – **di disciplina,** – **disciplinare** Disziplinarordnung, Dienstordnung, Disziplinarstrafordnung, Dienststrafordnung; – **doganale** Zollordnung; – **edilizio** Bauordnung; – **elettorale** Wahlordnung, Stimmordnung; – **esecutivo,** – **d'esecuzione** Ausführungsverordnung, Durchführungsverordnung, Verwaltungsvollzugsverordnung, Vollzugsordnung, Vollzugsverordnung, Vollziehungsverordnung (S), Vollzugserlass *m* (S); – **di fabbrica** Fabrikordnung; – **finanziario** Finanzordnung, Finanzausgleich *m*; – **di giuoco** Spielregel; – **di giurisdizione** Gerichtsbarkeitsbestimmung; – **governativo** Regierungsverordnung; – **d'impresa** Betriebsordnung; – **internazionale carrozze** (RIC) Internationaler Personen- und Gepäckwagen-Verband; – **internazionale veicoli** (RIV) Internationaler Güterwagenverband (RIV); – **interno** Geschäftsordnung, Geschäftsreglement *n* (S), (*di uno stabile*) Hausordnung, (*di imprese*) Betriebsordnung; – **interpretativo** Auslegungsverordnung; – **del lavoro** Arbeitsordnung; – **ministeriale** Ministerialverordnung; – **delle nascite** Geburtenregelung; – **di navigazione** Schifffahrtsordnung; – **organico** Organisationsplan *m*, Personalordnung, Stellenplan; – **della pace** Friedensregelung; – **parlamentare** parlamentarische Geschäftsordnung; – **penitenziario** Strafanstaltsordnung; – **del personale** Personalordnung; – **di pesca** Fischereiordnung; – **di polizia** Polizeiordnung, Polizeiverordnung; – **del porto,** – **portuario** Hafenordnung; – **postale** Postordnung; – **dei premi** Prämienregelung, Prämienregulierung; – **del prezzo** Preisregelung; – **procedurale** Verfahrensordnung; – **provvisorio** vorläufige Ordnung, vorläufige Regelung; – **sanitario** Sanitätsordnung; – **sanitario internazionale** internationale Gesundheitsvorschriften *pl*; – **scolastico** Schulordnung; – **di servizio** Dienstordnung, Dienstreglement *n* (S); – **di sicurezza** Sicherheitsvorschriften *pl*; – **di termini** Grenzregelung, Grenzausgleichung *f* (S); – **del traffico aereo** Flugverkehrsordnung; – **uniforme per l'incasso degli effetti di commercio** einheitliche Richtlinien für das Inkasso von Handelspapieren; – **valutario** Währungsordnung; Zahlung in Fremdwährung, v. a. LIQUIDAZIONE, ORDINAMENTO, PAGAMENTO.

regolare *agg* vorschriftsmäßig, ordnungsmäßig, ordnungsgemäß.

regolare regeln, reglementieren, regeln, regulieren; erledigen.

regolarità *f* Ordnungsmäßigkeit *f*, **per la** – der (guten) Ordnung halber; – **formale** Formgerechtigkeit.

regolatore *m* **dei prezzi** Preisregulator m.

regole *f pl*, – **del bilancio** (*pubblico*) Haushaltsgrundsätze *pl*, Budgetprinzipien *pl*; – **del giuoco de-**

mocratico demokratische Spielregeln; – **ed usi uniformi relativi ai crediti documentari** einheitliche Richtlinien und Gebräuche für Dokumentenakkreditive; – **di York ed Anversa** York-Antwerpener Regeln.

regressione *f*, – **economica** rückläufige Entwicklung der Wirtschaft, rückläufige Konjunktur, Konjunkturrückgang *m*; – **delle vendite** Absatzrückgang *m*.

regressività *f* **dell'imposta** Steuerregression *f*.

regresso *m* Rückgriff *m*, Regress *m*; **esercitare il** – (contro) Rückgriff nehmen (gegen); – **in via di** – im Regresswege; – **cambiario** Wechselrückgriff, Wechselregress; – **tra condebitori** Rückgriff unter Gesamtschuldnern; – **per mancata accettazione** Rückgriff mangels Annahme; – **per mancato pagamento** Rückgriff mangels Zahlung; – **nell'ordine delle girate** Reihenrückgriff, Reihenregress.

reiezione *f* Zurückweisung *f*, Ablehnung *f*; – **della domanda di pensione** Ablehnung des Rentenantrags.

reimpianto *m* (*med*) Wiedereinpflanzung *f*.

reimpiego Wiederanlage *f*.

reimportare wiedereinführen.

reimportazione *f* Wiedereinfuhr *f*, Reimport *m*.

reincanto *m* Wiederversteigerung *f*, nochmalige Versteigerung.

reincarico *m* Wiedereinberufung *f*, Wiederernennung *f*.

reincorporare wiedereinverleiben, wiedereingliedern.

reincorporazione *f* Wiedereingliederung *f*, Wiedereinverleibung *f*.

reingresso *m* Wiedereinreise *f*.

reinserimento *m* Wiedereingliederung *f*; – **nella società** Resozialisierung.

reintegrare wiedereinsetzen.

reintegrazione *f*, – **nei diritti civici** (S) Wiedereinsetzung in die bürgerliche Ehrenfähigkeit (S); – **in forma specifica** (*risarcimento*) Naturalherstellung *f*; – **nel possesso** Wiedereinräumung des Besitzes; – **nella potestà sui figli** Wiedereinsetzung in das elterliche Sorgerecht; – **della quota riservata ai legittimari** Pflichtteilsergänzung *f*.

reintrodurre wiedereinführen.

reintroduzione *f* Wiedereinführung *f*.

reintroitare (*un pagamento*) sich (für eine Zahlung) erholen.

reinvestimento *m* Reinvestition *f*, Wiederinvestierung *f*, Wiederanlage *f*, Neuinvestition, Neuanlage.

reinvestire wieder anlegen.

reiscrivere wiedereintragen.

reiscrizione *f* Wiedereintragung *f*.

reità *f* Täterschaft *f*; – **mediata** mittelbare Täterschaft.

relatore *m* Berichterstatter, Berichter *m* (A), Referent *m*; – **della commissione** Kommissionsreferent (S).

relazione *f* (1) Beziehung *f*, Verbindung *f*; (2) (*orale o scritta*) Bericht *m*, Referat *n*; – **adulterina** ehebrecherisches Verhältnis; – **d'affari** Geschäftsverbindung; – **annuale** Jahresbericht; – **bancaria** Bankverbindung; – **di bilancio** Geschäftsbericht; – **della causa** (*del giudice istruttore*) Vortrag über das bisherige Verfahren (*des Instruktionsrichters*); – **causale** Kausalbeziehung; – **commerciale** Handelsverbindung; – **della commissione** Ausschussbericht, Kommissionsbericht; – **del consulente tecnico** Sachverständigengutachten; – **consuntiva** Schlussbericht; – **estraconiugale** außerehelicher Beischlaf; – **giuridica** Rechtsbeziehung; – **d'inchiesta** Untersuchungsbericht; – **di maggioranza** Mehrheitsbericht; – **mensile** Monatsbericht; – **di minoranza** Minderheitsbericht; – **di notivica,** – **di notificazione** Zustellungsurkunde *f*, Zustellungsbescheinigung *f* (S), Zustellschein *m*, Zustellausweis *m* (A); – **peritale,** – **di peri-**

zia Sachverständigenbericht, Sachverständigengutachten *n*; – **provvisoria** Zwischenbericht; – **semestrale** Halbjahresbericht; – **sullo stato della giustizia** Bericht über die Lage der Justiz; – **dei sindaci** Bericht der Abschlussprüfer; – **dei revisori** Revisionsbericht (S), Bericht der Abschlussprüfer; – **di stima** Schätzungsbericht; – **ufficiale** amtlicher Bericht; v. a. RAPPORTO.

relazioni *f pl*, **pubbliche** – Öffentlichkeitsarbeit *f*; – **d'affari** Geschäftsbeziehungen *pl*, Geschäftsverbindungen *pl*; – **amichevoli** freundschaftliche Beziehungen; – **di buon vicinato** gutnachbarliche Beziehungen, gutnachbarschaftliche Beziehungen; – **commerciali** Handelsbeziehungen *pl*; – **contrattuali** Vertragsbeziehungen *pl*; – **culturali** kulturelle Beziehungen; – **diplomatiche** diplomatische Beziehungen; **ristabilire le – diplomatiche** die diplomatischen Beziehungen wiederaufnehmen; **rompere le – diplomatiche** die diplomatischen Beziehungen abbrechen; **stabilire – diplomatiche** diplomatische Beziehungen aufnehmen; – **economiche** Wirtschaftsbeziehungen *pl*; – **estere, – con l'estero** Auslandsbeziehungen *pl*, Außenbeziehungen *pl*; – **finanziarie** finanzielle Beziehungen; – **internazionali** zwischenstaatliche Beziehungen; v. a. RAPPORTI, RAPPORTO, RELAZIONE.

religione *f* **di Stato** Staatsreligion f, Staatskirche f.

relitto *m* Wrack *n*; – **marittimo** Strandgut *n*.

remissione *f* Erlass *m*, Erlassung *f* (A), Nachlass; – **di debito** Schulderlass, Schuldnachlass; – **di fitto** Pachtnachlass; – **d'imposta** Steuererlass, Steuererlassung (A); – **d'interesse** Zinsnachlass, Zinsennachlass (A); – **di pena** Straferlass, Strafnachlass; – **della querela** Zurücknahme des Strafantrags.

remissore *m* Remisier *m*.

remunerativo *agg* gewinnbringend.

remunerazione *f* Vergütung *f*, Arbeitsentgelt *n*; – **del capitale** Kapitalverzinsung *f*; – **a cottimo** Akkordvergütung; – **del lavoro** Arbeitsvergütung, Arbeitsentgelt; – **in natura** Naturalentlohnung *f*; v. a. RETRIBUZIONE, SALARIO.

rendere (1) (*fruttare*) einbringen, sich rentieren; (2) (*produrre*) leisten; – **noto** bekanntmachen; – **pubblico** veröffentlichen.

rendiconto *m* (1) Rechnungslegung *f*, Rechnungsstellung *f* (S), Rechnungsablage *f*, Rechnungserteilung *f*, Abrechnung *f*; (2) (*rapporto*) Rechenschaftsbericht *m*, Bericht, Berichterstattung *f*; – **annuale** Jahresbericht; – **generale d'esercizio** Jahresabschluss *m*; – **di gestione** Geschäftsbericht; – **semestrale** Halbjahresbericht.

rendimento *m* (1) Leistung *f*; (2) Ertrag *m*, Rendite *f*; – **dei conti** Rechnungslegung *f*, Rechnungsstellung *f* (S); – **effettivo** Effektivleistung, Effektivverzinsung; – **del lavoro** Arbeitsertrag *m*; – **massimo** Höchstleistung, Maximalleistung, Spitzenleistung; – **medio** Durchschnittsleistung, Durchschnittsrendite; – **minimo** Mindestleistung, Minimalleistung; v. a. REDDITO.

rendita *f* (1) (*annualità*) Rente *f*, Annuität *f*, (2) (*reddito*) Ertrag *m*; **costituire una** – eine Rente bestellen; **riscattare una** – eine Rente ablösen; – **ammortizzabile** Tilgungsrente; – **di attività** Aktivitätsrente; – **a breve scadenza** Annuität mit kurzer Laufzeit; – **del capitale** Kapitalrente; – **in caso di decesso** Todesfallrente; – **catastale** Katastralertrag; – **certa** Zeitrente; – **complementare** Ergänzungsrente, Zusatzrente; – **completa** vollständige Rente; – **del consumatore** Verbraucherrente, Konsumentenrente; – **continua** laufende Rente, kontinuierlich zahlbare Rente; – **convertita** Ablösungsrente; – **crescente** steigende Rente; – **decrescente** abnehmender Ertrag, Ertragsabnahme *f*; – **in denaro** Geldrente; – **differenziale** Differentialrente; – **con differimento da stabilire** Rente mit unbestimmter Verfallzeit; – **differita** aufgeschobene Rente, aufgeschobene Leibrente; – **su due teste** Verbindungsrente; – **eventuale** anwartschaftliche Rente; – **a favore dei superstiti** Hinterbliebenenrente, Hinterlassenenrente (S); – **fondiaria** Bodenrente, Grundrente, Gülte *f* (S); – **frazionata** unterjährig zahlbare Rente, in unterjährigen Raten zahlbare Rente; – **immediata** sofort fällige Rente; – **di inabilità permanente** Berufsunfähigkeitsrente; – **per infortunio** Unfallrente; – **d'invalidità** Invalidenrente, Invaliditatsrente; – **marginale** Grenzertrag; – **di monopolio** Monopolrente; – **netta** Nettoertrag; – **pagabile anticipatamente** vorschüssige Rente; – **pagabile posticipatamente** nachschüssige Rente; – **a pagamento differito** hinausgeschobene Annuität; – **pagata** bezahlte Rente, geleistete Rente, ausgerichtete Rente; – **perpetua** Dauerrente, ewige Rente, immerwahrende Rente, unkündbare Rente, unendliche Annuität; – **su piú teste** Rente auf mehrere Leben, verbundene Rente (S); – **al portatore** Inhaberrente; – **privilegiata** Vorzugsrente; – **del produttore** Produzentenrente; – **pubblica** Staatsrente, fundierte Staatsschuld, konsolidierte Staatsschuld; – **riscattabile** ablösbare Rente; – **rivalutata** aufgewertete Rente; – **riversibile** vererbliche Rente; – **di sopravvivenza** Überlebensrente, Hinterbliebenenrente, Hinterlassenenrente (S); – **di Stato** Staatsrente; – **supplementare** Zusatzrente; – **temporanea** abgekürzte Rente, zeitlich begrenzte Rente, Annuität mit begrenzter Laufzeit; – **a termine** Zeitrente, Annuität mit begrenzter Laufzeit; – **della terra,** – **terriera** Grundrente, Bodenrente; – **su testa d'orfano** Waisenrente, Waisenpension; – **variabile** veränderliche Rente; – **di vecciaia** Altersrente; – **vitalizia** Leibrente, Lebensrente, Rente auf Lebenszeit, lebenslängliche Rente, lebenslängliche Annuität; v. a. ANNUALITÀ, ASSEGNO, REDDITO.

renitenza *f* (unberechtigte) Weigerung *f*.

reo *m* Täter *m*; – **di alto tradimento** Hochverräter *m*; – **confesso** geständiger Täter; – **convinto** überführter Täter; – **presunto** mutmaßlicher Täter; – **sospetto** Tatverdächtigter *m*.

reparto *m* Abteilung *f*; – **acquisti** Erwerbsabteilung; – **estero** Auslandsabteilung; – **d'isolamento** Isolierabteilung; – **merci** (*di una banca*) Dokumentenabteilung; – **pubblicità** Werbeabteilung; – **specializzato** Fachabteilung; – **vendite** Verkaufsabteilung; v. a. RIPARTO, SEZIONE, UFFICIO.

reperibilità *f* Erreichbarkeit *f*.

reperimento *m* **di capitale** Kapitalbeschaffung *f*.

reperto *m* Befund *m*; – **medico** ärztlicher Befund.

repertorio *m* (1) Verzeichnis *n*, Sammlung *f*; (2) Urkundenrolle *f*, Urkundenregister; – **di giurisprudenza** Entscheidungssammlung, Spruchsammlung (A).

replica *f* Replik *f*, Gegenausführung *f*, Gegenäußerung *f*, Erwiderung *f*, (*scritta*) Erwiderungsschrift *f*.

replicare replizieren.

repressione *f* Unterdrückung *f*, Niederschlagung *f*; – **della criminalità organizzata** Bekämpfung *f* der organisierten Kriminalität; – **della delinquenza minorile** Bekämpfung der Jugendkriminalität; – **dei reati** Bekämpfung von Straftaten.

reprimere unterdrücken, niederschlagen.

repubblica *f* Republik *f*; **proclamare la** – die Republik ausrufen; – **d'Austria** Republik Österreich; – **delle banane** Bananenrepublik; – **democratica** demokratische Republik; – **federale** Bundesrepublik; – **federale di Germania** Bundesrepublik Deutschland; – **federata** verbündete Republik; – **italiana** Italienische Republik; – **parlamentare** parlamentarische Republik; – **popolare** Volksrepublik; – **presidenziale** Präsidialrepublik; – **socialista** sozialistische Republik.
repubblicano *agg* republikanisch.
repubblicano *m* Republikaner *m*.
reputazione *f* Ruf *m*, Leumund *m*, Ansehen *n*.
requisire anfordern.
requisiti *m pl*; **rispondere ai** – die erforderlichen Voraussetzungen erfüllen; – **di brevettabilità** Patentierungsvoraussetzungen; – **della cambiale** Erfordernisse des Wechsels; – **del contratto** Vertragserfordernisse; – **di qualità** Qualitätsanforderungen; – **di sicurezza** Sicherheitsanforderungen.
requisito *m* Erfordernis *n*; – **di ammissione** Zulassungsvoraussetzung; – **dell'azione** Klagevoraussetzung; – **contributivo** Beitragserfordernis; – **essenziale** Grundvoraussetzung; – **dell'età** Alterserfordernis *n*, Altersvoraussetzung *f*; – **di forma** Formerfordernis; – **minimo** Mindestanforderung *f*; – **oggettivo** sachliche Voraussetzung, – **soggettivo** persönliche Voraussetzung.
requisitoria *f* Antrag *m* (des Staatsanwalts).
requisizione *f* Anforderung *f*.
res nullius herrenlose Sache, freistehende Sache (A).
resa *f* (1) Kapitulation *f*, Übergabe *f*; (2) Ablieferung *f*; – **dei conti** Rechnungslegung *f*, Rechnungsstellung *f* (S), Rechnungserteilung *f*, Rechnungsablage *f*; – **a discrezione,** – **incondizionata** bedingungslose Übergabe, bedingungslose Kapitulation; – **al nemico** Übergabe an den Feind.
rescindere aufheben, rückgängig machen.
rescindibile *agg* aufhebbar.
rescissione *f* Aufhebung *f*, Rückgängigmachung *f*; – **del contratto** Rückgängigmachung des Vertrages; – **della divisione** Rückgängigmachung der Erbteilung.
residente *agg* wohnhaft, ansässig.
residente *m* Ansässiger *m*, Gebietsansässiger, Inländer *m*, (*disposizioni valutarie*) Deviseninländer, (*disposizioni tributarie*) Steuerinländer.
residenza *f* Aufenthalt *m*, Wohnort *m*; – **cambiare la** – den Wohnort wechseln; – **stabilire la** – einen Aufenthalt nehmen, sich niederlassen; – **abituale** gewöhnlicher Aufenthalt; – **anagrafica** meldeamtlicher Wohnort; – **all'estero** Auslandsaufenthalt; – **della famiglia,** – **familiare** Aufenthaltsort der Familie; – **fiscale** steuerrechtlicher Aufenthalt; – **fissa** fester Aufenthalt; – **permanente** dauernder Aufenthalt; – **principale** Hauptwohnsitz; – **sconosciuta** unbekannter Aufenthalt; – **secondaria** Zweitwohnsitz; – **stabile** ständiger Aufenthalt.
residuo *m* Rest *m*; – **attivo** Einnahmerest; – **di bilancio** Haushaltsrest; – **di ordini** Auftragsüberhang *m*; – **passivo** Ausgaberest; – **passivo di bilancio** Haushaltsausgaberest; – **della pena** Reststrafe; – **di salario** Restlohn *m*, Restlöhnung *f*.
resistente *agg* widersetzlich.
resistente *m* (*ad azione*) Klagegegner *m*, (*a ricorso*) Widerspruchsgegner *m*, Beschwerdegegner *m*, (*all'impugnazione*) Anfechtungsgegner *m*, (*cassazione*) Revisionsbeklagter *m*.
resistenza *f* Widerstand *m*, (*borsa*) Festigkeit *f*; **opporre** – Widerstand leisten; – **alla forza pubblica** Widerstand gegen die Staatsgewalt; – **passiva** passiver Wider-

stand; – **a un pubblico ufficiale** Widerstand gegen einen Amtsträger.

resistere widerstehen; – **in giudizio** sich auf eine Klage einlassen.

resoconto *m* (1) Bericht *m*, Berichterstattung *f*; (2) Rechnungslegung *f*.

respingere (*domanda*) abweisen, nicht stattgeben.

respiro, vendere a – auf Ziel verkaufen.

responsabile *agg* verantwortlich, haftpflichtig, haftbar, (*capace di intendere e di volere*) schuldfähig; **essere** – haften, zu vertreten haben, vertreten müssen; **penalmente** – strafrechtlich verantwortlich; – **solidalmente** gesamtschuldnerisch haftend.

responsabile *m* Verantwortlicher *m*, Haftender *m*; – **civile** zivilrechtlich Haftender; – **d'imposta** Steuerhaftender *m*; – **del procedimento** (*dir. amm.*) Verfahrensverantwortlicher *m*, verantwortlicher Sachbearbeiter *m*; – **della protezione (dei) dati** Datenschutzbeauftragter *m*.

responsabilità *f* Verantwortlichkeit *f*, Verantwortung *f*, Haftbarkeit *f*, (*civile*) Haftung *f*, Haftpflicht *f*, (*capacita di intendere e di volere*) Schuldfähigkeit *f*; **assumere la** – die Verantwortung übernehmen, die Haftung übernehmen; **declinare la** – die Verantwortung ablehnen, die Haftung ablehnen; **escludere la** – die Haftung ausschließen; **esonerare dalla** – von der Haftung befreien; – **limitare la** – die Haftung beschranken; **senza – né garanzia** ohne Obligo, obligolos; **sollevare dalla** – von der Haftung befreien; **sotto propria** – auf eigene Verantwortung; – **per affidamento** Vertrauenshaftung; – **aggravata** verschärfte Haftung; – **dell'albergatore** Gastwirtshaftung; – **per l'ammanco** Mankohaftung; – **amministrativa** Amtshaftung; **aquiliana** außervertragliche Haftung; – **dell'armatore** Reederhaftpflicht; – **per atto illecito** Haftung aus unerlaubter Handlung; – **cambiaria** wechselmäßige Haftung; – **per la circolazione dei veicoli** Kfz-Haftpflicht; – **civile** zivilrechtliche Haftung, zivilrechtliche Verantwortung, Haftpflicht; – **civile auto (RCA)** Kfz-Haftpflicht; – **civile collettiva** Kollektivhaftung; – **civile per fatto illecito** Deliktshaftung; – **collettiva** Kollektivhaftung; – **per collisione** Kollisionshaftpflicht; – **senza colpa** Haftung ohne Verschulden; – **del committente** Haftung des Geschäftsherrn; – **da condotta** Handlungshaftung; – **contrattuale** vertragliche Haftung, Haftung aus Vertrag; – **per il crollo di fabbricati** Gebäudehaftung; – **cumulativa** Gesamthaftung, Solidarhaftung; – **del danno** Schadenshaftung; – **del danno cagionato da animali** Haftung des Tierhalters, Haftung für Tierschaden, Tierhalterhaftung; Tierschadenhaftung; – **del danno cagionato da cose** Haftung für durch Sachen verursachten Schaden; – **per i debiti** Schuldenhaftung; – **dell'ente pubblico per il fatto commesso dai suoi funzionari** Beamtenhaftung; – **per l'esercizio di attività pericolose** Gefährdungshaftung; – **eventuale** Eventualhaftung; – **extracontrattuale** außervertragliche Haftung, deliktische Haftung, Verschuldenshaftung; – **per fatto altrui** Haftung für dritte Personen; – **per fatto illecito** Haftung aus unerlaubter Handlung; – **per il fatto illecito del commesso o domestico** Haftung für den Verrichtungsgehilfen, Haftung für den Besorgungsgehilfen (A), Leutehaftung (A); – **finanziaria** Finanzverantwortung; – **dei funzionari** Beamtenhaftung; – **giuridica** rechtliche Verantwortlichkeit; – **illimitata** unbeschränkte Haftung, unbeschränkte Haftpflicht; – **d'imposta** Steuerhaftung; – **dell'imprenditore** Unternehmerhaftung; – **da ina-**

dempimento Haftung aus vertraglicher Nichterfüllung; – **indiretta** Entschuldigungshaftung, mittelbare Haftung, Haftung für dritte Personen, Haftung des Aufsichtspflichtigen; – **individuale** Individualhaftung, persönliche Verantwortlichkeit; – **internazionale** völkerrechtliche Verantwortlichkeit; – **legale** gesetzliche Haftpflicht, gesetzliche Haftung; – **limitata** beschränkte Haftung, beschränkte Haftpflicht; – **materiale** Sachhaftung; – **oggettiva** Haftung ohne Verschulden, Gefährdungshaftung; – **del padrone** Haftung des Geschäftsherrn; – **parziale** Teilhaftung; – **patrimoniale** Vermögenshaftung; – **penale** strafrechtliche Verantwortlichkeit; – **personale** persönliche Haftung; – **politica** politische Verantwortung; – **politica del ministro** Ministerverantwortlichkeit; – **precontrattuale** Verschulden bei den Vertragsverhandlungen; – **preventiva** Voraushaftung; – **del produttore** Herstellerhaftung, Produzentenhaftung; – **professionale** Berufshaftpflicht; – **del proprietario di navi** Schiffseigentümerhaftpflicht; – **del proprietario di stabili e di terreni** Gebäude- und Grundstücksbesitzer-Haftpflicht; – **del rappresentante** Vertreterhaftung; – **per rovina di edificio** Haftung für Gebäudeschaden; – **solidale** Gesamthaftung, Solidarhaftung, solidarische Haftung, gesamtschuldnerische Haftung, Gemeinschaftshaftung; – **del sorvegliante** Haftung des Aufsichtspflichtigen; – **dello star del credere** Delkrederehaftung *f*; – **dello Stato** Staatshaftung; – **supplementare** Zusatzhaftung; – **sussidiaria** (*societa cooperativa*) Haftsumme *f*; – **verso terzi** Haftung gegenüber Dritten; – **del terzo** Dritthaftung; – **del vettore** Frachtführer-Haftpflicht; – **per i vizi della cosa** Sachmängelhaftung, Mängelhaftung.

restaurare wiederherstellen.

restaurazione *f* Wiederherstellung *f*, Instandsetzung *f*.

restitutio in integrum Wiedereinsetzung in seine Rechte, Wiedereinsetzung in die ursprüngliche Rechtsstellung, Naturalherstellung *f*, Naturalrestitution *f*.

restituzione *f* Rückerstattung *f*, Rückstellung *f* (A), Restitution *f*, Herausgabe *f*, Rückgabe; **chiedere la** – zurückverlangen; – **di dazio** Rückzoll *m*, Zollrückvergütung *f*; – **del diritto** Rechtswiederherstellung *f*; – **d'imposta** Steuerrückerstattung *f*, Steuerrückvergütung *f*; – **dell'indebito** Rückerstattung des ohne rechtlichen Grund Geleisteten; – **in pristino** Wiederherstellung des früheren Zustands; – **in termini** Wiedereinsetzung in den vorigen Stand, (*diritto tributario*) Nachsichtsfrist *f*.

resto *m* Rest *m*, Restbetrag *m*.

restringere beschränken, einschränken.

restrizione *f* Beschränkung *f*, Einschränkung; – **al commercio** Handelsbeschränkung; – **alla concorrenza** Wettbewerbsbeschränkung; – **creditizia,** – **di credito** Krediteinschränkung, Kreditrestriktion *f*; – **d'entrata** Einreisebeschränkung; – **all'esportazione** Ausfuhrbeschränkung; – **all'immigrazione** Einwanderungsbeschränkung; – **all'importazione** Einfuhrbeschränkung, Importbeschränkung, Importrestriktion *f*; – **legale** gesetzliche Beschränkung; – **quantitativa** mengenmäßige Beschränkung; – **allo stabilimento** Niederlassungsbeschränkung; – **valutaria** devisenrechtliche Beschränkung, Devisenbeschränkung, Währungsbeschränkung; – **alle vendite** Absatzbeschränkung.

retata *f* Razzia *f*.

rete *f* Netz *n*; – **di agenzie,** – **di dipendenze** Zweigstellennetz *n*; – **di comunicazione** Kommunikationsnetz; – **di comunicazioni** Verkehrsnetz; – **di dati** Datennetz;

– **digitale** (*inf*) digitales Netz; – **distributiva**, – **di distribuzione** Vertriebsnetz; – **ferroviaria** Eisenbahnnetz; – **di filiali** Filialnetz *n*, Zweigstellennetz; – **di informazione** Informationsnetz; – **di monitoraggio** Überwachungsnetz; (*ambientale*) Messstellennetz; – **di sicurezza** Sicherheitsnetz; – **stradale** Straßennetz; – **di succursali** Zweigstellennetz *n*; – **telefonica** Telefonnetz, Fernsprechnetz; – **televisiva** Fernsehnetz; – **di vendita** Absatznetz.

reti *f pl* **transeuropee** transeuropäische Netze *n pl*.

reticenza *f* Verschweigen *n* von Tatsachen; – **dolosa** arglistiges Verschweigen.

retratto successorio Retraktsrecht der Miterben.

retribuire vergüten.

retribuzione *f* Vergütung *f*, Arbeitsentgelt *n*, Bezüge *pl*; **giusta** – gerechter Lohn; – **assoggettabile a contribuzione** beitragspflichtige Bezüge; – **annua** Jahresarbeitsverdienst; – **complessiva** Gesamtbezüge; – **a cottimo** Akkordvergütung, Stückvergütung; – **in denaro** Geldbezüge; – **del lavoro** Arbeitsvergütung; – **di lavoro straordinario** Überstundenvergütung; – **a incentivo** leistungsbezogene Entlohnung; – **lorda** Bruttoarbeitsentgelt; – **in natura** Naturallohn *m*, Sachlohn *m*, Sachbezüge; – **netta** Nettoverdienst; – **pensionabile** ruhegehaltsfähige Bezüge; – **a tempo** Zeitlohn; v. a. COMPENSO, REMUNERAZIONE, SALARIO, STIPENDIO.

retroagire rückwirkend.

retroattività *f* Rückwirkung *f*, Zurückwirkung.

retroattivo *agg* rückwirkend, zurückwirkend.

retrocedente *m* Rückübertragender *m*, Rücküberträger *m* (A), Retrozedent *m*.

retrocedere rückübertragen, zurückübertragen, zurückabtreten, retrozedieren.

retrocessionario *m* Rückübernehmer *m*, Retrozessionar *m*.

retrocessione *f* Rückübertragung *f*, Zurückübertragung, Rückabtretung *f*, Retrozession *f*, Rückzession, (*sanzione disciplinare*) Einstufung in eine niedrigere Dienstaltersstufe.

retrodatare zurückdatieren, rückdatieren.

retrodatazione *f* Zurückdatierung *f*, Rückdatierung.

retroterra *m* Hinterland *n*.

retrovendita *f* Rückverkauf *m*.

rettifica *f* Berichtigung *f*, Richtigstellung, (*sui giornali*) Gegendarstellung *f*; – **catastale** Katasterberichtigung; – **del contratto** Berichtigung des Vertrages; – **di valore** Wertberichtigung; v. a. RETTIFICAZIONE.

rettificare berichtigen.

rettificazione *f* Berichtigung *f*; – **di bilancio** Bilanzberichtigung, Bilanzbereinigung *f*; – **di confine** Grenzberichtigung; – **del valore** Wertberichtigung.

revanscismo *m* Revanchismus *m*.

reversale *f* Einziehungsauftrag *m*, Inkassoauftrag; – **ferroviaria** Frachtbriefdoppel *n*, Frachtbriefduplikat *n*.

revisione *f* (1) (*esame*) Nachprüfung *f*, Überprüfung; (2) (*di giudizio penale*) Wiederaufnahme *f*; – **del l'assegno alimentare** Angleichung der Unterhaltsrente; – **aziendale** betriebsinterne Revision; – **di bilancio** Bilanzprüfung, Bilanzrevision *f*; – **contabile** Bücherrevision *f*, Buchprüfung; – **dei conti** Rechnungsprüfung; – **del conto approvato** Überprüfung der genehmigten Rechnung (bei Rechnungslegung); – **costituzionale,** – **della costituzione** Verfassungsänderung; – **generale** Hauptuntersuchung; – **interna** interne Revision; – **della patente** Überprüfung der Fahrerlaubnis; – **del prezzo** (*appalto*) Neufestsetzung der Vergütung; – **del trattato** Vertragsrevision *f*.

revisionismo *m* Revisionismus *m*.

revisionista *agg* revisionistisch.
revisionista *m* Revisionist *m*.
revisore *m* Prüfer *m*, Revisor *m*; – **contabile, – dei conti** Rechnungsprüfer, Rechnungsrevisor, Wirtschaftsprüfer, Bücherrevisor, Buchprüfer, Bilanzprüfer, Bücherexperte *m* (S =).
revoca *f* Widerruf *m*; Aufhebung *f*; – **dell'acccttazione** (*contrattuale*) Widerruf der Annahme (*des Vertragsangebots*); – **dell'adozione** Aufhebung der Adoption; – **di autorizzazione** Genehmigungswiderruf; – **dell'atto amministrativo** Widerruf des Verwaltungsakts; – **della confessione** Widerruf des Geständnisses; – **di credito** Kreditkündigung *f*, Kreditentziehung *f*, Kreditzurückziehung; – **della dichiarazione di fallimento** Aufhebung des Konkurseröffnungsbeschlusses; – **della donazione** Widerruf der Schenkung, Schenkungswiderruf; – **della fiducia** Vertrauensentzug *m*; – **dall'impiego** Entfernung aus dem Dienst; – **dell'inabilitazione** Aufhebung der beschränkten Entmündigung; – **dell'interdizione** Aufhebung der Entmündigung; – **del mandato** Widerruf des Auftrags; – **del mandato di cattura** Aufhebung des Haftbefehls; – **della patente di guida** Entziehung *f* der Fahrerlaubnis; – **di una procura** Widerruf einer Vollmacht, Entziehung einer Vollmacht, Vollmachtswiderruf, Aufhebung einer Vollmacht; – **della procura alle liti** Kündigung der Prozessvollmacht (*durch den Vollmachtgeber*); – **della proposta** (*contrattuale*) Widerruf des Antrags; – **del sequestro** Aufhebung der Beschlagnahme, (*proc. civ.*) Arrestaufhebung; – **della sospensione condizionale della pena** Widerruf der Strafaussetzung (zur Bewährung), Widerruf der bedingten Strafnachsicht (A); – **tacita** stillschweigender Widerruf; – **di testamento** Widerruf eines Testaments, Testamentswiderruf.
revocabile *agg* widerruflich.
revocabilità *f* Widerruflichkeit *f*.
revocare widerrufen.
revocatoria *f* **fallimentare** Konkursanfechtung *f*.
revocazione *f* v. revoca; (*proc. civ.*) Wiederaufnahme *f*; – **delle disposizioni testamentarie** Widerruf der testamentarischen Verfügungen; – **della donazione per ingratitudine** Widerruf der Schenkung wegen (groben) Undanks.
riabilitare rehabilitieren.
riabilitazione *f* Rehabilitierung, Rehabilitation *f*.
riaccredito *m* (*banca*) Gutschriftsrückbuchung *f*.
riacquistare wiederkaufen, zurückkaufen.
riacquisto *m* Wiederkauf *m*, Wiedererwerb *m*, Rückkauf, Rückerwerb; – **della cittadinanza** Wiedererlangung der Staatsangehörigkeit, Wiedereinbürgerung *f*.
riadattamento *m*, – **professionale** berufliche Umschulung; – **sociale** Resozialisierung.
riaddebito *m* Rückbelastung *f*.
riaffittare wiederverpachten.
riaffogliamento *m* Zinsscheinerneuerung *f*, Dividendenscheinerneuerung.
riallineamento *m* Neuangleichung *f*.
rialzista *m* Haussier *m*.
rialzo *m* Anstieg *m*, Erhöhung *f*, (*borsa*) Hausse *f*; **giocare al –, speculare al –** auf Hausse spekulieren; – **tendere al –** (*borsa*) nach oben tendieren; – **artificiale** künstliche Hausse; – **fraudolento dei prezzi** Preistreiberei *f*, Kurstreiberei; – **dei prezzi** Preisanstieg *f*, Preissteigerung *f*, Preiserhöhung *f*.
riammettere wieder zulassen, wieder aufnehmen.
riammissione *f* Wiederzulassung *f*, Wiederaufnahme *f*; – **in servizio** (*impiego pubblico*) erneute Berufung *f*.
rianimare (*il mercato*) beleben.
rianimazione del mercato Marktbelebung *f*.

riannessione *f* Wiedereingliederung *f*, Wiederangliederung, Rückgliederung.

riannettere wieder eingliedern, wieder angliedern.

riapertura *f* Wiedereröffnung *f*, Wiederaufnahme *f* (*eines Verfahrens*); – **del fallimento** Wiederaufnahme des Konkursverfahrens; – **delle indagini** (*proc. pen.*) Wiederaufnahme der Ermittlungen; – **del procedimento** Wiederaufnahme des Verfahrens.

riappaltare neu vergeben.

riappalto *m* (*di lavori pubblici*) (1) Neuvergabe *f*; (2) Weitervergabe *f*.

riapplicare wieder anwenden.

riapplicazione *f* Wiederanwendung *f*.

riarmare wieder aufrüsten.

riarmamento *m* Wiederaufrüstung *f*.

riarmarsi wieder aufrüsten.

riarmo *m* Wiederaufrüstung *f*.

riassetto *m* Neuordnung *f*.

riassicurare rückversichern.

riassicurato *m* Rückversicherter *m*.

riassicuratore *m* Rückversicherer *m*.

riassicurazione *f* Rückversicherung *f*; – **attiva** aktive Rückversicherung; – **ceduta** abgegebene Rückversicherung; – **in eccedente di perdita** Jahresschadenexzedenten-Rückversicherung, Überschaden-Rückversicherung; – **in eccedente di pieno,** – **in eccedente di rischio** Exzendenten-Rückversicherung; – **marittima** Seerückversicherung; – **obbligatoria** obligatorische Rückversicherung; – **particolare** Einzelrückversicherung: – **passiva** passive Rückversicherung; – **a premio di rischio** Rückversicherung auf Risikobasis; – **in quota parte** Quoten-Rückversicherung; – **di secondo eccedente** Rückversicherung des zweiten Exzedenten.

riassumere wieder einstellen.

riassunto *m* Zusammenfassung *f*.

riassunzione *f* (1) (*del lavoratore*) Wiedereinstellung *f*, Wiederanstellung, Wiederbeschäftigung *f*; (2) (*della causa*) Aufnahme *f* (des Verfahrens); **mancata – della causa** Nichtaufnahme des Verfahrens; – **della causa,** – **del processo** Aufnahme des Verfahrens (*nach Stillstand*).

riattivare reaktivieren.

ribassare herabsetzen.

ribassista *m* Baissier *m*, Kontermineur *m*.

ribasso *m* (1) Nachlass *m*, Abschlag *m*, Rabatt *m*, Preisnachlass, Preisabschlag; (2) (*borsa*) Baisse *f*; **giocare al** –; **speculare al** – auf Baisse spekulieren; – **tenere al** – (*borsa*) nach unten tendieren; – **passivo** Kundenrabatt; – **di premio** Prämienrabatt; – **del prezzo** Preisermäßigung *f*; v. a. SCONTO.

ribellarsi rebellieren.

ribelle *agg* aufrührerisch.

ribelle *m* Rebell *m*, Aufrührer *m*.

ribellione *f* Rebellion *f*, Aufruhr *m*; – **aperta** offener Aufruhr.

ricambio *m*, – **dei dipendenti** Fluktuation des Personals, Arbeitsplatzwechsel *m*; – **del lavoro** Arbeitskräfteaustausch *m*; – **originale** Originalersatzteil *n*; – **politico** Führungswechsel.

ricattatore *m* Erpresser *m*.

ricattatorio *agg* erpresserisch.

ricatto *m* Erpressung *f*.

ricavato *m* Erlös *m*; – **della vendita** Verkaufserlös.

ricavo *m* Erlös *m*; **netto** – Nettoerlös; – **dell'assegno** Scheckerlös; – **d'esercizio** Betriebsertrag *m*; – **dell'esportazione** Ausfuhrerlös; – **lordo** Bruttoerlös, Rohertrag; – **marginale** Grenzerlös; – **netto** Reinerlös, Nettoerlös; – **totale** Gesamterlös; – **della vendita** Verkaufserlös.

ricchezza *f* **mobile** bewegliches Vermögen; – **nazionale** Volksvermögen n.

ricchezze del sottosuolo Bodenschätze *pl*.

ricerca *f* (1) Suche *f*; (2) (*scientifica*) Forschung *f*; – **applicata** angewandte Forschung; – **di base** Grundlagenforschung; – **sul cam-**

po Feldstudie *f*; – **di capitali** Kapitalbeschaffung *f*; – **finalizzata** gezielte Forschung; – **di lavoro** Arbeits(platz)suche *f*; – **di manodopera** Nachfrage *f* an Arbeitsplätzen; – **di mercato** Marktforschung; – **nucleare** Nuklearforschung; – **operativa** Unternehmensforschung (*operations-research*); – **sulla paternità naturale** Nachforschung über die nichteheliche Vaterschaft; – **della prova** Beweissuche *f*; – **di soluzioni** Suche nach Lösungen; – **di testimoni** Zeugenermittlung *f*; V. A. INDAGINE.

ricercare (*un delinquente*) fahnden (*nach einem Straftäter*).

ricercato *m* gesuchter Straftäter *m*.

ricercatore *m* (1) Forscher *m*; (2) (*università*) wissenschaftlicher Assistent *n*.

ricettare hehlen.

ricettatore *m* Hehler *m*.

ricettazione *f* Hehlerei *f*; – **con recidiva** Rückfallhehlerei.

ricettività *f* **alberghiera** Hotelkapazität *f*.

ricevere erhalten, empfangen, in Empfang nehmen.

ricevibile *agg* zulässig.

ricevibilità *f* Zulässigkeit *f*.

ricevimento *m* Erhalt *m*, Empfang *m*, Empfangnahme *f*, Entgegennahme; – **della prestazione dovuta** Abnahme *f* der geschuldeten Leistung.

ricevitore *m* Einnehmer *m*; – **comunale** Gemeindeeinnehmer, Gemeindeerheber *m*; – **doganale** Zolleinnehmer; – **delle imposte** Steuereinnehmer, Steuererheber *m*, Steuereinheber *m* (A); – **del lotto** Lotterieeinnehmer; – **provinciale** Steuereinnehmer der Provinz.

ricevitoria *f*, – **delle imposte** Steuerkasse *f*; – **del lotto** Lottoannahmestelle *f*, Lottokollektur *f* (A).

ricevuta *f* Empfangsbestätigung *f*, Empfangsschein *m*, Empfangsbescheinigung *f*, Ablieferungsschein, Einlieferungsschein, Aufgabeschein, Aufgabebescheinigung, Quittung *f*, Zahlungsbestätigung; **accusare** – den Empfang bestätigen; **rilasciare** – Quittung erteilen; – **di bordo** Bordempfangsschein; – **di carico** Verladeschein *m*, Ladeschein; – **di cassa** Kassenquittung *f*, Kassenbeleg *m*; – **di deposito** Depotquittung, Einlageschein *m*, Einlagerungsschein, Aufbewahrungsschein, (*di azioni per l'assemblea*) Hinterlegungsbescheinigung; – **definitiva,** – **finale** Abschlussquittung, Ausgleichsquittung; – **fiscale** Steuerquittung; – **fittizia** Scheinquittung; – **liberatoria,** – **di liquidazione** Ausgleichsquittung; – **originale** Originalquittung; – **di pagamento** Zahlungsbestätigung; – **parziale** Teilquittung; – **postale** Posteinlieferungsschein, Postempfangsschein, Postaufgabeschein (A); – **di presa in consegna dello spedizioniere** Spediteurübernahmebescheinigung, Spediteurübernahmeschein; – **provvisoria** Interimsquittung, Kassenquittung; – **di ritorno** Rückschein *m*; – **a saldo,** – **a saldo di ogni pendenza** Ausgleichsquittung, Gesamtquittung, Generalquittung, Abschlussquittung; – **di spedizione** Frachtbriefdoppel *n*, Frachtbriefduplikat *n*, Versandbeleg *m*; – **di versamento** Einzahlungsbescheinigung; V. A. QUIETANZA.

ricezione *f* Empfang *m*, Erhalt *m*.

richiamare abberufen, zurückrufen.

richiamo *m* (1) Abberufung *f*, Zurückberufung; (2) (*rinvio*) Verweisung *f* (*auf eine andere Textstelle*); – **alle armi** Wiedereinberufung *f*, Wiedereinziehung *f* (zum Wehrdienst); – **di decimi** Aufforderung zur Einzahlung, Nachzahlungsaufforderung *f*; – **di documenti** (*dir. proc.*) Beiziehung *f* von Urkunden; – **all'ordine** Ordnungsruf *m*, Ruf zur Ordnung; – **alla questione** Ruf zur Sache, Sachruf.

richiedente *m* Antragsteller *m*, Gesuchsteller, Ersuchender *m*, Nachfrager *m*, (*procedimento di esecuzione*) betreibende Partei.

richiedere beantragen, anfordern, erfordern.

richiesta *f* Anfrage *f*, Antrag *m*, Gesuch *n*, Ersuchen *n*; **accogliere una** – einem Antrag stattgeben; – **fare** – einen Antrag stellen; **a semplice** – auf formlosen Antrag; – **di adempimento** Leistungsverlangen *n*; – **di archiviazione** (*proc. pen.*) Antrag auf Einstellung des Verfahrens; – **di asilo** Asylantrag *m*; **a – delle autorità** auf behördliches Verlangen; – **di autorizzazione a procedere** (*proc. pen.*) Ersuchen um Erteilung der Ermächtigung (zur Strafverfolgung); – **di citazione a giudizio** Antrag auf Eröffnung des Hauptverfahrens; – **di credito** Kreditantrag *m*, Kreditersuchen; – **di custodia cautelare** Haftbefehlsantrag; – **di dichiarazione di fallimento** Konkurseröffnungsantrag, Konkursantrag *m*, Konkursbegehren *n* (S); – **di estradizione** Auslieferungsantrag; – **di fabbisogno** Innenauftrag *m*, Lagerauftrag, Vorratsauftrag; – **di fallimento** Konkursanmeldung *f*, Konkursantrag (*durch den Schuldner*); – **di giudizio abbreviato** (*proc. pen.*) Antrag auf abgekürztes Verfahren; – **d'indennizzo** Entschädigungsantrag; – **di informazioni** Anfrage; – **di manodopera** Nachfrage an Arbeitskräften; – **nominativa** (*di manodopera*) namentliche Anforderung *f*; – **d'offerta** Angebotseinholung; – **di procedimento** (*proc. pen.*) Strafverlangen; – **di prova** Beweisantrag; – **di pubblicazione di matrimonio** Bestellung des Aufgebots, Verkündungsbegehren *n* (S); – **di riesame** Antrag auf Überprüfung (einer gerichtlichen Entscheidung); – **di riesame del mandato di cattura** Antrag auf Haftprüfung; – **di rinvio a giudizio** (*proc. pen.*) Antrag auf Eröffnung des Hauptverfahrens; – **di salario** Lohnforderung *f*; – **sindacale** Gewerkschaftsforderung *f*; – **di trasferimento** Versetzungsgesuch; – **di ulteriore istruzione** Ersuchen um weitere Ermittlungen; V. A. DOMANDA.

riciclaggio *m* Recycling *n*; – **del denaro** (*sporco*) Geldwäsche *f*; – **dei rifiuti** Abfallwiederverwertung *f*, Abfallrecycling.

ricognizione *f* (1) (*di un diritto*) Anerkenntnis *n*, Anerkennung *f*; (2) (*di persone*, *cose*) Wiedererkennung *f*, Identifizierung *f*; – **di debito** Schuldanerkenntnis *n*, Schuldbekenntnis *n* (S), Schuldanerkennung *f* (S), Schuldenerklärung *f*.

ricompensa *f* Belohnung *f*.

ricompensare belohnen.

ricomperare zurückkaufen, wiederkaufen.

ricomposizione fondiaria Zusammenlegung landwirtschaftlicher Grundstücke, Flurbereinigung *f*, Kommassation (A =), Kommassierung *f* (A =).

ricomprare wiederkaufen, zurückkaufen.

ricompratore *m* Wiederkäufer *m*.

riconciliare versöhnen.

riconciliazione *f* Versöhnung *f*, Aussöhnung *f*.

riconduzione *f*, – **espressa** ausdrückliche Erneuerung (eines Miet- oder Pachtvertrages); – **tacita** stillschweigende Erneuerung.

riconferma *f* Bestätigung *f*; – **in carica** Bestätigung im Amt.

riconiare umprägen.

riconiatura *f* Umprägung *f*.

riconoscere (1) (*conoscere*) erkennen; (2) (*persone*, *cose*) wiedererkennen, identifizieren; (3) (*accettare*) anerkennen, zuerkennen.

riconoscibile *agg* (*errore*, *vizio*) erkennbar.

riconoscibilità *f* (*dell'errore*, *del vizio*) Erkennbarkeit *f*.

riconoscimento *m* (1) (*identificazione*) Identifizierung *f*, Wiedererkennen *n*; (2) (*accettazione*) Anerkennung *f*, Anerkenntnis *n*, Zuerkennung *f*; **mutuo** – gegenseitige Anerkennung; – **di belligeranza** Anerkennung als kriegführende Partei; – **di debito** Schuldanerkenntnis *n*;

Schuldanerkennung *f* (S), Schuldbekenntnis *n* (S), Schuldenerklärung *f*; – **di diplomi** Anerkennung von Diplomen; – **del diritto** Anerkennung des Rechts; – **di diritto** de-iure-Anerkennung; – **de facto,** – **di fatto** de-facto-Anerkennung; – **di un figlio** Anerkennung eines Kindes; – **di figlio naturale** Anerkennung der nichtehelichen Vaterschaft; – **formale** förmliche Anerkennung; – **giudiziario** gerichtliche Anerkennung; – **di un governo** Anerkennung einer Regierung; – **di indipendenza** Anerkennung der Unabhängigkeit; – **di insorti** Anerkennung als Aufständische; – **de iure** de-iure-Anerkennung; – **parziale** Teilanerkennung, Teilanerkenntnis; – **della paternità** Vaterschaftsanerkenntnis; – **reciproco** gegenseitige Anerkennung; – **di scrittura privata** Anerkennung der Echtheit einer Privaturkunde; – **di sentenza straniera** Anerkennung eines ausländischen Urteils; – **sociale** soziale Anerkennung; – **tacito** stillschweigende Anerkennung; – **unilaterale** einseitige Anerkennung.

riconsegna *f* Rücklieferung *f*, Rückgabe *f*.

riconversione *f* **industriale** industrielle Umorientierung *f*.

riconvenzione *f* Widerklage *f*.

ricorrente *m* Beschwerdeführer *m*, Widerspruchsführer *m*, Rekurrent *m*, Rekurswerber *m* (A); – **in cassazione** Revisionskläger *m*.

ricorrenza *f* **festiva** Gedenktag *m*.

ricorrere Beschwerde führen, Rekurs einlegen.

ricorso *m* (1) (*istanza*) Antrag *m*, Klage *f*; (2) (*reclamo*) Einspruch *m*, Beschwerde, Rekurs (A); (3) (*per cassazione*) Kassationsbeschwerde, Revision *f*; (4) (*amministrativo*) Widerspruch *m* (*gegen Verwaltungsakte*); (5) (*amministrativo giurisdizionale*) Verwaltungsklage; **accogliere il** – der Beschwerde (dem Antrag usw.) stattgeben; **avanzare –, far –, proporre** – Einspruch einlegen, Einspruch erheben, Beschwerde führen, Beschwerde einlegen, Rekurs einlegen; **motivare il** – die Beschwerde (den Antrag usw.) begründen; **rigettare il** – die Beschwerde verwerfen, den Antrag zurückweisen, die Klage abweisen; – **abusivo al credito** Kreditbetrug; – **amministrativo giurisdizionale** Verwaltungsklage; – **amministrativo semplice** Widerspruch *m* (*gegen Verwaltungsakte*); – **per l'annullamento** Nichtigkeitsbeschwerde; – **per l'annullamento di un atto amministrativo** Anfechtungsklage; – **in appello** Berufung *f*, Einlegung der Berufung, Berufungseinlegung *f*, Berufungserhebung *f* (A); – **per cassazione,** – **in cassazione** Nichtigkeitsbeschwerde, Kassationsbeschwerde (S), Revisionsrekurs (A); – **in cassazione per saltum** Sprungrevision *f*; – **collettivo** gemeinsame Beschwerde; – **costituzionale** Verfassungsbeschwerde; – **al credito** Kreditaufnahme *f*, Kreditinanspruchnahme *f*; – **per dichiarazione di fallimento** Konkurseröffnungsantrag *m* (*durch den Gläubiger*); – **disciplinare** Disziplinarbeschwerde; – **contro l'esecu-zione forzata** Zwangsvollstreckungsgegenklage; – **alla forza** Gewaltanwendung *f*; – **in garanzia per i vizi della cosa** Mängelrüge *f*; – **gerarchico** Widerspruch (*gegen einen Verwaltungsakt bei der nächsthöheren Behörde*); – **gerarchico improprio** Beschwerde bei einer vorgeordneten Behörde, die in keinem hierarchischen Zusammenhang mit der erlassenen Behörde steht; – **giurisdizionale amministrativo** Verwaltungsklage, Verwaltungsgerichtsbeschwerde (S); – **immediato** (*per cassazione*) Sprungbeschwerde, Sprungrevision; – **incidentale** (*per cassazione*) Anschlußrevision; – **individuale** Individualbeschwerde; – **contro l'inerzia dell'amministrazione** Untätigkeitsbeschwerde, Untätigkeitsklage, Säumnisbeschwerde (A); – **nell'interesse della legge** Kassationsbeschwerde im Rechtsinteresse; – **contro il mandato di cattura** Haftbeschwerde; – **in opposizione** (*dir. amm.*) Widerspruch (*bei der erlassenden Behörde*); – **d'opposizione alla esecuzione** Vollstreckungsabwehrklage; – **straordinario al Capo dello Stato** Widerspruch (*gegen Verwaltungsmaßnahmen*) an den Staatspräsidenten (*nach Erschöpfung des Rechtsweges*); – **per ricusazione** Ablehnungsantrag, Ablehnungsgesuch; – **in via gerarchica** v. ricorso gerarchico.

ricostituire wiederherstellen, (*atto*) erneuern.

ricostituzione *f* Neubildung *f*, Wiederherstellung *f*; (*società*) Neugründung *f*; – **di atto**, – **di documento** Urkundenerneuerung *f*.

ricostruzione *f* Wiederherstellung *f*, Wiederaufbau *m*; – **economica** wirtschaftlicher Wiederaufbau; – **del muro comune** Wiederaufbau der gemeinschaftlichen Mauer.

ricovero *m* Unterbringung *f*; – **antiaereo** Luftschutzraum *m*, Luftschutzkeller *m*; – **in una casa di cura e di custodia** Unterbringung in einer Heil- und Verwahranstalt; – **in istituto** Unterbringung in einer Anstalt, Anstaltsunterbringung *f*; – **coatto** Zwangseinweisung *f*; – **in un manicomio giudiziario** Unterbringung in einem psychiatrischen Krankenhaus; – **in un reformatorio giudiziario** Unterbringung in einer Besserungsanstalt.

ricuperabile *agg* (*credito*) beitreibbar, einziehbar, einbringlich (A).

ricuperabilità *f* Beitreibbarkeit *f*, Einbringlichkeit *f* (A).

ricuperare (1) (*crediti*) beitreiben, eintreiben; (2) (*riacquistare*) zurückerlangen, zurückgewinnen; (3) (*corsi*) sich erholen.

ricupero *m* (1) (*salvataggio*) Bergen *n*, (2) (*riscossione*) Eintreibung *f*, Beitreibung *f*; (3) (*riacquisto*) Zurückerlangung *f*; – **crediti** Forderungseintreibung; – **delle quotazioni** Kurserholung *f*; – **sui sinistri** Schadensrückersatz *m*; – **sociale** Resozialisierung *f*; – **delle spese** Kostenbeitreibung, Kosteneintreibung.

ricusabile *agg* ablehnbar.

ricusazione *f* Ablehnung *f*; – **del giudice** Ablehnung des Richters; – **per legittimo sospetto** Ablehnung wegen Besorgnis der Befangenheit; – **di testimonio** Zeugenablehnung.

ridefinire neu festlegen, neu festsetzen.

ridefinizione *f* Neufestlegung *f*, Neufestsetzung *f*.

rideterminare neu bestimmen.

ridimensionamento dell'organico Personalabbau *m*, Beamtenabbau.

ridistribuzione *f* Umverteilung *f*; – **dell'imposta** Steuerumverteilung; – **dei redditi** Einkommensumverteilung *f*, Einkommensumschichtung *f*; – **della ricchezza** Vermögensumverteilung.

ridurre verringern, vermindern, herabsetzen, ermäßigen, reduzieren.

riduzione *f* Verringerung *f*, Verminderung *f*, Ermäßigung *f*, Herabsetzung *f*, Senkung *f*; – **della capacità di guadagno** Minderung der Erwerbsfähigkeit; – **del capitale** Kapitalherabsetzung, Kapitalverringerung, Kapitalzusammenlegung *f*, Kapitalsverminderung (A =); – **del capitale sociale** (*s. p. a.*) Herabsetzung des Grundkapitals; – **del consumo di energia** Verringerung des Energieverbrauchs; – **dei costi** Kostensenkung; – **del dazio** Zollherabsetzung, Zollermäßigung; – **delle disposizioni testamentarie** Kürzung testamentarischer Verfügungen; – **del dividendo** Dividendenkürzung *f*; – **delle donazioni** Kürzung von Schenkungen; – **delle eccedenze** Überschussabbau *m*; – **dell'imposta** Steuerherabsetzung, Steuersenkung, Steuerermäßigung; – **dell' interesse** Zinsermäßigung, Zinsherabsetzung, Zinsenherabsetzung (A), Zinsenermäßigung (A); – **della lista testimoniale** Beschneidung der Zeugenliste; – **mutua e bilanciata delle forze** beiderseitige ausgewogene Truppenreduzierung; – **„nuovo per vecchio“** Abzug „neu für alt“; – **dell'orario di lavoro** Arbeitszeitverkürzung *f*; – **di pena** Strafmilderung, Strafherabsetzung, Strafermäßigung; – **della pensione** (*sanzione disciplinare*) Kürzung des Ruhegehalts (*Disziplinarmaßnahme*); – **di personale** Personalabbau *m*; – **del pignoramento** Pfändungsbeschränkung (*bei Überpfändung*); – **del potere d'acquisto** Verringerung der Kaufkraft; – **del potere discrezionale** (*dir. amm.*) Ermessensreduzierung; – **del premio di assicurazione per contratto pluriennale** Mehrjährigkeitsrabatt *m*; – **del prezzo** Preisherabsetzung, Preisminderung, Preissenkung; – **di prezzo** (*sconto*) Preisnachlass *m*; – **in pristino** Wiederherstellung des früheren Zustands; – **della produzione** Produktionsdrosselung; – **per ragazzi** Kinderermäßigung; – **dei salari** Lohnabbau *m*; – **salariale,** – **di salario** Lohnkürzung *f*, Lohnminderung; – **in schiavitù** Versklavung *f*; – **delle scorte** Lagerabbau *m*; – **delle spese** Kostensenkung; – **di stipendio** Gehaltskürzung *f*; – **dello strato di ozono** Verkleinerung *f* der Ozonschicht; – **di tariffa** Tarifermäßigung; – **di tasse** Gebührenermäßigung; – **del tasso d'interesse** Zinsermäßigung, Zinsherabsetzung, Zinsenermäßigung (A), Zinsenherabsetzung (A); – **del tasso di sconto** Diskontsenkung *f*; – **del termine** Fristabkürzung *f*; v. a. DIMINUZIONE, SCONTO.

rieducazione *f* (1) (*professionale*) Umschulung *f*; (2) Erziehung *f*.

rieleggere wiederwählen.

rieleggibile *agg* wiederwählbar.

rieleggibilità *f* Wiederwählbarkeit *f*.

rielezione *f* Wiederwahl *f*, (*nuova elezione*) Neuwahl.

riempire (*compilare*) ausfüllen.

riepilogo *m* zusammenfassende Aufstellung.

riesame *m* Nachprüfung *f*; – **del merito** erneute Sachprüfung.

riesaminare nachprüfen.

riespatriare die Heimat wieder verlassen.

riesportare wiederausführen, (*in un terzo paese*) weiterausführen.

riesportazione *f* Wiederausfuhr *f*.

riestradare rückliefern; (*in un terzo Stato*) weiterliefern.

riestradizione *f* Rücklieferung *f*; (*in un terzo Stato*) Weiterlieferung, Auslieferung an einen dritten Staat.

rifacimento *m* Neufassung *f*, Neubearbeitung *f*.

riferimento *m* Bezug *m*; (*sigle nella corrispondenza*) Aktenzeichen *n*, Geschäftszeichen *n*; – **del giuramento** Zurückschiebung des Eides.

riferire (1) berichten, Bericht erstatten; (2) (*giuramento*) zurückschieben.

rifinanziamento *m* Refinanzierung *f*.

rifinanziare refinanzieren.

rifiutare verweigern.

rifiuti *m pl* **(solidi urbani)** Müll *m*; – **domestici** Hausmüll; – **industriali** Industrieabfälle; – **ingombranti** Sperrmüll; – **speciali** Sondermüll.

rifiuto *m* Verweigerung *f*; **in caso di** – im Weigerungsfall; – **d'accettazione** Verweigerung der Annahme, Verweigerung des Akzeptes, Annahmeverweigerung, Akzeptverweigerung; – **di adempimento,** – **di adempire** Erfüllungsverweigerung; – **d'assistenza** verweigerte Hilfeleistung; – **di atti di ufficio** Verweigerung von Amtshandlungen; – **di consegnare** Übergabeverweigerung; – **di deporre** Verweigerung der Zeugenaussage, Aussageverweigerung; – **d'estradare** Auslieferungsverweigerung; – **d'indicazioni sulla propria identità personale** Verweigerung der Personallen; – **di lavorare** Arbeitsverweigerung; – **d'obbedienza** Gehorsamsverweigerung; – **di pagamento** Zahlungsverweigerung; – **di prendere in consegna** Annahmeverweigerung; – **di prestare giuramento** Verweigerung der Eidesleistung; – **di ricevere** (*la prestazione*) Annahmeverweigerung; – **di testimoniare** Verweigerung der Zeugenaussage, Aussageverweigerung; – **di uffici legalmente dovuti** Nichterfüllung gesetzlicher Pflichten; V. A. ASTENSIONE.

riflazione *f* Reflation *f.*

riflusso di capitali Kapitalrückfluss *m.*

rifondere rückvergüten.

riforma *f* (1) Reform *f*, Neugestaltung *f*, Umstellung *f*; (2) (*soldati*) Ausmusterung *f*, Entlassung aus dem Wehrdienst, Außerdienststellung *f*; – **agraria** Agrarreform; – **amministrativa** Verwaltungsreform; – **dell'atto amministrativo** Änderung *f* des Verwaltungsaktes; – **bancaria** Bankreform; – **del bilancio pubblico** Haushaltsreform; – **carceraria** Strafvollzugsreform; – **costituzionale, – della costituzione** Verfassungsreform *f*; – **del diritto di famiglia** Familienrechtsreform; – **del diritto penale** Strafrechtsreform; – **elettorale** Wahlreform; – **finanziaria** Finanzreform; – **fiscale** Abgabenreform, Steuerreform; – **fondiaria** Bodenbesitzreform, Bodenreform, Landreform; – **giudiziaria** Justizreform; – **istituzionale** Staatsreform; – **di legge – legislativa** Gesetzesreform; – **monetaria** Währungsreform, Münzreform, Währungsumstellung; – **delle pensioni** Rentenreform; – **sanitaria** Reform des Gesundheitswesens; – **scolastica** Schulreform; – **della sentenza** Abänderung des Urteils; – **sociale** Sozialreform; – **strutturale** Strukturreform; – **territoriale** Gebietsreform; – **tributaria** Steuerreform; – **universitaria** Hochschulreform; – **valutaria** Währungsreform, Währungsumstellung.

riformare (1) reformieren, umbilden, umgestalten, umstellen, (*sentenza*) abändern; (2) (*soldati*) ausmustern, aus dem Wehrdienst entlassen.

riformatore *m* Erneuerer *m.*

riformatorio *m* Besserungsanstalt *f*; – **per minorenni** Erziehungsanstalt *f*, Erziehungsheim *n.*

riformazione *f* v. riforma.

rifornimento del mercato Marktbelieferung *f.*

rifornirsi sich eindecken.

rifugiato *m* Flüchtling *m*, Vertriebener *m*; – **politico** politischer Flüchtling.

rifugio *m* **antiaereo** Luftschutzraum m, Luftschutzkeller m.

rifusione *f* Rückvergütung *f*; – **delle spese** Spesenerstattung *f*, Spesenrückerstattung.

rigattiere *m* Trödler *m.*

rigettare abweisen, zurückweisen, verwerfen, zurückverwerfen.

rigetto *m* Abweisung *f*, Zurückweisung, Verwerfung *f*; abweisendes Urteil; – **della domanda** Klagezurückweisung *f*, Klagszurückweisung (A), Klageabweisung, Klagabweisung, Klageabweisung (A), (*per ragioni procedurali*) Prozessabweisung; – **dell'istanza** Zurückweisung des Antrags; – **nel merito** Sachabweisung, Abweisung aus mentorischen Gründen (A); – **dell'opposizione** (S) Rechtsöffnung *f* (S); – **del ricorso** Verwerfung der Beschwerde, Klageabweisung.

rigidità *f*, – **cadaverica** (*med. leg.*) Leichenstarre *f*; – **della domanda** Nachfragestarrheit *f.*

rigore *m*, – **formale** Formenstrenge *f*; – **legale, – della legge** Strenge des Gesetzes, Gesetzesstrenge *f.*

rigorismo formale Formenstrenge *f.*

rigoroso *agg* streng, strikt.

riguardo, senza – alla persona ohne Ansehen der Person.

rilancio *m*, – **economico,** – **dell'economia** Wiederbelebung der Wirtschaft, Konjunkturbelebung *f*.
rilasciare (1) entlassen, freilassen, aus der Haft entlassen; (2) (*certificati*) erteilen, ausstellen; (3) (*restituire*) herausgeben.
rilascio *m* (1) (*persone*) Entlassung *f*, Freilassung *f*; (2) (*certificati*) Erteilung *f*, Ausstellung *f*; (3) (*restituzione*) Herausgabe *f*; – **di brevetto** Patenterteilung; – **su cauzione** Freilassung gegen Sicherheitsleistung, Freilassung gegen Kautionsgestellung; – **della concessione edilizia** Erteilung der Baugenehmigung; – **di copie** Ausstellung von Abschriften; – **di fattura** Rechnungsausstellung; – **di immobile** Räumung *f*; – **di quietanza**, – **di ricevuta** Quittungserteilung; v. a. EMISSIONE.
rilevabile *agg* beachtbar.
rilevabilità *f* **d'ufficio** Beachtung von Amts wegen.
rilevamento *m*, – **dei dati** Datenerhebung *f*; – **statistico** statistische Erhebung; – **della velocità** Geschwindigkeitsmessung *f*.
rilevante, giuridicamente – rechtserheblich.
rilevanza *f* Erheblichkeit *f*; – **dell'errore** Erheblichkeit des Irrtums; – **giuridica** Rechtserheblichkeit *f*; **privo di** – **giuridica** rechtsunerheblich.
rilevare (1) (*dati*) erheben, erfassen; (2) (*aziende*, *contratti*) übernehmen.
rilevazione *f* Erhebung *f*, Erfassung *f*, Ermittlung *f*; – **contabile** Erfassung der Geschäftsvorfälle; – **dei costi** Kostenermittlung; – **elementare** Grundbuchung *f*; – **statistica** statistische Erhebung *f*.
rilievo *m* (1) Einwand *m*; (2) Übernahme *f*; – **dell'alcol** Alkoholnachweis *m*; – **del fideiussore** Befreiung des Bürgen; – **giuridico** Rechtserheblichkeit *f*; – **di portafoglio** Portefeuilleübernahme; – **practico** praktische Bedeutung; – **di una società** Übernahme einer Gesellschaft.
rimaneggiamento ministeriale Regierungsumbildung *f*, Kabinettsumbildung.
rimaneggiare (*ministeri*) umbilden.
rimanenza *f* Restbestand *m*; – **di cassa** Kassenbestand, Barbestand *m*, Barsaldo *m*.
rimanenze *fpl* Restbestand *m*; Partiewaren *pl*, Restposten *pl*; – **finali** Warenendbestand; – **iniziali** Warenanfangsbestand.
rimbambimento senile Altersschwachsinn *m*.
rimborsabile rückzahlbar, zurückzahlbar, erstattungsfähig.
rimborsare zurückzahlen, zurückbezahlen, zurückerstatten, erstatten, zurückvergüten, rückgewähren; **farsi** – **un pagamento** sich für eine Zahlung erholen.
rimborso *m* Rückzahlung *f*, Rückerstattung *f*, Rückvergütung *f*, Zurückzahlung, Zurückbezahlung, Zurückerstattung, Erstattung, Rückgewähr *f*; – **anticipato** vorzeitige Rückzahlung; – **di azioni** Rückkauf von Aktien; – **del capitale** Kapitalrückzahlung, Kapitalsrückzahlung; – **di contributi** Beitragsrückerstattung; – **del credito** Kredittilgung *f*; – **di dazio** Zollrückvergütung *f*, Zollrückerstattung; – **dei debiti** Schuldenrückzahlung; – **d'imposta** Steuererstattung *f*, Steuerrückerstattung, Steuerrückvergütung; – **alla pari** Parirückzahlung; – **parziale** Teilerstattung, Teilrückzahlung; – **di premio** Prämienrückerstattung, Prämienrückgewähr, Prämienrückvergütung, Beitragsrückerstattung, Beitragsrückgewähr, Beitragsrückvergütung; – **di premio per annualità immuni da sinistro** Beitragsrückvergütung für schadenfreie Jahre, Prämienrückvergütung für schadenfreie Jahre; – **delle spese** Spesenvergütung, Kostenerstattung, Kostenersatz *m*, Auslagenerstattung, Auslagenersatz, Unkostenvergütung, Aufwandsersatz

(A =); – **delle spese di viaggio** Reisekostenvergütung; – **a vista** Rückzahlung auf Sicht.

rimboschimento *m* Wiederaufforstung *f*.

rimediare beheben.

rimedio giuridico Rechtsbehelf *m*.

rimessa *f* Sendung *f*, (*di denaro*) Überweisung *f*, – **di denaro** Geldsendung, Barsendung, Geldversendung, Geldversand *m*; – **documentata** Dokumentensendung; – **di emigranti** Auswandererüberweisung *f*; – **internazionale** Auslandsüberweisung; – **in pristino** Wiederherstellung des früheren Zustands; – **telegrafica** telegraphische Überweisung; – **in vigore** Wiederinkraftsetzung *f*.

rimessione *f* **della causa** Verweisung *f* des Rechtsstreits; – **al collegio** Abgabe des Rechtsstreits an die Kammer; – **ad altro giudice** Verweisung des Rechtsstreits an ein anderes Gericht; – **al primo giudice** Zurückverweisung des Rechtsstreits an das erstinstanzliche Gericht; – **al giudice competente** Verweisung des Rechtsstreits an das zuständige Gericht; – **al giudice superiore** Verweisung des Rechtsstreits an das höhere Gericht; – **alle sezioni unite** Verweisung des Rechtsstreits an die Vereinigten Senate.

rimessione *f*, – **in pristino** Wiederherstellung des früheren Zustands; – **del procedimento,** – **del processo** (*penale*) Übertragung *f* des Verfahrens (*aus schwerwiegenden Gründen an ein anderes Gericht*), Delegierung (A); – **in termini** Wiedereinsetzung *f* in den vorigen Stand.

rimettere (1) (*trasmettere*) übersenden, übermitteln, überlassen; (2) (*consegnare*) aushändigen; (3) (*il fare una remissione*) erlassen, nachlassen.

rimostranza *f* Gegenvorstellung *f*.

rimostranze, fare – Gegenvorstellung erheben.

rimostrare Gegenvorstellung erheben, remonstrieren.

rimozione *f* (1) (*sgombero*) Abtransport *m*; (2) (*destituzione*) Entsetzung *f*; (3) (*pena militare accessoria*) Aberkennung des Dienstgrades; – **dalla carica** Amtsentsetzung *f*, Amtsenthebung *f*, Dienstenthebung, Dienstentlassung *f*; – **dal grado** Dienstgradherabsetzung; – **dell'imposta** Steuerausweichung *f*, Steuervermeidung *f*; – **dei sigilli** Siegelabnahme *f*, Entsiegelung *f*; – **di termini** Grenzsteinentfernung *f*; – **dall'ufficio** Amtsentsetzung, Amtsenthebung *f*, Dienstenthebung, Dienstentlassung *f*.

rimpastare (*ministeri*) umbilden.

rimpasto *m*, – **governativo,** – **del governo** Regierungsumbildung *f*; – **ministeriale** Kabinettsumbildung.

rimpatriare (1) (*tornare in patria*) in die Heimat zurückkehren, (*emigrati*) zurückwandern; (2) (*rimandare in patria*) repatriieren, heimschaffen.

rimpatrio *m* (1) (*ritorno in patria*) Rückkehr in die Heimat, (*emigrati*) Rückwanderung; (2) (*il rimandare in patria*) Repatriierung *f*, Rückführung in die Heimat, Heimschaffung *f*; – **di capitali** Kapitalrückführung *f*, Kapitalrückwanderung *f*; – **di divise** Devisenrückführung *f*; – **obbligatorio** (*misura di sicurezza*) Zwangsrückführung in die Heimatgemeinde.

rimpiazzare (*sostituire*) ersetzen, (*fare le veci*) vertreten.

rimpiazzo *m* Vertretung.

rimprovero *m* (*dir. mil.*) Verweis *m*.

rimuovere (*funzionari*) absetzen.

rimunerare (1) entlohnen, vergüten; (2) (*capitale*) verzinsen, bedienen.

rimunerazione *f* Vergütung *f*, Entgelt *n*, Entlohnung *f*; – **lorda** (*del capitale*) Bruttoverzinsung *f*; v. a. RETRIBUZIONE.

rincarare verteuern.

rincaro *m* Verteuerung *f*, Teuerung

rinegoziare neu verhandeln.

rinfusa, alla – lose.

rinnovabile *agg* verlängerbar.

rinnovamento *m* Erneuerung *f*; – **del giudizio** (*dir. pen.*) nochmalige

Durchführung des Strafverfahrens (*bei Inlandstaten, die im Ausland abgeurteilt worden sind*).

rinnovare erneuern, verlängern.

rinnovazione *f* Erneuerung *f*, Verlängerung; – **degli atti nulli** Erneuerung nichtiger Prozesshandlungen; – **del contratto** Vertragserneuerung; – **del dibattimento** (*dir. pen.*) erneute Durchrührung der Hauptverhandlung; – **dell'esame di testimoni** erneute Zeugenvernehmung; – **dell'ipoteca** Hypothekenerneuerung; – **della locazione** Erneuerung des Mietverhältnisses, Erneuerung des Bestand Vertrages (A), Erneuerung des Bestand Verhältnisses (A); – **del rapporto locativo** Verlängerung des Mietverhältnisses; – **tacita** stillschweigende Erneuerung, stillschweigende Verlängerung; – **tacita del contratto** stillschweigende Vertragserneuerung; v. a. RINNOVO.

rinnovo *m*, – **dell'abbonamento** Abonnementserneuerung; – **di cambiale** Wechselerneuerung, Wechselverlängerung *f*; – **del capitale** Kapitalerneuerung; v. a. RINNOVAZIONE.

rinomanza *f* Ruf *m*.

rinuncia *f* Verzicht *m*; – **all'appello** Berufungsverzicht; – **agli atti esecutivi** Verzicht auf (weitere) Vollstreckungshandlungen; – **agli atti del giudizio** (*proc. civ.*) Verzicht auf die Fortführung des Verfahrens; – **all'audizione del testimone** Verzicht auf die Zeugenvernehmung; – **all'azione** Klageverzicht; – **ad azione già promossa** Zurücknahme der Klage, Klagerücknahme *f*, Klagezurückziehung *f* (A), Klagszurückziehung (A) Klagsrückziehung (A); – **al beneficio dell'escussione** Verzicht auf die Einrede der Vorausklage; – **alla cittadinanza** Verzicht auf die Staatsangehörigkeit; – **alla Corona** Verzicht auf die Krone; – **al credito** Forderungsverzicht; – **al diritto di querela** Verzicht auf das Strafantragsrecht; – **all'eredità** Ausschlagung der Erbschaft, Erbsentschlagung *f* (A); – **eventuale** Eventualverzicht; – **alla guerra** Kriegsverzicht; – **all'impugnazione** Rechtsmittelverzicht; – **al mandato** Mandatsverzicht; – **alla prescrizione** Verjahrungsverzicht; – **preventiva** Vorausverzicht; – **alla procura alle liti** Kündigung der Prozessvollmacht (*durch den Bevollmächtigten*); – **alla proprietà** Eigentumsverzicht; – **al trono** Thronverzicht, Thronentsagung *f*; – **alla violenza** Gewaltverzicht.

rinunciare verzichten, (*eredita*) ausschlagen.

rinunzia *f* v. rinuncia.

rinunziante *m* (*eredita*) Ausschlagender *m*.

rinunziare v. rinunciare.

rinvenimento *m* Fund *m*.

rinviare (1) (*differire*) verschieben, aufschieben; (2) (*mandare indietro*) zurücksenden, zurückschicken; (3) (*una causa*) verweisen, zurückverweisen.

rinvio *m* (1) (*differimento*) Aufschiebung *f*, Aufschub *m*; (2) (*il rinviare*) Rücksendung *f*; (3) (*della causa*) Verweisung *f*; **accordare un –** einen Aufschub gewähren; – **della causa ad altro giudice** Abtretung des Verfahrens (A); – **alla commissione** Überweisung an den Ausschuss, Verweisung an den Ausschuss; (*indietro*) Zurückverweisung an den Ausschuss; – **del dibattimento** Aussetzung der Hauptverhandlung; – **al diritto straniero** Verweisung auf ausländisches Recht; – **dell'esecuzione della pena** Strafvollstreckungsaufschub; – **a giudizio** (*proc. pen.*) Eröffnung *f* des Hauptverfahrens; – **del giudizio** Aussetzung des Hauptverfahrens; – **indietro** Rückverweisung, Zurückverweisung; – **a nuovo ruolo** Aussetzung *f* (des Verfahrens); – **oltre** Weiterverweisung; – **all'origine** Rücksendung; – **di ritorno** Rückverweisung, Zurückverweisung; – **dell'udien-**

za Terminsvertagung *f*, Vertagung der Verhandlung.

rioptante *m* Rückoptant *m*.

riordinamento *m* Neuordnung *f*, Neugestaltung *f*; – **della proprietà rurale** Flurbereinigung *f*, Flurregelung *f*.

riorganizzare umgestalten, reorganisieren.

riorganizzazione *f* Neugestaltung *f*, Umgestaltung, Neubildung *f*, Reorganisation *f*; – **aziendale** betriebliche Reorganisation.

riorientamento *m* Neuorientierung *f*, Umorientierung.

riparare wiedergutmachen, wiederherstellen.

riparazione *f* Wiedergutmachung *f*, Wiederherstellung *f*, Ersatzleistung *f*; – **del danno** Schadenswiedergutmachung; – **del diritto** Rechtswiederherstellung; – **degli errori giudiziari** Wiedergutmachung von Justizirrtümern; – **per l'ingiusta detenzione** Haftentschädigung; – **pecuniaria** Schadensersatz in Geld, finanzielle Entschädigung.

riparazioni *f pl* Reparationen *pl*; – **di guerra** Kriegsreparationen; v. a. RIPARAZIONE.

ripartire verteilen, ausschütten, (*oneri*) umlegen, (*titoli sottoscritti*) repartieren.

ripartizione *f* (1) (*distribuzione*) Verteilung *f*, Ausschüttung *f*; (2) (*reparto*) Abteilung *f*; – **degli affari** Geschäftsverteilung; – **dell'attivo** (*fallimentare*) Verteilung *f* (*der Teilungsmasse*); – **dei carichi** Lastenverteilung; – **delle competenze** Zuständigkeitsverteilung; – **dei danni** Schadensverteilung; – **di dividendo** Dividendenausschüttung; – **dell'eccedente** Verteilung des Überschusses; – **finale** (*dir. fall.*) Schlussverteilung; – **delle imposte** Steuerverteilung; – **del lavoro** Arbeitsverteilung; – **legale** Rechtsabteilung; – **parziale** (*dir. fall.*) Abschlagsverteilung (*im Konkurs*); – **del personale** Personaleinteilung *f*; – **per quote** quotenmäßige Verteilung; – **dei rischi** Risikoverteilung, Risikenverteilung, Wagnisverteilung; – **dei seggi** Sitzverteilung, Mandatsverteilung; – **delle spese** Kostenteilung, Kostenverteilung; – **di terre** Landverteilung; – **dei tributi** Abgabenverteilung; v. a. DISTRIBUZIONE.

riparto *m* (*di titoli*) Repartierung *f* v. ripartizione; – **delle spese** Kostenaufteilung *f*.

ripercussione *f* Auswirkung *f*; – **dell'imposta** Steuerüberwälzung *f*.

ripetere zurückfordern.

ripetibile *agg* rückforderbar.

ripetibilità *f* Rückforderbarkeit *f*.

ripetizione *f* Rückforderung *f*, Zurückforderung; – **dell'indebito** Rückforderung der ungerechtfertigten Bereicherung, Bereicherungsanspruch *m*.

ripiego *m* Provisorium *n*.

ripopolamento *m* Wiederbevölkerung *f*.

riportante *m* Hereinnehmer *m*, Kostnehmer.

riportare (1) (*somme*) vortragen; (2) (*contratto di borsa*) prolongieren, schieben, in Kost geben; – **alla pari** glatt prolongieren, glatt schieben.

riportato *m* Reportgeber *m*, Hereingeber *m*, Kostgeber.

riportatore *m* Reportnehmer *m*, Hereinnehmer *m*, Kostnehmer.

riportista *m* Hereingeber *m*, Hineingeber, Kostgeber.

riporto *m* (1) Report *m*, Prolongation *f*, Schiebung *f*, Reportgeschäft *n*, Prolongationsgeschäft, Kostgeschäft; (2) Kursaufschlag *m*, Kurszuschlag; (3) (*di somme*) Vortrag *m*, Übertrag, Fürtrag (A); **dare a** – hereingeben, hineingeben, in Report geben, *m* Kost geben; **prendere a** – hereinnehmen, in Report nehmen, in Kost nehmen; – **a nuovo** Vortrag, Vortrag auf neue Rechnung, Übertrag auf neue Rechnung; – **alla pari** glatte Prolongation, glatte Prolongierung; – **delle perdite** Verlustvortrag; – **dei premi** Prämienübertrag; – **di saldo** Saldovortrag; – **degli utili**

dell'anno precedente vorjähriger Gewinnvortrag; – **degli utili a nuovo** Gewinnvortrag.

riposo *m* (1) Ruhe *f*, Ruhezeit *f*; (2) (*quiescenza*) Ruhestand *m*; **collocare a** – in den Ruhestand versetzen; – **compensativo** Ausgleichsruhetag, Ersatzruhetag; – **domenicale** Sonntagsruhe *f*; – **intermedio** Mittagspause *f*; – **notturno** Nachtruhe; – **settimanale** wöchentlicher Ruhetag, Wochenruhe.

riprendersi (*economia*) sich erholen.

ripresa *f* (1) (*il ricominciare*) Wiederaufnahme *f*; (2) (*economia*) Erholung *f*; – **dell'attività** (*aziendale*) Wiederaufnahme des Betriebes; – **della congiuntura**, – **congiunturale** Konjunkturaufschwung *m*, Konjunkturbelebung *f*; – **economica** Wirtschaftsbelebung *f*; – **del lavoro** Wiederaufnahme der Arbeit; – **del mercato** Markterholung; – **dei negoziati** Wiederaufnahme der Verhandlungen; – **dei pagamenti** Wiederaufnahme der Zahlungen; – **di portafoglio** Portefeuilleübernahme *f*; – **delle relazioni** diplomatische Wiederaufnahme der diplomatischen Beziehungen; – **stagionale** saisonale Belebung; – **delle trattative** Wiederaufnahme der Verhandlungen.

ripristinamento *m* Wiederherstellung *f*, Wiederinstandsetzung *f*.

ripristinare wiederherstellen, wieder in Stand setzen, wiedereinsetzen.

rispristino *m* Wiederherstellung *f*, Wiederinstandsetzung *f*.

riprivatizzare reprivatisieren.

riprizatizzazione *f* Reprivatisierung.

riproduzione *f* Wiedergabe *f*; – **illecita** v. riproduzione non autorizzata; – **meccanica di una firma** mechanische Vervielfältigung einer Unterzeichnung; – **non autorizzata** unerlaubte Wiedergabe, unerlaubter Nachdruck.

riprogrammazione *f* Neuprogrammierung *f*, Umprogrammierung *f*.

riproponibilità *f* **dell'azione penale** Wiedererhebbarkeit *f* der Strafklage.

riproporre (*einen Antrag*) erneut stellen, (*ein Rechtsmittel*) erneut einlegen.

riprovare missbilligen.

riprovato, essere – durchfallen.

riprovazione *f* Missbilligung *f*.

ripudio *m* **della violenza** strikte Ablehnung der Gewalt.

riputazione *f* Ruf *m*, Leumund *m*.

riqualificare umschulen.

riqualificazione *f* **professionale** berufliche Umschulung, Berufsumschulung *f*.

risanamento *m* Sanierung *f*, Gesundung *f*; – **dell'azienda** Betriebssanierung; – **del bilancio** Haushaltssanierung; – **economico** Wirtschaftssanierung; – **edilizio** Altbausanierung; – **monetario** Währungssanierung; – **urbano** Stadtsanierung.

risanare sanieren.

risarcimento *m*, **chiedere un** – eine Entschädigung beanspruchen; – **del danno** Schadensersatz *m*; Ersatz *m*, Entschädigung *f*; – **del danno per adempimento inesatto** Schadensersatz wegen ungenauer Erfüllung; – **del danno per inadempimento** Schadensersatz wegen Nichterfüllung; – **del danno da lucro cessante** Schadensersatz für entgangenen Gewinn; – **del danno morale,** – **del danno non patrimoniale** Schmerzensgeld *n* Schmerzgeld (A); – **in denaro** Geldersatz; – **in forma specifica** Schadensersatz in Natur; – **integrale** Vollersatz; – **per i vizi della cosa venduta** Schadensersatz wegen Mängel der verkauften Sache; v. a. INDENNITÀ, INDENNIZZO.

risarcire ersetzen, entschädigen.

riscaldamento *m*, – **autonomo** (*appartamento*) Etagenheizung *f*; – **centrale** Zentralheizung.

riscattare zurückkaufen, (*persone*) loskaufen; (*servitù*) ablösen.

riscatto *m* Rückkauf *m*, Wiederkauf, (*persone*) Loskauf; – **di azioni** Rückkauf von Aktien; – **con-**

venzionale vereinbarter Wiederkauf; – **forzoso** (*della rendita*) Zwangsablösung; – **del pegno** Pfandeinlösung; – **di una rendita** Rentenablösung *f*; – **di servitù** Ablosung einer Dienstbarkeit, Dienstbarkeitsablösung *f*, Servitutenablösung.

rischi *m pl* Risiken *pl*; – **in corso** laufende Risiken; – **misti** gemischte Risiken; – **straordinari** Extrarisiken.

rischio *m* Risiko *n*, Gefahr *f*, Wagnis *f*; **assumere un** – ein Risiko übernehmen; **coprire un** – ein Risiko decken; **a proprio – e pericolo** auf eigene Gefahr; **sopportare il** – die Gefahr tragen; **a suo – e pericolo** auf ein Risiko und Gefahr; – **di accumulazione** Kumulgefahr, Kumulrisiko, Klumpenrisiko; – **aeronautico,** – **aero** Flugrisiko, Flugzeugrisiko; – **aggravato** erhöhtes Risiko; – **d'alleggio** Leichtergefahr, Leichterrisiko; – **ambientale** Gefahr für die Umwelt; – **anormale** anomales Risiko; – **assicurabile** versicherbares Risiko; – **assicurativo** Versicherungsrisiko; – **assicurato** versichertes Risiko; – **atomico** Atomrisiko; – **calcolato** kalkuliertes Risiko; – **di cambio** Valutarisiko, Wechselkursrisiko, Wechselrisiko, Währungsrisiko; – **catastrofico** Katastrophengefahr, Katastrophenrisiko, Katastrophenwagnis; – **di collusione** Verabredungsgefahr, Kollusionsgefahr; – **coloniale** Tropenrisiko; – **commerciale** Handelsrisiko; – **di confusione** Verwechslungsgefahr; – **di contagio** Ansteckungsgefahr; – **contrattuale** Vertragsrisiko; – **della controprestazione** Vergütungsgefahr, Preisgefahr; – **coperto** gedecktes Risiko; – **costante** gleichbleibendes Risiko; – **di costruzione** Baurisiko; – **economico** wirtschaftliches Risiko; – **economico generale** allgemeines Unternehmerwagnis; – **escluso** ausgeschlossenes Risiko; – **d'esercizio** Betriebsgefahr; – **di fabbricazione** Fabrikationsrisiko; – **finanziario** finanzielles Risiko; – **di furto** Diebstahlsgefahr, Diebstahlsrisiko; – **grave** schweres Risiko; – **di guerra** Kriegsrisiko, Kriegsgefahr; – **dell'impossibilità sopravvenuta** Leistungsgefahr; – **d'impresa** Unternehmerwagnis; – **inassicurabile** unversicherbares Risiko; – **inattivo** ruhendes Risiko, Außerbetriebsrisiko; – **d'incendio** Brandgefahr, Feuergefahr; – **indesiderabile** unerwünschtes Risiko; – **di infezione** Ansteckungsgefahr, Infektionsrisiko; – **d'infortunio** Unfallrisiko; – **d'interruzione di esercizio** Betriebsunterbrechungsrisiko; – **di malattia** Krankheitsrisiko; – **di mare,** – **marittimo** Gefahr der See, Seegefahr, Seerisiko; – **monetario** Wahrungsrisiko, Valutarisiko; – **di moratoria** Moratoriumsrisiko; – **di morte** Sterberisiko, Todesrisiko, Todesfallrisiko; – **nucleare** Kernenergierisiko; – **obiettivo,** – **oggettivo** objektives Risiko, objektive Gefahr; – **ordinario** gewöhnliches Risiko; – **di perdita** Verlustrisiko; – **di perdita sui corsi** Kursrisiko; **a – e pericolo del destinatario** auf Gefahr des Empfängers; – **di perimento per caso fortuito** Gefahr des zufälligen Untergangs; – **personale** Eigengefahr; – **politico** politisches Risiko; – **potenziale** potentielles Risiko; – **processuale** Prozessgefahr; – **professionale** berufliches Risiko, Berufsrisiko, Berufsgefahr; – **in proprio** Risiko auf eigene Rechnung; – **putativo** vermeintliches Risiko; – **di quarantena** Quarantänerisiko; – **di responsabilita** Haftungsrisiko; – **di responsabilità civile** Haftpflichtwagnis, Haftpflichtrisiko; – **di rottura** Bruchgefahr, Bruchrisiko; – **di sciopero** Streikrisiko; – **di sconto** Diskontrisiko; – **semplice** einfaches Risiko; – **sismico** Erdbebenrisiko; – **soggettivo** subjektives Risiko, subjektive Gefahr; – **spe-**

ciale Spezialrisiko; – **straordinario** außergewöhnliches Risiko; – **tarato** minderwertiges Risiko, minderwertiges Leben; – **terrestre** Landrisiko, Landgefahr; – **di trasporto** Beförderungsrisiko, Transportrisiko; – **valutario** Valutarisiko, Währungsrisiko; – **variabile** veränderliches Risiko; – **di viaggio marittimo** Seereiserisiko; – **dei vicini** Nachbargefahr, Nachbarschaftsrisiko; – **della vita** Lebensgefahr; v. a. PERICOLO, RISCHI.

rischioso *agg* riskant.

riscontabile *agg* rediskontfähig, rediskontierbar.

riscontabilità *f* Rediskontfähigkeit *f*.

riscontare rediskontieren.

risconti *m pl* antizipative Posten; – **attivi** antizipative Aktiva, Aktivantizipationen *pl* (A =); – **passivi** antizipative Passiva, Passivantizipationen *pl* (A =).

risconto *m* (1) Rediskont *m*, (2) (*l'atto del riscontare*) Rediskontierung *f*; v. a. RISCONTI.

riscontrare skoritrieren.

riscontro *m* (1) Skonto *n*, Skontrierung *f*; (2) (*risposta*) Rückäußerung *f*; – **di cassa** Kassenprüfung *f*; – **dei conti** Rechnungsabnahme *f*; – **diagnostico** (*di cadavere*) Leichenöffnung *f*; – **di magazzino** Lagerkontrolle *f*.

riscossione *f* Beitreibung *f*, Eintreibung, Einziehung *f*, Einzug *m*, Erhebung *f*, Einhebung *f* (A); – **anticipata** Vorauserhebung; – **coattiva** Zwangsbeitreibung, Zwangseinziehung; – **dei contributi** Beitragseinziehung; – **di dividendi** Dividendenerhebung; – **d'imposte** Steuererhebung, Steuereinhebung (A); – **di interessi** Zinseinziehung, Zinseneinhebung (A); – **posticipata** Nacherhebung; – **di utili** Gewinneinziehung.

riscuotere beitreiben, eintreiben, einziehen, einbringen, einheben (A).

riscuotibile *agg* einziehbar.

riserva *f* (*in generale*) Reserve *f*; (2) (*legale*) Rücklage *f*; (3) (*riserva impropria*) Rückstellung *f*; (4) (*legittima*) Pflichtteil *m*; (5) (*territorio sotto protezione*) Reservat *n*, Naturschutzgebiet *n*; (6) (*il riservarsi una facolta*) Vorbehalt *m*; **con** – mit Vorbehalt; **con** – **di** mit dem Vorbehalt; **sciogliere una** – (1) eine Reserve auflösen; (2) einen Vorbehalt aufheben; **sotto** – **di** unter dem Vorbehalt; – **d'ammortamento** Abschreibungsrückstellung, Abschreibungsreserve, Wertberichtigungen *pl*; – **di appello** Berufungsvorbehalt; – **aurea** Goldreserve, Goldbestand *m*; – **di autorizzazione** Erlaubnisvorbehalt; – **bancaria** Bankreserve, Bankrücklage; – **di caccia** Schonbezirk *m*; – **di capitale** Agiorücklage; – **di cassa** Kassenreserve; – **per catastrofe** Katastrophenreserve, Katastrophenrücklage; – **coloniale** Kolonialvorbehalt; – **di copertura** Deckungsreserve, Deckungsrückstellung, Deckungsrücklage, Deckungskapital *n*; – **a destinazione stabilita** zweckgebundene Rücklage; – **dichiarata** offene Reserve, ausgewiesene Reserve, offene Rücklage; – **di un diritto** Rechtsvorbehalt; – **di dividendi,** – **per dividendi** Dividendenreserve, Dividendenrücklage; – **di divise** Devisenreserve, Devisenrücklage; – **eventuale,** – **facoltativa** freiwillige Rücklage, freie Rücklage; – **a favore del coniuge separato** Pflichtteil des getrennten Ehegatten; – **di garanzia** Sicherheitsrücklage, (*ass*) Deckungsreserve, Deckungsrücklage, Deckungsrückstellung, Deckungskapital *n*; – **di giurisdizione** Richtervorbehalt *m*; – **globale** Gesamtreserve; – **di gradimento** (*vendita*) Vorbehalt der Billigung; – **di grado** Rangvorbehalt; – **di guerra** Kriegsreserve, Kriegsrücklage; – **impropria** Rückstellung; – **degli interessi vitali** Vorbehalt der lebenswichtigen Interessen; – **d'invecchiamento** Alterungsreserve, Alterungsrückstellung; – **ad inve-**

stimento vincolato Zweckreserve; – **latente** stille Rücklage, stille Reserve; – **legale** gesetzliche Rücklage, gesetzlicher Reservefonds (S); (*ass*) Deckungsreserve, Deckungsrücklage, Deckungsrückstellung, Deckungskapital *n*; – **della legge** Vorbehalt des Gesetzes; – **di legge** Gesetzesvorbehalt; – **libera** freie Rücklage, freiwillige Rücklage; – **di liquidità** Liquiditätsreserve; – **matematica** mathematische Reserve, Prämienreserve, Deckungskapital *n*, Deckungsreserve, Dekkungsrücklage, Deckungsrückstellung; – **matematica completa** vollständiges Deckungskapital, ausreichendes Deckungskapital; – **matematica d'inventario** Bilanzdeckungskapital, Bilanzdeckungsrückstellung; – **matematica sul premio d'inventario** Inventardeckungskapital, Inventardeckungsrückstellung; – **matematica sul premio puro** Nettodeckungsrückstellung; – **mentale** Mentalreservation *f*, geheimer Vorbehalt; – **metallica** Metallreserve, Metallbestand *m*, Metallschatz *m*, Metallvorrat *m*; – **minima** Mindestrücklage, Mindestreserve, Mindestdeckung *f*; – **minima obbligatoria** Reserve-Soll *n*; – **nascosta** stille Reserve, stille Rücklage; – **naturale** Naturschutzgebiet *n*; – **netta** Nettoreserve; – **obbligatoria** Pflichtrücklage, Pflichtreserve-Mindestreserve; – **occulta** stille Reserve, stille Rücklage; – **ordinaria** gesetzliche Rücklage; – **palese** offene Rücklage; – **di partecipazione** (*ass*) Gewinnrücklage, Gewinnreserve, Gewinnrückstellung; – **per perdite** Verlustrücklage; – **di perequazione** Ausgleichsrücklage; – **di posti** Stellenvorbehalt; – **di previdenza** Versorgungsreserve, Versorgungsrücklage, Risikorückstellung, Gefahrenrückstellung; – **di proprietà** Eigentumsvorbehalt; – **prospettiva** prospektives Deckungskapital, reprospektives Deckungskapital; – **di ratifica** Ratifikationsvorbehalt; – **di recesso** Rücktrittsvorbehalt; – **di reciprocità** Vorbehalt der Gegenseitigkeit; – **di revoca** Widerrufsvorbehalt; – **di ricorso** (*per cassazione*) Vorbehalt der Kassationsbeschwerde; – **di rinnovamento** Erneuerungsrücklage; – **per rischi in corso** Rücklage für laufende Risiken; – **di risparmio** Sparrücklage; – **segreta** stille Reserve, stille Rücklage; – **di sicurezza** Sicherheitsrücklage; – **per sinistri in sospeso** Schadensreserve, Schadensrücklage; – **sociale** (*spa*) gesetzliche Rücklage; – **soprapprezzo azioni** Agiorücklage; – **per sopravvenienze passive** Rückstellung für außerordentliche Aufwendungen; – **speciale** Sonderreserve, Sonderrücklage, Spezialreserve, Spezialrücklage; – **statutaria** satzungsmäßige Rücklage, statutarischer Reservefonds (S), statuarische Rücklage, vertragliche Rücklage, satzungsmäßige Reserve; – **straordinaria** freie Rücklage, freiwillige Rücklage, außerordentliche Rücklage; – **tacita** stille Reserve, stille Rücklage; – **tecnica** technische Reserve, versicherungstechnische Rücklage; – **con la – d'uso** unter dem üblichen Vorbehalt; – **d'usufrutto** Vorbehalt des Nießbrauchs; – **di utili** Gewinnvortrag *m*, Gewinnreserve, Gewinnrücklage, Gewinnrückstellung; – **utili da ripartire** Dividendenreserve, Dividendenrücklage; – **di valuta, – valutaria** Währungsreserve, Devisenreserve; – **visibile** ausgewiesene Reserve, offene Rücklage; v. a. FONDO.

riservare vorbehalten, reservieren.

riservatario *m* Pflichtteilsberechtigter *m*.

riservatezza *f* Vertraulichkeit *f*; **con la massima** – streng vertraulich.

riservatissimo *agg* streng vertraulich.

riservista *m* Reservist *m*.

risiedere ansässig sein, wohnhaft sein, seinen Aufenthalt haben.

risocializzare resozialisieren.

risocializzazione *f* Resozialisierung *f*.

risolubile *agg* lösbar, auflösbar, kündbar.

risoluzione *f* (1) (*di contratto*) Auflösung *f*, Kündigung *f*, (*per vizi della cosa*) Wandlung *f*; (2) (*deliberazione*) Entschließung *f*, Resolution *f*; – **di contratto** Vertragsaufhebung *f*; – **delle controversie internazionali** Beilegung völkerrechtlicher Streitigkeiten; – **dell'Onu** UN-Resolution, UNO-Resolution; – **del rapporto contrattuale** Lösung des Vertragsverhältnisses; – **del rapporto di lavoro** Auflösung des Arbeitsverhältnisses; – (*del contratto di vendita*) **per vizi** (*della cosa*) Wandlung *f*.

risolvere lösen, auflösen, kündigen.

risorsa *f*, – **ambientale** Umweltressource *f*; – **finanziaria** Finanzquelle *f*; – **fiscale** Steuerquelle; – **di materia prima** Rohstoffquelle; v. a. RISORSE.

risorse *f pl*, Mittel *pl*, Ressourcen *pl*; – **di bilancio** Haushaltsmittel; – **disponibili** vorhandene Ressourcen; – **economiche** wirtschaftliche Ressourcen; – **energetiche** Energiequellen *pl*, Energieressourcen; – **finanziarie** Mittel, Geldmittel; – **idriche** Wasserressourcen; – **naturali** natürliche Ressourcen; – **non rinnovabili** nicht erneuerbare Ressourcen; – **del sottosuolo** Bodenschätze *pl*.

risparmiare sparen, einsparen, ersparen, aufsparen; – **sull'energia** Energie einsparen.

risparmiatore *m* Sparer *m*, Spareinleger *m*, Anleger *m*, Geldanleger; **piccolo** – Kleinsparer.

risparmio *m* Sparen *n*, Ersparnis *f*, Spargeld *n*; **piccolo** – Kleinsparverkehr; – **in azioni** Aktiensparen; – **coattivo** Zwangssparen, Sparzwang *m*; – **sul costo** Kosteneinsparung; – **energetico,** – **d'energia** Energieeinsparung; – **forzato** Zwangssparen; – **immobiliare** Bausparen; – **industriale** Werksparen; – **ad investimento vincolato** Zwecksparen; – **di lavoro** Arbeitsersparnis; – **di mano d'opera** Arbeitskräfteeinsparung *f*; – **mobiliare** Wertpapiersparen *n*; – **monetario** Geldersparnisse *pl*; – **obbligatorio** Zwangssparen, Sparzwang *m*; – **postale** Postsparen *n*; – **privato** privates Sparwesen; – **pubblico** öffentliches Sparwesen; – **in titoli** Wertpapiersparen.

rispedire (*al nuovo indirizzo*) nachsenden; (*indietro*) zurückschicken, zurücksenden; (*oltré*) weiterbefördern.

rispedizione *f* (*al nuovo indirizzo*) Nachsendung *f*; (*oltre*) Weiterbeförderung *f*, Reexpedition *f*.

rispettabilità professionale Berufsehre *f*.

rispettando unter Beachtung von.

rispettare beachten, befolgen, einhalten, achten, respektieren.

rispetto *m* Achtung *f*, Beachtung; – **dei contratti** Vertragstreue *f*; – **delle regole del giuoco** Einhaltung *f* der Spielregeln; – **del termine** Fristwahrung *f*.

rispondere (*responsabilità*) verantworten, haften, einstehen, aufkommen; – **personalmente** persönlich haften; – **in solido** gesamtschuldnerisch haften.

risposarsi sich wiederverheiraten, sich wiederverehelichen.

risposta *f* Antwort *f*, Beantwortung *f*; **mancata** – (*all'interrogatorio della parte*) Widerstand *m* (*des Vernehmungsgegners bei Parteivernehmung*); – **negativa** abschlägiger Bescheid; – **pagata** vorausbezahlte Antwort, Rückantwort bezahlt, Freiantwort; – **dei premi** Prämienerklärung *f*; – **provvisoria** Zwischenantwort.

rissa *f* Schlägerei *f*.

ristagno *m* Flaute *f*, Stockung *f*, Stagnation *f*; – **degli affari** Geschäftsflaute, Stillstand der Geschäfte; – **economico** wirtschaftliche Stagnation.

ristampa *f* Nachdruck *m*, Neuauflage *f*.

ristornare ristornieren.

ristorno *m* Ristorno *m*, *n*.

ristoro *m* **di campagna** Buschenschank *m*.
ristrutturare umstrukturieren, (*portafogli*) umschichten.
ristrutturazione Umstrukturierung *f*, (*di portafogli*) Umschichtung; – **aziendale** betriebliche Umstrukturierung; – **organizzativa** organisatorische Umstrukturierung.
risultanza *f* v. risultato.
risultare sich ergeben.
risultati *m pl*, – **elettorali,** – **delle elezioni** Wahlergebnis *n*, Wahlresultat *n*; – **positivi** Gewinnergebnis *n*.
risultato *m* Ergebnis *n*; – **economico** wirtschaftliches Ergebnis; – **delle elezioni** Wahlergebnis; – **dell'esercizio** Betriebsergebnis; – **finanziario** finanzielles Ergebnis; – **di gestione** Geschäftsergebnis, Betriebsergebnis; – **dell'inchiesta** Umfrageergebnis; – **insoddisfacente** unbefriedigendes Ergebnis; – **netto** Nettoergebnis; – **record** Rekordergebnis; – **soddisfacente** zufriedenstellendes Ergebnis, befriedigendes Ergebnis; – **della visita doganale** zollamtlicher Befund, Zollbefund *m*; – **della votazione** Abstimmungsergebnis.
ritardare verzögern.
ritardo *m* Verzögerung *f*, Rückstand *m*; **in** – rückständig; – **nell'adempimento** Leistungsverzug *m*; – **nella consegna** Lieferverzögerung *f*; – **di obbedienza** verspätete Ausführung von Befehlen; – **nel pagamento** Zahlungsverzug *m*.
ritenere einbehalten, abziehen; zurückbehalten.
ritenuta *f* Abzug *m*, Einbehalt *m*; – **d'acconto** (*d'imposta*) Steuereinbehalt; – **alla base,** – **allà fonte** Abzug an der Quelle, Quellenabzug; – **d'imposta** Steuerabzug; – **all'origine** Abzug an der Quelle, Quellenabzug; – **sul salario** Lohnabzug, Lohneinbehaltung *f*, Lohnrückhalt *m* (S); – **sullo stipendio** Gehaltsabzug; V. A. TRATTENUTA.
ritenzione *f* Zurückbehaltung *f*; – **di merci** Warenzurückbehaltung.
ritirare entziehen, zurücknehmen, zurückziehen, (*denaro*) abziehen, abheben.
ritirarsi austreten, ausscheiden.
ritiro *m* Entziehung *f*, Entzug *m* (+ S), Zurücknahme *f*, Zurückziehung *f*, Rücknahme; Ausscheiden *n*, Ausscheidung *f*, Austritt *m*; – **di autorizzazione** Zurücknahme einer Erlaubnis, Erlaubnisrücknahme *f*, Widerruf einer Erlaubnis; – **di azioni** Einziehung von Aktien; – **di banconote** (*scadute*) Aufruf *f* von Banknoten; – **della candidatura elettorale** Zurückziehung der Wahlkandidatur; – **della concessione** Konzessionsentziehung; – **di documenti** (*banca*) Dokumentenaufnahme *f*; – **della domanda** Rücknahme des Antrags; – **di fondi** Geldabhebung *f*; – **di licenza** Lizenzentziehung; – **del passaporto** Entziehung des Passes; – **della patente di guida** Entziehung des Führerscheins, Führerscheinentzug; – **di permesso** Entziehung einer Genehmigung, Entziehung einer Zulassung; – **di portafoglio** Portefeuillerückzug *m*; – **delle truppe** Truppenrückzug *m*; – **dalla vita politica** Rückzug *m* aus dem politischen Leben.
ritmo *m*, – **di lavoro** Arbeitsrythmus *m*; – **di ossidazione** (*dell'alcol*) Abbaugeschwindigkeit *f* (*des Alkohols im Körper*).
rito *m* Verfahrensform *f*; – **abbreviato** abgekürztes Verfahren; – **ordinario** ordentliches Verfahren; – **sommario** abgekürztes Verfahren; – **speciale** besonderes Verfahren.
ritornare retournieren.
ritorno *m* Rückkehr *f*; – **dell'assente** Rückkehr des Verschollenen.
ritorsione *f* Retorsion *f*, Vergeltung *f*.
ritrasferimento *m* **della proprietà** Rückübereignung *f*.
ritrattare zurücknehmen.
ritrattazione *f* Zurücknahme *f*, Widerruf *m*.

ritrovamento *m* Fund *m*; – **di tesoro** Schatzfund.
ritrovatore *m* Finder *m*.
riunificazione *f* Wiedervereinigung *f*; – **delle famiglie** Familienzusammenführung *f*; – **della Germania** Wiedervereinigung Deutschlands.
riunione *f* Versammlung *f*, Sitzung *f*, Zusammenkunft *f*; **convocare una** – eine Sitzung anberaumen; – **d'apertura** Eröffnungssitzung, Eröffnungstagung *f*; – **di borsa** Börsenversammlung; – **di cause** Klagenverbindung *f*, Prozessverbindung *f*; – **del consiglio** Ratssitzung, Ratsversammlung; – **del consiglio dei ministri** Ministerratssitzung; – **fittizia** (*dei beni ereditari*) fiktive Zusammenrechnung; – **delle impugnazioni** (*separate*) Verbindung getrennt eingelegter Rechtsmittel; – **d'informazione** Informationsta gung *f*; – **di lavoro** Arbeitssitzung; – **del parlamento** Parlamentssitzung; – **plenaria** Vollversammlung, Vollsitzung; – **di procedimenti** Verbindung von Verfahren, Prozessverbindung *f*; – **pubblica** öffentliche Versammlung; – **segreta** Geheimsitzung, Geheim Versammlung; v. a. ADUNANZA, ASSEMBLEA, SEDUTA.
riunire vereinigen, wiedervereinigen; zusammenlegen.
riunirsi zusammentreten, zusammentreffen.
rivalorizzare aufwerten.
rivalersi su qualcuno sich an jemandem schadlos halten, sich an jemandem erholen.
rivalorizzazione *f* Aufwertung *f*.
rivalsa *f* (1) Revalierung *f*, Rückgriff *m*, Regress *m*; (2) (*cambiale*) Rückwechsel *m*, Ricambiowechsel, Ricambio *m*, Rikambio *m*; v. a. REGRESSO.
rivalutare aufwerten.
rivalutazione *f* (1) Aufwertung *f*, Revalvation *f*; (2) (*nuova valutazione*) Neubewertung *f*; – **delle ipoteche** Hypothekenaufwertung; – **monetaria** Währungsaufwertung.
rivedibile, dichiarare – (*servizio militare*) zurückstellen.
rivedibile *m* (*servizio militare*) Zurückgestellter *m*.
rivelazione *f* Offenbarung *f*, Enthüllung *f*; – **del contenuto di corrispondenza** unbefugtes Offenbaren des Inhalts von Briefsendungen; – **di notizie di cui sia stata vietata la divulgazione** Offenbaren von Nachrichten, deren Verbreitung verboten ist; – **di segreti di Stato** Offenbaren von Staatsgeheimnissen; – **del segreto** Offenbarung des Geheimnisses, Geheimnisverrat *m*, Verletzung der Verschwiegenheitspflicht, Bruch der Verschwiegenheitspflicht; – **del segreto professionale** Verletzung des Berufsgeheimnisses, Verletzung der beruflichen Verschwiegenheit, Verletzung der beruflichen Schweigepflicht; – **del segreto d'ufficio** Verletzung des Dienstgeheimnisses; v. a. VIOLAZIONE.
rivendere wiederverkaufen, weiterverkaufen.
rivendica *f* v. RIVENDICAZIONE.
rivendicare fordern, beanspruchen.
rivendicazione *f* Forderung *f*, Beanspruchung *f*, Anspruch *m*, Ansprache *f* (S =); Vindikation *f*; – **bre vettuale** Patentanspruch; – **d'eredità** Erbschaftsanspruch; – **massima** Maximalforderung; – **del potere** Machtanspruch; – **di priorità** (*brevetti*) Prioritätsanspruch; – **in proprietà** (S) Eigentumsansprache (S); – **sindacale** Gewerkschaftsforderung; – **sociale** Sozialforderung; – **territoriale** Gebietsforderung.
rivendita *f* Wiederverkauf *m*, Weiterverkauf; – **di tabacchi** Tabaktrafik *f* (A).
rivenditore *m* Wiederverkäufer *m*.
riversibilità *f* Heimfallrecht, Rückfallsrecht (S).
riversione *f* Heimfall *m*.
rivestire (*carica*) bekleiden.
rivierasco *m* Uferanlieger *m*.
rivolgimento *m* Umbruch *m*.

rivolta *f* Auflehnung *f*, Aufruhr *m*, Aufstand *m*; **aperta** – offener Aufruhr; **domare una** – einen Aufstand unterdrücken; **incitare alla** – aufwiegeln, aufputschen; – **militare** Militärrevolte *f*.
rivoltarsi in Aufstand treten, sich erheben, sich auflehnen.
rivoltoso *agg* aufständisch, aufrührerisch.
rivoltoso *m* Aufständischer *m*, Aufrührer *m*.
rivoluzionario *agg* revolutionär.
rivoluzionario *m* Revolutionär *m*.
rivoluzione *f* Revolution *f*, Umsturz *m*; – **borghese** bürgerliche Revolution; – **industriale** industrielle Revolution; – **d'ottobre** Oktoberrevolution; – **di palazzo** Palastrevolution.
roba *f* (*droga*) Stoff *m*.
robot *m* Roboter *m*; – **industriale** Industrieroboter.
robotica *f* Robotertechnik *f*.
roccaforte *f* (*di un partito, di un'idea ecc.*) Hochburg *f*.
rogante *m* (*notaio*) beurkundender Notar *m*.
rogare beurkunden.
rogatoria *f* (1) (*all'ufficio giudiziario*) Rechtshilfeersuchen *n*; (2) (*all'autorità amministrativa*) Amtshilfeersuchen; – **alle autorità estere** Rechtshilfeersuchen im Ausland; – **internazionale** internationales Rechtshilfeersuchen.
rogazione *f* (notarielle) Beurkundung *f*.
rogito *m* notarielle Urkunde, Notariatsurkunde (A).
rompere abbrechen.
rotatoria *f* (*circ. strad.*) Kreisverkehr *m*.
rotazione *f*, – **del capitale** Kapitalumschlag *m*; – **delle cariche** Ämterrotation *f*; – **del magazzino,** – **delle scorte** Lagerumschlag *m*.
rottura *f* Bruch *m*, Abbruch; – **di contratto** Vertragsbruch, Kontraktsbruch; – **dei negoziati** Abbruch der Verhandlungen; – **della parola data** Bruch des Ehrenwortes; – **della promessa di matrimonio** Bruch des Heiratsversprechens, Verlöbnisbruch; – **delle relazioni diplomatiche** Abbruch der diplomatischen Beziehungen; – **di sigillo** Siegelbruch, Verschlussverletzung *f*; – **degli sponsali** Verlöbnisbruch; V. A. VIOLAZIONE.
rovesciamento del governo Sturz der Regierung, Regierungssturz *m*.
rovesciare stürzen.
rovina *f* **di edificio** Einsturz eines Gebäudes.
ruba, andare a – reißenden Absatz finden.
rubare stehlen, entwenden.
rublo *m* Rubel *m*.
rubrica *f* Rubrik *f*.
rubricare rubrizieren.
rumore *m* Lärm *m*; – **ammissibile** zumutbarer Lärm; – **moleste** belästigender Lärm.
ruolino *m*, – **di marcia** Marschbefehl *m*; – **di paga** Lohnliste *f*.
ruolo *m* (1) Rolle *f*, Register *n*, Stammrolle, Mutterrolle; (2) (*impiego pubblico*) Stellenplan *m*; **collocare fuori** – beurlauben; **di** – planmäßig; **non di** – außerplanmäßig; **passare di** – planmäßiger Beamter werden; – **degli affari urgenti** Liste der Eilsachen; – **di anzianità** Dienstaltersliste *f*, Rangliste; – **delle cause** Prozessliste *f*; – **centrale** zentrale Rolle; – **costituzionale** Verfassungsrolle; – **essenziale** wesentliche Rolle; – **generale delle cause** Generalprozessliste; – **dei dibattimenti** Verhandlungskalender *m*, Terminliste *f* (A); – **dell'equipaggio** Schiffsrolle, Schiffsmusterrolle, Musterrolle, Mannschaftsrolle; – **generale degli affari contenziosi civili** allgemeines Register der Zivilstreitigkeiten; – **generale degli affari civili non contenziosi** allgemeines Register der nichtstreitigen Sachen; – **guida** Führungsrolle; – **di imposizione,** – **delle imposte,** Steuerliste *f*, Steuerrolle, Hebeliste, Heberolle, Steuerhebebuch *n*, Abgabenhebeliste *f*, Abga-

beregister (S); – **di mediazione** Mittlerrolle, Vermittlerrolle; – **dei notai** Liste der Notare; – **organico** Stellenplan, Dienstpostenplan (A); – **del personale** Stellenplan; – **degli stipendi** Gehaltsliste; – **di udienza** Terminliste.

rupia *f* Rupie *f*.

S

sabotaggio *m* Sabotage *f*; – **di azienda** Betriebssabotage; – **economico** Wirtschaftssabotage; – **di opere militari** Wehrmittelsabotage; – **parlamentare** parlamentarische Obstruktion *f*.

sabotare sabotieren.

sabotatore *m* Saboteur *m*.

saccheggiare plündern, ausplündern.

saccheggiatore *m* Plünderer *m*, Ausplünderer.

saccheggio *m* Plünderung *f*, Ausplünderung.

sacrestia *f* Tresor *m*, Stahlkammer *f*.

sacrificio *m* Opfer *n*; – **di un diritto** (*dir. amm.*) Aufopferung *f*.

saggio *m* (1) (*tasso*) Satz *m*; (2) (*campione*) Probe *f*; – **di capitalizzazione** Kapitalisierungssatz; – **del deporto** Deportsatz; – **di dividendo** Dividendensatz; – **d'imposta** Steuersatz, Steuerfuß *m* (+ A =), Hebesatz (+ A); – **d'incremento** Steigerungssatz, Steigerungsrate *f*, Progressionssatz; – **d'interesse** Zinssatz, Zinsfuß *m*, Zinsrate *f*; – **del l'interesse legale** gesetzlicher Zinsfuß; – **massimo** Höchstsatz, Spitzensatz; – **minimo di salario** Mindestlohnsatz; – **nominale** Nominalsatz; – **di riporto** Reportsatz; – **di rivalutazione** Aufwertungssatz; – **di salario** Lohnsatz; – **di sconto** Diskontsatz, Diskontrate *f*, Abzinsungssatz; **abbassare il – dello sconto** den Diskontsatz senken, den Diskontsatz herabsetzen; **aumentare il – dello sconto** den Diskontsatz erhöhen, den Diskontsatz heraufsetzen; v. a. COEFFICIENTE, QUOTA, TASSO.

sagrestia *f* Tresor *m*, Stahlkammer *f*.

sala *f*, – **giochi** Spielhalle *f*, Spielsalon *m*; – **operativa** Einsatzzentrale; – **di punizione di rigore** verschärfter Stubenarrest; – **di punizione semplice** einfacher Stubenarrest; – **delle riunioni** Sitzungssaal *m*; – **delle riunioni di borsa** Börsensaal *m*; – **stampa** Pressezentrum; – **di udienza** Gerichtssaal *m*, Verhandlungssaal, Sitzungssaal; – **d'udienza della corte d'assise** Schwurgerichtssaal; – **delle udienze pubbliche** Saal für öffentliche Sitzungen; – **delle votazioni** Wahlraum *m*.

salariato *m* Lohnempfänger *pl*, Lohnbezieher *pl*, Lohnarbeiter *pl*, Lohnbediensteter *pl*.

salario *m* Lohn *m*, Arbeitslohn, Salär *n* (S –); **corrispondere il** – den Lohn auszahlen; – **d'apprendista** Ausbildungsvergütung *f*; – **d'aspettativa** Wartelohn; – **base** Grundlohn; – **contrattuale** Tariflohn; – **a cottimo** Akkordlohn, Stücklohn, (*industria estrattiva*) Gedingelohn; – **ad economia** Zeitlohn; – **di fame** Hungerlohn; – **fisso** fester Lohn; – **garantito** garantierter Lohn, Garantielohn; – **a giornata** Tagelohn, Taglohn; – **indicizzato** Indexlohn; – **d'ingresso** Anfangslohn, Einstiegslohn; – **iniziale** Anfangslohn; – **limite** Grenzlohn; – **locale** örtlicher Lohn, ortsüblicher Lohn; – **lordo** Bruttolohn; – **medio** durchschnittlicher Lohn, Durchschnittslohn; – **mensile** Monatslohn; – **minimo** Mindestlohn; – **mobile** gleitender Lohn; – **in natura** Sachlohn, Naturallohn; – **netto** Nettolohn; – **nominale** Nominallohn; – **ad ora**

Stundenlohn; – **per pezzo** Stücklohn; – **a premio** Prämienlohn; – **reale** Reallohn; – **a rendimento** Leistungslohn; – **a scala mobile** gleitender Lohn; – **settimanale** wöchentlicher Lohn, Wochenlohn; – **tabellare** Tariflohn; – **a tempo** Zeitlohn; v. a. PAGA, RETRIBUZIONE.

saldaconto *m* Saldakonto *n* (A), Saldokonto (A).

saldare begleichen, ausgleichen, abgleichen, saldieren.

saldi *m pl* Restposten *pl*, Reste *pl*, Ausverkaufswaren *pl*.

saldo *m* (1) (*contabilità*) Saldo *m*; (2) (*da pagare*) Rest *m*, Restbetrag *m*; (3) (*il saldare*) Begleichung *f*, Abgleichung, Ausgleich *m*; **a** – zum vollen Ausgleich; – **attivo** Aktivsaldo, Gewinnsaldo; – **attivo di conto** Kontoguthaben *n*; – **attivo di conto corrente** Kontokorrentguthaben *n*, Kontokorrentgelder *pl*; – **attivo di svalutazione monetaria** Abwertungsgewinn *m*; – **in banca** Bankguthaben *n*; – **di cassa** Barguthaben *n*, Barsaldo, Barbestand *m*, kassenmäßiger Saldo; – **di conto** Rechnungssaldo, Rechnungsüberschuss *m*; – **a credito,** – **creditore** Habensaldo, Guthabensaldo, Kreditsaldo, Guthaben *n*, Aktivsaldo; – **a debito,** – **debitore** Sollsaldo, Passivsaldo, Debetsaldo, Schuldsaldo, Minussaldo; – **deficitario** Verlustsaldo; – **disponibile** verfügbarer Saldo; – **di dividendo** Schlussdividende *f*, Restdividende; **a** – **di una fattura** zum Ausgleich einer Rechnung; – **finale** Abschlusssaldo; – **negativo** Minussaldo; – **netto** Nettosaldo; – **passivo** Passivsaldo; – **prezzo** Restpreis *m*; – **residuo,** – **restante** Restsaldo; – **riportato** vorgetragener Saldo, Saldovortrag *m*, Vortrag auf neue Rechnung, Übertrag auf neue Rechnung.

salire steigen, ansteigen.

salone *m* **dell'automobile** Automobilausstellung f.

salto *m* **di qualità** Qualitätssprung *m*.

salute *f* Gesundheit *f*; – **pubblica** öffentliche Gesundheit.

salvacondotto *m* freies Geleit, Geleitbrief *m*, Geleitschein *m*, Schutzbrief, Schutzgeleit *n*.

salvagente *m* Fußgängerinsel *f*.

salvaguardare wahren, wahrnehmen, schützen.

salvaguardia *f* Wahrnehmung *f*, Wahrung *f*, Schutz *m*; – **dell'ambiente** Erhaltung *f* der Umwelt; – **degli interessi** Interessenvertretung *f*, Interessenwahrung, Interessenwahrnehmung.

salvataggio *m* Rettung *f*.

salvatore *m* Retter *m*.

salvo *prep.*, – **il, fatto** – **il** unbeschadet des; – **arrivo** vorbehaltlich Ankunft; – **buon fine** (s. b. f.) Eingang vorbehalten (E. v.); – **cambiamenti** Änderungen vorbehalten; – **conferma** vorbehaltlich Bestätigung; – **diversa disposizone** wenn nichts anderes bestimmt ist; – **diversa disposizione di legge** soweit das Gesetz nichts anderes bestimmt; – **diversa disposizione dello Statuto** wenn die Satzung nichts anderes bestimmt; – **diversa pattuizione,** – **patto contrario** wenn nichts anderes vereinbart ist; – **errore** Irrtum vorbehalten; – **prova contraria** bis zum Beweis des Gegenteils, bis zum Nachweis des Gegenteils; – **revoca** vorbehaltlich Widerruf; – **il venduto** Zwischenverkauf vorbehalten.

sanare heilen.

sanatoria *f* Heilung; – **di nullità** Heilung der Nichtigkeit.

sanità *f* Gesundheitswesen *n*; – **pubblica** öffentliches Gesundheitswesen.

sanzionamento *m* Sanktionierung *f*.

sanzionare genehmigen, zustimmen, sanktionieren.

sanzione *f* Sanktion *f*, Strafdrohung *f*, Strafmaß nähme *f*; (*ratifica, conferma*) Bestätigung *f*; – **amministrativa** Ahndungsmaßnahme der Verwaltung, Verwaltungssanktion; – **amministrativa accessoria** Nebenmaßnahme (*bei Ordnungswi-*

drigkeiten); – **amministrativa del pagamento di una somma di denaro** Geldbuße; – **amministrativa pecuniaria** Geldbuße; – **collettiva** Kollektivsanktion; – **comminata dalla legge** gesetzliche Strafandrohung; – **disciplinare** Disziplinarmaßnahme *f*; – **economica** wirtschaftliche Sanktion, wirtschaftliche Strafmaßnahme, Wirtschaftssanktion; – **pecuniaria** (*sanzione amministrativa*) Geldbuße *f* (bei *Ordnungswidrigkeiten*); – **penale** Strafandrohung, Strafsanktion; – **sostitutiva** (*di una pena detentiva breve*) Ersatzstrafe.

saturazione *f*, – **del mercato** Sättigung des Marktes, Übersättigung des Marktes; – **della potenzialità produttiva** Auslastung der Kapazität.

sbarcare ausladen.

sbarco *m* Ausladung *f*; Landung *f*.

sbarramento *m* (1) Sperre *f*; (2) (*assegno*) Kreuzung *f*; – **elettorale** Wahlsperrklausel *f*; – **generale** allgemeine Kreuzung; – **speciale** besondere Kreuzung.

sbarrare sperren.

sbilancio *m* Unterbilanz *f*.

sbloccare freigeben, freistellen; entsperren, die Sperre aufheben.

sblocco *m* Freigabe *f*; – **degli affitti** Freigabe der Mieten (*Aufhebung der Mietpreisbindung*); – **dei prezzi** Preisfreigabe.

sbocchi *m pl*, **apire nuovi** – neue Absatzmärkte erschließen.

sbocco *m* Absatzmöglichkeit *f*, Absatzmarkt *m*; – **commerciale** Absatzmarkt.

sborsare verauslagen, auslegen, ausgeben.

sborso *m* Auslage *f*, Geldausgabe *f*.

sbrigare abfertigen, abwickeln.

scadenza *f* (1) (*di contratto*) Ablauf *m*; (2) (*pagamenti*) Fälligkeit *f*, Fälligkeitstag *m*, Fälligkeitstermin *m*; (3) (*titoli*) Verfall *m*, Verfalltag *m*, Verfalltag (A), Skadenz *f* (A); **alla** – **bei** Fälligkeit; bei Verfall; **a lunga** – langfristig; **pagabile alla** – zahlbar bei Fälligkeit; – **adeguata** mittlere Verfallzeit; – **bruciante** unmittelbar bevorstehender Wechselverfall; – **di cambiale** Wechselverfall; – **di contratto** Vertragsablauf; – **fiscale** Steuertermin *m*; – **d'interesse** Zinszahlungstermin; – **degli interessi** Zinsenzahlungstermin; – **del periodo di prova** Ablauf der Probezeit; – **del termine** Fristablauf, Fristenablauf (A), Eintritt des Fälligkeitstermins; – **del termine di pagamento** Ablauf der Zahlungsfrist; – **tributaria** Steuertermin *m*; – **trimestrale** Quartalstermin *m*.

scadenzare auf Frist setzen, verfristen.

scadenzario *m* Verfallbuch *n*, Verfallsbuch (A); Zeitplan *m*, Terminkalender *m*, Fälligkeitsplan *m* Wechselverfallbuch, Wechselbuch, Wechseljournal *n*.

scadere (1) (*pagamento*) fällig werden; (2) (*contratto, termine*) ablaufen; (3) (*titolo*) verfallen.

scaduto *agg* (1) (*pagamento*) fällig; (2) (*titolo*) verfallen; (3) (*contratto, termine*) abgelaufen.

scaglionamento *m* Staffelung *f*; – **dei pagamenti** Staffelung der Zahlungen; – **dei premi** Beitragsstaffelung.

scaglione *m* Stufe *f*; – **d'imposta** Steuerstufe *f*; – **di reddito** Einkommensstufe.

scala *f* (*interessi*) Zinsstaffel *f*; **su vasta** – auf breiter Ebene; **su** – **internazionale** auf internatioanler Ebene; – **gerarchica** hierarchische Leiter *f*; – **d'invalidità** Invaliditätsskala, Gliedertaxe *f*; – **mobile** gleitende Skala; – **mobile dei salari** gleitende Lohnskala; – **dei salari** Lohnskala; – **sociale** soziale Leiter *f*; – **degli stipendi** Gehaltsskala.

scalarino *m* Zinsstaffel *f*.

scaletta *f* Zinsstaffel *f*.

scalo *m*, – **ferroviario** Güterbahnhof *m*, Abstellbahnhof; – **intermedio** Anlaufhaben *m*; – **merci** Güterbahnhof *m*; – **di smistamento** Verschiebebahnhof.

scambi *m pl*, – **commerciali** Handelsverkehr *m*, Warenverkehr; – **culturali** Kulturaustausch *m*; – **economici** Wirtschaftsverkehr *m*, Wirtschaftsaustausch *m*; – **internazionali** grenzüberschreitender Handelsverkehr; – **intracomunitari** innergemeinschaftlicher Handelsverkehr; – **di studenti** Studentenaustausch.

scambiabile *agg* austauschbar.

scambiare tauschen, austauschen.

scambio *m* Tausch *m*, Austausch; (*fase dio scambio*) Umsatzstufe *f*; **libero** – Freihandel *m*; – **di azioni** Aktienumtausch, Aktienaustausch; **di dati** Datenaustausch; – **di dispacci** Depeschenwechsel *m*; – **di esperienze** Erfahrungsaustausch; – **d'idee** Gedankenaustausch; – **di informazioni** Informationsaustausch, Nachrichtenaustausch; – **interno** (*all'interno della stessa azienda*) Innenumsatz; – **di lettere** Briefwechsel *m*, Schriftwechsel; – **di mano d'opera** Austausch von Arbeitskräften; – **di merci** Warenaustausch, Warenumsatz *m*; – **di minoranze** Minderheitenaustausch; – **di nome** Namensverwechslung *f*; – **di note** Notenwechsel *m*, Notenaustausch; – **di opinioni** Meinungsaustausch; – **di popolazione** Bevölkerungsaustausch, Bevölkerungstausch; – **di prigionieri** Gefangenenaustausch; – **di telegrammi** Telegrammaustausch; – **territoriale,** – **di territorio** Gebietsaustausch; – **di voti** Stimmenaustausch.

scambista *m* Tauschender *m*.

scandalo pubblico öffentliches Ärgernis.

scansafatiche *m* Arbeitsscheuer *m*.

scappatoia *f* **legale** Gesetzesschlupfloch *n*.

scarcerare aus der Haft entlassen.

scarcerato *m* Haftentlassener *m*.

scarcerazione *f* Haftentlassung *f*; – **automatica** (*custodia cautelare*) notwendige Haftentlassung (*bei Erreichung der Höchstdauer der Untersuchungshaft*).

scaricamento *m* Ausladung *f*, Abladen *n*; – **dell'imposta** Steuerabwälzung *f*.

scaricare (1) (*merci*) abladen, entladen, ausladen, löschen; (2) (*alleggerire*) entlasten; (3) (*imposte*) abwälzen, überwälzen.

scaricatore *m* Ablader *m*, Auslader *m*.

scaricazione *f*, Entladung *f*, Ausladung *f*, Ausladen *n*, Löschung *f*.

scarichi *m pl*, – **civili** häusliche Abwässer *n pl*; – **industriali** gewerbliche Abwässer.

scarsezza *f*, – **di denaro** Geldknappheit *f*; – **di lavoro** Arbeitsknappheit *f*; – **di personale** Personalmangel *m*; v. a. PENURIA.

scarsità *f* Knappheit *f*; – **di capitali** Kapitalknappheit; – **di merci** Warenknappheit, Warenmangel *m*; v. a. PENURIA.

scartafaccio *m* Kladde *f*.

scarto *m* (1) Ausschuss *m*, Abfall *m*, Ramsch *m*; (2) (*differenza*) Ekart *m*; – **di fabbricazione** Ausschussstück *n*, Ausschussware *f*; – **dei prezzi** Preisunterschied *m*, Preisabweichung *f*; – **dei prezzi di borsa**, – **delle quotazioni** Kursabweichung *f*, Kursdifferenz *f*, Kursspanne *f* Ekart.

scassinatore *m* Einbrecher *m*.

scasso *m* Einbruch *m*.

scatola *f* **nera** (*registratore di volo*) Flugschreiber *m*.

scatoletta con valore dichiarato Wertkästchen *n*, Wertschachtel *f* (A).

scatto m (1) (*passaggio a un grado superiore*) Erhöhung *f*; (2) (*unità tariffaria telefonica*) Gebühreneinheit *f*; – **d'anzianità** (nächsthöhere) Dienstaltersstufe *f*; – **di stipendio** Gehaltserhöhung *f*.

scellino *m* Schilling *m*.

scelta *f* Wahl *f*, Auswahl *f*; – **delle cose da pignorare** Auswahl der zu pfändenden Sachen; – **elettorale** Wählervotum *m*; – **del medico** Arztwahl; – **della professione** Berufswahl *f*.

scheda *f*, – **anagrafica** Meldeblatt *n*; – **bianca** leerer Stimmzettel, unbeschriebener Stimmzettel, leere

Stimme; – **di assegno** (*posta*) Nachnahmekarte *f*, Nachnahmeschein *m* (S); – **di censimento** Zählbogen *m*, Zählblatt *n*; – **di contabilità** Buchhaltungsblatt *n*; – **di conto** Kontenkarte *f*, Kontokarte, Kontenblatt *f*; – **elettorale** Stimmzettel *m*, Abstimmungszettel, Wahlzettel; – **magnetica** Magnetkarte *f*; – **nulla** ungültiger Stimmzettel, ungültige Stimme; – **personale** Personalbogen *m*, Personalblatt *n*; – **di rivelazione** (*stat*) Erhebungsbogen *m*; – **di riscontro** Skontrozettel *m*; – **segnaletica** Fahndungsblatt; – **telefonica** Telefonkarte; – **testamentaria** Testamentsurkunde; – **di votazione** Stimmkarte *f*, Stimmzettel *m*, Abstimmungszettel.

schedario *m* Kartei *f*; – **centrale** Zentralkartei; – **dei clienti** Kundenkartei *f*; – **elettorale** Wahlkartei; – **dei fornitori** Lieferantenkartei; – **delle informazioni** Auskunftskarte; – **dei rischi** Obligobuch *n*; – **degli stranieri** Ausländerkartei *f*.

schema *m*, – **di bilancio** Bilanzschema *n*; – **di contratto** Vertragsentwurf *m*; – **di legge** Gesetzentwurf.

sciame *m* **di api** Bienenschwarm.

schiavista *m* Sklavenhändler *m*, Menschenhändler.

schiavitù, ridurre in – versklaven.

schieramento *m*, – **comunista** kommunistisches Lager; – **politico** politisches Lager.

schizofrenia *f* Schizophrenie *f*.

scientemente *avv* wissentlich.

scientifica *f* (*polizia*) polizeitechnische Untersuchungsstelle *f*.

scientifico *agg* wissenschaftlich.

scienza *f* Wissenschaft *f*; – **dell'amministrazione** Verwaltungswissenschaft *f*; **secondo – e coscienza** nach bestem Wissen und Gewissen; – **ausiliaria** Hilfswissenschaft; – **del diritto** Rechtswissenschaft *f*; – **del diritto penale** Strafrechtswissenschaft; – **economica** Wirtschaftswissenschaft *f*; – **delle finanze** Finanzwissenschaft; – **giuridica** Rechtswissenschaft.

scienze *f pl*, – **economiche** Wirtschaftswissenschaften; – **politiche** Staatswissenschaften *pl*, Politologie *f*; – **sociali** *f pl* Sozialwissenschaften *pl*.

scindibilità *f* (*di cause*) Möglichkeit der getrennten Entscheidung (*von Streitigkeiten*).

sciogliere lösen, auflösen.

sciogliersi sich auflösen.

scioglimento *m* Auflösung *f*; – **anticipato delle Camere** vorzeitige Parlamentsauflösung; – **dell'associazione** Vereinsauflösung; – **della Camera** Kammerauflösung; – **delle Camere** Parlamentsauflösung; – **di cartello** Kartellauflösung, Dekartellierung *f*, Dekartellisierung *f*; – **della comunione** Aufhebung der Gemeinschaft; – **della comunione legale** (*dei beni tra coniugi*) Auflösung der Gütergemeinschaft; – **del matrimonio** Eheauflösung, Ehescheidung *f*; – **del parlamento** Parlamentsauflösung; – **della società** Gesellschaftsauflösung.

scioperante *agg* streikend, ausständig.

scioperante *m* Streikender *m*, Ausständiger *m*, Ausständler *m*.

scioperare streiken, in den Ausstand treten, die Arbeit niederlegen.

sciopero *m* Streik *m*, Ausstand *m*, Arbeitsniederlegung *f*, Arbeitseinstellung *f*, Arbeitsausstand; **in** – ausständig; **mettersi in** – in den Streik treten; **proclamare uno** – einen Streik ausrufen; **sospendere lo** – den Streik aussetzen; – **articolato** Schwerpunktstreik; – **attivo** aktiver Streik; – **d'avvertimento** Warnstreik; – **bianco** Sitzstreik; – **a catena** Kettenstreik; – **dei contribuenti** Steuerstreik; – **difensivo** Abwehrstreik; – **dimostrativo** Demonstrationsstreik; – **dei dipendenti pubblici** Streik der öffentlichen Bediensteten; – **elettorale** Wählerstreik; – **della fame** Hungerstreik; – **generale** Generalstreik; – **illecito** widerrechtlicher Streik; – **in masse** Massenstreik; – **ad oltranza** unbefristeter Streik; – **organizzato** (gewerkschaftlich) organisierter Streik; – **non organizzato** wilder Streik; – **parziale** Teilstreik; – **pignolo** Bummelstreik, (*impiego pubblico*) Dienst nach Vorschrift; – **politico** politischer Streik; – **di protesta** Proteststreik; – **di rendimento** Leistungsstreik; – **alla rovescia** Dienst trotz Betriebsschließung; – **a scacchiera** Schachbrettstreik; – **scolastico** Schulstreik, Schülerstreik; – **selvaggio** wilder Streik; – **a settori** abteilungsweiser Streik; – **simbolico** symbolischer Streik; – **a singhiozzo** Stotterstreik; – **di solidarietà** Sympathiestreik, Solidaritätsstreik; – **a sorpresa** Blitzstreik; – **spontaneo** spontaner Streik; – **dello straordinario** Überstundenstreik; – **totale** Vollstreik.

sciovinismo *m* Chauvinisumus *m*.

scippatore *m* Straßenräuber *m* (*Dieb, der durch Wegreißen eine Sache stiehlt*).

scippo *m* Straßenraub (*durch Entreißen einer Sache*).

scissione *f* Spaltung *f*.

sclassificare (*demanio*) entwidmen, der Widmung entziehen, der Widmung entfremden (A); (*strade*) einziehen.

sclassificazione (*di demanio*) Entwid mung *f*, (*di strada*) Einziehung *f*.

scommessa *f* Wette *f*.

scomettitore *m* Wetter *m*.

scomparire vermisst werden.

scomparizione *f* Verschollenheit *f*, Vermisstwerden *n*; – **a bordo di aeromobile** Luftverschollenheit; – **in mare** Seeverschollenheit; – **in tempo di guerra** Kriegsverschollenheit; – **verificatasi in situazione di pericolo** Gefahrenverschollenheit.

scomparsa *f* v. scomparizione.

scomparso *m* Verschollener *m*, Vermisster *m*.

scomunica *f* Exkommunikation *f*.

scomunicare exkommunizieren.

sconfitta *f* **elettorale** Wahlniederlage *f*.

sconsacrare der Widmung entziehen, der Widmung entfremden (A).

sconsacrazione *f* Widmungsentziehung *f*.

scontabile *agg* diskontfähig.

scontabilità *f* Diskontfähigkeit *f*.

scontante *m* Diskontgeber *m*, Diskonteur *m*.

scontare (1) diskontieren, zum Diskont hereinnehmen, abzinsen; (2) (*pena*) verbüßen, abbüßen; (3) (*imposta*) versteuert werden.

scontatario *m* Diskontnehmer *m*.

scontatore *m* Diskontgeber *m*, Diskonteur *m*.

scontista *m* Diskontnehmer *m*.

sconto *m* (1) Diskont *m*, Zinsabzug *m*, Zinsenabzug (A); (2) (*azione dello scontare*) Diskontierung *f*, Abzinsung *f*; (3) (*su fattura pagata entro un determinato periodo*) Skonto *m*, *n*; (4) (*ribasso*) Rabatt *m*, Abschlag *m*, Preisabschlag, Nachlass *m*, Preisnachlass; – **attivo** Ertragsskonto, Lieferantenskonto; – **fuori banca** Privatdiskont; – **bancario** Bankdiskont; – **cambiario** Wechseldiskont Wechseldiskontierung; – **di casa** Barzahlungsrabatt; – **alla clientela** Kundenrabatt, Kundenskonto; – **a clienti assidui** Treurabatt, Treuerabatt; – **commerciale** Diskontberechnung vom Nominalwert; Handelsrabatt; – **per contanti** Barrabatt, Kassaskonto; – **di favore** Vorzugsrabatt; – **di fedeltà** Treuerabatt; – **per importanza di contratto** (*ass*) Summenrabatt; – **all'infuori** Diskontberechnung vom Nominalwert; – **libero** Privatdiskont; – **passivo** Aufwandsskonto, Kundenskonto; – **per pluralità di rischi** (*ass*) Mehrheitsnachlass; – **di quantità** Mengenrabatt, Großbezugsrabatt; – **per pagamento in contanti** Barzahlungsrabatt; – **razionale** Diskontberechnung vom Tageswert; – **speciale** Sonderrabatt; – **d'uso ai commercianti** Händlerrabatt.

scontrare skontrieren.
scontrarsi zusammenstoßen.
scontrino *m*, – **del bagaglio** Gepäckempfangsschein *m*, (*aereo*) Fluggepäckschein; – **di cassa** Kassenschein *m*, Kassenzettel *m*, Kassaschein; – **del depositio bagagli** Gepäckaufbewahrungsschein *m*, Aufbewahrungsschein; – **del deposito bagagli a mano** Handgepäckschein *m*; – **fiscale** Kassenbeleg *m*.
scontro *m* Zusammenstoß *m*; – **a fuoco** Schusswechsel *m*; v. a. URTO.
sconvolgimento mentale Geisteszerrüttung *f*.
scoperta *f* **occasionale** Zufallsfund *m*.
scoperto *agg* ungedeckt, deckungslos.
scoperto *m* ungedeckter Betrag, überzogener Betrag, Überziehung *f*, Ausfallbetrag *m*; **allo** – ungedeckt, deckungslos, blanko; **giocare allo** – à découvert spekulieren; **mandare allo** – überziehen; **speculare allo** – à découvert spekulieren; **trarre allo** – überziehen; – **di conto** Kontoüberziehung; – **obbligatorio** (*ass*) Selbstbeteiligung *f*, Selbstbehalt *m*.
scopi *m pl*, **a** – **dilatori** zu Verzögerungszwecken; **per** – **scientifici** zu wissenschaftlichen Zwecken; **per** – **terapeutici** zu therapeutischen Zwecken.
scopo *m*, – **di lucro** Erwerbszweck *m*, Gewinnabsicht *f*, Absicht der Gewinnerzielung, Gewinnerzielungsabsicht; – **della norma** Gesetzeszweck; – **sociale** Gesellschaftszweck *m*.
scoppio della guerra Kriegsausbruch *m*.
scorie *f pl* **radioattive** radioaktiver Abfall *m*.
scorporare ausgliedern.
scorporazione *f* Ausgliederung *f*.
scorporo *m* Ausgliederung *f*.
scorta *f* (1) Bestand *m*, Vorrat *m*; (2) Geleitschutz *m*, Eskorte *f*; – **armata** bewaffneter Geleitschutz; – **aurea** Goldbestand *m*, Goldvorrat *m*; – **di contante** Barausstattung *f*; – **di denaro** Geldbestand *m*, Geldvorrat *m*, Geldreserve *f*; – **di divise** Devisenbestand *m*, Devisenreserve *f*, Devisenpolster *n*; – **del mercato** Marktvorrat *m*; – **metallica** Metallbestand *m*, Metallreserve *f*, Metallvorrat *m*, Metallschatz *m*; – **monetaria** Geldbestand *m*, Geldvorrat *m*; v. a. RISERVA.
scorte *f pl* Vorräte *pl*, Lagervorräte, Lagerbestand *m*, Lagerbestände *pl*; – **iniziali** Anfangsbestand *m*; – **morte** totes Inventar; – **vive** lebendes Inventar, Viehbestand *m*.
screditare in Misskredit bringen, diskreditieren.
scriminante *f* (*dir. pen.*) Rechtfertigungsgrund *m*.
scritti *m pl* Schriften *f pl*; – **anonimi** anonyme Schriften; – **contrari alla pubblica decenza** (grob) anstößige Schriften; – **di famiglia** (S) Familienschriften *pl* (S); – **offensivi** beleidigende Schriften; – **osceni** unzüchtige Schriften.
scritto *agg* schriftlich; – **a mano** handschriftlich.
scritto *m* Schriftstück *n*; – **diffamante** Schmähschrift *f*, verleumderische Schrift.
scrittura *f* (1) (*contabilità*) Buchung *f*, Eintragung *f*; (2) (*atto*) Schriftstück, Urkunde; – **americana** amerikanische Buchführung; – **aziendale** Verbuchung *f*; – **di comparazione** Vergleichungsschrift; – **contabile** Buchung *f*, Bucheintragung, Rechnungsunterlage *f*, Buchungsunterlage; – **doppia** Buchung in der doppelten Buchführung, Buchung und Gegenbuchung; – **elementare** Grundbuchung; – **fittizia** fingierte Buchung; – **di giornale** Journaleintragung; – **in partita doppia** Buchung in der doppelten Buchführung, Buchung und Gegenbuchung; – **privata** Privaturkunde *f*; – **privata autenticata** beglaubigte Privaturkunde; **per** – **privata** privatschriftlich; – **pub-**

blica öffentliche Urkunde; – **rettificativa** berichtigende Buchung, Berichtigungsbuchung; – **semplice** Buchung in der einfachen Buchführung; – **teatrale** Bühnendienstvertrag *m*; v. a. REGISTRAZIONE.

scritturale *m* Büroschreiber *m*.

scritturazione *f* v. scrittura.

scrutatore *m* Wahlhelfer *m*, Stimmenzähler *m*, Wahlbeisitzer *m*.

scrutinio *m* (1) (*spoglio dei voti*) Auszählung der Stimmen, Stimmenzählung *f*, Stimmenauszählung; (2) (*voto*) Abstimmung *f*, Wahl *f*, Wahlgang *m*; **fare lo** – die Stimmen zählen, die Stimmen auszählen; – **finale** Schlussabstimmung; – **indiretto** Wahl durch Wahlmänner; – **di lista** Listenwahl, Listenabstimmung; – **palese** offene Abstimmung; – **pubblico** offene Abstimmung; – **segreto** geheime Abstimmung, geheime Stimmabgabe, geheime Wahl; – **uninominale** Einzelwahl.

scudi *m pl* **umani** menschliche Schutzschilde *n pl*.

scuola *f* Schule *f*; – **d'avviamento professionale** Berufsschule *f*; – **confessionale** Bekenntnisschule *f*, konfessionelle Schule; – **differenziale** Sonderschule; – **diplomatica** Diplomatenschule; – **elementare** Grundschule; – **europea** europäische Schule; – **guida** Fahrschule; – **interconfessionale** Gemeinschaftsschule *f*, Simultanschule; – **laica** bekenntnisfreie Schule; – **materna** Vorschule; – **dell'obbligo** gesetzlich vorgeschriebene Mindestausbildung; – **parificata** staatlich anerkannte Schule; – **privata** Privatschule; – **professionale** Fachschule; – **pubblica** öffentliche Schule, staatliche Schule; – **serale** Abendschule; – **superiore della pubblica amministrazione** Verwaltungsakademie; – **tecnica commerciale** Handelsschule *f*; – **a tempo pieno** Ganztagsschule; v. a. ISTITUTO.

scuolabus *m* Schulbus *m*.

scuponato *agg* ohne Kupon.

scusabile *agg* entschuldbar.

scusabilità *f* Entschuldbarkeit *f*.

scusante *f* (*dir. pen.*) Milderungsgrund.

sdaziabile *agg* verzollbar, zollbar.

sdaziamento *m* Verzollung *f*, Zollabfertigung *f*.

sdaziare verzollen.

sdebitamento *m* Entschuldung *f*, Schuldentlastung *f*.

sdebitare entschulden.

sdoganabile *agg* verzollbar, zollbar.

sdoganamento *m* Verzollung *f*, Zollabfertigung *f*, Eingangsabfertigung; – **con bolletta di cauzione** Geleitscheinabfertigung (S); – **all'entrata** Einfuhrverzollung, Eingangsabfertigung, Einfuhrabfertigung (S); – **in transito** Transitabfertgigung, Durchfuhrabfertigung (S).

sdoganare verzollen, abfertigen.

sdoppiamento *m* **della personalità** (*psicol*) Persönlichkeitsspaltung *f*.

secco (*titolo*) ohne Kupon.

secessione *f* Sezession *f*.

secolare *agg* weltlich.

secolarizzare verweltlichen, säkularisieren.

secolarizzazione *f* Verweltlichung *f*, Säkularisation *f*.

seconda di cambio Sekundawechsel *m*, Wechselsekunda *f*, Zweitausfertigung *f*.

secondino *m* Gefängnisaufseher *m*.

secondo gemäß, laut.

secondo *m* Sekundant *m*.

sede *f* Sitz *m*; (*filiale di banca*) Niederlassung *f*; **con** – **in** mit Sitz in, mit dem Sitz in; **Santa** – Heiliger Stuhl; **trasferire la** – den Sitz verlegen; – **degli affari** Geschäftssitz; – **amministrativa** Verwaltungssitz; – **dell'azienda** Betriebsort *m*; – **centrale** Hauptsitz, Hauptniederlassung; – **distaccata** Zweigstelle *f*; – **estera** Auslandssitz; – **fissa** Standort *m*; – **governativa,** – **del governo** Regierungssitz; – **dell'impresa** Firmensitz; – **legale** Rechtssitz; – **della legazione** Missionsgebäude, Gesandschaftsgebäude; – **permanente** ständiger Sitz; – **principale** Hauptsitz; – **produttiva** Produktionsstätte *f*, Fertigungsstätte; – **secondaria** Zweitsitz; – **sociale** Gesellschaftssitz; – **statutaria** satzungsmäßiger Sitz, statutarischer Sitz (S); – **vacante** unbesetztes Amt.

sedizione *f* Aufstand *m*, Aufruhr *m*.

sedizioso *agg* aufständisch, aufrührerisch.

sedurre verführen.

seduta *f* Sitzung *f*, **aprire la** – die Sitzung eröffnen **levare la** – die Sitzung aufheben; **sospendere la** – die Sitzung unterbrechen; **togliere la** – die Sitzung aufheben; – **d'apertura** Eröffnungssitzung, Eröffnungstagung *f*; – **borsistica,** – **di borsa** Börsensitzung; – **di chiusura** Schlusssitzung; – **di commissione** Ausschussitzung; – **comune del parlamento** gemeinsame Sitzung (beider Kammern) des Parlaments; – **congiunta** gemeinsame Sitzung; – **fiume** (*parl*) Marathonsitzung; – **inaugurale** Eröffnungssitzung; – **maratona** Marathonsitzung; – **parlamentare,** – **del parlamento** Parlamentssitzung; – **plenaria** Vollsitzung; – **a porte chiuse** nichtöffentliche Sitzung; – **pubblica** öffentliche Sitzung; – **straordinaria** Sondersitzung, außerordentliche Sitzung; v. a. RIUNIONE.

seduttore *m* Verführer *m*.

seduzione *f* Verführung *f*; – **con promessa di matrimonio commessa da persona coniugata** Verführung *f*.

seggio *m* Sitz *m*; – **elettorale** Wahlraum *m*, Wahllokal *n*, Abstimmungslokal; – **al parlamento** Parlamentssitz, Abgeordnetensitz; – **al senato,** – **di senatore** Senatssitz.

segmentazione *f* **di mercato** Marktsegmentierung *f*.

segmento *m* **di mercato** Marktsegment *n*.

segnalazione *f* Zeichengebung *f*; Hinweisgebung *f*; – **confidenziale** vertraulicher Hinweis *m*; – **delle operazioni bancarie** Mitteilung *f* von Bankgeschäften; – **stradale** Verkehrszeichengebung.

segnale *m* Zeichen *n*, Signal *n*; – **acustico** (*circ. strad.*) Schallzeichen; – **d'allarme** Alarmsignal; – **di crisi** Krisenanzeichen; – **di direzione** Wegweiser *m*, Richtungsschild *n*; – **di divieto** (*circ. strad.*) Verbotszeichen; – **d'indicazione** (*circ. strad.*) Hinweiszeichnen *n*; – **di località** Ortsschild *n*; – **luminoso** Lichtzeichen; – **manuale** (*circ. strad.*) Handzeichen; – **mobile di pericolo** (*triangolo*) Warndreieck *n*; – **di obbligo** (*circ. strad.*) Gebotszeichen; – **di pericolo** (*circ. strad.*) Gefahrzeichen; – **di preavviso** Ankündigungszeichen; – **di precedenza** Vorfahrtszeichen; – **di prescrizione** (*circ. strad.*) Vorschriftzeichen *n*; – **di stop** (*circ. strad.*) Stoppschild. – **stradale** Verkehrszeichen.

segnaletica *f*, – **orizzontale** (*circ. strad.*) Fahrbahnmarkierung; – **stradale** Verkehrszeichensetzung; – **verticale** (*circ. strad.*) Beschilderung *f*.

segnatario *m* Unterzeichner *m*, Signatar *m*.

segnatasse *m* Nachgebührenmarke *f*.

segno *m*, – **distintivo** Unterscheidungsmerkmal *n*; – **particolare** besonderes Kennzeichen; – **di riconoscimento** Erkennungszeichen *n*, Erkennungsmarke *f*.

segregazione *f*, – **cellulare** Einzelhaft *f*, Isolierhaft; – **razziale** Rassentrennung *f*.

segretariato *m* **generale** Generalsekretariat *n*.

segretaria *f* Sekretärin *f*; – **di direzione** Chefsekretärin *f*.

segretario *m* (1) Sekretär *m*; (2) Schriftführer *m*, Protokollführer; – **d'ambasciata** Botschaftssekretär; – **amministrativo** Verwaltungssekretär; – **comunale** Gemeindesekretär; – **generale** (1) Generalsekretär; (2) (*di grande città*) Stadtdirektor *m*; – **generale dell' ONU** UNO-Generalsekretär; – **giudi-**

ziario Geschäftsstellenverwalter *m*, Registrator *m*; – **del gruppo parlamentare** Fraktionsgeschäftsführer; – **di legazione** Legationssekretär, Gesandtschaftssektretär; – **particolare** Privatsekretär, persönlicher Referent *m*; – **del partito** Parteisekretär; – **provinciale** (*approssimativamente*:) Oberkreisdirektor *m*; – **di Stato** Staatssekretär.

segreteria *f* Sekretariat *n*, Kanzlei *f*; – **amministrativa** Verwaltungssekretariat; – **comunale** Gemeindekanzlei *f*, Stadtkanzlei, Bürgermeisterei, Bürgermeisteramt *n*; – **estero** (*di una banca*) Auslands-Sekretariat; – **fidi** Kreditsekretariat; – **di Stato** Staatssekretariat; – **telefonica** (1) automatischer Anrufbeantworter; (2) Fernsprechauftragsdienst.

segretezza *f* Verschwiegenheit *f*, Geheimhaltung *f*, Heimlichkeit *f*; – **della corrispondenza** (*epistolare*) Briefgeheimnis *n*; – **dei dati** Datengeheimnis; v. a. RISERVATEZZA.

segreto *agg* geheim, heimlich.

segreto *m* Geheimnis *n*; – **artistico** Kunstgeheimnis; – **d'azienda,** – **aziendale** Betriebsgeheimnis; – **bancario** Bankgeheimnis; – **della camera di consiglio** Beratungsgeheimnis; – **commerciale** Geschäftsgeheimnis, Gewerbegeheimnis; – **confessionale** Beichtgeheimnis; – **delle conversazioni telefoniche** Fernsprechgeheimnis; – **della corrispondenza** Briefgeheimnis; – **epistolare** Briefgeheimnis, Schriftgeheimnis (S); – **di fabbrica** Fabrikgeheimnis, Betriebsgeheimnis; – **di fabbricazione** Fabrikationsgeheimnis; – **fiscale** Steuergeheimnis; – **industriale** Betriebsgeheimnis, Gewerbegeheimnis, Geschäftsgeheinmis; – **istruttorio** Untersuchungsgeheimnis; – **militare** militärisches Geheimnis; – **postale** Postgeheimnis; – **professionale** Berufsgeheimnis, berufliche Schweigepflicht, Dienstgeheimnis, Dienstesgeheimnis (A); – **dello scrutinio** Abstimmungsgeheimnis; – **di Stato** Staatsgeheimnis; – **d'ufficio** Amtsgeheimnis, Dienstgeheimnis, Dienstesgeheimnis (A); – **dell'urna** Abstimmungsgeheimnis.

seguace *m* Anhänger *m*.

seguenza *f* **causale** Kausalablauf *m*, Kausalfolge *f*.

seguito *m* Gefolge *n*; – **personale nel proprio partito** Hausmacht *f*.

selezione Auswahl *f*, Auslese *f*; – **dei candidati** Kandidatenauswahl; – **naturale** natürliche Auslese.

semaforo *m* Ampel *f*; – **pedonale** Fußgängerampel.

semestralità *f* Halbjahresrate *f*.

semicantone *m* (S) Halbkanton *m* (S).

semidetenzione *f* (*pena sostitutiva*) Teilhaft *f*.

semiimperativo *agg* halbzwingend.

semiinfermità (*vizio parziale di mente*) teilweise Störung der Geistestätigkeit.

semilavorato *agg* halbfertig.

semilavorato *m*, **semimanufatto** *m* Halberzeugnis *n*, Halbfabrikat *n*, Halbfertigware *f*, Halbware.

semilibero *m* (*ord. penit.*) Freigänger *m*.

semilibertà *f* (*ordinamento penitenziario*) offener Strafvollzug *m*, Freigang *m*.

seminario *m* Seminar *n*.

semisovranità *f* Halbsouveränität *f*.

semisovrano *agg* halbsouverän.

semistatale *agg* halbstaatlich.

semiufficilae *agg* halbamtlich.

senato *m* Senat *m*; – **accademico** akademischer Senat; – **della Repubblica** (*parlamento*) Senat der (*italienischen*) Republik.

senatore *m* Senator *m*, Mitglied des Senats, Senatsmitglied *n*; – **a vita** Senator auf Lebenszeit.

seno, eleggere nel – (*della commissione ecc.*) aus der Mitte (*des Ausschusses usw.*) wählen.

sensale *m* Makler *m*, Handelsmakler, Warenmakler, Sensal *m* (A) Vermittler *m*; – **in assicurazioni** Versicherungsmakler; – **giurato** beeidigter Makler, vereidigter Makler; – **immobiliare** Grundstücksmakler, Immobilienmakler; – **marittimo** Schiffsmakler, Schiffsklarierer *m*, Klarierer; – **in noleggi,** – **di noli** Frachtmakler, Frachtenmakler; v. a. MEDIATORE.

senseria *f* Maklergebühr *f*, Maklerlohn *m*, Kurtage *f*, Courtage *f*, Courtagegebühr *f*, Sensarie *f* (A), Vermittlungsprovision *f*, Vermittlungsgebühr.

sensi *m pl*, **ai** – **dell' articolo** ... im Sinne von Artikel (Paragraph) ...

sensibilità *f*, – **congiunturale** Konjunkturempfindlichkeit *f*; – **ecologica** Umweltbewusstsein *n*.

sensibilizzare das Bewusstsein schärfen, sensibilisieren.

sensibilizzazione *f* Sensibilisierung *f*.

senso *m*, – **civico** Bürgersinn *m*; – **di colpa** Schuldgefühl *n*; – **della giustizia** Rechtsgefühl *n*, Rechtsempfinden *n*, Gerechtigkeitssinn *m*; – **della legge** Sinn *m* des Gesetzes; **in** – **letterale** im wörtlichen Sinne; – **di marcia** Fahrtrichtung *f*; – **della norma** Sinn der Vorschrift; – **di solidarietà** Solidarietätsgefühl *n*.

sentenza *f* Urteil *n*, Entscheidung *f*, Erkenntnis *n*, Judikat *n* (A =), (*pronuncia*) Spruch *m*, Ausspruch; **annullare una** – ein Urteil aufheben; **appellare una** – gegen ein Urteil Berufung einlegen; **cassare una** – ein Urteil (*auf Kassationsbeschwerde*) aufheben; **confermare una** – ein Urteil bestätigen; **dichiarare la** – **provvisoriamente esecutiva** das Urteil für vorläufig vollstreckbar erklären; **eseguire la** – das Urteil vollstrecken; **impugnare una** – ein Urteil anfechten; **motivare una** – ein Urteil begründen; **notificare la** – das Urteil zustellen; **pronunciare una** – ein Urteil verkünden, ein Urteil aussprechen, ein Urteil fällen, ein Urteil eröffnen (S); **proporre appello contro la** – gegen das Urteil Berufung einlegen; **ricorrere (in cassazione) contro la** – gegen das Urteil Revision einlegen; **riformare una** – ein Urteil abändern; **stendere la** – das Urteil abfassen; – **d'accertamento** Feststellungsurteil; – **d'accoglimento** stattgebendes Urteil; – **di annullamento** Aufhebungsurteil; – **appellabile** berufungsfähiges Urteil; – **d'appello** Berufungsurteil; – **arbitrale** schiedsgerichtliches Urteil, Schiedsspruch *m*, schiedsgerichtliche Entscheidung; – **assolutoria,** – **di assoluzione** freisprechendes Urteil; – **di cancellazione** Löschungsurteil; – **capitale** Todesurteil; – **cassata** aufgehobenes Urteil; – **civile** Zivilurteil, Zivilgerichtsurteil; – **di condanna** auf Strafe lautendes Urteil, Verurteilung *f*, Strafurteil, verurteilendes Erkenntnis; – **di condanna agli alimenti** Unterhaltsurteil; – **di condanna a morte** Todesurteil; – **di condanna con riserva** (*proc. civ.*) Vorbehaltsurteil; – **condizionale** bedingtes Urteil, Vorbehaltsurteil; – **contumaciale** (1) (*proc. civ.*) Versäumnisurteil, Versäumungsurteil (A); (2) (*proc. pen.*) Abwesenheitsurteil, Urteil in Abwesenheit, Kontumazurteil (A), Kontumazialurteil (+ S); – **di convalida di intimazione di sfratto** Räumungsurteil; – **costitutiva** Gestaltungsurteil, rechtsgestaltendes Urteil; – **definitiva** (1) endgültiges Urteil; (2) Endurteil; – **dibattimentale** streitiges Urteil; – **dichiarativa** Feststellungsurteil; – **dichiarativa di fallimento** Konkurseröffnungsbeschluss *m*; – **dichiarativa di filiazone** Abstammungsurteil; – **dichiarativa di nullità** Nichtigkeitsurteil; – **di divorzio** Scheidungsurteil; – **erronea** Fehlurteil; – **esecutiva** vollstreckbares Urteil; – **finale** Schlussurteil, Endurteil; – **giudiziaria** Gerichtsurteil, Gerichtsspruch, Ausspruch des Gerichts, richterlicher Ausspruch, Richterspruch, Erkenntnis, Gerichtsentscheid *m* (S =); – **impugnabile** anfechtbares Urteil; – **incidentale** Zwischenurteil; –

inesistente Nichturteil; – **inoppugnabile** unanfechtbares Urteil; – **d'interdizione** Entmündungsurteil, Entmündigungsbeschluss *m*; – **interlocutoria** Zwischenurteil; – **irrevocabile** rechtskräftiges Urteil; – **meramente processuale** reines Prozessurteil; – **di merito** Sachurteil; – **non definitiva** Zwischenurteil; – **di non luogo a procedere** Einstellungsurteil; – **nulla** nichtiges Urteil; – **d'omologazione** Bestätigungsurteil, bestätigendes Urteil, Bestätigungsentscheid *m* (S); – **parziale** Teilurteil; – **passata in giudicato** rechtskräftiges Urteil; – **penale** Strafurteil, Straferkenntnis; – **di primo grado,** – **di prima istanza** erstinstanzliches Urteil; – **processuale** Prozessurteil; – **pronunciata in contraddittorio** kontradiktorisches Urteil; – **di proscioglimento** freisprechendes Urteil; – **provvisoria di condanna** Vorbehaltsurteil; – **provvisoriamente esecutiva** vorläufig vollstreckbares Urteil; – **di riforma** abänderndes Urteil, Abänderungsurteil, reformatorisches Urteil; – **di rigetto** abweichendes Urteil; – **di rinvio a giudizio** (*adesso*: ordinanza di rinvio a giudizio) Eröffnungsbeschluss *m*; – **di scioglimento** Auflösungserkenntnis (A); – **di separazione tra coniugi** Urteil auf Trennung von Tisch und Bett; – **straniera** ausländisches Urteil; – **totale** Vollurteil; v. a. DECISIONE, PRONUNCIA.

sentenze *f pl* **contraddittorie** sich widersprechende Urteile.

sentimento *m*, **secondo il comune** – nach allgemeinem Empfinden; – **del diritto** Rechtsgefühl *n*, Rechtsempfinden *n*.

sentinella *f* Wachposten *m*.

senzapatria *agg* heimatlos.

senzapatria *m* Heimatloser *m*.

senzatetto *m* Obdachloser *m*.

separare trennen, absondern, aussondern.

separatismo *m* Separatismus *m*.

separatista *agg* separatistisch.

separatista *m* Separatist *m*.

separazione *f* Trennung *f*, Absonderung *f*, Aussonderung; – **dei beni** (1) (*tra coniugi*) Gütertrennung; (2) (*fallimento*) Absonderung des Vermögens, Vermögensabsonderung; – **dei beni del defunto da quelli dell'erede** Nachlasssonderung *f*; – **delle cause** Prozesstrennung; – **della Chiesa dallo Stato** Trennung von Kirche und Staat; – **coniugale,** – **fra coniugi** Trennung der Ehegatten, Aufhebung der ehelichen Gemeinschaft; – **consensuale** (*dei coniugi*) einverständliche Trennung; – **dei costi** Aufgliederung der Kosten; – **dei debiti** Schuldentrennung; – **di fatto** Getrenntleben *n*; – **di giudizi** Trennung der Hauptverfahren; – **giudiziale** gerichtliche Trennung (S); – **giudiziale dei beni** Gütertrennung kraft Urteils, gerichtliche Gütertrennung (S); – **di letto e di mensa** Trennung von Tisch und Bett; – **monetaria** Währungstrennung, Valutatrennung; – **dei patrimoni** Vermögensabsonderung; – **personale** (*dei coniugi*) Aufhebung der (ehelichen) Lebensgemeinschaft; – **dei poteri** Trennung der Gewalten, Gewaltentrennung; – **dei procedimenti** Trennung der Verfahren, Prozesstrennung; **„quoad thorum et mensam"** Trennung von Tisch und Bett; – **dei rischi** Aufgliederung der Risiken.

sequestrabile *agg* beschlagnahmbar.

sequestrabilità *f* Beschlagnahmbarkeit *f*.

sequestrare (1) (*sequestro giudiziario*) beschlagnahmen; (*immobili*) unter Zwangsverwaltung stellen; (2) (*sequestro convenzionale*) unter Sequester stellen; (3) (*persone*) der Freiheit berauben.

sequestratario *m* (1) (*convenzionale*) Sequester *m*; (2) (*giudiziario*) gerichtlich bestellter Sequester, (*immobili*) Zwangsverwalter.

sequestro *m* (1) (*giudiziario*) Beschlagnahme *f*; (2) (*convenzionale*)

Sequester *m*, Sequestration *f*; (3) (*conservativo civile*) dinglicher Arrest *m*; (4) (*immobiliare*) Zwangsverwaltung *f*; **mettere sotto** – (*immobili*) unter Zwangsverwaltung stellen, unter Sequester stellen; **togliere il** – die Beschlagnahme aufheben; – **conservativo** Sicherungsbeschlagnahme; – **convenzionale** Sequestrationsvereinbarung *f*; – **di corrispondenza** Postbeschlagnahme; – **dei documenti di legittimazione** (S) Schriftenarrest (S); – **giudiziario** gerichtliche Beschlagnahme; – **immobiliare** Beschlagnahme unbeweglicher Sachen; – **mobiliare** Beschlagnahme beweglicher Sachen; – **parziale** Teilbeschlagnahme; – **di persona** Freiheitsberaubung *f*; – **di persona a scopo di estorsione** erpresserischer Menschenraub, erpresserischer Entführung (A): – **postale** (S) Postsperre *f*; – **di salario** Lohnbeschlagnahme.

serbatoio *m* **elettorale** Wählerreservoir *n*.

serie *f*, – **causale** Kausalkette *f*; – **continua di girate** ununterbrochene Reihe von Indossamenten, Indossamentenkette *f*; – **di provvedimenti** Reihe *f* von Maßnahmen.

serpente *m* **monetario** Währungsschlange *f*.

serrata *f* Aussperrung *f*, Arbeiteraussperrung; – **offensiva** Angriffsaussperrung.

servire (*capitale*, *prestito*) bedienen.

servitù *f* Dienstbarkeit *f*, Servitut *f*; **costituire una** – eine Dienstbarkeit bestellen; **riscattare una** – eine Dienstbarkeit ablösen; – **di accesso** (*con veicolo*) Zufahrtsrecht; – **di acquedotto** Wasserleitungsrecht; – **apparente** offene Dienstbarkeit, offenbare Dienstbarkeit, Scheindienstbarkeit (A), Scheinservitut (A); – **d'appoggio** Balkenrecht *n*, Tramrecht; – **d'appoggio di una scala** Leiterrecht *n*; – **attiva** aktive Dienstbarkeit; – **civica** städtische Dienstbarkeit; – **coattiva** zwangsweise bestellte Dienstbarkeit; – **continua** ständig ausgeübte Dienstbarkeit, ständige Dienstbarkeit, Dienstbarkeit mit ununterbrochener Ausübung (+ A); – **per destinazione del padre di famiglia** Eigentümerdienstbarkeit, Eigentümerservitut; – **discontinua** nicht ständig ausgeübte Dienstbarkeit, Dienstbarkeit mit unterbrochener Ausübung (+ A); – **internazionale** völkerrechtliche Servitut; – **irregolare** unregelmäßige Dienstbarkeit, – **legale** gesetzliche Dienstbarkeit, Legalservitut; – **di marciapiede** Treidelrecht *n*; – **militare** Grunddienstbarkeit zu militärischen Zwecken; – **negativa** verneinende Dienstbarkeit, negative Dienstbarkeit, Dienstbarkeit auf (ein) Unterlassen; – **non apparente** verborgene Dienstbarkeit; – **di pascolo** Weidegerechtigkeit *f*, Weiderecht *n*; – **di passaggio,** – **di passo** Wegerecht *n*, Wegrecht (S), Wegegerechtigkeit *f*; – **di passaggio del bestiame** Viehtriebsrecht *n*, Triftrecht; – **passiva** passive Dienstbarkeit; – **di passo carraio** Fahrrecht; – **di passo pedonale** Wegerecht, Wegrecht (S), Wegegerechtigkeit *f*; – **personale** persönliche Dienstbarkeit, Personalservitut; – **di pista (di sci)** Pistendienstbarkeit, Skiabfahrtsservitut; – **positiva** bejahende Dienstbarkeit, positive Dienstbarkeit; – **prediale** Grunddienstbarkeit, Grundgerechtigkeit *f*; – **di presa d'acqua** Wasserentnahmerecht *n*, Recht des Wasserschöpfens; – **reale** Realservitut, Realgerechtigkeit (A); – **regolare** regelmäßige Dienstbarkeit; – **rurale** Felddienstbarkeit, Feldservitut; – **di scolo** Dienstbarkeit, die in der Duldung der Ableitung von Abwässern besteht, Ausgussrecht *n* (A); – **di somministrazione e scolo d'acqua** Wassergerechtigkeit *f*; – **di stillicidio** Traufberechtigung *f*; – **di transito** v. servitù di passaggio; – **di veduta**

Aussichtsrecht *n* (A); – **di via alzaia** Treidelrecht *n*; – **volontaria** gewillkürte Dienstbarkeit.

servizi *m pl* Dienste, Dienstleistungen; – **demografici** (*di un comune*) Einwohnermeldeamt *n*; – **pubblici** öffentliche Dienstleistungen; öffentliche Einrichtungen; – **sanitari** Gesundheitsbehörden *pl*; – **sociali** soziale Einrichtungen; soziale Dienste.

servizio *m* (1) Dienst *m*; (2) (*reparto*) Abteilung *f*; **abile al – militare** wehrdiensttauglich; militärdiensttauglich; **di** – diensthabend, diensttuend; **in** – im Dienst; **in – attivo** im aktiven Dienst; **entrare in** – den Dienst antreten; **fuori** – außer Dienst; **mettere fuori** – außer Dienst stellen; **mettere in** – in Dienst stellen, in Dienst nehmen, in Dienst setzen; **mezzo** – Halbtagsbeschäftigung *f*, Halbtagsarbeit *f*, Halbtagsstellung *f*; **prestare** – Dienst leisten; **riprendere il** – den Dienst wiederaufnehmen; – **aereo** Flugdienst; – **aereo di linea** Fluglinienverkehr *m*; – **d'ammortamento** Tilgungsdienst; – **antincendio** Feuerschutzdienst, Feuerpolizei *f*; – **armato** Dienst mit der Waffe; – **di assistenza** (*clienti*) Kundendienst; – **attivo** aktiver Dienst, Aktivdienst; – **ausiliario** Hilfsdienst; – **auto in banca** Autoschalter *m*; – **bancario delle cassette di sicurezza** Bankschließfachdienst; – **borsa** Börsenabteilung, Börsenbüro *n*; – **di cassa** Kassendienst; – **centrale degli sipettori tributari** Zentraler Steueraufsichts- und fahndungsdienst; – **civile** Zivildienst; – **consolare** Konsulardienst, Konsulatsdienst, konsularischer Dienst; – **dei conti correnti postali** Postgiroverkehr *m*; – **di controllo** Kontrolldienst; – **di cooperazione tecnica** (*con i paesi in via di sviluppo*) Entwicklungsdienst; – **dei debiti** Schuldendienst; – **diplomatico** diplomatischer Dienst; – **in economia** Selbstbewirtschaftung *f*, – **d'emergenza** Notdienst; – **estero** Auslandsabteilung; – **esterno assicurativo** Versicherungsaußendienst; – **extra** Sonderleistung; – **finanziario** Finanzabteilung; – **di informazioni** Nachrichtendienst; – **di intercettamento** Abhördienst; – **degli interessi** Zinsendienst; – **internazionale** Auslandsdienst; – **internazionale del risparmio** internationaler Postsparkassendienst; – **interno** Inlandsdienst, innerer Dienst; – **di leva** Grundwehrdienst; – **di linea** Liniendienst, Linienverkehr *m*; – **di manutenzione** Wartungsdienst; Wartungsarbeiten *f pl*; – **militare** Wehrdienst, Militärdienst, Kriegsdienst; – **militare obbligatorio** allgemeine Wehrpflicht; – **nazionale della protezione civile** staatlicher Zivilschutzdienst; – **non armato** Dienst ohne Waffe; – **notturno** Nachtdienst; – **d'ordine** Ordnungsdienst, Ordnungspolizei *f*; – **dei pacchi aerei** Luftpostpaketdienst; – **dei pacchi postali** Paketpostdienst; – **passeggeri** Passagierbeförderung *f*, Passagierverkehr *m*; – **del personale** Personalabteilung, Personalbüro *n*; – **dei pesi e misure** Eichverwaltung *f*, Eichbehörde *f*; – **di pilotaggio** Lotsendienst; – **postale** Postdienst, Postverkehr *m*; – **postale aereo** Luftpostverkehr *m*, Luftpostdienst; – **di presa a domicilio** Abholungsdienst; – **di presa e resa a domicilio** Abhol- und Zustelldienst; – **del prestito** (*obbligazionario*) Anleihedienst, Anleihezinsendienst, Bedienung der Anleihe; – **psichiatrico** psychiatrischer Dienst; – **di pubblica necessità** für die Öffentlichkeit notwendiger Dienst; – **pubblico** öffentlicher Dienst; – **reso** geleisteter Dienst; – **di ricognizone** Erkennungsdienst; – **sanitario nazionale** staatlicher Gesundheitsdienst; – **di sicurezza** Sicherheitsdienst; – **segreto** Geheimdienst, geheimer Nachrichtendienst, Verfassungsschutz *m* (D =); – **sociale** sozialer Dienst; – **sostitutivo civile** (*obiezione di coscienza*) Zivilersatzdienst; – **di stampa** Pressedienst; – **tecnico** technischer Dienst, (*reparto*) technische Abteilung *f*; – **di tesoreria** Kassendienst; – **titoli** Effektenabteilung, Wertpapierabteilung, Wertschriftenabteilung (S); – **di traduzione** Übersetzerdienst; – **di turno** Tagesdienst, Journaldienst (A), v. a. UFFICIO.

sessantottino *m* (*pol*) Achtundsechziger *m*.

sessione *f* Session *f*, Tagung *f*, Sitzungsperiode *f*; – **di bilancio** (*parlamento*) Haushaltsberatungen *f pl*; – **della corte d'assise** Schwurgerichtstagung, Schwurgerichtsperiode; – **d'esame** Prüfungstermine *m pl*; – **ordinaria** ordentliche Sitzungsperiode; – **parlamentare** Sitzungsperiode des Parlaments, Parlamentstagung; – **plenaria** Plenartagung; – **straordinaria** Sondertagung; v. a. SEDUTA.

sesso *m* Geschlecht *n*.

sessuale *agg* geschlechtlich, sexuell.

settarismo *m* Sonderbündelei *f*.

settimana *f*, – **di calendario** Kalenderwoche *f*; – **di cinque giorni**, – **corta** Fünftagewoche *f*; – **lavorativa** Arbeitswoche *f*.

settore *m* Sektro *m*, Gebiet *n*, Bereich *m*; – **alimentare** Lebensmittelbranche *f*; – **d'attività** Geschäftsbereich; – **automobilistico** Auto(mobil)branche *f*; – **bancario** Bankgewerbe *n*, Bankfach *n*; – **chiave** Schlüsselsektor, Schlüsselbereich; – **chimico** Chemiebranche *f*, Chemiesektor; – **commerciale** kaufmännischer Bereich; – **creditizio** Kreditsektor; – **economico** Wirtschaftssektor, Wirtschaftszweig *m*; – **edile** Bausektor; – **energetico** Energiesektor; – **industriale** Industriesektor, Industriezweig; – **di mercato** Marktbereich; – **occidentale** (*Berlino*) Westsektor; – **orientale** Ostsektor; – **primario** primärer Sektor; – **privato** Privatsektor; – **di produzione** Produktionssektor, Produktionsgebiet; – **pubblico** öffentlicher Sektor; – **secondario** sekundärer Sektor; – **dei servizi** Dienstleistungsbereich; – **in sviluppo** Wachstumsbereich; – **terziario** Dienstleistungssektor.

sevizie *f pl* Misshandlung *f*; – **gravi** grobe Misshandlung.

sezione *f* Sektion *f*, Abteilung *f*; (*di pretura*) Abteilung *f*, (*di tribunale*) Kammer *f*, (*di corte d'appello o di corte di cassazione*) Senat *m*; – **d'accusa** Anklagekammer; – **amministrativa** Kammer für Verwaltungssachen; – **anti-droga** (*polizia*) Rauschgiftdezernat *n*; – **cadaverica** Leichenöffnung *f*, Obduktion *f*; – **civile** Zivilkammer; Zivilsenat; – **commerciale** Kammer für Handelssachen, Handelssenat (A); – **consultiva** (*consiglio di Stato*) beratender Senat; – **di conto** Kontenspalte *f*; – **disciplinare** Disziplinarkammer; – **distaccata** Außenstelle *f*, Zweigstelle; (*di Tribunale*) detachierte Kammer, auswärtige Kammer, (*di Corte d' Appello*) auswärtiger Senat, detachierter Senat; – **doganale** Zollzweigstelle *f*; – **economica** Kammer für Wirtschaftssachen; – **elettorale** Wahllokal *n*; – **feriale** Ferienkammer; – **giudicante** Spruchkammer; – **giurisdizionale** (*consiglio di Stato*) rechtsprechender Senat; – **finanziaria** Finanzabteilung; – **istruttoria** Kammer für gerichtliche Voruntersuchungen; – **lavoro** Abteilung (Kammer, Senat) für Arbeitssachen; – **locale** Ortsgruppe *f*; – **omicidi** (*polizia*) Mordkommission *f*; – **penale** Strafkammer, Kriminalkammer (S); Strafsenat; – **regionale** Regionalabteilung, Regionalsektion; – **di sorveglianza** Strafvollstreckungskammer; – **specializzata** Sonderkammer, Spezialkammer; – **specializzata agraria** Kammer für Landwirtschaftssachen; v. a. UFFICIO.

sezioni unite *f pl* Vereinigte Senate; – **civili** Vereinigte Zivilsenate; – **penali** Vereinigte Strafsenate.

sfera *f*, – **d'applicazione** Anwendungsbereich *m*, Anwendungsgebiet *n*, Geltungsbereich, Geltungsgebiet; – **d'attività** Tätigkeitsbereich *m*, Tätigkeitsgebiet *n*, Tätigkeitsfeld *n*, Tätigkeitskreis *m*; – **di autonomia** Autonomiebereich *m*; – **d'azione** Wirkungskreis *m*, Wirkungsfeld *n*, Wirkungsbereich *m*; – **di competenza** Zuständigkeitsbereich; – **di discrezionalità** Ermessensbereich *m*; – **giuridica** Rechtssphäre *f*, Rechtskreis *m*; – **d'influenza** Einflussbereich *m*, Einflussgebiet *n*, Einflusssphäre *f*, Wirkungskreis *m*, Wirkungsfeld *n*, Wirkungsbereich *m*; – **di interessi** Interessensphäre *f*; – **non regolata da norme** rechtsfreier Raum; – **della riservatezza** Intimsphäre; – **sessuale** Sexualsphäre *f*.

sfida *f* Herausforderung *f*; – **a duello** Herausforderung zum Zweikampf, Zweikampfforderung *f*.

sfidante *m* Herausforderer *m*.

sfidare herausfordern.

sfiducia *f* Misstrauen *n*; **votare la** – das Misstrauen aussprechen; – **costruttiva** konstruktives Misstrauen(svotum) *n*.

sfilata *m* Umzug *m*.

sfollare evakuieren.

sfollato *m* Evakuierter *m*.

sfratto *m* Räumung *f*.

sfregio *m* **permanente del viso** auf Dauer entstellende Verletzung des Gesichts.

sfruttamento *m* Ausbeutung *f*; – **dell' inesperienza** (*dir. pen.*) Ausbeutung der Unerfahrenheit; – **di prostitute,** – **della prostituzione** Zuhälterei *f*; – **dello stato di bisogno** Ausbeutung der Zwangslage.

sfruttare ausbeuten.

sfruttatore *m* Ausbeuter *m*; – **di prostitute** Zuhälter *m*.

sgomberare räumen.

sgombero *m* Räumung *f*.

sgravare entlasten.

sgravio *m* Entlastung *f*; – **contributivo** Beitragsentlastung; – **fiscale** Steuerentlastung; – **d'imposta** Steuerentlastung.

sgretolamento della quota Abbröckeln der Kurse, Abbröckelung der Kurse.

sgretolarsi (*corsi*) abbröckeln.

shock *m* Schock(zustand) *m*; – **petrolifero** Ölschock.

sicurezza *f* Sicherheit *f*; **per motivi di –, per ragioni di** – aus Sicherheitsgründen; **di pubblica** – polizeilich; – **della circolazione** Verkehrssicherheit; – **collettiva** kollektive Sicherheit; – **dei confini** Grenzsicherung *f*; – **dei dati** Datensicherheit; – **d'esercizio** Betriebssicherheit; – **giuridica** Rechtssicherheit; – **informatica** Datensicherheit; – **interna** innere Sicherheit; – **internazionale** internationale Sicherheit; – **del lavoro** Arbeitssicherheit; – **nazionale** nationale Sicherheit; – **nucleare** Atomsicherheit; – **sul posto di lavoro** Sicherheit am Arbeitsplatz; – **dei prodotti** Produktsicherheit; – **pubblica** öffentliche Sicherheit; – **sociale** soziale Sicherheit; – **dello Stato** Staatssicherheit; – **stradale** Straßenverkehrssicherheit; – **technica** technische Sicherheit; – **di transmissione** (*inf*) Übertragungssicherheit; – **dei trasporti** Verkehrssicherheit.

siepe *f* **comune** gemeinschaftliche Hecke.

siero della verità Wahrheitsserum *n*.

sigillare siegeln, versiegeln.

sigillatura *f* Versiegelung *f*.

sigilli, apporre i –, mettere i – die Siegel anlegen, versiegeln; **violare i** – die Siegel abbrechen.

sigillo *m* Siegel *n*; **mettere sotto** – unter Siegel legen, versiegeln; – **doganale** Zollverschluss *m*; – **notarile** Notariatssiegel; – **dello Stato** Staatssiegel; – **ufficiale,** – **d'ufficio** Amtssiegel, Dienstsiegel.

sigla *f* (*firma abbreviata*) Handzeichen *n*, Namenszug *m*; Paraphe *f*; – **editoriale** Impressum *n*.

siglare abzeichnen, paraphieren.
sigle *f pl* Geschäftszeichen *pl*, Aktenzeichen.
signoria *f* Herrschaft *f*; – **materiale sulla cosa** tatsächliche Sachherrschaft.
silenzio *m* Schweigen *n*; – **accoglimento** Schweigen als Stattgeben; – **rifiuto** (*dir. amm.*) Schweigen als Ablehnung (*über einen Antrag zu entscheiden*); – **rigetto** (*ricorso gerarchico*) Schweigen als Zurückweisung (*des Widerspruchs*); – **stampa** Pressesperre *f*.
simpatizzante *m* (*di un partito*) Mitläufer *m*, Sympathisant *m*.
simulare simulieren, vorspiegeln, vortäuschen.
simulatore *m* Simulant *m*.
simulazione *f* (1) Vortäuschung *f*, Vorspiegelung *f*; (2) (*nel negozio giuridico*) Scheingeschäft; – **di reato** Vortäuschung einer Straftat, angedichtetes Verbrechen (A).
simultaneamente *avv* (*esecuzione di contratto*) Zug um Zug.
sinallagma *m* Synallagma *n*.
sinallagmatico *agg* synallagmatisch, gegenseitig.
sindacale *agg* gewerkschaftlich, Gewerkschafts-.
sindacalismo *m* Gewerkschaftswesen *n*, Syndikalismus *m*.
sindacalista *m* Gewerkschafter *m*, Gewerkschaftler *m*.
sindacato *m* (1) (*di produzione, di finanziamento*) Syndikat *n*, Konsortium *n*; (2) (*revisione*) Kontrolle *f*, Prüfung *f*; (3) (*di prestatori d'opera*) Gewerkschaft *f*; (4) (*di datori di lavoro*) Arbeitgeberverband *m*; **iscriversi a un** – Gewerkschaftsmitglied werden; – **degli agenti di cambio** Maklerkammer *f*; – **autonomo** unabhängige Gewerkschaft; – **aziendale** Betriebsgewerkschaft; – **bancario** Bankenkonsortium, Bankengemeinschaft *f*; – **di borsa** Maklerkammer *f*; – **di categoria** Fachgewerkschaft; – **di collocamento** Placierungskonsortium, Übernahmekonsortium; – **di comodo** (*stat. lav.*) Gefälligkeitsgewerkschaft; – **di costitutzionalità delle leggi** Normenkontrolle; – **dei datori di lavoro** Arbeitgeber verband; – **della discrezionalità** (*dir. amm.*) Ermessensnachprüfung *f*; – **d'emissione** Emissionskonsortium, Emissionssyndikat, Emissionsgruppe *f*; – **finanziario** Finanzkonsortium, Bankenkonsortium, Bankkonsortium, Bankengemeinschaft *f*; – **di garanzia** Gewährleistungsverband *m*, Garantiekonsortium, Garantieverband, Garantiesyndikat, Gewährverband; – **giurisdizionale** gerichtsförmige Kontrolle; – **degli imprenditori** Unternehmerverband, Arbeitgeberverband; – **industriale** (*degli operai dell'industria*) Industriegewerkschaft; – **dei lavoratori** Gewerkschaft, Arbeitnehmerverband *m*, Arbeitnehmervereinigung *f*; – **di legittimità** Rechtmäßigkeitskontrolle, Rechtmäßigkeitsprüfung; – **di legittimità costituzionale in concreto** konkrete Normenkontrolle; – **di legittimità costituzionale incidentale** inzidente Normenkontrolle; – **della legittimità costituzionale delle leggi** Normenkontrolle, Rechtssatzkontrolle, Normenprüfung; – **libero** freie Gewerkschaft; – **dei mediatori** Maklerkammer; – **degli operai edili** Baugewerkschaft; – **operaio** Gewerkschaft; – **di opportunità** Zweckmäßigkeitsprüfung; – **padronale** Arbeitgeberverband *m*, Arbeitgebervereinigung *f*; – **di polizia** Gewerkschaft der Polizei; – **dei pubblici dipendenti** Gewerkschaft der Angehörigen des öffentlichen Dienstes; – **di revisione** (S) Revisionsverband *m*; – **riconosciuto** anerkannte Gewerkschaft; – **unico,** – **unitario** Einheitsgewerkschaft; – **di vendita** Verkaufssyndikat.
sindaco *m* (1) (*revisore*) Buchprüfer *m*, Rechnungsprüfer, Abschlussprüfer, Wirtschaftsprüfer, Bilanzprüfer, Rechnungsrevisor *m* (2) (*di*

un comune) Bürgermeister *m*, Ortsvorstand *m* (A), Ortsvorsteher *m* (A), Bürgerratspräsident *m* (S), Gemeindepräsident (S), Gemeindeamtmann (S), Stadtpräsident (S).

sindrome *f* Syndrom *n*; – **da astinenza** (*droga*) Entzugssyndrom.

sinistra *f* Linke *f*; **di** – links eingestellt, linksgerichtet; **estrema** – äußerste Linke; **d'estrema** –, **radicale di** – linksradikal; – **moderata** gemäßigte Linke.

sinistralità *f* (*ass*) Schaden(s)häufigkeit *f*.

sinistrato *m* Geschädigter *m*; (*infortunato*) Verunglückter *m*, Verunfallter *m* (S); – **di guerra** Kriegsgeschädigter.

sinistro *m* Schaden *m*, Schadensfall *m*, Schadensereignis *n*; – **per contanti** Kassaschaden, Barschaden; – **marittimo** Seeschaden; – **da regolare**, – **in sospeso** schwebender Schaden; – **stradale** Verkehrsunfallschaden; v. a. DANNO.

sinistrorso *agg* linksgerichtet, links eingestellt.

sinistrosita *f* Schadenhäufigkeit *f*, Unfallhäufigkeit.

sipario di ferro eiserner Vorhang.

sistema *m* System *n*; – **amministrativo** Verwaltungssystem *n*; – **aureo** Goldstandard *m*; – **bancario** Bankwesen *n*, Bankapparat *m*; – **di base** Grundsystem; – **bicamerale** Zweikammersystem; – **bimetallico** Doppelwährungssystem; – **bipartitico** Zweiparteiensystem; – **capitalistico** kapitalistisches System; – **di capitalizzazione** (*ass*) Prämiendeckungsverfahren *n*, Kapitaldeckungsverfahren, Kapitaldekkungsverfahren, Kapitaldeckungssystem, Anwartschaftsverfahren; – **collegiale** Kollegialsystem; – **computerizzato** computergestütztes System; – **di contingentamento** Kontingentierungssystem; – **di contribuzione** (*ass*) Kontributionssystem, Kontributionsplan, Beitragssystem; – **di controllo** Kontrollsystem; – **cooperativo** Genossenschaftssystem; – **costituzionale** Verfassungssystem; – **creditizio** Kreditwesen *n*; – **dittatoriale** Diktatursystem; – **doganale** Zollsystem; – **a due partiti** Zweiparteiensystem; – **economico** Wirtschaftssystem; – **di elaborazione dati** Datenverarbeitungssystem; – **elettorale** Wahlsystem; – **elettorale proporzionale** Proportionalwahlsystem, Proporzwahlsystem; – **elettronico di pagamento** elektronisches Zahlungssystem; – **europeo delle banche centrali (SEBC)** Europäisches Zentralbanksystem (EZBS); – **europeo di conti economici integrati** europäisches System volkswirtschaftlicher Gesamtrechnungen; – **di finanziamento** Finanzierungsverfahren *n*; – **di finanziamento compensativo** System der Ausgleichsfinanzierung; – **finanziario** Finanzsystem, Finanzwesen *n*; – **fiscale** Abgabensystem, Abgabenwesen *n*, Steuersystem, Steuerwesen; – **formativo** Bildungssystem; – **giuridico** Rechtssystem; – **di governo** Regierungssystem; – **impositivo**, – **d'imposizione** Besteuerungssystem, Steuersystem; – **informatico** Datenverarbeitungssystem; – **informativo** Informationssystem; – **di informazioni sul bilancio** (CE) Haushalts-Informations-System; – **internazionale di riferimento** internationales Referenzsystem; – **internationale di unità** internationales Einheitensystem; – **maggioritario** Mehrheitswahlsystem, Höchstzahlverfahren *n*; – **monetario** Münzsystem, Währungssystem; – **monetario europeo (SME)** europäisches Währungssystem (EWS); – **monetario zoppicante** hinkende Währung; – **operativo** Betriebssystem; – **di pagamento** Zahlungssystem; – **di pagamento rateale** Ratenzahlungssystem; – **parlamentare** parlamentarisches System; – **dei partiti** Parteiensystem; – **a più partiti**, – **pluripartitico** Mehrparteiensystem; – **penale** Strafrechtssystem; – **pensionistico** Rentensystem; – **di preferenze generalizzate** allgemeines Präferenzsystem; – **del premio** Beitragssystem; – **presidenziale** Präsidentschaftssystem, Präsidialsystem; – **di previdenza sociale** Sozialversicherungssystem; – **previdenziale** Vorsorgesystem, System der (Alters-)Vorsorge; – **produttivo** Produktionssystem; – **proporzionale** Verhältniswahlsystem; – **protezionista** Schutzzollsystem; – **di ritenuta** (*auto*) Rückhaltesystem; – **sanitario** Gesundheitssystem; – **sanzionatorio** Sanktionensystem; – **scolastico** Schulsystem; – **sociale** Gesellschaftssystem; – **delle spese di amministrazione** Verwaltungskostensystem; – **tariffario** Tarifsystem; – **tavolare** Grundbuchsystem; – **tributario** Abgabensystem, Abgabenwesen *n*, Steuersystem, Steuerwesen; – **unicamerale** Einkammersystem; – **uninominale** Persönlichkeitswahlsystem; v. a. REGIME.

sistemazione *f* Regelung *f*; – **amichevole** gütliche Regelung.

sistemista *m* (*analista di sistemi*) Systemanalytiker *m*.

situazione *f* Lage *f*, Stellung *f*, Situation *f*, Stand *m*; – **di abbandono** (*di minori*) Zustand der Verwahrlosung; – **degli affari** Geschäftslage; – **attuale** derzeitige Lage, – **di banca** Bankausweis *m*, Bankbericht *m*, Bankabschluss *m*, Bankstatus *m*; – **della banca d'emissione** Notenbankausweis *m*; – **dei cambi** Devisenlage; – **di cassa** Kassenlage; Kassenausweis *m*, Kassenbericht *m*, Kassenstand; – **complessiva** Gesamtsituation; – **concorrenziale** Wettbewerbssituation; – **congiunturale** Konkunkturlage; – **contabile** Geschäftsstatus *m*; – **contrattuale** Vertragslage; – **deficitaria** Verlustlage; – **di diritto** Rechtslage, rechtliche Lage; – **economica** Wirtschaftslage, Wirtschaftskonjunktur *f*, Konjunkturlage, Konjunktur; – **economica d'azienda**, – **economica d'impresa** Ertragslage; – **economica mondiale** Weltwirtschaftslage; – **di emergenza** Notsituation; – **familiare** Familienverhältnisse *pl*; – **di fatto** tatsächliche Lage; – **finanziaria** Finanzlage, finanzielle Lage, Finanzstatus *m*, finanzieller Status, (*di un'impresa*) finanzielle Verhältnisse, Finanzverhältnisse *pl*; – **giuridica** (*oggetrtiva*) Rechtslage *f*, Rechtszustand *m*; (*soggettiva*) Rechtsstellung *f*; – **giuridica acquisita** erlangte Rechtsposition *f*, Besitzstand *m*; – **internazionale** internationale Lage; außenpolitische Lage; – **di liquidità** Liquiditätslage, Liquiditätsausweis *m*; – **mensile** Monatsausweis *m*, Monatsbericht *m*, Monatsübersicht *f*; – **del mercato** Marktlage; – **del mercato finanziario** Lage auf dem Kapitalmarkt; – **del mercato del lavoro** Arbeitsmarktlage; – **monetaria** Währungslage; – **di monopolio** Monopolstellung; – **occupazionale** Beschäftigungslage; – **patrimoniale** Bilanz *f*, Ausstellung der Aktiven und Passiven, Vermögensübersicht *f*, Status *m*, Vermögenslage, Vermögensstand, Vermögensstatus, Vermögensverhältnisse *pl*; – **di pericolo** Gefahrenlage; – **politica** politische Lage; – **reddituale** Ertragslage; – **settimanale** Wochenausweis *m*; – **tavolare** (*libro fondiario*) Grundbuchstand (A); – **tesa** angespannte Lage; – **del tempo di guerra** Kriegsstand; – **valutaria** Devisenlage; Währungslage; v. a. CONDIZIONI, POSIZIONE, STATO.

slancio *m* **economico** wirtschaftlicher Elan *m*.

sleale *agg* unlauter.

slittamento *m*, – **monetario** Abgleiten der Währung; – **delle quotazioni** Abrutschen der Kurse.

slogan *m*, – **elettorale** Wahlslogan *m*; – **pubblicitario** Werbeslogan.

smaltimento *m* Entsorgung *f* (*von Abfällen*).

smaltire entsorgen.
smarrimento *m* Abhandenkommen *n*; **denunciare lo** – den Verlust anzeigen.
smarrirsi abhanden kommen.
smarrito, andare – abhanden kommen.
smentire dementieren.
smentita *f* Dementi *n*; **recisa** – glattes Dementi.
smerciabile *agg* absatzfähig, absetzbar, marktfähig.
smerciabilità *f* Absatzfähigkeit *f*, Absetzbarkeit, Marktfähigkeit.
smerciare absetzen, umsetzen.
smercio *m* Absatz *m*.
smilitarizzare entmilitarisieren.
smilitarizzazione *f* Entmilitarisierung *f*.
smobilitare demobilmachen, demobilisieren.
smobilitazione *f* Demobilisierung *f*, Demobilmachung *f*.
smobilizzare mobilisieren.
smobilizzo *m* Mobilisierung *f*; – **di capitali** Kapitalfreisetzung *f*, Kapitalverflüssigung *f*.
snaturalizzare denaturalisieren.
snazionalizzare entnationalisieren, entstaatlichen.
snazionalizzazione *f* Entstaatlichung *f*, Entnationalisierung *f*; – **collettiva** Kollektivausbürgerung *f*.
sneutralizzare entneutralisieren.
sneutralizzazione *f* Entneutralisierung *f*.
sobillare aufwiegeln, aufhetzen, anstiften.
sobillatore *m* Aufwiegler *m*, Anstifter *m*, Unruhestifter.
sobillazione *f* Aufwiegelei *f*, Aufwiegelung *f*.
soccida *f* Viehpacht *f*, Viehverstellung *f* (S); – **parziaria** Viehteilpacht; – **semplice** einfache Viehpacht.
soccidante *m* Vieh Verpächter *m*, Viehversteller *m* (S), Versteller (S).
soccidario *m* Viehpächter *m*, Vieheinsteller *m* (S), Einsteller (S).
soccombente *agg* unterlegen, unterliegend.
soccombente *m* Unterliegender *m*, unterlegene Partei *f*.
soccombenza *f* Unterliegen *n*; – **reciproca** gegenseitiges Unterliegen.
soccombere unterliegen; – **rispetto alla domanda** hinsichtlich des Klageantrags unterliegen.
soccorrere unterstützen.
soccorso *m* Unterstützung *f*, Hilfe *f*; **mutuo** – gegenseitige Hilfe; **prestare** – Hilfe leisten; **pronto** – Erste Hilfe; – **finanziario** finanzielle Hilfe; – **stradale** Straßenhilfsdienst *m*; V. A. AIUTO.
socialdemocratico *agg* sozialdemokratisch.
socialdemocratico *m* Sozialdemokrat *m*.
socialdemocrazia *f* Sozialdemokratie *f* s soziale Demokratie.
sociale *agg* sozial.
socialismo *m* Sozialismus *m*; – **cooperativo** Genossenschaftssozialismus; – **democratico** demokratischer Sozialismus; – **reale** realer Sozialismus; – **scientifico** wissenschaftlicher Sozialismus; – **di Stato** Staatssozialismus.
socialista *agg* sozialistisch.
soicalista *m* Sozialist *m*; – **di sinistra** Linkssozialist.
socializzare vergesellschaften, sozialisieren, in Gemeineigentum überführen.
socializzazione *f* Vergesellschaftung *f*, Sozialisierung *f*; (*psicol.*) Sozialisation *f*.
società *f* Gesellschaft *f*; **assorbire una** – eine Gesellschaft aufnehmen; **controllare una** – eine Gesellschaft beherrschen; **costituire una** – eine Gesellschaft gründen, eine Gesellschaft errichten; **fondare una** – eine Gesellschaft gründen; **incorporare una** – eine Gesellschaft aufnehmen, eine Gesellschaft übernehmen; **liquidare una** – eine Gesellschaft abwickeln; **rilevare una** – eine Gesellschaft übernehmen; **sciogliere una** – eine Gesellschaft auflösen; – **in accomandita per azioni** Kommanditgesellschaft auf

Aktien, Kommanditgesellschaft; – **in accomandita semplice** Kommanditgesellschaft; – **aderente** Mitgliedsgesellschaft; – **affiliata** Tochtergesellschaft; – **aggregata** angegliederte Gesellschaft; – **d'ammortamento** Abschreibungsgesellschaft; – **anonima** (+ S) Aktiengesellschaft; – **aperta** (*social*) offene Gesellschaft; – **apparente** Scheingesellschaft; – **d'armamento tra comproprietari** Reederei *f*, Reedereigesellschaft; – **di assicurazioni** Versicherungsgesellschaft; – **di auditing** Wirtschaftsprüfungsgesellschaft; – **autoritaria** autoritäre Gesellschaft; – **per azioni** Aktiengesellschaft; – **per azioni di navigazione** Schiffahrtsaktiengesellschaft; – **di banca,** – **bancaria** Bankgesellschaft; – **bancaria in accommandita semplice** Bankkommandite *f*; – **bancaria per azioni** Bankaktiengesellschaft; Aktienbankgesellschaft; – **del benessere** Wohlstandsgesellschaft; – **borghese** bürgerliche Gesellschaft; – **bucalettere** Briefkastengesellschaft; – **a capitale fisso** Gesellschaft mit festem Kapital; – **a capitale variabile** Gesellschaft mit variablem Kapital; – **di capitali** Kapitalgesellschaft; – **capitalista,** – **capitalistica** kapitalistische Gesellschaft; – **di capitalizzazione** Kapitalisierungsgesellschaft; – **capogruppo** Muttergesellschaft; – **cedente** (*ass*) abgebende Gesellschaft; – **civile** Gesellschaft des bürgerlichen Rechts, bürgerliche Gesellschaft (A); – **senza classi** klassenlose Gesellschaft; – **classista** Klassengesellschaft; – **collegata** Konzerngesellschaft; Tochtergesellschaft; – **coloniale** Kolonialgesellschaft; – **commerciale** Handelsgesellschaft, handelsrechtliche Gesellschaft, Gesellschaft des Handelsrechts; (*di vendita*) Vertriebsgesellschaft; – **comunista** kommunistische Gesellschaft; – **concessionaria** konzessionierte Gesellschaft; – **consociata** Konzerngesellschaft, Tochtergesellschaft; – **dei consumi** Konsumgesellschaft; – **continuatrice** Nachfolgegesellschaft; – **controllante** beherrschende Gesellschaft, Obergesellschaft; – **controllata** abhängige Gesellschaft, beherrschte Gesellschaft; – **cooperativa** Genossenschaft *f*; – **cooperativa di credito** Kreditgenossenschaft *f*, Kreditverein *m*; – **cooperativa fiduciaria** (S) Treuhand-Genossenschaft (S); – **cooperativa di produzione** Produktionsgenossenschaft *f*, Produktivgenossenschaft; – **cooperativa a responsabilità illimitata** Genossenschaft mit unbeschränkter Haftpflicht; – **cooperativa a responsabilità limitata** Genossenschaft mit beschränkter Haftpflicht; – **cooperativa di vendita** Verkaufsgenossenschaft; v. a. COOPERATIVA; – **costruttrice,** – **di costruzioni** Baugesellschaft; – **di credito** Kreditgesellschaft; – **di credito immobiliare** Bodenkreditgesellschaft, Immobiliarkreditgesellschaft; – **della Croce Rossa** Rotkreuzgesellschaft; – **debitrice** Schuldnergesellschaft; – **dipendente** abhängige Gesellschaft; – **di diritto civile** Gesellschaft des bürgerlichen Rechts, bürgerliche Gesellschaft (A); – **di diritto privato** Privatgesellschaft; – **d'economia mista** gemischtwirtschaftliche Gesellschaft; – **edilizia** Baugesellschaft; – **emittente** emittierende Gesellschaft, Emmissionsgesellschaft; – **d'esportazione** Exportgesellschaft; – **estera** ausländische Gesellschaft; – **estinta** erloschene Gesellschaft; – (*per azioni*) **europea** europäische Aktiengesellschaft; – **europea per il finanziamento di materiale ferroviario** (EUROFIMA) Europäische Gesellschaft für die Finanzierung von Eisenbahnmaterial (EUROFIMA); – **familiare** Familiengesellschaft; – **di fatto** faktische Gesellschaft; – **feudale** Feudalgesellschaft; – **fiduciaria** Treuhandgesellschaft, Fiduziargesellschaft; –

di finanziamento Finanzierungsgesellschaft; – **finanziaria** Finanzgesellschaft, Geldgesellschaft, Besitzgesellschaft, Holdinggesellschaft; – **finanziaria internazionale** (SFI) Internationale Finanz-Corporation (IFC); – **finanziaria di sviluppo** Gesellschaft für Entwicklungsfinanzierung; – **fittizia** Scheingesellschaft; – **in formazione** Vorgesellschaft, Gesellschaft in Gründung (A); – **a garanzia limitata** (S) Gesellschaft mit beschränkter Haftung; – **di gestione di capitali** Kapitalverwaltungsgesellschaft; – **holding** Holdinggesellschaft; – **immobiliare** Immobiliengesellschaft, Grundstücksgesellschaft; – **incorporante** aufnehmende Gesellschaft, übernehmende Gesellschaft, – **incorporata** eingegliederte Gesellschaft; – **industriale** Industriegesellschaft; – **dell'informazione** Informationsgesellschaft; – **interna** Innengesellschaft; – **internazionale** Völkergemeinschaft *f*, Staatengemeinschaft; – **di investimento** Anlagegesellschaft, Investitionsgesellschaft, Investierungsgesellschaft, (*gerente fondi comuni*) Kapitalgesellschaft, Investmentgesellschaft; – **italiana autori ed editori (SIAE)** Italienischer Verband der Schriftsteller und Verleger; – **italiana per l'esercizio telefonico (SIP)** Italienische Gesellschaft für den Fernmeldebetrieb; – **irregolare** fehlerhafte Gesellschaft; – **leasing** Leasinggesellschaft; – **leonina** leoninische Gesellschaft; – **in liquidazione** Abwicklungsgesellschaft, Liquidationsgesellschaft, Gesellschaft in Liquidation; – **lottizzatrice** Siedlungsgesellschaft; – **madre** Muttergesellschaft, Dachgesellschaft; – **di massa** Massengesellschaft; – **mineraria** Bergwerksgesellschaft, Bergbaugesellschaft; Zechengesellschaft, Gewerkschaft *f*; – **mista** gemischtwirtschaftliche Gesellschaft; – **moderna** moderne Gesellschaft; – **multinazionale** multinazionale Gesellschaft; – **mutua** Verein auf Gegenseitigkeit, Gegenseitigkeitsverein, Gesellschaft auf Gegenseitigkeit, Gegenseitigkeitsgesellschaft; – **di mutua assicurazione** Versicherungsverein auf Gegenseitigkeit; – **mutua di credito** Kreditverein *m*; – **mutua di credito marittimo** Seekreditgenossenschaft *f*; – **di mutuo soccorso** Unterstützungsverein auf Gegenseitigkeit, Hilfsverein auf Gegenseitigkeit, Gegenseitigkeitsverein *m*; – **di navigazione** Schifffahrtsgesellschaft; – **di navigazione aerea** Luftfahrtgesellschaft, Luftverkehrsgesellschaft; – **nazionalizzata** verstaatlichte Gesellschaft; – **delle nazioni** (1) Völkergemeinschaft *f*; (2) (*1920–1946*) Völkerbund *m*; – **di noleggio** Befrachtungsgesellschaft; – **in nome collettivo** offene Handelsgesellschaft, Kollektivgesellschaft (S); – **occasionale** Gelegenheitsgesellschaft; – **occulta** Innengesellschaft; – **opulenta** Wohlstandsgesellschaft; – **di partecipazione** Beteiligungsgesellschaft; – **a partecipazione statale** Gesellschaft mit staatlicher Beteiligung; – **di persone** Personengesellschaft, Personalgesellschaft; – **di pesca** Fischereigesellschaft; – **petrolifera** Erdölgesellschaft; – **di progettazione** Projektierungsgesellschaft; – **a responsabilità limitata** Gesellschaft mit beschränkter Haftung; – **di revisione** Prüfungsgesellschaft, Wirtschaftsprüfungsgesellschaft; – **di riassicurazione** Rückversicherungsgesellschaft; – **di ricerche** Forschungsgesellschaft; – **di risparmio** Sparverein *m*; – **a scopo di lucro** Erwerbsgesellschaft; – **segreta** Geheimbund *m*, geheimer Verein (A); – **semplice** Gesellschaft des bürgerlichen Rechts, bürgerliche Gesellschaft (A), einfache Gesellschaft (S); – **di soccorso** Hilfsgesellschaft, Unterstützungsverein *m*, karitativer Verein; – **degli Stati** Staatengemeinschaft, Völkergemeinschaft,

Völkerrechtsgemeinschaft; – **statizzata** verstaatlichte Gesellschaft; – **tontinaria** Tontinengesellschaft; – **di trasporti aerei** Luftverkehrsgesellschaft, Lufttransportgesellschaft.

socio *m* (1) Gesellschafter *m*; (2) (*membro*) Mitglied *n*; **non** – Nichtmitglied; Nichtgesellschafter; – **accomandante** beschränkt haftender Gesellschafter, Kommanditist *m*, Teilhafter *m*, Kommanditär *m* (S =); (*di società in accomandita per azioni*) Kommanditaktionär; – **accomandatario** persön lich haftender Gesellschafter, unbeschränkt haftender Gesellschafter, Komplementär *m*, Komplementar *m*, Vollhafter *m*, unbeschränkt haftendes Mitglied (S =), Kommanditierter *m* (S –); – **amministratore** geschäftsführender Gesellschafter; – **apparente** Scheingesellschafter; – **conferente** einbringender Gesellschafter; – **corrispondente** korrespondierendes Mitglied; – **effettivo** ordentliches Mitglied; – **fondatore** Gründungsmitglied; (*società*) Gründungsgesellschafter; – **gerente** geschäftsführender Gesellschafter; – **illimitatamente responsabile** unbeschränkt haftender Gesellschafter, Vollhafter *m*, – **limitatamente responsabile** beschränkt haftender Gesellschafter, Teilhaber *m*; – **di maggioranza** Mehrheitsgesellschafter; – **occulto** stiller Teilhaber; – **onorario** Ehrenmitglied *n*; – **d'opera** tätiger Gesellschafter; – **promotore** förderndes Mitglied, unterstützendes Mitglied; – **recedente** ausgeschiedener Gesellschafter; – **receduto** ausscheidender Gesellschafter; – **responsabile** haftender Gesellschafter; – **di società cooperativa** Genossenschafter *m*, Genossenschaftler *m*, Genossenschaftsmitglied *n*; – **di società in nome collettivo** Kollektivgesellschafter (S); – **sostenitore** Fördermitglied; – **unico** Alleingesellschafter; – **uscente** ausscheidender Gesellschafter – **vitalizio,** – **sola di cambio a vita** Mitglied auf Lebenszeit; v. a. MEMBRO.

sociologia *f* Soziologie *f*; – **criminale** Kriminalsoziologie; – **del diritto** Rechtssoziologie *f*.

sociologo *m* Soziologe *m*.

sodalizio *m* Vereinigung *f*; **pio** – Religionsgesellschaft *f*.

soddisfare befriedigen.

soddisfazione *f* Befriedigung *f*; Genugtuung *f*; – **di bisogni,** – **di bisogno** Bedürfnisbefriedigung *f*; – **dei creditori** Befriedigung der Gläubiger; – **preferenziale,** – **privilegiata** bevorrechtigte Befriedigung, bevorzugte Befriedigung; – **separata** abgesonderte Befriedigung.

sofferenza *m* Rückstand *m*; **in** – notleidend, überfällig, rückständig.

sofisticare verfälschen.

sofisticazione *f* Verfälschung *f*.

software *m* Software *f*.

soggettività *f* **passiva all'imposta** Steuerpflicht *f*.

soggettivo *agg* subjektiv.

soggetto *m* Subjekt *f*; – **agente** Handelnder *m*, Täter *m*; – **attivo d'imposta** Steuerberechtigter *m*, Steuergläubiger in; – **attivo del reato** Täter; – **di azienda** Betriebsinhaber *m*; – **con doppia cittadinanza** Doppelstaater *m*, Doppelbürger *m* (S); – **contribuente** Beitragszahlender *m*, Beitragspflichtiger *m*; – **di diritto** Rechtssubjekt *n*, Rechtsträger *m*, Rechtsunterworfener *m*; – **di diritto intemazionale** Völkerrechtssubjekt *n*; – **d'imposta** Steuersubjekt *n*; – **interessato** Betroffner *m*; – **internazionale** Völkerrechtssubjekt *n*; – **misto** Doppelstaater *m*, Mehrstaater, Doppelbürger *m* (S); **obbligato** Verpflichteter *m*; – **partecipante** Teilnehmer *m*; – **passivo** Pflichtiger *m*; – **passivo d'imposta** Steuerpflichtiger *m*, Steuerschuldner *m*; – **passivo del rapporto tributario,** – **passivo del tributo** Abgabenpflichtiger *m*, Steuerpflichtiger; – **passivo del reato** Tatopfer *n*; – **residente** Inländer *m*; – **responsabile** Verantwortlicher; – **richiedente** Antragsteller *m*.

soggiorno *m* Aufenthalt *m*; **libero** – freier Aufenthalt; – **all'estero** Auslandsaufenthalt; – **forzato,** – **obbligato** Zwangsaufenthalt; v. a. RESIDENZA.

soglia *f* Schwelle *f*; – **di povertà** Armutsschwelle.

sola di cambio Solawechsel *m*.

solco *m* (*med. leg.*) Strangfurche *f*.

soldo *m* Sold *m*.

solidale *agg* solidarisch, gesamt-, (*tra debitori anche*:) gesamtschuldnerisch, gesamtverbindlich.

solidarietà *f* Gesamtschuldverhältnis *n*, Solidarität *f*; – **attiva** Gesamtforderung *f*, Solidarforderung *f* (A, S), aktive Solidarität (S), Solidargläubigerschaft *f* (S); – **nel debito d'imposta** Steuersolidarität; – **internazionale** internationale Solidarität; – **passiva** Gesamtschuld *f*, Solidarschuld *f* (A, S).

solido, in – solidarisch, (*tra debitori anche*:) gesamtschuldnerisch, gesamtverbindlich, als Gesamtschuldner.

sollecitatoria *f* Erinnerungsbrief *m*, Erinnerungsschreiben *n*.

sollecitazione *f* Erinnerung *f*; – **di ordini** Auftragswerbung *f*.

sollecito *m* Erinnerung *f*.

sollevamento Aufstand *m*, Aufruhr *m*, Volkserhebung *f*.

sollevare erheben.

sollevarsi sich erheben, in Aufstand treten.

sollevazione *f* Erhebung *f*, Volkserhebung, Aufstand *m*, Aufruhr *m*.

soluzione *f* Lösung *f*; **unica** – einmalige Zahlung, Einmalzahlung *f*; – **amichevole** gütliche Lösung; – **concordata** abgestimmte Lösung; – **finale** Endlösung; – **globale** Globallösung; – **innovativa** innovative Lösung; – **„all'italiana"** „italienische" Lösung; – **legislativa** gesetzgeberische Lösung; – **minimale** Minimallösung; – **pacifica** friedliche Lösung; – **pragmatica** pragmatische Lösung; – **transitoria** Übergangslösung.

solvendi causa zahlungshalber, erfüllungshalber.

solvente *agg* zahlungsfähig, zahlungskräftig.

solvenza *f* Zahlungsfähigkeit *f*, Solvenz *f*.

solvibile *agg* zahlungsfähig, solvent.

solvibilità *f* Zahlungsfähigkeit *f*, Solvenz *f*, Bonität *f*.

somma *f* Summe *f*, Betrag *m*; **anticipare una** – einen Betrag vorschießen; **depositare una** – einen Betrag hinterlegen; **pagare una** – eine Summe auszahlen; – **assicurata** Versicherungssumme, Versicherungsbetrag, Deckungssumme, Deckungsbetrag; – **controversa** Streitbetrag; – **di denaro** Geldbetrag, Geldsumme; – **depositata** Hinterlegungsbetrag; – **dovuta** Sollbetrag; – **eccedente** Mehrbetrag; – **forfettaria,** – **globale** Pauschalsumme, Pauschalbetrag; – **pagabile in caso di morte** Sterbegeld *n*, Todesfallkapital *n*; – **sotto rischio** Risikosumme, unter Risiko stehende Summe; v. a. IMPORTO.

sommario *agg* summarisch.

somministrare liefern.

somministratore *m* Lieferer *m*.

somministrazione *f* (1) Dauerlieferung; (2) Abgabe *f*; – **di bevande alcooliche** Abgabe alkoholischer Getränke.

sommossa *f* Erhebung *f*; – **popolare** Volkserhebung, Volksaufstand *m*.

sondaggio *m* Umfrage *f*; – **di mercato** Marktumfrage; – **di opinioni** Meinungsumfrage.

sopperire a (*spese*) (Kosten) bestreiten.

sopportazione del rischio Gefahrstragung *f*, Gefahrstragung (S).

soppressione *f* (1) Unterdrückung *f*; (2) (*abolzione*) Aufhebung *f*; – **delle agevolazioni tributarie** Abbau der Steuervergünstigungen; – **di atti** Urkundenunterdrückung; – **di cadavere** Leichenbeseitigung; – **di corrispondenza** Unterdrückung des Schriftverkehrs; – **di documenti** Unterdrückung von Ur-

kunden, Urkundenunterdrückung; – **delle barriere doganali** Abbau der Zollschranken; – **di posti** Stellenabbau *m*; – **di stato** Unterdrückung des Personenstandes; – **di testamento** Unterdrückung eines Testaments.
sopprimere unterdrücken, aufheben.
sopra v. sovra-, super.
sopracapitalizzare überkapitalisieren.
sopraccarico *m* Überlast *f*; Überlastung *f*.
sopraelevazione *f* (*condominio*) Aufbau *m*.
sopralluogo *m* (*giudiziario*) Ortsbesichtigung *f*, Vornahme eines Lokalaugenscheins (A); **procedere a un** – eine Ortsbesichtigung vornehmen, einen Lokalaugenschein vornehmen (A).
soprannome *f* Spitzname *m*.
soprannumerario *agg* überzählig.
soprannumerario *m* Supernumerar *m*.
soprannumero, in – überzählig.
sopranolo *m* Frachtzuschlag *m*.
soprapagare überzahlen.
soprappeso *m* Übergewicht *n*, Überlast *f*, Überlastung *f*.
soprappiù *m* Mehr *n*.
soprappremio *m* Zuschlagsprämie *f*; – **di rischio** Wagniszuschlag *m*, Risikozuschlag.
soprapprezzo *m* Mehrpreis *m*, Überpreis; – **d'emissione** Aufpreis *m*, Aufgeld *n*, Agio *m*, Emissionsagio, Emissionsaufgeld, Ausgabenaufgeld; – **di qualità** Güteaufpreis *m*.
soprapproduzione *f* Überproduktion *f*, Überzeugung *f*.
soprapprofitto *m* Mehrgewinn *m*, Übergewinn.
soprapremio *m* v. soppraprernio.
sopraprezzo *m* v. soprapprezzo.
sopraprofitto *m* v. soprapprofitto.
sopraprovvigione *f* Überprovision.
soprassicurazione *f* Überversicherung *f*.
soprastallia *f*, **soprastallie** *f pl* Überliegezeit *f*.
sopratassa *f* Zuschlagsgebühr *f*, Nachgebühr; – **aerea** Luftpostzuschlag *m*, Flugzuschlag; – **comunale** Gemeindezuschlag *m*; – **postale** Postzuschlag *m*, Strafporto *n*, Nachporto; – **di trasporto aereo** Luftpostzuschlag *m*, Flugzuschlag.
sopratassare eine Zuschlagsgebühr erheben, eine Zuschlagsgebühr einheben (A).
soprattassa v. sporatassa.
soprattassare v. sopratassare.
sopravvalutare überbewerten, Überschätzen.
sopravvalutazione *f* Überbewertung *f*, Überschätzung *f*.
sopravvenienza *f*, – **attiva** außerordentlicher Ertrag; – **passiva** außerordentliche Aufwendung.
sopravvivenza *f* Überleben *n*.
sopravvivere überleben.
sorella *f* Schwester *f*; – **consanguinea** Halbschwester väterlicherseits; – **uterina** Halbschwester mütterlicherseits.
sorellastra *f* Halbschwester *f*, Stiefschwester.
sorgente *f* **d'energia** Energiequelle *f*.
sorgere entstehen.
sorgere *m* Entstehen *n*, Entstehung *f*; – **dell'obbligo** Entstehung der Schuld.
sorpassare überholen.
sorpasso *m* Überholen; – **a destra** Rechtsüberholen *n*.
sorte *f* Los *n*; **estrarre a** – verlosen.
sorteggiare verlosen, auslosen, losen, das Los entscheiden lassen.
sorteggio *m* Auslosung *f*, Verlosung *f*, Losziehung *f*, Entscheidung durch das Los.
sorvegliante *m* Aufseher *m*, Aufsichtsperson *f*.
sorveglianza *f* Überwachung *f*, Bewachung, Aufsicht *f*, Beaufsichtigung *f*; – **sulle banche** Bankenaufsicht; – **particolare** (*ord. penit.*) besondere Beobachtung; – **speciale** (*misura di prevenzione*) Polizeiaufsicht; – **statale** Staatsaufsicht; CONTROLLO.
sorvegliare beaufsichtigen, überwachen.
sorvolo *m* **in transito** Durchflug m, Transitflug.

sospendere aussetzen, einstellen, (*da una carica*) suspendieren, entheben, (*prescrizione*) unterbrechen, hemmen.

sospensione *f* Aussetzung *f*, Einstellung *f*; Unterbrechung *f*, Hemmung *f*, Ruhen *n*; Enthebung *f*, Suspendierung *f*; – **degli atti esecutivi** (S) Rechtsstillstand *m* (S); – **dell'atto amministrativo** Aussetzung der Vollziehung des Verwaltungsakts; – **dalla carica** Amtsenthebung, Amtsentlassung *f*, Amtsentsetzung *f*. Amtseinstellung (S); – **condizionale dell'esecuzione** bedingte Aussetzung der Vollstrekkung; – **condizionale della pena** Strafaussetzung zur Bewährung, bedingte Strafnachsicht (A); – **del dibattimento** Unterbrechung der Hauptverhandlung; – **dell'esecuzione** Aussetzung der Vollstrekkung, Aussetzung des Vollzugs; – **dell'esecuzione del mandato di cattura** Aussetzung des Vollzugs des Haftbefehls; – **dell'esecuzione della pena** Strafunterbrechung, Aus-setzung des Strafvollzugs (A); – **dell'esecuzione provvisoria della sentenza** Aussetzung der vorläufigen Vollstreckbarkeit des Urteils; – **dall'esercizio di una professione o di un'arte** (*pena accessoria*) zeitlich begrenzte Untersagung der Ausübung eines Berufes oder eines Gewerbes; – **dall'esereizio di un pubblico ufficio** Verlust *m* der Amtsfähigkeit; – **dal grado** (*pena militare accessoria*) zeitlich begrenzte Aberkennung des Dienstgrades; – **dall'impiego** (*pena militare accessoria*) vorübergehende Dienstenthebung; – (*del processo*) **su istanza delle parti** Ruhen des Verfahrens; – **del lavoro** Arbeitseinstellung, Arbeitsniederlegung *f*; – **necessaria** (*del processo*) notwendige Aussetzung (*des Verfahrens*); – **delle ostilità** Einstellung der Feindseligkeiten; – **dei pagamenti** Zahlungseinstellung; – **della patente di guida** vorübergehende Entziehung der Fahrerlaubnis; – **della pena** Strafaussetzung *f*; – **della potestà dei genitori** Ruhen der elterlichen Sorge; – **della prescrizione** Hemmung der Verjährungsfrist, Verjährungshemmung, (*dir. pen.*) Ruhen der Verjährung; – **del procedimento** Aussetzung des Verfahrens; – **del procedimento esecutivo** (S) Rechtsstillstand *m* (S); – **dalla qualifica** Dienstenthebung; – **di seduta** Unterbrechung der Sitzung; – **dal servizio** Dienstenthebung *f*; – **dei termini** Hemmung der Fristen, Fristenhemmung *f*; – **dei trasferimenti** Transferaufschub *m*; – **di udienza** Verhandlungspause *f*; – **da un ufficio** Amtsenthebung; – **dell'usucapione** Hemmung der Ersitzungsfrist.

sopensiva *f* Aufschiebung *f*, Suspendierung *f*, Anordnung *f* der aufschiebenden Wirkung.

sospensivo *agg* aufschiebend.

sospeso, in – schwebend, in der Schwebe.

sospettare verdächtigen.

sospetto *agg* verdächtig.

sospetto *m* Verdacht *m*; **fondato** – begründeter Verdacht; – **di fuga** Fluchtgefahr; – **di reato** Verdacht einer strafbaren Handlung.

sosta *f* Parken *n*; – **d'emergenza** Nothalt *m*; – **a pagamento** gebührenpflichtiges Parken; – **limitata** zeitlich begrenztes Parken; – **in seconda fila** Parken in zweiter Reihe.

sostanza *f*, – **colorante** Farbstoff *m*; – **conservante** Konservierungsstoff; – **estranea** Fremdstoff; – **patrimoniale** Vermögenssubstanz *f*.

sostanze, adulterare – alimentari, contraffare – alimentari Nahrungsmittel verfälschen; – **alimentari adulterate,** – **alimentari contraffatte** gefälschte Nahrungsmittel; – **alimentari avariate** beschädigte Nahrungsmittel; – **cancerogene** krebserregende Stoffe; – **nocive** schädliche Stoffe, Schadstoffe; – **radioattive** radioaktive

Stoffe; – **stupefacenti** Betäubungsmittel; – **tossiche** Giftstoffe; – **velenose** Giftstoffe.

sostegno *m* Unterstützung *f*, Stützung; **intervenire a** – stützend eingreifen; – **dei corsi** Kurspflege *f*, Kursstützung *f*; – **della famiglia** Ernährer der Familie, Familienerhalter *m*, Versorger *m*, Unterstützer *m* (S –); – **finanziario a medio termine** (CE) mittelfristiger finanzieller Beistand; – **del mercato** Marktstützung; – **monetario** (CEE) Währungsbeistand *m*; – **parlamentare** Unterstützung durch das Parlament; – **dei prezzi** Preisstützung; – **tecnico** technischer Beistand *m*.

sostenere unterstützen, (*prezzi*) stützen, (*opinioni*) vertreten, behaupten.

sostenibile *agg* vertretbar.

sostentamento *m* Unterhalt *m*, Lebensunterhalt; – **della famiglia** Familienunterhalt.

sostenuto *agg* fest.

sostituire ersetzen, vertreten.

sostituito *m* Nacherbe *m*, Ersatzerbe *m*.

sostituto *m* Vertreter *m*, Stellvertreter, Substitut *m*, Ersatzmann *m*, (*sostituzione ordinaria*) Ersatzerbe *m*, (*sostituzione fedecommissaria*) Nacherbe, Nachberufener *m*; – **d'imposta** Steuersubstitut; – **di notaio** Notariatssubstitut *m* (A); – **procuratore della Repubblica** Vertreter des Staatsanwalts.

sostituzione *f* (*successione*) Ersatzerbfolge *f*, Ersatzberufung *f*; – **fedecommissaria** Nacherbfolge; – **d'imposta** Steuersubstitution *f*; – **di neonato** Verwechslung eines Kindes, Kindesverwechslung; – **ordinaria** gemeine Substitution, Ersatzerbschaft *f*, Vulgarsubstitution *f*; – **di persona** Sichausgeben *n* als eine andere Person; – **plurima** mehrfache Einsetzung zum Ersatzerben; – **processuale** Prozessstandschaft; – **reciproca** gegenseitige Einsetzung zum Ersatzerben; – **tributaria** Steuersubstitution, Steuervertretung *f*; – **volgare** gemeine Substitution, Ersatzerbschaft *f*, Vulgarsubstitution *f*.

sotterfugio *m* Winkelzug *m*.

sottoassicurazione *f* Unterversicherung *f*.

sottobanco unter der Hand.

sottocapitalizzazione *f* Unterkapitalisierung *f*.

sottoccupato *agg* unterbeschäftigt.

sottocomitato *m*, **sottocommissione** *f* Unterausschuss *m*.

sottoconsumo *m* Unterverbrauch *m*.

sottoconto *m* Unterkonto *m*, Subkonto, Nebenkonto.

sottogoverno Nebenregierung *f*.

sottogruppo *m* Untergruppe *f*.

sottomano unter der Hand.

sottomettere unterwerfen.

sottomissione *f* Unterwerfung *f*.

sottoposto *m* Untergebener *m*, Untergeordneter *m*.

sottoprodotto *m* Nebenerzeugnis *n*, Nebenprodukt *n*.

sottoproduzione *f* Unterproduktion *f*.

sottoscritto *m* Unterzeichner *m*, Unterzeichneter *m*, Unterfertigter *m*.

sottoscrittore *m* Zeichner in; – **di azioni** Aktienzeichner; – **di prestito** (*obbligazionario*) Anleihezeichner.

sottoscrivere unterschreiben, unterzeichnen, unterfertigen; (*titoli*) zeichnen; – **in contanti** bar zeichnen.

sottoscrizione *f* Unterschrift *f*, Unterzeichnung *f*; (*di titoli*) Zeichnung *f*; (*di nuove azioni in opzione*) Bezug *m*; (*prenotazione di pubblicazioni*) Subskription *f*; **pubblica** – öffentliche Zeichnung; Sammlung *f*; – **di azioni** Aktienzeichnung; – **cambiaria** Wechselunterschrift; – **di capitale** Kapitalzeichnung; – **di prestito** (*obbligazionario*) Anleihezeichnung; v. a. FIRMA.

sottosegretario di Stato Staatssekretär *m*, Unterstaatssekretär.

sottosezione *f* Unterabteilung *f*.

sottosuolo *m* (*proprietà fondiaria*) Erdkörper *m* unter der Oberfläche.

sottosviluppato *agg* unterentwickelt.

sottovalutare unterbewerten, unterschätzen.
sottovalutazione *f* Unterbewertung *f*, Unterschätzung *f*.
sottrarre unterschlagen, hinterziehen, (*rubare*) entwenden, (*ritirare*) entziehen.
sottrazione *f* Entziehung *f*; (*furto*) Entwendung *f*; – **di atti** Urkundenunterschlagung *f*; – **di beni ereditari** Beiseiteschaffen *n* von Nachlassgegenständen; – **di cadavere** unbefugte Wegnahme *f* einer Leiche; – **consensuale di minorenni** Entführung mit Willen des Entführten; – **di cosa data in pegno** Pfandbruch *m*, Pfandverschleppung *f* Pfandkehr *f*; – **di cose comuni** Wegnahme gemeinschaftlicher Sachen; – **di cose requisite o sequestrate** (S) Bruch amtlicher Beschlagnahme (S); – **o danneggiamento di cose sottoposte a pignoramento o a sequestro** Verstrickungsbruch *m*, Bruch amtlicher Beschlagnahme (S =); – **di documenti** Urkundenunterschlagung *f*; – **di mezzi di prova** Beweisunterschlagung *f*; – **di persone incapaci** Entführung Handlungsunfähiger; – **di poca entità** (S) Entwendung.
sovietico *m* Sowjet *m*.
sovietico *agg* sowjetisch.
sovietizzare sowjetisieren.
sovietizzazione *f* Sowjetisierung *f*.
sovra- v. a. sopra-, super-.
sovracapacità *f* **produttiva** Überkapazität *f*.
sovracapitalizzare überkapitalisieren.
sovracapitalizzazione *f* Überkapitalisation *f*, Überkapitalisierung *f*.
sovraccarico *m* Überlast *f*, Überlastung *f*, Mehrbelastung; Überfracht *f*.
sovraimposta *f* v. sovrimposta.
sovraindustrializzazione *f* Überindustrialisierung *f*.
sovrainvestimento *m* Überinvestition *f*.
sovranità *f* Souveränität *f*, Hoheit *f*, Staatsgewalt *f*; **piena** – volle Souveränität, Vollsouveränität; – **aerea** Lufthoheit; – **doganale** Zollhoheit; – **esterna** äußere Souveränität; – **finanziaria** Finanzhoheit; – **fiscale** (S) Abgabehoheit (S); – **interna** innere Souveränität; – **internazionale** völkerrechtliche Souveränität; – **legislativa** Gesetzgebungshoheit; – **militare** Wehrhoheit; – **monetaria** Währungshoheit, Währungssouveränität *f*; – **nazionale** nationale Souveränität, staatliche Souveränität; – **popolare,** – **del popolo** Volkssouveränität; – **dello Stato** Staatshoheit; – **territoriale** Gebietshoheit, Territorialhoheit, territoriale Herrschaft.
sovrano *agg* souverän, hoheitlich.
sovrano *m* Souverän *m*, Herrscher *m*.
sovraoccupazione *f* Überbeschäftigung *f*.
sovrappopolato *agg* übervölkert.
sovrappopolazione *f* Überbevölkerung *f*.
sovrapprezzo *m* v. soprapprezzo.
sovrapproduzione *f* Über(schuss-)produktion *f*.
sovrimposizione *f* Zusatzbesteuerung *f*.
sovrimposta *f* Zuschlagssteuer *f*, Steueraufschlag *m*, Steuerzuschlag *m*; – **comunale sul reddito dei fabbricati (SOCOF)** kommunale Gebäudezusatzsteuer; – **di confine**; – **di fabbricazione** Fabrikationssteuer auf Einfuhrwaren.
sovrintendente *m* Oberintendant *m*; – **scolastico** (Alto Adige) Hauptschuldamtsleiter *m* (Südtirol).
sovventore *m* Geldgeber *m*, Kreditgeber *m*.
sovvenzionabile *agg* (*titoli o merci*) lombardfähig.
sovvenzionabilità *f* (*di titolo o merci*) Lombardfähigkeit *f*.
sovvenzionare (1) zuschießen, einen Zuschuss gewähren, subventionieren; (2) finanzieren.
sovvenzionato *m* Zuschussempfänger *m*, Beihilfenempfänger.
sovvenzione *f* (*1*) Beihilfe *f*, Subvention *f*, Zuschuss *m*; (2) Finanzierung *f*; – **attiva** Aktivfinanzie-

rung; – **bancaria** Bankvorschuss *m*; – **all'esportazione** Ausfuhrsubvention; – **finanziaria** Finanzzuweisung *f*; – **a fondo perduto** verlorener Zuschuss, nicht rückzahlungspflichtiger Zuschuss; – **governativa** Regierungszuschuss; – **passiva** Passivfinanzierung; – **statale** Staatszuschuss, staatliche Beihilfe, Staatsbeihilfe.

sovversione *f* Subversion *f*.

sovversivo *agg* umstürzlerisch, subversiv.

spacciatore *m* **di droga** Drogenhändler.

spaccio *m*, – **cooperativo** Genossenschaftsladen *m*; – **di droga** Drogenhandel *m*.

spareggio *m* (*disavanzo*) Defizit *n*.

spartitraffico *m* (*circ. strad.*) Mittelstreifen *m* (*Straßenverkehr*).

spazio *m* (1) Raum *m*; (2) (*cosmo*) Weltraum; – **aereo** Luftraum *m*; – **campionario** (*stat*) Auswahlumfang *m*; – **cosmico** Weltraum; – **doganale** Amtsplatz *m* (*Zoll*); – **economico** Wirtschaftsraum; – **di frenatura** Bremsweg *m*; – **giuridicamente vuoto** rechtsfreier Raum; – **pubblicitario** Werbefläche *f*, (*in periodici*) Anzeigenraum *m*; – **pubblico** öffentliche Fläche *f*; – **Schengen** Schengener Raum; – **vitale** Lebensraum.

specialista *m* Spezialist *m*.

specialità *f* (*dir. pen.*) Spezialität *f*.

specializzazione *f* Spezialisierung *f*.

specie *f* Art *f*; **nella** – im vorliegenden Fall; – **di assicurazione** Versicherungsart *f*; – **minacciata** bedrohte Art.

specificare spezifizieren (*individuare*, S:) individualisieren.

specificazione *f* (1) Spezifikation *f*, Einzelangabe *f*; (2) (*modo di acquisto della proprietà*) Verarbeitung *f*; (3) (*individuazione*) Spezifikation, Individualisierung (S).

speculare spekulieren.

speculativo *agg* spekulativ.

speculatore *m* Spekulant *m*, Spekulationshändler *m*, Spekulativhändler; – **di borsa** Börsenspekulant; – **al rialzo** Haussespekulant, Haussier *m*; – **al ribasso** Baissespekulant, Baissier *m*.

speculazione *f* Spekulation *f*; – **di borsa** Börsenspekulation; – **sui cambi** Devisenspekulation, Valutaspekulation; – **edilizia** Bauspekulation; – **equivoca** zweifelhafte Spekulation; – **fondiaria** Bodenspekulation; – **mancata** verfehlte Spekulation; – **professionale** berufsmäßige Spekulation; – **al rialzo** Haussespekulation; – **al ribasso** Baissespekulation, Kontermine *f*; – **sfortunata** verfehlte Spekulation; – **sui terreni** Bodenspekulation; – **su titoli** Effektenspekulation.

spedire (1) senden, schicken, absenden, aufgeben; (2) (*atti*) ausfertigen.

speditore *m* Absender *m*, Versender, Ablader *m*.

spedizione *f* (1) Sendung *f*, Versendung; (2) (*di atti*) Ausfertigung *f*; **prima** – Erstausfertigung; **seconda** – Zweitausfertigung; **terza** – Drittausfertigung; – **contro assegno** Nachnahmesendung, Postnachnahmesendung; – **a carro** Wagenladung *f*; – **di colli celeri** Expresssendung, Expressgutsendung; – **per ferrovia** Bahnversand *m*; – **a grande velocità** Eilgutabfertigung *f*; – **in forma esecutiva** vollstreckbare Ausfertigung; – **militare** kriegerisches Unternehmen; – **mista** Mischsendung; – **parziale** Teillieferung *f*; – **in piccole partite** Stückgutbeförderung *f*; – **postale** Postsendung; – **punitiva** Strafexpedition *f*; – **raccomandata** Einschreibsendung, Einschreibesendung; – **raggruppata** Sammelladung *f*; – **di sentenza** Urteilsausfertigung; – **in transito** Transitversand *m*.

spedizioniere *m* Spediteur *m*; – **destinatario** Empfangsspediteur, Adressspediteur; – **doganale** Zollspediteur, Grenzspediteur.

spendere ausgeben, verausgaben, aufwenden.

spendita di monete falsificate ricevute in buona fede Abschieben falschen Geldes, Falschgeldabschiebung *f.*

speranza *f,* – **completa di vita** vollständige Lebenserwartung; – **incompleta di vita** abgekürzte Lebenserwartung; – **matematica** mathematische Erwartung, mathematischer Erwartungswert.

sperequazione *f* **tributaria** Steuerungleichheit *f.*

spergiuro *m* Meineid *m;* Meineidiger *m.*

sperimentazione *f* **sugli animali** Tierversuche *m pl.*

sperperare verschwenden.

spesa *f* Ausgabe *f,* Verausgabung *f,* Auslage *f,* Aufwendung *f,* Kosten *pl;* **maggiore** – Mehrausgabe; – **complessiva** Gesamtausgabe, Gesamtkosten; – **condominale** (*von den Wohnungseigentümern zu tragende*) Gemeinschaftskosten; – **conservativa** Erhaltungsaufwand; – **di conservazione** (*ass*) notwendige Aufwendung; – **effettiva** Istausgabe; – **incrementativa** wertsteigernde Aufwendung, aktivierungspflichtige Aufwendung; – **d'investimento** Investitionsausgabe; – **militare** Militärausgaben; – **necessaria** notwendige Aufwendung; – **pro-capite** Pro-Kopf-Ausgaben; – **pubblica** öffentliche Ausgaben; – **reale** Istausgabe; – **sociale** Sozialausgaben; – **teorica** Sollausgabe; Ausgabenzoll – **utile** nützliche Aufwendung; – **voluttuaria** Luxusaufwendung, Luxusaufwand *m;* v. a. SPESE.

spese *f pl* Kosten *pl,* Unkosten, Spesen *pl,* Ausgaben *pl,* Auslagen *pl,* Aufwendungen *pl,* Verwendungen, Aufwand *m;* **a** – **di** auf Kosten von; **accollarsi le** –, **assumersi le** – die Kosten übernehmen, für die Kosten aufkommen; **compensare le** – die Kosten gegeneinander aufheben, die Kosten wettschlagen; **comportare** – mit Kosten verbunden sein; **condannare alle** – zu den Kosten verurteilen; **coprire le** – die Kosten decken, die Ausgaben decken; **esente da** – kostenfrei; **liquidare le** – die Kosten festsetzen; **maggiori** – überplanmäßige Ausgaben; **meno le** – abzüglich der Kosten; **al netto delle** – nach Abzug der Kosten; **non badare a** – keine Kosten scheuen; **nuove** – außerplanmäßige Ausgaben; **più le** – zuzüglich der Kosten; **a proprie** – auf eigene Kosten; **ricuperare** – Ausgaben wiedereinbringen; **rimborsare le** – die Kosten erstatten; **senza** – kostenfrei, kostenlos, spesenfrei, (*effetti*) ohne Kosten; **sopperire alle** – die Kosten bestreiten, die Ausgaben bestreiten; **sopportare le** – die Kosten tragen; – **accessorie** Nebenkosten, Nebenspesen, Nebenausgaben; – **accidentali** gelegentliche Ausgaben; – **di acquisizione** Abschlusskosten, Anwerbekosten; – **di acquisto** Erwerbskosten; – **d'allegio** Leichterkosten; – **ammesse in avaria comune** Auslagen für große Havarie; – **amministrative** Verwaltungskosten, Verwaltungsausgaben; – **dell'amministrazione pubblica** Ausgaben der öffentlichen Hand; – **anticipate** Barvorschuss *m;* – **di approvvigionamento** Versorgungskosten; – **di arbitrato** Schiedsgerichtskosten; – **di assicurazione** Versicherungskosten; – **d'avaria** Havariekosten, Havariegeld *m;* – **d'avviamento** Anlaufkosten; – **dell'avvocato** Anwaltskosten; – **di banca,** – **bancarie** Bankspesen, Bankgebühren *pl;* – **di bacino di carenaggio** Trockendockkosten; – **di brevetto** Patentkosten; – **di cancelleria** Kanzleikosten, Kanzleispesen; – **di carattere permanente assicurate** versicherte feste Unkosten; – **di caricamento** Verladungskosten; – **commerciali** Vertriebskosten; – **comuni** Gemeinkosten; – **condominali,** – **del condominio** (*von den Wohnungseigentümern zu tragen-*

de) Gemeinschaftskosten; – **di coniatura,** – **di conio** Prägekosten; – **di consegna** Ablieferungskosten, Lieferkosten, Lieferspesen; – **di conservazione** (*ass*) Schadenabwendungskosten, Schadenminderungskosten; – **consolari** Konsulatskosten; – **di consumo** Verbrauchsausgaben, Verbrauchsaufwand *m*, Konsumausgaben; – **di contratto** Vertragskosten; – **di controstallia** Überliegegeld *n*; – **correnti** laufende Ausgaben; – **di costituzione** Gründungskosten, Gründungsaufwand; – **di costruzione** Baukosten; – **di cura** Behandlungskosten, Heilungskosten; – **per cure mediche** Arztkosten; – **deducibili** abzugsfähige Ausgaben, absetzbare Ausgaben; – **di deposito** Hinterlegungskosten; – **detraibili** abzugsfähige Ausgaben, absetzbare Ausgaben; – **per la difesa** Verteidigungsausgaben; – **di distribuzione** Verteilungskosten; – **divisionali** Abteilungskosten; – **doganali** Zollspesen; – **eccessive** überhöhte Kosten; – **effettive** tatsächliche Kosten; – **d'emissione** Begebungskosten; – **d'esecuzione** Vollstreckungskosten, Vollzugskosten; – **d'esercizio** Betriebskosten, Betriebsausgaben, Geschäftsunkosten; – **fisse** feste Unkosten, fixe Kosten, feste Ausgaben, fortlaufende Ausgaben; – **di fondazione** Gründungskosten, Gründungsaufwand; – **funebri,** – **di funerale,** – **funerarie** Begräbniskosten, Beerdigungskosten; – **di fusione** Fusionskosten; – **generali** Gemeinkosten, allgemeine Unkosten, Allgemeinunkosten; – **di gestione** Geschäftsunkosten, Betriebskosten, Betriebsausgaben, Verwaltungskosten; – **giudiziarie,** – **di giudizio** Kosten des Rechtsstreits, Gerichtskosten, Verfahrenskosten, Prozesskosten; – **di giustizia** Kosten der Rechtsverfolgung; – **di guerra** Kriegskosten; – **di imballaggio** Verpackungskosten; – **di impianto** Gründungskosten, Gründungsaufwand; Anlagekosten, Aufstellungskosten; – **impreviste** unvorhergesehene Ausgaben; – **d'incasso** Einziehungskosten, Einzugsspesen, Inkassospesen; – **incrementative** wertsteigernde Kosten; – **d'infrastruttura** Infrastrukturkosten; – **d'istruzione** Ausbildungskosten; – **legali** Rechtsanwaltskosten, Anwaltskosten; – **di liquidazione** Liquidationskosten, Regulierungskosten; – **locative** Mietaufwand, Mietaufwendungen; – **di locomozione** Ganggeld *n*, Ganggelder *pl* (A); – **di magazzinaggio** Lagerkosten, Lagergeld *n*; – **per il mantenimento del condannato** Haftkosten; – **di manutenzione** Unterhaltungskosten, Wartungskosten, Erhaltungskosten, Erhaltungsaufwand, Instandhaltungskosten, Behandlungskosten; – **di materiale** Sachaufwand, Sachaufwendungen; – **materiali** Sachkosten; – **mediche** Arztkosten, Behandlungskosten; – **di miglioramento** Meliorationskosten; – **necessarie** notwendige Ausgaben, notwendige Verwendungen; – **notarili** Notariatskosten; – **di nuova sistemazione** Übersiedlungskosten; **d'occupazione** Besatzungskosten; – **ordinarie** ordentliche Ausgaben; – **ospedaliere** Krankenhauskosten; – **particolari** Sonderausgaben; – **di perizia** Sachverständigenkosten; – **di personale** Personalkosten, Personalaufwendungen; – **personali** persönliche Aufwendungen; – **di polizza** Policenkosten, Aufnahmegebühr; – **postali** Porto *n*, Portoauslagen; – **previste** voraussichtliche Kosten, Kostenansatz *m*; – **di primo impianto** Gründungskosten, Gründungsaufwand *m*, Anlaufkosten; – **prioritarie** vordringliche Ausgaben; – **del procedimento,** – **processuali** Prozesskosten, Verfahrenskosten; – **del procedimento d'impugnazione** Kosten des Rechtsmittel Verfahrens; – **di produzione** (*di affari*) Anwerbekosten, Abschlusskosten; – **di produzione del reddito** (*detrazione d'imposta*) Werbungskosten; – **professionali** Werbungskosten; – **di progettazione** Projektierungskosten; – **di protesto** Protestkosten, Protestspesen; – **pubbliche** öffentliche Ausgaben, Ausgaben der öffentlichen Hand; – **pubblicitarie,** – **di pubblicità** Werbekosten, Werbungskosten; – **di rappresentanza** Repräsentationskosten, Repräsentationsspesen, Vertretungskosten; – **di recapito** Platzspesen *pl*; – **di regia** Regiekosten, Regiespesen; – **di ricondizionamento,** – **di riparazione** Instandsetzungskosten; – **di ricupero** Bergungskosten; (*crediti*) Beitreibungskosten; – **di salvataggio** Rettungskosten, Rettungsaufwand; – **di scarico** Ausladekosten; – **di sconto** Diskontspesen; – **segrete** Geheimausgaben; – **sociali** Sozialausgaben, Sozialaufwand, Sozialaufwendungen; – **di soggiorno** Aufenthaltskosten; – **di spedalità** Krankenhauskosten; – **di spedizione** Versendungskosten, Speditionskosten; – **dello Stato** Staatsausgaben; – **di stazionamento** Stationierungskosten; – **straordinarie** außerordentliche Ausgaben; – **supplementari** Mehrkosten; – **di supplenza** Vertretungskosten; – **di transito** (UPU) Durchgangskosten; Durchgangsvergütungen *pl*; – **di transito territoriale** (UPU) Landdurchgangskosten; – **di trasbordo** Umladekosten; – **di trasferta** Reisekosten, Reiseausgaben, Reisespesen, Reiseunkosten; – **di trasloco** Umzugskosten; – **di trasporto** Transportkosten, Beförderungskosten, Frachtkosten; – **d'ufficio** Bürounkosten, Geschäftsunkosten, Buralkosten (S); – **di urbanizzazione** Erschließungskosten; – **utili** nützliche Verwendungen; – **di valorizzazione** Erschließungskosten; – **di vendita** Verkaufskosten, Verkaufsaufwendungen, Vertriebskosten; – **di viaggio** Reisekosten, Reiseunkosten, Reiseauslagen, Reisespesen, Fahrtkosten; – **vive** Selbstkosten; v. a. COSTI, SPESA.

spettacolo *m* Aufführung *f*, Veranstaltung *f*; – **osceno** obszöne Veranstaltung; – **pubblico** öffentliche Veranstaltung.

spettare zustehen, gebühren.

spezzatura *f* (*borsa*) Spitze *f*; – **di azioni** Aktienspitze.

spia *f* Spion *m*.

spiare spionieren, ausspähen.

spiccioli *m pl* Kleingeld *n*.

spillatico *m* Nadelgeld *n*, Spillgeld.

spinta *m*, – **demografica** Bevölkerungsdrang *m*; – **inflazionistica** Inflationsdruck *m*.

spionaggio *m* Spionage *f*, Nachrichtendienst *m*, Ausspähen *n*, Ausspähung *f*; – **economico** Wirtschaftsspionage; – **industriale** Industriespionage, Werkspionage; – **informatico** Computerspionage; – **militare** Militärspionage; – **politico** verfassungsverräterischer Nachrichtendienst, landesverräterischer Nachrichtendienst, politischer Nachrichtendienst (S).

spione *m* Spion *m*.

spirale *f*, – **inflazionistica** Inflationsspirale; – **dei prezzi** Preisspirale; – **prezzi-salari** Lohn-Preis-Spirale *f*.

spirare ablaufen, erlöschen.

spirare *m* Ablauf *m*, Erlöschen *n*; – **del termine** Fristablauf.

spirito *m*, – **democratico** demokratischer Geist; – **della legge** Geist des Gesetzes; – **di parte** Parteigeist *m*; – **del risparmio** Sparsinn *m*.

splitting *m* Splitting *n*; – **dei redditi** Einkommenssplitting.

spogliare (*possesso*) entziehen.

spogliatore di cadaveri Leichenfledderer *m*.

spoglio *m* Vermögensentziehung *f*, Besitzentziehung, Entziehung; **fare lo** – **dei voti** die Stimmen zählen, die Stimmen auszählen; – **del possesso** Besitzentziehung; – **delle schede** (*elettorali*) Stimmenauszählung; – **dei voti** Auszählung der

Stimmen, Stimmenauszählung *f*, Stimmenzählung.
spoliazione *f* Besitzentziehung *f*, Vermögensentziehung, Entziehung; Beraubung *f*, Ausplünderung *f*.
sponsali *m pl* Verlöbnis *n*, Eheverlöbnis (A =).
sponsor *m* Sponsor *m*.
sponsorizzare sponsern, (zu Werbezwecken) fördern.
sponsorizzatore *m* Sponsor *m*.
sponsorizzazione *f* Sponsoring *n*.
spopolamento *m* Entvölkerung *f*.
spopolare entvölkern.
sporgere (*denuncia*) erstatten.
sportello *m* Schalter *m*; – **automatico** Geldautomat *m*; – **di banca** Bankschalter; – **dei pagamenti** Auszahlungsschalter; – **dei versamenti** Einzahlungsschalter.
sportula *f* Sportel *f*.
sposa *f* Ehefrau *f*.
sposare heiraten.
sposarsi heiraten, sich trauen lassen, sich verehelichen.
sposo *m* Ehemann *m*.
spossessamento *m* Besitzentziehung *f*, Besitzentsetzung *f*, Entziehung, Entsetzung.
spossessare entziehen.
spostamento *m*, – **della competenza** Kompetenzverschiebung *f*; – **di frontiera** Grenzänderung *f*; – **di termini** Versetzen von Grenzsteinen.
spot *m* **pubblicitario** Werbespot *m*.
spreco *m* Verschwendung *f*, Vergeudung *f*; – **die energia** Energieverschwendung; – **di materiale** Materialverschwendung; – **di tempo** Zeitverschwedung.
sproporzionale *agg* unverhältnismäßig.
sproporzionalità *f* Unverhältnismäßigkeit *f*.
sproporzione *f* Missverhältnis *n*; – **tra le prestazioni** Leistungsmissverhältnis.
spunta *f* Abhaken *n*.
spuntare abhaken.
spurio *agg* unecht.
squadra *f*, – **del buon costume** Sittenpolizei *f*; – **mobile** Funkstreife *f*; – **volante** Überfallkommando *n*.
squalifica *f*, **squalificazione** *f* Disqualifikation *f*, Disqualifizierung *f*.
squilibrio *m*, – **del bilancio** Unausgeglichenheit des Haushalts; – **economico** wirtschaftliches Ungleichgewicht; – **del mercato** Unausgeglichenheit des Marktes; – **politico** politisches Ungleichgewicht; – **regionale** regionales Ungleichgewicht; – **strutturale** strukturelles Ungleichgewicht.
stabile *agg* stabil.
stabile *m*, Gebäude *n*.
stabilimento *m* Niederlassung *f*; Werk *n*, Betriebsstätte *f*, Fertigungsstätte, Produktionsstätte; – **chiudere lo** – das Werk schließen; – **commerciale** Handelsniederlassung; – **penitenziario** Strafanstalt *f*, Strafvollzugsanstalt, Vollzugsanstalt.
stabilire bestimmen, festlegen.
stabilità *f* Stabilität *f*; – **di dimora** Sesshaftigkeit *f* (A); – **economica** Wirtschaftsstabilität; – **finanziaria** Finanzstabilität; – **del governo** Stabilität der Regierung; – **del mercato** Marktstabilität; – **monetaria** Währungsstabilität, Stabilität des Geldes; – **politica** politische Stabilität; – **dei prezzi** Festigkeit der Preise, Preisstabilität; – **di valore** Wertbeständigkeit *f*.
stabilito *m* Schlussnote *f*, Schlussschein *m*, Schlusszettel *m*, Schlussbrief *m* (A).
stabilizzare stabilisieren.
stabilizzazione *f* Stabiliserung *f*, Festigung *f*; – **monetaria** Währungsstabilisierung, Stabilisierung der Währung, Valutaregulierung *f*; – **dei prezzi** Preisstabilisierung; – **dei prezzi di borsa** Kursstabilisierung, Kursregulierung *f*; – **dei proventi delle esportazioni** (CE) Stabilisierung der Ausfuhrerlöse.
staccare (*cedole*) abtrennen.
stacco *m* (*di cedole*) Abtrennung *f*; – **della cedola dalla quotazione**

piena Kuponabschlag *m*, Kursabschlag.
stadio *m* Stadium *n*; – **delle indagini** Ermittlungsstadium; – **di sviluppo** Entwicklungsstadium.
staff *m* **dirigenziale** Führungsstab *m*.
staffa *f* (*interessi*) Zinsstaffel *f*.
stagflazione *f* Stagflation *f*.
stagionale *agg* Saison-.
stagionalità, depurato della – saisonbereinigt.
stagione *f* Saison *f*; **alta** – Hochsaison *f*; **bassa** – Vor- und Nachsaison; – **di** caccia Jagdzeit *f*; – **morta** stille Saison, tote Saison.
stagnante *agg* flau.
stagnazione *f* Stagnation *f*.
stallie *f pl* Liegezeit *f*, Liegetage *pl*, Ladezeit, Löschzeit, Stehzeit, freie Ein- und Ausladetage.
stampa *f* (1) (*lo stampare*) Druck *m*; (2) (*giornale*) Presse *f*; – **di banconote** Banknotendruck *m*; – **clandestina** geheime Presse, Untergrundpresse; – **economica** Wirtschaftspresse *f*; – **estera** Auslandspresse *f*; – **finanziaria** Finanzpresse *f*; – **di partito** Parteipresse; – **quotidiana** Tagespresse *f*; – **di sinistra** Linkspresse *f*.
stampante *f* (*inf*) Drucker *m*.
stampare drucken, ausdrucken.
stampato *m* (1) Druckschrift; (2) (*modulo*) Vordruck *m*; (3) (*posta*) Drucksache *f*; – **illustrativo** Prospekt *m*.
stampatore *m* Drucker *m*.
stampe *f pl* Drucksachen *pl*; – **commerciali** Geschäftsdrucksachen, geschäftliche Drucksachen.
stampiglia *f* (1) Stempel *m*, Stempelaufdruck *m*; (2) (*borsa*) abgestempeltes Wertpapier.
stampigliare abstempeln.
stampigliatura *f* Stempelung *f*, Abstempelung.
stand *m* Stand *m*, Ausstellungsstand.
standard *m* Standard *m*; – **minimo** Mindeststandard; – **di qualità** Qualitätsstandard; – **di sicurezza** Sicherheitsstandard; – **sociale** Sozialstandard; – **di vita** Lebensstandard.
standardizzare normen, standardisieren, typisieren.
standardizzazione *f* Normung *f*, Standardisierung *f*, Typisierung *f*.
stanza di compensazione Verrechnungsstelle *f*, Abrechnungsstelle, Clearingstelle, Clearinghaus *n* (A).
stanziamento *m*, – **di fondi** Bereitstellung von Mitteln, Geldbewilligung *f*; – **di impegno** (CE) Verpflichtungsermächtigung; – **di pagamento** (CE) Zahlungsermächtigung.
stanziare (*fondi*) bereitstellen.
star del credere *m* Delkredere *n*, Delkrederehaftung *f*.
stasi *f* **economica** wirtschaftliche Flaute *f*.
statale *agg* staatlich.
statale *m* (*dipendente*) Staatsbediensteter *m*.
statalismo *m* Etatismus *m*.
statalità *f* Staatlichkeit *f*.
staterello *m* Kleinstaat *m*.
statista *m* Staatsmann *m*.
statistica *f* Statistik *f*; – **applicata** angewandte Statistik; – **commerciale** Handelsstatistik; – **congiunturale** Konjunkturstatistik; – **criminale**, – **della criminalità** Kriminalstatistik; – **demografica** Bevölkerungsstatistik; – **doganale** Zollstatistik; – **economica** Wirtschaftsstatistik; – **elettorale** Wahlstatistik; – **finanziaria** Finanzstatistik; – **dei salari** Lohnstatistik.
statistico *agg* statistisch.
statistico *m* Statistiker *m*.
statizzare verstaatlichen.
statizzazione *f* Verstaatlichung *f*.
stato *m* (1) Staat *m*; (2) (*condizione*) Zustand *m*, Lage *f*, Stand *m*; (3) (*civile*) Personenstand; **in ogni** – **e grado del processo** in jeder Lage des Rechtsstreits; **terzo** – (*borghesia*) der dritte Stand; **in** – **di abbandono** im Zustand der Vernachlässigung; – **accentrato** Zentralstaat; – **accreditante** Entsendestaat, Heimatstaat; – **d'accusa** Anklagezustand, Anklagestand (A); **essere in** – **di accusa** unter An-

klage stehen, sich im Anklagestand befinden (A); **mettere in – d'accusa** anklagen, unter Anklage stellen, in den Anklagestand versetzen (A); – **aderente** beigetretener Staat; – **aderente alle convenzione** Konventionsstaat; – **affettivo** Affektzustand; – **di adottabilità** Adoptionsfähigkeit; – **di aggressore** Angreiferstaat; – **agrario** Agrarstaat; – **d'allarme** Alarmbereitschaft *f*; – **alleato** verbündeter Staat; – **amante della pace** friedliebender Staat; – **dell' ambiente** Zustand der Umwelt; – **d'assedio** Belagerungszustand; **proclamare lo – d'assedio** den Belagerungszustand verhängen, den Belagerungszustand verkünden; – **assistenziale** Wohlfahrtsstaat; – **associato** assoziierter Staat; – **assoluto** absoluter Staat; – **d'atterraggio** Landungsstaat; **decidere allo – degli atti** nach Aktenlage entscheiden; – **attivo** Aktivstand (A); – **attivo e passivo** Vermögensstatus *m*; – **autoritario** Obrigkeitsstaat; – **della bandiera** Flaggenstaat; – **belligerante** kriegführender Staat; – **di belligeranza** Kriegsführungszustand; – **del benessere** Wohlstandsstaat; – **di bisogno** Notlage *f*; (*povertà*) Bedürftigkeit *f*; – **di blocco** Blockadezustand; – **di calamità pubblica** ziviler Notstand, Ausnahmezustand; – **centrale** Zentralstaat; – **della Chiesa** Kirchenstaat; – **della Città del Vaticano** Vatikanstaat; – **civile** (1) Personenstand, Zivilstand (S), Stand; (2) Personenstandswesen *n*; (3) (*ufficio*) Standesamt *n*; (4) Kulturstaat; – **classista** Klassenstaat; – **confinante** Anliegerstaat, Anrainerstaat, Nachbarstaat; – **di conservazione** Erhaltungszustand; – **contabile** Rechnungsaufstellung; – **continentale** Kontinentalstaat; Binnenstaat; – **contraente** vertragschließender Staat, Vertragsstaat; – **corporativo** Korporativstaat, Ständestaat; – **corsaro** Raubstaat; – **delle cose** Sachlage *f*; – **costituzionale** Verfassungsstaat; – **creditore** Gläubigerstaat; – **di crisi** Notstand; – **cuscinetto** Pufferstaat, Zwischenstaat; – **debitore** Schuldnerstaat; – **decentrato** dezentralisierter Staat; – **dipendente** abhängiger Staat, Unterstaat; – **del diritto** Rechtszustand; – **di diritto** Rechtsstaat; – **dittatoriale** diktatorischer Staat, Diktaturstaat; – **di domicilio** Wohnsitzstaat; – **di ebreità** Rausch *m*; – **d'eccezione** Ausnahmezustand, Ausnahmezustand (A); – **economico** Vermögensstand; – **d'emergenza** Notstand; – **emotivo** Affektzustand: – **di famiglia** Familienstand; – **fantoccio** Marionettenstaat; – **federale** Bundesstaat; – **di figlio legittimo** Ehelichkeit *f*; – **finanziario** Finanzstatus *m*; – **firmatario** Unterzeichnerstaat, Signatarstaat; – **di fuorilegge** Rechtlosigkeit *f*; – **gendarme** Nachtwächterstaat; – **del giudizio** Verfahrensstadium *n*; – **giuridico** rechtliche Stellung; – **di guerra** Kriegszustand, Verteidigungsfall (D); – **d'incapacità procurato mediante violenza** gewaltsame Herbeiführung der Einsichts- und Steuerungsfähigkeit; – **indipendente** unabhängiger Staat; – **d'insolvenza** Zahlungsunfähigkeit; – **d'ira** Zorn; – **laico** laizistischer Staat; – **di legittima difesa** Notwehrlage; – **libero** (1) Freistaat; (2) (*celibato*) Ledigenstand, lediger Stand; – **limitrofo** Randstaat; Anliegerstaat; – **dei luoghi** örtliche Verhältnisse; – **del luogo di situazione della cosa** Belegenheitsstaat; – **maggiore della marina** Admiralitätsstab *m*; – **matrimoniale** Ehestand; – **membro** (1) Mitgliedstaat; (2) Einzelstaat, (*di una federazione*) Gliedstaat; – **membro dell'Unione** Unionsstaat, Vereinsstaat, Verbandsstaat; – **mentale** Geisteszustand; – **nazionale** Nationalstaat; – **nazista** Nazistaat; – **di necessità** (*dir. pen.*) Notsandt; – **di necessità non**

codificato (*dir. pen.*) übergesetzlicher Notstand; – **nemico** Feindstaat; – **neutrale** neutraler Staat; – **di non abbienza** Minderbemitteltheit; – **non allineato** blockfreier Staat; – **non contraente** Nichtvertragsstaat; – **non membro** Nichtmitgliedstaat; – **non rivierasco** Nichtuferstaat, Binnenstaat, Nichtanliegerstaat; – **onnipotente** allmächtiger Staat; – **originario** ursprünglicher Zustand; – **di origine** Herkunftsstaat, Ursprungsstaat; – **di pace** Friedenszustand; – **partecipante** Teilnehmerstaat; – **passionale** Affektzustand; – **passivo** Schuldenstand, Schuldenverzeichnis *n*, Schuldenaufstellung *f*; (*fallimentare*) Schuldenmasse *f*, Passivstand (A); – **patrimoniale** Vermögensaufstellung; Vermögenslage *f*, Vermögensübersicht *f*, Vermögensstand, Vermögensstatus *m*, Status, Bilanz *f*; – **di pericolo** Gefahrenzustand; – **di pericolo pubblico** Ausnahmezustand, Ausnahmszustand (A); – **delle persone** Personenstand; – **più favorito** meistbegünstigter Staat; – **plurinazionale** Nationalitätenstaat; – **di polizia** Polizeistaat; – **pontificio** Kirchenstaat; – **della practica** Sachstand; – **predatore** Raubstaat; – **preordinato d'incapacità d'intendere o di volere** (*dir. pen.*) absichtlich herbeigeführter Zustand der Einsichts- oder Steuerungsunfähigkeit; – **di previsione** Haushaltsvoranschlag *m*, Voranschlag; – **di previsione delle entrate** Einnahmenvoranschlag *m*; – **di previsione di un ministero** Ministerialvoranschlag *m*, Ressortvoranschlag (A =); – di **previsione delle spese** Ausgabenvoranschlag *m*; – **del procedimento** Verfahrensstadium *n*; – **protetto** geschützter Staat; – **protettore** Schutzstaat; – **di residenza** Aufenthaltsstaat; – **richiendente** ersuchender Staat; – **ricevente** Empfangsstaat; – **richiesto** ersuchter Staat; – **di rifugio** Zufluchtsstaat; – **di ripartizione** (*fallimento*) (S) Verteilungsliste *f* (S); – **rivierasco** Uferstaat; – **satellite** Satellitenstaat; – **di shock** Schockzustand; – **sociale** Sozialstaat; – **sociale di diritto** sozialer Rechtsstaat; – **di soggiorno** Aufenthaltsstaat; – **sovrano** souveräner Staat; – **stazionario** stationärer Zustand; – **successore** Nachfolgestaat, Sukzessionsstaat; – **di tensione** Spannungsfall *m*; – **territoriale** (*ospitante un agente diplomatico*) Empfangsstaat, beschickter Staat (A); – **terzo** Drittstaat; – **totalitario** totalitärer Staat; – **di ubriacchezza** Zustand der Trunkenheit; – **unionista** Unionsstaat, Vereinsstaat, Verbandsstaat; – **unitario** Einheitsstaat; – **d'urgenza** Notstand; – **vassallo** Vasallenstaat; – **vedovile** Witwenstand, Witwenschaft *f*; – **vicino** Nachbarstaat; – **vincitore** Siegerstaat; v. a. PAESE, SITUAZIONE.

statuale *agg* staatlich.

statuire entscheiden, bestimmen.

status *m* Status *m*; (*delle persone*) Personenstand *m*; – **giuridico** Rechtsstellung *f*; – **di neutrale** Neutralitätsstatus; – **particolare** Sonderstatus; – **professionale** Berufsstand *m*; – **sociale** gesellschaftlicher Status; – **speciale** Sonderstatus.

statutario *agg* satzungsmäßig, satzungsgemäß, statutarisch.

statuto *m* Satzung *f*, Statut *n*, Statuten *pl* (S); **contrario allo** – satzungswidrig; – **di associazione** Vereinssatzung; – **di autonomia** Autonomiestatut; – **coloniale** Kolonialstatut; – **disciplinare** Disziplinarstatut; – **della fondazione** Stiftungssatzung, Stiftungsstatut (S); – **giuridico** Rechtsstellung *f*; – **dei lavoratori** Arbeitnehmerstatut; – **locale** Ortssatzung; – **delle minoranze** Minderheitenstatut, Minoritätsstatut; – **d'occupazione** Besatzungsstatut; – **personale** Personalstatut; – **regionale** Regionalstatut, Landessatzung; – **sociale** Gesellschaftssatzung; – **speciale** Sonderstatut; – **reale** Realstatut; –

territoriale Gebietsstatut, Territorialstaat; – **tipo** Satzungsmuster *n*.
stazione *f*, **fermo in** – bahnlagernd; – **d'arrivo** Bestimmungsbahnhof *m*; – **di confine** Grenzbahnhof *m*; – **di destinazione, – destinataria, – di destino** Bestimmungsbahnhof *m*, Zielbahnhof; – **doganale** Zollbahnhof *m*; – **intermedia** Unterwegsbahnhof *m*; – **internazionale** internationaler Bahnhof, Gemeinschaftsbahnhof; – **mittente** Versandbahnhof *m*; – **di partenza** Abgangsbahnhof *m*, Versandbahnhof, Versandstation *f*; – **di smistamento** Verschiebebahnhof *m*; – **di transito** Durchgangsbahnhof *m*, Übergangsbahnhof.
stazza *f* Ladefähigkeit *f*; – **lorda** Bruttoraumgehalt *m*, Bruttorauminhalt *m*; – **netta** Nettoraumgehalt *m*, Nettorauminhalt *m*.
stazzamento *m*, **stazzatura** *f* Schiffseichung *f*, Schiffsvermessung *f*, Eichen *n*, Eichung *f*.
stellage *m*, **stellaggio** *m* Stellagegeschäft *n*, Stellgeschäft.
stemma *m* **civico** Stadtwappen n, Gemeindewappen.
stendere niederschreiben, verfassen, abfassen.
sterilizzazione *f* Sterilisation *f*, (*econ*) Sterilisierung *f*.
sterlina *f* Pfund *n*.
stesura *f* v. formazione, redazione.
stile *m* **diplomatico** diplomatischer Stil *m*.
stillicidio m Dachtraufe *f*.
stima *f* Schätzung *f*, Abschätzung, Einschätzung, Einschatzung (S =), Bewertung *f*; – **di bilancio** Bilanzbewertung; – **inesatta** Fehlschätzung; – **preventiva** Voreinschätzung (S); – **ufficiale** amtliche Schätzung.
stimabile *agg* schätzbar, abschätzbar.
stimare schätzen, abschätzen, taxieren.
stimatore *m* Schätzer *m*, Taxator *m*.
stimolare (*il mercato*) beleben.
stipendiare besolden.
stipendiato *m* Gehaltsempfänger *m*.
stipendio *m* Gehalt *n*; **aumentare lo** – das Gehalt erhöhen; **pignorare lo** – das Gehalt pfänden; – **annuo** Jahresgehalt; – **d'aspettativa** Wartegehalt; – **base** Grundgehalt; – **di disponibilità** Wartegehalt; – **fisso** festes Gehalt; Fixum *n*; – **finale** Endgehalt; – **iniziale** Anfangsgehalt; – **lordo** Bruttogehalt; – **mensile** Monatsgehalt; – **minimo** Mindestgehalt; – **netto** Nettogehalt; – **tabellare** Tarifgehalt; v. a. RETRIBUZIONE.
stipite *m* Stammelternteil *m*.
stipula *f* v. STIPULAZIONE.
stipulante *m* Vertragsschließender *m*.
stipulare abschließen, schließen, vereinbaren, stipulieren (A-).
stipulazione *f* Abschluss *m*, Vereinbarung *f*, Stipulierung *f* (A–); – **di contratto** Vertragsabschluss, Vertragsschließung *f*; – **di interessi** Zinsvereinbarung; – **della pace** Friedensschluss.
stirpe *f* Stamm *m*.
stiva *f* Schiffsraum *m*.
stivaggio *m* Verstauung *f*.
stivare verstauen.
stoccaggio *m* Lagerung *f*.
stock di merci Warenbestand *m*, Warenvorrat *m*.
stocks *m pl* Lagerbestand *m*, Lagerbestände *pl*.
stop *m* (*segnale*) Haltzeichen *n*.
storcileggi *m* Rechtsverdreher *m*.
storia *f*, – **costituzionale** Verfassungsgeschichte *f*; – **del diritto** Rechtsgeschichte *f*.
stornare stornieren.
storno *m* Stornierung *f*; – **abusivo di pubblico denaro** missbräuchliche Verwendung öffentlicher Gelder; – **di una rimessa** Rücküberweisung *f*; – **di scrittura** Stornobuchung *f*.
stra- v. a. estra-, extra-.
strada *f* Straße *f*; **attraversare la** – die Straße überqueren; – **di circonvallazione** Umgehungsstraße; – **comunale** Gemeindeweg *m*; – **di confine** Grenzstraße; – **con diritto di precedenza** Vorfahrtsstraße, Vorrangsstraße *f* (A);

– **forestale** Forstweg; – **interpoderale** Güterweg; – **militare** Militärstraße; – **dei negozi** Ladenstraße *f*, Geschäftsstraße; – **a pedaggio** gebührenpflichtige Straße, Mautstraße (A); – **privata** Privatweg; – **provinciale (S. P.)** Provinzstraße; – **pubblica** öffentliche Straße; – **a senso unico** Einbahnstraße; – **statale (S. S.)** Staatsstraße; – **senza uscita** Sackgasse *f*; – **vicinale** Anliegerstraße.

strage *f* Blutbad *n*.

stragiudiziale *agg* außergerichtlich.

stralcio di quota sociale Abschichtung *f* (S).

strangolamento *m* Erdrosseln *n*, Drosselung *f*.

straniero *agg* ausländisch, fremd.

straniero *m* Ausländer *m*, Fremder *m*.

straordinario *m* (*lavoro*) Mehrarbeit *f*, Überstunden *f pl*.

strapagare überzahlen.

straripamento *m* **di potere** (*dir. amm.*) Kompetenzüberschreitung *f*.

strascico *m* **in tribunale** gerichtliches Nachspiel.

strategia *f* Strategie *f*; – **aziendale** Untemehmensstrategie *f*; – **comune** gemeinsame Strategie; – **globale** Globalstrategie; – **di mercato** Marktstrategie; – **della pace** Friedensstrategie; – **di sopravvivenza** Überstundenstrategie.

stratificazione *f* **sociale** soziale Schichtung *f*.

strato *m* **di ozono** Ozonschicht.

stretta *f*, – **creditizia** Kreditklemme *f*; – **finanziaria** finanzieller Engpass; – **monetaria** Geldklemme, Kapitalklemme, Geldnot *f*.

strettoia *f* (*circ. strad.*) Fahrbahn Verengung *f*; Engpass *m*.

striscia *f*, – **(traversale) di arresto** (*circ. strad.*) Haltelinie *f*; – **di corsia** Fahrstreifenbegrenzung *f*.

strisce *f pl* **pedonali** Zebrastreifen.

strozzinaggio *m* Wucher *m*; – **sui prezzi** Preiswucher.

strozzino *m* Wucherer *m*.

strumentario *m* Instrumentarium *n*.

strumenti *m pl* **politici** politisches Instrumentarium *n*.

strumento *m* (1) (mezzo) Mittel *n*, Instrument *n*; (2) Urkunde *f*; – **d'accessione** – **d'adesione** Beitrittsurkunde *f*; – **contrattuale** Vertragsinstrument *n*; – **di controllo** Kontrollinstrument; – **di credito** Kreditinstrument *n*; – **diplomatico** diplomatische Urkunde; – **di finanziamento** Finanzierungsinstrument *n*; – **giuridico** Rechtsinstrument, juristisches Instrument; – **di lavoro** Arbeitsmittel; – **di pagamento** Zahlungsinstrument *n*, Zahlungsmittel *n*; – **di pagamento con potere liberatorio** gesetzliches Zahlungsmittel; – **di produzione** Produktionsmittel *n*; – **programmatorio** Planungsinstrument; – **di ratifica** Ratifikationsurkunde *f*; – **di tutela** Schutzinstrument.

stuttura *f* Struktur *f*, Aufbau *m*, Gefüge *n*; – **amministrativa** Verwaltungsaufbau, Behördenaufbau, Verwaltungsstruktur; – **del bilancio** Bilanzgliederung *f*; – **demografica** Bevölkerungsaufbau; – **economica** Wirtschaftsaufbau, Wirtschaftsstruktur, wirtschaftliches Gefüge, Wirtschaftsgefüge, Wirtschaftsverfassung *f*; – **finanziaria** Finanzstruktur, Kapitalstruktur; – **gerarchica** hierarchischer Aufbau *m*; – **del mercato** Marktgefüge, Marktgestaltung *f*, Marktstruktur; – **organizzativa** organisatorischer Aufbau; – **dei prezzi** Preisgefüge, Preisgestaltung *f*, Preisstruktur; – **regionale** Regionalstruktur; – **salariale** Lohngefüge, Lohnstruktur; – **di sicurezza** Sicherheitsstruktur; – **sociale** Sozialgefüge; – **statale** staatliche Struktur.

strutturale *agg* strukturell.

studente *m* (1) (*universitario*) Student *m*, Hochschüler *m*; (2) (*di scuola media superiore*) Oberschüler; – **lavoratore** Werkstudent; – **in giurisprudenza,** – **in legge** Jurastudent, Rechtsstudent.

studio *m* (1) (*ricerca*) Forschung *f*, Studie *f*, (2) (*universitario*) Studium *n*; (3) (*ufficio di professionista*) Kanzlei *f*, Büro *n*; – **associato** Bürogemeinschaft *f*, Sozietät *f*; – **d'avvocato** Anwaltskanzlei, Rechtsanwaltskanzlei, Anwaltsbüro, Rechtsanwaltsbüro; – **comparativo** vergleichendes Studium; – **della congiuntura** Konjunkturforschung *f*; Wirtschaftsforschung; – **di fattibilità** Durchführbarkeitsstudie– **economico** ; – **di impatto ambientale** Umweltverträglichkeitsstudie; – **legale** Anwaltskanzlei, Rechtsanwaltskanzlei, Anwaltsbüro, Rechtsanwaltsbüro; – **legale associato** Anwaltssozietät *f*; – **di mercato** Marktforschung, Marktstudie; – **notarile** Notarkanzlei, Notariatskanzlei, Notariatsbüro; v. a. UFFICIO.

stupefacente *m* Betäubungsmittel *n*, Rauschgift *n*.

stuprare vergewaltigen.

stupratore *m* Vergewaltiger *m*.

stupro *m* Vergewaltigung *f*, Notzucht *f* (A).

subacquirente *m* Unterabnehmer *m*.

subaffittare unter verpachten, weiterverpachten, (*sublocare*) untervermieten, in Untermiete geben, weitervermieten.

subaffitto *m* Unterverpachtung *f*, Weiterverpachtung, Unterpacht *f*, Afterpacht (A); (*sublocazione*) Untermiete *f*, Untervermietung *f*.

subaffittuario *m* Unterpächter *m*.

subagente *m* Unteragent *m*, Untervertreter *m*.

subagenzia *f* Unteragentur *f*, Untervertretung *f*.

subalterno *agg* subaltern, untergeordnet, untergeben.

subalterno *m* Untergebener *m*, Untergeordneter *m*.

subappaltatore Subunternehmer *m*, Unterunternehmer.

subappalto *m* Unterwerkvertrag *m* (*bei Weitergabe des Auftrages*).

subasta *f* Subhastation *f*; – **pubblica** öffentliche Versteigerung *f*.

subastazione *f* Subhastation *f*.

subconduttore *m* Untermieter *m*.

subcontratto *m* Untervertrag *m*.

subdelegare subdelegieren.

subdelegazione *f* Subdelegation *f*.

subentrare eintreten, nachfolgen.

subentro *m* Nachfolge *f*, Eintritt *m* (*in Rechte*).

subingresso *m* Nachfolge *f*, Eintritt *m* (in *Rechte*); – **del creditore nei diritti del debitore** Eintritt des Gläubigers in die Rechte des Schuldners.

subinquilino *m* Untermieter *m*.

sublegatario *m* Untervermächtnisnehmer *m*, Sublegatar *m* (A).

sublegato *m* Untervermächtnis *n*, Aftervermächtnis (S =), Sublegat *n* (A).

sublocare untervermieten, in Untermiete geben, weitervermieten.

sublocatario *m* Untermieter *m*, Aftermieter (A), Afterbestandnehmer *m* (A), Unterbestandnehmer (A).

sublocatore *m* Untervermieter *m*, Unterbestandgeber *m* (A), Afterbestandgeber *m* (A).

sublocazione *f* Untermiete *f*, Untervermietung *f*, Weitervermietung, Unterbestand *m* (A), Aftermiete (A), Afterbestand (A).

submandato *m* Unterauftrag *m*.

submortalità *f* Untersterblichkeit *f*.

subnoleggiante *m* Unterverfrachter *m*.

subnoleggiare unterverfrachten.

subnoleggiatore *m* Unterbefrachter *m*.

subnoleggio *m* Unterbefrachtung *f*, Unterverfrachtung, Uncharterung *f*.

subordinare unterordnen, unterstellen, abhängig machen.

subordinato *agg* unterstellt, untergeordnet.

subordinato *m* Untergebener *m*, Untergeordneter *m*.

subordinazione *f* Unterordnung *f*.

subornare beeinflussen.

sobornazione *f* versuchte Verleitung zur Falschaussage.

subpegno *m* Unterpfand *n*, Afterpfand (A).

subprocura *f* Untervollmacht *f*.

subrappresentante *m* Unter(stell-)vertreter *m*, Unterbevollmächtigter *m*.

subrappresentanza *f* Unterstellvertretung *f*.

succedaneo *m* Ersatz *m*.

succedere nachfolgen.

successibile *agg* erbfähig, erbberechtigt.

successibile *m* Erbberechtigter.

successibilità *f* Erbfähigkeit *f*.

successione *f* (1) Nachfolge *f*, Sukzession *f*, Nachfolgeschaft *f*, (2) (*nell'eredità*) Erbfolge *f*; (3) (*beni ereditari*) Nachlass *m*, Verlassenschaft *f* (A); – **per anzianità** Altersfolge; – **a causa di morte** Erwerb von Todes wegen; – **del chiamato sostituto** Nacherbfolge; – **collaterale** Erbfolge der Seitenverwandten; – **nel contratto** Eintritt in den Vertrag; (*locazione*) Eintritt in des Mietverhältnis; – **costitutiva** konstitutive Rechtsnachfolge, begrenzte Rechtsnachfolge; konstitutiver Erwerb; – **dei diritti** Rechtsnachfolge; – **nel debito d'imposta** Steuersukzession, Steuernachfolge (+ S =), Abgabesukzession (S =); – **intestata** Intestaterbfolge; Intestaterbrecht *n*, Intestaterbgang *m*, Intestat-Verlassenschaft *f* (A); – **di leggi penali** Aufeinanderfolge von Strafgesetzen; – **legittima** gesetzliche Erbfolge; – **necessaria** notwendige Erbfolge, Noterbfolge (A); – **particolare** Einzelnachfolge, Einzelfolge (S +), Sondernachfolge, Singularsukzession; – **parziale** Teilrechtsnachfolge; – **nel possesso** Besitznachfolge; – **nel processo** Rechtsnachfolge im Prozess; – **nei rapporti giuridici** Rechtsnachfolge; – **degli Stati** Staatennachfolge, Staatensukzession; – **per stirpi** Stammerbfolge; – **testamentaria** testamentarische Erbfolge, gewillkürte Erbfolge; – **a titolo particolare** Einzelnachfolge, Einzelfolge (S +), Sondernachfolge, Singularsukzession; – **a titolo universale** Gesamtnachfolge, Gesamtrechtsnachfolge, Gesamtfolge (S +), Universalsukzession; – **traslativa** vollkommene Rechtsnachfolge, translative Rechtsnachfolge; translativer Erwerb; – **al trono** Thronfolge; – **universale** Gesamtnachfolge, Gesamtrechtsnachfolge, Gesamtfolge (S +), Universalsukzession; – **tra vivi** Erwerb unter Lebenden, v. a. EREDITA.

successo *m*, – **di cassetta** Kassenerfolg *m*, Kassenschlager *m*; – **elettorale** Wahlerfolg; – **personale** persönlicher Erfolg.

successore *m* Nachfolger *m*, Rechtsnachfolger; – **particolare, – a titolo particolare** Einzelnachfolger, Einzelrechtsnachfolger; – **a titolo universale** Gesamtnachfolger, Gesamtrechtsnachfolger; – **al trono** Thronfolger; – **universale** Gesamtnachfolger, Gesamtrechtsnachfolger.

succursale *f* Zweigstelle *f*, Zweigniederlassung *f*, Niederlassung, Nebenstelle, Filiale; – **delle poste** Posthilfsstelle, Postnebenstelle.

sudditanza *f* Untertanenverhältnis *n*, Untertänigkeit *f* (A), Untertänigkeitsverhältnis *n* (A).

suddito *m* Untertan *m*.

suddivisione *f* **tra stirpi** Teilung nach Stämmen.

suffragetta *m* Frauenrechtlerin *f*.

suffragio *m* Stimme *f*, Wahlstimme; – **diretto** direktes Wahlrecht, direkte Wahl, unmittelbare Wahl; – **della donna** Frauenwahlrecht; – **indiretto** indirektes Wahlrecht; – **ristretto** beschränktes Wahlrecht; – **universale** allgemeines Wahlrecht, allgemeines Stimmrecht, allgemeine Wahl.

suffragista *f* Frauenrechtlerin *f*.

suggellare siegeln.

suggello *m* Siegel *n*.

suggestione *f* Suggestion *f*, Beeinflussung *f* – **collettiva** Massensuggestion; – **ipnotica** hypnotische Willensbeeinflussung; **per – di una folla in tumulto** unter dem Einfluss einer aufgebrachten Menschenmenge.

suicida *m* Selbstmörder *m*.
suicidio *m* Selbstmord *m*, Selbsttötung *f*, Freitod *m*; **tentato** – Selbstmordversuch; – **allargato** erweiterter Selbstmord.
summit *m* (*incontro al vertice*) Gipfeltreffen *n*.
suolo *m* **pubblico** öffentlicher Grund und Boden.
suonare (*articolo di legge*) lauten.
super- v. a. sopra-, sovra-.
superarbitro *m* Oberschiedsrichter.
supercarcere *m* Hochsicherheitsgefängnis *n*.
superconsumo *m* Überverbrauch *m*.
superficiario *m* Erbbauberechtigter *m*.
superficie *f* Fläche *f*, Oberfläche; – **abitabile** Wohnfläche *f*; – **di carico** Ladefläche; – **agricola utilizzata** landwirtschaftlich genutzte Fläche; – **catastale** Katasterfläche; – **complessiva** Gesamtfläche; – **convenzionale** (*locazione*) vertragliche Wohnfläche; – **coperta** bebaute Fläche; – **edificata** bebaute Fläche; – **fondiaria** Grundstücksfläche; – **utile** Nutzfläche.
superinvalidità *f* Überinvalidität *f*.
superiore *m* Vorgesetzter *m*; – **disciplinare,** – **gerarchico** Vorgesetzter *m*, Dienstvorgesetzter, Disziplinarvorgesetzter; – **immediato** unmittelbarer Vorgesetzter.
supermercato *m* Supermarkt *m*, Selbstbedienungsladen *m*.
superminimo *m* (*retributivo*) Mindestlohnzulage *f*.
supermortalità *f* Übersterblichkeit *f*.
supernazione *f* supranationale Gemeinschaft.
superperito *m* Obergutachter *m*.
superperizia *f* Obergutachten *n*, Oberexpertise *f* (S).
superpopolamento *m* Übervölkerung *f*.
superpopolato *agg* überbevölkert.
superpotenza *f* Supermacht *f*.
superproduzione *f* Überproduktion *f*.
superstatale *agg* überstaatlich.
superstato *m* Überstaat *m*.
superstite *m* Hinterbliebener *m*, Hinterlassener *m* (S =), Überlebender *m*.
superstrada *f* Schnellstraße *f*.
supertassa *f* Ergänzungsabgabe *f*, Zusatzsteuer *f*.
superteste *m*, **supertestimone** *m* Kronzeuge *m*.
supervalutazione *f* Überbewertung *f*.
supervisione *f* Oberaufsicht *f*, Beaufsichtigung *f*, Superkontrolle *f*.
suppegno *m* Unterpfand *n*, Afterpfand (A); **in** – unterpfändlich, als Unterpfand.
suppellettili *f pl* **domestiche** Hausrat *m*.
supplemento *m* (1) Zuschlag *m*; (2) (*di giornale*) Beilage *f*; – **d'anzianità** Dienstalterszulage *f*, Dienstalterszuschlag, Alterszulage; – **d'avanzamento** Beförderungszulage; – **di dazio** Zollzuschlag, Zollaufschlag; – **economico** (*di giornale*) Wirtschaftsbeilage; – **d'imposta** Steuerzuschlag, Nachsteuer *f*; – **di nolo** Frachtzuschlag; – **di perequazione** Ausgleichszuschlag, Ausgleichszulage *f*; – **di premio** Prämienzuschlag, Prämienzulage *f*, Beitragszuschlag; – **di prezzo** Preiszuschlag, Preisaufschlag; – **di qualità** Gütezuschlag; – **di salario** Lohnzuschlag, Lohnzulage *f*; – **di tassa** Nachgebühr *f*; v. a. INDENNITA, MAGGIORAZIONE.
supplente *m* Vertreter, Ersatzmann *m*.
supplenza *f* Vertretung *f*.
supplica *f* Bittschrift *f*, Gesuch *n*, Supplik *f* (A).
supplicante *m* Bittsteller *m*, Gesuchsteller.
supplire vertreten.
supporto *m*, – **dati** Datenträger *m*; – **informatico,** – **di informazione** Datenträger.
supposizione *m* Unterschiebung *f*; – **erronea** irrige Annahme *f*; – **di parto** Kindesunterschiebung *f*; – **o soppressione di stato** Unterschiebung oder Unterdrückung des Personenstandes.

supremazia *f* Vorherrschaft *f*, Oberherrschaft; – **sul mercato** Marktherrschaft.
surplus *m* Überschuss *m*; Mehrwert *m*.
surriscaldamento *m* Überhitzung *f*; – **della congiuntura** Überhitzung der Konjunktur.
surroga *f* v. surrogazione.
surrogato *m* Surrogat *n*, Ersatz *m*, Ersatzwirtschaftsgut *n*; – **dell'adempimento** Erfüllungsersatz; – **del denaro,** – **monetario** Geldersatzmittel *n*, Geldsurrogat *n*.
surrogazione *f* Surrogation *f*, Eintritt in die Rechte (eines anderen), Anspruchsübergang *m*, Legalzession *f*; – **legale** Surrogation kraft Gesetzes; – **parziale** Teileintritt (in die Rechte), – **reale** dingliche Surrogation.
suspicione, legittima – Besorgnis der Befangenheit *f*.
sussidiarietà *f* Subsidiarität *f*.
sussidiato *m* Beihilfeempfänger *m*.
sussidio *m* Beihilfe *f*, Zuschuss *f*, Unterstützung *f*; – **in denaro** Barzuschuss; – **di disoccupazione** Arbeitslosenhilfe *f*, Arbeitslosengeld *n*; – **per malattia** Krankenbeihilfe; – **di maternità** Geburtsbeihilfe, Geburtenbeihilfe (A), Mutterschaftsgeld *n*; – **di nuova sistemazione** Umsiedlungsbeihilfe; – **sociale** Sozialbeihilfe *f*; – **di spese funerarie** Bestattungsbeihilfe; – **statale** staatliche Beihilfe, Staatszuschuss; – **temporaneo** Überbrückungsbeihilfe; – **di trasloco** Umzugsbeihilfe; – **di vecchiaia** Altersbeihilfe, Altersunterstützung *f*; – **di vedovanza** Witwenbeihilfe; v. a. AIUTO, SOVVENZIONE.
sussunzione *f* Subsumtion *f*.
svaligiare ausplündern, ausrauben, berauben.
svaligiatore *m* Ausplünderer *m*; – **di banca** Bankräuber *m*.
svalutare abwerten, entwerten.
svalutazione *f* Abwertung *f*, Devalvation *f*, Entwertung; – **del capitale** Kapitalentwertung; – **monetaria** Geldabwertung, Währungsabwertung, Währungsentwertung.
svantaggiare benachteiligen.
svantaggio *m* Nachteil *m*.
svantaggioso *agg* nachteilig.
svendere ausverkaufen, (*a vil prezzo*) verschleudern.
svendita *f* Ausverkauf *m*, Schlussverkauf; (*a vil prezzo*) Verschleuderung *f*; – **di fine stagione** Saisonschlussverkauf.
sventare vereiteln.
sviamento *m*, – **di clientela** Kundenabwerbung – **di potere** Ermessensmissbrauch *m*.
sviluppo *m* Entwicklung *f*; – **degli affari** Geschäftsentwicklung, Geschäftserweiterung *f*; – **ascensionale** Aufwärtsentwicklung; – **demografico** Bevölkerungsentwicklung; – **economico** Wirtschaftsentwicklung; – **della produzione** Produktionsentwicklung; – **sostenibile** nachhaltige Entwicklung; – **tecnologico** technologischer Fortschritt; v. a. ANDAMENTO, EVOLUZIONE.
svincolare freigeben, freistellen.
svincolo *m* Freigabe *f*; (*corr*) (*parte di lettera di vettura*) Empfangsblatt *n*; – **di capitali** Kapitalfreisetzung *f*, Kapitalverflüssigung *f*; – **di cauzione** Kautionsfreigabe; – **doganale** Verzollung *f*; – **del maso chiuso** Auflösung des geschlossenen Hofes.
svolgimento *m*, – **della personalità** Persönlichkeitsentwicklung; – **del procedimento** Verfahrensablauf *m*; – **del processo** Prozessverlauf *m*.
svolta *f* Wende *f*; (*circ. strad.*) Abbiegen *n*; – **a destra** Rechtsabbiegen; – **a sinistra** Linksabbiegen; – **storica** historische Wende.

T

tabella *f* Aufstellung *f*, Tabelle *f*, (*tariffaria*) Tariftabelle; – **degli avanzamenti** Beförderungsliste *f*; – **dei cambi** Umrechnungstabelle; – **contributiva** Beitragstabelle; – **delle indennità** (*ass*) Leistungstafel *f*; – **delle parità** Paritätstafel *f*, Paritätstabelle; – **di pieno** (*ass*) Maximaltabelle; – **dei prezzi** Preistafel *f*; – **delle ritenute** Abzugstabelle; – **dei salari** Lohntafel *f*; – **degli stipendi** Gehaltstabelle, Gehaltstafel *f*, Gehaltsschema *n* (A); – **di transito** Passierschein *m*; – **UNI** Normblatt *n*; v. a. ELENCO, LISTA.

tabellare *agg* tariflich, Tarif-.

taccheggiatore *m* Warenhausdieb *m*, Ladendieb.

taccheggio *m* Warenhausdiebstahl *m*, Ladendiebstahl.

tacitare abfinden.

tacitazione *f* Abfindung *f*, Pauschalabfindung.

tacito *agg* stillschweigend.

taglia *f* (1) Belohnung *f* für die Ergreifung des Täters; (2) Lösegeld *n*.

tagliaborse *m* Taschendieb *m*.

tagliafuoco *m* Feuerschutz *m*.

tagliando *m* Abschnitt *m*, abtrennbarer Abschnitt, Kupon *m*, Coupon (S); – **di controllo** Kontrollabschnitt.

taglio *m* (1) (*riduzione*) Abstrich *m*, Kürzung *f*; (2) (*denaro*) Stückelung *f*; – **della moneta** Münzstückelung *f*; – **alla spesa pubblica** Kürzung der öffentlichen Ausgaben.

tale quale wie besehen, wie besichtigt.

talloncino *m* **di controllo** Kontrollabschnitt *m*.

tallone *m* **aureo** Goldstandard *m*, Goldwährung *f*, Goldwährungseinheit *f*.

tamponamento *m* (*circ. strad.*) Auffahrunfall *m*; – **a catena** Massenkarambolage *f*.

tangente *f* (1) (*percentuale*) Anteil *m*; (2) Schmiergeld *n*; (3) Schutzgeld *n*.

tara *f* Tara *f*, Taragewicht *n*; – **addizionale** Tarazuschlag *m*; – **ereditaria** erbliche Belastung; – **fissa** Stücktara; – **originale** Originaltara; – **percentuale** Prozenttara; – **reale** wirkliche Tara, reelle Tara; – **d'uso** Usotara, Usancetara, usuelle Tara, handelsübliche Tara.

tarare tarieren.

taratura *f* Tarierung *f*.

targa *f*, – **automobilistica** Autokennzeichen *n*; – **d'immatricolazione,** – **di riconoscimento** (*auto*) Nummernschild *n*, polizeiliches Kennzeichen, Kraftfahrzeugkennzeichen; – **di nazionalità** Nationalitätszeichen *n*.

tariffa *f* Tarif *m*, Gebührensatz; Gebührenordnung *f*, Tarif (A); **mezza** – halber Tarif, halber Satz, Halbsatz *m*; – **d'abbonamento** Abbonnementstarif; – **autonoma** autonomer Tarif; – **base** Grundtarif; – **chilometrica** Kilometertarif, Kilometersatz *m*; – **a collettame** Stückguttarif; – **combinata** kombinierter Tarif, Durchtarif; – **compensativa** Ausgleichstarif; – **comune** Gemeinschaftstarif; – **di concorrenza,** – **concorrenziale** Wettbewerbstarif; – **convenzionale** Vertragstarif, Konventionaltarif; – **degressiva** degressiver Tarif; – **differenziale** Differentialtarif, Staffeltarif, Stufentarif; – **dei diritti** Gebührenordnung *f*, Gebührentarif; – **doganale** Zolltarif; – **doganale comune** gemeinsamer Zolltarif; – **doganale integrata** integrierter Zolltarif; – **eccezionale,**

– **d'eccezione** Ausnahmetarif; **d'entrata** Einfuhrtarif; – **di esportazione** Ausfuhrtarif; – **esterna** Außentarif; – **ferroviaria** Eisenbahntarif, Bahntarif; – **fissa** fester Tarif; – **forense** Rechtsanwaltsgebührenordnung, Rechtsanwaltstarif (A); – **forfettaria** Pauschaltarif; – **generale** allgemeiner Tarif, Allgemeintarif, Generaltarif, Regeltarif, Regelfracht *f*; – **giudiziaria** Gerichtsgebühren; – **di importazione** Einfuhrtarif; – **intera** voller Tarif, Volltarif; – **interna** Inlandstarif, Binnentarif; – **limite** Höchsttarif; – **locale** Ortstarif; – **massima** Höchsttarif, Maximaltarif; – **media** Durchschnittstarif; – **merci** Gütertarif; – **minima** Mindesttarif, Minimaltarif; – **della nazione piú favorita** Meistbegünstigungstarif; – **dei noli** Frachttarif; – **dei noli ferroviari** Bahnfrachtsätze *pl*; – **notarile** Notargebühren, Notariatstarif (A); – **notturna** Nachttarif; – **obbligatoria** verbindlicher Tarif, Zwangstarif; – **oraria** Stundentarif, Stundensatz *m*; – **ordinaria** (*trasporti*) Regeltarif, Regelfracht *f*; – **postale** Posttarif, Postgebühren *pl*; – **postale aerea** Luftposttarif; – **preferenziale** Präferenztarif, Begünstigungstarif, Vergünstigungstarif, Vorzugszolltarif; – **dei prezzi** Preistarif; – **professionale** Gebührenordnung (für freie Berufe); – **progressiva** progressiver Tarif, Progressionstarif; – **proporzionale** proportionaler Tarif; – **protettiva,** – **protezionista** Schutzzolltarif; – **pubblica** öffentlicher Tarif; – **ridotta** ermäßigter Tarif; – **dei rischi** Gefahrentarif; – **dei salari** Lohntarif; – **semplice** Einfachtarif; – **speciale** Sondertarif, Ausnahmetarif; – **superiore** Obertarif; – **telefonica** Fernsprechgebühr; – **di transito** Durchfuhrtarif, Durchgangstarif; – **di trasporto** Beförderungstarif, Transporttarif; – **unitaria** Einheitstarif; – **d'uscita** Ausfuhrtarif; – **d'uso** Gebrauchstarif; – **ad valorem** Werttarif; – **viaggiatori** Personentarif; – **a zone,** – **per zone** Zonentarif.

tariffale *agg* tariflich, Tarif-.

tariffare tarifieren.

tariffario *agg* tariflich, Tarif-.

tariffazione *f* Tarifierung *f*, Tarifgestaltung *f*; – **informativa** informatorische Tarifierung; – **di rischi aggravati** Tarifierung erschwerter Risiken; – **a viaggio** Tarifierung nach der Reiseroute.

tassa *f* Gebühr *f*, Taxe *f*; (*imposta*) Steuer *f*; **esente da** – gebührenfrei, taxfrei; **esente da – postale** postfrei, portofrei; **pagare una** – eine Gebühr entrichten; – **accessoria** Nebengebühr; – **addizionale** Zusatzgebühr, zusätzliche Gebühr; – **d'aeroporto** Flughafengebühr; – **amministrativa** Verwaltungsgebühr, – **d'ammissione** Aufnahmegebühr, Zulassungsgebühr, Eintrittsgebühr; – **annuale** Jahresgebühr; – **annuale di brevetto** Patentjahresgebühr, Patentgebühr, Patenterneuerungsgebühr; – **d'approdo** Landegebühr; – **assegnata** unfrei; – **sulle assicurazioni** Versicherungsteuer, Versicherungsgebühr; – **d'atterraggio** Landegebühr; – **automobilistica** Kraftfahrzeugsteuer; – **d'autorizzazione** Genehmigungsgebühr; – **d'avviso d'imbarco** Gebühr für Verschiffungsbescheinigung; – **d'avviso di mancata consegna** Gebühr für Unzustellbarkeitsmeldung; – **d'avviso di ricevimento** Rückscheingebühr, Rückscheintaxe (S); – **base,** – **di base** Grundgebühr, Grundtaxe; – **di bollo** Stempelgebühr; – **di bollo sull'assegno** Schecksteuer; – **di bollo doganale** Zollstempelgebühr; – **di bollo sul fissato** Schlussnotensteuer, Schlussnotenstempel *m*; – **di bordo** Bordgebühr; – **di brevetto** Patentgebühr, Patenttaxe (S); – **a carico del destinatario** Gebühr bezahlt der Empfänger, unfrei; – **di certificazione** Beurkundungsgebühr; – **di circolazione degli autoveicoli** Kraftfahrzeugsteuer; –

di compensazione Ausgleichsgebühr, (CE) Ausgleichsabgabe *f*; – **complementare** Ergänzungsgebühr; – **complementare d'espresso** Ergänzungsgebühr für Eilbotensendungen; – **comunale** Gemeindegebühr; – **di concessione** Konzessionsgebühr; – **di conguaglio** Ausgleichsabgabe *f*, Ausgleichstaxe; – **di consegna** Zustellgebühr, Bestellgebühr; – **per la consegna franco di diritti** (UPU) Gebührenzettelgebühr; – **consolare** Konsulargebühr, Konsulatsgebühr; – **sui contratti di borsa** Börsenumsatzsteuer; – **di controllo** Kontrollgebühr, Überwachungsgebühr (S); – **di conversazione** (*telefonica*) Gesprächsgebühr, Gesprächstaxe (S); – **costiera** Küstengebühr; – **di deposito** (*di domanda ecc.*) Anmeldegebühr; – **ecologica** Ökosteuer; – **sull' energia** Energiesteuer; – **d'esame** Prüfungsgebühr, Prüfungstaxe; – **d'espresso** Eilzustellgebühr, Eilgebühr, Eiltaxe (S); – **di fermo posta** Gebühr für postlagernde Sendungen; – **forfettaria** Pauschalgebühr; – **di francatura** Freimachungsgebühr, Frankaturgebühr (S), Beförderungsgebühr; – **giudiziaria, – di giustizia** (S) Gerichtsgebühr; – **globale** Pauschalgebühr; – **di immatricolazione** Einschreibegebühr; – **di ingiunzione** Mahngebühr; – **di ingresso** Eintrittsgebühr; – **interna** Inlandsgebühr; – **d'iscrizione** Einschreibungsgebühr; Eintragungsgebühr, Einschreibgebühr; – **di legalizzazione** Beglaubigungsgebühr, Legalisierungsgebühr; – **locale** Ortsgebühr; – **di locazione** Mietgebühr, Mietvertragsgebühr (A); – **di macellazione** Schlachtgebühr; – **sul macinato** Mahlsteuer; – **di magazzinaggio** Lagergebühr, Lagerzins *m* (A), Lagertaxe (S); – **di manutenzione** Behandlungsgebühr; – **marittima** Schifffahrtsabgabe *f*; – **minima** Mindestgebühr; – **di monopolio** Monopolgebühr, Monopolabgabe *f*; – **di negoziazione** Umsatzabgabe *f*; – **di partecipazione** Teilnahmegebühr; – **di partenza** (*aerei*) Startgebühr; – **di percorso** (CECA) Streckenfracht *f*; – **di perequazione** Ausgleichstaxe, Ausgleichabgabe *f*; – **di pesatura** Wiegegebühr, Wiegegeld *n*, Waagegebühr, Waagegeld *n*, Waaggebühr (S); – **di pilotaggio** Lotsengebühr, Lotsengeld *n*; – **portuale** Hafenabgaben *f*, Hafengeld *n*; – **postale** Postgebühr, Posttaxe (S), Portogebühr; – **di posteggio** (1) Marktstandgeld *n*, Standgeld; (2) (*auto*) Parkgebühr; – **di presentazione** Vorzeigegebühr, Vorweisungsgebühr (S); – **principale** Hauptgebühr, Haupttaxe (S); – **progressiva** progressive Gebühr; – **di protesto** Protestgebühr; – **di punzonatura** Punzierungsgebühr (A, S); – **di raccomandazione** Einschreibgebühr; – **radiofonica** Rundfunkgebühr; – **di recapito** Zustellungsgebühr, Zustellgebühr; – **di reclamo** (UPU) Gebühr für Nachfrage; – **regionale** Regionalabgabe; – **di registrazione** Eintragungsgebühr, Registrierungsgebühr (S), Registrierungsabgabe *f* (S), Anmeldegebühr; – **di registro** Registergebühr; – **di recomposizione** (UPU) Verpackungsgebühr, Verpackungstaxe (S); – **di rilascio** Ausstellungsgebühr, Gebühr für die Erteilung (*einer Genehmigung u. ä.*) – **di rinnovazione, – di rinnovo** Erneuerungsgebühr, Verlängerungsgebühr, – **di rispedizione** Rücksendungsgebühr, (*spedizione al nuovo indirizzo*) Gebühr für Nachsendung, Nachsendungsgebühr (A), Nachsendungstaxe (S); – **sanitaria** Gesundheitsgebühr, Gesundheitsabgabe *f*; – **sugli scambi** Umsatzabgabe *f*; – **scolastica** Schulgeld *n*, Studiengeld; – **di sentenza** (S) Spruchgebühr (S); – **di soggiorno** Aufenthaltstaxe, Aufenthaltsabgabe *f*, Kurtaxe, Aufenthaltsgebühr (S); – **di sorveglianza** Aufsichtsabgabe; – **di**

sosta Lagergeld *n*; – **di sosta su carro** Wagenstandgeld *n*; – **di spedizione** (UPU) Behandlungsgebühr; – **di spedizione contro assegno** Nachnahmegebühr; – **di spedizione di pacco postale** Paketgebühr; – **sugli spettacoli** Vergnügungsteuer *f*, Lustbarkeitssteuer (A =), Lustbarkeitsabgabe *f* (A =); – **delle stampe** Drucksachengebühr; – **supplementare** Zusatzgebühr, Mehrgebühr (A), Nachgebühr; – **telegrafica** Telegrammgebühr; – **di transito** Durchgangsgebühr, Durchfuhrabgabe *f*; – **transitoria** Übergangsabgabe *f*; – **di trasbordo** Umladegebühr; – **di trasporto** Beförderungsgebühr; – **di trasporto interno** innere Beförderungstaxe; – **di trascrizione** Umschreibegebühr; – **unica** einmalige Gebühr; – **d'uso** Gebrauchsabgabe *f*, Benutzungsgebühr, Benützungsgebühr (A, B, S); – **ad valorem** Wertgebühr, (*trasporto aereo*) Wertzuschlag *m*; – **di verifica** (*pesi e misure*) Eichgebühr; – **di versamento** Einzahlungsgebühr; v. a. DIRITTO, IMPOSTA, TASSE, TRIBUTO.

tassabile *agg* gebührenpflichtig, steuerpflichtig, besteuerungsfähig, besteuerbar.

tassabilità *f* Besteuerbarkeit *f*, Besteuerungsfähigkeit *f*.

tassare mit einer Steuer belegen, besteuern.

tassativo *agg* erschöpfend, abschließend, strikt, taxativ (A).

tassazione *f* Besteuerung *f*; **soggetto a** – abgabenpflichtig, steuerpflichtig; – **del capitale** Kapitalbesteuerung; – **di guerra** Kriegsbesteuerung; – **oggettiva** Objektbesteuerung; – **all'origine** Quellbesteuerung; – **ottimale** optimale Besteuerung; – **progressiva** Staffelbesteuerung; – **specifica** Gewichtsverzollung; v. a. IMPOSIZIONE.

tasse *f pl*, **pagare le** – Steuern abführen; **riscuotere le** – Steuern eintreiben; – **giudiziarie** Gerichtsgebühren *pl*; – **portuali** Hafengebühren *pl*; – **scolastiche** Schulgeld *n*, Unterrichtsgeld; – **universitarie** Studiengeld *n*, Kolleggeld, Kolleggelder *pl*, Kollegiengeld (A); v. a. TASSA.

tasso *m* Satz *m*, Rate *f*, Quote *f*; (*d'interesse*) Zinssatz; – **alcoolimetrico del sangue** Blutalkoholgehalt *m*; – **d'ammortamento** Abschreibungssatz, Tilgungssatz, Tilgungsquote *f*, Amortisationsquote; – **annuo effettivo globale** effektiver Jahreszins *m*; – **di attività** Beschäftigungsquote; – **di aumento** Steigerungsrate; – **del cambio** Wechselkurs *m*, Devisenkurs, Umrechnungskurs, Umrechnungssatz, Umrechnungsverhältnis *n*; – **di cambio multiplo** unterschiedlicher Wechselkurs; – **di capitalizzazione** Kapitalisierungssatz; – **di conversione** Umrechnungskurs *m*, Umrechnungssatz, Umrechnungsverhältnis *n*, Konversionssatz, Umstellungssatz; – **creditore,** – **creditorio** Habenzinssatz; – **di crescita** Wachstumsrate; – **di criminalità** Kriminalitätsquote; – **di dazio doganale** Zollsatz, Zollansatz (S); – **debitore,** – **debitorio** Sollzinssatz, Debetzinssatz; – **del deporto** Deportsatz; – **differenziale** Staffelsatz; – **di disoccupazione** Arbeitslosenquote; – **di dividendo** Dividendensatz; – **effettivo** Effektivsatz; – **fisso** fester Satz; Festzins; – **di errore** Fehlerquote; – **forfettario** Pauschalsatz; – **giornaliero** Tagessatz; – **del giorno** Tagessatz; – **d'imposizione**, – **d'imposta** Steuersatz, Steuerfuß *m* (+ A =), Hebesatz (+ A); – **d'incremento** Steigerungsrate *f*, Steigerungssatz, Zuwachsrate; – **d'inflazione** Inflationsrate; – **di inquinamento** Verschmutzungsgrad; – **interbancario** Interbankensatz; – **d'interesse** Zinssatz, Zinsfuß *m*, Zinsrate *f*; – **d'interesse sulle anticipazioni presso la banca centrale** Lombardsatz, Lombardzinsfuß *m*,

Lombardzinssatz; – **d'interesse legale** gesetzlicher Zinsfuß; – **istantaneo d'interesse** Zinsintensität *f*; – **istantaneo d'invalidità** Invalidierungsintensität *f*; – **istantaneo di mortalità** Sterbeintensität *f*; – **legale** (*d'interesse*) gesetzlicher Zinsfuß *m*; – **libero di sconto** Privatdiskontsatz; – **di liquidità** Liquiditätsrate; – **medio ponderato** gewogener Durchschnittssatz; – **di mortalità** Sterbesatz, Sterberate *f*, Sterblichkeit *f*; – **sul mutuo** Darlehenszins; – **di natalità** Geburtenrate *f*; – **di nolo** Frachtsatz, Frachtrate *f*; – **di nolo marittimo** Seefrachtsatz; – **nominale d'interesse** Nominalzinsfuß *m*; – **nullo** Nullsatz; – **di partecipazione** (*ass*) Gewinnsatz; – **di pensione** Pensionssatz; – **preferenziale** Präferenzsatz, Präferenzrate *f*; – **di premio** Prämiensatz, Beitragssatz; – **dei profitti** Gewinnquote; – **di provvigione** Provisionssatz; – **di rendimento** Ertragsrate, Rendite *f*; – **di riporto** Reportsatz, Prolongationssatz; – **di risconto** Rediskontsatz; – **di risparmio** Sparrate *f*; – **di sconto** Diskonsatz, Diskontrate *f*; – **di sconto bancario** Bankdiskontsatz, Banksatz, Bankrate *f*; – **di suicidio** Selbstmordrate; – **tecnico d'interesse** rechnungsmäßiger Zinsfuß, Rechnungszinsfuß, technischer Zinfuß; – **uniforme**, – **unitario** Einheitssatz; v. a. ALIQUOTA, COEFFICIENTE, QUOTA, SAGGIO.

tattica *f* Taktik *f*; – **elettorale** Wahltaktik.

tatticismo *m* Taktikdenken *n*.

tavola *f*, – **aggregata** Aggregattafel *f*; – **d'attività** Aktivitätsordnung *f*; – **d'eliminazione** Ausscheideordnung *f*, Ausscheidetafel *f*; – **degli interessi** Zinstabelle *f*; – **d'invalidità** Invaliditätsordnung *f*; – **di mortalità** Sterbtafel *f*, Sterblichkeitstafel, Dekremententafel (A), Mortalitätstafel; – **di mortalità degli assicurati** Versicherungssterbetafel; – **di mortalità della popolazione** Volkssterbetafel *f*, Bevölkerungssterbetafel; – **rotonda** Gespräch am runden Tisch; – **di selezione** Selektionstafel *f*; – **sinottica** vergleichende Übersicht *f*, Vergleichstabelle *f*; – **delle sopravvivenze** Überlebensordnung *f*, Überlebenstafel *f*, Absterbeordnung.

tavolo *m* **della trattativa** Verhandlungstisch *m*.

teatro di guerra Kriegsschauplatz *m*.

tecnica *f* Technik *f*; – **assicurativa**, – **delle assicurazioni** Versicherungsbetriebslehre *f*, Versicherungstechnik *f*; – **aziendale** Betriebslehre; – **bancaria** Bankbetriebslehre *f*, Banktechnik *f*, – **commerciale** Handelsbetriebslehre *f*, Handelslehre; – **digitale** Digitaltechnik; – **doganale** Zolltechnik *f*; – **industriale** Industriebetriebslehre *f*; – **di lavorazione** Verarbeitungstechnik; – **mercantile** Warenhandelsbetriebslehre *f*, Handelslehre, Handelsbetriebslehre; – **delle telexomunicazioni** Kommunikationstechnik; – **tributaria** Steuertechnik *f*, Abgabetechnik (+ S).

tecnico *agg* technisch.

tecnico *m* (1) Techniker *m*; (2) (*esperto*) Fachmann *m*, Experte *m*; – **assistenza clienti** Kundendiensttechniker; – **di manutenzione** Wartungstechniker, Servicetechniker.

tecnologia *f* Technologie *f*; – **informatica** Computertechnologie; – **laser** Lasertechnologie.

tecnologie *f pl*, **nuove** – neue Technologien *f pl*.

telebanco *m* Telebanking *n*.

telecomando *m* Fernbedienung *f*.

teleconferenza *f* Telekonferenz *f*.

telecopia *f* Fernkopie *f*.

telecopiatore *m* Telekopierer *m*.

telecopiatrice *f* Telekopierer *m*.

telefax *m* Telefax *n*.

telefonata urbana Ortsgespräch *n*, Stadtgespräch, Nahgespräch; – **interurbana** Ferngespräch *n*.

telegrafare telegraphieren.

telegramma *m* Telegramm *n*; – **cifrato** verschlüsseltes Telegramm; – **collazionato** kollationiertes Telegramm; – **per l'interno** Inlandstelegramm; – **lettera** Brieftelegramm; – **di rettifica** Berichtigungstelegramm; – **con riposta pagata** Telegramm mit bezahlter Antwort, Rückantworttelegramm; – **di Stato** Staatstelegramm; – **urgente** dringendes Telegramm.

telelavoro *m* Telearbeit *f*.

telemarketing *m* Telemarketing *n*.

telematica *f* Telematik *f*.

teleprenotazione Telebuchung *f*.

telescritto *m* Fernschreiben *n*.

telescrivente *f* Fernschreiber *m*.

teletext *m* Teletext *m*.

televisione *f*, – **via cavo** Kabelfernsehen *n*; – **privata** Privatfernsehen *n*.

telex *m* Fernschreiben *n*.

tema *m* Thema *n*; – **di lavoro** Arbeitsthema.

temerarietà *f* **della pretesa** mutwillige Geltendmachung des Anspruchs.

temperatura *f* **del cadavere** (*med. leg.*) Leichentemperatur *f*.

tempestivo *agg* rechtzeitig.

tempo *m* Zeit *f*; a – **indeterminato** unbefristet; – **di frenata** Bremszeit *f*; – **di guerra** Kriegszeit; – **libero** Freizeit *f*; – **di notte** Nachtzeit; – **di reazione** Reaktionszeit; – **per riflettere** Bedenkzeit *f*, Bedenkfrist *f*, Überlegungsfrist; v. a. PERIODO, TERMINE.

temporaneo *agg* zeitweilig, vorübergehend.

tendenza *f* Tendenz *f*; – **ascensionale** Aufwärtstendenz, Auftriebstendenz; – **della borsa** Börsentendenz; – **alla concentrazione** Tendenz zur Konzentration; – **crescente** steigende Tendenz; – **deflatoria** deflatorische Tendenz; – **a delinquere** Hang zur Begehung strafbarer Handlungen; – **della domanda** Nachfrageentwicklung; – **espansionistica** Ausdehnungstendenz, Ausdehnungsbestrebung *f*; – **ferma** (*borsa*) feste Haltung *f*; – **di fondo** Grundtendenz; – **generale** Gesamttendenz, allgemeine Entwicklung; – **inflazionistica** Inflationstendenz; – **all' investimento** Investitionsneigung; – **irregolare** uneinheitliche Tendenz; – **del mercato** Markttendenz; – **al miglioramento** Auftriebstendenz; – **dei prezzi** Preistendenz; – **al realizzo** Abgabetendenz; – **al rialzo** Haussetendenz, steigende Tendenz, Aufwärtsbewegung *f*; – **al ribasso** Baissetendenz, Baissebewegung *f*, fallende Tendenz, rückläufige Tendenz, Abwärtsbewegung *f*; – **al risparmio** Sparneigung.

tendenze *f pl*, – **riformatrici** Reformbestrebungen *f pl*; – **separatistiche** separatistische Bestrebungen *pl*, Sonderbestrebungen *pl*.

tendenzioso *agg* tendenziös.

tenere la destra (*circ. strad.*) rechts fahren.

tenitore del registro di commercio (S) Handelsregisterführer *m*.

tenore Wortlaut *m*, Tenor *m*; – **della legge** Gesetzeswortlaut; – **di vita** Lebenshaltung *f*, Lebensstandard *m*.

tensione *f* Spannung *f*; – **del credito** Kreditanspannung *f*, Kreditspannung; – **internazionale** internationale Spannung; – **dei prezzi** Preisanspannung *f*; – **sociale** soziale Spannung.

tentare versuchen.

tentativo *m* Versuch *m*; – **compiuto** beendeter Versuch; – **di conciliazione** Versöhnungsversuch, Sühneversuch, Güteversuch, Einigungsversuch, Ausgleichsversuch, Verständigungsversuch; – **di concordato** Vergleichsversuch; – **di corruzione** Bestechungsversuch; – **di estorsione** Erpressungsversuch; – **d'evasione,** – **di fuga** Fluchtversuch; – **fallito** fehlgeschlagener Versuch; – **impossibile,** – **inidoneo** untauglicher Versuch; – **incompiuto** unbeendeter Versuch; – **intimidatorio** Einschüchterungsversuch; – **di istigazione** Anstiftungsversuch; –

con mezzi inidonei Versuch mit untauglichen Mitteln; – **di omicidio** Totschlagsversuch; – **punibile** strafbarer Versuch; – **di reato** Versuch einer Straftat; – **di suicidio** Selbsttötungsversuch, Suizidversuch.

tenuta *f*, – **di cassa** Kassenführung *f*, Kassenhaltung *f*; – **dei conti,** – **di conto** Kontoführung *f*, Kontenführung, Rechnungsführung; – **dei libri** Buchführung *f*; – **di registro** Registerführung *f*.

teoria *f* Lehre *f*, Theorie *f*; – **dell'affidamento** Vertrauenstheorie; – **di bilancio** Bilanztheorie, Bilanzlehre, Bilanzauffasung *f*; – **del bilancio pubblico** Budgettheorie; – **della causalità adeguata** Adäquanztheorie, Lehre von der adäquaten Verursachung; – **della „conditio sine qua non"** Bedingungstheorie, Äquivalenztheorie; – **della congiuntura** Konjunkturtheorie; – **della creazione,** – **creazionista** Kreationstheorie; – **della dichiarazione** Erklärungstheorie; – **economica** Wirtschaftstheorie; – **dell'emissione,** – **emissionistica** Emissionstheorie; – **dell'equivalenza** Äquivalenztheorie; – **finalistica dell' azione** (*dir pen.*) finale Handlungslehre; – **generale del diritto** allgemeine Rechtslehre; – **del'illazione** Illationstheorie; – **marxiana** marxistische Theorie; – **della moneta,** – **monetaria** Geldtheorie; – **dell'occupazione** Beschäftigungstheorie; – **del plusvalore** Mehrwertlehre; – **delle probalità** Wahrscheinlichkeitstheorie; – **quantitativa** Quantitätstheorie; – **della rappresentazione** Vorstellungstheorie; – **della rendita differenziale** Differentialrententheorie; – **dello Stato** Staatslehre, Staatstheorie; – **della volontà** Willenstheorie.

teppismo *m* Rowdytum *m*.

teppista *m* Rowdy *m*.

terapia *f* Therapie *f*, – **comportamentale** Verhaltenstherapie; – **di gruppo** Gruppentherapie.

terapista *m* Therapeut *m*.

terminale *m* Terminal *n*; – **di interrogazione** (*inf*) Abfrageterminal; – **video** Bildschirmgerät *n*.

termine *m* (1) (*giorno determinato*) Termin *m*; (2) (*lasso di tempo*) Frist *f*; **a breve** – kurzfristig; **abbreviare il** – die Frist abkürzen; **assegnare un** – eine Frist setzen; **concedere un** – eine Frist gewähren; **congruo** – angemessene Frist; **fissare un** – eine Frist setzen; **a lungo** – langfristig; **a medio** – mittelfristig; **osservare il** – die Frist einhalten; **prorogare il** – die Frist verlängern; **vendere a** – auf Ziel verkaufen; – **d'abbandono** Abandonfrist; – **abbreviato** abgekürzte Frist; – **d'accettazione** Annahmefrist, Akzeptfrist; – **ad adempiere** Leistungsfrist; – **di adempimento** Fälligkeitstermin; – **d'attesa** Wartefrist; – **per comparire,** – **di comparizione** Erscheinungsfrist, Ladungsfrist; – **di consegna** Lieferfrist, Lieferzeit, Ablieferungsfrist, Liefertermin, Ablieferungstermin; – **di conservazione** Aufbewahrungsfrist; – **contrattuale** Vertragsbestimmung *f*; – **convenuto** vereinbarter Zeitpunkt; **nel** – **convenuto** fristgemäß, termingerecht; – **convenzionale** vertraglich vereinbarte Frist; – **di convocazione** (*assemblee*) Einladungsfrist; – **per la costituzione in guidizio del convenuto** Einlassungsfrist; – **di custodia** Aufbewahrungsfrist, (UPU) Lagerfrist; – **di decadenza** Verfallfrist, Verwirkungsfrist (A); – **di denuncia** Anzeigefrist, Anmeldefrist, Meldefrist; – **di deposito** Hinterlegungsfrist, Einlegungsfrist; – **di dichiarazione** Erklärungsfrist, Anzeigefrist, Anmeldefrist, Meldefrist; – **dilatorio** Aufschubfrist; – **di disdetta** Kündigungsfrist; Kündigungstermin; – **d'esecuzione** Ausführungsfrist; – **d'esercizio** Ausübungsfrist; – **d'esercizio del diritto** Rechtsausübungsfrist; – **essenziale** wesentliche Zeitbestimmung; – **fatale** Ausschlussfrist; –

finale Endtermin; – **fissato** vereinbarter Termin; – **fissato dalla legge** gesetzlich bestimmte Frist; – **fisso** fester Termin; – **di garanzia** Garantiefrist; – **giudiziale, – giudiziario** richterliche Frist, gerichtliche Frist; – **giuridico** Rechtsausdruck *m*, rechtlicher Ausdruck, juristischer Ausdruck; – **improrogabile** unaufschiebbare Frist; – **d'impugnazione** Rechtsmittelfrist; – **incerto** unbestimmter Zeitpunkt; – **d'indulto** Indultfrist; – **iniziale** Anfangstermin; – **d'iscrizione** Anmeldefrist; – **legale** (1) gesetzliche Frist; (2) (*linguaggio*) Rechtsausdruck *m*, rechtlicher Ausdruck, juristischer Ausdruck; – **per la motivazione** Begründungsfrist; – **di notifica** Zustellungsfrist; – **d'opposizione** Einspruchsfrist; Einsprachefrist (S +); – **d'opzione** Optionsfrist; (*sottoscrizione nuove azioni*) Bezugsfrist; – **di pagamento** Zahlungstermin; Zahlungsfrist, (*titoli, anche*:) Einlösungsfrist; – **di partecipazione** (S) Anschlussfrist (S); – **pattuito** vereinbarter Termin; – **a pena di decadenza, – perentorio, – di preclusione, – preclusivo** Ausschlussfrist, Präklusivfrist, präklusive Frist, Verwirkungsfrist (A), Fallfrist (A), Notfrist; – **di preavviso** Kündigungsfrist; – **di prescrizione** Verjährungsfrist; – **di presentazione** Vorlegungsfrist, Vorlagefrist, Präsentationsfrist; – (*della dichiarazione*) Abgabefrist; – **processuale** verfahrensrechtliche Frist, prozessrechtliche Frist; – **per proporre la querela** Strafantragsfrist; – **di proroga** Stundungsfrist; – **prorogabile** verlängerbare Frist; – **di protesto** Protestfrist; – **della protezione** Schutzfrist; – **di pubblicazione di matrimonio** Eheaufgebotsfrist, Aufgebotsfrist, Verkündungsfrist (S); – **di registrazione** Eintragungsfrist, Anmeldefrist; – **di resa** Lieferfrist; – **di ricorso** Beschwerdefrist, Rekursfrist (A, S); – **di ricorso per cassazione** Revisionsfrist; – **ridotto** abgekürzte Frist; – **di risoluzione** Kündigungsfrist, Kündigungstermin; – **di rispetto** Achtungsfrist, Respektfrist; – **di scadenza** (*adempimento*) Fälligkeitstermin; Verfall(s)frist; – **di sfratto** Räumungsfrist; – **sospensivo** aufschiebende Frist, Suspensivfrist (S=); – **di sottoscrizione** Zeichnungsfrist, Subskriptionsfrist, (*nuove azioni*) Bezugsfrist; – **stabilito** festgelegter Zeitpunkt *m*; – **statutario** satzungsmäßige Frist; – **supplementare** Nachfrist; – **d'usucapione** Ersitzungsfrist; – **ultimo** letzter Termin; **in – utile** termingerecht, fristgerecht; – **di validità** Gültigkeitsdauer *f*; V. A. DATA, GIORNO, PERIODO.

termini, restituire in – in den vorigen Stand wiedereinsetzen; **ai – della legge** gemäß Gesetz; **in – monetari** (*reddito nazionale*) zu laufenden Preisen; **in – reali** zu konstanten Preisen; – **del credito** Kreditkonditionen.

terminologia *f* Terminologie *f*; – **giuridica** Rechtssprache *f*; – **tecnica** Fachterminologie *f*.

terra *f* Land *n*; – **incolta** brachliegendes Land; – **di nessuno** Niemandsland *n*.

terremotato *m* Erdbebengeschädigter *m*.

terremoto *m* Erdbeben *n*.

terreno *m* Boden *m*, Land *n*, Gelände *n*, Grundstück *n*; **lottizzare un –** ein Grundstück parzellieren; – **affittato** Pachtgrundstück *n*, Pachtland *n*; – **agricolo** landwirtschaftlich genutzte Fläche; – **alluvionale** Anschwemmung *f*, Anspülung *f*; – **confinante** Nachbargrundstück *n*; – **edificabile, – fabbricabile** baureifes Gelände, Baugrundstück *n*, Bauland *n*, Baugelände; – **incolto** Brachland; – **industriale** Betriebsgrundstück *n*; – **libero** unbebautes Grundstück.

territoriale *agg* örtlich, Gebiets-.

territorialità *f* Territorialität *f*.

territorio Gebiet *n*; – **in affitto** Pachtgebiet; – **sotto amministrazione**

fiduciaria Treuhandgebiet, Treuhandschaftsgebiet (A); – **ceduto** abgetretenes Gebiet, Abtretungsgebiet; – **annesso** annektiertes Gebiet; – **coloniale** Kolonialgebiet; – **comunale** Gemeindegebiet, Stadtgebiet, Gemarkung *f*, – **in concessione** Pachtgebiet; – **sotto controllo** Kontrollgebiet; – **controverso** umstrittenes Gebiet; – **doganale** Zollgebiet; – **doganale estero** Zollausland; – **doganale interno** Zollbinnenland; – **evacuato** geräumtes Gebiet; – **extradoganale** Zollausschlussgebiet; – **federale** Bundesgebiet; – **franco** Freigebiet; – **d'immigrazione** Einwanderungsgebiet; – **incorporato** angegliedertes Gebiet; – **invaso** vom Feinde besetztes Gebiet; – **liberato** befreites Gebiet; – **libero** freies Gebiet; – **limitrofo** angrenzendes Gebiet, benachbartes Gebiet; – **sotto mandato** Mandatgebiet; – **marittimo** Hoheitsgewässer *pl*; – **metropolitano** Mutterland *n*; – **nazionale** Inland *n*; Hoheitsgebiet; – **nemico** feindliches Gebiet, Feindgebiet; – **occupato** besetztes Gebiet, Besatzungsgebiet; – **d'oltremare** überseeisches Gebiet, Überseegebiet; – **periferico** Randgebiet; – **redento, – reincorporato, – ricuperato** rückgegliedertes Gebiet; – **dello Stato** Staatsgebiet; – **sotto tutela** unter Treuhandschaft gestelltes Gebiet, unter Treuhänderschaft stehendes Gebiet; Treuhandgebiet, Treuhandschaftsgebiet (A); v. a. ZONA.

terrore *m* Terror *m*.

terrorismo *m* Terrorismus *m*; – **di destra** Rechtsterrorismus; – **internazionale** internationaler Terrorismus; – **politico** politischer Terrorismus; – **di sinistra** Linksterrorismus.

terrorista *m* Terrorist *m*.

terroristico *agg* terroristisch.

terrorizzare terrorisieren.

terza di cambio Tertiawechsel *m*, Wechseltertia *f*, Drittausfertigung *f*, dritte Ausfertigung.

terziario *m* (*settore dei servizi*) Dienstleistungssektor *m*.

terziarizzazione *f* Anwachsen *n* des tertiären Sektors, Zunahme *f* der Dienstleistungen.

terzo *m* Dritter *m*; – **acquirente** Dritterwerber *m*; – **arbitro** Obmann *m*; – **beneficiario** Drittbegünstigter; – **chiamato in causa** Verkundungsgegner, Litisdenunziat *m* (S); – **contraente** Drittkontrahent *m*; – **creditore** Drittgläubiger *m*; – **debitore** Drittschuldner *m*; – **obbligato** Drittverpflichteter *m*; – **opponente** Drittwiderspruchskläger *m*, Widerspruchskläger, Exszindierungskläger (A); – **possessore** Drittbesitzer *m*; – **proprietario**.

tesaurizzante *m* Horter *m*.

tesaurizzare horten, thesaurieren.

tesaurizzazione *f* Hortung *f*, Thesaurierung *f*, Geldhamsterung *f*, Geldhortung.

tesi *f*, – **giuridica** Rechtsauffassung *f*; – **di laurea** Promotionsarbeit *f*, Doktorarbeit, Dissertation *f*.

tesoreria *f* Schatzamt *n*, Schatzkammer *f*, Schatzmeisteramt *n*, Kämmerei *f*; – **centrale dello Stato** Staatshauptkasse *f*; – **comunale** Gemeindekasse *f*, Stadtkasse; – **dello Stato** Staatskasse *f*.

tesoriere *m* Zahlmeister *m*, Schatzmeister *m*, Kassenverwalter *m*, Kämmerer *m*; – **generale** Generalzahlmeister.

tesoro *m* Schatz *m*; – **pubblico** Staatsschatz.

tessera *f* Ausweis *m*; – **d'abbonamento** Abonnementskarte, Dauerkarte *f*; – **alimentare, – annonaria** Lebensmittelkarte *f*; – **assicurativa** Versicherungskarte *f*; – **assicurativa internazionale** Internationale Versicherungskarte; – **diplomatica** Diplomatenausweis; – **di frontiera** Grenzkarte *f*, Grenzausweis, Grenzschein *m*; – **di giornalista** Presseausweis; – **di legittimazione** Ausweis *m*, Ausweiskarte *f*, Personalausweis; – **magnetica** Magnetkarte *f*; – **di membro** Mitgliedsausweis; – **di partito** Parteibuch *n*; – **permanente** Dauerausweis; – **postale di riconoscimento** Postausweis, Postausweiskarte *f*; – **professionale** Berufsausweis, Berufskarte *f*; – **di razionamento** Rationierungsausweis; – **di riconoscimento** Ausweis *m*; – **sanitaria** Gesundheitspass *m*; – **di servizio** Dienstausweis; – **di socio** Mitgliedsausweis; Mitgliedskarte *f*; v. a. CARTA.

tesseramento *m* (*1*) Ausstellung von Mitgliedskarten; (2) (*razionamento*) Rationierung *f*.

tesserare (1) rationieren; (2) (*un iscritto*) (einem Mitglied) die Mitgliedskarte aushändigen.

tesserato *agg* (1) (*razionato*) rationiert, bewirtschaftet; (2) (*iscritto*) eingetragen.

tesserato *m* Inhaber einer Mitgliedskarte, Mitglied *n*.

test *m* Test *m*; – **attitudinale** Eignungstest; – **nucleare** Atomtest; – **sui prodotti** Warentest; – **psicologico** psychologischer Test; – **di valutazione** Bewertungstest.

testa, **a** – pro Kopf; – **assicurata** versichertes Leben; – **sotto rischio** unter Risiko stehendes Leben.

testamentario *agg* testamentarisch, letztwillig.

testamento *m* Testament *n*; **aprire un** – ein Testament eröffnen; **depositare un** – ein Testament hinterlegen; **disporre per** – testamentarisch verfügen; **fare un** – ein Testament machen, ein Testament errichten; **impugnare un** – ein Testament anfechten; **revocare un** – ein Testament widerrufen; **ricevere un** – ein Testament aufnehmen, ein Testament entgegennehmen; **ricevere per** – durch Testament erwerben; **stendere un** – ein Testament errichten; – **per atto di notaio** notarielles Testament; – **a bordo di nave** Seetestament; – **congiuntivo** gemeinschaftliches Testament, gemeinschaftliche Erklärung des letzten Willens (A =); – **corrispettivo** gegenseitig abhängiges Testament, korrespektives Testament, wechselseitigegs Testament, wechselbezügliches Testament; – **a favore dell'amante** Mätressentestament; – **dei militari** Militärtestament, Wehrmachtstestament; Wehrmachtsnottestament; – **mistico,** – **misto** mystisches Testament; – **in navigazione marittima** Seetestament; – **notarile** notarielles Testament; – **nullo** ungültiges Testament; – **nuncupativo** mündliches Testament; – **olografo** eigenhändiges Testament, eigenhändig geschriebenes Testament, handgeschriebenes Testament, holographisches Testament; – **orale** mündliches Testament; – **ordinario** ordentliches Testament; – **posteriore** späteres Testament; – **privato** Privattestament; – **pubblico** öffentliches Testament; – **reciproco** gegenseitiges Testament, reziprokes Testament; – **ricevuto dal sindaco** Bürgermeistertestament; – **segreto** mystisches Testament, öffentliches Testament durch Übergabe einer verschlossenen Schrift; – **simultaneo** gemeinschaftliches Testament; – **speciale** Nottestament, außerordentliches Testament.

testare testieren.

testata *f* **atomica** Atomsprengkopf *m*.

testatico *m* Kopfsteuer *f*.

testatore *m* Testator *m*, Erblasser *m*.

teste *m* v. testimone, testimonio.

testimone *m* Zeuge *m*; **citare un** – einen Zeugen laden; **deporre come** – als Zeuge aussagen; **interrogare un** – einen Zeugen vernehmen; **presentare un** – einen Zeugen stellen; – **d'accusa** Belastungszeuge; – **auricolare** Ohrenzeuge; – **esperto** sachverständiger Zeuge; – **irreperibile** unerreichbarer Zeuge; – **non comparso** nicht erschienener Zeuge; v. a. TESTIMONIO.

testimoniale *agg* zeugenschaftlich, Zeugen-.

testimoniale d'avaria Havarieprotest *m*, Havarieattest *n*, Havariezertifikat *n*, Seeprotest, Seeverklarung *f* (A).

testimonianza *f* Zeugnis *n*, Zeugenaussage *f*; **falsa** – falsches Zeugnis, falsche Zeugenaussage, Falschaussage des Zeugen, falsche Beweisaussage vor Gericht (A); **ricevere una** – ein Zeugnis entgegennehmen, ein Zeugnis annehmen; v. a. DEPOSIZIONE.

testimoniare bezeugen, Zeugnis abgeben, (als Zeuge) aussagen, bekunden; – **il falso** falsch aussagen; – **a favore** zugunsten aussagen; – **a sfavore** zu Ungunsten aussagen.

testimonio *m* Zeugen *m*; **esaminare un** – einen Zeugen vernehmen; **falso** – falsch aussagender Zeuge; **nominare un** – einen Zeugen benennen; **subornare un** – einen Zeugen beeinflussen; – **attendibile** glaubwürdiger Zeuge; – **auricolare** Ohrenzeuge; – **di buona condotta** Leumundszeuge; – **a carico** Belastungszeuge; – **citato** geladener Zeuge; – **della controparte** Gegenzeuge; – **a discarico** Entlastungszeuge; – **fidefacente** beglaubigender Zeuge; – **del matrimonio** Trauzeuge; – **non comparso** ausbleibender Zeuge; – **oculare** Augenzeuge; – **di presenza** Urkundszeuge; – **principale** Hauptzeuge, Kronzeuge; – renitente Zeuge, der die Aussage ungerechtfertigt verweigert; – **ricusabile** ablehnbarer Zeuge; – **ricusato** abgelehnter Zeuge; – **testamentario** Testamentszeuge; – **di udito** Ohrenzeuge; – **di vista** Augenzeuge.

testo *m* Text *m*, Fassung *f*, Wortlaut *m*; **nuovo** – neue Fassung, Neufassung; **vecchio** – alte Fassung; – **autentico** authentischer Text, maßgeblicher Text; – **contrattuale** Vertragstext; – **costituzionale,** – **della costituzione** Verfassungstext; – **emendato** Änderungsfassung; – **facente ugualmente fede** gleichermaßen verbindlicher Wortlaut; – **di legge,** – **legislativo** Gesetzestext; – **originale** Originaltext; – **previgente** (*di una legge*) alte Fassung, vorherige Fassung; – **rimaneggiato** Neufassung; – **unico (t. u.)** vereinheitlichter Text.

tetto *m* Höchstgrenze *f*; – **del disavanzo pubblico** Haushaltsdefizitgrenze; – **dell'inflazione** Inflationshöchstgrenze *f*.

ticket *m* Selbstkostenanteil *m* (*für Leistungen im Gesundheitswesen*).

timbrare stempeln, abstempeln.

timbratura *f* Stempelung *f*, Abstempelung.

timbro *m* Stempel *m*; – **di controllo** Kontrollstempel; – **a data** Tagesstempel, Datumsstempel; – **postale** Poststempel; – **a secco** Trockenstempel, Prägestempel; v. a. BOLLO.

timore *m* Furcht *f*; – **riverenziale** Ehrfurcht.

tipificare typisieren.

tipificazione *f* Typisierung *f*.

tipizzazione *f* Typisierung *f*.

tipo *m Art f*, Typ *m*, Modell *n*, Form *m*; – **di attività** Art der Tätigkeit; – **d'autore** Tätertyp *m*; – **di azione** Klageart; – **di concorrenza** Wettbewerbsform; – **contrattuale** Vertragstyp *m*; – **contrattuale legale** gesetzlich geregelter Vertragstyp; – **contrattuale sociale** verkehrstypische Vertragsart; – **di credito** Kreditform; – **di edificio** Gebäudeart; – **d'imposta** Steuerart; – **monetario** Geldsorte *f*, Münzsorte; – **negoziale** Rechtsgeschäftstyp; – **normativo d'autore** normativer Tätertyp *m*; – **di pena** Strafart; – **di reato** Deliktstypus *m*; – **di reddito** Einkunftsart *f*; – **di società** Gesellschaftsform *f*.

tirannia *f* Tyrannei *f*, Gewaltherrschaft *f*.

tiranno *m* Tyrann *m*.

tiratore *m* Schütze *m*; **franco** – Freischärler *m*, Franktireur *m*; – **scelto** Scharfschütze, Präzisionsschütze.

tiratura *f* Auflage *f*; – **minima garantita** garantierte Mindestauflage.

tirocinante *m* Auszubildender *m*.

tirocinio *m* Ausbildungszeit *f*, Lehre *m*, Lehrzeit *f*.

titolare *agg* ordentlich, planmäßig.

titolare *m* Inhaber *m*, Titulär *m* (A); – **di una aspettativa** Anwartschaftsberechtigter *m*; – **di una autorizzazione** Inhaber einer Genehmigung, Genehmigungsinhaber, Bewilligungsinhaber, Inhaber einer Bewilligung; – **dell'azienda** Betriebsinhaber; – **di banca** Bankinhaber; – **del brevetto** Patentinhaber; – **di carica** Inhaber eines Amts, Amtsinhaber; – **di concessione** Konzessionsinhaber; – **del conto** Kontoinhaber; – **di un conto corrente postale** Postgirokontoinhaber, Postscheckteilnehmer *m*, Postscheckkunde *m*; – **di un diploma** Inhaber eines Diploms, Diplominhaber; – **del diritto** Berechtigter *m*; – **di un diritto** Inhaber eines Rechts, Rechtsinhaber; – **della ditta** Firmeninhaber, Firmainhaber (S); – **di funzione pubblica** Inhaber eines Amtes, Amtsinhaber; – **di licenza** Lizenzinhaber; – **del negozio** Geschäftsinhaber; – **del passaporto** Paßinhaber; – **della patente** Patentinhaber; – **della patente di guida** Führerscheininhaber; – **della pensione** Rentenempfänger; – **della permesso** Erlaubnisscheininhaber; – **di posto** Stelleninhaber; – **della potestà sui figli** Sorgerechtsinhaber, Sorgeberechtigter; – **precedente** Vorinhaber; – **di una rendita** Renteninhaber, Rentenbezieher *m*, Rentenempfänger *m*; – **di ufficio** Inhaber eines Amtes, Amtsinhaber, Amtsträger *m*; – **unico** Alleininhaber, Einzelinhaber.

titolarità *f* Inhaberschaft *f*; – **dell'azione** Klageberechtigung *f*; – **del diritto** Rechtsinhaberschaft.

titoli *m pl* Wertpapiere *pl*, Wertschriften *pl* (S +), Papierwerte *pl*; – **ammessi alla quotazione, – di borsa** Börsenwertpapiere *pl*, Börseneffekten *pl*, Effekten, Börsenwerte *pl*, Börsenpapiere *pl*; – **assicurativi** Versicherungswerte; – **cambiari** Devisenwerte *pl*; – **chimici** Chemiewerte; – **di credito** Wertpapiere, Weitschriften (S); – **di listino** Effekten, Börsenpapiere; – **marittimi** Schifffahrtsaktien *pl*; – **non quotati** unnotierte Werte; – **privilegiati** Prioritätspapiere; – **pubblici** Staatsanleihen *pl*, Staatsschuldverschreibungen *pl*, Staatspapiere *pl*; – **quotati** (in *borsa*) Börsenwerte; – **a reddito fisso** festverzinsliche Wertpapiere, Renten *pl*; – **standard** Standardwerte; – **di Stato** Staatspapiere *pl*, Staatsschuldverschreibungen *pl*, Staatsanleihen *pl*; v. a. TITOLO.

titolo *m* (1) (*di credito*) Wertpapier n, Papier, Stück *n*; (2) (*nobiliare ecc.*) Titel *m*; (3) (del metallo) Gehalt *m*; (4) (*documento*) Titel m, Urkunde f; **giusto** – begründeter Rechtsanspruch; **a giusto** – zu Recht, mit Recht; – **abilitativo, – di abilitazione** Befähigungsnachweis m, Befähigungszeugnis n; – **accademico** akademischer Grad m; – **di acquisto** Erwerbstitel; – **d'argento** Silbergehalt; – **astratto** abstraktes Wertpapier; – **azionario** Aktienwert *m*, Aktienpapier *n*; – **in bianco** Blankopapier *n*; – **di bilancio** (*pubblico*) Haushaltstitel; – **causale** kausales Wertpapier; – **coloniale** Kolonialpapier *n*, Kolonialwert *m*, Kolonialwertpapier; – **colpito da fermo** mit Opposition belegtes Wertpapier, gesperrtes Wertpapier; – **di credito** Wertpapier, Wertschrift *f* (S +), Kreditpapier; – **di debito** Schuldtitel, Schuldurkunde; – **di dottore** Doktortitel; – **equipollente** gleichwertiger Titel; – **esecutivo** Vollstreckungstitel, vollstreckbare Urkunde, vollstreckbarer Titel, Exekutionstitel (A); – **estratto** verlostes Stück; – **di godimento** Genussschein *m*; **a** – **gratuito** unentgeltlich; – **guida** Spitzenpapier n, Spitzenwert *m*; – **giuridico** Rechtstitel; – **d'investimento** Anlagepapier *n*; – **ipotecario** Grundpfandtitel, Hypothekenbrief *m*, Pfandbrief; – **di legittimazione** Legitimationspapier, Ausweispapier; – **negoziabile** marktfähiges Wertpapier; – **negoziato in borsa** börsengängiges Wertpapier; – **nobiliare** Adelstitel; – **nominativo** Namenspapier, Namenpapier (S); – **non all'ordine** Rektapapier; – **obbligazionario** Anleihepapier n, Anleihestück *n*, Anleihenstitel (S); **a – oneroso** entgeltlich; – **onorifico** Ehrentitel; – **all'ordine** Orderpapier, Ordrepapier (S); – **dell'oro** Goldgehalt; **a – di pagamento** zahlungshalber; – **di partecipazione** Anteilpapier; – **pilota** führendes Wertpapier, Spitzenpapier *n*, Spitzenwert *m*; – **del possesso** Besitztitel; – **a premio** Lospapier *n*, Prämienpapier; – **della proprietà** Eigentumstitel; – **quotato in borsa** Börsenpapier *n*; – **rappresentativo** Dispositionspapier, Traditionspapier; – **rappresentativo di merci** Warenpapier *n*; – **a reddito fisso** festverzinsliches Wertpapier, Wertpapier mit festem Ertrag; – **a reddito variabile** Wertpapier mit schwankendem Ertrag, Dividendenpapier *n*, Dividendenwert *m*; – **di rendita** Rentenpapier *n*, Rententitel, Rentenwert *m*, Rentenschein *m*, Rentenbrief *m*; – **da riscuotere** (*posta*) Postauftragspapier *n*; – **scaduto** fälliges Papier; – **speculativo, – di speculazione** Spekulationspapier *n*; – **di spesa** Ausgabetitel; – **di studio** Studientitel; – **traslativo** (rechts) übertragender Titel; – **di trasporto** Fahrtausweis *m*, Fahrausweis, Fahrschein *m*, Beförderungsurkunde *f*, Frachtschein; – **turistico** Reisekreditdokument *n*; – **ufficiale** Amtstitel; – **di viaggio** Reiseausweis *m*; v. a. TITOLI, VALORE, VALORI.

tocco *m* Barett *n*.

toga *f* Robe *f*, Talar *m*.

togato *m* (*guidice*) Berufsrichter *m*.

tollerabilità *f* Ertraglichkeitsgrenze *f*.

tolleranza *f* (1) (*divergenza ammessa*) Toleranz *f*, Toleranzbewilligung *f*, zulässige Abweichung, Fehlergrenze *f*, (*monete*, *anche*:) Passagiergewicht *n*; (*2*) Duldung *f*; – **di monetazione** Münztoleranz; – **di qualità** Gütetoleranz.

tollerare dulden.

tonnellaggio *m* Tonnengehalt *m*, Tonnage *f*, Schiffsraum *m*, Fassungsraum, Ladefähigkeit *f*, Raumgehalt; – **lordo** Bruttotonnengehalt; – **netto** Nettotonnengehalt, Nettotonnage; – **di registro**, – **di stazza** Registertonnage; v. a. STAZZA.

tonnellata *f*, – **-chilometro** Kilometertonne *f*, Tonnenkilometer *n*; – **di registro,** – **di stazza** Registertonne *f*; – **di stazza netta** Nettoregistertonne *f*.

tono *m* (*borsa*) Stimmung *f*.

tontina *f* Tontine *f*.

toponomastica *f* Ortsnamengebung *f*.

tornata *f* Sitzung *f*; – **elettorale** Wahlgang *m*; – **straordinaria** Sondersitzung.

torto *m* Unrecht *n*.

tortura *f* Folter *f*, Tortur *f*.

torturare foltern.

tosatura di monete Verringerung von Münzen.

tossicodipendente *agg* rauschgiftabhängig *f*.

tossicodipendente *m* Rauschgiftabhängiger *m*.

tossicodipendenza *f* Rauschgiftabhängigkeit *f*.

tossicomane *agg* rauschgiftsüchtig.

tossicomania *f* Rauschgiftsucht *f*.

totale *m* Gesamtbetrag *m*, Gesamtsumme *f*; – **assicurato** Gesamtversicherungssumme; – **attivo** Summe der Aktiva; – **del bilancio** Bilanzsumme *f*, Bilanzvolumen *n*; – **delle esportazioni** Gesamtausfuhr *f*; – **imponibile** Gesamtheit der (steuerpflichtigen) Einkünfte; – **delle importazioni** Gesamteinfuhr *f*; – **passivo** Summe der Passiva; – **del porto** Gesamtfracht *f*; – **delle vendite** Gesamtabsatz *m*, Gesamtumsatz.

totalitario *agg* totalitär.
totalitarismo *m* Totalitarismus *m*.
totalizzatore *m* Totalisator *m*.
traboccamento *m* (*spillover*) Ausstrahlungseffekt *m*, Nachbarschaftseffekt *m*.
traccia *f* Spur *f*, – **della frenata** Bremsspur; – **del reato** Tatspur.
tracciato *m*, – **di confine,** – **di frontiera** Grenzführung *f*, Grenz verlauf *m*.
tracollo *m* Zusammenbruch *m*; – **finanzario** finanzieller Zusammenbruch; – **dei prezzi** Preissturz *m*; – **dei prezzi di borsa** Kurssturz *m*.
tradimento *m* Verrat *m*; **alto** – Hochverrat, (*commesso da un militare*) Kriegsverrat; – **nelle relazioni diplomatiche** (S) diplomatischer Landesverrat (S).
tradire verraten.
traditio brevi manu Übereignung kurzer Hand, Besitzauflassung *f* (A), Besitzwandlung *f* (A).
traditore *m* Verräter *m*.
tradizione *f* (1) Übergabe *f*; (2) Überlieferung *f*, Tradition *f*; – **giuridica** Rechtstradition; – **simbolica** symbolische Übergabe.
tradurre (1) (*testi*) übersetzen; (2) (*detenuti*) überstellen.
traduttore *m* Übersetzer *m*; – **giurato** (allgemein) beeidigter Übersetzer; – **simultaneo** Simultandolmetscher.
traduzione *f* (1) (*di testi*) Übersetzung *f*; (2) (*di detenuti*) Überführung *f*, Überstellung *f*; – **asseverata** beeidete Übersetzung; – **di detenuti,** – **di prigionieri** Überstellung von Gefangenen; – **giurata** beeidete Übersetzung; – **simultanea** Simultanübersetzung *f*.
traente *m* Trassant *m*, Aussteller *m*; – **di un assegno** Scheckaussteller; – **di cambiale** Aussteller eines Wechsels, Wechselaussteller, Wechselgeber *m*.
traenza *f* Ziehung *f*, Trassierung *f*, Ausstellung *f*.
trafficante *m* Händler *m*; (*peggiorativo*) Schieber *m*; – **di cocaina** Kokainhändler; – **in divise** Devisenschieber; – **di droga** Drogenhändler; – **losco** Schieber; – **di schiavi** Menschenhändler, Sklavenhändler; – **di stupefacenti** Rauschgifthändler.
trafficare handeln, (*peggiorativo*) schieben.
traffico *m* Verkehr *m*; **libero** – freier Verkehr; – **aereo** Luftverkehr; – **aereo commerciale** gewerblicher Luftverkehr; – **d'armi** Waffenhandel *m*, Waffenschmuggel *m*; – **automobilistico** Kraftfahrzeugverkehr; – **commerciale** Handelsverkehr; – **di contrabbando** Schmuggelhandel *m*; – **dati** Datenverkehr; – **di droga** Drogenhandel; – **economico** Wirtschaftsverkehr; – **ferroviario** Bahnverkehr, Eisenbahnverkehr; – **fluviale** Flussverkehr, Binnenschiffahrtsverkehr; – **di frontiera** Grenzverkehr; **piccolo** – **di frontiera** kleiner Grenzverkehr; – **giuridico** Rechtsverkehr; – **illecito** unerlaubter Handel; – **internazionale** internationaler Verkehr, Auslandsverkehr, internationaler Durchgangsverkehr; – **interno** Binnenverkehr, Inlandsverkehr; – **irregolare** Gelegenheitsverkehr; – **lacuale** Binnenschiffahrtsverkehr – **locale** Ortsverkehr; – **marittimo** Schifffahrtsverkehr, Seeverkehr; – **merci** Güterverkehr; – **monetario** Geldverkehr; – **in movimento** (*circ. strad.*) fließender Verkehr; – **occasionale** Gelegenheitsverkehr; – **pendolare** Pendelverkehr; – **di perfezionamento** Veredelungsverkehr, Veredelungsverkehr (S); – **di perfezionamento attivo** aktiver Veredlungsverkehr; – **di perfezionamento passivo** passiver Veredlungsverkehr; – **postale aereo** Luftpostverkehr; – **professionale** gewerblicher Verkehr; – **di punta** Spitzenverkehr; – **in senso contrario** Gegenverkehr; – **stradale** Straßenverkehr; – **di stupefacenti** Rauschgifthandel; – **terrestre** Landverkehr; – **di transito** Transitverkehr, Durchgangsverkehr, Durchfuhrverkehr; – **tu-**

ristico Touristenverkehr; – **viaggiatori** Reiseverkehr, Personenverkehr; – **vicinale** Nahverkehr; v. a. CIRCOLAZIONE, COMMERCIO, MOVIMENTO.

trafugamento *m* Entwendung *f.*

trafugare entwenden.

traino *m* Abschleppen *n.*

tramare anzetteln.

trame *f pl* Umtriebe *pl*; – **nere** faschistische Umtriebe.

tramite *m*, **per il – gerarchico** auf dem Dienstweg.

tramp *m* Trampschiff *n.*

tranche di un prestito Tranche einer Anleihe.

tranquillità *f* **pubblica** öffentliche Ruhe *f.*

transazione *f* (1) (*contratto*) Vergleich *m*; (2) (*operazione*) Geschäft *n*, Transaktion *f*; – **di banca** Banktransaktion; – **di capitali** Geldtransaktion *f*; – **giudiziario** Prozessvergleich; – **invisibile** unsichtbare Transaktion; v. a. OPERAZIONE.

transessuale *m* Transsexueller *m.*

transfer *m* Transfer *m.*

transfert *m* Transfer *m.*

transfuga *m* Überläufer *m.*

transigere sich vergleichen.

transitare durchreisen, durchfahren.

transitario *m* Transithändler *m.*

transito *m* Transit *m*, Durchgang *m*, Durchfahrt *f*, Durchreise *f*, Durchfuhr *f*; (*di persona estradata*) Durchlieferung *f*; – **in dogana** Durchfuhr, Zolltransit; – **inoffensivo** (*dir. int.*) friedliche Durchfahrt; – **internazionale** internationaler Durchgangsverkehr; – **marittimo** Seedurchgang *m*; – **allo scoperto** offener Durchgang.

transitorio *agg* vorübergehend, Übergangs-.

transizione *f* Übergang *m.*

transnazionale *agg* transnational.

trapasso *m* Übergang *m*; – **del diritto** Rechtsübergang *m*; – **del possesso** Besitzübergang; – **di proprietà** Eigentumsübergang *m*, Eigentumswechsel *m*; – **del rischio** Gefahrenübergang *m*, Gefahrübergang.

trapianto *m* **d'organo** Organübertragung *f*, Organverpflanzung *f.*

trarre (*effetti*) ziehen, trassieren.

trasbordare umladen, umschlagen.

trasbordo *m* Umladung *f*, Umschlag *m.*

trascrivere umschreiben, eintragen, einverleiben (A).

trascrizione *f* Umschreibung *f*, Transkription *f*; Eintragung *f*, Einverleibung *f*; – **nel catasto** Katastrierung *f*, Eintragung im Kataster.

trascuranza *f* Außerachtlassung *f.*

trasferibile *agg* übertragbar, transferierbar.

trasferibilità *f* Übertragbarkeit *f*; Transferfähigkeit *f.*

trasferimento *m* (1) Übertragung *f*, Überlassung *f*, Überführung *f*, Übergabe *f*; (2) (*bonifico*) Überweisung *f*, Übertragung; (3) (*di fondi*) Transfer *m*; (4) (*di sede*) Verlegung; (5) (*dell'impiegato*) Versetzung *f*; – **di azioni** Aktienübertragung; – **bancario** Banküberweisung, Bankgiro *n*; – **di bandiera** Flaggenwechsel *m*; – **di beni** Vermögensübertragung *f*; – **della competenza** Kompetenzübertragung; – **di credito** Übertragung einer Forderung, Forderungsübertragung, Forderungsübergang *m*; – **dati** Datentransfer; – **di domicilio** Wohnsitzverlegung *f*; – **di fondi** Transfer von Mitteln; – **di ipoteca** Übertragung einer Hyothek; – **dell'onere di imposta** Steuerüberwälzung; – **di popolazione** Bevölkerungsumsiedlung *f*; – **di portafoglio** Bestandsübertragung; – **del possesso** Besitzübertragung; – **della proprietà** Eigentumsübergang *m*, Eigentumsübertragung; – **della residenza** Aufenthaltswechsel *m*; – **di riserva** Reserveübertragung, Reserveüberweisung; – **di risorse** Ressourcentransfer; – **della sede** Sitzverlegung; – **di servizio** dienstliche Versetzung; – **di tecnologia** Technologietransfer; – **di territorio** Gebietsübertragung, Gebietsübergang *m*; – **di titoli** Effektengiro *n*; *v. a.* BONIFICO.

trasferire (1) übertragen, überführen, übergeben; (2) (*denaro su un conto*) überweisen, übertragen; (3) (*valuta*) transferieren; (4) (*la sede*) verlegen, (*persone*) versetzen.

trasferta *f* (1) Dienstreise *f* (2) Tagegeld.

trasformare umwandeln, umgestalten; (*lavorare*) verarbeiten.

trasformazione *f* Umwandlung *f*, Umgestaltung *f*; Umstellung *f*; (*lavorazione*) Verarbeitung *f*; (*del dir. int.*) Transformation *f*; – **economica** wirtschaftlicher Wandel; – **in legge** Umwandlung in ein Gesetz; – **delle misure di sicurezza** Umwandlung von Maßregeln der Sicherung; – **sociale** gesellschaftliche Veränderung; – **di una società** Umwandlung einer Gesellschaft, Umgründung einer Gesellschaft, Änderung der Gesellschaftsform, Gesellschaftsumstellung; – **tecnologica** technologischer Wandel.

trasgredire übertreten, (gegen etwas) verstoßen.

trasgressione *f* Übertretung *f*, Verletzung *f*, Verstoß *m*; – **della legge** Gesetzesübertretung, Gesetzesverletzung, Gesetzesverstoß; – **di termine** Fristüberschreitung *f*; – **valutaria** Devisenvergehen *n*.

trasgressore *m* Zuwiderhandelnder *m*; – **della legge** Gesetzesübertreter *m*.

traslare überführen.

traslazione *f* (*imposte*) Überwälzung *f*, Fortwälzung; – **di dominio** Eigentumsübertragung; – **dell'imposta** Steuerüberwälzung, Steuerabwälzung; – **di salma** Überführung eines Toten.

traslocare umziehen.

trasloco *m* Umzug *m*.

trasmigrazione dei popoli Völkerwanderung *f*.

trasmissibile *agg* übertragbar; – **per eredità** vererblich.

trasmissibilità *f* Übertragbarkeit *f*; – **per successione** Erblichkeit *f*, Vererblichkeit.

trasmissione *f* Übertragung *f*; – **di atti** Aktenübersendung *f*, Akteneinsendung *f* (S); – **dei dati** Datenübertragung; – **via satellite** Satellitenübertagung.

trasparenza *f* Transparenz *f*; – **bancaria** Transparenz der Bankgeschäfte; – **fiscale** Steuertransparenz; – **del mercato** Markttransparenz.

trasportare befördern.

trasportatore *m* Beförderer *m*, Transportunternehmer *m*.

trasporto *m* Beförderung *f*, Transport *m*; – **aereo** Luftbeförderung, Lufttransport, Beförderung auf dem Luftweg, Flugbeförderung (A); – **aereo internazionale** Beförderung im internationalen Luftverkehr; – **amichevole** Gefälligkeitsfahrt *f*; – **a collettame** Stückgutfracht *f*, Sammelverkehr *m*, Sammelladungsspedition *f*; – **combinato** gemischte Beförderung; – **in comune** Gemeinschaftstransport; – **di cortesia, – di favore** Gefälligkeitsfahrt *f*; – **di cose** Güterbeförderung; – **per ferrovia, – ferroviario** Beförderung mit der Eisenbahn, Bahnbeförderung, Bahntransport; – **in franchigia** gebührenfreie Beförderung; – **gratuito** Freifahrt *f*, Gratisbeförderung; – **internazionale di bagagli** internationale Gepäcksendung; – **internationale delle merci su strada (TIR)** internationaler Straßengüterverkehr; – **interno** Binnentransport; – **d'ipoteca** Übertragung einer Hypothek; – **a lunga distanza** Ferntransport; – **marittimo** Seebeförderung, Seefracht *f*, Seetransport, Beförderung auf dem Seewege; – **di merci** Gütertransport; – **di merci pericolose** Beförderung gefährlicher Güter, Gefahrguttransport; – **misto** gemischte Beförderung; – **dei pacchi** Paketbeförderung; – **di persone** Personenbeförderung, Fahrgastbeförderung; – **pesante** Schwerverkehr; – **per piccole partite** Stückgüterfracht, Sammelverkehr *m*, Sammelladungsspedition *f*; – **per posta** Postbeförderung; – **pubblico** öffentlicher Verkehr; – **dei rifiuti (urbani)** Abfallbeseitigung; – **per strada,** – **stradale** Kraftwagengüterverkehr *m*; – **terrestre** Beförderung auf dem Landweg, Landfracht *f*; – **in transito** Beförderung im Durchgangsverkehr, Durchbeförderung, Durchgangsbeförderung; – **per via d'acqua** Beförderung auf dem Wasserweg; – **per via aerea** Beförderung auf dem Luftweg; – **per via di mare** Beförderung auf dem Seeweg; – **per via terrestre** Beförderung auf dem Landweg; – **volandiero** Trampfahrt *f*, Trampschiffahrt, wilde Fahrt.

trassato *m* Bezogener *m*, Trassat *m*, Adressat *m*; – **dell'assegno** Scheckbezogener.

tratta *f* Tratte *f*, Wechsel *m*; **spiccare una** – einen Wechsel ziehen, eine Tratte ausstellen; – **accettata** Akzept *n*; – **all'aria** Kellerwechsel; – **bancaria** Banktratte; – **delle bianche** Mädchenhandel *m*; – **documentaria,** – **documentata** Dokumententratte, Dokumentenwechsel, Rembourstratte; – **d'esportazione** Exporttratte; – **sull'estero** Auslandswechsel; – **di garanzia di cambio** Kurssicherungstratte; – **all'incasso** Inkassotratte; – **sull'interno** Inlandswechsel; – **dei minori** Kinderhandel *m*; – **dei negri** Negerhandel *m*; Negersklavenhandel; – **di rivalsa** Rückgriffstratte; – **degli schiavi** Sklavenhandel *m*, Menschenhandel; – **in valuta estera** Valutaakzept; – **a vista** Sichttratte; v. a. CAMBIALE, EFFETTO.

trattamento *m* Behandlung *f*; – **degradante** erniedrigende Behandlung; – **differenziale,** – **discriminatorio** unterschiedliche Behandlung, diskriminierende Behandlung; – **disumano** unmenschliche Behandlung; – **doganale** Zollbehandlung; – **economico degli impiegati pubblici,** – **economico dei pubblici dipendenti** Beamtenbesoldung *f*; – **economico di missione o di trasferimento dei dipendenti statali** Reisekostenvergütung der Beamten; – **di favore** Vorzugsbehandlung, vorzugsweise Behandlung; – **di fine rapporto** (*dir. lav.*) Abfindung *f* (*bei Beendigung des Arbeitsverhältnisses*); – **fiscale** steuerliche Behandlung; – **fiscale differenziale** unterschiedliche steuerliche Behandlung; – **fiscale preferenziale** steuerliche Vorzugsbehandlung; – **inumano** unmenschliche Behandlung; – **minimo di pensione** Mindestrente *f*; – **nazionale** Inländerbehandlung; – **della nazione più favorita** Meistbegünstigung *f*; – **paritario** Gleichbehandlung; – **preferenziale** Vorzugsbehandlung, vorzugsweise Behandlung; – **psichiatrico** psychiatrische Behandlung; – **di quiescenza** Ruhegehalt *n*, Ruhestandsversorgung *f*, Ruhegenuss *m* (A), Altersruhegehalt, Altersruhegeld *n*; – **sanitario obbligatorio** Zwangsbehandlung; – **speciale** Sonderbehandlung; – **dello straniero** Ausländerbehandlung; – **terapeutico** Heilbehandlung.

trattare verhandeln, unterhandeln; (*commerciare*) handeln; (*argomento*) behandeln, abhandeln, bearbeiten.

trattario *m* Bezogener *m*, Trassat *m*, Adressat *m*; – **dell'assegno** Scheckbezogener.

trattati *m pl*, – **istitutivi** Gründungsverträge *m pl*; – **di Roma** (*CEE, Euratom 1957*) Römische Verträge *m pl*.

trattativa *f* Verhandlung *f*, Verhandlungsrunde *f*; **a** – **privata** freihändig; – **privata** freihändige Vergabe.

trattative *f pl* Verhandlungen *pl*, Unterhandlungen; **aprire le** – die Verhandlungen beginnen; **essere in** – in Verhandlungen stehen; **interrompere le** – die Verhandlungen unterbrechen; **riprendere le** – die Verhandlungen wiederaufnehmen; – **collettive** Tarifverhandlungen; – **in corso** laufende Verhandlungen; – **sul disarmo** Abrüstungsverhandlungen; – **economiche** Wirtschaftsverhandlungen; – **di pace** Friedensverhandlungen; – **precontrattuali** Vertragsverhandlungen.

trattato *m* Staatsvertrag *m*, Vertrag; **concludere un** – einen Staatsvertrag schließen, einen Vertrag schließen; **denunciare un** – einen Staatsvertrag aufkündigen, einen Staatsvertrag kündigen, einen Vertrag kündigen; **firmare un** – einen (Staats-)Vertrag unterzeichnen; **ratificare un** – einen (Staats-)Vertrag ratifizieren; **sigiare un** – einen (Staats-)Vertrag paraphieren; – **abbreviato** Kurzvertrag; – **d'accessione** Aufnahmevertrag, Beitrittsvertrag, Akzessionsvertrag; – **addizionale** Zusatzvertrag; – **d'adesione** Beitrittsvertrag, Beitrittsabkommen *n*, Aufnahmevertrag; – **d'alleanza** Bündnisvertrag; – **d'amicizia** Freundschaftsvertrag; – **d'annessione** Annektierungsvertrag; – **aperto** offener Vertrag, offene Konvention; – **d'arbitrato** Schiedsvertrag, Schiedsgerichtsvertrag, Schiedsabkommen *n*; – **d'armistizio** Waffenstillstandsvertrag, Waffenstillstandsabkommen *n*; – **d'assistenza doganale** Zollhilfeabkommen *n*; – **d'assistenza giudiziaria** Rechtshilfeabkommen *n*; – **d'assistenza militare** militärischer Beistandsvertrag; – **d'associazione** Assoziationsvertrag, Assoziierungsvertrag; – **d'assoggettamento** Unterwerfungsvertrag; – **base** Grundvertrag; – **bilaterale** zweiseitiger Vertrag; – **CEE** EWG-Vertrag; – **di cessione** Abtretungsvertrag, Übernahmevertrag; – **chiuso** geschlossener Vertrag, geschlossene Konvention; – **sulla cittadinanza** Staatsangehörigkeitsvertrag; – **collettivo** Kollektivvertrag; – **commerciale,** – **di commercio** Handelsvertrag, Handelsabkommen *n*, Warenaustauschabkommen; – **di compensazione** Verrechnungsabkommen *n*, Kompensationsabkommen; – **comunitario** Gemeinschaftsvertrag; – **consolare** Konsularvertrag; – **di cooperazione** Kooperationsabkommen *n*; – **di cooperazione in materia di brevetti** Vertrag über die internationale Zusammenarbeit auf dem Gebiet des Patentwesens; – **di delimitazione di frontiera** Grenzvertrag; – **di difesa** Verteidigungsabkommen *n*; – **di diritto internazionale** völkerrechtlicher Vertrag; – **diplomatico** diplomatischer Vertrag; – **doganale** Zollvertrag; – **d'estradizione** Auslieferungsvertrag; – **di fissazione di confini** Abgrenzungsvertrag; – **di frontiera** Grenzvertrag; – **di fusione** Fusionsvertrag; – **di garanzia** Garantieabkommen; – **internazionale** Staatsvertrag, zwischenstaatlicher Vertrag, völkerrechtlicher Vertrag, Völkerrechtsvertrag; – **che istituisce la Comunità Europea di Difesa** Europäischer Verteidigungsvertrag; – **che istituisce la Comunità Europea del Carbone e dell'Acciaio** Vertrag zur Gründung der Europäischen Gemeinschaft für Kohle und Stahl, (*abbreviato*) Montanunionsvertrag, Montan vertrag; – **che istituisce la Comunità Economica Europea** Vertrag zur Gründung der Europäischen Wirtschaftsgemeinschaft; – **che istituisce la Comunità Europea dell'Energia Atomica** Vertrag zur Gründung der Europäischen Atomgemeinschaft; – **istitutivo** Gründungsvertrag; – **del Laterano** Lateranvertrag; – **di Maastricht** (*sull' Unione Europea, 1992*) Maastricht-Vertrag; – **militare** Militärvertrag; – **delle minoranze** Minderheitenvertrag, Minderheitsvertrag; – **di modificazione di frontiera** Grenzänderungsvertrag; – **monetario** Münzvertrag; – **di mutua assistenza** Vertrag über gegenseitige Hilfeleistung; – **navale** Flotten vertrag; – **di navigazione**

Schiffahrtsvertrag, Schiffahrtsabkommen *n*; – **di neutralità** Neutralitätsvertrag; – **di non proliferazione delle arme nucleari** Vertrag über die Nichtverbreitung von Kernwaffen; – **del nordatlantico** Nordatlantikvertrag, Nord-Atlantik-Pakt; – **d'opzione** Optionsvertrag; – **di pace** Friedensvertrag, Friedenstraktat *n*; – **di pace separata** Separatfriedensvertrag; – **particolare** Sonderabkommen *n*, Sonderübereinkommen; – **di pesca** Fischereivertrag; – **di pool** Poolvertrag; – **di preliminari di pace** Friedensvorvertrag; – **di prevenzione della guerra** Kriegsverhütungsvertrag; – **di protettorato** Schutzvertrag, Protektoratsvertrag; – **di protezione delle minoranze** Minderheitenschutzvertrag; – **di reciprocità** Gegenseitigkeitsvertrag; – **di retrocessione** Retrozessionsvertrag; – **di riassicurazione** Rückversicherungsvertrag; – **di riassicurazione in eccedenza** Exzedenten-Rückversicherungsvertrag; – **di riassicurazione dell'eccedenza in percentuale di sinistri** Vertrag zur Exzedentenversicherung der Schadenquote; – **di riassicurazione in quota parte** Quotenrückversicherungsvertrag; – **di riassicurazione in reciprocità** Reziprozitätsrückversicherungsvertrag; – **di rimpatrio** Repatriierungsabkommen *n*; – **di rinuncia alla guerra** Vertrag über den Verzicht auf den Krieg, Kriegsächtungsvertrag; – **di Roma** römischer Vertrag, Vertrag von Rom; – **segreto** Geheimvertrag; – **tipo** Mustervertrag; – **tripartito** Dreiervertrag; – **d'unione** Unionsvertrag, Anschlussvertrag; – **d'unione doganale** Vertrag über die Einrichtung einer Zollunion, Zollanschlussvertrag, Zollunionsvertrag, Zollvereinsvertrag; – **sull' Unione (Europea)** Vertrag über die Europäische Union, Unionsvertrag, v. a. ACCORDO, CONVENZIONE.

trattazione *f* Behandlung *f*, Bearbeitung *f*, Abhandlung; – **della causa** Verhandlung des Rechtsstreits; – **orale** mündliche Verhandlung; – **scritta** schriftliches Verfahren.

tratte in circolazione Trattenumlauf *m*.

trattenere einbehalten, abziehen.

trattenuta *f* Abzug *m*, Einbehalt *m*; – **alla base**, – **alla fonte** Abzug an der Quelle, Quellenabzug; – **fiscale**, – **d'imposta** Steuerabzug; – **all'origine** Abzug an der Quelle, Quellenabzug; – **sul salario** Lohnabzug, Lohneinbehaltung *f*, Lohnrückhalt *m* (S); – **sullo stipendio** Gehaltsabzug; v. a. RITENUTA.

tratto, a – successivo wiederkehrend.

traviato *m* Verwahrloster *m*.

traviamento *m* Verwahrlosung *m*.

travisamento *m* **dei fatti** (*dir. amm.*) Zugrundelegung eines falschen Sachverhalts.

tredicesima *f* (*mensilità*) dreizehntes Monatsgehalt *n*.

tregua *f*, – **atomica** Atomversuchsstopp *m*; – **d'armi** Waffenruhe *f*; – **politica** Burgfrieden *m*; – **salariale** Lohnpause *f*.

treno *m* **di alta velocità** Hochgeschwindigkeitszug *m*.

triangolazione *f* (*commercio internazionale*) Dreieck(s)geschäft *n*.

triangolo *m*, – **di pericolo**, – **rosso** (*circ. strad.*) Warndreieck *n*.

tribuna *f* **(della) stampa** Pressetribüne *f*.

tribunale *m* Landgericht *n*, Landesgericht (A), Kreisgericht (A); (*ufficio guidiziario*) Gericht *n*; **adire un** – ein Gericht anrufen; **citare in** – verklagen; – **amministrativo dell'Organizzazione Internazionale del Lavoro** Verwaltungsgericht der Internationalen Arbeitsorganisation; – **amministrativo delle Nazioni Unite** Verwaltungsgericht der Vereinten Nationen; – **amministrativo regionale (TAR)** Regionales Verwaltungsgericht; – **arbitrale**

Schiedsgericht, Schiedsgerichtshof *m*; – **arbitrale misto** gemischtes Schiedsgericht, gemischter Schiedsgerichtshof; – **d'appello** (S) Appellationsgericht; – **commerciale** Handelsgericht; – **consolare** Konsulargericht; – **corporativo** Standesgericht; – **disciplinare** Disziplinargericht, Dienststrafgericht; – **d'eccezione** Ausnahmegericht; – **ecclesiastico** Kirchengericht, geistliches Gericht; – **della famiglia** Familiengericht; – **fallimentare** Insolvenzgericht, Konkursgericht; – **federale delle assicurazioni** (S) Eidgenössisches Versicherungsgericht (S); – **della libertà** (*proc. pen.*) Haftgericht; – **marittimo** Seegericht; – **militare** Wehrdienstgericht, Militärgericht, Kriegsgericht; – **militare di cassazione** (S) Militärkassationsgericht (S); – **militare internazionale** Internationaler Militärgerichtshof; – **per i minorenni** Jugendgericht, Jugendgerichtshof (A); Jugendschöffengericht; – **ordinario** ordentliches Gericht; – **penale** Strafgericht; – **del popolo** Volksgericht; – **delle prede** Prisengericht; – **regionale di giustizia amministrativa** (Trentino – Alto Adige) Regionaler Verwaltungsgerichtshof (Trentino – Südtirol); – **rivoluzionario** Revolutionsgericht; – **di sorveglianza** Strafvollstreckungsgericht; – **speciale** Sondergericht, Spezialgericht; – **superiore delle acque pubbliche** Oberstes Gericht für öffentliche Gewässer; – **supremo militare** Oberstes Militärgericht; – **statario** Standgericht; – **territoriale** (S) Territorialgericht (S); v. a. GUIDICE.

tributaria *f* (*polizia*) Steuerfahndung *f.*

tributario *agg* abgabenrechtlich, Abgaben-, steuerlich, Steuer-, fiskalisch.

tributarista *m* Steuerrechtler *m.*

tributi, esente da – abgabenfrei.

tributo *m* Abgabe *m*, (*imposta*) Steuer *f*; – **di bollo** Stempelabgabe; – **comunale** Gemeindeabgabe, Stadtabgabe, städtische Abgabe; – **di destinazione** Zwecksteuer, zweckgebundene Steuer; – **diretto** direkte Abgabe; – **doganale** Zollabgabe; – **erariale** Staatsabgabe, staatliche Steuer; – **di guerra** Kriegsabgabe; – **indiretto** indirekte Abgabe; – **integrativo** Ergänzungsabgabe; – **locale** örtliche Abgabe; – **proporzionale al reddito** einkommensabhängige Abgabe; – **regionale** Regionalagabe; – **speciale** Sonderabgabe; v. a. IMPOSTA.

trimestre *m* Quartal *n*, Vierteljahr *n*; – **di calendario,** – **solare** Kalendervierteljahr.

tripartitismo *m* Dreiparteiensystem *n.*

trittico *m* Triptyk *n.*

trono *m* Thron *m*; **innalzare al** – auf den Thron erheben; **rinunciare al** – dem Thron entsagen; **salire al** – den Thron besteigen; **sbalzare dal** – des Thrones entsetzen, vom Throne stoßen.

trovatello *m* Findling, Findelkind *n.*

truffa *f* Betrug *m*, Erschleichung *f*; – **continuata** fortgesetzter Betrug; – **contrattuale** Eingehungsbetrug *m*; – **processuale** Prozessbetrug.

truffare betrügen.

truffatore *m* Betrüger *m*; – **abituale** Gewohnheitsbetrüger (A).

trufferia *f* Betrügerei *f*, Bauernfängerei *f.*

trust *m* Trust *m.*

tumulto *m* Unruhe *f*, Aufruhr *m.*

turba *f*, – **mentale** Geistesverwirrung *f*; – **psichica** psychische Störung *f.*

turbamento *m* Störung *f*; – **di un funerale o servizio funebre** Störung einer Bestattungsfeier; – **di funzione religiosa** Störung des Gottesdienstes, Gottesdienststörung; – **dell'ordine pubblico** Störung der öffentlichen Ordnung; – **della pace sociale** Störung des sozialen Friedens.

turbativa *f* Störung *f*; – **possessoria,** – **del possesso** Besitzstörung; – **della proprietà** Eigentumsstörung; – **violenta del possesso di cose immobili** gewaltsame Störung des Besitzes an unbeweglichen Sachen.

turismo *m* Fremdenverkehr *m*, Reiseverkehr; – **della droga** Drogentourismus *m*; – **di massa** Massentourismus *m*.

turno *m* Schicht *f*; **di** – diensttuend, diensthabend, journalhaben (A =); – **lavorare a** – im Schichtdienst arbeiten; – **di giorno** Tagschicht; – **di lavoro** Arbeitsschicht; – **di notte** Nachtschicht; – **a riposo** Feierschicht.

turpe *agg* unsittlich.

turpiloquio *m* anstößiges Reden *n*.

turpitudine *f* Unsittlichkeit *f*.

tuta *f* **di protezione** Schutzanzug *m*.

tute *f pl* **blu** (*operai*) Arbeiter *m pl*, Arbeiterschaft *f*.

tutela *f* (1) (*di incapaci*) Betreuung *f*, Vormundschaft *f*; (2) (*protezione*) Schutz *m*; (3) (*gerarchica*) Aufsicht *f*; (4) (*di interessi*) Wahrnehmung *f*, Wahrung *m*; **mettere sotto –, tenere sotto** – bevormunden; – **dell'affidamento** Vertrauensschutz; – **affidata ad ente d'assistenza** Amtsvormundschaft; – **dell'ambiente (naturale)** Umweltschutz; – **amministrativa** Verwaltungsschutz; – **delle acque** Gewässerschutz; – **arbitraria delle proprie ragioni** verbotene Selbsthilfe; – **dell'aspettativa** Schutz des Anwartschaftsberechtigten; – **assicurativa** Versicherungsschutz; – **assistenziale** Amtsvormundschaft; – **delle bellezze naturali** Naturschutz; – **della buona fede** Gutglaubensschutz; – **della circolazione** Verkehrsschutz; – **del consumatore** Verbraucherschutz; – **costituzionale** Verfassungsschutz; – **del credito** Kreditschutz; – **del creditore** Gläubigerschutz, – **dativa** eingesetzte Vormundschaft; – **del debitore** Schuldnerschutz; – **dei diritti** Schutz der Rechte, Rechtsschutz; – **dei diritti dell'uomo** Schutz der Menschenrechte; – **della ditta** Firmenschutz; – **giuridica** Rechtsschutz; – **giurisdizionale** Rechtsschutz; – **giurisdizionale amministrativa** Verwaltungsrechtsschutz; – **igienica** Hygieneschutz; – **dell'immagine** Bildnisschutz; – **dell'integrità fisica** Schutz der körperlichen Unversehrtheit; – **degli interessi** Interessenwahrnehmung, Interessenwahrung, Interessenvertretung *f*; – **del lavoratore** Arbeitnehmerschutz; – **della lavoratrice** Frauenarbeitsschutz; – **della lavoratrice madre** Mutterschutz; – **del lavoro** Arbeitsschutz; – **legale** Rechtsschutz; – **legittima** gesetzliche Vormundschaft; – **contro il licenziamento** Kündigungsschutz; – **dei marchi, – del marchio** Warenzeichenschutz, Zeichenschutz, Markenschutz;– **della maternità** Mutterschaftsschutz; – **delle minoranze** Minderheitenschutz; – **dei modelli** Musterschutz; – **dei modelli ornamentali** Gebrauchsmusterschutz; – **dei monumenti** Denkmalschutz; – **d'orfano** Waisenpflege *f*; – **della pace** Friedenssicherung; – **del paesaggio, – paesaggistica** Landschaftsschutz; – **penale** Strafrechtsschutz; – **contro il pignoramento** Pfändungsschutz; – **del possesso, – possessoria** Besitzschutz, Besitzesschutz (S=); – **previdenziale** Sozialversicherungsschutz; – **della proprietà** Eigentumsschutz; – **della riservatezza** Schutz der Intimsphäre; – **del risparmio** Sparerschutz; – **testamentaria** testamentarisch festgelegte Vormundschaft; – **del traffico** Verkehrsschutz; – **volontaria** testamentarisch festgelegte Vormundschaft; v. a. PROTEZIONE.

tutelare (1) (*interessi*) wahrnehmen, wahren, vertreten; (2) (*proteggere*) schützen.

tutelato *agg* geschützt; **costituzionalmente** – (*dritto, status*) verfassungsmäßig –; **giuridicamente** – rechtlich geschützt.

tutore *m* Betreuer *m*, Vormund *m*; – **dativo** eingesetzter Vormund; – **designato per testamento** durch Testament bestellter Vormund; – **della legge** Hüter des Gesetzes; – **legittimo** gesetzlicher Vormund; – **d'orfano** Waisenpfleger *m*; – **provvisorio** vorläufiger Beistand; – **testamentario** durch Testament bestellter Vormund.

U

ubicazione *f*, – **dell'azienda** Standort des Betriebes; – **del rischio** Versicherungsort.

ubriachezza *f* Trunkenheit *f*; Berauschung *f* (A); – **abituale** gewohnheitsmäßige Trunkenheit; – **accidentale** unverschuldete Trunkenheit; – **colposa** verschuldete Trunkenheit; – **incolpevole** unverschuldete Trunkenheit; – **patologica** pathologischer Rausch; – **piena** Volltrunkenheit; – **preordinata** (zur Tatbegehung) herbeigeführte Trunkenheit; – **volontaria** herbeigeführte Trunkenheit.

ubriaco *m* **abituale** Gewohnheitstrinker *m*.

uccidere töten.

udienza *f* (1) Audienz *f*; (2) Verhandlung *f*, Sitzung *f*, Gerichtssitzung, Tagsatzung *f* (A =), Tagfahrt *f* (A =), (S =), Rechtstag *m* (S =), Termin *m*; **apire l'** – die Sitzung eröffnen; **dirigere l'** – die Verhandlung leiten; **fissare l'** – den (Verhandlungs-)Termin anberaumen; **rinviare l'** – den Termin vertagen; **togliere l'** – die Sitzung schließen; **prima** – **di trattazione** erster Termin zur mündlichen Verhandlung; – **d'appello** Berufungsverhandlung; – **arbitrale,** – **d'arbitrato** Schiedsgerichtssitzung; – **civile** Ziviltermin, Zivilsitzung, Zivilverhandlung; – **collegiale** Kammertermin; – **collegiale di discussione** Termin zur Verhandlung vor der Kammer; – **di comparizione** Termin zum Erscheinen (in der Verhandlung); – **di conciliazione** Güteverhandlung, Gütetermin, Sühneverhandlung, Sühnetermin, Versöhnungsverhandlung (A), Einigungsverhandlung (S); – **dibattimentale** Hauptverhandlung; – **di discussione** Verhandlungstermin; – **d'istruzione** (*proc. civ.*) Instruktionsverhandlung; – **sui luoghi** Lokaltermin, Augenscheinstermin; – **di mero rinvio** Vertagungstermin, Verhandlung mit bloßer Vertagung; – **particolare** Privataudienz; – **penale** Strafverhandlung; – **a porte chiuse** nichtöffentliche Sitzung, nichtöffentliche Verhandlung; – **precedente** Vortermin; – **di precisazione delle conclusioni** Termin zur endgültigen Stellung der Anträge; – **preliminare** (*proc. pen.*) Vorverhandlung; – **privata** Privataudienz; – **pubblica** öffentliche Verhandlung; – **di** (*merro*) **rinvio** Vertagungstermin; – **di trattazione** Verhandlungstermin.

uditore *m* (*d'università*) Gasthörer *m*; – **giudiziario** (*approssimativamente*:) Gerichtsreferendar *m*, Rechtsreferendar; – **di nunziatura** Auditor *m*.

uffici, buoni – *m pl* gute Dienste *pl*.

ufficiale *agg* amtlich, offiziell.

ufficiale *m*, **pubblico** – Beamter *m*, Amtsperson *f*, Amtsträger *m*; – **di carriera** Berufsoffizier *m*; – **d'esecuzione** (S) Beitreibungsbeamter (S); – **dei fallimenti** (S) Konkursbeamter (S); – **giudiziario** Gerichtsvollzieher *m*; – **inquirente** Untersuchungsführer *m*; – **di polizia giudiziaria** Kriminalbeamter; – **del registro** (S) Registerführer *m*; – **del registro di commercio** (S) Handelsregisterführer (S); – **rogante** Urkundsbeamter; – **sanitario** Amtsarzt *m*; – **dello stato civile** Standesbeamter, Zivilstandsbeamter (S).

ufficialità *f* Amtlichkeit *f*.

ufficio *m* Amt *n*, Dienststelle *f*, Geschäftsstelle, Büro *n*, Abteilung *f*, **cessare dall'** – aus dem Amt ausscheiden; **coprire un** – ein Amt bekleiden; **d'** – von Amts wegen, amtswegig (A =), von Amtes wegen (S); **insediare in un** – in ein Amt einsetzen, in ein Amt einweisen; **provvedere d'** – von Amts wegen tätig werden; – **accessorio** Nebenamt; – **accettante** Annahmestelle; – **acquisti** Einkaufsbüro, Einkaufsabteilung, Einkaufskontor *n*; – **alloggi** Wohnungsamt; – **amministrativo** Verwaltungsstelle, Amtsstelle, Dienststelle; – **d'ammissione** Zulassungsstelle; – **dell'anagrafe** Einwohnermeldeamt; – **arbitrale,** – **d'arbitrato** Schiedsamt, Schiedsstelle; – **d'assistenza** Sozialamt, Fürsorgesamt; – **del bollo** Stempelamt; – **borsa** Börsenabteilung, Börsenbüro; – **dei brevetti** Patentamt; – **cambi** Devisenabteilung, Sortenabteilung; Wechselstube *f*; – **dei cambi** Devisenbewirtschaftungsstelle; – **cambiali** Wechselabteilung; – **di cassa** Kassenabteilung; – **catastale,** – **del catasto** Katasteramt; – **centrale** Zentralamt *n*, Hauptstelle *f*; – **centrale brevetti (UCB)** Zentralpatentamt; – **centrale dei trasporti internazionali per ferrovia** Zentralamt für den internationalen Eisenbahnverkehr; – **cerimoniale** (*presidenza della Repubblica*) Protokoll *n*; – **di collegamento** Verbindungsbüro; – **collettore** Leitstelle; – **di collocamento** Arbeitsvermittlungsamt, Arbeitsvermittlungsbüro, Vermittlungsbüro, Vermittlungsstelle; – **di commercio estero** Außenhandelsstelle; – **di compensazione** Ausgleichsstelle; – **competente** zuständige Stelle *f*; – **communale** Gemeindeamt *n*, Gemeindestelle; – **comunale di collocamento,** – **comunale del lavoro** Gemeindevermittlungsamt (S); – **comunitario di riferimento** (CE) Referenzbüro der Gemeinschaft; – **di conciliazione** Friedensgericht *n*, Ortsgericht, Gemeindegericht, Gütestelle, Einigungsstelle, Einigungsamt (A); – **consolare** Konsularagentur *f*; – **di consulenza legale** Rechtsberatungsstelle; – **contabilità** Buchhaltungsabteilung, Rechnungsstelle; – **di contabilità generale** Hauptbuchhaltung *f*; – **del contenzioso** Rechtsabteilung; – **dei conti** Kontostelle, Rechnungsstelle; – **dei conti correnti postali** Postgiroamt, Postscheckamt (S); Postsparkassenamt (A); – **dei conti correnti destinatario** Bestimmungsgiroamt; – **dei conti correnti d'origine** Einlieferungsgiroamt; – **di controllo** Prüfungsamt, Prüfungsstelle, Prüfstellle, Kontrollstelle; – **per la cooperazione tra le imprese** (CE) Büro für Unternehmenskooperation; – **crediti** Kreditabteilung; – **del demanio** Domänenamt; – **depositario** Hinterlegungsstelle; – **di destinazione** (UPU) Bestimmungsamt, Empfangsamt; – **di direzione** Direktionsbüro; – **distaccato** Außenabteilung; – **distrettuale** Bezirksstelle, Bezirksamt; – **distrettuale delle imposte dirette** Finanzamt; – **di distribuzione** Ausgabestelle, (UPU) Zustellamt; – **di dogana,** – **doganale** Zollamt; – **di dogana di punto franco** Freilagerzollamt (S); – **doganale di confine** Grenzzollamt; – **doganale di destinazione** Bestimmungszollamt; – **doganale d'entrata** Eintrittszollamt, Eingangszollamt; – **doganale di frontiera** Grenzzollamt; – **doganale di partenza** Abgangszollstelle; – **doganale di uscita** Ausgangszollstelle; – **edile** Bauamt; – **elettorale** Wahlbüro; – **emigranti** Auswandererbüro; – **dell'emigrazione** Auswanderungsamt; – **d'emissione** Ausgabestelle; – **d'esame** Prüfungsstelle; – **d'esecuzione** (S) Betreibungsamt (S); – **esportazioni** Ausfuhrabteilung; – **estero** Auslandsabteilung; – **europeo dell'ambiente** Europäisches Umweltbüro; – **europeo dei brevetti** Europäisches Patentamt; – **europeo dei cereali** Europäisches Getreideamt; – **dei fallimenti** (S) Konkursamt (S); – **federale** (1) Bundesamt, Bundesstelle; (2) (S) eigenössisches Amt; – **federale dei pesi e delle misure** (S) eidgenössisches Amt für Maß und Gewicht (S); – **federale della proprietà intellettuale** (S) eidgenössisches Amt für geistiges Eigentum (S); – **filiali** Filialbüro; – **finanziario** Finanzamt; – **fiscale** Steueramt, Finanzamt; – **del genio civile** Amt für öffentliche Bauten; – **di giudice** Richteramt; – **giudiziario** Gericht; – **governativo** Regierungsstelle; – **d'igiene e sanità** Gesundheitsamt; – **delle imposte** Steueramt; – **informazioni** Informationsabteilung, Auskunftsabteilung, Auskunftsbüro, Informationsbüro; – **internazionale delle dichiarazioni di morte** internationales Amt für Todeserklärungen; – **internazionale delle epizoozie** internationales Seuchenamt; – **internazionale d'igiene pubblica** internationales Gesundheitsamt; – **internazionale del Lavoro** (UIL) internationales Arbeitsamt (IAA); – **internazionale dei pesi e delle misure** Internationales Büro für Maße und Gewichte; – **internazionale della proprietà industriale** internationales Büro des gewerblichen Rechtsschutzes; – **internazionale dell'Unione Postale Universale** Büro des Weltpostvereins, Weltpostvereinsamt (A); – **dell'ispettorato del lavoro** Gewerbeaufsichtsamt; – **italiano cambi** (UIC) Italienisches Devisen(bewirtschafts)amt; – **del lavoro** Arbeitsamt; – **legale** Rechtsabteilung; – **di leva** Musterungsbehörde *f*; – **del libro fondiario** Grundbuchamt; – **marittimo** Seeamt, Hafenamt; – **di matricola della gente di mare** Seemannsamt; – **della motorizzazione civile** Kraftverkehrsamt; – **della nettezza urbana** Stadtreinigungsamt; – **degli oggetti rinvenuti** Fundbüro, Fundamt (A); – **organizzativo** Organisationsabteilung; – **di origine** (UPU) Einlieferungsamt; Aufgabepostamt (A); – **paga** Lohnbüro; – **pagatore** Zahlstelle, Auszahlungsstelle; – **passaporti** Passamt, Passstelle; – **periferico** Außenstelle, Außenabteilung; – **del personale** Personalabteilung, Personalbüro; – **postale** Postamt; – **della presidenza** Präsidialamt; Präsidialstelle; – **prezzi** Preisamt; – **provinciale** Provinzialamt, Landesamt (Südtirol), – **provinciale del lavoro** Provinzialamt für Arbeit; – **delle pubblicazioni ufficiali delle Comunità Europee** Amt für amtliche Veröffentlichungen der Europäischen Gemeinschaften; – **pubblicità** Werbeabteilung (*giornali*), Anzeigenabteilung; – **pubblico** öffentliches Amt; – **di ragioneria** Buchhaltungsabteilung; – **di rappresentanza** Repräsentanzbüro, Vertretungsbüro; – **reclami** Beschwerdestelle; – **regionale** Regionalamt; – **di registrazione** Regierungsstelle, Anmeldestelle; – **dei registri** (S) Registeramt; – **dei registri immobiliari** Grundbuchamt; – **del registro** Registeramt, Registerbehörde *f*; – **del registro di commercio** (S), – **del registro delle imprese** Registergericht *n*, Handelsregisteramt (S); – **di revisione** (S) Revisionsstelle (S); – **revisioni** Revisionsabteilung; – **ricerche** Forschungsabteilung; – **sanitario** Gesundheitsamt; – **di scambio** (UPU) Auswechslungsamt, (*postagiro*) Vermittlungsamt; – **di scambio di arrivo** (UPU)

Grenzeingangsamt; – **di scambio di partenza** (UPU) Grenzausgangsamt; – **secondario** Nebenamt; – **di spedizioni** Speditionsbüro; – **stampa** Presseamt; – **statale** Staatsamt; – **di statistica** statistisches Amt; – **dello stato civile** Standesamt, Zivilstandsamt (S); – **stranieri** Ausländeramt, Ausländerbehörde *f*; – **tavolare** Grundbuchamt; – **tecnico** technische Abteilung; – **tecnico erariale** (*immobili*) Vermessungs- und Bewertungsamt (*für Liegenschaften*); – **titoli** Wertpapierabteilung, Effektenabteilung, Wertschriftenabteilung (S); – **tributario** Steueramt; – **turistico** Fremdenverkehrsbüro; – **di vendita,** – **vendite** Verkaufsbüro, Verkaufsstelle, – **di verifica** Prüfungsstelle, Prüfstelle; – **di verificazione dei pesi e misure** Eichamt; – **viaggi** Reisebüro; – **di vigilanza** Aufsichtsamt; v. a. CARICA, GUIDICE, SEZIONE.

ufficioso *agg* halbamtlich, inoffiziell, offiziös.

ugualianza *f* Gleichheit *f*, Gleichberechtigung *f*; – **formale** formelle Gleichheit; – **giuridica** rechtliche Gleichheit; – **davanti alla legge,** – **di possiblità** Chancengleichheit; – **sostanziale** substanzielle Gleichheit; – **di trattamento** Gleichbehandlung *f*; v. a. EQUAGLIANZA, PARITÀ.

uguale *agg* gleich, gleichmäßig.

ultimatum *m* Ultimatum *n*; **in forma d'** – ultimativ; **porre un** – ein Ultimatum stellen.

ultimazione *f* **dei lavori** Fertigstellung *f* (der Arbeiten).

ultrattività *f* Fortgeltung *f*, Nachwirkung *f* (eines alten Gesetzes).

ultrattivo *agg* fortgeltend, nachwirkend.

umano *agg* menschlich.

unanime *agg* einstimmig, stimmeneinhellig (A).

unanimità *f* Einstimmigkeit *f*, Stimmeneinhelligkeit *f* (A); **all'** – einstimmig, stimmeneinhellig (A); **approvare all'** – einstimmig annehmen; **deliberare all'** – einstimmig beschließen.

una tantum (*indennità*) einmalige Sonderzahlung *f*.

unicameralismo *m* Einkammersystem *n*.

unificare vereinheitlichen, normen.

unificazione *f* Vereinheitlichung *f*, Normung *f*; – **del diritto** Rechtsvereinheitlichung; – **valutaria** Währungsvereinheitlichung.

uniformare vereinheitlichen.

unilaterale *agg* einseitig.

unione *f* (1) Verein *m*, Verband *m*, Union *f*; (2) (*modo di acquisto della proprietà*) Verbindung *f*; – **agraria** Agrarunion; – **amministrativa** Verwaltungsunion; – aperta offener Verband; – **dei beni** (S) Güterverbindung (S); – **di cause** Prozessverbindung; – **chiusa** geschlossener Verband; – **di comuni** Gemeindeverband; – **coniugale** Ehegemeinschaft *f*, eheliche Verbindung; – **cooperativa,** – **di cooperative** Genossenschaftsverband; – **per la coordinazione della produzione e del trasporto dell'elettricità (UCPTE)** Union für die Koordinierung der Erzeugung und des Transports elektrischer Energie; – **doganale** Zollverein, Zollunion, Zollgemeinschaft *f*, Zollanschluss *m*, Mautverband (A –); – **economica** Wirtschaftsunion; – **economica e monetaria** Wirtschafts- und Währungsunion; – **dell'Europa Occidentale (UEO)** Westeuropäische Union (WEU); – **europea degli esperti contabili, economici e finanziari (U. E. C.)** europäischer Verband der Wirtschaftsprüfer (U. E. C.); – **europea dei pagamenti (UEP)** Europäische Zahlungsinion (EZU); – **dei Federalisti europei** Union europäischer Föderalisten; – **delle Fiere Internazionali (UFI)** Internationale Messe-Union; – **internazionale del diritto penale** internationale kriminalistische Vereinigung; – **internazionale delle ferrovie** internationaler Eisenbahnverband; – **internazionale magistrati** Internationale Vereinigung der Richter; – **internazionale della navigazione fluviale** internationaler Binnenschifffahrtsverband; – **internazionale per la protezione delle opere letterarie e artistiche** Internationaler Verband zum Schutz von Werken der Literatur und Kunst; – **internazionale per la protezione della proprietà industriale** internationaler Verband zum Schutze des gewerblichen Eigentums; – **internazionale per la pubblicazione delle tariffe doganali** internationaler Verband zum Zwecke der Veröffentlichung der Zolltarife; – **internazionale delle telecommunicazioni** internationaler Fernmeldeverein, Weltnachrichtenverein; – **internazionale dei trasporti pubblici (UITP)** internationaler Verein für öffentliches Verkehrswesen; – **interparlamentare** interparlamentarische Union; – **di lavoratori** Gewerkschaft *f*; – **legislativa** Gesetzeseinheit *f*; – **libera** freie Ehe, wilde Ehe; – **matrimoniale** Ehe *f*; – **monetaria** Münzunion, Münzbund *m*, Währungsunion; – **monetaria latina** lateinische Münzunion; – **nazionale** nationale Einigung; – **omosessuale** gleichgeschlechtliche Lebensgemeinschaft *f*; – **panamericana** panamerikanische Union; – **personale** Personalunion; – **di persone** Personenvereinigung; – **di pignoramenti** Verbindung mehrerer Pfändungen; – **politica** politische Union; – **postale universale (UPU)** Weltpostverein; – reale Realunion; – **regionale** Bezirksverband; – **ristretta** engerer Verein; – **di sindacati** Gewerkschaftsverband; – **sovietica** Sowjetunion; – **di Stati** Staatenverbindung *f*; – **tariffaria** Tarifverband; – **telegrafica internazionale** internationaler Telegraphenverein.

unire vereinigen.

unità *f* Einheit *f*; – **abitativa** Wohneinheit, – **d'azione** Aktionseinheit; – **base** Grundeinheit; – **del bilancio** (*pubblico*) Einheit des Haushaltsplanes; – **campionaria** (*stat*) Stichprobeneinheit; **minima** – **colturale** kleinste Anbaueinheit *f*, Parzellenminimum *n*; – **combattente** Kampfeinheit; – **di compensazione** Verrechnungseinheit; – **contabile,** – **di conto** Rechnungseinheit; (*in materia di compensazione*) Verrechnungseinheit; – **di conto europea (UCE)** europäische Rechnungseinheit; – **di conto monetaria europea (UCME)** Europäische Währungsrechnungseinheit; – **contributiva** Beitragseinheit; – **di crisi** Krisenstab *m*; – **di dimensione europea (UDE)** europäische Größeneinheit; – **del diritto** Rechnungseinheit; – **droghe** (*polizia*) Drogeneinheit; – **economica** Wirtschaftseinheit; – **della giurisdizione** Einheitlichkeit der Rechtsprechung; – **lavorativa,** – **di lavoro** Arbeitseinheit; – **lavorativa** – **anno** Jahresarbeitseinheit; – **di misura** Maßeinheit; – **monetaria** Währungseinheit, Geldeinheit, Münzeinheit; – **monetaria europea (ECU)** Europäische Währungseinheit (ECU); – **nazionale** nationale Einheit; – **produttiva,** – **di produzione** Produktionsstätte *f*, Fertigungsstätte, Produktionseinheit; – **di reati** Tateinheit; – **di salario** Lohneinheit; – **sanitaria locale** örtlicher Gesundheitsdienst; – **speciale** Sondereinheit; – **dello Stato** Einheit des Staates; – **di valore** Werteinheit.

unitario *agg* einheitlich.

universalismo *m* Universalismus *m*.

universalità *f* Gesamtheit *f*, Gesamtsache *f* (A); Allgemeinheit *f*; – **di cose** Sachgesamtheit; – **di diritto** Rechtsgesamtheit; – **di fatto** Sachgesamtheit *f*; – **di mobili** Fahrnisgesamtheit.

università *f* Hochschule *f*, Universität *f*; – **commerciale** Handelshochschule *f*; – **popolare** Volkshochschule.

uomo *m*, – **d'affari** Geschäftsmann *m*; – **di fiducia** Vertrauensmann; – **di legge** Jurist *m*; – **di paglia** Strohmann; – **di partito** Parteimann; – **politico** Politiker *m*; – **di Stato** Staatsmann.

urbanista *m/f* Stadtplaner *m* (-in *f*).

urbanistica *f* Urbanistik *f*; Stadtentwicklung *f*.

urbanizzare verstädtern.

urbanizzazione *f* Verstädterung *f*.

urgente *agg* dringlich, eilig.

urgenza *f* Dringlichkeit *f*; – **finanziaria** Geldnot *f*; – **particolare** besondere Eilbedürftigkeit *f*.

urna *f* Urne *f*; – **elettorale** Wahlurne.

urtarsi zusammenstoßen.

urto *m* Zusammenstoß *m*; – **per colpa comune** Zusammenstoß durch gemeinsames Verschulden; – **per colpa unilaterale** Zusammenstoß durch Verschulden, schuldhafter Zusammenstoß; – **fortuito** Zusammenstoß durch Zufall; – **di navi** Schiffszusammenstoß.

usanza *f* Usance *f*; Gebrauch *m*, Übung *f* (+ S); – **commerciale** Geschäftsgebrauch, Verkehrssitte *f*, Verkehrsauffassung *f*; v. a. USO.

usare gebrauchen, benutzen.

uscente *agg* ausscheidend.

usciere *m* Amtsdiener *m*, Amtsbote *m*, (*di ufficio giudiziario*) Gerichtsdiener; – **del comune** Gemeindediener.

uscire austreten, ausscheiden.

uscita *f* (1) (*l'uscire*) Austritt *m*, Ausscheiden *n*; (2) (*di veicoli*) Ausfahrt *f*; (3) (*spesa*) Ausgabe, Ausgang; **buona** – Abstandsgeld *n*, Abstandssumme *f*, Abstand *m*, Ablöse *f* (A), Auslösungssumme (S); – **(dei) dati** Datenausgabe *f*; – **di denaro,** – **di fondi,** – **monetaria** Geldausgang *m*; – **del socio** Gesellschafteraustritt.

uscite *f pl*, – **di cassa** Kassenausgänge *pl*; – **di divise** Devisenausgänge *pl*.

usi *m pl*, – **di borsa** Börsenusancen *pl*; – **civici** Gemeinnutzungsrechte (A); – **e costumi** Sitten und Gebräuche; – **giudiziari** Gerichtsübung *f*, Gerichtsbrauch *m*, Gerichtsgebrauch *m*.

uso *m* (1) Benutzung *f*, Benützung (A, B, S), Verwendung *f*; (2) (*usanza*) Gebrauch *m*, Brauch, Usance *f*, Gepflogenheit *f*, Sitte *f*, Übung *f* (+ S); – **abitativo,** – **di abitazione** Wohnzweck *m*; – **abusivo** missbräuchliche Benutzung; – **abusivo di bandiera** Flaggenmissbrauch *m*; – **di affari** Geschäftsgebrauch; – **anteriore** Vorbenutzung, Vorbenützung (A, B, S); – **delle armi** (*da fuoco*) Schusswaffengebrauch; – **artigiano** Handwerksbrauch; – **di atto falso** Gebrauchen *n* einer Falschurkunde; – **di banca,** – **bancario** Bankusance; – **della bandiera** Flaggenführung *f*, Führung der Flagge; – **di borsa** Börsenusance, Börsenbrauch; – **civico** Allmende *f*, Allmendnutzung *f*; – **commerciale** Handelsbrauch, Handelsgebrauch, Handelsgepflogenheit, Geschäftsgebrauch, Handelsusance, Handelssitte, Handelsgewohnheit *f*, Verkehrssitte; **d'** – **commerciale** handelsüblich; – **comune** Gemeingebrauch; – **continuo** ununterbrochener Gebrauch; – **costante** ständiger Gebrauch; – **costante e riconosciuto** anerkannt ständiger Gebrauch; – **determinato nel contratto** vertragsmäßiger Gebrauch; – **diplomatico** diplomatischer Gebrauch, diplomatische Gepflogenheit, diplomatische Übung; – **esclusivo** Allgemeingebrauch; – **della forza** Gewaltanwendung *f*; – **di guerra** Kriegsbrauch, Kriegsgebrauch; – **illecito di decorazioni,** – **illecito di distinzioni,** – **illecito di onorificenze** unbefugtes Tragen von Auszeichnungen; – **illecito di uniforme** unbefugtes Tragen von Uniform, unbefugtes Uniformtragen; – **illegittimo** unrechtmäßiger Gebrauch; – **inde-**

bito unzulässiger Gebrauch; – **ininterrotto** ununterbrochener Gebrauch, ununterbrochene Übung; – **internazionale** internationale Gepflogenheit *f*; völkerrechtliche Übung; – **legittimo** rechtmäßiger Gebrauch, rechtmäßiger Brauch; – **legittimo delle armi** rechtmäßiger Waffengebrauch; – **locale** Ortsgebrauch, Ortsüblichkeit *f*, Ortsübung (S), Platzgebrauch; – **marittimo** Seegebrauch, Seegewohnheitsbrauch; – **della navigazione** Schiffahrtsbrauch; – **negoziale** Geschäftsgebrauch; – **del nome** Führung des Namens, Namensführung *f*; – **di nome falso** Führung eines falschen Namens; – **non terapeutico** nichttherapeutischer Gebrauch; – **pacifico dell'energia nucleare** friedliche Nutzung der Kernenergie; – **particolare** Sondernutzung; – **personale** persönlicher Gebrauch; – **del potere discrezionale** Ermessensgebrauch; – **proprio** Eigengebrauch; – **privato** Privatgebrauch; – **pubblico** Gemeingebrauch; – **rurale** ländlicher Brauch; – **di titolo** Titelführung *f*.

ustione *f* **di terzo grado** Verbrennung *f* dritten Grade.

usucapibile *agg* ersitzbar.

usucapibilità *f* Ersitzbarkeit *f*.

usucapiente *m* Ersitzer *m*.

usucapio libertatis Freiheitsersitzung *f* (A).

usucapione *f* Ersitzung *f*; – **abbreviata** abgekürzte Ersitzung; – **speciale** Sonderform der Ersitzung.

usucapire ersitzen.

usufruttare nießbrauchen.

usufrutto *m* Nießbrauch *m*, Nutznießung *f*, Fruchtnießung (A); **costituire un** – einen Nießbrauch bestellen; **gravare d'** – mit einem Nießbrauch belasten; – **di cose** Sachnießbrauch; – **legale** Rechtsnießbrauch, gesetzliche Nutznießung (S); – **a vita** lebensgefahrlicher Nießbrauch.

usufruttuare nießbrauchen.

usufruttuario *agg* fruchtbezugsberechtigt.

usufruttuario *m* Nießbrauchberechtigter *m*, Nießbraucher *m*, Nutznießungsberechtigter *m*, Fruchtnießer (A); – **a vita,** – **vita natural durante** lebenslänglicher Nießbraucher.

usura *f* (1) Abnutzung *f*, Verschleiss *m*; (2) (*strozzinaggio*) Wucher *m*; **esercitare l'** – wuchern; **prestare ad** – auf Wucher leihen; – **naturale** natürliche Abnutzung; – **normale** normale Abnutzung, übliche Abnutzung, gewöhnliche Abnutzung; – **pecuniaria** Geldwucher, Kreditwucher.

usuraio *agg* wucherisch.

usuraio *m* Wucherer *m*, Kreditwucherer.

usurario *agg* wucherisch.

usurpare sich anmaßen, usurpieren.

usurpatore *m* Usurpator *m*.

usurpazione *f* (1) Anmaßung *f*, Usurpierung *f*; (2) (*reato*) Grenzverrückung *f*; – **di brevetto** Patentberühmung *f*, Patentanmassung (A); – **di un diritto** Anmaßung eines Rechts, Rechtsanmaßung; – **di funzioni pubbliche** Amtsanmaßung, Amtsbetrug *m* (A); – **del modello d'utilità** Gebrauchsmusterberühmung *f*; – **di nome** Namensanmaßung; – **di potere politico o di comando militare** Anmaßung politischer oder militärischer Befehlsgewalt; – **di titolo** unberechtigte Titelführung.

utente *m* Benutzer *m*, Benützer (A, B, S); (*abbonato*) Teilnehmer *m*, Kunde *m*, Abnehmer *m*; – **anteriore** Vorbenutzer, Vorbenützer (A, B, S); – **di pesi e misure** Eichpflichtiger *m*; – **della strada** Verkehrsteilnehmer *m*.

utenza *f* Benutzung *f*, Benützung (A, B, S); (*l'insieme degli utenti*) Abnehmer *m pl*, Benutzer *m pl*, Teilnehmer *m pl*.

uterino *agg* halbbürtig (mütterlicherseits).

utile *agg* nützlich.
utile *m* (1) (*vantaggio*) Vorteil *m*; (*2*) (*provento*) Gewinn *m*; **realizzare un** – einen Gewinn erzielen; – **accidentale** Zufallsgewinn; – **di bilancio** Bilanzgewinn, Bilanzüberschuss *m*; – **sui cambi** Währungsgewinn, Valutagewinn; – **di capitale** Kapitalgewinn; – **commerciale** Handelsgewinn; – **di congiuntura** Konjunkturgewinn; – **contabile** Buchgewinn; – **differenziale** Differentialgewinn; – **eccedente** Gewinnüberschuss; – **d'esercizio** Betriebsgewinn, Geschäftsgewinn; – **di fabbricazione** Fabrikationsgewinn; – **fittizio** Scheingewinn; – **di gestione** Betriebsgewinn, Geschäftsgewinn; – **dell'imprenditore** Unternehmergewinn; – **d'impresa** Unternehmensgewinn, Unternehmungsgewinn; – **indiviso** un verteilter Gewinn, nicht verteilter Gewinn, nicht ausgeschütteter Gewinn; – **d'interesse** Zinsgewinn; – **di liquidazione** Liquidationsgewinn; – **lordo** Bruttogewinn, Rohgewinn; – **di monopolio** Monopolgewinn; – **di mortalità** Sterblichkeitsgewinn; – **di negoziazione in borsa** Kursgewinn; – **netto** Nettogewinn, Reingewinn; – **al netto delle imposte** Gewinn nach Steuern; – **riportato a nuovo** Gewinnvortrag; – **di rivalutazione** Umstellungsgewinn; – **di speculazione** Spekulations gewinn; – **sperato** erhoffter Gewinn; – **su spese di gestione** Verwaltungskostengewinn; – **di svalutazione** Währungsgewinn; – **usurario** Wuchergewinn; v. a. UTILI.
utili, distribuire – Gewinn ausschütten, Gewinn verteilen; **partecipante agli** – gewinnberechtigt; **partecipare agli** – am Gewinn beteiligt sein; – **accessori** *m pl* Nebengewinn *m*; – **aleatori** Gelegenheitsgewinne *pl*; – **distribuiti** ausgeschüttete Gewinne; – **sociali** Gesellschaftsgewinn *m*; v. a. UTILE.
utilista *m* Erbpächter *m*.
utilità *f* Nützlichkeit *f*; – **attesa** erwarteter Nutzen; – **evidente** offensichtliche Nützlichkeit; – **marginale** Grenznutzen *m*; – **pubblica** Gemeinnutz *m*, Gemeinnützlichkeit *f*, Wohl der Allgemeinheit, allgemeines Bestes (A); **di** – **pubblica** gemeinnützlich.
utilitarismo *m* Utilitarismus *m*.
utilizzabile *agg* benutzbar; (*prova*) verwertbar.
utilizzabilità *f* Benutzbarkeit *f*, (*di una prova*) Verwertbarkeit.
utilizzare benutzen, benützen (A, B, S); (*prova*) verwerten.
utilizzazione *f* Benutzung *f*, Benützung (A, B, S); (*di prove*) Verwertung *f*; – **di brevetto** Patentverwertung *f*; – **di credito** Kreditinanspruchnahme *f*; – **economica** wirtschaftliche Nutzung; – **edificatoria,** – **edilizia** bauliche Nutzung *f*, bauliche Verwertung; – **giuridica** Benutzung im Rechtsverkehr; – **razionale dell'energia** rationelle Energienutzung; – **dei segreti di Stato** Verwertung von Staatsgeheimnissen.
utilizzo *m* v. utilizzazione.

V

vacanza *f* (*posto vacante*) Leerstelle *f*, Vakanz *f*; – **del trono** Thronerledigung *f*.
vacanze *f pl* Ferien *pl*, Urlaub *m*; – **annuali** Jahresurlaub; v. a. FERIE.
vacatio legis Frist zwischen der Veröffentlichung und dem Inkrafttreten eines Gesetzes.
vacazione *f* (1) v. vacatio legis; (2) (*del perito*) Gebühr *f*, Gebührnisse *pl*.

vaccinazione *f* Impfung *f*; – **obbligatoria** Pflichtimpfung.
vagabondaggio *m* Nichtsesshaftigkeit *f*.
vagabondare nicht sesshaft sein.
vagabondo *m* Nichtsesshafter *m*.
vaglia *m* Anweisung *f*, kaufmännische Anweisung; – **cambiario** Eigenwechsel *m*, eigener Wechsel, trockener Wechsel, eigenes Akzept; – **cambiario all'ordine** Orderverpflichtungsschein *m*; – **al portatore** Inhaberanweisung; – **postale** Postanweisung; – **postale internazionale** Auslandspostanweisung; – **postale per l'interno** Inlandspostanweisung; – **di rimborso** Nachnahmepostanweisung; – **di rimborso internazionale** Nachnahme-Auslandspostanweisung; – **telegrafico** telegraphische Anweisung, Anweisungstelegramm *n* (A, S).
valenza *f* Stellenwert *m*, Wertigkeit *f*.
valere gelten; **far** – geltend machen.
valevole *agg* gültig, giltig (A –).
valico *m* (*di frontiera*) Grenzübergangsstelle *f*, Grenzabfertigungsstelle.
validità *f* Geltung *f*, Gültigkeit *f*, Giltigkeit *f* (A –), Wirksamkeit *f*; (*periodo*) Gültigkeitsdauer *f*; – **del contratto** Vertragsgültigkeit; – **di forma** Formgültigkeit; – **generale** Allgemeingültigkeit; – **giuridica** Rechtsgültigkeit.
valido *agg* gültig, giltig (A –), wirksam; **generalmente** – allgemeingültig; **giuridicamente** – rechtsgültig.
valigia diplomatica Diplomatengepäck *n*, diplomatisches Kuriergepäck.
valore *m* (1) Wert *m*, Geltung *f*; (2) (titolo) Wertpapier *n*; **aumentare di** – im Wert steigen; **mettere in** – (*brevetto ecc.*) auswerten; **perdere** – an Wert verlieren; **perdere ogni** – (*titoli*) verfallen; **perdere il suo** – seinen Wert verlieren; **poco** – geringfügiger Wert; **privo di** –, **senza** – wertlos; – **accettato** (*ass*) taxierter Wert; – **d'acquisto** Anschaffungswert; – **affettivo,** – **d'affezione** Liebhaberwert, Gemütswert, Affektionswert, Wert der besonderen Vorliebe (A =); – **aggiunto** Mehrwert; Wertschöpfung *f*; – **aggiunto lordo** (CE) Bruttowertschöpfung; – **aggiunto netto** (CE) Nettowertschöpfung; – **apparente** Scheinwert; – **approssimativo** Annäherungswert, Näherungswert; – **all'arrivo** Wert bei Ankunft; – **artistico** künstlerischer Wert, Kunstwert; – **assegnato** Wertnachnahme *f*; – **assicurabile** Versicherungswert; – **assicurato** versicherter Wert; – **dell'attivo** Aktivwert; – **dell'attivo netto** Substanzwert, Sachwert, Reproduktionswert; – **attuale** Jetztwert, Gegenwartswert; – **d'avviamento** Geschäftswert, Firmenwert, Betriebswert, Betriebsbestehenswert, Goodwill *m*; – **azionario,** – **dell'azione** Aktienwert; – **base** Basiswert; – **di bilancio** Bilanzwert; – **bollato,** – **di bollo** Wertzeichen *n*, Wertmarke *f*; – **bollato postale** Postwertzeichen; – **di borsa** Börsenwert, Kurswert; – **del capitale** Kapitalwert; – **catastale** Katasterwert; – **della causa** Streitwert, Wert des Streitgegenstandes, Streitbetrag *m*; – **coloniale** Kolonialpapier, Kolonialwert, Kolonialwertpapier; – **commerciale** Handelswert; – **complessivo** Gesamtwert; – **comune** gemeiner Wert; – **di conferimento** Einbringungswert; – **di confronto** Vergleichswert; – **alla consegna** Wert bei Lieferung, Lieferwert (A); – **contabile** Buchwert, Rechnungswert, Papierwert; – **in contanti** Barwert; – **del contenuto** Inhaltswert; – **di conto** Rechnungswert; – **contributivo** Beitragswert; – **convenuto** vereinbarter Wert; – **corrente** Marktwert, Zeitwert, Tageswert, Verkehrswert; – **di costo** Einstandswert; – **di costruzione** Bauwert; – **del danno** Schadenswert; – **in denaro** Geldwert, Geldeswert (S);

– **dichiarato** Wertangaben *f*; – **della ditta** Firmen wert; – **in dogana,** – **doganale** Zollwert; – **duraturo** Dauerwert, beständiger Wert; **di** – **duraturo** wertbeständig; – **economico** wirtschaftlicher Wert; – **effettivo** Istwert, tatsächlicher Wert, effektiver Wert; – **esiguo** geringfügiger Wert; – **all'esportazione** Ausfuhrwert; – **esterno** Außenwert; – **del fabbricato** Gebäudewert; – **facciale** (*francobolli, monete*) Nominalwert; – **di fattura,** – **fatturato** Rechnungswert, Fakturawert, Fakturenwert; – **finale** Endwert; – **fiscale** Steuerwert; – **fisso** fester Wert; – **fittizio** fiktiver Wert; – **forfettario** Pauschalwert; – **di garanzia** Garantiewert; – **della giornata,** – **del giorno** Tageswert; – **guida** führendes Wertpapier, Spitzenpapier; – **ideale** idealler Wert; – **imponibile** Steuerwert; – **all'importazione** Einfuhrwert; – **d'imputazione** Anrechnungswert; – **indicativo** Richtwert; – **industriale** Industriewertpapier, Industriepapier; – **iniziale** Anfangswert, Ausgangsweit; – **intrinseco** innerer Wert; – **d'inventario** Inventarwert; – **libero** freier Wert; – **di libro** Buchwert; – **limite** Grenzwert; – **di liquidazione** Liquidationswert, Versilberungswert; – **locativo** Mietwert, Wohnwert; – **lordo** Bruttowert; – **di malattia** Krankheitswert; – **marginale** Grenzwert; – **massimo** Höchstwert; – **matematico** mathematischer Wert; – **medio** Mittelwert; – **di mercato** Marktwert; – **della merce sana** Gesundwert; – **misurato** Messwert, gemessener Wert; – **mobiliare** Wertpapier; – **monetario** Geldwert, Geldeswert (S); – **netto** Nettowert; – **nominale** Nennwert, Nominalwert, Pariwert; – **non quotato** (*in borsa*) amtlich nicht notierter Wert, unnotierter Wert; – **normale** Normalwert; – **a nuovo** Neuwert; – **obiettivo** objektiver Wert; – **orientativo** Richtwert; – **originario,** – **d'origine** ursprünglicher Wert, Ursprungswert; – **oro** Goldwert; – **alla pari** Pariwert; – **parziale** Teilwert; – **del patrimonio** Vermögenswert; – **pilota** Spitzenwert; – **presunto** Schätzwert; – **probante,** – **probatorio** Beweiswert; – **„pro memoria"** Erinnerungswert; – **quotato** Marktwert; – **quotato in borsa** Kurswert, Börsenwert; – **reale** Sachwert, Realwert; – **di realizzazione,** – **di realizzo** Realisierungswert, Realisationswert, Verkaufswert; – **di reddito** Ertragswert; – **del reddito catastale** Katastraleinheitswert, Katasterwert; – **a reddito variabile** Dividendenwert; – **reddituale** Ertragswert; – **di ricostruzione** Wiederaufbauwert; – **ricreativo** Erholungswert; – **di riduzione** (*ass*) Reduktionswert, Umwandlungswert; – **di riferimento** Vergleichswert, Bezugswert; – **rimanente** Restwert; – **di rimborso** Rückzahlungswert; – **di rimpiazzo** Wiederbeschaffungswert, Ersatzwert; – **di ripristino** Wiederaufbauwert; – **di riscatto** Rückkaufswert, Ablösungswert; – **di scambio** Tauschwert; – **soggettivo** subjektiver Wert; – **di sostituzione** Substitutionswert; – **speculativo,** – **di speculazione** Spekulationswert; – **stabile** beständiger Wert; **di** – **stabile** wertbeständig; – **standard** Standardwert; – **di stima,** – **stimato** Schätzungswert, Schatzungswert (S), Schätzwert, geschätzter Wert, Taxwert; – **del suolo** Grundwert; – **di tempo libero** Freizeitwert; – **totale** Gesamtwert; – **di tutto riposo** mündelsicheres Wertpapier; – **unitario** Einheitswert; – **d'uso** Gebrauchswert, Nutzungswert, Nutzwert; – **venale** Verkehrswert, Kaufwert, Verkaufswert; – **vincolato** gebundener Wert; v. a. TITOLO.

valori *m pl* Effekten *pl*, Wertpapiere *pl*, Wertschriften *pl* (S +), Werte *pl*; – **di borsa** Börsenwerte, Börsenwertpapiere *pl*, Börsenpapiere, Effekten; – **esteri** Auslandswerte, Valutapapiere; – **fondamentali** Grundwerte; – **immobiliari** Bauwerte; – **marittimi** Schiffahrtsaktien *pl*; – **mobiliari** Wertpapiere; – **negoziabili** marktgängige Effekten; – **non quotati** nichtnotierte Werte, unnotierte Werte; – **a reddito fisso** festverzinslicher Werte; v. a. TITOLI, VALORE.

valorizzare erschließen, valorisieren.

valorizzazione *f* Erschließung *f*, Valorisierung *f*.

valuta *f* (1) Währung *f*; (2) (*contabilità*) Wertstellung *f*, Wert *m*, Valuta *f*; **con buona** – mit alter Wertstellung, mit guter Wertstellung, mit fester Wertstellung, mit gutem Wert, mit altem Wert, mit alter Valuta, mit guter Valuta, mit Originalvaluta, valutagerecht; **fissare la** – (*di conto*) valutieren; **franco** – wertfrei; – **adeguata** Durchschnittsvaluta, mittlere Verfallzeit; – **d'argento** Silberwährung; – **aurea** Goldwährung; – **compensata** Valuta kompensiert; – **comune** gemeinsame Währung; **a** – **debole** valutaschwach; – **estera** Auslandswährung, Fremdwährung, fremde Währung; – **forte** Hartwährung, harte Währung, Hartdevise *f*, hochwertige Valuta, deckungsfähige Valuta; **a** – **forte** valutastark; – **in garanzia** Wert zur Sicherheit; – **guida** Leitwährung; – **per incasso** Wert zur Einziehung, Wert zum Einzug; – **inconvertibile** nicht konvertierbare Währung; – **indice** Indexwährung; – **libera** freie Währung; – **media** Durchschnittsvaluta, mittlere Verfallzeit; – **in merci** Wert in Waren; – **metallica** Metallwährung; – **nazionale** Landeswährung; – **originaria** Originalwährung; – **oro** Goldwährung; – **del paese** Landeswährung; – **di pagamento** Erfüllungsvaluta; – **in pegno** Wert zum Pfände; – **pregiata** Edelvaluta, harte Währung, Hartwährung, Deckungswährung, hochwertige Valuta, deckungsfähige Valuta; **a** – **pregiata** valutastark; – **ricevuta** Wert erhalten, Wert bar empfangen; – **di riserva** Reservewährung; – **di tariffa** Tarifwährung.

valutabile *agg* bewertbar, schätzbar, abschätzbar.

valutabilità *f* Schätzbarkeit *f*, Bewertbarkeit *f* (A).

valutare bewerten, schätzen abschätzen, einschätzen, (*prove*) würdigen.

valutazione *f* Bewertung *f*, Schätzung *f*, Abschätzung, Einschätzung, (*di prove*) Würdigung *f*; – **di bilancio** Bilanzbewertung; – **catastale** Katasterbewertung; – **delle circostanze** (*del reato*) Berücksichtigung der Tatumstände; – **del danno** Bewertung des Schadens, Schadensschätzung, Schadensabschätzung; – **discrezionale** Beurteilung *f* nach dem Ermessen; – **dell'entita del danno** Schadensbewertung, Schätzung der Schadenshöhe; – **equitativa delle prestazioni** Leistungsbestimmung nach Billigkeit; – **del fabbisogno** Bedarfsschätzung; – **fiscale** steuerliche Bewertung; – **dell'impatto ambientale,** – **dell'impatto sull'ambiente** Umweltverträglichkeitsprüfung; – **dell'impatto regionale** Beurteilung der regionalen Auswirkungen; – **degli impianti** Anlagenbewertung; – **d'inventario** Inventarbewertung, Bestandsbewertung; – **dei meriti** Leistungsschätzung; – **probatoria** Beweiswürdigung; – **prognostica** Prognosestellung *f*, Einschätzung der Aussichten; – **delle prove** Beweiswürdigung; – **del rendimento** Leistungsschätzung; – **del rischio** Risikoabschätzung; – **delle spese** Ausgabenschätzung; – **d'ufficio** Bewertung von Amts wegen; – **unitaria** Einheitsbewertung; v. a. STIMA.

valute *estere f pl Sorten pl*; v. a. VALUTA.

vantaggio *m* Vorteil *m*, Vergünstigung *f*, Begünstigung, Nutzen *m*; –

competitivo Wettbewerbsvorteil; – **di costo** Kostenvorteil; – **patrimoniale** Vermögensvorteil.
vantaggioso *agg* vorteilhaft.
varare (*legge*) verabschieden.
variabile *f* veränderliche Größe *f*.
varianza *f* (*stat.*) Varianz *f*.
variazione *f* Änderung *f*; – **in aumento** Erhöhung *f*, Steigerung *f*; – **del capitale** Kapitalsveränderung (A); – **del corso** Kursänderung; – **demografica** Veränderung der Bevölkerungsstruktur; – **essenziale** wesentliche Änderung; – **della tariffa di cottimo** Akkordrevision *f*.
variazioni *f pl* **climatiche** Klimaveränderungen *f pl*.
varo *m* **di una legge** Verabschiedung eines Gesetzes.
vasallo *m* (*stor*) Vasall *m*.
Vaticano *m* Vatikan *m*.
veci, fare le – di vertreten.
vedova di guerra Kriegswitwe *f*, Kriegerwitwe.
vedovanza *f* Witwenschaft *f*, Witwenstand *m*.
veicoli *m pl* **fermi** ruhender Verkehr *m*.
veicolo *m* (1) (*mezzo di trasporto*) Fahrzeug *n*; (2) (*mezzo*) Mittel *n*; – **con diritto di precedenza** vorfahrtberechtigtes Fahrzeug; – **con guida di rotaie** Schienenfahrzeug; – **pubblicitario** Werbeträger *m*; – **tamponante** auffahrendes Fahrzeug; – **utilitario** Nutzfahrzeug *n*, Gebrauchsfahrzeug, Güterfahrzeug.
velocità *f*, **adeguare la** – die Geschwindigkeit anpassen; **grande** – Eilfracht *f*, Eilgutabfertigung *f*; **misurare la** – die Geschwindigkeit messen; **moderare la** – die Geschwindigkeit herabsetzen; **piccola** – Frachtgutabfertigung *f*, gewöhnliche Fracht (S); **ridurre la** – die Geschwindigkeit herabsetzen; – **adeguata** angepasste Geschwindigkeit; – **adeguata alle circostanze, – adeguata alla situazione di fatto** situationsangepasste Geschwindigkeit; – **di circolazione** Umlaufgeschwindigkeit *f*; – **consentita** zulässige Geschwindigkeit; – **consigliata** (*circ. strad.*) (empfohlene) Richtgeschwindigkeit; – **eccessiva** überhöhte Geschwindigkeit; – **di marcia** Fahrgeschwindigkeit; – **massima** Höchstgeschwindigkeit.
venale *agg* käuflich, verkäuflich, bestechlich.
venalità *f* Käuflichkeit *f*, Verkäuflichkeit, Bestechlichkeit *f*; – **delle cariche** (*stor.*) Ämterkauf *m*.
vendere verkaufen, veräußern, absetzen, umsetzen, versilbern, (*a vil prezzo*) verschleudern.
vendetta *f* Rache *f*; – **del sangue** Blutrache *f*.
vendibile *agg* verkäuflich, käuflich, absetzbar, absatzfähig.
vendibilità *f* Verkäuflichkeit *f*, Absetzbarkeit *f*, Absatzfähigkeit *f*.
vendita *f* (1) (*negozio giuridico*) Kauf *m*; (2) (*commercio*) Verkauf *m*, Verschleiß *m* (A =), Veräußerung *f*; **esporre in** – zum Verkauf ausstellen; **in** – erhältlich; **mettere in** – zum Verkauf stellen, zum Verkauf bringen; **offrire in** – zum Verkauf anbieten, feilbieten; – **abbinata** Koppelungskauf; – **aleatoria** Hoffnungskauf, Kauf auf Hoffnung (A); – **ambulante di armi** Waffenhandel im Reisegewerbe; – **all'amichevole** freihändiger Verkauf, Freihandverkauf, Verkauf aus freier Hand; – **di animali** Tierkauf; – **anticipata** Vorverkauf; – **di beneficenza** Wohltätigkeitsverkauf, Verkauf zu wohltätigen Zwecken; – **in blocco** Verkauf in Bausch und Bogen, Bauschverkauf; – **su campione** Verkauf nach Muster, Verkauf nach Probe, Kauf nach Muster, Kauf nach Probe; – **su catalogo** Versandkauf, Versandgeschäft *n*; – **cif** CIF-Verkauf; – **clandestina** Geheimverkauf; – **coattiva** Selbsthilfeverkauf; – **in commissione** Kommissionsverkauf; – **sotto condizione** bedingter Kauf; – **con consegna futura** Lieferverkauf, Lieferungsverkauf; – **con consegna a gior-**

no fisso Fixgeschäft *n*; – **con consegna immediata** Handverkauf; – **con consegna a richiesta del compratore** Kauf auf Abruf; – **a consegne ripartite** Sukzessivlieferungsvertrag; – **a contanti** Barverkauf, Verkauf gegen bar, Verkauf gegen Kasse, Verkauf gegen Kassa; – **di copertura** Dekkungsverkauf; – **per corrispondenza** Versandverkauf, Versandkauf, Versandgeschäft *n*; – **di cosa altrui** Verkauf einer fremden Sache; – **di cosa a scopo di garanzia** Sicherungsübereignung *f*, Sicherungsübertragung *f*; – **di cosa generica** Gattungskauf; – **di cosa specifica** Spezieskauf; – **di cose future** Kauf künftiger Sachen; – **a credito** Kreditverkauf, Kreditkauf, Kauf auf Kredit, Verkauf auf Ziel, Borgkauf (A =); – **in danno** Selbsthilfeverkauf, Exekutionsverkauf; – **diretta** (*senza intervento di agente*) Direktgeschäft *n*; – **di diritti** Rechtskauf; – **con diritto di cambio** Kauf mit Umtauschrecht; – **a distanza** Fernkauf, Distanzkauf, Distanzgeschäft *n*; – **contro documenti,** – **su documenti** Dokumentenkauf; – **d'eredità** Erbschaftskauf; – **esclusiva** Alleinverkauf; – **all'estero** Auslandsverkauf; – **fallimentare** Konkurswarenverkauf; – **ferma,** – **al fermo** Festverkauf; – **di fine stagione** Schlussverkauf, Saisonschlussverkauf; – **fob** FOB-Verkauf; – **a forfait** Verkauf in Bausch und Bogen, Bauschverkauf; – **forzata** Zwangsverkauf; – **forzata al pubblico incanto** Zwangsversteigerung *f*; – **fraudolenta** betrügerischer Verkauf; – **garantita** garantierter Verkauf, Garantieverkauf; – **generica** Gattungskauf; – **giudiziaria** gerichtlicher Verkauf; – **giudiziaria all'incanto** gerichtliche Versteigerung; – **su gradimento** Kauf nach Ansicht, Kauf auf Besicht; – **di immobile**, – **immobiliare** Grundstückskauf, Grundstückkauf (S); – **all'incanto** Versteigerung *f*, Auktion *f*, – **con incanto** Verkauf mit Versteigerung; – **senza incanto** Verkauf ohne Versteigerung; – **con individuazione** Bestimmungskauf, Spezifikationskauf; – **all'ingrosso** Großverkauf, Großverschleiß (A); – **internazionale** internationaler Kauf; – **di liquidazione** Liquidationsverkauf, Liquidationsausverkauf, Ausverkauf, Räumungsverkauf; – **in massa** Massenverkauf; – **sul mercato** (*di titoli per i quali si è escluso il diritto d'opzione*) freihändiger Verkauf; – **al meglio** Bestensverkauf; – **al minuto** Kleinverkauf, Kleinverschleiß (A), Detailverkauf; – **a misura** Kauf nach Maß; – **mobiliare** Fahrniskauf; – **con pactum addictionis in diem** Kauf mit Vorbehalt eines besseren Käufers, Verkauf mit Vorbehalt eines bessern Käufers (A); – **a pagamento anticipato** Pränumerationskauf, Pränumerandokauf (S); – **con pagamento contro documenti** Kauf mit Zahlung gegen Dokumente; – **parziale** Teilverkauf; – **con patto di retrovendita** Verkauf mit Rückverkaufsrecht (A); – **con patto di riscatto** Verkauf mit Vorbehalt des Wiederkaufs; – **con patto di riservato dominio** Verkauf unter Eigentumsvorbehalt; – **del pegno** Pfandverkauf; – **in perdita** Verlustverkauf; – **porta a porta** Haustürgeschäft *n*; – **a premio** Prämienverkauf; – **a prezzo d'amico** Freundschaftskauf; – **privata** freihändiger Verkauf, Freihandverkauf, Verkauf aus freier Hand; – **di propaganda** Werbeverkauf; – **a prova** Verkauf zur Probe, Kauf auf Probe; – **di quota ereditaria** Erbteilskauf; – **a rate,** – **rateale** Teilzahlungskauf, Abzahlungskauf, Ratenkauf; – **di realizzo** Realisationsverkauf, Realisationskauf; – **con riserva di gradimento** Kauf unter dem Vorbehalt der Billigung (des Kaufgegenstandes), – **con riserva di non gradimento** Kauf mit Rückgaberecht; – **con riserva della proprietà** Kauf unter Eigentumsvorbehalt; – **salvo vista e verifica** Kauf nach Ansicht, Kauf auf Besicht; – **allo scoperto** Leerverkauf, Blankoverkauf, Biancoverkauf (A); – **segreta** Geheimverkauf; – **simulata** Scheinverkauf, Scheinkauf; – **con specificazione** Bestimmungskauf, Spezifikationskauf; – **speculativa** (*borsa*) Meinungsverkauf; – **di speculazione** Spekulationsverkauf, Spekulationskauf; – **a termine** Terminverkauf; – **su tipo di campione** Kauf nach Typ; – **fino a totale esaurimento** Totalausverkauf; – **con trasporto** Versendungskauf; – **a trattativa privata** freihändiger Verkauf, Freihandverkauf, Verkauf aus freier Hand; – **a vil prezzo** Verschleuderung *f*, Preisschleuderei *f*; v. a. ACQUISTO, COMPERA, COMPRAVENDITA.

vendite *f pl*, – **alla clientela** Kundenumsatz *m*; – **all'estero** Auslandsabsatz *m*.

venditore *m* Verkäufer *m*; – **ambulante** fliegender Händler; – **all'asta** Auktionator *m*; – **all'ingrosso** Großverkäufer *m*, Großverschleißer *m* (A); – **al minuto** Klein Verkäufer, Verschleißer *m* (A); – **a premio** Prämienverkäufer; – **allo Stellage** Steller *m*, Stellageverkäufer; – **a termine** Terminverkäufer.

veneficio *m* Giftmord *m*.

venerdì *m* **nero** schwarzer Freitag.

venire in essere zustande kommen.

verbale *agg* mündlich.

verbale *m* Niederschrift *f*, Protokoll *n*, (*d'udienza*) Verhandlungsniederschrift; **mettere a** – zu Protokoll geben, zu Protokoll nehmen, protokollieren; **redigere –, stendere** – eine Niederschrift aufnehmen, ein Protokoll aufnehmen; – **d'accertamento** Feststellungsprotokoll; – **d'aggiudicazione** Zuschlagsprotokoll; – **d'apertura** Eröffnungsprotokoll; – **di assemblea** Versammlungsprotokoll; – **di asseveramento –, di asseverazione** Vereidigungsprotokoll; – **d'audizione** Vernehmungsniederschrift, Vernehmungsprotokoll; – **di collaudo** Abnahmeprotokoll; – **di conciliazione** Protokoll über die erfolgte Versöhnung, Güteprotokoll; – **di consegna** Übergabeprotokoll; – **di constatazione** Feststellungsprotokoll; – **del dibattimento** Verhandlungsniederschrift, Verhandlungsprotokoll; – **di distruzione** (*di titoli*) Vernichtungsprotokoll; – **d'elezione** Wahlniederschrift, Wahlprotokoll; – **di intercettazione** Abhörprotokoll; – **d'interrogatorio** Vernehmungsniederschrift, Vernehmungsprotokoll; – **di legalizzazione** Legalisierungsprotokoll; – **di liquidazione** Liquidationsprotokoll; – **di mancata conciliazione** Protokoll über den ergebnislosen Sühneversuch, Protokoll über den ergebnislosen Versöhnungsversuch; – **di perizia** Gutachterprotokoll; – **di pignoramento** Pfändungsprotokoll; – **di polizia** polizeiliches Protokoll; – **di prova** Prüfprotokoll, Testprotokoll; – **di registrazione** Eintragungsprotokoll; – **di reperto** Befundprotokoll; – **di seduta** Sitzungsniederschrift; – **di sequestro** Beschlagnahmeprotokoll; – **di sopralluogo** Protokoll über die Vornahme einer Ortsbesichtigung; – **di stima** Schätzungsprotokoll, Schatzungsverbal *n* (S); – **di transazione** Vergleichsprotokoll; – **d'udienza** Sitzungsprotokoll, Verhandlungsniederschrift, Verhandlungsprotokoll; v. a. PROCESSO VERBALE.

verbalizzare protokollieren.

verbalizzazione *f* Protokollierung *f*.

verde *m* **pubblico** öffentliche Grünfläche(n) *f*.

verdetto *m* Spruch *m*, Ausspruch, Wahrspruch (A); – **di colpevolezza** Schuldspruch, Schuldausspruch, Schuldigerklärung *f*.

verga *f* Barren *m*; – **d'oro** Goldbarren.

verginità *f* Jungfräulichkeit *f*.
veridicità *f* Echtheit *f*; – **del bilancio** Bilanzwahrheit *f*.
veridico *agg* echt.
verifica *f* (1) Prüfung *f*, Nachprüfung, Überprüfung, (*doganale*) Beschau *f* (2) (*pesi e misure*) Eichung *f*, Eichen *n*; **prima** – (*pesi e misure*) Neueichung; – **di ammissibilità** Zulässigkeitsprüfung; – **di cassa** Kassenprüfung, Kassenrevision *f*; – **contabile** Buchprüfung, Bücherrevision *f*; – **della cosa venduta** Überprüfung der gekauften Sache; – **del danno** Schaden(s)prüfung; – **doganale** Zollrevision *f*, Zolluntersuchung *f*, Zollbeschau *f*, Zollprüfung (A); – **fiscale** Steuerprüfung; – **dell'identità** Legitimationsprüfung, (*merci*) Nämlichkeitsprüfung; – **dell'opera** (*appalto*) Prüfung (*bei Abnahme*) des Werkes; – **periodica** (*pesi e misure*) Nacheichung; – **dei poteri,** – **delle procure** Prüfung der Vollmacht, Prüfung der Mandate; – **dei risultati elettorali,** – **dei voti** Wahlprüfung; v. a. ESAME.
verificare (1) prüfen, überprüfen, nachprüfen; (2) (*pesi e misure*) eichen.
verificarsi *m*, – **della condizione** Eintritt der Bedingung; – **di un danno,** – **di un sinistro** Eintritt eines Schadens, Eintritt eines Schadensfalles.
verficatore *m* Kontrollbeamter *m*, Kontrollbeauftragter *m*; – **dei pesi e misure** Eichbeamter *m*, Eichmeister *m*.
verificazione *f* v. verifica; – **della scrittura privata** (*disconosciuta*) Überprüfung der Echtheit der Privaturkunde; – **dello stato passivo** (*fallimentare*) Feststellung der Schuldenmasse.
verità *f* Wahrheit *f*; **giuro di dire la –, tutta la –, nient'altro che la** – (*formula del giuramento*) ich schwöre, dass ich die reine Wahrheit sagen und nichts verschweigen werde; – **della ditta** Firmenwahrheit.
versamento *m* Einzahlung *f*; – **anticipato** Vorauszahlung *f*, Vorausentrichtung *f*, Vorauskasse *f*; – **del capitale** Kapitaleinzahlung; – **in contanti** Bareinzahlung; – **su un conto** Einzahlung auf ein Konto; – **contributivo,** – **del contributo** Beitragszahlung *f*; – **in denaro** Bareinzahlung; – **di decimi** Nachzahlung (auf Aktien); – **dell'imposta** Steuerentrichtung, Steuerzahlung; – **integrativo** zusätzliche Zahlung; – **alla posta,** – **postale** Posteinzahlung; – **del premio** Prämienzahlung; – **a saldo** Restzahlung; – **supplementare** Nachschuss *m*; – **telegrafico** telegraphischer Transfer, telegraphische Auszahlung; (*con destinazione oltremare*) Kabelauszahlung, v. a. PAGAMENTO.
versare einzahlen, zahlen.
versato *agg* (*abile*) versiert; **interamente** – (*capitale*) volleingezahlt.
versione *f* Fassung *f*, Version *f*; – **originale** Originalfassung; v. a. TESTO.
vertenza *f* Streitigkeit *f*; **comporre una** – einen Streit beilegen; – **diplomatica** diplomatischer Konflikt; – **giudiziaria** Rechtsstreitigkeit *f*; – **sindacale** Tarifauseinandersetzung *f*, Tarifkonflikt *m*; v. a. CONTROVERSIA.
verticale *agg* vertikal.
vertice *m* Gipfel *m*; – **amministrativo** Verwaltungsspitze *f*; – **economico** Wirtschaftsgipfel; – **europeo** Europagipfel; – **mondiale** Weltgipfel; – **del partito** Parteispitze *f*.
vessare schikanieren.
vessatorio *agg* schikanös.
vessazione *f* Schikane *f*.
veste *f*, **in** – **ufficiale** amtlich, offiziell.
veterinario *m* Tierarzt *m*; – **comunale** Gemeindetierarzt; – **provinciale** Provinzialtierarzt.
veto *m* Veto *n*; **mettere il** –, **opporre il** –, **porre il** – das Veto einlegen; **togliere il** – das Veto

widerrufen; – **assoluto** absolutes Veto; – **popolare** Volksveto; – **sospensivo** aufschiebendes Veto.

vetro *m* **di sicurezza** Sicherheitsglas *n.*

vettore *m*, Frachtführer *m*, Beförderer *m*, Beforderungsunternehmer *m*, Transportunternehmer; – **aereo** Luftfrachtführer, Lufttransportunternehmer; – **su strada** Straßenfrachtführer.

vettovagliamento *m* Verproviantierung *f.*

vettovagliare verproviantieren.

via *f* Weg *m*, Straße *f*; – **d'acqua internazionale** internationale Schifffahrtsstraße; – **aerea** Luftweg *m*; – **amministrativa** Verwaltungsweg; **adire la – amministrativa** den Verwaltungsweg beschreiten; – **di comunicazione** Verkehrsweg *m*; – **diplomatica** diplomatischeer Weg; – **doganale** Zollstraße *f*; **in – eccezionale** ausnahmsweise; – **di fatto** Handgreiflichkeit *f*; – **gerarchica** Dienstweg *m*, Amtsweg, Aufsichtsweg, Behördenweg, Behördenzug *m*; – **gerarchica amministrativa** administrativer Instanzenzug; – **giudiziaria** Rechtsweg *m*; **adire la – giudiziaria** den Rechtsweg beschreiten; – **di mare, – marittima** Seeweg *m*; **in – di massima** grundsätzlich; – **navigabile** Wasserstraße *f*, Wasserweg *m*; – **privata** Privatweg *m*, Privatstraße *f*; – **pubblica** öffentliche Straße, öffentlicher Weg; **in – di regresso** im Regressweg; – **di terra** Landweg; – **delle trattative** Verhandlungsweg.

viabilità *f* Straßenzustand *m.*

viaggiatore *m* Reisender *m*; – **chilometro** Personenkilometer *m*; – **clandestino** Schwarzfahrer *m*; – **di commercio** Handelsreisender *m*, Handlungsreisender, Geschäftsreisender, Reisender; – **in grosso** (S) Großreisender (S); – **al minuto** (S) Kleinreisender (S); – **pubblicitario** Werbeakquisiteur *m*; – **in transito** Durchreisender.

viaggio *m* Reise *f*; – **d'affari** Geschäftsreise *f*; – **d'andata** Hinfahrt *f*; – **clandestino** Scharzfahrt *f*; – **continuo** fortgesetzte Reise, einheitliche Reise; – **elettorale** Wahlreise *f*; – **all'estero** Auslandsreise *f*; – **di ritorno** Rückfahrt *f*; – **di servizio** Dienstreise *f*; – **in transito** Durchreise *f*; – **d'uscita** Ausreiset.

vice stellvertretend.

vicecancelliere *m* Vizekanzler *m.*

viceconsole *m* Vizekonsul *m.*

vicedirettore *m* stellvertretender Direktor.

viceprefetto *m* Vizeprafekt.

vicepresidente *m* Vizeprasident *m*, stellvertretender Vorsitzender.

vicepretore *m* (*onorario*) Stellvertreter des Amtsrichters (*bei dessen Verhinderung*).

vicesindaco *m* stellvertretender Bürgermeister, Bürgermeisterstellvertreter *m*, Stellvertreter des Bürgermeisters, Vizebürgermeister *m* (A), Beigeordneter *m.*

vicinato *m*, **buon** – gute Nachbarschaft *f.*

vicino *agg* benachbart.

vicino *m* Nachbar *m.*

videoconferenza *f* Videokonferenz *f.*

videocontrollo *m* Videoüberwachung *f.*

videoterminale *m* Sichtgerat *n.*

vidimare mit einem Sichtvermerk versehen, visieren, vidieren (A), vidimieren (A).

vidimazione *f* Visierung *f*, Vidimierung *f* (A).

vie, passare a – di fatto tätlich werden; – **di fatto** Tätlichkeit *f*; – **legali** Rechtsweg *m*, gesetzlich vorgeschriebener Weg; – **legali ordinarie** ordentlicher Rechtsweg; V. A. VIA.

vietare verbieten, untersagen.

vigente *agg* geltend.

vigenza *f* Geltung *f*, Gültigkeit *f.*

vigilanza *f* Beaufsichtigung *f*, Aufsicht *f*, Überwachung *f*, Bewachung *f*, **alta** – Oberaufsicht; **sottrarsi alla** – sich der Aufsicht entziehen; – **amministrativa** Verwaltungsaufsicht; – **sulle assicurazioni** Versicherungsaufsicht; – **sulle banche** Bankenaufsicht; – **sulle borse** Börsenaufsicht; – **disciplinare** Disziplinaraufsicht; – **doganale** Zollaufsicht, Zollbewachung; – **fiscale** Steueraufsicht; – **gerarchica** Diesntaufsicht; – **governativa** Regierungsaufsicht; – **in materia edilizia** Bauaufsicht; – **della polizia** Polizeiaufsicht; – **scolastica** Schulaufsicht; – **statale** staatliche Aufsicht; v. a. SORVEGLIANZA.

vigilare su beaufsichtigen, überwachen.

vigile *m* **(urbano)** Polizist *m*.

vigore *m* Gültigkeit *f*, Kraft *f*; **cessare di aver** – außer Kraft treten; **entrare in** – in Kraft treten; **essere in** – gelten; **in** – in Kraft, geltend; **mettere in** – in Kraft setzen; **restare in** – in Kraft bleiben; **rientrare in** – wieder in Kraft treten; **rimettere in** – wieder in Kraft setzen.

vilipendere verunglimpfen.

vilipendio *m* Verunglimpfung *f*; – **alla bandiera o ad altro emblema dello Stato** Verunglimpfung von Staatssymbolen; – **di cadavere** Verübung beschimpfenden Unfugs an einer Leiche; – **alla nazione italiana** Verunglimpfung der italienischen Nation; – **della religione dello Stato** Beschimpfung der Staatsreligion; – **della Repubblica, delle Istituzioni costituzionali e delle Forze armate** Verunglimpfung des Staates, der Verfassungsorgane und der Streitkräfte; – **delle tombe** Verübung beschimpfenden Unfugs an einer Beisetzungsstätte.

vincita *f* (*al giuoco*) Gewinn *m*; – **al giuoco** Spielgewinn; – **alla lotteria** Lotteriegewinn, Lotteriegewinst *n* (A).

vincolante *agg* bindend, verbindlich; **giuridicamente** – rechtsverbindlich.

vincolare binden, verpflichten, vinkulieren.

vincolatività *f* Bindung *f*, Verbindlichkeit *f*; – **del contratto collettivo** Tarifbindung.

vincolo *m* Bindung *f*, Vinkulation *f*; Veränderungssperre *f*, Verfügbarkeitsbeschränkung *f*; – **coniugale** eheliches Band, Eheband; – **contrattuale** vertragliche Bindung; – **di destinazione** Zweckbindung; – **giuridico** Rechtsverbindlichkeit *f*; – **ipotecario** Hypothekenlast *f*, Hypothekenbelastung *f*, hypothekarische Belastung; – **del pignorameno** Pfandverstrickung *f*.

violare (1) (*trasgredire*) verletzen, übertreten; (2) (*violentare*) vergewaltigen, missbrauchen.

violatore *m*, – **di blocco** Blockadebrecher *m*; – **della legge** Rechtsbrecher *m*.

violazione *f* Verletzung *f*; – **amministrativa** Ordnungswidrigkeit *f*; – **del bando** (S) Verweisungsbruch *m* (S); – **del blocco** Bruch der Blockade, Blockadebruch *m*; – **di brevetto** Patentverletzung, Patenteingriff *m* (A); – **della buona fede** Verstoß gegen Treu und Glauben; – **di confine** Grenzverletzung; – **di consegna** Pflichtverletzung; – **contrattuale,** – **di contratto** Vertragsverletzung; – **di corrispondenza** Verletzung des Briefgeheimnisses; – **della costituzione** Verfassungsbruch *m*, Verfassungsverletzung; – **dei diritti dell'uomo** Verletzung der Menschenrechte; – **del diritto** Rechtsverletzung; – **del diritto alla riservatezza** Verletzung der Intimsphäre; – **di domicilio** Hausfriedensbruch *m*, Verletzung des Hausrechts; – **di domicilio commessa da pubblico ufficiale** Hausfriedensbruch im Amt; – **di dovere** Pflichtverletzung; – **del dovere di diligenza** Sorgfaltspflichtverletzung; – **del dovere professionale** Verletzung der Berufspflicht; – **dei doveri d'ufficio** Amtspflichtverletzung, Dienstpflichtverletzung, Dienstvergehen *n*; – **finanziaria** Steuerordnungswidrigkeit; – **delle forme** Formverletzung; – **di giuramento** Eidesbruch *m*, Eidbrüchigwerden *n*; – **della legge** Gesetzesübertretung *f*; Gesetzesverletzung, Gesetzesverstoß *m*, Rechtsbruch *m*, Rechtsverletzung; – **della libertà elettorale** Störung der freien Wahlen; – **della libertà di lavoro** Störung des Arbeitsfriedens; – **della neutralità** Neutralitätsverletzung; – **di norme processuali** Verletzung vor Verfahrensvorschriften; – **di obbligo** Pflichtverletzung; – **degli obblighi di assistenza familiare** Verletzung der familiären Fürsorgepflicht; – **dell'obbligo di diligenza** Verletzung der Sorgfaltspflicht; – **dell' obbligo di dare la precedenza** Vorfahrtverletzung; – **dell' obbligo di vigilanza** Verletzung der Aufsichtspflicht; – **della pace** Friedensbruch *m*; – **della pubblica custodia di cose** Verwahrungsbruch *m*; – **di segreto** Bruch der Verschwiegenheitspflicht; – **del segreto della corrispondenza** Verletzung des Briefgeheimnisses, Verletzung des Schriftgeheimnisses (S); – **del segreto della corrispondenza telefonica** Verletzung des Fernsprechgeheimnisses; – **della corrispondenza telegrafica** Verletzung des Telegraphengeheimnisses; – **del segreto epistolare** Verletzung des Briefgeheimnisses, Verletzung des Schriftgeheimnisses (S); – **del segreto professionale** Verletzung des Berufsgeheimnisses, Verletzung der beruflichen Schweigepflicht, Verletzung der beruflichen Verschwiegenheit; – **del segreto dello scrutinio** Verletzung des Wahlgeheimnisses; – **del segreto d'ufficio** Verletzung des Amtsgeheimnisses, Verletzung der Amtsverschwiegenheit, Verletzung des Dienstgeheimnisses, Bruch des Amtsgeheimnisses, Bruch der Amtsverschwiegenheit; – **di sepolcro** Zerstörung oder Beschädigung einer Beisetzungsstätte; – **di sigilli** Siegelbruch *m*; –, **sottrazione e soppressione di corrispondenza** Verletzung des Briefgeheimnisses; – **della sovranità** Souveränitätsverletzung, Hoheitsverletzung; – **dello spazio aereo** Verletzung des Luftraums; – **dello statuto** Satzungsverletzung; – **di territorio** Gebietsverletzung; – **del trattato** Vertragsverletzung.

violentamento *m* Vergewaltigung *f*.

violentare vergewaltigen.

violento *agg* gewaltsam.

violenza *f* Gewalt *f*, Zwang *m*, Gewalttätigkeit *f*, Tätlichkeit *f*; – **assoluta** absoluter Zwang *m*, überwältigende Gewalt; – **bellica** militärische Gewalt; – **carnale** Notzucht *f* (A), Vergewaltigung *f*; **usare – carnale** vergewaltigen, – **compulsiva** bestimmende Gewalt, psychischer Zwang; – **fisica** körperlicher Zwang, physischer Zwang (A); – **o minaccia ad un Corpo politico, amministrativo o giudiziario** Nötigung einer politischen, verwaltenden oder gerichtlichen Institution; – **o minaccia per costringere a commettere un reato** Nötigung zur Begehung von Straftaten; – **o minaccia a un pubblico ufficiale** Beamtennötigung *f*; – **morale** moralischer Zwang; – **privata** Nötigung *f*; – **sessuale** sexuelle Nötigung *f*.

virtù, in – del contratto kraft Vertrages; **in – della legge** kraft Gesetzes.

virus *m* **da calcolatore** Computervirus.

visibilità *f* Sichtweite *f*.

visione *f*, **prendere** – Einsicht nehmen.

visita *f*, – **dei bagagli** Gepäckkontrolle *f*, Gepäckrevision *f*, Gepäckvisitation *f*; – **di congedo** Abschiedsbesuch; – **di controllo** Kontrolluntersuchung; – **di cortesia** Höflichkeitsbesuch *m*; – **doganale** Zolluntersuchung *f*, Nachschau *f*, Zollrevision *f*, zollamtliche Revision, Zollprüfung *f* (A); – **domiciliare** (S) Hausdurchsuchung *f*; – **fiscale** amtsärztliche Untersuchung; – **lampo** Blitzbesuch; – **di leva** Musterung *f*; – **medica** ärztliche Untersuchung; – **medica preventiva** Vorsorgeuntersuchung; – **sanitaria della carne** Fleischbeschau *f*, Fleischschau (S); – **di Stato,** – **ufficiale** offizieller Besuch, Staatsbesuch *m*.

vista, a – auf Sicht, bei Sicht; **a prima** – prima facie, beim ersten Anschein.

vistare mit einem Sichtvermerk versehen, mit einem Visum versehen, visieren, vidieren (A), abzeichnen.

visto ed approvato gesehen und genehmigt.

visto *m* Sichtvermerk *m*, Visum *n*; **apporre il** – mit einem Sichtvermerk versehen; **rilasciare il** – das Visum erteilen; – **d'autorizzazione** Genehmigungsvermerk, Genehmigungsvisum; – **di censura** Zensurvermerk; – **collettivo** Sammelvisum, Sammelsichtvermerk; – **consolare** Konsularsichtvermerk, Konsulatssichtvermerk, konsularische Vidierung (A); – **di controllo** Kontrollsichtvermerk; – **diplomatico** Diplomatenvisum, Diplomatensichtvermerk; – **di domiciliazione** Domilizierungsvermerk; – **eccezionale** Ausnahmesichtvermerk; – **d'entrata** Einreisesichtvermerk, Einreisevisum; – **d'immigrazione** Einwanderungsvisum; – **obbligatorio** Visumzwang *m*, Sichtvermerkszwang; – **permanente** Dauervisum; – **semplice** einfaches Visum; – **di servizio** Dienstsichtvermerk; – **di soggiorno** Aufenthaltssichtvermerk; – **di transito** Transitvisum *n*, Durchreisevisum, Durchreisesichtvermerk; – **turistico** Touristenvisum; – **di uscita** Ausreisesichtvermerk, Ausreisevisum; Ausgangsbescheinigung *f*; – **di verifica** Prüfungsvermerk.

visualizzatore *m* Sichtgerät *n*.

visura *f* Einsichtnahme *f*.

vita, a – lebenslang, lebenslänglich, auf Lebenszeit; – **anteriore** (S) Vorleben *n*; – **economica** Wirtschaftsleben *n*; – **media** mittlere Lebensdauer, Altersdurchschnitt *m*; – **media completa** mittlere Lebenserwartung, vollständige Lebenserwartung; – **media incompleta** abgekürzte Lebenserwartung; – **natural durante** lebenslang, lebenslänglich, auf Lebenszeit; – **probabile** wahrscheinliche Lebensdauer.

vitale *agg* lebensfähig.

vitalità *f* Lebensfähigkeit *f*.

vitaliziato *m* Rentner *m*, Rentier *m*.

vitalizio *agg* lebenslang, lebenslänglich.

vitalizio *m* Lebensrente *f*, lebenslängliche Rente, Rente auf Lebenszeit, Leibrente, lebenslängliche Annuität, Verpfründung *f* (S); – **oneroso** Verpfründung (S); – **con riversione** Heimfallsrente, Anwartschaftsrente.

viticoltura *f* Weinbau *m*.

vittima Opfer *n*; – di **azioni terroristiche** Opfer terroristischer Gewalttaten; – **del dovere** Opfer in Ausübung der Dienstpflicht; – **della droga** Drogenopfer; – **della guerra** Kriegsopfer *n*; – **dell'incidente** Unfallopfer; – **della strada** Verkehrsopfer; – **del terremoto** Erdbebenopfer.

vitto ed alloggio Wohnung und Beköstigung, Kost und Logis.

vittoria elettorale Wahlsieg *m*.

vivi, tra – unter Lebenden.

vivisezione *f* Vivisektion *f*.

vizi *m pl* Fehler *pl*, Mängel *pl*; **esente da** – mangelfrei, fehlerfrei; – **dell'atto amministrativo** Fehlerhaftigkeit des Verwaltungsaktes; – **della cosa locata** Mängel der Mietsache; – **della cosa venduta** Mängel des Kaufgegenstands; – **del negozio giuridico** Fehlerhaftigkeit des Rechtsgeschäfts.

viziato *agg* mangelhaft, fehlerhaft.

vizio *m* Mangel *m*, Fehler *m*; **denunciare un** – einen Mangel anzeigen; **sanare un** – einen Mangel heilen;

– **apparente** offener Mangel, offenbarer Fehler, offensichtlicher Fehler, äußerlicher Fehler; – **dell'atto amministrativo** Fehler des Verwaltungsaktes; – **del consenso** Einigungsmangel; – **della cosa** Sachmangel; – **di forma** Formfehler, Formmangel, Formgebrechen *n* (A); – **giuridico** Rechtsmangel; – **inerente** anhaftender Fehler; – **inescusabile** unentschuldbarer Fehler, unverzeihlicher Fehler; – **di lavorazione** Herstellungsfehler; – **di legittimità** (*dir. amm.*) Rechtmäßigkeitsmangel; – **di mente** Störung der Geistestätigkeit; – **di merito** (*dir. amm.*) Sachmangel; – **del negozio (giuridico)** Mangel des Rechtsgeschäfts; – **occulto** geheimer Mangel, verborgener Mangel, versteckter Mangel, verborgener Fehler; – **occulto della cosa** Gewährfehler (A), Gewährmangel (A), Gewährleistungsfehler (A), Gewährleistungsmangel (A); – **dell'opera** (*appalto*) Werkmangel; – **palese** offener Mangel, offenbarer Fehler, offensichtlicher Fehler, äußerlicher Fehler; – **parziale di mente** teilweise Störung der Geistestätigkeit; – **del possesso** Fehlerhaftigkeit des Besitzes; – **di procedimento** – **di procedura,** – **procedurale** Verfahrensfehler, Verfahrensmangel; – **redibitorio** Wandlungsfehler, Hauptmangel (*Viehkauf*); – **riconoscibile** erkennbarer Mangel; – **totale di mente** völlige Störung der Geistestätigkeit; – **della volontà** Willensmangel.

vizioso *agg* mangelhaft, fehlerhaft.

vocazione *f* Berufung *f*; – **ereditaria** Berufung zur Erbschaft.

voce *f* Posten *m*, Post *f* (A =), Position *f*, Ansatz *m*; – **attiva,** – **dell'attivo** Aktivposten, Aktivposition; – **di bilancio** Bilanzposten, Bilanzposition, Bilanzansatz; – **di conguaglio** Ausgleichsposten; – **contabile** Buchungsposten; – **doganale** Zollposition; – **del passivo** Passivposten; – **di spesa** Ausgabenansatz, Ausgabenposten; – **di tariffa** Tarifposition; – **transitoria** Übergangsposten; v. a. POSTA.

volante *f* Überfallkommando *n*, Funkstreife *f*.

volantino *m* Flugblatt *n*.

volere wollen.

volere *m* Wille *m*.

volo *m*, – **di charter** *f* Charterflug *m*; – **di linea** Linienflug.

volontà *f* Wille *m*, Willen *m*; **interpretare la** – den Willen auslegen; **ultima** – letzter Wille; **d'ultima** – letztwillig; **ultime** – *f pl* letztwillige Verfügung, letztwillige Anordnung (A); – **collettiva** Gemeinwille; – **effettiva** wirklicher Wille; – **espressa** ausdrücklicher Wille; – **del fondatore** Stifterwille; – **generale** (*Rousseau*) Allgemeinwille; – **d'intesa** Verständigungsbereitschaft *f*; – **di lavorare** Arbeitswille; – **di lotta** Kampfeswille; – **negoziale** Geschäftswille; – **della parte** Parteiwille; – **politica** politischer Wille; – **popolare** Volkswille; – **di possedere** Besitzwille; – **presunta** mutmaßlicher Wille; – **statale** Staatswille; – **testamentaria** letztwillige Verfügung.

volontariato *m* Volontariat *n*.

volontario *agg* (1) freiwillig; (2) (*non conten zioso*) außerstreitig (A), freiwillig.

volontario *m* Freiwilliger *m*; Volontät *m*.

volta, a – **di corriere** mit umgehender Post, postwendend.

voltura *f* Übertragung *f*, Umschreibung *f*; – **castale** katastermäßige Umschreibung.

volturare übertragen, umschreiben.

volume *m*, – **d'affari** Geschäftsumfang *m*, Geschäftsvolumen *n*; – **del commercio con l'estero** Außenhandelsvolumen; – **di consumo** Verbrauchsvolumen *n*; – **creditizio,** – **del credito** Kreditvolumen *n*, Kreditumfang *m*; – **edilizio** Bauvolumen; – **delle esportazioni** Ausfuhrvolumen *n*, Umfang der

Ausfuhr; – **delle importazioni** Einfuhrvolumen *n*, – **di mano d'opera** Arbeitskräftevolumen *n*; – **monetario** Geldvolumen *n*; – **dei premi** Prämienvolumen *n*; – **di produzione** Produktionsvolumen; – **dei salari** Lohnvolumen; – **degli scambi commerciali** Handelsumsatz *m*; – **scambiato in borsa** Börsenumsatz *m*; – **degli stipendi** Gehaltsvolumen *n*; – **di traffico** Verkehrsaufkommen; – **delle vendite** Umsatzvolumen *n*, Verkaufsvolumen.

voluminoso *agg* (*merce*) sperrig.

votante *m* Abstimmender *m*, Wählender *m*, Wähler *m*.

votare abstimmen, seine Stimme abgeben, wählen; – **contro** dagegen stimmen; – **per** dafür stimmen.

votazione *f* Abstimmung *f*, Stimmabgabe *f*, Wahl *f*; **libera** – freie Stimmabgabe; – **per acclamazione** Abstimmung durch Zuruf, Wahl durch Zuruf, Wahl durch Akklamation; – **per alzata di mano** Wahl durch Handaufheben, Abstimmung durch Handaufheben; – **per alzata e seduta** Abstimmung durch Aufstehen (und Sitzenbleiben); – **per appello nominale** namentliche Abstimmung, Wahl mit Namensaufruf; – **per articoli** artikelweise Abstimmung; – **di bilancio** (*pubblico*) Haushaltsbewilligung *f*; – **per corrispondenza** Briefwahl, Urabstimmung (S); – **per divisione** Abstimmung durch Hammelsprung; – **federale** (S) eidgenössische Abstimmung (S); – **finale** Endabstimmung, Schlussabstimmung; – **fraudolenta** betrügerische Stimmabgabe; – **di legge** Gesetzesverabschiedung *f*; – **palese** offene Abstimmung; – **per procura** Abstimmung durch einen Bevollmächtigten, Abstimmung durch Vertreter, Stimmabgabe durch Vertreter; – **per scheda** Stimmkartenwahl; – **segreta** geheime Abstimmung; – **per teste** Abstimmung nach Köpfen; – **per voto palese** offene Abstimmung.

voti, ai –! zur Abstimmung!; **mettere qualcosa ai** – über etwas abstimmen lassen; **passare ai** – zur Abstimmung schreiten, zur Wahl schreiten, zur Wahl schreiten; **scrutinare i** – die Stimmen zählen.

voto *m* (1) Stimme *f*; (2) (*a scuola*) Zensur *f*; **astenersi dal** – sich der Stimme enthalten; **avere diritto di** – Stimmrecht haben; **dare il** – die Stimme abgeben; **decidere col** – durch Abstimmung entscheiden; **deporre il** – die Stimme abgeben; **primo** – Erststimme; **secondo** – Zweitstimme; – **affermativo** Ja-Stimme; – **di astensione** Enthaltungsstimme; – **complementare** Zusatzstimme; – **consultivo** beratende Stimme; – **contrario** Gegenstimme; – **per corrispondenza** Briefstimme; – **dato** abgegebene Stimme; – **decisivo,** – **deliberativo** entscheidende Stimme, Stichentscheid *m*; – **doppio** doppeltes Stimmrecht; – **espresso** abgegebene Stimme; – **a favore,** – **favorevole** Jastimme; **dare** – **favorevole** zustimmen, mit Ja stimmen; – **di fiducia** Vertrauensvotum *n*; – **nullo** ungültige Stimme; – **plurimo** mehrfaches Stimmrecht *m*; – **di protesta** Proteststimme; – **residuale** Reststimme; – **di scambio** gekaufte Stimme; – **di sfiducia** Misstrauensvotum *n*; **con** – **unanime** einstimmig; – **valido** gültige Stimme.

vulnerabilità *f* Verwundbarkeit *f*.

vuoto *m* Leergut *n*; – **di competenza** Zuständigkeitslücke; – **legislativo** Gesetzgebungslücke; – **di potere** Machtvakuum *n*.

W

warentest *m* Warentest *m*.

welfare-state *m* Wohlfahrtsstaat *m*.

X

xenofobia *f* Ausländerfeindlichkeit *f*.

Z

zecca *f* Münzamt *n*, Münzanstalt *f*, Münzstätte *f*, Münzgebäude *n*.

zillmeraggio *m* Zillmerabzug *m*.

zona *f* Zone *f*, Gebiet *n*; – **agricola** landwirtschaftliches Gebiet; – **artigianale** Gewerbegebiet; – **di attrazione** Einzugsbereich *m*, Einzugsgebiet; – **bianca** (*non regolata da piano regolatore*) Außenbereich *m*; – **bloccata** Blockadegebiet, Sperrgebiet, blockiertes Gebiet; – **di combattimento** Kampfgebiet, Kampfzone; – **di concentramento** Ballungsgebiet; – **di confine** Grenzbezirk *m*, Grenzzone, Grenzgebiet; – **contigua** (*dir. int.*) Anschlusszone, Kontiguitätszone; – **di controllo** Überwachungszone; – **cuscinetto** Pufferzone; – **danneggiata** Schadensgebiet; – **denuclearizzata** atomwaffenfreie Zone; – **depressa** Notstandsgebiet; – **di distribuzione locale** (*posta*) Ortszustellbereich *m*, Ortszustellbezirk *m*, Ortszustellkreis *m* (S); – **doganale di confine** Zollgrenzbezirk *m*, – **economica** Wirtschaftsgebiet; – **economica esclusiva** (*dir. int.*) exklusive Wirtschaftszone; – **extradoganale** Zollausschlussgebiet; – **d'evacuazione** Räumungsgebiet, Räumungszone, Evakuierungsgebiet; – **franca** Freizone, Freibezirk; – **franca fluviale** Flußfreizone; – **franca marittima** Seefreizone; – **di frontiera** Grenzgebiet, Grenzzone, Grenzbezirk *m*; – **grigia** Grauzone; – **di guerra** Kriegszone, Kriegsgebiet; – **d'immigrazione** Einwanderungsgebiet; – **d'incentivazione** Förderungsgebiet, Fördergebiet; – **industriale** Industriegebiet; – **d'influenza** Einflussgebiet; – **di insediamento** Siedlungsgebiet; – **di libero scambio** Freihandelszone; – **limitrofa** angrenzendes Gebiet, angrenzende Zone; – **malsana** gesundheitsgefährdetes Gebiet; **marginale** Randgebiet; – **di massima sicurezza** Hochsicherheitsbereich; – **militare** Militärgebiet; – **monetaria** Währungsgebiet, Währungsbereich *m*, Währungsraum *m*; – **neutrale** neutrale Zone; – **neutralizzata** neutralisierte Zone; – **non occupata** unbesetztes Gebiet; – **occupata,** – **d'occupazione** Besatzungsgebiet, Besatzungszone, Besetzungsgebiet, besetztes Gebiet; – **operativa,** – **di operazioni** Operationsgebiet; – **di operazioni militari** Kampfgebiet, Kampfzone; – **orientale** Ostzone; – **pedonale** Fußgängerzone; – **di pericolo** Gefahrenzone; – **di pesca** Fischereigebiet; – **del porto** Hafengebiet; – **produttiva** Gewebegebiet;

– **di produzione** Produktionsgebiet, Erzeugungsgebiet; – **di protezione speciale** besonderes Schutzgebiet; – **residenziale** Wohngebiet; – **di recupero** (*urb*) Sanierungsgebiet; – **di ricerca mineraria** Schürfgebiet, Aufsuchungsgebiet; – **di risanamento** Sanierungsgebiet; – **di rispetto** Schutzgebiet; – **di sicurezza** Sicherheitszone; – **di silenzio** Lärmschutzbereich, – **sismica** erdbebengefährdetes Gebiet; – **smilitarizzata** entmilitarisierte Zone, entmilitarisiertes Gebiet; – **di sorveglianza** Überwachungszone; – **sottosviluppata** unterentwickeltes Gebiet; – **sovietica** Sowjetzone; **della – sovietica** sowjetzonal; – **di tensione** Spannungsgebiet; – **delle tre miglie** (*dir, int.*) Dreimeilenzone; – **umida** Feuchtgebiet; – **di vendita** Verkaufszone; – **verde** Grünzone; – **di vigilanza** Überwachungszone; – **di vigilanza doganale** Zollgrenzbezirk *m*; V. A. AREA, TERRITORIO.

Abbreviazioni e sigle – Abkürzungsverzeichnis

a.	autore
aa.	autori
A. A.	Anonimi Alcolisti
A. B. I.	Associazione Bancaria Italiana
abr.	abrogato
a. c.	(1) anno corrente; (2) a conto
acc.	accordo
acc. econ. coll.	accordo economico collettivo
A. C. I.	(1) Automobile Club d'Italia; (2) Azione Cattolica Italiana
A. C. L. I.	Associazioni Cristiane Lavoratori Italiani
A. C. R. I.	Associazione fra le Casse di Risparmio Italiane
A. D.	(1) Anno Domini; (2) Amministratore delegato
ad. es.	ad esempio
Ad. gen.	adunanza generale
Ad. plen.	adunanza plenaria
A. E. E. N.	Agenzia Europea per l'Energia Nucleare
A. F.	assegni familiari
A. G.	(1) Assemblea generale; (2) Autorità giudiziaria
A. G. C. I.	Associazione generale delle cooperative italiane
A. G. I. S.	Associazione generale italiana dello spettacolo
A. G. O.	Autorità giudiziaria ordinaria
A. I. E.	Associazione italiana editori
A. I. E. A.	Agenzia internazionale per l'energia atomica
A. I. R. E.	Anagrafe degli italiani residenti all'estero
A. I. T. I.	Associazione italiana traduttori e interpreti
al.	alinea
Alitalia	Aerolinee italiane internazionali
all.	allegato
Amm. guid.	Amministratore giudiziario
amm. ne	amministrazione
amm. re	amministratore
A. N. A. P. I.	Associazione nazionale avvocati e procuratori italiani
A. N. A. S.	Azianda nazionale autonoma delle strade
A. N. I. A.	Associazione nazionale fra le imprese assicuratrici
A. N. M.	Associazione nazionale magistrati
A. N. S. A.	Agenzia nazionale stampa associata
A. P.	Allo professionale
app.	appendice
App.	Corte d'Apello
art.	articolo
artt.	articoli
ass.	(1) legge sull'assegno; (2) assicurazione
Ass.	Corte d'Assise
Ass. app.	Corte d'Assise d'Appello
Assonime	Associazione delle società per azioni
att.	disposizioni di attuazione

Atti parl.	Atti parlamentari
Atti parl. dep.	Atti parlamentari della Camera die deputati
Atti parl. Sen.	Atti parlamentari del Senato
a. v.	(1) ad valorem; (2) a vista
avv.	avvocato
B. C. E.	Banca Centrale Europea
B. E. I.	Banca europea per gli investimenti
B. I.	Banca d'Italia
B. I. R. S.	Banca internazionale per la ricostruzione e le sviluppo
B. M.	Banca mondiale
B. N. A.	Banca nazionale dell'acricoltura
B. N. L.	Banca nazionale del lavoro
BOC	Buono ordinario del Comune
BOT	Buono ordinario del Tesoro
b. p. l.	buono per lire
BR	Brigate rosse
B. R. I.	Banca die regolamenti internazionali
BSE	encefalopatia spongiforme bovia (dall'ingl.: bovine spongiform encephalopathy
BTP	Buono del Tesoro poliennale
B. U.	Bollettino ufficiale
BUSARL	Bollettino ufficiale delle società per azioni e a responsabilità limitata
BUSC	Bollettino ufficiale delle società cooperative
c.	(1) colonna; (2) contro
C. A.	(1) Consiglio d'amministrazione; (2) consorzio agrario
c. a.	corrente anno
C. A. A. F.	Centro autorizzato di assistenza fiscale
C. A. I.	Corte di arbitrato internazionale
c. a. n.	costo, assicurazione, nolo
cap.	capitolo
C. A. P.	Codice di avviamento postale
C. App.	Corte d'Appello
capv.	capoverso
C. Ass.	Corte d'Assise
Cass.	Corte Suprema di Cassazione
Cass. civ.	Corte Suprema di Cassazione (secione civile)
Cass. pen.	Corte Suprema di Cassazione (secione penale)
cav.	cavaliere
C. C.	(1) Camera di commercio; (2) Camera di consiglio; (3) Carabinieri; (4) Corte costituzionale; (5) Corte di Conti; (6) Corte di cassazione; (7) corpo consolare
c. c.	codice civile
c./c.	conto corrente
cc.	colonne
c. c. b.	conto corrente bancario
C. C. I.	Camera di commercio internazionale
C. C. L.	Contratto collettivo di lavoro
C. C. N. L.	Contratto collettivo nazionale di lavoro
c. comm.	codice di commercio

C. Conti	Corte dei Conti
C. Cost.	Corte Costituzionale
c. c. p.	conto corrente postale
CCT	Certificato di credito del Tresoro
c. d.	(1) cosiddetto; (2) combinato disposto
C. D.	(1) comitato direttivo; (2) commissione disciplinare; (3) consigliere delegato
C. d. D.	Consiglio dei Delegati
CdE	Consiglio d'Europa
C. d. F.	Consiglio di fabbrica
C. d. G.	Consiglio di gestione
CdL	Camera del Lavoro
C. d. M.	Cassa del Mezzogiorno
C. D. P.	Cassa depositi e prestiti
C. d. R.	Cassa di risparmio
CdS	Consiglio di Stato
C. E.	(1) Comunità Europee; (2) Consiglio d'Europa
C. E. C. A.	Comunità europea del carbone e dell'acciaio
C. E. D.	Comunità europea di difesa
CEDEFOP	Centro europeo per lo sviluppo della formazione professionale
C. E. E.	Comunità economica europea
C. E. E. A.	Comunità europea dell'energia atomica
CEI	Conferenza episcopale italiana
C. F.	Codice fiscale
CFP	Centro di formazione professionale
cfr.	confronta
C. G. C. E.	Corte di Giustizia delle Comunità europee
C. G. I. L.	Confederazione generale italiana del lavoro
C. giust. intern.	Corte permanente di giustizia internazionale
C. I. A.	Camera italiana di arbitrato
C.ia.	compagnia
C. I. C. R.	Comitato interministeriale per il credito ed il risparmio
C. I. D. A.	Confederazione italiana dirigenti d'azienda
CIG	Cassa intergrazione guadagni
C. intern. giust.	Corte internazionale di giustizia
C. I. P.	Comitato interministeriale (per i) prezzi
C. I. P. A.	Confederazione generale italiana dei professionisti e artisti
C. I. P. E.	Comitato interministeriale per la programmazione economica
C. I. M. E.	Comitato intergovernativo per le migrazioni europee
circ.	circolare
circ. ass.	circolare assessoriale
C. I. S. A. L.	Confederazione italiana sindacati autonomi lavoratori
C. I. S. L.	Confederazione italiana sindacati lavoratori
C. I. S. N. A. L.	Confederazione italiana sindacati nazionali lavoratori
cit.	citato
C. I. T.	Compagnia italiana turismo
citt.	citati
C. M.	Consiglio dei Ministri
c. m.	(1) circolare ministeriale; (2) corrente mese
c. n.	codice della navigazione

C. N. A.	Confederazione nazionale dell'artigianato
c. nav.	codice della navigazione
C. N. B.	Consiglio Nazionale di bioetica
C. N. E. L.	Consiglio nazionale dell'economia e del lavoro
C. N. E. N.	Comitato nazionale per l'energia nucleare
C. N. N.	Consiglio nazionale del notariato
C. N. R.	Consiglio nazionale delle ricerche
co.	comma
CO	Codice delle obbligazioni (S)
cod.	codice
cod. civ.	codice civile
cod. comm.	codice di commercio
cod. pen.	codice penale
cod. post.	codice postale e delle telecomunicazioni
cod. proc. civ.	codice di procedura civile
cod. proc. pen.	codice di procedura penale
cod. strad.	codice della strada
col.	colonna
Coldiretti	Confederazione nazionale coltivatori diretti
coll.	collezione
com.	comunale
comm.	commentario
Comm.	Commissione
Comm. Centr. Imp.	Commissione Centrale delle Imposte
Comm. Trib.	Commissione tributaria
compl.	complessivamente
conc.	giudice conciliatore
cond. gen. pol.	condizioni generali di polizza
conf.	conforme
Confagricoltura	Confederazione generale dell'agricoltura italiana
CONFAPI	Confederazione nazionale della piccola e media industria
Confartigianato	Confederazione generale italiana dell'artigianato
Confcoltivatori	Confederazione italiana coltivatori
Confcommercio ...	Confederazione generale italiana del commercio e del turismo
Confesercenti	Confederazione italiana esercenti attività commerciali e turistiche
C. O. N. I.	Comitato olimpico nazionale italiano
Cons.	(1) consiglio; (2) consigliere
CONSOB	Commissione nazionale per le società e la borsa
Cons. St.	Consiglio di Stato
Con. St., ad. gen. ...	Consiglio di Stato, adunanza generale
Con. St., ad. plen.	Consiglio di Stato, adunanza plenaria
Cons. Stato	Consiglio di Stato
conv.	(1) convenzione; (2) convertito
coop.	cooperativa
coord.	disposizioni di coordinamento
Cost.	Costituzione della Repubblica Italiana
C. Re. Co.	Comitato regionale di controllo
C. P.	(1) Consiglio provinciale; (2) casella postale; (3) Cassazione penale

c. p.	codice penale
C. P. A.	Corte permanente di arbitrato dell'Aia
c. p. c.	codice di procedura civile
C. P. G. I.	Corte permanente di giustizia internazionale
C. P. I.	Commissione parlamentare d'inchiesta
c. p. m. g.	codice penale militare di guerra
c. p. m. p.	codice penale militare di pace
c. post.	codice postale e delle telecomunicazioni
c. p. p.	codice di procedura penale
c. p. r.	con preghiera di restituzione
C. P. S.	Commissione permanente del Senato
C. P. T.	codice postale e delle telecomunicazioni
cpv.	capoverso
C. reg. sic.	Alta Corte per la Regione Siciliana
C. R. I.	Croce rossa italiana
c. s.	come sopra
CSCE	Conferenza sulla sicurezza e la cooperazione in Europa
C. S. M.	Consiglio Superiore della Magistratura
C. St.	Consiglio di Stato
C. T.	(1) consulente tecnico; (2) consulenza tecnica
cto.	conto
C. T. U.	(1) consulente tecnico di ufficio; (2) consulenza tecnico di uffico
D., d.	decreto
DDA	Direzione distrettuale antimafia
D. A.	legge sul diritto d'autore
D. Ass.	decreto assessoriale
DC	Democrazia Cristiana
d. C.	dopo Cristo
d. C. G.	decreto del Capo del Governo
DCS	Dipartimento per la cooperazione e lo sviluppo
d. d. l.	disegno di legge
DD. MM.	decreti ministeriali
DD. PP.	decreti del Presidente della Repubblica
D. G.	Direzione generale
D. I.	decreto interministeriale
DIGOS	Divisione investigazioni generali e operazioni speciali
D. interass.	decreto interassesoriale
D. interm.	decreto interministeriale
dir.	direttiva
dir. amm.	diritto amministrativo
dir. cost.	diritto costituzionale
dir. fall.	diritto fallimentare
dir. int.	diritto internazionale
dir. lav.	diritto del lavoro
Dis. L.	disegno di legge
disp.	disposizioni
disp. att.	disposizioni di attuazione
disp. prel.	disposizioni preliminari
disp. trans.	disposizioni transitorie
D. L.	decreto legge
D. L. C. P. S.	decreto legislativo del Capo provvisorio dello Stato

D. L. L.	decreto legislativo luogotenenziale
d. lg. lt.	decreto legislativo luogotenenziale
D. M.	decreto ministeriale
D. O. C.	denominazione di origine controllata
D. O. C. G.	denominazione di origine controllata e garantita
D. O. P.	denominazione di origine protetta
dott.	dottore
dott.ssa	dottoressa
D. P.	disposizioni preliminari (disposizioni sulla legge in generale
D. P. C.	decreto del Presidente del Consiglio dei Ministri
D. P. R.	decreto del Presidente della Repubblica
D. S. P.	Diritti speciali di prelievo
E. A.	Ente autonomo
EAD	elaborazione automatica dei dati
E/C	estratto conto
ecc.	eccetera
ECU	unità monetaria europea (*european currency unit*)
ed.	(1) editore; (2) edizione
EdD	Enciclopedia del diritto
edil. pop.	edilizia popolare
EED	elaborazione elettronica dei dati
EE. PP.	Enti pubblici
E. I.	Esercito Italiano
E. N. A. L.	Ente nazionale assistenza lavoratori
E. N. A. S.	Ente nazionale (di) assistenza sociale
E. N. E. A.	Ente per le nuove tecnologie, l'energia e l'ambiente
E. N. E. L.	Ente nazionale per l'energia elettrica
E. N. F. A. P.	Ente nazionale per la formazione e l'addestramento professionale
E. N. I.	Ente nazionale idrocarburi
E. N. I. T.	Ente nazionale italiana per il turismo
E. N. P. A. S.	Ente nazionale di previdenza e assistenza per i dipendenti statali
E. P. T.	Ente provinciale per il turismo
es.	esempio
est.	estensore
EUROSTAT	Istituto statistico delle Comunità Europee
F. A. L.	Foglio degli annunzi legali
fasc.	fascicolo
fatt.	fattura
f.co.	franco
FECOM	Fondo europeo di cooperazione monetaria
FEOGA	Fondo europeo di orientamento e garanzia agricola
FES	Fondo europeo di sviluppo
FESR	Fondo europeo di sviluppo regionale
f. f.	facente funzioni
FF. AA.	Forze armate
FF. SS.	Ferrovie dello Stato
f. m.	fine mese
F. M. E.	Fondo monetario europeo

F. M. I.	Fonto monetario internazionale
Foro it.	Il Foro italiano (rivista)
fr.	franco
f. r.	fuori ruolo
F. S.	Ferrovie dello Stato
F. S. E.	Fondo sociale europeo
f. to	firmato
F. U.	Farmacopea ufficiale
G. A.	Giunta amministrativa
Gazz. Uff.	Gazzetta Ufficiale (della Repubblica)
G. C.	Genio civile
G. d. F.	Guardia di finanza
G. E.	Giudice dell'esecuzione
G. I.	Giudice istruttore
GIP, gip	Giudice per le indagini preliminari
GIS	Gruppo di intervento speciale
Giur. cost.	Giurisprudenza costituzionale (rivista)
Giur. it.	Giurisprudenza italiana (rivista)
Giur. lav.	Giurisprudenza del lavoro (rivista)
Giust. civ.	Giustizia civile (rivista)
Giust. pen.	La Giustizia penale (rivista)
G. P.	(1) Giunta provinciale; (2) gratuito patrocinio
G. P. A.	Giunta provinciale amministrativa
G. T.	Giudice tutelare
G. U.	Gazzetta ufficiale (della Repubblica)
G. U. C. E.	Gazzetta ufficiale delle Comunità europee
GUP, gup	Giudice dell'udienza preliminare
ibid.	ibidem (nelo stresso luogo)
I. C.	imposta complementare
IC	importi compensativi (CE)
I. C. E.	Istituto nazionale per il commercio estero
ICI	Imposta comunale sugli immobili
ICIAP	Imposta comunale per l'esercizio di imprese, arti e professioni
ICM	importi compensativi monetari (CE)
I. G. E.	Imposta generale sull'entrata
I. G. M.	Ispettorato generale della motorizzazione
II. DD.	Imposte dirette
ill. cost.	illegittimità costituzionale
ILOR	Imposta locale sui redditi
I. M.	Istruzione ministeriale
imp.	(1) imputato; (2) imposta
I. N. A.	Istituto nazionale delle assicurazioni
I. N. A. I. L.	Istituto nazionale di assicurazione contro gli infortuni sul lavoro
I. N. A. S.	Istituto nazionale assistenza sociale
I. N. P. S.	Istituto nazionale della previdenza sociale
I. N. T.	Istituto nazionale trasporti
I. N. U.	Istituto nazionale di urbanistica
INVIM	Imposta comunale sull'incremento di valore degli immobili

I. R. I.	Istituto per la ricostruzione industriale
IRPEF	Imposta sul reddito delle persone fisiche
IRPEG	Imposta sul reddito delle persone giuridiche
I. R. L.	Ispettorato regionale del lavoro
ISTAT	Istituto centrale di statistica
IVA	Imposta sul valore aggiunto
L., l.	legge
L.	lire
L. A.	legge sull'assegno
l. ass.	legge sull'assegno
l. cit.	luogo citato
l. c. s.	letto, confermato, sottoscritto
lett.	lettera
L. F.	legge fallimentare
l. fall.	legge fallimentare
Lit.	Lire italiane
lit.	litro
LL. PP.	Lavori Pubblici
L. P.	legge provinciale
L. R.	legge regionale
l. reg.	legge regionale
L. S. C.	legge sullo stato civile
L. U.	legge usuali
m.	massima
M. A. E.	Ministero degli affari esteri
Mass.	massimario
M. C.	Mercato comune
M. E. C.	Mercato comune europeo
Mediobanca	Banca di credito finanziario
Mediocredito centrale	Istituto centrale per il credito a medio termine
MIB. TEL	Milano indice borsa telematico
Min.	(1) ministro; (2) ministero
mod.	(1) modificato; (2) modulo
MSI – DN	Movimento Sociale Italiano – Destra Nazionale
n.	(1) nota; (2) numero
NAS	Nucleo antisofisticazioni
nav.	codice della navigazione
naz.	nazionale
N. B., n. b.	nota bene
n. d. a.	nota dell'autore
n. d. e.	nota dell'editore
n. d. r.	nota della redazione
n. d. t.	nota del traduttore
nn.	numeri
no.	numero
NOE	Nucleo operativo ecologico
Nov. Dig. It.	Novissimo digesto italiano
ns.	nostro
nt.	nota

NU	(1) Nazioni Unite; (2) nettezza urbana
OCSE	Organizzazione per la cooperazione e lo sviluppo economici
O. d. G.	ordine del giorno
O. I. L.	Organizzazione internazionale del lavoro
O. L. P.	Organizzazione per la liberazione della Palestina
O. M.	ordinanza ministeriale
O. M. M.	Organizzazione meteorologica mondiale
O. M. P. I.	Organizzazione mondiale della proprietà intellettuale
O. M. S.	Organizzazione mondiale della sanità
on.	onorevole
O. N. U.	Organizzazione delle Nazioni Unite
OO. PP.	Opere pubbliche
OPA	offerta pubblica di acquisto
op. cit.	opera citata
OPV	offerta pubblica di vendita
ord.	(1) ordinamento; (2) ordinanza
ord. giud.	ordinamento giudiziario
P.	Pretura
p.	(1) pagina; (2) per
p. a.	per anno
P. A.	pubblica amministrazione
pag.	pagina
pagg.	pagine
par.	paragrafo
pass.	passim
p. c.	(1) codice di procedura civile; (2) per conoscenza
PC	(1) parere consultivo; (2) Partito comunista
p. c. c.	per copia conforme
P. C. I.	Partito comunista italiano
P. C. M.	Presidenza del Consiglio dei Ministri
PCUS	Partito comunista dell'Unione sovietica
PdUP	Partito di unità proletaria per il comunismo
PE	Parlamento Europeo
p. es.	per esempio
P. G.	(1) Procuratore Generale; (2) Procura Generale
P. G. R.	Procuratore Generale della Repubblica
P. I.	(1) Pubblica istruzione; (2) pubblico impiego; (3) partita IVA
P. I. L.	Prodotto interno lordo
P. I. N.	Prodotto interno netto
P. L. I.	Partito liberale italiano
p. m.	(1) per memoria; (2) prossimo mese
P. M.	Pubblico Ministero
P. N. L.	prodotto nazionale lordo
P. N. N.	prodotto nationale netto
polfer	polizia ferroviaria
p. p.	codice di procedura penale
pp.	pagine
pp	profitti e perdite
PP. SS.	Partecipazioni Statali
PPTT	Partito del popolo trentino tirolese

P. Q. M.	per questi motivi
P. R.	(1) Partito radicale; (2) Presidente della Repubblica (3) Procuratore della Repubblica; (4) piano regolatore
P. R. A.	Pubblico registro automobilistico
pref.	prefazione
prel.	preliminari (disposizioni sulla legge in generale)
pres.	presidente
Pret.	(1) pretura; (2) pretore
P. R. G.	Piano regolatore generale
P. R. I.	Partito repubblicano italiano
Proc. Gen.	procuratore generale
Proc. Rep.	procuratore della Repubblica
prof.	professore
prof.ssa	professoressa
prot.	protocollo
prov.	(1) provincia; (2) provvedimento
pr. pres.	primo presidente
P. S.	(1) Polizia di Stato; (2) pubblica sicurezza; (3) previdenza sociale
PSDI	Partito socialista democratico italiano
PSI	Partito socialista italiano
P. T.	Poste e telegrafi
p. t. m.	per tali motivi
p. u.	pubblica utilità
p. v.	prossimo venturo
QC	qualità controllata
QE	quoziente energetico
QI	quoziente d'intelligenza
R.	Regio
racc.	raccomandata
R. A. I.	(1) Radiotelevisione Italiana; (2) Registro aeronautico italiano
rapp.	rapporto
RAS	rappresentanza aziendale sindacale
RC, r. c.	responsabilità civile
RCA	responsabilità civile autoveicoli
R. D., r. d.	Regio decreto
r. d.-l.	regio decreto-legge
reg.	(1) regionale; (2) regolamento
reg. esec.	regolamento d'esecuzione
reg. gen.	regolamento generale
rel.	(1) relatore; (2) relazione
Rep.	(1) Repubblica; (2) repertorio
RFT	Repubblica Federale Tedesca (= Repubblica Federale di Germania)
R. I.	Repubblica Italiana
RIC	Regolamento internazionale carrozze
RIV	Regolamento internazionale veicoli
Riv. dir. civ.	Rivista di diritto civile
Riv. it. dir. proc. pen.	Rivista italiana di diritto e procedura penale

R. M.	ricchezza mobile
R. N. R.	rinvio a nuovo ruolo
ROF	ricevuta obbligatoria fiscale
ROS	Raggruppamento operativo speciale
R. P.	relazioni pubbliche
R. R.	ricevuta di ritorno
Rrr	raccomandata con ricevuta di ritorno
r. s. a.	rappresentanza sindacale aziendale
R. U.	Raccolta ufficiale (delle leggi e dei decreti della Repubblica
s.	seguente
SA	società anonima
S. acc.	società in accomandita
S. acc. p. a.	società in accomandita per azioni
SAUB	Struttura per l'assistenza unificata di base
SB	servizio bancoposta
S. r. l.	società a responsabilità limitata
s. b. f.	salvo buon fine
s. d.	senza data
S. E.	(1) Sua Eccellenza; (2) Società Europea
s. e. e. o.	salvo errori ed omissioni
Sen.	senatore
sent.	sentenza
sess.	sessione
sez.	sezione
sez. civ.	sezione civile
sez. pen.	sezione penale
sez. riun.	sezioni riunite
sez. un. civ.	sezioni unite civili
sez. un. pen.	sezioni unite penali
S. I. A. E.	Società italiana degli autori ed editori
S. I. D.	Servizio informazioni difesa
s. n. c.	Società in nome collettivo
SIP	Società italiano procuratore e avvocati
SISDE	Servizio per le informazioni e la sicurezza democratica
SME	Sistema monetario europeo
S. n. c.	Società in nome collettivo
soc.	società
SOCOF	Sovrimposta comunale sul reddito dei fabbricati
S. p. A., spa	società par azioni
s. r. l.	società a responsabilità limitata
S. S.	(1) strada statale; (2) sede sociale
ss.	seguenti
SSN	Servizio sanitario nazionale
SS. PP.	Sevizi pubblici
st.	statuto
st. lav.	Statuto dei lavoratori
St. T. – A. A.	Statuto speciale per il Trentino – Alto Adige
succ.	(1) successivo, (2) succursale
sup.	superiore
supr.	supremo

s. v.	sub voce
S. V.	Signoria Vostra
SVP	Südtiroler Volkspartei
T.	Tribunale
t.	tomo
tab.	tabella
TAEG	tasso annuo effettivo globale
TAN	tasso annuo nominale
T. A. R.	Tribunale aministrativo regionale
TDC	Tariffa doganale comune (CE)
t. f. r.	trattamento di fine rapporto
T. I. R.	Transporti internazionali su strada
tit.	titolo
trans.	(1) transitorio; (2) disposizioni transitorie
T. R. A. P.	Tribunale Regionale delle Acque Pubbliche
trib.	tribunale
trib. mil.	tribunale militare
trib. min.	tribunale per i minorenni
trib. sup. acque	Tribunale superiore delle acque pubbliche
trib. supr. mil.	Tribunale supremo militare
T. S. A. P.	Tribunale superiore delle acque pubbliche
T. U., t. u.	testo unico
t. u. p. s.	testo unico delle leggi di pubblica sicurezza
UCE	Unità di conto europea
u. com.	ultimo comma
UE	Unione Europea
UEB	Ufficio europeo dei brevetti
Uff.	(1) ufficio; (2) ufficiale
UIC	Ufficio italiano dei cambi
UIL	(1) Unione italiana del lavoro; (2) Ufficio internazionale del lavoro
UIT	Unione internazionale delle telecomunicazioni
ult.	ultimo
U. M. I.	Unione magistrati italiani
U. P. I.	Unione delle Province d'Italia
UPU	Unione postale universale
USL	Unità sanitaria locale
USSL	Unità socio-sanitaria locale
v.	vedi
v. a.	vedi anche
VF	vigili del fuoco
VIA	valutazione d'impatto ambientale
vig.	vigente
v. n.	valore nominale
vol.	volume
voll.	volumi
vs.	vostro
v. u.	vigile urbano
VV UU	Vigili Urbani

Buchanzeigen